Visual Basic 6
Kompendium

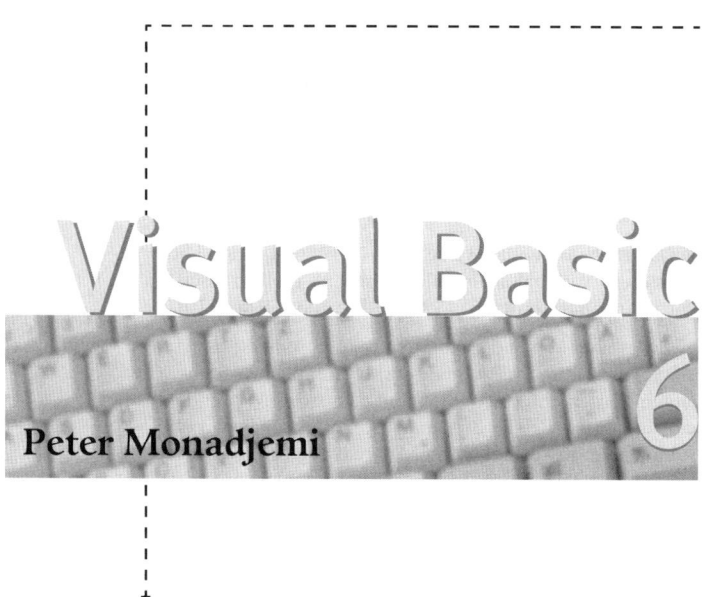

Visual Basic

6

Peter Monadjemi

KOMPENDIUM

Markt+Technik Verlag

Bibliografische Information Der Deutschen Bibliothek

Die Deutsche Bibliothek verzeichnet diese Publikation in der
Deutschen Nationalbibliografie; detaillierte bibliografische
Daten sind im Internet über <http://dnb.ddb.de> abrufbar.

Umwelthinweis:
Dieses Buch wurde auf chlorfrei gebleichtem Papier gedruckt.

10   9   8   7   6   5   4   3   2

06   05

ISBN 3-8272-6601-7

© 2003 by Markt+Technik Verlag,
ein Imprint der Pearson Education Deutschland GmbH,
Martin-Kollar-Straße 10–12, D-81829 München/Germany
Alle Rechte vorbehalten
Einbandgestaltung: Grafikdesign Heinz H. Rauner, Gmund
Lektorat: Melanie Kasberger, mkasberger@pearson.de
Herstellung: Elisabeth Egger, eegger@pearson.de
Satz: reemers publishing services gmbh, Krefeld
Druck und Verarbeitung: Media-Print, Paderborn
Printed in Germany

Inhaltsverzeichnis

Vorwort

»Windows Träume werden wahr«, so lautete die Überschrift eines kleinen Zeitschriftenartikels, der im Juli 1991 über die erste Visual-Basic-Version berichtete. Damals konnte niemand voraussagen, welche rasante Entwicklung Visual Basic in den nächsten Jahren einschlagen würde, und dass aus der von Profi-Entwicklern belächelten »Spielzeugsprache« ein leistungsfähiges und hochmodernes Client-Server-Entwicklungswerkzeug werden würde. Als Visual Basic auf dem Markt kam, sollte es lediglich eine Lücke schließen und dem Individual- und »Gelegenheitsprogrammierer« einen möglichst leichten Einstieg in die Windows-Programmierung ohne C-Compiler ermöglichen und gleichzeitig jenen »treuen« DOS-Basic-Entwicklern, die mit QuickBasic oder Basic PDS große Anwendungen entwickelt hatten, den Wechsel in die Windows-Programmierung erlauben. Heute, im Jahre 2001, haben sich die Einstiegsvoraussetzungen grundlegend gewandelt. Windows-Programmierung ist eine Selbstverständlichkeit, sowohl bei Entwicklern als auch bei den Anwendern. Niemand, der heute ein Programmierprojekt startet, denkt über die Implementierung von Fenstern oder Menüs nach oder fängt damit an, Ressourcedateien einzutippen. Dies ist die Aufgabe der Programmiertools. Dass eine Anwendung eine grafische Oberfläche bietet, perfekt druckt, mit anderen Anwendungen zusammenarbeiten kann und in der Lage ist, sich selber zu installieren, wird mittlerweile vorausgesetzt (eine besondere Anerkennung für die Programmierer gibt es dafür nicht mehr). Die dominierenden Themen heutzutage sind schnelle, komfortable und universelle Datenbankzugriffe, »schlanke« Clients (Stichwort: DHMTL) und das Aufteilen der Programmlogik auf mehrere Ebenen, die auf unterschiedlichen PCs laufen (Stichwort: mehrschichtige Client-Server-Systeme). Eine Visual-Basic-Anwendung im Unternehmen übernimmt längst nicht mehr nur den Part des »intelligenten« Clients, sondern zunehmend auch den der intelligenten Mittelschicht. Mit Visual Basic 6.0 ist es zudem möglich, Komponenten zu erstellen, die auf dem Webserver ausgeführt werden und sich dort etwa um Datenbankabfragen oder Benutzereingaben zu kümmern und das Ergebnis als HTML/DHTML-Code an den Client zurückzugeben.

Bei Visual Basic 6.0 wurde die bereits mit Version 4.0 eingeschlagene Richtung konsequent fortgesetzt: Eine noch bessere und nahtlosere Datenbankintegration, die Möglichkeit, COM-Komponenten programmieren zu können, die vom Webserver ausgeführt werden, eine sehr viel flexiblere Datenbankschnittstelle (OLEDB und ADO) und nicht zuletzt mehr Speed durch den gleichen optimierenden Codegenerator, den auch Visual C++ 6.0, Microsofts modernster C++-Compiler, besitzt, sind die Highlights der aktuellen Version. Doch wie immer werden damit nicht alle Visual-Basic-Programmierer glücklich sein. Einige »Fundamentalisten« werfen Microsoft inzwischen vor, Visual Basic als »Technologiehalde« zu mißbrauchen, in der zwar stets die brandneuen Technologien aus Redmond eingebaut, die traditionellen Bereiche der Programmierung aber vernachlässigt werden (der Menüeditor und die Art der Laufzeitfehlerbehandlung, die seit Version 1.0 nur geringfügig verbessert wurden, sollten als Beispiele genügen). Tatsache ist, dass Visual Basic nicht mehr die universelle Vielzwecksprache ist, die es bis zur Version 3.0 noch war. Der Schwerpunkt liegt seit der Version 4.0, bei der es sich im Prinzip um ein komplett neues Entwicklungssystem unter gleichem Namen und eingebauter »Kompatibilität« zur Version 3.0 handelte, bei Client-Server-Systemen und bei der Web-Anbindung – Themen also, die für den Hersteller von Microsoft von strategischer Bedeutung sind. Dennoch ist Visual Basic nach wie vor als Vielzwecksprache zu empfehlen. Und wer ein bestimmtes Feature vermisst: Für kein anderes Entwicklerwerkzeug dürfte es eine solch umfangreiche »Zubehörszene« geben. Nicht zuletzt enthält (zum Glück) auch die aktuelle Version 6.0 ein paar nette Highlights, die jeden gestandenen Visual-Basic-Programmierer sofort überzeugen sollten.

Vorwort zur überarbeiteten Auflage

Seitdem Visual Basic 6.0 im Jahre 1998 und damit noch im letzten
Jahrtausend – ein Umstand, der fast keiner Erwähnung mehr wert ist,
so schnell haben wir uns an das 21. Jahrhundert gewöhnt — auf den
Markt kam, ist in der Welt der Microsoft-Programmiersprachen vieles
passiert. Mit Visual Basic .NET (das ursprünglich »Visual Basic 7.0«
hätte heißen sollen) steht ein Nachfolger fest, der nicht nur viele Neuerungen und Änderungen mit sich bringen wird, sondern mit dem
.NET-Framework auch auf einer komplett neu entwickelten Programmierumgebung basieren wird. Doch auch bezogen auf Visual Basic 6.0
gibt es wichtige Neuerungen, die eine Überarbeitung dieses Buchs erforderlich machten. Die für den Datenbankzugriff benötigten ActiveX
Data Objects, die in der Originalversion von Visual Basic 6.0 noch in
der ein wenig unfertigen Version 2.0 vorlagen, wurden deutlich erweitert und liegen inzwischen in der Version 2.6 bzw. 2.7 vor. Auch der
Microsoft SQL-Server, der in der Enterprise-Edition in der Version 6.5
enthalten ist, hat zwei Versionssprünge gemacht. Auf die Version 7.0
folgte nicht nur die Version 2000 (8.0), ab der Version 7.0 steht dieses
leistungsfähige Datenbanksystem auch in einer Desktop-Version für
Windows 9x zur Verfügung, die bei Microsoft Access ab Version 2000
unter dem Namen MSDE und für Besitzer einer Visual Basic 6.0-
Enterprise Lizenz im Rahmen des Visual Studio 6.0 Pluspacks erhältlich ist[1]. Da es im Bereich Datenbankprogrammierung nicht nur wichtige Neuerungen gibt, sondern die ActiveX Data Objects (ADO) zum
anerkannten Standard geworden sind, wurden in dieser Überarbeitung
des Visual Basic 6.0 Kompendiums die Kapitel 17 und 18 komplett
neu geschrieben und bieten nun eine umfassende und stark praxis-
orientierte Einführung in die Datenbankprogrammierung mit ADO.

Viele Visual Basic-Programmierer beschäftigen sich zumindestens in
Gedanken bereits mit dem Nachfolger Visual Basic .NET, der zu dem
Zeitpunkt, als dieses Buch in Druck ging, in der Beta-2 vorlag (Build
Nr. 9365) und Ende 2001 offiziell erhältlich sein sollte. Auch wenn es
in diesem Buch um Visual Basic 6.0 geht, erhalten Sie in Anhang E ei-
nen Überblick über den wirklich hochinteressanten Nachfolger von
Visual Basic 6.0 und ein paar Tipps, mit denen Sie Ihre Programme
für einen »sanften« Umstieg auf die in einigen Punkten inkompatible
Nachfolgeversion vorbereiten können.

---

[1] Programmieren wäre gar nicht so kompliziert, wenn es nicht so viele unterschiedliche Versionsbezeichnungen gäbe – ab dem SQL Server 2000 heißt die
MSDE übrigens SQL Server Desktop.

Die Zukunft für Visual Basic-Programmierer sieht nach wie vor sehr gut aus. Wie hat es ein bei Microsoft in den USA für Visual Basic zuständige Manager Ari Bixhorn anlässlich des 10-jährigen Jubiläums von Visual Basic sehr pointiert formuliert: »The last 10 years were really great but the next 10 years will blow you away.« Übersetzt bedeutet dies, dass die letzten 10 Jahre zwar bereits sehr interessant waren, die kommenden 10 Jahre werden jedoch alles noch übertreffen. Es lohnt sich daher, sich möglichst ausführlich mit allen Aspekten von Visual Basic zu beschäftigen.

Viel Spaß beim Entdecken, Ausprobieren und Lernen wünscht Ihnen

Peter Monadjemi

Starnberg, November 2001

Einleitung

Dieses Buch versteht sich als eine fundierte Einführung in die Grundlagen der Programmierung und Softwareentwicklung mit Visual Basic 6.0. Es setzt voraus, daß Sie mindestens mit der Profi-Edition arbeiten. Wenn Sie »nur« die Einsteiger-Edition besitzen, können Sie einige Beispiele nicht umsetzen, da Ihnen ganz einfach die dafür benötigten Komponenten der Profi-Edition fehlen. Die Programmierung unterscheidet sich jedoch nicht, das heißt bis auf die zusätzlichen Steuerelemente (die schon recht praktisch, aber nicht zwingend erforderlich sind) und die erweiterten Möglichkeiten des Datenbankzugriffs über die Datenzugriffsobjekte gibt es keine wesentlichen Unterschiede. Auf die sehr umfangreichen Möglichkeiten der Enterprise-Edition geht dieses Buch nicht bzw. nur am Rande ein. Wer sich für Themen, wie

- Client-Server-Programmierung

- verteilte Komponenten

- die Einbeziehung des Microsoft Transaction Server und des Message Queue Server

- den Zugriff auf den Microsoft-SQL-Server

- eine umfassende Übersicht über SQL

- den Umstieg von Visual Basic 3/4/5

- die Programmierung von Add-Ins

- Die Versionskontrollsoftware Visual SourceSafe

oder

■► die Anbindung an das Internet/Intranet über die neuen WebClass-
Komponenten und Active Server Pages

interessiert, sei auf andere Literatur verwiesen. Die oben aufgezählten
Themen fallen zwar in die Kategorie »Visual-Basic-Programmierung«,
es sind allerdings keine Grundlagenthemen. Leider ist es mittlerweile
nicht mehr möglich, wie noch in den Tagen von Visual Basic 1.0, alle
Aspekte der Programmierung im Rahmen eines einzelnen Buches ab-
zudecken. In diesem Buch stehen die Grundlagen im Mittelpunkt.

Was ist neu bei Visual Basic 6.0?

Dieses Frage muss angesichts des Umstandes, dass ein Nachfolger am
13. Februar 2002 erscheinen wird (oder bereits erschienen ist, je nach
dem, wann Sie das Buch lesen) natürlich ein wenig relativiert werden.
Im Vergleich zu der Vorgängerversion Visual Basic 5.0 wurden wichtige Neuerungen eingeführt, von denen allerdings einige, wie z.B. die
DHTML- und IIS-Annwendungsprojekte, keine Rolle mehr spielen. Es
hat sich herausgestellt, dass Sie entweder auf keinen echten Bedarf tra-
fen, nicht ausgereift waren oder die grundlegende Technologie bei
Microsoft keine Zukunft mehr hat. Die wichtigsten Neuerungen von
Visual Basic 6.0, die auch noch heute Bestand haben, ist die Datenbankschnittstelle ADO, die sich in den letzten drei Jahren als Standard
etabliert hat. Außerdem wurden ein paar nette Kleinigkeiten wie fensterlose Steuerelemente und neue Stringfunktionen eingeführt, die
eine echte Verbesserung darstellen. Mit Visual Basic .NET vor der Tür
haben sich einige der Voraussetzungen, unter den Visual Basic 6.0 damals auf den Markt kam, geändert. Das *Component Object Modell*
(COM), das ich in der Einleitung zur ersten Auflage dieses Buches auf
ein kleines Podest gestellt habe, hat bei .NET keine Bedeutung mehr
(außer, dass es im Allgemeinen und hoffentlich ohne Ausnahmen
problemlos unterstützt wird). Kapitel 1, in dem die wichtigsten Neuerungen von Visual Basic 6.0 vorgestellt werden, sollte bitte unter diesem Aspekt gelesen werden. Die Windows-Entwicklerszene steht mit
.NET vor einer Zäsur. Visual Basic-Programmierer können allerdings
beruhigt zur Kenntnis nehmen, dass Sie mit Visual Basic .NET das beste Entwicklungswerkzeug für .NET erhalten werden, und dass die Programmierung auch in Zukunft sehr viel Spaß machen wird.

Was lesen Sie in diesem Buch?

Das *Visual Basic 6.0 Kompendium* von Markt+Technik ist ein Buch, in dem die Grundlagen der Visual-Basic-Programmierung erklärt werden. Es setzt im Prinzip keinerlei Visual-Basic-Kenntnisse, aber gewisse Grundkenntnisse der Programmierung voraus. Falls Sie mit Visual Basic 6.0 und diesem Buch auch gleichzeitig den Einstieg in die Programmierung wagen möchten (oder vermutlich besser müssen), empfehle ich Ihnen ganz uneigennützig mein Buch *Jetzt lerne ich Visual Basic* (ebenfalls erschienen bei Markt+Technik), das sich speziell an Programmieranfänger richtet und behutsam in die Geheimnisse der Programmierung einführt. Doch nun zu der angekündigten Schnellübersicht über das Buch:

Kapitel 1: Was ist neu bei Visual Basic 6?

In diesem Kapitel werden die wichtigsten Neuerungen der Version 6.0 vorgestellt.

Kapitel 2: Das erste Visual-Basic-Programm

Um den Einstieg zu erleichtern, erhalten in diesem Kapitel alle Leserinnen und Leser, die zum ersten Mal mit Visual Basic in Kontakt kommen, die Gelegenheit, ein kleines Visual-Basic-Programm Schritt für Schritt umzusetzen. Erfolgserlebnisse sind gerade am Anfang sehr wichtig.

Kapitel 3: Kurzer Überblick über die Windows-Architektur

Wer Windows-Anwendungen mit Visual Basic erstellen will, muss über den Aufbau von Windows Bescheid wissen. Dazu gehören allerdings nicht nur das Innenleben von Windows, sondern in erster Linie die Hintergründe bei der Ausführung eines Programms. Wie werden Programme gestartet, was ist eine DLL, welche Rolle spielt die API, was ist COM, und wie können Programme untereinander »kommunizieren«?

Kapitel 4: Überblick über die IDE

In diesem Kapitel werden die wichtigsten Bedienelemente der Entwicklungsumgebung (IDE) vorgestellt. Gegenüber Visual Basic 5.0 hat es, insbesondere bei der Einsteiger- und Profi-Edition, nur wenige Änderungen gegeben.

Kapitel 5: Der allgemeine Aufbau eines Visual-Basic-Programms

Visual-Basic-Projekte besitzen einen auf den ersten Blick etwas ungewöhnlichen Aufbau, da sie nicht aus einer Datei mit Befehlen, sondern
meistens aus einer Vielzahl von unterschiedlichen Modulen bestehen.
Dieses Kapitel stellt den allgemeinen Aufbau eines Visual-Basic-Programms vor.

Kapitel 6: Die Steuerelemente der Werkzeugsammlung

In diesem Kapitel werden die »fest eingebauten« Steuerelemente der
Werkzeugsammlung der Reihe nach vorgestellt.

Kapitel 7: Eingaben über Maus und Tastatur

Jedes Visual-Basic-Programm muss in der Lage sein, Eingaben über
die Tastatur oder per Maus entgegenzunehmen. In diesem Kapitel geht
es daher um das grundlegende Thema der ereignisgesteuerten Programmausführung und die wichtigsten Ereignisse, die durch Tastatur-
und Mauseingaben ausgelöst werden.

Kapitel 8: Benutzeroberflächen und Dialogfelder

In diesem Kapitel wird gezeigt, wie aus Formularen und Steuerelementen Benutzeroberfläche und Dialogfelder werden. Dabei geht es auch
um das Hinzufügen von Menüs, Steuerelementefelder und MDI-Formu-
lare.

Kapitel 9: Die Programmiersprache Visual Basic

Visual Basic verwendet VBA als Programmiersprache. In diesem Kapitel werden die Sprachelemente von VBA vorgestellt.

Kapitel 10: Debugging und Abfangen von Laufzeitfehlern

Wer programmiert, macht Fehler. Was man in Visual Basic tun kann,
dass sich diese Fehler nicht negativ auswirken oder erst gar nicht auftreten, ist Gegenstand dieses Kapitels.

Kapitel 11: Klassen und Objekte

Mit den Klassen bietet VBA ein sehr leistungsfähiges und wichtiges
Programmelement, das sich auf vielfältige Weise einsetzen lässt und
das in diesem Kapitel ausführlich vorgestellt wird. Kurz, es geht um objektorientierte Programmierung.

Kapitel 12: Die Windows-Standardsteuerelemente und ihre Kollegen

In diesem Kapitel werden die allgemeinen Windows-Steuerelemente (die sog. »common controls«) vorgestellt, die als Ergänzung zu den Standard-Steuerelementen in allen Editionen von Visual Basic 6.0 zur Verfügung stehen. Diese Steuerelemente sind komplexere Bausteine für das Erstellen von Dialogfeldern und Benutzeroberflächen, werden aber auf die gleiche Weise angesprochen wie die fest eingebauten Steuerelemente.

Kapitel 13: Bunte Welt der Grafik

Mit Visual Basic lässt sich auch zeichnen, wenngleich die Möglichkeiten der fest eingebauten Grafikmethoden sehr begrenzt sind. An Animationen oder schnelle 3D-Grafik ist nicht zu denken (dafür gibt es die *DirectAnimation*-Steuerelemente, die in diesem Kapitel aber nicht vorgestellt werden). Aus diesem Grund beschränkt sich das Kapitel auch auf einfache Beispiele.

Kapitel 14: Die Ansteuerung des Druckers

Wie sich von einem Visual-Basic-Programm der Drucker ansteuern lässt, wird in diesem Kapitel gezeigt.

Kapitel 15: Visual Basic und die Windows-API

Die Windows-API bietet eine Fülle von Funktionen an, die zu einem großen Teil auch von Visual Basic genutzt werden können. Das Prinzip des API-Aufrufs wird in diesem Kapitel an zahlreichen Beispielen erläutert.

Kapitel 16: Das Zusammenspiel mit dem Betriebssystem

Das Betriebssystem stellt einen umfangreichen Satz an Dienstfunktionen zur Verfügung, mit deren Hilfe sich Informationen abfragen oder Betriebssystemaufgaben, wie das Formatieren einer Diskette, durchführen lassen. In diesem Kapitel wird gezeigt, welche Möglichkeiten Visual Basic für den Zugriff auf das Betriebssystem zu bieten hat.

Kapitel 17: Elementares Datenbankwissen

In diesem Kapitel geht es um die elementaren Datenbankgrundlagen und eine Beschreibung des neuen ADO-Datensteuerelements.

Kapitel 18: Datenbankprogrammierung mit ADO

Datenbankprogrammierung bedeutet das Durchführen von Abfragen, das Ändern von Daten oder das Hinzufügen neuer Datensätze zu einer bestehenden Datenbank. Wie sich elementare Datenbankoperationen mit Hilfe der neuen Active Data Objects (ADO) durchführen lassen, ist Gegenstand dieses Kapitels.

Kapitel 19: Der Zugriff auf die Microsoft-Office-Objekte

Microsoft Office bietet seit der Version 97 eine Fülle von Objekten an, die von einem Visual-Basic-Programm dazu benutzt werden können, Office-Anwendungen zu automatisieren oder Teile der Office-Funktionalität als Erweiterung des Programms zu benutzen. Damit lassen sich erstaunliche Ergebnisse erzielen.

Kapitel 20: ActiveX-Steuerelemente

Mit Visual Basic lassen sich in VBA ActiveX-Steuerelemente erstellen, die als Erweiterung der Werkzeugsammlung dienen oder unter anderem in Microsoft Office zum Einsatz kommen können.

Kapitel 21: Komponenten für Fortgeschrittene

Neben den ActiveX-Komponenten kann man in Visual Basic auch Komponenten ohne eine Oberfläche erstellen. Diese Code-Komponenten liegen entweder als DLL- oder Exe-Server vor.

Kapitel 22: Visual Basic und das Internet

In diesem Kapitel geht es nicht um die Umsetzung von Client-Server-Anwendungen auf der Basis eines Webservers, sondern um einfache Problemstellungen, wie zum Beispiel das Herunterladen einer Webseite von einem Visual-Basic-Programm oder die Steuerung des Internet Explorer.

Wo gibt es die Beispielprogramme?

Die meisten Beispielprogramme finden Sie auf der Buch-CD. Einige Beispiele werden überarbeitet, geringfügig verbessert oder korrigiert.

Ein paar Konventionen

Konventionen spielen in diesem Buch eine wichtige Rolle. Ein paar Dinge mögen zunächst etwas ungewöhnlich erscheinen. Das, was früher als Funktion bezeichnet wurde, heißt nun offiziell Methode. So wird aus der *Sqr*-Funktion die *Sqr*-Methode des *VBA*-Objekts (schauen Sie sich den Objektkatalog einmal in Ruhe an – das war übrigens auch schon bei Visual Basic 4.0 so). Dies ist eine rein sprachliche Differenzierung, die den stärker objektorientierten Charakter von Visual Basic betonen soll. An der Funktionsweise ändert sich nichts. Die meisten Funktionen werden mit benannten Argumenten aufgeführt. Statt:

```
Msgbox "Na, so was!", 48
```

heißt es

```
Msgbox Prompt:="Na, so was", Buttons:=vbExclamation
```

Ich halte diesen formellen Stil für wichtig, da er zu einer etwas strukturierteren und durchdachteren Vorgehensweise »erzieht«, auch wenn der Arbeitsaufwand zunächst höher zu sein scheint und manche diese sprachliche Unterscheidung zunächst als überflüssig oder gar störend empfinden mögen.

Ansonsten werden in diesem Buch alle Bezeichner- und Dateinamen *kursiv* dargestellt, Menünamen in KAPITÄLCHEN und Eigennamen in Anführungsstrichen. Die englischen Originalbegriffe werden, wann immer es sinnvoll ist (und ich es nicht übersehen habe), in Klammern gesetzt.

Ich möchte von Ihnen hören ...

Schreiben Sie mir (oder besser »mailen« Sie mir was, aber bitte nicht maulen), wenn Sie Fragen zum Buch haben oder an einer bestimmten Stelle nicht weiterkommen. Ich freue mich über jeden Kommentar, auch wenn es eine negative Kritik ist, denn an jeder Kritik ist erfahrungsgemäß etwas dran, und ich möchte jedem Leser natürlich das »optimale Leseerlebnis« bieten (bei einer Mietwagenfirma in den USA lautet der Slogan »To provide you the best rental car experience« – so ähnlich stelle ich mir das auch mit dem Buch vor). Ich bemühe mich, jede Nachricht so schnell wie möglich zu beantworten, manchmal kann es aber ein »paar Tage« dauern (in diesem Fall ruhig noch einmal nachfragen). Aus Zeitgründen kann ich meistens keine kompletten Lösungen anbieten oder Ihnen das Nachschauen im Handbuch oder das Durchsuchen der Microsoft Knowledge Base abnehmen. Was ich dagegen gerne mache, ist Richtungszeiger zu geben. Ein Richtungszeiger sieht so aus: »Ja, ich glaube es könnte so gehen, schauen Sie einmal da und dort nach«. Software-Entwicklung im 21. Jahrhundert bedeutet in erster Linie Kommunikation, Zusammenarbeit und Austausch. Kein Programmierer kennt die Antwort auf alle Fragen, sondern ist, sofern die Zeit eine Rolle spielt – und wann spielt sie das nicht? – auf den Austausch mit anderen Programmierern angewiesen. Dieser Austausch findet im Büro, in der Kneipe, auf Entwicklerkongressen (etwa der Basta), in Newsgruppen und Chats und über Bücher statt. In diesem Sinne versteht sich dieses Buch auch als eine Möglichkeit, diesen Austausch zu fördern. Er sollte nur nicht grundsätzlich einseitig sein. Konkret, der Autor freut sich über ein Feedback und vielleicht auch über einen Verbesserungsvorschlag und bietet dafür (ich möchte das Wort »Gegenleistung« nicht gerne verwenden) etwas aus seinem Repertoire. Letztlich einigt alle Programmierer dieser Welt ein gemeinsames Ziel: fehlerfreien und schnellen Code zu schreiben, der, wenn möglich, das gewisse Extra besitzt.

Meine E-Mail-Adresse:

Sie erreichen mich rund um die Uhr und 365 Tage im Jahr (sofern der Mail-Server keine Auszeit nimmt) unter:

peterm@activetraining.de

Der Autor im Web

Sie werden es nicht glauben, aber auch der Autor besitzt eine eigene Webseite (das ist mehr Arbeit, als Sie glauben). Unter der Adresse:

www.activetraining.de/vbkomp.htm

finden Sie aktuelle Informationen zum Buch, Fehlerkorrekturen, zusätzliche Beispielprogramme, Leserbriefe und natürlich Neuigkeiten aus der Visual-Basic-Szene.

Was ist neu bei
Visual Basic 6.0?

Kapitel

1

In diesem Kapitel lernen Sie die wichtigsten Neuerungen von Visual Basic 6.0 kennen (ganz vollständig ist die Aufzählung allerdings nicht). Um es gleich vorweg zu nehmen, die mit Abstand wichtigsten Neuerungen betreffen praktisch nur die Entwicklung von größeren Anwendungen im Unternehmen, wo im Allgemeinen die Anbindung an große Datenbanken oder an das Intranet im Mittelpunkt stehen, Themen, die in diesem Buch aber nur am Rande behandelt werden. Wer »nur« eigenständige Anwendungen entwickelt, die mit einer Access-Datenbank auskommen und die nicht auf andere Komponenten im Netzwerk zugreifen müssen, wird davon zunächst nicht profitieren. Doch auch für diese Programmierer gibt es zum Glück viele kleinere und auch ein paar größere »Highlights«, wie z.B. die Möglichkeit, Steuerelemente zur Laufzeit anlegen und sog. »Light Weight«-Steuerelemente erzeugen zu können, ein paar nette Stringfunktionen und natürlich die Unterstützung für die *Active Data Objects* (ADO). Und gegen einen neuen Reportgenerator dürfte auch niemand etwas haben. Wer dagegen auf einen Compiler, der *Exe*-Dateien ohne Laufzeit-DLL erzeugt, auf verbesserte Druckfunktionen oder vielleicht auf Zeigervariablen oder gar Vererbung gehofft hat, wird noch einmal vertröstet. Was nicht ist, kann bekanntlich immer noch werden. Die teilweise wirklich beeindruckenden Neuerungen von Visual Basic 6.0 sollen dadurch natürlich nicht herabgewürdigt werden.

Sie lesen in diesem Kapitel etwas über:

➡ die allgemeine Ausrichtung von Visual Basic 6.0

➡ die »Highlights« und die zahlreichen Kleinigkeiten

➥ Dinge, die sich (wieder) nicht geändert haben

➥ den Leistungsumfang der Einsteiger-, Professional- und Enterprise-Edition

1.1   Ein paar allgemeine Worte

Jede neue Visual-Basic-Version (inzwischen ist es immerhin die sechste – wenn ich mich nicht verzählt habe) wirft natürlich die gleichermaßen spannende wie bange Frage auf: Was haben sich die Entwickler bei Microsoft diesmal einfallen lassen, und welche »Fallstricke« lauern beim Umstieg? Beide Frage lassen sich positiv beantworten. Visual Basic 6.0 hat (zumindestens in der Profi- und der Enterprise Edition) eine Menge wirklich signifikanter Verbesserungen zu bieten. Und, es bleibt alles kompatibel (soweit ich es bisher beurteilen kann – ich empfehle allerdings trotzdem, die Microsoft Knowledge Base – z.B. unter *www.msdn.microsoft.com* oder die MSDN Library Subscription CD – regelmäßig nach bekannten Bugs und Workarounds zu durchsuchen).

Allerdings, nicht jeder Visual-Basic-Entwickler wird auf Anhieb glücklich werden. Um es gleich vorweg zu nehmen, auch Visual Basic 6.0 enthält keine Vererbung, keinen echten Compiler, der *Exe*-Dateien erzeugt, die ohne Laufzeit-DLL auskommen und es gibt nach wie vor keine globale Fehlerbehandlung. DirectX-Unterstützung ist genauso ein Fremdwort (wenngleich mit DirectAnimation eine praktikable Alternative zur Verfügung steht) wie neue Grafikbefehle oder die Möglichkeit, den Inhalt von Formularen und Bildfeldern an den Druckertreiber zu schicken. Aber man darf den Entwicklern bei Microsoft nicht böse sein. Die Liste der Wünsche ist lang, und der Tag hat auch auf dem Microsoft Campus in Redmond nur 24 Stunden (wenn Sie selber Ihre Wünsche beisteuern möchten, schicken Sie einfach eine E-Mail an die Adresse *vbwish@microsoft.com*. Die eintreffenden Nachrichten werden zunächst maschinell beantwortet, in eine Datenbank übertragen und irgendwann einmal – hoffentlich rechtzeitig vor dem nächsten Code-Review – ausgewertet). Die Schwerpunkte bei der Entwicklung von Visual Basic 6.0 lagen eindeutig auf folgenden Gebieten:

➥ Unterstützung für die Active Data Objects

➥ Bessere Integration mit Microsoft SQL-Server und Oracle SQL Server über verschiedene Designer (unter anderem einen neuen Reportgenerator)

➡️ Erstellen von verteilten Anwendungen dank der Möglichkeit COM-Komponenten (ActiveX-DLLs) erstellen zu können und einer etwas direkteren Integration mit dem Microsoft Transaction Server (MTS) bzw. COM+ ab Windows 2000.

➡️ Programmierung von Web-Anwendungen, die von einem Microsoft-Webserver (dem Internet Information Server, IIS, unter Windows NT/Windows 2000 bzw. Windows NET Server), die auf der Active Server Page-Technologie von Microsoft (ASP) basieren. Das Web soll nicht länger ein Fremdkörper sein, Web-Anwendungen zu programmieren soll genauso selbstverständlich sein wie die Programmierung von Windows-Anwendungen. Allerdings steht bereits fest, dass der »neue« Projekttyp IIS-Anwendung von dem Nachfolger von Visual Basic 6.0 nicht mehr unterstützt wird. Web-Anwendungen haben dadurch aber nicht an Bedeutung verloren. Im Gegenteil - sie stellen einen der Eckpfeiler des kommenden Visual Basic .NET dar.

Seien Sie also bitte nicht enttäuscht, wenn Ihr Lieblingswunsch-Feature wieder nicht realisiert wurde. Spätestens mit der Version 5.0 wurde klar, dass Microsoft mit Visual Basic zu 90% den professionellen Entwickler im Auge hat, der im Unternehmen Softwarelösungen realisieren muss. Für die vielen »Hobby-Programmierer« (das ist keineswegs abwertend gemeint), die mehr aus Spaß programmieren, gibt es zwar auch diesmal wieder eine preiswerte Einsteiger-Edition, doch enthält diese nur wenige Features, die dieser Zielgruppe gerecht werden würden (wie etwa die bereits erwähnte DirectX-Unterstützung, mit der sich endlich tolle Spiele, Lernsoftware oder Unterhaltungssoftware mit der für Visual Basic typischen Leichtigkeit programmieren ließe). Im Grunde würden wir ein neues Visual Basic benötigen (das nicht unbedingt von Microsoft stammen müßte), doch ist eine solche Alternative nicht in Sicht. Das heißt nicht unbedingt, dass eine solche Alternative nicht existiert. Wer sich im Web umschaut, stößt schnell auf interessante »Visual-Basic Clones«, doch haben die kaum eine Chance, eine größere Zielgruppe zu finden.

Aber man soll nicht undankbar sein. Visual Basic 6.0 bietet auch für Entwickler, die nicht in einem oder für ein Unternehmen arbeiten, tolle Neuerungen (wie z.B. die Möglichkeit, Steuerelemente zur Laufzeit zu erstellen, Methoden über eine Variable aufzurufen, und praktische Stringfunktionen).

Abbildung 1.1:
Bei Visual Basic
6.0 stehen
zusätzliche Pro-
jekttypen zur
Auswahl[2].

1.2 Die wichtigsten Neuerungen im Überblick

In diesem Abschnitt erhalten Sie einen Überblick über die wichtigsten Neuerungen bei Visual Basic 6, die allerdings, das wurde bereits mehrfach erwähnt, in erster Linie die sog. Unternehmensanwendungen betreffen, wo es vor allem um eine nahtlose Integration von Datenbankfunktionalität und in zunehmendem Maße auch um die Anbindung an einen Webserver geht.

1.2.1 Unterstützung für ADO

Wer die aktuelle Entwicklung der letzten 12 bis 15 Monate nicht regelmäßig mitverfolgt hat, dem dürften die Begriffe OLE DB und ADO vermutlich nicht viel sagen. Um es kurz zu machen, wenn es eine Rangliste der Abkürzungen gäbe (und das ist ausnahmsweise einmal nicht ironisch gemeint), dann müßte ADO direkt nach COM auf Platz 2 rangieren. Die *Active Data Objects* (ADO – häufig auch ActiveX Data Objects genannt) sind bei Visual Basic 6.0 die primäre Datenbankschnittstelle und werden in Zukunft eine der wichtigsten Microsoft-Technologien werden (neben dem FAT-Dateisystem[2]). Das Besondere an den ADOs ist ihre Flexibilität und ihre Erweiterbarkeit (Eigenschaften, durch die sich auch Visual Basic bereits ausgezeichnet hat). Wer

---

[1] Ein wenig ärgerlich und unverständlich ist nur, dass einige der Namen nicht vollständig angezeigt werden.

[2] Das ist jetzt wieder ironisch gemeint.

bereits die DAOs oder die RDOs kennt (mehr zu diesen Kürzeln in Kapitel 18) wird zwei Dinge feststellen: Die ADOs sind vom Prinzip her nicht sehr viel anders, es handelt sich ebenfalls um ein (einfaches) Objektmodell. Und es gibt keinen Grund, seine Datenbankprogramme neu zu schreiben. Zum einen werden die bisherigen Datenbankschnittstellen DAO und RDO auch in Zukunft unterstützt (Microsoft kann diese Dinge nicht einfach »abschalten« – wenn eine Software, die auf System-DLLs basiert, heute läuft, dann tut sie es auch noch in 10 oder 15 Jahren auf dieser Plattform[3]). Zum anderen ist die Programmierung der ADO-Objekte nicht viel anders als die der DAO- oder RDO-Objekte. Eine 1:1-Umsetzung ist zwar nicht möglich, doch sollte sich der Aufwand für eine Portierung in vertretbaren Grenzen halten.

Wem dagegen Visual Basic neu ist oder damit beginnen möchte, ein Datenbankprojekt umzusetzen, sollte sich in jedem Fall auf ADO konzentrieren und nicht mehr mit den DAOs oder RDOs beginnen, um dann ein Jahr später doch umsteigen zu müssen. Irgendwelche Nachteile, die gegen eine Verwendung sprechen, sind nicht auszumachen[4]. Der größte Vorteil von ADO ist die Universalität. Über sog. OLE DB-Provider lassen sich im Prinzip beliebige Datenquellen ansprechen. Ob Access- oder dBase-Datenbank, ob SQL-Server, Textdatei oder gar ein Internet-Server, alle werden dank ADO unter einen Hut gebracht. Und es kommt noch besser: Sog. *Simple OLE DB-Provider* lassen sich auch direkt in Visual Basic programmieren (das Datenbankhandbuch von Visual Basic 6.0 zeigt, wie sich ein eigenes Datensteuerelement programmieren lässt). Gemäß der *Universal-Data-Access-Strategie* (UDA) von Microsoft lautet das Motto: »Eine Datenbankschnittstelle für beliebig viele Datenquellen«. Oder noch werbeträchtiger: »Maximale Flexibilität ohne Performance-Kompromisse«.

OLE-DB-Treiber gibt es inzwischen für alle Versionen des SQL Server, Oracle SQL Server (für aktuellere Versionen muss die Firma Oracle konsultiert werden), die Jet-Engine 3.51 und 4.0, sowie generell für ODBC, mit dem sich praktisch »jede« ODBC-Datenbank ansprechen lassen sollte.

Mehr zum Thema DAO, RDO und ADO in Kapitel 18, in dem auch eine tabellarische Gegenüberstellung der wichtigsten Objekte erfolgt und natürlich ein paar Beispiele zu den neuen ADOs vorgestellt werden.

---

[3] Daran dürfte auch ein Umstieg auf die 64-Bit-Version von Windows XP nichts ändern.

[4] Ich hoffe, ich habe da nichts übersehen.

1.2.2   WebClass-Komponenten

Zu der sicherlich zweitwichtigsten Neuerung, zumindestens aus der Sicht von Entwicklern webbasierender Anwendungen, zählen die Web-Class-Komponenten. Eine WebClass-Komponente ist ein COM-Server (also etwa eine ActiveX-DLL), die vom Internet Information Server ausgeführt wird, jenem Webserver, der bei Windows NT dabei ist bzw. Teil des Personal Web Servers für Windows 9x ist. WebClass-Komponenten werden ausschließlich für Active Server Pages (ASPs) benötigt. Eine ASP ist eine HTML-Datei mit Scriptbefehlen, die auf dem Webserver ausgeführt wird (ein Webserver ist nichts anderes als eine Vorrichtung, die im Netzwerk HTML-Seiten zur Verfügung stellt und auf Anfragen gemäß dem HTTP-Protokoll reagieren kann). Bislang war es so, dass Entwickler von ASPs (entweder mit Notepad oder in der Visual-InterDev-Umgebung) HTML-Seiten erstellten und Scriptbefehle einfügten, die die internen Objekte des Webservers ansprachen. Wurde eine zusätzliche Funktionalität benötigt, mussten in Visual Basic ActiveX-DLLs erstellt werden, die von den Scriptbefehlen aufgerufen wurden. Diese Vorgehensweise war nicht nur umständlich, sondern auch fehleranfällig. Mit den WebClass-Komponenten ist das für Visual-Basic-Programmierer nun vorbei. Wer ASPs erstellt, die auf zusätzliche Komponenten zugreifen sollen, kann dies vollständig innerhalb der Visual-Basic-IDE erledigen.

Eine WebClass-Komponente wird mit einem IIS-Applikation-Projekt erstellt, wobei der Projektname gleichzeitig für ein virtuelles Verzeichnis auf dem Webserver steht. Innerhalb eines WebClass-Projekts, das direkt mit einer Asp-Datei korrespondiert, können verschiedene Web-Item-Objekte hinzugefügt werden, die als Unterobjekte fungieren und einen vollen Zugriff auf die ASP-Objekte erlauben. In der Praxis wird man zunächst eine Webseite, z.B. mit FrontPage, erstellen. Diese HTML-Seite wird dann in die Visual-Basic-IDE geladen und mit Web-Class-Komponenten verbunden, die z.B. immer dann aktiv werden, wenn der Benutzer den Submit-Button klickt. Mit Hilfe des neuen Verpackungs- und Weitergabeassistenten, der den Installations-Assistenten ersetzt, wird daraus eine komplette Internet/Intranet-basierende Anwendung.

1.2.3   DHTML-Projekte

Das zweite wichtige Schlagwort, das die Art und Weise, wie webbasierende Anwendungen erstellt werden, grundlegend verändern wird, ist DHTML. Das Kürzel steht für *Dynamic HTML* und ist eine von Microsoft durchgeführte Erweiterung des HTML-Standards, die aber in wesentlichen Teilen mit den offiziellen W3C-Standards harmoniert (also keine proprietäre Lösung darstellt, wenngleich Microsoft DHTML-Seiten vom Netscape Navigator nur eingeschränkt angezeigt werden). DHTML wurde zuerst im Zusammenhang mit dem Internet Explorer 4 eingeführt, stellt aber eine vom Internet Explorer unabhängige Technologie dar. Dank DHTML lassen sich alle Elemente einer HTML-Seite im Prinzip wie Steuererlemente ansprechen, für Visual-Basic-Programmierer eine völlig natürliche Angelegenheit. Damit kann eine DHTML-Seite im Prinzip wie ein Formular erstellt und bearbeitet werden. Der in Visual Basic 6.0 enthaltene DHTML-Designer sorgt dafür, dass Sie eine beliebige HTML-Seite in ein Projekt laden können und diese sofort in das Objektmodell integriert wird. Für Visual-Basic-Programmierer ist das eine tolle Sache, denn auf diese Weise können sie endllich DHTML/HTML-Seiten erstellen, ohne sich mit den Widrigkeiten eines HTML-Editors abgeben oder gar mit Notepad begnügen zu müssen. Der DHTML-Designer ist allerdings weniger zum Erstellen der eigenen Homepage geeignet, wenngleich er sich dafür auch einsetzen lässt, sondern vielmehr dafür, sog. *schlanke Clients* zu erstellen, die in einer Client-Server-Anwendung die bisher auf Visual-Basic-Formularen basierende Clients ablösen. Konkret sieht das so aus, dass, wenn Sie eine kleine Anwendung erstellen möchten, die, etwa für die Auftragsbearbeitung, auf eine Auftragsdatenbank zugreift, Sie diese nun komplett in DHTML erstellen. Da sich auf einer DHTML-Seite nicht nur die eingebauten HTML-Steuerelemente, sondern im Prinzip jedes ActiveX-Steuerelement einsetzen lässt, gibt es, was die Gestaltungsmöglichkeit angeht, keine Nachteile. Die DHTML-Oberfläche wird allerdings nicht von Visual Basic angezeigt, sondern vom Internet Explorer.

Allerdings hat es sich inzwischen herausgestellt, dass das DHTML-Modell bei den Visual Basic-Programmierern praktisch auf keine Resonanz gestoßen ist (das war zu dem Zeitpunkt als Visual Basic 6.0 noch ganz neu war noch nicht abzusehen). Der Hauptgrund dürfte gewesen sein, dass HTML und DHTML trotz unbestrittener Vorteile, etwa was die Leichtigkeit der Client-Installation und die Aktualisierung des Clients (einfach Refresh im Browser anwählen) angeht, nicht das Formularmodell ersetzen können. Eine DHTML-Oberfläche bringt viele Einschränkungen mit, was die optischen Gestaltungsmöglichkeiten betrifft. Der Hauptgrund ist mit Sicherheit der gewesen, dass DHTML-Oberflächen mit Script programmiert werden und der Versuch, Visual Basic ins Spiel zu bringen, mehr Nachteile für die Flexibilität als Vorteile gebracht hat. Und es gibt noch einen Grund: Die Zeit war noch nicht reif. Bei Visual Basic .NET hat Microsoft aus diesen Fehlern gelernt. Web-Formulare lassen sich genauso einfach erstellen wie Windows-Formulare. Kein Visual Basic-Programmierer wird mehr gezwungen, auf die etwas obskure Scriptprogrammierung auszuweichen.

Abbildung 1.2:
Der DHTML-
Designer erlaubt
die nahtlose
Einbeziehung
von HTML/
DHTML-Seiten
in ein Visual-
Basic-Projekt.

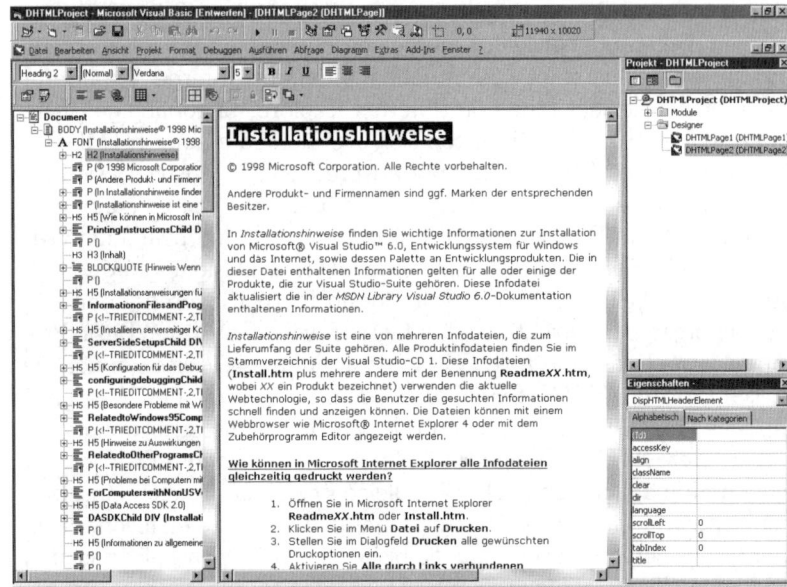

Abbildung 1.2:
Der DHTML-
Designer erlaubt
die nahtlose
Einbeziehung
von HTML/
DHTML-Seiten
in ein Visual-
Basic-Projekt.

Auch wenn es zunächst nicht den Anschein haben mag, sind DHTML-Projekte sehr leicht zu verstehen. Starten Sie Visual Basic 6.0, wählen Sie als Projekttyp »DHTML-Anwendung« aus, und laden Sie über den Menübefehl PROJEKT | DHTML-SEITE hinzufügen eine beliebige HTML-Seite. Sie werden erleben, dass diese HTML-Seite in das Projekt geladen wird und Sie gleichzeitig den Inhalt der Seite sowie im Dokument-Explorer jedes einzelne Element der Seite betrachten können. Wählen Sie im Dokument-Explorer ein Element, etwa die H1-Überschrift (sofern vorhanden), aus, können Sie im Eigenschaftsfenster alle Eigenschaften dieses Elements, wie etwa die Farbe, wenn es sich um ein FONT-Element handelt, einstellen und die Auswirkung dieser Änderung sofort im Dokumentfenster beobachten. DHTML bedeutet also nicht eine neue Sorte von HTML, sondern lediglich, dass jedes Element eines HTML-4.0-Dokuments wie ein Steuerelement angesprochen werden kann. Eine wirklich tolle Sache, denn so etwas gab es vorher noch nicht. Wer DHTML-Seiten erstellen wollte, musste sich in der Regel mit Notepad begnügen.

1.2.4   Der Datenumgebungs-Designer

Bereits mit Visual Basic 5.0 wurde der UserConnection-Designer (der Datenverbindungs-Designer) eingeführt. Eine sehr praktische Einrichtung, mit dem sich *UserConnection*-Objekte visuell anfertigen lassen, durch die der Zugriff auf eine ODBC-Datenquelle, konkret: die Anmeldung am SQL-Server und der Zugriff und das Anlegen von gespeicherten SQL-Abfragen, deutlich vereinfacht wird. Anstatt den Verbindungsstring jedesmal umständlich in den Programmcode einzutippen, definiert man einmal ein *UserConnection*-Objekt und muss von da nur noch dieses Objekt in ein Projekt einbinden, um einen Zugriff auf eine ODBC-Datenbank und die in ihr enthaltenen Abfragen durchführen zu können. Einen deutlichen Schritt weiter in Richtung einer praktisch nahtlosen Integration (im Prinzip) beliebiger Datenquellen in die Visual-Basic-IDE macht der Datenumgebungs-Designer, der mit dem SQL-Abfragedesiginer und dem Report-Generator weitere wichtige Datenbankwerkzeuge umfasst. Die Hauptaufgabe dieses Designers ist das Erstellen von COM-Objekten, mit denen sich nicht nur praktisch beliebige Datenabfragen durchführen lassen (etwa die Einbeziehung unterschiedlicher Datenquellen in eine Abfrage), sondern auch die Darstellung der Daten sehr flexibel erledigen lässt (z. B. in hierarchischen Ansichten). Im einfachsten Fall enthält ein Datenumgebungs-Objekt eine oder mehrere Tabellen und/oder Abfragen und steht damit für einen Recordset. Ein (komplexes) Beispiel für ein vom Datenumgebungs-Designer erstelltes Objekt wäre ein Bestellmodul, das die Daten eines Bestellers entgegennimmt, die Kundendaten aus der Stammdatenbank herausholt, Verfügbarkeit der Waren ermittelt, eine Anfrage bei der Kreditkartenfirma durchführt und dem Besteller per E-Mail eine Bestätigung zukommen lässt. Der große Gewinn dabei ist nicht die Durchführung der einzelnen Arbeitsschritte, die sich auch herkömmlich erledigen lassen und die auch beim Datenumgebungs-Designer konventionell programmiert werden müssen, sondern dass daraus eine datenquellenzentrierte Klasse resultiert, die für alle wichtigen Datenbankaktionen Ereignisprozeduren zur Verfügung stellt und die sich in einem Visual-Basic-Projekt (hoffentlich) universell einsetzen lässt.

In der Praxis sieht das Arbeiten mit dem Datenumgebungs-Desginer so aus, dass man mit einem leeren Projekt anfängt, die Verbindung zu einer Datenbank herstellt, Abfrageobjekte hinzufügt, wobei sich SQL-Anweisungen wie in Access visuell zusammenstellen lassen, Reports anlegt, Formulare hinzufügt und auf diese Weise zu einer vollständigen Datenbankanwendung kommt.

Sehr praktisch ist auch, dass sich Felder eines Command-Objektes (also einer Datensatzgruppe) auf ein Formular ziehen lassen, wodurch dort automatisch ein passendes, datengebundenes Steuerelement inklusive Beschriftungsfeld angeordnet wird.

*Abbildung 1.3:
Der Datenumge-
bungs-Designer
bietet einen ein-
fachen Zugriff
auf Datenquel-
len und erlaubt
das Erstellen
von universel-
len »Datenbank-
Helfern«.*

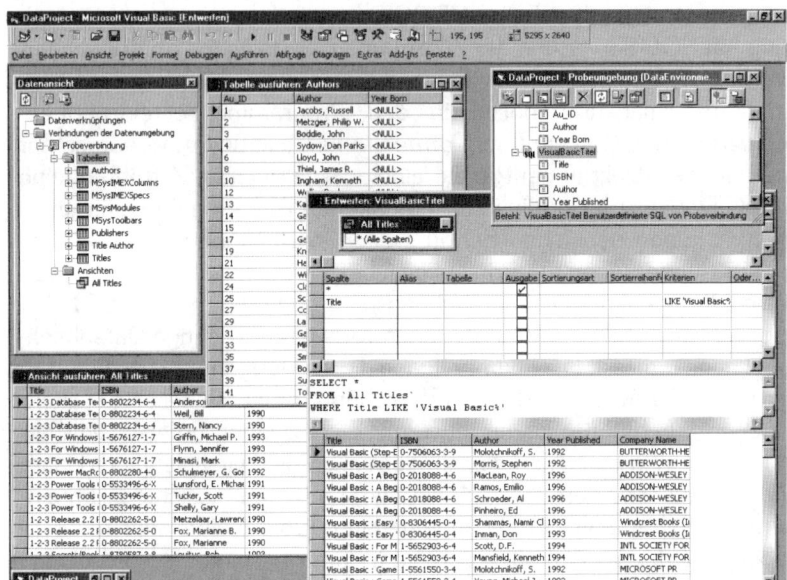

1.2.5   Der Report-Designer

Mit Visual Basic 6.0 gibt es endlich einen eigenen Reportgenerator als Alternative zum Crystal Report Writer (der in der Version für Visual Basic 5.0 in den »Tiefen« der Visual-Basic-CD weiterhin zu finden ist). Der Report Designer, der mit dem Berichtgenerator von Microsoft-Access große Ähnlichkeiten aufweist, ist in den Datenumgebungs-Designer integriert und wird über den Menübefehl *PROJEKT | DATENRE-PORT* HINZUFÜGEN aktiviert. Steuerelemente oder Datenfelder aus einer Datenbankansicht des Datenbankumgebungs-Designers werden mit der Maus auf ein Reportblatt gezogen und positioniert. Auf Wunsch kann ein Report auch als HTML- oder Word-Datei gespeichert werden. Leider (und das dürfte ein relativ großes Leider sein) stehen nur bestimmte Steuerelemente zur Verfügung. Es ist nicht möglich, beliebige ActiveX-Steuerelement auf einem Report anzuordnen (ein Chart-Steuerelement wäre bestimmt ganz nett).

1.2.6 Weitere datenbankbezogene Neuerungen

Die Datenbankunterstützung wurde nicht nur im großen verbessert, wie immer gibt es auch eine Reihe von Kleinigkeiten.

➡ Neben einem ADO-Steuerelement gibt es auch eine Reihe auf OLE DB/ADO basierender Steuerelemente (z.B. DataList, Data-Combo, DataGrid und DataRepeater).

➡ Über die *DataFormat*-Eigenschaft werden Datenformatobjekte definiert und ausgewählt, die bei gebundenen Steuerelementen die Darstellung eines Feldinhaltes festlegen (dies muss allerdings von der Datenquelle unterstützt werden).

1.2.7 Multithreading bei Komponenten-Servern

Dieses wichtige Thema wurde bereits mit dem Service Pack Nr. 1 für Visual Basic 5 gelöst. Komponenten-Server (also ActiveX-DLLs und ActiveX-Exes) unterstützen das Appartment-Threading-Modell. Das bietet den entscheidenden Vorteil, dass eine COM-Komponente von verschiedenen Clients gleichzeitig genutzt werden kann, ohne dass es dabei zu Performance-Nachteilen kommt, wie es bei dem eingeschränkten Threading-Modell von Visual Basic 5.0 und 4.0 der Fall war.

1.3 Der Visual Component Manager

Alle Entwicklungswerkzeuge im Visual Studio 6.0 (also Visual Basic, Visual C++, Visual InterDev und Visual J++) teilen sich den »neuen« *Visual Component Manager* (VCM). Dieses höchst interessante Programm ermöglicht die Verwaltung von Programmkomponenten, wie Steuerelementen, Klassen und anderen projektspezifischen Einheiten in einer Datenbank. Der Nutzen des Visual Component Manager (der auf dem Repository basiert, das es bereits mit Visual Basic 5.0 in einer Vorabversion gab) liegt darin, dass man eine fertige Komponente einträgt, sodass sie für künftige Projekte einfacher auf Abruf zur Verfügung steht. Da Komponenten mit Schlüsselwörtern versehen werden, kann man nach ihnen auch suchen. Konkret kann das Arbeiten mit dem Visual Component Manager so aussehen, dass Sie eine fertig gestellte Klasse anmelden und in zukünftigen Projekten aus dem Visual Component Manager in das Projekt einfügen.

Abbildung 1.4:
Der Visual Com-
ponent Manager
ist die neue
Komponenten-
datenbanbank
in Visual Studio
6.0.

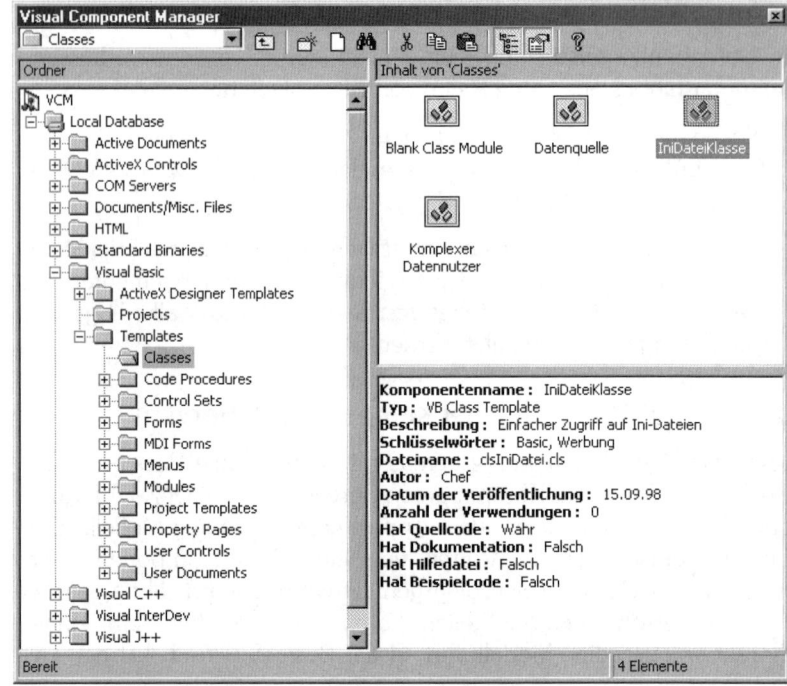

1.4 Weitere »Kleinigkeiten«

Neben den großen Highlights bietet jede neue Visual-Basic-Version auch zahlreiche Kleinigkeiten, die für viele Entwickler interessanter sein können als die großen Verbesserungen.

1.4.1 Verbesserungen an VBA

Visual Basic 6.0 enthält als Programmiersprache VBA 6.0. Gegenüber VBA 5.0 hat es ein paar kleine, unbedeutende, aber dennoch sehr nette Verbesserungen gegeben. Die wichtigste formelle Neuerung ist, dass VBA 6.0 aus Visual Basic 6.0 mit dem VBA 6.0 aus Office 2000 identisch ist[5]. Das betrifft allerdings nur die Office-Entwickler, denen nun ebenfalls die *Event*-Anweisung, die *Implements*-Anweisung und der *AddressOf*-Operator zur Verfügung stehen. Anstatt die übrigen Neuerungen langatmig zu beschreiben, werden sie (hoffentlich übersichtlich) in Tabelle 1.1 zusammengefasst.

---

[5] Das sollte anhand der Versionsnummern zwar eigentlich selbstverständlich sein, doch VBA 5.0 in Visual Basic 5.0 und VBA 5.0 in Office'97 waren nur zu 95% übereinstimmend.

Neuerung	Was hat sie zu bedeuten
Round-Funktion	Kaum zu glauben, aber wahr. Visual Basic 6.0 bietet nach etwas mehr als acht Jahren eine eigene Funktion zum Runden.
Join-Funktion	Setzt einen String aus Teilstrings zusammen, die in Form eines Feldes übergeben werden. Als zweites Argument kann ein Trennzeichen übergeben werden, das die einzelnen Teilstrings im zusammengesetzten String trennt.
Replace-Funktion	Ersetzt in einem String einzelne Teilstrings, die in Form eines Feldes übergeben werden.
Split-Funktion	Diese praktische Stringfunktion zerlegt einen String anhand eines Trennzeichens in mehrere Teilstrings.
StrReverse-Funktion	Kehrt die Reihenfolge der Zeichen in einem String um und gibt das Ergebnis als String zurück.
WeekdayName-Funktion	Gibt den Namen eines Wochentags zurück.
MonthName-Funktion	Gibt den Namen eines Monats zurück.
FormatNumber-Funktion	Formatiert eine Zahl als Alternative zur *Format*-Funktion.
FormatCurrency-Funktion	Formatiert eine Währungszahl als Alternative zur *Format*-Funktion.
FormatDateTime-Funktion	Formatiert ein Datum als Alternative zur *Format*-Funktion.
FormatPercent-Funktion.	Formatiert eine Prozentangabe als Alternative zur *Format*-Funktion.

Tabelle 1.1:
Die wichtigsten
»kleinen«
Neuerungen bei
Visual Basic 6.

1.4.2   Zugriff auf Dateien über Objekte

Die Uraltanweisungen für den Dateizugriff (*Open*, *Print#*, *Write* usw.) gibt es zwar nach wie vor (es wäre inzwischen auch nicht mehr möglich, sie einfach »abzuschaffen«[6]), aber als Alternative für den Zugriff auf Textdateien gibt es das *FilesystemObject*- und das *Textstream*-Objekt, die zuerst mit VBScript eingeführt wurden und über die *Scripting*-Klasse auch in VBA zur Verfügung stehen. Der Zugriff über das *Textstream*-Objekt ist etwas einfacher, geradliniger (man muss nicht über die Unterschiede zwischen *Print#* und *Write#* rätseln), objektkonformer und kompatibel zu VBScript. Mehr dazu in Kapitel 9, in dem es u.a. um das Thema Dateizugriff geht.

---

[6] Auch bei Visual Basic .NET sind sie noch mit von der Partie, allerdings leicht abgewandelt und nur noch aus Kompatibilitätsgründen.

1.4.3   Zugriff auf die Windows-Shell

Auch darauf haben Visual-Basic-Programmierer lange gewartet, wenngleich dieses Feature nicht direkt zu Visual Basic 6.0 gehört, sondern dem Umstand entstammt, dass es eine passende Typenbibliothek für die Shell-Objekte als Begleitung zum Internet Explorer, zu Windows 98 usw. gibt. Damit ist es möglich, auf einfache Weise und vor allem völlig Visual-Basic-konform auf Ordner (u.a. auch den Arbeitsplatzordner), deren Inhalte, Netzwerkverbindungen und einiges mehr zuzugreifen. Auch das Anlegen von Verknüpfungen wird zu einem Kinderspiel (das wurde aber auch Zeit). Mehr zu diesem Thema in Kapitel 16.

1.4.4   Steuerelemente zur Laufzeit anlegen

Dass Steuerelemente zur Laufzeit aus dem »Nichts« entstehen können, gab es schon bei Visual Basic 1.0. Allerdings mussten diese Steuerelemente Mitglied eines Steuerelementefeldes sein. Das war zwar grundsätzlich machbar, in einigen Fällen aber eine lästige Einschränkung. Visual Basic 6.0 kann Steuerelemente und ActiveX-Steuerelemente, die nicht bereits in Form eines Steuerelementefelds angelegt wurden, auf ein Formular »zaubern«. Damit ist es möglich, ActiveX-Steuerelemente erst auf Anforderung zu laden oder ein Formular komplett zur Laufzeit anzulegen und die Anleitung dazu etwa in einer Datenbank abzulegen. Möglich wird dies über die *Add*-Methode des *Controls*-Objekts. Da sich »jemand« auch um die Ereignisse kümmern muss, muss per *WithEvents*-Anweisung zunächst eine Objektvariable deklariert werden:

```
Private WithEvents cmdButtonNeu As CommandButton
```

Anschließend steht in der Objektliste der Eintrag *cmdButtonNeu* zur Auswahl, über den die Ereignisprozeduren des (zu diesem Zeitpunkt noch nicht existierenden Buttons) ausgewählt werden. Erzeugt wird der neue Button z.B. innerhalb von *Form_Load*:

```
Dim cmdButtonNeu As Control
Set cmdButtonNeu = Me.Controls.Add("VB.CommandButton", "cmdButtonNeu")
cmdButtonNeu.Caption = "Ich bin hier neu"
cmdButtonNeu.Move 0, 0
cmdButtonNeu.Visible = True
```

Das Ergebnis ist eine neue Befehlsschaltfläche, die über sämtliche Eigenschaften und Ereignisse einer »normalen« Befehlsschaltfäche verfügt (Steuerelementefelder lassen sich auf diese Weise aber nicht anlegen). Falls ein hinzugefügtes Steuerelement einen Lizenzisierungsschlüssel besitzt, muss dieser zuvor der *Licenses*-Auflistung hinzugefügt werden.

1.4.5   Mitglieder über eine Variable aufrufen

Über die *CallByName*-Methode lassen sich die Methoden und Eigenschaften eines Objekts auch indirekt, d.h. über eine Variable, aufrufen, die vor dem Aufruf den Namen der Methode erhält. Hier ein kleines Beispiel:

```
Private R As clsRechner
Sub Rechenoperation ()
    Dim Operation As String
    Set R = New clsRechner
    R.Operand1 = 4
    R.Operand2 = 5
    Operation = "Addition"
    CallByName R, Operation, VbMethod
' ...
    Operation = "Multiplikation"
    CallByName R, Operation, VbMethod
' ...
End Sub
```

In diesem kleinen Beispiel werden die unterschiedlichen Rechenmethoden aufgerufen, ohne dass der Name der Methode zur Entwurfszeit festgelegt werden muss (man könnte ihn auch über eine *InputBox*-Methode eingeben lassen).

1.4.6   Automatische Validierung bei Textfeldern

Diese Neuerung ist wirklich nett und seit Version 1.0 überfällig. Jedes Steuerelement, das den Fokus erhalten kann, besitzt eine *CauseValidation*-Eigenschaft. Ist diese auf *True* gesetzt, wird vor dem Verlassen des Steuerelements ein *Validate*-Ereignis ausgelöst. Wird in der Ereignisprozedur der *Cancel*-Parameter auf *True* gesetzt, bleibt der Fokus in dem Steuerelement. Falls dieses Verhalten nicht erwünscht ist, muss es über die *CausesValidation*-Eigenschaft deaktiviert werden.

1.4.7   Objekte im Netzwerk anlegen

Die *CreateObject*-Methode ist über einen zusätzlichen Parameter in der Lage, Komponenten auf einem Netzwerk-PC zu instanzieren. Die Syntax lautet:

```
CreateObject (Klasse[, Servername])
```

Bei *Servername* handelt es sich lediglich um den Namen eines Netzwerkservers, auf dem die Komponente registriert wurde und zur Verfügung steht. Dies funktioniert übrigens auch mit den Office-COM-Servern, sodass es z.B. möglich ist, das *Excel.Application*-Objekt zu instanzieren, wenn Excel auf einem anderen Netzwerk-PC installiert ist. Damit das mit Windows-95-PCs funktioniert, muss dort das DCOM-Update installiert sein (bei Windows 98 ist es bereits integriert).

1.4.8   Lightweight-ActiveX-Steuerelemente

Visual Basic 6.0 kann über die *Windowless*-Eigenschaft sog. Lightweight-ActiveX-Steuerelemente erzeugen, die sich, wie etwa das Bezeichnungsfeld oder die Figurenelementel, nicht von einer Fensterklasse ableiten und daher auch keine *hWnd*-Eigenschaft besitzen. Darüber hinaus verfügt Visual Basic 6.0 über eine Reihe dieser »leichtgewichtigen« Steuerelemente als Alternative zu den fest eingebauten Steuerelementen der Werkzeugsammlung. Sie finden diese (von der Firma Sheridian entwickelten) Steuerelemente in Gestalt der Datei *Mswless.ocx* auf der Visual-Basic-CD. Vor ihrer Nutzung muss die Datei *Mswless.reg* in die Registry übernommen werden (durch Öffnen der Reg-Datei).

1.4.9   Persisente Klassen

Diese wichtige Eigenschaft hat bei Visual Basic 5 noch gefehlt. Damit öffentliche Klassen (also Klassen in einem ActiveX-DLL oder ActiveX-EXE-Projekt) ihren Inhalt in einer ADO-Datenquelle speichern können, gibt es, wie bei den ActiveX-Steuerelementen, ein *Propertybag*-Objekt und die Ereignisse *ReadProperties* und *WriteProperties*. Diese stehen zur Verfügung, wenn die *Persistable*-Eigenschaft der (öffentlichen) Klasse den Wert 1 erhält.

1.4.10   Neuer Compiler

Visual Basic 6.0 arbeitet intern mit dem gleichen (Backend-)Compiler wie Visual C++ 6.0, was einen etwas optimierteren Maschinencode bedeuten dürfte. Der Compiler liegt in Form der Datei *C2.exe* vor, kann auch über die Kommandozeile aufgerufen werden und erzeugt eine *Obj*-Datei (ein Objektmodul – ein Begriff, der nichts mit den herkömmlichen Objekten zu tun hat), die vom Linker *Link.exe* zu einer *Exe*-Datei gebunden wird. Neue Optimierungsoptionen gibt es bei Visual Basic 6.0 aber nicht (bzw. sollte sie es geben, werden sie nicht über die einstellbaren Compileroptionen der IDE angeboten).

1.5 Dinge, die sich (leider) nicht geändert haben

Natürlich sollen in diesem Kapitel auch jene Dinge gewürdigt werden, die sich (wieder) nicht geändert haben, alleine schon, damit Sie sich die Suche nach ihnen ersparen können. Natürlich ist eine solche Auswahl sehr subjektiv, denn es gibt keinen eindeutig definierten Sollzustand. Diese definiert sich vielmehr aus öffentlich geäußerter »Kritik«, etwa in den Diskussionsgruppen im Internet, aus Zeitschriftenartikeln, aus von Microsoft inoffiziell in Aussicht gestellten Neuerungen, die es aber aus verschiedenen Gründen doch nicht in die neue Version geschafft haben, aus Gesprächen mit anderen Entwicklern und natürlich aus dem eigenen subjektiven Empfinden. Hier sind zumindestens die wichtigsten Versäumnisse. Auch Visual Basic 6.0 bietet keine bzw. keinen

➡ globale Fehlerbehandlung

➡ vorzeichenlose Datentypen

➡ Compiler, der *Exe*-Dateien erstellen kann, die ohne Laufzeit-DLL auskommen.

➡ Vererbung, bei der eine neue Klasse den Programmcode von Methoden und Eigenschaften einer Basisklasse übernimmt.

➡ verbesserten Objektkatalog.

➡ neuen Menüeditor (kurios, aber wahr: der Menüeditor wurde seit Version 1.0 nur minimal verändert) und unterstützt immer noch keine Symbolleisten. Diese müssen vielmehr umständlich über Zusatzsteuerelemente implementiert werden.

➡ Verschlüsselung von Programmcode, damit sich eine *Exe*-Datei nicht mit relativ geringem Aufwand decompilieren lässt.

➡ Verbesserung des wirklich schlecht gemachten Prozedurattribute-Dialogs (bei Visual Basic 5.0 sah es noch so, aus als handele es sich um ein in letzter Minute eingefügtes Provisorium).

➡ Unterstützung für DirectX. Immerhin können die DirectAnimation-Objekte von Visual Basic aus angesprochen werden.

➡ Sollten Sie ebenfalls der Meinung sein, dass einer dieser Punkte wichtig ist, schicken Sie eine E-Mail an *vbwish@microsoft.com* (Sie müssen es vermutlich auf englisch verfassen). Es ist hier vermutlich ein wenig wie beim Schlager-Grand-Prix. Je mehr Stimmen ein Feature erhält …

1.6 Welche Visual-Basic-6.0-Versionen gibt es?

Wie seine Vorgängerversion gibt es Visual Basic 6.0 in drei »Geschmacksrichtungen«: Einsteiger- (auch Learning- oder Standard-Edition genannt), Professional und Enterprise-Edition. Einen Leistungsvergleich der drei Versionen finden Sie in Tabelle 1.2 (die meisten Angaben stammen aus einer von Microsoft veröffentlichten Übersicht).

Eine kostenlose »Probierversion« erhalten Sie sowohl in Form von Visual Basic 5.0 CCE als auch in Form eines sog. Ablaufmodells von Visual Basic 6.0 u.a. auf der Buch-CD. Letzteres erlaubt die Ausführung von Visual-Basic-Programmen. Exe-Dateien und ActiveX-Steuerelemente können aber nicht erstellt werden.

:-)
TIP

Auch für Visual Basic 6.0 gibt es preiswerte Lizenzen für »Forschung und Lehre« (FuL)[7]. Hierbei handelt es sich um funktional uneingeschränkte Vollversionen (also keine »Testversion«), die unter Umständen auch updateberechtigt sind (Einzelheiten bitte beim Händler erfragen). Allerdings gibt es zwei kleine Besonderheiten: Für den Erwerb wird ein offizieller Nachweis verlangt (z.B. Schulstempel, Studentenausweis oder etwas Vergleichbares), und die Full-Lizenzen gibt es nicht bei jedem Händler. Einige Softwarehändler (wie die Firma Steckenborn in Gießen) haben sich seit Jahren auf FuL-Software spezialisiert. Wenn Sie im Web suchen, sollten Sie schnell einen Überblick über die in Frage kommenden Bezugsquellen erhalten.

Tabelle 1.2:
Die wichtigsten
Leistungsmerk-
male von Visual
Basic 6.0 im
Vergleich.

Eigenschaft	Enterprise	Profi	Einsteiger
Standardsteuerelemente	x	x	x
Zusatzsteuerelemente, wie Web-Control, Standarddialog oder DBGrid.	x	x	x
Zugriff auf die serielle Schnittstelle mit Mscomm32.ocx	x	x	-
Multimedia-Steuerelement Mci32.ocx	x	x	x
ADO-Datensteuerelement	x	x	x

---

[7] Bei Visual Basic 5 gab es die Einsteiger-Edition als FuL-Version bereits für knapp 120 DM.

Eigenschaft	Enterprise	Profi	Einsteiger
Internet-Transfer-Steuerelemente	x	x	x
WinSock-Steuerelement	x	x	x
VBA 6.0	x	x	x
Optimierender Compiler	x	x	-
ActiveX-Datenzugriffsobjekte	x	x	-
DHTML-Designer	x	x	-
OLE-DB-Treiber für Microsoft SQL Server 6.5 und Oracle SQL Server 7.3.3+	x	x	-
Datenumgebungs-Designer	x	x	-
Klassen als Datenquellen	x	x	-
Reportgenerator	x	x	-
Visual Component Manager	x	x	-
Microsoft Transaction Server 2.0, Developer Edition	x	x	-
Microsoft Internet Information Server 4.0, Developer Edition	x	x	-
Professional Visual Data Tools	-	x	-
Enterprise Visual Data Tools	x	-	-
Visual Modeler	x	-	-
Compiler-Support für DEC Alpha	x	-	-
Transact SQL (TSQL) Debugger und Debugger für PL/SQL in Oracle-Datenbanken	x	-	-
Microsoft SQL Server 6.5, Developer Edition	x	-	-
Microsoft Visual SourceSafe 6.0	x	-	-

1.7 Zusammenfassung

Visual Basic 6.0 ist das bislang wichtigste Update. Mit einer Lebensdauer von nun mehr über 3 Jahren (es kam im Spätsommer '98 auf den Markt) ist es zudem die Version mit der längsten Lebensdauer (der Nachfolger Visual Basic. NET wird im Frühjahr 2002 erwartet). Auch wenn einige der aufgezählten Neuerungen (wie etwa die DHMTL-Projekte) inzwischen wieder relativiert werden müssen, stellt es aufgrund der aufgezählten Eigenschaften und der komfortablen Datenbankunterstützung ein sehr leistungsfähiges Entwicklungswerkzeug dar. Soll man jetzt noch damit beginnen, sich in Visual Basic 6.0 zu stürzen, wenn doch die Nachfolgeversion bereits vor der Tür steht? Diese Frage lässt sich nicht pauschal beantworten. Wer aus Spaß programmiert oder stets mit den neuesten Werkzeugen aus dem Hause Microsoft arbeiten möchte oder wer das Know-how aus beruflichen Gründen benötigt, sollte keine Zeit verlieren und sich die Beta oder das endgültige Visual Studio. NET besorgen. Visual Basic 6.0 wird aber trotz Vorhandensein eines mehr als würdigen Nachfolgers noch eine Weile in der Entwicklerszene eine Rolle spielen. Wer mehr an der klassischen Windows-Programmierung interessiert ist, macht mit Sicherheit keinen Fehler sich zunächst ausgiebig mit Visual Basic 6.0 zu beschäftigen und zu einem späteren Zeitpunkt Visual Basic.NET zu begutachten.

1.8   Neue Updates

Seit dem Erscheinen von Visual Basic 6.0 sind nicht weniger als fünf Service Packs erschienen, die man sich alle von der Microsoft Webseite herunterladen kann (die Adresse lautet *http://msdn.microsoft. com/vbasic*). Es wird stets empfohlen, das neueste Service Pack zu installieren, das u.a. auch die ActiveX Data Objects (ADO) auf den neusten Stand bringt. Außerdem gibt es mit einem »Fresh up« (Visual Basic 6.0a) sogar ein kleines Update, das aber keine neuen Befehle und Steuerelemente, sondern lediglich mit der MSDE eine neue Version des Microsoft SQL-Servers und den (relativ) neuen Windows Installer 1.0 umfasst.

Das erste Visual-Basic-Programm

Kapitel 2

In diesem Kapitel setzen Sie Schritt für Schritt Ihr erstes Visual-Basic-Programm um. Es wird davon ausgegangen, dass Sie Visual Basic noch nicht oder nur flüchtig kennen (es aufgerufen und vielleicht ein wenig damit »herumgespielt« wird wohl jeder schon einmal haben) und vielleicht auch mit der Windows-Programmierung im speziellen bzw. der Programmierung im Allgemeinen noch nicht allzuviel Kontakt hatten. Ziel des Kapitels ist es, dass Sie einen ersten Eindruck von der typischen Vorgehensweise bei der Umsetzung eines Visual-Basic-Programms erhalten und natürlich auch Ihr erstes »Erfolgserlebnis« genießen können. Während das erste Beispiel lediglich dazu dient, die elementaren Zusammenhänge zwischen Formularen, Steuerelementen, Ereignissen und VBA-Anweisungen zu verdeutlichen, soll das zweite Beispiel bereits ein wenig von der Leichtigkeit erahnen lassen, mit der sich (im Prinzip beliebige) Datenquellen in ein Visual-Basic-Programm einbeziehen lassen. Auch wenn es sich um sehr einfache Beispiele handelt, lernen Sie bereits das Prinzip der Programmierung mit Visual Basic kennen.

Eines soll das Kapitel allerdings nicht bezwecken: den Eindruck erwecken, Visual-Basic-Programmierung wäre eine Angelegenheit von ein paar Mausklicks und bei Visual Basic wäre stets alles »nice and easy«. Das ist mit Sicherheit nicht der Fall, wenngleich die Programmierung (gerade am Anfang) wirklich Spaß machen kann und der Programmieraufwand im Vergleich zu anderen Werkzeugen, wie etwa C++, deutlich geringer ist. Und das ist auch gut so, denn simple Werkzeuge haben einen entscheidenden Nachteil: Man stößt sehr schnell an Grenzen. Das Erfolgsgeheimnis von Visual Basic ist, dass es die Leichtigkeit bei der Programmierung (das ist natürlich stets relativ – einige harte Nüsse und scheinbar »unlösbare« Aufgaben gibt es auch hier) mit einer enormen Flexibilität und Leistungsfähigkeit verknüpft. Doch nun genug der Vorrede und Vorschußlorbeeren. Nach ein paar notwendigen Voreinstellungen werden Sie im zweiten Abschnitt Schritt für Schritt Ihr erstes Visual-Basic-Programm umsetzen.

Sie lesen in diesem Kapitel etwas über:

- notwendige Voreinstellungen in der IDE

- die schrittweise Umsetzung eines kleinen Visual-Basic-Programms

- das Anordnen von Steuerelementen auf einem Formular

- das Einstellen von Eigenschaften im Eigenschaftsfenster

- das Starten eines Programms

- die Rolle der Ereignisse

- die Aufgabe des Programmcodefensters

- die Ausführung eines Programms im Einzelschrittmodus

- den Zugriff auf eine Datenbank über das ADO-Datensteuerelement

2.1 Bevor es losgeht

Im Folgenden wird davon ausgegangen, dass Sie Visual Basic 6.0 installiert haben. Auch wenn sich die Beispiele in diesem Buch zum größten Teil auch mit früheren Versionen von Visual Basic (Version 5.0 und Version 4.0 – bei den grundlegenden Dingen gab es nur minimale Änderungen) umsetzen lassen, beziehen sich alle Erläuterungen und Abbildungen auf die aktuelle Version 6.0. Ob Sie dagegen mit der Einsteiger-, der Profi- oder gar der Enterprise-Edition arbeiten, spielt für dieses Kapitel (sowie für die meisten Kapitel und Beispiele in diesem Buch) keine Rolle. Wie es schon in der Einleitung erwähnt wurde, wird die Profi-Edition empfohlen, da diese für professionell orientierte Entwickler den größten Funktionsumfang zu einem günstigen Preis bietet.

2.1.1 Einstellungen an der IDE

Bevor Sie eigene Visual-Basic-Programme umsetzen, sollten Sie eine Reihe von Einstellungen an der Visual-Basic-IDE vornehmen. Diese Einstellungen nehmen Sie über den Menübefehl EXTRAS | OPTIONEN und die Auswahl einer der sechs Registerkarten vor. Im einzelnen handelt es sich um die folgendende Einstellungen:

➤ Aktivieren Sie in der Registerkarte *Editor* die Option *Variablendeklaration erforderlich*. Dies stellt sicher, dass jede Variable vor ihrer Benutzung deklariert werden muss.

➤ Aktivieren Sie in der Registerkarte *Editor* die Optionen *Ganzes Modul anzeigen* und *Trennlinie*. Diese sorgen dafür, dass alle Prozeduren in einem Modul gemeinsam angezeigt, die einzelnen Prozeduren aber durch eine Trennlinie separiert werden (im Allgemeinen sind diese Optionen bereits voreingestellt).

➤ Aktivieren Sie in der Registerkarte *Umgebung* die Option *Speichern der Änderungen bestätigen*. Dies stellt sicher, dass Sie vor jeder Änderung gefragt werden, ob Sie das aktuelle Projekt speichern möchten.

➤ Legen Sie einen Ordner mit dem Namen *Vb6_Komp* an. Hier werden später alle Beispielprogramme dieses Buches gespeichert. Das ist zwar nicht zwingend erforderlich, stellt aber sicher, dass Sie die Dateien dieser Programme schnell wiederfinden.

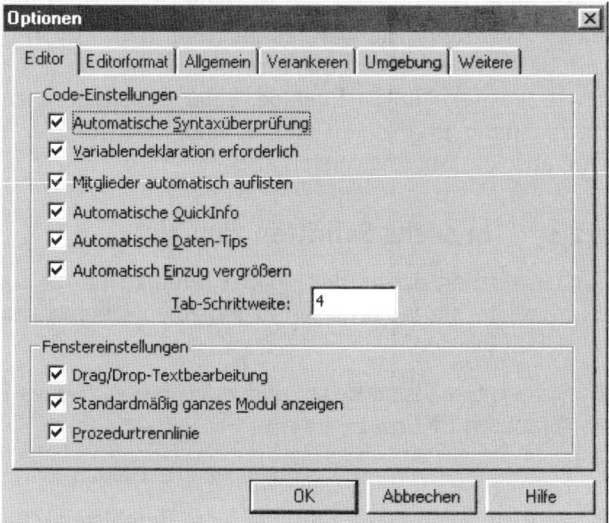

Abbildung 2.1: Die Option »Variablendeklaration erforderlich« sollte unbedingt gesetzt werden.

2.2   Das erste Beispielprogramm stellt sich vor

Das erste Beispielprogramm wird noch nicht sehr viel können, es wird aber folgende Dinge bewirken:

■► Sie haben ein erstes kleines Erfolgserlebnis durch ein funktionsfähiges Visual-Basic-Programm.

■► Sie lernen das Prinzip der Programmumsetzung in Visual Basic kennen.

■► Sie lernen, welche Rolle Ereignisse für die Programmausführung spielen.

■► Sie erleben, wie einfach sich ein Programm um einige Funktionen erweitern lässt.

Beim ersten Beispielprogramm handelt es sich um einen kleinen Devisenrechner, der in der Lage ist, einen beliebigen DM-Betrag in eine andere Währung (wie wäre es denn mit dem Euro?) umzurechnen. Es verfügt über eine kleine Benutzeroberfläche, die aus einem Formular, einem Textfeld für die Eingabe, einer Schaltfläche zum Auslösen der Umrechnung und einem Bezeichnungsfeld für die Ausgabe verfügt. Eine absolute Minimalversion also.

2.2.1   In sechs Schritten zum Ziel

Zur Umsetzung dieses Beispielprogramms sind die folgenden Schritte erforderlich, die nach diesen allgemeinen Überschriften detailliert beschrieben werden.

1. Starten Sie Visual Basic, und legen Sie ein neues Projekt vom Typ »Standard-EXE« an.

2. Ordnen Sie auf dem Formular ein Textfeld an.

3. Ordnen Sie auf dem Formular eine Befehlsschaltfläche an.

4. Ordnen Sie auf dem Formular ein Bezeichnungsfeld an. Damit besitzt das Formular drei Steuerelemente (siehe Bild 2.1).

5. Ändern Sie verschiedene Eigenschaftswerte der drei Steuerelemente und des Formulars gemäß Tabelle 2.1.

6. Fügen Sie die Anweisungen in die Ereignisprozedur *cmdUmrechnen_Click* gemäß Listing 2.2 ein.

2.2.2 Die Schritte im einzelnen

Starten Sie Visual Basic, und wählen Sie als Projekttyp »Standard- **Schritt 1**
EXE«. Visual Basic legt ein neues Projekt an, das aus genau einem Formular besteht.

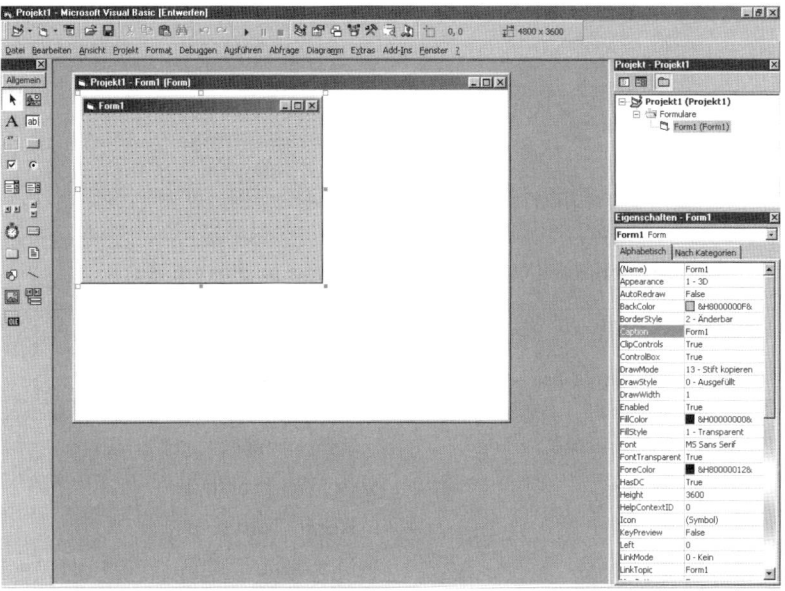

*Abbildung 2.2:
In der Visual-
Basic-Entwick-
lungsumge-
bung wurde ein
neues Projekt
angelegt.*

Das Formular erhält ein Textfeld. Ordnen Sie auf dem Formular ein **Schritt 2**
Textfeld an. Dieses wird später dazu dienen, die Eingabe eines DM-Be-
trags entgegenzunehmen. Klicken Sie dazu zuerst auf das Textfeldsym-
bol in der Werkzeugsammlung. Klicken Sie nun an die Stelle auf dem
Formular, auf dem sich die linke obere Ecke des Textfeldes befinden
soll (der Mauszeiger nimmt die Form eines Fadenkreuzes an). Halten
Sie die Maustaste gedrückt, und ziehen Sie bei gedrückter Maustaste
das Textfeld in der gewünschten Größe auf. Auf gleiche Weise werden
alle Steuerelemente auf einem Formular angeordnet.

*Die Werkzeugsammlung enthält viele Symbole; woher weiß ich
denn, welches Symbol für welches Steuerelement steht? Ganz einfach, halten Sie den Mauszeiger kurz über ein Symbol, und der
Name des Steuerelements wird als Tooltip angezeigt.*

:-)
TIP

Abbildung 2.3:
Bleibt der Maus-
zeiger auf einem
Symbol der
Werkzeug-
sammlung ste-
hen, wird der
Name (genauer
gesagt, der
Klassenname)
des Symbols als
Tooltip ange-
zeigt.

Tabelle 2.1:
Die Originalna-
men der Steuer-
elemente in der
Werkzeugsamm-
lung und die in
diesem Buch ver-
wendeten
Namen.

Originalbezeichung (Klassenname)	Name in diesem Buch
PictureBox	Bildfeld
Label	Bezeichnungsfeld
Textbox	Textfeld
Frame	Rahmenfeld
CommandButton	Befehlsschaltfläche
CheckBox	Kontrollkästchen
OptionButton	Optionsfeld
ComboBox	Kombinationsfeld
ListBox	Listenfeld
HscrollBar	Horizontale Bildlaufleiste
VscrollBar	Vertikale Bildlaufleiste
Timer	Zeitgeber
DriveListBox	Laufwerkslistenfeld
DirListBox	Verzeichnislistenfeld
FileListBox	Dateilistenfeld
Shape	Figurenelement
Line	Linienelement
Image	Anzeige
Data	Datensteuerelement (keine Unter- stützung für ADO)
OLE	OLE-Steuerelement

Es macht überhaupt nichts, wenn sich ein Steuerelement an der falschen Stelle befindet oder nicht die gewünschte Größe hat. Sie können

die Größe eines Steuerelements jederzeit entweder mit der Maus oder durch Setzen der entsprechenden Eigenschaften *Width* (Breite), *Height* (Höhe), *Left* (horizontaler Abstand der linken oberen Ecke vom Rand) und *Top* (vertikaler Abstand der linken oberen Ecke vom Rand) wieder ändern. Visual Basic ist in dieser Beziehung sehr flexibel.

Haben Sie ein Steuerelement in der Werkzeugsammlung ange-klickt, es sich aber dann anders überlegt, klicken Sie auf das Zei-gersymbol in der Werkzeugsammlung, um die Operation abzubre-chen.

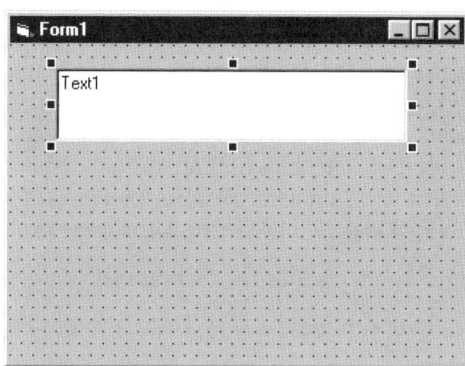

Abbildung 2.4: Auf dem Formu-lar wurde ein Textfeld ange-ordnet.

Eine Befehlsschaltfläche kommt hinzu. Ordnen Sie auf dem Formular eine Befehlsschaltfläche so an, wie es in Bild 2.5 zu sehen ist. Über die Schaltfläche wird die Berechnung des Devisenbetrages später ausge-löst. Machen Sie sie aber nicht zu groß, sondern passen Sie die Größe an die Größe des Textfeldes an. **Schritt 3**

Nun fehlt noch ein Bezeichnungsfeld für die Ausgabe, das ebenfalls auf dem Formular angeordnet wird. **Schritt 4**

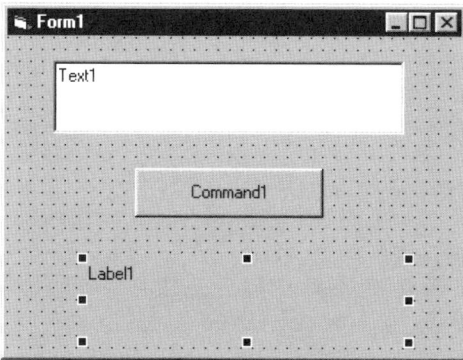

Abbildung 2.5: Auf dem Formu-lar wurden ein Textfeld, eine Schaltfläche und ein Bezeich-nungsfeld ange-ordnet.

Schritt 5 In diesem Schritt erhalten einige Eigenschaften der Objekte andere Werte. Die »Benutzeroberfläche« ist praktisch fertig und besteht aus vier Objekten: dem Formular, einem Textfeld, einer Schaltfläche und einem Bezeichnungsfeld. Jedes dieser Objekte besitzt eine Reihe von Eigenschaften, die zur Entwurfszeit eingestellt werden können. Jede dieser Eigenschaften erhält einen bestimmten voreingestellten Wert. Ein Teil dieser Einstellungen soll im Folgenden geändert werden. Dies ist z.B. immer dann erforderlich, wenn ein Steuerelement etwas anders aussehen soll, als es über die Voreinstellungen festgelegt wird. Eine der Eigenschaften, die grundsätzlich geändert wird, ist die Caption-Eigenschaft, welche für die Überschrift (bzw. Inschrift) eines Steuerelements oder des Formulars steht. Gehen Sie zum Ändern eines Eigenschaftswertes immer nach dem gleichen Schema vor: Klicken Sie das Steuerelement oder das Formular mit der Maus einmal an, um es auszuwählen. Aktivieren Sie das Eigenschaftenfenster (z.B. über die F4-Taste), selektieren Sie die zu ändernde Eigenschaft, und tragen Sie den neuen Wert ein. Die Eigenschaft erhält damit einen neuen Wert, der auch sofort wirksam wird. Am Beispiel der Caption-Eigenschaft des Bezeichnungsfelds soll diese Vorgehensweise praktisch erläutert werden:

1. Klicken Sie das Bezeichnungsfeld an, um es auszuwählen.

2. Drücken Sie die F4-Taste, um das Eigenschaftenfenster zu öffnen.

3. Klicken Sie den Eintrag »Caption« doppelt an; der aktuelle Wert dieser Eigenschaft (er lautet »Label1«) wird dadurch selektiert.

4. Geben Sie den neuen Wert der Caption-Eigenschaft ein. Da dies eine leere Zeichenkette sein soll, genügt es, die ←-Taste zu drücken. Betätigen Sie zur Bestätigung der Änderung die ↵-Taste.

Insgesamt müssen Sie lediglich ein halbes Dutzend Eigenschaften ändern. Anstatt jede Änderung im einzelnen zu beschreiben, finden Sie in Tabelle 2.2 alle Eigenschaften, die einen neuen Wert erhalten sollen.

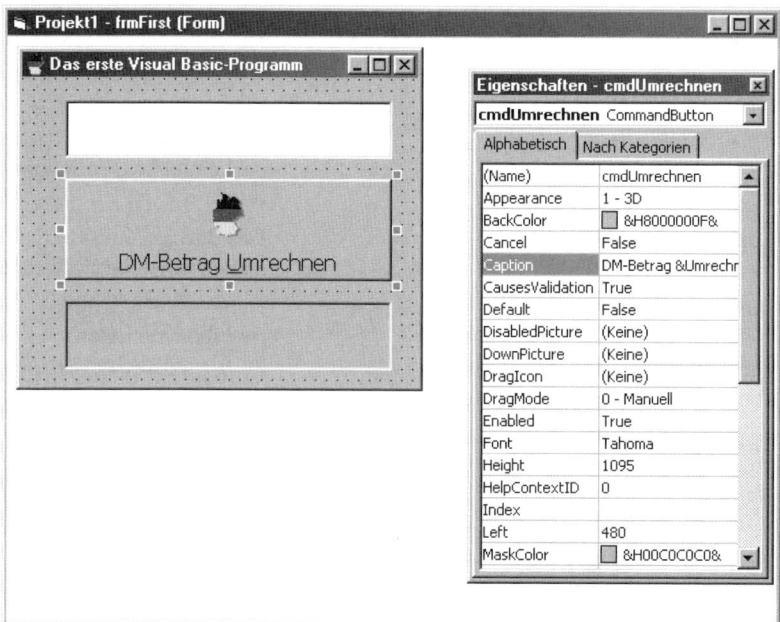

*Abbildung 2.6:
Das Formular,
die Schaltfläche
und das
Bezeichnungs-
feld haben neue
Eigenschafts-
werte erhalten.*

*Tabelle 2.2:
Diese Objekte
erhalten neue
Eigenschafts-
werte.*

Eigenschaft	Alter Wert	Neuer Wert	Grund
Befehlsschaltfläche			
Name	Command1	cmdUmrechnen	Name gemäß den Namenskonventionen.
Caption	Command1	DM-Betrag &umrechnen	Die Schaltfläche benötigt eine passende Aufschrift.
Picture		Ctrgerm.ico	Ein Bild lockert die Schaltfläche auf. Die Ico-Datei sollte sich im Unterverzeichnis *Graphics\Icons\Flags* befinden. Wenn nicht, wurden die Symbole nicht installiert.
Style	0	1	Das Bild soll in der Schaltfläche auch angezeigt werden.
Font	MS Sans Serif, 8 Punkt	Tahoma, 10 Punkt	Das ist reine Geschmackssache – der Standardfont wirkt ein wenig langweilig.

Eigenschaft	Alter Wert	Neuer Wert	Grund
Bezeichnungsfeld			
BorderStyle	0	1	Das Bezeichnungsfeld soll eine einfache Umrandung erhalten.
Caption	Label1		Das Bezeichnungsfeld soll keinen Inhalt besitzen.
Name	Label1	lblAusgabe	Name gemäß den Namenskonventionen.
Font	MS Sans Serif, 8 Punkt	Tahoma, 10 Punkt	Größere Schrift macht die Ausgabe attraktiver.
Textfeld			
Name	Text1	txtEingabe	Name gemäß den Namenskonventionen.
Text	Text1		Das Textfeld sollte nach dem Programmstart leer sein.
Font	MS Sans Serif, 8 Punkt	Tahoma, 12 Punkt, Fett	Größere Schrift macht auch die Eingabe attraktiver.
Formular			
Caption	Form1	Das erste Beispielprogramm	Das Formular soll eine passende Titelleiste erhalten.
Name	Form1	frmHaupt	Name gemäß den Namenskonventionen.
BorderStyle	2	3	Größe des Formulars soll nicht veränderbar sein.
Icon		Ctrgerm.ico	Erhält auch das Formular ein eigenes Symbol, wird dieses u. a. im Systemfeld (linke obere Ecke) und in der Taskleiste angezeigt.

Schritt 6 Nun wird der Programmcode hinzugefügt. Bislang haben Sie »lediglich« die Benutzeroberfläche fertiggestellt. Sie können das Programm zwar jederzeit über die F5 -Taste ausführen, es enthält aber noch keine spezielle Funktionalität. Das soll nun nachgeholt werden. Über die F7 -Taste wird zwischen der Benutzeroberfläche und dem Programmcode-Fenster umgeschaltet (über ⇧ + F7 oder das Symbol »Objekt

anzeigen« im Projekt-Explorer machen Sie das Formular wieder sichtbar). Klicken Sie dazu zuerst das Formular (bzw. jenes Formular, dessen Programmcode Sie bearbeiten möchten, falls das Projekt aus mehreren Formularen besteht) an, um es zu selektieren, und drücken Sie
dann die ⎡F7⎤-Taste. Das Formular verschwindet, stattdessen öffnet
sich ein leeres Fenster. Das ist das Programmcode-Fenster. Hier findet
die Programmierung statt.

2.2.3   Die Bedeutung des Programmcode-Fensters

Da es sehr wichtig ist, dass Sie den Aufbau des Programmcode-Fensters gut verstehen, hier eine kurze Einführung. Visual-Basic-Programme bestehen, darauf wird Kapitel 5, »Der allgemeine Aufbau eines
Visual-Basic-Programms«, noch etwas ausführlicher eingehen, aus Formularen, Klassen und Modulen. Jedes dieser »Module« (der Begriff
»Modul« wird sowohl für allgemeine Programmmodule mit der Erweiterung *.Bas* als auch im Allgemeinen Sinne für eine Datei in einem Visual-Basic-Projekt verwendet) besteht aus Prozeduren, Funktionen und
Deklarationen. Formulare sind besondere Module mit einem »Doppel-
leben«. Sie besitzen eine Benutzeroberfläche, auf der Sie Steuerelemente anordnen können, den Formular-Designer. Sie besitzen aber
auch ein Programmcode-Fenster. Hier werden z. B. Ereignisprozeduren eingegeben, die festlegen, wie ein Steuerelement auf bestimmte
Ereignisse (z. B. das Anklicken mit der Maus) reagieren soll. Normaler-
weise (d. h. wenn die Voreinstellung über den Menübefehl EXTRAS |
OPTIONEN im Register Editor durch Setzen der Option »Standardmäs-
sig ganzes Modul anzeigen« nicht geändert wurde) wird der gesamte
Programminhalt eines Moduls im Programmcode-Fenster angezeigt.
Sie können sich also sämtliche Prozeduren in einem Formular ansehen, indem Sie den Inhalt des Fensters scrollen (oder anders herum,
wenn im Programmcode-Fenster eines Moduls nichts zu sehen ist, enthält es auch keinen Programmcode). Dennoch sollten Sie sich kurz die
Auswahlleiste (unterhalb der Titelleiste) ansehen. Sie besteht aus zwei
Auswahllisten. In der linken Auswahlliste wählen Sie eine Komponente
aus. Zur Auswahl stehen alle auf dem Formular angeordneten Komponenten, das eigentliche Formular sowie der Eintrag »(Allgemein)«. Dieser Eintrag steht für keine Komponente, sondern für alle Deklarationen, allgemeine Prozeduren und Funktionen. Möchten Sie feststellen,
ob ein Modul Variablendeklarationen auf Modulebene (das Gegenteil
wären Deklarationen auf Prozedurebene) enthält, müssen Sie im Programmcode-Fenster aus der linken Auswahlliste den Eintrag »(Allgemein)« wählen. Die zweite Auswahlliste listet alle Prozeduren auf, die
für die in der linken Auswahlliste selektierten »Komponenten« vorhanden sind. Wählen Sie links eine Komponente, erscheinen in der rech-

ten Liste alle Ereignisprozeduren, auf die die Komponente reagieren kann. Dies sind aber nur Prozedurrahmen. Ob eine Ereignisprozedur auch tatsächlich Programmcode enthält, erkennen Sie daran, dass der Name der Prozedur fett angezeigt wird. Und was erscheint in der rechten Auswahlliste, wenn in der linken Auswahl der Eintrag »(Allgemein)« selektiert wurde? Ganz einfach, dann werden in der Prozedurliste alle allgemeinen Prozeduren aufgelistet (allgemeine Prozeduren sind Prozeduren, die nicht über ein Ereignis aufgerufen werden).

Abbildung 2.7:
Während die linke Auswahlliste im Programmcode-Fenster alle Komponenten des Moduls auflistet, enthält die rechte Auswahlliste die Prozeduren, die in der ausgewählten Komponente zur Verfügung stehen.

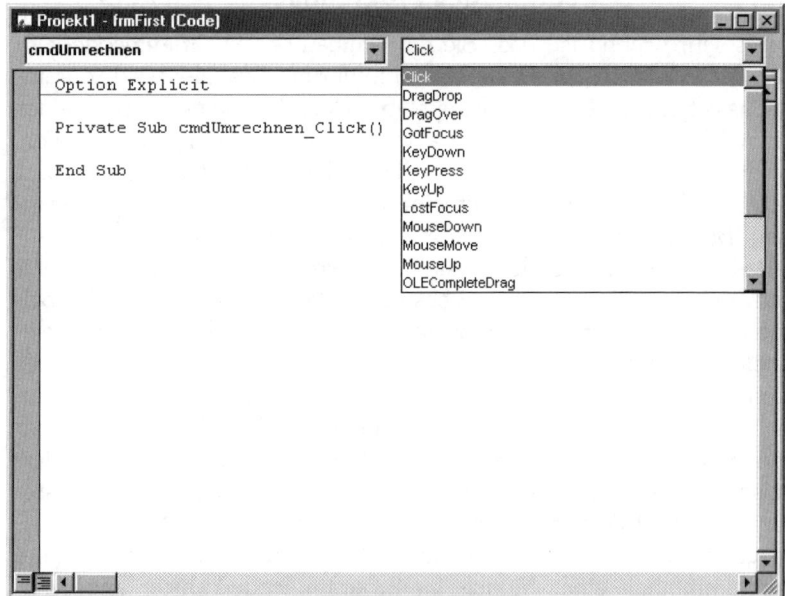

Eine kleine Zwischenübung

Alles klar? Dann sind Sie bereit für eine kleine Übung für zwischendurch. Ein Formular enthält eine allgemeine Prozedur mit dem Namen »AllesKlar«. Wie machen Sie diese Prozedur ausfindig? Hier die Antwort: Öffnen Sie das Programmcode-Fenster, danach die linke Auswahlliste, wählen Sie den Eintrag »(Allgemein)« und in der rechten Auswahlliste den Eintrag »AllesKlar«.

Wie muss der erste Befehl unseres Beispielprogramms wohl lauten? Rufen Sie sich dazu noch einmal die Aufgabenstellung in Erinnerung. Nach Anklicken der Schaltfläche soll der Inhalt des Textfeldes »genommen« und mit einer Zahl (dem Wechselkurs) multipliziert werden. Das Ergebnis soll im Bezeichnungsfeld erscheinen. Also, wo ist der »WennSchaltflächeAngeklicktDannTueFolgendes«-Befehl, der offensichtlich zum Einsatz kommen muss? Halt, stopp. Das ist nicht die Art und Weise, wie Visual Basic (bzw. Windows allgemein) arbeitet. Anstelle eines Befehls, der prüft, ob die Schaltfläche mit dem Namen »cmdUmrechnen« gerade gedrückt wird, gibt es die Ereignisprozedur *cmdUmrechnen_Click*. Diese Prozedur wird immer dann aufgerufen, wenn die Schaltfläche angeklickt wird. Und wer ruft die Prozedur auf? Diese Rolle übernimmt Windows, das die komplette Ein-/Ausgabeverwaltung (sowie die Speicher- und Taskverwaltung) einem Anwenderprogramm abnimmt.

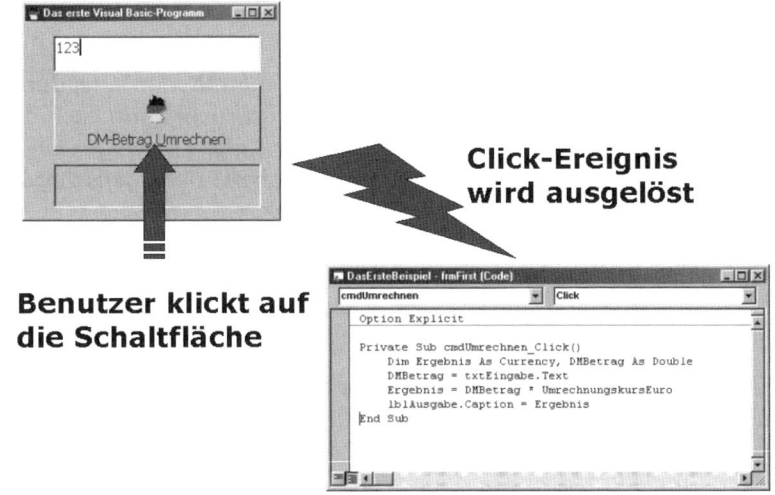

Abbildung 2.8:
Die Ereignispro-
zedur cmdUm-
rechnen_Click
wird über ein
Click-Ereignis,
d.h. ein Ankli-
cken der Schalt-
fläche aufgeru-
fen.

Click-Ereignis
wird ausgelöst

Benutzer klickt auf
die Schaltfläche

Ereignisprozedur wird
aufgerufen

Die weitere Vorgehensweise ist damit klar: Der Ausgabebefehl muss in die Ereignisprozedur *cmdUmrechnen_Click* eingebaut werden (wie Sie diese Prozedur im Programmcode-Fenster auswählen, wissen Sie bereits). Doch eine Frage bleibt noch zu klären. Wie wird die Ausgabe durchgeführt? Nun, auch diese Antwort kennen Sie bereits. In Schritt 5 haben Sie unter anderem dem Bezeichnungsfeld *lblAusgabe* über das Eigenschaftsfenster einen neuen Textinhalt zugewiesen, damals eine leere Zeichenkette. Erinnern Sie sich noch, wie? Genau, durch Zuweisen eines neuen Werts an die *Caption*-Eigenschaft. Also müßte die zuständige Anweisung im Programmcode-Fenster so wie folgt lauten:

```
Caption = "Hurra, ein neuer Text"
```

Kann diese Anweisung so funktionieren? Im Prinzip ja, doch wurde eine wichtige Sache vergessen. Der Programmierer muss (oder besser sollte) Visual Basic auch mitteilen, auf welches Objekt sich die Zuweisung bezieht. Ohne diese Angabe bezieht Visual Basic die Zuweisung auf das Formular, der neue Text würde also in der Titelleiste des Formulars erscheinen. Soll der Text dagegen, was beabsichtigt ist, im Bezeichnungsfeld erscheinen, muss dessen Name vorangestellt werden:

```
lblAusgabe.Caption = "Hurra, ein neuer Text"
```

Jetzt ist die Zuweisung vollständig. Achten Sie auf den unscheinbaren Punkt. Er ist in Visual Basic von fundamentaler Bedeutung, denn er trennt grundsätzlich einen Komponentennamen von seinen Eigenschaften und Methoden.

Objekte werden von ihren Eigenschaften und Methoden stets durch einen Punkt getrennt. Ein solcher »Objektausdruck« kann auch aus mehreren Punkten bestehen. In diesem Fall gibt eine Eigenschaft ein Objekt zurück, sodass auf die Eigenschaft die Eigenschaften des zurückgegebenen Objekts folgen können.

Schritt 7 Weiter geht es mit dem Beispielprogramm. Fügen Sie in den (Allgemein-)Teil folgende Deklaration ein:

```
Const UmrechnungskursEuro As Single = 0.52
```

Diese Anweisung definiert eine Konstante, die später für die Umrechnung benutzt wird (natürlich ohne Gewähr, was den Umrechnungskurs angeht). Sie besitzt den Namen *UmrechnungskursEuro* und den Datentyp *Single* (mehr zu Konstanten und Datentypen in Kapitel 9). Übrigens sollte im Programmcode-Fenster bereits folgende Anweisung eingetragen sein:

```
Option Explicit
```

Diese Anweisung erzwingt, dass Variablen deklariert werden müssen. Wenn nicht, dann haben Sie die Option »Variablendeklaration erforderlich« noch nicht gesetzt. Holen Sie dies jetzt nach, fügen Sie die obige Anweisung aber trotzdem ein.

Fügen Sie in die Ereignisprozedur *cmdUmrechnen_Click* die Anweisungen aus dem Listing ein.

```
Dim Ergebnis As Currency, DMBetrag As Double

DMBetrag = txtEingabe.Text

Ergebnis = DMBetrag * UmrechnungskursEuro

lblAusgabe.Caption = Ergebnis
```

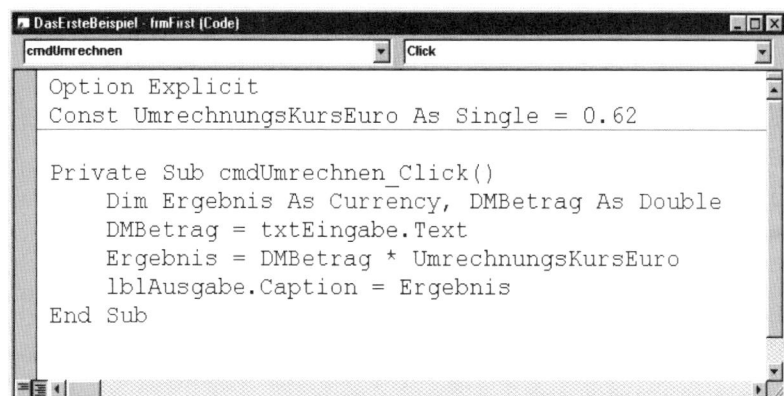

*Abbildung 2.9:
In die Ereignis-
prozedur
cmdUmrechnen
_Click wurde
eine Reihe von
Anweisungen
eingefügt.*

2.2.4 »Intellisense« auch für Programmierer

Mit dem schönen Wort »Intellisense« bezeichnete Microsoft ursprünglich bestimmte Eingabehilfen, die einem Office-Anwender die Durchführung von Routineaufgaben erleichtern sollen. Seit Visual Basic 5.0
gibt es dieses Intellisense auch für Programmierer. Bereits bei der Eingabe der ersten Zeile, genauer gesagt nach der Eingabe des Wortes
As, werden Sie einen Eindruck davon erhalten, was Microsoft darunter
versteht. Unmittelbar nach Eingabe des Leerzeichens werden alle in
Frage kommenden Daten- und Objekttypen in einer Liste angezeigt.
Sie müssen bei der Deklaration von Variablen nicht alle Datentypen
und bereits definierte Objekttypen auswendig lernen oder in der Hilfe
bzw. im Programmtext nachsehen. Doch es kommt noch besser. Unmittelbar nach der Eingabe des auf den Objektnamen *txtEingabe* folgenden Punkts erscheint eine Auswahlliste aller Eigenschaften und Methoden, die für ein Textfeld in Frage kommen. Tippen Sie den Namen
einer Eigenschaft und Methode ein, passt sich die Listenauswahl automatisch Ihrer Eingabe an. Möchten Sie die aktuelle Auswahl übernehmen, betätigen Sie die ⎡⇥⎤-Taste, soll die Auswahlliste dagegen verschwinden, stattdessen die ⎡Esc⎤-Taste. Auch das ist eine großartige
Hilfestellung, denn Sie müssen nicht mehr die Hilfe durchsuchen, um
festzustellen, ob ein Bezeichnungsfeld nun eine *Caption*- oder eine
Text-Eigenschaft besitzt. Geben Sie einfach den Namen des Objekts
ein, und schauen Sie in der Liste nach.

Schritt 8

Das war's zunächst einmal. Starten Sie das Programm über die ⎡F5⎤-
Taste (gegebenenfalls werden Sie aufgefordert, Formular- und Projektdatei zu speichern – mehr dazu gleich). Geben Sie in das Textfeld einen beliebigen Betrag, z.B. »100« (aber ohne »DM«, denn das würde
unser Programm nicht verstehen), und klicken Sie auf die Schaltfläche.
Es sollte ein Ergebnis in dem Bezeichnungsfeld erscheinen.

Abbildung 2.10:
Clevere Einga-
behilfe: Nach
der Eingabe
eines Punkts
werden alle für
die Komponente
in Frage kom-
menden Eigen-
schaften und
Methoden auf-
gelistet.

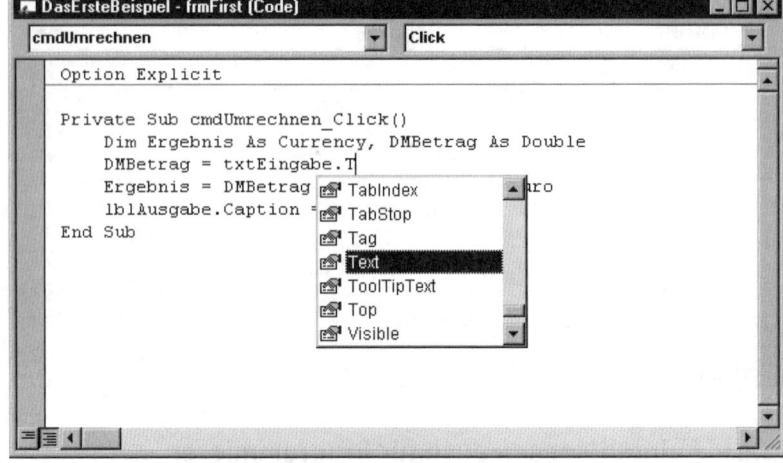

Abbildung 2.11:
Der kleine Devi-
senrechner in
Aktion – noch
nicht sehr
hübsch, aber
funktions-
tüchtig.

Herzlichen Glückwunsch, Sie haben damit Ihr (vielleicht) erstes Visual-
Basic-Programm erfolgreich umgesetzt. Es kann zwar nicht viel, macht
aber die zur Umsetzung eines Visual-Basic-Programms erforderlichen
Schritte sowie das Prinzip der ereignisgesteuerten Programmausführung in Ansätzen deutlich.

2.2.5 Die Rolle der Ereignisse

Sie können das Beispielprogramm gerne noch ein paar Mal ausprobieren. Sie werden stets feststellen, dass nach Anklicken der Schaltfläche
etwas passiert (geben Sie allerdings keine Zahl ein, erhalten Sie eine
Fehlermeldung – dagegen werden wir in den Erweiterungen etwas unternehmen). Dass etwas passiert, liegt allerdings nicht daran, dass die
Schaltfläche etwas Besonders ist, sondern an einem fundamentalen
Prinzip von Visual Basic: Ereignisse steuern die Programmausführung.

Konkret, jedes Anklicken der Schaltfläche löst ein *Click*-Ereignis aus und hat unmittelbar den Aufruf der *Click*-Ereignisprozedur zur Folge. Was in dieser Ereignisprozedur passiert, spielt keine Rolle. Entscheidend ist nur, dass sie automatisch (von Windows, d. h. nicht von Ihrem Programm) aufgerufen wird.

Steuerelemente, Formulare und einige andere Objekte, wie z. B. einige Datenzugriffsobjekte, können auf Ereignisse reagieren. Ein Ereignis hat stets den Aufruf einer Ereignisprozedur zur Folge. **Merksatz**

Der Begriff »Ereignis« soll auch noch kurz definiert werden. Unter einem Ereignis versteht man etwas, das seiner umgangssprachlichen Bedeutung sehr nahe kommt. Sobald mit einem Objekt etwas passiert, wird ein Ereignis ausgelöst. Dieses »Etwas« kann das Anklicken mit der Maus, das Drücken einer Taste oder das Zurückgeben eines Datensatzes von einer Datenquelle sein. Während es im Prinzip beliebig viele Ursachen geben kann, gibt es immer nur eine Reaktion: Es wird die mit dem Ereignis fest verbundene Ereignisprozedur aufgerufen. Diese Form der Programmausführung wird daher als *ereignisgesteuert* bezeichnet.

Zwei Dinge müssen in diesem Zusammenhang aber klargestellt werden: Ein Objekt kann nicht auf eine unendliche Anzahl an Ereignissen reagieren, sondern nur auf bestimmte Ereignisse. Welche dies sind, wird vom Programmierer des Objekts festgelegt (wenn Sie selber ActiveX-Steuerelemente oder Klassen erstellen, müssen Sie sich auch überlegen, ob das Objekt auf Ereignisse reagieren soll, und wenn ja, welchen Namen diese besitzen sollen). Und, Ereignisse spielen in erster Linie bei den Steuerelementen und Formularen eine Rolle. Der Rest der Visual-Basic-Programmierung kommt ohne Ereignisse aus und verläuft daher nicht ereignisgesteuert.

2.2.6   Das Projekt wird gespeichert

Wenn Sie das Projekt das erste Mal speichern und in den IDE-Optionen die Option »Speichern der Änderungen bestätigen« gesetzt haben, werden Sie vor dem Programmstart aufgefordert, die einzelnen Dateien zu speichern. Auch wenn das Dialogfeld ein wenig unübersichtlich wirken mag, die Angelegenheit ist simpel. Neben den einzelnen Modulen, die alle in ihre eigene Datei gespeichert werden, muss auch die Projektdatei abgespeichert werden. Unser erstes Visual-Basic-Programm besteht daher aus zwei Dateien: dem Formular und der Projektdatei. Visual Basic möchte nun von Ihnen wissen, welche der Dateien Sie speichern wollen. Sollte eine Datei nicht gespeichert werden, müssen Sie sie in der angezeigten Auswahlliste lediglich abwählen. Was nach dem Anklicken von *OK* passiert, hängt davon ab, ob die

Dateien bereits gespeichert wurden. Ist dies der Fall, werden die bereits vorhandenen Dateien einfach überschrieben. Ist dies nicht der Fall, erhalten Sie Gelegenheit, einen Dateinamen vorzugeben. Dabei werden Sie feststellen, dass Visual Basic zunächst einen Namen vorschlägt, der dem Objektnamen entspricht. Heißt das Formular etwa *frmHaupt*, schlägt Visual Basic diesen Namen auch als Vorgabe vor. Übernehmen Sie diesen Namen aber nicht, sondern vergeben Sie stets eigene Namen (auch wenn Sie es einmal eilig haben sollten). Wählen Sie für das Formular den Namen »frmBeispiel1« und für das Projekt entsprechend »Beispiel1«. Übrigens müssen (oder besser sollten) Sie keine Erweiterungen angeben, denn Visual Basic hängt die Erweiterungen für Formulardateien (*.Frm*) und für Projektdateien (*.Vbp*) automatisch an den Dateinamen an.

Abbildung 2.12: Falls an einzelnen Modulen Änderungen vorgenommen wurden, werden Sie vor dem Programmstart aufgefordert, diese zu speichern.

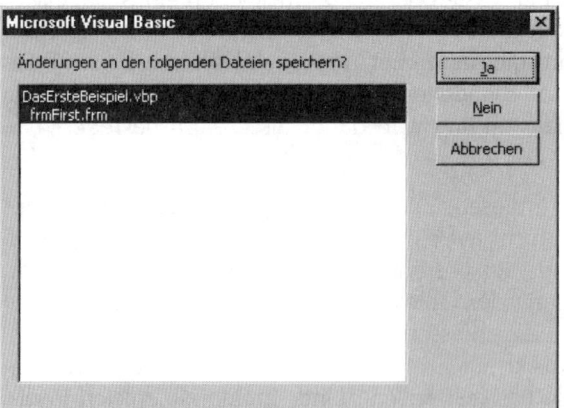

2.3   Das erste Beispielprogramm wird erweitert

So nett es (vermutlich) auch ist, einen DM-Betrag in einen Euro-Betrag umzurechnen, auf die Dauer ist das Beispiel natürlich ein wenig fad. Haben Sie das Prinzip der Umsetzung und der ereignisgesteuerten Programmausführung erst einmal verstanden, sind Sie bereit für »neue Abenteuer«:

1. Die versehentliche Eingabe von Buchstaben oder das Weglassen einer Eingabe und Anklicken der Schaltfläche darf natürlich keinen Laufzeitfehler mit Programmabbruch zur Folge haben. Stattdessen soll, wie es sich für eine moderne Windows-Anwendung gehört, eine Meldung erscheinen und der Benutzer die Gelegenheit erhalten, die Eingabe zu wiederholen.

2. Die Ausgabe ist ein wenig nüchtern. Es wäre doch ganz nett, wenn nur zwei Nachkommastellen und der Währungsname ausgegeben würden.

3. Der Benutzer soll wählen können, ob die Ausgabe nur mit zwei Nachkommastellen oder mit der vollen Genauigkeit von 14 Nachkommastellen (was natürlich ein wenig zu viel des Guten ist – aber es geht nur um das Prinzip der Optionsauswahl) erfolgen soll.

4. Das ist sicherlich die größte Einschränkung. Das Programm arbeitet nur mit einer Währung, besser wäre es natürlich, wenn mehrere Währungen zur Auswahl stünden.

Alle vier Erweiterungen sollen im Folgenden wieder Schritt für Schritt umgesetzt werden. Auch wenn es sich um Erweiterungen und nicht um neue Beispiele handelt, beginnt die Numerierung jeweils bei Schritt 1.

2.3.1 Falsche Eingaben werden abgefangen

Sicherlich ist es Ihnen beim Ausprobieren des Devisenrechners bereits passiert: Sie geben etwas ein, klicken auf die Schaltfläche, und Visual Basic »meckert«. Sie haben jetzt nur noch die Möglichkeit, entweder auf die Schaltfläche *Beenden* (damit wird das Programm beendet) oder *Debuggen* (damit geht das Programm in den Haltemodus über) zu klicken. Am Anfang keine sehr erfreuliche Perspektive.

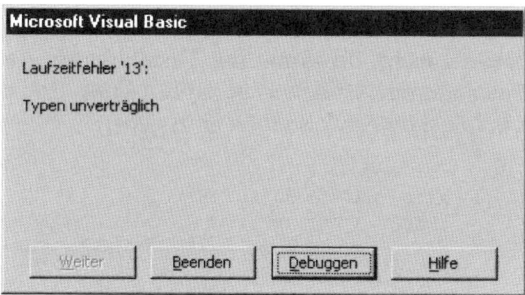

Abbildung 2.13: Diese Meldung erscheint, wenn ein Laufzeitfehler auftrat.

Ursache für die Meldung ist ein Laufzeitfehler, also ein Fehler, der während der Programmausführung (Laufzeit) auftrat (mehr dazu in Kapitel 10). Laufzeitfehler sind nicht so tragisch, denn damit zeigt Ihnen Visual Basic an, dass bei der Ausführung einer Anweisung ein Zustand erreicht wurde, denn das Programm im Interesse der Stabilität nicht tolerieren möchte. Im konkreten Fall des Devisenrechners erhalten Sie einen Laufzeitfehler, weil die *Text*-Eigenschaft des Textfeldes einen Wert besitzt, mit dem sich nicht rechnen lässt. Sie geben »123X« versehentlich ein, klicken auf die Schaltfläche und bringen damit die Anweisung

```
DMBetrag = txtEingabe.Text
```

zur Ausführung. Doch der Wert »123X« ist nicht numerisch und lässt sich daher nicht einer Variablen vom Typ *Double* zuweisen. Ein Laufzeitfehler ist die Folge, der, wenn er nicht abgefangen wird, zum Programmabbruch führt. Damit solche Situationen gar nicht erst auftreten können, muss man als Programmierer etwas dagegen tun. Eine Maßnahme ist das Abfangen des Laufzeitfehlers über eine *On Error*-Anweisung (siehe Kapitel 10), sodass dieser zum Aufruf eines Programmteils führt. Ein andere Maßnahme ist es, den Fehler erst gar nicht entstehen zu lassen. Doch das Textfeld der Werkzeugsammlung kennt leider keine »Filter-Eigenschaft«, durch die bestimmte Eingaben erst gar nicht zugelassen werden (eine solche *Mask*-Eigenschaft besitzt dagegen die strukturierte Eingabe – siehe Kapitel 12). Wir müssen uns etwas anderes einfallen lassen. Wenn es doch eine Möglichkeit gäbe, unser Programm von jedem Tastendruck benachrichtigen zu lassen. Dann könnte das Programm entscheiden, ob es eine Zahl (und damit gültig) oder keine Zahl (und damit wahrscheinlich nicht gültig) ist, und ungültige Zeichen zurückweisen. Das Ergebnis wäre ein Textfeld, in dem unerlaubte Zeichen gar nicht erst auftauchen. Ein Laufzeitfehler kann unter diesen Umständen gar nicht erst auftreten. Wie es der Zufall so will, gibt es beim Textfeld einen solchen »Benachrichtigungsmechanismus«. Er heißt *KeyPress*-Ereignis und tritt immer auf, wenn das Textfeld den Eingabefokus besitzt und eine Taste gedrückt wird. Mit dem *KeyPress*-Ereignis kennen Sie nun schon das zweite Ereignis. Auch das Textfeld besitzt übrigens ein *Click*-Ereignis, doch hilft es uns diesmal nicht, da es mit der Tastatureingabe nichts zu tun hat. Alles, was zu tun ist, ist daher, in die *KeyPress*-Ereignisprozedur des Textfeldes folgende Anweisungen einzugeben:

```
Select Case KeyAscii
      Case Asc("0") To Asc("9")
      Case Asc(","), Asc(".")
       If InStr(txtEingabe.Text, ",") <> 0 Then
          KeyAscii = 0
       Else
          KeyAscii = Asc(",")
       End If
      Case Asc(vbBack)
      Case Else
       KeyAscii = 0
   End Select
```

Starten Sie das Programm, und testen Sie es, indem Sie beliebige Zeichen eingeben. Unerlaubte Zeichen sollten nicht mehr erscheinen; das Programm ist bezüglich der Eingabe wasserdicht. Doch ist es das wirklich? Löschen Sie einmal den Inhalt des Textfeldes, und klicken Sie auf die Schaltfläche. Was passiert? Wieder gibt es einen Laufzeitfehler, diesmal heißt er aber »Typen unverträglich«. Die Ursache dieses Fehlers ist der Umstand, dass wenn die *Text*-Eigenschaft keinen Inhalt besitzt, VBA keine Umwandlung in eine Zahl vornehmen kann und die *Text*-Eigenschaft den Datentyp *String* behält. Da man eine Zahl nicht mit einem String (also einer Zeichenkette) multiplizieren kann, gibt es einen Laufzeitfehler. Sie sehen an diesem Beispiel, selbst einfache Operationen haben es manchmal in sich. Doch auch hier ist die Lösung simpel. Diesmal lernen Sie die sehr praktische *IsNumeric*-Methode (des VBA-Objekts) kennen, die prüft, ob ein Ausdruck numerisch ist oder nicht. Diese Abfrage sorgt dafür, dass eine Berechnung nur dann durchgeführt wird, wenn der Inhalt des Textfeldes numerisch ist. Ansonsten soll das Wort "ERROR" (wie bei einem Taschenrechner) erscheinen. Bearbeiten Sie die *Click*-Ereignisprozedur der Schaltfläche so, dass sie folgenden Inhalt besitzt:

```
Dim Ergebnis As Double, DMBetrag As Double

If IsNumeric(txtEingabe.Text) = True Then
    DMBetrag = txtEingabe.Text
    Ergebnis = DMBetrag * UmrechnungskursEuro
    lblAusgabe.Caption = Ergebnis
Else
    lblAusgabe.Caption = "ERROR"
End If
```

Hätten wir *IsNumeric* nicht auch für die Abfrage auf ungültige Zeichen nehmen können? Wir hätten, und Sie sind herzlich eingeladen, diese Variante auszuprobieren. Und da wir gerade dabei sind: Ist Ihnen schon aufgefallen, dass im Moment die Eingabe eines Minuszeichens nicht zugelassen wird? Wie müßte die *Select Case*-Anweisung wohl erweitert werden?

2.3.2 Das Ergebnis wird formatiert ausgegeben

Die Eingabe ist in Ordnung, doch mit der Ausgabe kann man nicht zufrieden sein. Währungsbeträge sollten hübsch mit zwei Stellen nach dem Komma und dem ISO-Währungskürzel oder dem Namen der Währung angezeigt werden. Kein Problem, wozu verfügt VBA über die *FormatCurrency*-Methode? Ändern Sie die Ausgabe wie folgt ab:

```
lblAusgabe.Caption = FormatCurrency(Ergebnis, 3)
```

Uups, das war wohl nichts. Zwar wird das Ergebnis hübsch mit drei Nachkommastellen angezeigt, doch warum wird das »DM« angehängt? Weil wir VBA angewiesen haben, das Währungskürzel aus der Systemsteuerung zu verwenden. Die *FormatCurrency*-Methode ist daher nur für Ausgaben der aktuell eingestellten Währung geeignet, für die Ausgabe ohne Währungskürzel muss die *FormatNumber*-Methode einspringen:

```
lblAusgabe.Caption = FormatNumber(Ergebnis, 3) & " Euro"
```

Und weil der Euro angezeigt werden soll, wird die gleichlautende Zeichenkette über das »kaufmännische Und« (dem Stringverknüpfungsoperator in VBA) angehägt.

2.3.3 Der Benutzer kann die Genauigkeit wählen

Finden Sie nicht auch, dass die aktuelle Version des Beispiels den Benutzer irgendwie bevormundet? Sollte sie oder er es nicht selber entscheiden können, ob die Ausgabe gekürzt und in vollständiger Länge erfolgen soll? Ja, sie oder er sollte, und dafür wird das Kontrollkästchen benötigt.

Schritt 1   Ordnen Sie auf dem Formular ein Kontrollkästchen an, und geben Sie ihm den Namen »chkAbschneiden«.

Schritt 2   Setzen Sie die *Caption*-Eigenschaft auf den Wert » Nur 3 Stellen und formatiert anzeigen« (der genaue Text spielt keine Rolle).

Schritt 3   Das Kontrollkästchen kann der Benutzer ankreuzen oder wegkreuzen. Das geschieht automatisch, ist sozusagen fest eingebaut. Um zu erfahren, welchen Zustand es gerade besitzt, muss im Programm die *Value*-Eigenschaft des Kontrollkästchens abgefragt werden. Ist sie 1, ist das Kreuzchen gesetzt, ist die dagegen 0, ist es nicht gesetzt. Doch wo muss die Abfrage erfolgen? Natürlich unmittelbar vor der Ausgabe. Bearbeiten Sie die *Click*-Ereignisprozedur der Schaltfläche so, dass sie folgenden Inhalt besitzt:

```
Dim Ergebnis As Double, DMBetrag As Double

If IsNumeric(txtEingabe.Text) = True Then

        DMBetrag = txtEingabe.Text
        Ergebnis = DMBetrag * UmrechnungskursEuro
        If chkAbschneiden.Value = 1 Then
           lblAusgabe.Caption = FormatNumber(Ergebnis, 3) & " Euro"
        Else
           lblAusgabe.Caption = Ergebnis & " Euro"
        End If
Else
        lblAusgabe.Caption = "ERROR"
End If
```

Zum Ausprobieren: Geben Sie der Variablen *Ergebnis* den Datentyp *Currency*. Wie sieht es jetzt mit der Anzahl an Nachkommastellen aus?

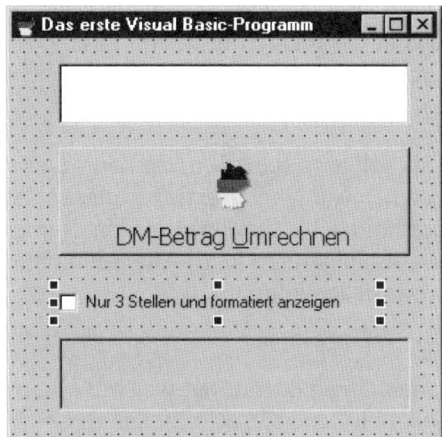

*Abbildung 2.14:
Auf dem Formu-
lar wurde ein
Kontrollkäst-
chen angeord-
net.*

2.3.4 Der Benutzer kann zwischen mehreren Währungen wählen

Gleich vorweg, die folgende Erweiterung ist ein wenig heikel. Nicht, weil sie schwierig zu implementieren wäre, sondern weil Sie einen Weg kennen lernen, der in eine Art Sackgasse führt. Sie werden feststellen, dass das Hinzufügen neuer Devisensorten in Form zusätzlicher Variablen das Programm mehr und mehr »aufbläht« und auf Kosten der Flexibilität geht. Besser wäre es dagegen, das Programm von Anfang an so zu konzipieren, dass es mit (rein theoretisch) beliebig vielen Devisensorten arbeitet und beim Hinzufügen weiterer Devisensorten nicht mehr modifiziert werden muss. Doch soweit sind wir im Moment noch nicht – einen universellen Devisenrechner lernen Sie erst am Ende von Kapitel 9 kennen. Eine »objektorientierte« Version in Kapitel 11. Im Moment soll es in erster Linie um die Frage gehen, wie dem Benutzer die Auswahl mehrerer Devisen präsentiert und wie auf die Auswahl einer Devise im Programm reagiert werden kann. Mit anderen Worten, Sie lernen die Listenauswahl kennen.

Schritt 1 Ordnen Sie auf dem Formular ein Listenfeld an, und geben Sie ihm den Namen »lstDevisen« (dafür ist wie immer die *Name*-Eigenschaft verantwortlich). Ordnen Sie ebenfalls ein Bezeichnungsfeld an, geben Sie diesem den Namen *lblAktuellerKurs*, setzen Sie *BorderStyle* auf 1 und *Alignment* auf 2, und löschen Sie die *Caption*-Eigenschaft.

Schritt 2 Dafür, dass das Listenfeld nach dem Programmstart Einträge enthält, sorgt die *AddItem*-Methode des Listenfeldes. Ausgeführt wird diese Methode zweckmäßigerweise in der Ereignisprozedur *Form_Load*. Warum gerade dort? Ganz einfach, weil diese beim Laden des Formulars, also zu Programmbeginn, ausgeführt wird. Öffnen Sie daher das

Programm-Codefenster, wählen Sie in der linken Liste das Formular und in der rechten Liste den Eintrag »Load« aus, und tragen Sie in den Prozedurrahmen folgende Anweisung ein:

```
DevisenEinlesen
```

Das soll alles sein? Was ist denn *DevisenEinlesen* für ein Programm-befehl? Nun, bei *DevisenEinlesen* handelt es sich um keinen Programmbefehl, sondern um den Namen einer Prozedur, die auf diese Weise aufgerufen wird. Alternativ hätte man auch die *Call*-Anweisung voranstellen können:

```
Call DevisenEinlesen
```

Schritt 3 Unabhängig davon, auf welche Weise Sie die Prozedur *DevisenEinlesen* aufrufen, diese Prozedur muss zunächst einmal in das Formular eingegeben werden. Das kann formell über den Menübefehl EX-TRAS | PROZEDUR HINZUFÜGEN geschehen, Sie können die Prozedur aber auch an einer beliebigen Stelle (am besten am Ende) des Formulars eintippen:

```
Sub DevisenEinlesen
    lstDevisen.AddItem "4,8485" & vbTab & vbTab & "Franken" & vbTab & vbTab & vbTab & "BEF"
    lstDevisen.AddItem "26,2530" & vbTab & vbTab & "Kronen" & vbTab & vbTab & vbTab & "DKK"
    lstDevisen.AddItem "2,9545" & vbTab & vbTab & "Englische Pfunde" & vbTab & vbTab & "GBP"
    lstDevisen.AddItem "32,8520" & vbTab & vbTab & "Finnmark" & vbTab & vbTab & vbTab & "FIM"
    lstDevisen.AddItem "29,8250" & vbTab & vbTab & "Französische Franc" & vbTab & vbTab & _
"FRF"
    lstDevisen.AddItem "2,5108" & vbTab & vbTab & "Irische Pfund" & vbTab & vbTab & "IEP"
    lstDevisen.AddItem "1,0124" & vbTab & vbTab & "Italienische Lire" & vbTab & vbTab & "ITL"
    lstDevisen.AddItem "1,2508" & vbTab & vbTab & "Japanische Yen" & vbTab & vbTab & "JPY"
    lstDevisen.AddItem "1,1380" & vbTab & vbTab & "Kanadische Dollar" & vbTab & vbTab & "CAD"
    lstDevisen.AddItem "88,6350" & vbTab & vbTab & "Niederländische Gulden" & vbTab & "NLG"
    lstDevisen.AddItem "22,0900" & vbTab & vbTab & "Norwegische Kronen" & vbTab & "NOK"
    lstDevisen.AddItem "0,9758" & vbTab & vbTab & "Portugiesische Escudos" & vbTab & "PTE"
    lstDevisen.AddItem "21,8660" & vbTab & vbTab & "Schwedische Kronen" & vbTab & "SEK"
    lstDevisen.AddItem "121,1400" & vbTab & vbTab & "Schweizer Franken" & vbTab & vbTab & _
"CHF"
    lstDevisen.AddItem "1,1776" & vbTab & vbTab & "Spanische Peseten" & vbTab & vbTab & "ESP"
    lstDevisen.AddItem "1,7918" & vbTab & vbTab & "US-Dollar" & vbTab & vbTab & vbTab & "USD"
    lstDevisen.AddItem "14,2120" & vbTab & vbTab & "Österreichische Schilling" & vbTab & _
"ATS"
End Sub
```

Jede einzelne Anweisung fügt über die *AddItem*-Methode einen Eintrag in das Listenfeld ein, wobei neben dem Devisennamen auch der aktuelle Kurs und das internationale ISO-Kürzel, alle getrennt durch Tabulatoren (*vbTab*), aufgeführt werden.

Sie sehen, Programmieren kann manchmal richtig anstrengend sein (Sie müssen allerdings a) nicht alle Befehle abtippen, oder Sie können b) von der Buch-CD kopieren). Grund genug, in Kapitel 17 eine Lösung vorzustellen, die auf eine Datenbank zugreift.

Die Listenauswahl enthält die Devisennamen; jetzt geht es darum, dass **Schritt 4**
die Auswahl aus der Liste dazu führt, dass der gewählte Name in einer
Variablen zwischengespeichert wird. Das Programm muss bei der Umrechnung wissen, welcher Umrechnungskurs verwendet wird. Diese
Aufgabe übernimmt das *Click*-Ereignis des Listenfeldes. Wählen Sie in
der linken Liste des Programm-Codefensters den Eintrag »lstDevisen«
und in der rechten Liste den Eintrag »Click« aus, und tragen Sie in den
Prozedurrahmen der Prozedur *lstDevisen_Click* folgende Anweisungen ein:

```
Kurs = CCur(Left(lstDevisen.Text), Instr(lstDevisen.Text, vbTav)-1)
lblAktuellerKurs.Caption = Kurs
```

Wann immer der Benutzer einen Eintrag aus der Liste auswählt, wird
der Umrechnungskurs über die *Instr*-Methode (siehe Kapitel 9) aus
dem String extrahiert und sowohl der Variablen *Kurs* als auch dem Bezeichnungsfeld *lblAktuellerKurs* zugewiesen.

Da sich die Umrechnung stets nach der gewählten Devisenart richten **Schritt 5**
muss, muss die *Click*-Prozedur der Befehlsschaltfläche ein wenig erweitert werden. Bearbeiten Sie die *Click*-Ereignisprozedur der Schaltfläche so, dass sie folgenden Inhalt besitzt:

```
Dim Ergebnis As Currency, DMBetrag As Double
If IsNumeric(txtEingabe.Text) = True Then
   DMBetrag = txtEingabe.Text
   Ergebnis = DMBetrag / Kurs
   lblAusgabe.Caption = Ergebnis
   Exit Sub
   If chkAbschneiden.Value = 1 Then
      lblAusgabe.Caption = FormatNumber(Ergebnis, 3) & " Euro"
   Else
      lblAusgabe.Caption = Ergebnis & " Euro"
   End If
Else
   lblAusgabe.Caption = "ERROR"
End If
```

Dadurch, dass das Einlesen der Umrechnungskurse und Devisennamen
in einer eigenen Prozedur geschieht, spielt es keine Rolle, auf welche
Weise der Kurs ermittelt wird. Sollte es Ihnen eines Tages gelingen, die
Kurse direkt von einer Webseite zu laden (was mit den Möglichkeiten
von Visual Basic alles andere als kompliziert ist – das Internet Transfer-
Steuerelement, das den Inhalt einer Webadresse über die *Text*-Eigen-
schaft zur Verfügung stellen kann und ein »wenig« Stringverarbeitung
genügen), müssen Sie nur den Inhalt der Prozedur *DevisenEinlesen*
austauschen oder innerhalb von *Form_Load* eine andere Prozedur
aufrufen, der »Rest« kann bleiben.

Abbildung 2.15:
Das erste Bei-
spielprogramm
wurde ein wenig
erweitert.

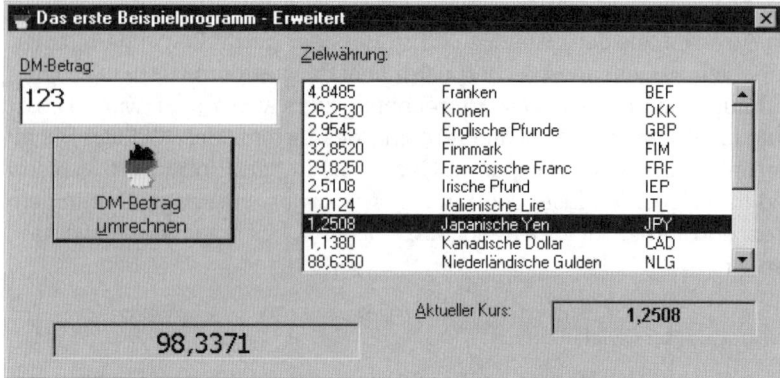

2.4 Testen des Programms im Einzelschrittmodus

Es ist bestimmt sehr lehrreich, den Devisenrechner in seiner jetzigen Ausbaustufe mindestens einmal im Einzelschrittmodus zu testen. Starten Sie es einfach über die ⌨F8-Taste und nicht wie sonst über die ⌨F5-Taste, und führen Sie es über die ⌨F8-Taste im Einzelschrittmodus aus. Achten Sie darauf, was passiert, wenn die Anweisung

```
DevisenEinlesen
```

ausgeführt wird, die in die Prozedur *DevisenEinlesen* verzweigt. Anschließend wird die Programmausführung in *Form_Load* fortgesetzt. Damit wäre der Initialisierungsteil des Programms abgearbeitet. Weiter geht es erst, wenn Sie eine Zahl in das Textfeld eintippen. Diese Aktion hat den Aufruf der *KeyPress*-Ereignisprozedur zur Folge, in deren Verlauf als erstes die Anweisung

```
Select Case KeyAscii
```

ausgeführt wird, welche den Zeichencode der Taste prüft. Ist diese Prozedur abgearbeitet, passiert erst einmal gar nichts (das Drücken der ⌨F8-Taste hat keine Folge). Der Grund ist, dass das Programm auf weitere Ereignisse wartet. Ein solches tritt ein, wenn Sie die Schaltfläche anklicken und damit die *Click*-Ereignisprozedur aufrufen. In dieser Prozedur wird eine Umrechnung durchgeführt und das Ergebnis der *Caption*-Eigenschaft des Bezeichnungsfeldes zugewiesen. Anschließend ist das Programm erst einmal wieder fertig und wartet auf weitere Ereignisse.

Das in den letzten Abschnitten vorgestellte Intellisense für Programmierer kommt auch bei der Ausführung eines Visual-Basic-Programms im Einzelschrittmodus ins Spiel. Bewegen Sie den Mauszeiger einfach auf einen beliebigen Ausdruck in der aktuellen Prozedur, und Sie werden feststellen, dass der aktuelle Wert des Ausdrucks (sofern er evaluierbar ist, was nicht bei allen Ausdrücken der Fall ist) als Tooltip angezeigt wird. Das ist enorm praktisch, denn Sie müssen den Ausdruck nicht mehr markieren und die ⌂ + F9 -Taste drücken.

```
Beispiel1 - frmHaupt (Code)                              _ □ ×
cmdUmrechnen                       ▼   Click                    ▼
    Option Explicit
    Private Kurs As Currency

    Private Sub cmdUmrechnen_Click()
        Dim Ergebnis As Currency, DMBetrag As Double
        If IsNumeric(txtEingabe.Text) = True Then
            DMBetrag = txtEingabe.Text
            Ergebnis = DMBetrag / Kurs
⇨          lblAusgabe.Caption = Ergebnis
            Exit Sub            Ergebnis = 98,3371
            If chkAbschneiden.Value = 1 Then
                lblAusgabe.Caption = FormatNumber(Ergebnis, 3) & " Euro"
            Else
                lblAusgabe.Caption = Ergebnis & " Euro"
            End If
        Else
            lblAusgabe.Caption = "ERROR"
        End If
    End Sub
```

Abbildung 2.16: Bei der Programmausführung im Einzelschrittmodus wird die aktuelle Anweisung durch einen gelben Pfeil in der Kennzeichenliste angezeigt.

2.4.1 Der Objektkatalog tritt in Aktion

Auch wenn ein solcher Tatsachenbeweis eigentlich nicht notwendig wäre: Bringen Sie das Beispielprogramm in den Entwurfsmodus, und drücken Sie die F2 -Taste. Dies bringt den Objektkatalog auf den Plan, der alle zur Zeit verfügbaren Objekte im aktuellen Projekt anzeigt. Als Beweis dafür, dass es sich auch bei unserem Formular *frmHaupt* um ein anerkanntes Objekt handelt, wählen Sie aus der linken oberen Auswahlliste (»Projekt/Bibliothek«) das Projekt aus (in diesem Beispiel heißt es »Beispiel1«). In der Liste der Klassen wird daraufhin das Formular aufgeführt. In der rechten Auswahlliste erscheinen alle Eigenschaften und Methoden des Formulars, zu denen neben den »fest eingebauten« Mitgliedern auch die Prozedur *DevisenEinlesen* gehört. Es ist eine Methode des Formulars.

*Abbildung 2.17:
Der Objektkata-
log zeigt alle
Objekte des
aktuellen Pro-
jekts mit ihren
Eigenschaften
und Methoden
an.*

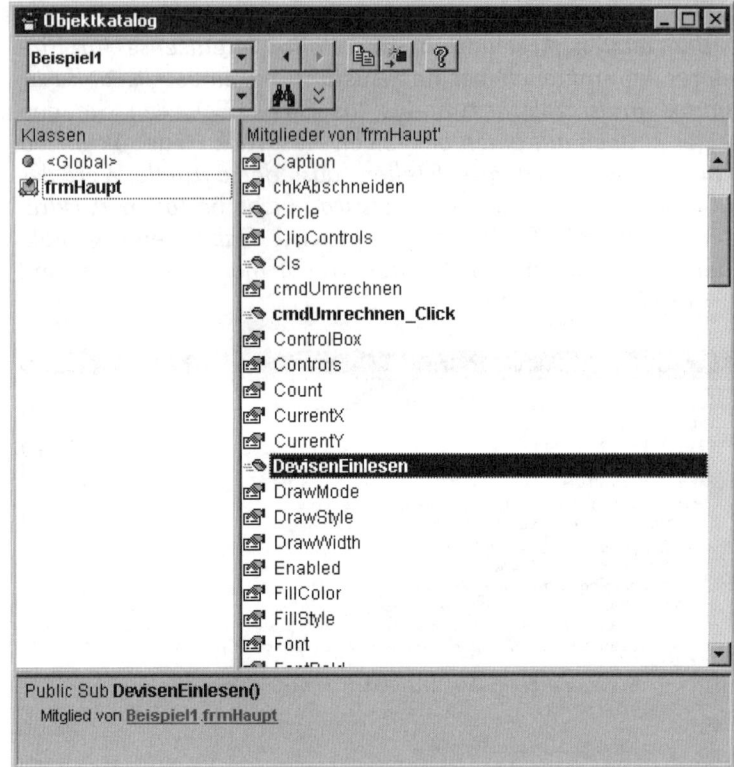

Auch wenn der Objektkatalog am Anfang etwas unübersichtlich erscheinen mag, werden Sie diesen Eindruck schnell wieder revidieren.
Achten Sie vor allem auf die kleinen Symbole, denen ein Eintrag vorausgeht. Mehr über den Objektkatalog und seine kleinen Symbole in
Kapitel 11.

2.5   Das erste Beispiel mit Datenbankanbindung

Umfragen bestätigen es immer wieder: Die überwiegende Mehrheit
der Visual-Basic-Programmierer möchte bzw. muss auf Datenbanken
zugreifen. Der Umgang mit Datenbanken gehört daher zu jenem Ba-
sis-Know-how, über das praktisch jeder Visual-Basic-Programmierer
verfügen muss. Es wäre daher unrealistisch, wenn das erste Beispielprogramm lediglich simple Umrechnungen ausführte, diesen wichtigen
Aspekt außer acht lassen würde (es könnte sonst ein ganz falscher Eindruck entstehen). Kein Problem, greifen wir eben auf eine Datenbank

zu. Damit die Datenbank selber kein Problem darstellt, finden Sie auf der Buch-CD die Access-Datenbank *Devisen.mdb*, die Sie zuvor in das Verzeichnis mit Ihren Übungsprogrammen kopieren sollten. Allerdings, eine kleine Hürde gilt es noch zu nehmen. Da der Zugriff über die neue Datenbankschnittstelle ADO und das ADO-Datensteuerelement durchgeführt wird, müssen Sie zunächst eine UDL-Datei (ein sog. DataLink, das die Verknüpfung zu einer Datenquelle enthält) anlegen. Das ist alles kein großer Aufwand, nur dürfen Sie nicht erwarten, dass sich alles mit zwei Mausklicks erledigen lässt.

Starten Sie Visual Basic, und legen Sie ein Standard-EXE-Projekt an. **Schritt 1**

Öffnen Sie das PROJEKT-Menü, wählen Sie den Eintrag KOMPONEN- **Schritt 2** TEN, danach den Eintrag »Microsoft ADO Control 6.0 (OLEDB)«, und klicken Sie auf *OK*. Dadurch wird das ADO-Datensteuerelement in der Werkzeugsammlung angeordnet.

Ordnen Sie das ADO-Datensteuerelement auf dem Formular an, und **Schritt 3** geben Sie ihm den Namen »adoDaten«.

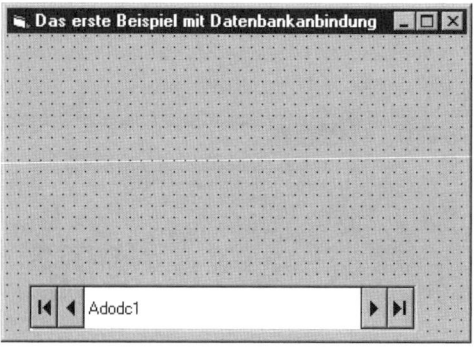

Abbildung 2.18: Das ADO-Daten-steuerelement wurde auf dem Formular ange-ordnet.

Selektieren Sie das ADO-Datensteuerelement, und wählen Sie im **Schritt 4** Eigenschaftsfenster den Eintrag *Benutzerdefiniert*. Klicken Sie auf die drei Punkte, um ein Eigenschaftsdialogfeld mit mehreren Registerkarten zu öffnen.

Wählen Sie die Registerkarte *Allgemein* und dann die Option »OLE- **Schritt 5** Datenbankdatei verwenden«. Klicken Sie auf *Durchsuchen*, um eine solche Datei auszuwählen.

In diesem Schritt möchte Visual Basic den Namen einer UDL-Datei **Schritt 6** wissen. Da es diese aber noch nicht gibt, muss sie erst einmal angelegt werden. Klicken Sie dazu das Dialogfeld an einer freien Stelle mit der rechten Maustaste an, und wählen Sie nacheinander die Einträge NEU und MICROSOFT DATA LINK. Geben Sie der neuen UDL-Datei den Namen »Devisen.udl«.

Schritt 7 Schließen Sie das Dialogfeld noch nicht, sondern klicken Sie die UDL-Datei *Devisen.udl* mit der rechten Maustaste an, und wählen Sie den Eintrag *Eigenschaften*. Das öffnet das Eigenschaftsdialogfeld der UDL-Datei.

Schritt 8 Wählen Sie die Registerkarte *Provider*, und wählen Sie als OLE DB-Provider »Microsoft Jet 3.51 OLE DB Provider« (oder entsprechend die Version 4.0, falls Sie auf eine mit Access 2000-angelegte Datenbank zugreifen).

Schritt 9 Wählen Sie die Registerkarte *Verbindung,* und stellen Sie im ersten Eingabefeld den Pfad der Datei *Devisen.mdb* aus, die Sie von der Buch-CD in ein Verzeichnis auf der Festplatte kopiert haben sollten.

Abbildung 2.19:
Voraussetzung
für den Zugriff
auf die Daten-
bank ist eine
UDL-Datei.

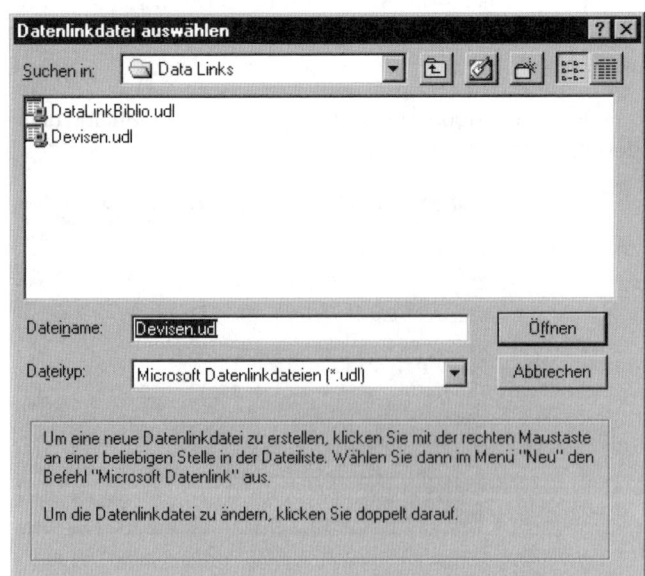

Schritt 10 Jetzt muss noch festgelegt werden, welche Tabelle und welche Datensätze Teil der Datenmenge des ADO-Datensteuerelements werden sollen. Schließen Sie das Dialogfeld mit *OK*; Sie sollten sich wieder im Dialogfeld des ADO-Datensteuerelements befinden. Wählen Sie die Registerkarte *RecordSource*, und geben Sie im unterem Eingabefeld *Befehlstext (SQL)* folgende SQL-Anweisung ein: »Select * From Devisen«. Damit werden alle Datensätze der Tabelle *Devisen* übertragen.

Schritt 11 Schließen Sie das Dialogfeld; das ADO-Datensteuerelement ist nun einsatzbereit.

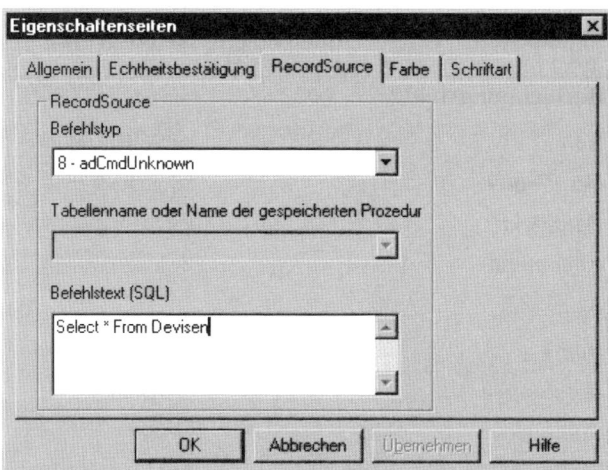

*Abbildung 2.20:
In die Register-
karte »Record-
Source« wird ein
SQL-Statement
eingegeben.*

Ordnen Sie auf dem Formular drei Bezeichnungsfelder und eine Anzei- **Schritt 12**
ge an, so wie es in Bild 2.21 zu sehen ist. Ändern Sie die Eigenschaftswerte gemäß Tabelle 2.3. Damit haben Sie gleichzeitig auch die vier
Steuerelemente mit den korrespondierenden Feldern der Tabelle *Devisen* verbunden.

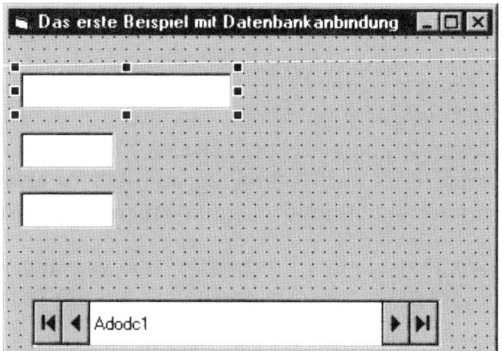

*Abbildung 2.21:
So (oder so ähn-
lich) sollte das
zweite Beispiel
in der Entwurfs-
phase aus-
sehen.*

*Tabelle 2.3:
Diese Objekte
erhalten neue
Eigenschafts-
werte.*

Eigenschaft	Alter Wert	Neuer Wert
Bezeichnungsfeld1		
Name	Label1	lblDevisenname
DataSource	-	adoData
DataField	-	Devisenname
Alignment	0	2

Eigenschaft	Alter Wert	Neuer Wert
Bezeichnungsfeld2		
Name	Label2	lblISOKürzel
DataSource	-	adoData
DataField	-	ISO
Alignment	0	2
Anzeige		
Name	Image1	imgFlagge
DataSource	-	adoData
DataField	-	Flagge
Stretch	0	True
Bezeichnungsfeld1		
Name	Label1	lblDevisenname
DataSource	-	adoData
DataField	-	Kurs
Alignment	0	2

Schritt 13 Starten Sie das Programm über die [F5]-Taste, und speichern Sie das Formular in der Datei *frmBeispiel2.frm* und das Projekt in der Datei *Beispiel2.vbp* ab. Wenn Sie jetzt auf die Pfeiltasten des ADO-Datensteuerelements klicken, scrollen Sie durch die Tabelle. Ist Ihnen aufgefallen, dass dazu kein Programmbefehl erforderlich war? (Datenbankprogrammierung ist allerdings nicht immer so einfach).

Schritt 14 Beenden Sie das Programm, und erweitern Sie das Formular, sodass ein relativ großes Steuerelement auf der rechten Seite noch Platz hat.

Schritt 15 Öffnen Sie das PROJEKT-Menü, wählen Sie den Eintrag KOMPONENTEN, danach den Eintrag »Microsoft Datagrid Control 6.0 (OLEDB)«, und klicken Sie auf *OK*. Dadurch wird das DBGrid-Steuerelement in der Werkzeugsammlung angeordnet.

Schritt 16 Ordnen Sie das DBGrid-Steuerelement auf dem Formular an. Stellen Sie die *DataSource*-Eigenschaft auf den Namen des ADO-Steuerelements ein, in diesem Beispiel »adoData«.

Schritt 17 Starten Sie das Programm erneut. In der Tabelle sollte nun die komplette Devisen-Tabelle angezeigt werden (die Bilder sehen Sie allerdings nicht). Wenn Sie eine neue Zeile in der Tabelle auswählen, wird

in der Anzeige die passende Flagge angezeigt, da das ADO-Datensteuerelement sowohl das Grid als auch die Anzeige (und die übrigen
gebundenen Steuerelemente) steuert.

Abbildung 2.22:
Der fertige
Datenbank-
browser in
Aktion.

2.5.1 Was soll das Beispiel zeigen?

Der Datenbankzugriff ist ein Bereich, in dem Visual Basic 6.0 wirklich
brilliert. Kaum ein anderes Entwicklungswerkzeug dürfte diese Kombination an Leichtigkeit und Flexibilität bieten. Das ADO-Datensteuerelement ist nur eine Alternative. Es hindert Sie niemand daran, über die
ADO-Datenzugriffsobjekte auf die OLE-DB-Schnittstelle, über einen
ODBC-Treiber oder direkt über die »altmodischen« DAO-Datenzugriffs-
objekte auf die Datenbank zuzugreifen. Natürlich fällt ein einfacher »Datenbank-Browser« noch nicht in die Kategorie Datenbankprogrammierung. Aber die Leichtigkeit dieses Beispiels setzt sich bei den übrigen
Aspekten der Datenbankprogrammierung, vom Erstellen der Datenbank über das obligatorische Öffnen von gespeicherten Abfrageproze-
duren bis zum schrittweisen Ausführen dieser Prozeduren in der Visual-
Basic-IDE oder dem Erstellen von Reports, fort.

2.5.2 Noch mehr Erweiterungen gefällig?

Fehlt bei dem obigen Beispiel nicht eine kleine Kleinigkeit? Genau, der
neue Devisenrechner zeigt zwar alle Wechselkurse schön an, doch er
rechnet noch nicht. Erweitern Sie das Programm bitte dahingehend,
dass es, wie im ersten Beispiel, Devisenumrechnungen von DM in die
aktuell angezeigte Zielwährung ermöglicht.

2.6 Zusammenfassung

Visual Basic ist ein Entwicklungswerkzeug, das einem den Einstieg in die Windows-Programmierung leichtmacht. Der Ablauf beim Erstellen einer Anwendung besteht stark vereinfacht aus drei Schritten: 1. dem Anordnen von Steuerelementen auf Formularen, also dem Erstellen der Benutzeroberfläche; 2. dem Ändern bestimmter Eigenschaftswerte; 3. der eigentlichen Programmierung, die zu einem Teil in dem Ausfüllen von Ereignisprozeduren, aber auch aus traditioneller Programmierung besteht. Bei Visual Basic stehen Objekte im Mittelpunkt. Steuerelemente sind Objekte, Formulare sind Objekte, VBA selber ist ein Objekt, seine Funktionen entsprechend Methoden, und auch die Datenbankschnittstellen bestehen aus Objekten. Dennoch geht der Objektansatz nicht so weit, dass die Performance leiden muss. Visual Basic bietet, und das konnten die beiden kleinen Beispiele hoffentlich ansatzweise deutlich machen, eine einzigartige Kombination aus Leichtigkeit bei der Umsetzung einer Oberfläche oder dem Einbinden von Datenbanken und Flexibilität und Performance. Auch Visual Basic 6.0 ist nicht perfekt, aber es kommt dem Bild eines »idealen« Entwicklungswerkzeugs für die Mehrheit der Programmierer heutzutage bereits sehr nahe.

Kurzer Überblick über die Windows- Architektur

Kapitel

3

Auch wenn Visual Basic gerade dafür geschaffen wurde, dass man sich nicht mit den Interna der Windows-Plattform auskennen muss, um leistungsfähige Programme erstellen zu können, sind gewisse Grundkenntnisse über die Funktionsweise überaus nützlich. Hier verhält es sich ein wenig wie beim Autofahren. Je mehr man über das Zusammenspiel von Motor, Kupplung und Lenkung weiß, desto einfacher ist es (hoffentlich), in brenzligen Situationen die richtige Wahl zu treffen. Solche brenzlige Situationen gibt es beim Programmieren immer dann, wenn man partout nicht weiterkommt oder Lösungen benötigt, die offiziell in Visual Basic nicht möglich sind. Zu den wissenswerten Fakten über Windows aus der Sicht eines Visual-Basic-Programmierers gehören aber weniger die interne Arbeitsweise von Windows, wie z.B. die Funktionsweise des Speichermanagers, des für die Ausführung von 16-Bit-Anwendungen zuständigen »thunking layers« oder die des »Virtual Machine Managers« (VMM), der das Herzstück von Windows 9x darstellt, als vielmehr jene Komponenten, mit denen ein Visual-Basic-Programm bei seiner Ausführung direkt oder indirekt zu tun hat. Und auch hier geht es zunächst nicht so sehr um die Interna, sondern vielmehr um die allgemeine Bedeutung der jeweiligen Komponente. Konkret, man sollte wissen, welche Rolle DLLs innerhalb von Windows spielen, man muss aber nicht unbedingt wissen, wie eine DLL aufgebaut ist, auf welche Weise sie in den Arbeitsspeicher geladen oder unter welchen Umständen sie wieder entladen wird.

Dieses Kapitel ist für alle Leser und Leserinnen gedacht, die mit dem Einstieg in die Visual-Basic-Programmierung gleichzeitig auch Windows als Entwicklungsplattform kennen lernen wollen. Am Ende des Kapitels kennen Sie die wichtigsten Systembegriffe, die Ihnen beim Arbeiten mit Visual Basic begegnen werden und die in der Visual-Basic-Dokumentation meistens nur am Rande erwähnt werden.

Sie lesen in diesem Kapitel etwas über:

- den allgemeinen Aufbau von Windows
- die Rolle der DLLs
- die Rolle der Win32-API
- das Component Object Model (COM)
- den Zugriff auf die Benutzeroberfläche
- die Bedeutung des Wortes ActiveX

3.1   Der allgemeine Aufbau von Windows

Windows ist kein homogenes Programm (es gibt keine Datei mit dem Namen »Windows.exe«), sondern ein Konglomerat vieler Systemdateien. Wenn Sie Windows durch den Aufruf der Starter-Datei *Win.com* starten (daran hat sich auch bei Windows 9x nichts geändert, wenngleich dieser Umstand geschickt verborgen wird), wird ein umfangreicher Bootprozess initialisiert, in dessen Verlauf zunächst eine Vielzahl von Systemdateien und Treibern in den Arbeitsspeicher geladen werden und zum Schluss die Benutzeroberfläche (engl. »shell«) in Gestalt der Datei *Explorer.exe* gestartet wird.

Am Unterbau von Windows 9x wurde über die Jahre zwar einiges verbessert, insbesondere beim Übergang von Windows 3.1 auf Windows 95 mit dem Zwischenschritt Windows 3.11, einen grundlegenden Architekturwandel hat es in der »Evolutionsgeschichte«, die 1985 mit Windows 1.03 ihren Anfang nahm, jedoch nie gegeben[1] – es wird ihn auch nicht mehr geben, denn Windows 98 wird nach Aussage von Microsoft definitiv der letzte Vertreter der Linie sein. Die Zukunft ist ein Betriebssystem auf der Basis von Windows NT, das sich bezüglich seiner Programmierung aber kaum vom heutigen Windows unterscheiden wird. Es wird allerdings seinen Programmierern sehr viel reichhaltigere Systemdienste anbieten, zu denen unter anderem eine Spracheingabe und eine sehr leistungsfähige 3D-Grafik gehören werden. Bei einem Visual-Basic-Programm im Jahre 2002 dürfte dann eine Spracheingabe genauso selbstverständlich sein wie heute eine

---

[1] Die relativ hohen 16-Bit- sprich MS-DOS-Anteile an Windows 95 waren daher auch Anlass harscher Kritik. Man darf aber nicht vergessen, dass radikale Änderungen die Kompatibilität aufs Spiel setzen, was ebenso harsche Kritik nach sich zieht. Oft von den gleichen Leuten.

Symbolleiste. Doch wie bereits angedeutet, ein paar Jahre wird es wohl noch dauern. Dem volkstümlichen Sprichwort zufolge »Schuster, bleib' bei Deinen Leisten« sollten wir uns dem zuwenden, was auf der überwiegenden Mehrheit der Schreibtische in aller Welt heute anzutreffen ist.

Windows 9x ist ein Betriebssystem, das durch einen Real-Modus-Lader gestartet wird, mit vielen 32-Bit-Komponenten und vor allem mit 32-Bit-Treibern arbeitet, dennoch selbst für die Ausführung von Windows-Anwendungen auf 16-Bit-Code zurückgreifen muss, keinerlei Systemsicherheit bietet und mit einem relativ altmodischen (für viele Anwender aber durchaus zufriedenstellenden) Dateisystem (FAT bzw. FAT32) auskommen muss.

Ganz anders bei Windows NT, das von Grund auf neu entwickelt wurde (allerdings wurden bei einigen Systemkomponenten Anleihen von bereits existierenden Betriebssystemen gemacht – allerdings nicht von DOS, sondern von »richtigen« Betriebssystemen, wie z.B. VMS und Unix). Windows NT ist ein echtes 32-Bit-Betriebssystem, das nicht auf DOS, sondern auf einem relativ schlanken Betriebssystemkern, dem NT-Kernel, basiert. Dieser Kernel stellt zwar ein Mini-Betriebssystem dar, doch es fehlen noch wichtige Komponenten, die daraus ein vollständiges Betriebssystem machen: ein Dateisystem (Windows NT arbeitet mit NTFS), ein Treibermanager, eine Netzwerkarchitektur und natürlich eine Benutzeroberfläche. Es ist wichtig festzustellen, dass der NT-Kernel ein eigenes Betriebssystem darstellt, dass zu nichts kompatibel ist. Dass dennoch unter Windows NT Win32-, Win16- und sogar viele DOS-Anwendungen laufen, ist den verschiedenen Subsystemen zu verdanken, die auf den NT-Kern aufsetzen und diesem verschiedene »Persönlichkeiten« verleihen (es gibt sogar Subsysteme für das Unix-Derivat Posix und IBM OS/2, wenngleich diese nur eine sehr untergeordnete Rolle spielen und in erster Linie aus strategischen Gründen implementiert wurden).

Am Unterbau von Windows 9x wurde über die Jahre zwar einiges verbessert, eine grundlegende Verbesserung der Architektur hat jedoch bis einschließlich Windows ME, dem letzten Vertreter der Windows 9x-Linie, nicht stattgefunden. Das ist auch nicht weiter tragisch, denn inzwischen gibt es mit Windows XP einen würdigen Nachfolger, der die Produktlinien Windows 9x und Windows NT/2000 vereint. Windows XP und Windows 2000 werden in den nächsten Jahren die Betriebssysteme sein, unter denen die meisten Visual Basic-Programmierer entwickeln werden (ein kleiner Nachteil ist natürlich, dass diese Betriebssysteme ein wenig mehr kosten als Windows 9x, das praktisch jedem PC »kostenlos« beiliegt).

Windows 9x ist nicht deswegen schlecht, weil es mit Windows 2000/ XP leistungsfähigere Alternativen gibt. Für viele Visual Basic-Anwendungen wird es auch in naher Zukunft eine vernünftige und »gutmütige« Plattform sein. Dennoch hat es wenig Sinn, die Zukunft bzw. Gegenwart zu ignorieren.

Windows NT, das inzwischen in Windows 2000 und Windows XP übergegangen ist, wurde damals von Grund auf neu entwickelt und musste keine Rücksichten auf etwaige Altlasten (z.B. DOS) nehmen. Es ist ein echtes 32-Bit-Betriebssystem, das es inzwischen auch in einer 64-Bit-Version gibt. Anders als Windows 9x ist Windows NT/2000/ XP ein sehr sicheres Betriebssystem. Davon profitieren auch Visual Basic-Programmierer, die die Sicherheitsfunktionen aufrufen können, um z.B. bestimmte Funktionen ihres Programms nur dann zu aktivieren, wenn der Benutzer ausreichende Rechte besitzt. Für Visual Basic-Entwickler macht sich dieser Umstand aber auch negativ bemerkbar, denn direkte Hardwarezugriffe sind unter Windows NT/2000/XP ein Tabu. Wer z.B. E/A-Ports ansprechen will, benötigt einen virtuellen Gerätetreiber, der über Funktionsaufrufe angesprochen wird (solche Treiber gibt es inzwischen auch als Freeware).

Trotz großer Architekturunterschiede spielt es für Visual Basic-Entwickler keine allzu große Rolle, ob sie für Windows 9x oder Windows NT/2000/XP programmieren, da Windows 9x in den meisten Fällen einfach eine Untermenge des großen Bruders ist. Alle Windows-Versionen kennen mit der Win32-API einen einheitlichen Satz von Funktionen, der nur wenige versionsspezifische Unterschiede aufweist. Mehr zur Rolle der Win32-API In Kapitel 3.3.

Die allgegenwärtige Präsenz der Win32-API, die auch im Jahre 2002 noch dominiert, ist für Visual Basic-Programmierer eine beruhigende Versicherung. Es wird Jahre, wenn nicht Jahrzehnte dauern, bis eine künftige Windows-Version Win32 nicht mehr unterstützen wird. Solange werden Visual Basic-Programme auf jeder kommenden Windows-Version, egal wie sie heißen wird, laufen.

3.2 Die Rolle der DLLs

DLLs sind das »Lebensexilier« von Windows. Ohne die Anwesenheit von DLLs wäre Windows nicht funktionsfähig. Doch was ist eine DLL? DLL ist eine Abkürzung und steht für Dynamic Link Library, zu deutsch »dynamische Verbindungsbibliothek«. Eine Bibliothek (engl. library) ist ganz allgemein eine Datei (Modul), die Funktionen enthält, die von anderen Programmen benutzt werden. Es ist wichtig festzuhalten, dass auch, wenn eine DLL ausführbaren Programmcode enthält, eine DLL alleine nicht ausführbar ist (geben Sie etwa den Namen *Shell32.dll* über den AUSFÜHREN-Befehl ein, erhalten Sie eine entsprechende Fehlermeldung). DLLs sind Dateien, die Funktionen für andere Programme (oder DLLs) enthalten. Eine DLL erfüllt erst dann eine aktive Funktion, wenn Sie mit einem anderen Programm verknüpft wird. Doch was bedeutet das Attribut dynamisch? Nun, das Gegenstück zu dynamischen Bibliotheken sind statische Bibliotheken. Hier sieht der Ablauf so aus, dass beim Erstellen eines Programms die statische Bibliothek in die Programmdatei integriert wird. Die Bibliothek liegt also anschließend nicht mehr als eigenständige Datei vor. Dieses Verfahren besitzt gleich mehrere Nachteile:

- Programmdateien werden unnötig aufgebläht, da Bibliotheken oft recht umfangreich sind.

- Der Speicherplatz wird überladen, da sobald zwei Programme geladen wurden, in die die gleiche Bibliothek eingebunden wurde, auch die Bibliotheken doppelt im Speicher vorliegen.

- Ändert sich der Inhalt der Bibliothek, müssen alle Programme neu erstellt werden, die von diesen Bibliotheken Gebrauch machen. Bei DLLs müssen lediglich die geänderten DLLs ausgetauscht werden.

- Statische DLLs stammen noch aus der Vor-Windows-Ära, wo elementare Ein- und Ausgaberoutinen nicht vom Betriebssystem, sondern durch eine Library zur Verfügung gestellt wurden. Unter Windows gibt es keine statischen Bibliotheken mehr, sondern nur noch dynamische Bibliotheken. Diese werden nicht einem einzelnen Programm einverleibt. Stattdessen erhält das Programm lediglich Funktionsaufrufe, die zunächst ins »Leere« verweisen. Erst wenn das Programm nach dem Start in den Arbeitsspeicher geladen wird, prüft der interne Programmlader, ob das Programm Verweise auf DLLs enthält. Befinden sich die DLLs bereits im Arbeitsspeicher, etwa weil sie von anderen Programmen bereits benutzt werden, werden die Referenzen auf die einzelnen Funktionen aufgelöst. Befindet sich die DLL noch nicht im Arbeitsspeicher wird sie erst jetzt nachgeladen. Diesem Umstand verdanken die DLLs den Zusatz dynamisch. DLLs sind übrigens keine Option, sondern ein allgegenwärtiges Grundelement von Windows.

- Auch Visual Basic kann (seit Version 4) DLLs erstellen. Sie müssen dazu den Projekttyp »ActiveX-DLL« wählen. Das Ergebnis ist eine Datei mit der Erweiterung *.DLL*. Allerdings besitzen diese ActiveX-DLLs, anders als die meisten System-DLLs, keine Aufrufschnittstelle, sondern eine COM-Schnittstelle. Das bedeutet, dass sie nur von jenen Programmen genutzt werden können (in der Regel sind dies andere Visual-Basic-Programme), die auf die COM-Schnittstelle zurückgreifen können. Konkret, die in einer ActiveX-DLL enthaltenen Funktionen können nicht über eine *Declare*-Anweisung angesprochen werden, wie dies bei herkömmlichen DLLs der Fall ist. Sie müssen vielmehr registriert werden (was beim Erstellen einer ActiveX-DLL automatisch geschieht). Anschließend können Sie über die *CreateObject*-Funktion von VBA oder VBScript instanziert werden. Die in der ActiveX-DLL enthaltenen Funktionen werden über Methoden angesprochen. Von älteren Programmiersprachen, wie Fortran oder Cobol, die zwar DLLs ansprechen können, aber nichts von COM, IDispatch und anderen Dingen wissen, können ActiveX-DLLs nicht benutzt werden.

■► Die meisten System-DLLs werden übrigens im *System*-Verzeichnis von Windows abgelegt. Machen Sie sich einmal die Mühe, und suchen Sie über das SUCHEN-Kommando von Windows nach Dateien mit der Erweiterung *.DLL* (System-DLLs können allerdings auch andere Erweiterungen besitzen)[2].

Halten wir fest:

■► Ein großer Teil der Windows-Systemfunktionalität ist in DLLs verpackt.

■► Visual Basic kann (im Prinzip) auf alle Windows-DLLs zugreifen, die Funktionen exportieren, wobei Visual Basic ab Version 5.0 auf 32-Bit-DLLs »beschränkt ist«. Bei herkömmlichen DLLs muss das Programm für jede anzusprechende Funktion eine *Declare*-Anweisung enthalten. Bei DLLs mit einer COM-Schnittstelle werden über PROJEKT | VERWEISE in das Projekt eingebunden und wie Objekte angesprochen.

■► Visual Basic kann DLLs mit einer COM-Schnittstelle erstellen (ActiveX-DLL- oder ActiveX-Exe-Projekt). Für DLLs mit einer herkömmlichen Aufrufschnittstelle wird dagegen z.B. Visual C++ oder ein anderer Compiler, der Windows-DLLs generieren kann, benötigt.

---

[2] Es sind inzwischen 7.700 Dateien, die über 330 MByte belegen. Wenn das kein Fortschritt ist. Eine stolze Zahl, wobei ich allerhöchstens ein Dutzend dieser DLLs namentlich kenne. Damit DLLs vom Suchen-Befehl überhaupt gefunden werden, müssen Systemdateien in einem Ordnerfenster auch angezeigt werden, was in den Ordneroptionen eingestellt wird.

3.3 Die Rolle der Win32-API

Windows ist, das wissen Sie bereits, ein Konglomerat verschiedener DLLs. Die drei wichtigsten DLLs heissen *Gdi32.dll*, *Kernel32.dll* und *User32.dll*. Diese drei DLLs (und viele andere) exportieren Funktionen, die von Windows-Anwendungen (und von Visual-Basic-Programmen) aufgerufen werden können. Die Gesamtheit dieser Funktionen wird als Aufrufschnittstelle oder *Application Programming Interface*, kurz *API*, bezeichnet. Die API ist damit ein Satz von Funktionen, den Microsoft den Applikationsentwicklern in aller Welt zur Verfügung stellt. Die API ist das eigentliche Kapital von Microsoft. Die Oberfläche kann man nachbauen, den Betriebssystemunterbau auch. Doch ohne eine exakte Einhaltung der API ist das Einhalten der dringend erforderlichen Applikationskompatibilität nicht möglich[3]. Sowohl Windows 9x als auch Windows NT/2000/XP unterstützen eine API, die als Win32-API bezeichnet wird. Die korrekte Definition lautet eher umgekehrt: Win32-API ist eine API, die sowohl unter Windows NT/2000/XP als auch unter Windows 9x zur Verfügung steht. Die Win32-API ist im Prinzip unabhängig vom Betriebssystemunterbau und wurde auch schon auf anderen Systemen (u. a. Unix und MacOS) implementiert. Das Besondere an der Win32-API ist, dass Sie dem Entwickler einen Satz von Funktionen garantiert. Programmiere ich für die Win32-API, kann ich als Entwickler davon ausgehen, dass bestimmte Funktionen zur Verfügung stehen.

Jede Windows-Anwendung für Windows 9x und Windows NT/2000/XP basiert auf der Win32-API. Ausgenommen sind natürlich jene Anwendungen, die noch für Windows 3.1 oder DOS geschrieben wurden, doch sollen diese hier nicht weiter berücksichtigt werden, zumal sich an dem Prinzip nichts ändert. Auch Visual Basic nutzt als typische Windows-Anwendung die Win32-API. Wer dagegen in Visual Basic programmiert, kommt mit der Win32-API nicht in Berührung, denn es ist ja gerade einer der besonderen Pluspunkte von Visual Basic: Windows-Programmierung ohne die etwas umständliche API-Programmierung. Dennoch können Sie auch in einem Visual-Basic-Programm die über 1.500 Funktionen (es können durchaus ein paar mehr sein – eine exakte Zahl scheint es nicht zu geben) aufrufen, um Dinge durchzuführen, die in Visual Basic entweder scheinbar nicht möglich oder die im Sprachumfang von Visual Basic nicht enthalten sind. Das klassische Beispiel ist der Zugriff auf die Registrierung, die Konfigurationsdatenbank von Windows. Möchte man bestimmte Werte aus der Registrierung auslesen, benötigt man dazu einzelne API-Funktionen, denn es gibt keine VBA-Funktion, die das erledigt. Als Alternative kann man

---

[3] Das könnte ein Grund sein, warum Windows konkurrenzlos ist.

natürlich eines der zahlreichen angebotenen Zusatzsteuerelemente einsetzen, das aber auch nichts anderes macht, als sich dieser API-Funktionen zu bedienen.

Mehr zur Win32-API und dem Aufruf von API-Funktionen in Kapitel 15.

3.4 Das Component Object Model (COM)

Wir kommen jetzt zu einem sehr wichtigen Thema, über das nur wenige Visual-Basic-Programmierer richtig Bescheid wissen, über das viele gerne mehr wüßten, das für die Programmierpraxis aber nur eine geringe Bedeutung hat, da es zwar das Fundament von Visual Basic darstellt, wie es sich für Fundamente gehört, aber nicht aktiv in Erscheinung tritt. Die Rede ist (natürlich) vom *Component Object Model*, kurz COM. Es legt fest, auf welche Weise binäre Komponenten zusammenarbeiten. Klassen, ActiveX-Steuerelemente, OLE DB und ADO, die Visual Basic IDE und vieles mehr basieren auf COM. Keine Frage, es ist wirklich wichtig. Allerdings ist COM ein Fundament für alle Windows-Anwendungen und nicht auf Visual Basic beschränkt. Dazu gleich ein konkretes Beispiel. Die (völlig fiktive) Textverarbeitung SuperText99 enthält eine revolutionäre Rechtschreibung, die nicht nur Satzzeichen und Orthographie wahlweise nach der alten, der neuen und allen kommenden Rechtschreibreformen korrigiert, sondern auch den Satzbau umstellt und vieles mehr. Es wäre doch prima, wenn Sie dieses Juwel von einem Programm auch in ihrem Textmodul benutzen könnten. Noch vor einigen Jahren war dies pratisch unmöglich, denn jede Anwendung war eine geschlossene Einheit ohne Schnittstellen nach außen. COM durchbricht die »Mauer des Schweigens« zwischen den Anwendungen, indem es einer Anwendung erlaubt, einzelne Komponenten für die Nutzung durch andere Anwendungen zur Verfügung zu stellen.

COM ist dazu da, dass binäre Komponenten zusammenarbeiten können. Dazu ein (bereits etwas älterer) Originalton von Microsoft:

»COM is an architecture and supporting infrastructure for building, using, and evolving component software in a robust manner.«

Zu deutsch: COM ist eine Architektur (also etwas, auf dem man Programme aufbauen kann), gleichzeitig aber auch eine Umgebung (also etwas, in dem man konkret programmieren kann) für das Erstellen, Benutzen und Weiterentwickeln von Komponenten auf eine vernünftige und stabile Weise (das wollen wir auch hoffen).

Folgende Dinge müssen gleich zu Beginn klargestellt werden:

➡ COM ist kein Programm, kein Aufsatz und kein Treiber. Es ist ein für den Benutzer »unsichtbarer« Teil des Betriebssystems, der aus einer Reihe recht unscheinbar wirkender Systemdateien besteht.

➡ COM ist für Visual-Basic-Programmierer keine Option, sondern ständig präsent. Die Entwicklungsumgebung basiert auf COM. Add-Ins und Designer sind COM-Komponenten. Der Datenbankzugriff wird grundsätzlich über COM-Schnittstellen abgewickelt. OCX- bzw. ActiveX-Steuerelemente sind COM-Komponenten. Jede öffentliche Klasse in einem Visual-Basic-Projekt ist eine COM-Komponente (denn sonst wäre sie nicht von außen zugänglich).

➡ COM ist unabhängig von einer bestimmten Programmiersprache, wenngleich sich nicht in jeder Programmiersprache COM-Komponenten erstellen lassen. COM regelt die Zusammenarbeit von binären Softwaremodulen, die gewissen Konventionen gehorchen müssen. In welcher Sprache die Komponenten programmiert wurden, spielt keine Rolle.

➡ Bei der Programmiersprache muss es sich schon gar nicht um eine OOP-Sprache handeln. Auch wenn beim Zusammenspiel der COM-Komponenten gewisse Objektprinzipien zur Anwendung kommen, lassen sich COM-Komponenten etwa auch in Assembler programmieren, einer »Programmiersprache«, die über jeden Verdacht erhaben ist, etwas mit OOP zu tun zu haben[4].

➡ COM ist kein »Servicemodus« für Büroanwendungen. Es ist ein universeller Satz von Low-Level-Funktionen, Datentypen, Protokollen und Spezifikationen, die dafür sorgen, dass beliebige binäre Bausteine auf unterster Ebene zusammenarbeiten können.

➡ COM arbeitet eng mit der Registry von Windows zusammen. Jede COM-Komponente (und jede ihrer Schnittstellen) besitzt eine eindeutige Kennummmer (die GUID für »Global Unique Identifier« bzw. CLSID im Zusammenhang mit der Registry), die in der Registry eingetragen wird. Auf diese Weise ist eine Anwendung in der Lage, eine COM-Komponente über ihren Namen anzusprechen, ohne zu wissen, in welcher Datei (*Exe-*, *Dll-* oder *Ocx*-Datei) sich die Komponente befindet.

---

[4] Wenngleich Borland vor vielen Jahren einen Turbo Assembler mit Objekten vorstellte. Hier wurde aber lediglich von der Möglichkeit Gebrauch gemacht, einen zusammengesetzten Datentyp, der auch bei Assemblern nichts Besonderes ist, um Prozeduren zu erweitern.

■► COM bietet kein »intelligentes« Management von Komponenten, etwa einen zentralen »Object Broker«, von dem eine Anwendung Komponenten anfordern kann und der sich gleichzeitig um die Ressourcenverwaltung kümmert.

■► COM ist die Gegenwart der Systemprogrammierung unter Windows, nicht aber die Zukunft, denn mit .NET steht ein Nachfolger bereits fest, der ab 2002 eine wichtige Rolle spielen wird und COM/COM+ nach und nach verdrängen wird. Dennoch wird COM auch in den nächsten Jahren eine Rolle spielen, zumal .NET eine hervorragende Einbeziehung von COM-Komponenten erlaubt. Wer jetzt in die Visual Basic-Programmierung einsteigt und keine alten Projekte mit COM-Altlasten übernehmen muss, sollte sich um COM nicht allzu viele Gedanken machen. In dieser Hinsicht ist COM inzwischen relativ »tot«.[5]

■► COM ist definitiv kein Modetrend und definitiv keine Option. Es ist die Zukunft der Systemprogrammierung unter Windows. Es ist bereits jetzt ein fundamentaler Bestandteil von Windows 9x und Windows NT. Office'97 basiert auf COM, die Windows-Oberfläche basiert auf COM, die komplette Multimedia-Schnittstelle DirectX basiert auf COM und, nicht zuletzt, auch Visual Basic basiert auf COM. Wenn Sie etwa ein ActiveX-DLL-Projekt übersetzen, erstellen Sie damit ein Programm, das anderen Programmen COM-Komponenten zur Verfügung stellt. Das Kürzel COM taucht dabei zwar an keiner Stelle auf, es ist dennoch allgegenwärtig.

■► Die Verwendung von COM ist nicht immer erforderlich. Bei COM dreht sich alles um Zusammenarbeit zwischen Anwendungen auf einer unteren Ebene. Soll eine Anwendung mit keiner anderen Anwendung zusammenarbeiten, wird COM nicht benötigt.

■► Und zum Schluss: COM spielt bei Windows zwar eine wichtige Rolle, es ist jedoch noch nicht allgegenwärtig. Die Windows-Shell, die verschiedenen Datenbankschnittstellen DAO, RDO und ADO, die E-Mail-Schnittstelle CDO (für »Collaborative Data Objects«) und DirectX basieren, wie Sie bereits wissen, auf COM-Schnittstellen. Die große Mehrheit des Betriebssystems besteht jedoch noch aus traditionellen Systemdateien, die ihre Funktionalität über API-Aufrufe zur Verfügung stellen. Sicherlich werden in Zukunft weitere Systemkomponenten auf COM basieren, die Active Directory Services (ADS) von Windows 2000/XP sind dafür ein gutes Beispiel.

---

[5] Das relativiert natürlich einige Aussagen in diesem Buch zum Thema COM, doch ist mehr im Rahmen einer Überarbeitung nicht machbar – im Nachfolgeband zu diesem Buch wird COM lediglich eine Nebenrolle spielen, wenn überhaupt.

Dass allerdings eines Tages sämtliche Systemdienste auf COM-Schnittstellen basieren werden, wage ich zu bezweifeln, da es vermutlich ganz einfach nicht notwendig ist. COM, und das soll die Quintessenz dieses Abschnitts sein, steht für die Zusammenarbeit zwischen Komponenten.

3.4.1 Ein Wort zu DCOM

Neben COM gibt es noch das *Distributed COM*, kurz DCOM. Ist das etwa eine modernere Version von COM oder etwas ganz anderes? Nein, zum Glück nicht. Bei DCOM handelt es sich lediglich um einen »Aufsatz« (der High-Tech-Fachbegriff lautet »wire protocol«), durch den COM-Komponenten auch im Netzwerk angesprochen werden können. Das bedeutet konkret, dass sich die Komponenten einer Anwendung auf die PCs eines Netzwerks verteilen können und die Anwendung damit auf mehreren PCs gleichzeitig läuft. DCOM ist inzwischen sowohl Bestandteil von Windows 9x als auch von Windows NT/2000/XP, sodass es für Visual-Basic-Entwickler von Anfang an zur Verfügung steht.

Auch wenn es an anderer Stelle noch einmal erwähnt wird: die CreateObject-Methode (des VBA-Objekts) besitzt seit Visual Basic 6 einen zweiten Parameter, über den festgelegt werden kann, auf welchem PC innerhalb eines Netzwerks eine Komponente aktiviert wird.

3.4.2 Ein Wort zu COM+

Der offizielle »Nachfolger« von COM ist COM+. Das wichtigste Merkmal von COM+ ist, dass es die Dienste des Microsoft Transaction Server (MTS) integriert, was für die Entwicklung mehrschichtiger Client/Server-Anwendungen sehr wichtig ist. Anders als COM wird COM+ auch unter .NET für eine Übergangsperiode eine Rolle spielen. COM+ ist in erster Linie für erfahrene Programmierer von Bedeutung, die größere, mehrschichtige Anwendungen entwickeln. Aus diesem Grund wird es in diesem Buch nicht behandelt.

3.4.3   Was ist eigentlich mit OLE passiert?

Erfahrenere Leser werden sich unter Umständen noch an das Kürzel OLE (für »Object Linking and Embedding«) und Begriffe wie OLE-Automation oder OLE-Server erinnern, die bei Visual Basic 4.0 als große Neuerung angepriesen wurden[6]. Was ist damit passiert? Nun, die Bezeichnung OLE gibt es offiziell nicht mehr, zumindest nicht mehr in seiner früheren Form. Viele Programmierer dürften es nicht mitbekommen haben, denn es wurde von Microsoft nicht an die große Glocke gehängt. 1995 stand OLE noch für eine Vielzahl von Systemdiensten (allerdings schon auf der Basis von COM). Es gab OLE-Automation, OLE-Dokumente (auch DocObjects genannt), OLE-Messaging, OLE-»hau mich tot« usw. Jetzt steht es »nur« noch für jene Dienste (natürlich auf der Basis von COM), die das Einfügen und Verknüpfen von Objekten in Dokumenten erlauben, jene Dinge also, für die bereits das mit Windows 3.1 eingeführte OLE 1.0 stand[7]. Die früheren OLE-Dienste haben eigene Namen bekommen. Aus OLE-Automation wurde zum Beispiel Automation, manchmal auch ActiveX-Automation. Man sprach daher von Automations-Servern und meinte damit die früheren OLE-Automations-Server, also ein Programm, das seine Komponenten anderen Programmen zur Verfügung stellt. Und es kam noch ein wenig bunter, denn mit der Einführung von Visual Basic 5.0 wurden aus den OLE-Automationsservern einfach nur ActiveX-EXEs bzw. ActiveX-DLLs bzw. allgemein Code-Komponenten. Code-Komponenten sind der allgemeine Begriff für Programme, die anderen Programmen ihre Funktionalität zur Verfügung stellen. Es ist daher wahrscheinlich ratsam, auch den Begriff »Automation« in der Mottenkiste verschwinden zu lassen, zumal Visual Basic bereits seit der Version 3.0 nicht mehr auf die *IDispatch*-Schnittstelle, über die Automation abgewickelt wird, angewiesen ist.

Diese Namensspielchen sind natürlich verwirrend und erwecken den Eindruck, dass bei Microsoft Leute eingestellt werden, deren Job darin besteht, sich einmal im Monat neue Namen auszudenken. Doch alles hat seinen Grund. Microsoft musste sich, bedingt durch den großen Internet-Boom im Jahre 1996, intern komplett neu ausrichten. Dabei wurden natürlich auch die verschiedenen Technologiegruppen kräftig durchgeschüttelt. In diesem Zusammenhang wurden auch Entwicklungsrichtlinien neu formuliert, was sicherlich zur Folge hatte, dass die eine Abteilung nicht immer hundertprozentig wissen konnte, welche Begriffe in einer anderen Abteilung gerade aktuell waren. Als Entwick-

---

[6]   Unter anderem natürlich auch von mir.

[7]   Es ist daher wieder politisch korrekt, OLE mit »Object Linking and Embedding« zu übersetzen.

ler darf man froh sein, dass es nur bei ein paar Namensänderungen blieb. Aber es gibt auch Ausnahmen. Die sehr wichtige Datenbankschnittstelle OLE DB hat ihren Namen beibehalten, wenngleich sie nur sehr wenig mit »Object Linking and Embedding« zu tun hat. Auch das OLE-Steuerelement heißt auch bei Visual Basic 6.0 so (Sie müssen Ihre Namenskonventionen, die Sie hoffentlich verwenden, nicht anpassen), denn dieses stellt in erster Linie die klassischen OLE-Dienste zur Verfügung, nämlich das Einfügen und Verknüpfen von (COM-)Dokumentobjekten. Diese Begriffsklärung ist deswegen wichtig, weil COM viele Konzepte von OLE übernimmt. Wenn Sie sich bereits mit OLE beschäftigt haben (das Kraig-Brokschmidt-Buch müßte nun eigentlich »Inside COM« heißen), werden Ihnen einige Dinge, die im Zusammenhang mit COM auftauchen, bekannt vorkommen. Kein Wunder, es ist lediglich eine Namensänderung (hoffentlich die letzte), an der Theorie hat sich nichts geändert.

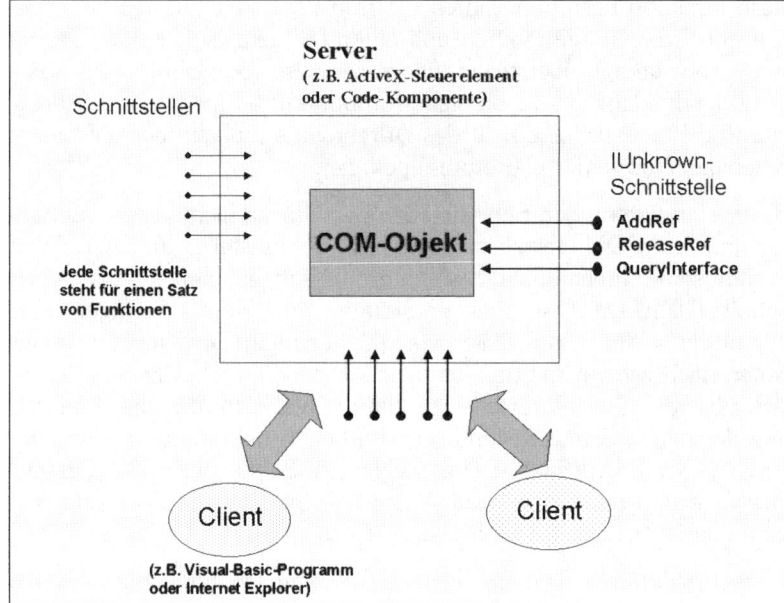

Abbildung 3.1: COM bedeutet die Kommunikation zwischen einem Client und einem Server.

3.4.4 Alles dreht sich um Schnittstellen

Es ist an der Zeit, das Prinzip, nach dem COM-Komponenten zusammenarbeiten, etwas genauer unter die Lupe zu nehmen. COM-Objekte, die in EXE-, DLL- oder OCX-Verpackung vorliegen, kommunizieren über Schnittstellen miteinander. Eine Schnittstelle ist dabei nichts anderes als eine Reihe von Funktionen (auch »Members«, also Mitglieder genannt), die unter einem Namen zusammengefasst werden (letzterer hat für die Programmierung aber keine Bedeutung). Technisch betrachtet ist eine (implementierte) Schnittstelle nichts anderes als ein Zeiger auf eine Tabelle von Zeigern, die wiederum auf einzelne Funktionen zeigen. Diese Tabelle wird als virtuelle Tabelle, kurz *vTable* bezeichnet. Alle internen Schnittstellennamen fangen übrigens mit »I« (für »Interface«) an, z.B. *IDispatch*, *IClassFactory* oder *IOleControl*. Nun soll COM aber das Zusammenspiel beliebiger Komponenten ermöglichen. Woher soll Komponente A denn wissen, ob Komponente B die Funktion xyz unterstützt? Um dieses grundsäzliche Problem zu lösen, haben sich die Erfinder von COM ein sehr einfaches, aber enorm flexibles Prinzip einfallen lassen.

Möchte Komponente A bei Komponente B eine Funktion xyz aufrufen, muss es sich zunächst über einen Aufruf der Member-Funktion *QueryInterface* der Schnittstelle *IUnknown*, über die jedes COM-Objekt verfügen muss (sonst wäre es kein COM-Objekt) einen Zeiger auf diese Funktion besorgen. Durch die transparente Einbeziehung sogenannter Proxy-/Stub-Pärchen und einer Technik, die als *Marshalling* (was sich vage mit »überstellen« übersetzen lässt) bezeichnet wird, spielt es übrigens keine Rolle, ob sich Komponente A im gleichen Adreßraum (In-Process), außerhalb des Adreßraums (Lokal) oder auf einem beliebigen Netzwerk-PC (Remote) befindet.

Das Besondere an den Schnittstellen ist, dass sie nicht versionsabhängig sind. Ein COM-Objekt kann mehrere Schnittstellen anbieten. Wird es um seine Funktionalität erweitert, erhält es einfach zusätzliche Schnittstellen. Da diese über eine eigene Kennummer verfügen, sind sie von den alten Schnittstellen völlig unabhängig. Die alten Clients arbeiten nach wie vor mit den alten Schnittstellen, neue Clients fordern, z.B. über die *QueryInterface*-Funktion von *IUnknown*, die Kennummer der neuen Schnittstellen an und arbeiten mit den neuen Funktionen. Da der Zugriff immer über Zeiger auf Schnittstellen (im Original *interface pointer*) erfolgt, ergibt sich so eine saubere Trennung zwischen dem Client und dem Server.

Microsoft definiert eine Schnittstelle als eine Übereinkunft zwischen Programmmodulen (im Original auch »contract« genannt). Eine Komponente, die eine Schnittstelle anderen Komponenten zur Verfügung stellt, garantiert diesen Komponenten, dass sich an den Namen der einzelnen Mitglieder und den Datentypen der einzelnen Parameter nichts ändern wird. Diese *Schnittstelleninvarianz* ist ein wichtiger Grundsatz beim Komponentenentwurf, da dadurch bestehende Systeme, die für eine Schnittstelle geschrieben wurden, geschützt werden. Das bedeutet jedoch nicht, dass sich eine Schnittstelle nicht weiterentwickeln kann. Dies geschieht nach den COM-Regeln durch Hinzufügen einer weiteren Schnittstelle, die alternativ zur bisherigen Schnittstelle zur Verfügung steht. Der Vorteil ist, dass alle Komponenten, die noch auf die alte Schnittstelle zugreifen, nicht geändert werden müssen. Neue Komponenten können dagegen die neuen Eigenschaften der Schnittstelle benutzen.

3.4.5 IDispatch und duale Schnittstellen

Jetzt kommen (endlich wieder) Visual Basic sowie die verschiedenen Scriptsprachen ins Spiel (vor allem VBScript), die ja ebenfalls auf COM-Komponenten zugreifen sollen. Eine COM-Komponente wird über eine (oder mehrere Schnittstellen) angesprochen. Da eine Schnittstelle ein Zeiger auf eine Tabelle mit Funktionsadressen (also Zeigern) ist, muss der Client einer COM-Komponente über den Zeiger an die Funktionstabelle herankommen. Damit der Client eine (im Prinzip unbekannte) Funktion aufrufen kann, müssen zwei Dinge bekannt sein: die Datentypen der einzelnen Funktionsparameter und der Datentyp des Rückgabewerts der Funktion. Da Visual Basic bis zur Version 3.0 (zu einem Zeitpunkt, als COM noch nicht offiziell im Einsatz war) und Scriptsprachen, wie VBScript, bei denen keine Compilierung stattfindet, nicht in der Lage sind, direkt auf die *vTable* mit den Adressen der Methoden (und Eigenschaften, die auf der Ebene von COM ebenfalls durch Fuktionsaufrufe umgesetzt werden) zuzugreifen, hat sich das Visual-Basic-Entwicklungsteam vor Jahren ein besonderes Verfahren einfallen lassen. Bei diesem Verfahren muss der Client als allererstes eine Referenz auf eine *IDispatch*-Schnittstelle erhalten, was bei Visual Basic 3.0 und bei der Scriptsprache VBScript über die *CreateObject*-Funktion geschieht. Anschließend fragt der Client über die im letzten Schritt erhaltene Schnittstellenadresse und einen Aufruf der *GetIDsOfName*-Funktion der *IDispatch*-Schnittstelle nach einer bestimmten Methode oder Eigenschaft. Wird diese von der Komponente unterstützt, erhält der Client eine eindeutige Kennnummer (die Dispatch-ID oder DispID) zurück, ansonsten einen Fehlercode. Zum Schluss wird mit der Kennnummer und gegebenenfalls einem Feld von Parametern, die alle vom Typ *Variant* sein müssen, die *Invoke*-Funktion aufgerufen, die wiederum die gewünschte Methode oder Eigenschaft aufruft. Folgende Grundfunktionen können über eine *IDispatch*-Schnittstelle aufgerufen werden:

➡ der Aufruf einer Funktion (Methode)

➡ das Setzen einer Eigenschaft über eine Funktion

➡ das Abfragen einer Eigenschaft über eine Funktion

Halten wir fest: COM-Kompenenten, die von Scriptsprachen (wie VBScript) oder eingeschränkten Programmiersprachen (wie Visual Basic 3.0) benutzt werden sollen, müssen eine IDispatch-Schnittstelle zur Verfügung stellen.

Beispiel
```
Dim Rechner As Object
Set Rechner = CreateObject("RechnerApp.clsRechner")
Rechner.Operand1 = 123
Rechner.Operand2 = 456
Rechner.Addition
Msgbox Prompt:= Rechner.Ergebnis
```

Dies ist ein Beispiel für den Aufruf der *IDispatch*-Schnittstelle einer Komponente, die in der Registrierung unter dem Namen *Rechner-App.clsRechner* (der ProgID) eingetragen ist. Über die *CreateObject*-Methode (des VBA-Objekts) erhält die (Objekt-)Variable *Rechner* zunächst eine Referenz auf die *IDispatch*-Schnittstelle der COM-Komponenten. Anschließend werden die verschiedenen Eigenschaften und Methoden der Komponente angesprochen, wobei jedesmal zuerst ein Aufruf der *GetIDsOfNames*-Funktion und anschließend ein Aufruf der *Invoke*-Funktion der *IDispatch*-Schnittstelle erforderlich ist.

Es ist wichtig zu verstehen, dass das Programm erst zur Laufzeit überprüfen kann, ob die COM-Komponente tatsächlich eine Methode mit dem Namen *Addition* oder eine Eigenschaft mit dem Namen *Rechner* besitzt, denn zur Laufzeit stehen diese Informationen nicht zur Verfügung. Diese Form der Bindung einer Objektvariablen an ein Objekt (COM-Kompente) wird daher, bezogen auf den Zeitpunkt der Bindung, als späte Bindung bezeichnet (engl. »late binding«). Späte Bindung besitzt einen deutlichen Nachteil: Sie ist relativ langsam, da das Programm vor jedem Aufruf einer Eigenschaft oder Methode mehrere Funktionen aufrufen muss. Dafür bietet sie mehr Flexibilität, da der Objekttyp zur Laufzeit austauschbar ist.

Wenn es eine späte Bindung gibt, dann muss es auch eine frühe Bindung geben. Und tatsächlich gibt es eine Alternative zu dem letzten Beispiel:

```
Dim Rechner As clsRechner
Set Rechner = New clsRechner
Rechner.Operand1 = 123
Rechner.Operand2 = 456
Rechner.Addition
Msgbox Prompt:= Rechner.Ergebnis
```

In diesem Fall kann bereits zur Entwurfszeit der Objekttyp angegeben werden. Sobald Sie die erste Zeile eingegeben und die ⏎ -Taste betätigt haben, versucht Visual Basic eine Bindung zu der COM-Komponente herzustellen. Ging alles gut, können Sie den Variablennamen

Rechner eintippen und erhalten nach Eingabe des Punktes eine Auswahlliste mit allen Eigenschaften und Methoden der Komponenten. Bei dieser frühen Bindung (engl.»early binding«) findet ein direkter Zugriff auf die *vTable* der Komponente statt. Die *IDispatch*-Schnittstelle wird hier nicht benötigt. Frühe Bindung bietet einen deutlichen Vorteil: Der Aufruf der Methoden und Eigenschaften kann sehr viel schneller erfolgen (das macht sich vor allem in Programmschleifen bemerkbar), und es stehen in der Auswahlliste die Eigenschaften und Methoden der Komponente zur Verfügung. Stellt sich natürlich die Frage, warum es dann überhaupt noch eine späte Bindung gibt, da dieses Verfahren nur Nachteile besitzt. Nun, damit eine frühe Bindung möglich ist, müssen zwei Bedingungen erfüllt sein:

■▶ Die Komponente muss eine duale Schnittstelle besitzen, also neben der *IDispatch*-Schnittstelle auch einen direkten *vTable*-Zugriff unterstützen. Duale Schnittstellen sind COM-Schnittstellen, die neben der *IDispatch*-Schnittstelle auch einen direkten Aufruf der über die in *vTable* angegebenen Funktionen erlauben.

■▶ Es muss eine Typenbibliothek vorhanden sein, aus der Visual Basic nach Angabe des Objekttyps (z.B. bei der *Dim*-Anweisung) alle Angaben über die Namen und Datentypen der vorhandenen Methoden und Eigenschaften erfahren kann.

Sind diese Bedingungen nicht erfüllt, ist keine frühe Bindung möglich. Visual Basic unterstützt seit Version 4.0 die duale Schnittstelle. Mit Visual Basic erstellte Komponenten besitzen automatisch eine duale Schnittstelle.

3.4.6 Die Rolle von IUnknown

Da gemäß der COM-Philosophie möglich sein soll, dass sich alle Komponenten, ohne besondere Vorkehrungen treffen zu müssen, miteinander verständigen können, verfügt jedes COM-Objekt über die Schnittstelle *IUnknown*. Diese Schnittstelle umfasst drei Funktionen: *AddRef* (erhöht den Referenzzähler eines Objekts), *Release* (erniedrigt den Referenzzähler) und *QueryInterface*. Letztere gibt beim Aufruf mit der Kennnummer einer Schnittstelle (IID) einen Zeiger auf eine angefragte Schnittstelle zurück. Objekt A fragt bei Objekt B daher über den Aufruf von *QueryInterface* zunächst an, ob es eine bestimmte Schnittstelle unterstützt. Ist dies der Fall, ruft es über den zurückgegebenen Zeiger die gewünschte Funktion auf.

Sie verdanken es Visual Basic, dass Sie sich mit diesen Details normalerweise nicht beschäftigen müssen. Wie immer gibt es mindestens eine Ausnahme. Möchten Sie eine Klassenauflistung, das heißt ein Objekt, das eine beliebige Anzahl anderer Objekte enthält, enumerierbar machen, sodass mit einer *For Each*-Schleife enumeriert werden kann, muss die Klasse die *_NewEnum*-Methode enthalten, die als Rückgabewert die Adresse der *IUnkown*-Schnittstelle besitzt:

```
Public Function NewEnum() As IUnknown
    Set NewEnum = mMannschaften.[_NewEnum]
End Function
```

Zwar wird *NewEnum* nicht direkt aufgerufen, doch immerhin ist dies eines der wenigen Beispiele in Visual Basic, wo eine COM-Schnittstelle namentlich direkt verwendet werden muss.

3.4.7 Die Rolle der GUID

Damit COM die einzelnen Objekte auseinanderhalten kann, besitzt jedes Objekt, vor allem aber jede Schnittstelle, eine Kennummer, die bei Windows in der Registrierung abgelegt wird. Diese Kennummer wird als *Global Unique Identifier*, kurz GUID bezeichnet. Es handelt sich um eine 128-Bit-Zahl, die so generiert wird, dass keine zwei GUIDs identisch sein können (absolut ausschließen lässt sich dieser Fall meiner Meinung nach nicht, auch wenn es extrem unwahrscheinlich sein dürfte und Microsoft daher manchmal etwas ironisch darauf hinweist, dass GUIDs in Raum und Zeit eindeutig sind). Sobald man ein COM-Objekt programmiert hat, muss man sich mit Hilfe des Tools *Guidgen* (Sie finden es u. a. auf der Visual-Basic-CD) eine solche GUID geben lassen (wer COM-Objekte in Visual Basic programmiert, brauchr dies nicht zu machen, da Visual Basic das erledigt). Die GUID eines COM-Objekts wird auch als *Class-ID* (CLSID) bezeichnet und in der Registrierung im Zweig *HKey_Classes_Root\CLSID* abgelegt. Hier findet man als Angabe neben der Kennummer lediglich den Namen der DLL/EXE-Datei, in der das COM-Objekt enthalten ist, und gegebenenfalls auch eine Reihe von Verben, auf die das Objekt reagieren kann. Bei ActiveX-Steuerelementen, bei denen es sich natürlich auch um COM-Objekte handelt, werden hier zusätzlich Verweise auf Bitmaps für die Darstellung, die Kennummer einer Typenbibliothek und, das ist besonders wichtig, eine Versionsinformation eingetragen. Auch Schnittstellen werden registriert, ihre GUID heißt *Interface ID* (IID). Ihre Kennummern werden im Zweig *HKey_Classes_Root\Interface* abgelegt. Hier sind darüber hinaus die Anzahl der unterstützten Methoden sowie der Name eines Proxy für den Aufruf von Schnittstellen über Prozess- und Computergrenzen hinweg eingetragen.

3.4.8 Was hat COM mit Visual Basic zu tun?

Eine ganze Menge, wenngleich Sie normalerweise mit COM nicht direkt in Berührung kommen. Das ist etwa so wie bei Visual Basic 1.0. Alle Visual-Basic-Programme basieren zwar auf dem Windows-Nachrichtenmodell für die Kommunikation mit den Formularen und ihren Steuerelementen und nutzen die Windows-API, der Programmierer merkt davon aber nichts. Sobald Sie in einem Visual-Basic-Programm eine Klasse einfügen und diese von außen instanzieren (also etwa beim Projekttyp »ActiveX-EXE«), erstellen Sie ein COM-Objekt, das die erforderlichen Schnittstellen (konkret *IUnknown* und *IDispatch*) besitzt und für das Visual Basic automatisch die notwendigen Einträge in der Konfigurationsdatenbank durchführt. Jede Klasse besitzt eine duale Schnittstelle, die wahlweise direkt über die *vTable* (eine Tabelle, die u.a. die Einsprungadressen für alle Methoden der Klasse enthält) oder über die *IDispatch*-Schnittstelle (hier wird die »Adresse« einer Methode erst zur Laufzeit erfragt und über die *IDispatch::Invoke*-Funktion aufgerufen) angesprochen wird. Wird z.B. eine Klasse über die Anweisung

```
Set X = New clsKlasse
```

instanziert, ruft Visual Basic die *QueryInterface*-Funktion der *IUnknown*-Schnittstelle auf und weist den zurückgegebenen Zeiger auf die *vTable* (also ein Zeiger auf die Schnittstelle des Objekts) der Variablen *X* zu. Das ist gemeint, wenn von Objektreferenz die Rede ist. Anschließend stehen alle Methoden und Eigenschaften der instanzierten Klasse direkt zur Verfügung. Aber wie gesagt, dies sind Dinge, die Visual Basic (zum Glück) völlig vom Programmierer abschirmt und die daher für die Praxis nur selten eine Bedeutung haben.

3.4.9 COM in Aktion

Sie haben jetzt soviel über die Theorie gehört, dass Sie sicherlich (ich hoffe es zumindestens) darauf brennen, COM auch einmal in Aktion zu erleben. Nun, das ist kein Problem, zumal Sie mit COM praktisch jeden Tag in Berührung kommen, wenn Sie unter Windows arbeiten. So bedeutet z.B. jedes Anlegen einer Verknüpfung, die Funktionen der Schnittstelle *IShellLink* einer Komponente der Shell zu benutzen. Aber natürlich ist es noch etwas anderes, selber COM-Komponenten zu erstellen. Kein Problem, führen Sie einfach folgende Arbeitsschritte aus:

1. Legen Sie als erstes ein neues ActiveX-EXE-Projekt an.

2. Definieren Sie in dem Klassenmodul ein oder zwei Eigenschaften und Methoden (Name und Inhalt spielen keine Rolle).

3. Führen Sie das Projekt aus.

4. Starten Sie das Hilfsprogramm *Oleview.exe*, das Sie z.B. im *\Tools\Oletools*-Verzeichnis der Visual-Basic-CD-ROM finden. Dieses Programm ist eine Art »Komponentenbetrachter«, der weit über den Objektkatalog hinausgeht, mit dem Sie sich nicht nur die Interna aller registrierten COM-Objekte, sondern auch die der registrierten Schnittstellen ansehen können. Auf Details zu dieser zugegeben recht komplexen Materie kann in diesem Buch allerdings nicht eingegangen werden, zumal dies Dinge sind, die (zum Glück) für die praktische Visual-Basic-Programmierung im Allgemeinen keine Rolle spielen.

Nur soviel, falls Sie Lust und Zeit zum Forschen haben, wählen Sie als erstes im Zweig »Automation Objects« den von Ihnen erstellten Automations-Server aus. In der rechten Hälfte des Fensters werden die Registry-Informationen der Komponente angezeigt. Über den Eintrag »Win32« erfahren Sie den Namen der Typenbibliothek (für Komponenten, die in der IDE ausgeführt werden, legt Visual Basic die Typenbibliothek in einer temporären Datei im *Temp*-Unterverzeichnis von Windows an). Wenn Sie diese Typenbibliothek über den Menübefehl FILE | VIEW TYPELIB laden, erhalten Sie alle internen Informationen über das von Ihnen erstellte COM-Objekt.

Abbildung 3.2:
Der OLE/COM-
Viewer zeigt die
auf dem PC oder
im Netzwerk
registrierten
Komponenten
im Detail an.

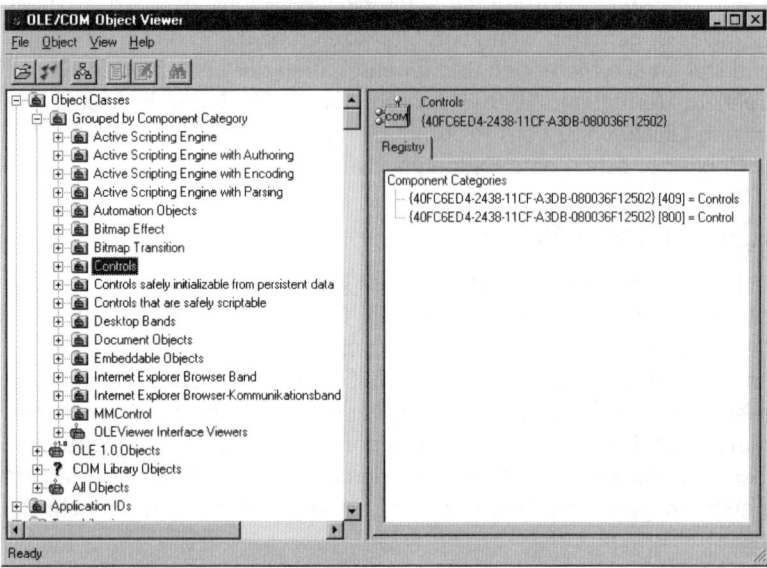

3.5 Der Zugriff auf die Windows-Oberfläche

Wenn Sie sich den Befehlssatz von VBA, die globalen Objekte und die Standardsteuerelemente einmal in Ruhe anschauen, werden Sie feststellen, dass sie nirgends einen Bezug auf den Explorer oder das Ordnermodell der Oberfläche finden. Es kommt sogar noch schlimmer: Die elementarsten Vorgänge, wie das Anlegen einer Verknüpfung, der Zugriff auf einen speziellen Ordner, wie etwa den Arbeitsplatz-Ordner, oder das Anzeigen des Dialogfeldes zum Formatieren eines Laufwerks, scheinen sich nicht realisieren zu lassen. Was ist da los? Haben die Microsoft-Entwickler noch nicht mitbekommen, dass die Mehrheit der Visual-Basic-Anwendungen (vermutlich) inzwischen unter Windows 9x oder Windows NT/2000/XP laufen? Das einzige Zugeständnis an die neue Oberfläche scheint zu sein, dass die Dateilistenauswahl und sämtliche Dateibefehle mit langen Dateinamen arbeiten.

Um es vorwegzunehmen, eine Antwort auf die Frage, warum Visual Basic viele elementare Oberflächenelemente nicht unterstützt, kenne ich auch nicht. Ich vermute, es hängt wieder einmal damit zusammen, dass sich die Visual-Basic-Entwickler bei Microsoft nicht um alles kümmern können und daher ganz einfach Prioriäten gesetzt werden mussten und sich die Oberfläche selber in einer stetigen Entwicklung befindet. Vielleicht gibt es bei Microsoft irgendwelche geheimen Pläne, die gesamte Windows-Oberfläche eines Tages auf Dynamic HTML umzustellen. In diesem Fall würde es wenig Sinn ergeben, die Unterstützung für etwas in Visual Basic einzubauen, was sich ohnehin in absehbarer Zeit wieder ändert. Dennoch ist die Situation mehr als unbefriedigend. Nehmen wir einfach die alltägliche Situation, dass ein Visual-Basic-Programm eine Verknüpfung erstellen soll (z.B. im Autostart-Ordner, damit sich das Programm »selbststartend« macht[8]).

Um aber zu einer Lösung zu kommen, muss man erst einmal wissen, was die Oberfläche eigentlich ist.

Die Benutzeroberfläche von Windows ist eine Anwendung, die eine Vielzahl von COM-Komponenten und COM-Schnittstellen enthält, die teilweise von außen ansprechbar sind. Das wichtigste Element der Benutzeroberfläche ist der Explorer, der über die Datei *Explorer.exe* zur Verfügung steht. Diese ca. 200 Kbyte große Datei ist jedoch nur das Programm, das für die Anzeige der Ordnerfenster zuständig ist. Die ei-

---

[8] Das ist übrigens auch durch das Anlegen eines Eintrags im Schlüssel
HKey_Local_Machine\Software\Microsoft\Windows\CurrentVersion\Run
der Registrierung möglich. Aber es geht hier mehr um das Prinzip.

gentliche Oberfläche verbirgt sich hinter verschiedenen Systemdateien, wie z.B. *Shell32.dll* oder *Shdocvw.dll*. Letztere DLL ist sehr interessant. Führen Sie einmal folgendes Experiment durch:

1. Starten Sie Visual Basic mit einem leeren Projekt.

2. Führen Sie den Menübefehl PROJEKT | VERWEISE aus, klicken Sie auf die *Durchsuchen*-Schaltfläche, und binden Sie die Datei *Shdocvw.dll* (Sie finden sie im *System*-Verzeichnis) in das Projekt ein.

3. Starten Sie den Objektkatalog über die F2-Taste, und wählen Sie aus der Auswahlliste den Eintrag »Shdocvw« aus.

Kommen Ihnen die in der linken Auswahlliste angebotenen Einträge irgendwie bekannt vor? Sie sollten es, denn es handelt sich durchweg um Elemente der Oberfläche. Ein *Folder*-Objekt steht für einen einzelnen Ordner, während die *FolderItems*-Auflistung für den Inhalt eines Ordners steht.

Sie können nun durch Anlegen eines Shell-Objekts auf die verschiedenen Objekte der Shell zugreifen. Möchten Sie alle Einträge auf dem Desktop auflisten? Dann führen Sie in einem Visual-Basic-Programm folgende Anweisungen aus:

```
Dim X As Shell
Dim Y As IShellDispatch
Dim Z As Folder, F As FolderItem
Set X = New Shell
Set Y = CreateObject("Shell.Application")
Set Z = X.NameSpace(ssfDESKTOP)
For Each F In Z.Items
MsgBox Prompt:=F.Name
Next
```

Voraussetzung dafür, dass Visual Basic diese Anweisungen ausführen kann, ist, dass sowohl eine Referenz auf die Microsoft Scripting Runtime (*Wshom.ocx*) als auch auf die Internet Explorer-Shell (*Shdocvw.dll*) in das Projekt eingebunden wurden. Dies sind Dinge, die nicht im Handbuch stehen und die offiziell auch nicht zu Visual Basic gehören. Doch durch die Universalität von COM und den Umstand, dass Visual Basic kompatible Schnittstellen angeboten werden, lassen sich diese Dinge so nutzen, als wären sie »fest« in Visual Basic eingebaut.

Eine Alternative zum Shell-Objekt ist der mit Windows 98 eingeführte Windows Scripting Host (WSH), der auch für alle anderen Windows-Versionen zur Verfügung steht. Auch der WSH ermöglicht einen Zugriff auf die Objekte der Shell (aber bei weitem nicht auf alle). Da es sich beim WSH natürlich um eine COM-Anwendung handelt, können

Sie sie auch von Visual Basic aus ansprechen. Auch hier ein kleines Experiment. Führen Sie in einem Visual-Basic-Programm folgende Anweisungen aus:

```
Dim S As IWshShell_Class
Dim C As IWshShortcut
Set S = New IWshShell_Class
Set C = S.CreateShortcut("C:\HalloTest.Lnk")
C.TargetPath = "Calc.exe"
C.Save
```

Diese unscheinbaren Anweisungen legen eine Verknüpfung (Shortcut) im Rootverzeichnis auf Laufwerk C: an. Auch hier ist Bedingung, dass eine Referenz auf die Microsoft Scripting Runtime (*Wshom.ocx*) in das Projekt eingebunden wurde, denn sonst kann das Programm mit *IWshShell_Class* nichts anfangen. Ohne diese COM-Komponente ist das Anlegen einer Verknüpfung eine komplexe Angelegenheit, möchte man nicht auf die etwas unbefriedigende Alternative in Gestalt der Datei *Stkit432.dll* des Visual-Basic-Installationsassistenten zurückgreifen. In beiden Fällen wird zwar die dahinterstehende *IShellLink*-COM-Komponente angesprochen, doch welch ein Unterschied. Während man beim Zugriff auf die DLL ein wahres »Monster« an Funktionsdeklarationen in den Griff bekommen muss,

```
Private Declare Function fCreateShellLink Lib "STKIT432.DLL" (ByVal
lpstrFolderName As String, ByVal lpstrLinkName As String, ByVal
lpstrLinkPath As String, ByVal lpstrLinkArgs As String) As Long
```

geschieht der direkte Zugriff auf die COM-Komponente (die allerdings erst durch eine Typenbibliothek möglich gemacht werden muss) völlig Visual-Basic-konform[9].

Es ist wichtig zu verstehen, dass der Weg über den WSH für Visual-Basic-Programmierer nur eine weitere Möglichkeit ist, an die Shell-Objekte heranzukommen, denn die von der Shell angebotene Funktionalität bleibt stets konstant. Nur die »Verpackungen« für die verschiedenen COM-Schnittstellen (also die Namen der Objekte und deren Eigenschaften und Methoden) können variieren.

---

[9] OK, der Aufruf von *fCreateShellLink* erfordert zwar nur 4 Argumente, doch ich hoffe, der Unterschied wird trotzdem deutlich.

3.6 Die Bedeutung des Wortes ActiveX

ActiveX ist ein Begriff, der gewisse Höhen und Tiefen hinter sich hat. Während des großen Internet-Booms in den Jahren 1996/97 schien auf einmal überall das Wörtchen »ActiveX« aufzutauchen. Viele Entwickler waren zurecht irritiert, zumal kaum jemand eine befriedigende Antwort auf die Frage »Was ist eigentlich ActiveX?« liefern konnte. Das lag (vermutlich) ganz einfach daran, dass es keine eindeutige Definition gab, denn ActiveX stand für viele Dinge gleichzeitig: für eine Strategie, für eine Absichtserklärung, für einen wohlklingenden Marketingnamen, für eine Reihe von (größtenteils schon seit Jahren vorhandenen) Technologien, die Microsoft-Software mit dem Web verbinden sollen, und nicht zuletzt für den Nachfolger der OCX-Steuerelemente. Heute hat sich der Nebel (und die anfängliche Euphorie) gelegt. Das Internet ist keine »Vision« mehr, es ist Alltag und damit für Entwickler harte Knochenarbeit. ActiveX geriet allerdings nicht nur positiv in die Schlagzeilen. Es wurde leider auch mit einem laxen Sicherheitskonzept in Verbindung gebracht und hat daher von weniger wohlmeinenden (und leider nicht immer fachlich kompetenten) Meinungsmachern ein paar verbale Tiefschläge einstecken müssen.

Die Definition von ActiveX ist (inzwischen) einfach und eindeutig: Der Begriff steht in erster Linie für jene Komponenten, die zu Zeiten von Visual Basic 4.0 OCX-Steuerelemente hießen und die mit Visual Basic 5.0 in ActiveX-Steuerelemente umbenannt wurden. Die Namensgebung geschah allerdings nicht völlig grundlos. Nach der Einführung von Visual Basic 4.0 wurde die OCX-Spezifikation komplett überarbeitet, mit größeren Freiräumen für die Entwickler versehen und mit einigen kleinen Verbesserungen ausgestattet. Diese Spezifikation hieß intern OCX'96 – aus ihr wurde dann ActiveX (die technischen Details sind u.a. in der Dokumentation des Internet Client-SDKs beschrieben – *http://msdn.microsoft.com/developer/sdk/inetsdk/help/compdev/ controls/controls.htm*).

Außerdem gibt es da noch die ActiveX-Dokumente. Hierbei handelt es sich um Visual-Basic-Anwendungen, die als Komponente auf einer Webseite vom Internet Explorer ausgeführt werden können. Weitere Bedeutungen hat der Begriff ActiveX (aus meiner Sicht) für Visual-Basic-Programmierer nicht.

Warum sind die OCX-Steuerelemente überhaupt umbenannt und vor allem auf eine modifizierte Spezifikation umgestellt worden? Dafür gibt es gleich mehrere Gründe. Microsoft musste (vermutlich) feststellen, dass OCX-Steuerelemente als Antwort auf Java Applets nur bedingt geeignet sind. Wer bereits ein OCX-Steuerelement mit Visual C++ und der MFC erstellt hat, weiß warum. Viele Dinge, die später gar nicht benötigt werden, »blähen« ein OCX-Steuerelement unnötig auf, und das Herunterladen von einem Web-Server über eine 28.800-Bit/s-Verbindung wird ziemlich lange dauern. Bekannte ältere OCX-Steuerelemente (etwa _Dbgrid32.ocx_ mit 282 Kbyte, _Threed32.ocx_ mit 196 Kbyte oder _Keysta32.ocx_ mit »nur« 116 Kbyte) belegen dies eindrucksvoll. ActiveX-Steuerelemente sind daher OCX-Steuerelemente »light« (bezüglich ihrer Schnittstellen). Einzige Bedingung an ein ActiveX-Steuerelement ist, dass es die Schnittstelle _IUnknown_ unterstützt (sonst wäre es kein COM-Objekt) und sich selber registrieren kann, d.h. die Funktionen _DLLRegisterServer_ und _DLLUnregisterServer_ exportiert. Alle übrigen Schnittstellen eines OCX-Steuerelements, wie zum Beispiel _IOleControl_, _IDataObject_, _IConnectionPoint_, _IOleInPlaceActiveObject_ oder _IProvideClassInfo_, sind optional (wer bereits ein OCX in C++ programmiert hat, kennt diese Namen). Ebenfalls nicht erforderlich ist das Eigenschaftendialogfeld, das zwar den Komfort erhöhen und den Einsatz von OCX-Steuerelementen in Umgebungen ohne Eigenschaftenfenster ermöglichen soll, auf das man auf einer Webseite aber gerne verzichten möchte. Die Schlankheitskur für OCXe hatte Erfolg. Ein ActiveX-Steuerelement, auch jene, die mit Visual Basic erstellt werden, belegen in der Regel zwischen 25 und 100 Kbyte.

Natürlich kann man mit einem ActiveX-Steuerelement, das lediglich die Schnittstelle _IUnknown_ unterstützt, nicht viel anfangen, es kann noch nicht einmal in die Werkzeugsammlung übernommen werden. Ein Steuerelement benötigt daher stets zusätzliche Schnittstellen. Doch da sich der Container eines ActiveX-Steuerelements lediglich auf _QueryInterface_ verlassen kann, müssen alle zusätzlichen Schnittstellen und deren Methoden erst einmal erfragt werden. Da dies aber eine Instanzierung des ActiveX-Steuerelements bedeutet, die auf einer Webseite zu unnötigen Verzögerungen führt, gibt es sogenannte _Komponentenkategorien_. Mit Hilfe dieser Komponentenkategorien, die über ihre eigene GUID verfügen und in der Registrierung im Schlüssel »Component Categories« aufgeführt sind, erfährt ein Container etwas über den Typ und die Fähigkeiten eines Objekts, ohne eine Instanz anlegen zu müssen (z.B. »Controls read and write persistent data to memory«). Der Schlüssel _Control_ im Registrierungsbereich eines Steuerelements, der angibt, dass das Objekt in Containern à la Visual Basic verwendet werden kann, wird in Zukunft überflüssig.

3.7 Wie arbeiten Windows-Anwendungen zusammen?

Dies ist eine sehr wichtige Frage, denn wenn es einen Trend in der Windows-Programmierung gibt, dann ist es der, dass Windows-Anwendungen nicht mehr aus monolythischen Blöcken bestehen, sondern mit anderen Anwendungen zusammenarbeiten. Diese Arbeitsteilung wird sehr schön am Beispiel von Microsoft Office deutlich, wo das Erstellen von Diagrammen von Chart und das Zeichnen von Draw oder Picture übernommen wird, kleine Spezialprogramme, die von allen Office-Anwendungen (und auch von Visual-Basic-Programmen) gemeinsam benutzt werden können.

Auch Visual-Basic-Programme müssen in der Lage sein, mit anderen Anwendungen in Kontakt zu treten, sei es, um einfache Daten auszutauschen, sei es, um komplexere Vorgänge zu steuern. Das sicherlich klassische Beispiel ist die Rechtschreibprüfung. Wer in einem Textfenster eine Rechtschreibprüfung benötigt, muss diese nicht neu programmieren, sondern benutzt einfach jene, die ohnehin in Word (als Komponente) vorhanden ist (das setzt natürlich voraus, dass Word auf dem PC installiert ist). Die Grundlage für diese Zusammenarbeit ist, Sie werden es sich vermutlich schon gedacht haben, COM. Doch COM ist nicht für alles zuständig, zumal es in den Anfängen der Visual-Basic-Ära noch gar nicht zur Verfügung stand. Folgende Mechanismen für den Datenaustausch werden unter Visual Basic angeboten:

- Das Senden von Tastendrücken
- Der Zugriff auf die Zwischenablage
- Dynamic Data Exchange (DDE)
- Automation

Darüber hinaus gibt es noch einige »Tricks«, wie zum Beispiel gemeinsame Speicherbereiche, das Senden von Nachrichten auf API-Ebene über die API-Funktionen *SendMessage* und *PostMessage*, die Benutzung von Betriebssystemprimitiven (etwa Pipes) oder, wenn einem gar nichts anderes einfällt, das gemeinsame Nutzen ein und derselben Datei, doch soll auf diese »Randerscheinungen«, die oft mehr Ärger verursachen, als dass sie einen Nutzen bringen und vor allem nicht Visual Basic typisch sind, nicht weiter eingegangen werden. Geht es um die Kommunikation mit alten Anwendungen, etwa DOS-Anwendungen, kommt noch eine weitere Möglichkeit in Frage: die gemeinsame Nutzung von Umgebungsvariablen. Dafür gibt es in Visual Basic die *Environ*-Methode, die in der Lage ist, den Wert einer Umgebungsvariablen einzulesen.

3.7.1 Das Senden von Tastendrücken

Dies ist die allereinfachste Form der »Kommunikation« zwischen zwei Anwendungen. Wenn Sie möchten, dass Programm A sein DATEI-Menü öffnet und dort den Befehl ÖFFNEN ausführt, um die Datei mit dem (fiktiven) Namen »IchWeißAuchNichtWiesoDasSoUmständ-lichSeinMuss.doc« zu öffnen, senden Sie über die *SendKeys*-Anweisung genau jene Zeichenfolgen, die auch ein Anwender über die Tastatur eingeben würde. Über die *AppActivate*-Anwendung muss die Anwendung zuvor gegebenenfalls aktiviert oder gar zuerst über die *Shell*-Methode geladen werden. Ein Datenaustausch ist auf diese Weise nicht möglich (es sei denn, Sie bewegen das Programm dazu, Daten in die Zwischenablage zu übertragen, oder greifen auf eine gespeicherte Datei anschließend wieder zu). Kurzes Fazit, diese Methode ist sehr einfach und für Programmiereinsteiger leicht nachvollziehbar. Sie ist jedoch nur von begrenztem Wert. Jeder, der das Automationsprinzip kennengelernt hat, wird vermutlich keine andere Form der Kommunikation mehr benutzen wollen. Allerdings bietet dieses Verfahren den unschätzbaren Vorteil, dass es mit jeder Anwendung funktioniert und diese in keinster Weise darauf vorbereitet werden muss. Die Steuerung über *SendKeys* unterscheidet sich aus Sicht der Anwendung durch nichts von der direkten Eingabe über die Tastatur. Dass eine Methode einfach ist, muss sie daher nicht disqualifizieren. Man sollte sich nur nicht die Mühe machen, komplizierte Konstruktionen zu schaffen, wenn es mit Automation sehr viel einfacher geht. Ein kleines Beispiel zur *SendKeys*-Anweisung finden Sie in Kapitel 16.

3.7.2 Der Zugriff auf die Zwischenablage

Alle Windows-Anwendungen teilen sich einen gemeinsamen Bereich, der als Zwischenablage bezeichnet wird. Die Zwischenablage bietet aber eine kleine Besonderheit: Sie kann zu einem Zeitpunkt immer nur ein Datenelement aufnehmen. Und, sie ist nur für einen passiven und zeitlich nicht synchronisierten Datenaustausch vorgesehen. In der Praxis sieht es so aus, dass ein Visual-Basic-Programm über das *Clipboard*-Objekt ein Datenelement in die Zwischenablage überträgt. Dort kann es eine andere Anwendung abholen, wenn ihr keine Anwendung zuvorgekommen ist oder gar den Inhalt überschrieben hat (das lässt sich leider nicht verhindern). Als zuverlässiges »Kommunikationsmedium« scheidet die Zwischenablage daher aus. In der Regel wird das *Clipboard*-Objekt lediglich dazu benutzt, Anwendern jene Funktionaliät zur Verfügung zu stellen, die praktisch jede (Dokument-)Anwendung bietet. Als Mittel des Datenaustausches zwischen zwei Visual-Basic-Anwendungen spielt es keine Rolle. Mehr zum Zugriff auf die Zwischenablage in Kapitel 16.

3.7.3 Dynamic Data Exchange (DDE)

Der Dynamic Data Exchange (DDE) ist ein sehr altes Protokoll, das festlegt, auf welche Weise zwei Windows-Anwendungen Daten und Befehle austauschen können. Der Datenaustausch läuft nach strengen Regeln ab. Möchte Programm A Daten an Programm B schicken, muss Programm B dafür vorbereitet sein. Dann schickt Programm A dem Programm B einen »Ich möchte mit dem Übertragen beginnen«-Befehl, und Programm B antwortet mit »In Ordnung«. Hat das geklappt, kann Programm A dem Programm B so lange Daten senden, wie die Verbindung steht, was durch widrige Umstände schon einmal vorzeitig vorbei sein kann. Über NetDDE klappt diese Kommunikation auch im lokalen Netzwerk. DDE, das von Anfang an ein fester Bestandteil von Windows war, ist bei Visual Basic zwar recht gut implementiert, doch leider völlig veraltet. Aus diesem Grund wird DDE in diesem Buch nicht mehr behandelt, da es für die heutige Programmierung praktisch keine Rolle mehr spielt und höchstens dann noch zum Einsatz kommt, wenn alte Office-Anwendungen, z.B. Word 6.0 oder Access 2.0, angesprochen werden müssen.

3.7.4 Automation

Der »Nachfolger« von DDE heißt Automation. Dieses Verfahren, dass auf COM basiert, wurde in diesem Kapitel bereits kurz angesprochen. Es ist ein universeller Mechanismus, durch den im Prinzip beliebige Anwendungen Daten austauschen und sich gegenseitig steuern können. Dabei spielt es keine Rolle, ob beide Anwendungen auf dem gleichen PC ausgeführt oder im Netzwerk verteilt sind. Allerdings bietet Automation einen kleinen Nachteil: Die Anwendung muss dafür explizit vorbereitet werden. Wer vor der Aufgabe steht, mit einer alten Visual-Basic-Anwendung, die nicht recompilierbar ist, etwa weil der Quellcode fehlt, zu arbeiten, kann Automation nicht benutzen. Doch abgesehen von diesen Ausnahmen ist Automation ein universelles Verfahren, dem längst die Zukunft gehört. Bereits seit der Version 4.0 können Visual-Basic-Programme sowohl andere Programme per Automation ansprechen (das ging bereits mit Version 3.0), als auch selber per Automation angesprochen werden. Mehr zu diesem Thema in Kapitel 21, in dem es um ActiveX-DLL- und ActiveX-Exe-Projekte geht. Visual-Basic-Programme also, die ihre Klassen (per Automation) anderen Anwendungen zur Verfügung stellen.

3.8   Zusammenfassung

In diesem Kapitel ging es um einige Themen, die mit der Visual Basic-Programmierung nur indirekt etwas zu tun haben. Ja mehr noch, die in Zukunft gar keine Rolle mehr spielen werden. Ist es denn noch legitim darüber zu sprechen? Jein, doch soll diese Frage an dieser Stelle nicht vertieft werden. Wir befinden uns in einer Übergangsphase, in der die langjährige Systemarchitektur COM/COM+/DCOM und auch die Win32-API in den kommenden Jahren durch die neue .NET-Systemarchitektur abgelöst wird. Visual Basic-Programmierer können dies relativ gelassen sehen, denn Microsoft wird sicherstellen, dass sich mit dem kommenden Visual Basic. NET Anwendungen genauso komfortabel erstellen lassen wie heute unter Visual Basic 6.0. Und es kommt noch besser: Die riesige .NET-Klassenbibliothek mit ihren mehreren Tausend Klassen wird die Systemprogrammierung deutlich vereinfachen. Das »Wirrwarr« bestehend aus COM, ActiveX und anderen Zutaten wird für die Zukunft keine Rolle mehr spielen. Und das ist gut so.

Überblick über die IDE

Kapitel

4

Die IDE ist die Benutzeroberfläche für den Programmierer. Je besser sich die IDE bedienen lässt, desto effektiver und schneller geht die Entwicklung von Programmen von der Hand und desto mehr Spaß macht das Programmieren (in der Regel). Visual Basic 6.0 besitzt eine IDE, die sich längst nicht mehr hinter der ihres größeren »Kollegen« Visual C++ verstecken muss. Im Rahmen des Microsoft-Visual-Studio-6.0-Entwicklungspakets sind die IDEs von Visual Basic, Visual C++, Visual InterDev und Visual J++ stark vereinheitlicht worden, wenngleich das Ziel einer universellen IDE noch nicht realisiert wurde. Da die IDE relativ umfangreich ist, wird ihr in diesem Buch ein eigenes Kapitel gewidmet. Sie sollten dieses Kapitel zumindest überfliegen, bevor Sie sich an die Umsetzung Ihrer ersten Programme machen. Denn je besser Sie die IDE kennen, desto schneller können Sie »richtig« in Visual Basic programmieren. Dies gilt besonders dann, wenn Sie ActiveX-Steuerelemente entwickeln möchten und darauf angewiesen sind, in einem Projekt ein ActiveX-Steuerelement zu testen sowie es gleichzeitig in einem anderen Projekt debuggen zu können. Ein Hinweis bereits vorweg: Die neue IDE ist nicht nur komfortabler und etwas vielschichtiger als ihre Vorgängerin, sie benötigt auch mehr Platz auf dem Bildschirm. Ein 17"-Monitor (wenn nicht sogar ein 19"- oder 20"-Monitor) ist daher die Mindestvoraussetzung, falls Sie regelmäßig mit Visual Basic arbeiten sollten.

Sie lesen in diesem Kapitel etwas über:

➡ allgemeines zum Umgang mit der IDE

➡ die wichtigsten Arbeitsschritte

➡ den Umgang mit Projekten und Projektgruppen

➡ das Einrichten der IDE für die tägliche Praxis

➡ eine Übersicht über die Optionen

➡ die Umsetzung eines Visual-Basic-Programms

➡ das Einstellen von Compiler-Optionen

➡ nützliche Tastenkombinationen

➡ Übersicht über die verschiedenen Dateitypen

4.1   Allgemeines zum Umgang mit der IDE

Falls Sie bereits mit einer älteren Visual-Basic-Version gearbeitet haben, dürfte Ihnen bei Visual Basic 6.0 am Anfang alles recht unübersichtlich erscheinen. Tatsächlich wurde die IDE bereits mit Visual Basic 5.0 einem kompletten Facelifting unterzogen. Bei Visual Basic 6.0 wurde mit Ausnahme des sehr viel komfortableren Add-In-Managers nichts geändert (es gibt auch keine neuen Optionen). Im Zusammenhang mit den zahlreichen neuen Designern, wie dem Datenumgebungs- oder dem Datenreportdesigner, sind zahlreiche Menüs und vor allem Menüeinträge hinzukommen. Hat man sich an das »neue« Look&Feel erst einmal gewöhnt, stellt man (erleichtert) fest, dass doch vieles beim alten geblieben ist und dass man die alte IDE gerne und schnell vergißt. Hier zunächst einmal die wichtigsten Eigenschaften der IDE im Überblick:

➡ Die IDE kann mehrere Projekte gleichzeitig bearbeiten. Alle Projekte werden in einer Projektgruppe zusammengefasst. Das Projektfenster wird durch den Projekt-Explorer ersetzt, der die hierarchische Struktur einer Projektgruppe darstellt.

➡ Ein Projekt kann neben Formularen, Modulen und Klassen eine Reihe zusätzlicher Module enthalten: Benutzersteuerelemente (ActiveX-Steuerelemente), Eigenschaftsdialogblätter, Benutzerdokumente (ActiveX-Dokumente) und Designer (über das Objektmodell kann die IDE um zusätzliche Dokumenttypen erweitert werden). Auch wenn diese Module eine spezielle Rolle spielen, sind es aus der Sicht der IDE einfach nur unterschiedliche Modultypen.

➡ Da Visual Basic über einen richtigen Compiler verfügt, kann in den IDE-Optionen eine Reihe von Compiler-Eigenschaften eingestellt werden. Der Compiler ist allerdings optional, d.h. Ihre Programme können alternativ in Zwischencode übersetzt werden. Auch erfordert der Compiler keine speziellen Einstellungen in den Projekteigenschaften (jedes Visual-Basic-Programm kann kompiliert werden), wenngleich eine Reihe von Optimierungsoptionen zur Auswahl stehen.

➤ Ein neues Projekt kann wahlweise auf der Grundlage einer Vorlage (engl. »template«) erstellt werden. Eine Vorlage ist ein bereits vorhandenes Visual-Basic-Projekt, in dem bestimmte Einstellungen bereits getroffen wurden. Es kann aber auch ein Assistent-Add-In sein, das nach dem Öffnen den Benutzer durch eine Reihe von Schritten zu einer Projektvorlage führt. Die *Autoload*-Datei früherer Visual-Basic-Versionen gibt es nicht mehr.

➤ Die IDE kann wahlweise im MDI- oder im SDI-Modus betrieben werden. Im »neuen« Multiple-Document-Modus sind alle Teilfenster Bestandteil des IDE-Fensters. Im Single-Document-Modus können die einzelnen Fenster wie früher frei bewegt werden.

➤ Im Eigenschaftenfenster können die Eigenschaften alphabetisch oder in Kategorien eingeteilt angezeigt werden. Eine Ausnahme ist die *Name*-Eigenschaft, die, da sie grundsätzlich geändert werden sollte, in Gestalt von »(Name)« stets an oberster Stelle steht. Neben dem Eigenschaftenfenster kennt die IDE auch Eigenschaftenseiten. Dies sind jene Dialogfelder, die erscheinen, wenn Sie ein Steuerelement auf einem Formular selektieren und im Eigenschaftenfenster den Eintrag »(Benutzerdefiniert)« auswählen. Eigenschaftenseiten werden über die Tastenkombination ⟨⇧⟩+⟨F4⟩ geöffnet.

➤ Im Formular-Layout-Fenster erhält man eine Vorschau darauf, wie sich das aktuelle Formular bei der aktuellen Bildschirmauflösung darstellt. Durch Verschieben des Fensters kann seine Anfangsposition bestimmt werden (das Fenster kann auch außerhalb des Bildschirms plaziert werden, in diesem Fall ist es zwar »sichtbar«, wird aber nicht angezeigt).

➤ Steuerelemente auf einem Formular können in Gruppen und relativ zueinander angeordnet werden. Dadurch müssen einzelne Steuerelemente nicht umständlich mit der Maus ausgerichtet werden.

➤ Die Symbolleiste besteht aus mehreren Gruppen, die einzeln ein- oder ausgeblendet und natürlich beliebig umgebaut werden können. So werden Sie z.B. am Anfang den Befehl zum Auskommentieren von Anweisungen weder in den Menüs noch in der Symbolleiste finden, können ihn aber über den Menübefehl ANSICHT/ SYMBOLLEISTEN/ANPASSEN nachtragen.

➡ Ein »Statement Builder« vereinfacht die Eingabe von Befehlszeilen. So erscheint z.B. nach Eingabe eines Punkts eine Liste mit allen Eigenschaften und Methoden des eingegebenen Objekts. Über die Tastenkombination `Strg`+`⇧`+`I` werden zum aktuellen Befehl die Parameter angezeigt, über die Tastenkombination `Strg`+`____` eine Listenauswahl mit allen alphabetisch übereinstimmenden Wörtern, sodass Befehle nicht komplett eingegeben werden müssen (für geübte Programmierer bringt diese Hilfe allerdings recht wenig).

4.2   Die IDE gleich nach dem Start

Nach dem Start von Visual Basic erscheint zunächst der Vorlagen-Manager (im Original »Template-Manager«), über den Sie einen Projekttyp auswählen können. Bei den nach dem Start angezeigten Optionen handelt es sich aber nicht um »fest eingebaute« Projekttypen. Der Vorlagen-Manager ist so flexibel, dass man jeden beliebigen »Startvorgang« zur Auswahl anbieten kann. Zu den gängigen Projekttypen gehören:

➡ Standard-EXE-Dateien. Dies sind »normale« Visual-Basic-Anwendungen, die optional auch kompiliert werden können.

➡ ActiveX-EXE-Dateien. Diese Anwendungen werden nicht aktiv bedient, sondern stellen ihre Funktionalität in Form von Komponenten zur Verfügung.

➡ ActiveX-DLL-Dateien. Wie ActiveX-EXE-Dateien, nur dass DLLs als »InProcess-Komponenten« im Adreßraum des Komponentenprogramms ausführen.

➡ ActiveX-Steuerelemente. Dies sind benutzerdefinierte Steuerelemente, die in Form von OCX-Dateien in die Werkzeugsammlung geladen werden.

➡ ActiveX-Dokumente. Dies sind Standard-EXE-Dateien, die innerhalb des Internet Explorer (oder eines anderen Container) ausgeführt werden. Mehr dazu in Tabelle 4.1.

➡ ActiveX-Dokument-DLL. Dieser Typ von ActiveX-Dokument läuft im Prozess.

➡ IIS-Applikation. ActiveX-Komponenten, die vom IIS-Server ausgeführt werden.

➡ DHTML-Applikation. Visual-Basic-Anwendung, bei der die Benutzeroberfläche aus DHTML-Dokumenten besteht.

Option	Bedeutung
Standard-EXE	Dies ist eine »normale« Visual-Basic-Anwendung.
ActiveX-EXE	Visual-Basic-Programm, das Komponenten (Klassen) für andere Anwendungen zur Verfügung stellt.
ActiveX-DLL	Visual-Basic-Programm, das Komponenten (Klassen) für andere Anwendungen zur Verfügung stellt, aber im gleichen Adressraum wie das Komponentenprogramm (Client) läuft.
ActiveX-Steuerelement	Visual-Basic-Programm, das in Form einer OCX-Datei als Komponente auf einem Formular eingesetzt werden kann.
VB-Anwendungsassistent	Von so viel Komfort haben Sie (wahrscheinlich) immer geträumt. Die Auswahl dieses Projekttyps startet den Anwendungsassistenten, der Sie Schritt für Schritt durch die Aufbauphase einer Anwendung führt, die auf Wunsch über eine Symbolleiste, ein Anmeldedialogfeld, einen Begrüßungsbildschirm (»splash screen«) oder über einen integrierten Web-Browser verfügt. Das Ergebnis ist eine normale *EXE*-Datei.
VB-Enterprise-Edition-Steuerelemente	Lädt ein Projekt mit allen Steuerelementen der Enterprise-Edition (die Verweise auf die benötigten Typenbibliotheken werden allerdings nicht eingetragen).
Add-In	Legt das Grundgerüst für ein Add-In an, bestehend aus einem Formular (optional), einem Modul mit Sub Main und einer Connector-Klasse.
ActiveX-Dokument-EXE	ActiveX-Dokument, das in einem eigenen Adressbereich läuft und daher nur einmal gestartet wird. Ein ActiveX-Dokument ist ein Visual-Basic-Programm, das im Internet Explorer oder in der Office-Sammelmappe ausgeführt werden kann.
ActiveX-Dokument-DLL	Wie ein ActiveX-Dokument, nur dass eine DLL typischerweise im gleichen Adressraum läuft, wie das Programm, das auf das ActiveX-Dokument zugreift.
DHTML-Applikation.	Visual-Basic-Anwendung, bei der anstelle von Formularen DHTML-Dokumente (also HTML-Seiten mit spezifischen Erweiterungen) verwendet werden.

Tabelle 4.1:
Die wichtigsten
Projekttypen, die
nach dem Start
der IDE angebo-
ten werden.

Da der Vorlagen-Manager erweiterbar ist, können bei Ihrer Visual-Basic-Version weniger oder auch mehr Projekttypen angeboten werden (so zeigt z. B. die Enterprise-Edition zusätzliche Projekttypen an). Wählen Sie den Menübefehl PROJEKT | PROJEKT HINZUFÜGEN, können Sie über den Vorlagen-Manager erneut einen Projekttyp auswählen. Ein wenig einfacher geht es über die Projektauswahlliste, die in der linken Ecke der Symbolleiste »versteckt« wurde.

Ein kleiner Nachteil des Vorlagen-Managers ist, dass aufgrund der starren Fenstergröße einige Projekttypen nicht vollständig lesbar sind[1].

Alle Vorlagen, die beim Anlegen eines neuen Projekts angezeigt werden, sind im Unterverzeichnis \Template\Projects im Visual-Basic-Verzeichnis abgelegt. Es handelt sich entweder um normale Visual-Basic-Programme oder um Assistenten (Erweiterung .Vbz), die zum Beispiel über den Assistenten-Manager ebenfalls in Visual Basic erstellt werden.

Abbildung 4.1: Unmittelbar nach dem Start der IDE kann über den Vorlagen-Manager ein Projekttyp ausgewählt werden.

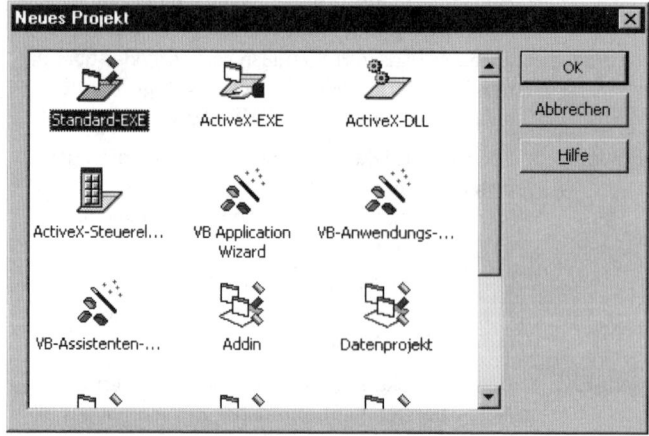

---

[1] Eigentlich ein peinliches Malheur, denn der Benutzer hat auf diese Weise keine Möglichkeit, zwischen einem ActixeX-Dokument-DLL- und einem ActiveX-Dokument-Exe-Projekt zu unterscheiden.

4.3 Die Menübefehle und die Symbolleiste

Alle Befehle der IDE werden in den einzelnen Menüs angeboten. Die wichtigsten Befehle stehen allerdings über die Symbolleiste zur Verfügung. Von den insgesamt elf Menüs sind vor allem das DATEI-, das FORMAT- und das TESTEN-Menü von Bedeutung. Die übrigen Menüs, z.B. BEARBEITEN oder ANSICHT, enthalten Befehle, die man über die Symbolleiste oder per Tastenkombination schneller ausführen kann. Die wenigsten Menüs enthalten Untermenüs und wenn, dann sind diese nur eine Ebene tief.

Der Fall, dass Sie sich durch mehrere Menüebenen hindurchbewegen müssen, wurde bei der Visual-Basic-IDE vermieden. Im DATEI-Menü finden Sie alle Befehle zum Laden und Speichern von Projekten bzw. der in den Projekten enthaltenen Dateien. Ein wenig irritierend ist, dass es zusätzlich ein PROJEKT-Menü gibt, in dem man diese Befehle eigentlich zunächst vermuten würde. Stattdessen finden Sie in diesem Menü Befehle zum Hinzufügen einzelner Dateien und (gut versteckt) die sehr wichtigen Befehle VERWEISE und KOMPONENTEN zum Einbinden weiterer Typenbibliotheken und Zusatzsteuerelemente. Dass diese Befehle im PROJEKT-Menü untergebracht wurden, hat allerdings einen guten Grund, denn sie werden in der Projektdatei vermerkt. Das ist der Grund, warum bei einem neuen Projekt andere Steuerelemente in der Werkzeugsammlung erscheinen. Ein wichtiges Menü ist das FORMAT-Menü, denn hier können Sie Steuerelemente auf einfache Weise gruppieren, positionieren und relativ zueinander anordnen. Auch das TESTEN-Menü gehört zu den wenigen Menüs, mit dessen Inhalt Sie sich in Ruhe vertraut machen sollten. Nicht nur, dass Sie hier wichtige Befehle für die Ausführung des Programms im Haltemodus finden, es ist erfahrungsgemäß anscheinend unmöglich, sich die einzelnen Befehle wie z.B. AUSFÜHREN BIS CURSOR-POSITION in endlicher Zeit zu merken.

4.3.1 Menübefehle, die man sich (am Anfang) »nie« merken kann

Die folgenden Aktionen sind nicht unbedingt jene, die am wichtigsten sind, sondern jene, die man sich erfahrungsgemäß am schwierigsten merken kann. Da sie nichtsdestotrotz wichtig sind, sollten Sie sie erforderlichenfalls auf einen Zettel schreiben, da es ein wenig lästig ist, sie jedesmal in den Menüs suchen zu müssen.

Tabelle 4.2:
Die erfahrungs-
gemäß am
»schwierigsten«
zu merkenden
Menübefehle der
IDE.

Aktion	In welchem Menü?
Ein Projekt zu einer Projektgruppe hinzufügen	DATEI
Liste der verfügbaren Komponenten anzeigen	PROJEKT
Liste der verfügbaren Verweise anzeigen	PROJEKT
Modul aus einem Projekt entfernen	PROJEKT
Optionen für ein Projekt einstellen	PROJEKT
Optionen für die IDE einstellen	EXTRAS
Datei in ein Modul einlesen	PROJEKT
Anlegen einer Projektgruppe	Dies geschieht automatisch, sobald ein weiteres Projekt hinzugefügt wird.
Festlegen eines Startprojekts	Anklicken des Projekts im Projekt-Explorer mit der rechten Maustaste und Auswahl des Eintrags *Als Starteinstellung festlegen.*

Symbol- schaltfläche	Bedeutung	Tastenkombi- nation
	Fügt einen neuen Projekttyp zur aktuellen Projektliste hinzu.	Strg + N
	Fügt ein neues Modul zum aktuellen Projekt hinzu.	
	Öffnet den Menü-Editor. Ist nur aktiv, wenn ein Formular ausgewählt ist.	
	Öffnet ein bereits vorhandenes Projekt.	Strg + O
	Speichert das aktuelle Projekt ab.	
	Schneidet den markierten Text aus und überträgt ihn in die Zwischenablage.	Strg + X
	Kopiert den markierten Text in die Zwischenablage.	Strg + C
	Fügt den Textinhalt der Zwischenablage an die aktuelle Textposition in ein Codemodul ein.	Strg + V

Symbol-schaltfläche	Bedeutung	Tastenkombi-nation
	Öffnet das Suchen-Dialogfeld.	`Strg`+`F`
	Macht die zuletzt durchgeführte Änderung wieder rückgängig.	`Strg`+`Z`
	Hebt die letzte Rückgängig-Operation wieder auf.	
	Startet das aktuelle Programm oder setzt es nach einer Programmunterbrechung fort. Die IDE geht in den Ausführen-Modus über.	`F5`
	Unterbricht das laufende Programm. Die IDE geht in den Haltemodus über.	`Strg`+`Pause`
	Beendet das aktuelle Programm. Die IDE geht in den Entwurfsmodus über.	
	Zeigt den Projekt-Explorer an.	`Strg`+`R`
	Zeigt das Eigenschaftenfenster des aktuell ausgewählten Objekts an.	`F4`
	Zeigt das Formular-Layout-Fenster an.	
	Zeigt den Objektkatalog an.	`F2`
	Zeigt die Werkzeugsammlung an.	

4.4 Die wichtigsten Arbeits- schritte

Man muss die IDE nicht in allen Details kennen, um mit Visual Basic programmieren zu können. »Learning by doing« ist in der Regel die beste Strategie, die vielen Menükommandos, Symbolschaltflächen und Optionen kennenzulernen. Die folgende Übersicht der wichtigsten Arbeitsschritte stellt das Grundwissen dar, das man als Visual-Basic-Programmierer über die IDE besitzen sollte:

- Anlegen und Speichern von Objekten
- Einstellen von IDE-Optionen
- Bearbeiten von Quelltext
- Umgang mit den Fenstern
- Ausführen von Programmen
- Festlegen von Compiler-Optionen
- Testen von Programmen
- Erweitern der IDE durch Add-Ins

Nicht alle Arbeitsschritte werden in diesem Abschnitt besprochen. So wird der Umgang mit Projekten im nächsten Abschnitt behandelt, das Testen von Programmen sogar erst in Kapitel 10, »Debugging und Abfangen von Laufzeitfehlern«, da Debugging-Techniken am besten anhand konkreter Codebeispiele vorgeführt werden.

4.4.1 Bearbeiten von Quelltext

Auch im Zeitalter der Komponenten und grafischen Oberflächen muss die IDE über elementare Editorfunktionen verfügen. Zu den wichtigsten Eigenschaften des Programmcode-Editors gehören:

- Haltepunkte werden in der linken Spalte, der (neuen) Kennzeichenleiste des Codefensters durch einen roten Punkt angezeigt. Durch Anklicken des Punkts wird der Haltepunkt umgeschaltet.

- Um eine bestimmte Programmzeile schneller anzeigen zu können, lassen sich Lesezeichen setzen. Ein Lesezeichen wird durch ein blaues Rechteck (mit abgerundeten Ecken) in der Kennzeichenleiste angezeigt. Das Setzen von Lesezeichen erfolgt entweder über den Menübefehl BEARBEITEN/LESEZEICHEN oder über die entsprechenden Symbolschaltflächen in der Symbolleiste (die allerdings nicht immer sichtbar sein müssen).

➡ Über die Symbolschaltfläche *Block auskommentieren* wird jede Zeile in einem markierten Textblock mit Kommentarzeichen versehen.

Prinzipiell lässt sich Visual-Basic-Programmtext mit jedem beliebigen Editor erstellen; die überwiegende Mehrheit der Programmierer verlässt sich aber lieber auf den fest eingebauten Editor der IDE. Das Bearbeiten von Quelltext erfordert neben dem Eingeben und Editieren von Quelltext auch eine Reihe weiterer Operationen. Dazu gehören im einzelnen:

➡ das Suchen und Ersetzen von Textfragmenten

➡ das Einfügen und Ausschneiden von Text über die Zwischenablage

➡ das Setzen von Lesezeichen

➡ Suchen und Ersetzen von Textfragmenten

Ein Visual-Basic-Programm besteht letztendlich aus nichts anderem als einer oder mehreren Textdateien, in denen der Programmcode enthalten ist. Die üblichen Operationen eines Textprogramms, wie z.B. WordPad, stehen auch in der IDE zur Verfügung. Besonders praktisch ist die *Suchen-/Ersetzen*-Funktion. Letztere wird immer dann benötigt, wenn z.B. der Name eines Steuerelements geändert wurde und nun alle Referenzen auf das Objekt angepasst werden müssen. Anstatt jeden Namen manuell zu ändern, ruft man (bei aktiviertem Codefenster) über die Tastenkombination ⎡Strg⎤+⎡H⎤ lediglich die *Ersetzen*-Funktion auf.

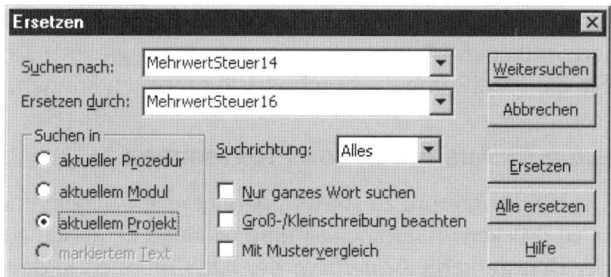

Abbildung 4.2: Über die Ersetzen-Funktion lassen sich Textfragmente im gesamten Programm austauschen.

Ist die Option Mit Mustervergleich aktiv, können die unter Windows üblichen Platzhalter (z.B. der Stern) für die Suche verwendet werden.

Einfügen und Ausschneiden von Text über die Zwischenablage

Diese Funktionen bedürfen keiner besonderen Erläuterung, da die Visual-Basic-IDE die Standardfunktionen von Windows zum Ausschneiden, Kopieren und Einfügen von Text unterstützt. Eine Besonderheit in der IDE ist die Möglichkeit, Texte per Ziehen und Ablegen zu verschieben. In vielen Fällen ist es praktischer, zwei Codefenster zu öffnen (oder ein Codefenster aufzusplitten) und Programmteile mit der Maus zu verschieben.

Merksatz   *Textfragmente können in einem Codefenster auch mit der Maus verschoben werden.*

Setzen von Lesezeichen

Dies ist eine recht praktische Eigenschaft. Gerade in größeren Programmen möchte man an eine bestimmte Stelle in einem Codefenster springen. Statt lange zu suchen, setzt man einfach ein Lesezeichen. Führen Sie dazu folgende Schritte aus:

1. Setzen Sie den Textcursor auf die gewünschte Position.

2. Rufen Sie den Menübefehl BEARBEITEN/LESEZEICHEN/LESEZEICHEN SETZEN auf. Am linken Rand im Codefenster wird ein (hellblauer) Punkt eingetragen, um das Lesezeichen anzuzeigen.

Um ein Lesezeichen anzusteuern, müssen Sie die entsprechenden Befehle im BEARBEITEN-Menü auswählen. Leider lässt sich ein Lesezeichen nicht direkt ansteuern, stattdessen kann man nur das nächste oder das vorhergehende Lesezeichen abrufen. Ein wenig umständlich ist es natürlich auch, dass man für den Zugriff auf ein Lesezeichen erst das Untermenü eines Menüs aufrufen muss. In Kapitel 4.9.1 erfahren Sie, wie Sie die Menüs und die Symbolleiste umbauen können.

4.4.2   Ausführen von Programmen

Um ein Programm zu starten, genügt es im Allgemeinen, die `F5`-Taste zu drücken. Allerdings ist eine wichtige Eigenheit zu beachten. Ist in der Registerkarte *Allgemein* der IDE-Optionen in der Gruppe *Kompilieren* die Option *Bei Bedarf* gesetzt, führt das Drücken der `F5`-Taste dazu, dass nur ein Teil des Programms (in Zwischencode) übersetzt wird. Zwar wird das Programm dadurch relativ schnell gestartet, ein Nachteil ist jedoch, dass nicht alle Programmfehler angezeigt werden. Möchten Sie daher vermeiden, dass während der Programmausführung unter Umständen nicht deklarierte Variablen beanstandet werden, müssen Sie das Programm stattdessen mit `Strg`+`F5` starten.

Der Programmstart über die Tastenkombination ⌑Strg⌑+⌑F5⌑ _führt_   **Merksatz**
dazu, dass das komplette Programm übersetzt wird. Alternativ
kann in den IDE-Optionen in der Registerkarte Allgemein die Op-
tion Bei Bedarf deaktiviert werden.

4.5   Der Umgang mit Projekten

Ein Projekt ist nichts anderes als eine Datei (Erweiterung _.Vbp_), in der
unter anderem die (Pfad-)Namen aller an einem Visual-Basic-Programm (Projekt) beteiligten Dateien enthalten sind. Außerdem enthält
die Projektdatei die für das Projekt gültigen Einstellungen, wie z.B. die
Versionsnummer oder die Compiler-Optionen. Daran hat sich auch
bei Visual Basic 6.0 nichts geändert. Damit die IDE mehrere Projekte
gleichzeitig bearbeiten (und falls ActiveX-Steuerelemente beteiligt sind)
ausführen kann, gibt es neben den Projekten die Projektgruppen. Hier
ist neben den Pfadnamen der einzelnen Projektdateien auch der Name
des Startprojekts enthalten. Im Zusammenhang mit Projektgruppenda-
teien (Erweiterung _.Vbg_) ergeben sich folgende Operationen:

- Hinzufügen eines Projekts zu einer Projektgruppe

- Entfernen eines Projekts aus einer Projektgruppe

- Speichern einer Projektgruppe

- Anlegen einer neuen Projektgruppe, d.h. Übersetzen aller Projekte
  der Projektgruppe

Ein wenig gewöhnungsbedürftig ist am Anfang sicherlich, dass Ihnen
Visual Basic beim Verlassen der IDE (oder bei der Kompilierung des
Programms, sofern die entsprechende Option gesetzt ist) in einer Auswahlliste alle zu speichernden Dateien präsentiert. Durch Anklicken
einzelner Einträge können Sie einzelne Dateien vom Abspeichern aus-
nehmen. Offenbar ein kleiner Fehler in der IDE ist der Umstand, dass,
falls einmal eine Projektgruppe durch Hinzufügen eines weiteren Projekts existiert, diese nicht mehr wegzubekommen ist. Selbst wenn bis
auf ein Projekt alle anderen Projekte entfernt wurden, müssen Sie
nach wie vor das Abspeichern der Projektgruppe bestätigen.

Abbildung 4.3:
Vor dem Spei-
chern einer Pro-
jektgruppe kön-
nen einzelne
Dateien selek-
tiert werden.

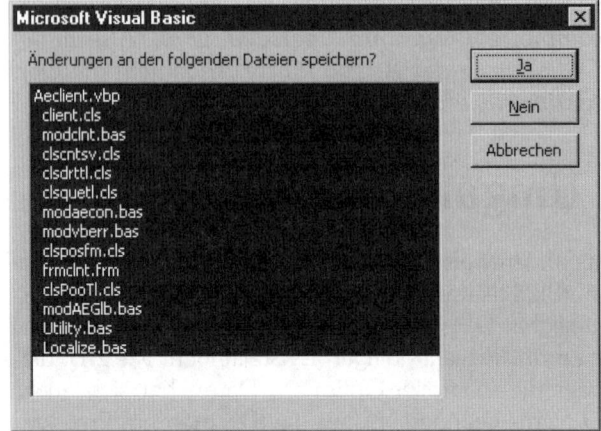

4.6 Das Einrichten der IDE für die tägliche Praxis

Die IDE ist zwar nach der Installation sofort betriebsbereit, doch gibt es einige Einstellungen, die Visual-Basic-Programmierer ändern oder zumindest überprüfen sollten. Dazu gehören im einzelnen:

■➤ die Option »Variablendeklaration erforderlich«.

■➤ die Hintergrundfarbe für die als Nächstes auszuführende Anweisung

■➤ das Abspeichern der Projektdateien vor dem Programmstart

4.6.1 Die Option »Variablendeklaration erforderlich«

Diese Option sollte unbedingt gesetzt sein, denn sie bewirkt, dass in jedes neu angelegte Modul die unscheinbare, aber enorm wichtige Anweisung

```
Option Explicit
```

eingetragen wird. Sie stellt sicher, dass jede Variable vor ihrer ersten Verwendung deklariert werden muss. Natürlich kann man diese Anweisung jedesmal nachträglich hinzufügen; doch da man dies erfahrungsgemäß gerne vergißt (und Visual Basic keine Warnung anzeigt), sollte man diese Option in jedem Fall setzen und es einfach als »unabänderliche« Eigenschaft von Visual Basic akzeptieren, dass Variablen deklariert werden müssen.

4.6.2 Die Hintergrundfarbe für die als Nächstes auszu- führende Anweisung

Da die IDE der als Nächstes ausführenden Anweisung eine eigene Vor- der- und Hintergrundfarbe zuordnen kann, sollten Sie diese Option nutzen, denn Sie erkennen so während einer Programmunterbrech- nung sehr einfach, welches die Anweisung ist, die als Nächstes zur Ausführung gelangt. In der Regel ist diese Anweisung gelb unterlegt. Sollte dies nicht der Fall sein oder bevorzugen Sie eine andere Farbe, führen Sie den Menübefehl EXTRAS | OPTIONEN aus, und aktivieren Sie die Registerkarte *Editorformat*. In der Auswahlliste *Code-Farben* ist der Eintrag »Ausführungsstelle-Text« für die Farbe der nächsten Anwei- sung zuständig. Über die Auswahlliste »Anzeiger« ändern Sie die Farbe des kleinen Pfeils, der in der Kennzeichenleiste zusätzlich die aktuelle Programmzeile während einer Programmunterbrechung markiert.

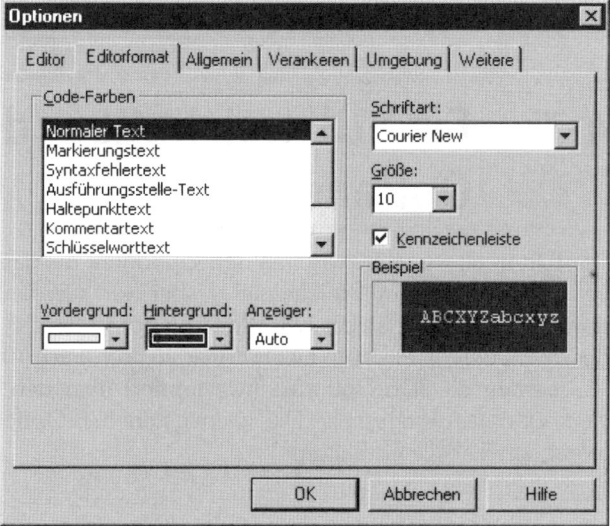

Abbildung 4.4: In dieser Regis- terkarte des Optionen-Dia- logfelds werden die Editorfarben eingestellt.

4.6.3 Das Abspeichern der Projektdateien vor dem Programmstart

Visual Basic ist zwar ein relativ sicheres System, aber natürlich nicht vor Abstürzen gefeit. Nicht nur aus diesem Grund sollten Sie das aktu- elle Projekt vor jedem Programmstart abspeichern. Damit dies nicht in Vergessenheit gerät, muss die Option »Speichern der Änderungen be- stätigen« in der Registerkarte »Umgebung« der IDE-Optionen gesetzt werden.

Abbildung 4.5:
In diesem Dia-
logfeld wird ein-
gestellt, wann
ein Projekt auto-
matisch gespei-
chert wird.

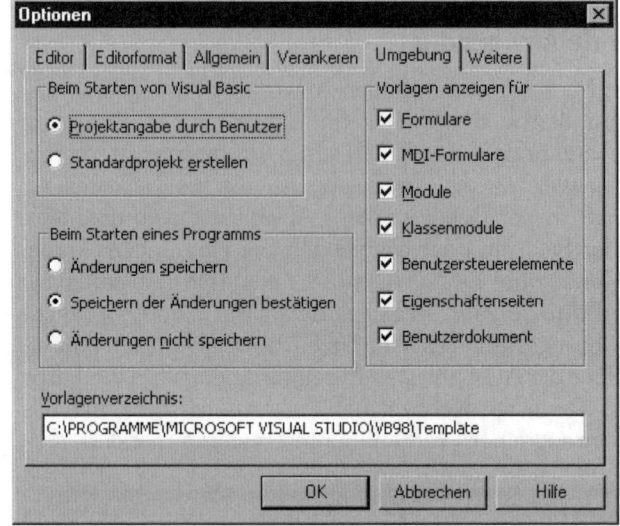

4.7 Eine Übersicht über die IDE-Optionen

Die IDE unterscheidet zwischen den Optionen, die das aktuelle Projekt betreffen (und in der Projektdatei gespeichert werden) und jenen Optionen, die die IDE selber betreffen. Während für die Projektoptionen der Menübefehl PROJEKT/EIGENSCHAFTEN VON [PROJEKTNAME] zuständig ist, werden die IDE-Optionen (wie immer) über den Menübefehl EXTRAS/OPTIONEN eingestellt. Die wichtigsten IDE-Optionen sind in der folgenden Tabelle enthalten:

Tabelle 4.4:
Die wichtigsten
Optionen der
IDE.

Option	Register-karte	Bedeutung
Automatische Syntaxüberprüfung	Editor	Schaltet die automatische Syntaxprüfung nach der Eingabe einer Programmzeile ein oder aus.
Variablendeklaration erforderlich	Editor	Fügt in jedes neu angelegte Modul die Anweisung *Option Explicit* ein.
Standardmäßig ganzes Modul anzeigen	Editor	Bewirkt, dass alle Prozeduren eines Moduls zusammen angezeigt werden.

Option	Register-karte	Bedeutung
Automatisch Einzug vergrößern	Editor	Bewirkt, dass eine neue Zeile beim ersten Tabstopp der vorhergehenden Zeile beginnt.
Am Raster ausrichten	Allgemein	Bewirkt, dass alle Steuerelemente an einem Raster ausgerichtet werden, dessen Abmessungen ebenfalls in der Registerkarte eingestellt werden können.
Ausblenden des Projekts schließt Fenster	Allgemein	Die zu dem Projekt gehörenden Fenster werden geschlossen, wenn der Projektzweig im Projektfenster geschlossen wird.
Projektangabe durch Benutzer	Umgebung	Nach dem Start von Visual Basic wird über den Vorlagen-Manager eine Auswahl der erstellbaren Projekttypen angezeigt.
Standardprojekt erstellen	Umgebung	Nach dem Start von Visual Basic wird automatisch ein EXE-Projekt angelegt.
Projekt im Hintergrund laden	Weitere Optionen	Bei größeren Projekten erhält man schneller die Kontrolle über die IDE zurück, da das Projekt im Hintergrund geladen wird.
SDI-Entwicklungsumgebung	Weitere Optionen	Ist diese Option gesetzt, können alle Fenster der IDE unabhängig voneinander bewegt werden und docken nicht am Rahmen der IDE an.

4.8 Das Einstellen von Compiler-Optionen

Der Visual Basic Compiler bietet eine reichhaltige Auswahl von Optionen, die in der Registerkarte *Kompilieren* des Dialogfelds der Projekteigenschaften eingestellt werden, das über den Menübefehl PROJEKT | EIGENSCHAFTEN VON [PROJEKTNAME] aufgerufen wird. Anstelle langatmiger Erläuterungen werden alle Optionen in Tabelle 4.5 zusammengefasst. Es sei vorangestellt, dass die einzelnen Optionen sehr speziell sind und bei kleineren Programmen wahrscheinlich keine spürbaren Auswirkungen haben. Es lohnt sich daher in der Regel nicht, die verschiedenen Kombinationsmöglichkeiten durchzuspielen (wenngleich dies Ihren Entdeckungsdrang in keinster Weise bremsen soll). Um sie vollständig verstehen zu können, sind zudem gewisse Kenntnisse der Assembler-Programmierung notwendig.

Merksatz *Die Option Optimierung bezüglich Größe ist in vielen Fällen besser als die Option Code-Ausführungsgeschwindigkeit optimieren, da kleinere Programme oftmals einen Geschwindigkeitsvorteil nach sich ziehen, der den durch den Compiler erzielten Vorteil übertrifft.*

Die einzelnen Compiler-Optionen sind, auch wenn es am Anfang nicht den Eindruck erweckt, überschaubar und sehr allgemein gehalten. Grundsätzlich gibt es für den Compiler drei verschiedene Einstellungen:

➡ Keine Optimierung

➡ Optimierung bezüglich Ausführungsgeschwindigkeit

➡ Optimierung bezüglich Größe

Anmerkung

Die Option Keine Optimierung ist durchaus sinnvoll, z.B. wenn man das Programm mit einem symbolischen Debugger wie z.B. dem aus Visual C++ oder dem neuen Visual-Studio-integrierten Debugger testen möchte. Auf diese Weise wird nämlich vermieden, dass der Compiler Anweisungen umgruppiert oder gar ganz entfernt[2]. Über die Schaltfläche Weitere Optimierungen wird ein Dialogfeld aufgerufen, in dem sich sechs weitere Optionen einstellen lassen. Diese Optionen gelten allerdings als »unsicher«, da sie in einigen seltenen Fällen zu einem Programmabsturz führen können. Wählen Sie diese Optionen daher nur, wenn Sie über ihre Auswirkungen Bescheid wissen, und testen Sie die erzeugte EXE-Datei etwas ausführlicher. Dann können auch diese Optionen (im Allgemeinen jedenfalls) bedenkenlos eingesetzt werden.

Die zusätzlichen Optimierungsmöglichkeiten können in einigen seltenen Fällen zu Programmfehlern oder gar zu Programmabstürzen führen.

---

[2] Der optimierende Compiler ist sogar in der Lage, mehrere Funktionen zusammenzufassen. Ich weiß allerdings nicht, ob diese Option auch bei Visual-Basic-Programmen zur Anwendung kommt.

Option	Bedeutung
Code-Ausführungsgeschwindigkeit optimieren	Diese Option ist voreingestellt. Im Allgemeinen gibt es auch keinen Grund, sie zu ändern.
Code-Größe optimieren	Geschwindigkeitsoptimierte Programme können mehr Platz belegen, da zum Beispiel kleine Prozeduren inline in das Programm eingesetzt werden, um den »teuren« Prozeduraufruf zu sparen. Setzen Sie diese Option, wenn die Codegröße wichtig ist (z.B. bei ActiveX-Steuerelementen).
Keine Optimierung	Schaltet alle Optimierungen ab. Diese Einstellung kann beim Debuggen verwendet werden, um alle optimierungsbedingten Codeumstellungen auszuschalten.
Für Pentium Pro optimieren	Bringt nur etwas, wenn das Programm auf einem Pentium-Pro-Prozessor ausgeführt wird. In diesem Fall werden gewisse Umstellungen im Programmcode vorgenommen, die die »Vorausschaufähigkeit« des Prozessors bei Sprüngen ausnutzen. Auf anderen PCs kann diese Option u.U. die Ausführungsgeschwindigkeit ein wenig herabsetzen.
Testinformationen für symbolischen Debugger generieren	Erweitert die EXE-Datei, sodass diese mit einem symbolischen Debugger wie z.B. CodeView aus Visual C++ debuggt werden kann.
Annahme, dass kein Aliasing benutzt wurde	Aliasing bedeutet, dass ein und dieselbe Speicherzelle (Variable) über mehrere Variablen angesprochen wird. Bei Visual Basic kommt dies immer dann vor, wenn eine als Referenz übergebene Prozedurvariable den Wert einer anderen Variablen enthält. Ist dies nicht der Fall, kann der Compiler zusätzliche Optimierungen vornehmen. Diese Option darf daher nur dann vorkommen, wenn das Programm keine Aliase verwendet.
Keine Überprüfung der Datenfeldgrenzen	Bewirkt, dass in die EXE-Datei keine Aufrufe der Laufzeitbibliothek zum Überprüfen der Indexgrenzen bei einem Feldzugriff eingetragen werden. Wird diese Option benutzt, sollte man sicher sein, dass kein Feldüberlauf auftreten kann.

*Tabelle 4.5:
Die Compiler-Optionen und ihre Bedeutung.*

Option	Bedeutung
Keine Überprüfung auf Ganzzahlüberlauf	Bewirkt, dass in die EXE-Datei keine Aufrufe der Laufzeitbibliothek zum Überprüfen, ob bei einer Operation der Ganzzahlenbereich überschritten wird, einge-tragen werden. Wird diese Option be-nutzt, sollte man sicher sein, dass ein solcher Über-lauf nicht auftreten kann (gerade bei *Byte*- und *Inte-ger*-Zahlen ist dies kritisch).
Keine Überprüfung auf Fehler bei Fließkomma-berechnungen	Schaltet die Wertebereichüberprüfung sowie ein paar weitere Überprüfungen beim Rechnen mit *Single*- und *Double*-Werten aus.
Ungerundete Fließkom-maoperationen zulas-sen	Optimiert die Ausführung von Fließkommaopera-tionen, da die Zwischenspeicherung von Fließkom-maergebnissen im Arbeitsspeicher (d.h. ein Fstp/ Fld-Befehlspaar) entfällt. Stattdessen werden die Er-gebnisse im 80-Bit-Register des Prozessors gehal-ten. Resultiert in einer deutlichen Geschwindigkeits-steigerung bei gleichzeitig höherer Genauigkeit. Ein Nachteil ist, dass sich durch das interne Rechnen mit deutlich höherer Genauigkeit Inkonsistenzen aufsummieren können. Hat die umgekehrte Wir-kung des Compiler-Schalters /op bei Visual C++.
Keine Überprüfung auf sichere Pentium-Fließ-kommaoperationen	Schaltet jene Befehle aus, die den »legendären« Pentium-Bug umgehen. Diese Option sollte nur dann gesetzt werden, wenn das Programm auf neueren Pentium-Prozessoren läuft, bei denen der Fehler behoben wurde. Diese Option sollten Sie wirklich nur in Ausnahmefällen aktivieren.

4.8.1 Die Rolle der DLL-Basisadresse

Beim Erstellen einer ActiveX-DLL gibt es des Weiteren die Option: DLL-Basisadresse. Zum Glück spielt sie nur selten eine Rolle. Hinter-grund dieser Option ist, dass unter Windows NT 4.0 DLLs in die obere Hälfte des insgesamt 4 Gbyte großen Adreßraums geladen werden. Um zu vermeiden, dass DLLs in den gleichen Teilbereich dieses Adreß-raums geladen werden und Windows NT die einzelnen DLLs relativ zeit-aufwändig »rangieren« müßte, kann einer DLL eine eigene Startadresse zugeordnet werden. Diese Option dürfte aber nur dann eine Rolle spie-len, wenn viele relativ große DLLs gleichzeitig geladen werden. Ansons-ten können Sie die vorgegebene Startadresse &H11000000 überneh-men.

4.9 Anpassen der IDE

Das Anpassen der IDE bedeutet, diese nach eigenen Vorstellungen umzubauen. Dazu gehören im einzelnen:

- Die Zusammensetzung der Symbolleiste [N] ändern
- Einzelne Befehle aus Menüs herausnehmen oder in Menüs einbauen
- Zwischen SDI- und MDI-Modus umschalten

4.9.1 Die Zusammensetzung der Symbolleisten ändern

Wie bei praktisch jeder modernen Windows-Anwendung können Sie auch bei der IDE die Zusammensetzung der einzelnen Symbolleisten ändern. Führen Sie dazu den Menübefehl ANSICHT | SYMBOLLEISTEN | ANPASSEN aus, und wählen Sie die Registerkarte *Befehle*. Sie sehen eine Liste aller Menüs und der darin enthaltenen Befehle. Nun können Sie einen der angezeigten Befehle mit der Maus an die gewünschte Position der Symbolleisten ziehen. Ist die gewünschte Symbolleiste nicht sichtbar, muss dies über den Menübefehl ANSICHT | SYMBOLLEISTEN nachgeholt werden.

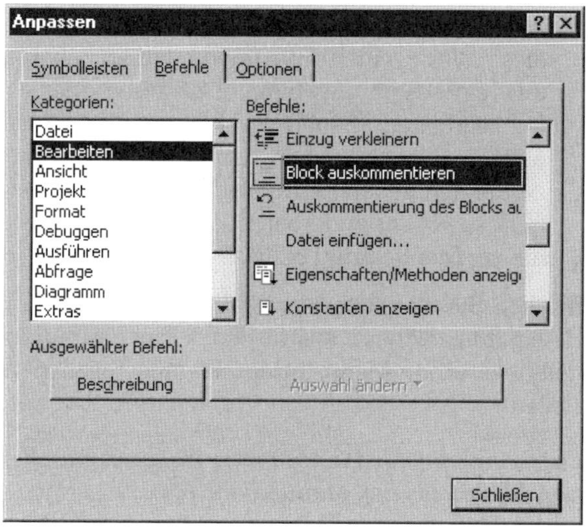

Abbildung 4.6: Aus diesem Dialogfeld können die Menübefehle auf eine Symbolleiste gezogen werden.

4.9.2 Einzelne Befehle aus Menüs herausnehmen oder in Menüs einbauen

Genaue wie die Symbolleisten kann auch die Zusammensetzung der einzelnen Menüs der IDE geändert werden. Führen Sie dazu den Menübefehl ANSICHT | SYMBOLLEISTEN | ANPASSEN aus, und wählen Sie die Registerkarte *Befehle*. Sie sehen eine Liste aller Menüs und der darin enthaltenen Befehle. Sie können jetzt einen der angezeigten Befehle mit der Maus auf eines der Menüs der Menüleiste ziehen. Das Menü öffnet sich daraufhin automatisch, und Sie können die Position auswählen, an der der Befehl im Menü erscheinen soll.

Auf die gleiche Weise können Sie einzelne Einträge aus einem Menü herausnehmen:

1. Wählen Sie dazu im Dialogfeld *Anpassen* zunächst das Menü, z.B. DATEI, aus.

2. Öffnen Sie das Menü, und wählen Sie einen Eintrag. Sie werden feststellen, dass der Eintrag von einem schwarzen Rahmen umgeben wird.

3. Wie es weitergeht, hängt von Ihnen ab. Sie können den Eintrag entweder bei gedrückter Maustaste aus dem Menü herausziehen und damit erreichen, dass der Eintrag entfernt wird. Sie können den Eintrag aber auch mit der rechten Maustaste anklicken und auf diese Weise ein Kontextmenü öffnen, über das Sie dem Eintrag z.B. ein bestimmtes Symbol zuweisen oder ein vorhandenes Symbol bearbeiten können. Sie können einem Menüeintrag auch einen anderen Namen geben, indem Sie im Kontextmenü in das Feld *Name* den neuen Eintrag eingeben. So flexibel ist die IDE von Visual Basic. Nicht änderbar ist allerdings die Tastenkombination, über die ein Menüeintrag aktiviert werden kann.

Denken Sie aber bitte daran, Ihren Spielbetrieb nicht auf Kosten der Bedienfreundlichkeit auszuleben. Über Eintrag ZURÜCKSETZEN im Kontextmenü eines Menüeintrags können Sie den Urzustand wiederherstellen.

Merksatz *Der Schlüssel für Änderungen in der Symbolleiste und den einzelnen Menüs ist der Menübefehl ANSICHT | ANPASSEN. Alles weitere ergibt sich dann von alleine.*

4.9.3 Zwischen SDI- und MDI-Modus umschalten

Standardmäßig arbeitet die IDE im MDI-Modus, d.h. alle Fenster können sich nur in der Innenfläche des Hauptfensters bewegen. Im SDI-

Modus verhält sich die IDE so, wie es Sie unter Umständen von Vorgängerversionen bereits gewöhnt sind. Es gibt ein »Kommando-Fenster«, das aus Menü- und Symbolleiste besteht. Die übrigen Fenster können relativ zum Kommando-Fenster frei verschoben werden. Das Umschalten zwischen beiden Modi erfolgt über die Option *SDI-Entwicklungsumgebung* in der Registerkarte *Weitere Optionen* des Eigenschaftendialogfelds der IDE. Im Allgemeinen ist die MDI-Variante die bessere Wahl, da es sehr lästig werden kann, sich um die Anordnung jedes einzelnen Fensters kümmern zu müssen. Dafür sollten Sie aber mindestens einen 17"-Monitor besitzen, sonst macht das Ganze irgendwie keinen richtigen Spaß.

Oft ist es am einfachsten, ein IDE-Fenster durch einen Doppelklick in der Symbolleiste auf eine passende Größe zu bringen. :-) TIP

4.10   Der Add-In-Manager

Mit Visual Basic 6.0 wurde ein neuer Add-In-Manager vorgestellt, der, auch wenn sein Umfang völlig selbsterklärend ist, zumindestens kurz vorgestellt werden soll. Das Besondere am Add-In-Manager ist, dass es ihn in identischer Form auch in Office2000 gibt, was auf ein einheitliches Add-In-Modell schließen und an die Austauschbarkeit von Add-Ins denken lässt. Noch einmal zur Erinnerung: Bei Add-Ins handelt es sich um COM-Server (meistens Inprozess, also Typ »ActiveX-DLL«), die in Visual Basic erstellt und innerhalb der IDE ausgeführt werden und dabei auf das Objektmodell der IDE zugreifen, um auf die einzelnen Komponenten eines Projekts (etwa das Codefenster oder den Formulardesigner und seine Steuerelemente) zugreifen zu können.

Nach der Ausführung des Menübefehls ADD-INS | ADD-IN-MANAGER werden alle verfügbaren Add-Ins aufgelistet. Um ein Add-In zu laden, muss zuerst das Add-In und anschließend die Option *Laden/Entladen* gewählt werden. Danach steht das Add-In über die Symbolleiste oder ein Menü zur Verfügung (das hängt vom Typ des Add-Ins ab). Meistens werden Add-Ins dem ADD-INS-Menü als weiterere Einträge hinzugefügt.

Abbildung 4.7:
Der Add-In-
Manager bietet
einen komforta-
blen Zugriff auf
die verfügbaren
Add-Ins.

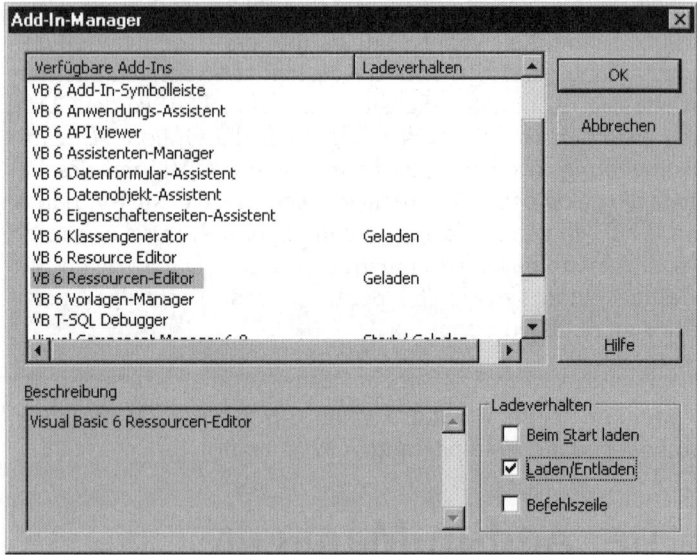

4.11 Nützliche Tastenkombinationen

Die IDE kann zum größten Teil auch über die Tastatur bedient werden. Die wichtigsten Tastenkombinationen, die man grundsätzlich kennen sollte, sind in Tabelle 4.6 aufgeführt.

Tastenkombination	Bedeutung
Strg + S	Speichert das aktuelle Modul unter dem festgelegten Namen.
Strg + N	Fügt ein neues Projekt zur Projektgruppe hinzu.
Strg + O	Öffnet ein bereits vorhandenes Projekt.
Strg + P	Druckt den Inhalt des aktuellen Moduls aus.
Alt + Q	Beendet die IDE.
Strg + F	Öffnet das Suchen-Dialogfeld.
Strg + H	Öffnet das Ersetzen-Dialogfeld.
F2	Zeigt den Objektkatalog an.
F4	Zeigt das Eigenschaftenfenster an.
F5	Startet das aktuelle Projekt.

Tastenkombination	Bedeutung
Strg + F5	Übersetzt das komplette Projekt und startet es.
F7	Zeigt das Codefenster an.
⇧ + F7	Schaltet zwischen vom Codefenster auf das dazugehörige Formular um.
F8	Startet das aktuelle Projekt im Einzelschrittmodus.
Strg + E	Öffnet den Menü-Editor, wenn ein Formular ausgewählt ist.
Strg + T	Zeigt die Komponentenliste an, damit neue Komponenten in die Werkzeugsammlung aufgenommen werden können.
Strg + D	Fügt eine weitere Datei zum aktuellen Projekt hinzu.
Strg + F2	Aktiviert die Prozedurliste im Programmcodefenster, sodass eine Ereignisprozedur auch über die Tastatur ausgewählt werden kann.

4.12 Übersicht über die verschiedenen Dateitypen

Bereits mit Visual Basic 5.0 wurde eine (wirklich erstaunliche) Vielzahl zusätzlicher Dateitypen eingeführt, die zwangsläufig alle ihre eigenen Erweiterungen besitzen. Auch wenn man im Allgemeinen nicht direkt mit Dateien arbeitet, ist es dennoch gut, die einzelnen Erweiterungen zu kennen, denn um die Dateien anhand ihrer kleinen Symboldateien im Explorer erkennen zu können, sind ein scharfes Auge und die Mustererkennungsfähigkeit eines Parallelrechners erforderlich[3].

Dateityp	Bedeutung	Erweiterung
Modul	Enthält den Programmcode eines allgemeinen Moduls.	.Bas
Klasse	Enthält den Programmcode eines Klassenmoduls. Außerdem werden hier die Attribute des Klassenmoduls, wie z.B. die Instancing-Eigenschaft, gespeichert.	.Cls

Tabelle 4.7:
Die Visual-Basic-Dateitypen und ihre Erweiterungen.

---

[3] Was natürlich insofern nicht angebracht ist, als das menschliche Gehirn selbst das Spitzenmodell bei Parsytec bezüglich Rechenleistung noch um ein paar Größenordnungen überrunden dürfte.

Dateityp	Bedeutung	Erweiterung
ActiveX-Zusatzdatei	Enthält die binären Komponenten eines ActiveX-Steuerelements, wie z.B. Bitmaps, die sich nicht textuell abspeichern lassen.	.Crx
Benutzersteuerelement	Enthält, ähnlich wie ein Formular, die rein textuelle Beschreibung eines Benutzersteuerelements (ActiveX-Steuerelement).	.Ctl
Active-Designer-Cache		.Dca
Installations-Assistent-Hilfsdatei	Enthält Abhängigkeiten der einzelnen Dateien.	.Deb
ActiveX-Dokument-Hilfsdatei	Hilfsdatei (Formular) für ein ActiveX-Dokument.	.Dob
ActiveX-Dokument-Hilfsdatei	Enthält binäre Objekte eines ActiveX-Dokuments.	.Dox
ActiveX-Designer	Enthält die Beschreibung eines ActiveX-Designers, z.B. WebClass-Designer oder DHTML-Formular.	.Dsr
ActiveX-Designer-Hilfsdatei		.Dsx
ActiveX-Zusatzdatei	Hilfsdatei für ein kompiliertes ActiveX-Steuerelement.	.Exp
Formular	Enthält eine textuelle Beschreibung aller Eigenschaften des Formulars und seiner Steuerelemente, die von den Voreinstellungen abweichen. Außerdem werden hier die Attribute des Moduls gespeichert.	.Frm
Formular-Zusatzdatei	Enthält die binären Komponenten eines Formulars, wie z.B. Bitmaps, die sich nicht textuell abspeichern lassen (die sog. Stash-Dateien).	.Frx
ActiveX-Zusatzdatei	Hilfsdatei für ein kompiliertes ActiveX-Steuerelement.	.Lib
Protokolldatei	Enthält Fehlermeldungen beim Laden eines Projekts.	.Log
ActiveX-Steuerelement-Hilfsdatei	Wird für die Ausführung eines OCX-Steuerelements in der IDE für die Zwischenspeicherung benötigt.	.Oca
ActiveX-Steuerelement	Enthält den binären Programmcode eines Zusatzsteuerelements.	.Ocx

Dateityp	Bedeutung	Erweiterung
Eigenschaftsseite	Enthält die textuelle Beschreibung einer Eigenschaftenseite eines Benutzersteuerelements.	.Pag
Eigenschaftsseite-Zusatzdatei	Enthält die binären Komponenten einer Eigenschaftenseite, wie z.B. Bitmaps, die sich nicht textuell abspeichern lassen.	.Pgx
Ressourcendatei	Enthält in binärer Form sog. Ressourcen, wie z.B. Bitmaps, Strings oder auch den Aufbau eines Menüs (letzteres wird bei Visual Basic allerdings nicht benutzt). Ressourcendateien werden mit einem Ressourcen-Editor erstellt und mit dem Ressourcen-Compiler angelegt.	.Res
Installations-Assistent-Hilfsdatei	Vorlagendatei	.Swt
ActiveX-Dokument	Enthält ein ActiveX-Dokument in einer Form, die z.B. vom Internet Explorer geladen werden kann.	.Vbd
Lizenzdatei	Enthält die Lizenz, ein ActiveX-Steuerelement in der IDE benutzen zu dürfen.	.Vbl
Projektdatei	Enthält die Namen aller zu einem Projekt gehörenden Dateien sowie die Eigenschaften des Projekts. Spielt die Rolle der .Mak-Dateien bei Visual Basic 3.0.	.Vbp
Hilfsdatei	Registrierungsdatei für Remote-Automation.	.Vbr
Benutzersteuerelement-Projekt	Enthält die Namen der in einem Benutzersteuerelement enthaltenen Dateien.	.Vbw
Installations-Assistent-Hilfsdatei	Wird für den Start des Assistenten benötigt.	.Vbz

4.13 Zusammenfassung

Die »Integrated Development Environment«, kurz IDE, ist das Aushängeschild eines Entwicklungssystems. Je komplexer (und komplizierter) sie ist, desto größer ist das Ansehen des Entwicklungssystems bei eingefleischten Programmierern. Man könnte fast sagen, je größer der Schmerz (für das Einarbeiten), desto größer die Ehre für den Programmierer. Zum Glück setzen sich die Erkenntnisse moderner Usability-Studien auch bei den Programmiersprachen durch. Nachdem sich mit der Version 2.0 des Visual-C++-Entwicklungssystems endlich einmal das Office-Team bei Microsoft, das nachweislich etwas von Benutzeroberflächen versteht, der Sache angenommen hatte, wurde klar, dass es auch anders geht. An Visual Basic ist dieser Trend aber lange Zeit erfolgreich vorbeigegangen. Die Visual-Basic-IDE hatte bis zur Version 3.0 noch den Charme einer Autobahnraststätte aus den 50er Jahren: relativ leicht zu bedienen, relativ unlogisch und für ernsthafte Programmierer eigentlich unzumutbar. Mit der Version 4.0 wurde dies ein wenig besser, doch erst mit der Version 5.0 konnte man von einer »richtigen« IDE sprechen. Die wichtigste und für erfahrene Visual-Basic-Programmierer damals sicher gewöhnungsbedürftigste Neuerung war der Umstand, dass die IDE mehrere Projekte auf einmal bearbeiten kann. Sie müssen also nicht mehr ein Projekt abspeichern und das nächste laden oder mehrere Instanzen starten. Stattdessen fügen Sie über den Menübefehl PROJEKT HINZUFÜGEN einfach ein weiteres Projekt hinzu. Gespeichert wird das Ganze in einer Projektgruppendatei, die die Namen aller in der Projektgruppe enthaltenen Projekte enthält. Sehr praktisch sind diese Multitalente der IDE natürlich immer dann, wenn man ActiveX-Steuerelemente entwickelt. In diesem Fall entwickeln Sie das Steuerelement in einem Projekt und testen es in einem anderen. Sie müssen das Steuerelement noch nicht einmal kompilieren. Das Schließen des Entwurfsfensters genügt, um das Steuerelement in den Ausführen-Modus zu schalten. Sie können es dann bequem in einem weiteren Projekt testen, wobei z.B. beim Auftreten eines Laufzeitfehlers im Code des Steuerelements automatisch auf das Projekt des Steuerelements umgeschaltet wird und Sie das Programmmodul debuggen können. Mit Visual Basic 6.0 wurden, mit Ausnahme des Add-In-Managers, an der IDE keine Neuerungen mehr eingeführt; stattdessen wurden die Menüs um einige neue Einträge erweitert.

Der allgemeine Aufbau eines Visual-Basic-Programms

5

n diesem Kapitel geht es um allgemeine Dinge, die bei der Programmierung mit Visual Basic eine wichtige Rolle spielen. Sie sollten es lesen, wenn Sie die ersten Programmierversuche hinter sich haben und nun gerne einen etwas systematischeren Überblick gewinnen möchten. Für einen angehenden Visual-Basic-Programmierer stellen sich viele Fragen. Wo beginnt denn die Programmausführung, was passiert, nachdem eine Ereignisprozedur abgearbeitet wurde (gibt es eigentlich auch Ereignisfunktionen?), und wie bringe ich mein Programm dazu, auf eine bestimmte Taste zu warten? Für einen Visual-Basic-Profi sind diese Fragen relativ trivial, ein Anfänger weiß in der Regel noch nicht einmal, wo er nach einer Antwort suchen soll. Damit Sie diese und andere Fragen nicht in Ihrer Produktivität bremsen oder gar die Euphorie über Visual Basic dämpfen, gibt dieses Kapitel eine Übersicht über die wichtigsten »Formalitäten«, die im Visual-Basic-Alltag eine Rolle spielen.

Sie lesen in diesem Kapitel etwas über folgende Themen:

➡ Was ist eigentlich ein Visual-Basic-Programm?

➡ Wo beginnt und endet die Programmausführung?

➡ Die wichtigsten Bestandteile eines Visual-Basic-Programms

➡ Ereignisse steuern den Programmablauf (oder warum man nicht auf etwas wartet)

➡ Der Umgang mit Projekten

➡ Die Rolle der Vorlagen und Assistenten

➡ Wichtige Konventionen für die Programmierung

➡ Allgemeine Tipps für einen »modernen« Programmierstil

5.1 Was ist eigentlich ein Visual-Basic-Programm?

Die Definition eines Visual-Basic-Programms ist ganz einfach: Es besteht aus mindestens einem Modul. Dabei kann es sich um ein Formular, ein allgemeines Modul oder ein Klassenmodul handeln. Visual-Basic-Programme existieren immer in einem Projekt, welches nichts anderes als einen Rahmen für die an dem Projekt beteiligten Module darstellt (die Projektdatei enthält lediglich die Namen der in dem Projekt enthaltenen Dateien). Auch wenn es bereits seit Visual Basic 5.0 Projektgruppen gibt, hat sich an diesem Prinzip nichts geändert. Eine Projektgruppe fasst lediglich mehrere Projekte für die Bearbeitung in der IDE zusammen.

Abbildung 5.1:
Der Projekt-
Explorer zeigt
alle Projekte
und ihre Module
an, die sich
in der IDE
befinden.

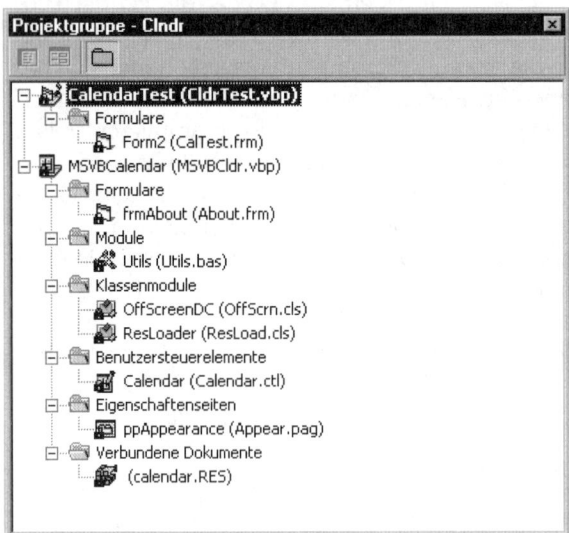

Über die drei kleinen Symbole in der Symbolleiste des Projekt-Explorers können Sie zwischen der Formular- und der Codeansicht umschalten und die Darstellungsweise des Projektbaums vereinfachen.

:-)
TIP

5.1.1 Mehr über Module

Module sind die Grundelemente eines Projekts. Jedes Modul liegt als eigenständige Datei (mit einer charakteristischen Erweiterung) vor, sodass Module zwischen Projekten beliebig austauschbar sind. Visual Basic unterscheidet zwischen zwei Modultypen: Modulen mit einer Oberfläche und Module ohne eine Oberfläche. Zu der ersten Kategorie gehören:

- ■► Formulare

- ■► Benutzersteuerelemente

- ■► Benutzerdokumente

Zur zweiten Kategorie gehören:

- ■► Allgemeine Module

- ■► Klassenmodule

Allen Modulen ist gemeinsam, dass ihr Name automatisch für einen Objekttyp innerhalb des Programms steht und sie über Eigenschaften, Methoden und Ereignisse verfügen. Um die öffentliche Variable *Zahl* in dem Formular *frmHaupt* ansprechen zu können, muss ihr formal der Name des Formulars vorangestellt werden:

```
frmHaupt.Zahl = 123
```

In dieser Anweisung wird die Variable *Zahl* wie eine Eigenschaft des Formulars behandelt. Möchte man es ganz formell machen, stellt man noch den Projektnamen voraus:

```
Projekt1.frmHaupt.Zahl = 123
```

Eine praktische Bedeutung hat der Projektname allerdings nicht, denn es ist auf diese Weise nicht möglich, öffentliche Variablen oder Formulare in anderen Projekten anzusprechen. Ein Formular ist zwar eine Klasse, allerdings kann ein Formular nicht öffentlich sein. Möchte man auf Variablen in einem anderen Programm zugreifen, müssen diese in einer öffentlichen Klasse enthalten sein.

Eine Ausnahme sind allgemeine Module. Es sind keine Objekttypen und werden daher nicht instanziert. Allerdings werden auch ihre öffentlichen Variablen, Prozeduren und Funktionen wie Eigenschaften und Methoden behandelt:

```
basModul.Zahl = 123
```

Auch hier ist das Voranstellen des Modulnamens nicht notwendig, da öffentliche Variablen in einem allgemeinen Modul im gesamten Projekt sichtbar sind.

Die Frage, wann welche Module eingesetzt werden, beantwortet sich meistens von alleine. Formulare bilden die Benutzeroberfläche eines Visual-Basic-Programms, Klassen bilden die Grundlage für selbstdefinierte Objekte, während allgemeine Module Funktionen und Prozeduren enthalten, die von anderen Modulen des Projekts benutzt werden sollen. Enthält ein Visual-Basic-Programm etwa eine Funktion, die aus einem Pfadnamen den Dateinamen ausschließt, so wird diese in einem allgemeinen Modul untergebracht, damit sie allen Modulen des Programms zur Verfügung steht. Soll sie dagegen allen Programmen zur Verfügung stehen, muss sie in eine ActiveX-DLL oder ActiveX-EXE-Datei eingefügt und die *Instancing*-Eigenschaft den Wert *GlobalMulti-Use* erhalten – mehr dazu in Kapitel 21, »Komponenten für Fortgeschrittene«.

5.1.2   P-Code oder Maschinencode?

Ein Visual-Basic-Projekt kann sowohl innerhalb als auch außerhalb der IDE ausgeführt werden. Um es außerhalb der IDE ausführen zu können, muss es (je nach Projekttyp) in eine EXE-, DLL- oder OCX-Datei kompiliert werden. Dabei gibt es zwei Möglichkeiten: P-Code oder Maschinencode. Für welche Option Sie sich entscheiden, spielt für die Programmausführung grundsätzlich keine Rolle; es betrifft lediglich sowohl die Geschwindigkeit bei der Programmausführung als auch die Größe der EXE-Datei. Wird ein Visual-Basic-Projekt in P-Code kompiliert, enthält die Programmdatei einen Zwischencode, der vom P-Code-Interpreter (einem relativ kleinen – knapp 100 Kbyte großen – Teil der Laufzeitbibliothek) ausgeführt wird. Wird das Visual-Basic-Projekt dagegen in Maschinencode kompiliert, enthält die Programmdatei reinen Maschinencode; der P-Code-Interpreter wird nicht mehr benötigt. Visual-Basic-Programme, die in Maschinencode übersetzt wurden, werden zwar grundsätzlich schneller ausgeführt, führen häufig aber auch zu größeren Programmdateien (P-Code ist sehr kompakt). Dass auch in diesem Fall die Laufzeitbibliothek benötigt wird, hat besondere Gründe. Die Visual-Basic-Entwickler bei Microsoft haben sich dafür entschieden, den Compiler (genauer gesagt, das sog. »Backend«, jener Teil, der für die eigentliche Kompilierung zuständig ist) von Visual C++ (bei Visual Basic 6.0 den C2-Compiler von Visual C++ 6.0) zu übernehmen. Der Vorteil liegt darin, dass dieser Compiler bereits seit mehreren Jahren im Einsatz und daher inzwischen hoch optimiert ist sowie ausführlich getestet wurde. Ein kleiner Nachteil ist allerdings, dass der Compiler nicht auf Visual Basic ausgelegt ist und einige sprachspezifische Besonderheiten nicht vom Compiler erledigt werden können. Wird ein Visual-Basic-Programm in Maschinencode kompiliert, wird zunächst ein Basic-Zwischencode erzeugt (auch BIL genannt für *Basic Interpreted Language*), der vom »Visual Basic Compiler« dann in einen *C-Interpreted-Language*-Code (auch CIL genannt) umgewandelt wird. Erst der CIL-Code wird dem Compiler zugeführt, der daraus echten Maschinencode (allerdings mit Funktionsaufrufen in die Laufzeitbibliothek) macht. Ein Vorteil dieses Verfahren ist die extrem einfache Handhabung. So muss man sich um keinerlei Compiler- oder Linker-Optionen kümmern. Ein Nachteil ist die fehlende Flexibilität. So ist es z. B. nicht möglich, auch wenn es technisch machbar wäre, externe DLLs in die EXE-Datei einzubinden. Auch bietet der Visual Basic Compiler z. B. keine Pragma-Anweisungen (wie bei Visual C++), mit denen man u. a. festlegen könnte, dass ein Teil des Visual-Basic-Programms in P-Code, ein anderer Teil dagegen in Maschinencode übersetzt wird. Stattdessen ruft Visual Basic alle beteiligten Programme intern auf und baut das zu kompilierende Programm zum größten Teil im Arbeitsspeicher zusammen, bevor daraus eine EXE-Datei wird.

5.2 Die Sache mit den Ereignissen

Die Überschrift zu diesem Abschnitt hätte auch lauten können: »Ereignisse steuern den Programmablauf« (oder: »Warum man bei Visual Basic nicht auf etwas wartet«). Bei früheren Basic-Versionen (z. B. bei Quick-Basic unter MS-DOS) war alles einfach und überschaubar. Ein Programm begann bei einer bestimmten Anweisung (etwa bei Programmzeile 100), führte eine Reihe von Eingaben, Ausgaben und Berechnungen aus und endete wieder. Der weitere Programmverlauf war zu jedem Zeitpunkt eindeutig bestimmbar. Entweder wurde die nächste Anweisung abgearbeitet, oder das Programm verzweigte, etwa im Rahmen einer If-Entscheidung oder eines Prozeduraufrufs, zu einer anderen Stelle im Programm. Visual Basic arbeitet nach einem anderen Prinzip. Visual-Basic-Programme sind, sofern es die Benutzeroberfläche betrifft, ereignisgesteuert. Mit anderen Worten, welche Anweisung (genauer Prozedur) als Nächstes zur Ausführung gelangt, wird nicht vom Programmierer festgelegt, sondern von dem Eintreten von Ereignissen bestimmt. Bei diesen Ereignissen kann es sich um simple Benutzeraktivitäten wie das Anklicken einer Schaltfläche mit der Maus, das Öffnen eines Menüs oder das Drücken einer Taste handeln, aber auch um interne Dinge wie etwa: ein Eingabefeld erhält den Eingabefokus oder ein Zeitgeber läuft ab. Das ist in etwas so wie bei einem Flipperautomaten, wo die Bahn der Kugel von einer Vielzahl von Ereignissen beeinflusst werden kann. Das Prinzip der ereignisgesteuerten Programmausführung ist für Visual-Basic-Einsteiger am Anfang nicht ganz einfach zu verstehen. Selbst erfahrenere Programmierer haben manches Mal ihre Schwierigkeiten, da Ereignisse in einigen Fällen nicht einzeln, sondern in einer Ereigniskette auftreten können und selbst einfache Zuweisungen an eine Eigenschaft Ereignisse auslösen können.

Abbildung 5.2:
Das Drücken
einer Taste löst
bei einem Text-
feld gleich vier
Ereignisse aus.

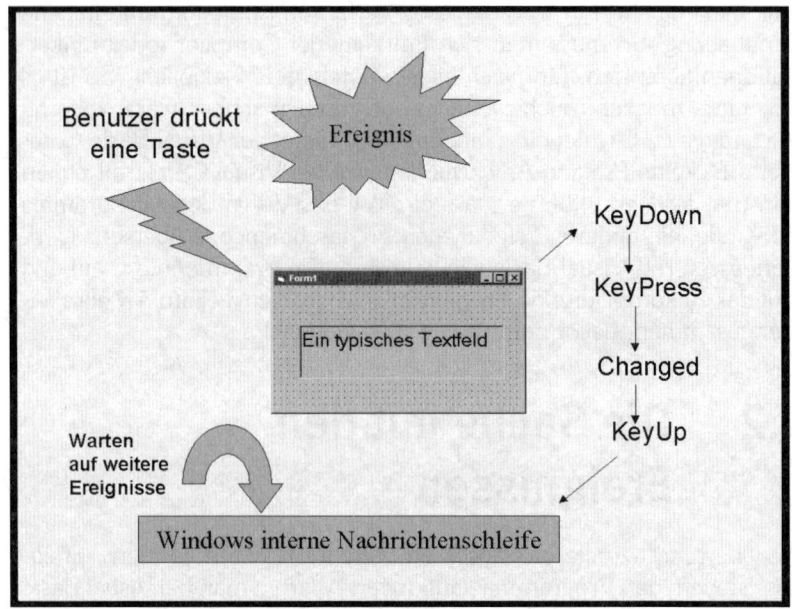

Ein gutes Anschauungsbeispiel für die Vereinfachung, welche die er-
eignisgesteuerte Programmausführung für die Programmierung bringt,
ist das Textfeld, dessen Aufgabe darin besteht, über die Tastatur eingegebene Zeichen in einem rechteckigen Ausschnitt darzustellen. Wann
immer das Textfeld den Eingabefokus besitzt und der Benutzer eine
Taste mit einem darstellbaren Zeichen betätigt, wird von den insgesamt 23 Ereignissen des Textfelds eine Reihe von Ereignissen ausgelöst. Dazu gehören:

1. *KeyDown*-Ereignis

2. *KeyPress*-Ereignis

3. *Change*-Ereignis

4. *KeyUp*-Ereignis

Mit anderen Worten, das Betätigen einer Taste hat jedes Mal vier Ereignisse zur Folge (handelt es sich nicht um ein darstellbares Zeichen,
wie z.B. eine Funktionstaste, wird weder ein *KeyPress*- noch ein
Change-Ereignis ausgelöst). Was bedeuten diese vier Ereignisse für die
Programmausführung? Nun, über das *KeyPress*-Ereignis erhalten Sie
z.B. den ANSI-Code des eingegebenen Zeichens. Doch wo kommt
dieses Zeichen her? Ganz einfach, es wird als Parameter der Ereignisprozedur übergeben:

```
Sub txtEingabe_KeyPress (KeyAscii As Integer)
```

Damit ist die weitere Vorgehensweise klar. Anstatt die eingegebenen Zeichen von der Tastatur abzufragen, bekommt man sie von Windows als Parameter überreicht. Benötigen Sie anstelle des ANSI-Codes den Tastaturcode, erhalten Sie diesen über die *KeyDown*- und die *KeyUp*-Ereignisprozedur:

```
Sub txtEingabe_KeyUp (KeyCode As Integer, Shift As Integer)
```

Zusätzlich zum Tastaturcode macht uns Windows die Freude und übergibt über den Parameter *Shift* den Zustand der ⇧ - , der Alt - und der Strg -Taste. Dieser Parameter wird aber nur selten benötigt.

Am *Change*-Ereignis wird eine weitere wichtige Eigenheit der ereignisgesteuerten Programmausführung deutlich. Das *Change*-Ereignis wird nach jeder Eingabe eines darstellbaren Zeichens ausgelöst. Es soll das Programm darüber informieren, dass sich der Inhalt des Textfelds geändert hat. Doch dieses Ereignis wird nicht nur über die Eingabe über die Tastatur ausgelöst. Wann immer die *Text*-Eigenschaft des Textfelds einen neuen Wert erhält, wird ebenfalls ein *Change*-Ereignis ausgelöst:

```
txtEingabe.Text = "Gibt's doch gar nicht"
```

Mit anderen Worten, Ereignisse können nicht nur über Benutzeraktivitäten, sondern auch durch einfache Zuweisungen an Eigenschaften innerhalb des Programms erreicht werden.

Der Umstand, dass eine Zuweisung an die *Text*-Eigenschaft eines Textfelds zu einem *Change*-Ereignis führt, eröffnet die Möglichkeit eines für den Programmierer gar nicht so erfreulichen Paradoxon. Was wäre denn, wenn die Zuweisung innerhalb der *Change*-Ereignisprozedur erfolgte? Nun, es ist tatsächlich eine »endlose« Kette von Ereignissen die Folge, die aber schnell durch einen Laufzeitfehler (»Nicht genügend Stapelspeicher«) beendet wird. Innerhalb der *Change*-Ereignisprozedur sollte also keine Zuweisung an die *Text*-Eigenschaft erfolgen (erlaubt sind lediglich Zuweisungen, die den alten Wert nicht ändern). Theoretisch müßte eine endlose Kette von Ereignissen die Folge sein. Die Zuweisung löst ein *Change*-Ereignis aus, welches eine weitere Zuweisung zur Folge hat, die wieder ein *Change*-Ereignis auslöst usw. Die Folge wäre, dass das Programm hoffnungslos blockiert, da ein Ereignis sofort das gleiche Ereignis auslöst. Zum Glück erkennt Visual Basic eine solche Patt-Situation und bricht die Ereigniskette nach dem zweiten *Change*-Ereignis ab. Die Zuweisung an die *Text*-Eigenschaft innerhalb der *Change*-Ereignisprozedur hat also nur ein weiteres *Change*-Ereignis zur Folge.

Dass es in einem Visual-Basic-Programm keinen eindeutigen Programmablauf gibt (Sie wissen nie genau, wann etwa die Prozedur *txtEingabe_Change* aufgerufen wird), heißt aber nicht, dass der Programmverlauf undeterminiert ist. Es heißt nur, dass es zu jedem Zeitpunkt der Programmausführung eine bestimmte (allerdings endliche) Anzahl an Verzweigungen geben kann. Das hört sich am Anfang ein wenig chaotisch an. Mit zunehmender Erfahrung werden Sie feststellen, dass es in den meisten Fällen eine überschaubare Anzahl an Verzweigungsmöglichkeiten gibt und Sie als Programmierer nach wie vor bestimmen können, was das Programm zu welchem Zeitpunkt macht. Falls Sie aber in der Vergangenheit nicht ereignisorientiert programmiert haben, ist ein (oft nicht ganz einfacher) Umdenkungsprozess nicht zu vermeiden[1].

Muss denn alles immer so kompliziert sein? Früher war alles einfach, und es hat auch funktioniert! Die Antwort lautet leider ja, es muss. Windows ist ein überaus komplexes System mit einer Vielzahl von Wechselwirkungen. Da zu jedem Zeitpunkt mehrere Programme ausgeführt werden und »alles mögliche« in bezug auf Eingaben passieren kann, muss es einen effektiven Mechanismus geben, durch den sich die einzelnen Programme mit dem Windows-Kern abstimmen können. Der Mechanismus, den sich die Urväter von Windows Anfang der achtziger Jahre ausgedacht haben, basiert auf einem einfachen Nachrichtenmodell. Sobald irgend etwas passiert, schickt das System eine Botschaft an die Komponente, die von dem Ereignis betroffen ist. Visual Basic passt sich diesem Nachrichtenmodell an, indem es die Nachrichten in Ereignisprozeduren umwandelt. Ereignisorientierte Programmausführung ist daher keine Option, sondern fester Bestandteil eines Windows-Programms. Das klassische Beispiel, um den Unterschied zwischen ereignisgesteuerter und »linearer« Programmausführung deutlich zu machen, ist das Warten auf eine Tastatureingabe. In alten Basic-Programmen wurde dies in der Regel wie folgt gelöst:

```
Do While Inkey <> ""

Loop
```

Solange die *Inkey*-Funktion, welche die Tastatur auf die Eingabe einer Taste abfragt, keinen Tastencode zurückliefert, wird auch keine Taste gedrückt, und das Programm muss weiter »warten«. In Visual Basic wäre eine solche Programmkonstruktion zwar (etwa über einen Aufruf der API-Funktion *GetAsynchKeyState*) realisierbar, sie wäre aber nicht nur höchst unüblich, sondern sie wird überhaupt nicht benötigt. Ein Programm wartet nicht auf irgendwelche Ereignisse. Stattdessen wird dem Programm über den Aufruf einer Ereignisprozedur das Eintreten eines Ereignisses »mitgeteilt«. Der Programmierer kann innerhalb der Ereignisprozedur festlegen, wie das Programm auf das Ereig-

---

[1] Vor allem müssen Sie nie wieder Flußdiagramme zeichnen.

nis »Taste wurde gedrückt« reagieren soll. Außerdem gibt es bei Visual Basic kein globales »Es wurde eine Taste gedrückt«-Ereignis. Stattdessen beziehen sich die von einer Tastatureingabe ausgelösten Ereignisse *KeyDown*, *KeyPress* und *KeyUp* immer auf ein bestimmtes Objekt wie eine Schaltfläche, ein Textfeld oder ein Formular. Zwei wichtige Dinge müssen Sie sich im Zusammenhang mit Ereignissen merken:

1. Benutzereingaben haben immer Ereignisse und damit den Aufruf von Ereignisprozeduren zur Folge.

2. Ereignisse beziehen sich immer auf ein bestimmtes Objekt.

Haben Sie das Prinzip der Ereignisse verstanden, kennen Sie ein wichtiges »Geheimnis« von Visual Basic. In Kapitel 15, »Visual Basic und die Windows-API«, werden Sie lernen, dass Sie z.B. über das Senden von Nachrichten Ereignisse in anderen Programmen auslösen oder Ereignisse abfangen können, die Visual Basic normalerweise gar nicht erhalten soll. Doch bis dahin ist noch ein wenig Zeit.

Ist Ihnen übrigens schon aufgefallen, dass Ereignisse nur Oberflächenelemente betreffen (der Zeitgeber ist in diesem Punkt eine echte Ausnahme)? Alle übrigen Programmelemente, etwa eine Sortierroutine oder ein Datenbankzugriff, werden (im Allgemeinen) nicht ereignisorientiert ausgeführt. Dennoch werden auch diese Programmroutinen indirekt durch Ereignisse beeinflusst. Welche Ereignisse treten wohl während der Ausführung der folgenden Programmschleife auf?

```
For Zähler = 1 TO 1000000
    ' Tue irgend etwas
Next
```

Diese kleine Schleife sieht nicht gerade ereignisorientiert aus, sie ist es auch nicht. Allerdings können in der Zeit, in der die Schleife ausgeführt wird, jede Menge Ereignisse für das Programm eintreffen (der Benutzer kann das aktive Formular mit einem anderen Fenster überdecken, auf einen Button klicken usw.) Werden diese Ereignisse abgearbeitet? Normalerweise nicht, d.h. solange die Programmschleife ausgeführt wird, kann das Programm auf keinerlei Ereignisse reagieren. Die letzten Ereignismeldungen werden vielmehr zwischengespeichert (der »Ereignispuffer« kann aber nur eine begrenzte Anzahl an Meldungen aufnehmen) und zu einem späteren Zeitpunkt abgearbeitet. Da dieser Zustand aber im Allgemeinen nicht erwünscht ist, gibt es die *DoEvents*-Anweisung. Sie sagt dem Programm »Kümmere Dich um alle anstehenden Ereignisse und setze die Programmausführung erst dann fort, wenn alle Ereignisse abgearbeitet sind«:

```
For Zähler = 1 TO 1000000
    ' Tue irgend etwas
```

```
    DoEvents
Next
```

Diese Schleife gibt dem Programm bei jedem Durchlauf die Gelegenheit, auf eventuell anstehende Ereignisse zu reagieren. Doch dies ist nicht immer eine optimale Lösung. Die Programmausführung kann dadurch erheblich verlangsamt werden. Machen Sie sich einmal die Mühe, und messen Sie die Programmausführungszeit durch den Aufruf der *Timer*-Funktion:

```
Zeit = Timer
For Zähler = 1 TO 1000000
    ' Tue irgend etwas
    DoEvents
Next
Zeit = Timer - Zeit
MsgBox Prompt:="Programmdauer: " & Format(Zeit, "0.0s")
```

Sie werden feststellen, dass die Ausführungszeit mit der *DoEvents*-Anweisung deutlich unter der Ausführungszeit für die gleiche Programmschleife ohne die Anweisung liegt. Noch bedeutsamer ist der Umstand, dass Sie das Programm durch das Erzeugen von Ereignissen, etwa durch ständiges Bewegen der Maus, deutlich verlangsamen können. Um je mehr Ereignisse sich das Programm kümmern muss, desto langsamer wird ein einzelner Programmteil ausgeführt. Und es gibt noch einen zweiten Nebeneffekt. Da *DoEvents* die Ausführung anderer Ereignisprozeduren zulässt, können diese Einfluss auf das Programm nehmen. Wäre die Variable *Zähler* innerhalb des Moduls öffentlich, könnte eine andere Ereignisprozedur den Wert von *Zähler* z.B. auf Null setzen und dadurch erreichen, dass die *For-Next*-Schleife wieder von vorne beginnt.

Haben Sie das Prinzip der Ereignisse verstanden? Wenn ja, sind Sie bereit für eine kleine Quizaufgabe. Welche Anweisung wird eigentlich nach der Ausführung der *End-Sub*-Anweisung ausgeführt?

```
Sub cmdTest_Click ()

    ' Irgendwelche Anweisungen

End Sub
```

Da es sich hier um eine Ereignisprozedur handelt, die (in der Regel) nicht von Ihrem Programm, sondern von »Visual Basic« (genauer gesagt, der Laufzeitumgebung, die die vom Windows-Kern verschickten Nachrichten an das Programm weiterreicht) aufgerufen wird, kehrt die *End-Sub*-Anweisung nicht zu einer aufrufenden Visual-Basic-Prozedur zurück. Stattdessen geht das Programm in einen »Wartezustand« über, in der eine interne Schleife laufend den Nachrichtenpuffer des Programms überwacht.

Am Ende einer Ereignisprozedur wird die Programmausführung in **Merksatz**
einer internen Warteschleife fortgeführt, die auf weitere Ereignisse
wartet und nach Eintreten eines solchen Ereignisses die zuständige
Ereignisprozedur aufruft.

Tritt ein Ereignis ein, der Benutzer klickt beispielsweise auf eine andere
Schaltfläche, wird die dadurch erzeugte Nachricht ausgelesen, ausgewertet und in ein Ereignis umgewandelt, welches den Aufruf der zuständigen Ereignisprozedur zur Folge hat. Erst dann wird die Ausführung des Visual-Basic-Programms fortgesetzt. Dies wird auch bei der
Ausführung eines Visual-Basic-Programms im Einzelschrittmodus deutlich. Wenn Sie das Programm über die F8 -Taste ausführen, kommen
Sie über die *End-Sub*-Anweisung einer Ereignisprozedur nicht hinaus.
Sie müssen erst ein Ereignis auslösen, um die Programmausführung
fortsetzen zu können.

5.3 Und wo bitte beginnt die Programmausführung?

Haben Sie das Prinzip der Ereignisse verstanden, gibt es noch eine
Kleinigkeit zu klären. Wo beginnt eigentlich die Ausführung eines Visual-Basic-Programms? Dies ist eine Frage, die sich bei Visual Basic am
Anfang in der Regel nicht stellt. Man erstellt die Benutzeroberfläche,
fügt Ereignisprozeduren hinzu, drückt die F5 -Taste und arbeitet mit
dem Programm. Spätestens jedoch, wenn man Variablen initialisieren
oder andere Voreinstellungen treffen möchte, stellt sich die Frage, in
welcher Reihenfolge die einzelnen Ereignisprozeduren durchlaufen
werden und ob es einen universellen Einstiegspunkt für alle Programme gibt. Dazu müssen Sie sich noch einmal den allgemeinen Aufbau
eines Visual-Basic-Programms in Erinnerung rufen. Ein Visual-Basic-
Programm kann aus mehreren Formularen und Modulen bestehen
(Klassen spielen in diesem Zusammenhang keine Rolle, da das Programm nicht mit einer Klasse starten kann). Die Programmausführung
kann entweder in einem Formular, dem sog. *Startformular*, oder mit
der Prozedur *Main* in einem der allgemeinen Module beginnen. Während das Startformular über die Projekteigenschaften (Registerkarte
Allgemein) eingestellt wird, ergibt sich das »Startmodul« allein durch
den Umstand, dass es eine Prozedur mit dem Namen *Main* enthält.
Letztere stellt einen definierten Programmeinsprungpunkt dar, der
der »ersten Zeile« traditioneller Basic-Programme bzw. der *main*-Funk-
tion in einem C-Programm entspricht.

5.3.1 Die Bedeutung der Startprozedur Main

Wird ein Visual-Basic-Programm über die Prozedur *Main* gestartet, werden alle folgenden Schritte durch den Inhalt der Prozedur bestimmt:

```
Sub Main
    ' Irgendwelche Anweisungen
    frmHaupt.Show
End Sub
```

In diesem Beispiel werden zunächst irgendwelche Anweisungen ausgeführt, anschließend wird ein Formular geladen, angezeigt und die Programmausführung in diesem Formular fortgesetzt. Das ist nicht zwingend notwendig, d.h. ein Visual-Basic-Programm kann im Extremfall auch vollständig ohne Benutzeroberfläche auskommen. Dafür gibt es sogar viele vernünftige Anwendungen wie z.B. das Durchführen allgemeiner Betriebssystemaufgaben (etwa das Sichern von Dateien auf ein Netzwerklaufwerk, das Löschen temporärer Dateien usw.). Visual Basic kann in diesem Fall die Aufgabe einer Makrosprache des Betriebssystems übernehmen, die inzwischen in Gestalt des Windows Scripting Host (WSH) auch Bestandteil von Windows 9x und Windows NT ist. Ganz »blind« müssen Sie diese Visual-Basic-Programme übrigens nicht ausführen, denn über die *InputBox*- bzw. *MsgBox*-Methode können Sie Eingaben entgegennehmen und einfache Meldungen ausgeben.

Ein Umstand, der oft übersehen wird, ist, dass einem »oberflächenlosen« Visual-Basic-Programm Parameter übergeben werden können, die sich über die Command-Methode auswerten lassen. Eine andere Möglichkeit, mit einem solchen Visual-Basic-Programm zu »kommunizieren«, kann in dem Setzen einer beliebigen Umgebungsvariablen bestehen, die über die Environ-Methode abgefragt wird.

Besitzt ein Programm viele Formulare, ist es unter Umständen günstiger, das Programm mit der Prozedur Main zu beginnen und innerhalb dieser Prozedur alle Formulare zu laden. Auf diese Weise ist es möglich, während des Ladens eine Fortschrittsanzeige anzuzeigen, sodass der Benutzer das (sehr wichtige) subjektive Gefühl erhält, das Programm würde bereits arbeiten, während es noch die einzelnen Formulare lädt.

5.3.2 Die Initialisierungssequenz eines Formulars

Doch zurück zur eingangs gestellten Frage. Wird die Programmausführung durch ein Formular gestartet (was in der Regel der Fall ist), gibt es keine *Main*-Prozedur. Stattdessen wird beim automatischen Laden des Formulars eine Kette von Ereignissen ausgelöst. Im einzelnen handelt es sich um:

1. das *Initialize*-Ereignis

2. das *Load*-Ereignis

3. das *Resize*-Ereignis

4. das *Paint*-Ereignis

Es sei gleich vorangestellt, dass diese Reihenfolge nicht unbedingt besonders logisch ist. Sie wurde damals eingeführt, um den »Lebenszyklus« eines Formular-Fensters (in dem eine Menge passiert) möglichst »Visual-Basic-konform« darzustellen. Seitdem Formulare aber gleichberechtigte Klassen sind, ergibt etwa ein *Load*-Ereignis nicht mehr unbedingt einen Sinn. Die Ereignisreihenfolge muss zudem nicht immer eingehalten werden. So wird ein *Initialize*-Ereignis nur bei der Instanzierung des Formulars ausgeführt. Wurde das Formular instanziert, ist beim erneuten Laden kein *Initialize*-Ereignis mehr die Folge. Ein *Paint*-Ereignis findet dagegen nicht statt, wenn die *AutoRedraw*-Eigenschaft des Formulars den Wert *True* besitzt.

Ereignis	Bedeutung
Activate	Wird ausgelöst, wenn das Formular zum aktiven Formular wird, zum Beispiel, wenn ein Formular über die *Show*-Methode geladen und angezeigt wird. Dieses Ereignis kommt noch vor dem *Paint*-Ereignis (sofern dieses ausgelöst wird).
Initialize	Wird ausgelöst, wenn zum ersten Mal eine Referenz auf das Formular oder auf eines der sich auf dem Formular befindlichen Steuerelemente erfolgt. Diese Ereignisprozedur kann u.a. zur einmaligen Initialisierung von Eigenschaften oder privaten Variablen verwendet werden. Beim erneuten Laden eines Formulars wird *Initialize* nicht mehr aufgerufen.
Load	Wird ausgelöst, wenn das Formular geladen, aber noch bevor das Formular angezeigt wird. Soll das Formular bereits innerhalb von *Form_Load* angezeigt werden, muss die *Show*-Methode aufgerufen werden. Dieses Ereignis wird im »Lebenszyklus« eines Formulars nur einmal ausgeführt.

Tabelle 5.1:
Diese Ereignisse
können beim
Laden eines For-
mulars eine Rolle
spielen.

Ereignis	Bedeutung
Paint	Wird beim Neuzeichnen des Formulars ausgelöst. Voraussetzung ist allerdings, dass die *AutoRedraw*-Eigenschaft den Wert *False* besitzt. Ansonsten wird kein *Paint*-Ereignis ausgelöst.
Resize	Wird ausgelöst, wenn das Formular seine Größe ändert. Dieses Ereignis tritt auch dann auf, wenn das Formular in seiner Größe nicht veränderbar ist.

Initialisierungscode wie es zum Beispiel die Voreinstellungen von Eigenschaften sind, wird in der Regel in der *Load*-Ereignisprozedur durchgeführt. Dabei ist aber zu beachten, dass diese Prozedur ausgeführt wird, wenn das Formular noch nicht sichtbar ist. Bezieht sich eine Anweisung auf Eigenschaften eines Steuerelements, die nur dann zur Verfügung stehen, wenn das Steuerelement bereits sichtbar ist, kann dies nicht in der *Load*-Ereignisprozedur ausgeführt werden. Diese Anweisungen müssen stattdessen in der *Paint*-Ereignisprozedur aufgeführt werden. Ein Beispiel ist die Anweisung

```
txtEingabe.SetFocus
```

die den Eingabefokus auf das Textfeld *txtEingabe* setzen soll. Diese Anweisung kann nicht in der *Load*-Ereignisprozedur ausgeführt werden, da das Textfeld zu diesem Zeitpunkt noch nicht sichtbar ist und daher keinen Eingabefokus erhalten kann.

5.3.3 Die Bedeutung des Initialize-Ereignisses

Das *Initialize*-Ereignis hat eine besondere Bedeutung, denn es wird in der Regel nur beim ersten Laden eines Formulars in den Arbeitsspeicher ausgelöst. Wird das Formular über die *Unload*-Anweisung entladen und anschließend wieder geladen, wird im Allgemeinen kein *Initialize*-Ereignis ausgelöst. Das *Initialize*-Ereignis kann dazu benutzt werden, Variablen, die in dem gesamten Formular gültig sind, einmalig zu initialisieren:

```
Private Sub Form_Initialize ()
    Zahl = 99
End Sub
```

Die öffentliche Variable *Zahl* erhält beim ersten Laden des Formulars einmalig den Wert 99. Beachten Sie, dass die Variable *Zahl* beim Entladen des Formulars nicht gelöscht wird. Beim erneuten Laden des Formulars erhält die Variable *Zahl* automatisch wieder jenen Wert, den sie vor dem Entladen des Formulars besaß, denn ein erneuter Aufruf von _Initialize_ findet nicht statt. Soll eine öffentliche Variable nach dem Laden eines Formulars explizit ein weiteres Mal initialisiert werden, gibt es zwei Möglichkeiten:

1. Die Variable erhält innerhalb von _Form_Load_ ihren Wert.

2. Vor dem Entladen des Formulars wird die Referenz auf dieses Formular durch Setzen auf _Nothing_ gelöscht.

Das Entfernen der Referenz auf das Formular (genauer gesagt, auf den Datenbereich der Form) stellt sicher, dass beim erneuten Laden des Formulars alle Variablen mit Null initialisiert werden und das _Initialize_-Ereignis ausgelöst wird. Dies kann durch Setzen der Formularvariablen, die Visual Basic implizit für jedes Formular anlegt, auf den Wert _Nothing_ geschehen:

```
Private Sub Form_Unload ()
    Set frmTest = Nothing
End Sub
```

Um nach dem Entladen eines Formulars auch alle in dem Formular   **Merksatz**
initialisierten öffentlichen Variablen zu vernichten, muss das Formular »zerstört« werden[2], d. h. der Formularname, der gleichzeitig für den Klassennamen des Formulars steht, muss über die Set-Anweisung den Wert Nothing erhalten.

Es gibt einen Spezialfall, bei dem auch ein vollständig entladenes Formular noch existiert (und der in der Visual-Basic-Dokumentation zu recht als unsinnig bezeichnet wird). Stellen Sie sich vor, Sie haben in einer Variablen _O_ eine Referenz auf ein Steuerelement _cmdTest_ abgelegt und zerstören das Formular _frmTest_, zu dem das Steuerelement gehört:

```
Private O As Control
Set O = cmdTest
Unload frmTest
Set frmTest = Nothing
```

Obwohl das Formular entladen und zerstört wurde, wird sein Codebereich noch im Arbeitsspeicher gehalten, weil die Variable _O_ eine Referenz auf ein Steuerelement des Formulars enthält. Ein Zugriff auf das Steuerelement über die Variable führt dazu, dass das komplette Formular neu geladen wird.

---

[2] Der Begriff »zerstören« hat tatsächlich eine halboffizielle Bedeutung, genauso wie »vernichten« und »sterben« im Zusammenhang mit der Gültigkeit von Objekten. Denken Sie sich nichts dabei.

5.3.4   Alles geht einmal zu Ende

Sie wissen nun, wie ein Visual-Basic-Programm anfängt, doch wie und wo hört es wieder auf? Da ein Formular jederzeit über $\boxed{\text{Alt}}$+$\boxed{\text{F4}}$ geschlossen und die dahinterstehende Anwendung damit beendet werden kann bzw. Formulare unter Windows 9x automatisch über ein *Schließen*-Feld verfügen, ist ein BEENDEN-Befehl in einem Visual-Basic-Programm nicht erforderlich. Zwar steht in VBA eine »klassische« *End*-Anweisung zur Verfügung, doch sollte diese aus einem bestimmten Grund nicht eingesetzt werden. Wird ein Programm nämlich über die *End*-Anweisung beendet, wird **kein** *Unload*-Ereignis ausgelöst. Das gleiche gilt für den Menübefehl BEENDEN in der IDE.

Die End-Anweisung beendet ein Visual-Basic-Programm, ohne bei den noch im Arbeitsspeicher befindlichen Formularen ein Unload-Ereignis auszulösen. Damit werden unter Umständen wichtige »Aufräumarbeiten« nicht durchgeführt, sodass die End-Anweisung im Allgemeinen nicht verwendet werden sollte.

Wie werden Visual-Basic-Programme denn nun korrekt beendet? In der Regel über eine *Unload*-Anweisung:

```
Sub mnuBeenden_Click ()
    Unload Me
End Sub
```

Das Objekt *Me* steht allgemein für das aktuelle Formular; die Angabe des Formularnamens ist nicht erforderlich.

5.3.5   Das Unload-Ereignis

Das Pendant zum *Load*-Ereignis ist das *Unload*-Ereignis; es wird beim Entladen eines Formulars ausgeführt.

Syntax
```
Private Sub Form_Unload(Cancel As Integer)
' Hier werden irgendwelche Aufräumarbeiten durchgeführt
End Sub
```

Über das Argument *Cancel*, das beim Aufruf der *Unload*-Prozedur übergeben wird, kann das Entladen des Formulars verhindert werden. Im allgemeinen wird diese Prozedur nicht genutzt, da dafür die *Query-Unload*-Ereignisprozedur besser geeignet ist.

Beispiel   Das folgende Beispiel zeigt, wie durch Setzen des *Cancel*-Parameters auf *True* das Entladen eines Formulars verhindert werden kann:

```
Private Sub Form_Unload(Cancel As Integer)
    If MsgBox("Programm beenden?", vbYesNo + vbQuestion, _
        "Es geht zu Ende") = vbNo Then Cancel = True
```

```
    End If
End Sub
```

5.3.6   Das QueryUnload-Ereignis

Das *QueryUnload-Ereignis* (zu deutsch »Anfrage zum Beenden«) wird ausgelöst, wenn die Applikation die Aufforderung zum Beenden erhält. Anders als bei *Unload* erfahren Sie hier auch den Grund für die Beendigungsaufforderung. Dies ist vor allem bei MDI-Anwendungen interessant. Soll das MDI-Hauptfenster geschlossen werden, erhalten alle MDI-Unterfenster ein *QueryUnload*-Ereignis und können in diesem Rahmen selbst »entscheiden«, ob sie sich beenden möchten.

```
Private Sub Form_QueryUnload(Cancel As Integer, _                    Syntax
UnloadMode As Integer)


End Sub
```

Über das Argument *Cancel* kann das Entladen verhindert werden, über das Argument *Unload* erfährt das Programm den Grund für die Beendigungsanfrage und kann entsprechend darauf reagieren.

5.3.7   Die Deinitialisierungssequenz eines Formulars

Genau wie es eine Initialisierungssequenz beim Laden eines Formulars gibt, existiert auch eine Deinitialisierungssequenz beim Entladen eines Formulars:

1. *QueryUnload*-Ereignis

2. *Unload*-Ereignis

3. *Terminate*-Ereignis

Das *Terminate*-Ereignis wird immer aufgerufen, wenn die letzte Instanz eines Objekts gelöscht wird und dieses daher aus dem Arbeitsspeicher verschwindet. Bei einem »abnormalen« Ende eines Programms, dazu zählt auch der Programmabbruch über die *End*-Anweisung, wird kein *Terminate*-Ereignis ausgelöst.

5.4   Die Rolle des Eingabefokus

Wie geht die Programmausführung weiter, nachdem ein Formular geladen und die Initialisierungssequenz abgearbeitet wurde? Dies hängt davon ab, welches Steuerelement auf dem Formular als erstes den *Eingabefokus* besitzt.

Merksatz *Auf einem Formular besitzt stets ein Steuerelement den Eingabefo-*
kus. Dieser legt fest, auf welches (Eingabe-) Steuerelement sich
Tastatureingaben beziehen.

Der Eingabefokus wird durch Anklicken des Steuerelements mit der
Maus oder über die ⌷-Taste gesetzt. Steuerelemente, die den Eingabefokus besitzen, sind stets besonders gekennzeichnet, entweder
durch eine blinkende Textmarke (z. B. in einem Textfeld) oder durch
ein gestricheltes Rechteck in der Innenfläche des Steuerelements (z. B.
bei einer Befehlsschaltfläche).

Während der Programmausführung kann ein Steuerelement den
Fokus jederzeit über die SetFocus-Methode erhalten. Nicht möglich
ist dies jedoch während der Ausführung der Form_Load-Ereignis-
prozedur, da das Formular, und damit die darauf angeordneten
Steuerelemente, zu diesem Zeitpunkt noch nicht sichtbar sind.

Welches Steuerelement nach dem Laden eines Formulars den Eingabefokus erhält, wird durch die *TabIndex*-Eigenschaft festgelegt. Das
Steuerelement, dessen *TabIndex*-Eigenschaft den Wert 0 besitzt, erhält als erstes den Eingabefokus. Die *TabIndex*-Eigenschaft wird im
Allgemeinen bereits zur Entwurfszeit gesetzt. Ändert sich die *TabIn-*
dex-Eigenschaft eines Steuerelements, ändern sich automatisch die
TabIndex-Eigenschaften der übrigen Steuerelemente auf dem Formular, sodass stets eine eindeutige Reihenfolge existiert.

Ein Formular kann nur dann den Eingabefokus besitzen, wenn es
entweder keine Steuerelemente enthält oder alle Steuerelemente
deaktiviert (Enabled=False) sind.

Die Reihenfolge, in der die einzelnen Steuerelemente eines Formulars
den Eingabefokus erhalten, wird als Tab-Reihenfolge bezeichnet. Soll
ein Steuerelement von der Tab-Reihenfolge ausgenommen werden,
muss die *TabStop*-Eigenschaft auf *False* gesetzt werden.

Die Steuerelemente Menü, Zeitgeber, Standarddialogfeld, Anzeige
und die Figuren- und Linienelemente sind nicht in der Tab-Reihen-
folge enthalten. Sie werden beim Betätigen der ⌷-Taste daher
übersprungen.

Ein Bezeichnungsfeld besitzt zwar eine TabStop-Eigenschaft, kann aber nicht direkt den Eingabefokus erhalten. Wenn ein Bezeichnungsfeld (oder Rahmenfeld), zum Beispiel über die [⇆]-Taste – in der Regel jedoch über eine [Alt]-Tastenkombination –, den Eingabefokus erhält, geht dieser automatisch auf das nächste Textfeld bzw. das nächste Eingabesteuerelement über. Um zu erreichen, dass ein Textfeld über den »Hotkey« seines Bezeichnungsfelds angesteuert werden kann, muss die TabIndex-Eigenschaft des Bezeichnungsfelds einen um 1 kleineren Wert besitzen als die TabIndex-Eigenschaft des anzusteuernden Textfelds. Ohne ein spezielles Add-In ist die Vergabe der TabIndex-Eigenschaft allerdings ein wenig umständlich. Am einfachsten verfahren Sie ohne Add-In, indem Sie das erste Bezeichnungsfeld auswählen, über die [F4]-Taste das Eigenschaftsfenster öffnen, die TabIndex-Eigenschaft wählen und den Wert 0 eintragen. Wählen Sie nun das korrespondierende Textfeld, betätigen Sie die [F4]-Taste, und geben Sie den Wert 1 ein. Durch abwechselnde Eingabe des um 1 höheren Werts für die TabIndex-Eigenschaft und Betätigen der [F4]-Taste können Sie alle TabIndex-Werte in einem Rutsch vergeben. Sollten Sie sich vertippen, ist dies nicht so schlimm. Angenommen, Sie haben der TabIndex-Eigenschaft eines Bezeichnungsfelds den Wert 6 gegeben, meinten aber den Wert 7. In diesem Fall tragen Sie den Wert 7 einfach nachträglich ein. Visual Basic passt die TabIndex-Werte der folgenden Steuerelemente automatisch an.

5.5   Weitere Programmelemente

Neben reinen Anweisungen kann ein Visual-Basic-Programm noch weitere Elemente enthalten:

- Konstantendeklarationen
- Die *Option*-Anweisung
- Kommentare

Alle Anweisungen, mit Ausnahme der Option-Anweisung und von Deklarationen, müssen sich stets innerhalb einer Prozedur oder Funktion befinden. Außerhalb sind nur Deklarationen und Kommentare erlaubt.

5.5.1   Konstanten

Konstanten sind ein trockenes, aber sehr wichtiges Thema. Hier die wichtigste Regel: *Verwenden Sie keine direkten Konstanten* (auch »Literale« genannt). Warum? Weil das Programm dadurch nicht nur schwerer lesbar wird, sondern auch gefährliche Abhängigkeiten entstehen. Spätestens seit Visual Basic 4 macht das Arbeiten mit Konstanten richtig Spaß, denn die Typenbibliothek der Laufzeitbibliothek bietet einen Zugriff auf alle wichtigen Konstanten. Rufen Sie den Objektkatalog über die ⌜F2⌝-Taste auf, und wählen Sie aus der Liste der Bibliotheken den Eintrag »VBRUN«. Neben einer Liste der globalen Visual-Basic-Objekte erhalten Sie auch eine Übersicht über alle vordefinierten Konstanten, sortiert nach Themengebieten (z.B. *BorderStyleConstants* für alle möglichen Einstellungen der Eigenschaft *BorderStyle*). Sie müssen den Objektkatalog nicht aufrufen, um eine Konstante verwenden zu können, denn diese sind bereits »fest eingebaut«. Der Objektkatalog ist lediglich dazu da, eine Übersicht über die Namen der vordefinierten Konstanten und ihrer Werte auszugeben.

Weitere Konstanten finden Sie unter dem Eintrag »VBA – Visual Basic For Applications«. Hier sind z.B. alle Konstanten für die *MsgBox*-Methode aufgeführt.

5.5.2   Kommentare

Kommentare werden durch einen Apostroph (oder durch die *Rem*-Anweisung[3]) eingeleitet. Alle Zeichen nach dem Apostroph werden in der Programmzeile nicht mehr ausgewertet. Kommentare können jederzeit eingefügt werden. Kommentare haben zwei Aufgaben:

■► Das Auskommentieren von Programmzeilen zu Testzwecken, damit diese nicht ausgeführt werden

■► Die Dokumentation des Quelltextes

Gerade den letzten Punkt sollten Sie ernst nehmen, denn ein nicht oder schlecht dokumentiertes Programm ist nicht nur ein Ärgernis für den, der sich einen Reim daraus machen muss, es ist auch eine pure Verschwendung von Ressourcen, denn die sinnvolle Kommentierung ist eine Voraussetzung für die Wiederverwendbarkeit von Programmcode. Im allgemeinen empfiehlt es sich, ein Programm bereits während der Erstellung und nicht nachträglich zu kommentieren.

---

[3] Diese Anweisung ist in Programmierkreisen allerdings mehr als verpönt – man erkennt daran zielsicher den typischen »Dummy«.

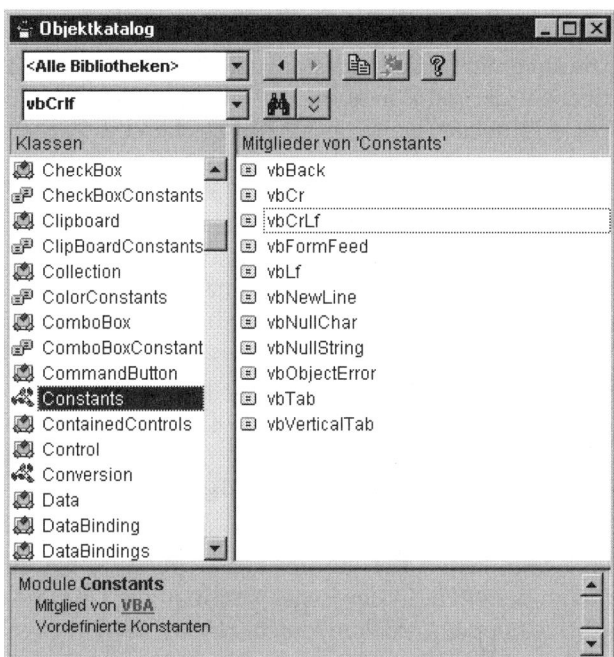

Abbildung 5.3:
Der Objektkata-
log listet unter
anderem die in
Visual Basic vor-
definierten Kon-
stanten auf.

Über den Menübefehl BEARBEITEN | BLOCK AUSKOMMENTIEREN (die-
ser Menübefehl muss in der Regel über den Menübefehl AN-
SICHT | SYMBOLLEISTEN/ANPASSEN nachträglich hinzugefügt werden)
werden alle Anweisungen eines markierten Bereichs im Programmcode-Fenster auf einmal auskommentiert.

Die End-Anweisung sollten Sie nicht verwenden, auch wenn es
naheliegend zu sein scheint. Der größte Nachteil ist, dass die End-
Anweisung kein Unload-Ereignis auslöst und dadurch die für die
Deinitialisierung unter Umständen notwendige Unload-Ereignisprozedur nicht aufgerufen wird.

Kommentare belegen keinen Platz in der EXE-Datei. Sie müssen
daher nicht befürchten, durch allzu wortreiche Kommentare den
Umfang ihrer EXE-Dateien »aufzublähen«.

5.5.3 Der Zeilenfortführungsoperator

Eine Programmzeile kann sich ruhig über mehrere Bildschirmzeilen erstrecken (dies ist vor allem bei der Deklaration von API-Funktionen sehr angenehm), wenn als Letztes Zeichen der Zeilenfortführungsoperator verwendet wird.

Beispiel
```
Set Db = Datenbank.Opendatabase _
("C:\Programme\Microsoft Visual Basic\Samples\Biblio.mdb")
```

Zwar können Sie eine Zeile im Prinzip an einer beliebigen Stelle trennen, dürfen dies aber nicht innerhalb einer Zeichenkette tun, da in diesem Fall der Zeilenfortführungsoperator zur Zeichenkette gehört. Vergessen Sie nicht, dass vor dem Zeilenfortführungsoperator mindestens ein Leerzeichen stehen muss.

5.5.4 Die Option-Anweisung

Über die *Option*-Anweisung, die stets zu Beginn eines Moduls aufgeführt wird, lassen sich Einstellungen festlegen, die das gesamte Programm betreffen. In der Regel wird man die *Option*-Anweisung nicht selbst eintippen, sondern durch Setzen der entsprechenden Option von Visual Basic in jedes neu angelegte Modul eintragen lassen.

Tabelle 5.2:
Anweisungen,
die im Allgemein-
Teil eines Pro-
gramms aufge-
führt werden
können.

Anweisung	Bedeutung
Option Explicit	Legt fest, dass alle Variablen in dem Modul deklariert werden müssen.
Option Base 1	Legt fest, dass der Index einer Feldvariablen bei 1 beginnt und nicht bei 0 (Standardeinstellung).
Option Compare Text	Legt fest, dass beim Vergleichen von Strings landesspezifische Zeichen alphabetisch (z.B. á=a) und nicht aufgrund ihres Zeichencodes (*Option Compare Binary*) sortiert werden.

Zwar können Sie über die Anweisung Option Base 1 erreichen, dass der Index eines Felds grundsätzlich bei 1 beginnt, es ist jedoch guter Programmierstil, bei der Dimensionierung eines Felds stattdessen grundsätzlich das Schlüsselwort To zu verwenden:

```
Private TempFeld (1 To 10)
```

Auf diese Weise ist auf einen Blick zu erkennen, dass der unterste Index den Wert 1 besitzt.

5.6 Der Umgang mit Projekten

In Visual Basic zu programmieren, bedeutet zunächst einmal, mit Projekten umzugehen. Selbst wenn ein Visual Basic nichts anderes tun soll, als zwei Zahlen zu addieren oder einen Satz auf dem Bildschirm auszugeben, muss dafür ein eigenes Projekt angelegt werden. Jedes Projekt steht automatisch für eine Projektdatei (Erweiterung *.Vbp*). Projektdateien sind das Grundgerüst eines jeden Visual-Basic-Programms, denn sie legen fest, welche Module bei der Übersetzung des Programms beteiligt sind. Der souveräne Umgang mit Projektdateien und ihren Dateien ist eine grundlegende Voraussetzung für die Entwicklung von Visual-Basic-Programmen, insbesondere dann, wenn die Wiederverwendbarkeit einzelner Module möglich sein soll.

Ein Projekt ist nichts anderes als der äußere Rahmen eines Visual-Basic-Programms. Die Projektdatei enthält, zusammen mit einigen projektspezifischen Einstellungen, die Namen aller an dem Programm beteiligten Module. Projektdateien tragen die Erweiterung .Vbp.   **Merksatz**

Bis zur Version 3.0 lautete die Erweiterung einer Projektdatei noch .Mak, die alten Projekte können auch von Visual Basic 6.0 gelesen werden. Beim Abspeichern wird aber automatisch das neue Format verwendet.

Der Inhalt der Projektdatei wird stets im Projekt-Explorer (dem Nachfolger des Projekt-Fensters) angezeigt. Über die Befehle im DATEI-Menü werden Projekte geöffnet, gespeichert und neu angelegt.

5.6.1 Übersicht über alle Modultypen

Die folgende Übersicht stellt alle Modultypen vor, die Bestandteil eines Projekts sein können.

Das Formularmodul (Erweiterung .Frm)

Ein Formularmodul enthält die Oberfläche des Formulars, alle auf dem Formular angeordneten Steuerelemente, die Ereignisprozeduren des Formulars und seiner Steuerelemente sowie allgemeine Prozeduren, Funktionen und Deklarationen von Konstanten, Variablen und externen (DLL-)Funktionen. Die Formulardatei enthält eine rein textuelle Beschreibung des Formulars. Durch Editieren der Frm-Datei kann der Aufbau des Formulars im Prinzip geändert oder ein Formular komplett generiert werden (es kann aber nicht während der Programmausführung nachträglich geladen werden). Enthält ein Formular binäre Komponenten, wie z.B. eine Bitmap, die sich nicht textuell darstellen lässt, enthält die Formulardatei einen Verweis auf eine Frx-Datei.

Abbildung 5.4:
Das Datei-Menü
enthält die meisten Anweisungen, die für den
Umgang mit
Projekten benötigt werden.

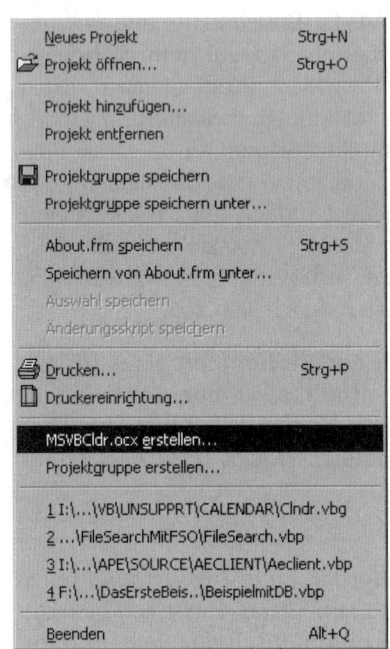

Neues Projekt	Strg+N
Projekt öffnen...	Strg+O
Projekt hinzufügen...	
Projekt entfernen	
Projektgruppe speichern	
Projektgruppe speichern unter...	
About.frm speichern	Strg+S
Speichern von About.frm unter...	
Auswahl speichern	
Änderungsskript speichern	
Drucken...	Strg+P
Druckereinrichtung...	
MSVBCldr.ocx erstellen...	
Projektgruppe erstellen...	
1 I:\...\VB\UNSUPPRT\CALENDAR\Clndr.vbg	
2 ...\FileSearchMitFSO\FileSearch.vbp	
3 I:\...\APE\SOURCE\AECLIENT\Aeclient.vbp	
4 F:\...\DasErsteBeis..\BeispielmitDB.vbp	
Beenden	Alt+Q

Jede Formulardatei definiert automatisch eine Klasse, die den Namen des Formulars trägt.

Das allgemeine Modul (Erweiterung .Bas)

Ein allgemeines Modul ist ein reines Codemodul, das keinen Objekttyp darstellt, über keine eigene Oberfläche und damit über keine Steuerelemente und Ereignisprozeduren verfügt. Ein allgemeines Modul enthält Prozeduren, Funktionen und Deklarationen von Konstanten, Variablen, benutzerdefinierten Datentypen und externen DLL-Funktionen. Prozeduren und Funktionen sind im Allgemeinen öffentlich, das heißt, sie können von allen anderen Modulen aus aufgerufen werden.

Die in älteren Visual-Basic-Programmen noch anzutreffende Global-Anweisung zur Deklaration globaler Variablen und Konstanten wurde abgeschafft (sie wird aber nach wie vor unterstützt) und durch die Public-Anweisung ersetzt. Öffentliche Variablen können auch in einem Formularmodul deklariert werden. Sie werden in diesem Fall wie Eigenschaften des Formulars angesprochen.

Klassenmodule (Erweiterung .Cls)

Über ein Klassenmodul wird eine Objektklasse, d.h. die Grundlage für ein einzelnes Visual-Basic-Objekt definiert. Alle in diesem Modul deklarierten öffentlichen Variablen werden automatisch zu Eigenschaften, alle öffentlichen Funktionen und Prozeduren zu Methoden. Ist die Klasse Bestandteil eines ActiveX-EXE- oder ActiveX-DLL-Projekts, können die Eigenschaften und Methoden der Klasse auch von anderen Programmen angesprochen werden (Stichwort: Automation).

Ein Klassenmodul definiert kein Objekt, sondern legt lediglich die **Merksatz**
Struktur eines Objekts fest. Um mit einem Klassenmodul eine Objektvariable instanzieren zu können, muss diese über eine Private-, Public-, Dim- oder Static-Anweisung mit dem Klassennamen als Datentyp deklariert werden.

Benutzersteuerelemente (.Ctl)

Benutzersteuerelemente ermöglichen das Erstellen eines neuen ActiveX-Steuerelements.

Eigenschaftenseiten (Dateierweiterung .Pag)

Eigenschaftenseiten sind Ergänzungen für Formulare und Benutzersteuerelemente. Sie ermöglichen das Einstellen von Eigenschaften in einem speziell für diesen Zweck vorgesehenen Dialogfeld.

Benutzerdokumente (Erweiterung .Dob)

Benutzerdokumente (auch ActiveX-Dokumente genannt) sind Visual-Basic-Programme (oder andere ActiveX-Dokumente), die so übersetzt wurden, dass sie als ActiveX-Dokument in einem speziellen Container (Internet Explorer oder Visual-Basic-IDE) ausgeführt können.

Designer (Erweiterung .Dsr)

Ein Designer ist ein spezielles Modul, das bereits innerhalb der IDE aktiv werden kann und mit dem sich bestimmte Dinge, die normalerweise einen relativ hohen Codierungsaufwand erfordern würden, wie z.B. das Erstellen einer Datenbank, von Datenbankabfragen, das Erstellen einer DHTML-Seite, einer WebClass-Komponente oder lediglich das Festlegen einer Datenverbindung, über ein Dialogfeld einstellen lassen. Visual Basic 6.0 arbeitet mit einer Vielzahl von Designern.

Designer werden über das Menükommando PROJEKT | WEITERE ACTIVEX DESIGNER in ein Projekt eingefügt. Es stehen nur jene Designer zur Auswahl, die zuvor über die Registerkarte *Designer* im Dialogfeld *Komponenten* ausgewählt wurden.

Zusatzsteuerelemente (Erweiterung .Ocx)

Zusatzsteuerelemente (Custom Controls, benutzerdefinierte Steuerelemente oder ActiveX-Steuerelemente, wie sie auch genannt werden) sind spezielle (binäre) Module, die über Eigenschaften und Methoden angesprochen werden und über Ereignisse verfügen. Ein Zugriff auf den zugrundeliegenden Quellcode ist nicht möglich, da es sich um kompilierte »Funktionsbibliotheken« mit einer COM-Schnittstelle handelt. Zusatzsteuerelemente besitzen in der Regel eine Oberfläche, das heißt, sie können während der Programmausführung auf Benutzereingaben reagieren.

Seit Visual Basic 4.0 enthält die Projektdatei nicht mehr die Pfadnamen der Zusatzsteuerelemente, sondern lediglich ihre Registrierungsnummern. Sie werden auch nicht mehr über den Menübefehl EXTRAS | ZUSATZSTEUERELEMENTE, sondern über PROJEKT | KOMPONENTEN in die Werkzeugsammlung aufgenommen und stehen dann wie alle Steuerelemente zur Verfügung.

Wenn Sie mehrere Zusatzsteuerelemente, die noch nicht über die Komponentenliste angeboten werden, auf einmal in die Werkzeugsammlung einfügen möchten, ist es im Allgemeinen praktischer, den Ordner mit den OCX-Dateien zu öffnen und die Dateien mit der Maus in die Werkzeugsammlung zu ziehen.

Ressourcendateien (Erweiterung .Res)

Eine Ressourcendatei ist eine Datei, die eine Ressource (z.B. Bitmap, String, Dialog etc.) in binärer Form enthält. Visual Basic enthält eine Reihe von Funktionen, wie zum Beispiel *LoadRes*, mit denen auf einzelne Ressourcen in einer Ressourcendatei über eine ID-Nummer zugegriffen werden kann. Ressourcen werden mit dem Ressourcen-Editor erstellt, der bei Visual Basic 6.0 als Add-In vorliegt. Sie werden in erster Linie für die Anpassung eines Programms an verschiedene Landessprachen verwendet.

Ressourcendateien, zu erkennen an der Erweiterung .*Res*, werden über den Menübefehl PROJEKT | DATEI HINZUFÜGEN in ein Projekt eingefügt.

Über den nicht dokumentierten Eintrag »RelatedDoc« in der Projektdatei können beliebige Dateien, z.B. Readme-Dateien, mit einem Projekt verknüpft werden. Sie erscheinen als Module ohne Eigenschaften im Zweig »Verbundene Dokumente« des Projekt-Explorers.

Geht dem Namen eines Moduls im Projekt-Fenster ein roter Punkt voraus, so ist das betreffende Modul schreibgeschützt (z.B. wenn es auf einer CD-ROM enthalten ist). Schreibgeschützte Module bieten die Möglichkeit, von mehreren Programmierern gleichzeitig benutzt zu werden.

5.6.2   Es gibt auch lange Dateinamen

Bereits seit Windows 9x und Windows NT/2000/XP stehen Ihnen lange Dateinamen zur Verfügung. Ein Dateiname kann aus bis zu 255 Zeichen bestehen, er kann auch Leerzeichen oder mehrere Punkte enthalten. Nutzen Sie die Gelegenheit, und geben Sie Ihren Projektdateien »sprechende« Namen. Nennen Sie eine Projektdatei »Erstes Beispiel für die Implements-Anweisung vom 19.12« und nicht »Bspimpl1«. Wie Sie wissen, führen sowohl Windows 9x als auch Windows NT einen sog. Alias im 8+3-Format (er wird bei beiden Betriebssystemen allerdings nach geringfügig unterschiedlichen Regeln gebildet). Dieser Alias kommt immer dann ins Spiel, wenn ein Windows-PC aus irgendeinem Grund die langen Dateinamen deaktiviert hat oder wenn die Dateien auf einem Dateisystem gehalten werden, das keine langen Dateinamen unterstützt.

Überlegen Sie sich trotz langer Dateinamen gewisse Konventionen für die Namensgebung der einzelnen Dateien. Standardmäßig speichert Visual Basic die einzelnen Module unter ihrem Namen, d.h. dem Wert der Name-Eigenschaft. Insbesondere für Formulare ist dies jedoch keine gute Idee. Numerieren Sie die einzelnen Module z.B. von 00 bis nn durch, wobei die Nummer an den Namen gehängt wird (z.B. Aktien 00.frm). Module, die in mehreren Projekten eingesetzt werden können, sollten **eigene** *Namen erhalten (z.B. About.frm). Legen Sie für jedes Projekt ein eigenes Verzeichnis an.*

5.6.3   Umgang mit Projektgruppen

Eine Projektgruppe (zu erkennen an der Erweiterung .Vbg) fasst mehrere Projekte unter einer Sammelmappe zusammen. Sobald Sie über den Menübefehl DATEI | PROJEKT HINZUFÜGEN ein weiteres Projekt hinzufügen, wird automatisch eine Projektgruppe angelegt. Dies kann z.B. immer dann erforderlich sein, wenn Sie innerhalb der IDE ein ActiveX-Steuerelement erstellen und testen möchten. In diesem Fall kann sowohl das Projekt mit dem ActiveX-Steuerelement als auch jenes mit dem Testcontainer gleichzeitig ausgeführt werden. Es ist allerdings nicht möglich, zwei Standard-EXE-Projekte gleichzeitig auszuführen. Sobald mehrere solcher Projekte geladen sind, muss es ein Startprojekt geben. Dieses wird eingestellt, in dem Sie das betreffende Projekt im Projekt-Explorer mit der rechten Maustaste anklicken und den Befehl ALS STARTEINSTELLUNG FESTLEGEN wählen.

Auch wenn die Projekte einer Projektgruppe nicht automatisch gleichzeitig ausgeführt werden, werden bei der Ausführung des aktiven Projekts alle Projekte übersetzt, sodass Syntaxfehler in anderen Projekten angezeigt werden. Über den Menübefehl DATEI | PROJEKTGRUPPE anlegen werden alle Projekte der Projektgruppe kompiliert.

5.6.4   Die Ausführung eines Projekts

Die Ausführung eines Projekts geschieht entweder über die [F5]-Taste oder über die Tastenkombination [Strg]+[F5]. Im letzteren Fall wird das komplette Programm übersetzt, was zwar etwas länger dauert, dafür aber den Vorteil bietet, dass sämtliche erkennbaren Programmierfehler bereits bei der Übersetzung angezeigt werden und nicht erst, wenn der fehlerhafte Programmteil ausgeführt wird.

Soll ein Projekt grundsätzlich vollständig übersetzt werden, muss die Option »Kompilieren bei Bedarf« in der Registerkarte Allgemein im Optionendialogfeld der IDE (Menübefehl EXTRAS | OPTIONEN) deaktiviert werden.

Ein Projekt kann nicht nur innerhalb der Entwicklungsumgebung, sondern auch durch den Aufruf der Visual-Basic-Programmdatei *Vb6.exe* umgesetzt werden. Einen Überblick über alle (dokumentierten) Kommandozeilenoptionen erhalten Sie, wenn Sie (z.B. in der MS-DOS-Eingabeaufforderung) *Vb6.exe* mit der Option */?* starten.

Beispiel   Der folgende Aufruf macht aus der Projektdatei *First.vbp* eine EXE-Datei, ohne dass die Entwicklungsumgebung in Erscheinung tritt:

```
C>vb6 /Make First
```

Wenn Sie im Explorer eine Projektdatei mit der rechten Maustaste anklicken, werden Sie im Kontextmenü die Einträge ÖFFNEN, ERSTELLEN und AUSFÜHREN finden. Die Auswahl des zweiten Eintrags hat den gleichen Effekt wie der Aufruf der Programmdatei mit der /Make-Option.

Da wir gerade bei diesem Thema sind: Wenn Sie beim Start eines Visual-Basic-Programms über die Kommandozeile Parameter übergeben möchten, müssen Sie dafür die /Cmd-Option verwenden.

5.6.5 Die Bedeutung der Projektvorlagen

Welche Komponenten Visual Basic unmittelbar nach dem Start bzw. nach Ausführung des Menübefehls DATEI | NEUES PROJEKT lädt, wird durch den Vorlagen-Manager und die im Verzeichnis \Templates\Projects enthaltenen Projektvorlagen bestimmt. Bei den Vorlagen (engl. »templates«) handelt es sich um »normale« Projektdateien, die u.a. folgende Dinge festlegen:

■► Welcher Projekttyp wird angelegt.

■► Welche Zusatzsteuerelemente erscheinen in der Werkzeugsammlung.

Um Änderungen an den einzelnen Vorlagen vornehmen zu können, müssen Sie sie über das Menükommando DATEI | PROJEKT ÖFFNEN laden, ändern und wieder abspeichern. Dies ist z.B. sinnvoll, wenn beim Öffnen eines Projekts bestimmte Steuerelemente automatisch geladen werden sollen.

Die unter Visual Basic 3.0 bzw. Visual Basic 4.0 üblichen Dateien Autoload.mak, Auto16ld.vbp bzw. Auto32ld.vbp gibt es bereits seit Visual Basic 5.0 nicht mehr.

5.7 Namenskonventionen

Wer glaubt, Programmierer hassen Konventionen und würden alles vehement ablehnen, was ihre Kreativität eindämmen könnte, muss sich eines Besseren belehren lassen. Die meisten Programmierer, die ich bislang kennengelernt habe, sind überaus ordnungsliebend und geradezu versessen darauf, für alles und jedes beim Programmieren Regeln einzuführen. Aus diesem Grund muss man auch die wenigsten Programmierer von der Notwendigkeit überzeugen, Namenskonventionen zu verwenden. Doch da die Bequemlichkeit bekanntlich der Feind der Systematik ist, hier ein wirklich wichtiger Ratschlag: Verwenden Sie Namenskonventionen. Ohne Ausnahmen.

Namenskonventionen bedeuten, dass allen Objekten und Variablen ein Präfix vorangestellt wird, aus dem die Bedeutung des Objekts hervorgeht. Namenskonventionen machen ein Programm besser lesbar und helfen dem Programmierer, die Übersicht zu behalten. Sie werden es nicht glauben, welchen Unterschied es ausmacht, ob ein Programm sich streng an Namenskonventionen hält oder ob der Programmierer die Objekte und Variablen nach Lust und Laune benannt hat. Hier ein simples Beispiel:

a) die »schlechte« Lösung

```
Sub Command17_Click ()
    Text33 = a
End Sub
```

b) die »gute« Lösung

```
Sub cmdMwstBerechnen_Click ()
    txtMwstBetrag.Text = CCur(MwstBetrag)
End Sub
```

Was für ein Unterschied! Während bei der ersten Prozedur selbst der Programmierer, wenn er nicht gerade über ein fotografisches Gedächtnis verfügt, nach zwei Tagen deren Sinn vergessen haben dürfte, ist die zweite (bezüglich ihrer Wirkung identische) Prozedur auch für einen außenstehenden Programmierer nachvollziehbar. Natürlich wurde Variante a) bewusst hässlich programmiert (so wurde auch von der Standardeigenschaft gebrauch gemacht), doch wird so der Unterschied besonders deutlich. In der heutigen Software-Welt gibt es nur noch sehr selten einen Preis für Genialität zu gewinnen. Was zählt, sind sauber kodierte Programme, die ordentlich dokumentiert und selbsterklärend sind. Das heißt nicht, dass Programme einfallslos, trocken und ohne eigene Ideen sein müssen. Doch Kreativität und das Einhalten gewisser Konventionen schließen sich nicht gegenseitig aus, sondern ergänzen sich vielmehr.

Merksatz *Namenskonventionen sind kein Zeitvertreib von Pedanten, sondern in der modernen Software-Entwicklung, insbesondere wenn sie teamorientiert ist, eine schlichte Notwendigkeit.*

Damit nicht jeder Programmierer seine eigenen Konventionen einführt, gibt es Richtlinien. Diese sind zwar nicht ISO-normiert, doch werden sie allgemein als Standard anerkannt. Eine Übersicht über die wichtigsten Namenskonventionen enthält Anhang B.

5.8 Tipps für die Programmierpraxis

Die folgenden allgemeinen Tipps sollen Sie von Anfang an auf den »rechten Weg« bringen und Sie, ganz nebenbei, zu einem etwas besseren Programmierstil anleiten.

Tipp Nr. 1: Verwenden Sie Namenskonventionen

Darauf wurde zwar bereits hingewiesen, doch gewisse Dinge kann man nicht oft genug wiederholen. Leider gibt es bei Visual Basic keine Vorrichtung, die die Einhaltung von Namenskonventionen »erzwingt« (auch die Original-Beispielprogramme gehen diesbezüglich mit keinem guten Beispiel voraus). Dennoch, die Einhaltung von Namenskonventionen ist unverzichtbar.

Hier noch ein kleiner Tipp als zusätzliche Motivation. Oft kommt es vor, dass man im Programmcode-Fenster ein Steuerelement ansprechen möchte, sich aber nicht mehr an den genauen Namen erinnern kann. Bereits seit Version 5.0 bietet der Visual-Basic-Editor über die Tastenkombination ⌨Strg+⌨ eine universelle Eingabehilfe an. Haben Sie bereits das Namenspräfix angegeben, zeigt die Liste alle Steuerelemente an, die mit diesem Präfix beginnen, und Sie können den Namen des gesuchten Steuerelements aus der Liste übernehmen.

Tipp Nr. 2: Verwenden Sie Option Explicit

Die Verwendung dieser Anweisung sollte eigentlich keiner Argumentation bedürfen. Nur die *Option Explicit*-Anweisung# stellt sicher, dass Flüchtigkeitsfehler bei Variablennamen wie *KapitalErtragsteuer* nicht zu schwer aufspürbaren Programmfehlern werden.

Tipp Nr. 3: Deklarieren Sie Variablen mit einem Datentyp

Kaum eine Angewohnheit wird so stark durch den persönlichen »Werdegang« eines Visual-Basic-Programmierers beeinflusst wie die Frage, auf welche Weise eine Variable deklariert wird. Visual Basic gibt Ihnen in diesem Punkt eine erstaunlich vielfältige Auswahl.

A)   Private As Integer

B)   Dim As Integer

C)   Dim A

D)   Dim A%

E)   DefInt A – Z

Alle fünf Anweisungen haben etwas mit der Art und Weise zu tun, wie eine Variable deklariert wird. Variante A) ist im Allgemeinen zu empfehlen, da sie sowohl den Datentyp als auch den Gültigkeitsbereich klar kennzeichnet. Variante B) muss bei lokalen Variablen zum Einsatz kommen, sollte aber ansonsten zugunsten von Variante A) nicht mehr verwendet werden. Variante C) ist generell nicht zu empfehlen, da sich *Variant*-Typen nicht nur etwas ungünstig auf die Ausführungsgeschwindigkeit auswirken, sondern auch relativ viel Platz einnehmen. Wenn Sie *Variant*-Datenypen einsetzen, was grundsätzlich natürlich kein Tabu ist, sollte der Datentyp *Variant* explizit aufgeführt werden. Variante D) ist etwas für »Basic-Oldtimer« (das ist keineswegs abwertend gemeint). Typenkennzeichner wie % für *Integer*-Variablen sind zwar durchaus legitim, verleihen einem Programm aber den typischen »Basic-Touch« und machen es für Nichteingeweihte schwerer lesbar. Variante E) wurde nur der Vollständigkeit halber aufgeführt. Sie legt fest, dass alle Variablen, die mit den Buchstaben A bis Z beginnen, automatisch den Datentyp *Integer* besitzen. Dies stammt noch aus einer Zeit, als Speicherplatz knapp bemessen war und auf diese Weise elegant festgelegt werden konnte, dass alle Variablen automatisch den platzsparenden *Integer*-Typ erhalten (der Standarddatentyp war bei Visual Basic 1.0 noch *Single*). Mehr zum Thema Datentypen in Kapitel 9, wenn es um die Grundlagen der VBA-Programmierung geht.

Tipp Nr. 4: Private statt Dim

Deklarieren Sie Variablen nicht über *Dim*, sondern über *Private* (bzw. *Public*). Auch wenn beide Varianten für »modulprivate« Variablen das gleiche bewirken, ist der Gültigkeitsbereich der Variablen eindeutig zu erkennen. Hier noch ein kleiner Tipp zu den Namenskonventionen. Stellen Sie den Namen von öffentlichen Variablen, also Variablen, die in einem allgemeinen Modul über eine *Public*-Anweisung deklariert werden und daher im gesamten Projekt gültig sind, ein »g« voraus. Der Gültigkeitsbereich der Variablen ist so eindeutig zu erkennen.

Tipp Nr. 5: Felddeklarationen immer mit unterem Index

Geben Sie bei Felddeklarationen über das Schlüsselwort *To* stets eine untere Grenze an, auch wenn diese in den meisten Fällen 0 beträgt. Auf diese Weise wird deutlicher, dass ein Feld nullbasierend ist:

a) »Falsch«

```
Private MeinFeld(100)
```

b) Richtig

```
Private MeinFeld(0 To 100)
```

Tipp Nr. 7: Verwenden Sie benannte Argumente

Die meisten VBA-Funktionen (pardon, korrekt müßte es jetzt Methoden heißen) arbeiten mit benannten Argumenten. Hier stellen Sie jedem Argument seinen Namen voraus. Das ist zwar mehr Tipparbeit, erhöht aber die Lesbarkeit des Programs und hilft, Fehler zu vermeiden. Außerdem können Sie die Reihenfolge der Argumente ändern und werden von Visual Basic durch eine zusätzliche Eingabehilfe belohnt.

a) »Falsch«

```
Msgbox "Hallo, Du da!", 48, "An urgent Massage"
```

b) Richtig

```
Msgbox Prompt:="Hallo, Du da!", Buttons:=vbExclamation, Title:="An urgent
Massage"
```

Denken Sie aber daran, dass Sie alle Argumente benennen müssen.

Tipp Nr. 8: Verwenden Sie keine Default-Eigenschaften

Auch wenn es bequem zu sein scheint, sollten Sie keine Default-Eigenschaften verwenden, sondern stets die Eigenschaften bzw. Methoden, die angesprochen werden sollen, komplett ausschreiben.

a) »Falsch«

```
lbAusgabe = "Das ist schlecht"
```

b) Richtig

```
lblAusgabe.Caption = "Das ist gut"
```

Tipp Nr. 9: Setzen Sie keine überflüssigen Klammern

Dieser Fall tritt beim Aufruf von Prozeduren auf. Einige Programmierer kommen offenbar nicht ohne die überflüssige *Call*-Anweisung aus, setzen aber trotzdem Klammern. Was in diesem Fall oft übersehen wird, die Klammern bewirken, dass das Argument als Wert und nicht, wie es beabsichtigt wurde, als Referenz übergeben wird. Also, kein *Call* und Klammern nur mit Bedacht einsetzen.

a) »Falsch«

```
Call P1 (100)
```

b) Besser

```
P1 100
```

Tipp Nr. 10: Verwenden Sie Einrückungen im Quelltext

Rücken Sie Prozeduren stets so ein, dass die Struktur der Prozedur auf einen Blick erkennbar ist. Durch Einrücken können Sie z.B. erreichen, dass sich sofort erkennen lässt, welche *Then*-Anweisung zu welcher *If*-Anweisung gehört. Einrückungen können Sie am einfachsten über die ⇥-Taste vornehmen. Dazu zwei nützliche Informationen:

➡ Über die Einstellung *Tab-Schrittweite* in der Registerkarte *Editor* der IDE-Optionen legen Sie fest, wie viele Zeichen die ⇥-Taste überspringt.

➡ Über die Option *Automatisch Einzug vergrößern* in der gleichen Registerkarte legen Sie fest, ob die Textmarke nach dem Betätigen der ↵-Taste auf den Zeilenanfang oder die Position des Tab-stopps der letzten Zeile springen soll.

5.9 Zusammenfassung

Ein Visual-Basic-Programm besitzt stets einen typischen Aufbau. Es besteht aus einem oder mehreren Modulen, bei denen es sich um Objekt-module (Formulare, Klassen und Benutzersteuerelemente), allgemeine Programmodule oder spezielle Module handeln kann. Alle Module eines Visual-Basic-Programms werden in einem Projekt zusammengefasst. Die Projektdatei enthält neben den Namen der einzelnen Module auch projektspezifische Einstellungen, wie z.B. die Registrierungsnummer der einzelnen Zusatzsteuerelemente. Das Projekt stellt aber lediglich den Rahmen für die Module eines Visual-Basic-Programms dar. Bei jedem Modul handelt es sich um eine eigenständige Einheit, die als separate Datei vorliegt und daher problemlos in ein anderes Projekt eingebunden werden kann. Wird eine Projektdatei versehentlich gelöscht, geht lediglich der äußere Rahmen verloren. Die Module selber bleiben davon aber unberührt. Wird ein Modul aus einem Projekt entfernt, wird lediglich der Name des Moduls aus der Projektdatei entfernt, der Inhalt des Moduls ist davon nicht betroffen.

Bei den Modulen, die Programmcode enthalten können, unterscheidet Visual Basic zwischen zwei Modultypen: Objektmodule und allgemeine Module. Zur ersten Kategorie gehören Formulare, Klassen und Benutzersteuerelemente. Sie besitzen einen einheitlichen Aufbau und bestehen aus einem Allgemein-Teil und Ereignisprozeduren. Der Allgemein-Teil eines Moduls enthält Variablendeklarationen und allgemeine Prozeduren sowie Funktionen. Die zur Verfügung stehenden Ereignisprozeduren hängen vom Typ des Objektmoduls und den im Objektmodul enthaltenen Objekten, z. B. Steuerelementen, ab. Allgemeine Module verfügen über keine Ereignisprozeduren, sondern nur über einen Allgemein-Teil.

Zu den Modultypen, die Bestandteil eines Visual-Basic-Projekts sein können, gehören neben den Modulen auch Designer und Eigenschaftsseiten, die allerdings nur indirekt in Erscheinung treten (die IDE lässt sich über Add-Ins jederzeit um neue Modultypen erweitern, sodass in einem Projekt auch ganz andere Modultypen erscheinen können). Die Programmausführung beginnt entweder mit der Prozedur *Main* in einem allgemeinen Modul oder mit dem Startformular. Da Visual-Basic-Programme, sofern sie eine Benutzeroberfläche besitzen, ereignisgesteuert ausgeführt werden, gibt es keinen eindeutigen, voraussagbaren Programmverlauf. Dieser wird vielmehr durch den Aufruf von Ereignisprozeduren bestimmt.

Ein Visual-Basic-Programm kann mit beliebig vielen Formularen arbeiten. Außer dem Startformular müssen alle weiteren Formulare explizit, z. B. über eine *Show*-Methode, in den Speicher geladen werden. Programmroutinen, die von mehreren Formularen benutzt werden, werden in einem allgemeinen Programmmodul (BAS-Datei) ausgelagert. Allgemeine Programmmodule werden nicht geladen, die in ihnen enthaltenen Konstanten, Variablen, Prozeduren und Funktionen stehen von Anfang an zur Verfügung. Auch Klassenmodule werden nicht explizit geladen. Durch eine *Set*-Anweisung (explizite Instanzierung) oder das Ansprechen einer Eigenschaft bzw. den Aufruf einer Methode (implizite Instanzierung) wird eine Kopie der Klasse im Arbeitsspeicher angelegt.

Einen »Prozedurkatalog«, der (ähnlich wie der Objektkatalog) alle in einem Visual-Basic-Projekt (oder generell alle verfügbaren) enthaltenen Prozeduren auflistet, gibt es zwar nicht, doch übernimmt diese Aufgabe zum einen der Objektkatalog, der alle öffentlichen Prozeduren eines Moduls als »Methoden« des globalen »Applikationsobjekts« auflistet, zum anderen lässt sich ein Prozedurkatalog (auch applikationsübergreifend) über ein Add-In relativ einfach implementieren.

Die Steuerelemente der Werkzeugsammlung

Kapitel 6

In diesem Kapitel lernen Sie die »festen« Mitglieder der Werkzeugsammlung kennen. Also jene Steuerelemente, welche die Grundbausteine einer Benutzeroberfläche eines Visual-Basic-Programms darstellen. Die Benutzeroberfläche eines Visual-Basic-Programms besteht aus einem oder mehreren Formularen. Jedes Formular kann mit (im Prinzip beliebig vielen) Steuerelementen (engl. »controls«) ausgestattet werden, die eine breite Palette von Ein- und Ausgabefunktionen übernehmen. Von der einfachen Texteingabe über die Auswahl eines Datums in einem komfortablen Kalenderblatt bis hin zur Anzeige in einem einer Hifi-Anlage nachempfundenen VU-Display. Der Umgang mit diesen Steuerelementen ist simpel: Man zieht ein Steuerelement auf ein Formular, ändert, neben dem Namen, unter Umständen die voreingestellten Werte einiger Eigenschaften und verfügt über ein funktionsfähiges Ein-/Ausgabeelement. Dass dieses Kapitel dennoch relativ umfangreich ist, hat (mindestens) zwei Gründe. Visual Basic stellt in seiner Werkzeugsammlung von Anfang an bereits 20 verschiedene Steuerelemente zur Verfügung (auch »intrinsic controls« genannt), die über individuelle Eigenschaften, Methoden und Ereignisse verfügen (es gibt also relativ viel Neues zu lernen). Zum anderen bedeutet der Umstand, dass in der Werkzeugsammlung ein Textfeld angeboten wird, noch nicht automatisch, dass damit auch eine fertige und vor allem komfortable Texteingabe zur Verfügung steht. Das Textfeld ist vielmehr nur ein schlichtes Eingabefeld, das beliebige Eingaben erlaubt. Damit es sich in die Benutzeroberfläche funktionell einfügt, muss es über seine Eigenschaften, Methoden und Ereignisse programmiert werden. Mit dem bloßen Anordnen eines Steuerelements ist es also in der Regel nicht getan. Da Visual Basic, sofern kein Assistent am Wirken ist, keinerlei Programmcode erzeugt, müssen Sie als Visual-Basic-Programmierer selbst aktiv werden und die fehlende Funktionalität ergänzen. Also bitte nicht vergessen: Das »Visual« in Visual Basic bedeutet nicht, dass das Programmieren überflüssig wird. Es bedeutet lediglich, dass Sie die einzelnen Elemente der Benutzeroberfläche bequem mit der Maus zusammenstellen können. Bliebe noch zu erwähnen, dass Sie für die Gestaltung Ihrer Oberfläche keineswegs auf die Standardsteuerelemente beschränkt sind. Es gibt eine Vielzahl von Toolboxen mit teilweise sehr ausgefallenen Bedienelementen.

Sie lernen in diesem Kapitel etwas über:

- die Steuerelemente der Werkzeugsammlung
- das Formular
- Eigenschaften
- Methoden
- Ereignisprozeduren

6.1 Die Werkzeugsammlung stellt sich vor

In diesem Abschnitt erhalten Sie eine »Schnellübersicht« über die einzelnen Mitglieder der Werkzeugsammlung (engl. »toolbox«). Die Werkzeugsammlung ist Ihr Werkzeugkasten zur Erstellung der Benutzeroberfläche für Visual-Basic-Programme. Mit Ausnahme der Menüs, für die der Menüeditor zuständig ist, stehen hier alle Ein- und Ausgabeelemente zur Verfügung. Die Werkzeugsammlung besitzt eine sehr wichtige Eigenschaft: Sie ist erweiterbar. Klicken Sie die Werkzeugsammlung mit der rechten Maustaste an und wählen den Eintrag KOMPONENTEN, erscheint eine Auswahl aller auf dem PC bereits installierten Komponenten. Nach der Auswahl erscheint ein weiteres »Bildchen« in der Werkzeugsammlung, das für die neue Komponente steht. Bezüglich des Umgangs und der Programmierung unterscheiden sich diese *Zusatzsteuerelemente* (engl. »custom controls«) durch nichts von jenen Steuerelementen, die von Anfang an dabei sind. Benötigen Sie z.B. ein Kalenderblatt für die komfortable Eingabe eines Datums (dieses wird nach dem Start von Visual Basic nicht automatisch in der Werkzeugsammlung angeboten), laden Sie es in Gestalt der Komponenten *Mscal.ocx* einfach hinzu. Sollte Ihnen dieses Kalenderblatt nicht zusagen, suchen Sie sich einfach eine Alternative im Internet (z.B. *www.download.com*) oder in einer der zahlreichen Visual Basic Add-Ons.

Auch wenn die Werkzeugsammlung im Prinzip beliebig erweiterbar ist, werden in diesem Kapitel nur jene Steuerelemente vorgestellt, die von

Anfang an Bestandteil der Werkzeugsammlung sind. Dennoch ist es nicht schwer, mit neuen Steuerelementen klarzukommen. Alle Steuerelemente werden, nachdem Sie auf einem Formular angeordnet wurden, über Eigenschaften, Methoden und Ereignisse angesprochen. Voraussetzung ist allerdings ein Handbuch oder eine Hilfedatei, in der diese beschrieben sind.

Abbildung 6.1: Die Werkzeugsammlung enthält alle Steuerelemente, die auf einem Formular angeordnet werden können.

6.1.1 Die »fest eingebauten« Steuerelemente der Werkzeugsammlung

Die Werkzeugsammlung ist im Prinzip beliebig erweiterbar. Es gibt allerdings einen »harten Kern« von fest eingebauten Steuerelementen (die sog. »instrinsic controls«), die stets dabei sind und daher nicht hinzugeladen werden müssen (aber auch nicht entfernt werden können). Tabelle 6.1 enthält eine Übersicht über diese insgesamt 20 Standardsteuerelemente, deren Bedeutung, Möglichkeiten, aber auch Limitierungen jeder Visual-Basic-Programmierer kennen muss.

Steuerelement	Bedeutung	Besonderheiten
Anzeige (Image)	Wird für die Ausgabe von Bildern (in der Regel BMP-, GIF-, JPEG-, ICO- oder WMF-Format) verwendet.	Gegenüber dem Bildfeld ressourcensparend, bietet aber nur die elementaren Eigenschaften und besitzt keine *hDC*-Eigenschaft (also keinen eigenen Gerätekontext).
Befehlsschaltfläche (Command Button)	Löst durch Anklicken Aktionen aus.	Kann über die *Style*-Eigenschaft auch Bilder enthalten oder eine eigene Hintergrundfarbe besitzen.

Tabelle 6.1: Die wichtigsten Steuerelemente der Werkzeugsammlung.

Steuerelement	Bedeutung	Besonderheiten
Bezeichnungsfeld (Label)	Wird für Textausgaben verwendet.	Keine Scrollmöglichkeit, keine individuelle Formatierung.
Bildfeld (Picture Box)	Wird für die Ausgabe von Bildern (in der Regel BMP-, GIF-, JPEG- oder ICO-Format) verwendet.	Unterstützt relativ wenig Grafikformate, relativ ressourcenintensiv, DDE-fähig, gebunden.
Dateilistenfeld (File List Box)	Listet alle Dateien in einem Verzeichnis auf.	Arbeitet nicht mit der Ordnerhierarchie.
Datensteuerelement (Data)	Wird für den Zugriff auf Datenbanken über die Jet-Engine (Microsoft Access) verwendet.	Ist in erster Linie aus Kompatibilitätsgründen vorhanden, da ab Version 6.0 das ADO-Steuerelement empfohlen wird.
Figurenelement (Shape)	Zeichnet einfache geometrische Figuren zur Laufzeit (Kreis, Oval und Rechteck).	Besitzt als »lightweight«-Steuerelement keine hWnd-Eigenschaft.
Horizontale Bildlaufleiste (Horizontal Scroll Bar)	Ermöglicht das Einstellen von ganzzahligen Werten über eine waagrechte Bildlaufleiste.	Ist auf 32.767 als höchsten Wert beschränkt.
Kombinationsfeld (Combo Box)	Kombination aus Listen- und Textfeld.	Dito.
Kontrollkästchen (Check Box)	Ermöglicht das Einstellen von sich nicht gegenseitig ausschließenden Optionen.	Kann über die Style-Eigenschaft auch die Gestalt einer Schaltfläche annehmen und Bilder enthalten.
Laufwerkslistenfeld (File List Box)	Listet alle angemeldeten Laufwerke auf.	Arbeitet nicht mit der Ordnerhierarchie.
Linie (Line)	Zeichnet Linien zur Entwurfszeit.	Besitzt als »lightweight«-Steuerelement keine hWnd-Eigenschaft.
Listenfeld (List Box)	Enthält eine (aufklappbare) Liste von Einträgen.	Nur Texteinträge.
OLE-Steuerelement (OLE Container)	Ermöglicht das Einbetten von Dokumentobjekten (etwa ein Word-Dokument, eine Excel-Tabelle oder ein Bild) in ein Formular.	Wird nur selten benötigt und ist sehr ressourcenintensiv.

Steuerelement	Bedeutung	Besonderheiten
Optionsfeld (Option Button)	Ermöglicht das Einstellen sich gegenseitig ausschließender Optionen.	Kann über die Style-Eigenschaft auch die Gestalt einer Schaltfläche annehmen und Bilder enthalten.
Rahmenfeld (Frame)	Übernimmt die Rolle eines Containers für andere Steuerelemente.	Rein passives Steuerelement.
Textfeld (Text Box)	Ist für die Ein- und Ausgabe mehrzeiliger Textblöcke bestens geeignet.	Keine individuelle Textformatierung, keine Eingabemasken, wenig Sonderfunktionen zur Text-bearbeitung.
Vertikale Bildlaufleiste (Vertical Scroll Bar)	Ermöglicht das Einstellen von ganzzahligen Werten über eine senkrechte Bildlaufleiste.	Ist auf 32.767 als höchsten Wert beschränkt.
Verzeichnislistenfeld (Directory List Box)	Listet alle Einträge in einem Verzeichnis auf.	Arbeitet nicht mit der Ordnerhierarchie.
Zeitgeber (Timer)	Ruft in festgelegten Abständen seine Timer-Ereignisprozedur auf.	Intervall kann zwischen 0 und 65.556 ms liegen, wobei das kleinste Intervall 55 ms beträgt.

6.2 Der allgemeine Umgang mit Steuerelementen

Das Schöne an den Steuerelementen ist: Haben Sie erst einmal das Prinzip verstanden, können Sie sich die Bedeutung eines speziellen Steuerelements sehr schnell selbst beibringen. Ein kurzer Blick in das Eigenschaftsfenster oder in die Visual-Basic-Hilfe genügt, und Sie wissen über die wichtigsten Eigenschaften Bescheid. Zusammen mit der sehr praktischen Eingabehilfe des Formular-Designers ergibt sich alles weitere dann von alleine. In diesem Abschnitt erfahren Sie zunächst alles, was Sie über den Umgang mit einem x-beliebigen Steuerelement wissen müssen.

6.2.1 Eigenschaften, die oft übersehen werden

Gleich vorweg ein Hinweis auf Eigenschaften, die oft übersehen werden. Da wäre vor allem die Tooltip-Eigenschaft zu nennen, durch die jedem Steuerelement ein kleiner Text zugewiesen werden kann. Dieser erscheint immer dann, wenn der Benutzer den Mauszeiger auf das Steuerelement positioniert. Auf diese Weise können Sie kleine Hinweise ausgeben, die z.B. die Bedeutung des Elements erklären. Eine weitere unscheinbare Eigenschaft ist die *Tag*-Eigenschaft. Hier können Sie einem Steuerelement einen beliebigen und beliebig langen Text zuweisen, der innerhalb des Programms abgefragt werden kann.

6.2.2   Steuerelemente auf dem Formular anordnen

Das Anordnen eines Steuerelements auf einem Formular kann auf zwei Arten geschehen. Entweder klicken Sie das gewünschte Steuerelement in der Werkzeugsammlung doppelt an, woraufhin es in die Mitte des Formulars plaziert wird, oder Sie klicken das Steuerelement nur einmal an, klicken anschließend auf jene Stelle des Formulars, an der das Steuerelement plaziert werden soll, und spannen es anschließend (bei gedrückter linker Maustaste) in seiner gewünschten Größe auf. Beide Varianten besitzen ihre eigenen Vorzüge. Während Variante 1 sehr schnell geht, bietet sie den kleinen Nachteil, dass das Steuerelement zunächst an seine endgültige Position verschoben werden muss (über die *Move*-Methode kann dies auch während der Programmausführung, also nachträglich, geschehen). Außerdem kann es passieren, dass sich in der Mitte des Formulars bereits ein Steuerelement befindet und das neu eingetroffene Steuerelement überdeckt wird. Variante 2 erlaubt eine bessere Kontrolle über die Art und Weise, wie das Steuerelement auf dem Formular angeordnet wird. Dies ist z.B. immer dann wichtig, wenn ein Steuerelement in der Innenfläche eines sog. Containers, d.h. eines Bild- oder Rahmenfelds, angeordnet werden soll.

Damit das neue Steuerelement auch zu einem Container gehört, muss zunächst der Container durch einfaches Anklicken mit der Maus aktiviert und anschließend das Steuerelement in der Werkzeugsammlung aktiviert und in der Innenfläche des Containers aufgezogen werden. Nur so wird gewährleistet, dass ein Steuerelement tatsächlich zu einem Container gehört und sich nicht lediglich in dessen Innenfläche befindet (mehr über diesen kleinen, manchmal aber wichtigen Unterschied erfahren Sie in Kapitel 13, »Die bunte Welt der Grafik«).

:-)
TIP

Möchten Sie ein Steuerelement mehrfach auf einem Formular anordnen, ist es oft einfacher, zunächst ein Steuerelement auf dem Formular anzuordnen, es dann über Strg+C *in die Zwischenablage zu kopieren, um es über* Strg+V *beliebig erneut einzufügen. Vor dem ersten Einfügen werden Sie allerdings von Visual Basic gefragt, ob Sie ein Steuerelementefeld anlegen möchten, da Sie im Begriff sind, ein Steuerelement mit einem bereits vorhandenen Namen einzufügen. Beantworten Sie diese Frage unbedingt mit »Nein« (es sei denn, Sie wollen tatsächlich ein Steuerelementefeld anlegen).*

Steuerelemente mit einer Caption-Eigenschaft erhalten nach dem Anordnen auf dem Formular eine Voreinstellung, z. B. Label1 bei einem Bezeichnungsfeld oder Command1 bei einer Befehlsschaltfläche. Die Schriftart und Schriftgröße der verwendeten Schrift wird durch die aktuellen Schriftattribute des Formulars bestimmt. Wenn Sie z. B. möchten, dass die Inschrift aller Befehlsschaltflächen standardmäßig in der Schriftgröße 18 erscheint, muss dieser Wert über die Font-Eigenschaft des Formulars vorher eingestellt werden.

:-)
TIP

6.2.3 Die rechte Maustaste ist aktiv

Jedes Steuerelement, das sich auf einem Formular befindet, besitzt ein Kontextmenü, das durch Anklicken mit der rechten Maustaste geöffnet wird. Hier finden Sie eine Auswahl häufig benötigter Befehle der IDE, die im Zusammenhang mit einem Steuerelement durchgeführt werden können.

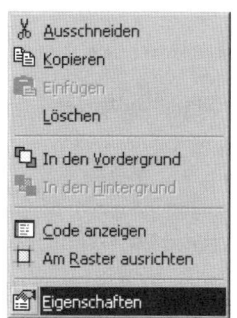

Abbildung 6.2: Das Kontextmenü eines Steuerelements auf einem Formular.

6.2.4 Das Zuweisen von Eigenschaften

Jedes Steuerelement und jedes Formular (bzw. allgemein jede Komponente) besitzt eine Reihe von Eigenschaften. Über den Wert einer Eigenschaft wird das Verhalten und das Aussehen der Komponente während der Programmausführung bestimmt. Über wie viele Eigenschaften eine Komponente verfügt und was die einzelnen Eigenschaften zu bedeuten haben, hängt natürlich vom Typ der Komponenten ab. Der Umgang mit den Eigenschaften ist jedoch stets gleich.

Merksatz *Eigenschaften sind Variablen, die einer Komponente fest zugeordnet sind. Wie Variablen besitzt jede Eigenschaft auch einen Datentyp.*

Das Zuweisen eines Werts an eine Eigenschaft erfolgt stets nach dem allgemeinen Schema:

```
Objektausdruck.Eigenschaft = Wert
```

Diese Schreibweise wird im Zusammenhang mit der VBA-Programmierung auch als *Objektsyntax* bezeichnet, denn sie legt fest, auf welche Weise Objekte (Komponenten) und ihre Eigenschaften kombiniert werden. Die obige Syntaxbeschreibung enthält folgende Elemente.

Objektausdruck	Ein oder mehrere zusammenhängende Objekte, die eine Referenz auf ein einzelnes Objekt zurückgeben.
Eigenschaft	Name der Eigenschaft, die das Objekt besitzt, das durch den Objektausdruck referenziert wird.
Wert	Wert, welcher der Eigenschaft zugewiesen wird.

Merksatz *Komponenten und ihre Eigenschaften werden stets durch einen Punkt voneinander getrennt. Das ist die wichtigste Regel der Objektsyntax.*

Beispiel Die folgenden Programmzeilen enthalten Beispiele zur Zuweisung von Eigenschaften an eine Komponente:

```
lblBezeichnung.Caption = "Hallo, wie geht's?"

frmHaupt.lblBezeichnung.Caption = "Und noch einmal"

db.TableDefs(1).Fields(1).Name = "Kundenname"

ExcelObjekt.Application.ActiveWorkbook.Sheets(0)
.Range("A1").Value = 7
```

Abbildung 6.3: Das Eigenschaftsfenster enthält die aktuellen Werte aller zur Entwurfszeit einstellbaren Eigenschaften des ausgewählten Steuerelements oder des Formulars.

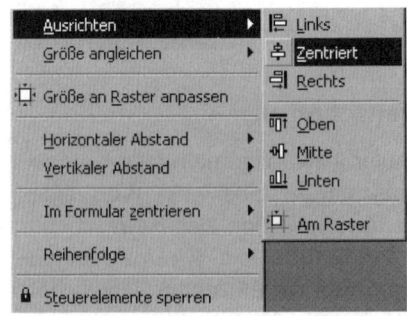

Eigenschaften können sowohl während der Entwurfzeit als auch während der Programmausführung zugewiesen werden. Es gibt allerdings eine Reihe von Eigenschaften, die nur während der Programmausführung zur Verfügung stehen. Dazu gehört z.B. die Eigenschaft *ListIndex* eines Listenfelds, die es nur geben kann, nachdem ein Eintrag in einem Listenfeld ausgewählt wurde. Auf der anderen Seite gibt es einige Eigenschaften (zum Beispiel *Name*), die während der Programmausführung nur abgefragt, aber nicht geändert werden können.

Eigenschaften werden während der Entwurfzeit im Eigenschaftsfenster eingestellt. Dies entspricht der Voreinstellung der Eigenschaft auf einen bestimmten Wert.

Voreinstellungen von Eigenschaften werden bei jedem Programmstart wieder berücksichtigt. Einstellungen, die während der Programmausführung getroffen werden, dagegen nicht.

6.2.5 Zuweisen von Eigenschaften an mehrere Steuerelemente

Programmierer sind bekanntlich ein wenig bequem und lieben daher Abkürzungen, insbesondere wenn es um so triviale Tätigkeiten wie das Zuordnen von Werten an Eigenschaften geht. Stellen Sie sich vor, Sie müssen auf einem Formular 100 Textfelder anordnen und bei allen einige Eigenschaften auf den gleichen Wert setzen. Normalerweise wäre das eine ziemlich stupide Angelegenheit. Nun, die Visual-Basic-IDE bietet für derartige Aufgaben zwar keinen Menübefehl (man könnte diesen aber ohne allzu großen Aufwand über ein Add-In realisieren), doch zumindest ein paar kleinere Arbeitserleichterungen:

➡ Möchten Sie bei mehreren Steuerelementen die gleiche Eigenschaft (z.B. die *BackColor*-Eigenschaft) auf den gleichen Wert setzen, markieren Sie alle Steuerelemente, indem Sie mit der Maus bei gedrückter Maustaste einen Rahmen um die Steuerelemente aufziehen. Im Eigenschaftsfenster werden nun nur noch jene Eigenschaften aufgeführt, die bei allen Steuerelementen auf einmal geändert werden können (die *Name*-Eigenschaft gehört beispielsweise nicht dazu).

➡ Benötigen Sie eine Reihe von Steuerelementen des gleichen Typs mit bestimmten Einstellungen, führen Sie diese Einstellungen zunächst bei einem Steuerelement durch und kopieren dieses über ⌷Strg⌷+⌷C⌷ in die Zwischenablage. Sie können nun über ⌷Strg⌷+⌷V⌷ beliebig viele »Kopien« des Steuerelements einfügen. Auf diese Weise können Sie auch ganze Gruppen von Steuerelementen oder Rahmenfelder, die Steuerelemente enthalten, kopieren (die Ereignisprozeduren werden dabei aber nicht mitkopiert). Da es keine Steuerelemente mit identischen Namen geben kann, müssen Sie beim Einfügen eines neuen Steuerelements auf die Frage, ob Sie ein Steuerelementfeld anlegen möchten, stets mit »Nein« antworten.

➠ Ein auf einem Formular angeordnetes Steuerelement übernimmt automatisch die Schriftattribute des Formulars. Möchten Sie also erreichen, dass alle Steuerelemente den gleichen Zeichensatz oder die gleiche Schriftgröße besitzen, stellen Sie diese zunächst beim Formular ein.

6.2.6 Steuerelemente gruppieren

Eine der bereits mit Visual Basic 5.0 eingeführten besten »Kleinigkeiten« ist die Möglichkeit, mehrere Steuerelemente zu gruppieren oder relativ zueinander anzuordnen. Dieses Problem tritt sicherlich täglich auf. Sie ordnen auf einem Formular mehrere Bezeichnungs- oder Textfelder an und müssen diese anschließend in mühevoller Kleinarbeit so justieren, dass sie entweder den gleichen Abstand zueinander haben oder fein säuberlich übereinanderstehen. Damit ist endlich Schluss, denn im FORMAT-Menü der IDE finden Sie alle benötigten Befehle. Markieren Sie einfach die betroffenen Steuerelemente mit der Maus, und wählen Sie den passenden Befehl aus dem FORMAT-Menü aus. Sollte Ihnen eine Anordnung nicht gefallen oder nicht der gewünschte Effekt eingetreten sein (das wird am Anfang häufiger passieren), machen Sie die Anordnung über ⌨Strg+⌨Z einfach wieder rückgängig.

Abbildung 6.4:
Im Format-Menü
stehen eine
Reihe von
Befehlen zum
Gruppieren und
Justieren von
Steuerelemen-
ten zur Verfü-
gung.

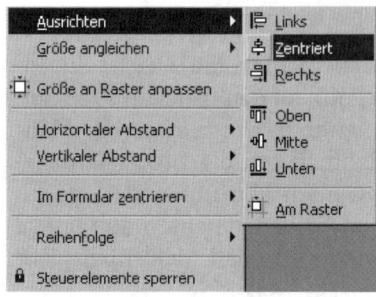

6.2.7 Alle Steuerelemente an die Größe des Formulars anpassen

Auch das dürfte ein häufig auftretendes Problem sein. Sie haben ein Dialogfeld erstellt, merken, dass es zu klein ist, weil zusätzliche Steuerelemente aufgenommen werden sollen, vergrößern das Formular und müssen nun alle oder einige Steuerelemente in ihrer Größe anpassen.

Oder Sie möchten ein Dialogfeld anlegen, das der Benutzer (warum auch immer) in seiner Größe verändern kann und auf dem sich alle Steuerelemente (und vor allem ihr Inhalt) automatisch anpassen. Mit anderen Worten, Sie benötigen eine »Einrichtung«, welche die Größe von Steuerelementen automatisch an die Größe des Formulars anpasst. Nun, eine solche Einrichtung gibt es in der Visual-Basic-IDE leider nicht, auch wenn sie sehr praktisch wäre. Entweder programmiert man in der *Resize*-Ereignisprozedur des Formulars, das bei jeder Größenordnung aufgerufen wird, eine Routine, die die Größenanpassung aller Steuerelemente (die über die *Controls*-Auflistung zur Verfügung stehen) vornimmt, wobei Sie auch an scheinbare Kleinigkeiten, wie die Schriftgröße der Steuerelemente denken müssen, oder man spart sich diesen Mehraufwand und verwendet ein Zusatzsteuerelement wie z.B. *VsElastic* von VideoSoft (weitere Infos unter *www.videosoft.com/ ocxdesc.html*), das diese Anpassung automatisch vornimmt.

6.2.8 Steuerelemente sperren

Auch das ist ein lästiges Problem: Man hat sich mit der Anordnung der Steuerelemente besonders Mühe gegeben, und dann bringt ein »verrutschter« Doppelklick wieder alles durcheinander. Um dies zu verhindern, gibt es den Menübefehl FORMAT/STEUERELEMENTE SPERREN, der alle Steuerelemente eines Formulars »einfriert«, sodass sie nicht mehr verschoben werden können.

6.2.9 Wie werden Steuerelemente auf einem anderen Formular angesprochen?

Steuerelemente können auf allen Formularen einer Anwendung angesprochen werden. Es muss lediglich der Formularname nach dem allgemeinen Schmema

```
Formularname.Steuerelement.Eigenschaft
```

vorangestellt werden:

```
frmAbout.lblFirmenName = "Fuji Kato Inc."
```
Beispiel

Diese Zuweisung spricht ein Steuerelement an, das sich auf dem Formular mit dem Namen *frmAbout* befindet.

Der Zugriff auf Steuerelemente, die sich in einem anderen Programm befinden, ist auf diese Weise nicht möglich, da ein Programm eine in sich geschlossene Einheit darstellt. Für die sog. Interprozess-Kommunikation, d.h. den Datenaustausch zwischen zwei Anwendungen, muss auf *Automation* zurückgegriffen werden. Anwendung A stellt Eigenschaften (und Methoden) zur Verfügung, die von Anwendung B benutzt werden. Hier spielt die komplette Anwendung die Rolle der Komponenten.

Wird ein Steuerelement auf einem Formular angesprochen, das zur Zeit nicht geladen ist, wird das Formular dadurch geladen und in dem Formular ein Load-Ereignis ausgeführt. Da dies zeitaufwändig sein kann, sollte man Eigenschaften von Steuerelementen auf anderen Formularen nur dann ansprechen, wenn es wirklich notwendig ist. Das Formular wird durch das Laden allerdings nicht angezeigt, da dazu die Show-Methode erforderlich ist.

Das Objekt Me steht stets für das aktuelle Formular. Es kann immer dann anstelle des Formularnamens eingesetzt werden, wenn dieser aus irgendeinem Grund nicht bekannt ist oder eine Prozedur mit mehreren Formularen arbeiten soll. Ein Pendant zum Me-Objekt für Steuerelemente gibt es nicht (z. B. ein Objekt, das eine Referenz auf das Steuerelement enthält, in dessen Ereignisprozedur sich die Programmausführung gerade befindet).

Beispiel   `Unload Me`

Diese Anweisung entlädt das aktuelle Formular. Anstelle des Formularnamens wird das Objekt *Me* aufgeführt.

6.2.10   Methoden

Methoden sind Prozeduren bzw. Funktionen, die mit einer Komponente fest verknüpft sind und daher nur auf bestimmte Typen angewendet werden können. Methoden können, wie Funktionen, Argumente übergeben werden, sie können aber auch Werte zurückgeben. In diesem Fall müssen die der Methode übergebenen Argumente in Klammern gesetzt werden. Auch für Methoden gibt es eine feste Schreibvereinbarung:

```
Objektausdruck.Methode [(Argumente)]
```

Beispiel   Die folgenden Programmzeilen enthalten Beispiele für den Aufruf von Methoden:

```
frmHaupt.Cls
```

Die *Cls*-Methode bewirkt, dass die Innenfläche des Formulars gelöscht wird. Ihr werden keine Argumente übergeben, sie gibt keinen Wert zurück.

```
lstMannschaften.AddItem MannschaftsName
```

Die *AddItem*-Methode fügt in das Listenfeld einen weiteren Eintrag ein. Als Argument wird ein String übergeben. Das übergebene Argument wird nicht in Klammern gesetzt, da die Methode keinen Wert zurückgibt.

```
Set MyTableDef = MyDatabase.CreateTableDef("Title Detail")
```

Die *CreateTableDef*-Methode fügt ein weiteres Tabellendefinitionsobjekt zu dem Datenbankobjekt hinzu. Diesmal wird das übergebene Argument in Klammern gesetzt. Natürlich gibt es auch bei Methoden die Möglichkeit, benannte Argumente zu übergeben:

```
lstTeam.AddItem Item:="TVM Team"
```

6.2.11   So viele Eigenschaften und Methoden!

Hilfe, woher erfahre ich denn, welche Eigenschaften und Methoden eine Komponente bietet – oder muss ich etwa alles auswendig lernen? Kein Grund zur Panik! Auch wenn es am Anfang den Anschein haben mag, als gäbe es eine unüberschaubare Vielfalt, ist alles nur halb so wild. Um herauszufinden, welche Eigenschaften und Methoden eine Komponente unterstützt, gibt es drei Möglichkeiten:

➡ die Eingabehilfe des Visual-Basic-Editors

➡ den Objektkatalog

➡ die Visual-Basic-Hilfe

Sehr praktisch ist die Eingabehilfe des VBA-Editors. Geben Sie den Komponentennamen und anschließend entweder den Punkt ein, oder betätigen Sie die Tastenkombination Strg+J. Es erscheint eine Auswahlliste mit allen in Frage kommenden Eigenschaften und Methoden. Ob es sich um eine Eigenschaft oder Methode handelt, erkennen Sie an dem vorangestellten Symbol.

6.2.12   Ereignisse

Über Ereignisse kommuniziert Windows mit den Steuerelementen eines Visual-Basic-Programms. Wann immer ein Ereignis wie zum Beispiel eine Benutzeraktion eintritt, ruft Windows die dafür zuständige Ereignisprozedur in dem betroffenen Steuerelement auf. Ereignisprozeduren sind damit bezüglich ihres Aufbaus und ihrer Syntax »normale« Prozeduren. Es gibt aber auch Unterschiede:

Abbildung 6.5:
Die Eingabe-
hilfe listet zu
einer Kompo-
nente alle in
Frage kommen-
den Eigenschaf-
ten und Metho-
den auf.

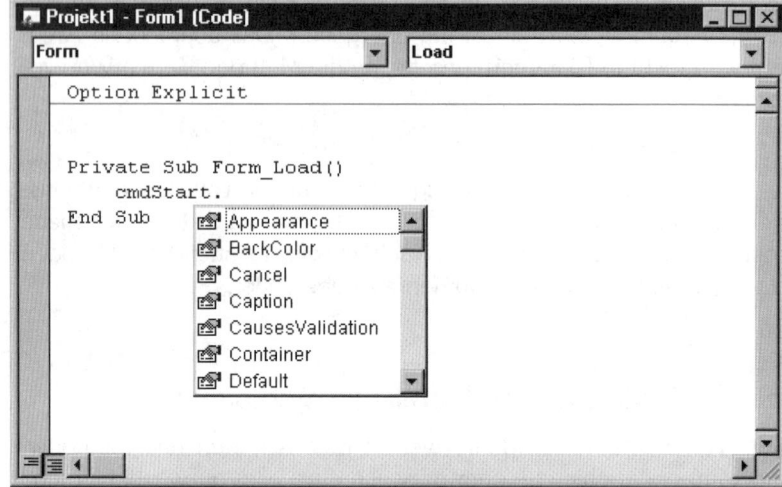

➡ Ereignisprozeduren bei Steuerelementen werden nicht definiert, sie sind von Visual Basic vorgegeben. Formulare und Klassen können dagegen mit Ereignissen erweitert werden.

➡ Ein Ereignis wie z. B. das Betätigen einer Taste kann auch mehrere Ereignisprozeduren aufrufen.

➡ Ob eine Ereignisprozedur Anweisungen enthält, spielt keine Rolle. Eine leere Ereignisprozedur wird zwar von Visual Basic aufgerufen, hat aber auf die Programmausführung keine Wirkung.

➡ Nicht für alle möglichen Ereignisse existiert bei jedem Steuerelement eine passende Ereignisprozedur. Ereignisse, die nicht an das Visual-Basic-Steuerelement weitergeleitet werden, haben auf die Programmausführung keine Auswirkung. Diese können aber auf der API-Ebene abgefangen (Stichwort: Subclassing) und an Visual Basic weitergeleitet werden.

Beispiel Der folgende Prozedurrahmen nimmt alle Anweisungen für das *Click*-Ereignis des Objekts *cmdStartButton* auf:

```
Private Sub cmdStartButton_Click()
    ' Irgendwelche Anweisungen
End Sub
```

Diese Ereignisprozedur wird immer dann aufgerufen, wenn das Objekt *cmdStartButton* (Schaltfläche) ein *Click*-Ereignis erhält.

```
Private Sub Form_MouseMove(Button As Integer, _
Shift As Integer, X As Single, Y As Single)

End Sub
```

Diese Ereignisprozedur wird immer dann aufgerufen, wenn sich der Mauszeiger in der Innenfläche des Formulars bewegt, das heißt, dass das Formular ein *MouseMove*-Ereignis erhält. Dieser Ereignisprozedur werden (von Windows) vier Argumente übergeben. Diese Argumente können innerhalb der Ereignisprozedur ausgewertet werden. Die Namen der Argumente lassen sich in einer Ereignisprozedur bei Bedarf ändern. Die Datentypen sind verbindlich.

```
Private Sub Form_QueryUnload(Cancel As Integer, _
UnloadMode As Integer)

End Sub
```

Diese Ereignisprozedur wird aufgerufen, bevor ein Formular entladen wird. Durch Setzen von *Cancel* auf *True* kann das Laden des Formulars abgebrochen werden. Windows wertet den Zustand des Parameters *Cancel* aus, nachdem die Prozedur beendet wurde. Über den Parameter *Unload* erfährt man den Grund, warum das Formular entladen werden soll. Auf diese Weise kommuniziert Windows mit einem Visual-Basic-Programm.

Und wo erfahre ich, welche Ereignisse eine Komponente unterstützt? Entweder in der Visual-Basic-Hilfe oder im Programmcode-Fenster. Klicken Sie die Komponente einmal an, betätigen Sie die F7 *-Taste, um das Programmcode-Fenster zu öffnen, und sehen Sie sich in der rechten Auswahlliste die zur Verfügung stehenden Ereignisse an.*

6.2.13   Die Steuerelemente der Werkzeugsammlung

In diesem Abschnitt werden die 20 »Stammspieler« der Werkzeugsammlung, d.h. jene Steuerelemente, die bei Visual Basic stets mit von der Partie sind, vorgestellt. Anschauliche Beispiele gibt es in diesem Abschnitt aber noch nicht, sondern erst in den folgenden Abschnitten und Kapiteln, wenn es um das Erstellen von Benutzeroberflächen geht.

6.2.14   3D-Effekte inklusive

3D-Tiefeneffekte mussten bei früheren Visual-Basic-Versionen noch umständlich nachprogrammiert, über den Aufruf ominöser DLLs (Stichwort: *Ctl3d.dll*) oder unter Zuhilfenahme von Zusatzsteuerelementen realisiert werden. Seit Version 4.0 sind 3D-Effekte bei allen Steuerelementen fest eingebaut, können aber über die *Appearance*-Eigenschaft auch deaktiviert werden (alles sieht auf einmal sehr flach aus).

6.2.15 Was ist neu bei Visual Basic 6.0?

Auch wenn sich an der grundsätzlichen Funktionalität nichts ändert (ein Textfeld bleibt ein Textfeld), werden auch die fest eingebauten Steuerelemente von Version zu Version um Eigenschaften und Ereignisse ergänzt. Im Vergleich zur Vorgängerversion Visual Basic 5.0 gibt es diesmal aber nur wenige Neuerungen.

■► Über die *CausesValidation*-Eigenschaft kann eingestellt werden, ob beim Verlassen des Steuerelements (wenn dieses den Eingabefokus verliert) ein *Validate*-Ereignis ausgelöst wird.

■► Gebundene Steuerelemente besitzen die Eigenschaften *DataFormat* und *DataMember*. Über die *DataFormat*-Eigenschaft kann ein spezielles Datenformatobjekt (ein *StdDataFormat*-Objekt) ausgewählt werden, das die Darstellung des Datenbankinhaltes festlegt. Die *DataMember*-Eigenschaft erlaubt es, die Bindung an einen bestimmten Satz von Datenfeldern erst zur Laufzeit auszuwählen.

6.2.16 Das »ominöse« Zeigerobjekt

 Sicherlich ist es Ihnen bereits aufgefallen, dass das vermeintliche Steuerelement in der linken oberen Ecke der Werkzeugsammlung auf Anklicken mit der Maus scheinbar nicht reagieren will. Nun, hierbei handelt es sich natürlich um kein Steuerelement, sondern vielmehr um eine kleine Entlastung für den gestreßten Programmierer. Normalerweise bewirkt das einfache Anklicken eines Steuerelements in der Werkzeugsammlung, dass aus dem Mauszeiger ein kleines Kreuz wird, das Sie über das Formular bewegen und mit dem Sie bei gedrückter linker Maustaste das Steuerelement auf das Formular ziehen können. Haben Sie es sich aber aus irgendeinem Grund anders überlegt, können Sie diesen Selektionsmodus durch Anklicken des Zeigersymbols in der Werkzeugsammlung wieder aufheben. Mehr steckt hinter dem ominösen Symbol nicht. Wahrscheinlich werden Sie das Symbol nie benötigen; es ist dennoch gut zu wissen, dass das Ausbleiben jeglicher Reaktion beim Anklicken dieses Symbols nicht auf einen Fehler in Ihrer Visual-Basic-Version zurückzuführen ist.

6.2.17 Das Bildfeld

 Das Bildfeld ist ein sehr wichtiges und vielseitiges Steuerelement. Es erfüllt drei unterschiedliche Aufgaben:

1. Das Anzeigen von Bildern in verschiedenen Formaten (BMP, DIB, GIF, JPEG, CUR, ICO, EMF und WMF – allerdings keine animierten GIF-Dateien).

2. Die Ausgabe von Text und Grafik.

3. Container für andere Steuerelemente.

Die wichtigste Eigenschaft ist die *Picture*-Eigenschaft, denn sie bestimmt, welcher Inhalt im Bildfeld angezeigt wird. Die *Picture*-Eigenschaft erhält aber nicht den Dateinamen einer Bilddatei, sondern eine interne Referenznummer auf ein (Standard-OLE-)Objekt vom Typ *IPictureDisp* (auch *Picture*-Objekt genannt), sodass für die Zuweisung die *LoadPicture*-Methode verwendet werden muss:

```
picBild.Picture = LoadPicture(Dateiname)
```

Alternativ können Sie der *Picture*-Eigenschaft den Wert der *Picture*-Eigenschaft eines anderen Bildfelds zuweisen. Dies wirkt sich natürlich positiv auf die Geschwindigkeit aus, wenn das Bild bereits in ein anderes Bildfeld oder *Picture*-Objekt geladen wurde:

```
picBild.Picture = picUnsichtbaresBild.Picture
```

Da ein Bildfeld gebunden ist, können Sie es mit einem Feld einer bereits existierenden Datenbanktabelle verbinden und so den Inhalt eines Bildfelds z.B. in einer Access-Datenbank speichern bzw. den Bildinhalt eines Felds darstellen. Allerdings gibt es hier das grundsätzliche Problem, das Microsoft Access Bilder in einem OLE-Datentyp speichert, Visual Basic dagegen in einem eigenen Binärformat. Aus diesem Grund ist es nur auf Umwegen möglich, Bilder anzuzeigen, die innerhalb von Access zugewiesen wurden. Am einfachsten ist es, die Bilder innerhalb von Visual Basic dem jeweiligen Datensatzfeld zuzuweisen. Dann können sie problemlos innerhalb des Bildfelds dargestellt werden. An diesem Sachverhalt hat sich auch bei Visual Basic 6.0 nichts geändert.

Das Bildfeld verfügt über die gleichen Methoden zur Ausgabe von Text (*Print*-Methode) und Grafik (*Circle*-, *Line*- und *Set*-Methode) wie ein Formular. Es ist daher eine gleichwertige Ausgabefläche. So gibt die Anweisung

```
picBild.Line (0,0) - (100, 100)
```

eine Linie von den Koordinaten (0/0) bis zu den Koordinaten (100/ 100) aus. Wie groß diese Linie wird und an welcher Stelle sie beginnt, hängt vom inneren Koordinatensystem des Bildfelds ab, das über die *Scale*-Methode und die *ScaleMode*-Eigenschaft eingestellt werden kann. Wenn Sie sicherstellen möchten, dass die Linie von der linken oberen in die rechte untere Ecke führt, müssen die Eigenschaften *ScaleHeight* und *ScaleWidth* zum Einsatz kommen:

```
picBild.Line (picBild.ScaleLeft, picBild.ScaleTop) - _
(picBild.ScaleHeight, picBild.ScaleHeight)
End With
```

Diese Anweisung zeichnet immer eine Diagonale, unabhängig von der aktuellen Größe des Formulars (leider kann die *With*-Anweisung nicht mit der *Line*-Methode angewendet werden). Mehr zu diesem Thema in Kapitel 13, »Die bunte Welt der Grafik«.

Da ein Bildfeld in einem Formular angeordnet wird, spricht man beim Formular von einem Container (also einem Behälter für andere Steuerelemente). Auch ein Bildfeld kann die Rolle eines Containers spielen, d.h. Sie können in einem Bildfeld weitere Bildfelder oder andere Steuerelemente anordnen. Dies hat zwar auf die Programmausführung keinen direkten Einfluss, wohl aber auf die Frage, wie einzelne Eigenschaftswerte interpretiert werden. Wenn Sie in einem Bildfeld eine Linie oder einen Kreis zeichnen, beziehen sich die Koordinaten auf das innere Koordinatensystem des Bildfelds und nicht auf das des umgebenden Formulars. Über die *Scale*-Methode können Sie z.B. festlegen, dass die X-Achse 100 Unterteilungen und die Y-Koordinate nur 22,5 Unterteilungen besitzen soll. Alle Ausgaben in diesem Bildfeld beziehen sich nun auf dieses innere Koordinatensystem. Ordnen Sie in einem Bildfeld ein weiteres Bildfeld an, besitzt dieses wieder sein eigenes inneres Koordinatensystem, das eine völlig andere Aufteilung haben kann. Dieser Umstand muss nicht nur beim Zeichnen von Grafikmethoden berücksichtigt werden, sondern auch bei der Auswertung von Mausaktionen. Visual Basic verwendet stets das innere Koordinatensystem jenes Bildfelds, um Koordinaten festzulegen, in dem sich die Aktion abspielt.

:-)
TIP

Geht es nur darum, Bilder anzuzeigen, ist die Anzeige (siehe Kapitel 6.3.17) im Allgemeinen besser geeignet, da sie weniger Ressourcen benötigt als ein Bildfeld (dafür ermöglicht sie aber keine Grafik- und Textausgabe und besitzt keine Bezugsnummer). Außerdem besitzt sie eine Stretch-Eigenschaft, durch die sich Bitmaps automatisch an die Größe des Ausgabefelds anpassen.

Abbildung 6.6:
Das Bildfeld eig-
net sich sowohl
zur Anzeige von
Bildern als auch
zur Ausgabe von
Text und Grafik.

6.2.18 Das Bezeichnungsfeld

Das Bezeichnungsfeld (engl. »label«) ist in erster Linie dazu da, andere
Steuerelemente zu bezeichnen. Über seine *Caption*-Eigenschaft kann
in der Innenfläche ein beliebiger Text ausgegeben werden, der sich
über die *Alignment*-Eigenschaft links- und rechtsbündig bzw. zentriert
ausrichten lässt (eine vertikale Ausrichtung gibt es nicht). Um das Bezeichnungsfeld vom Rest des Formulars abzugrenzen, kann es über seine *BorderStyle*-Eigenschaft eine einfache Umrandung erhalten. Das
Bezeichnungsfeld wird immer dann benötigt, wenn in einem Formular
an einer festen Position ein Text ausgegeben werden soll.

Ist der Text länger als das Bezeichnungsfeld breit ist, findet automatisch ein Umbruch statt. Möchten Sie an einer bestimmten Stelle des
Textes einen Zeilenumbruch erzwingen, müssen Sie an dieser Stelle
die Konstante *vbCrLf* (d.h. die Zeichencodes 10 und 13) einfügen.
Soll ein Text erst bei der nächsten Tab-Position ausgegeben werden,
ist entsprechend die Konstante *vbTab* (Zeichencode 9) anzugeben.
Geht es um die Ausgabe eines mehrzeiligen Textes, ist das Textfeld
sehr viel besser geeignet. Bemerkenswert ist, dass das Bezeichnungsfeld über *DataSource*- und *DataField*-Eigenschaften gebunden ist,
d.h. mit einem Datenbankfeld verbunden werden kann. Man wird diese Möglichkeit immer dann nutzen, wenn man ein Feld darstellen, dem
Benutzer aber keine Möglichkeit geben möchte, den Inhalt zu bearbeiten.

Wenn Sie ein Bezeichnungsfeld sehr dicht an ein Steuerelement mit einer Umrandung (z. B. ein Textfeld) positionieren, werden Sie feststellen, dass dadurch die Umrandung unsauber dargestellt wird. Dieser unschöne Effekt lässt sich durch Setzen der Backstyle-Eigenschaft auf den Wert vbTransparent ⓪ *vermeiden. In dieser Eigenschaft besitzt ein Bezeichnungsfeld einen durchsichtigen Hintergrund.*

Das Bezeichnungsfeld ist, anders als z. B. das Textfeld, kein »echtes« Windows-Fenster, es wird vielmehr von Visual Basic auf einem Formular gezeichnet. Es besitzt daher auch keine hWnd-Eigenschaft, die einer API-Funktion übergeben werden könnte.

6.2.19 Das Textfeld

Das Textfeld (engl. »text box«) ist dazu da, während der Programmausführung die Eingabe von Texten und Zahlen zu ermöglichen. Beim Textfeld handelt es sich um ein stets rechteckiges Feld, in das der Benutzer beliebige Zeichen eingeben kann. Der komplette Inhalt des Textfelds wird durch die *Text*-Eigenschaft repräsentiert. Da ein während der Programmausführung zugewiesener Text im Textfeld angezeigt wird, eignet es sich natürlich auch zur Ausgabe. Weist man der *Text*-Eigenschaft einen Leer-String, also den Wert »«, zu, wird der Inhalt des Textfelds gelöscht. Über die *MultiLine*-Eigenschaft sind auch mehrzeilige Eingaben möglich. Über die *ScrollBars*-Eigenschaft kann das Textfeld mit Bildlaufleisten zum Scrollen des Textes erweitert werden. Durch Setzen weniger Eigenschaften und Hinzufügen einiger Programmzeilen lässt sich ein Textfeld in einen Mini-Editor verwandeln. Das Textfeld kann allerdings nur unformatierte Texte anzeigen. Möchte man den angezeigten Texten verschiedene Formatierungsmerkmale zuordnen, muss stattdessen das RTF-Textfeld zum Einsatz kommen (siehe Kapitel 12, »Überblick über die Windows-Common Controls«).

Im Gegensatz zur *Caption*-Eigenschaft eines Bezeichnungsfelds kann der Text durch den Benutzer jedoch jederzeit geändert werden (um dies zu verhindern, muss die *Locked*-Eigenschaft des Textfelds auf *True* gesetzt werden).

6.2.20 Das Rahmenfeld

Das Rahmenfeld (engl. »frame«) ist schnell erklärt, denn es spielt eine rein passive Rolle. Es besitzt daher nur ein absolutes Minimum an Eigenschaften und Methoden. Seine Aufgabe besteht darin, Steuerele-

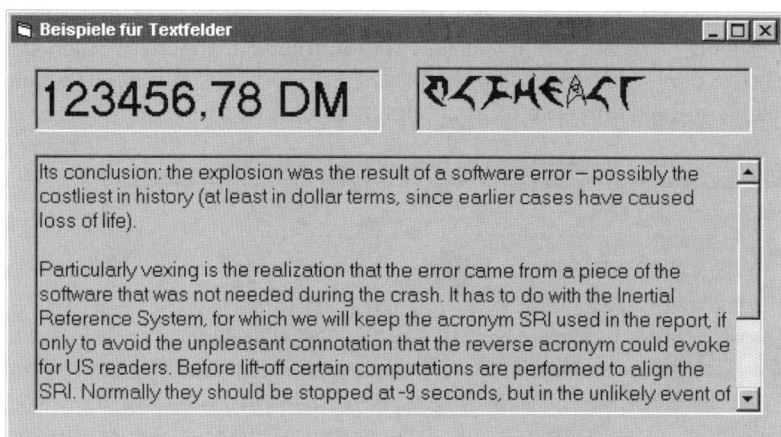

Abbildung 6.7:
Das Textfeld ist
für die Eingabe
von Text und
Zahlen zustän-
dig.

mente zu gruppieren. Möchte man z. B. auf einem Formular eine Gruppe von Optionsfeldern einrichten, die von den übrigen Options-feldern des Formulars unabhängig sind, müssen diese in einem Rah-menfeld angeordnet werden. Auch andere Steuerelemente können in einem Rahmenfeld angeordnet werden. Das bietet den Vorteil, dass alle Steuerelemente sehr einfach durch Verschieben des Rahmenfelds bewegt werden können. Die einzige erwähnenswerte Eigenschaft des Rahmenfelds ist die *Caption*-Eigenschaft, die die Überschrift festlegt.

Achten Sie darauf, dass beim Einfügen eines Steuerelements aus der Zwischenablage das Rahmenfeld aktiv ist, sonst wird das Steuerelement nur auf, nicht aber in dem Rahmenfeld angeordnet. Aus diesem Grund können Sie auch ein Steuerelement nicht per Doppelklick in ein Rahmenfeld übertragen, sondern müssen es stets von der Werkzeugsammlung in das Rahmenfeld ziehen. Um festzustellen, ob sich ein Steuerelement in einem Rahmenfeld be-findet, müssen Sie das Rahmenfeld verschieben. Bewegt sich das Steuerelement mit, ist es Teil des Containers. Wenn nicht, müssen Sie es über Strg+X *in die Zwischenablage transferieren, das Rahmenfeld mit der Maus anklicken, um es zu aktivieren, und über* Strg+V *das Steuerelement einfügen.*

6.2.21 Die Befehlsschaltfläche

Die Befehlsschaltfläche (engl. »command button«) ist eines der am häu-figsten eingesetzten Steuerelemente. Ihre Aufgabe ist es, durch Ankli-cken der Schaltfläche eine Aktion auszulösen. Von den Ereignisproze-duren der Befehlsschaltfläche wird daher in 90% der Fälle lediglich das

Click-Ereignis verwendet, das beim Anklicken der Schaltfläche ausgelöst wird. Was am Anfang viele Programmierer übersehen: Auch das Setzen der *Value*-Eigenschaft (die den aktuellen Zustand einer Schaltfläche enthält) auf *True* führt zu einem *Click*-Ereignis.

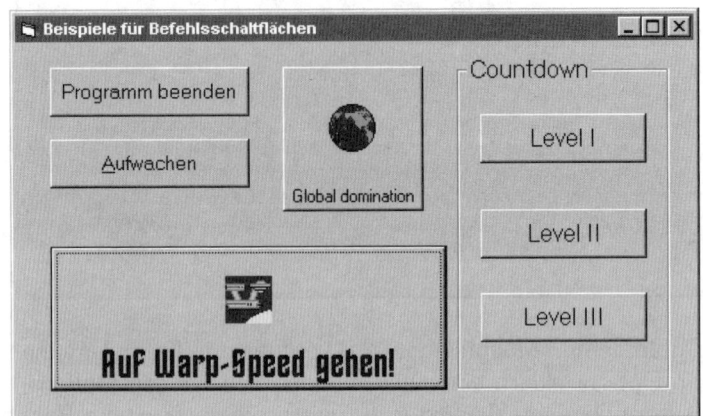

Abbildung 6.8:
Befehlsschalt-
flächen dienen
dazu, dem
Benutzer die
Ausführung von
Aktionen zu
ermöglichen.

Die wichtigsten Eigenschaften der Schaltfläche

Bereits seit Visual Basic 5.0 können Schaltflächen über ihre *Picture*-Eigenschaft eine Bitmap erhalten, die Verwendung der etwas fehleranfälligen 3D-Schaltfläche (Stichwort: Threed32.ocx) ist nicht mehr erforderlich. Über die *Style*-Eigenschaft wird eingestellt, ob die Bitmap angezeigt werden soll. Die wichtigsten Eigenschaften der Befehlsschaltfläche sind *Caption* und *Value*. Während erstere für die Beschriftung der Befehlsschaltfläche zuständig ist, gibt letztere den Zustand des Schalters an. Wird die Befehlsschaltfläche mit der Maus angeklickt, geht die *Value*-Eigenschaft kurzzeitig von *False* auf *True*. Eine Bedeutung für die Programmierung hat dieses Verhalten aber nur in sehr seltenen Fällen, da das Anklicken der Schaltfläche über das *Click*-Ereignis abgefragt wird.

Erwähnenswert sind die Eigenschaften *Cancel* und *Default*, über die das Standardverhalten einer Befehlsschaltfläche festgelegt wird. Dies ist immer dann von Bedeutung, wenn in einer Gruppe von Schaltflächen bestimmt werden soll, welche Schaltfläche ausgelöst wird, wenn der Benutzer die ⏎ - bzw. die Esc -Taste betätigt. Mehr dazu in Kapitel 7, » Eingaben über Maus und Tastatur «, wenn es um die Auswertung von Tastatureingaben geht.

Die Farbe einer Befehlsschaltfläche lässt sich nicht über eine Eigenschaft einstellen. Dies ist nur über die Systemsteuerung von Windows möglich.

6.2.22 Das Kontrollkästchen

Das Kontrollkästchen (engl. »check box«) wird zum Einstellen von Auswahloptionen benutzt, die nur drei Zustände annehmen können: Selektiert, nicht selektiert und nicht aktiv. Wird das Kontrollkästchen (z. B. durch Anklicken mit der Maus) ausgewählt, erscheint automatisch ein kleines Häkchen, um diesen Zustand anzuzeigen. Ein weiteres Anklicken hebt die Selektion wieder auf, und das kleine Häkchen verschwindet von alleine. Die *Value*-Eigenschaft des Kontrollkästchens, die den aktuellen Zustand enthält, kann daher drei Werte annehmen: 0 (das Kontrollkästchen ist nicht selektiert), 1 (das Kontrollkästchen ist selektiert) und 2 (das Kontrollkästchen ist deaktiviert), in diesem Fall wird es abgeblendet dargestellt. Über die *Alignment*-Eigenschaft kann eingestellt werden, ob das Häkchen auf der linken oder der rechten Seite des Steuerelements erscheinen soll. Über die *Picture*-Eigenschaft kann in dem Kontrollkästchen ein kleines Bild angezeigt werden.

Das Kontrollkästchen verfügt, wie das Optionsfeld, über eine Style-Eigenschaft, über die es alternativ als Schaltfläche dargestellt werden kann.   **Hinweis**

6.2.23 Das Optionsfeld

Auch das Optionsfeld (engl. »option button«) wird zum Einstellen von Optionen verwendet, die entweder selektiert oder nicht selektiert sein können. Der ausgewählte Zustand wird angezeigt, indem in dem Kreis des Optionsfelds, der ebenfalls über die *Alignment*-Eigenschaft links- oder rechtsbündig ausgerichtet werden kann, ein schwarzer Punkt erscheint. Im Gegensatz zu einem Kontrollkästchen werden Optionsfelder nie einzeln eingesetzt. In einer Gruppe von Optionsfeldern kann zu einem Zeitpunkt immer nur ein Optionsfeld aktiv sein. Windows sorgt dafür, dass die Selektion eines Optionsfelds in einer Gruppe aufgehoben wird, wenn in der Gruppe ein anderes Optionsfeld ausgewählt wird. Optionsfelder werden daher nur zum Einstellen jener Optionen verwendet, die sich gegenseitig ausschließen.

Alle in einem Container angeordneten Optionsfelder gehören zu ein und derselben Gruppe. Möchten Sie auf einem Formular daher mehrere unabhängige Optionsfelder einsetzen, müssen Sie sie in einem Rahmen- oder Bildfeld zusammenfassen. In diesem Fall können Sie ein

Optionsfeld einer Gruppe selektieren, ohne dass dies den Zustand der anderen Optionsfelder in den übrigen Gruppen beeinflusst.

Mehr über den Einsatz von Optionsfeldern und Kontrollkästchen zum Einstellen von Optionen in Kapitel 7, »Eingaben über Maus und Tastatur«.

6.2.24   Das Listenfeld

Das Listenfeld (engl. »list box«) wird immer dann verwendet, wenn dem Benutzer eine feste Auswahl an Begriffen präsentiert werden soll, woraus er einen oder mehrere Begriffe auswählen kann. Die Funktionsweise eines Listenfelds ist für einen Einsteiger erfahrungsgemäß nicht auf Anhieb zu durchschauen. Alle Einträge des Listenfelds werden in der *List*-Eigenschaft zusammengefasst. Es handelt sich damit um eine Feldvariable, die über einen Index angesprochen wird. Dieser Index läuft von 0 (erstes Element in der Liste) bis n, wobei n − 1 für die Anzahl der Elemente in der Liste steht. Da die Anzahl der Listenelemente über die *ListCount*-Eigenschaft zur Verfügung steht, kann man über folgende *For-Next*-Schleife alle Elemente des Listenfelds ansprechen:

```
For n = 0 To lstListe.ListCount - 1
    Debug.Print lstListe.List(n)
Next
```

Selektiert der Benutzer ein Element in einem Listenfeld, wird es automatisch hervorgehoben. Der Index dieses Elements steht über die *ListIndex*-Eigenschaft zur Verfügung. Umgekehrt kann man durch Setzen der *ListIndex*-Eigenschaft auf den Wert n, das n-te Element in der Liste hervorheben. Wenn kein Element ausgewählt ist, hat die *ListIndex*-Eigenschaft den Wert -1. Das allgemeine Prinzip eines Listenfelds wird durch Bild 6.8 deutlich.

Bereits seit Visual Basic 5.0 können die Einträge eines Listenfelds durch Setzen der *Style*-Eigenschaft auf den Wert *vbListBoxCheckbox* durch Kontrollkästchen dargestellt werden. Diese Möglichkeit gibt es beim Kombinationsfeld nicht.

Standardmäßig verfügt das Listenfeld der Werkzeugsammlung über keine horizontale Bildlaufleiste, d. h. es ist nicht möglich, den Inhalt der Liste nach links oder rechts zu scrollen. Entweder erweitert man das Listenfeld durch das Senden der dafür erforderlichen Nachricht über die SendMessage-API-Funktion (mehr dazu in Kapitel 15, »Die Windows-API und Visual Basic«), oder man verwendet dafür die ToolTiptext-Eigenschaft, die dem angeklickten Listenelement im Click-Ereignis zugewiesen wird:

```
lstAuswahl.Tooltiptext = lstAuswahl.List(lstAuswahl.ListIndex)
```

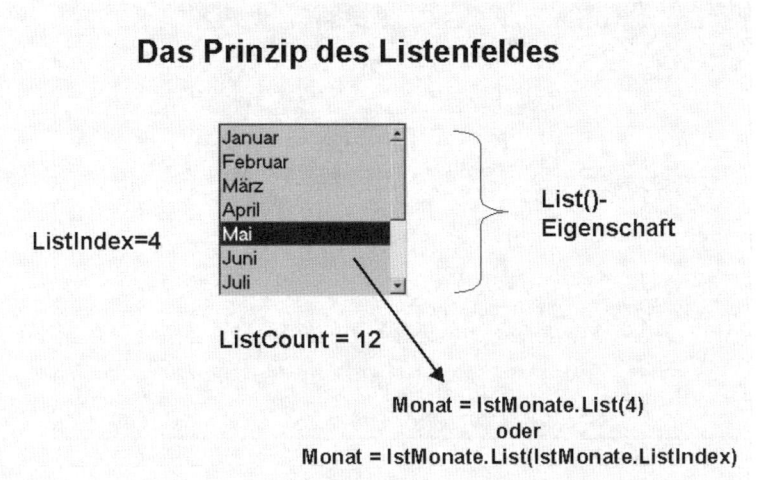

Abbildung 6.9:
Die einzelnen
Elemente eines
Listenfelds sind
in der List-
Eigenschaft ent-
halten.

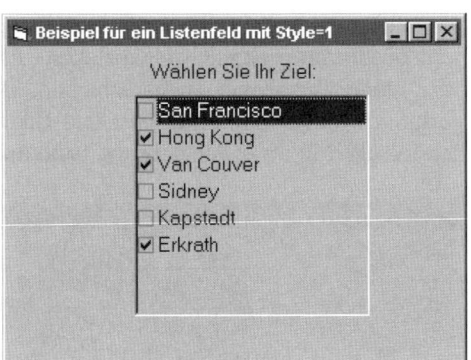

Abbildung 6.10:
Die Einträge in
einem Listen-
feld können
auch durch Kon-
trollkästchen
dargestellt wer-
den.

6.2.25 Das Kombinationsfeld

Das Kombinationsfeld (engl. »combo box«) ist eine Kombination aus einem Text- und einem Listenfeld. Es verfügt daher über eine Schnittmenge der Eigenschaften beider Steuerelemente. Ein Kombinationsfeld wird in der Regel eingesetzt, wenn der Benutzer wahlweise ein Element eingeben oder es aus einer Liste auswählen soll. Da ein Kombinationsfeld, anders als ein Listenfeld, über ein Pfeilschaltfläche geöffnet werden kann und daher viel platzsparender ist, wird es häufig auch als Ersatz für das Listenfeld eingesetzt.

Abbildung 6.11:
Kombinations-
felder gibt es in
drei Varianten,
die über die
Style-Eigen-
schaft einge-
stellt werden.

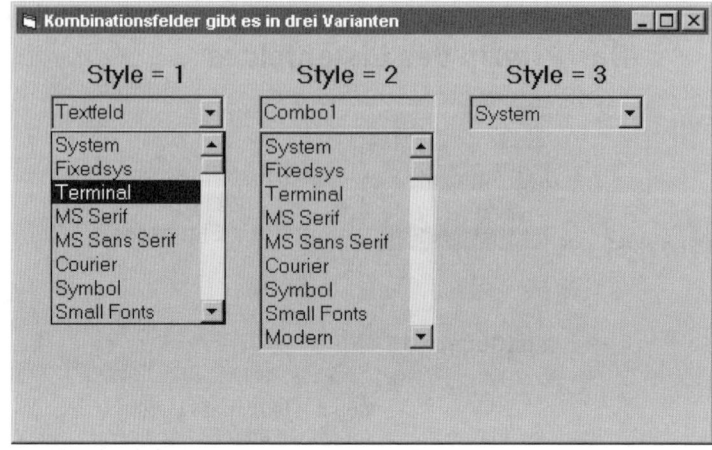

6.2.26   Die Bildlaufleiste(n)

Die Bildlaufleisten (engl. »scroll bars«) sind dazu da, einen Wert in einem bestimmten Bereich einzustellen, sich in einer Liste zu bewegen oder einen Ausschnitt zu verschieben. Bildlaufleisten gibt es in zwei Varianten: horizontale und vertikale Bildlaufleisten. Sie unterscheiden sich lediglich in ihrer Ausrichtung, sind ansonsten aber identisch.

Abbildung 6.12:
Bildlaufleisten
ermöglichen das
Einstellen eines
ganzzahligen
Wertes in einem
vorgegebenen
Bereich.

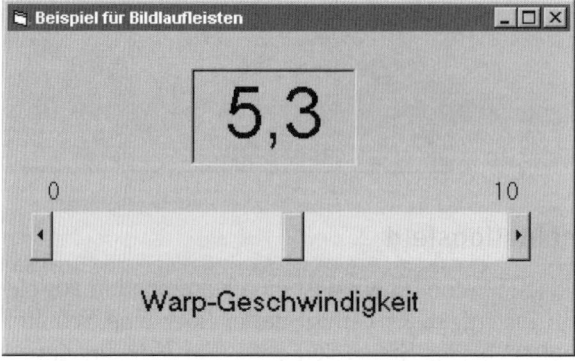

Die wichtigsten Eigenschaften und Ereignisse der Bildlaufleiste

Die wichtigste Eigenschaft ist die *Value*-Eigenschaft, denn sie steht für den aktuellen Wert der Bildlaufleiste. Die Art und Weise, wie sich der Wert von *Value* ändert, hängt davon ab, auf welche Weise die Bildlaufleiste bedient wird. Verschiebt der Benutzer den Regler mit der Maus, entspricht der neue Wert der *Value*-Eigenschaft der neuen Position des Reglers. Klickt der Benutzer dagegen auf eine der beiden Pfeilsymbole, wird der Wert von *Value* um den Wert der *SmallChange*-Eigenschaft erhöht oder erniedrigt. Klickt der Benutzer dagegen ober- oder unterhalb des Reglers, ändert sich der Wert von *Value* um den Wert der *LargeChange*-Eigenschaft. Der Bereich, in dem sich die *Value*-Eigenschaft ändern kann, wird über die Eigenschaften *Min* und *Max* bestimmt. Dieser Wert kann allerdings nur zwischen 0 und 32.768 liegen. Wer größere Werte einstellen muss, muss anstelle der Bildlaufleiste auf den AufAb-Zähler (siehe Kapitel 12) oder eine andere Alternative ausweichen.

Bei den Ereignissen sind das *Change*- und das *Scroll*-Ereignis wichtig. Ein *Click*-Ereignis gibt es nicht, da er nicht benötigt wird. Das *Change*-Ereignis tritt immer dann auf, wenn sich der Wert der *Value*-Eigenschaft geändert hat, also auch dann, wenn der *Value*-Eigenschaft im Programm ein Wert zugewiesen wird. Das *Scroll*-Ereignis tritt dagegen nur auf, wenn der Regler vom Benutzer verschoben wurde. Das *Change*-Ereignis wird benötigt, um auf eine Veränderung der *Value*-Eigenschaft zu reagieren. Das *Scroll*-Ereignis ist dagegen immer dann wichtig, wenn während der Bewegung des Reglers etwas passieren soll. Das *Scroll*-Ereignis tritt auch dann auf, wenn sich der Wert der *Value*-Eigenschaft dabei nicht geändert hat.

6.2.27 Der Zeitgeber

Der *Zeitgeber* (engl. »timer«, man könnte ihn auch Systemwecker nennen) ist ein während der Programmausführung unsichtbares Steuerelement, das in über die Eigenschaft *Interval* in Millisekunden festgelegten regelmäßigen Abständen ein *Timer*-Ereignis auslöst. Damit ist er hervorragend für die Durchführung periodischer Aktivitäten wie z.B. kleiner Animationen oder der Überprüfung bestimmter Zustände geeignet. Die Dauer eines Intervalls kann zwischen 0 und 64.767 Millisekunden liegen. Weniger ideal ist, dass ein Intervall vom PC-Systemtakt abhängig ist (also nur alle 55 Millisekunden angestoßen wird und daher die über seine *Interval*-Eigenschaft vorgegebene Granularität von 1 Millisekunde gar nicht einhalten kann) und dass er ereignisorientiert arbeitet, d.h. wenn die Anwendung mit anderen Ereignissen beschäftigt ist, die Timer-Nachrichten warten müssen und das *Timer*-Ereignis unpünktlich (oder gar nicht) eintritt. Dafür ist der Zeitgeber einfach zu handhaben und für die meisten Zwecke gut geeignet.

Beachten Sie, dass die *Enabled*-Eigenschaft eines Zeitgebers standardmäßig aktiv ist und das Setzen der *Interval*-Eigenschaft auf einen Wert ungleich Null den Zeitgeber bereits startet. Soll dieser erst zu einem späteren Zeitpunkt loslegen, muss die *Enabled*-Eigenschaft entweder in *Form_Load* auf False oder die *Interval*-Eigenschaft erst zur Laufzeit gesetzt werden.

6.2.28 Das Datei-, Verzeichnis- und Laufwerkslistenfeld

Auch wenn es sich hier um drei eigenständige, unabhängige Steuerelemente handelt, werden sie immer in einem Zusammenhang genannt. Ihre Aufgabe ist es, dem Benutzer die Auswahl eines Dateinamens zu ermöglichen. Beim Dateilistenfeld (engl. »file list box«) handelt es sich um ein Listenfeld mit »Spezialauftrag«. Nachdem es auf dem Formular angeordnet wurde, listet es alle Dateinamen des aktuellen Verzeichnisses auf. Diese stehen während der Programmausführung über seine *List*-Eigenschaft zur Verfügung. Ähnlich verhält es sich mit dem Verzeichnislistenfeld (engl. »directory list box«), das eine Liste der aktuellen Verzeichnisse, und dem Laufwerkslistenfeld (engl. »drive list box«), das eine Liste aller Laufwerke enthält. Alle drei Steuerelemente sind ansonsten völlig zweckungebunden und können für beliebige Aufgaben eingesetzt werden. Natürlich gibt es ein paar Einschränkungen zu beachten. So ist es z.B. nicht möglich, Elemente über die *AddItem*-Methode zu einem der Listenfelder hinzuzufügen, da die Mitgliedschaft in den drei Listenfeldern durch die Verzeichnisstruktur der Laufwerke bestimmt wird.

Abbildung 6.13: Datei-, Verzeichnis- und Laufwerkslistenfeld dienen in erster Linie zur individuellen Gestaltung von Dialogfeldern, die die Auswahl eines Dateinamens ermöglichen sollen.

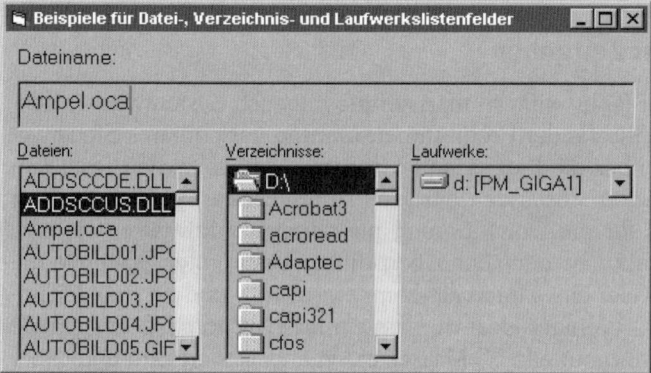

Allen drei Steuerelementen ist gemeinsam, dass sie sich ausschließlich an der Verzeichnishierarchie orientieren und nichts von der mit Windows 95 eingeführten Ordnerhierarchie wissen. Es ist also z.B. nicht möglich, auf den Arbeitsplatzordner oder den Desktop zuzugreifen, etwa um ein Explorer-Fenster mit Hilfe des Baumansicht-Steuerelements nachzubauen. Dazu ist z.B. die Einbeziehung des Windows Scripting Host (WSH) oder des vom Internet Explorer 4 bzw. von Windows 98 zur Verfügung gestellten *Shell*-Objekts, das sich direkt von einem Visual-Basic-Programm ansprechen lässt, erforderlich (siehe Kapitel 16, »Das Zusammenspiel mit dem Betriebssystem«). Dafür bieten Datei- und Verzeichnislistenfeld auch einen wichtigen Vorteil gegenüber den Shell-Objekten: Sie sind sehr schnell. Geht es also le-

diglich darum, die Namen von Dateien oder Verzeichnisordnern zu erhalten, sollte man diese »altmodischen« Steuerelemente vorziehen.

Die wichtigsten Eigenschaften des Datei-, Verzeichnis- und Laufwerks-listenfelds

Grundsätzlich gibt es viele Gemeinsamkeiten mit einem »normalen«
Listenfeld. Dazu gehören z.B. die Eigenschaften *List*, *ListCount* und
ListIndex. Hinzugekommen sind beim Dateilistenfeld die Eigenschaften *Pattern*, über die das Muster, sowie *Archive*, *Hidden*, *Normal*,
Readonly und *System*, über die die Attribute der aufzulistenden Dateinamen eingestellt werden. Besonders wichtig ist die *Path*-Eigenschaft,
denn sie legt das Verzeichnis fest, dessen Inhalt in dem Dateilistenfeld
dargestellt wird. Befindet sich zusätzlich auch ein Verzeichnislistenfeld
auf dem Formular, ist es sinnvoll, beide über ihre *Path*-Eigenschaft miteinander zu »synchronisieren«.

```
Private Sub dirVerzeichnis_Change()
    filDatei.Path = dirVerzeichnis.Path
End Sub
```

Auf ähnliche Weise müssen ein Laufwerks- und ein Verzeichnislistenfeld miteinander in Einklang gebracht werden:

```
Private Sub drvLaufwerk_Change()
    dirVerzeichnis.Path = drvLaufwerk.Drive
End Sub
```

Wann immer der Benutzer im Laufwerkslistenfeld ein anderes Laufwerk auswählt, wird dessen Bezeichnung über die *Drive*-Eigenschaft
der *Path*-Eigenschaft des Verzeichnislistenfelds zugewiesen.

Der aktuell ausgewählte Dateiname steht beim Dateilistenfeld sowohl
über das Gespann aus List- und *ListIndex*-Eigenschaft als auch direkt
über die *FileName*-Eigenschaft zur Verfügung.

Sowohl das Verzeichnis- als auch das Laufwerkslistenfeld verfügen
über keine nennenswerten Eigenschaften, mit einer Ausnahme: der
ListIndex-Eigenschaft beim Verzeichnislistenfeld. Während die *ListIndex*-Eigenschaft bei einem normalen Listenfeld von 0 bis zur maximalen Anzahl an Elementen -1 läuft, orientiert sich der Wert der *ListIndex*-Eigenschaft bei einem Verzeichnislistenfeld von der Ebene des
aktuellen Verzeichnisses in der Verzeichnishierarchie des Laufwerks.
Mehr dazu in Kapitel 8, »Benutzeroberflächen und Dialogfelder gestalten«, in dem das Entwerfen individueller Dialogfelder im Vordergrund
steht.

6.2.29 Das Figuren- und das Linienelement

Figurenelement (engl. »shape«) und Linienelement (engl. »line«) sind nicht wie die anderen Steuerelemente zu behandeln. Sie verfügen nur über einen minimalen Satz an Eigenschaften und Methoden und können nicht auf Ereignisse reagieren (wie beim Bezeichnungsfeld handelt es sich um keine richtigen Fenster, sondern um sog. »lightweight controls«, die ab Version 6 auch in Visual Basic programmiert werden können). Ihre Aufgabe ist daher schnell beschrieben: Sie sollen Figuren, die während der Entwurfszeit auf dem Formular angeordnet werden, darstellen. Benötigen Sie auf einem Formular eine Trennlinie oder einen Kreis zur optischen Auflockerung, ist es sehr oft viel praktischer, diese Figuren über ein Figuren- und Linienelement auf dem Formular bereits zur Entwurfszeit anzuordnen, als dafür ein Bildfeld zu bemühen, das sehr viel mehr Ressourcen verbraucht und mit dieser simplen Aufgabe mehr als unterfordert ist.

Abbildung 6.14:
Über das Figuren- und Linienelement lassen sich einfache geometrische Figuren bereits zur Entwurfszeit auf dem Formular anordnen.

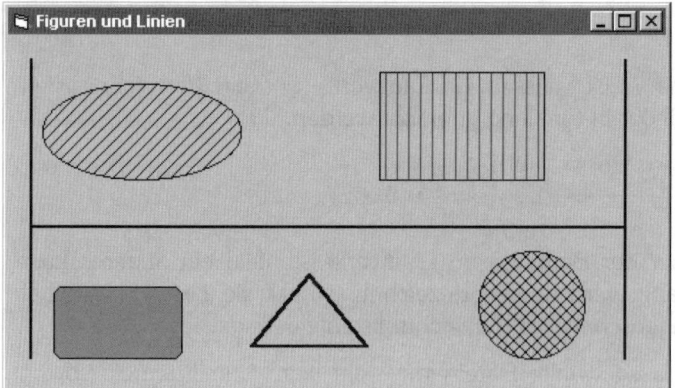

Die wichtigsten Eigenschaften des Figuren- und Linienelements

Die Form eines Figurenelements wird über die *Shape*-Eigenschaft eingestellt. Zur Auswahl stehen Kreis (*vbShapeCircle*), Oval (*vbShapeOval*), Rechteck (*vbShapeRectangle*), Rechteck mit abgerundeten Ecken (*vbShapeRoundedRectangle*), Quadrat (*vbShapeSquare*) und Quadrat mit abgerundeten Ecken (*vbShapeRoundedSquare*). Beim Linienelement kommt es lediglich darauf an, die Anfangs- und Endkoordinaten der Linie (*X1*, *Y1*, *X2*- und *Y2*-Eigenschaft) anzugeben. Mehr dazu in Kapitel 13, »Die bunte Welt der Grafik«.

6.2.30 Die Anzeige

Die Anzeige (engl. »image«) ist als »Minibildfeld« hervorragend zum Anzeigen von Bitmaps geeignet. Auf den ersten Blick sehen sich die Anzeige und das Bildfeld zum Verwechseln ähnlich, es existiert aber eine
Vielzahl von Unterschieden, auf die Kapitel 13, »Die bunte Welt der
Grafik«, ausführlich eingeht. Soviel bereits vorweg: Verwenden Sie die
Anzeige immer dann, wenn es Ihnen lediglich um die Anzeige von Bitmaps geht, Ihnen die übrigen Eigenschaften des Bildfelds aber egal
sind.

Die wichtigsten Eigenschaften und Ereignisse der Anzeige

Die wichtigste Eigenschaft der Anzeige ist die *Picture*-Eigenschaft, die
(genau wie bei einem Bildfeld) für den Inhalt der Anzeige verantwortlich ist. Sie kann entweder während der Entwurfszeit durch Auswahl
einer Grafikdatei im passenden Format (CUR, BMP, DIB, GIF, ICO,
JPEG, EMF oder WMF) oder während der Programmausführung über
die *LoadPicture*-Methode (des globalen *VB*-Objekts) einen Wert erhalten:

```
imgBild.Picture = LoadPicture("C:\Icons\Elements\Earth.ico")
```

Der Wert in Klammern steht für den kompletten Verzeichnispfad einer
ICO-Datei (also einer Bitmap-Datei im Windows-typischen Ico-Format).

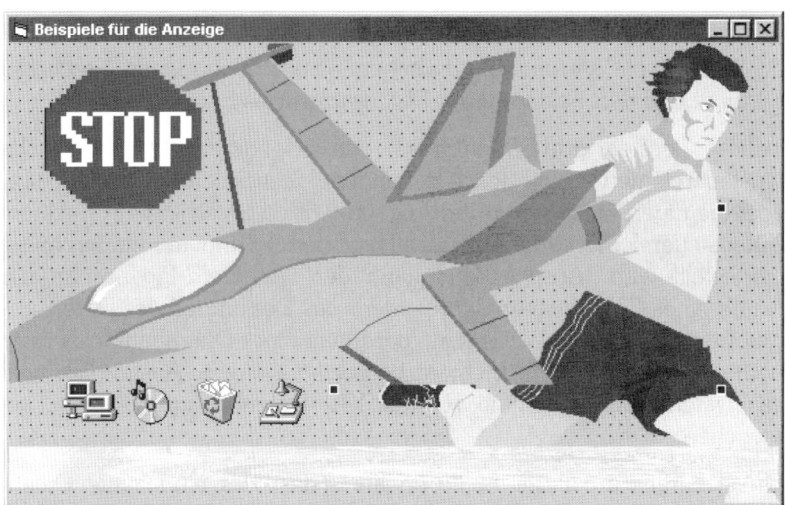

*Abbildung 6.15:
Die Anzeige ist
für die Ausgabe
von Bitmaps
eine vollwertige
Alternative zum
Bildfeld.*

Wie bei einem Bildfeld steht auch die *Picture*-Eigenschaft der Anzeige
nicht etwa für den Namen der Grafikdatei, sondern für einen Bezug
auf ein *Picture*-Objekt. Die Nr. 2 in der Liste der wichtigsten Eigen-

schaften ist die *Stretch*-Eigenschaft. Besitzt sie den Wert *True*, passt sich die Größe einer Bitmap automatisch an die Größe des umgebenden Rahmens (der bei *BorderStyle=0*, der Standardeinstellung, allerdings unsichtbar ist) an. Dies spielt bei allen Grafiken, die als Bitmap (BMP-, DIB-, GIF-, JPEG-, CUR- und ICO-Format) vorliegen, eine Rolle. Allerdings muss man dabei berücksichtigen, dass sich Bitmaps nicht beliebig skalieren lassen und bei großen Vergrößerungen entsprechend aus dem Formular fallen. Keine Rolle spielt die *Stretch*-Eigenschaft dagegen bei Grafiken im EMF- und WMF-Format, denn diese passen sich alleine, d.h. auch bei einem Bildfeld, an die Größe der zur Verfügung stehenden Ausgabefläche an.

Da die Anzeige gebunden ist, d.h. über die Eigenschaften *DataChanged*, *DataField* und *DataSource* verfügt, kann es auch für die Ausgabe von in einer Datenbank gespeicherten Bitmaps dienen.

6.2.31 Das Datensteuerelement

 Das Datensteuerelement (engl. »data control«) wurde bis Visual Basic 5.0 in erster Linie für den Zugriff auf Access-Datenbanken verwendet. Es erfüllt in diesem Zusammenhang drei Aufgaben:

1. Es repräsentiert eine Datensatzgruppe, die z.B. direkt aus einer Tabelle oder einer SQL-Abfrage resultieren kann.

2. Es ermöglicht das Vor- und Zurückbewegen (engl. »scroll«) in einer Datensatzgruppe über vier Funktionsschaltflächen.

3. Es stellt die Verbindung zwischen einem gebundenen Steuerelement und den Feldern einer Datensatzgruppe her.

Insbesondere der dritte Punkt macht den besonderen Komfort des Datensteuerelements aus. Jedes gebundene Steuerelement verfügt u.a. über die Eigenschaften *DataSource*, über das die Verbindung zu einem Datensteuerelement, das sich bereits auf dem Formular befinden muss, hergestellt wird. Anschließend kann der *DataField*-Eigenschaft der Name eines Felds zugewiesen werden, das Bestandteil der Datensatzgruppe ist. Auf diese Weise kann der Inhalt eines Datenbankfelds in einem gebundenen Steuerelement bearbeitet werden. Ausführlich wird das Datensteuerelement in Kapitel 17, »Datenbankgrundlagen«, besprochen.

Es sei bereits an dieser Stelle erwähnt, dass das eingebaute Datensteuerelement bei Visual Basic 6.0 in erster Linie aus Kompatibilitätsgründen enthalten ist. Da die primäre Datenbankschnittstelle ADO heißt, empfiehlt Microsoft für alle neuen Datenbankprojekte auch das

neue ADO-Steuerelement, das über den Menübefehl PROJEKT | KOM-
PONENTEN zur Werkzeugsammlung hinzugefügt werden muss.

6.2.32 Das OLE-Steuerelement

Das OLE-Steuerelement ist dazu da, Dokumentobjekte, wie z.B. eine
Excel-Tabelle, ein Chart-Diagramm oder ein Word-Dokument, auf einem Formular darstellen und bearbeiten zu können. Das OLE-Steuerelement ist damit ein elegantes »Sichtfenster«, um Dokumentobjekte in
ein Visual-Basic-Programm einbinden zu können. Da seit Visual Basic
4.0 jedes Formular die sogenannte *Vorortaktivierung* (engl. »in place
editing«) unterstützt, werden die Menüs der Ursprungsapplikation, mit
der das eingefügte Dokument bearbeitet werden kann, in der Menüleiste des Formulars dargestellt. Damit ist eine sehr enge Integration
zwischen einem Visual-Basic-Programm und systemweit registrierten
Dokumentkomponenten möglich. In der Praxis wird das OLE-Steuerelement selten benötigt, wenngleich es eine elegante und einfache (aber
gleichzeitig ressourcenintensive) Möglichkeit darstellt z.B. Office-Dokumente (wie ein Word-Dokument) oder Grafiken in einem Visual-Basic-
Formular anzuzeigen und dem Benutzer dadurch die Gelegenheit gegeben wird, Word-Dokumente direkt in dem Visual-Basic-Programm zu
bearbeiten (Voraussetzung ist aber, dass Word – oder die jeweilige Do-
kumentanwendung – auf dem PC installiert ist).

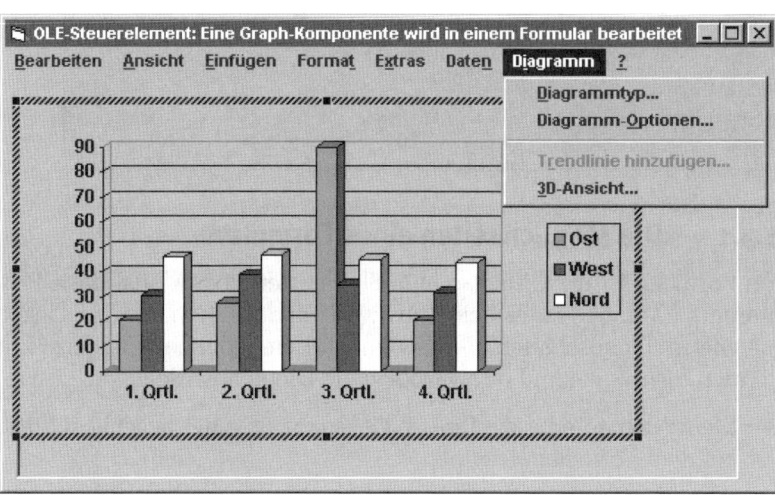

*Abbildung 6.16:
Dank Vorortakti-
vierung kann
ein über das
OLE-Steuerele-
ment auf einem
Formular einge-
fügtes Chart-
Diagramm
innerhalb des
Formulars bear-
beitet werden.*

6.3   Das Formular

In der Auflistung der Oberflächenelemente darf natürlich das Formular nicht vergessen werden, denn ohne Formular kann kein Steuerelement aktiv werden. Das Formular ist die Grundlage für alle Benutzeroberflächen in einem Visual-Basic-Programm. Jedes Visual-Basic-Programm mit einer Oberfläche besitzt mindestens ein Formular, wenngleich Visual-Basic-Programme auch ohne Formular auskommen können. In diesem Fall wird lediglich der Inhalt von Prozeduren in einem allgemeinen Modul ausgeführt. Diese Programme besitzen keine Oberfläche und können nicht auf Aktivitäten des Benutzers reagieren (es gibt daher auch keine Ereignisprozeduren). Das Formular ist zunächst ein leeres Arbeitsblatt, das im Laufe der Programmentwicklung mit Steuerelementen belegt wird.

Abbildung 6.17: Ein (noch) leeres Formular mit seinen Standardelementen.

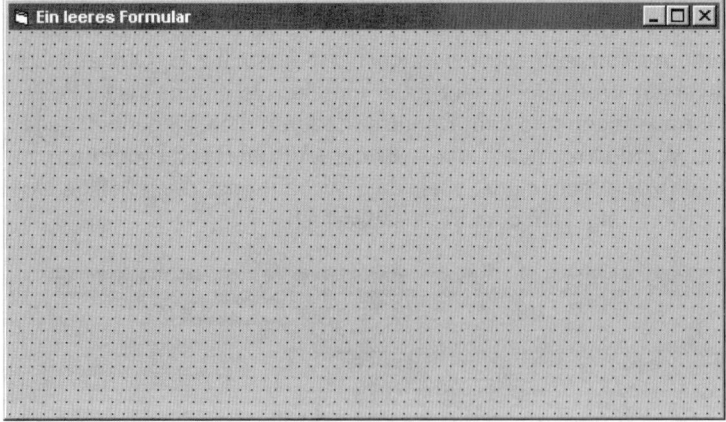

6.3.1   Die Möglichkeiten eines Formulars

Ein Formular ist die Grundlage für alle Fenster eines Visual-Basic-Programms. Dennoch ist es keine passive Unterlage, sondern ein Objekt mit vielen Eigenschaften, Methoden und Ereignissen. Im einzelnen können Sie mit einem Formular folgende Dinge anstellen:

➡ Steuerelemente für die Ein- und Ausgabe an einer beliebigen Stelle auf dem Formular anordnen.

➡ Über die *Print*-Methode Text direkt auf der Innenfläche des Formulars ausgeben.

➡ Über Grafikmethoden, wie z.B. *Line* oder *Circle*, in der Innenfläche des Formulars zeichnen.

➡ Über die *PrintForm*-Methode den Inhalt eines Formulars auf dem Drucker ausgeben.

➡ Über die *Picture*-Eigenschaft in der Innenfläche des Formulars eine Bitmap darstellen.

➡ Ein Formular über die *MDIChild*-Eigenschaft zu einem Unterformular eines MDI-Formulars machen.

Möchten Sie erreichen, dass das Formular nach dem Start automatisch in der Mitte des Bildschirms erscheint, verwenden Sie dafür die StartUpPosition-Eigenschaft.

:-)
TIP

6.3.2 Einschränkungen bei einem Formular

Leider ist ein Formular nicht so universell, wie es zunächst den Anschein haben mag. Es gibt auch eine Reihe von Einschränkungen, die zum einen in der Natur von Windows liegen (so müssen Formulare immer rechteckig sein – wenngleich sich durch Subclassing auch ovale Formulare »clonen« lassen – und können nicht größer werden als der Bildschirm), zum anderen (aus nicht immer nachvollziehbaren Gründen) von den Microsoft-Entwicklern auferlegt wurden. Im einzelnen können Sie folgende Dinge nicht mit einem Standardformular durchführen:

➡ Den Inhalt eines Formulars scrollen.

➡ Den Inhalt eines Formulars im Verhältnis 1:1 auf dem Drucker ausgeben.

➡ Die Steuerelemente auf einem Formular beim Vergrößern des Formulars automatisch in ihrer Größe anpassen.

Diese Dinge müssen im Programmcode implementiert werden, sind aber in der Regel nicht allzu schwierig zu handhaben.

Falls es Sie interessiert, wie der ovale Effekt zustande gekommen ist: Dazu sind lediglich zwei API-Funktionen erforderlich (setzen Sie vorher die ScaleMode-Eigenschaft des Formulars auf den Wert 3-Pixel):

INFO

```
Option Explicit
Private Declare Function CreateEllipticRgn Lib "gdi32" (ByVal X1 As Long,
ByVal Y1 As Long, ByVal X2 As Long, ByVal Y2 As Long) As Long
Private Declare Function SetWindowRgn Lib "user32" (ByVal hWnd As Long,
ByVal hRgn As Long, ByVal bRedraw As Boolean) As Long

Private Sub Form_Load()
```

Abbildung 6.18:
Formulare müs-
sen nicht unbe-
dingt recht-
eckig sein – ein
praktischer Nut-
zen dürfte sich
daraus aber
nicht ergeben.

```
Me.Show
    SetWindowRgn hWnd, CreateEllipticRgn(0, 0, Me.ScaleWidth,
Me.ScaleHeight), True
End Sub
```

Tabelle 6.2:
Die wichtigsten
Eigenschaften
eines Formulars.

Eigenschaft	Bedeutung
BorderStyle	Legt die Art der Umrandung des Formulars fest.
Caption	Inhalt der Titelzeile.
ControlBox	Legt fest, ob das Formular eine Systemschaltfläche besitzt.
Icon	Symbol, welches das Formular bei Verkleinerung auf Symbolgröße erhält.
KeyPreview	Legt fest, ob Tastatureingaben zuerst an das Steuerelement mit Fokus oder das Formular selbst gehen.
MaxButton	Legt fest, ob das Formular eine Maximalschaltfläche besitzt.
MinButton	Legt fest, ob das Formular eine Minimalschaltfläche besitzt.
Picture	Bezug auf eine Bitmap, die in dem Formular dargestellt wird.
WindowState	Legt fest, ob das Formular nach seiner Aktivierung in normaler Größe, als Symbol oder in voller Bildschirmgröße angezeigt wird.

6.4 Wo gibt es mehr Steuerelemente?

Als frischer Visual-Basic-Einsteiger gerät man schnell in eine Art »Steuerelemente-Rausch« und möchte alles ausprobieren, was es auf dem Markt gibt (etwas später stellt man dann fest, dass man bis auf ein zusätzliches Tabellensteuerelement in der Regel nichts braucht, was es nicht schon in Visual Basic gibt). Da wären zunächst einmal die (ActiveX-) Zusatzsteuerelemente der Profi- und Enterprise-Edition, von denen jene, die für Benutzeroberflächen eine Rolle spielen, in Kapitel 12, »Windows-Standardsteuerelemente und ihre Kollegen«, vorgestellt werden. Da wären zum anderen die Windows-Standardsteuerelemente der Dateien *Comctl32.ocx* und *Comct232.ocx*, die über den Menübefehl PROJEKT | KOMPONENTEN in ein Projekt eingebunden werden und in denen eine Reihe zusätzlicher Steuerelemente enthalten sind. Eine Fülle von ActiveX-Zusatzsteuerelementen finden Sie natürlich im Intenet. Probieren Sie es einfach selber einmal aus. Eine erste Übersicht über das überaus reichhaltige Angebot finden Sie unter den einschlägigen Adressen, z.B. *www.download.com/PC/Activex*, und bei Microsoft unter *www.eu.microsoft.com/vbasic* (hier müssen Sie sich aber erst registrieren lassen). Bitte denken Sie daran, dass die meisten der hier angebotenen Steuerelemente lediglich zum Ausprobieren da sind und bei regelmäßiger, vor allem aber bei kommerzieller Nutzung lizenziert werden müssen. Die schnelle Verfügbarkeit über das Web darf nicht darüber hinwegtäuschen, dass auch diese Software jemand programmiert hat, der davon leben möchte (oder muss). Es gibt allerdings auch viele kostenlose Zusatzsteuerelemente.

Auch Office'97 enthält eine Reihe von Steuerelementen (ihnen geht der Name »Microsoft Forms 2.0« voraus). Es handelt sich um eigenständige Steuerelemente (sie liegen als ActiveX-Steuerelemente in der Datei *Fm20.dll* vor), die weitestgehend den Standardsteuerelementen der Werkzeugsammlung entsprechen, aber etwas andere Eigenschaften und einige sehr interessante Erweiterungen besitzen. Diese Steuerelemente können Sie allerdings nicht auf einem normalen Formular einsetzen, Sie müssen vielmehr über den Menübefehl PROJEKT | KOMPONENTEN in der Registerkarte *Designer* den Eintrag »Microsoft Forms 2.0 Form« hinzufügen. Anschließend können Sie über den Menübefehl PROJEKT | MICROSOFT FORMS 2.0 FORM ein neues (Office-Formular) zu Ihrem Projekt hinzufügen, auf dem die verschiedenen Microsoft-Forms-2.0-Steuerelemente angeordnet werden können. Damit können Sie in Visual Basic Formulare erstellen, die sowohl in Visual-Basic-Projekten als auch in Office-Anwendungen zum Einsatz kommen können.

in ActiveX

Newest titles

new Newest Titles
pick Top Picks

Recent ActiveX arrivals to DOWNLOAD.COM

[PREVIOUS] 1 2 [NEXT]

Found: **49**
Displaying: **1-25**

sort by:	title		date	downloads
new	ProtoView WinX Component Library 3.0 Use 17 controls to edit and display data	Get it now! Buy Direct	9/14/98	2,003
new	BTM RegOCX 98 4.7 Manage your OCX and DLL registries		9/14/98	2,158
new	bls3DPanel 1.00.0007 Add 3D effects to your application's GUI		9/10/98	165
new	A-Soft ShapeIt 1.1 See how to create windows and controls in a any shape		9/10/98	134
new	Application in System Tray 1.0 Put your Visual Basic applications in the system tray		9/10/98	125
new	Textbox Calendar OCX 1.3 Incorporate a drop-down text box for dates into your VB applications		9/10/98	2,172
new	CEBware MessageAssistant 1.0 Include an assistant in your applications		9/10/98	29

6.5 Zusammenfassung

Die Werkzeugsammlung verfügt von Anfang an über 20 Steuerelemente, mit denen sich bereits einfache Benutzeroberflächen realisieren
lassen. Jedes der Steuerelemente verfügt über charakteristische Eigenschaften, Methoden und Ereignisse, mit denen es sich funktional in
eine Benutzeroberfläche einbeziehen lässt. Der Programmieraufwand
ist relativ gering, da viele elementare Funktionen, wie z.B. die Editier-
möglichkeiten eines Textfelds, bereits fest eingebaut sind und nicht
nachträglich implementiert werden müssen (sie können allerdings
nachträglich geändert werden). Sollten die Werkzeuge der Werkzeugsammlung nicht ausreichen (und das wird schnell passieren), können
Sie über den Menübefehl PROJEKT | KOMPONENTEN weitere Steuerele-
mente hinzuladen. Mehr zu diesem Thema in Kapitel 12, in dem die
wichtigsten Zusatzsteuerelemente vorgestellt werden.

Eingaben über Maus und Tastatur

Kapitel **7**

*I*n diesem Kapitel geht es um das Prinzip, nach dem ein Visual-Basic-Programm Eingaben über Maus und Tastatur entgegennimmt, oder etwas akademischer formuliert, um die Interaktion mit dem Benutzer über eine visuelle Schnittstelle. Auch wenn es sich bei Maus und Tastatur um verschiedene Eingabegeräte handelt, besitzen sie eine grundlegende Gemeinsamkeit: Jede Eingabe löst ein Ereignis aus und führt damit zum Aufruf einer Ereignisprozedur. Unterschiede gibt es naturgemäß bei den Argumenten, die mit einem Eingabeereignis übergeben werden. Während es bei einem Mausereignis die aktuellen Mauskoordinaten sind, sind es bei einem Tastaturereignis der Tasten- oder Zeichencode der gedrückten Taste.

Neben der allereinfachsten Mauseingabeaktion, dem Anklicken eines Bedienelements mit der Maus, unterstützt Windows noch eine zweite Mausaktion: Das Ziehen und Ablegen (engl. »drag and drop«) wahlweise von Steuerelementen (Standard-Drag&Drop) oder einzelnen Textelementen (OLE-Drag&Drop) mit der Maus.

Sie lesen in diesem Kapitel etwas über:

➡ die Auswertung von Tastatureingaben

➡ Spezialfälle bei der Eingabe über die Tastatur

➡ Eingaben über die Maus

➡ das Auslösen von Aktionen

➡ Spezialfälle beim Umgang mit der Maus

➡ Ziehen- und Ablegen-Operationen mit Steuerelementen

➡ OLE-Drag&Drop

7.1 Die Auswertung von Tastatureingaben

Auch wenn bei Visual-Basic-Programmen naturgemäß die »visuelle« Komponente im Vordergrund steht, spielen auch Tastatureingaben eine wichtige Rolle. Genau wie jede Windows-Anwendung sollte auch eine Visual-Basic-Anwendung (vollständig) über die Tastatur steuerbar sein. Zum Glück ist dieser Aspekt schnell abgehandelt. Um das Prinzip der Tastatureingabe bei Windows besser verstehen zu können, muss zunächst die Rolle des Eingabefokus erklärt werden.

7.1.1 Die Rolle des Eingabefokus

Um zu verstehen, wie in Visual Basic eine Eingabe durchgeführt wird, muss man die Bedeutung des *Eingabefokus* kennen. Zum Glück ist Windows in dieser Beziehung sehr übersichtlich. Anders als unter Windows 3.1, wo aufgrund der Tatsache, dass es nur einen zentralen Nachrichtenspeicher gab, auch nur eine Anwendung zu einem Zeitpunkt auf Eingaben reagieren konnte, kann es bei Windows 9x und Windows NT zu einem Zeitpunkt auch mehrere aktive Anwendungen geben. In einer einzelnen Anwendung kann dagegen zu einem Zeitpunkt nur ein Eingabeelement aktiv sein. Dieses Eingabeelement besitzt den sogenannten Eingabefokus. Dies ist für den Umgang mit Benutzeroberflächen ein sehr wichtiger Begriff. Das Steuerelement, das zur Zeit den Eingabefokus besitzt, erkennen Sie an seiner Optik. Entweder blinkt in seinem Eingabefeld die Textmarke (auch Caret genannt), oder seine Innenfläche enthält ein gestricheltes Rechteck, wie es bei Befehlsschaltflächen der Fall ist. Innerhalb eines Fensters kann der Eingabefokus über die ⇥-Taste zum nächsten Eingabeelement bewegt werden. Da nicht alle Steuerelemente den Eingabefokus besitzen können, werden auch nicht alle Steuerelemente durch die ⇥-Taste »angesprungen«. Die Reihenfolge, in der die einzelnen Eingabefelder eines Formulars den Eingabefokus über die ⇥-Taste erhalten, wird als Tab-Reihenfolge bezeichnet. Sie wird bei Steuerelementen über die *TabIndex*-Eigenschaft festgelegt. Natürlich kann der Fokus auch über die Maus gesetzt werden, indem ein Eingabefeld mit der Maus angeklickt wird. Die Tab-Reihenfolge spielt hier natürlich keine Rolle, denn der Benutzer kann jederzeit, sofern es nicht vorübergehend gesperrt ist, ein beliebiges Eingabefeld anklicken.

Für die Programmierung sind vor allem zwei Dinge interessant:

1. Zu erfahren, wann ein Eingabeelement den Eingabefokus erhält und wieder verliert.

2. Den Namen jenes Eingabeelements zu erfahren, das zur Zeit den Eingabefokus besitzt.

Die erste Frage ist für die Überprüfung einer Eingabe von Bedeutung. So ist es gerade in Eingabemasken häufig üblich, eine vom Benutzer getätigte Eingabe zu überprüfen, sobald dieser das Eingabefeld verlässt, d.h. dieses den Eingabefokus verliert. Über die Ereignisse *GotFocus* und *LostFocus* teilt Windows dem Programm mit, wann ein Eingabeelement den Fokus erhält (*GotFocus*-Ereignis) und wieder verlässt (*LostFocus*-Ereignis).

Um herauszufinden, welches Steuerelement zur Zeit das aktive Steuerelement ist, gibt es die *ActiveControl*-Eigenschaft des *Screen*-Objekts. Diese Eigenschaft besitzt eine »Eigenheit«, die Einsteigern oft gewisse Verständnisprobleme bereitet. Spontan würde man vermuten, dass die *ActiveControl*-Eigenschaft den Namen des aktiven Steuerelements enthält, der z. B. über eine *Print*-Methode ausgegeben werden kann. Dem ist aber (natürlich) nicht so, denn mit dem Namen wäre nicht viel gewonnen. Um zum Beispiel zu erreichen, dass das aktive Steuerelement stets eine andere Hintergrundfarbe erhält, benötigen wir die Referenz auf die Komponente. Und genau diese Referenz gibt die *Active-Control*-Eigenschaft zurück:

```
Screen.ActiveControl.BackColor = NOT _
Screen.ActiveControl.BackColor
```

Achten Sie genau auf die Verteilung der Punkte. Der erste Punkt kommt nach dem Objekt *Screen*, denn bei *ActiveControl* handelt es sich um eine Eigenschaft. Doch warum folgt auf *ActiveControl* ein weiterer Punkt? Die Antwort kennen Sie bereits. Da die *ActiveControl*-Eigenschaft eine Referenz auf ein Steuerelement zurückgibt, steht der Ausdruck *Screen.ActiveControl* für dieses Steuerelement. Um auf eine Eigenschaft dieses Steuerelements zuzugreifen, müssen Sie sie wie gewohnt durch einen Punkt getrennt auf den Objektnamen folgen lassen.

Erhält ein Steuerelement den Eingabefokus, wird bei dem Steuer- **Merksatz**
element ein GotFocus-Ereignis ausgelöst. Hat ein Steuerelement den Eingabefokus wieder verloren, ist ein LostFocus-Ereignis die Folge.

Beachten Sie, dass, wenn ein *LostFocus*-Ereignis eintritt, das Steuerelement den Fokus bereits verloren hat und bei dem nächsten Steuerelement der Tab-Reihenfolge automatisch ein *GotFocus*-Ereignis ausgelöst wird. Ein *LostFocus*-Ereignis wird aber nur dann ausgelöst, wenn der Eingabefokus innerhalb des Formulars verschoben wird. Verliert ein Steuerelement den Eingabefokus, weil der Benutzer zu einer anderen Applikation wechselt, ist kein *LostFocus*-Ereignis die Folge, da, sobald die Applikation wieder zur aktiven Applikation wird, der Fokus in dem Eingabefeld bleibt (es wird in diesem Fall daher auch kein *GotFocus*-Ereignis ausgelöst).

Neu Da das reichlich komplizierte interne Zusammenspiel zwischen *LostFocus*- und *GotFocus*-Ereignis das Überprüfen der Eingabe, etwa in einem Textfeld, unnötig erschwert hat, gibt es ab Version 6.0 bei allen Steuerelementen ein *Validate*-Ereignis, das immer dann ausgelöst wird, wenn ein Steuerelement im Begriff ist, seinen Eingabefokus zu verlieren (es wird noch vor *LostFocus* ausgelöst). Wird innerhalb einer *Validate*-Eregnisprozedur das übergebene *Cancel*-Argument auf *True* gesetzt, bleibt der Fokus in dem Steuerelement, und nichts passiert.

7.1.2 Tastaturereignisse

Wird bei der Ausführung eines Visual-Basic-Programms eine Taste gedrückt, werden in dem Steuerelement, das den Fokus besitzt, nacheinander die Tastaturereignisse *KeyDown*, *KeyPress* und *KeyUp* ausgelöst.

Tabelle 7.1:
Die Bedeutung
der Tastatur-
ereignisse.

Ereignis	Syntax	Bedeutung
KeyDown	*Tastencode As Integer, Umschalt As Integer*	Wird ausgelöst, nachdem die Taste gedrückt wurde.
KeyPress	*Ansicode As Integer, Umschalt As Integer*	Folgt automatisch auf das *KeyDown*-Ereignis.
KeyUp	*Tastencode As Integer, Umschalt As Integer*	Wird ausgelöst, nachdem die Taste losgelassen wurde.

Warum hat eine so simple Angelegenheit wie das Drücken einer Taste gleich drei Ereignisse zur Folge? Der Unterschied zwischen dem *KeyPress*- und dem *KeyDown*-Ereignis ist schnell erklärt. Da das *KeyDown*-Ereignis auf einer unteren Ebene im System ausgelöst wird, übergibt es als Argument den Tastaturcode. Das *KeyPress*-Ereignis kommt etwas später und übergibt stattdessen den ANSI-Code. In vielen Fällen sind die von *KeyDown* (bzw. *KeyUp*) und *KeyPress* übergebenen Argumente identisch. So erhalten Sie beim Drücken der Taste »1« in beiden Fällen den Wert 48. Drücken Sie allerdings die Taste »A«, erhalten Sie von *KeyDown* den Wert 65, von *KeyPress* aber den Wert 97. Wie kommt dieser Unterschied zustande? Ganz einfach, 65 ist der (virtuelle) Tastencode für die Taste »A«, bei 97 handelt es sich dagegen um den ANSI-Code (manchmal auch ASCII-Code genannt) des Buchstaben a. Drücken Sie die ⏏-Taste, die selber ein *KeyDown-* und *KeyUp*-Ereignis auslöst, ändert sich daran zwar nichts, doch das *Shift*-Argument der *KeyPress*-Ereignisprozedur gibt nun an, dass auch die ⏏-Taste gedrückt wurde.

Die Tastaturcodes für alle Tasten stehen über den Objektkatalog (F2 *-Taste) unter der Rubrik »VBRUN« in Form von Konstanten, wie z.B. vbKeyF1 oder vbKeyEscape, zur Verfügung. Diese Konstanten können Sie direkt in das Programm eingeben. Sie müssen also keine Tastaturcodes auswendig lernen, sondern lediglich wissen, wie die dafür zuständige Konstante heißt.*

:-)
TIP

Alle Tastenkombinationen, wie zum Beispiel Alt *+* F4 *, oder spezielle Steuertasten, wie die* Esc *-Taste, besitzen nur einen Tastencode, aber keinen ANSI-Code und lösen daher nur ein KeyDown- und KeyUp-, allerdings kein KeyPress-Ereignis aus.*

INFO

7.1.3 Zeichen und ihre Tastencodes

Der letzte Hinweis bietet eine hervorragende Gelegenheit, auf ein zwar triviales, dennoch aber wichtiges Thema einzugehen. Welcher Tastencode wird einem Zeichen eigentlich zugeordnet? Normalerweise ist diese Frage nicht wichtig, da man diese Dinge Windows überlassen kann. Doch sobald Sie z.B. in die Verlegenheit kommen, das Betätigen der Pos1 - oder F12 -Taste feststellen zu müssen, oder ganz einfach verhindern möchten, dass ein Benutzer in ein Textfeld über die Tastenkombination ⏏ + Einfg den Inhalt der Zwischenablage einfügen darf (das macht Ihnen die schönste Eingabeüberprüfung kaputt, da in diesem Fall natürlich kein *KeyPress*-Ereignis ausgelöst wird), kommt man nicht umhin, sich mit dem Thema Tastencodes zu beschäftigen. Was Buchstaben, Zahlen und Sonderzeichen wie ! oder ? angeht, ist die Sache klar, diese entsprechen einem ANSI-Code. Die Tastencodes der übrigen Tasten schaut man entweder in der Visual-Basic-Hilfe nach

(Stichwort Tastencode-Konstanten), oder Sie finden sie heraus, indem Sie sich das Argument *KeyCode* in einer *KeyDown*-Prozedur im Debug-Fenster ausgeben lassen.

Merksatz *Der ANSI-Code ist ein international genormter (8-Bit-)Zeichencode, der jedem darstellbaren Zeichen einen Wert zwischen 0 und 255 zuweist. Bei den Zeichencodes zwischen 0 und 127 stimmt der ANSI-Code mit dem in der DOS-Welt üblichen ASCII-Code überein.*

Und was ist mit Unicode?

Richtig, da war doch noch etwas. Das Thema Unicode ist eines, das man als Buchautor am liebsten ganz verschweigen möchte, denn es macht einem die schönsten Erklärungen nach dem Motto »Bei Unicode sieht es aber ganz anders aus« wieder kaputt. Unicode ist ein 16-Bit-Zeichencode, der den unschätzbaren Vorteil bietet, sämtliche bekannten Schriftzeichen in einem Zeichencode zu vereinigen. Windows NT unterstützt Unicode, Windows 9x nur intern. Auch bei COM bzw. OLE werden alle String-Daten als Unicode gespeichert, auch unter Windows 9x. Da Visual Basic auf COM basiert, das mit Unicode arbeitet, werden intern alle Zeichen als Unicode gespeichert, extern, d.h. beim Zugriff auf String-Variablen, arbeiten Sie dagegen mit ANSI-Code. Probleme können durch diesen Umstand normalerweise keine entstehen, man muss nur wissen, dass Visual Basic in einer Zeichenkette für jedes Zeichen zwei Byte speichert und daher die *Len*-Methode die Anzahl an Zeichen, die *LenB*-Methode aber die Anzahl an Byte, d.h. die »wahre« Länge der Zeichenkette, zurückgibt. Für Umwandlungen zwischen Unicode-, ANSI- und anderen Codes stellt Visual Basic die *StrConv*-Methode zur Verfügung. Für die »normale« Visual-Basic-Programmierung spielt die Unterscheidung ANSI/Unicode zum Glück keine Rolle, da Visual Basic alle Umwandlungen intern vornimmt.

7.2 Spezialfälle bei der Tastatureingabe

In diesem Abschnitt werden eine Reihe von »Spezialfällen« behandelt, die bei der Auswertung von Tastatureingaben eine Rolle spielen können.

7.2.1 Programmsteuerung per Tastatur

Auch wenn eine Benutzeroberfläche wie Windows in erster Linie für die Bedienung mit der Maus konzipiert wurde, steuern viele Anwender (insbesondere wenn sie MS-DOS gewöhnt sind) ihre Programme am liebsten über die Tastatur. Entwickler, die noch unter MS-DOS programmiert haben, kannten eine Reihe von Tricks und Techniken, die unter Windows nicht mehr anwendbar sind. Unter »DOS-Basic« war es üblich, Programmteile, wie zum Beispiel eine *Do-Loop*-Schleife, jederzeit per Tastendruck abbrechen zu können:

```
Do While Inkey$ = ""
    ' Anweisungen
Loop
```

In Visual Basic gibt es diese einfache Möglichkeit nicht, da Tastatureingaben stets Ereignisse zur Folge haben und nicht aus dem Tastatureingabepuffer, wie es die *Inkey$*-Anweisung macht, ausgelesen werden. Damit das Programm während der Abarbeitung einer umfangreicheren Programmschleife in der Lage ist, auf Ereignisse wie beispielsweise eine Tastatureingabe zu reagieren, muss eine *DoEvents*-Anweisung eingefügt werden:

```
Do
    DoEvents
    ' Anweisungen
Loop
```

Die *DoEvents*-Anweisung sorgt dafür, dass während der Abarbeitung der *Do-Loop*-Schleife andere Ereignisprozeduren aufgerufen werden können.

Die *DoEvents*-Anweisung besitzt aber einen Nachteil, der sich in manchen Situationen ungünstig auswirken kann: Sie lässt alle möglichen Ereignisse zu. Oft möchte man aber lediglich auf eine Taste reagieren, dem Benutzer aber keine weiteren Eingriffsmöglichkeiten in die Programmsteuerung (etwa das Öffnen eines Menüs) geben. Für diesen Fall leistet die API-Funktion *GetAsyncKeyState* gute Dienste, die auf eine Tastatureingabe hin prüft. Das Besondere an *GetAsyncKeyState* ist, dass sie die Tastatur unabhängig davon prüft, welches Fenster oder Programm zur Zeit aktiv ist. Drückt der Benutzer z.B. die Taste A, liefert die Funktion in jedem Fall den entsprechenden Tastenstatus zurück, auch wenn der Tastendruck einem anderen Programm gegolten hat.

GetAsyncKeyState prüft, ob eine bestimmte Taste, deren virtueller **Syntax** Tastencode übergeben werden muss, gedrückt wurde.

```
Declare Function GetAsyncKeyState Lib "user32" _
(ByVal vKey As Long) As Integer
```

Übung 7.1: Die folgende Übung demonstriert den Einsatz der API-Funktion *Get-*
Direkte Tasta- *AsyncKeyState* zum direkten Eingriff in den Programmablauf. Es han-
turabfrage delt sich um ein simples Primzahlenprogramm, das nach dem Anklicken einer Schaltfläche alle Primzahlen zwischen 3 und 10001 in
einem Bildfeld ausgibt. Durch Drücken der ⌐Esc⌐-Taste kann die Berechnung der Primzahlen abgebrochen werden.

Abbildung 7.1:
Die Ausgabe der
Primzahlen
kann jederzeit
über die ⌐Esc⌐-
Taste abgebro-
chen werden.

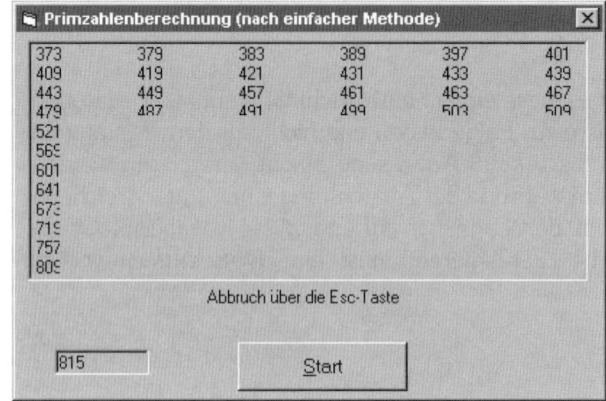

Die Steuerelemente des Formulars frmHaupt

Objekt	Bedeutung
picAusgabe	Bildfeld, in dem die Ausgabe der Primzahlen stattfindet.
lblZähler	Bezeichnungsfeld, das die aktuell getestete Zahl enthält.
cmdStart	Schaltfläche, die das Programm startet.

Die Prozedur des Formulars frmHaupt

Prozedur	Bedeutung
cmdStart_Click	Startet die Berechnung und Ausgabe der Primzahlen.

Listing 7.1:
Diese Primzah-
lenprozedur
kann über eine
beliebige Taste
jederzeit abge-
brochen werden.

```
Sub cmdStart_Click()
    Dim n As Integer, m As Integer
    Dim KeinePrim As Boolean
    cmdStart.Enabled = False
    picAusgabe.Cls
    For n = 3 To 10001 Step 2
        lblZähler.Caption = n
        DoEvents
        KeinePrim = False
```

```
        For m = 3 To n - 1 Step 2
           If n Mod m = 0 Then
              KeinePrim = True
              Exit For
           End If
           If (GetAsyncKeyState(vbKeyEscape) < 0) Then
              cmdStart.Enabled = True
              Exit Sub
           End If
        Next m

     If KeinePrim = False Then
        picAusgabe.Print n,
        If picAusgabe.CurrentX > picAusgabe.ScaleWidth - 2 _
        Then picAusgabe.Print
        If picAusgabe.CurrentY > picAusgabe.ScaleHeight - 2 _
        Then picAusgabe.Cls
        End If
     Next n
     cmdStart.Enabled = True
End Sub
```

Quiz

1. Wie hätte die Eingabe der [Esc]-Taste konventionell abgefragt werden müssen? Wo liegen die Vor- und Nachteile?

2. Welche Bedeutung hat die *DoEvents*-Anweisung, wie unterscheidet sie sich von der gleichnamigen Funktion? Welche Nachteile bringt sie mit sich? Welche (bessere) Alternative gäbe es?

3. Kann das Programm bei der Ausführung in der Entwicklungsumgebung ohne *DoEvents*-Anweisung überhaupt abgebrochen werden?

Die Auflösung zu dem kleinen Quiz finden Sie am Ende des Kapitels.

7.2.2 Wie kann ein Formular jederzeit aktiviert werden?

Die API-Funktion *GetAsyncKeyState* ermöglicht einen kleinen Programmiertrick, über den sich vor allem jene ehemaligen DOS-Programmierer freuen werden, die unter DOS am liebsten mit TSR-Programmen (»Terminate and Stay Resident«) gespielt hatten. Eine kurze Erklärung für jene Leser, die die glorreiche DOS-Ära nicht erleben durften: Ein TSR-Programm war ein Programm, das in den Arbeitsspeicher geladen und über einen Tastendruck aktiviert wurde. Unter Windows ist das natürlich nichts Besonderes, denn da Windows seit der Version 1.0 Multitasking bietet, können zu jedem Zeitpunkt (theoretisch) beliebig viele Programme aktiv sein. Doch genug der langen Vorrede, wie kann man ein auf Symbolgröße verkleinertes Formular per Tastendruck wiederherstellen? Da ein Formular nur dann *Key*-Ereignisse erhält, wenn es das aktive Formular ist, kommen Ereignisprozeduren nicht in Frage. Eine einfache Lösung stellt (Sie werden es sich schon gedacht haben) die API-Funktion *GetAsyncKeyState* dar, die einfach über einen Zeitgeber in regelmäßigen Abständen aufgerufen werden muss.

Beispiel Das folgende Beispiel zeigt, wie ein Formular, das auf Symbolgröße verkleinert wurde, über die Tastenkombination Alt + F2 wieder aktiviert werden kann. Dazu wird auf dem Formular ein Zeitgeber angeordnet, der in regelmäßigen Abständen den Zustand der Tasten Alt (Konstante *VK_MENU*) und F2 (Konstante *VK_F2*) prüft. Da die *GetAsyncKeyState*-Funktion einen Wert zurückgibt, dessen Bit 0 darüber Auskunft gibt, ob die betreffende Taste seit dem letzten Aufruf der Funktion gedrückt wurde, müssen *Timer*-Ereignis und Drücken der Taste nicht übereinstimmen. Wurden beide Tasten gedrückt, wird durch Setzen der *WindowsState*-Eigenschaft auf 0 das Fenster auf seine Normalgröße gebracht. Damit in dem Formular etwas zu sehen ist, wird über die *Print*-Methode ein kleiner Satz ausgegeben. Beachten Sie, dass – bedingt durch das Zeitgeberintervall (in diesem Beispiel 1 Sekunde) – das Fenster erst mit einer kurzen Verzögerung geöffnet wird.

Listing 7.2:
Dieses Pro-
grammlisting
zeigt, wie ein
nicht aktives For-
mular jederzeit
über eine Taste
reaktiviert wer-
den kann.

```
' Allgemein Teil
Option Explicit
Private Declare Function GetAsyncKeyState Lib "user32" _
(ByVal vKey As Long) As Integer

Const VK_MENU = &H12
Const VK_F2 = &H71

Private Sub Form_Load()
    picBild.Scale (0, 0)-(100, 100)
    picBild.Font.Size = 36
    picBild.CurrentX = 8 : picBild.CurrentY = 30
    picBild.Print "Hallo, da bin ich!"
    tmrZeit.Interval = 1000
End Sub

Private Sub tmrZeit_Timer()
    If GetAsyncKeyState(VK_MENU) And &H1 = 1 Then
        If GetAsyncKeyState(VK_F2) And &H1 = 1 Then
            Me.WindowState = 0
        End If
    End If
End Sub
```

7.2.3 Wie kann ein Tastendruck ungültig gemacht werden?

In manchen Fällen soll die Eingabe einer Taste zwar erkannt werden, ansonsten aber keine Auswirkung haben und z.B. nicht in einem Textfeld angezeigt werden. In diesem Fall muss dem Argument *KeyAscii* in der *KeyPress*-Prozedur der Wert 0 zugewiesen werden.

Das folgende Beispiel zeigt, wie die Eingabe bestimmter Tasten wirkungslos gemacht werden kann.

Beispiel

```
Private Sub txtEingabe_KeyPress(KeyAscii As Integer)
    Select Case KeyAscii
        Case "0" To "9"
            KeyAscii = 0
        End Select
End Sub
```

Durch die Abfrage des *KeyAscii*-Arguments werden die Zahlen 0 bis 9 ausgefiltert und trotz Eingabeereignis nicht im Textfeld angezeigt.

7.2.4 Eingabefokus über die ⏎-Taste bewegen

Viele Benutzer, die es gewohnt sind, eine Eingabe mit der ⏎-Taste zu quittieren, erwarten, dass der Fokus daraufhin in das nächste Eingabefeld springt. Zwar hindert Visual Basic niemanden daran, die ⏎-Taste zu drücken, doch da diese bei der Eingabe keine Sonderfunktion besitzt, passiert normalerweise nichts. Über die *SendKeys*-Anweisung ist es jedoch problemlos möglich, die ⏎-Taste mit der ⇆-Taste gleichzusetzen.

Das folgende Beispiel zeigt die *KeyPress*-Ereignisprozedur eines Textfelds, in dem das Betätigen der ⇆-Taste dazu führt, dass der Fokus in das nächste Eingabefeld springt.

Beispiel

```
Private Sub txtEingabe_KeyPress (KeyAscii As Integer)
    If KeyAscii = 13 Then        ' Eingabetaste abfragen
        SendKeys "{TAB}"         ' Tab-Taste simulieren
        KeyAscii = 0             ' Eingabe ungültig machen
    End If
End Sub
```

7.2.5 Wann erhält eigentlich ein Formular Tastaturereignisse?

Da ein Formular nur dann den Eingabefokus erhält, wenn es entweder keine Steuerelemente enthält oder alle Steuerelemente deaktiviert sind (*Enabled=False*), kann es normalerweise auch keine Tastaturereignisse erhalten. In manchen Fällen soll aber eine Taste, wie zum Beispiel die F10-Taste, im gesamten Formular stets die gleiche Bedeutung besitzen (dies war eine unter DOS übliche Methode). Damit eine Abfrage auf diese Taste nicht in jeder *KeyDown*-Prozedur der Steuerelemente des Formulars eingebaut werden muss, besitzt das Formular die *KeyPreview*-Eigenschaft. Besitzt diese Eigenschaft den Wert *True*, erhält das Formular Tastatureingaben vor dem aktiven Steuerelement.

Merksatz *Besitzt die KeyPreview-Eigenschaft eines Formulars den Wert True, erhält sie als erstes alle Tastatureingaben.*

7.2.6   Befehlsschaltflächen spielen eine Sonderrolle

Bei der Auswertung von Tastatureingaben spielen Befehlsschaltflächen eine Sonderrolle. Dies wird durch die Benutzerphilosophie von Windows bedingt, nach der das Betätigen der ↵-Taste in der Regel eine Standardaktion (Default) auslöst, während das Betätigen der Esc-Taste zum Abbruch eines Vorgangs führt. Um dieses Verhalten auf einem Formular realisieren zu können, müssen die Eigenschaften *Cancel* und *Default* bei den entsprechenden Schaltflächen gesetzt werden. Unterschätzen Sie die Wichtigkeit dieser Eigenschaften nicht, denn ein erfahrener Benutzer erwartet, dass diese Funktionalität zur Verfügung steht, und sich ein Dialogfeld z. B. über die Esc-Taste schließen lässt.

 Auf einem Formular kann zu einem Zeitpunkt immer nur bei einer Schaltfläche Cancel=True bzw. Default=True sein.

Merksatz *Über die Default-Eigenschaft erhält eine Schaltfläche die Rolle der Default-Schaltfläche, die auch über die ↵-Taste ausgelöst werden kann, wenn die Schaltfläche nicht den Eingabefokus besitzt.*

Merksatz *Über die Cancel-Eigenschaft erhält eine Schaltfläche die Rolle der Abbruchschaltfläche. Das Betätigen der Esc-Taste hat dann die gleiche Wirkung wie das Anklicken der Abbrechen-Schaltfläche mit der Maus.*

7.2.7   Wie kann ich den Eingabecursor unsichtbar machen?

Insbesondere in Multmedia-Anwendungen oder bei Bildschirmschonern ist es erforderlich, den Mauszeiger unsichtbar zu machen. Dazu ist die API-Funktion *ShowCursor* zuständig.

Syntax *ShowCursor schaltet den Mauszeiger ein bzw. aus.*

```
Declare Function ShowCursor Lib "user32" Alias "ShowCursor" _
(ByVal bShow As Long) As Long
```

Die Argumente und ihre Bedeutung:

Argument	Bedeutung
bShow	Ist der Wert *False*, soll der Mauszeiger unsichtbar, ansonsten sichtbar gemacht werden.
Rückgabewert	Der interne Mauszeigerzähler. Ist dieser größer oder gleich Null, ist der Mauszeiger sichtbar.

Der folgende Aufruf macht den Mauszeiger unsichtbar: **Beispiel**

```
RetVal = ShowCursor(False)
```

Dieser Aufruf macht ihn wieder sichtbar:

```
RetVal = ShowCursor(True)
```

Auch bei einem unsichtbaren Mauszeiger wird ein *MouseMove*-Ereignis ausgelöst. Bei der API-Funktion *ShowCursor* gibt es eine Besonderheit zu beachten. Da diese Funktion von jedem Windows-Programm aufgerufen werden kann, es aber nur einen Mauszeiger gibt, macht die Funktion den Mauszeiger nicht einfach nur unsichtbar bzw. sichtbar, sie erniedrigt bzw. erhöht vielmehr eine interne Variable bei jedem Aufruf um 1, um sich zu merken, wie oft die *ShowCursor*-Funktion aufgerufen wurde. Um wirklich sicherzugehen, dass der Mauszeiger unsichtbar ist, muss die *ShowCursor*-Funktion so lange aufgerufen werden, bis sie den Wert Null zurückgibt:

```
Sub MausZeigerEinAus (Modus As Integer)
    If Modus = True Then
        Do While ShowCursor(True) >= 0
        Loop
    Else
        Do While ShowCursor(False) >= 0
        Loop
    End If
End Sub
```

7.2.8   Direkte Tastaturabfrage

Dass Tastatureingaben stets über die Ereignisse *KeyDown*, *KeyPress* und *KeyUp* dem Steuerelement mit dem Eingabefokus gemeldet werden, entspricht zwar dem ereignisgesteuerten Charakter von Visual Basic (bzw. Windows allgemein), ist aber nicht immer die eleganteste Lösung. Am Beispiel der *KeyPreview*-Eigenschaft eines Formulars wurde gezeigt, wie einfach sich Tastaturabfragen für das gesamte Formular realisieren lassen. Doch auch dies ist noch nicht der direkteste Weg, um den Zustand einzelner Tasten zu ermitteln. Was ist zu tun, um jederzeit abfragen zu können, ob der Benutzer eine bestimmte Tastenkombination gedrückt hat? Da Visual Basic Tastatureingaben ausschließlich ereignisorientiert und »objektbezogen« verarbeitet, muss wieder einmal die Windows-API einspringen. Diesmal ist es nicht *AsyncKeyState* (das hatten wir ja schon), sondern die API-Funktion *GetKeyboardState*, welche den aktuellen Zustand aller insgesamt 256 (virtueller) Tasten in ein Feld überträgt.

Wann immer eine Taste betätigt wird, meldet der Tastaturtreiber einen Scancode. Um zu vermeiden, dass unterschiedliche Tastaturen für ein und dasselbe Zeichen unterschiedliche Codes melden, wird ein Scancode von Windows in einen sogenannten virtuellen Tastencode umgewandelt, der z.B. über die Ereignisprozedur *KeyDown* das Visual-Basic-Programm erreicht. Das Attribut »virtuell« bezieht sich lediglich auf den Umstand, dass dieser Code unabhängig vom Scancode der Tastatur ist. Der virtuelle Tastencode wird anschließend in einen ANSI-Code umgewandelt, der über die Ereignisprozedur *KeyPress* an das Visual-Basic-Programm weitergereicht wird. Bei dieser Umwandlung wird z.B. auch der Zustand der ⬆-Taste berücksichtigt. So ergibt der virtuelle Tastencode für die Taste Ⓐ den Wert 97. Wurde gleichzeitig aber die Ⓐ-Taste betätigt, wird aus dem virtuellen Code 97 der ANSI-Code 65.

Syntax *GetKeyboardState* ermittelt den Zustand aller (virtueller) Tasten der Tastatur, wobei z.B. auch zwischen der linken und der rechten ⬆- Taste unterschieden wird.

```
Declare Function GetKeyboardState Lib "user32" Alias _
"GetKeyboardState" (pbKeyState As Byte) As Long
```

Der Aufruf der Funktion ist sehr einfach. Als Argument wird lediglich eine aus 256 Byte bestehende Feldvariable übergeben. Nach dem Aufruf der Funktion enthält jedes Element der Feldvariablen einen *Byte*-Wert, der über den Zustand der korrespondierenden Taste Auskunft gibt.

Beispiel Im folgenden Beispiel wird über die *Timer*-Prozedur eines Zeitgebers in regelmäßigen Abständen *GetKeyboardState* aufgerufen, um den Zustand der Ⓐⓛⓣ-Taste zu überprüfen. Anhand von Bit 7 in Feld Nr. 18 lässt sich feststellen, ob die Taste gedrückt ist (Bit 7 = 1) oder nicht. Bit 0 wechselt mit jedem Betätigen einer Taste zwischen 0 und 1, und gibt so darüber Auskunft, ob eine Taste »eingerastet« ist oder nicht. Die für die Abfrage der virtuellen Tastencodes benötigten Konstanten (sie beginnen stets mit dem Präfix VK_) finden Sie in der Datei *Win32api.txt*.

```
Const VK_MENU = &H12

Private Sub tmrZeit_Timer()
    Dim TastaturTabelle(256) As Byte
    Call GetKeyboardState(TastaturTabelle(0))
    lblVKCode.Caption = (TastaturTabelle(VK_MENU)) And &H80
End Sub
```

7.3   Eingaben über die Maus

Auch die Maus löst als Eingabegerät, genau wie die Tastatur, eine Reihe von Ereignissen aus. Wie bei den Tastaturereignissen beziehen sich auch die Mausereignisse immer auf ein Steuerelement oder das Formular. Im Gegensatz zu den Tastaturereignissen sind das Formular und die auf ihm angeordneten Steuerelemente gleichberechtigt, d.h., ein Formular enthält auch dann sämtliche Mausereignisse, wenn es aktive Steuerelemente enthält, denn der Eingabefokus spielt hier keine Rolle. Im einzelnen handelt es sich bei den Mausereignissen um:

■➤ *Click*-Ereignis

■➤ *DblClick*-Ereignis

■➤ *MouseDown*-Ereignis

■➤ *MouseUp*-Ereignis

■➤ *MouseMove*-Ereignis

Ereignis	Syntax	Tritt auf, sobald …
Click	()	das Steuerelement mit der linken Maustaste einmal angeklickt wird;
DblClick	()	das Steuerelement mit der linken Maustaste doppelt angeklickt wird;
MouseDown	Button As Integer, Shift As Integer, x As Single, y As Single	eine Maustaste gedrückt wird;

Tabelle 7.2: Diese Ereignisse werden durch Mausaktionen ausgelöst.

Ereignis	Syntax	Tritt auf, sobald ...
MouseUp	*Button As Integer, Shift As Integer, x As Single, y As Single*	eine gedrückte Maustaste wieder losgelassen wird;
MouseMove	*Button As Integer, Shift As Integer, x As Single, y As Single*	wenn der Mauszeiger in der Innenfläche des Steuerelements oder des Formulars bewegt wird.

Auf den ersten Blick scheint es keinen Grund dafür zu geben, zwischen einem *Click*- und einem *MouseDown*-Ereignis zu unterscheiden, denn beide sind im Prinzip unzertrennlich. Die Unterscheidung, die in erster Linie die Übersichtlichkeit erhöhen soll, ist daher auch eine künstliche. Das *MouseDown*-Ereignis unterscheidet sich vom *Click*-Ereignis in erster Linie dadurch, dass es auf beide (bzw. alle drei) Maustasten reagiert, während das *Click*-Ereignis nur auf die linke Maustaste anspricht. Außerdem werden sowohl beim *MouseDown*-, beim *MouseMove*- als auch beim *MouseUp*-Ereignis vier Argumente übergeben:

Argument	Bedeutung
Button	Gibt an, welche Maustaste gedrückt wurde (1=linke, 2=rechte und 4=mittlere Maustaste).
Shift	Gibt an, ob zusätzlich die ⌂-, die Strg- oder die Alt-Taste gedrückt wurde (⌂=1, Strg=2 und Alt=4, diese Werte werden addiert).
X, Y	Aktuelle Position des Mauszeigers. Die Werte beziehen sich stets auf das (innere) Koordinatensystem des Objekts, es sind keine absoluten Bildschirmkoordinaten.

Beispiel Das folgende Beispiel gibt ein Mitteilungsfeld aus, sobald ein Textfeld *txtEingabe* mit der rechten Maustaste angeklickt wird.

```
Private Sub txtEingabe_MouseDown(Button As Integer, Shift As Integer, X As
Single, Y As Single)
    If Button = vbRightButton Then
        MsgBox Item := "Das war die rechte Taste"
    End If
End Sub
```

Beim Anklicken des Textfelds mit der Maus wird geprüft, ob die rechte Maustaste gedrückt wurde. Die Konstante *vbRightButton* ist vordefiniert und wird z. B. über den Objektkatalog in das Programm kopiert oder direkt eingegeben.

7.3.1 Die Reihenfolge der Mausereignisse

Bei insgesamt sechs Mausereignissen ist natürlich die Frage interessant, in welcher Reihenfolge die einzelnen Ereignisse eintreten. Wird ein Steuerelement mit der Maus angeklickt, treten nacheinander folgende Ereignisse ein:

1. *MouseDown*-Ereignis

2. *MouseUp*-Ereignis

3. *Click*-Ereignis

Wird ein Steuerelement mit der Maus doppelt angeklickt, treten nacheinander folgende Ereignisse ein:

1. *MouseDown*-Ereignis

2. *MouseUp*-Ereignis

3. *Click*-Ereignis

4. *DblClick*-Ereignis

5. *MouseUp*-Ereignis

Intern handelt es sich bei einem *DblClick*-Ereignis selbstverständlich um zwei kurz aufeinanderfolgende *Click*-Ereignisse. Wann Windows zwei aufeinanderfolgende *Click*-Ereignisse als *DblClick*-Ereignis erkennt, hängt von der Doppelklickgeschwindigkeit ab, die über die Systemsteuerung eingestellt werden kann.

Nicht alle Steuerelemente können zu jedem Zeitpunkt auf ein Click- oder DblClick-Ereignis reagieren. So erhält ein Listenfeld nur dann ein Click- oder DblClick-Ereignis, wenn die Maus auf einem der Listenelemente geklickt wird. Eine Schaltfläche verfügt über kein DblClick-Ereignis, da es hier keinen Sinn ergeben würde.

Ein Steuerelement erhält auch dann ein MouseUp-Ereignis, wenn sich der Mauszeiger beim Ablegen der Maustaste nicht mehr in der Innenfläche des Steuerelements befindet. Gleiches gilt für ein Formular, wenn der Mauszeiger beim Ablegen auf ein anderes Applikationsfenster bewegt wurde.

7.4 Spezialfälle beim Umgang mit der Maus

In diesem Abschnitt werden »Spezialfälle« besprochen, die beim Umgang mit der Maus eine Rolle spielen können.

7.4.1 Das Aussehen des Mauszeigers

Das Aussehen des Mauszeigers kann jederzeit nach eigenen Vorstellungen bestimmt werden. Dazu besitzt jedes sichtbare Steuerelement die Eigenschaften *MousePointer* und *MouseIcon*.

Tabelle 7.3:
Eigenschaften,
die die Form des
Mauszeigers
ändern.

Eigenschaft	Bedeutung
MouseIcon	Weist dem Mauszeiger eine Bitmap zu, sobald sich der Mauszeiger in der Innenfläche des Objekts befindet. Die Eigenschaft *MousePointer* muss dazu den Wert *vbCustom* (99) besitzen.
MousePointer	Weist dem Mauszeiger eines von 16 vordefinierten Zeigersymbolen zu, sobald sich der Mauszeiger in der Innenfläche des Objekts befindet.

Während über die *MousePointer*-Eigenschaft dem Mauszeiger eine von 16 Standardformen zugewiesen werden kann, können Sie über die *MouseIcon*-Eigenschaft dem Mauszeiger eine beliebige Bitmap aus einem Bildfeld, einem Anzeigenelement oder eines Formulars oder über die *LoadPicture*-Methode direkt aus einer ICO-, BMP- oder CUR-Datei zuweisen.

Syntax
```
Objekt.MouseIcon = LoadPicture(Dateiname)
Objekt.MouseIcon = Picture-Eigenschaft
```

Bei einer CUR-Datei handelt es sich um eine Datei, die die Bitmap für einen Mauszeiger unter Windows 9x oder Windows NT enthält. Diese Mauszeiger können eine beliebige Größe besitzen, aus bis zu 256 Farben bestehen und sogenannte Hotspots enthalten. Visual Basic ist allerdings nicht in der Lage, diese Bitmaps farbig darzustellen. Auch kann, wenn CUR-Dateien prinzipiell den gleichen Aufbau besitzen wie ICO-Dateien, Visual Basic 6.0 keine animierten Cursor (ANI-Dateien) anzeigen.

7.4.2 Wie kann ich den Mauszeiger genau in die Mitte eines Steuerelements setzen?

Als Unterstützung für unerfahrenere Benutzer oder generell als besondere Note Ihres Programms kann es sinnvoll sein, den Mauszeiger in die Mitte eines Steuerelements, z.B. einer Befehlsschaltfläche, zu plazieren, sodass der Benutzer nicht lange nach einem Element suchen muss. Möglich wird dies über den Aufruf der beiden API-Funktionen *GetWindow-Rect* und *SetMousePos*, die den Mittelpunkt eines Steuerelements ermitteln und den Mauszeiger auf diesen Punkt setzen.

Das folgende Beispiel zeigt, wie sich der Mauszeiger auf eine bestimmte Position des Bildschirms setzen lässt. Legen Sie ein neues Projekt an, ordnen Sie auf dem Formular eine Schaltfläche an (*cmdMausInDieMitte*), und fügen Sie die Anweisungen aus Listing 7.3 ein.

Beispiel

```
Option Explicit

' Allgemein-Teil des Formulars

Private Type Rect
    Left As Long
    Top As Long
    Right As Long
    Bottom As Long
End Type

Private Declare Sub GetWindowRect Lib "user32" _
(ByVal hWnd As Long, lpRect As Rect)
Private Declare Sub SetCursorPos Lib "user32" _
(ByVal X As Long, ByVal Y As Long)
Sub MausZeigerZentrieren(hWnd As Long)
' Setzt den Mauszeiger in die Mitte des Steuerelements,
' dessen hWnd-Eigenschaft übergeben wurde

    Dim Mittelpunkt As Rect
    Dim X As Long, Y As Long

    GetWindowRect hWnd, Mittelpunkt
    X = (Mittelpunkt.Right + Mittelpunkt.Left) / 2
    Y = (Mittelpunkt.Bottom + Mittelpunkt.Top) / 2
    SetCursorPos X, Y

End Sub

Private Sub cmdMausInDieMitte_Click()
    MausZeigerZentrieren Me.hWnd
End Sub
```

Listing 7.3: Diese Anweisungen sorgen dafür, dass der Mauszeiger in die Mitte des Formulars gesetzt wird.

Wie funktioniert's?

Da das Beispiel kein *Form_Load*-Ereignis definiert hat, wird es durch Anklicken der Schaltfläche *cmdMausInDieMitte* gestartet. Diese Prozedur ruft wiederum die allgemeine Prozedur *MausZeigerZentrieren* auf, welche über die API-Funktion *GetWindowRect* zunächst den Mittelpunkt des Bildschirms bestimmt (dies ginge auch über die Eigenschaften des *Screen*-Objekts) und die ermittelten Koordinaten an die API-Funktion *SetCursorPos* übergibt.

7.4.3 Mausbewegungen in anderen Fenstern abfragen

Normalerweise beziehen sich die Mausereignisse stets auf jenes Fenster, in dem die Mausereignisse eintreten. Über die API-Funktion *SetCapture* ist es jedoch möglich, die Mausbewegungen in einem anderen Fenster in das aktuelle Fenster umzuleiten. Bei Visual Basic ist jedoch zu beachten, dass dieses »Einfangen« der Maus durch Visual Basic immer dann automatisch wieder aufgehoben wird, wenn ein anderes Applikationsfenster angeklickt wird.

Syntax *SetCapture* leitet die Mauseingaben an das Fenster um, dessen *hWnd*-Eigenschaft beim Aufruf übergeben wird.

```
Declare Function SetCapture Lib "user32" Alias "SetCapture" _
(ByVal hwnd As Long) As Long
```

Der *SetCapture*-API-Funktion wird als einziges Argument die Bezugsnummer (*hWnd*-Eigenschaft des Formulars) jenes Fensters übergeben, das alle Mausbewegungen innerhalb der Anwendung empfangen soll. Über die *ReleaseCapture*-API-Funktion wird die Maus wieder freigegeben. Es muss allerdings berücksichtigt werden, dass dies bei Visual Basic bereits immer dann geschieht, wenn Sie ein anderes Applikationsfenster mit der Maus anklicken. Aus diesem Grund sind die Möglichkeiten der *SetCapture*-Funktion unter Visual Basic etwas begrenzt.

Beispiel Das folgende Beispielprogramm demonstriert, wie sich die Mausbewegungen in einem Bildfeld als auch in einem anderen Formular auf das Hauptformular des Programms umleiten lassen. Vor dem Anklicken der Schaltfläche *cmdStart* werden nur die Mausbewegungen in der Innenfläche des Formulars angezeigt. Nach dem Anklicken erhalten Sie die aktuellen Mauskoordinaten über den Aufruf der *SetCapture*-API-Funktion auch dann, wenn sich der Mauszeiger in der Innenfläche des Bildfelds (oder eines zweiten Formulars) befindet. Legen Sie für die Umsetzung des Beispielprogramms ein neues Projekt an, und ordnen Sie auf dem Formular (*frmTest*) ein Bildfeld (*picBild*) und zwei Bezeichnungsfelder (*lblXPos* und *lblYPos*) an. Fügen Sie anschließend die Anweisungen aus Listing 7.4 ein.

```
' Der Allgemein-Teil
Option Explicit

Private Declare Function SetCapture Lib "user32" _
(ByVal hWnd As Long) As Long
Private Declare Function ReleaseCapture Lib "user32" () _
As Long

' Die Ereignisprozedur cmdStart_Click
Private Sub cmdStart_Click()
    Dim RetVal As Long
    Static Modus As Boolean
    If Modus = False Then
        Modus = True
        cmdStart.Caption = "&Stop"
        RetVal = SetCapture(Me.hWnd)
        frmTest.Show
    Else
        Modus = False
        cmdStart.Caption = "&Start"
        Unload frmTest
        RetVal = ReleaseCapture()
    End If
End Sub

' Die Ereignisprozedur Form_Load
Private Sub Form_Load()
    picBild.Scale (0, 0)-(100, 100)
    picBild.AutoRedraw = True
    picBild.Font.Name = "Arial"
    picBild.Font.Size = 20
    picBild.Font.Bold = True
    picBild.CurrentY = 32
    picBild.CurrentX = 4
    picBild.Print "Die verbotene Zone"
End Sub

' Die Ereignisprozedur Form_MouseMove
Private Sub Form_MouseMove(Button As Integer, _
Shift As Integer, X As Single, Y As Single)
    lblXPos.Caption = X
    lblYPos.Caption = Y
End Sub

' Die Ereignisprozedur Form_Unload
Private Sub Form_Unload(Cancel As Integer)
    Dim RetVal As Long
    RetVal = ReleaseCapture()
End Sub
```

*Listing 7.4:
Dieses Programmlisting ermöglicht, dass ein Formular die Mausnachrichten an ein Bildfeld »mitlesen« kann.*

Eine wichtige Anwendung für die *SetCapture*-API-Funktion besteht darin, die Mausnachrichten, die z.B. an ein Bildfeld geschickt werden, an das umgebende Formular umzuleiten. Dadurch erhalten Sie in der

MouseMove-Ereignisprozedur des Formulars immer die aktuellen Mauskoordinaten, auch wenn sich der Mauszeiger über einem Bildfeld oder einem anderen Steuerelement befindet. Eine von vielen möglichen Anwendungen wäre es, ein Bild aus mehreren Bildfeldern zusammenzusetzen. Durch das Umleiten der Mausnachrichten an das Formular erhalten Sie immer die aktuellen Mauskoordinaten relativ zur Innenfläche des Formulars.

7.4.4 Wie lässt sich der Mauszeiger auf einen bestimmten Bereich begrenzen?

Nicht immer ist es erwünscht, dass ein Benutzer den Mauszeiger frei bewegen kann. Als zusätzliches »Stützrad« für unerfahrene (oder allzu probierwütige) Benutzer kann es sinnvoll sein, den Mauszeiger auf einen bestimmten Bereich, z.B. die Innenfläche eines Fensters, zu beschränken. Dieses »Einfangen« des Mauszeigers ist mit der API-Funktion *ClipCursor* möglich.

Syntax *ClipCursor* beschränkt die Bewegungsfreiheit des Mauszeigers auf einen rechteckigen Bereich, dessen Größe in Pixel-Koordinaten angegeben werden muss.

```
Declare Function ClipCursor Lib "user32" Alias "ClipCursor" _
(lpRect As Any) As Long
```

Der *ClipCursor*-API-Funktion wird ein einziges Argument übergeben: Eine Strukturvariable vom Typ *RECT*, in der die vier Eckkoordinaten des Rechtecks in Bildschirmkoordinaten eingetragen sein müssen.

Beispiel Das folgende Beispielprogramm begrenzt nach Anklicken der Schaltfläche *cmdStart* die Bewegungsfreiheit des Mauszeigers auf die Innenfläche des Bildfelds *picBild*. Legen Sie für die Umsetzung des Beispiels ein neues Projekt an, und ordnen Sie auf dem Formular eine Schaltfläche (*cmdStart*), eine Anzeige (*imgMaus*) und ein Bildfeld (*picBild*) an. Fügen Sie anschließend die Anweisungen aus Listing 7.5 ein.

Listing 7.5: Dieses Programmlisting sorgt dafür, dass die Bewegungsfreiheit des Mauszeigers auf einen rechteckigen Bereich beschränkt wird.

```
' Der Allgemein-Teil
Option Explicit

Private Declare Function GetClientRect Lib "user32" _
(ByVal hwnd As Long, lpRect As Rect) As Long
Private Declare Function ClipCursor Lib "user32" _
(lpRect As Any) As Long
Private Declare Function ClientToScreen Lib "user32" _
(ByVal hwnd As Long, lpPoint As POINTAPI) As Long

Private Type POINTAPI
    x As Long
    y As Long
```

```
End Type
Private Type Rect
    Left As Long
    Top As Long
    Right As Long
    Bottom As Long
End Type

Dim ClientBereich As Rect
Dim PunktImBild As POINTAPI
' Die Ereignisprozedur cmdStart_Click
Private Sub cmdStart_Click()
    Dim RetVal As Long
    Static Modus
    If Modus = False Then
        Modus = True
        cmdStart.Caption = "&Stop"
        PunktImBild.x = picBild.Left
        PunktImBild.y = picBild.Top
        RetVal = ClientToScreen(Me.hwnd, PunktImBild)
        RetVal = GetClientRect(picBild.hwnd, ClientBereich)
        ClientBereich.Left = PunktImBild.x
        ClientBereich.Top = PunktImBild.y
        ClientBereich.Bottom = ClientBereich.Bottom + _
        ClientBereich.Top
        ClientBereich.Right = ClientBereich.Right + _
        ClientBereich.Left
        RetVal = ClipCursor(ClientBereich)
        imgMaus.Visible = True
    Else
        Modus = False
        cmdStart.Caption = "&Start"
        ClientBereich.Top = 0
        ClientBereich.Left = 0
        ClientBereich.Bottom = Screen.Height / _
        Screen.TwipsPerPixelY
        ClientBereich.Right = Screen.Width / _
        Screen.TwipsPerPixelX
        RetVal = ClipCursor(ClientBereich)
        imgMaus.Visible = False
    End If
End Sub

Private Sub Form_Load()
    Me.ScaleMode = vbPixels
End Sub
```

Wie funktioniert's?

Die Ereignisprozedur *cmdStart* ist etwas umfangreicher, als es erforderlich gewesen wäre. Das liegt daran, dass die Innenfläche des Bildfelds zunächst über die API-Funktionen *ClientToScreen* und *GetClientRect* in Bildschirmkoordinaten ermittelt wird. Letztere Funktion ist deswegen notwendig, weil die *ClientToScreen*-API-Funktion aus irgendeinem Grund die Koordinaten für die linke obere Ecke auf Null setzt. Sind die Koordinaten bekannt, werden sie in die Strukturvariable *ClientBereich* eingetragen. Diese wird der API-Funktion *ClipCursor* übergeben, um den Wirkungsbereich des Mauszeigers auf die Innenfläche des Bildfelds zu beschränken. Aufgehoben wird diese Einschränkung durch einen erneuten Aufruf der *ClipCursor*-API-Funktion, der diesmal aber die Größe des gesamten Bildschirms (in Pixel) übergeben wird.

7.4.5 Wie lassen sich die absoluten Mauskoordinaten ermitteln?

Normalerweise beziehen sich Mauskoordinaten auf das innere Koordinatensystem eines Fensters. DOS-Programmierer sind es jedoch gewöhnt, die absoluten Bildschirmkoordinaten zu erhalten. Um zu erfahren, an welcher Pixel-Position auf dem Bildschirm sich der Mauszeiger zur Zeit befindet, gibt es unter Windows mehrere Möglichkeiten. Eine davon ist die API-Funktion *GetMessagePos*, die die Mauskoordinaten der letzten Windows-Nachricht zurückgibt. Da Windows-Nachrichten z.B. auch bei jeder Mausbewegung verschickt werden, erhalten Sie so die aktuellen Koordinaten zurück. Ein kleiner Nachteil ist allerdings, dass Sie die Mauskoordinaten diesmal nicht ereignisgesteuert erhalten, sondern, z.B. innerhalb der Ereignisprozedur eines Zeitgebers, gezielt abfragen müssen.

Syntax *GetMessagePos* gibt die Mauskoordinaten der letzten Windows-Nachricht zurück. Damit erhält man die aktuellen Mauskoordinaten in Pixeln, bezogen auf die Bildschirmkoordinaten.

```
Declare Function GetMessagePos Lib "user32" Alias _
"GetMessagePos" () As Long
```

Beispiel Das folgende Beispiel enthält eine *Timer*-Ereignisprozedur, die in regelmäßigen Abständen die API-Funktion *GetMessagePos* aufruft, um den Zustand der Mauskoordinaten abzufragen. Da die Funktion beide Werte in einem *Long*-Wert zusammenfasst, werden sie über die Funktionen *HiWord* und *LoWord* (siehe Kapitel 9, »VBA-Grundlagen«) wieder zerlegt. Fügen Sie zur Umsetzung des Beispiels ein neues Projekt ein, und ordnen Sie auf dem Formular einen Zeitgeber (*tmrZeit*) und zwei Bezeichnungsfelder (*lblXPos* und *lblYPos*) an. Setzen Sie die *Interval*-Eigenschaft des Zeitgebers im Eigenschaftenfenster auf einen Wert (z.B. 1.000), und fügen Sie die Anweisung aus Listing 7.6 ein. Nach der Ausführung des Programms können Sie den Mauszeiger über den Bildschirm bewegen und erhalten in regelmäßigen Abständen die Koordinaten bezogen auf die Bildschirmkoordinaten (bewegen Sie den Mauszeiger in die linke obere Ecke).

```
Option Explicit
Private Declare Function GetMessagePos Lib "user32" () As Long
Private Sub tmrZeit_Timer()
    Dim RetVal As Long
    RetVal = GetMessagePos()
    lblXPos.Caption = LoWord(RetVal)
    lblYPos.Caption = HiWord(RetVal)
End Sub
Function LoWord(dWert As Long) As Integer
    If (dWert And &H8000&) = 0 Then
        LoWord = dWert And &HFFFF&
    Else
        LoWord = &H8000 Or (dWert And &H7FFF&)
    End If
End Function

Function HiWord(dWert As Long) As Integer
    If (dWert And &H8000&) = 0 Then
        HiWord = dWert / &H10000
    Else
        HiWord = (dWert And &H7FFF&) / &H10000
    End If
End Function
```

Listing 7.6:
Dieses Pro-
grammlisting
gibt die Mausko-
ordinaten auf
den ganzen Bild-
schirm bezogen
aus.

7.5 Auslösen von Aktionen

Das Klicken auf eine Schaltfläche (oder ein anderes Steuerelement) ist die sicherlich am häufigsten anzutreffende »Eingabeform«. Die Auswertung einer solchen Aktion ist denkbar einfach, denn wann immer der Benutzer auf die Schaltfläche klickt, wird ein *Click*-Ereignis ausgelöst, in dessen Ereignisprozedur die auszuführende Aktion eingefügt werden muss. Weitere Ereignisse spielen bei Schaltflächen im Allgemeinen keine Rolle. Um eine Schaltfläche wirklich praxistauglich zu machen, sollten Sie folgende Einstellungen vornehmen:

1. Geben Sie der *Name*-Eigenschaft einen Wert.

2. Legen Sie die Inschrift der Schaltfläche über die *Caption*-Eigenschaft fest, wobei Schaltflächen im Allgemeinen über einen Shortcut, d.h. einen Buchstaben, der zusammen mit der ⌨Alt⌨-Taste ebenfalls ein *Click*-Ereignis auslöst, versehen werden. Achten Sie darauf, dass auf einem Formular mehrfach vergebene Shortcuts wirkungslos werden.

3. Überprüfen Sie die *TabIndex*-Eigenschaft, und setzen Sie sie so, dass der Benutzer über die ⎡⇥⎤-Taste die einzelnen Schaltflächen in einer sinnvollen Reihenfolge ansteuern kann.

4. Soll das *Click*-Ereignis der Schaltfläche auch über die ⎡Esc⎤-Taste ausgelöst werden können? In diesem Fall muss die *Cancel*-Eigenschaft den Wert *True* besitzen. Pro Formular kann es nur eine Cancel-Schaltfläche geben.

5. Soll das *Click*-Ereignis der Schaltfläche über die ⎡↵⎤-Taste ausgelöst werden können, wenn die Schaltfläche nicht den Fokus besitzt? In diesem Fall muss die *Default*-Eigenschaft den Wert *True* besitzen. Pro Formular kann es nur eine Default-Schaltfläche geben.

6. Soll die Schaltfläche auch ein Bildchen anzeigen? Im allgemeinen ist dies eine sinnvolle Ergänzung. Bereits seit Visual Basic 5.0 verfügt eine Schaltfläche über die Eigenschaften *DownPicture*, *DisabledPicture* und *Picture* sowie *MaskColor* und *UseMaskColor*. Damit diese Eigenschaften wirksam werden, muss die *Style*-Eigenschaft den Wert 1 besitzen.

Damit ist die Schaltfläche nicht nur einsatzbereit, sie fügt sich auch sinnvoll in das restliche Formular ein. Und darauf kommt es bei einer durchdachten Benutzeroberfläche immer an.

Übrigens muss es nicht immer eine Schaltfläche sein. Bereits seit Visual Basic 5.0 verfügen auch Kontrollkästchen und Optionsfelder über eine *Style*-Eigenschaft, über die sie zu alternativen Schaltflächen werden. Ordnen Sie z.B. zwei Optionsfelder mit *Style=1* auf einem Formular an, erhalten Sie zwei Schaltflächen, die sich wechselseitig ein- und ausschalten.

7.6 Ziehen- und Ablegen-Operationen

Neben den elementaren Mausaktionen, wie dem Anklicken eines Bildschirmelements mit der Maus, spielen die sogenannten *Ziehen- und Ablegen-Operationen* eine wichtige Rolle. Spätestens mit der Einführung von Windows 95 sind sie zu einem tragenden Element der Benutzeroberfläche geworden. Bei einer Ziehen- und Ablegen-Operation (engl. »drag and drop«) wird ein Bildschirmelement, wie zum Beispiel ein Dateisymbol, mit der linken oder rechten Maustaste angeklickt, bei gedrückter Maustaste an eine andere Stelle des Bildschirms gezogen (z.B. um die Datei zu kopieren) und dann wieder losgelassen.

Ziehen- und Ablegen-Operationen werden bei Visual Basic zum einen über die *Drag*-Methode und die Ereignisse *DragDrop* und *DragOver*, zum anderen bereits seit Version 5.0 über eine Reihe von OLE-Drag&Drop-Ereignissen und -Eigenschaften unterstützt. Letztere kommen z.B. immer dann zum Einsatz, wenn Sie Dateinamen aus einem Explorer-Fenster in ein Visual-Basic-Programm ziehen möchten. Im Folgenden werden beide Verfahren vorgestellt. Bitte beachten Sie, dass die *Drag*-Methode, die es seit Visual Basic 1.0 gibt, nichts mit OLE-Drag&Drop zu tun hat. Sie verwenden das Standardverfahren, wann immer Sie Steuerelemente ziehen und ablegen möchten. Geht es um den Austausch von Daten, z.B. den Inhalt eines Textfelds, ist OLE-Drag&Drop besser geeignet.

7.6.1 Die Drag-Methode und die DragMode-Eigenschaft

Normalerweise hat das Ziehen eines Steuerelements auf ein Formular keinerlei Wirkung. Dies ändert sich, sobald entweder die *DragMode*-Eigenschaft den Wert *vbAutomatic* [1] erhält oder die *Drag*-Methode auf das Steuerelement angewendet wird. Sie werden feststellen, dass sich das Steuerelement nun in Form eines grauen Rahmens über den Bildschirm ziehen lässt.

Merksatz

Um ein Steuerelement mit der Maus ziehen und ablegen zu können, muss entweder die DragMode-Eigenschaft den Wert vbAutomatic erhalten oder die Drag-Methode aufgerufen werden.

Syntax

```
Objekt.DragMode = Wert
Objekt.Drag Wert
```

Während die *DragMode*-Eigenschaft ermöglicht, dass ein Benutzer eine Ziehen-Ablegen-Operation zu einem beliebigen Zeitpunkt steuern kann, ist über die *Drag*-Methode die Steuerung durch das Programm möglich.

Die Einstellungen der DragMode-Eigenschaft:

Konstante	Wert	Bedeutung
vbManual	0	Das Ziehen erfolgt nur manuell, d.h. durch Ausführen der Drag-Methode.
vbAutomatic	1	Das Ziehen erfolgt automatisch, d.h. durch Anklicken mit der Maus.

Die Werte der Drag-Methode:

Konstante	Wert	Bedeutung
vbCancel	0	Bricht die Ziehen-Operation ab.
vbBegin-Drag	1	Startet die Ziehen-Operation für das Objekt.
vbEndDrag	2	Beendet die Ziehen-Operation und lässt das Objekt fallen.

Bei der Durchführung einer Ziehen- und-Ablegen-Operation wird das Steuerelement nicht tatsächlich bewegt. Nach dem Ablegen verbleibt es an seiner ursprünglichen Position. Soll es auch seinen Ort wechseln, muss dies über die Move-Methode nachgeholt werden.

7.6.2 Die Ereignisse DragDrop und DragOver

Wird ein Steuerelement während einer Ziehen-Operation über ein anderes Objekt (Formular oder Steuerelement) bewegt, wird bei diesem Objekt in regelmäßigen Abständen ein *DragOver*-Ereignis ausgelöst. Wird das Steuerelement über einem Objekt losgelassen, wird bei diesem Objekt ein *DragDrop*-Ereignis ausgelöst.

Syntax

```
Sub Form_DragDrop(Source As Control, X As Single, Y As Single)
Sub Form_DragOver(Source As Control, X As Single, _
Y As Single, State As Integer)
```

In beiden Fällen wird das losgelassene (*DragDrop-Ereignis*) bzw. gezogene Objekt (*DragOver-Ereignis*) in Gestalt des Arguments *Source* übergeben. Da dieses Argument den Typ *Control* besitzt und es sich somit um eine Objektvariable handelt, stehen über die Variable *Source* alle Eigenschaften des betreffenden Objekts zur Verfügung. Beim *DragOver*-Ereignis wird zusätzlich das Argument *State* übergeben, über das man erfährt, ob das gezogene Objekt den Bereich des betroffenen Objekts betreten oder verlassen hat.

Die Bedeutung des State-Arguments:

Konstante	Wert	Bedeutung
vbEnter	0	Das Steuerelement hat den Zielbereich betreten.

Konstante	Wert	Bedeutung
vbLeave	1	Das Steuerelement hat den Zielbereich verlassen.
vbOver	2	Das Steuerelement hat sich im Zielbereich bewegt.

In der folgenden Übung (auf der Buch-CD-ROM finden Sie sie in der Projektdatei *DragDrop.vbp*) wird eine Ziehen-und-Ablegen-Operation mit Bildfeldern demonstriert. Es handelt sich um ein (zugegeben recht harmloses) »Geschicklichkeitsspiel«, bei dem es darum geht, ein Bildsymbol vorbei an einigen Hindernissen in einem Zielfeld abzulegen. Die Hauptaufgabe des Beispielprogramms ist es daher auch, den Umgang mit den Eigenschaften und Methoden für die Durchführung von Ziehen-und-Ablegen-Operation zu erklären. Nach Anklicken der *Start*-Schaltfläche wird, gesteuert durch einen Zufallszahlengenerator, eines von drei Bildfelder für eine Ziehen-und-Ablegen-Operation freigegeben. Anschließend müssen Sie das Bildfeld, welches während der Operation ein kleineres Symbol erhält, in die Mitte des Formulars auf das Planetensymbol ziehen und dort ablegen. Berühren Sie dagegen eine der Wolken, die auf *DragOver*-Ereignisse reagieren können, stürzt das gezogene Objekt ab, und das Spiel ist verloren.

Übung 7.2: Ziehen und Ablegen von Steuerelementen

Der Allgemein-Teil

```
Option Explicit
' Diese Variablen werden benötigt
Dim LandObjekt As Image
Dim AlteFarbe As Long
```

Die Variable *LandObjekt* steht für das gezogene Objekt; sie besitzt den Typ *Image*, da eine Anzeige gezogen wird.

Die Ereignisprozedur cmdStart_Click

```
Private Sub cmdStart_Click()
    Dim Land As Integer
    Randomize Timer
' Land auswählen, mit dem die Operation
' durchgeführt werden soll
    Land = (Rnd * 3) + 1
    Select Case Land
        Case 1
            Set LandObjekt = imgDeutschland
        Case 2
            Set LandObjekt = imgFrankreich
        Case 3
            Set LandObjekt = imgUSA
    End Select
    lblHinweis.Caption = "Bitte ziehen Sie " & LandObjekt.Tag
```

```
' Operation starten
    LandObjekt.DragMode = vbAutomatic
' Anderes Symbol während der Operation anzeigen
    LandObjekt.DragIcon = LandObjekt.Picture
End Sub
```

Abbildung 7.2:
Das Spielfeld
enthält eine
Reihe von
Objekten, die
mit dem gezo-
genen Objekt
umfahren wer-
den müssen.

Durch Anklicken der *Start*-Schaltfläche wird die Operation gestartet. Es wird eine Anzeige ausgewählt und die Ziehen-und-Ablegen-Operation durch Setzen der *DragMode*-Eigenschaft auf *vbAutomatic* gestartet.

Die Ereignisprozedur Form_DragDrop

```
Private Sub Form_DragDrop(Source As Control, X As Single, _
Y As Single)
    lblHinweis.Caption = Source.Tag & _
    " wurde auf dem Formular fallengelassen"
End Sub
```

Diese Ereignisprozedur wird aufgerufen, wenn das Objekt auf dem Formular abgelegt wird. Da die *Name*-Eigenschaft zur Ausführungszeit nicht zur Verfügung steht, wird auf die *Tag*-Eigenschaft ausgewichen, die bereits zur Entwurfszeit den Namen der Anzeige erhalten hat.

Die Ereignisprozedur Form_DragOver

```
Private Sub Form_DragOver(Source As Control, X As Single, _
Y As Single, State As Integer)
    lblHinweis.Caption = Source.Tag & _
    " wird über das Formular gezogen"
End Sub
```

Diese Ereignisprozedur wird aufgerufen, wenn ein Objekt über das Formular bewegt wird.

Die Ereignisprozedur imgGrenze_DragOver

```
Private Sub imgGrenze_DragOver(Index As Integer, _
Source As Control, X As Single, Y As Single, _
State As Integer)
' Handelt es sich um das gezogene Objekt?
    If Source = LandObjekt Then
' Ja, dann alles vorbei und Operation abbrechen
        lblHinweis.Caption = Source.Tag & _
        " ist leider abgestürzt"
        Source.Drag vbCancel
    End If
End Sub
```

Diese Ereignisprozedur wird aufgerufen, wenn ein Objekt über eines der Hindernisse bewegt wird. Da das Spiel in diesem Fall verloren ist, wird die Operation durch Aufruf der *Drag*-Methode mit dem Argument *vbCancel* abgebrochen.

Die Ereignisprozedur picZiel_DragDrop

```
Private Sub picZiel_DragDrop(Source As Control, X As Single, _
Y As Single)
' Ist es das gezogene Objekt?
    If Source = LandObjekt Then
' Ja, dann kurzzeitig das Erfolgsbild einblenden
        picZiel.Picture = imgErfolgsbild.Picture
        tmrZeit1.Interval = 2000
    End If
' Alte Farbe für den Hintergrund wiederherstellen
    picZiel.BackColor = AlteFarbe
' Name des fallengelassenen Objekts ausgeben
    lblHinweis.Caption = Source.Tag & _
    " wurde auf dem Ziel fallengelassen"
End Sub
```

Die Prozedur wird ausgeführt, wenn das Objekt über dem Ziel fallengelassen wird. Zu tun gibt es in diesem Fall nicht allzuviel.

Die Ereignisprozedur picZiel_DragOver

```
Private Sub picZiel_DragOver(Source As Control, X As Single, _
Y As Single, State As Integer)
    Select Case State
' Ist es dabei, das Zielgebiet zu betreten ...
    Case 0  ' Enter
        AlteFarbe = picZiel.BackColor   ' Farbänderung
        picZiel.BackColor = RGB(0, 0, 0)
' oder wieder zu verlassen?
    Case 1  ' Leave
```

```
        picZiel.BackColor = AlteFarbe    ' Alte Farbe
                                         ' wiederherstellen
    End Select
End Sub
```

Diese Ereignisprozedur wird immer dann ausgeführt, wenn das Objekt das Zielgebiet erreicht hat, das Objekt aber noch nicht abgelegt wurde.

7.7 Ziehen und Ablegen per OLE-Drag&Drop

Bereits seit Version 5.0 unterstützt Visual Basic eine neue Form der Ziehen-und-Ablegen-Operation, die (da sie intern auf OLE/COM-Diensten basiert) auch als OLE-Drag&Drop bezeichnet wird. OLE-Drag&Drop ist in der Windows-Welt nicht neu, doch spätestens mit Windows 95 wurde es beinahe allgegenwärtig. Es ermöglicht beispielsweise, dass man in einem beliebigen Eingabefeld Text markieren und in ein Dokumentfenster ziehen kann. Wie beim normalen Ziehen und Ablegen handelt es sich auch beim OLE-Drag&Drop um einen Datenaustausch zwischen einer Quellkomponente und einer Zielkomponente. Man zieht mit der Maus einen Textbereich, einen Ausschnitt aus einer Tabelle oder eine Liste von Dateinamen von der Quellkomponente in die Zielkomponente, wo sie entsprechend weiterverarbeitet wird. Allerdings gibt es eine Reihe wichtiger Unterschiede zum normalen Ziehen und Ablegen über die Zwischenablage:

1. OLE-Drag&Drop wird in erster Linie zum Datenaustausch zwischen Anwendungen eingesetzt.

2. Bei OLE-Drag&Drop werden keine Steuerelemente (Referenzen), sondern Daten ausgetauscht.

3. Der Datenaustausch erfolgt nicht direkt über die Windows-Zwischenablage, sondern über ein *DataObject*-Objekt, das für jedes Quelle/Ziel-Paar angelegt wird.

4. OLE-Drag&Drop wird durch die einzelnen Steuerelemente unterschiedlich unterstützt. So bietet z.B. ein Textfeld sowohl die Möglichkeit, Texte automatisch zu ziehen als auch automatisch abzulegen. Bei einem Listenfeld kann ein Listenelement zwar automatisch gezogen werden, beim Ablegen in einem Listenfeld muss der Programmierer über das *OLEDragDrop*-Ereignis selbst dafür sorgen, dass die abgelegten Elemente in der Liste erscheinen. Auf einem Bezeichnungsfeld können nur Daten abgelegt werden, es kann aber nicht die Rolle der Quelle spielen (es besitzt daher auch keine *OLEDragMode*-Eigenschaft).

Steuerelemente wie das Textfeld können sowohl die Rolle der Quell- als auch der Zielkomponenten spielen. So können Sie ein Textfragment aus einem Microsoft-Word-Dokument (Quellkomponente) in ein Textfeld (Zielkomponente) ziehen und es von dort (Quellkomponente) in ein anderes Textfeld (Zielkomponente) transferieren. OLE-Drag&Drop spielt auch für das Zusammenspiel eines Visual-Basic-Programms mit dem Windows Explorer eine wichtige Rolle.

Falls Sie sich etwas mehr für die internen Abläufe bei der Ausführung von OLE-Drag&Drop-Operationen interessieren: Die Visual-Basic-CD-ROM enthält im Verzeichnis \Tools\OleTools ein Hilfsprogramm mit dem Namen Dobjview.exe, das u.a. einen Zugriff auf das interne DataObject-Objekt erlaubt.

7.7.1 Das DataObject-Objekt

Dieses Objekt steht für eine interne Zwischenablage, in der die während einer OLE-Drag&Drop-Operation transferierten Daten zwischengespeichert werden. Anders als das *Clipboard*-Objekt, das als globales Objekt im gesamten Programm zur Verfügung steht, wird das *DataObject*-Objekt nicht direkt angesprochen, sondern z.B. beim Aufruf eines *OLEDragDrop*-Ereignisses als Argument mit dem Namen *Data* übergeben. Das Format, in dem die Daten im *DataObject*-Objekt abgelegt werden, wird stets von der Methode definiert, die auf das Objekt zugreift. Wie bei der Zwischenablage kann man auch beim *DataObject*-Objekt über API-Funktionen eigene Formate registrieren, doch dürfte es dafür nur selten eine Notwendigkeit geben.

Methode	Bedeutung
Clear	Löscht die interne Ablage.
GetData	Holt Daten in einem bestimmten Format.
GetFormat	Stellt fest, ob Daten in einem bestimmten Format vorhanden sind.
SetData	Überträgt Daten in die Ablage, wobei zusätzlich ein Format angegeben werden kann.

Tabelle 7.4: Die Methoden des DataObject-Objekts.

Das *DataObject*-Objekt besitzt auch eine Eigenschaft. Sie heißt *Files* und gibt eine *DataObjectFiles*-Auflistung zurück, die für die Dateinamen aller gezogenen Dateiobjekte steht. Voraussetzung ist allerdings, dass die Ablage Dateinamen, d.h. Daten im Format *vbCFFiles (Dateiliste)* enthält.

Leider ist das Prinzip von OLE-Drag&Drop am Anfang nicht ganz leicht zu durchschauen. Daher zunächst ein paar Übungen zum warm werden. Wie die Zwischenablage kann auch das *DataObject*-Objekt zwar mehrere Daten verschiedener Formate speichern, zu einem Zeitpunkt aber immer nur ein Datenelement eines Formats. Wenn man Daten über die *SetData*-Methode in das *DataObject*-Objekt überträgt, muss man ein Format angeben:

```
Data.SetData txtEingabe.Text, vbCFText
```

Wird die Formatangabe weggelassen, geht Visual Basic vom Textformat aus, das auch für Zahlen verwendet werden muss (eine Übersicht über die unterstützten Datenformate gibt Tabelle 7.5). Bevor man ein Datenelement abholt, prüft man über die *GetFormat*-Methode, ob es überhaupt vorhanden ist, bevor man es über die *GetData*-Methode einliest:

```
If Data.GetFormat(vbCFText) = True Then
    TempString = Data.GetData(vbCFText)
End If
```

Die Variable *TempString* erhält nur dann einen Wert, wenn die Ablage Textdaten enthält. Es ist auch möglich, an die *DataObject*-Ablage lediglich ein Format zu übertragen:

```
Data.SetData, vbCFText
```

Wird das Element über dem Ziel abgelegt, ruft man wie gewohnt im *OLEDragDrop*-Ereignis die *GetData*-Methode auf. Diese holt zunächst keine Daten (da diese noch nicht vorliegen), sondern löst in der Quelle ein *SetData*-Ereignis aus, in dem die Daten über einen erneuten Aufruf der *SetData*-Methode übertragen werden.

Tabelle 7.5:
Die durch das
DataObject-
Objekt unter-
stützten
Formate.

Konstante	Wert	Format
vbCFText	1	Text
vbCFBitmap	2	Bitmap (.PCX)
vbCFMetafile	3	Metafile (.WMF)
vbCFEMeta-file	14	Enhanced Metafile (.EMF)
vbCFDIB	8	Geräteunabhängige Bitmap (.DIB oder .BMP)
vbCFPalette	9	Farbpalette
vbCFFiles	15	Dateiliste
vbCFRTF	-16639	Rich-Text-File-Format (.Rtf)

7.7.2   OLE-Drag&Drop in der Praxis

Die Anwendung von OLE-Drag&Drop ist vollkommen problemlo,s wenn man Visual Basic die Arbeit erledigen lässt, d.h. wenn bei der Quelle die *OLEDragMode*-Eigenschaft und beim Ziel die *OLEDrop-Mode*-Eigenschaft den Wert automatisch erhält. Probieren Sie dazu einmal folgendes aus: Ordnen Sie auf einem Formular zwei Textfelder an. Setzen Sie beim ersten Textfeld die *OLEDragMode*-Eigenschaft auf 1, beim zweiten Textfeld dagegen die *OLEDropMode*-Eigenschaft auf den Wert 2. Starten Sie das Programm, geben Sie in das erste Textfeld etwas Text ein, markieren Sie ihn, und ziehen Sie ihn mit der Maus in das zweite Textfeld. So einfach ist OLE-Drag&Drop, wenn man mit der Mindestfunktionalität zufrieden ist. Möchte man dagegen nicht nur Daten kopieren, sondern zusätzliche Aktionen ausführen oder die einzelnen Schritte während einer Drag&Drop-Operation kontrollieren und z.B. den Zustand der ⌂- oder Strg-Taste abfragen (wie es der Explorer macht, um zwischen Kopieren und Verschieben umzuschalten) oder dem Benutzer durch Ändern des Mauszeigersymbols ein visuelles Feedback geben, muss man etwas tiefer einsteigen. Lassen Sie sich durch die scheinbare Fülle an Ereignissen und ähnlich klingende Eigenschaften bitte nicht verwirren. Der Umgang mit OLE-Drag&Drop ist, wenn man das Prinzip erst einmal verstanden hat, relativ einfach.

Die OLE-Drag&Drop-Eigenschaften

Wie bei den normalen Ziehen-und-Ablegen-Operationen kann auch eine OLE-Drag&Drop-Operation manuell oder automatisch durchgeführt werden. Während bei der Quelle über die *OLEDragMode*-Eigenschaft eingestellt wird, ob das Ziehen manuell, d.h. über die *OLEDrag*-Methode (*vbOLEDragManual*), oder automatisch (*vbOLEDragAutomatic*) durchgeführt wird, wird beim Ziel über die *OLEDropMode*-Eigenschaft eingestellt, ob das Ablegen der Daten manuell (*vbOLEDrop-Manual*, in diesem Fall werden die Ereignisse *OLEDragOver* und *OLEDragDrop* ausgelöst), automatisch (*vbOLEDropAutomatic*) oder gar nicht (*vbOLEDropNone*) erfolgt. Falls man sich für manuelles Ziehen entscheidet, muss dieses, z.B. im *MouseMove*-Ereignis, durch Abfrage der rechten Maustaste, über die *OLEDrag*-Mode gestartet werden. Der Aufruf dieser Methode hat unmittelbar ein *OLEStartDrag*-Ereignis zur Folge, in dem die zu ziehenden Daten über die *SetData*-Methode des *DataObject*-Objekts in die Ablage übertragen werden können. Sollte es aus irgendeinem Grund, z.B. bei Bitmaps, zu aufwändig sein, die zu übertragenden Daten zu diesem Zeitpunkt bereits zusammenzustellen, müssen sie noch nicht in das *DataObject*-Objekt übertragen werden. Greift das Ziel später über die *GetData*-Methode auf die (noch nicht vorhandenen) Daten zu, wird in der Quelle ein *OLESetData*-Ereignis ausgelöst, in dem die Daten dann über die *Set-Data*-Methode bereitgestellt werden können. Auf diese Weise werden die Daten erst dann bereitgestellt, wenn sie von der Quelle angefordert werden.

Tabelle 7.6:
Übersicht über
die OLE-
Drag&Drop-
Eigenschaften
eines Steuer-
elements.

Eigenschaft	Bedeutung
OLEDragMode	Legt fest oder gibt an, auf welche Weise eine OLE-Drag&Drop-Operation gestartet wird:
vbOLEDragManual (0)	(Standard). Die Operation wird durch das Programm über die OLEDrag-Methode gestartet und komplett durch Programmcode abgewickelt.
vbOLEDragAutomatic (1)	Automatisch. Die Operation wird von der Komponente intern durchgeführt.
OLEDropMode	Legt fest oder gibt an, auf welche Weise die Zielkomponente das Ablegen verarbeitet:
vbOLEDropNone (0)	(Standard). Ablegeoperationen sind nicht möglich. Dies wird durch ein entsprechendes Mauszeigersymbol (ein Kreis mit einer Diagonalen) angezeigt.
vbOLEDropManual (1)	Manuell. Das Ablegen führt zu einem *OLEDragDrop*-Ereignis, sodass das Programm die abgelegten Elemente verarbeiten kann.
vbOLEDropAutomatic (2)	Automatisch. Die Zielkomponente übernimmt das Ablegen der Elemente automatisch, falls das übergebene *DataObject*-Objekt die Daten in einem gültigen Format enthält. Es wird kein *OLEDragDrop*-Ereignis ausgelöst. Diese Einstellung gibt es nicht bei allen Steuerelementen.

Die OLE-Drag&Drop-Ereignisse

Jedes Steuerelement verfügt über sechs verschiedene OLE-Drag&Drop-Ereignisse, von denen die Ereignisse *OLEStartDrag*, *OLEGiveFeedback*, *OLEDragComplete* und *OLESetData* bei der Quelle und die Ereignisse *OLEDragDrop* und *OLEDragOver* beim Ziel ausgelöst werden, allerdings nur dann, wenn die Eigenschaft *OLE-DropMode* den Wert »Manuell« besitzt.

Ereignis	Argument	Wo wird es ausgelöst?	Wird ausgelöst, wenn …
OLECompleteDrag	Effect	Quelle	… die Daten der Quelle im Ziel abgelegt wurden. Über das Argument Effect erfährt die Quelle, welche Aktion im Ziel durchgeführt wurde, und erhält so die Gelegenheit, entsprechend darauf zu reagieren (z.B. bei einer Verschiebeoperation die verschobenen Dateien löschen). Dies ist das letzte Ereignis in der Ereigniskette.
OLEDragDrop	Effect, Data, Button, Shift, X, Y	Ziel	… die Daten der Quelle im Ziel abgelegt werden. Über das Argument Data stehen die abgelegten Elemente bzw. Formate zur Verfügung. Über die Argumente Shift, Button, X und Y kann man abfragen, ob beim Ablegen eine Maustaste oder die ⬆-, Strg- oder Alt-Taste gedrückt wurde, d.h. eine spezielle Operation durchgeführt werden soll.
OLEDragOver	Effect, Data, Button, Shift, X, Y	Ziel	… die Daten der Quelle über den Bereich des Ziels gezogen werden, aber noch nicht abgelegt wurden. In diesem Ereignis können die übertragenen Daten bereits geprüft werden und dem Benutzer durch Ändern des Mauszeigers z.B. angezeigt werden, dass die Daten ungültig sind. Über Effect kann man der OLEGiveFeedback-Methode mitteilen, welche Aktion durchgeführt wird, wenn die Elemente jetzt abgelegt worden wären, und der Quelle so Gelegenheit geben, z.B. den Mauszeiger zu ändern
OLEGiveFeedback	Effect, DefaultCursors	Quelle	… ein OLEDragOver-Ereignis erfolgt ist. In dieser Ereignisprozedur erhält die Quelle Gelegenheit, visuell, z.B. durch Ändern des Mauszeigersymbols, auf den aktuellen Zustand der ⬆-, Alt- oder Strg-Tasten bzw. die Maustasten zu reagieren.

Tabelle 7.7:
Übersicht über
die OLE-
Drag&Drop-
Ereignisse eines
Steuerelements.

Ereignis	Argument	Wo wird es ausgelöst?	Wird ausgelöst, wenn ...
OLESet-Data	Data, DataFormat	Quelle	... das Ziel innerhalb des OLEDrag-Drop-Ereignisses über die GetData-Methode des DataObject-Objekts Daten oder die unterstützten Formate der Quelle abfragt. Auf diese Weise kann erreicht werden, dass die Quelle die Daten erst dann überträgt, wenn sie benötigt werden.
OLEStart-Drag	Data, Allowed-Effects	Quelle	Tritt unmittelbar nach Aufruf der OLE-Drag-Methode auf, wenn manuelles Ziehen über OLEDragMode= vbOLE-DragManual vereinbart wurde. Über AllowedEffects wird festgelegt, welche Operationen die Quelle unterstützt.

Das OLEStartDrag-Ereignis

In dieser Ereignisprozedur der Quelle werden über die *SetData*-Methode die Daten an das *DataObject*-Objekt übertragen. Durch Setzen von *AllowedEffects* wird für die *OLEDragOver*- und *OLEDragDrop*-Ereignisse des Ziels festgelegt, welche Operationen die Quelle unterstützt:

```
Sub lstQuelle_OLEStartDrag(Data As DataObject, _
AllowedEffects As Long)
    Data.SetData lstQuelle.List(lstQuelle.ListIndex), vbCFText
    AllowedEffects = vbDropEffectMove Or vbDropEffectCopy
End Sub
```

In diesem Beispiel erhält das *AllowedEffects*-Argument den Wert 3, d.h. es sind sowohl Kopier- als auch Verschiebeoperationen möglich.

Das OLEDragOver-Ereignis

Wird im Ziel ausgelöst, sobald sich der Mauszeiger in der Innenfläche des Ziels befindet. Über das Argument *State* erfährt man (bei den normalen Ziehen-und-Ablegen-Operationen), ob der Mauszeiger das Ziel betreten, verlassen oder sich nur innerhalb des Ziels bewegt hat. Für das *Effect*-Argument wird der durch *AllowedEffects* festgelegte Wert übergeben; in Abhängigkeit der Maustaste oder der Sondertasten kann er auf einen neuen Wert gesetzt werden:

```
Sub txtZiel_OLEDragOver(Data As DataObject, Effect As Long, _
Button As Integer, Shift As Integer, X As Single, _
Y As Single, State As Integer)
    If Shift = vbCtrlMask Then    ' Wurde die Strg-Taste
                                  ' gedrückt?
        Effect = vbDropEffectMove ' Ja, dann Verschieben an
                                  ' OLEGiveFeedback melden
    Else
        Effect = vbDropEffectCopy ' Ansonsten nur Kopieren
    End If
End Sub
```

Das OLEGiveFeedBack-Ereignis

Wird unmittelbar nach dem *OLEStartDrag*-Ereignis in mehr oder weniger regelmäßigen Abständen aufgerufen. Über das *Effect*-Argument wird der aktuelle Status der Operation übergeben, sodass die Quelle entsprechend darauf reagieren kann.

```
Sub lstQuelle_OLEGiveFeedback(Effect As Long, _
DefaultCursors As Boolean)
    If Effect = vbDropEffectMove Then
        DefaultCursors = False
        Screen.MousePointer = vbCustom
        Screen.MouseIcon = imgMaus.Picture
    End If
End Sub
```

OLE-Drag&Drop-Operationen besitzen eine Besonderheit. Der Benutzer sollte während er die Daten zieht, durch Drücken der ⬆-, Strg- oder Alt-Taste jederzeit in der Lage sein, z.B. zwischen einer Kopier- und einer Verschiebeoperation umzuschalten. Dazu genügt es aber nicht, in der *OLEDragDrop*-Ereignisprozedur des Ziels über das *Shift*-Argument den Zustand der Tasten abzufragen und die entsprechende Operation durchzuführen. Vielmehr sollte man dem Benutzer bereits, während die Ziehen-Operation noch im Gange ist, durch Ändern des Mauszeigersymbols über den aktuellen Stand der Aktion (was würde passieren, wenn die Operation in diesem Augenblick beendet würde?) auf dem laufenden halten. Und genau für diesen Zweck ist die *OLEGiveFeedBack*-Methode da. Sie wird nach dem Start der Ziehen-Operation ständig mit zwei Argumenten aufgerufen: einem *Effect*- und einem *DefaultCursor*-Argument. Das *Effect*-Argument wird in der *OLEDragDrop*- bzw. *OLEDragOver*-Ereignisprozedur in Abhängigkeit der gedrückten Taste gesetzt (im Allgemeinen erhält *Effect* beim Kopieren den Wert 1, beim Verschieben den Wert 2 und bei Abbruch den Wert 0; Sie können diese Werte also nicht beliebig festlegen). In Abhängigkeit seines Werts muss man der *MouseIcon*-Eigenschaft des *Screen*-Objekts ein passendes Symbol zuweisen (Visual Basic enthält zwar einen Unterordner mit dem Namen *DragDrop*, die darin enthaltenen Symbole sind aber nicht unbedingt Windows-konform). Damit Windows aber anstatt des Standardsymbols das neue Symbol verwendet, muss das *DefaultCursor*-Argument noch auf *False* gesetzt werden:

Das OLEDragDrop-Ereignis

Dieses Ereignis wird nach dem Ablegen der Daten im Ziel ausgelöst. Hier wird die eigentliche Operation durchgeführt. Über das *Effect*-Argument kann dem folgenden *OLEDragComplete*-Ereignis mitgeteilt werden, welche Operation nun (in Abhängigkeit von der Maustaste oder Strg -Taste) durchgeführt wurde:

```
Sub txtZiel_OLEDragDrop(Data As DataObject, Effect As Long, _
Button As Integer, Shift As Integer, X As Single, Y As Single)
    If Shift = vbCtrlMask Then      ' Wurde die Strg-Taste
                                    ' gedrückt?
        Effect = vbDropEffectMove   ' Ja, dann Verschieben an
                                    ' OLECompleteDrag melden
    Else
        Effect = vbDropEffectCopy   ' Ansonsten nur Kopieren
                                    ' melden
    End If
    If Data.GetFormat(vbCFText) Then ' Liegt Text in der
                                     ' Ablage vor?
        txtZiel.SelText = Data.GetData(vbCFText) ' Ja, dann
                                                 ' Text holen
    End If
End Sub
```

Das OLECompleteDrag-Ereignis

Dies ist das letzte Ereignis in der Ereigniskette. Hier passiert z.B. dann etwas, wenn eine Verschiebeoperation durchgeführt wurde und die Daten in der Quelle nun entfernt werden müssen:

```
Sub lstQuelle_OLECompleteDrag(Effect As Long)
    lstEreignisse.AddItem _
    "CompleteDrag bei Quelle mit Effect = " & Effect
    If Effect = vbDropEffectMove Then  ' Verschiebeoperation?
        lstQuelle.RemoveItem lstQuelle.ListIndex  ' Dann
                                    ' Element aus Liste entfernen
    End If
    Screen.MousePointer = vbDefault
End Sub
```

Das OLESetData-Ereignis

Wird in der Quelle nur dann ausgelöst, wenn im *OLEStartDrag*-Ereignis lediglich ein Format, aber keine Daten über die *SetData*-Methode übertragen wurden. Wird im *OLEDragDrop*-Ereignis dann eine

GetData-Methode aufgerufen, ist dieses Ereignis die Folge, in dem die Daten nachgeschoben werden:

```
Sub lstQuelle_OLESetData(Data As DataObject, _
DataFormat As Integer)
    lstEreignisse.AddItem "SetData bei Quelle"
    Data.SetData lstQuelle.List(lstQuelle.ListIndex), vbCFText
End Sub
```

Die Bedeutung des Effect-Arguments

Dieses Argument ist am Anfang nicht ganz leicht zu durchschauen, denn es hat zwei verschiedene Aufgaben. Zum einen teilt es dem Ziel mit, welche Operationen durch die Quelle unterstützt werden (standardmäßig bedeutet *Effect=1* Kopieren, *Effect=2* Verschieben und *Effect=0* Keine Operation möglich). Zum anderen kann der Programmierer durch Setzen von *Effect* auf einen bestimmten Wert innerhalb der Ereignisse *OLEDragOver* und *OLEDragDrop* festlegen, welche Aktion der Quelle über *OLEGiveFeedback* und *OLECompleteDrag* übermittelt werden. Auf diese Weise kann die Quelle in Abhängigkeit von der durchzuführenden Aktion z.B. die Form des Mauszeigers ändern. Dies dürfte Ihnen beim Explorer bereits aufgefallen sein. Ziehen Sie eine Datei in ein anderes Fenster, und drücken Sie während des Ziehens die ⌨Strg⌨-Taste, ändert sich das Ziehsymbol, da nun eine andere Aktion durchgeführt würde, wenn die gezogene Datei zu diesem Zeitpunkt abgelegt worden wäre (Sie können die ⌨Strg⌨-Taste ja vor dem Ablegen jederzeit wieder loslassen, daher der Konjunktiv).

Bei einer manuellen OLE-Drag&Drop-Operation können Sie innerhalb eines *OLEDragOver*- oder *OLEDragDrop*-Ereignisses den Zustand der ⌨⇧⌨- oder ⌨Strg⌨-Taste überprüfen und z.B. durch Setzen des *Effect*-Arguments aus einer Kopier- eine Verschiebeoperation machen.

Konstante	Wert	Bedeutung
vbDropEffectNone	0	Es wird keine Aktion durchgeführt, z.B. weil die Ziehen-Operation durch Loslassen vor dem Ziel abgebrochen wurde oder das Ziel das Format der transportierten Daten nicht unterstützt.

Tabelle 7.8: Die möglichen Werte des Effect-Arguments.

Konstante	Wert	Bedeutung
vbDropEffectCopy	1	Die Daten werden von der Quelle auf das Ziel kopiert, die Quelldaten werden nicht verändert.
vbDropEffectMove	2	Die zu transportierenden Daten werden verschoben, d.h. die Quelle muss im Rahmen der *OLEDragComplete*-Prozedur dafür sorgen, dass die gezogenen Daten in der Quelle gelöscht werden.

Übung 7.3:
Ziehen und Ab-
legen mit dem
Explorer

In der folgenden Übung lernen Sie die wichtigsten OLE-Drag&Drop-Ereignisse und -Methoden an einem einfachen Beispiel kennen. Es handelt sich um ein kleines »Experimentierlabor« für OLE-Drag&Drop. Aus diesem Grund sollten Sie die Übung auch nicht umsetzen, sondern gleich in Form des Projekts *OleDragDrop.vbp* von der Buch-CD-ROM laden.

Abbildung 7.3:
Das Beispielpro-
gramm soll die
Abläufe bei OLE-
Drag&Drop ver-
anschaulichen.

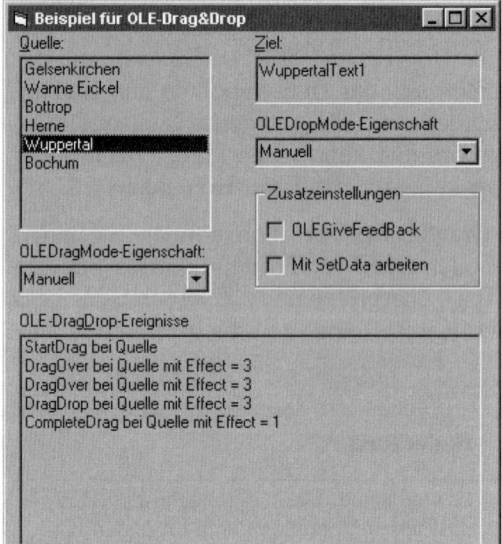

Wie funktioniert's?

Im Mittelpunkt des Beispielprogramms steht das Listenfeld *lstQuelle*, in das unmittelbar nach dem Start eine Reihe von Namen eingetragen werden. Diese Namen können Sie in das Textfeld *txtZiel* ziehen, wobei alle auftretenden Ereignisse in einem weiteren Listenfeld angezeigt werden (klicken Sie das Listenfeld doppelt an, um seinen Inhalt zu löschen). Sowohl beim Listenfeld (der Quelle) als auch beim Textfeld (dem Ziel) können Sie einstellen, ob die OLE-Drag&Drop-Operation manuell oder automatisch erfolgen soll. Stellen Sie beim Listenfeld »Automatisch« ein, können Sie ein Listenelement mit der linken Maustaste ziehen. Stellen Sie dagegen »Manuell« ein, reagiert das Listenfeld zunächst nicht auf Ziehen mit der Maus. Die Operation muss vielmehr (in der Regel in der *MouseMove*-Ereignisprozedur durch Abfrage der rechten Maustaste) durch den Aufruf der *OLEDrag*-Methode gestartet werden. Besitzt die *OLEDropMode*-Eigenschaft des Textfelds den Wert »Keine«, kann es keine Daten annehmen. Besitzt es den Wert »Automatisch«, erfolgt die Übertragung der Daten automatisch. Besitzt es dagegen den Wert »Manuell«, muss das Programm aktiv werden und über das Ereignis *OLEDragDrop* (Ziel) die Aktion festlegen, die von der *OLEDragComplete*-Ereignisprozedur (Quelle) ausgeführt wird. Es wurde bewußt auf die Möglichkeit verzichtet, mehrere Einträge ziehen und ablegen zu können. Diese Erweiterung sollte kein Problem sein, Sie müssen lediglich bei *MultiSelect=True* alle selektierten Namen in der Liste zu einem String zusammenbauen und die selektierten Einträge in der *OLEDragComplete*-Ereignisprozedur auch entfernen.

7.7.3   OLE-Drag&Drop mit dem Explorer

Um zwischen einem Visual-Basic-Programm und einem Explorer-Fenster Dateinamen austauschen zu können, unterstützt OLE-Drag&Drop mit der *Files*-Eigenschaft des *DataObject*-Objekts und dem Format *vbCFFiles* Dateinamen als eigenes Format. Ziehen Sie aus einem Explorer-Fenster mehrere markierte Dateisymbole z.B. in ein Listenfeld, wird dort ganz normal ein *OLEDragDrop*-Ereignis ausgelöst. In der Ereignisprozedur können Sie über die *Files*-Eigenschaft auf die Namen der abgelegten Dateisymbole zugreifen:

```
Dim FileObject As Variant
For Each FileObject In Data.Files
    lstDateinamen.AddItem Files
Next
```

Alternativ können Sie über einen Index auf die einzelnen Dateinamen zugreifen. Möchten Sie Dateinamen in die umgekehrte Richtung schicken, müssen diese an die *Files*-Auflistung des *DataObject*-Objekts übertragen werden.

```
Dim n As Integer
For n = 0 To lstDateinamen.ListCount - 1
    If lstDateinamen.Selected(n) = True Then
        Data.Files.Add lstDateinamen.List(n)
    End If
Next n
Data.SetData , vbCFFiles
AllowedEffects = 1
```

In einer *For-Next*-Schleife werden die ausgewählten Listeneinträge des Listenfelds *lstDateinamen* zunächst in die *Files*-Auflistung des *Data-Object*-Objekts eingefügt. Damit befinden sie sich aber noch nicht in der Ablage; dies erledigt die *SetData*-Methode, die ohne Daten, dafür aber mit dem Formatargument *vbCFFiles* aufgerufen wird.

Da es nicht automatisch gewährleistet ist, dass Dateinamen im Format *vbCFFiles* übertragen werden, sollte man das Format zunächst abfragen und dann entsprechend darauf reagieren:

```
Private Sub lstDateinamenListe_OLEDragDrop _
(Data As DataObject, Effect As Long, Button As Integer, _
Shift As Integer, X As Single, Y As Single)
    Dim n As Integer, TempString As String
    If Data.GetFormat(vbCFFiles) = True Then
    For n = 1 To Data.Files.Count
        lstLöschListe.AddItem Data.Files(n)
    Next n
    ElseIf Data.GetFormat(vbCFText) = True Then
        TempString = Data.GetData(vbCFText)
        Do
            n = InStr(1, TempString, vbCr)
            If n = 0 Then Exit Do
            lstLöschListe.AddItem Left(TempString, n - 1)
            TempString = Right(TempString, Len(TempString) - _
            (n + 1))
        Loop
        lstLöschListe.AddItem TempString
    End If
End Sub
```

Die Ereignisprozedur ist deswegen etwas umfangreicher, weil der Fall berücksichtigt wird, dass die übergebenen Dateien nicht im *vbCFFiles*-, sondern im *vbCFText*-Format vorliegen. Ist dies der Fall, stehen die Dateinamen nicht über die *Files*-Auflistung zur Verfügung, sondern liegen als normale Zeichenketten vor, die durch ein *vbCr*-Zeichen getrennt sind und daher separiert werden müssen.

7.7.4   Auf Dateien zugreifen, die per Tastatur kopiert wurden

Alternativ zum Ziehen und Ablegen können Benutzer Dateien auch über Strg+C in die Zwischenablage kopieren. Da dabei allerdings kein OLE-Drag&Drop-Ereignis ausgelöst wird und kein *Data*-Objekt zur Verfügung steht, gibt es auch keine offizielle Möglichkeit, an die *Files*-Auflistung heranzukommen (das *Clipboard*-Objekt enthält zwar offiziell Daten im *vbCFFiles*-Format, doch lassen sich diese über die *GetText*-Methode nicht lesen).

7.8 Zusammenfassung

Visual-Basic-Programme werden um eine Benutzeroberfläche herum aufgebaut. War es früher unter MS-DOS üblich, zuerst das Programm zu erstellen und die notwendigen Ein- und Ausgabeanweisungen in das Programm einzubauen, fängt man bei Visual Basic im Allgemeinen mit dem Erstellen der Benutzeroberfläche an und fügt den Programmcode nachträglich ein. Mit der Programmierung einfacher Ein- und Ausgaben verbringt ein angehender Visual-Basic-Programmierer erfahrungsgemäß die meiste Zeit. Die meisten Ein- und Ausgaben lassen sich bereits mit den Standardsteuerelementen der Werkzeugsammlung realisieren. Wichtiger aber als die Kenntnis der einzelnen Eigenschaften und Methoden ist ein allgemeines Verständnis für die Bedienerphilosophie von Windows. Dazu gehört unter anderem, dass Eingabefelder über die Tastatur (⍰Alt⍰-Taste plus ein Buchstabe) angesteuert werden können, eine Schaltfläche die Rolle der Default-Schaltfläche spielt oder die Tab-Reihenfolge sinnvoll gewählt wird. Dies sind zwar Kleinigkeiten, doch können Sie gerade bei erfahrenen Benutzern sehr schnell einen schlechten Eindruck hinterlassen. Mehr zu diesem wichtigen Thema in Kapitel 8, »Gestalten von Benutzeroberflächen und Dialogfeldern«.

1. Wie hätte die Eingabe der ⍰Esc⍰-Taste konventionell abgefragt werden müssen? Wo liegen die Vor- und Nachteile? **Quiz-Auflösung**

   Ohne Ereignisse benötigt man eine riesige Schleife, die während des Programmablaufs ständig durchlaufen wird, um eventuelle Eingaben aus dem Tastaturpuffer zu lesen. Oder man müßte die Programmausführung anhalten lassen, um dem Benutzer die Gelegenheit zur Eingabe zu geben. Beide Verfahren wären unter Windows unpraktikabel.

2. Welche Bedeutung hat die *DoEvents*-Anweisung, wie unterscheidet sie sich von der gleichnamigen Funktion? Welche Nachteile bringt sie mit sich? Welche (bessere) Alternative gäbe es?

   Die *DoEvents*-Anweisung gibt dem Programm die Gelegenheit, auf andere Ereignisse zu reagieren. Das ist besonders dann wichtig, wenn das Programm eine längere Berechnung in einer Prozedur durchführt und die *End-Sub*-Anweisung einer Ereignisprozedur eine längere Zeit nicht ausführt. Die *DoEvents*-Methode gibt die Anzahl der offenen Fenster der Anwendung zurück. Ein Nachteil von *DoEvents* ist, dass das Programm sämtliche Ereignisse bearbeitet, was zu unerwünschten Nebeneffekten führen kann. Besser wäre ein *DoEvents*, das selektiv einzelne Ereignisse zulässt, die restlichen Ereignisse aber filtert.

3. Kann das Programm bei der Ausführung in der Entwicklungsumgebung ohne *DoEvents*-Anweisung überhaupt abgebrochen werden?

   Ja, die IDE wacht über die Ausführung von Programmen, sodass diese auch ohne *DoEvents* jederzeit über Strg+Pause unterbrochen werden können.

Benutzeroberflächen
und Dialogfelder

D ie Benutzeroberfläche eines Visual-Basic-Programms besteht aus einem oder mehreren Formularen, auf denen Steuerelemente angeordnet (oder erst zur Laufzeit hinzugefügt) werden. Auf den ersten Blick erscheint das Thema »Erstellen von Benutzeroberflächen in Visual Basic«, gerade für erfahrene Programmierer, als Nebensache. Ein paar Mal mit der Maus an der richtigen Stelle geklickt, ein paar Eigenschaften eingestellt, und fertig ist die Benutzeroberfläche. Dafür, dass es so einfach nur in den seltensten Fällen geht, gibt es gleich mehrere Gründe. Die fest eingebauten Steuerelemente der Werkzeugsammlung sind zwar leicht anzuwenden, bieten dafür aber auch nur ein Minimum an Funktionalität. Visual Basic gibt seinen Programmierern zwar eine großzügige Gestaltungsfreiheit, doch gerade durch diese Freiheit sind die Programmierer in bezug auf die Gestaltung einer Benutzeroberfläche (nahezu) völlig auf sich alleine gestellt (was natürlich auch seine guten Seiten hat). Visual Basic stellt Formulare und Zusatzsteuerelemente auf die gleiche Weise zur Verfügung, wie ein Künstler Farben und Pinsel auf einer Palette vorfindet. Die Umsetzung bleibt dem Künstler, also Ihnen, überlassen. Zum Glück ist dadurch das Chaos noch nicht vollständig perfekt. Zum einen lassen sich natürlich die einzelnen Oberflächenelemente nicht beliebig variieren. Durch das Hinzufügen eines Menüs wird automatisch die Anordnung der Menüleiste und der einzelnen Menüs vorgegeben. Schaltflächen besitzen stets die gleiche (durch Windows vorgegebene) Gestalt. Wer ovale Knöpfe mit hüpfenden Buchstaben bevorzugt, muss soviel programmieren, dass innovativen »Querdenkern« ohne API-Erfahrung von Anfang an die Lust vergehen dürfte. Zum anderen gibt es doch gewisse Richtlinien, die durch die überwiegende Mehrheit der Windows-

Anwendungen vorgegeben werden. Wer Windows als Anwender kennt hat damit bereits eine Vorstellung davon, wie eine typische Benutzeroberfläche zusammengestellt wird.

Die Ein- und Ausgaben in einem Visual-Basic-Programm werden mit Hilfe der Steuerelemente der Werkzeugsammlung umgesetzt. Dennoch, und das wurde bereits in Kapitel 6 deutlich, Visual Basic stellt lediglich eine gewisse Grundfunktionalität zur Verfügung. Damit daraus eine funktionsfähige und stimmige Benutzeroberfläche wird, ist wieder die gute alte Programmierung gefragt.

Sie lesen in diesem Kapitel etwas über:

➡ elementare Ein- und Ausgaben

➡ die Validierung der Eingabe

➡ die Auswahl von Optionen

➡ die Auswahl aus Listen

➡ das Einstellen von Werten

➡ das Hinzufügen einer Menüleiste

➡ die Auswahl von Dateinamen

➡ Dialogfelder

➡ Standarddialogfelder

➡ Steuerelementefelder (Control arrays)

➡ Arbeiten mit mehreren Formularen

➡ Formularfelder

➡ MDI-Anwendungen

8.1 Elementare Ein- und Ausgaben

In diesem Abschnitt geht es um jene elementaren Ein- und Ausgaben, aus denen praktisch jede Benutzeroberfläche besteht. Visual Basic stellt für die einfache Ein- und Ausgabe von Texten, Zahlen und anderen Datentypen gleich mehrere Steuerelemente bereit. Die wichtigsten sind das Textfeld für die Ein- und Ausgabe und das Bezeichnungsfeld für die reine Ausgabe. Auch das Formular und das (funktional praktisch identische) Bildfeld kommen für die Ausgabe in Frage. Schon alleine mit diesen Komponenten lässt sich die überwiegende Mehrheit aller Ein- und Ausgabeaufgaben erledigen.

8.1.1 Direkte Ausgaben auf einem Formular oder einem Bildfeld

Man muss für die Ausgabe von Texten und Zahlen nicht unbedingt ein Steuerelement bemühen. Gerade Programmierer, die aus der MS-DOS-Welt kommen, sind es gewöhnt, den kompletten Bildschirm als Ausgabefläche zur Verfügung zu haben. Das geht unter Windows natürlich nicht, doch wenn man ein Formular auf Maximalgröße setzt und auf eine Umrandung verzichtet, kann man den Bildschirm zumindest darstellungsgetreu »simulieren« (ohne aber den Anwender davon abhalten zu können, auf eine andere Anwendung umzuschalten). Dies bietet besonders bei der Ausgabe von Tabellen Vorteile, denn man ist nicht an die Eigenheiten eines Grids gebunden, sondern kann wie in der »guten alten Zeit« mit Print, Tab&Co. arbeiten. Stellen Sie sich die Innenfläche eines Formulars als eine einzige Ausgabefläche vor, die allerdings nicht zeichenorientiert, sondern einheitenorientiert angesprochen wird. Wie groß eine Einheit ist, hängt von der aktuellen Einstellung der *Scale-Mode*-Eigenschaft des Formulars ab. Voreingestellt ist die Einheit *Twips*, Sie können jedoch auch Pixel und sogar Zentimeter wählen. Natürlich ändert die gewählte Maßeinheit nichts an der Größe der Ausgabefläche (ein Formular kann nicht größer als der Bildschirm werden), sie legt lediglich fest, in welchen Einheiten Eigenschaften wie *ScaleHeight*, *ScaleWidth*, *CurrentX* und *CurrentY* ihre Werte zurückgeben. Übrigens verhalten sich Formulare und Bildfelder bezüglich der Ausgabe von Text und Grafik absolut identisch. Die folgenden Techniken können Sie daher wahlweise auf ein Formular oder ein Bildfeld anwenden.

Für die direkte Ausgabe in einem Formular oder Bildfeld gibt es die *Print*-Methode, die mit dem »klassischen« Print-Befehl des »Oldtimer-Basic« fast identisch ist. Über diese Methode kann die Textausgabe auch direkt auf einem Formular, in einem Bildfeld, im Direktfenster (*Debug*-Objekt) oder über ein *Printer*-Objekt auf dem Drucker erfolgen.

`Objekt.Print Ausgabeliste`   **Syntax**

Die Anwendung der *Print*-Methode ist sehr einfach. Normalerweise folgt auf die *Print*-Methode eine Zeichenkette oder der Name einer Variablen, die ausgegeben werden soll. Folgt auf die *Print*-Methode kein Argument, wird einfach eine Leerzeile ausgegeben. Zusätzlich gibt es eine Reihe von Möglichkeiten, die auszugebenden Elemente in der Ausgabezeile anzuordnen:

Spc(n)	Gibt n Leerzeichen aus.
Tab(n)	Gibt den nächsten Ausdruck beim n-ten Tabstopp aus. Ohne Angabe der Spaltennummer wird der nächste Tabstopp angesprungen. Das Einfügen eines *vbTab*-Zeichens (Zeichencode 9) führt dazu, dass der nächste Tabstopp angesprungen wird.
;	Der nächste Ausdruck wird durch ein (oder mehrere) Semikolon unmittelbar danach ausgegeben.
,	Der nächste Ausdruck wird durch ein (oder mehrere) Komma erst beim nächsten Tabstopp ausgegeben.

Da bei den meisten Schriftarten die Breite der einzelnen Buchstaben variiert (proportionale Schriftarten), kann durch das Auffüllen mit Leerzeichen nicht erreicht werden, dass zwei Spalten in zwei Zeilen exakt untereinanderstehen. Soll über die Print-Methode ein Spaltenausdruck erreicht werden, muss entweder mit ausreichend großen Tabulatoren oder mit nichtproportionalen Schriftarten (z. B. Courier) gearbeitet werden.

Dies ist ein »Tipp«, den man früher in der »Basic-Schule« bereits in der ersten Stunde gelernt hat: Die Print-Methode (früher war es noch der Print-Befehl) kann durch ein ?-Zeichen abgekürzt werden.

Die Eigenschaften CurrentX und CurrentY

Um eine Ausgabe mit der *Print*-Methode exakt positionieren zu können, müssen die Eigenschaften *CurrentX* (X-Position) und *CurrentY* (Y-Position) zuvor gesetzt werden. Der Wert dieser beiden Eigenschaften bezieht sich immer auf das innere Koordinatensystem des Ausgabeelements (mehr dazu in Kapitel 13 »Die bunte Welt der Grafik«). Standardmäßig ist die Einheit *Twips* aktiv, über die *ScaleMode*-Eigenschaft des Ausgabeobjekts kann jedoch eine andere Maßeinheit (z. B. Pixel oder Millimeter) eingestellt werden.

Mit jeder Textausgabe werden die Werte für CurrentX und CurrentY aktualisiert, sodass sie stets auf jene Position zeigen, bei der die nächste Textausgabe erfolgt. Über eine Cls-Methode werden beide Eigenschaften auf den Wert 0 zurückgesetzt.

Tabelle 8.1:
Die Auswirkung
von Ausgabeme-
thoden auf die
Eigenschaften
CurrentX und
CurrentY.

Methode	Setzt CurrentX und CurrentY auf ...
Cls	... 0
Print	... den Beginn der nächsten Textausgabe
Line	... den Endpunkt der Linie, sodass die nächste *Line*-Metho-de mit dem Zusatz *Step* bei diesem Punkt fortfahren kann
Circle	... den Mittelpunkt des Kreises
Pset	... die angegebenen Koordinaten

8.1.2 Wie werden Textattribute eingestellt?

Was auf den ersten Blick nicht unbedingt klar sein dürfte: Die Form der Textausgabe in einem Bildfeld oder Formular wird durch den aktuellen Zustand der Textattributeigenschaften bestimmt. Ändern sich diese Eigenschaften, ändert das die Textattribute aller folgenden Ausgaben, nicht aber die der bereits durchgeführten Ausgaben.

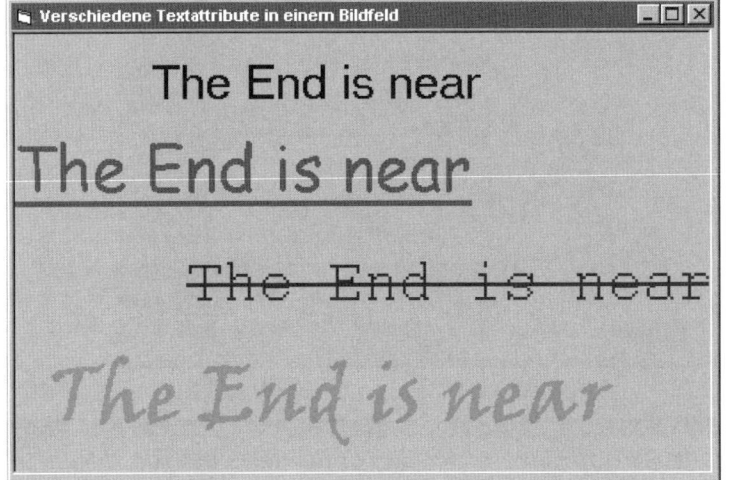

*Abbildung 8.1:
In einem Bild-
feld können für
die Textaus-
gabe beliebige
Textattribute
kombiniert wer-
den.*

Eigenschaft	Bedeutung
FontBold	Wenn *True*, wird der Text fett ausgegeben.
FontItalic	Wenn *True*, wird der Text kursiv ausgegeben.
FontName	Name der Schriftart.

*Tabelle 8.2:
Eigenschaften,
die für die Text-
ausgabe mit der
Print-Methode
eine Rolle spie-
len.*

Eigenschaft	Bedeutung
FontSize	Größe des Textes in Punkten (für einige Fonts stehen nur bestimmte Größen zur Verfügung). Ein Punkt umfasst definitionsgemäß 1/72 eines Zoll (1 Zoll=2,54 cm) bzw. ca. 0,35 mm.
FontStrikethru	Wenn True, wird der Text durchgestrichen ausgegeben.
FontTransparent	Wenn False, erscheint der Hintergrund nicht in den leeren Zwischenräumen zwischen den Buchstaben.
FontUnderline	Wenn True, wird der Text unterstrichen ausgegeben.
ForeColor	Farbe des Textes.

Abbildung 8.2: Alle Textattribute werden während der Entwurfszeit in einem Dialogfeld eingestellt.

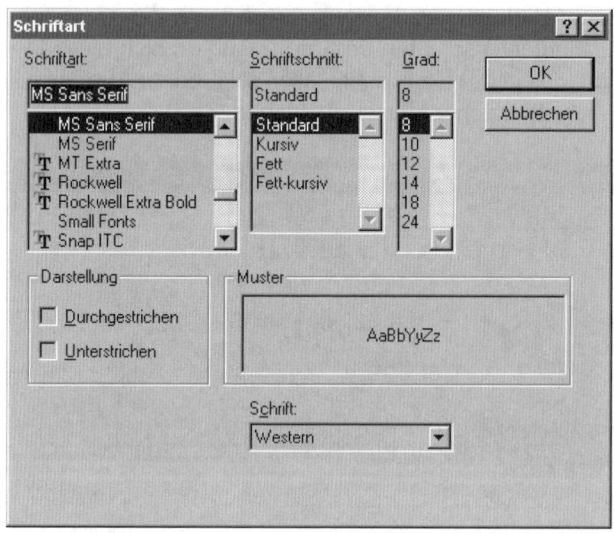

Eine Textattribut, wie z.B. FontUnderline=True, bleibt in einer Ausgabefläche (Gerätekontext) so lange eingestellt, bis es durch eine erneute Zuweisung wieder aufgehoben wird.

Beachten Sie, dass die ForeColor-Eigenschaft die Vordergrundfarbe der darauffolgenden Textausgaben ändert, während die BackColor-Eigenschaft die Hintergrundfarbe für das komplette Bildfeld ändert. Soll die Hintergrundfarbe bei der Ausgabe eines Textes keine Rolle spielen, muss die FontTransparent-Eigenschaft den Wert False erhalten.

Einer Textausgabe in einem Bildfeld oder einem Formular über die *Print*-Methode eine eigene Hintergrundfarbe zu geben, ist bei Visual Basic nicht so ohne weiteres möglich. In diesem Fall muss die Textausgabe in einem (rahmenlosen) Bezeichnungsfeld erfolgen.

Die Format-Methode

Die *Format*-Methode ist eine sehr wichtige Funktion für die Textausgabe, denn sie erlaubt es, eine Zahl oder einen Text in einer bestimmten Weise zu formatieren. Eine der häufigste Anwendungen für die *Format*-Methode ist die Ausgabe von Geldbeträgen. Natürlich möchte man nicht, dass ein Geldbetrag in der Form 1,2345 erscheint, sondern z.B. als 1,24 DM ausgegeben wird. Möglich wird dies über die *Format*-Methode, die neben der auszugebenden Zahl eine »Darstellungsanweisung« (auch Format-String genannt) erhält.

```
Format(Ausdruck[, Formatstring])
```
Syntax

Ohne Angabe eines Formatstrings entspricht die Funktion der *Str*-Funktion. Mit Angabe eines solchen String ergibt sich eine erstaunliche Vielzahl von Möglichkeiten. Um die *Format-Methode* zu verstehen, müssen Sie sich nur mit dem Prinzip der Platzhalter vertraut machen. Um zu erreichen, dass eine Zahl stets mit Null für nicht aufgeführte Stellen vor dem Komma und genau zwei Nachkommastellen ausgegeben wird, muss für jede Ziffer ein Platzhalter aufgeführt werden. Dieser lautet entweder »0« (in diesem Fall wird eine nicht vorhandene Ziffer durch eine Null ersetzt) oder »#« (in diesem Fall wird eine Ziffer eingetragen).

Die folgende Anweisung gibt eine Zahl als Geldbetrag formatiert aus: **Beispiel**

```
Profit = Format(Betrag, ".00 DM")
```

Die *Format*-Methode sorgt dafür, dass nach dem Komma genau zwei Ziffern angezeigt werden (wobei automatisch gerundet wird) und dass eine fehlende Ziffer nach dem Komma durch eine Null ersetzt wird. Außerdem wird an die Zahl die Währung »DM« angehängt. Soll für eine nicht vorhandene Ziffer keine Null erscheinen, muss der Formatstring das »#«-Zeichen enthalten:

```
Profit = Format(Betrag, ".## DM")
```

Ein »#«-Zeichen vor dem Punkt (kein Komma!) erfüllt offenbar keine besondere Funktion. Insbesondere kann es nicht dazu verwendet werden, eine Ausgabe rechtsbündig auszurichten (mehr dazu gleich)[1]. In

---

[1] Die Format-Methode ist daher nicht mit der Print-Using-Anweisung aus DOS-Basic identisch, wo für jedes »#«-Zeichen, das keiner Ziffer entsprach, ein Leerzeichen eingefügt wurde.

den meisten Fällen muss kein solches benutzerdefiniertes Format verwendet werden. Sehr viel einfacher ist es, auf ein bereits vordefiniertes Format wie z. B. »Currency« zurückzugreifen, das einen Geldbetrag unter Berücksichtigung der in der Systemsteuerung eingestellten Landeswährung ausgibt.

Besonders stark ist die *Format*-Methode bei der Datumsausgabe, denn es wird eine Vielzahl von Möglichkeiten angeboten, einen Datumsausdruck anzuzeigen. Aus Platzgründen können diese nicht aufgelistet werden, in der Visual-Basic-Hilfe werden sie aber ausführlich beschrieben.

Neue Funktionen bei VBA 6.0

Mit VBA 6.0 wurden die vier Ausgabemethoden *FormatCurrency*, *FormatDateTime*, *FormatNumber* und *FormatPercent* eingeführt, mit denen die formatierte Ausgabe etwas einfacher wird. Mehr dazu in Kapitel 9, in dem es um die Grundlagen von VBA geht.

Die rechtsbündige Ausgabe

Leider hat Microsoft auch bei Visual Basic 6.0 vergessen, die *Print*-Methode mit einer Funktion zur Ausgabe von rechtsbündigen Texten auszustatten. Ein Grund dafür, warum eine Funktion nicht ganz so trivial ist, ist der Umstand, dass bei proportionalen Schriften, die in der Regel zur Ausgabe in einem Formular eingesetzt werden, die Breite der einzelnen Zeichen nicht gleich groß ist. Es bringt z. B. nicht viel, einen Leerraum mit Leerzeichen auszufüllen, denn wenn die darüberliegende Zeile aus breiten Buchstaben besteht, ergibt sich stets eine etwas unschöne Ungenauigkeit. Auch wenn es pedantisch erscheinen mag, nichts ist ärgerlicher, als wenn in einer mehrzeiligen Ausgabe die Kommata nicht exakt untereinanderstehen. Um es vorwegzunehmen, eine perfekte Lösung gibt es offenbar nicht. Das folgende Beispiel zeigt jedoch, wie mit Hilfe der *Format*-Methode zumindest Ganzzahlen rechtsbündig ausgegeben werden können.

Beispiel
```
Private Sub cmdAusgabe_Click()
    picAusgabe.Print Space(20); "Das Ergebnis"
    picAusgabe.Print Space(20); "----------------------"
    picAusgabe.Print Space(20); "Jahr" & vbTab & "Umsatz"
    picAusgabe.Print
    picAusgabe.Print Space(20); "1993" & vbTab & Format _
    (12, RechtsB(12, 6))
    picAusgabe.Print Space(20); "1995" & vbTab & Format _
    (1234, RechtsB(1234, 6))
    picAusgabe.Print Space(20); "1992" & vbTab & Format _
    (1, RechtsB(1, 6))
    picAusgabe.Print Space(20); "1996" & vbTab & Format _
    (12345, RechtsB(12345, 6))
```

```
    picAusgabe.Print Space(20); "1994" & vbTab & Format _
    (123, RechtsB(123, 6))
End Sub
Private Sub Form_Load()
    picAusgabe.Scale (0, 0)-(100, 100)
End Sub
Function RechtsB(Zahl As Variant, Breite As Integer) As String
    RechtsB = String(Breite + (Breite - Len(Str _
    (Zahl)) - 1), "@")
End Function
```

Die Funktion *RechtsB* baut einen Format-String zusammen, der aus so vielen »@«-Zeichen besteht, wie Leerzeichen vor der Zahl aufgeführt werden müssen, damit diese in der angegebenen Breite rechtsbündig ausgegeben wird.

Wie werden Texthöhe und Textbreite ermittelt?

Es ist sicher ungewohnt, aber für Windows absolut elementar. Die Länge einer ausgegebenen Zeichenkette wird nicht über die Anzahl der in ihr enthaltenen Zeichen, sondern in Grafikeinheiten angegeben. Dazu stehen die Methoden *TextHeight* und *TextWidth* zur Verfügung. Sie geben einen Wert für die Höhe bzw. Breite eines Textes zurück. Dieser Wert kann zum Beispiel für das Setzen der Eigenschaften *CurrentX* und *CurrentY* bzw. allgemein zum Berechnen von Abständen benutzt werden.

Syntax

```
Objekt.TextHeight (Text)
Objekt.TextWidth (Text)
```

Die Einheit für den Rückgabewert der Methoden ist normalerweise Twips. Sie hängt davon ab, welche Einheit über die *Scale*-Methode eingestellt wurde.

Beispiel

Über die Methoden *TextHeight* und *TextWidth* werden die Abmessungen einer Zeichenkette bestimmt:

```
?TextHeight ("Im nächsten Jahr wird alles anders")
195
?TextWidth ("Nachts sind alle Bären blau")
2400
```

Die Textausrichtung kann auch vertikal und horizontal justiert werden

Normalerweise gibt die *Print*-Methode ihren Text immer linksbündig aus. Wenn Ihnen die Berechnung über *CurrentX* und *CurrentY* ein wenig zu umständlich ist, kann die Ausrichtung über die API-Funktion *SetTextAlign* sowohl horizontal als auch vertikal justiert werden.

Syntax

SetTextAlign justiert die Textausgabe für alle folgenden Ausgaben in einem Formular oder einem Bildfeld.

```
Declare Function SetTextAlign Lib "gdi32" _
Alias "SetTextAlign" (ByVal hdc As Long, _
ByVal wFlags As Long) As Long
```

Als Argumente werden der API-Funktion die *hdc*-Eigenschaft der Ausgabefläche (Gerätekontextbezug), d.h. des Bildfelds oder des Formulars, und ein Flag mit der gewünschten Ausrichtung übergeben, z.B. *TA_LEFT=0* (linksbündig), *TA_RIGHT=2* (rechtsbündig), *TA_CENTER=6* (zentriert), *TA_TOP=0* (Ausrichtung am oberen Rand der Zeile), *TA_BOTTOM=8* (Ausrichtung am unteren Rand der Zeile) und *TA_BASELINE=24* (Ausrichtung an der Basislinie). Weitere Konstanten finden Sie in der Datei *Win32api.txt*, die über den API-Katalog angezeigt wird.

Beispiel Ordnen Sie für die Umsetzung des folgenden Beispiels auf einem Formular ein Bild (*picAusgabe*), eine Reihe von Optionsfeldern (eines für jeden Ausrichtungstyp) und zwei Schaltflächen (*cmdMitAlign* und *cmdOhneAlign*) an, und geben Sie Anweisungen aus Listing 8.1 ein.

Listing 8.1:
Diese Anweisungen ändern die Ausrichtung einer Textausgabe in einem Bildfeld.

```
Option Explicit
Private Declare Function SetTextAlign Lib "gdi32" _
(ByVal hdc As Long, ByVal wFlags As Long) As Long

Private Declare Function GetTextAlign Lib "gdi32" _
(ByVal hdc As Long) As Long

Const TA_BASELINE = 24
Const TA_CENTER = 6
Const TA_LEFT = 0
Const TA_BOTTOM = 8
Const TA_RIGHT = 2
Private Ausrichtung As Integer

Private Sub cmdMitAlign_Click()
    Dim RetVal As Long
    Dim AlterWert As Long
    AlterWert = GetTextAlign(picAusgabe.hdc)
    RetVal = SetTextAlign(picAusgabe.hdc, Ausrichtung)
    picAusgabe.CurrentX = 60
    picAusgabe.CurrentY = 50
    picAusgabe.Print "Nur ein kleiner Test"
    RetVal = SetTextAlign(picAusgabe.hdc, AlterWert)
End Sub

Private Sub cmdOhneAlign_Click()
    picAusgabe.CurrentX = 10
    picAusgabe.CurrentY = 50
    picAusgabe.Print "Nur ein kleiner Test"
End Sub

Private Sub Form_Load()
```

```
    picAusgabe.Scale (0, 0)-(100, 100)
End Sub

Private Sub optBaseline_Click()
    Ausrichtung = TA_BASELINE
End Sub

Private Sub optBottom_Click()
    Ausrichtung = TA_BOTTOM
End Sub

Private Sub optCenter_Click()
    Ausrichtung = TA_CENTER
End Sub

Private Sub optRight_Click()
    Ausrichtung = TA_RIGHT
End Sub

Private Sub picAusgabe_Click()
    picAusgabe.Cls
End Sub
```

Scrollen bei der Textausgabe

Normalerweise findet bei der Textausgabe innerhalb eines Formulars kein automatisches Scrollen statt. Das bedeutet, wenn Sie über die *Print*-Methode in einem Formular 30 Zeilen ausgeben, das Formular aber nur 25 Zeilen anzeigen kann, werden die restlichen fünf Zeilen abgeschnitten. Besitzt die *AutoRedraw*-Eigenschaft des Formulars den Wert *True*, werden die restlichen Zeilen zwar im Arbeitsspeicher »ausgegeben« und können durch Vergrößern des Formulars angezeigt werden, doch sehr befriedigend ist dieser Zustand natürlich nicht. Wäre es nicht nett, wenn die Textausgabe, wie bei der Ausgabe in einem DOS-Fenster, automatisch scrollen würde? Nun, das ist kein Problem. Man muss lediglich Windows die Anweisung geben, dass es, sobald die unterste Zeile erreicht wurde (dies lässt sich über einen Vergleich der *CurrentY*- mit der *ScaleHeight*-Eigenschaft einfach feststellen), den Fensterinhalt über die API-Funktion *ScrollWindow* um genau eine Zeilenhöhe scrollt. Anschließend muss aber über die *UpdateWindow*-API-Funktion Windows dazu gebracht werden, den kompletten Fensterinhalt zu aktualisieren.

Es lohnt sich, die *ScrollWindow*-Funktion näher zu untersuchen. So ist es z.B. über das Argument *lprcScroll* möglich, einen rechteckigen Bereich des Fensters (über eine Variable vom benutzerdefinierten Typ *RECT*) festzulegen, der gescrollt werden soll. Damit können Sie einen Ausschnitt in der Innenfläche des Formulars scrollen (dafür gibt es bestimmt großartige Anwendungen). Wird für dieses Argument, wie in dem folgenden Beispiel, dagegen ein Nullzeiger übergeben (durch die Konstante *vbNull*), wird der gesamte Fensterinhalt gescrollt.

Beispiel Das folgende Beispiel zeigt die Ausgabefunktion *ScrollPrint*, die im Gegensatz zur *Print*-Methode dafür sorgt, dass der Fensterinhalt automatisch gescrollt wird, sobald die unterste Zeile erreicht wurde. Legen Sie zur Umsetzung des Beispiels ein neues Formular an, und fügen Sie die in Listing 8.2 aufgeführten Anweisungen ein.

Listing 8.2: Die ScrollPrint-Funktion führt ein automatisches Scrollen im Formular durch.

```
' Der Allgemein-Teil
Option Explicit
Private Type RECT
        Left As Long
        Top As Long
        Right As Long
        Bottom As Long
End Type
Private Declare Function ScrollWindowEx Lib "user32" _
(ByVal hwnd As Long, ByVal dx As Long, ByVal dy As Long, _
lprcScroll As Any, lprcClip As Any, ByVal hrgnUpdate As _
Long, lprcUpdate As Any, ByVal fuScroll As Long) As Long
Private Declare Function UpdateWindow Lib "user32" _
(ByVal hwnd As Long) As Long
Const SW_ERASE = &H4
Const SW_INVALIDATE = &H2
'Ereignisprozeduren
Private Sub cmdStart_Click()
    Dim n As Integer
    For n = 1 To 100
        ScrollPrint "Das ist bereits die " & n & _
        " te Wiederholung..."
        ' Print "Das ist bereits die " & n & _
        ' " te Wiederholung..."
    Next n
End Sub
Sub Form_Load()
    ' Alle Koordinatenangaben bitte in Pixel
    Me.ScaleMode = vbPixels
End Sub
Sub ScrollPrint(AusgabeText As String)
    Dim RetVal As Long, TextHöhe As Long
    ' Wie hoch ist eine Textzeile in Pixel?
    TextHöhe = TextHeight(AusgabeText)

    Do Until (Me.CurrentY + TextHöhe) < Me.ScaleHeight
    ' Fensterinhalt um eine Zeile scrollen
        RetVal = ScrollWindowEx(Me.hwnd, 0&, -TextHöhe, _
        ByVal 0&, ByVal 0&, 0&, ByVal 0&, SW_ERASE Or _
        SW_INVALIDATE)
        UpdateWindow Me.hwnd
        CurrentY = CurrentY - TextHöhe  ' Neue Ausgabeposition
```

```
    Loop
    ' Hier wird der Text ganz normal ausgegeben
    Me.Print AusgabeText
End Sub
```

8.1.3   Die Textausgabe mit einem Bezeichnungsfeld

Für die Textausgabe wird in der Regel das Bezeichnungsfeld (engl. »label«) eingesetzt, das als universelles Textanzeigefeld und »graue Maus« unter den Steuerelementen für die meisten Zwecke gut geeignet ist. Bezeichnungsfelder werden am häufigsten zur Beschriftung (Bezeichnung) anderer Steuerelemente verwendet (daher auch der Name). Die Anwendung des Bezeichnungsfelds ist kinderleicht. Die drei wichtigsten Eigenschaften lauten *Caption*, *BorderStyle* und *Alignment*. Die *Caption*-Eigenschaft steht für den Inhalt des Bezeichnungsfelds. Die *BorderStyle*-Eigenschaft legt fest, ob das Bezeichnungsfeld einen Rahmen besitzt (*BorderStyle=1*) oder nicht (*BorderStyle=0*). Über die *Alignment*-Eigenschaft wird die Ausrichtung des Textes in der Horizontalen eingestellt. Zur Auswahl stehen, wie immer, linksbündig (*Alignment=0*), rechtsbündig (*Alignment=1*) und zentriert (*Alignment=2*). Die Textausrichtung in der vertikalen Ebene ist, auch wenn es praktisch wäre, leider nicht möglich und auch (offenbar) nicht über API-Funktionen zu realisieren.

Wie ein Textfeld ist auch ein Bezeichnungsfeld gebunden, das heißt, es kann über die Eigenschaften DataField, DataSource und DataChanged mit einem Datensteuerelement und damit mit einem Datensatz aus einer Datenbank verbunden werden.

Eigenschaft	Bedeutung
Alignment	Legt die Ausrichtung des Textes fest.
AutoSize	Ist diese Eigenschaft *True*, passt sich die Größe des Bezeichnungsfelds automatisch an den Textinhalt an.
BorderStyle	Legt fest, ob das Bezeichnungsfeld eine einfache Umrandung (*BorderStyle=1*) besitzt oder nicht.
Caption	Enthält den aktuellen Inhalt des Bezeichnungsfelds.

Tabelle 8.3:
Die wichtigsten Eigenschaften eines Bezeichnungsfelds.

Auch wenn in einem Bezeichnungsfeld keine direkte Eingabe möglich ist, verfügt es über ein Change-Ereignis. Dieses wird immer dann ausgelöst, wenn sich der Inhalt der Caption-Eigenschaft ändert (oder wenn das Bezeichnungsfeld über eine DDE-Verknüpfung einen neuen Wert erhält).

8.1.4 Ausgaben über die MsgBox-Methode

Die *MsgBox*-Methode (des *VBA*-Objekts) ruft eine Funktion des Windows-Kerns auf, die ein kleines Dialogfeld mit einem kurzen Text anzeigt. Das Dialogfeld kann um eines von mehreren vordefinierten Symbolen und Schaltflächen ergänzt werden.

Beispiel
```
Antwort = MsgBox ("Das Ende naht", vbExclamation Or vbYesNo, _
"Daran sollten Sie denken")
```

Die *MsgBox*-Methode ist zwar leicht zu verwenden, besitzt aber zwei gravierende Nachteile:

- Sie können weder Position noch Größe bestimmen[2].

- Es handelt sich normalerweise um ein modales Fenster, d.h. solange die Mitteilungsbox sichtbar ist, kann das Programm keine Ereignisse verarbeiten.

Trotz dieser Nachteile (insbesondere das »Verschlucken« von Ereignissen kann beim Debuggen den Programmverlauf verfälschen) ist die *MsgBox*-Methode sehr nützlich, wenn es darum geht, dem Benutzer eine kurze Mitteilung oder einen Systemzustand anzuzeigen. Ihr können eine Reihe von Konstanten übergeben werden, die z.B. festlegen, dass ein Fragezeichen-Symbol (*vbIconQuestion*) oder eine *Ja*- und eine *Nein*-Schaltfläche (*vbYesNo*) erscheinen. Eine Auflistung aller Konstanten finden Sie in der Visual-Basic-Hilfe.

Beispiel Das Beispiel gibt ein Mitteilungsfeld mit einer *Ja*- und einer *Nein*-Schaltfläche aus.

```
Antwort = MsgBox(Prompt:= "Die Viskosität nähert sich einer kritischen
Grenze. Schiff evakuieren?", Buttons:= vbExclamation Or vbYesNoCancel,
Title:="Wichtiger Hinweis")

If Antwort = vbYes Then
    EvakuierungEinleiten
Else
    DannEbenNicht
End If
```

Abbildung 8.3:
Ein Mitteilungs-
feld kann mit
einer Ja-, Nein-
und Abbrechen-
Schaltfläche ver-
sehen werden.

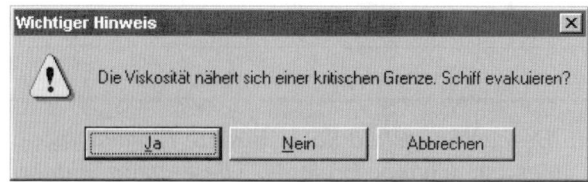

---

[2] Versuchen Sie es erst gar nicht – es ist den Aufwand mit Sicherheit nicht wert.

Die in einer Mitteilungsbox verwendeten Symbole, wie z.B. das Fragezeichen, stehen als Symboldateien im Visual-Basic-Verzeichnis \GRAPHICS\ICONS\COMPUTER zur Verfügung. Sie können daher die MsgBox-Methode relativ einfach realistisch nachbauen, um das Verhalten in einigen Punkten, z.B. um die Position oder den Inhalt der Schaltknöpfe zu modifizieren.

Schriftgröße und Schriftart müssen über die Systemsteuerung eingestellt werden und gelten dann für alle Dialogfelder.

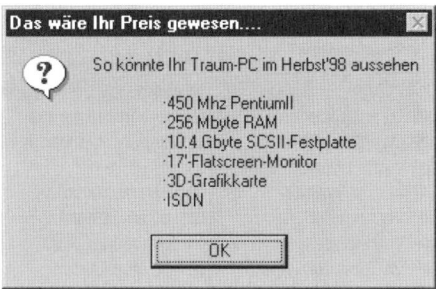

Abbildung 8.4:
Eine Msgbox
muss sich nicht
auf kurze Sätze
beschränken.

Die MsgBox-Methode mit benannten Argumenten und Enumeration

Der folgende Absatz soll den Beweis antreten, dass man einfache Dinge (wenn es sein muss) auch kompliziert darstellen kann. Bereits seit Visual Basic 5.0 unterstützt die *MsgBox*-Methode auch benannte Argumente. Urteilen Sie selbst, welche der beiden Varianten Ihnen besser gefällt.

a) Ohne benannte Argumente

```
MsgBox "Fehlernummer: " & Err.Number, vbExclamation, _
Err.Description
```

b) Mit benannten Argumenten

```
MsgBox Prompt:="Fehlernummer: " & Err.Number, _
Title:=Err.Description, Buttons:=vbExclamation
```

Variante b) bedeutet zwar deutlich mehr Schreibaufwand, ohne dass das Programm auf irgendeine Weise besser läuft, bietet aber zwei winzige Vorteile (die allgemein für benannte Argumente gelten):

1. Sie können die Reihenfolge der Argumente beliebig vertauschen und endlich den Titel an den Anfang stellen (was ja auch irgendwie logischer ist).

2. Die Syntaxhilfe stellt sich automatisch auf die gewählte Reihenfolge ein (probieren Sie es am besten einmal, sonst können Sie nicht mitreden).

Und noch eine Kleinigkeit ist erwähnenswert. Vielleicht haben Sie sich über die etwas ominös klingenden Begriffe *vbMsgBoxStyle* und *vbMsg-BoxResult* gewundert, die in der Syntaxhilfe auftauchen? Hierbei handelt es sich um die offiziellen Enumerationstypen des Arguments *Buttons* sowie des Rückgabewerts. Welche Werte diese Enumerationen besitzen, erfahren Sie aus dem Objektkatalog.

Abbildung 8.5:
Der Objektkatalog listet auf Wunsch auch die Werte der einzelnen Enumerationstypen auf.

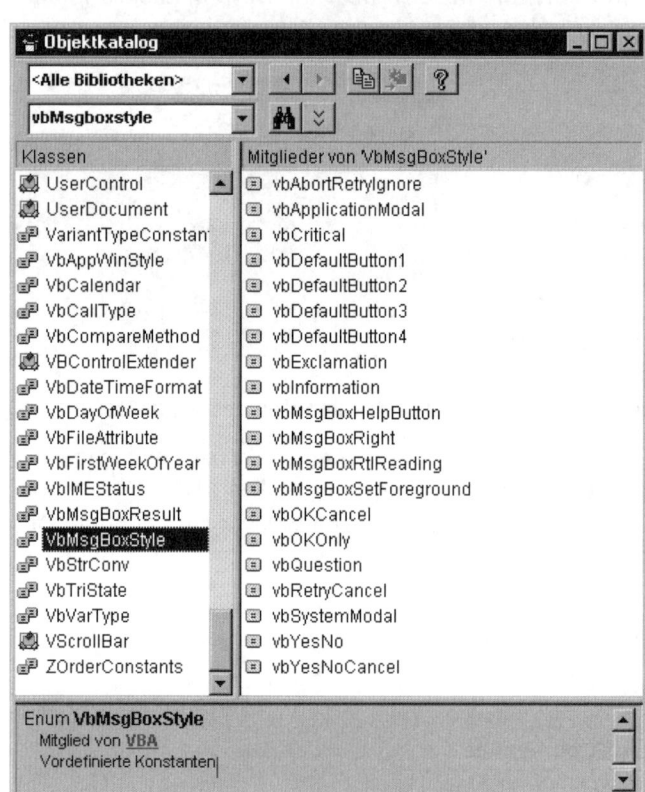

:-)
TIP

Wenn Sie wissen möchten, welche Werte für das Buttons-Argument in Frage kommen, setzen Sie die Textmarke auf das Wort »MsgBox«, und betätigen Sie ⇧ + F2. *Es erscheint die Syntaxbeschreibung der MsgBox-Methode, in der Sie auf die einzelnen Enumerationstypen mit der Maus klicken können und daraufhin die einzelnen Werte angezeigt bekommen.*

Systemgebundene Mitteilungsfelder

Normalerweise »blockiert« ein über *MsgBox* angezeigtes Mitteilungsfeld als gebundenes Dialogfeld »lediglich« Ihre Anwendung. Eine Steigerung zu modalen Mitteilungsfeldern sind systemgebundene Dialogfelder, die gleich (Sie werden es sich bereits denken) das komplette System blockieren. Um ein systemgebundenes Dialogfeld über die *MsgBox*-Methode zu öffnen, muss für den Typ zusätzlich die Konstante *vbSystemModal* übergeben werden.

Die folgende *MsgBox*-Methode öffnet ein systemgebundenes Mitteilungsfeld.

Beispiel

```
RetVal = MsgBox("Dies ist ein unwichtiger Hinweis!", _
vbInformation Or vbSystemModal, "Nachricht")
```

Solange das Mitteilungsfeld geöffnet ist, können Sie zu keinem anderen Programm wechseln, d.h. die Tastenkombination [Alt]+[⇆] ist blockiert.

Hinweis auf systemkritische Zustände

In einigen seltenen Fällen kann es erforderlich sein, den Benutzer auf einen systemkritischen Zustand hinzuweisen. Windows bietet dafür jene nüchternen Mitteilungsfelder, deren Erscheinen ahnungslosen und psychisch etwas labilen Anwendern erfahrungsgemäß den Angstschweiß auf die Stirn treibt. Ein solches Mitteilungsfeld erhalten Sie, wenn Sie die *MsgBox*-Methode mit den Konstanten *vbCritical* und *vbSystemModal* aufrufen. Anstelle eines normalen Mitteilungsfelds mit Stop-Symbol wird nun das Mitteilungsfeld für kleine und mittlere »Katastrophen« angezeigt.

Der folgende Aufruf der *MsgBox*-Methode gibt das »etwas andere« Mitteilungsfeld aus:

Beispiel

```
RetVal = MsgBox("Headcrash, Sorry!", vbCritical Or _
vbSystemModal, "Das hat Ihnen gerade noch gefehlt")
```

Hier noch ein gut gemeinter Ratschlag: Gehen Sie mit dieser speziellen Variante sparsam um, und verwenden Sie sie nur in wirklichen »Notfällen«. Sie wissen selbst am besten, wie Sie auf einen solchen Panikhinweis reagieren würden.

Wie Sie bereits wissen, besitzt die MsgBox-Methode eine Besonderheit. Während das Mitteilungsfeld geöffnet ist, kann das Fenster keine weiteren Nachrichten empfangen. So erhält ein Zeitgeber, der während dieser Zeit aktiv ist, keine Timer-Ereignisse. Sollte dies aus irgendeinem Grund nicht erwünscht sein, muss auf die

API-Funktion MessageBox zurückgegriffen werden. Diese Funktion ist mit der MsgBox-Methode weitestgehend identisch. Der einzige Unterschied besteht darin, dass ein Fenster hier auch weiterhin Nachrichten erhält und nicht durch ein simples Mitteilungsfeld total blockiert wird.

Syntax   *MessageBox* gibt ein Standardmitteilungsfeld auf dem Bildschirm aus.

```
Declare Function MessageBox Lib "user32" Alias "MessageBoxA" _
(ByVal hwnd As Long, ByVal lpText As String, ByVal lPCaption _
As String, ByVal wType As Long) As Long
```

Beispiel   Das folgende Beispiel verwendet die API-Funktion *MessageBox*, um ein Mitteilungsfeld auszugeben:

```
RetVal = MessageBox(Me.hWnd, "Dies ist ein Hinweis!", _
"Nachricht", vbInformation Or vbApplicationModal)
```

Im Unterschied zur *MsgBox*-Methode in VBA muss das über die *MessageBox*-API-Funktion geöffnete Mitteilungsfeld wissen, wo es hingehört. Dies wird ihm über die Bezugsnummer des Fensters (*hWnd*-Eigenschaft des Formulars) mitgeteilt.

8.2   Die Eingabe von Texten und Zahlen

Wenn im Folgenden von Texteingabe die Rede ist, so ist damit selbstverständlich auch die Eingabe von Zahlen und anderen darstellbaren Zeichen gemeint. Für ein Textfeld spielt diese Differenzierung ohnehin keine Rolle. Wird auf der Tastatur die Taste eines darstellbaren Zeichens (also keine Funktionstaste) gedrückt, wird die *KeyPress*-Ereignisprozedur mit dem korrespondieren ANSI-Zeichen übergeben und das Zeichen an der aktuellen Position im Textfeld dargestellt. Für die Texteingabe stellt Visual Basic folgende Steuerelemente zur Verfügung:

➡ Das einfache Textfeld

➡ Das RTF-Textfeld (engl. »rich edit control«)

➡ Das maskierbare Textfeld (»masked edit control«), das in der Visual-Basic-Hilfe als formatierte Bearbeitung bezeichnet wird

Sowohl das RTF-Textfeld als auch das maskierbare Textfeld werden in Kapitel 12, »Die Windows-Standardsteuerelemente und ihre Kollegen«, besprochen.

8.2.1 Die Eingabe von Texten und Zahlen mit dem Textfeld

Für die meisten Texteingaben ist das einfache Textfeld vollkommen ausreichend. Es erlaubt die Eingabe mehrzeiliger maximal ca. 65.000 Zeichen langer (bei Windows NT existiert dieses Limit nicht), unformatierter Texte. Da es über die *ScrollBars*-Eigenschaft mit Bildlaufleisten versehen werden kann, lässt sich mit dem Textfeld z.B. ein einfacher Texteditor realisieren.

Die wichtigsten Eigenschaften des Textfelds

Die wichtigste Eigenschaft ist die *Text*-Eigenschaft, denn sie steht für den kompletten Inhalt des Textfelds. Besitzt die *MultiLine*-Eigenschaft den Wert *True*, kann sich die Eingabe über mehrere Zeilen erstrecken. Leider gibt es keine einfache Möglichkeit, auf eine bestimmte Zeile zuzugreifen oder gar den Inhalt einer Zeile auszutauschen. Dies muss entweder durch eine Stringoperation mit der *Text*-Eigenschaft oder durch den Aufruf von API-Funktionen erledigt werden.

Eigenschaft	Bedeutung
Alignment	Legt die horizontale Ausrichtung des Textes bei *MultiLine=True* fest.
HideSelection	Legt fest, ob in dem Textfeld markierter Text auch dann hervorgehoben dargestellt wird (*HideSelection=False*), wenn das Textfeld den Eingabefokus verliert. Die Standardeinstellung ist *HideSelection=True*, d.h. die Markierung wird automatisch aufgehoben. Möchte man z.B. den markierten Text formatieren und ruft dazu eine Menüfunktion auf, ist es allerdings angenehmer, wenn die Selektion erhalten bleibt.
Locked	Ist diese Eigenschaft *True*, ist im Textfeld keine Eingabe möglich.
MaxLength	Legt fest, wie viele Zeichen maximal eingegeben werden können.
MultiLine	Ist diese Eigenschaft *True*, kann das Textfeld einen mehrzeiligen Inhalt aufnehmen.
PasswordChar	Legt ein »Promptzeichen« fest, das jede Eingabe überdeckt, sodass der eingegebene Text nicht sichtbar ist.
Scrollbars	Legt fest, ob das Textfeld über keine, horizontale, vertikale oder beide Bildlaufleisten verfügt. Diese Eigenschaft legt damit auch fest, auf welche Weise der Umbruch eines mehrzeiligen Textes erfolgt.

Tabelle 8.4:
Die wichtigsten
Eigenschaften
eines Textfelds.

Eigenschaft	Bedeutung
SelLength	Steht für die Anzahl der Zeichen im aktuell selektierten Text.
SelStart	Steht für den Beginn des aktuell ausgewählten Textes. Ist kein Text selektiert, enthält *SelStart* die aktuelle Position des Textcursors und damit die Stelle, an der bei der nächsten Eingabe ein Zeichen eingefügt wird.
SelText	Steht für den aktuell ausgewählten Text.
Text	Steht für den aktuellen Inhalt des Textfelds.

Die wichtigsten Ereignisse eines Textfelds

Wann immer der Benutzer in einem Textfeld ein Zeichen eingibt, werden nacheinander die Ereignisse *KeyDown*, *KeyPress*, *KeyUp* und *Change* ausgeführt. Eine Eingabevalidierung findet beim Textfeld nicht statt, kann aber über das *KeyPress*- und *KeyDown*-Ereignis implementiert werden. Diese Ereignisprozeduren werden nach der Eingabe eines Zeichens aufgerufen, sodass Sie hier prüfen können, ob es sich um ein für das Eingabefeld zulässiges Zeichen handelt. Möchten Sie gezielt bestimmte Zeichen ausfiltern, z.B. Buchstaben in einem numerischen Eingabefeld, ist das maskierbare Textfeld unter Umständen besser geeignet. Beim Textfeld werden stets so viele Zeichen akzeptiert, wie es durch die *MaxLength*-Eigenschaft angegeben wurde (der Standardwert beträgt 0, sodass Sie bei *MultiLine=False* maximal 32.767 Zeichen, bei *MultiLine=True* beliebig viele eingeben können).

Tabelle 8.5:
Die wichtigsten
Ereignisse eines
Textfelds.

Ereignis	Bedeutung
Change	Der Inhalt des Textfelds, genauer gesagt der *Text*-Eigenschaft, hat sich geändert. Dieses Ereignis tritt auch dann auf, wenn der *Text*-Eigenschaft im Programm ein neuer Wert zugewiesen wird.
GotFocus	Das Textfeld hat den Eingabefokus erhalten.
LostFocus	Das Textfeld hat den Eingabefokus verloren. Dies ist normalerweise die beste Gelegenheit für eine Eingabevalidierung. Allerdings kann es passieren, dass das nächste Steuerelement in der Tab-Reihenfolge bereits sein *GotFocus*-Ereignis erhalten hat.

Abspeichern eines Textfeldinhalts

Was passiert mit dem Inhalt eines Textfelds, nachdem das Programm beendet wurde? Er ist normalerweise verloren, denn eine *Save*-Methode gibt es leider nicht. Möchten Sie ihn für die spätere Weiterverarbeitung zwischenspeichern, müssen Sie den Inhalt der *Text*-Eigenschaft über die Visual-Basic-Anweisungen *Open* und *Print#* bzw. *Write#* in eine Textdatei speichern.

```
DateiNr = FreeFile
Open Dateiname For Output As DateiNr
    Print #DateiNr, txtTextfeld.Text
Close DateiNr
```

Das Einlesen des über die *Print#*-Anweisung gespeicherten Textes ist ein wenig aufwändiger, da das Einlesen zeilenweise geschehen muss (die *Print#*-Anweisung speichert die notwendigen Zeichen für den Zeilenumbruch nicht ab):

```
DateiNr = FreeFile
Open Dateiname For Input As DateiNr
    Do While Not EOF(DateiNr)
        Input #DateiNr, Temp
        txtTextfeld.Text = txtTextfeld.Text + Temp + vbCrLf
    Loop
Close DateiNr
```

Auch in dieser Beziehung bietet das RTF-Textfeld etwas mehr Komfort, denn hier sind die Funktionen zum Speichern und Laden des Textinhaltes bereits fest eingebaut. Alternativ können Sie das Textfeld über seine *DataSource*- und *DataField*-Eigenschaften mit dem Feld einer Datenbanktabelle verbinden und so erreichen, dass sein aktueller Inhalt abgespeichert wird, sobald über das Datensteuerelement ein anderer Datensatz angesteuert wird.

Die Eingabe eines Datums

Die Eingabe eines Datums sollte in der Regel nicht in einem Textfeld erfolgen, da es dafür sehr viel bessere Alternativen gibt:

➡ Verwenden Sie die sehr hübsche Monatsansicht oder die Datumauswahl aus den Windows-Standardsteuerelmenten (siehe Kapitel 12). Damit sollten sich die meisten Datumseingaben erledigen lassen.

➡ Verwenden Sie das Kalenderblatt-Steuerelement, das u.a. auf der Visual-Basic-CD-ROM im Verzeichnis \Common\Tools\VB\Unsupprt\Calendar als Projektdatei zu finden ist. Dabei handelt es sich um ein sehr leistungsfähiges ActiveX-Steuerelement, das – da es im Quellcode vorliegt – gleichzeitig auch ein hervorragendes Anschauungsobjekt für die Programmierung von Visual-Basic-Komponenten darstellt.

➡ Verwenden Sie das maskierbare Textfeld für die Eingabe eines Datums, da Sie hier über die *Mask*-Eigenschaft erreichen, dass das Datum stets im gewünschten Format eingegeben wird. Dies ist die einfachste Lösung, allerdings auch die am wenigsten attraktive Alternative. Mehr dazu in Kapitel 12, »Überblick über die Windows-Common Controls und andere Steuerelemente«.

➡ Verwenden Sie ein anderes Kalender-Zusatzsteuerelement. Im Internet (z. B. *www.download.com*) finden Sie eine Reihe von Kalender-Zusatzsteuerelementen. Als Beispiel für ein Shareware-Add-On sei *Cal32.ocx* von DameWare Inc. (*www.in-inc.com/~dameware*) genannt.

➡ Programmieren Sie ein Kalenderblatt mit Hilfe des FlexGrid-Gitternetzes selbst, und verpacken Sie es in ein ActiveX-Steuerelement damit es universell einsetzbar ist (das ist allerdings keine zwingende Voraussetzung).

Abbildung 8.6: Das Kalenderblatt-Steuerelement bietet Datumseingaben mit Komfort.

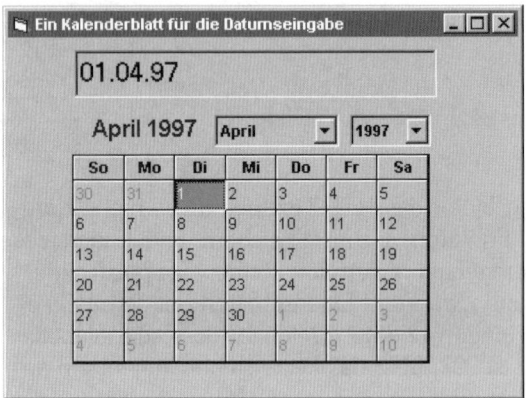

8.2.2 Allgemeine Tipps zum Textfeld

Die folgenden kleinen Tipps sollen den Umgang mit dem Textfeld erleichtern und jene Fragen klären, auf die die Visual-Basic-Hilfe im Allgemeinen nur indirekt eine Antwort gibt.

Wie werden eigentlich Zeilenumbrüche durchgeführt?

Um in einem mehrzeiligen Textfeld an einer bestimmten Zeile einen Zeilenumbruch zu erwirken, müssen die Zeichenkonstanten *vbCr* und *vbLf* eingefügt werden (harter Zeilenumbruch), wobei der Zeichencode 13 (*vbCr*) für Wagenrücklauf (oder »Cr« für *Carriage Return*) und 10 (*vbLf*) für einen Sprung in eine neue Zeile (oder »Lf« für *Linefeed*) stehen. Diese beiden Zeichen stehen über die Konstante *vbCrLf* zur Verfügung. Wird in ein mehrzeiliges Textfeld eine Eingabe über den Zeilenrand hinaus durchgeführt, fügt Visual Basic einen »weichen Zeilenumbruch« in den Textinhalt des Textfelds ein, der aus der Zeichenfolge *vbCr*, *vbCr* und *vbLf* besteht. Die *Text*-Eigenschaft enthält normalerweise die Zeichen für einen Zeilenumbruch nicht. Sollte dies aus irgendeinem Grund erwünscht sein, muss dem Textfeld über die *SendMessage*-API-Funktion (mehr dazu in Kapitel 15, »Visual Basic und die Windows-API«) die Nachricht *EM_FMTLINES* geschickt werden.

Die optimale Breite eines Textfelds

Machen Sie ein Textfeld nur so breit, wie es für die Eingabe erforderlich ist. Über die *MaxLength*-Eigenschaft können Sie die maximale Anzahl an Zeichen einstellen, die das Textfeld entgegennimmt. Diese Anzahl hilft allerdings nicht dabei, die *Width*-Eigenschaft einzustellen. Um einen realistischen Wert für die Breite z. B. für maximal sechs Zeichen zu erhalten, sollten Sie der *Text*-Eigenschaft den Wert »MMMMMM« zuweisen, den Wert der *Width*-Eigenschaft notieren und den Textwert wieder löschen.

Zum nächsten Tabstop springen

Der folgende Hinweis ist zwar trivial, muss aber einmal angesprochen werden. Wie springt man in einem Textfeld den nächsten Tabstop an? Mit der ⇥-Taste alleine geht es nicht, denn die springt das nächste Steuerelement mit Eingabefokus an. Die Lösung heißt: Betätigen Sie stattdessen die Tastenkombination `Strg`+⇥ .

Da dies aber für ahnungslose Benutzer, denen die subtilen Feinheiten bei der Benutzerführung Ihres Programms unter Umständen noch verborgen geblieben sind, etwas irritierend sein kann, gibt es einen »Trick«, der ⇥-Taste ihre ursprüngliche Bedeutung wiederzugeben. Setzen Sie die *TabStop*-Eigenschaft aller anderen Steuerelemente auf dem Formular vorübergehend auf *False*, sodass diese mit der ⇥-Taste nicht mehr angesprungen werden können:

```
Private Sub txtEingabe_GotFocus()
    Dim X As Control
    On Error Resume Next
    For Each X In Controls
        X.TabStop = False
    Next X
    On Error GoTo 0
End Sub
```

Die *For-Each-In*-Schleife geht alle Steuerelemente des Formulars, enthalten in der Objektsammlung *Controls*, durch. Die *On-Error-Resume Next*-Anweisung ist notwendig, damit ein Laufzeitfehler vermieden wird, falls ein Steuerelement auf dem Formular keine *TabStop*-Eigenschaft besitzen sollte. Es wird in diesem Fall einfach übergangen. Nach Beendigung der Schleife wird die Fehlerbehandlungsroutine über die Anweisung *On Error GoTo 0* wieder aufgehoben (auch wenn dies nicht zwingend notwendig gewesen wäre).

Sobald das Textfeld seinen Fokus verliert, erhält die *TabStop*-Eigenschaft dieser Steuerelemente wieder den Wert *True*:

```
Private Sub txtEingabe_LostFocus()
    Dim X As Control
    On Error Resume Next
    For Each X In Controls
        X.TabStop = True
    Next X
    On Error GoTo 0
End Sub
```

Ein kleiner Nachteil dieses Verfahrens ist, dass die *TabStop*-Eigenschaft ohne Rücksicht auf ihren ursprünglichen Wert einfach auf *True* gesetzt wird. Wenn Sie möchten, dass die Eigenschaft ihren alten Wert zurückerhält, müssen sie diesen irgendwo zwischenspeichern. Dazu würde sich z. B. die Vielzweckeigenschaft *Tag*, die jedes Steuerelement besitzt (Sie können hier beliebige, maximal 2.048 Zeichen umfassende Strings ablegen), anbieten:

```
Private Sub txtEingabe_GotFocus()
    Dim X As Control
    On Error Resume Next
    For Each X In Controls
        X.Tag = X.TabStop
        X.TabStop = False
    Next X
    On Error GoTo 0
End Sub
```

Anstatt den Wert beim Auftreten des *LostFocus*-Ereignisses auf *True* zu setzen, weisen Sie ihm den Wert der *Tag*-Eigenschaft zu.

Überspringen eines Textfelds

In manchen Situationen soll ein Textfeld vorübergehend oder dauerhaft nicht durch den Benutzer angesprungen werden können. Das Setzen der *TabStop*-Eigenschaft auf *False* verhindert lediglich, dass ein Steuerelement über die ⇥-Taste angesprungen werden kann. Um es wirkungsvoll »abzuschotten«, muss nach dem Erhalten des Eingabefokus die *SendKeys-Methode* dafür sorgen, dass sofort das nächste Steuerelement angesprungen wird.

```
Private Sub txtEingabe_GotFocus ()
    SendKeys "{TAB}", -1
End Sub
```

Die Ausführung der *SendKeys-Methode* hat in diesem Beispiel die gleiche Wirkung wie das unmittelbare Betätigen der ⇆-Taste nachdem das Textfeld den Fokus erhalten hat.

Eine weitere Anwendung für die *SendKeys-Methode* ergibt sich, wenn der Eingabefokus bei Textfeldern mit begrenzter Länge nach Eingabe des letzten Zeichens automatisch in das nächste Textfeld springen soll:

```
Private Sub txtEingabe_Change ()
    If Len(txtEingabe.Text) = txtEingabe.MaxLength Then
        SendKeys "{TAB}", -1
    End If
End Sub
```

Mit der Eingabe-Taste die Eingabe beenden

Nicht nur die ⇆-Taste spielt eine Sonderrolle bei der Eingabe in ein Textfeld, auch die ↵-Taste kann eine Extrabehandlung erfordern. Normalerweise bewirkt die ↵-Taste in einem Textfeld, dass die Eingabe in der nächsten Zeile (*bei MultiLine=True*) fortgesetzt wird. Besitzt jedoch eine Schaltfläche auf dem Formular die Eigenschaft *Default=True*, bezieht sich das Betätigen der ↵-Taste automatisch auf diese Befehlsschaltfläche. Um dennoch einen Zeilensprung zu erreichen, müssen Sie die Tastenkombination Strg + ↵ betätigen oder die *Default*-Eigenschaft aller Befehlsschaltflächen, wie im letzten Abschnitt für die *TabStop*-Eigenschaft gezeigt, vorübergehend zurücksetzen, was in diesem Fall aber nicht im Sinne des Erfinders ist.

Eingegebene Zeichen automatisch in Großbuchstaben umwandeln

Dies ist ein gutes Beispiel für die direkte Umwandlung einer Eingabe. Wie lässt sich erreichen, dass alle eingegebenen Zeichen automatisch als Großbuchstaben dargestellt werden? Ganz einfach, indem im *KeyPress*-Ereignis eine Abfrage des eingegebenen Zeichencodes erfolgt und ein Großbuchstabe an das Programm weitergereicht wird, falls es sich um einen Kleinbuchstaben handelt:

```
Private Sub txtTest_KeyPress(KeyAscii As Integer)
    Select Case KeyAscii
    Case Asc("a") To Asc("z")
        KeyAscii = KeyAscii - 32
    Case Asc("ä")
        KeyAscii = Asc("Ä")
    Case Asc("ö")
        KeyAscii = Asc("Ö")
    Case Asc("ü")
        KeyAscii = Asc("Ü")
    End Select
End Sub
```

Wie wird Text an der aktuellen Textmarke eingefügt?

Auch wenn ein Textfeld in der Lage ist, den Text auf mehrere Zeilen zu verteilen, gibt es nur eine *Text*-Eigenschaft, die für den gesamten Inhalt des Textfelds steht. Um innerhalb des Programms eine Zeichenkette an der Position der Textmarke einzufügen, muss diese lediglich der *SelText*-Eigenschaft zugewiesen werden:

```
txtTextfeld.SelText = "Das bitte einfügen"
```

Wie lässt sich ein Überschreibmodus implementieren?

Aus welchen Gründen auch immer besitzt ein Textfeld keinen Überschreibmodus. Stattdessen arbeitet das Textfeld stets im Einfügemodus, indem neu eingegebener Text den bereits vorhandenen Text zur Seite schiebt. Zum Glück lässt sich ein Überschreibmodus für ein normales Textfeld sehr einfach implementieren:

```
Private Sub txtEingabe_KeyPress(KeyAscii As Integer)
    If OverstrikeModus = True Then
        If KeyAscii >= 32 Then
            txtEingabe.SelLength = 1
        End If
    End If
End Sub
```

Der »Trick« besteht darin, nach jeder Tastatureingabe durch Setzen der *SelLength*-Eigenschaft auf 1 zu erreichen, dass das eingegebene Zeichen den aus genau einem Zeichen bestehenden »Bereich« überschreibt. Da dies nur mit darstellbaren Zeichen geschehen soll, z.B. nicht mit Pos1 , muss eine entsprechende Abfrage eingebaut werden.

8.2.3   Eingabefelder mit einem »Tooltip« versehen

In Dialogfeldern ist es üblich, dass, sobald man den Mauszeiger auf ein bestimmtes Element positioniert, nach einem Augenblick ein kleines Kästchen, auch Tooltip oder QuickInfo genannt, mit einer Beschreibung des Elements erscheint. Bereits seit Visual Basic 5.0 gibt es dafür die *ToolTipText*-Eigenschaft, sodass man dafür keinen Zeitgeber oder gar die Windows-API mehr bemühen muss.

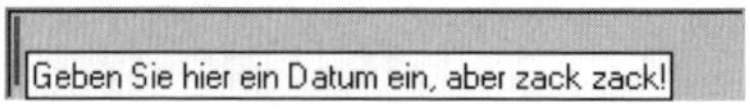

Abbildung 8.7:
Bei einem Text-
feld gibt ein
Tooltip eine
praktische Ein-
gabehilfe.

Geben Sie hier ein Datum ein, aber zack zack!

8.3   Die Validierung der Eingabe

Für das Erstellen von Eingabemasken spielt die Überprüfung der Eingabe naturgemäß eine wichtige Rolle. Dieser Vorgang wird auch als *Validierung* bezeichnet. Die zentrale Frage in Visual Basic lautet dabei nicht, wie überprüfe ich, ob eine Eingabe in einem Textfeld gültig ist, sondern wann überprüfe ich dies. Grundsätzlich muss dabei berücksichtigt werden, ob das Textfeld über ein Datensteuerelement mit einer Datenbank verbunden ist. Ist dies der Fall, werden die Inhalte der einzelnen Felder, bevor sie in die Datenbank übertragen werden, im Allgemeinen im Rahmen des *Validate*-Ereignisses (oder eines vergleichbaren Ereignisses) des Datensteuerelements auf Herz und Nieren gecheckt. Da die Datenbankprogrammierung erst in Kapitel 17 an der Reihe ist, soll es im Folgenden nur um den Fall gehen, dass der Inhalt eines Textfelds sofort nach der Eingabe geprüft wird. Das wirft natürlich die Frage auf, wann ist eine Eingabe beendet. Grund genug, die ganze Angelegenheit etwas systematischer zu betrachten.

Folgende Besonderheiten zeichnen die Eingabe in einem Textfeld aus:

- Die ↵-Taste hat keine besondere Bedeutung und wird wie jede andere Taste behandelt. Eingabefelder werden im Allgemeinen über die ⇆-Taste verlassen.

- Der Benutzer kann das Textfeld jederzeit verlassen, indem er mit der Maus auf ein anderes Feld oder ein anderes Formular springt. Genauso spontan kann der Benutzer die Eingabe in einem Textfeld auch wieder fortsetzen.

- Es gibt im Allgemeinen keine Eingabebeschränkung, sofern diese nicht über die *MaxLength*-Eigenschaft gesetzt wird.

- Textfelder besitzen keine Eingabemaske, die bestimmte Eingaben gar nicht erst zulässt. Wird diese gewünscht, muss auf das maskierbare Eingabefeld zurückgegriffen werden, das sich aber in manchen Fällen ein wenig anders verhält als das gewöhnliche Textfeld.

Alle diese Fakten führen zu einer einzigen Konsequenz. Eine Eingabeüberprüfung muss, sofern sie nicht beim Datenbankzugriff zentral durchgeführt wird, wohldurchdacht sein. Gemäß der ereignisgesteuerten Natur eines Visual-Basic-Programms kommt es darauf an, das richtige Ereignis zu verwenden. Tabelle 8.6 enthält dazu jene Ereignisse, die für die Eingabeüberprüfung eine Rolle spielen.

Tabelle 8.6:
Ereignisse, die
bei der Eingabe-
validierung eine
Rolle spielen
können.

Ereignis	Wird immer dann ausgelöst, wenn ...
Change	... sich der Inhalt der *Text*-Eigenschaft ändert. Kann dazu benutzt werden, den Inhalt des Textfelds nach jeder (!) Änderung zu überprüfen.
GotFocus	... das Textfeld den Fokus erhält. Kann dazu benutzt werden um festzustellen, wann der Benutzer ein Textfeld angesteuert hat.
LostFocus	... das Textfeld den Fokus wieder verliert. Kann dazu benutzt werden, um festzustellen, wann der Benutzer ein Textfeld verlassen hat.
KeyPress	... eine Taste in dem Textfeld betätigt wird. Kann dazu benutzt werden, um bestimmte Zeichen, z. B. nicht numerische Zeichen oder Sonderzeichen, gar nicht erst zuzulassen. Durch Setzen von *KeyAscii=0* wird das Zeichen nicht dargestellt.
Validate	...das Textfeld im Begriff ist, den Eingabefokus zu verlieren. Ist dieses Verhalten nicht erwünscht, muss die *CausesValidation*-Eigenschaft den *Wert* False erhalten.

Jedes der Ereignisse in Tabelle 8.6 hat eine etwas andere Bedeutung. Das *KeyPress*-Ereignis kann verwendet werden, um bestimmte Eingaben gar nicht erst zuzulassen. Über das *Change*-Ereignis, das nach jeder neuen Eingabe aufgerufen wird, nachdem eine Änderung an der Eingabe erfolgte, lässt sich überprüfen, ob der Eingabewert noch den Regeln gehorcht. Möchte man die Eingabe dagegen als Ganzes validieren, kommt das *LostFocus*-Ereignis in Frage, das aufgerufen wird, nachdem der Anwender ein Eingabefeld verlassen hat.

Für Fortgeschrittene

Erhält oder verliert ein Eingabeelement den Eingabefokus, wird das entsprechende *GotFocus*- bzw. *LostFocus*-Ereignis von Visual Basic nicht direkt an das Fenster gesendet, sondern »geposted«, d.h. in den Nachrichtenpuffer der Anwendung eingetragen. Dies bedeutet, dass das Ereignis nicht sofort ausgelöst wird, sondern zwischendurch noch andere Dinge passieren können. Dies wiederum hat zur Folge, dass man sich in einem Visual-Basic-Programm nicht auf die Einhaltung der Ereignisreihenfolge »LostFocus beim aktuellen Element – GotFocus beim nächsten Element in der Tab-Reihenfolge« verlassen kann.

8.3.1 Feststellen, ob ein Verzeichnis- oder Dateiname gültig ist

Dateinamen werden im Allgemeinen über ein Standarddialogfeld oder über ein aus Datei-, Verzeichnis- und Laufwerkslistenfeld bestehendes Dialogfeld ausgewählt. Jeder gewählte Dateiname ist damit automatisch gültig, denn es werden nur gültige Dateinamen angeboten. Manchmal kommt es jedoch vor, dass der Benutzer einen Verzeichnis- oder Dateinamen eingeben kann, der vom Programm natürlich vor seiner Verwendung auf ungültige Zeichen überprüft werden sollte. Im wesentlichen geht es darum, festzustellen, ob der Dateiname die vorgeschriebene Maximallänge von 255 Zeichen nicht überschreitet und keine unerlaubten Zeichen wie einen Stern oder einen Doppelpunkt enthält. Da es lediglich darum geht, festzustellen, ob in einem String unerlaubte Zeichen enthalten sind, bietet sich anstelle einer umfangreichen *Select-Case*-Anweisung eine einfachere Alternative an. Man fasst alle erlaubten (oder nicht erlaubten) Zeichen zu einem String zusammen und prüft über die *Instr*-Methode, ob die einzelnen Zeichen des Dateinamens in diesem String enthalten sind:

```
UnerlaubteZeichen = "<>?*:"
Länge = Len(Dateiname)
For n = 1 To Länge
    c = Mid(Dateiname, n, 1)
    If Instr(UnerlaubteZeichen, c) <> 0 Then
        UnerlaubtesZeichenGefunden = True
        Exit For
    End If
Next n
If UnerlaubtesZeichenGefunden = True Then
    MsgBox "Dateiname ist nicht gültig!", _
    vbExclamation, "Hinweis"
End If
```

Regeln für einen (langen) Dateinamen:

→ Der Dateiname darf nicht mehr als 255 Zeichen enthalten.

→ Der Dateiname darf folgende Sonderzeichen nicht enthalten:
? * < > | » + / \ [ ] : , ; =, da diese Zeichen unter DOS eine spezielle Bedeutung haben.

Das kürzeste Verfahren, um die Gültigkeit eines Dateinamens eindeutig festzustellen, dürfte darin bestehen, über die Open-Anweisung eine Datei zu öffnen. Ist der Laufzeitfehler 52 (oder 75) die Folge, war etwas an dem Dateinamen faul:

:-)
TIP

```
On Error Resume Next
DateiNr = FreeFile
Open Dateiname For Input As FreeFile
If Err.Number = 52 Or Err.Number = 75 Then
    MsgBox "Dateiname ist nicht gültig!", _
    vbExclamation, "Hinweis"
Else
    Close DateiNr
End If
On Error GoTo 0
```

Über die *On-Error-Resume-Next*-Anweisung werden Laufzeitfehler nicht angezeigt. Sie werden stattdessen über die *Number*-Eigenschaft des *Err*-Objekts direkt abgefragt. Trat ein typischer Laufzeitfehler auf, war ein nicht erlaubter Dateiname die Ursache.

8.4   Die Auswahl von Optionen

Für die Auswahl von Optionen stehen mit dem Optionsfeld und dem Kontrollkästchen zwei sehr ähnliche Steuerelemente zur Verfügung. Der wichtigste Unterschied zwischen beiden Steuerelementen ist, dass das Optionsfeld immer dann eingesetzt wird, wenn eine sich gegenseitig ausschließende Auswahl angeboten werden soll. Kontrollkästchen kommen zum Einsatz, wenn mehrere Optionen gleichzeitig gewählt werden können (siehe Bild 8.8). Die Handhabung beider Steuerelemente ist sehr einfach. Bemerkenswerte Eigenschaften oder Ereignisse gibt es, mit Ausnahme der *Alignment*-Eigenschaft, beim Optionsfeld nicht. Die *Alignment*-Eigenschaft, die nur zur Entwurfszeit gesetzt werden kann, legt fest, ob das Feld links- oder rechtsbündig angezeigt wird. Bereits seit Visual Basic 5.0 können sowohl Optionsfelder als auch Kontrollkästchen über die *Picture*-Eigenschaft mit einem Bild versehen werden. Sie werden damit im Prinzip zu speziellen Schaltflächen. Das Auswerten des *Click*-Ereignisses ist weder beim Optionsfeld noch beim Kontrollkästchen zwingend erforderlich. Umgekehrt hat eine Änderung der *Value*-Eigenschaft ein *Click*-Ereignis in dem betreffenden Optionsfeld bzw. Kontrollkästchen zur Folge.

:-)
TIP

Setzen Sie Optionsfelder aus Gründen der Optik immer in ein Rahmenfeld, auch dann, wenn auf dem Formular nur eine einzige Gruppe existiert und das Rahmenfeld nicht zwingend erforderlich wäre. Das bringt zusätzlich den Vorteil, dass Sie die Gruppe der Steuerelemente verschieben können, in dem Sie das Rahmenfeld verschieben.

8.4.1 Die wichtigsten Eigenschaften und Ereignisse des Optionsfelds

Wie beim Kontrollkästchen wird auch der Zustand des Optionsfelds durch die *Value*-Eigenschaft bestimmt. Anders als beim Kontrollkästchen kann diese jedoch nur die Werte *True* und *False* annehmen.

8.4.2 Die wichtigsten Eigenschaften und Ereignisse des Kontrollkästchens

Die wichtigste Eigenschaft ist ebenfalls die *Value*-Eigenschaft, über die der Zustand des Kontrollkästchens gesetzt oder abgefragt wird. Erwähnenswert ist weiterhin, dass das Kontrollkästchen über seine Eigenschaften *DataField* und *DataSource* mit einem Datenbankfeld, das den Typ *Boolean* besitzen muss, verbunden werden kann. Ereignisse spielen beim Kontrollkästchen (wie beim Optionsfeld) nur eine untergeordnete Rolle, da das Umschalten vom selektierten in den nicht selektierten Zustand nach dem Anklicken mit der Maus oder dem Setzen der *Value*-Eigenschaft auf 1 automatisch geschieht.

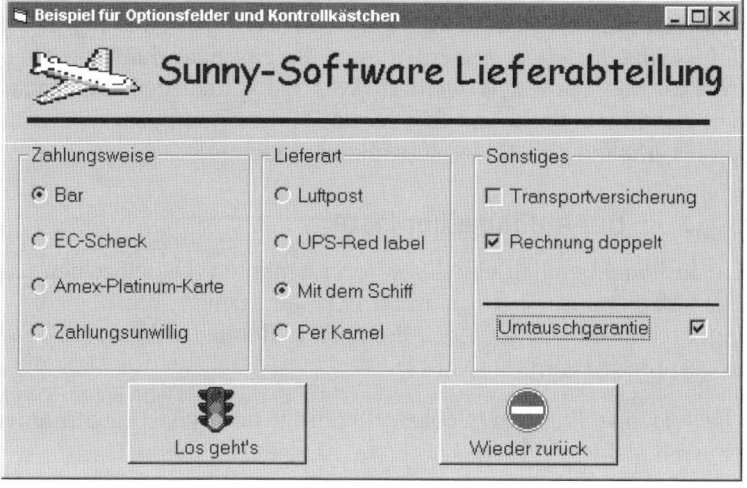

Abbildung 8.8: Kontrollkästchen und Optionsfelder werden für das Einstellen von Optionen verwendet.

8.5 Die Auswahl aus einer Liste

In einer Listenauswahl steht eine beliebige Anzahl an (Text-)Elementen zur Auswahl bereit. Listenauswahlen werden über die Steuerelemente »Listenfeld« und »Kombinationsfeld« realisiert. Während ein Listenfeld nur eine Auswahl bereits vorhandener Elemente erlaubt, steht bei einem Kombinationsfeld alternativ ein Textfeld für die Eingabe eines noch nicht in der Liste enthaltenen Elements oder für die Auswahl eines Listenelements zur Verfügung. Da ein Kombinationsfeld durch Setzen der *Style*-Eigenschaft auf *vbComboDropDownList* zu einem aufklappbaren Listenfeld wird, ist es in den meisten Fällen gegenüber dem einfachen Listenfeld die bessere Wahl, da es weniger Platz einnimmt und aufgrund seiner Optik eher den Konventionen einer modernen Oberflächengestaltung entspricht.

8.5.1 Unterschiede zwischen Listen- und Kombinationsfeldern

Zwar verhalten sich Listen- und Kombinationsfelder in allen elementaren Dingen gleich, es gibt aber auch ein paar bedeutsame Unterschiede, die sich aus der unterschiedlichen Arbeitsweise ergeben. So ist in einem Kombinationsfeld keine mehrspaltige Darstellung möglich, es besitzt daher keine *Columns*-Eigenschaft. Auch die Mehrfachauswahl wird nicht unterstützt, da Kombinationsfelder im Allgemeinen zur Auswahl geöffnet werden müssen und eine Mehrfachauswahl keinen Sinn ergeben würde. Die Eigenschaften *MultiSelect*, *Selected* und *SelCount* gibt es daher bei einem Kombinationsfeld nicht. Auch kann man beim Listenfeld durch Setzen der *Style*-Eigenschaft auf den Wert *vbListBoxCheckbox* erreichen, dass die einzelnen Einträge als Kontrollkästchen dargestellt werden. Was die grundlegenden Dinge wie den Zugriff auf ein Listenfeld oder das Hinzufügen neuer Elemente angeht, verhalten sich beide Steuerelement identisch.

8.5.2 Der Aufbau einer Liste

Ein Listenfeld enthält eine Liste von Elementen. Die einzelnen Listenelemente sind in einem internen Feld gespeichert, das über die *List*-Eigenschaft und einen Index (immer im Bereich 0 bis *ListCount* -1) angesprochen wird.

Beispiel Die folgende *For Next*-Schleife überträgt die zwölf Monatsnamen in ein Listenfeld:

```
Dim n As Integer
For n = 1 To 12
    lstMonate.AddItem Format(DateSerial(1999, n, 1), "mmmm")
Next
```

Dank der neuen *MonthName*-Methode in VBA 6.0 ist diese Umrechnung nicht mehr erforderlich:

```
Dim n As Long
For n = 1 To 12
    lstMonate.AddItem MonthName(n)
Next
```

8.5.3 Die Auswahl von Elementen aus einer Liste

Ein Listenfeld enthält stets n Elemente. Wird ein Element aus der Liste mit der Maus ausgewählt, erhält die *ListIndex*-Eigenschaft den Index dieses Elements, wobei das erste Element den Index 0 besitzt. Durch Abfragen der *ListIndex*-Eigenschaft können Sie jederzeit feststellen, welches Listenelement mit der Maus selektiert wurde. Ist kein Element selektiert, erhält die *ListIndex*-Eigenschaft den Wert -1:

```
SelektierterMonat = lstMonate(lstMonate.ListIndex)
```

Durch welche Anweisung greift man auf das aktuell ausgewählte Element eines Listenfelds zu? Da der Index dieses Eintrags stets in der *ListIndex*-Eigenschaft enthalten ist, muss der Zugriff wie folgt erfolgen:

```
Wert = lstListe.List(ListIndex)
```

Doch Vorsicht, so kann es doch wohl nicht funktionieren? Was ist an dieser Anweisung faul? Ganz einfach, auch der *ListIndex*-Eigenschaft muss der Name des Steuerelements, in diesem Fall *lstListe*, vorausgehen, denn sonst hält Visual Basic *ListIndex* für eine Variable. Dies ist ein sehr beliebter Anfängerfehler, den Visual Basic aber gnadenlos anzeigt (sofern die Anweisung *Option Explicit* verwendet wird).

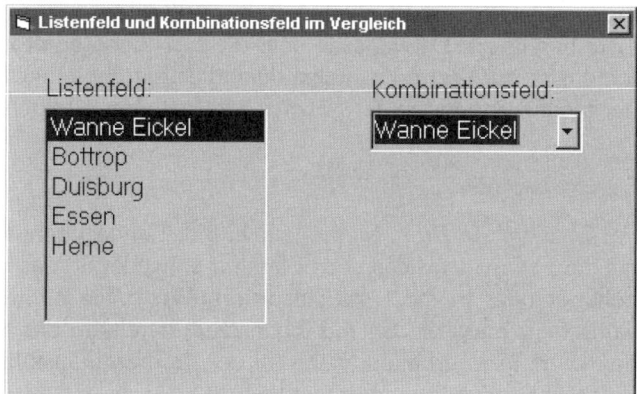

Abbildung 8.9: Ein Listenfeld stellt eine beliebige Anzahl an Elementen zur Auswahl, die vom Benutzer nicht verändert werden können.

Über die *List*-Eigenschaft können einzelne Listenelemente jederzeit einen neuen Wert erhalten:

```
lstMonate.List(1) = "Neuer Wert"
```

Der Index des zuletzt hinzugefügten Elements steht über die NewIndex-Eigenschaft zur Verfügung. Wurde zuletzt die RemoveItem-Methode ausgeführt, enthält die NewIndex-Eigenschaft den Wert -1.

Besitzt die *MultiSelect*-Eigenschaft eines Listenfelds den Wert *True*, kann der Benutzer mehrere Elemente gleichzeitig selektieren. Da die *ListIndex*-Eigenschaft immer nur für den zuletzt gewählten Eintrag und die *NewIndex*-Eigenschaft für den zuletzt hinzugefügten Eintrag steht, stellt sich natürlich die Frage, wie man erfährt, welche Elemente selektiert wurden. Dafür gibt es die *Selected*-Eigenschaft, die, da es sich um eine Feldvariable handeln muss, genau wie die *List*-Eigenschaft über einen Index angesprochen wird. Die *Selected*-Eigenschaft besitzt für jeden selektierten Eintrag den Wert *True*. Die folgende *For-Next*-Schleife gibt die Namen aller zur Zeit selektierten Einträge aus:

```
For n = 0 To lstListe.ListCount - 1
    If lstListe.Selected(n) = True Then
        Debug.Print lstListe.List(n)
    End If
Next n
```

Durch Setzen der *Selected*-Eigenschaft auf *False*, kann die Selektion eines Eintrags wieder aufgehoben werden.

8.5.4 Hinzufügen und Entfernen von Elementen

Das Hinzufügen und Entfernen von Elementen geschieht über die Methoden *AddItem* und *RemoveItem*. Außerdem ist es möglich, eine Liste bereits zur Entwurfszeit über die *List*-Eigenschaft im Eigenschaftenfenster mit Werten zu füllen. Die Initialisierung einer Liste muss daher nicht zwingend in der *Form_Load*-Prozedur erfolgen.

Syntax
```
Objekt.AddItem Element[, Index]
Objekt.RemoveItem Index
```

Wird bei der *AddItem*-Methode kein Index angegeben, was in der Regel der Fall ist, wird das neue Element entweder an das Ende der Liste gehängt oder in die Liste einsortiert. Wenn Sie eine sortierte Liste wünschen, muss die *Sorted*-Eigenschaft bereits in der Entwurfsphase den Wert *True* erhalten (während der Programmausführung kann die Eigenschaft nicht geändert werden).

Beispiel
Die folgenden Anweisungen füllen das Listenfeld mit Einträgen:

```
lstMannschaften.AddItem "Euro"
lstMannschaften.AddItem "Dollar"
lstMannschaften.AddItem "Deutsche Mark"
```

usw.

Jeder Mannschaftsname wird an das Ende Liste gehängt, sofern es sich nicht um eine sortierte Liste (in diesem Fall besitzt die *Sorted*-Eigenschaft den Wert *True*) handelt. Soll ein Eintrag an eine bestimmte Position gesetzt werden, muss diese als zweites Argument der *Add-Item*-Methode übergeben werden:

```
lstMannschaften.AddItem "Visual Basic Kompendium", 17
```

Um einen Eintrag aus einem Listenfeld zu entfernen, muss die *RemoveItem*-Methode ausgeführt werden. Über den Indexwert, der beim Aufruf übergeben werden muss, wird das zu entfernende Element festgelegt.

Wie müsste eine *For-Next*-Schleife aussehen, die über die *Remove-Item*-Methode alle Einträge eines Listenfelds entfernt?

```
For n = 0 To lstMannschaften.ListCount - 1
    lstMannschaften.RemoveItem
Next n
```

Einfacher geht es aber mit Hilfe der *Clear*-Methode, die alle Einträge in einem Listenfeld auf einmal entfernt.

Die AddItem- und RemoveItem-Methoden können nicht ausgeführt werden, wenn ein Listenfeld über die Eigenschaften DataField und DataSource mit einem Datensteuerelement verbunden wurde, da dies natürlich auch Auswirkungen auf die »darunterliegende« Datenbank hätte.

8.5.5 Die Eigenschaft ItemData

Dies ist eine Eigenschaft, deren Nützlichkeit man erfahrungsgemäß erst dann zu schätzen lernt, wenn man versucht hat, mit »konventionellen« Mitteln das zu lösen, was die *ItemData*-Eigenschaft spielend nebenbei erledigt. Über *ItemData* können Sie jedem Listeneintrag einen beliebigen Wert »beiordnen«. Bei diesem Begleiter handelt es sich um einen *Long*-Wert, der zwar nicht angezeigt wird, der aber für den Zugriff auf einen Listenwert eine Rolle spielen kann. Ein Beispiel wäre eine Liste mit Kundennamen. Anstatt die Kundennummer in einem separaten Feld zu speichern, wird sie in der *ItemData*-Eigenschaft abgelegt. Sobald der Benutzer auf einen Kundennamen in der Liste zugreift, kann das Programm durch den Zugriff auf die *ItemData*-Eigenschaft die passende Kundennummer zur Verfügung stellen.

```
Objekt.ItemData (Index) [=Wert]
```
Syntax

Die *ItemData*-Eigenschaft steht für ein Feld von *Long*-Werten, die über einen Index angesprochen werden. Bei jeder Ausführung der *AddItem*-Methode wird das Feld zwar um einen weiteren Eintrag ergänzt, dieser wird aber noch nicht initialisiert.

Beispiel

```
lstCDTitel.AddItem "Marillion - Script for Jesters's Tear"
lstCDTitel.AddItem "Steve Winwood - Talking Back to the Night"
lstCDTitel.AddItem "Bruce Springsteen - The ghost of tom joad"
lstCDTitel.ItemData(0) = 6
lstCDTitel.ItemData(1) = 9
lstCDTitel.ItemData(2) = 12
```

Hier wird jedem CD-Titel, der sich in der Liste befindet, eine Anzahl an Tracks zugewiesen. Wird ein Titel in der Liste ausgewählt, steht die jeweilige Anzahl an Tracks über die *ItemData*-Eigenschaft zur Verfügung:

```
AnzahlTracks = lstCDTitel.ItemData(lstCDTitel.ListIndex)
```

Die *ItemData*-Eigenschaft kann auch dazu benutzt werden, eine andere Reihenfolge als die aktuell angezeigte festzulegen.

Eine kleine Besonderheit gilt es zu beachten, wenn zu einer sortierten Liste ein Element hinzugefügt wird und diesem über die *ItemData*-Eigenschaft ein Begleiter zugewiesen werden soll. Da bei einer sortierten Liste nicht vorausgesehen werden kann, welchen Index das neue Element enthält, gibt es die *NewIndex*-Eigenschaft, die stets den Index des zuletzt hinzugefügten Elements enthält. Denken Sie aber auch hier daran, dass einer Eigenschaft immer ein Objektname vorausgehen muss:

```
lstCDTitel.AddItem "Neil Young - Mirror Ball"
lstCDTitel.ItemData(lstCDTitel.NewIndex) = 11
```

:-)
TIP

In einem Listenfeld lassen sich nur Texteinträge darstellen. Wer in einer Liste auch Bitmaps oder verschiedenfarbige Einträge anbieten möchte, der findet in dem mit Visual Basic 6.0 endlich zur Verfügung gestellten Bildkombinationslistenfeld einen tollen Ersatz. Mehr dazu in Kapitel 12. Es gibt aber auch eine Reihe von Zusatzsteuerelementen (z. B. BmpList von www.mabry.com), die diese Aufgabe übernehmen.

8.5.6 Die wichtigsten Eigenschaften und Methoden des Listenfelds

Diese wurden durch die ausführliche Beschreibung der Funktionsweise eines Listenfelds bereits fast alle namentlich erwähnt. Die wichtigste Eigenschaft ist die *List*-Eigenschaft, denn sie enthält alle Elemente eines Listenfelds. Über die *AddItem*-Methode wird während der Programmausführung ein Element in die Liste eingefügt. Die *ListCount*-Eigenschaft gibt an, wie viele Elemente ein Listenfeld enthält. Soll der Inhalt des Listenfelds sortiert angezeigt werden, muss die *Sorted*-Eigenschaft den Wert *True* erhalten. Dies kann aber nur während der Entwurfszeit geschehen, d. h. es ist nicht möglich, eine nicht sortierte Liste während der Programmausführung durch Setzen von *Sorted* auf *True* zu sortieren. Wird zu einer sortierten Liste ein Eintrag hinzugefügt, wird dieser automatisch einsortiert und nicht, wie bei einer unsortierten Liste, an das Ende der Liste gehängt. Da dieser Eintrag in der sortierten Liste »untergeht«, gibt es die *NewIndex*-Eigenschaft, die den Indexwert des zuletzt hinzugefügten Eintrags enthält.

Über die *Columns*-Eigenschaft kann die Ausgabe in einem Listenfeld auch mehrspaltig erfolgen.

Eine sehr interessante Eigenschaft ist die *ItemData*-Eigenschaft. Es handelt sich dabei, genau wie bei der *List*-Eigenschaft, um eine Feldvariable, die aber nur Zahlenwerte (Datentyp *Long*) aufnehmen kann. Mit ihrer Hilfe ist es möglich, jedem Listeneintrag einen Zahlenwert zuzuordnen. Dies ist immer dann praktisch, wenn die Listenelemente mit einer Zahl direkt verknüpft sind, die aber in keiner Beziehung zu der Position des Elements in der Liste steht. Ein Beispiel wäre eine Liste mit Kundennamen, wobei die *ItemData*-Eigenschaft die Kundennummer enthält. Dadurch besteht die Möglichkeit, auf einen Kundennamen über seine Kundennummer zuzugreifen. Allerdings muss jeder einzelne Wert der *ItemData*-Eigenschaft explizit zugewiesen werden:

```
lstMannschaften.AddItem "1. FC Bonn"
lstMannschaften.ItemData(lstMannschaften.NewItem) =1
lstMannschaften.AddItem "SW Aurich"
lstMannschaften.ItemData(lstMannschaften.NewItem) =14
lstMannschaften.AddItem "VFB Gießen"
lstMannschaften.ItemData(lstMannschaften.NewItem) =16
```

In diesem Beispiel wird jedem neu hinzugefügten Listenelement eine Zahl (z. B. ein Tabellenplatz oder ein Index für einen Datenbankzugriff) zugewiesen.

Aufgrund seiner Sorted-Eigenschaft ist das Listenfeld hervorragend als Ersatz für eine einfache Sortierroutine geeignet. Möchten Sie ein kleineres Feld alphabetisch in aufsteigender Reihenfolge sortieren, ist es am einfachsten, die zu sortierenden Elemente über die AddItem-Methode in das Listenfeld einzutragen und anschließend über die List-Eigenschaft wieder auszulesen. Wird das Listenfeld über Visible=False unsichtbar gemacht, tritt es während der Programmausführung nicht in Erscheinung (und kann auch nicht auf Ereignisse reagieren), steht aber mit seiner vollständigen Funktionalität zur Verfügung.

:-)
TIP

Eigenschaft	Bedeutung
Columns	Legt die Anzahl an Spalten in einem Listenfeld fest. Im Allgemeinen sind Listen jedoch einspaltig, da für eine tabellarische Ausgabe das Gitternetz etwas besser geeignet ist.
List	Feldeigenschaft, die als eindimensionales Feld alle in der Listenauswahl befindlichen Elemente enthält.
ListCount	Anzahl der Listenelemente (beginnt bei 0).
ListIndex	Enthält den Index des aktuell ausgewählten Listeneintrags.
MultiSelect	Legt fest, ob in der Listenauswahl mehrere Elemente gleichzeitig selektiert werden können. Ob ein Eintrag selektiert ist, erfährt man über die *Selected*-Eigenschaft, der der Index des betreffenden Elements übergeben werden muss.
NewIndex	Enthält den Index des zuletzt hinzugefügten Elements der Liste. Dies ist besonders dann von Interesse, wenn die *Sorted*-Eigenschaften den Wert *True* besitzt.
SelCount	Anzahl der ausgewählten Elemente. Wird bei *MultiSelect=True* benötigt.
Selected	Setzt oder liefert den Selektionszustand eines Listeneintrags bei einer Mehrfachauswahl (die *ListIndex*-Eigenschaft gibt in diesem Fall nur den Index jenes Eintrags an, der das Rechteck für die Anzeige des Eingabefokus enthält). Diese Eigenschaft wird, wie die *List*-Eigenschaft, immer zusammen mit einem Index aufgerufen. Ist der Wert der Eigenschaft *True*, ist der betreffende Eintrag selektiert.
Style	Bei *Style=1* werden die Listenelemente in Form von Kontrollkästchen angezeigt.
Sorted	Legt fest, ob die Liste sortiert (*Sorted=True*) angezeigt werden soll oder nicht. Kann nur zur Entwurfszeit gesetzt werden.
Text	Steht für den Inhalt des Textfelds bei einem Kombinationsfeld.
TopIndex	Enthält den Index des obersten sichtbaren Elements der Liste. Durch Setzen dieser Eigenschaft wird festgelegt, welches Element an oberster Stelle der Liste erscheint. Auf diese Weise kann die Liste durch das Programm gescrollt werden.

8.5.7 Die wichtigsten Ereignisse des Listenfelds

Ereignisse spielen bei Listen- und Kombinationsfeldern eine eher untergeordnete Rolle, da es in den meisten Fällen darauf ankommt, auf den Inhalt der Liste zuzugreifen. Das wichtigste Ereignis ist das *Click-*

Ereignis, das immer dann ausgelöst wird, wenn ein Eintrag in der Liste angeklickt wird. Beachten Sie, dass das *Change*-Ereignis bei einem Kombinationsfeld nur ausgelöst wird, wenn sich der Inhalt der *Text*-Eigenschaft ändert, nicht aber, wenn ein Eintrag aus der Liste gewählt wird.

Ereignis	Wird ausgelöst, wenn ...
Change	... sich die *Text*-Eigenschaft des Kombinationsfelds ändert.
Click	... ein Eintrag aus der Liste ausgewählt wird.
DropDown	... sich der Listenteil eines Kombinationsfelds öffnet.

Tabelle 8.8: Die wichtigsten Ereignisse eines Listen- und Kombinationsfelds.

8.5.8 Die wichtigsten Eigenschaften und Ereignisse des Kombinationsfelds

Da ein Kombinationsfeld die Eigenschaften eines Text- und eines Listenfelds vereinigt, gibt es bis auf die *Style*-Eigenschaft keine nennenswerten Eigenschaften. Letztere legt fest, ob das Kombinationsfeld

- aus einem editierbaren Textfeld und einer nach unten aufklappbaren Liste besteht (*Style=0*), dies ist die Voreinstellung.

- aus einem editierbaren Textfeld und einem stets geöffneten Listenfeld besteht (*Style=1*). Über die *Height*-Eigenschaft muss die Größe der Liste allerdings eingestellt werden, sonst ist diese nicht sichtbar.

- lediglich aus einer nicht editierbaren Liste besteht, wobei diese vom Benutzer geöffnet werden muss (*Style=2*). In diesem Fall ist keine Texteingabe möglich.

- Bei den Ereignissen des Kombinationsfelds ist zu beachten, dass die Auswahl aus einer Liste ein *Click*-Ereignis und nicht, wie es zu vermuten wäre, ein *Change*-Ereignis auslöst. Letzteres tritt, genau wie bei einem Textfeld, nur auf, wenn sich der Textinhalt im Textfenster des Kombinationsfelds ändert. Ein Ereignis, das es nur bei Kombinationsfeldern gibt, ist das *DropDown*-Ereignis. Es wird immer dann ausgelöst, wenn die Liste des Kombinationsfelds (bei *Style=0* und *Style=2*) geöffnet wird.

Tabelle 8.9:
Die möglichen
Werte für die
Style-Eigen-
schaft eines
Kombinations-
felds.

Typ	Konstante	Bedeutung
0	vbComboDrop-down	Es wird ein Textfeld mit einem Pfeilsymbol ange-zeigt, dessen Anklicken zum Öffnen der Liste führt. Dies ist die Standardeinstellung.
1	vbComboSimple	Es werden ein Textfeld und eine geöffnete Liste angezeigt. Standardmäßig ist nur das Textfeld zu sehen, über die *Height*-Eigenschaft kann die Lis-te ganz oder teilweise sichtbar gemacht werden.
2	vbComboDrop-downList.	Es ist nur eine Listenauswahl möglich, nicht aber die Eingabe in das Textfeld. Besonders praktisch ist, dass die Auswahl eines Listenelements durch Eingabe des ersten Buchstabens erfolgen kann. Die Eigenschaften des Textfelds, wie z.B. *Text* oder *SelText*, können in diesem Modus nicht an-gesprochen werden.

:-)
TIP

Besitzt das Kombinationsfeld den Eingabefokus, kann die Liste auch über die F4 *-Taste geöffnet werden.*

Um zu verhindern, dass das letzte sichtbare Element eines Listen- oder Kombinationsfelds unter Umständen nur teilweise angezeigt wird, gibt es die *IntegralHeight*-Eigenschaft. Erhält diese Eigenschaft den Wert *False*, wird die Größe der Liste nicht automatisch angepasst (die Stan-dardeinstellung ist *True*).

:-)
TIP

Wird aus einem Kombinationsfeld ein Eintrag ausgewählt, der brei-ter ist als die aktuelle Breite des Kombinationsfelds, wird der Text-cursor auf das Ende des markierten Eintrags gesetzt, sodass der Anfang des Eintrags, und damit oft der wichtigste Teil, nicht ange-zeigt wird. Für den Benutzer kann dies irritierend sein, da das ge-wählte Element nur teilweise lesbar ist. Diese etwas ungünstige Ei-genschaft lässt sich weder durch Setzen der SelStart-Eigenschaft auf Null noch durch Senden einer CB_SETEDITSEL-Nachricht über die API-Funktion SendMessage abstellen. Es gibt aber den-noch einen einfachen Trick. Fügen Sie in die Click-Prozedur des Kombinationsfelds die Anweisung

```
Private Sub cboTest_Click ()

    SendKeys "{Home}"
    ...
End Sub
```

ein. Dies entspricht dem Betätigen der ⌐Pos1⌐-Taste, unmittelbar nachdem eine Auswahl getroffen wurde.

Das folgende Beispiel demonstriert den Umgang mit Listen- und Kombinationsfeldern an einem hoffentlich recht interessanten Beispiel. Das
vorgestellte Beispielprogramm spielt die Rolle eines Abfragedialogfelds
für eine Minidatenbank, die eine Reihe von CD-Titeln enthält. Auch
wenn es in diesem Beispiel bereits um richtige Datenbankprogrammierung geht, soll diese Thematik bis zum Kapitel 17, »Elementares Datenbankwissen«, zurückgestellt werden. Achten Sie vielmehr auf die unterschiedlichen Auswahlelemente, die auf dem Formular platziert
wurden.

**Übung 8.1:
Das Listen-
und Kombina-
tionsfeld in der
Praxis**

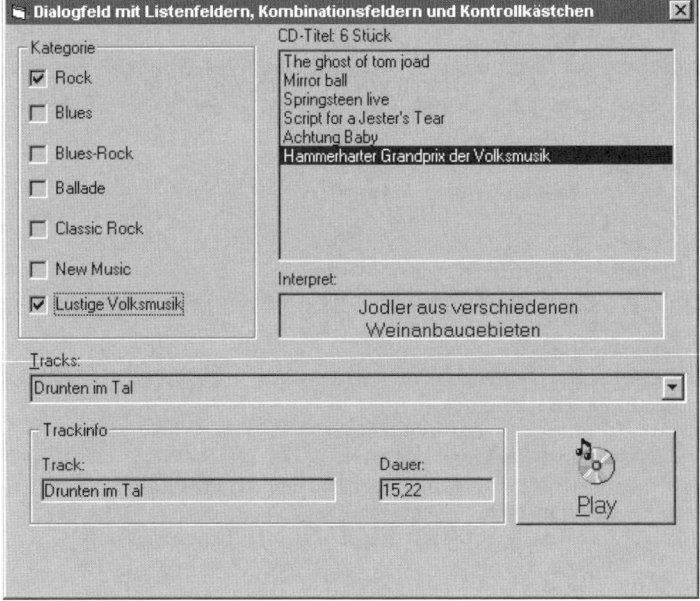

*Abbildung 8.10:
Mit Hilfe von
Listen- und
Kombinations-
feldern wird
eine einfache
Abfragemaske
für eine kleine
CD-Datenbank
(Musik.mdb)
realisiert.*

Anstelle des kompletten Listings, das Sie im Projekt *MusikDaten-
bank.vbp* auf der Buch-CD-ROM finden, soll lediglich eine Routine ex-
emplarisch erklärt werden, zumal diese sehr aufschlußreich ist. Was
passiert, wenn der Benutzer eine neue Kategorie auswählt? In diesem
Fall wird ein Suchstring zusammengebaut, eine kleine Datenbankabfrage gestartet und das Listenfeld mit den CD-Titeln neu aufgebaut:

```
Private Sub chkKategorie_Click(Index As Integer)
 ' Fehlerbehandlungsroutine für alle Fälle
    On Error GoTo chkKategorieClick_Error
    Dim Suchstring As String
    Dim n As Integer
 ' Diese Abfrage soll einen Selbstaufruf verhindern
    If chkKategorieEventSperre = True Then
```

```
            chkKategorieEventSperre = False
            Exit Sub
        End If
' Alle Kontrollkästchen prüfen
        For n = 0 To chkKategorie.Ubound
            If chkKategorie(n).Value = 1 Then
' Ist der Suchstring bereits gefüllt?
            If Suchstring <> "" Then
' Dann OR-Operator voranstellen
                Suchstring = Suchstring & " OR "
            End If
' Suchstring zusammensetzen
            Suchstring = Suchstring & "Kategorie='" & _
            KategorieFeld(n) & "'"
            End If
        Next n
' War überhaupt eine Kategorie gewählt?
        If Suchstring = "" Then
            MsgBox "Bitte mindestens eine Kategorie wählen!", _
            vbExclamation, "Wichtiger Hinweis"
            chkKategorieEventSperre = True
' Hier passiert der Selbstaufruf!!!
            chkKategorie(Index).Value = 1
            Exit Sub
        End If
' Kleines SQL-Statement zusammensetzen
        datBeispiel1.RecordSource = "SELECT * FROM Title WHERE " _
        & Suchstring
' Datensatzgruppe neu aufbauen
        datBeispiel1.Refresh
' Wurden Datensätze gefunden?
        If datBeispiel1.Recordset.EOF And _
        datBeispiel1.Recordset.BOF Then
            MsgBox "Sorry, keine CDs für diese Kategorie(n)", _
            vbExclamation, "Wichtiger Hinweis"
' Vor dem Verlassen Datensatzgruppe komplett neu aufbauen
            datBeispiel1.Refresh
            Exit Sub
        End If
' Anzahl der Datensätze ermitteln
        datBeispiel1.Recordset.MoveLast
        datBeispiel1.Recordset.MoveFirst
        AnzahlTitel = datBeispiel1.Recordset.RecordCount
' Buchmarken für alle Datensätze in ein Feld übertragen
        ReDim Hilfsfeld(AnzahlTitel)
' Die Liste mit den CD-Titeln leeren
        lstCDTitel.Clear
' Alle Datensätze in die Liste übertragen
        Do While Not datBeispiel1.Recordset.EOF
            lstCDTitel.AddItem datBeispiel1.Recordset!Name
' Buchmarke auf den aktuellen Datensatz für später merken
            Hilfsfeld(lstCDTitel.NewIndex) = _
            datBeispiel1.Recordset.Bookmark
```

```
' Auf zum nächsten Datensatz
        datBeispiel1.Recordset.MoveNext
    Loop
' Datensatzzeiger auf den ersten Datensatz setzen
    datBeispiel1.Recordset.MoveFirst
' Zuletzt hinzugefügten Titel in Listenfeld markieren
    lstCDTitel.ListIndex = lstCDTitel.NewIndex
' Anzahl der Titel ausgeben
    lblCDTitel.Caption = "CD-Titel: " & AnzahlTitel & " Stück"
' Das war's
    Exit Sub
chkKategorieClick_Error:
    Select Case Err.Number
        Case 3426 ' Interner Fehler im Datensteuerelement
        ' datBeispiel1.Refresh ' Problematisch, da Buchmarken
        ' verlorengehen
        Case Else
            MsgBox "Laufzeitfehler:" & Err.Description & _
            " (" & Err.Number & ")", vbExclamation, "Hinweis"
        Stop ' Solange uns nichts Besseres einfällt
    End Select
End Sub
```

Sie müssen schon sehr genau hinschauen, um die Anweisungen zu entdecken, die sich auf das Listenfeld *lstCDTitel* beziehen. Doch so ist das nun mal mit den Beispielen aus dem »richtigen Leben«. Sie sind leider oft ein wenig unübersichtlich. Es lohnt sich aber, das Beispiel auszudrucken und Schritt für Schritt durchzugehen. Das Auffüllen der Liste findet in der folgenden *Do-Loop*-Schleife statt:

```
Do While Not datBeispiel1.Recordset.EOF
    lstCDTitel.AddItem datBeispiel1.Recordset!Name
    Hilfsfeld(lstCDTitel.NewIndex) = _
    datBeispiel1.Recordset.Bookmark
    datBeispiel1.Recordset.MoveNext
Loop
```

Über die *AddItem*-Methode wird der Inhalt des *Name*-Felds aus der Datenbank, genauer gesagt, der Tabelle *Titel*, in das Listenfeld eingefügt. Anschließend wird die Buchmarke des aktuellen Datensatzes in die Feldvariable *Hilfsfeld* übertragen. Dies ist notwendig, um später durch Anklicken eines Listenelements auf die Tabelle zugreifen zu können, denn das Listenfeld wird nicht als gebundenes Steuerelement eingesetzt. Der Umweg über die Feldvariable ist leider erforderlich, da die *ItemData*-Eigenschaft, die dafür eigentlich prädestiniert wäre, nur *Long*-Werte aufnimmt, die *Bookmark*-Eigenschaft aber als *Byte*-Feld vorliegt.

Sowohl das Listen- als auch das Kombinationsfeld verfügen über die Eigenschaften DataSource und DataField und sind damit gebundene Steuerelemente, die mit einem Datensteuerelement verbunden werden können. Da ein gebundenes Listenfeld aber nach wie vor über die AddItem-Methode gefüllt werden muss und sich zudem eine Reihe ungünstiger Wechselwirkungen ergeben, sollten Sie beide Steuerelemente nicht gebunden verwenden, sondern stattdessen auf die Zusatzsteuerelemente DbListe und DbKombi zurückgreifen.

8.6   Das Einstellen von Werten

Soll der Benutzer einen beliebigen Wert eingeben können, wird man als Programmierer dafür ein Textfeld vorsehen. Soll der Benutzer dagegen nur einen von mehreren möglichen Werten auswählen können, gibt es bessere Alternativen. Handelt es sich um einen »willkürlichen« Wert, wie zum Beispiel ein Name aus einer Namensliste, kommt das Listen- oder Kombinationsfeld in Frage. Handelt es sich dagegen um einen numerischen Wert, der sich nur in einem bestimmten Bereich bewegen kann, sind Bildlaufleisten (engl. *scroll bars*) im Allgemeinen die bessere Wahl. Seit Visual Basic 5.0 besteht zudem die Möglichkeit, einem Textfeld (oder einem anderen Steuerelement) ein Auf-Ab-Steuerelement »beizuordnen«, mit dem sich ein numerischer Wert bequem (und vor allem Windows-konform) einstellen lässt.

Merksatz   *Bildlaufleisten werden immer dann gewählt, wenn ein Wert in einem bestimmten (endlichen) Wertebereich eingestellt werden soll.*

Eine Bildlaufleiste ist ein Element, mit dessen Hilfe Sie einen Wert in einem bestimmten Bereich, der über die Eigenschaften *Min* und *Max* festgelegt wird, einstellen können. Der aktuelle Wert der Bildlaufleiste steht über die *Value*-Eigenschaft zur Verfügung. Eine Bildlaufleiste besteht stets aus zwei Pfeilsymbolen, einer Einstellfläche und einem Schieber, der im Allgemeinen durch Festhalten mit dem Mauszeiger verstellt wird. Auch wenn Bildlaufleisten fester Bestandteil vieler Applikationsfenster sind, ist mit einem Bildlaufleisten-Steuerelement keine automatische Funktionalität verbunden. Auch sind die horizontale und die vertikale Bildlaufleiste, bis auf ihre Ausrichtung, identisch. Wann immer Sie den Schieber verstellen, auf einen der beiden Pfeilsymbole oder auf die Einstellfläche klicken, ändert sich lediglich der Wert der *Value*-Eigenschaft. Umgekehrt können Sie durch Setzen der *Value*-Eigenschaft die Position des Schiebers einstellen.

Die wichtigsten Eigenschaften einer Bildlaufleiste hängen davon ab, welches der beiden Pfeilsymbole oder ob die Einstellfläche ober- oder unterhalb des Reglers angeklickt wird.

Eigenschaft	Bedeutung
LargeChange	Legt den Betrag fest, um den sich die *Value*-Eigenschaft ändert, wenn die Einstellfläche angeklickt wird. Die Werte von *SmallChange* und *LargeChange* können verschieden sein, müssen aber nicht.
Max	Legt den größten Wert fest, den die *Value*-Eigenschaft annehmen kann.
Min	Legt den kleinsten Wert fest, den die *Value*-Eigenschaft annehmen kann.
SmallChange	Legt den Betrag fest, um den sich die *Value*-Eigenschaft ändert, wenn eine der beiden Pfeilsymbole angeklickt wird.
Value	Aktueller Wert der Bildlaufleiste.

Tabelle 8.10:
Die wichtigsten
Eigenschaften
einer Bildlauf-
leiste.

Der Wert für die Value-Eigenschaft einer Bildlaufleiste kann nur zwischen -32.768 und 32.767 liegen. Die Eigenschaften Small-Change und LargeChange dürfen dagegen keine negativen Werte annehmen.

Ereignisse spielen bei einer Bildlaufleiste eine untergeordnete Rolle. Zwar löst jede Änderung der *Value*-Eigenschaft durch Anklicken der Bildlaufleiste oder durch Zuweisen eines Werts an die *Value*-Eigenschaft während der Programmausführung ein *Change*-Ereignis aus, doch wird dieses nicht zwingend benötigt, da sich der Wert der *Value*-Eigenschaft automatisch ändert. Das wichtigste Ereignis ist das *Scroll*-Ereignis, das immer dann ausgelöst wird, wenn der Schieber mit der Maus verschoben wird (ein *Scroll*-Ereignis hat damit zwangsläufig immer ein *Change*-Ereignis zur Folge).

Eine interessante Alternative zur Bildlaufleiste ist das AufAb-Steuerelement der Windows-Standardsteuerelemente (die »Windows Common Controls«). Mehr dazu in Kapitel 12.

:-)
TIP

8.7   Steuerelementefelder

Werden zwei oder mehr Steuerelemente unter einem gemeinsamen Namen zusammengefasst, spricht man von einem Steuerelementefeld. Warum sollte man sowas tun? Dafür gibt es (mindestens) zwei Gründe:

1. Weil sich dadurch eine Gruppe von Steuerelementen sehr viel einfacher ansprechen lässt.

2. Weil sich so vorhandene Steuerelemente während der Laufzeit dynamisch »vervielfältigen« lassen.

Grund Nr. 1 leuchtet sofort ein. Stellen Sie sich ein Formular mit einer umfangreichen Eingabemaske vor, die aus 100 Textfeldern besteht. Stellen Sie sich weiter vor, Sie möchten abfragen, ob eines der Textfelder einen negativen Wert besitzt. Anstatt einhundertmal ein Textfeld anzusprechen, genügt eine einzige Schleife, die alle Steuerelemente des Felds »abklappert«:

```
For n = 0 To txtTexteingabe.Count - 1
    If txtTextEingabe(n).Text < 0 Then
        ' Das ist ja ganz furchtbar
    End If
Next n
```

Grund Nr. 2 spielt seltener eine Rolle, doch auch hier geht es um eine Zeitersparnis. Stellen Sie sich hier vor, Sie möchten ein Schachfeld anzeigen, in dem jedes der 64 Spielfelder durch eine Anzeige oder ein Bildfeld dargestellt wird. Anstatt jedes Spielfeld fein säuberlich bereits zur Entwurfszeit anzuordnen, legen Sie lediglich ein Spielfeld fest. Die übrigen 63 werden erst zur Laufzeit über die *Load*-Methode erzeugt und vom Programm positioniert.

8.7.1   Was ist denn ein Steuerelementefeld?

Ein Feld (engl. »array«) ist allgemein eine Zusammenfassung mehrerer Datenelemente des gleichen Typs unter einem Namen, wobei die einzelnen Elemente durch einen Index unterschieden werden. Bei einem Steuerelementefeld (engl. *control array*) handelt es sich dementsprechend um die Zusammenfassung mehrerer Steuerelemente des gleichen Typs, die unter einem gemeinsamen Namen, aber verschiedenen Indizes angesprochen werden. Der Zugriff auf ein Steuerelementefeld unterscheidet sich also grundsätzlich nicht von dem Zugriff auf ein »normales« Steuerelement; Sie müssen lediglich stets daran denken, einen Index anzugeben. Der Index eines Steuerelements, das Teil eines Steuerelementefelds ist, wird über dessen *Index*-Eigenschaft festgelegt.

Ein Steuerelementefeld steht für eine Gruppe von Steuerelemen- **Merksatz**
ten des gleichen Typs (Objektklasse), die den gleichen Namen, aber
verschiedene Werte bei ihrer Index-Eigenschaft besitzen. Um ein
Steuerelement in einem Steuerelementefeld anzusprechen, muss
stets ein Index aufgeführt werden.

Die folgende Anweisung setzt die *Caption*-Eigenschaft des zweiten **Beispiel**
Bezeichnungsfelds in dem Steuerelementefeld *lblAusgabe* (eine besondere Namensgebung gibt es bei Steuerelementefeldern offenbar nicht)
auf einen Wert:

```
lblAusgabe(1).Caption = "Ich bin Louis, der Zweite"
```

Bis auf den zusätzlichen Index, der stets in Klammern auf den Objektnamen folgt, unterscheidet sich die Zuweisung an ein Steuerelementefeld durch nichts von der Zuweisung an ein normales, d.h. skalares,
Steuerelement.

Steuerelementefelder besitzen eine Reihe von Besonderheiten:

➡ Steuerelementefelder können nicht während der Programmausführung angelegt werden. Bereits zur Entwurfszeit muss mindestens
ein Mitglied des Felds existieren. Seit Visual Basic 6.0 ist es jedoch
auch möglich, Steuerelemente, die nicht zu einem Steuerelementefeld gehören, zur Laufzeit anzulegen. Ein Steuerelementefeld lässt
sich auf diese Weise aber nicht anlegen, da die *Index*-Eigenschaft
zur Laufzeit schreibgeschützt ist.

➡ Ein Steuerelement wird automatisch Mitglied eines Steuerelementefelds, wenn seine *Index*-Eigenschaft einen Wert besitzt.

➡ Die einzelnen Mitglieder eines Steuerelementefelds müssen nicht
durchgehend nummeriert werden. Es können also »Lücken« im Feld
existieren.

➡ Alle Steuerelemente eines Steuerelementefelds teilen sich die gleichen Ereignisprozeduren.

8.7.2   Das Anlegen von Steuerelementefeldern

Ein Steuerelementefeld wird zur Entwurfszeit angelegt. Während der
Programmausführung werden über die *Load*-Methode beliebig viele
Mitglieder hinzugefügt. Über die *Unload*-Methode wird ein Steuerelement, mit Ausnahme des ersten Felds, aus einem Steuerelementefeld
entfernt.

Während der Entwurfszeit kann ein Steuerelementefeld auf zwei verschiedene Weisen angelegt werden:

➥ Durch Setzen der *Index*-Eigenschaft eines Steuerelements im Eigenschaftenfenster auf einen Wert

➥ Indem ein Steuerelement den Namen eines bereits existierenden Steuerelements des gleichen Typs erhält

Normalerweise besitzt die *Index*-Eigenschaft eines Steuerelements keinen Wert (sie ist auch nicht Null). Erhält sie dagegen einen Wert, wird das Steuerelement zum ersten Mitglied eines Steuerelementefelds. Sobald ein Steuerelement den Namen eines bereits vorhandenen Steuerelements erhalten soll, fragt Visual Basic zunächst, ob Sie damit ein Steuerelementefeld anlegen möchten. Diese Abfrage erscheint zum Beispiel immer dann, wenn Sie ein Steuerelement in die Zwischenablage übertragen und es anschließend auf dem gleichen Formular einfügen möchten.

Abbildung 8.11: Dieser Hinweis erscheint immer dann, wenn ein Steuerelement den Namen eines bereits vorhandenen Steuerelements erhalten soll.

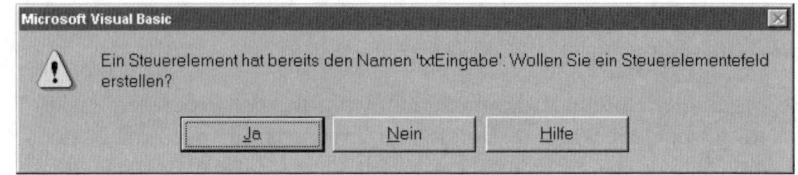

Wenn Sie ein Steuerelementefeld bereits zur Entwurfszeit anlegen, geben Sie dem ersten Element seinen endgültigen Namen bevor Sie die übrigen Elemente auf das Formular kopieren. Sie müssen ansonsten alle Namen einzeln anpassen.

Während der Programmausführung werden zu einem Steuerelementefeld über die *Load*-Methode neue Mitglieder hinzugefügt.

Beispiel Die folgende Anweisung lädt in das Steuerelementefeld an die Position 3 (der Index beginnt stets bei 0) ein neues Objekt:

```
Load mnuDevisen(2)
```

Sollte an dieser Position bereits ein Objekt existieren, gibt es eine Fehlermeldung vom Typ »Objekt bereits geladen«.

Anders als bei einer Objektauflistung gibt es keine Möglichkeit, einen Schlüssel festzulegen, der als Alternative für den Index beim Zugriff verwendet werden könnte.

Über die Load-Methode werden neue Mitglieder eines Steuerele- **Merksatz**
mentefelds geladen.

Es ist wichtig zu verstehen, dass die *Load*-Methode ein vollständig neues Steuerelement erzeugt, das bis auf zwei Ausnahmen mit dem ersten
Mitglied des Felds identisch ist:

1. Es ist noch unsichtbar, das heißt die *Visible*-Eigenschaft besitzt den
   Wert *False*.

2. Es besitzt (zwangsläufig) einen anderen Wert für die *Index*-Eigen-
   schaft.

Das bedeutet auch, dass sich das neue Mitglied des Steuerelementefelds an der gleichen Position wie sein Vorgänger befindet und daher,
z.B. über die *Move*-Methode, verschoben werden muss.

Das folgende Beispielprogramm demonstriert eine Anwendung für ein **Übung 8.2:**
Steuerelementefeld und die *Load*-Methode. Es füllt ein Formular mit **Anlegen eines**
einer festgelegten Anzahl rechteckiger Spielfelder (Bildfelder), wobei **Steuerelemen-**
die Größe der Spielsteine von der aktuellen Größe des Formulars ab- **tefelds**
hängt.

Ordnen Sie auf einem leeren Formular (*frmHaupt*) ein Bildfeld an. **Schritt 1**
Setzen Sie die *Name*-Eigenschaft des Bildfelds auf *picSpielstein* und
die *Index*-Eigenschaft auf 0.

Fügen Sie in die Ereignisprozedur *Form_Load* folgende Anweisungen **Schritt 2**
ein:

```
Dim n As Integer, m As Integer, XPos As Single, YPos As Single
Dim Breite As Single, Höhe As Single, Abstand As Single
Dim SpielsteinNr As Integer
' Maximal 6 Spielsteine in X- und in Y-Richtung
Const MaxX = 6
Const MaxY = 6
' Breite, Höhe und Abstand der Spielsteine berechnen
Breite = Me.ScaleWidth / MaxX
Abstand = Breite / 100 * 10
Breite = Breite - Abstand - ((Abstand / MaxX) + 2)
Höhe = Me.ScaleHeight / MaxY
Höhe = Höhe - Abstand - ((Abstand / MaxY) + 2)
' Position des ersten Spielsteins setzen
picSpielstein(0).Top = Abstand
picSpielstein(0).Left = Abstand
picSpielstein(0).Width = Breite
picSpielstein(0).Height = Höhe
picSpielstein(0).AutoRedraw = True
picSpielstein(0).Print 1
YPos = picSpielstein(0).Top
' Nun alle übrigen Spielsteine auf dem Spielstein anordnen
```

```
For n = 0 To MaxY - 1
    XPos = picSpielstein(0).Left
    For m = 0 To MaxX - 1
        SpielsteinNr = n * MaxY + m
        If SpielsteinNr > 0 Then
' Nächsten Spielstein laden
            Load picSpielstein(SpielsteinNr)
' Eigenschaften des geladenen Steuerelements setzen
            picSpielstein(SpielsteinNr).Visible = True
            picSpielstein(SpielsteinNr).AutoRedraw = True
            picSpielstein(SpielsteinNr).Left = XPos
            picSpielstein(SpielsteinNr).Top = YPos
            picSpielstein(SpielsteinNr).Print SpielsteinNr + 1
        End If
        XPos = XPos + Breite + Abstand
    Next m
    YPos = YPos + Höhe + Abstand
Next n
```

Schritt 3 Starten Sie das Programm über die F5-Taste. Sie werden feststellen, dass das Formular mit 36 Spielsteinen gefüllt wird, wobei 35 Bildfelder erst zur Laufzeit angelegt werden.

Wie funktioniert's?

Lassen Sie sich durch den Umfang des Programmlisting nicht irritieren. Die meisten Anweisungen werden dazu benötigt, die genaue Position eines Spielsteines zu berechnen (man hätte dies unter Umständen etwas einfacher lösen können). Wichtig ist natürlich die *Load*-Methode, durch die ein neues Spielfeld erzeugt wird:

```
Load picSpielstein(SpielsteinNr)
picSpielstein(SpielsteinNr).Visible = True
picSpielstein(SpielsteinNr).AutoRedraw = True
picSpielstein(SpielsteinNr).Left = XPos
picSpielstein(SpielsteinNr).Top = YPos
picSpielstein(SpielsteinNr).Print SpielsteinNr + 1
```

Die Variable *SpielsteinNr* läuft in der Schleife von 0 bis zur maximalen Anzahl an Spielsteinen. Da es ein Element Nr. 0 bereits gibt, muss es übersprungen werden. Die übrigen Anweisungen sorgen dafür, dass der neue Spielstein an der richtigen Position ausgegeben wird. Zum Schluss wird über die *Print*-Methode in dem Bildfeld die Nummer des Spielsteins ausgegeben (vgl. Bild 8.12).

Wurde ein Steuerelementefeld erst einmal angelegt, ist der Umgang mit den einzelnen Mitgliedern des Felds sehr einfach. Die folgenden Anweisungen setzen bei allen Spielsteinen aus dem letzten Beispiel die Hintergrundfarbe auf einen anderen Wert:

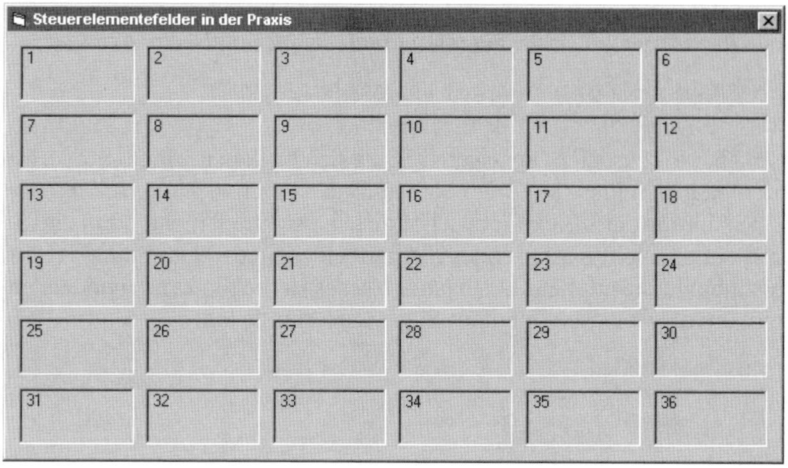

*Abbildung 8.12:
Bei allen Spiel-
feldern handelt
es sich um Mit-
glieder eines
Steuerelemen-
tefelds.*

```
For n = 1 To MaxWert ' Alternativ: picSpielstein.Count - 1
    picSpielstein(n).BackColor = RGB(255, 0, 0)
Next n
```

Eine Schleife genügt, um 10, 20 oder 200 Steuerelementen auf einmal eine bestimmte Eigenschaft zu geben. Ohne das Steuerelementefeld müßte jedem Steuerelement der neue Wert einzeln zugewiesen
werden.

Erweiterungsvorschläge

Erweitern Sie das Programm so, dass sich die Größe der Spielsteine
automatisch an die Größe des Formulars anpassen.

*Dafür ist die Resize-Ereignisprozedur zuständig; die Load-Methode
wird natürlich nicht mehr benötigt, da die Spielsteine bereits geladen sind. Erweitern Sie das Programm dann um eine Routine, die
alle Spielsteine über die Unload-Methode wieder entlädt.*

:-)
TIP

8.7.3 Wie viele Mitglieder besitzt ein Steuerelemente-feld?

Ein Steuerelementefeld verfügt über die Eigenschaften *Lbound* und
Ubound, die den kleinsten bzw. größten Index des Felds zurückgeben.
Da aber die einzelnen Indizes nicht zusammenhängend sein müssen,
ergibt sich durch die Differenz nicht unbedingt die Anzahl der Feldele-
mente. Dafür gibt es aber, wie bei Objektsammlungen auch, die
Count-Eigenschaft.

Beispiel Die folgende Anweisung gibt die Unter- und Obergrenze sowie die Anzahl der Mitglieder des Steuerelementefelds *picSpielstein* aus.

```
Debug.Print picSpielstein.Lbound, picSpielstein.Ubound
Debug.Print picSpielsteinCount
```

Um aber festzustellen, an welcher Stelle sich Lücken in einem Steuerelementefeld befinden, kommen Sie mit diesen Eigenschaften nicht weiter. Eine Abfrage der *Index*-Eigenschaften alleine genügt nicht, denn ein Zugriff auf ein nicht existierendes Element eines Steuerelementefelds führt zu einem Laufzeitfehler. Doch genau dieses Verhalten kann man ausnutzen, um die Anwesenheit eines Elements festzustellen:

```
Private Sub Test()
    On Error Resume Next
    Dim Temp As String, n As Integer, _
    AnzahlElemente As Integer
    For n = mnuDevisen.Lbound To mnuDevisen.Ubound - 1
        Temp = mnuDevisen(n).Name
        If Err = 340 Then
            MsgBox "Element " & n & " (" & _
            Temp & ")" & " nicht anwesend!", vbOKOnly, _
            "Morgenappell"
            AnzahlElemente = AnzahlElemente + 1
        End If
    Next
    MsgBox "Das Feld besitzt " & AnzahlElemente & _
    " Elemente"
End Sub
```

Die *Do-Loop*-Schleife wird so lange durchlaufen, bis der Zähler *n* von der Untergrenze bis zur Obergrenze des Steuerelementefelds *mnuDevisen* gelaufen ist. Trifft Visual Basic bei der Referenz eines Feldelements (in diesem Fall über die *Name*-Eigenschaft) auf ein nicht mehr vorhandenes Steuerelement, führt dies zu einem Laufzeitfehler. Dieser wird durch die *On-Error-Resume-Next*-Anweisung unmittelbar nach der fehlerverursachenden Anweisung ausgewertet. Ist es der Fehlercode 7 (»Objekt nicht vorhanden«), wird der nicht vorhandene Index angezeigt. Der »Schleifenzähler« *n* enthält am Ende die Anzahl der bereits gefundenen Elemente, die mit dem Absolutwert der Differenz aus *Ubound* und *Lbound* übereinstimmen sollte.

Beachten Sie, dass ein einfacher Vergleich zum Feststellen einer Lücke nicht zum Erfolg führt. Die folgende Bedingung

```
If mnuDevisen(2) Is Nothing Then
```

ist auch dann nicht wahr, wenn das Element mit dem Index 2 nicht existiert. Das gleiche gilt für die Abfrage mit dem *TypeOf*-Operator:

```
If TypeOf mnuDevisen(2) Is Menu Then
```

Diese Abfrage ist auch dann wahr, wenn das Element des Steuerelementefelds nicht existiert. Zu der auf den ersten Blick etwas ungewöhnlichen Abfrage über den Laufzeitfehler 340 scheint es in diesem Fall keine Alternative zu geben.

8.7.4 Die Auswertung von gemeinsamen Ereignissen

Da sich alle Elemente eines Steuerelementefelds eine Ereignisprozedur teilen, stellt sich natürlich die Frage, wie unterschieden werden kann, auf welches Element sich ein Ereignis bezieht. Ganz einfach, bei allen Ereignisprozeduren eines Steuerelementefelds wird als zusätzliches Argument der *Index* des Elements übergeben:

```
Private Sub picSpielstein_Click(Index As Integer)
    ' Irgendwelche Anweisungen
End Sub
```

Durch Abfrage der *Index*-Eigenschaft lässt sich feststellen, auf welches Element sich das Ereignis bezog.

8.7.5 Steuerelemente erst zur Laufzeit anlegen

Mit Visual Basic 6.0 wurde eine bedeutende Erweiterung eingeführt. Um ein Steuerelement erst zur Laufzeit hinzufügen zu können, ist es nicht erforderlich, dass ein Steuerelementefeld des gleichen Typs bereits existiert. Das bedeutet z.B., dass es möglich ist, während der Programmausführung ein Formular komplett aufzubauen.

Die folgenden Anweisungen legen auf einem Formular eine neue **Beispiel** Schaltfläche an (ein ähnliches Beispiel wurde auch in Kapitel 1 vorgestellt). Auch wenn es nur ein sehr einfaches Beispiel ist, macht es die allgemeine Vorgehensweise gut deutlich.

```
Option Explicit

Private WithEvents B As CommandButton

Private Sub B_Click()
    MsgBox Prompt:="Der Monat heißt:" & B.Caption
End Sub

Private Sub cmdStart_Click()
    Dim n As Long, Monatsname As String
    Dim XPos As Single, YPos As Single
    Dim Faktor As Long
    XPos = 100
    Faktor = 2
    For n = 0 To lstMonate.ListCount - 1
        Monatsname = MonthName(n)
        Set B = Me.Controls.Add("VB.CommandButton", "cmd" & Monatsname)
```

```
        B.Caption = Monatsname
        B.Visible = True
        If n = 6 Then
            Faktor = 1
            XPos = 100
        End If
        YPos = Me.ScaleHeight - (B.Height * Faktor * 1.2)
        B.Move XPos, YPos
        XPos = XPos + B.Width * 1.2
    Next
End Sub
```

Das Ergebnis sind zwölf neue Befehlsschaltflächen, deren *Caption*-Eigenschaft einen Monatsnamen besitzt. Zwei Dinge sind an diesem Beispiel bemerkenswert:

- Die Ereignisprozedur *B_Click* steht nur für das zuletzt angelegte Steuerelement (also *cmdDezember*). Die übrigen Ereignisprozeduren lassen sich nicht programmieren, da die Namen erst zur Laufzeit festgelegt wurden.

- Steuerelementefelder lassen sich nicht komplett neu angelgen, da die *Index*-Eigenschaft zur Laufzeit schreibgeschützt ist.

8.8   Formularfelder und Formularauflistungen

Nicht nur Steuerelemente können zu einem Feld zusammengefasst werden, auch bei Formularen ist es möglich, weitere Instanzen eines bereits geladenen Formulars anzulegen. Ein gutes Beispiel ist das Beispielprogramm *MDINote*, das Sie im Visual-Basic-Unterverzeichnis *Samples\MDI* finden. In diesem Programm können Sie eine beliebige Anzahl an Textfenstern öffnen. Natürlich wurden diese Formulare nicht vordefiniert, denn man kann nicht 100 Formulare in ein Projekt einfügen, wenn der Benutzer davon vielleicht lediglich zwei oder höchstens einmal zehn benötigt. Stattdessen wird jedes neue Formular als eine Instanz eines einzigen Formulars abgeleitet. Das Ergebnis ist eine *Formularauflistung*, die aus mehreren Formularen des gleichen Typs besteht, die alle den gleichen Namen besitzen und über einen Index angesprochen werden. Auch der kleine MultiScript-Editor aus Kapitel 24 macht von dieser wichtigen Programmiertechnik Gebrauch. Der Umgang mit Formularauflistungen ist sehr einfach. Man muss lediglich eine neue Instanz eines vorhandenen Formulars erstellen:

```
Private F As frmEingabe
Set F = New frmEingabe
```

Zuerst wird eine Variable *F* definiert, die als Datentyp den Namen eines zum Projekt gehörenden Projekts erhält. Hinter den Kulissen erzeugt Visual Basic für jedes zum Projekt hinzugefügte Formular ein unsichtbares Klassenmodul, das den Namen des Formulars erhält. Die zweite Anweisung weist der Variablen *F* die Referenz auf das frisch angelegte Formular zu. Wird diese Anweisung etwa 20mal ausgeführt, ist eine Auflistung die Folge, die über die fest eingebaute *Forms*-Auflistung angesprochen werden kann:

```
F(12).Caption = "Im Dezember ist es meistens a....kalt"
```

Die *Forms*-Auflistung beschränkt sich allerdings nicht auf die Auflistung aller zur Laufzeit instanzierten Formulare, sie enthält generell alle (instanzierten) Formulare eines Programms. Eine in vielen Fällen etwas flexiblere Lösung ist die Verwendung eines *Formularfeldes*:

```
Option Explicit
Private FormFeld() As Form

Private Sub cmdStart_Click()
    Static n
    n = n + 1
    ReDim Preserve FormFeld(n)
    Set FormFeld(n) = New frmEingabe
    FormFeld(n).Caption = "Die " & n & " te Form"
    FormFeld(n).Show
End Sub
```

Zunächst wird eine Feldvariable vom generischen Typ *Form* angelegt. Zu dieser werden anschließend beliebige viele Instanzen des Formulars *frmEingabe* hinzugefügt. Zwar stehen auch diese Formulare über die *Forms*-Auflistung zur Verfügung, der Zugriff über die *FormFeld*-Variable bietet jedoch den Vorteil, dass nur die Formulare des Typs *frmEingabe* angesprochen werden.

Schließlich, und das scheint die flexibelste Lösung zu sein, können mehrere Instanzen eines Formulars auch in einer Auflistung zusammengefasst werden:

```
Option Explicit
Dim FormFeld As New Collection

Private Sub cmdStart_Click()
    Static n
    n = n + 1
    FormFeld.Add Item:=New frmEingabe
    FormFeld(n).Caption = "Die " & n & " te Form"
    FormFeld(n).Show
End Sub
```

Gegenüber dem letzten Beispiel hat sich zwar nicht allzuviel geändert, doch ist der Zugriff auf die einzelnen Mitglieder der Auflistung etwas flexibler geworden. Außerdem lässt sich dieses Formularfeld durch die Anweisung

```
Set FormFeld = Nothing
```

sehr einfach löschen, wobei aber interessanterweise die angelegten Instanzen nicht zerstört werden. Experimentieren Sie ein wenig mit den verschiedenen Varianten von Formularfeldern, denn sie eröffnen eine sehr flexible Form der Programmierung.

8.9 Hinzufügen einer Menüleiste zu einem Formular

Jedes Formular kann mit einer Menüleiste versehen werden. Eine Menüleiste (engl. »menu bar«) besteht aus einer Anzahl von Menüs. Das Anklicken eines Menüs öffnet eine Menüauswahl (engl. *pull down* oder *pop up*), in der eine bestimmte Anzahl von Einträgen (engl. *menu item*) angeboten wird. Menüs können auch verschachtelt werden, das heißt, die Auswahl eines Menüeintrags kann zum Öffnen eines Untermenüs führen. Bis zu fünf Ebenen tief kann ein Menü verschachtelt werden. Der Aufbau der Menüleiste sowie der einzelnen Menüs und ihrer Untermenüs wird mit Hilfe des Menü-Editors festgelegt, der über den Menübefehl EXTRAS | MENÜ-EDITOR (oder Strg + E) aktiviert wird, sofern das betreffende Formular zuvor ausgewählt wurde.

Die Zusammensetzung der Menüleiste oder eines Menüs kann während der Entwurfszeit jederzeit geändert werden. Gehört ein Menüeintrag zu einem Steuerelementefeld, kann das Menü auch während der Programmausführung um neue Einträge erweitert werden. Damit lässt sich der Aufbau eines Menüs an den Programmverlauf anpassen. Voraussetzung ist aber, dass das Menü bereits einen Eintrag enthält, dessen *Index*-Eigenschaft einen Wert besitzt.

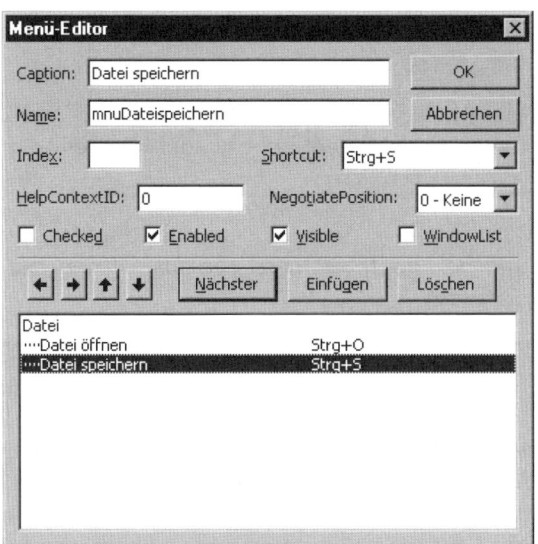

Abbildung 8.13:
Im Menü-Editor
wird der Aufbau
eines Menüs für
ein Formular
festgelegt.

Tabelle 8.11:
Die Eigenschaf-
ten eines
Menüeintrag-
Objekts.

Eigenschaft	Bedeutung
Caption	Titel des Menüs bzw. des Menüeintrags.
Checked	Wenn *True*, dann geht dem Menüeintrag ein Häkchen voraus.
Enabled	Legt fest, ob das Menü bzw. der Menüeintrag ausgewählt werden kann oder abgeblendet dargestellt wird.
Name	Name, über den das Menü oder der Menüeintrag im Programm angesprochen wird.
Shortcut	Tastenkombination, über die der Menüeintrag alternativ, d.h. ohne Öffnen des Menüs, aktiviert werden kann.
Visible	Legt fest, ob das Menü bzw. der Menüeintrag sichtbar ist.
WindowList	Ist diese Eigenschaft *True* (bzw. wurde diese Option im Menüentwurfsfenster gesetzt), enthält das Menü auf einem MDI-Hauptformular automatisch die Namen aller geöffneten Fenster.

8.9.1 Die Auswertung von Menüs im Programm

Dies ist sehr einfach zu bewerkstelligen, da Menüs in Visual Basic nur auf das *Click*-Ereignis reagieren können. Wann immer ein Menü geöffnet bzw. ein Menüeintrag gewählt wird, wird bei dem Menüobjekt bzw. bei dem Menüeintragsobjekt ein *Click*-Ereignis ausgelöst:

```
Sub mnuEnde_Click ()
    End
End Sub
```

Alle Anweisungen innerhalb der *Click*-Prozedur werden ausgelöst, wenn das Menü geöffnet bzw. der Menüeintrag gewählt wurde.

Wird in einem Menüeintrag über die MsgBox-Methode eine Mitteilungsbox geöffnet, wird für das Öffnen des Menüs kein Ereignis ausgelöst.

:-)
TIP

In manchen Fällen ist es erforderlich, festzustellen, wann der Benutzer den Mauszeiger über einen bestimmten Menüeintrag positioniert (ihn aber noch nicht angeklickt hat). Windows schickt in diesem Fall die interne Nachricht WM_NCHITTEST an das Formular. Diese wird von Visual Basic allerdings nicht ausgewertet und muss entweder über eine eigene Fensterfunktion (bereits seit Visual Basic 5.0 ist es dank des AddressOf-Operators möglich, Callback-Funktionen zu implementieren) oder ein spezielles Zusatzsteuerelement gezielt abgefangen werden. Mehr dazu in Kapitel 15, »Visual Basic und die Windows-API«, in dem gezeigt wird, wie sich die WM_NCHITTEST-Nachricht gezielt auswerten lässt.

:-)
TIP

Um zu erreichen, dass ein Menü (in der Regel wird es das HILFE-Menü sein) am rechten Rand der Menüleiste erscheint, muss seiner Überschrift während der Programmausführung ein vbBack-Zeichen (Zeichencode 8) vorangestellt werden:

```
mnuHilfe.Caption = vbBack & "Hilfe"
```

Prinzipiell ist es auch möglich, dieses Zeichen direkt im Menü-Editor einzufügen. Sie müssen dazu eine Textdatei (z.B. in Visual Basic) erstellen, die den ANSI-Code 8 erhält. Laden Sie diese Datei mit dem Editor, und kopieren Sie das eine Zeichen über die Tastenkombination Strg+C in die Zwischenablage. Fügen Sie es dann in das »Name«-Feld des Menü-Editors ein. Zugegeben, ein wenig umständlich, aber Sie müssen die Zuweisung nicht im Programm ausführen.

Für Fortgeschrittene

Um »Tricks« mit Menüeinträgen wie zum Beispiel die Anzeige von Bitmaps, die Verwendung einer Bitmap anstelle des Häkchens oder das Löschen von Einträgen im Systemmenü eines Formulars durchführen zu können, werden die Funktionen der Windows-API benötigt.

Bereits seit Visual Basic 5.0 können die Eigenschaften eines Menü-objekts auch über das Eigenschaftenfenster eingestellt werden, d.h. Sie müssen nicht mehr den Menü-Editor bemühen, wenn lediglich Eigenschaftswerte geändert werden sollen.

8.9.2 Kontextsensitive Menüs

Ein kontextsensitives Menü (oder kurz Kontextmenü) ist ein Menü, das über die rechte Maustaste geöffnet wird und dessen Inhalt in der Regel davon abhängt, in welchem Kontext es geöffnet wird, d.h. welche Stelle des Fensters mit der rechten Maustaste angeklickt wurde. Die Visual-Basic-Entwicklungsumgebung bietet das beste Beispiel für Kontextmenüs, denn in Abhängigkeit davon, ob Sie ein Formular oder beispielsweise die Werkzeugsammlung mit der rechten Maustaste anklicken, wird ein unterschiedliches Menü geöffnet.

Kontextmenüs werden in Visual Basic über die *PopupMenu*-Methode in einem Formular oder einem MDI-Formular realisiert.

`Objekt.PopupMenu Menüname, Attribute, x, y, FettFormatiert`   **Syntax**

Der Aufruf der Methode öffnet entweder an der aktuellen Mausposition oder an den angegebenen Koordinaten ein Menü, dessen Aufbau im Menüentwurfsfenster festgelegt wurde. Über die *PopupMenu*-Methode können Sie daher jedes Menü alternativ in der Innenfläche eines Formulars öffnen. Soll ein Pop-up-Menü nicht über die Menüleiste zur Verfügung stehen, muss seine *Visible*-Eigenschaft, die beim Öffnen des Pop-up-Menüs ignoriert wird, den Wert *False* erhalten.

Die Argumente und ihre Bedeutung:

Argument	Bedeutung
Menüname	Name eines Menüobjekts, das im Menüentwurfsfenster definiert wurde und mindestens einen Eintrag besitzen muss.
Attribute	Legt die Position des Menüs fest. Zur Auswahl stehen:
vbPopupMenuLeftAlign	x-Position legt linken Menürand fest.
vbPopupMenuCenterAlign	x-Position legt Mitte des Menüs fest.
vbPopupMenuRightAlign	x-Position legt rechten Menürand fest.

Argument	Bedeutung
x, y	Legen die Koordinaten der linken oberen Ecke des Menüs fest. Entfallen diese, werden die aktuellen Mauskoordinaten verwendet.
FettFormatiert	Name eines Menüeintrags, der voreingestellt, d.h. fett, formatiert werden soll.

Standardmäßig erfolgt die Auswahl eines Eintrags über die linke Maustaste. Soll dafür die rechte Maustaste zuständig sein, muss für das *Attribute*-Argument zusätzlich die Konstante *vbPopupMenuRightButton* gesetzt werden.

Beispiel Das folgende Beispiel listet die Namen aller Dateien mit der Erweiterung *.Txt* im aktuellen (bzw. voreingestellten) Verzeichnis in einem Kontextmenü auf, das durch Anklicken des Formulars mit der rechten Maustaste geöffnet wird. Die Auswahl eines Eintrags hat allerdings keine Wirkung.

```
Private Sub Form_Load()
    Dim Dateiname As String, Zähler As Integer
    ChDir "C:\"
    Dateiname = Dir("*.txt")
    If Dateiname = "" Then GoTo Weiter
        mnuDateiName(0).Caption = Dateiname
        Do
            Dateiname = Dir()
            If Dateiname = "" Then Exit Do
                Zähler = Zähler + 1
                Load mnuDateiName(Zähler)
                mnuDateiName(Zähler).Caption = Dateiname
        Loop
Weiter:
    ' Hier geht es weiter
End Sub
```

Aufgerufen wird das Kontextmenü, sobald jemand das Formular mit der rechten Maustaste anklickt:

```
Private Sub Form_MouseDown(Button As Integer, _
Shift As Integer, X As Single, Y As Single)
    If Button = vbRightButton Then
        Me.PopupMenu mnuTextDateiAuswahl
    End If
End Sub
```

An diesem Beispiel sollen Sie auch lernen, wie man ein Menü über ein Steuerelementefeld (mehr dazu in Kapitel 8.7) während der Programmausführung um Einträge erweitert. Da zur Entwurfszeit nicht bekannt ist, wie viele Einträge das Menü besitzen wird, besteht es lediglich aus einem einzigen Eintrag mit dem Namen *mnuDateiname*. Da dessen *Index*-Eigenschaft den Wert 0 besitzt, lassen sich während der Programmausführung über die *Load*-Methode weitere Einträge hinzufügen:

```
Load mnuDateiName(Zähler)
mnuDateiName(Zähler).Caption = Dateiname
```

Durch den nächsten Befehl erhält der neue Menüeintrag den Namen der von der *Dir*-Methode gefundenen Datei. Auch die Auswahl eines Menüeintrags profitiert von dem Umstand, dass alle Menüeinträge den gleichen Namen besitzen:

```
Private Sub mnuDateiname (Index As Integer)
    LadeDatei (mnuDateiname(Index).Caption
End Sub
```

Der Prozedur *LadeDatei*, die in diesem Beispiel aber nur ansatzweise definiert wurde, wird der Name der ausgewählten Datei über die *Caption*-Eigenschaft des selektierten Eintrags übergeben.

Sobald mehrere Steuerelemente, in diesem Fall Menüobjekte, zu einem einzigen Steuerelement zusammengefasst werden, spricht man von einem Steuerelementefeld. Mehr zu diesem für die Visual-Basic-Programmierung wichtigen Thema in Kapitel 8.7.

Interessant ist die Frage, wann das Programm nach dem Öffnen eines Pop-up-Menüs fortgesetzt wird. Beim Öffnen eines »normalen« (Dropdown-)Menüs stellt sich diese Frage nicht, da das Öffnen stets durch den Benutzer geschieht und die Programmausführung mit der Ausführung der *Click*-Ereignisprozedur fortgesetzt wird. Die Antwortet lautet: Die Befehle, die auf den Aufruf der *PopupMenu*-Methode folgen, werden erst dann ausgeführt, wenn die *Click*-Ereignisprozedur des ausgewählten Menüeintrags abgearbeitet oder die Auswahl aus dem Menü abgebrochen wurde.

8.10 Die Auswahl von Dateinamen

Möchte man dem Benutzer in einem Dialogfeld die Möglichkeit bieten, einen Dateinamen auszuwählen, gibt es dafür zwei verschiedene Möglichkeiten:

1. Die Auswahl des Dateinamens erfolgt in einem Standarddialogfeld.

2. Die Auswahl eines Dateinamens wird individuell gelöst.

Im Allgemeinen ist es ratsam, die Dateiauswahl über ein Standarddialogfeld zu erledigen (siehe Kapitel 8.16). Dies bietet zwei deutliche Vorteile: Erstens werden Standarddialogfelder durch ein paar Zuweisungen geöffnet und ausgewertet. Zweitens erhält der Benutzer das typische Dialogfeld einer Windows-Anwendung, das zudem immer auf dem neuesten Stand ist (bei Windows NT 5 gibt es z.B. wieder neue Standarddialoge für die Dateiauswahl).

Sollten Sie aus irgendeinem Grund eine individuelle Lösung bevorzugen, bietet Visual Basic dafür drei Standardsteuerelemente an:

➡ Das Dateilistenfeld

➡ Das Verzeichnislistenfeld

➡ Das Laufwerkslistenfeld

Bei allen drei Steuerelementen, die bereits in Kapitel 6.2.27 vorgestellt wurden, handelt es sich im Prinzip um gewöhnliche Listenfelder, die aber gezielt erweitert wurden. Anders als das Standardlistenfeld, das erst über die *AddItem*-Methode gefüllt werden muss, enthalten sie bereits nach dem Anordnen auf einem Formular alle Dateien des aktuellen Verzeichnisses (Dateilistenfeld), alle Verzeichnisse des aktuellen Laufwerks (Verzeichnislistenfeld) und alle angemeldeten Laufwerke des PC (Laufwerklistenfeld). Der Zugriff auf die einzelnen Elemente erfolgt zwar über die üblichen Eigenschaften *List*, *ListCount* und *List-Index*, doch stehen natürlich zusätzliche Eigenschaften zur Verfügung, mit deren Hilfe etwa das Verzeichnis eingestellt werden kann, dessen Inhalt in einem Dateilistenfeld angezeigt wird (*Path*-Eigenschaft) oder die Dateien aus dem Verzeichnis, die angezeigt werden sollen (*Pattern*-Eigenschaft). Da ihr Inhalt vom Inhalt der Festplatte abhängt, gibt es auch keine *AddItem*- oder *RemoveItem*-Methode. Das wichtigste Ereignis ist grundsätzlich das *Click*-Ereignis, das immer dann aufgerufen wird, wenn der Benutzer ein Element durch Anklicken mit der Maus oder Betätigen der Pfeiltasten ausgewählt hat. Das zweite wichtige Ereignis ist das *Change*-Ereignis, das ausgelöst wird, wenn sich die Auswahl in der Liste geändert hat.

:-)
TIP

Die Dateisteuerelemente müssen nicht unbedingt sichtbar sein. So können Sie sich ein Dateilistenfeld mit Visible=False als eine Feldvariable vorstellen, die die Namen aller Dateien und ihre Attribute enthält. Der Aufbau von Programmen, die aus irgendeinem Grund eine (rekursive) Suche nach Dateien durchführen müssen, werden durch die Einbeziehung eines Datei- und eines Verzeichnislistenfeldes deutlich vereinfacht.

Steuerelement	Bedeutung
Dateilistenfeld	Zeigt alle Dateien aus jenem Verzeichnis an, das über die *Path*-Eigenschaft eingestellt wird (standardmäßig das aktuelle Verzeichnis). Über die *Pattern*-Eigenschaft wird ein Filter eingestellt, der bewirkt, dass nur Dateien mit einer bestimmten Erweiterung angezeigt werden.
Verzeichnislistenfeld	Zeigt alle Verzeichnisse auf dem aktuellen Laufwerk an. Das aktuell ausgewählte Verzeichnis steht über die *Path*-Eigenschaft zur Verfügung. Über diese Eigenschaft kann auch ein anderes Laufwerk, inklusive Netzwerklaufwerke, eingestellt werden.
Laufwerkslistenfeld	Zeigt alle Laufwerke, inklusive Netzwerklaufwerke, auf dem PC an. Die Laufwerksbezeichnung, inklusive Laufwerksnamen (Volumennamen) des aktuell selektierten Laufwerks, steht über die *Drive*-Eigenschaft zur Verfügung.

Tabelle 8.12: Kurzbeschreibung der drei Steuerelemente für die Dateiauswahl.

Dass Verzeichnis- und Dateilistenfeld nur schwierig auf die gleiche Höhe zu bringen sind, liegt einfach daran, dass immer ein ganzer Eintrag angezeigt werden muss und die Abstände zwischen den Einträgen in beiden Steuerelementen nicht identisch sind. Eine IntegralHeight-Eigenschaft wie bei einem Listenfeld gibt es bei diesen Steuerelementen leider nicht.

Beim Dateilistenfeld steht der aktuell selektierte Dateiname sowohl über die Kombination aus List- und ListIndex-Eigenschaft als auch über die FileName-Eigenschaft zur Verfügung. Hier gilt es einen kleinen Unterschied zu beachten, der bei MultiLine=True und der Auswahl über die Pfeiltasten der Tastatur eine Rolle spielt. Ein Eintrag ist ausgewählt, wenn er mit der Maus angeklickt wurde. Bewegt sich der Benutzer innerhalb des Listenfeldes mit den Tasten ⬆ und ⬇, wird ein Eintrag gewählt (sein Name steht über die FileName-Eigenschaft zur Verfügung), aber erst durch Betätigen der ⬜-Taste selektiert.

Tabelle 8.13:
Die wichtigsten
Eigenschaften
eines Datei-, Ver-
zeichnis- und
Laufwerkslisten-
felds.

Eigenschaft	Steuerelement	Bedeutung
Archive	Dateilistenfeld	Legt fest, dass nur Dateien in das Dateilistenfeld übernommen werden, bei denen das Archivattribut gesetzt ist.
FileName	Dateilistenfeld	Enthält den Namen der aktuell ausgewählten Datei.
List	Dateilisten-, Verzeichnislisten- und Laufwerkslistenfeld	Enthält alle Dateinamen, die im Dateilistenfeld enthalten sind.
ListCount	Dateilisten-, Verzeichnislisten- und Laufwerkslistenfeld	Anzahl der Einträge.
MultiSelect	Dateilisten-, Verzeichnislisten- und Laufwerkslistenfeld	Ist diese Eigenschaft *True*, können mehrere Dateien selektiert werden. Der Zustand jedes einzelnen Eintrags steht über die *Selected*-Eigenschaft zur Verfügung.
Normal	Dateilistenfeld	Legt fest, dass nur Dateien in das Dateilistenfeld übernommen werden, bei denen das »Normalattribut« gesetzt ist. Dies sind alle jene Dateien, bei denen keines der übrigen Attribute gesetzt ist.
Path	Dateilistenfeld, Verzeichnislistenfeld	Setzt oder liefert den Pfadnamen des Verzeichnisses, dessen Inhalt im Dateilistenfeld angezeigt wird.
Pattern	Dateilistenfeld	Legt fest, welche Dateinamen anzeigt werden. Besitzt die *Pattern*-Eigenschaft z.B. den Wert »*.Txt«, werden nur Dateinamen mit der Erweiterung .TXT in das Dateilistenfeld übernommen.
*ReadOnly-*Eigenschaft	Dateilistenfeld	Legt fest, dass nur Dateien in das Dateilistenfeld übernommen werden, bei denen das *ReadOnly* (Nur-Lesen-) Attribut gesetzt ist.
Selected	Dateilisten-, Verzeichnislisten- und Laufwerkslistenfeld	Legt fest, ob ein Eintrag selektiert wurde oder nicht. Diese Eigenschaft wird über einen Index angesprochen.

Eigenschaft	Steuerelement	Bedeutung
System	Dateilistenfeld	Legt fest, dass nur Dateien in das Dateilistenfeld übernommen werden, bei denen das Systemattribut gesetzt ist.
Drive	Laufwerkslistenfeld	Gibt die Bezeichnung des selektierten Laufwerks an. Dies ist die einzige erwähnenswerte Eigenschaft eines Listenfeldes.

Konstante	Wert	Bedeutung
vbNormal	0	Normale Datei
vbReadonly	1	Schreibgeschützte Datei
vbHidden	2	Versteckte Datei
vbSystem	4	Systemdatei
vbVolume	8	Volumeneintrag für ein Laufwerk
vbDirectory	16	Verzeichniseintrag
vbArchive	32	Archivdatei

Tabelle 8.14:
Die Dateiattri-
bute und ihre
Konstanten.

Die in der Tabelle aufgelisteten Dateiattribute dürfen nicht mit jenen Dateiattributen verwechselt werden, die über die FileAttr-Funktion abgefragt werden können. Diese beziehen sich auf eine geöffnete Datei und geben den Modus der Datei zurück, der bei der Open-Anweisung angegeben wurde.

Wert	Modus
1	Eingabemodus (Input)
2	Ausgabemodus (Output)
4	Schreib-/Lesemodus (Random)
8	Anfügemodus (Append)
32	Binärmodus

Tabelle 8.15:
Die möglichen
Rückgabewerte
der FileAttr-
Funktion

*Die ListIndex-Eigenschaft eines Verzeichnislistenfeldes unterschei-
det sich ein wenig von der eines Listenfeldes. Sie ist nicht von der
Position des Eintrags in der Liste abhängig, sondern von der Position des aktuellen Verzeichnisses. Bei einem Verzeichnislistenfeld
erhält der Eintrag des aktuell geöffneten Verzeichnisses immer den
Index -1 (der Name dieses Verzeichnisses ist in der Path-Eigen-
schaft enthalten), egal, wo es sich in der Liste befindet. Der Index
der einzelnen Unterverzeichnisse, die in diesem Verzeichnis enthalten sind (sofern das aktuelle Verzeichnis Unterverzeichnisse) besitzt, läuft von 0 bis n. Der Index der Verzeichnisse auf dem Verzeichnispfad zum Stammverzeichnis, das heißt, jene Verzeichnisse,
die (ausgehend vom Stammverzeichnis) geöffnet werden müssen,
um zum aktuellen Verzeichnis zu gelangen, reicht von -2 bis -n.
Was sich beim Lesen ein wenig kompliziert anhören mag, wird spätestens beim Ausprobieren (lassen Sie sich einfach den Wert von
ListIndex nach Auswahl eines Eintrags im Direktfenster ausgeben)
deutlich.*

8.10.1 Dateisteuerelemente müssen synchronisiert werden

Merksatz *Auch wenn Datei-, Verzeichnis- und Laufwerkslistenfeld im Allgemeinen im Konzert eingesetzt werden und sie ihren Inhalt anzeigen, sobald sie auf einem Formular angeordnet werden, handelt es
sich um vollkommen unabhängige Steuerelemente. Um zu erreichen, dass sich eine Änderung im Verzeichnislistenfeld auch in der
Auswahl des Dateilistenfeldes widerspiegelt, muss dies über die
Change-Ereignisprozedur eingestellt werden. Zum Glück ist diese
»Synchronisierung« sehr einfach, es müssen lediglich zwei Anweisungen eingefügt werden:*

```
Private Sub drvLaufwerk_Change()
    dirVerzeichnis.Path = drvLaufwerk.Drive
End Sub
```

Diese Anweisung sorgt dafür, dass, wann immer ein Laufwerk ausgewählt wird, der Laufwerksname der *Path*-Eigenschaft des Verzeichnislistenfeldes zugewiesen wird, woraufhin dieses alle Verzeichnisse im
Stammverzeichnis des Laufwerks auflistet. Als Nächstes muss das Verzeichnislistenfeld mit dem Dateilistenfeld synchronisiert werden:

```
Private Sub dirVerzeichnis_Change()
    filDatei.Path = dirVerzeichnis.Path
End Sub
```

Was bei einem Dateilistenfeld oft fehlt, ist eine Möglichkeit, eine Dateierweiterung auszuwählen. Dazu wird ein zusätzliches Kombinationsfeld benötigt, das im Allgemeinen bereits in Form_Load mit Inhalt gefüllt wird:

```
Private Sub Form_Load()
    With cboErweiterung
        .AddItem "*.Ico"
        .AddItem "*.Cur"
        .AddItem "*.Ico, *.Cur"
        .AddItem "*.bmp"
        .AddItem "*.*"
        .ListIndex = 0
    End With
    filDatei.Pattern = cboErweiterung.Text
End Sub
```

Sobald eine Erweiterung aus dem Kombinationsfeld ausgewählt wurde, wird diese der *Pattern*-Eigenschaft des Dateilistenfeldes zugewiesen:

```
Private Sub cboErweiterung_Click()
    filDatei.Pattern = Trim(cboErweiterung.Text)
End Sub
```

Listenfeld spielt Dateilistenfeld

Auch wenn es sich bei den drei Dateiauswahlsteuerelementen um »normale« Listenfelder handelt, gibt es einen bedeutsamen Unterschied. Anders als bei einem Listenfeld können Sie weder Einträge hinzufügen noch bestehende Einträge modifizieren. Möchten Sie zusätzlich zu den Dateinamen weitere Angaben zur Datei wie z. B. die Dateigröße anzeigen, müssen Sie sich mit einem kleinen Trick behelfen: Verwenden Sie ein normales Listenfeld, und füllen Sie es selbst mit allen Dateinamen eines Verzeichnisses. Doch wie kommt man an diese Dateinamen am bequemsten heran? Ganz einfach, indem Sie dem Listenfeld über die SendMessage-Funktion die Nachricht LB_DIR schicken. Diese Nachricht bewirkt, dass Windows alle Dateinamen in einem angegebenen Verzeichnis in das Listenfeld füllt. Anders als bei einem Dateilistenfeld können Sie nun folgende Anweisung durchführen:

```
DateiName = lstDateien.List(n)
lstDateien.List(n) = DateiName & vbTab & FileLen(DateiName)
```

```
Const LB_DIR = &H18D
```                                          **Syntax**

Tabelle 8.16:
Die Argumente
der SendMes-
sage-API-Funk-
tion, um ein
Listenfeld mit
Dateinamen zu
füllen.

Argument	Bedeutung
wParam.	Enthält eine Maske, die festlegt, welche Dateien in das Listenfeld übertragen werden: &H0 – Dateien ohne Dateiattribut &H1 – Schreibgeschützte Dateien &H2 – Versteckte Dateien &H4 – Systemdateien &H10 – *lParam* legt einen Verzeichnisnamen fest &H20 – Archivdateien &H4000 – Es werden alle Dateien gemäß der Dateimaske in *lParam* geladen. &H8000 – Es werden nur Dateien geladen, bei denen alle angegebenen Attribute gesetzt sind.
lParam	Adresse eines nullterminierten String, der eine Dateimaske enthält.
Rückgabewert	Index des letzten in das Listenfeld eingetragenen Dateinamens -1, falls ein Fehler auftrat.

Beispiel Das folgende Beispiel zeigt, wie aus einem Listenfeld über die *Send-Message*-Funktion ein Dateilistenfeld wird. Über einen weiteren Aufruf der *SendMessage*-Funktion wird das Listenfeld mit Tabstopps versehen, damit alle Dateigrößen untereinander ausgegeben werden. Denken Sie aber daran, dass die Verwendung eines Dateilistenfeldes im Allgemeinen sehr viel bequemer ist, da Sie alle wichtigen Vorgaben wie den Verzeichnisnamen oder die Dateiattribute über Eigenschaften einstellen können.

```
' Der Allgemein-Teil
Option Explicit
Private Declare Function SendMessage Lib "user32" Alias _
"SendMessageA" (ByVal hwnd As Long, ByVal wMsg As Long, _
ByVal wParam As Long, lParam As Any) As Long

Const WM_USER = &H400
Const LB_DIR = &H18D
Const LB_SETTABSTOPS = &H192

' Die Ereignisprozedur cmdStart_Click
Private Sub cmdStart_Click()
    Dim RetVal As Long
    Dim StringMaske As String
    Dim TabFeld(0 To 1) As Integer
    Dim DateiName As String
    Dim n As Integer
    TabFeld(0) = 64
    StringMaske = "*.*"
```

```
' Alle Dateien aus dem aktuellen Verzeichnis in das
' Listenfeld übertragen
    RetVal = SendMessage(lstDateien.hwnd, LB_DIR, &H0, _
    ByVal StringMaske)
' Aktuelles Verzeichnis anzeigen
    lblPfad.Caption = CurDir
' Anzahl Dateien anzeigen
    lblAnzahlDateien.Caption = lstDateien.ListCount
' Einen Tabstopp bei 64 Einheiten setzen
    RetVal = SendMessage(lstDateien.hwnd, LB_SETTABSTOPS, 1, _
    TabFeld(0))
' Liste neu ausgeben, damit Tabstopps berücksichtigt werden
    lstDateien.Refresh
' Die Größen aller Dateien in die Liste eintragen
    For n = 0 To lstDateien.ListCount - 1
        DateiName = lstDateien.List(n)
        lstDateien.List(n) = DateiName & vbTab & _
        FileLen(DateiName)
    Next n
End Sub
```

Auch ohne Laufwerkslistenfeld gibt es eine Möglichkeit, die Namen aller Laufwerke zu erfahren. Diese bietet z.B. die API-Funktion GetLogicalDriveStrings. Die Funktion gibt eine Zeichenkette zurück, in der die Laufwerksbezeichnungen, z.B. »A:\«, aller vorhandenen Laufwerke enthalten sind.

:-)
TIP

Das folgende Beispiel trägt die Namen aller Laufwerke in ein Listenfeld ein. Fügen Sie auf einem leerem Formular (*frmHaupt*) ein Listenfeld (*lstLaufwerk*) und eine Schaltfläche (*cmdStart*) ein.

Beispiel

```
' Der Allgemein-Teil
Option Explicit
Private Declare Function GetLogicalDriveStrings Lib _
"Kernel32" Alias "GetLogicalDriveStringsA" (ByVal _
nBufferLength As Long, ByVal lpBuffer As String) As Long

' Die Ereignisprozedur cmdStart_Click
Private Sub cmdStart_Click()
    Dim RetVal As Long, Pos As Long, PufferLänge As Integer
    Dim LaufwerkName As String
    Dim Puffer As String * 256
    PufferLänge = Len(Puffer)
    RetVal = GetLogicalDriveStrings(PufferLänge, Puffer)
    Do
        RetVal = Pos + 1
        Pos = InStr(RetVal, Puffer, "\")
        If Pos = 0 Then Exit Do
            LaufwerkName = Mid(Puffer, Pos - 2, 3)
            lstLaufwerke.AddItem UCase(LaufwerkName)
    Loop
End Sub
```

> :-)
> TIP

Weil wir gerade beim Thema sind: Ein Laufwerkslistenfeld weigert sich, uns etwas über den Typ der einzelnen Laufwerke zu verraten. Doch wozu gibt es die API-Funktion GetDriveType, die diese Information frei Haus liefert? Das folgende kleine Beispiel erweitert ein Laufwerkslistenfeld (drvLaufwerkListe) um die Möglichkeit, den Typ des Laufwerks in einer Mitteilungsbox anzuzeigen.

```
Option Explicit
Private Declare Function GetDriveType Lib "kernel32" Alias _
"GetDriveTypeA" (ByVal sDrive As String) As Long

Const DRIVE_TYPE_UNDTERMINED = 0
Const DRIVE_ROOT_NOT_EXIST = 1
Const DRIVE_REMOVABLE = 2
Const DRIVE_FIXED = 3
Const DRIVE_REMOTE = 4
Const DRIVE_CDROM = 5
Const DRIVE_RAMDISK = 6

Private Function LaufwerkTyp(LaufwerkName As String) As String
    Dim TempLaufwerkName As String
    TempLaufwerkName = GetDriveType(LaufwerkName & ":\")
    Select Case TempLaufwerkName
    Case DRIVE_TYPE_UNDTERMINED
        LaufwerkTyp = " undefiniert"
      Case DRIVE_ROOT_NOT_EXIST
        LaufwerkTyp = " nicht vorhanden"
      Case DRIVE_CDROM
        LaufwerkTyp = " ein CD-ROM-Laufwerk"
      Case DRIVE_FIXED
        LaufwerkTyp = " nicht entfernbar, z.B. Festplatte"
      Case DRIVE_RAMDISK
        LaufwerkTyp = " eine RAM-Disk."
      Case DRIVE_REMOTE
        LaufwerkTyp = " ein Remote-Laufwerk, " & _
        "z.B. Netzwerklaufwerk"
      Case DRIVE_REMOVABLE
        LaufwerkTyp = " entfernbar, z.B. Diskettenlaufwerk"
    End Select
  End Function

Private Sub drvLaufwerkListe_Change()
    MsgBox "Das Laufwerk ist " & _
    LaufwerkTyp(Left(drvLaufwerkListe.Drive, 1))
End Sub
```

8.10.2 Ordnerauswahl in der Windows-Shell

Das Verzeichnislistenfeld besitzt einen deutlichen Nachteil. Es stammt aus der Windows-3.x-Ära und zeigt daher nicht den Namensraum der

Windows-Shell an, die bekanntlich nicht beim Stammverzeichnis des Laufwerks, sondern auf dem Desktop beginnt und auch »virtuelle« Ordner, wie den Arbeitsplatz, die Netzwerkumgebung oder den Papierkorb umfasst. Möchten Sie Ihrem Benutzer die Auswahl eines Ordners im Stil von Windows 9x ermöglichen, müssen Sie etwas tiefer in die Trickkiste greifen und entweder die API-Funktion *SHBrowseForFolder* bemühen oder auf das mit Internet Explorer 4 und Windows 98 eingeführte Shell-Objekt zurückgreifen. Mehr dazu in Kapitel 16.

8.11 Der Umgang mit mehreren Formularen

Ein Visual-Basic-Programm kann eine beliebige Anzahl an Formularen enthalten. Alle Formulare müssen von Anfang an Bestandteil eines Projekts sein. Allerdings ist es möglich, von einem geladenen Formular weitere »Kopien« zu instanzieren (diese Technik kommt vor allem bei MDI-Anwendungen zum Einsatz). Nach dem Start eines Programms wird nur das Startformular automatisch geladen, alle übrigen Formulare müssen nachträglich geladen werden. Dazu stehen wahlweise die *Load*-Methode (des globalen *VB*-Objekts) oder die *Show*-Methode eines Formulars zur Verfügung. Letztere zeigt ein Formular an und lädt es gegebenenfalls, sofern es noch nicht geladen wurde.

8.11.1 Die Load-Methode

Die *Load*-Methode wird sowohl zum Laden eines Steuerelements (etwa in ein Steuerelementefeld) als auch zum Laden von Formularen verwendet, die zum Visual-Basic-Projekt gehören.

```
Load Formularname
```
Syntax

8.11.2 Die Show-Methode

Die *Show*-Methode lädt ein Formular und zeigt es an. Zusätzlich kann angegeben werden, ob das Formular gebunden (modal) oder ungebunden (nichtmodal) angezeigt wird.

```
Formularname.Show [Anzeigemodus]
```
Syntax

Für den Argument *Anzeigemodus* kommen zwei Einstellungen in Frage:

Argument	Wert	Bedeutung
vbModeless	0	Das Formular wird ungebunden angezeigt. Die Programmausführung wird sofort nach Beendigung der *Show*-Methode, d.h. nachdem das zweite Formular vollständig geladen wurde, fortgesetzt.
vbModal	1	Das Formular wird gebunden angezeigt. Die Programmausführung wird in dem Formular, in dem die *Show*-Methode aufgerufen wurde, nicht eher fortgesetzt, bis das angezeigte Formular wieder entladen wird.

Merksatz   *Während die Load-Methode ein Formular nur in den Speicher lädt, zeigt die Show-Methode das Formular zusätzlich auch an.*

Die Frage, ob ein Formular (Dialogfeld) gebunden oder ungebunden angezeigt wird, hat für die Programmausführung nach Anzeigen des Formulars (also nach Beendigung der *Form_Load*-Ereignisprozedur) eine wichtige Konsequenz. Während ein gebundenes Dialogfeld die Ausführung der restlichen Anwendung »blockiert« und erst wieder geschlossen werden muss, damit die Anwendung fortgesetzt werden kann, können ungebundene Dialogfelder parallel zum Anwendungsfenster existieren. Ein Beispiel für ein ungebundenes Dialogfeld ist das Suchen-Dialogfeld (etwa in Word), während ein Mitteilungsfeld oder der *Schließen*-Dialog von Windows ein Beispiel für ein gebundenes Dialogfeld darstellt.

Dialogfelder sind häufig gebunden, das heißt, die Programmausführung kann in dem Programm nicht eher fortgesetzt werden, bis das Dialogfeld wieder geschlossen wurde. Ein ungebundenes Dialogfeld kann dagegen beiseite geschoben und die Programmausführung auf den übrigen Formularen der Abwendung fortgeführt werden.

Andere Anwendungen sind durch ein gebundenes Formular nicht betroffen. Eine Ausnahme sind allerdings systemgebundene Dialogfelder, die das komplette System blockieren, bis sie wieder geschlossen wurden.

Ein MDI-Formular kann nicht gebunden sein.

8.11.3 Das Entladen von Formularen

Streng genommen ist das Gegenstück zur *Show*-Methode die *Hide*-Methode, doch während die *Show*-Methode ein Formular gegebenenfalls erst einmal in den Arbeitsspeicher lädt, macht die *Hide*-Methode ein Formular lediglich unsichtbar. Soll das Formular komplett entfernt werden, muss dazu die *Unload*-Methode (des globalen *VB*-Objekts) zum Einsatz kommen.

```
Unload Formularname
Formularname.Hide
```

Syntax

Alle zu einem Projekt gehörenden Formulare können während der Programmausführung jederzeit ge- oder entladen werden. Eine Ausnahme stellt das Startformular dar, das (sofern vorhanden) nach dem Programmstart automatisch geladen wird. Wird es entladen, wird dadurch das Programm beendet.

Wird eine Eigenschaft eines nicht geladenen Formulars oder die Eigenschaft eines Steuerelements auf diesem Formular angesprochen, wird das Formular automatisch in den Arbeitsspeicher geladen und dabei die *Load*-Ereignisprozedur ausgeführt. Das Formular wird allerdings nicht angezeigt.

Eine Ausnahme sind jene Eigenschaften, die über die *Public*-Anweisung nachträglich zum Formular hinzugefügt wurden. Ein Zugriff auf diese Eigenschaften löst nur beim ersten Laden des Formulars ein *Initialize*-Ereignis aus, alle weiteren Zugriffe auf diese (oder andere benutzerdefinierte Eigenschaften) bleiben »ereignislos«.

Enthält ein Formular modulöffentliche Variablen (also Variablen, die im Deklarationsteil mit Public deklariert wurden), gehen deren Werte mit dem Entladen des Formulars noch nicht verloren. Dazu muss die Instanz des Formulars komplett gelöscht werden:

```
Set frmHaupt = Nothing
```

Voraussetzung ist, wie immer, dass auf das Objekt, in diesem Fall das Formular *frmHaupt*, keine anderen Referenzen existieren, es also keine Variablen gibt, die eine Referenz auf das Formular enthalten.

8.11.4 Formulare in der Prozedur Main laden

Enthält ein Programm eine große Anzahl an Formularen (etwa mehr als 10, wenngleich dies keine Grenze ist), ist es im Allgemeinen nicht sinnvoll, alle Formulare auf einmal zu laden, da dies relativ viel Zeit in

Anspruch nimmt. In diesem Fall geht man so vor, dass man das Programm über die allgemeine Prozedur *Main* beginnt, in dieser Prozedur ein Begrüßungsdialogfeld mit einer kleinen Animation (Fortschrittsanzeige) anzeigt und währenddessen die als erstes benötigten Formulare lädt. Die übrigen Formulare werden entweder geladen, wenn sie gezielt vom Benutzer aufgerufen werden oder das Programm nicht ausgelastet ist (z.B. während der Benutzer ein Dialogfeld ausfüllt oder mehr als eine bestimme Anzahl an Sekunden keine Eingabe getätigt hat).

8.12 Dialogfelder

Ein Dialogfeld ist nichts anderes als ein Formular, das eine spezielle Aufgabe erfüllen soll. Es soll entweder Eingaben vom Benutzer entgegennehmen (Eingabedialogfeld), ihn auf eine bestimmte Situation hinweisen (Mitteilungsdialogfeld) oder ist Teil der Benutzerführung (Aktionsdialogfeld wie z.B. bei einem Assistenten).

8.12.1 Dialogfelder ganz einfach

Die simpelste Form des Dialogfeldes wird durch die Methoden *MsgBox* und *InputBox* zur Verfügung gestellt. Während die *MsgBox*-Methoden einfache Mitteilungen in einem vordefinierten Feld zur Ausgabe bringt (siehe Kapitel 8.1), nimmt die *InputBox*-Methode einfache Texteingaben entgegen.

Syntax
```
InputBox(Prompt[, Titel] [, Default] [, Xpos] [, Ypos] _
[, Hilfedatei, Kontext])
```

Bis zu 1.024 Zeichen können in dem Eingabefeld angezeigt werden, wobei sich die Position des Feldes – bezogen auf den Bildschirm (die Angabe erfolgt in Twips) – ebenfalls festlegen lässt. Die *InputBox*-Methode ist eine typische Visual-Basic-1.0-Konstruktion, die für Testzwecke gut, als Element einer Benutzeroberfläche relativ schlecht geeignet ist. Dennoch besitzt sie als Eingabeelement einen gewissen Wert. Da sie gebunden ist, muss ein Benutzer eine Eingabe durchführen, um im Programm fortfahren zu können. Auch die Eingabevalidierung wird erleichtert, da man (wie früher unter MS-DOS üblich) diese unmittelbar nach erfolgter Eingabe durchführen kann. Dies kann im Extremfall sogar soweit führen, dass man den Benutzer »zwingt«, einen bestimmten Wert einzugeben.

Beispiel
```
Dim Getränk, Default, Titel, Hilfedatei
Hilfedatei = "C:\Windows\Help\Beispiel.hlp"
Titel = "Ein Getränk ist frei"
Do
```

```
Getränk = InputBox("Wählen Sie ein Getränk!", Titel, _
 Default, HelpFile:=Hilfedatei, Context:=1480)
Default = Getränk
Titel = "Versuchen Sie es noch einmal"
Loop Until Getränk = "Apfelsaft"
```

Diese Schleife wird nicht eher verlassen, bis der Benutzer das »richtige« Getränk (nämlich »Apfelsaft«) gewählt hat. Wenn man dem Benutzer auf diese Weise eine Eingabe abverlangt, sollte (bzw. muss) man entsprechende Hilfestellungen bieten. Diese Hilfestellung besteht im obigen Beispiel aus der Angabe einer Hilfedatei (die man allerdings erst einmal erstellen muss) und einer Kontextnummer, die ein Thema auswählt, das genau erklärt, welche Form der Eingabe erwartet wird.

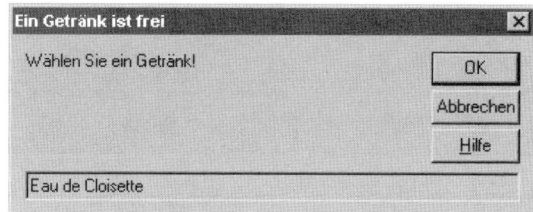

Abbildung 8.14: Die InputBox-Methode bietet eine einfache, manchmal aber vollkommen ausreichende Form der Benutzereingabe.

8.12.2 Welches Formular hätten Sie denn gerne?

Visual Basic kann Ihnen – was das Anlegen von Dialogfeldern angeht – etwas Arbeit abnehmen. Wann immer Sie in der IDE den Menübefehl PROJEKT/FORMULAR HINZUFÜGEN ausführen, erhalten Sie eine reichhaltige Auswahl an bereits vordefinierten Formularen. Diese stammen aus dem Ordner \TEMPLATE\ FORMS, den Sie jederzeit um neue Formulare ergänzen können, die dann ebenfalls vom Vorlagen-Manager angezeigt werden.

8.12.3 Wie wird aus einem Formular ein Dialogfeld?

Zwar ist jedes Formular automatisch auch ein Dialogfeld, doch für die Realisierung individueller Dialogfelder spielen einige Eigenschaften eines Formulars eine besondere Rolle. So sollten Dialogfelder in ihrer Größe nicht veränderbar sein, was durch das Setzen der *BorderStyle*-Eigenschaft auf den Wert *vbFixedSingle* [1] erreicht wird. Dadurch erhalten die Eigenschaften *MaxButton* (*Maximieren*-Schaltfläche) und *MinButton* (*Minimieren*-Schaltfläche) den Wert *False*. Tabelle 8.16 stellt jene Eigenschaften eines Formulars zusammen, die von Bedeutung sind, um aus einem Formular ein Dialogfeld zu machen.

Abbildung 8.15:
Über den Vorla-
gen-Manager
steht eine Viel-
zahl vordefinier-
ter Formulare
zur Auswahl.

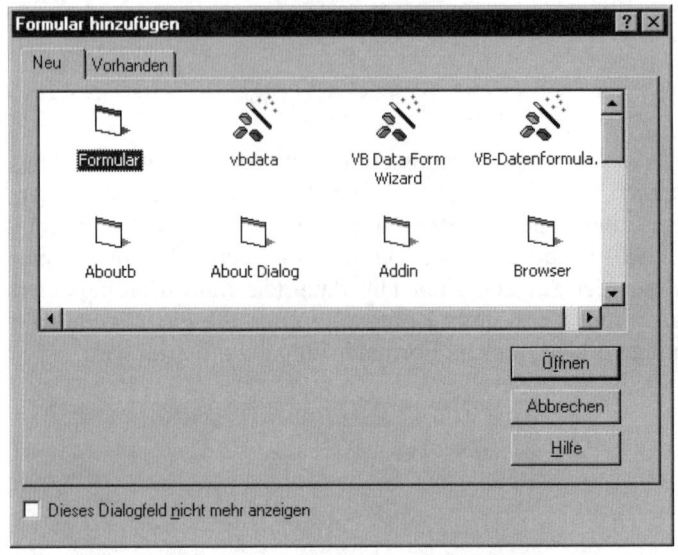

Tabelle 8.17:
Eigenschaften,
die bei der
Gestaltung von
Dialogfeldern
eine Rolle
spielen.

Eigenschaft	Bedeutung
BorderStyle	Legt die Umrandung fest. In der Regel erhält diese Eigenschaft den Wert *vbFixedSingle*, damit die Größe des Formulars nicht verändert werden kann. Dadurch werden weder eine Minimieren- noch eine Maximieren-Schaltfläche angezeigt und die entsprechenden Befehle aus dem Systemmenü ausgeblendet. Für Dialogfelder kommt die Einstellung 4 in Frage, bei der das Formular in der Größe nicht veränderbar ist, eine verkleinerte Titelleiste besitzt und nicht in der Taskleiste erscheint. Besitzt die *Border-Style*-Eigenschaft den Wert *vbBSNone*, besitzt das Formular keine Titelzeile, kann aber auch nicht (jedenfalls nicht ohne Tricks) über den Bildschirm bewegt werden.
ControlBox	Einige Dialogfelder besitzen kein Systemmenü. Erhält die *ControlBox*-Eigenschaft den Wert *True*, wird keine Systemschaltfläche in der Titelleiste des Fensters angezeigt.
MaxButton	Erhält diese Eigenschaft den Wert *False*, wird in der Titelleiste des Fensters keine Maximieren-Schaltfläche angezeigt. Das Formular kann in diesem Fall nicht auf seine maximale Größe vergrößert werden.
MinButton	Erhält diese Eigenschaft den Wert *False*, wird in der Titelleiste des Fensters keine Minimieren-Schaltfläche angezeigt. Das Formular kann in diesem Fall nicht auf Symbolgröße verkleinert werden.

Eigenschaft	Bedeutung
Moveable	Legt fest, ob ein Formular während der Programmausführung am Bildschirm verschoben werden kann.
ShowInTaskbar	Ist diese Eigenschaft *False*, erscheint das Formular nicht in der Taskleiste. Diese Einstellung ist daher für Dialogfelder zu empfehlen.

8.12.4 Vorzeitiges Beenden eines Dialogfeldes

Bei Dialogfeldern ist es – anders als beim Applikationsfenster – üblich, dass sie der Benutzer über die [Esc]-Taste vorzeitig schließen kann. Um diese Eigenschaft zu implementieren, gibt es zwei Möglichkeiten:

➤ Die *Cancel*-Eigenschaft der *Abbrechen*-Schaltfläche oder jener Schaltfläche, die zum Abbruch des Dialoges führt, erhält den Wert *True*. Dies bedeutet, dass das Betätigen der [Esc]-Taste den gleichen Effekt hat wie das Anklicken der *Abbrechen*-Schaltfläche.

➤ Existiert keine *Abbrechen*-Schaltfläche, muss ein globaler »Tastaturhandler« aktiviert werden. Dies geschieht durch Setzen der *KeyPreview*-Eigenschaft des Formulars auf *True*. Alle Tastatureingaben werden, unabhängig vom Eingabefokus, nun zuerst in den Ereignisprozeduren *KeyDown* und *KeyPress* des Formulars ausgewertet. Dort muss geprüft werden, ob die [Esc]-Taste betätigt wurde.

8.12.5 Auswerten von Benutzereingaben in einem Dialogfeld

So praktisch es ist, mit wiederverwendbaren Dialogfeldern zu arbeiten, ein Problem wird dabei schnell übersehen. Die Übergabe von Benutzereingaben an jenes Programm, von dem das Dialogfeld aufgerufen wurde. Bis Visual Basic 3 musste man sich relativ umständlich, und keinesfalls im Sinne einer Modularisierung, mit globalen Variablen oder dem Zugriff auf die *Tag*-Eigenschaft der auf dem Formular befindlichen Steuerelemente behelfen. Seit Visual Basic 4 gibt es eine sehr viel elegantere Alternative. Dadurch, dass es sich bei einem Formular um eine Klasse handelt und es daher über öffentliche Variablen vom Typ *Public* um neue Eigenschaften erweitert werden kann, ergibt sich eine elegante und vor allem »objektkonforme« Schnittstelle. Kurz zur Erinnerung: Eine öffentliche Variable ist eine Variable, die im *Allgemein*-Teil des Formulars über eine *Public*-Anweisung deklariert wird.

Merksatz *Durch Variablen, die im Deklarationsteil eines Formulars mit dem Schlüsselwort Public deklariert werden, kann ein Formular um Eigenschaften erweitert werden.*

Öffentliche Variablen im *Allgemein*-Teil eines Formulars verhalten sich wie benutzerdefinierte Eigenschaften des Formulars. Wie bei den Klassenmodulen sollte man auch diese Eigenschaften über die Anweisungen *Property Let* und *Property Get*, d. h. als Eigenschaftenprozeduren, definieren, da so z. B. die Möglichkeit einer Bereichsüberprüfung besteht.

Beispiel Das folgende Beispiel zeigt einen sehr einfachen Fall für die Argumentübergabe von einem Formular an die aufrufende Prozedur. Nach dem Anklicken der Schaltfläche *cmdWarpFaktor* wird ein Formular geladen, auf dem eine Größe (in diesem Fall die Warp-Geschwindigkeit) eingestellt werden kann. Nachdem das Formular wieder verlassen wurde, steht die eingestellte Größe über eine Eigenschaft des geschlossenen Formulars zur Verfügung.

```
Private Sub cmdWarpFaktor_Click()
    frmDialog.Show vbModal
    lblWarpFaktor.Caption = frmDialog.WarpSpeed
End Sub
```

Achten Sie auf die unscheinbare Konstante *vbModal*, die beim Aufruf der *Show*-Methode zum Laden und Sichtbarmachen des Formulars *frmDialog* übergeben wird. Dieses Argument sorgt dafür, dass das Formular als gebundenes Formular angezeigt wird. Dies bedeutet, dass die auf die *Show*-Methode folgende Zuweisung nur dann ausgeführt wird, nachdem das Formular schon wieder geschlossen wurde. Ohne das *vbModal*-Argument würde das Programm scheinbar funktionieren, nur Sie würden ein sehr merkwürdiges Fehlverhalten feststellen. Sie erhalten in diesem Fall immer jenen Wert, der beim vorletzten Aufruf des Formulars eingestellt wurde. Der Grund ist klar, denn bei einem ungebunden Dialogfeld wird die Zuweisung an die *Caption*-Eigenschaft bereits durchgeführt, während das Dialogfeld noch angezeigt wird. Erst beim nächsten Aufruf des Formulars wird der beim letzten Aufruf eingestellte Wert zugewiesen.

Dialogfelder, die Werte an das aufrufende Programm zurückgeben sollen, müssen stets gebunden sein.

Eine Besonderheit ist im Zusammenhang mit benutzerdefinierten Eigenschaften eines Formulars von großer Wichtigkeit. Während ein Zugriff auf eine »fest eingebaute« Eigenschaft (wie z. B. Caption) oder auf ein Steuerelement des Formulars immer das Laden des Formulars (sofern dieses noch nicht geladen ist) und damit ein Load-Ereignis (mit allen damit verbundenen Konsequenzen) zur Folge hat, tritt beim Zugriff auf eine benutzerdefinierte Eigenschaft, genau wie einem Klassenmodul, nur einmalig ein Initialize-Ereignis auf. Das bedeutet aber auch, dass die Werte der benutzerdefinierten Eigenschaften erst dann gelöscht werden, wenn die Klasse terminiert wurde. Bei einem Formular geschieht dies nicht automatisch, sondern muss explizit über die Anweisung

```
Set FormularName = Nothing
```

erreicht werden. Fehlt diese Anweisung, behält eine benutzerdefinierte Eigenschaft ihren Wert, auch wenn das Formular entladen wurde. Beim erneuten Laden besitzt die Eigenschaft unter Umständen einen falschen Wert, was zu schwer lokalisierbaren Fehlern führen kann (aber nicht muss).

8.12.6 Begrüßungsdialogfelder

Ein Begrüßungsdialogfeld ist ein Dialogfeld, das unmittelbar nach dem Start eines Programms erscheint und den Benutzer auf bestimmte Dinge wie z. B. die Versionsnummer oder die Bankverbindung des Autors hinweist und durch Anklicken mit der Maus oder nach Ablauf einer kurzen Frist wieder von alleine verschwindet. Begrüßungsfelder enthalten im Allgemeinen keinerlei Eingabeelemente (auch keine *OK*-Schaltfläche, man muss eine Begrüßung ja nicht bestätigen), sondern stattdessen eine hübsche Grafik oder eine kleine Animation.

Auch wenn die Gestaltung und die Zusammensetzung eines Begrüßungsfeldes der Phantasie und der Kreativität des Autors überlassen sein sollte, gibt es ein paar allgemeine Richtlinien:

➡ Setzen Sie die *BorderStyle*-Eigenschaft des Formulars auf den Wert *vbBSNone* (keine Umrandung), da ein Begrüßungsfeld keinen Titel benötigt und weder geschlossen noch verschoben werden soll.

➡ Teilen Sie die Hinweistexte auf mehrere Bezeichnungsfelder auf. Damit sind diese leichter positionier- und änderbar. Setzen Sie die *BackStyle*-Eigenschaft auf den Wert *vbTransparent* (Transparent), wenn Sie das Bezeichnungsfeld über eine Bitmap legen und das Bezeichnungsfeld »durchsichtig« sein soll.

➠ Verwenden Sie eine etwas ausgefallenere Schriftart für die Über-schrift, aber nicht mehr als zwei (höchstens drei) verschiedene Schriftarten im gesamten Dialog.

➠ Um zu erreichen, dass ein Dialogfeld von alleine wieder verschwin-det, muss es eine Möglichkeit geben, nach Ablauf eines voreinge-stellten Intervalls ein Ereignis auszulösen. Dafür ist der Zeitgeber bestens geeignet, der in *Form_Load* gestartet wird und nach ei-nem festgelegten Intervall (erfahrungsgemäß sind 30 Sekunden ausreichend) die *Unload*-Methode ausführt.

Wie wird ein Begrüßungsdialogfeld angezeigt?

Sie müssen sich entscheiden, ob das Begrüßungsdialogfeld als erstes erscheinen soll oder erst nachdem das Hauptformular geladen wurde. Im ersten Fall muss das Programm über die allgemeine Prozedur *Main* gestartet werden, die als erstes das Begrüßungsdialogfeld und anschlie-ßend das Hauptformular lädt:

```
Sub Main
    frmSplashScreen.Show vbModal
    frmStart.Show
End Main
```

In diesem Beispiel wird erst das Begrüßungsfeld und anschließend das Startformular geladen.

8.12.7 Die Infobox

Die Infobox, auch Aboutbox genannt, ist ein fester Bestandteil jedes Programms. Sie teilt dem Benutzer u. a. den Programmnamen, die Versionsnummer, den Autor oder Hersteller, etwaige Hinweise zum Copyright (ganz wichtig) und diverse andere Dinge mit. Zusätzlich bie-ten besonders mitteilsame Infoboxen die Möglichkeit, wichtige System-informationen, etwa die Größe des noch verbleibenden Arbeitsspei-chers, abzufragen. Für die Gestaltung einer Infobox gibt es keine besonderen Vorgaben. Die Infobox sollte möglichst klein sein und sich durch Anklicken mit der Maus schließen lassen.

:-)
TIP

Bei den Vorlagen, die Visual Basic über den Vorlagen-Manager be-reitstellt, ist auch ein Info-Dialog dabei. Das Besondere an diesem Formular ist die Art und Weise, wie die Systeminformationen über den Aufruf des Windows-Hilfsprogramms Msinfo32.exe zur Verfü-gung gestellt werden. Wenn Sie Systeminformationen in Ihrem Programm anbieten möchten, sollten Sie sich die Routine anschau-en.

8.12.8 Tipp des Tages

Es gehört inzwischen zum »guten Ton« einer Software, die sich an einen größeren Benutzerkreis richtet, dass sie nach dem Start einen Tipp des Tages anbietet. Machen Sie sich damit nicht zuviel Arbeit, sondern verwenden Sie die entsprechende Vorlage, die natürlich noch ein wenig angepasst werden muss. Alle Tipps werden aus einer Textdatei (der Name *Tipofday.txt* ist voreingestellt – Sie können diese Datei mit Notepad erstellen, wobei jede Textzeile ein Tipp ist) gelesen und in eine Auflistung eingefügt. Alternativ können die Tipps auch aus einer Ressourcendatei (die mit dem Ressourcen-Compiler erstellt werden muss) oder aus der Konfigurationsdatenbank kommen.

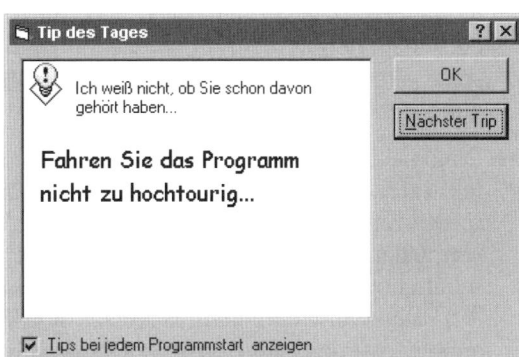

Abbildung 8.16:
Programme sollten dem Benutzer stets gute Tipps geben.

8.13 Tipps für die Umsetzung von Dialogfeldern

Das Entwerfen und programmtechnische Implementieren von Dialogfeldern ist eine Angelegenheit, die stark von der Erfahrung des Programmierers sowohl als Anwender als auch als Programmierer abhängt. Ein Dialogfeld anzufangen, ist leicht, es zu Ende zu bringen und dabei eine konsistente Benutzerführung zu erreichen, ist dagegen alles andere als ein Kinderspiel. In Kapitel 6 und in diesem Kapitel haben Sie die Grundbausteine kennengelernt, die Ihnen zur Umsetzung zur Verfügung stehen.

Auch wenn es sich bei Dialogfeldern um ganz gewöhnliche Formulare handelt, gelten für sie ein paar kleinere (und in der Regel eher unbedeutende) Konventionen. Dazu gehört im einzelnen:

➤ Dialogfelder nehmen (im Allgemeinen) nicht den gesamten Bildschirm ein, sondern besitzen eine feste Größe, was durch Setzen der *BorderStyle*-Eigenschaft erreicht wird.

➤ Da in Dialogfeldern Einstellungen vorgenommen und keine Aktionen ausgelöst werden, verfügen sie weder über eine Menü- noch über eine Symbolleiste. Auch eine Statusleiste gehört normalerweise nicht in ein Dialogfeld.

➤ Eine Hilfefunktion ist normalerweise Pflicht. Diese steht im Allgemeinen (und konform zu Windows 9x) über ein Fragezeichensymbol in der Titelleiste zur Verfügung, mit dem der Benutzer auf das erklärungsbedürftige Element des Dialogfeldes zeigen kann. Damit dieses Fragezeichen angezeigt wird, muss die *WhatsThisHelp*-Eigenschaft den Wert *True* besitzen. Diese kontextsensitive Hilfe sollte alternativ über die Tastenkombination ⬆+F1 zur Verfügung stehen.

➤ Dialogfelder sollten nur in Ausnahmefällen in ein anderes Dialogfeld verzweigen. Um Eingabefelder auf einem Dialogfeld zu gruppieren oder um eine Überfrachtung mit Steuerelementen zu vermeiden, werden umfangreichere Dialogfelder, wie z.B. Eigenschaftendialogfelder, mit verschiedenen Unterteilungen verwendet. Auf diese Weise kann dem Benutzer eine Vielzahl an Optionen angeboten werden, ohne dass die Übersichtlichkeit verlorengeht.

➤ Dialogfelder sind im Allgemeinen gebunden (wenngleich dies keine Pflicht ist), d.h. sie müssen erst geschlossen werden, bevor mit der Programmausführung an einer anderen Stelle fortgefahren werden kann. Sie sind allerdings selten systemgebunden, d.h. der Benutzer kann in eine andere Anwendung wechseln, ohne das Dialogfeld schließen zu müssen.

➤ Dialogfelder sollten über eine Standard-Abbruch- und eine Standard-Aktions-Schaltfläche verfügen, die immer dann ausgelöst wird, wenn der Benutzer die Esc- oder die ⏎-Taste betätigt.

➤ Ob Dialogfelder über das »Dreigestirn« bestehend aus *OK*-, *Abbrechen*- und *Übernehmen*-Schaltfläche verfügen, ist eine Design-Entscheidung. Auch wenn ein Dialogfeld über das *Schließen*-Feld in der Titelleiste geschlossen werden kann, ist es gerade für unerfahrene Benutzer nicht ersichtlich, was mit bereits eingegebenen Dateien passiert. Das Anordnen der drei Schaltflächen erspart auch die nervige »Wollen Sie die Daten speichern?«-Abfrage nach Verlassen des Dialogs.

Wenn Sie mit der Visual-Basic-Programmierung erst anfangen, werden Sie diese Konventionen vielleicht als unnötige Einschränkung Ihrer gestalterischen Freiheit sehen. An diesem Argument ist natürlich etwas dran, denn die Programmierung sollte eigentlich bedeuten, seiner Phantasie und Kreativität freien Lauf lassen zu können und sich nicht durch eine »Zwangsjacke« von Konventionen einengen zu lassen. Dabei muss allerdings bedacht werden, dass Benutzer einen Anspruch auf ein ergonomisch gestaltetes Programm haben, und dazu gehört bei einer bestimmten Kategorie von Software nun einmal, dass sich das Programm auf die gleiche Weise bedienen lässt wie eine Standardanwendung. Auch wenn Sie selbst den Konventionen skeptisch gegenüberstehen mögen, Ihre Anwender werden es Ihnen (mit großer Wahrscheinlichkeit) danken.

Die folgenden Tipps sollen Ihnen für die Praxis eine erste Orientierungshilfe geben.

➡ Weniger ist meistens mehr. Grundsätzlich gilt, dass Dialogfelder nicht mit Steuerelementen, Eingabefeldern und Informationen »überfrachtet« werden sollten, denn die Benutzerfreundlichkeit würde darunter erheblich leiden. Natürlich gibt es Ausnahmen von dieser Regel. Ein Formular für die Lohn- und Einkommensteuer muss möglichst originalgetreu nachgebildet werden, eine Vereinfachung ist hier nicht unbedingt sinnvoll. Ein Dialogfeld für das Einstellen von Modemparametern ist ein ganz anderer Fall. Hier sollte man die einzelnen Einstellmöglichkeiten in Gruppen aufteilen und dem Benutzer immer nur jeweils eine Gruppe präsentieren. Über Registerdialogfelder ist dies problemlos möglich.

➡ Denken Sie visuell. Oder anders herum, überladen Sie Ihre Dialogfelder nicht mit Texten oder anderen Informationen. Allerdings, auch visuelle Komponenten müssen gezielt eingesetzt werden. Ein Dutzend verschiedener Symbole in einem Dialogfeld ist in der Regel zuviel des Guten. Das gleiche gilt für Bitmaps, Farben und Schriftarten. Die tägliche Reizüberflutung, die ein normaler Mensch erleidet, muss sich in Ihrer Oberfläche nicht fortsetzen. Was für die Konsumbranche in den neunziger Jahren gilt, trifft auch auf Benutzeroberflächen zu: »Basic« ist wieder in.

➡ Verwenden Sie – wann immer möglich – ToolTips. Der Benutzer ist es inzwischen gewöhnt, dass (wann immer der Mauszeiger über ein Eingabeelement positioniert wird) eine kleine Hinweistafel erscheint. Da bereits seit Visual Basic 5.0 alle während der Programmausführung sichtbaren Steuerelemente über eine ToolTipText-Eigenschaft verfügen, ist der Einbau kein Problem. Grundsätzlich spricht nichts dagegen, die angezeigten Texte, über einen Zeitgeber gesteuert, auszutauschen, sodass sich auch umfangreichere Sätze darstellen lassen.

Abbildung 8.17:
Dieses Dialog-
feld wurde mit
Eingabeelemen-
ten etwas über-
laden.

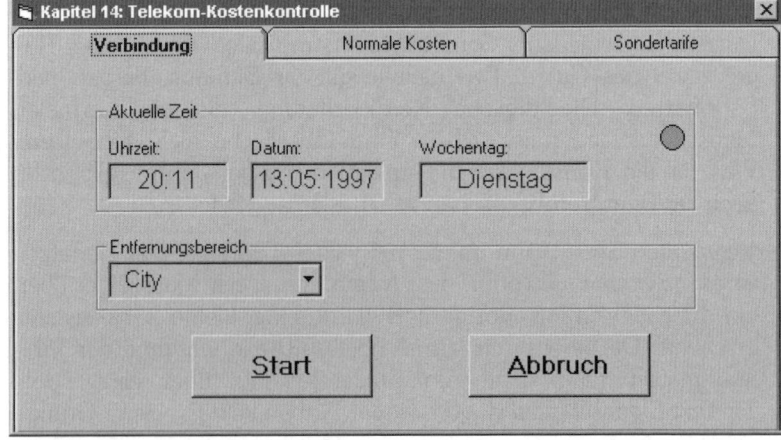

Abbildung 8.18:
Das gleiche Dia-
logfeld wird
durch die Unter-
teilung in Regi-
ster (über
SSTab) deutlich
übersichtlicher.

▪➤ Verwenden Sie bei Textausgaben nicht das Schriftattribut »Kursiv«, möglichst nicht »Fett« und bitte keine »Spezialeffekte« wie Blinken oder ähnliches (sich auflösende oder hüpfende Buchstaben wie bei Word'97 sind zwar am Anfang echt cool, doch wirken sie auf Dauer etwas ermüdend). Passen Sie die Wahl der Schriftart vielmehr den Einstellungen an, die der Benutzer für Dialogfelder getroffen hat. Diese Dinge lassen sich über die API-Funktionen *System-ParametersInfo*, *GetSystemMetrics* oder einen direkten Zugriff auf die Registry abfragen (der dafür zuständige Zweig lautet bei Windows 9x *HKey_Current_User\Control Panel\Desktop\WindowMetrics*).

▪➤ Verzichten Sie bei Schaltflächen ruhig auf Text. Durch die bereits mit Visual Basic 5.0 eingeführte *Picture*-Eigenschaft können Sie Schaltflächen mit Symbolen versehen. Eine Beschriftung wird dadurch in der Regel überflüssig. Über die Eigenschaften *MaskColor* und *UseMaskColor* kann der Hintergrund des Symbols transparent gemacht werden. Verwenden Sie Standardsymbole, also jene, die der Benutzer bereits von Windows 9x her kennt.

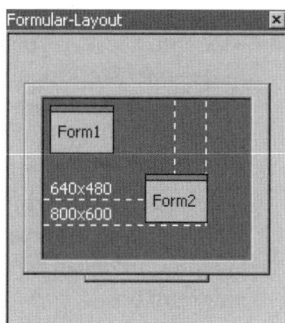

Abbildung 8.19: Über das Layout-Fenster der IDE wird die Startposition eines Formulars festgelegt.

8.13.1 Tipps für Eingabemasken

Dialogfelder, die eine Vielzahl von Eingabefeldern enthalten, werden in Anlehnung an (hoffentlich) vergangene Großrechner- und Cobol-Zeiten auch als Eingabemasken bezeichnet. Auch wenn es sich (natürlich) um ganz normale Formulare handelt, gibt es für die Umsetzung ein paar Besonderheiten zu beachten:

▪➤ Fassen Sie die Textfelder eines Dialogfeldes zu einem Steuerelementefeld zusammen. Sie teilen sich damit alle Ereignisprozeduren. Dies vereinfacht die Programmierung, und Sie müssen so die Anweisungen, die dafür sorgen, dass der Text in einem Eingabefeld, sobald dieses den Fokus erhält, markiert wird, nur einmal eingeben. Auch die Abfrage auf bestimmte Sondertasten wird vereinfacht. Das Anlegen eines Steuerelementefeldes ist ganz einfach: Fügen Sie das erste Steuerelement auf dem Formular ein, geben Sie seinen Namen (nicht später) an, und setzen Sie die *Index*-Eigenschaft auf 0. Kopieren Sie es in die Zwischenablage, und fügen Sie es über ⌜Strg⌝+⌜V⌝ so oft ein, wie es benötigt wird.

➟ Benutzen Sie die Befehle im FORMAT-Menü der IDE, um die Steuerelemente zu gruppieren und positionieren.

➟ Speichern Sie Teile einer Eingabemaske, die häufiger zum Einsatz kommen sollen, entweder als Vorlage ab, oder wandeln Sie sie in ein ActiveX-Steuerelement um.

➟ Überprüfen Sie die Werte der *TabIndex*-Eigenschaften.

➟ Vergeben Sie Shortcuts für die einzelnen Bezeichnungsfelder, sodass das in der *TabIndex*-Reihenfolge folgende Textfeld über die ⌜Alt⌝-Taste angesprungen werden kann.

➟ Die ⌜↵⌝-Taste hat unter Windows keine besondere Bedeutung. Der Sprung in das nächste Eingabefeld wird mit der ⌜⇆⌝-Taste durchgeführt.

➟ Möchten Sie, dass die ⌜↵⌝-Taste dazu führt, dass der Eingabefokus in das nächste Eingabefeld springt, muss dies in der *KeyPress*-Prozedur programmiert werden (in der Regel über den Aufruf von *SendKeys* {TAB}, die die ⌜⇆⌝-Taste simuliert). Generell ist es aber nicht zu empfehlen, die ⌜↵⌝-Taste in diesen (prä-)historischen Sonderstatus zu erheben, da dies zum einen nicht Windows-konform ist, zum anderen nicht bei allen Steuerelementen die gleiche Wirkung erzielt. Die ⌜⇆⌝-Taste hat dagegen systemweit die gleiche Funktion.

➟ Zwingen Sie den Benutzer nicht dazu, eine bestimmte Eingabereihenfolge einzuhalten, wenngleich Sie über die *TabIndex*-Reihenfolge unbedingt eine solche vorgeben sollten. Der Benutzer kann ein Textfeld jederzeit verlassen, indem er mit der Maus auf ein anderes Feld oder ein anderes Formular »springt«. Genauso spontan kann er die Eingabe in einem Textfeld auch wieder fortsetzen. Gehen Sie daher bei der Eingabevalidierung nicht von einer bestimmten Reihenfolge aus.

➟ Führen Sie die Eingabevalidierung im Allgemeinen erst vor dem Verlassen des Formulars durch und nicht bereits, nachdem ein Eingabefeld den Fokus verloren hat. Über das mit Visual Basic 6.0 eingeführte *Validate*-Ereignis wird die Eingabevalidierung deutlich vereinfacht.

➡ Setzen Sie über die *MaxLength*-Eigenschaft eine Eingabebeschränkung. Sie vermeiden dadurch, dass sich unerfahrenere Benutzer in einem einzeiligen Textfeld »verlieren« und nicht mehr zurückfinden.

➡ Sorgen Sie in der *GotFocus*-Ereignisprozedur dafür, dass die Textmarke im Eingabefeld am Anfang steht und der bisher eingegebene Text gegebenenfalls markiert wird. Dieses Feature lieben gerade erfahrene Benutzer.

➡ Sie müssen für Eingabefelder kein OLE-Drag&Drop aktivieren. Bequemlichkeit hat auch seine Grenzen. Zieht ein Benutzer Text mit der Maus in ein Textfeld, wird beim Ablegen nur ein *Change*-, nicht aber ein *KeyPess*-Ereignis ausgelöst (warum auch?). Dies muss bei der Eingabevalidierung berücksichtigt werden.

➡ Berücksichtigen Sie, dass ein Textfeld auch über die Zwischenablage gefüllt werden kann. Doch Vorsicht, während z.B. `Strg`+`V` ein *KeyPress*-Ereignis auslöst, ist dies bei `⇧`+`Einfg` nicht der Fall. Hier ist lediglich ein *KeyDown*-Ereignis die Folge. Im Allgemeinen ist es sinnvoll, diese Tastaturcodes bereits vom Formular abfangen zu lassen (die *KeyPreview*-Eigenschaft des Formulars auf *True* setzen). Eine kleine Quizfrage zum Schluss. Ist es möglich, in ein Textfeld über `⇧`+`Einfg` mehr Zeichen einzufügen, als es die *MaxLength*-Eigenschaft zulässt?

➡ Hier der ultimative Tipp, auf den Sie inzwischen sicher schon selbst gekommen sind. Geben Sie sich nicht mit den kleinen Eigenheiten des Standardtextfeldes zufrieden, die den Programmieraufwand erhöhen, der sich im ungünstigsten Fall mit der Anzahl der eingesetzten Textfelder multipliziert. Stellen Sie die Anforderungen an Ihr »Traum-Textfeld« zusammen, und machen Sie es selber, indem Sie ein Textfeld auf einem ActiveX-Benutzersteuerelement anordnen und jene Eigenschaften, Methoden und Ereignisse definieren, die für die Programmierung benötigt werden, wobei z.B. die Eingabevalidierung gleich eingebaut wird. Das Ergebnis ist zwar nicht unbedingt das »Super-Duper-Textfeld«, es kommt der Vorstellung eines solchen aber sehr viel näher als das Standardtextfeld, das es jedem recht machen muss und daher nichts richtig macht.

Haben Sie alle hier aufgeführten Ratschläge beherzigt, sind Sie eigentlich fit für Eingabemasken und Dialogfelder. Werfen Sie zum Abschluss dieses Kapitels einen Blick auf Bild 8.20, das eine typische Eingabemaske darstellt (sie stammt aus dem Adressbuch von Outlook bzw. des Posteingangs). Ein solches Dialogfeld sollten Sie mit Ihren bisher erworbenen Kenntnissen selbständig umsetzen können. Probieren Sie es einmal aus.

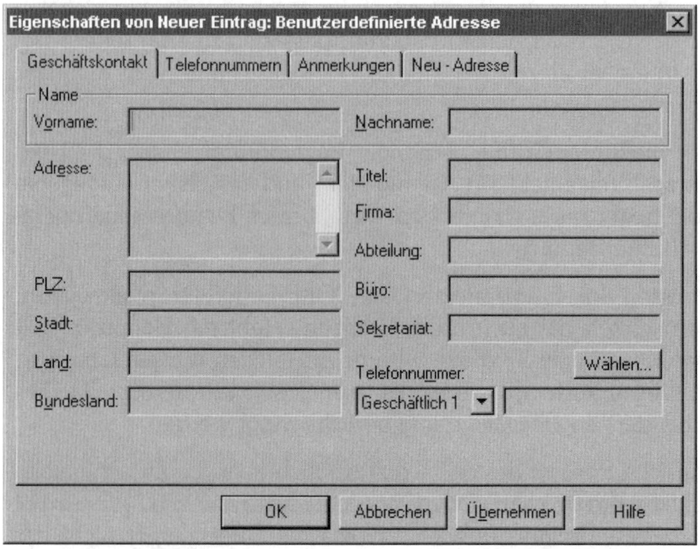

Abbildung 8.20:
Ein Beispiel für
eine typische
Eingabemaske
(aus dem
Adressbuch des
Posteingangs).

8.13.2 »Schnelle« Anzeige eines Dialogfeldes

Bei umfangreichen Dialogfeldern, die neben Eingabeelementen beispielsweise auch Grafikelemente enthalten, kann es passieren, dass der
Aufbau des Fensters für den Benutzer sichtbar wird, weil Visual Basic
mit dem Zeichnen der einzelnen Elemente nicht schnell genug nach-
kommt. Zwar gibt es keine direkte Möglichkeit, diesen Prozess zu beschleunigen[3], doch lässt sich durch einen kleinen Trick bewirken, dass
der Benutzer zumindest den Aufbau des Formulars nicht mitverfolgen
muss. Dieser Trick besteht in einem »Einfrieren« des Formulars während des Bildschirmaufbaus. Dazu gibt es (mindestens) zwei Lösungs-
vorschläge. Der erste besteht darin, den aktuellen Bildschirminhalt
über den Aufruf einer im Programm implementierten »Screen Cap-
ture«-Funktion zwischenzuspeichern und diesen anzuzeigen, während
das Dialogfeld durch *Visible=False* im Hintergrund (und für den Benutzer unsichtbar) neu aufgebaut wird. Ist der Neuaufbau abgeschlossen, wird das Formular durch Setzen der *Visible*-Eigenschaft auf *True*
sichtbar gemacht. Ein anderer, etwas schlauerer und einfacherer Trick
besteht darin, das Neuzeichnen eines Formulars über die API-Funktion
LockWindowUpdate vorübergehend abzuschalten und (nachdem das
Formular neu aufgebaut wurde) wieder freizugeben.

Syntax *LockWindowUpdate* friert die Aktualisierung eines Fensters ein bzw.
gibt sie wieder frei.

---

[3] Indirekte Möglichkeiten gibt es schon, z.B. ein Umgestalten der Oberfläche.
Doch sind diese nicht immer eine Option.

```
Declare Function LockWindowUpdate Lib "user32" Alias _
"LockWindowUpdate" (ByVal hwndLock As Long) As Long
```

Der Rückgabewert der Funktion ist _True_, falls das Fenster »eingefroren« werden konnte, er ist _False_, falls bereits ein anderes Fenster in diesem Zustand ist. Da zu einem Zeitpunkt immer nur ein Fenster eingefroren werden kann, genügt ein Aufruf der Funktion mit dem Argument 0, um das aktuell eingefrorene Fenster wieder freizugeben. Da sich Windows intern jene Bereiche des Fensters merkt, die während des Einfrierens verändert wurden, erfolgt nach der Freigabe automatisch ein Neuzeichnen.

Die folgenden Anweisungen zeigen Ihnen den Aufruf der API-Funktion **Beispiel** _LockWindowUpdate_.

```
Private Sub cmdFensterEinfrieren(hwndFenster As Integer)
    Dim RetVal As Integer
    RetVal = LockWindowUpdate(hwndFenster)
End Sub

Private Sub cmdFensterFreigeben ()
    Dim RetVal As Integer
    RetVal = LockWindowUpdate(0)
End Sub
```

8.13.3 Ein Formular an oberster Stelle positionieren

Normalerweise wird das aktive Formular stets an oberster Stelle (bezogen auf eine imaginäre Z-Achse) angezeigt. Es verschwindet von dieser Position spätestens dann, wenn der Benutzer auf eine andere Anwendung umschaltet. Über die API-Funktion _SetWindowPos_ kann die Position für ein beliebiges Fenster eingestellt werden.

SetWindowPos setzt die X/Y-Koordinaten und die Z-Position eines **Syntax** Fensters.

```
Declare Function SetWindowPos Lib "user32" Alias _
"SetWindowPos" (ByVal hwnd As Long, ByVal hWndInsertAfter As _
Long, ByVal x As Long, ByVal y As Long, ByVal cx As Long, _
ByVal cy As Long, ByVal wFlags As Long) As Long
```

Erläuterungen zu den Argumenten:

Argument	Bedeutung
hWnd	Bezugsnummer des Fensters, dessen Position gesetzt werden soll.
hWndInsertAfter	Bezugsnummer jenes Fensters, hinter dem das Fenster in der Z-Reihenfolge gesetzt werden soll. Folgende Werte kommen in Frage: HWND_BOTTOM – An das Ende der Fensterliste setzen HWND_TOP – An die Spitze der Fensterliste setzen HWND_TOPMOST – Fenster liegt immer oben HWND_NOTOPMOST – Fenster an die Spitze der Fensterliste, aber hinter den Topmost-Fenstern setzen.
x	Neue X-Position des Fensters in Pixel
y	Neue Y-Position des Fensters in Pixel
cx	Die neue Breite des Fensters in Pixel
cy	Die neue Höhe des Fensters in Pixel
wFlags	Legt Attribute fest, die für das Neuzeichnen des Fensters eine Rolle spielen: SWP_DRAWFRAME – Fenster erhält einen Rahmen SWP_HIDEWINDOW – Fenster wird unsichtbar SWP_NOACTIVATE – Fenster wird nicht aktiviert SWP_NOMOVE – Fenster bleibt auf alter Position SWP_NOREDRAW – Fenster wird nicht automatisch neu gezeichnet SWP_NOSIZE – Größe des Fensters bleibt erhalten SWP_NOZORDER – Z-Reihenfolge bleibt erhalten SWP_SHOWWINDOW – Fenster wird angezeigt (sollte gesetzt werden).

Als Rückgabewert gibt die Funktion eine Bezugsnummer auf eine Datenstruktur (Strukturvariable) zurück, in der die aktuellen Positionsdaten des Fensters enthalten sind. Diese Strukturvariable wird benötigt, wenn im Rahmen der API-Funktionen *BeginDeferWindowPos*, *DeferWindowPos* und *EndDeferWindowPos* die Position und Größe mehrerer Fenster auf einmal aktualisiert werden soll. Für das Visual-Basic-Programm haben diese Daten keine Bedeutung, zumal man für eine Positions- oder Größenänderung stets auf die entsprechenden Formulareigenschaften zugreifen sollte.

Das folgende Beispiel setzt das aktuelle Formular *frmHaupt* als »Top most«-Fenster, das ständig sichtbar ist. Über einen weiteren Aufruf der *SetWindowPos*-Funktion kann dieser Zustand wieder aufgehoben werden. **Beispiel**

Allgemein-Teil

```
Option Explicit

Private Declare Function SetWindowPos Lib "user32" _
(ByVal hwnd As Long, ByVal hWndInsertAfter As Long, ByVal x _
As Long, ByVal y As Long, ByVal cx As Long, ByVal cy As _
Long, ByVal wFlags As Long) As Long

Const SWP_NOMOVE = &H2
Const SWP_NOSIZE = &H1
Const SWP_SHOWWINDOW = &H40
Const HWND_TOPMOST = -1
Const HWND_NOTOPMOST = -2
```

Die Ereignisprozedur cmdTop_Click

```
Private Sub cmdTop_Click()
    SetWindowPos Me.hwnd, HWND_TOPMOST, 0, 0, 0, 0, _
     SWP_NOSIZE + SWP_NOMOVE + SWP_SHOWWINDOW
End Sub
```

Die Ereignisprozedur cmdNormal_Click

```
Private Sub cmdNormal_Click()
    SetWindowPos Me.hwnd, HWND_NOTOPMOST, 0, 0, 0, 0, _
     SWP_NOSIZE + SWP_NOMOVE + SWP_SHOWWINDOW
End Sub
```

8.13.4 Dialogfelder mit Animationen unterlegen

Das Schönste soll man sich bekanntlich stets bis zum Schluss aufheben. Sicherlich waren Sie beim Kennen lernen von Windows 9x von den kleinen Animationen beeindruckt, die das Kopieren größerer Dateien, das Durchsuchen eines Netzwerkordners oder das Löschen von Dateien untermalen. Wer eine Windows-konforme Oberfläche will, sollte auch diese Animationen einbauen. Zum Glück ist das alles sehr einfach. Die wichtigsten Animationen liegen nämlich als AVI-Dateien im Unterverzeichnis *Graphics**Avi* vor. Sie sind erstaunlich kompakt; so belegt die Animation »Suchende Taschenlampe« (*Search.avi*), die eine Suchoperation begleitet, knapp 20 Kbyte. Für das Abspielen von AVI-Dateien (allerdings ohne Ton) bietet Visual Basic bereits ab Version 5.0 das Zusatzsteuerelement *Animation*, das über die Referenz »Microsoft Windows Common Controls-2 6.0« (d.h. die Datei *Comct-232.ocx*) geladen wird.

Die Anwendung des Animations-Steuerelements ist kinderleicht, wie das folgende Beispiel zeigt:

```
aniAnimation.Open Dateiname
```

Über die *Center*-Eigenschaft kann eingestellt werden, ob die Animation in der Mitte des Steuerelements abgespielt werden soll (Sie müssen das gesamte Steuerelement stets groß genug machen), und über die *Autoplay*-Eigenschaft, ob sich die Animation ständig wiederholen soll. Schließlich kann man über die *BackStyle*-Eigenschaft einstellen, ob der Hintergrund des Animations-Steuerelements sichtbar (*cc2BackStyleOpaque*) oder transparent (*cc2BackStyleTransparent*) sein soll (in diesem Fall wird aber eine Mischfarbe mit der Hintergrundfarbe des Containers gebildet).

Bliebe noch zu klären, wann die Animation abgespielt wird. In der Regel sieht es so aus, dass Sie die Animation über die *Open*-Methode mit *Autoplay=True* starten, die Operation durchführen und am Ende die Animation über die *Close*-Methode wieder anhalten. Anders als z.B. bei der Fortschrittsanzeige muss das Animations-Steuerelement nicht laufend über den Fortgang der Operation unterrichtet werden.

Beispiel In diesem kleinen Beispiel werden alle Dateien über die *Kill*-Methode gelöscht, die zuvor im Dateilistenfeld *filDateiliste* selektiert wurden. Berücksichtigen Sie allerdings, dass viele Vorgänge zu schnell zu Ende sind, als dass Zeit für das Abspielen einer Animation bliebe.

```
Option Explicit
Const Dateiname = _
"C:\programme\devstudio\vb60\graphics\avis\filenuke.avi"
Private Sub cmdLöschen_Click()
    Dim n
    cmdLöschen.Enabled = False
    aniAnimation.AutoPlay = True
    aniAnimation.Open Dateiname
    DoEvents
    For n = 0 To filDateiliste.ListCount - 1
        If filDateiliste.Selected(n) = True Then
            Kill (filDateiliste.Path & "\" & _
            filDateiliste.List(n))
        End If
    Next n
    aniAnimation.Close
    cmdLöschen.Enabled = True
End Sub
```

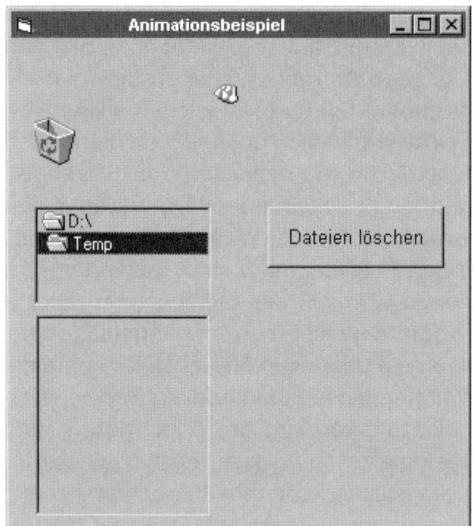

*Abbildung 8.21:
Das Löschen
von Dateien
kann durch eine
Animation
unterlegt wer-
den.*

Zum letzten Beispiel muss fairerweise angemerkt werden, dass es leider relativ überflüssig ist. Über die *SHFileOperation*-API-Funktion lassen sich nicht nur alle Dateioperationen des Explorer ausführen, sondern die bekannte Animation wird gleich mitgeliefert (mehr dazu in Kapitel 16, »Visual Basic und das Betriebssystem«).

8.14 Standarddialogfelder

Stellen Sie sich vor, Sie benötigen in einem Programm ein Dialogfeld, damit der Benutzer eine beliebige Datei aus einem Laufwerk auswählen und öffnen kann. In diesem Dialogfeld soll der Benutzer die Möglichkeit erhalten, Dateien umzubenennen, Dateien zu löschen, sich in der Verzeichnishierarchie zu bewegen und neue Verzeichnisse anzulegen. Um die Richtlinien für die Gestaltung von Benutzeroberflächen einzuhalten, soll das Dialogfeld mit jenen Dialogfeldern, die von Windows und seinen Standardapplikationen verwendet werden, identisch sein. Wäre es dann nicht extrem praktisch, wenn es ein solches Dialogfeld schon irgendwo geben würde? Da dies nicht nur praktisch, sondern im Sinne einer möglichst einheitlichen Benutzerführung sogar notwendig ist, gibt es die Standarddialogfelder.

Standarddialogfelder sind Dialogfelder für häufig vorkommende **Merksatz**
Situationen, die Windows bereits (in Gestalt einer DLL) fix und fertig enthält und die lediglich aktiviert werden müssen.

Über das Steuerelement »Standarddialog« stellt Visual Basic einen einfachen Zugriff auf insgesamt fünf Standarddialogfelder zur Verfügung. Über den Aufruf der dafür zuständigen Methode wird während der Programmausführung festgelegt, welches der Dialogfelder angezeigt wird. Selbstverständlich unterstützen diese die Besonderheiten der Windows-Oberfläche wie den Zugriff auf Verknüpfungen, kontextsensitive Hilfe und lange Dateinamen. Die Standarddialogfelder sparen eine Menge Arbeit und bieten den Vorteil, dass sie identisch mit den Dialogfeldern vieler Anwendungen sind. Außerdem erhalten Sie eine Menge Funktionen wie z.B. das Umbenennen oder Löschen von Dateien, die Ihr Programm nicht mehr implementieren muss. Ein kleiner Nachteil ist allerdings, dass es in Visual Basic keine direkte Möglichkeit gibt, Eigenschaften eines Standarddialogfeldes, wie seine Position oder seinen Inhalt, zu verändern (im Allgemeinen stimmt die linke obere Ecke des Dialogfeldes mit der des Formulars überein, auf dem sich das Standarddialogsteuerelement befindet). Ein weiterer kleiner Nachteil ist, dass die Standarddialogfelder, die über das Standarddialogsteuerelement aufgerufen werden, modale Fenster sind und alle Ereignisse in der Anwendung blockieren. Es gibt daher nach wie vor gute Gründe, Dialogfelder selbst zu erstellen oder die Standarddialogfelder in *Comdlg32.dll* direkt, d.h. über eine API-Funktion, aufzurufen.

Merksatz *Über das Steuerelement Standarddialog (engl. common dialog) stehen fünf Standarddialogfelder zur Verfügung. Bei diesem Steuerelement handelt es sich lediglich um einen »Wrapper« (zu deutsch »Umhüllung«) für die Windows-DLL Comdlg32.dll, die sich im System-Verzeichnis befinden muss. Es ist daher zur Laufzeit unsichtbar und kann auch nicht auf Ereignisse reagieren. Auf die Position des angezeigten Dialogfeldes hat das Visual-Basic-Programm keinen Einfluss (im Allgemeinen erscheint es in der Mitte des Bildschirms).*

Tabelle 8.18: Diese Standarddialogfelder stehen über das Steuerelement Standarddialog zur Auswahl.

Wert für Action-Eigenschaft	Methode	Welches Dialogfeld wird angezeigt?
1	*ShowOpen*	Dialogfeld für das Öffnen einer Datei. Der Name der gewählten Datei wird über die *FileName*-Eigenschaft zurückgegeben.
2	*ShowSave*	Dialogfeld für das Speichern einer Datei. Der Name der gewählten Datei wird über die *FileName*-Eigenschaft zurückgegeben.

Wert für Action-Eigenschaft	Methode	Welches Dialogfeld wird angezeigt?
3	*ShowColor*	Dialogfeld für die Auswahl einer (RGB-)Farbe. Der Farbwert der gewählten Farbe wird als RGB-Wert über die *Color*-Eigenschaft zurückgegeben.
4	*ShowFont*	Dialogfeld für die Auswahl von Schriftartattributen. Vor dem Aufruf des Dialogfeldes müssen die aktuellen Schriftattribute eines Objekts zugewiesen werden.
5	*ShowPrinter*	Dialogfeld für die Auswahl eines Druckers.

Auf der Visual-Basic-CD finden Sie im Verzeichnis TOOLS\UNSUP-PRT\COMDLG eine ActiveX-DLL, die als Codekomponente den gleichen Zugriff auf die Standarddialogfelder gestattet, ohne dass das Steuerelement benötigt wird (Sie können sie z.B. in Klassenmodulen einsetzen). Diese Variante scheint, was den Einsatz betrifft, etwas flexibler zu sein, doch stehen die Suchen- und Ersetzen-Funktionen leider auch hier nicht zur Verfügung.

Die Dialogfelder Suchen und Ersetzen sind zwar ebenfalls in der Datei Comm32dlg.dll enthalten, können aber über das Standarddialogsteuerelement leider nicht aufgerufen werden[4].

8.14.1 Öffnen und Speichern von Dateien

Das am häufigsten benutzte Standarddialogfeld ist jenes, das zur Auswahl eines Dateinamens benötigt wird. Wann immer der Benutzer innerhalb Ihres Visual-Basic-Programms eine Datei auswählen soll, sollten Sie dieses Dialogfeld verwenden. Dieses Dialogfeld bietet natürlich auch die üblichen *Shell*-Methoden wie das Löschen oder Umbenennen

---

[4] Der Grund dafür liegt in den Tiefen des Systems verborgen. Sowohl die Suchen- als auch die Ersetzen-Box sind nichtmodal, d.h. während sie aktiv sind, kann sowohl das Visual-Basic-Programm als auch das Dialogfeld Nachrichten empfangen. Visual Basic müßte dazu aber die *IsDialogMessage*-Funktion in die interne Nachrichtenschleife des Fensters einklinken, was es aber offenbar nicht tut. Prinzipiell ist das Problem von Visual Basic aus lösbar, ich bin mir nur nicht sicher, ob der Aufwand gerechtfertigt ist.

von Dateien bzw. das Anlegen neuer Ordner. Die Anwendung des Standarddialogfeldes ist sehr einfach, nach Aufruf der *ShowOpen*-Methode erscheint das Dialogfeld. Der Pfad der vom Benutzer selektierten Datei steht nach Schließen des Dialogfeldes über die Eigenschaft *FileName* zur Verfügung. Wurde über die *Flags*-Eigenschaft die Option *cdlOFNAllowMultiselect* gesetzt, können auch mehrere Dateinamen gewählt werden, die ebenfalls, getrennt durch Leerzeichen, in der *FileName*-Eigenschaft abgelegt werden.

Tabelle 8.19:
Die Eigenschaf-
ten des Stan-
darddialogfel-
des »Datei
öffnen«.

Eigenschaft	Bedeutung
CancelError	Ist dieser Wert *True*, führt das Abbrechen des Dialogfeldes über die *Abbrechen*-Schaltfläche zu einem Laufzeitfehler. Ansonsten kann das Abbrechen des Dialogs nicht erkannt werden.
DefaultExt	Legt die Standarderweiterung fest. Diese wird beim Speichern oder Öffnen verwendet, wenn ein Dateiname ohne Erweiterung eingegeben wird.
DialogTitle	Zeichenkette, die in der Fensterüberschrift erscheint.
FileName	Pfadname der Datei, die vom Benutzer selektiert wurde.
FileTitle	Dateiname, der vom Benutzer selektiert wurde, ohne Pfadname.
Filter	Legt eine Reihe von Erweiterungen fest, die im Dialogfeld angeboten wurde.
FilterIndex	Wählt eine Erweiterung aus der *Filter*-Eigenschaft aus, die nach dem Öffnen des Dialogfeldes verwendet werden.
Flags	Trifft zusätzliche Einstellungen, die das Dialogfeld betreffen.
HelpCommand	Legt über eine Konstante fest, auf welche Weise die Hilfe aufgerufen wird.
HelpContext	Setzt oder liefert die Kontextnummer des Hilfethemas.
HelpFile	Setzt oder liefert den Dateinamen, die den Hilfetext enthält.
HelpKey	Setzt oder liefert ein Schlüsselwort, das beim Aufruf der Hilfe verwendet wird.
InitDir	Legt das standardmäßig voreingestellte Verzeichnis fest.

Eigenschaft	Bedeutung
MaxFileSize	Legt die maximale Länge eines Dateinamens (inklusive Pfadnamen) fest, der in das Dialogfeld eingegeben werden kann. Der Wert kann zwischen 1 und 32767 liegen, der Standardwert ist 256 Zeichen.
Object	Ermöglicht den Zugriff auf eine Eigenschaft oder Methode, die den gleichen Namen besitzt wie eine der Standardeigenschaften und Methoden, die Visual Basic für jedes Zusatzsteuerelement automatisch zur Verfügung stellt. Wird beim Standarddialogfeld allerdings nicht benötigt.

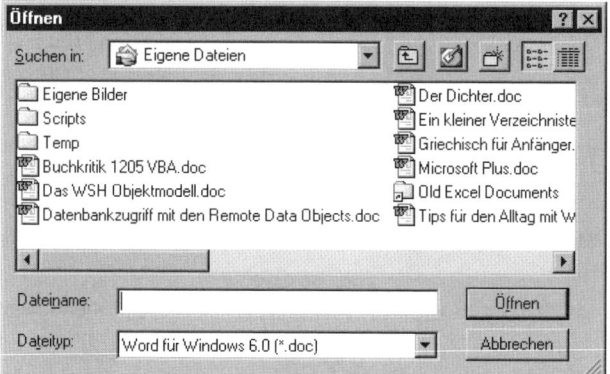

Abbildung 8.22:
Der Standarddialog ermöglicht die bequeme Auswahl von Dateien.

Die Flags-Eigenschaft

Über die *Flags*-Eigenschaft wird vor dem Aufruf eines Standarddialogfeldes das speziellere Verhalten des Dateidialogfeldes eingestellt. Sie wird z.B. benötigt, um eine Mehrfachauswahl zu erlauben, den zuletzt gewählten Farbwert voreinzustellen (Farbauswahldialogfeld) oder um nach dem Schließen eines Dateidialogfeldes abzufragen, ob der eingegebene Dateiname eine andere Erweiterung besitzt als die voreingestellte Standarderweiterung.

Die Konstanten sind in der Objektbibliothek »Microsoft Common Dialog Control« (MSComDlg) vordefiniert, die automatisch eingebunden wird. Werden mehrere Konstanten auf einmal verwendet, müssen ihre Werte addiert (oder »geODERt«) werden.

```
cdlDialog.Flags = cdlOFNAllowMultiselect + cdlOFNCreatePrompt
```
Beispiel

Diese Anweisung bewirkt, dass in dem Dialogfeld eine Mehrfachauswahl von Dateien, z.B. für ein Kopier- oder Komprimierprogramm, möglich ist und der Benutzer die Gelegenheit erhält, eine nicht existierende Datei anzulegen.

Tabelle 8.20:
Die Bedeutung
der Flags-Eigen-
schaft für die
Standarddialog-
felder zum Öff-
nen und Spei-
chern von
Dateien.

Name der Konstante	Wert	Bedeutung
cdlOFNAllowMulti-select	&H200&	Erlaubt Mehrfachauswahl von Dateien. Die *FileName*-Eigenschaft enthält in diesem Fall alle Namen, getrennt durch Leerzeichen.
cdlOFNCreatePrompt	&H2000&	Bei Eingabe einer nicht existierenden Datei erhält der Benutzer die Gelegenheit, diese zu erstellen.
cdlOFNExplorer	&H8000&	Es wird das Dialogfeld zum Öffnen einer Datei des Explorer verwendet.
cdlOFNExtension-Different	&H400&	Der eingegebene Dateiname besitzt eine Erweiterung, die von der angegebenen Standarderweiterung abweicht.
cdlOFNFileMustExist	&H1000&	Es dürfen nur existierende Dateinamen in das Textfeld des Dialogfeldes eingegeben werden.
cdlOFNHelpButton	&H10&	Es wird eine Hilfe-Schaltfläche angezeigt.
cdlOFNHideReadOnly	&H4&	Die Option »Schreibgeschützt« wird nicht angezeigt.
cdlOFNNoChangeDir	&H8&	Setzt das aktuelle Verzeichnis (*CurDir*-Funktion) auf das Verzeichnis, das vor dem Öffnen des Dialogfeldes eingestellt war, zurück.
cdlOFNNoDereference-Links	&H100000&	Verknüpfungen des Explorer werden nicht automatisch durch die Shell zugeordnet.
cdlOFNNoReadOnly-Return	&H8000&	Die angegebene Datei besitzt kein Nur-Lesen-Attribut.
cdlOFNNoValidate	&H100&	Ungültige Zeichen im Dateinamen werden zugelassen.
cdlOFNOverwrite-Prompt	&H2&	Gibt beim Speichern eine Meldung mit Überschreiboption aus, falls die Datei bereits existiert.
cdlOFNPathMustExist	&H800&	Es wird nur die Eingabe eines gültigen Pfades zugelassen.
cdlOFNReadOnly	&H1&	Setzt oder ermittelt den Zustand der Option »Schreibgeschützt«.

Name der Konstante	Wert	Bedeutung
cdlOFNShareAware	&H4000&	Eine Zugriffsverletzung auf die Datei wird ignoriert.
cdOFNLongNames	&H200000&	Es dürfen lange Dateinamen verwendet werden.

Die folgenden Anweisungen öffnen den Standarddialog zum Öffnen einer Datei, wobei ein Verzeichnis und die zur Verfügung stehenden Erweiterungen bereits voreingestellt werden.

Beispiel

```
cdlStandard.InitDir = "Visual Basic Kompendium - Probe"
cdlStandard.Filter = "*.bmp (Bitmaps)|*.bmp|*.ico " & _
"(Icons)|*.ico|*.WMF (Metafiles)|*.WMF|*.* (Alle Dateien)|*.*"
cdlStandard.DialogTitle = "Öffnen einer Grafikdatei"
cdlStandard.ShowOpen
```

Wie lässt sich erreichen, dass das Dialogfeld zum Öffnen oder Speichern einer Datei stets das zuletzt eingestellte Verzeichnis voreinstellt? Dazu muss lediglich der *InitDir*-Eigenschaft vor dem Öffnen der aktuelle Wert der *CurDir*-Funktion zugewiesen werden:

```
cdlStandard.InitDir = CurDir
```

Das Flag *cdlOFNNoChangeDir* erfüllt diesen Zweck nicht. Im Gegenteil, es sorgt dafür, dass nach dem Schließen des Dialogfeldes das aktuelle Verzeichnis wieder jenes Verzeichnis ist, das vor dem Öffnen des Dialogfeldes gültig war.

8.14.2 Die Auswahl eines Druckers

Über das Druckerstandarddialogfeld erhält der Benutzer die Gelegenheit, Einstellungen an allen installierten Druckern zu ändern.

Eigenschaft	Bedeutung
Copies	Über diese Eigenschaft wird die Anzahl der zu druckenden Exemplare eingestellt.
Flags	Legt zusätzliche Einstellungen fest, die das Dialogfeld betreffen.
FromPage	Legt die Seitennummer fest, bei der der Ausdruck beginnt.
hDC	Bezug auf den Gerätekontext des Druckers, der auch an GDI-Funktionen übergeben werden kann, um in den Gerätekontext des aktuellen Druckers drucken zu können. Der Bezug (hDC) wird durch die *EndDoc*-Methode wieder freigegeben.

Tabelle 8.21:
Die wichtigsten Eigenschaften des Druckerstandardialogfeldes.

Eigenschaft	Bedeutung
Max	Legt den oberen Bereich fest, der für die Seitenauswahl zur Verfügung steht.
Min	Legt den unteren Bereich fest, der für die Seitenauswahl zur Verfügung steht.
PrinterDefault	Legt fest, ob die vom Benutzer getroffenen Einstellungen direkt in die Registrierung (bzw. in Winini) übernommen werden und damit auch für das *Printer*-Objekt gültig sind (*PrinterDefault=True*) oder nicht (*PrinterDefault=False*).
ToPage	Legt die Seitennummer fest, bis zu der gedruckt werden soll.

Abbildung 8.23: Der Standard-druckerdialog erlaubt die Auswahl eines Druckers und das Einstellen von Druckereigenschaften.

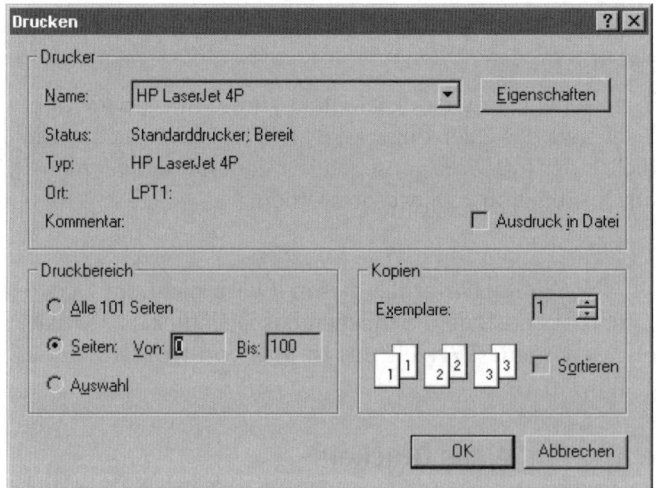

8.14.3 Die Auswahl von Schrifteigenschaften

Dies ist sicherlich der wichtigste Dialog des Standarddialogsteuerelements, denn er erspart eine Vielzahl von Einstellungen, die ansonsten über Menüeinträge, Auswahllisten oder Optionsfelder vorgenommen werden müßten. Über das Dialogfeld lassen sich (fast) alle Eigenschaften einstellen, die im Zusammenhang mit Schriftarten von Bedeutung sind. Besonders wichtig ist in diesem Fall die *Flags*-Eigenschaft, denn sie legt u.a. fest, ob die Schriftarten für den Bildschirm, für den Drucker oder für beide Ausgabegeräte angezeigt werden sollen. Wird die *Flags*-Eigenschaft nicht zuvor auf die Werte *cdlCFScreenFonts*, *cdlCFPrinterFonts* oder *cdlCFBoth* gesetzt, erhalten Sie die etwas mysteriös klingenden Fehlermeldung »Es sind keine Schriftarten installiert« und anschließend den Laufzeitfehler 24574.

Tabelle 8.22:
Die wichtigsten
Eigenschaften
des Standard-
schriftartendia-
logs.

Eigenschaft	Bedeutung
Color	Enthält die Schriftfarbe als RGB-Wert, wenn vor dem Öffnen die *Flags*-Eigenschaft den Wert *cdlCFEffects* besaß.
Flags	Trifft zusätzliche Einstellungen, die das Dialogfeld betreffen. Legt u.a. fest, ob die Schriftarten für den Bildschirm, für den Drucker oder beide angezeigt werden sollen.
FontBold	Besitzt den Wert True, wenn das Schriftattribut »Fett« gewählt wurde.
FontItalic	Besitzt den Wert *True*, wenn das Schriftattribut »Kursiv« gewählt wurde.
FontName	Enthält den Namen der ausgewählten Schriftart.
FontSize	Enthält die Größe der ausgewählten Schriftart.
FontStrike-thru	Besitzt den Wert *True*, wenn das Schriftattribut »Durchgestrichen« gewählt wurde.
FontUnder-line	Besitzt den Wert *True*, wenn das Schriftattribut »Unterstrichen« gewählt wurde.
Max	Legt den größten Wert fest, der in der Auswahlliste für die Schriftgröße angeboten wird (z.B. 128).
Min	Legt den kleinsten Wert fest, der in der Auswahlliste für die Schriftgröße angeboten wird (im Allgemeinen 0).

Die folgenden Anweisungen rufen den Standarddruckerdialog auf. Das Beispiel ist deshalb ein wenig umfangreich, weil vor dem Aufruf die aktuellen Schriftattribute zugewiesen werden müssen, damit sie im Schriftartendialog voreingestellt sind.

Beispiel

```
With cdlFont
    .FontName = txtEingabe.Font.Name
    .FontSize = txtEingabe.Font.Size
    .FontBold = txtEingabe.Font.Bold
    .FontStrikethru = txtEingabe.Font.Strikethrough
    .FontUnderline = txtEingabe.Font.Underline
    .Flags = cdlCFScreenFonts + cdlCFEffects + cdlCFTTOnly + _
    cdlCFFixedPitchOnly
    .ShowFont
End With

With txtEingabe
    .Font.Name = cdlFont.FontName
    .Font.Size = cdlFont.FontSize
    .Font.Bold = cdlFont.FontBold
    .Font.Strikethrough = cdlFont.FontStrikethru
    .Font.Underline = cdlFont.FontUnderline
    .ForeColor = cdlFont.Color
End With
```

Dieses kleine Beispiel, das die Einstellung der Schriftattribute für ein Textfeld ermöglicht, macht deutlich, dass alle Schriftattribute einzeln zugewiesen werden müssen. Sehr viel einfacher wäre es, wenn das Standarddialogsteuerelement über eine *Font*-Eigenschaft verfügen würde. In diesem Fall ließen sich alle Schriftattribute bis auf die Schriftfarbe, die nach wie vor über die *ForeColor*-Eigenschaft eingestellt werden muss, auf einmal durch eine Anweisung à la

```
txtEingabe.Font = cdlFont.Font
```

zuweisen. Doch leider gibt es keine *Font*-Eigenschaft beim Standardschriftartendialogfeld. Durch eine kleine Prozedur, der als Argument das Objekt (dessen Schrifteigenschaften eingestellt werden sollen) übergeben wird, löst sich das Problem auf (beinahe) die gleiche Weise.

Tabelle 8.23: Die wichtigsten Einstellungen für die Flags-Eigenschaften beim Standardschriftartendialogfeld.

Konstante	Wert	Bedeutung
cdlCFScreenFonts	&H1&	Es werden nur die Bildschirmschriftarten aufgelistet.
cdlCFEffects	&H100&	In dem Dialogfeld können auch die Eigenschaften »Durchgestrichen«, »Unterstrichen« und die Farbe eingestellt werden.
cdlCFForceFontExist	&H10000&	Es erscheint eine Fehlermeldung, wenn der Benutzer eine Schriftart wählt, die nicht existiert.
cdlCFPrinterFonts	&H2&	Es werden nur Schriftarten aufgeführt, die vom aktuellen Drucker unterstützt werden.
cdlCFLimitSize	&H2000&	Es können nur Schriftgrößen ausgewählt werden, die in dem über die Eigenschaften *Min* und *Max* festgelegten Bereich liegen.
cdlCFScalableOnly	&H20000&	Es werden nur Schriftarten aufgeführt, die in ihrer Größe skalierbar sind.
cdlCFBoth	&H3&	Es werden sowohl Bildschirm- als auch Druckerzeichensätze angezeigt.
cdlCFANSIOnly	&H400&	Es werden nur Zeichensätze angezeigt, die den Windows-Zeichensatz verwenden (d.h. z.B. kein Zapf Dingbats).

Konstante	Wert	Bedeutung
cdlCFFixedPitchOnly	&H4000&	Es werden nur Schriftarten mit einer konstanten Zeichenbreite (z. B. Courier oder Line Draw) aufgelistet. Dies ist z. B. für Texteditoren wichtig, da in einem Listing alle Buchstaben die gleiche Breite haben sollten.
cdlCFTTOnly	&H40000&	Es werden nur TrueType-Schriftarten aufgelistet.
cdlCFNoVectorFonts	&H800&	Es können keine Vektorschriftarten ausgewählt werden.
cdlCFWYSIWYG	&H8000&	Es werden nur Schriftarten aufgelistet, die sowohl auf dem Bildschirm als auch auf dem Drucker zur Verfügung stehen. Wird im Allgemeinen zusammen mit den Flags *cdlCFBoth* und *cdlCFScalableOnly* gesetzt.

8.14.4 Die Auswahl einer Farbe

Mit dem letzten Dialogfeld, das Ihnen das Standarddialogsteuerelement zur Verfügung stellt, können Sie garantiert Eindruck machen, denn eleganter und einfacher lässt sich das Einstellen eines RGB-Farbwertes mit Sicherheit nicht mehr lösen. Alles, was zu tun ist, ist, den Farbdialog über die *ShowColor*-Methode aufzurufen. Die vom Benutzer eingestellte Farbe kann anschließend über die *Color*-Eigenschaft abgefragt werden. Soll die bereits eingestellte voreingestellt sein, muss sie vor dem Aufruf der *Color*-Eigenschaft zugewiesen werden.

Konstante	Wert	Bedeutung
cdCClFullOpen	&H2&	Gleich nach dem Öffnen wird auch der Teil angezeigt, in dem Farbwerte gemischt werden können.
cdlCCPreventFullOpen	&H4	Die Schaltfläche *Farben definieren* wird gesperrt, sodass das Mischen eigener Farben nicht möglich ist.
cdlCCRGBInit	&H1	Der beim letzten Aufruf gewählte Farbwert wird voreingestellt.

Tabelle 8.24: Die wichtigsten Konstanten für die Flags-Eigenschaft beim Farbdialogfeld.

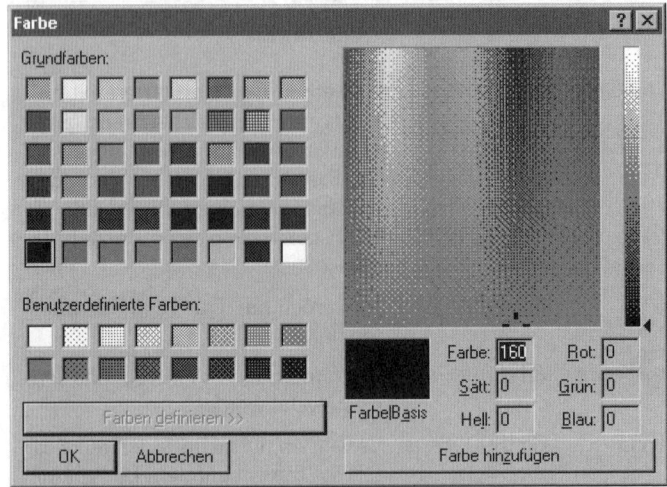

8.15 MDI-Anwendungen

Sobald eine Anwendung mit einem Anwendungsfenster und mehreren (Dokument-)Fenstern arbeitet, kann das MDI-Konzept eine Alternative sein. Bei einer »MDI-Anwendung« spielt ein Formular die Rolle des »Hauptfensters«, alle übrigen Formulare, sie werden in diesem Zusammenhang *Tochterfenster* genannt, können sich nur in der Innenfläche des MDI-Formulars bewegen. Diese und noch ein paar andere »Kleinigkeiten« werden durch die *Multiple-Document-Interface*-Spezifikation (MDI), kurz MDI, festgelegt. Das Gegenstück zu einer MDI-Anwendung ist eine Single-Document-Anwendung (SDI), bei der alle Fenster gleichberechtigt sind. Auch hier kann es natürlich ein Applikationsfenster geben, von dem die übrigen Fenster aufgerufen werden, doch sind diese über den ganzen Bildschirm frei verschiebbar.

MDI legt aber lediglich das Zusammenspiel der einzelnen Formulare fest und setzt voraus, dass ein Formular ein MDI-Formular ist, das über den Menübefehl PROJEKT | MDI-FORMULAR HINZUFÜGEN zum Projekt hinzugefügt wurde. MDI-Formulare besitzen folgende Besonderheiten:

➡ Das Applikationsfenster spielt die Rolle des MDI-Hauptfensters, in dessen Innenfläche sich die übrigen Dokumentfenster (MDI-Tochterfenster) bewegen.

➡ Wird ein Dokumentfenster auf Symbolgröße verkleinert, wird das Symbol am unteren Rand der Innenfläche des Hauptfensters angeordnet.

➡ Alle offenen Dokumentfenster werden im FENSTER-Menü des Applikationsfensters aufgelistet.

➡ Wird ein Dokumentfenster geöffnet, das über eine eigene Menüleiste verfügt, wird diese in der Menüleiste des Applikationsfensters angezeigt, wobei dessen Menüleiste vorübergehend unsichtbar wird.

➡ Ist ein Dokumentfenster nur teilweise sichtbar, erhält das MDI-Hauptfenster automatisch eine Bildlaufleiste.

➡ Während das MDI-Hauptfenster über die Tastenkombination [Alt]+[F4] geschlossen wird, ist bei einem Tochterfenster dafür [Strg]+[F4] zuständig. Über die [F6]-Taste wird der Fokus zwischen den MDI-Tochterfenstern bewegt.

Ob Sie eine Anwendung als MDI- oder SDI-Anwendung konzipieren, ist eine Frage, die sich immer dann stellt, wenn ein Programm eine nach oben offene Anzahl an Fenstern besitzen kann, d.h. wenn der Benutzer (im Prinzip) beliebig viele Dokumentfenster anlegen kann. Es ist eine reine Design-Entscheidung, die relativ wenig Einfluss auf die konkrete Umsetzung des Programms hat. Man sollte die Entscheidung aber am Anfang treffen. Zwar ist es jederzeit möglich, aus einer MDI-eine SDI-Anwendung zu machen und umgekehrt, doch kann man sich diese Mühe eigentlich ersparen. Generell sind MDI-Anwendungen ein wenig ein Relikt aus der Windows-3.1-Ära und bei modernen Windows-Anwendungen (der Explorer oder Word 2000 sollen als Beispiel dienen) nicht mehr angesagt.

8.15.1 Das Erstellen einer MDI-Anwendung

Eine MDI-Anwendung ist eine Anwendung, die aus einem MDI-Hauptfenster (auch Mutterfenster genannt) und mehreren MDI-Unterfenstern (auch Tochterfenster genannt) besteht. Um eine MDI-Anwendung in Visual Basic zu erstellen, sind folgende Schritte erforderlich:

➡ Hinzufügen eines MDI-Formulars über den Menübefehl PROJEKT | MDI FORMULAR HINZUFÜGEN. Das MDI-Formular wird als Startformular festgelegt (wenngleich dies keine Voraussetzung ist).

➡ Hinzufügen weiterer Formulare über den Menübefehl PROJEKT/ FORMULAR HINZUFÜGEN. Setzen der *MDIChild*-Eigenschaft bei jedem weiteren Formular auf *True*. Dadurch wird das Formular automatisch zum Tochterfenster des MDI-Formulars.

Abbildung 8.25:
Ein Beispiel
für eine typi-
sche MDI-
Anwendung.

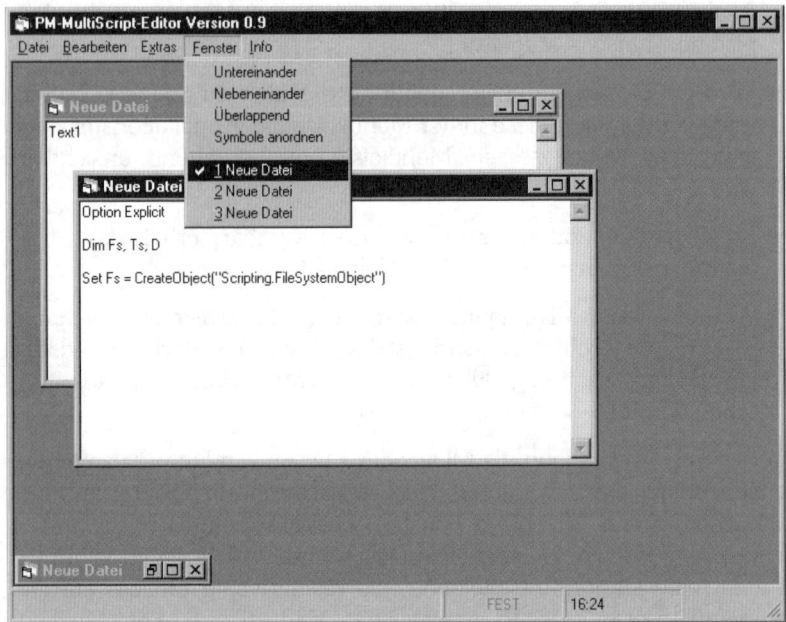

Beachten Sie, dass ein MDI-Hauptformular zwar automatisch geladen wird, es aber nicht automatisch zum Startformular wird. Dennoch wird zuerst beim MDI-Hauptformular und erst dann beim
Startformular das Load-Ereignis ausgelöst. Dies bedeutet, dass ein
Zugriff auf Eigenschaften anderer Formulare in MDIForm_Load gewissen Einschränkungen unterliegt, da die Formulare zu diesem
Zeitpunkt noch nicht sichtbar sein könnten.

Wie bereits erwähnt, unterscheidet sich die Programmierung einer
MDI-Anwendung nur geringfügig von der einer Nicht-MDI-Anwendung
(der Begriff SDI-Anwendung ist in diesem Zusammenhang eher unüblich). Ein wenig aus der Rolle fällt lediglich das MDI-Formular selbst,
das eine Reihe von Einschränkungen aufweist. Ein MDI-Formular besitzt nicht nur weniger Eigenschaften als ein normales Formular, es lassen sich auf einem MDI-Formular auch grundsätzlich nur Steuerelemente anordnen, die über eine *Align*-Eigenschaft verfügen und daher
in der Lage sind, sich selbst an einem der vier Ränder des Formulars
anzuordnen (ein MDI-Formular besitzt keinen »Client«-Bereich). In der
Regel enthält das MDI-Hauptfenster daher nur eine Menü- und eine
Symbolleiste. Alle übrigen Ein- und Ausgaben werden auf den Tochter-
fenstern durchgeführt.

8.15.2 Die Eigenschaften eines MDI-Formulars

Ein MDI-Formular (ein solches Formular besitzt stets den Klassennamen »MDIForm«) unterscheidet sich von einem »normalen« Formular (etwa 50 Eigenschaften im Eigenschaftenfenster) in erster Linie dadurch, dass sie viel weniger Eigenschaften (etwa 27 Eigenschaften im Eigenschaftenfenster) und Methoden besitzt. Da in einem MDI-Formular beispielsweise keine Grafik- und Textausgabe möglich ist, existieren auch keine Eigenschaften wie *DrawMode* oder *Font*. Auch besitzt ein MDI-Formular kein inneres Koordinatensystem und kann nicht an einer DDE-Konversation teilnehmen. Mit *AutoShowChildren* und *ScrollBars* stehen allerdings zwei Eigenschaften zur Verfügung, die es bei einem Formular nicht gibt:

Die Eigenschaft AutoShowChildren

Dies ist eine sehr nützliche Eigenschaft, denn sie verhindert, dass das Ansprechen eines Unterformulars bereits automatisch zur Anzeige des Formulars führt:

```
Dummy = frmKindForm1.Tag
```

Diese Anweisung führt dazu, dass das MDI-Tochterformular (mit *MDI-Child=True*) angezeigt wird. Erhält die *AutoShowChildren*-Eigenschaft dagegen den Wert *False*, werden auch MDI-Tochterformulare nur nach dem *Ausführung* der *Show*-Methode angezeigt.

Die Eigenschaft ScrollBars

Anders als ein Formular kann ein MDI-Formular mit Bildlaufleisten versehen werden. Standardmäßig erhält ein MDI-Formular automatisch eine vertikale und/oder horizontale Bildlaufleiste, wenn eines der Unterformulare aus der Innenfläche des MDI-Formulars bewegt wird (auch dann, wenn das MDI-Formular Maximalgröße besitzt). Durch Setzen der *ScrollBars*-Eigenschaft auf *False* kann dies verhindert werden.

Eigenschaft	Bedeutung
Auto-ShowChildren	Ist diese Eigenschaft *False*, führt ein Ansprechen eines Unterformulars nicht automatisch dazu, dass dieses Formular angezeigt wird. Die Voreinstellung ist *True*.
Picture	Über diese Eigenschaft erhält das MDI-Formular, genau wie ein Formular, eine Bitmap zugewiesen.
ScrollBars	Ist diese Eigenschaft *True*, erhält ein MDI-Formular automatisch Bildlaufleisten, wenn ein Unterformular aus der Innenfläche des MDI-Formulars hinausbewegt und daher nicht mehr vollständig dargestellt wird.

Tabelle 8.25: Besondere Eigenschaften eines MDI-Formulars.

8.15.3 Das automatische Anordnen der Tochterfenster

Das Arbeiten mit einer MDI-Anwendung bringt es mit sich, dass das MDI-Hauptfenster sehr schnell unübersichtlich werden kann, wenn sich dort mehrere Dutzend MDI-Tochterfenster tummeln. Nahezu jede MDI-Anwendung bietet daher in ihrem FENSTER-Menü Kommandos wie z.B. ALLE ANORDNEN oder UNTEREINANDER ANORDNEN an. Was sich zunächst nach einer Menge Arbeit anhört, lässt sich über einen einzigen Methodenaufruf erledigen.

Die Arrange-Methode

Die *Arrange*-Methode sorgt dafür, dass alle zur Zeit geöffneten Tochterfenster einer MDI-Anwendung nach einem bestimmten Schema, welches beim Aufruf der Methode über ein Argument festgelegt wird, angeordnet werden.

Syntax `MDIForm.Arrange Parameter`

Für *Parameter* kommen folgende Einstellungen in Frage:

Konstante	Wert	Bedeutung
vbCascade	0	Die Fenster werden überlappt.
vbTileHorizontal	1	Die Fenster werden nebeneinander angeordnet.
vbTileVertical	2	Die Fenster werden untereinander angeordnet.
vbArrangeIcons	3	Die auf Symbolgröße verkleinerten Fenster werden am unteren Rand des MDI-Hauptformulars nebeneinander angeordnet.

Die WindowList-Eigenschaft

Für MDI-Programmierer hält Windows noch eine weitere Annehmlichkeit bereit. Erhält die *WindowList*-Eigenschaft eines Menüs der Menüleiste des MDI-Hauptformulars den Wert *True* (dies kann nur im Menüeditor eingestellt werden, da die Eigenschaft während der Programmausführung schreibgeschützt ist), werden in diesem Menü automatisch alle offenen Tochterfenster (genauer gesagt, die *Caption*-Eigenschaft dieser Fenster) aufgelistet. Die Auswahl eines Fensternamens aus diesem Menü führt dazu, dass das Fenster aktiviert wird.

Das QueryUnload-Ereignis

Um verhindern zu können, dass beim Schließen einer MDI-Anwendung eventuell noch aktive Unterformulare vorzeitig beendet werden, verfügt jedes Formular über das *QueryUnload*-Ereignis. Dieses Ereignis wird aufgerufen, bevor ein Formular entladen, das heißt, geschlossen werden soll. Beim Schließen einer MDI-Anwendung tritt das Ereignis zuerst im MDI-Formular und danach in allen offenen Unterformularen auf. Das Besondere an diesem Ereignis ist, dass jedes Formular das Schließen des Programms abbrechen kann.

```
Private Sub MDIForm_QueryUnload(Cancel As Integer, _
UnloadMode As Integer)
```

Syntax

```
Private Sub Form_QueryUnload(Cancel As Integer, UnloadMode _
As Integer)
```

Durch Setzen des *Cancel*-Arguments auf *True* kann das Entladen des betroffenen Formulars und damit das Beenden der Anwendung verhindert werden. Wird dieses Argument nicht auf *True* gesetzt, wird zuerst in den Unterformularen und anschließend im MDI-Formular ein *Unload*-Ereignis ausgelöst.

Das *UnloadMode*-Argument gibt darüber Auskunft, was die Ursache des *QueryUnload*-Ereignisses war.

Argument	Wert	Bedeutung
vbFormControlMenu	0	Der Benutzer hat den SCHLIEẞEN-Befehl aus dem Systemmenü gewählt oder die SCHLIEẞEN-Schaltfläche in der Titelleiste angeklickt.
vbFormCode	1	Im Programm wurde eine *Unload*-Methode ausgeführt.
vbAppWindows	2	Die aktuelle Windows-Sitzung wurde beendet.
vbAppTaskManager	3	Die Anwendung wird durch den Taskmanager geschlossen.
vbFormMDIForm	4	Ein Tochterfenster wird geschlossen, weil das MDI-Hauptformular geschlossen wurde.

Tabelle 8.26: Die möglichen Werte für das UnloadMode-Argument.

Die in Tabelle 8.25 aufgeführten Konstanten sind in Visual Basic definiert und werden durch den Objektkatalog ([F2]-Taste) aufgelistet.

8.16 Zusammenfassung

Für das Erstellen von Benutzeroberflächen stellt Visual Basic die Steuerelemente in der Werkzeugsammlung zur Verfügung. Einzige Ausnahme sind die Menüs, die sich zwar auch wie Steuerelemente verhalten, allerdings über den Menüeditor eingebaut werden. Das Besondere an der Werkzeugsammlung ist: Sie ist beliebig erweiterbar. Sollten Sie also ein bestimmtes Ein-/Ausgabeelement, etwa ein komfortableres Textfeld oder ein ausgefallenes Vu-Meter, vermissen, laden Sie es einfach als Zusatzsteuerelement in das Projekt (mehr dazu in Kapitel 12). Durch zusätzliche Steuerelemente wird die Programmierung allerdings nicht komplizierter, denn ob fest eingebautes Steuerelement oder Zusatzsteuerelement, alle werden über Eigenschaften, Methoden und Ereignisse angesprochen. Der einzige kleine Nachteil ist, dass jedes Zusatzsteuerelement eine weitere Datei darstellt, die mit Ihrem Programm weitergegeben werden muss. Dafür, dass Sie die Dateien nicht einzeln kopieren müssen, sorgt der Verpackungs- und Weitergabeassistent von Visual Basic 6.0, der in Kapitel 24 vorgestellt wird.

Wichtiger aber als die Kenntnis der einzelnen Eigenschaften und Methoden ist ein allgemeines Verständnis für die Bedienerphilosophie von Windows. Dazu gehört unter anderem, dass Eingabefelder über die Tastatur ([Alt]-Taste plus ein Buchstabe) angesteuert werden können, eine Schaltfläche die Rolle der Default-Schaltfläche spielt oder die Tab-Reihenfolge sinnvoll gewählt wird. Dies sind zwar Kleinigkeiten, doch können Sie gerade bei erfahrenen Benutzern sehr schnell einen schlechten Eindruck hinterlassen. Das Erstellen einer Benutzeroberfläche bedeutet daher etwas mehr als nur das Anordnen der Steuerelemente auf einem Formular.

Die Programmiersprache Visual Basic

Visual Basic bietet als Entwicklungssystem (bereits seit Version 4.0) eine Programmiersprache mit dem Namen VBA. Dieses *Visual Basic für Applikationen* ist als »Makrosprache« auch Bestandteil der Microsoft-Office-Anwendungen, sowie in einigen Standardanwendungen (z.B. Visio, Micrografx FlowCharter ab Version 7, Autocad ab Version 14) und in zahlreichen Branchenanwendungen enthalten (eine aktuelle Liste findet man im Web unter *msdn.microsoft.com/vba/license/vbawho.htm*). Mit VBA 6.0, das sowohl in Visual Basic 6.0 als auch in Office 2000 enthalten ist, gibt es übrigens keine kleineren »Sprachunterschiede« mehr zwischen Visual Basic und Microsoft Office wie es noch bei VBA 5.0 der Fall war (auf die speziellen Aspekte der Office-Programmierung geht Kapitel 19, »Office-Programmierung«, ein). In diesem Kapitel geht es ausschließlich um die Programmierung mit VBA. Es werden sowohl elementare Sprachelemente, wie der Umgang mit Datentypen, Entscheidungen und Prozeduren, als auch fortgeschrittenere Themen behandelt.

Sie lernen in diesem Kapitel etwas über:

➡ Die wichtigsten VBA-Anweisungen

➡ Die Datentypen

➡ Entscheidungen und Programmschleifen

➡ Prozeduren und Funktionen

➡ Die fest eingebauten »VBA-Funktionen« (Methoden des VBA-Objekts)

➡ Felder (Arrays)

➡ Variablen mit einem benutzerdefinierten Datentyp

➡ Den Gültigkeitsbereich von Variablen

➡ Die Neuerungen bei VBA 6.0

Am Ende dieses Kapitels haben Sie alle wichtigen Sprachelemente von VBA kennengelernt und sollten in der Lage sein, gängige Programmierprobleme zu lösen. Um das Thema Klassen und Objekte mit VBA geht es in Kapitel 11.

9.1 Eine allgemeine Übersicht

VBA ist eine sehr leistungsfähige Programmiersprache, die erstmals mit Excel 5.0 eingeführt wurde und seit Version 4.0 auch Bestandteil von Visual Basic ist (bis zur Version 3.0 besaß Visual Basic einen »fest eingebauten« Basic-Dialekt als Programmiersprache, zu dem VBA abwärtskompatibel ist). Die aktuellste Version VBA 6.0 ist sowohl in Visual Basic 6.0 als auch in Office 2000 enthalten. VBA ist eine Programmiersprache, die aus Kompatibilitätsgründen viele elementare Sprachelemente des »klassischen« Microsoft-Basic enthält (etwa die *Let*-Anweisung, das *Goto*, *Gosub* und vieles mehr[1]). Zu den wichtigsten Erweiterungen von VBA gegenüber diesen alten Basic-Varianten gehören:

➡ Der Umgang mit Objektvariablen

➡ Die Möglichkeit, Objekte über Klassen definieren zu können

➡ Leistungsfähige Argumentübergabe bei Prozeduren und Funktionen, wie z.B. optionale Argumente oder eine variable Anzahl an Argumenten

➡ Eine sehr viel größere Auswahl an Datentypen

➡ Ein sehr viel leistungsfähigerer Umgang mit Variablen

---

[1] Damit niemand auf dumme Ideen kommt: Die Reichweite der Goto-Anweisung beschränkt sich auf die Prozedur, in der sie aufgeführt wird. Auch wenn sie kein Tabu darstellt, wird sie sehr selten eingesetzt.

Tabelle 9.1:
Die wichtigsten
VBA-Anweisun-
gen.

Anweisung	Bedeutung
Case	Prüft einen Zweig einer *Select-Case*-Mehrfach-Entschei-dung.
Dim	Deklariert eine Variable.
Do	Leitet eine *Do-Loop*-Schleife ein, die so lange durchläuft, bis eine Abbruchbedingung erreicht ist.
Else	Leitet den Alternativzweig einer *If-Then*-Entscheidung ein.
End If	Beendet den mehrzeiligen Zweig einer *If-Then*-Entschei-dung.
End Select	Beendet eine *Select-Case*-Mehrfach-Entscheidung.
Exit	Verlässt eine Programmschleife, Prozedur oder Funktion.
For	Leitet eine *For-Next*-Schleife ein, die eine bestimmte An-zahl an Durchläufen absolviert.
Function	Leitet eine Funktionsdefinition ein.
GoTo	Führt einen Sprung innerhalb einer Prozedur oder Funkti-on durch.
If	Leitet eine *If-Then*-Entscheidung ein.
Next	Ist Bestandteil einer *For-Next*-Schleife.
On Error GoTo	Initialisiert eine Routine zum Abfangen von Laufzeitfeh-lern.
Private	Deklariert eine Variable als privat (lokal).
Public	Deklariert eine Variable als öffentlich (global).
ReDim	Ändert die Anzahl an Feldern in einem dynamischen Feld.
Select	Leitet eine Mehrfach-Entscheidung über eine *Select-Case*-Anweisung ein.
Static	Deklariert eine Prozedurvariable als statisch.
Step	Legt die Schrittweite bei einer *For-Next*-Schleife fest.
Sub	Leitet eine Prozedurdefinition ein.
Then	Ist Bestandteil einer *If-Then*-Entscheidung.
Until	Legt die Abbruchbedingung einer *Do-Loop*-Schleife fest.
While	Legt die Abbruchbedingung einer *Do-Loop*-Schleife fest.

Alle VBA-Befehle, in diesem Buch heißen sie »Anweisungen«, werden in diesem Buch der (hoffentlich) besseren Lesbarkeit wegen kleinge-schrieben und durch einen Großbuchstaben eingeleitet. Für die Pro-grammierung spielt die Groß-Klein-Schreibung allerdings keine Rolle.

Sie werden allerdings feststellen, dass Visual Basic nach Betätigen der ⏎-Taste die Schreibweise einer Anweisung »korrigiert«.

9.1.1 Was gehört zu VBA und was nicht?

Als Einsteiger ist es erfahrungsgemäß nicht leicht, die Trennlinie zu ziehen. Was gehört bei Visual Basic zu VBA und was zur Entwicklungsumgebung? Welche Visual-Basic-Elemente finden sich etwa bei Word 97 und welche nicht? Eine erste Antwort gibt der Objektkatalog. Rufen Sie ihn über die F2-Taste auf, und wählen Sie die Bibliothek »VBA«. Sie sehen jetzt alle Funktionen (Methoden) und Konstanten, die offiziell zu VBA gehören. Nicht dabei sind die Anweisungen aus Tabelle 9.1. Sie lassen sich durch den Objektkatalog nicht darstellen, denn es sind weder Eigenschaften, Methoden noch Enumerationen (Konstanten). Dieser Umstand soll Sie aber bei der Programmierung nicht belasten, denn es ist eine rein akademische Frage, ob sich etwa die *Do*-Anweisung mit einer Methode vergleichen lässt. Nicht Bestandteil von VBA sind z.B. die »Grafikbefehle« wie z.B. *Circle* oder *Line*. Auch wenn es sich im übertragenen Sinne um Befehle handelt, sind es Methoden eines Bildfelds oder Formulars und haben nichts mit VBA zu tun. Wenn Sie in einem Microsoft-Word-VBA-Programm einen Kreis zeichnen möchten, müssen Sie zunächst ein Steuerelement auf einem Formular anordnen, das über diese Möglichkeit verfügt. Das Anzeigeelement, das standardmäßig Bestandteil der Werkzeugsammlung im VBA-Editor von Microsoft Word ist, bietet diese Möglichkeit nicht, sodass VBA-Programme, die auf Eigenschaften und Methoden eines Bildfeldes zugreifen zwar unter Visual Basic, nicht aber unter Word'97 laufen. Obwohl beide Anwendungen mit VBA 5.0 arbeiten. Aber wie gesagt, das sind Feinheiten, auf die es im Moment noch nicht ankommt. Sie sollen lediglich erklären, warum Sie einige »Visual-Basic-Befehle« in diesem Kapitel nicht finden werden.

9.2 Variablen und Konstanten

Variablen und Konstanten sind Platzhalter für Werte, die während der Ausführung eines Programms benötigt werden. Konstanten werden über die *Const*-Anweisung definiert, die im allgemeinen im Deklarationsteil eines Moduls aufgeführt wird.

Syntax
```
[Public | Private] Const Konstantenname _
[As Datentyp] = Ausdruck
```

Über die Schlüsselwörter *Public* und *Private* kann der Gültigkeitsbereich einer Konstanten eingestellt werden. Konstanten, die auf der

Prozedurebene definiert werden, sind stets privat bezogen auf die Prozedur/Funktion. Auch Konstanten besitzen einen Datentyp, wenngleich dieser nur selten explizit festgelegt wird (wie bei Variablen ist dieser dann *Variant*). Für den Datentyp einer Konstanten kommen die Grunddatentypen *Byte*, *Boolean*, *Integer*, *Long*, *Currency*, *Single*, *Double*, *Date*, *String* oder *Variant* in Frage. Bereits seit Visual Basic 5 gibt es zusätzlich den Datentyp *Decimal* (Zahl mit bis zu 28 Nachkommastellen), der allerdings nicht eigenständig ist, sondern als Untertyp vom *Variant*-Datentyp behandelt wird.

Die folgende Anweisung definiert eine Konstante mit dem Namen *Pi* **Beispiel** vom Typ *Double*:

```
Const Pi = 3.141592654 As Double
```

Je nachdem, ob diese Konstante im Deklarationsteil auf der Modulebene oder der Prozedurebene definiert wurde, gilt sie entweder im gesamten Modul oder nur innerhalb einer Prozedur/Funktion. Geht der Definition auf Modulebene das Schlüsselwort *Public* voraus, gilt die Konstante im ganzen Programm.

9.2.1 Vordefinierte Konstanten

VBA bietet Ihnen bereits eine Reihe vordefinierter Konstanten, die Sie nicht noch einmal definieren müssen (die Konstante *Pi* ist allerdings nicht dabei, sorry liebe Mathematiker). Dazu gehören z.B. alle *String*-Konstanten wie z.B. die Konstante für den Zeilenumbruch (*vbCrLf*) oder die für das Tabulatorzeichen (*vbTab*). Eine Auflistung aller vorhandenen Konstanten erhalten Sie über den Objektkatalog ([F2]-Taste), in dem Sie in der Objektliste den Eintrag »VBA« auswählen.

Möchten Sie den Wert einer Konstanten erfahren, setzen Sie die Textmarke auf die Konstante und drücken [Strg]+[I].

:-)
TIP

Sollte Ihr Visual-Basic-Programm noch mit einer Textdatei (z.B. Constant.txt) arbeiten, entfernen Sie diese aus dem Projekt, und ersetzen Sie alle verwendeten Konstanten durch die vordefinierten Konstanten.

INFO

9.2.2 Enumerationen (Aufzählungskonstanten)

Bereits mit Visual Basic 5.0 wurde ein neuer Konstantentyp eingeführt, der als *Enumeration* bezeichnet wird. Stellen Sie sich eine Enumeration (Aufzählung) als eine Zusammenfassung einer oder mehrerer symbolischer Konstanten vor, denen Sie nicht unbedingt einen Wert

Abbildung 9.1:
Der Objekt-
katalog gewährt
Einblicke in die
VBA-Objekte –
hier am Beispiel
der DateTime-
Methoden.

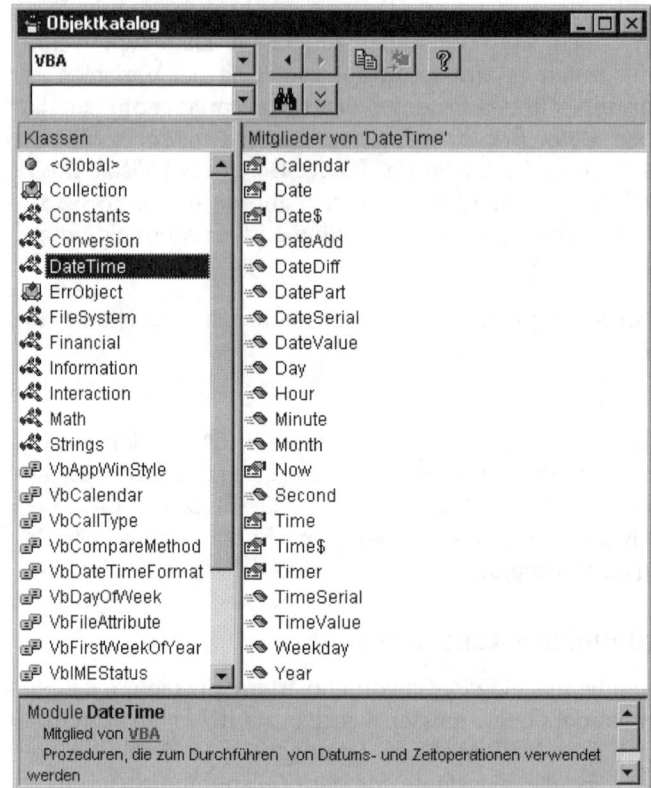

geben müssen, da sie diesen automatisch durch ihre Reihenfolge in der Aufzählung erhalten. Wie Variablen mit einem benutzerdefinierten Datentyp werden sie einmal im Programm definiert und stehen dann als »Aufzählungstyp« zur Verfügung. Die Definition einer Enumeration wird über eine *Enum*-Anweisung eingeleitet und über eine *End-Enum*-Anweisung beendet.

```
Enum enumRGBFarben
    Rot
    Grün
    Blau
End Enum
```

Damit gibt es einen neuen Enumerationstyp mit dem Namen *enumRGBFarben*, der nun z.B. für die Definition von Variablen eingesetzt werden kann.

```
Private Farbe As enumRGBFarben
```

Wann immer die Variable *Farbe* einen Wert zugewiesen bekommen soll, zeigt die Auswahlliste alle in der Enumeration aufgeführten Werte an. Das bedeutet aber nicht, dass Sie der Variablen *Farbe* keinen anderen Wert mehr geben können, d.h., eine Bereichsüberprüfung findet nicht statt. Eine Enumeration ist in erster Linie eine Eingabehilfe für die Deklaration von öffentlichen Variablen (also Eigenschaften der Schnittstelle). Dadurch, dass Enumerationen auch in die Typenbibliothek übernommen werden, können Sie Eigenschaften eines ActiveX-Steuerelements einer Auswahlliste von Einstellungen zuordnen, so wie Sie es z.B. bei der *BorderStyle*-Eigenschaft eines Formulars gewohnt sind.

Die einzelnen Konstanten einer Enumeration erhalten normalerweise Werte, die mit 0 beginnen und in Einerschritten erhöht werden. Es ist jedoch jederzeit möglich, an einzelne Mitglieder beliebige ganzzahlige Werte zu vergeben.

```
Enum enumAndereFarben
    Rot
    Grün = 17
    Blau
End Enum
```

In diesem Beispiel erhält die Enumerationskonstante *Blau* automatisch den Wert 18.

Auch ist es möglich, die Werte von Enumerationsmitgliedern während der Programmausführung abzufragen oder sie als einzelne Konstanten zu verwenden. Es muss lediglich der Name der Enumeration vorangestellt werden:

```
Me.BackColor = RGBFarben.Blau
```

Auf diese Weise ist es auch möglich, an den Wert der Enumerationskonstanten, im obigen Beispiel *Rot*, *Grün* oder *Blau*, heranzukommen. Nicht möglich ist es dagegen, die Namen der Enumerationskonstanten abzufragen (wie es doch geht, erfahren Sie gleich). Trotz der interessant klingenden Namen besitzen alle Enumerationskonstanten den Datentyp *Long*.

Soll eine Enumerationskonstante einen Namen erhalten (z.B. 3DEffekt), der nicht den offiziellen Namensregeln entspricht, muss dieser in eckige Klammern gesetzt werden.

Kleiner Exkurs: Zugriff auf die Typenbibliothek

Wer unbedingt an die Namen einer Enumeration herankommen möchte, muss sich dazu eines direkten Zugriffs auf die Typenbibliothek bedienen, die immer dann im Spiel ist, wenn eine öffentliche Klasse in eine DLL-, Exe- oder Ocx-Datei compiliert wurde. Führen Sie die folgenden Arbeitsschritte aus:

1. Binden Sie in das Projekt einen Verweis auf die Datei *Tblinf32.dll* ein (sie sollte sich im *System*-Verzeichnis befinden). Diese Typenbibliothek ermöglicht einen umfassenden Zugriff auf die Typenbibliothek anderer Komponenten. Leider sind die Objekte, Eigenschaften, Methoden und Konstanten dieser Objektbibliothek nirgends dokumentiert, sodass man sich schrittweise an die Lösung herantasten muss.

2. Laden Sie die Typenbibliothek über die *ContainingFile*-Eigenschaft.

3. Geht es nur darum, an die Namen der Enumerationskonstanten heranzukommen, müssen Sie lediglich über die *Constants*-Eigenschaft die gewünschte Enumeration ermitteln und können dann über die *Members*-Eigenschaft die Namen der einzelnen Konstanten auflisten:

Beispiel   Das folgende Codebeispiel listet alle Konstanten in der Enumeration *Spielkarten* in der ActiveX-Exe-Datei *SpielkartenTLB.exe* auf:

```
Private Sub Form_Load()
    Dim T As TypeLibInfo, M As MemberInfo
    Set T = New TypeLibInfo
    T.ContainingFile = "C:\Programme\Microsoft Visual
Studio\VB98\SpielkartenTLB.exe"
' Es wird davon ausgegangen, dass Spielkarten die erste Enumeration ist
    For Each M In T.Constants(1).Members
        Debug.Print M.Name
    Next
End Sub
```

9.2.3   Wie werden Variablen deklariert?

Variablen werden wahlweise über die Anweisungen *Public*, *Private*, *Dim*, *ReDim* oder *Static* deklariert. Die Deklaration einer Variablen kann im Prinzip überall innerhalb des Programms geschehen. In der Regel werden Variablen im Deklarationsteil eines Moduls oder zu Beginn einer Prozedur/Funktion deklariert. Der Ort der Deklaration im Programm legt indirekt den Gültigkeitsbereich der Variablen fest.

Variablen werden über eine Deklarationsanweisung deklariert. Welche der drei Anweisungen *Private*, *Public* oder *Dim* in Frage kommt, hängt vom gewünschten Gültigkeitsbereich der Variablen ab (an der Syntax ändert sich nichts). Auch wenn die *Dim*-Anweisung immer passt, sollten Variablen auf Modulebene aus Gründen der besseren Lesbarkeit (sprich Interpretierbarkeit) mit *Private* oder *Public* deklariert werden. Variablen auf Prozedurebene werden dagegen mit *Dim* oder *Static* deklariert.

Syntax

```
Dim Varname[([Indexbereich])][As [New] Datentyp]_
[, Varname[([Indexbereich])][As [New] Datentyp]] . . .
```

Tabelle 9.2:
Die Argumente
einer Deklarati-
onsanweisung
und ihre Bedeu-
tung.

Argument	Bedeutung
Varname	Name der zu deklarierenden Variablen gemäß der allgemein gültigen Namenskonventionen.
Indexbereich	Oberer und gegebenenfalls auch unterer Index, falls es sich um eine Feldvariable handelt. Für den Indexbereich gilt die allgemeine Syntax *[Untere Grenze To] Obere Grenze* (untere Grenze ist optional), wobei der Indexbereich für jede Dimension festgelegt werden kann.
New	Gibt an, dass eine neue Instanz des Objekts angelegt werden soll.
Datentyp	Datentyp der Variablen. In Frage kommen die Datentypen *Byte*, *Boolean*, *Integer*, *Long*, *Currency*, *Single*, *Double*, *Date*, *String*, *String * Länge*, *Object*, *Variant*, ein benutzerdefinierter Datentyp oder ein spezieller Objekttyp.

Normalerweise beginnt der Index einer Feldvariablen bei Null. Über die Anweisung Option Base 1 kann der Index auch bei 1 beginnen. Es ist guter Programmierstil, auf diese Anweisung zu verzichten und stattdessen bei der Deklaration einer Feldvariablen über das Schlüsselwort To grundsätzlich sowohl die Unter- als auch die Obergrenze anzugeben.

Tabelle 9.3:
Anweisungen,
mit denen
Variablen
deklariert werden können.

Anweisung	Bedeutung
Dim	Deklariert eine Variable oder eine Feldvariable eines bestimmten Datentyps.
Private	Entspricht bezüglich der Syntax der *Dim*-Anweisung. Eine private Variable oder Konstante ist nur in dem Modul gültig, in dem sie deklariert wurde.

Anweisung	Bedeutung
Public	Entspricht bezüglich der Syntax der *Dim*-Anweisung. Durch sie werden öffentliche Variablen deklariert, die im gesamten Programm gültig sind. Eine in einem Formular als öffentlich deklarierte Variable wird wie eine Eigenschaft des Formulars angesprochen.
ReDim	Entspricht bezüglich der Syntax der *Dim*-Anweisung. Wird bei dynamischen Feldvariablen dazu verwendet, die Indexgrenzen neu zu setzen. Über den Zusatz *Preserve* bleibt der alte Feldinhalt erhalten. Kann im Unterschied zur *Dim*-Anweisung nur auf Prozedurebene eingesetzt werden.
Static	Wird innerhalb einer Prozedur/Funktion verwendet, wenn die Variable beim Verlassen der Prozedur ihren Wert (nicht aber ihre Gültigkeit) behalten soll.

9.2.4   Was bedeutet die Variablendeklaration?

Eine Variable kann erst dann in einem Programm verwendet werden, wenn sie zuvor deklariert wurde. Bei der Deklaration werden VBA drei Dinge »bekanntgegeben«:

1. Der Name der Variablen

2. Der Datentyp der Variablen

3. Der Gültigkeitsbereich der Variablen

Beachten Sie, dass die Variable bei ihrer Deklaration noch keinen Wert erhält, dies geschieht erst bei der Wertzuweisung.

Eine Variable vom Typ *Variant* besitzt unmittelbar nach einer Deklaration den Wert *Empty* (die *IsEmpty*-Funktion liefert den Wert *True*), d.h., sie ist noch nicht initialisiert. Die Initialisierung erfolgt, sobald die Variable zum ersten Mal einen Wert erhält.

Ein Variablenname (bzw. allgemein ein Bezeichner) kann aus bis zu 255 Zeichen bestehen, wobei das erste Zeichen aber ein Buchstabe sein muss. Hier die Regeln für einen Bezeichnernamen:

- Maximal 255 Zeichen sind zulässig.

- Das erste Zeichen muss ein Buchstabe sein.

- Es sind keine Punkte, Leerzeichen oder Typenkennzeichen (%, &, !, $ und @) erlaubt.

- Die Groß- und Kleinschreibung wird nicht unterschieden, d.h. die Variablen Wert, wERT und WERT sind identisch.

■► Ein Variablenname darf im allgemeinen keinem reservierten Namen entsprechen.

■► Muss beim Zugriff auf eine Komponente eine Eigenschaft oder Methode mit einem nicht konformen Namen (z.B. ein Name, dem ein Unterstrich vorausgeht) angesprochen werden, ist der Name in eckige Klammern zu setzen.

Auch für Variablennamen gelten strenggenommen Namenskonventionen, nach denen z.B. eine *Integer*-Variable mit dem Präfix »int« oder eine Stringvariable mit dem Präfix »str« beginnen sollte. Während Namenskonventionen für Objekte obligatorisch sein sollten, sollte es hier dem Programmier überlassen bleiben, inwieweit er/sie es bei Bezeichnern mit den Konventionen hält.

9.2.5   Die Rolle des Datentyps

Etwas weniger durchsichtig ist für viele Programmiereinsteiger die Bedeutung des Datentyps. Streng genommen kann eine Variable nur Daten eines bestimmten Typs enthalten. So kann eine *Integer*-Variable nur ganze Zahlen, eine *Stringvariable* nur Zeichenketten aufnehmen. Welche Arten von Daten in einer Variablen gespeichert werden dürfen, wird durch ihren Datentyp festgelegt. Folgende Grunddatentypen werden bei VBA unterschieden:

■► Integer-Zahlen (ganze Zahlen)

■► Fließkommazahlen (Zahlen mit einem Nachkommaanteil)

■► Strings (Zeichenketten)

■► Objekte (genauer, Objektreferenzen)

VBA kennt eine Vielzahl von Standarddatentypen. Allerdings muss man sich bei der Deklaration einer Variablen nicht unbedingt Gedanken über ihren Typ machen. Lässt man den Datentyp nämlich weg, besitzt die Variable automatisch den Datentyp *Variant*. Dieser »Oberdatentyp« umfasst alle Standarddatentypen. Besitzt eine Variable den Datentyp *Variant*, kann sie sowohl Zahlen als auch Texte aufnehmen, ohne dass VBA eine Fehlermeldung ausgibt.

Wird bei der Deklaration einer Variablen kein Datentyp angege- **Merksatz**
ben, erhält die Variable den Datentyp Variant.

Allerdings besitzt der *Variant*-Datentyp auch Nachteile. Eine *Variant*-Variable belegt intern mindestens 16 Byte. Rechenoperationen mit *Variant*-Variablen werden daher deutlich langsamer durchgeführt als Rechenoperationen mit Variablen, die einen expliziten Datentyp besitzen, wobei sich dieser Geschwindigkeitsnachteil nur bei etwas umfangreicheren Berechnungen und in Schleifen bemerkbar macht. Zum anderen verdeckt ein zu großzügiger Umgang mit Datentypen manche Programmierfehler, die bei expliziter Vergabe angezeigt werden (je mehr Informationen Sie dem Compiler geben, desto genauer wird das Programm geprüft).

Es ist daher sinnvoll, einer Variablen explizit einen Datentyp zuzuweisen:

```
Private Zahl As Integer
```

und sie nicht aus Bequemlichkeit grundsätzlich als *Variant* zu deklarieren:

```
Private Zahl
```

Werden in einer Anweisung mehrere Variablen deklariert, muss der Datentyp für jede Variable einzeln aufgeführt werden. Mit der folgenden Anweisung ist es nicht möglich, drei Variablen vom Typ Integer zu deklarieren:

```
Private A, B, C As Integer
```

Was Einsteiger gerne übersehen[2], ist der Umstand, dass diese Anweisung lediglich der Variablen *C* den Typ *Integer*, den Variablen *A* und *B* aber den Typ *Variant* zuweist. Richtig müsste es lauten:

```
Private A As Integer, B As Integer, C As Integer
```

Die Vergeßlichkeit des Programmierers wird beim Weglassen eines Datentyps aber nur in den seltensten Fällen bestraft, denn ob eine Variable den Typ *Integer* besitzt oder den Unterdatentyp *Integer* des Datentyps *Variant* hat in den meisten Fällen keinen Einfluss auf den Programmverlauf (es geht mehr um den Programmierstil).

Tabelle 9.4:
Die Datentypen
von VBA und ihr
Wertebereich.

Datentyp	Typkenn-zeichen	Bytes	Wertebereich
Boolean		2	0 (*False*) oder -1 (*True*)
Byte		1	0 bis 255
Integer	%	2	-32.768 bis +32.767
Long	&	4	-2.147.483.648 bis +2.147.483.647

---

[2] Sollten Sie vorhaben die Microsoft-Certified-Professional-Prüfung (MCP) für Visual Basic abzulegen, so kommt diese Frage mit großer Wahrscheinlichkeit an die Reihe.

Datentyp	Typkenn-zeichen	Bytes	Wertebereich
Single	!	4	-3,402823E38 bis -1,401298E-45 und 1,401298E-45 bis 3,402823E38
Double	#	8	-1,79769313486232E308 bis -4,94065645841247E-324 und 4,94065645841247E-324 bis 1,79769313486232E308
Decimal		12	79.228.162.514.264.337.593.543.950.335 wenn keine der 28 Stellen als Nachkommastelle verwendet wird oder von 7,9228162514264337593543950335 bis 0,0000000000000000000000000001 wenn alle 28 Stellen Nachkommastellen sind. Es handelt sich um einen Unterdatentyp von *Variant*, d. h. er kann bei einer Deklaration nicht angegeben werden.
Currency	@	8	-922.337.203.685.477,5808 bis 922.337.203.685.477,5807. Dies ist ein Festkommadatentyp, der stets eine Genauigkeit von vier Stellen nach dem Komma bietet. Diese Genauigkeit ist für das Rechnen mit Geldbeträgen erforderlich.
Date		8	1. Januar 100 bis 31. Dezember 9999
String (variable Länge)	$	10 + Länge der Zeichenkette	0 bis ca. 2 Milliarden (ca. 65000 bei 16-Bit-Windows).
String (feste Länge)	$	Länge der Zeichenkette	Ca. 65500 Zeichen.
Variant		16	Jeder numerischer Wert im Bereich einer *Double*-Variablen.

Datentyp	Typkenn-zeichen	Bytes	Wertebereich
Variant (mit Zeichenket-te)		22 + Län-ge der Zeichen-kette	0 bis ca. 2 Milliarden.
Object		4	Referenz auf ein Objekt (Adresse der *vTable*-Datenstruktur).

In älteren Programmlistings finden Sie manchmal sog. »DefX«-An-weisungen, wobei das »X« für einen Standarddatentyp steht. So be-wirkt die Anweisung

```
DefInt A-Z
```

im Deklarationsteil, dass alle Anweisungen, die mit einem Buchstaben (Umlaute sind dabei eingeschlossen) beginnen, automatisch vom Typ *Integer* sind. Die *DefX*-Anweisungen gelten nur für das Modul, in dem sie eingesetzt werden und bedeuten nicht, dass Variablen in dem ange-gebenen Buchstabenbereich nicht, z.B. über eine *Dim*-Anweisung, ei-nen anderen Datentyp erhalten können. Anweisungen wie *DefInt* ha-ben heutzutage keine Berechtigung mehr und sollten nur mit Bedacht eingesetzt werden, da sie die Lesbarkeit des Codes nicht gerade erhö-hen.

Integer oder Long?

Während bei Fließkommazahlen die Wahl in der Regel auf den Daten-typ *Single* fällt (dessen Genauigkeit in den meisten Fällen ausreichend ist), tendiert man als Basic-Programmierer »der alten Schule« dazu, stets *Integer* zu verwenden, sofern es der Wertebereich erlaubt. Dafür gibt es aber im allgemeinen keine Notwendigkeit. Moderne Prozesso-ren (ab dem 80486 aufwärts) sind auf die Durchführung von *Long*-Operationen (32-Bit-Operationen) optimiert, das Arbeiten mit einer *Integer*-Zahl (16-Bit-Operation) bedeutet einen zusätzlichen Aufwand. Verwenden Sie daher, sofern im konkreten Fall nichts dagegenspricht, ruhig *Long*-Variablen. Falls Sie beim Compiler aus Performance-Grün-den die Option »Keine Überprüfung auf Ganzzahlüberlauf« abschalten, wird außerdem die Wahrscheinlichkeit reduziert, dass Bereichsüber-schreitungen auftreten können.

Was ist eigentlich ein String?

Dieser jedem Programmierer geläufige Begriff soll zumindestens einmal offiziell eingeführt werden. Ein *String* ist ein anderer Name für eine Zeichenkette, wie z. B. »Huhn«, »Katze&Maus« oder »123-Ich leg jetzt ein Ei«. Strings werden stets in Anführungszeichen gesetzt, damit sie VBA nicht als Anweisungen missversteht. Eine Stringvariable ist demnach eine Variable, die eine Zeichenkette enthält. Die folgende Anweisung weist der Variablen Ratschlag einen String (in diesem Fall eine Stringkonstante) zu:

```
Ratschlag = "Immer schön fröhlich bleiben"
```

Früher war es üblich, Stringvariablen mit einem »$«-Symbol zu kennzeichnen (also etwa *Ratschlag$*). Dieser »Ur-Basic-Habitus« ist heutzutage nicht mehr üblich.

9.2.6 Die Bedeutung von Option Explicit

Wird die Anweisung *Option Explicit* in den Deklarationsteil eines Moduls aufgeführt, müssen alle in dem Modul vorkommenden Variablen explizit deklariert werden. Über die Optionen der IDE (Integrated Development Environment) kann eingestellt werden, dass die *Option-Explicit*-Anweisung automatisch in jedes neu angelegte Modul eingetragen wird. Das nachträgliche Eintragen dieser Anweisung muss stets per Hand erfolgen.

9.3 Die Wertzuweisung

Hat man eine Variable deklariert, soll sie natürlich auch einen Wert erhalten. Dies geschieht in einer *Wertzuweisung*. Sie gehört zu den elementarsten Anweisungen in jeder Programmiersprache.

```
Zahl = 1234
```
Beispiel

Durch diese Wertzuweisung erhält die Variable *Zahl* den Wert 1234. Es handelt sich allerdings nicht um eine Gleichung im mathematischen Sinne. Vielmehr spielt das Gleichheitszeichen die Rolle eines Zuweisungsoperators, der der Variablen auf der linken Seite den Wert des auf der rechten Seite stehenden Ausdrucks zuweist.

Da VBA zu den wenigen Programmiersprachen gehört, bei denen das Gleichheitszeichen zwei völlig verschiedene Funktionen (Zuweisungsoperator und Gleichheitsoperator) besitzt, haben sich die Erfinder von Basic vor vielen Monden die *Let*-Anweisung einfallen lassen.

Beispiel Die folgende Anweisung weist einer Variablen einen Wert zu:

```
Let Zahl = 1234
```

Auch VBA unterstützt diese »prähistorische« Anweisung. Es sei allerdings erwähnt, dass diese Anweisung heutzutage niemand mehr verwendet. Ganz anders sieht es bei der *Property-Let*-Anweisung aus, die für die Definition von Eigenschaften eine wichtige Rolle spielt.

9.4   Die With-Anweisung

Die *With*-Anweisung ist eine spezielle Form der Zuweisung, die immer dann praktisch ist, wenn mehreren Eigenschaften einer Komponente oder mehreren Untervariablen einer Variablen mit einem benutzerdefinierten Datentyp Werte zugewiesen werden sollen.

Syntax
```
With Objektname
      Eigenschaft = Wert
      Eigenschaft = Wert
      usw.
End With
```

Die *With*-Anweisung soll zwei wichtige Aufgaben erfüllen. Sie vereinfacht den Programmaufbau, da Mehrfachzuweisungen übersichtlicher gestaltet werden können. Und sie beschleunigt die Programmausführung, da VBA die über *With* angegebene Objektreferenz »cachen« kann und nicht bei jeder Zuweisung erneut referenzieren muss. Das folgende Beispiel zeigt, welche Vereinfachung die Verwendung der *With*-Anweisung mit sich bringt:

```
With cboAuswahl
    .AddItem "0 - Große Symbole"
    .ItemData(0) = 0
    .AddItem "1 - Kleine Symbole"
    .ItemData(1) = 1
    .AddItem "2 - Liste"
    .ItemData(2) = 2
    .AddItem "3 - Details"
    .ItemData(3) = 3
    .ListIndex = 0
End With
```

In diesem Anweisungsblock werden dem Steuerelement *cboAuswahl* eine Reihe von Eigenschaften zugewiesen. Dank der *With*-Anweisung muss der Objektname nur einmal aufgeführt werden. Diese Anweisung ist daher bei langen Objektnamen besonders praktisch:

```
With AktuelleVBInstanz.AddInMenu.MenuItems
    Set TestAddInMenu = .AddMenu("&Übung 24.1")
    With TestAddInMenu.MenuItems
```

```
      Set MenuEinträge(0) = _
      .Add("&Namenskonventionspolizei")
      Set MenuEinträge(1) = .Add("&Info...")
   End With
End With
```

Die *With*-Anweisung kann auch verschachtelt werden, wobei beim Zugriff auf die Objektreferenz einer äußeren *With*-Anweisung in der inneren *With*-Anweisung der vollständige Objektname angegeben werden muss. Man muss allerdings bereits etwas Übung in der VBA-Programmierung besitzen, um verschachtelte *With*-Anweisungen auf Anhieb durchschauen zu können.

9.5 Wie werden Zahlen intern dargestellt?

Das interne Darstellungsformat einer Ganzzahl ist sehr einfach, denn eine Ganzzahl wird in ihrer binären Form gespeichert. So wird die Zahl 100 intern als

```
0 0 0 0 0 0 0 0 0 1 1 0 0 1 0 0
```

gespeichert, da dies die binäre Darstellung der Zahl ist. Diese Dualzahl steht für den dezimalen Wert 100. Dass Zahlen (wie sämtliche andere Daten auch) in einem Computer als Binärzahlen gespeichert werden, hat historische Gründe, auf die an dieser Stelle nicht näher eingegangen werden soll. Es gibt allerdings einige wenige Situationen in der VBA-Programmierung, insbesondere dann, wenn es um den Aufruf von API-Funktionen geht, in denen man mit der binären Darstellungsform vertraut sein muss. Der Umgang mit Binärzahlen ist sehr einfach, wenn man die wichtigsten Grundregeln kennt:

- Jede Ziffer einer Dualzahl kann nur zwei Werte annehmen: 0 und 1. Eine einzelne Ziffer wird auch als *Bit* bezeichnet. Acht Bit werden zu einem *Byte*, 1024 Byte zu einem *Kilobyte* (*Kbyte*), 1024 *Kbyte* zu einem *Megabyte* (*Mbyte*) und *1024 Mbyte* zu einem *Gigabyte* (*Gbyte*) zusammengefasst.

- Das Zählen im Dualsystem erfolgt auf die gleiche Weise wie im Dezimalsystem. Besitzt die letzte Ziffer den Wert 1, springt sie beim Erhöhen um 1 auf 0, während die links davon stehende Ziffer ebenfalls ihren Zustand ändert. Springt auch diese Ziffer von 1 auf 0, pflanzt sich diese Änderung um eine weitere Position fort[3].

Der Wertebereich einer Binärzahl wird durch die Anzahl der Ziffern als Potenz zur Basis 2 gebildet. Mit einer dreistelligen Dualzahl lassen sich Werte von 0 bis 7 darstellen:

```
0 0 0   (0)
0 0 1   (1)
0 1 0   (2)
0 1 1   (3)
1 0 0   (4)
1 0 1   (5)
1 1 0   (6)
1 1 1   (7)
```

Mit einer achtstelligen Binärzahl können entsprechende Werte von 0 bis 255 (2 hoch 8 minus 1) und mit einer sechzehnstelligen Binärzahl Werte von 0 bis 65.535 (2 hoch 16 minus 1) dargestellt werden. Dass der Wertebereich einer Integer-Variablen nur bis 32.767 reicht, liegt einfach daran, dass Bit 15 für das Vorzeichen verwendet wird und daher nur 15 Stellen zur Verfügung stehen.

Handelt es sich um einen *Long*-Wert, stehen statt 16 Stellen (Bits) 32 Stellen zur Verfügung. Der Wertebereich beträgt nun nicht -32.768 bis +32.767 (2 hoch 15 minus 1), sondern 2 hoch 31 = 2.147.483.647 (2 Gbyte -1 oder etwas mehr als 2 Milliarden). Da bei VBA grundsätzlich auch negative Zahlen erlaubt sind (außer beim *Byte*-Datentyp), wird für die Speicherung einer Ganzzahl das sog. Zweierkomplement verwendet, das durch Umdrehen aller Bits (aus Null wird Eins und umgekehrt) und anschließender Addition von 1 gebildet wird.

Das Darstellungsformat einer Fließkommazahl ist etwas komplizierter. VBA verwendet, wie nahezu alle Software-Produkte, das genormte *IEEE-Format*, das für einen einfachen genauen Wert (*Single*-Datentyp) folgenden Aufbau besitzt:

```
S E E E E E E E    E M M M M M M M    M M M M M M M M    M M M M M M M M
```

Das Fließkommaformat besteht aus einem Bit für das Vorzeichen (Bit 31), acht Bit für den Exponenten (Bit 23 bis Bit 30) und 23 Bit für die Mantisse. Durch den für den Exponenten und die Mantisse zur Verfü-

---

[3] Es ist immer wieder erstaunlich zu sehen, wie schnell sich die Maßstäbe verschieben. Als Visual Basic 1.0 herauskam, hatten PCs höchstens 4 Mbyte Arbeitsspeicher und eine 1-Gbyte-Festplatte schien unvorstellbar groß. Heute sind 4-Gbyte-Festplatten das absolute Minimum, und der Umfang sehr großer Datenbanken wird in Terrabyte angegeben.

gung stehenden Platz ergibt sich automatisch der Wertebereich und die Genauigkeit beim Rechnen mit einfach genauen Zahlen. Bei doppelt genauen Fließkommazahlen (*Double*-Datentyp) werden von den 64 zur Verfügung stehenden Bits (8 Byte) 11 Bit für den Exponenten, 52 Bit für die Mantisse und 1 Bit für das Vorzeichen verwendet.

Mit einer Genauigkeit von 80 Bit (10 Byte) arbeitet der mathematische Koprozessor, der jedoch von VBA nicht genutzt wird. Seit Version 5 gibt es den Datentyp *Decimal*, der diese Genauigkeit bietet. Damit sollte man ohne großen Aufwand eine DLL-Funktion in C/C++, Delphi oder direkt in Assembler programmieren können, die Rechenoperationen direkt mit den Befehlen des mathematischen Koprozessors ausführen, um so einen höchstwahrscheinlich deutlichen Geschwindigkeitsvorteil zu erzielen.

9.6 Ausdrücke

Ein *Ausdruck* ist nichts anderes als eine Reihe von Rechenoperationen, die bei der Auswertung des Ausdrucks während der Programmausführung stets einen eindeutigen Wert ergeben. Ein Ausdruck kann daher eine einfache Zahl, eine Zeichenkette oder eine komplizierte Formel sein. Tabelle 9.5 enthält eine Reihe typischer und weniger typischer Ausdrücke.

Ausdruck	Erläuterung
A	Eine Variable ist ein sehr einfacher Ausdruck.
1	Auch eine Zahl kann ein Ausdruck sein.
True	Auch eine Konstante kann ein Ausdruck sein.
*2+3*4.135*	Dies ist ein einfacher Rechenausdruck.
*Zahl / 2 * Wert − 1*	In diesem Ausdruck kommen zwei (numerische) Variablen vor, deren Werte durch Rechenoperatoren miteinander verknüpft werden.
Hund & Maus	In diesem Ausdruck werden zwei Zeichenketten (Stringvariablen) miteinander verknüpft. Das Ergebnis ist zwangsläufig eine Zeichenkette.
*E=m * c^2*	Auch das ist ein gültiger Ausdruck. Aufgrund des Gleichheitszeichens, das die Rolle eines relationalen Operators spielt, ist das Ergebnis entweder *True* oder *False*.

Tabelle 9.5: Beispiele für erlaubte Ausdrücke.

Ausdruck	Erläuterung
Sqrt(n-1/Anzahl^2)	Dies ist eine etwas kompliziertere Rechenvorschrift.
«Hund» / 2	Dieser Ausdruck ist ausnahmsweise nicht erlaubt, denn mit einem String sind keine Rechenoperationen möglich.

Ein Ausdruck ist eine Verknüpfung von Operanden (Zahlen, Variablen, Funktionsaufrufen usw.) mit Operatoren unter Einhaltung bestimmter Rechenvorschriften (z.B. Punkt vor Strich). Die Auswertung eines Ausdrucks ergibt einen einzelnen Wert eines bestimmten Datentyps.

Wichtig ist, dass ein Ausdruck immer einen einzelnen eindeutigen Wert ergibt. Der Datentyp dieses Werts wird durch die Datentypen der in dem Ausdruck enthaltenen Elemente bestimmt. Passen diese Datentypen nicht zusammen, was in der Regel der Fall ist, dann bringt VBA die einzelnen Datentypen intern auf den größten gemeinsamen Nenner. Überall in VBA, wo ein einzelner Wert mit einem bestimmten Datentyp erlaubt ist, kann auch ein Ausdruck stehen, der einen Wert dieses Datentyps ergibt.

Eine Anmerkung zum Gleichheitsoperator und ein Beitrag zur beliebten Rubrik »Typisch Basic – oder warum C-Programmierer Basic-Programmierer nicht immer ganz ernst nehmen«. Die Tatsache, dass der =-Operator aus historischen Gründen »überladen« ist, das heißt, sowohl für eine Zuweisung als auch für das Testen auf Gleichheit steht, bedeutet in der Praxis eine unnötige Einschränkung der Flexibilität. Hier ein Beispiel. Die folgende *Do*-Schleife liest über die *Dir*-Funktion alle Dateien aus einem Verzeichnis aus:

```
Do
    If Dateiname = "" Then Exit Do
    ' Irgendwelche Anweisungen
    DateiName = Dir()
Loop
```

Ein C-Programmierer könnte auf die Idee kommen, die Schleife ein wenig abkürzen zu wollen:

```
Do
    ' Irgendwelche Anweisungen
Loop Until (DateiName=Dir()) = ""
```

Die Idee dahinter ist, dass die Variable *DateiName* in der Abbruchbedingung über die *Dir*-Funktion einen Wert erhält und dieser im Anschluss geprüft wird. Doch leider macht VBA da nicht mit. Bereits der Ausdruck *DateiName=Dir()* liefert den Wert *False*, da die *Dir*-Funktion zwar aufgerufen wird, aber keine Zuweisung an *DateiName*, sondern stattdessen ein Vergleich mit *DateiName* stattfindet. Würde (was man eigentlich erwarten sollte) zwischen Zuweisungsoperator und Gleichheitsoperator unterschieden, könnte man manchmal etwas effektiver programmieren. VBA ist eben nicht C, zumindest in einigen Punkten nicht.

9.7   Operatoren

Ein *Operator* ist ein »Rechenbefehl«, der zwei Ausdrücke miteinander verknüpft. Ein Beispiel ist der Additionsoperator, der zwei Zahlen (Ausdrücke) addiert. Es gibt auch Operatoren, die nur einen Ausdruck bearbeiten. Sie werden als unäre Operatoren bezeichnet. Aber auch die Vergleichsoperatoren, wie z.B. der <-Operator, sind Operatoren, die zwei Ausdrücke miteinander verknüpfen. Das Ergebnis ist entweder 0 (*False*, d.h. Bedingung nicht erfüllt) oder -1 (*True*, d.h. Bedingung erfüllt).

Operator	Beispiel	Bedeutung
+	4 + 5	Addiert zwei Operanden.
-	4 – 5	Subtrahiert zwei Operanden.
*	4 * 5	Multipliziert zwei Operanden.
/	4 / 5	Dividiert zwei Operanden.
\	4 \ 5	Dividiert zwei Operanden und gibt immer ein ganzzahliges Ergebnis zurück (z.B. 22 \ 7 = 3), das gegebenenfalls gerundet wird. (z.B. 11.5 \ 3 = 4).
Mod	5 Mod 4	Berechnet den Rest einer Division.
^	4^5	Berechnet eine Potenz eines Exponenten zu einer Basis.
And	4 *And* 5	Führt eine logische UND-Verknüpfung durch.
Or	4 *Or* 5	Führt eine logische ODER-Verknüpfung durch.
Not	*Not* 4	Invertiert alle Bits in dem Operanden.
Equ	4 *Equ* 5	Äquivalenz-Verknüpfung. Mehr dazu im nächsten Abschnitt.
Imp	4 *Imp* 5	Implikations-Verknüpfung. Mehr dazu im nächsten Abschnitt.

Tabelle 9.6:
Die VBA-Operatoren.

Operator	Beispiel	Bedeutung
Xor	4 *Xor* 5	Logische Verknüpfung nach der EXOR-Regel. Mehr dazu im nächsten Abschnitt.
=	4 = 5	Gleich, prüft, ob der erste Ausdruck gleich dem zweiten Ausdruck ist.
<>	4 <> 5	Ungleich, prüft, ob der erste Ausdruck ungleich dem zweiten Ausdruck ist.
<=	4 <= 5	Kleiner gleich, prüft, ob der erste Ausdruck kleiner oder gleich dem zweiten Ausdruck ist.
<	4 < 5	Kleiner, prüft, ob der erste Ausdruck kleiner dem zweiten Ausdruck ist.
>=	4 >=5	Größer gleich, prüft, ob der erste Ausdruck größer oder gleich dem zweiten Ausdruck ist.
>	4 > 5	Größer, prüft, ob der erste Ausdruck größer dem zweiten Ausdruck ist.
Like	Dateiname Like »[?*.,:]«	Prüft, ob eine Zeichenkette ein bestimmtes Muster, z.B. ein einzelnes Zeichen, enthält.
Is	objTest1 Is objTest2	Prüft, ob zwei Objektvariablen eine Referenz auf das gleiche Objekt enthalten, oder ob eine Objektvariable von einen bestimmten Objekttyp, z.B. Textbox, ist.

Absolute VBA-Einsteiger werden sich natürlich fragen, auf welche Weise mit den Operatoren Rechenoperationen durchgeführt werden, denn eine »Ist gleich«-Taste wie bei einem Taschenrechner gibt es wohl nicht. Die Antwort lautet, das Ergebnis eines Ausdrucks muss stets einer Variablen oder Eigenschaft zugewiesen oder, z.B. über die *Print*-Methode, ausgegeben werden:

```
A = 4 + 5
```

oder

```
Debug.PriNT 4+5
```

Der Ausdruck »4+5« alleine führt zu einem Syntaxfehler, da VBA nicht weiß, was es mit diesem Ausdruck anfangen soll.

9.7.1 Operatorreihenfolge

Treten mehrere Operatoren in einem Ausdruck auf, spielt die Reihenfolge, in der die einzelnen Operatoren ausgewertet werden, eine wichtige Rolle. VBA berücksichtigt dabei folgende Operatorpriorität:

```
Funktionsaufrufe, Klammern (höchste Priorität)
^ (Potenzoperator)
- (Vorzeichenoperator, unäres Minus)
*, /
\ (Integerdivision)
Mod (Division mit Rest)
+, -
=, <>, <, >, <=, >= (Vergleichsoperatoren)
NOT
AND
OR
XOR
EQV
Imp     (niedrigste Priorität)
```

9.7.2 Vorsicht, Überlauf!

VBA ist sehr empfindlich, wenn es um den Wertebereich einer Variablen geht. Dieser liegt bei einer *Integer*-Variablen z. B. im Bereich -32.768 bis +32.767. Enthält eine *Integer*-Variable einen Wert, der außerhalb dieses Bereichs liegt, ist ein Überlauffehler die Folge. Das gleiche gilt natürlich auch für *Long*-Variablen, nur dass hier der Wertebereich sehr viel größer ist. Einen Überlauf kann man nur dadurch vermeiden, indem man für Rechenoperationen Variablen mit dem Datentyp *Long*, *Single* oder *Double* verwendet. Am einfachsten ist es natürlich, gar keinen Datentypen anzugeben oder den Datentyp *Variant* explizit zuzuweisen. In diesem Fall verwendet VBA automatisch den Datentyp, in dessen Wertebereich der aktuelle Wert der Variablen hineinpasst.

Auch wenn es selten vorkommen dürfte, gibt es hin und wieder Fälle, zum Beispiel beim Rechnen mit Ausgabekoordinaten, in denen der Rechenbereich einer *Long*-Variablen (bzw. Integer-Variablen) überschritten wird. VBA meldet auch dann einen Laufzeitfehler, wenn innerhalb einer Formel eine Bereichsüberschreitung auftritt:

```
Private J As Long
J = 200000 * 300000 / 400000
```

Auch wenn das Ergebnis dieser Berechnung in den Wertebereich einer *Long*-Variablen passt, kommt es zu einem Überlauf, da dieser Wertebereich bei der Multiplikation überschritten wird. Für diesen speziellen Fall hält Windows jedoch eine Abhilfe in Form der API-Funktion *MulDiv* bereit. Diese API-Funktion multipliziert zwei *Long*-Zahlen miteinander und dividiert sie anschließend durch eine dritte *Long*-Zahl. Das Besondere an dieser API-Funktion ist, dass das Zwischenergebnis der Multiplikation eine 64-Bit-Zahl sein darf.

Syntax   *MulDiv* multipliziert zwei 32-Bit-Zahlen und dividiert das Ergebnis durch eine 32-Bit-Zahl, wobei das Zwischenergebnis der Multiplikation eine 64-Bit-Zahl sein darf.

```
Declare Function MulDiv Lib "kernel32" Alias "MulDiv" _
(ByVal nNumber As Long, ByVal nNumerator As Long, _
ByVal nDenominator As Long) As Long
```

Beispiel   Das folgende Beispiel führt eine Operation durch, bei der das Zwischenergebnis den Wertebereich der beteiligten Variablen zwar überschreitet, dennoch kein Überlauf die Folge ist.

```
Private i As Long, j As Long, k As Long
i = 200000
j = 300000
k = MulDiv(i, j, 400000)
```

Diese Form der Bereichserweiterung steht in VBA offiziell nicht zur Verfügung und soll lediglich zeigen, dass man manchmal etwas einfallsreicher sein muss, um die von VBA auferlegten Beschränkungen zu umgehen.

9.7.3   Vorsicht vor Rundungen

Vorsicht beim Zuweisen von Fließkommawerten an *Integer*-Variablen, denn VBA nimmt nämlich eigenmächtig eine Rundung vor. Warum kann es bei der folgenden Programmkonstruktion zu einem Laufzeitfehler kommen?[4]

```
Private z As Integer
z= (Rnd * 3) + 1
Select Case z
Case 1
Case 2
Case 3
End Select
```

Eigentlich sollte der Wert der Variablen *z* doch nur zwischen 0 und 3 liegen. Leider nein, da alle Werte größer 3,5 auf 4 aufgerundet werden. Dies ist eine recht subtile Fehlerursache, die nur durch strenge Typenumwandlung gar nicht erst zu einem Problem werden kann:

```
z = CInt(Rnd * 3) + 1
```

9.7.4   Wie werden mathematische Formeln umgesetzt?

Haben Sie verstanden, nach welchem Schema ein Ausdruck ausgewertet wird, ist die Umsetzung mathematischer Formeln für Sie kein Problem mehr. Wie Sie in Kapitel 9.13.1, »Rechenfunktionen«, erfahren

---

[4]   Ganz nachvollziehbar ist das Prinzip des Rundens für mich allerdings nicht.

werden, verfügt VBA neben den Operatoren auch über eine Reihe mathematischer Funktionen, mit denen Sie z.B. einen Logarithmus oder eine Quadratwurzel berechnen können.

Allerdings verlangt die Umstellung einer mathematischen Formel in VBA eine gewisse Übung. Nehmen Sie als Beispiel die Formel zur Berechnung der Standardabweichung:

$$s = \sqrt{\frac{\sum (x - \mu)^2}{N}}$$

Diese Formel kann man natürlich in einem VBA-Programm nicht so einfach hineinschreiben, zumal es keine Möglichkeit gibt, ein Wurzelzeichen einzugeben. Man muss sie vielmehr mit Hilfe der zur Verfügung stehenden Funktionen und gemäß der allgemeinen Regeln für den Aufbau eines Ausdrucks umwandeln:

```
s = Sqr(Summe(x-u)^2 / n)
```

Doch Vorsicht, eine solche Formel ergibt für VBA ebenfalls keinen Sinn, auch wenn sie bezüglich der Syntax korrekt ist. Zum einen gibt es in VBA keine Summe-Funktion. Zum anderen impliziert das Sigma-Zeichen in der Formel bekanntlich, dass alle x-Werte nacheinander durchlaufen werden. Das Argument *x-u*, das beim Aufruf der Summe-Funktion übergeben wird, steht jedoch lediglich für eine einzelne Differenz. Die Summe-Funktion müsste daher als allgemeine Funktion über eine *Function*-Anweisung nachgebaut werden. Diese Mühe macht man sich im allgemeinen jedoch nicht, stattdessen wird das Bilden der Summe in die jeweilige Formel eingebaut. Die korrekte Umsetzung der Formel zur Berechnung der Standardabweichung könnte daher wie folgt lauten:

```
Function Standardabweichung(ParamArray Werte() As Variant)
    Dim n As Integer, AnzahlWerte As Integer
    Dim Summe As Integer, MittelWert As Single
    AnzahlWerte = UBound(Werte) + 1
    For n = 0 To AnzahlWerte - 1
        Summe = Summe + Werte(n)
    Next n
    MittelWert = Summe / AnzahlWerte
    For n = 0 To AnzahlWerte - 1
        Summe = Summe + (Werte(n) - MittelWert) ^ 2
    Next n
    Standardabweichung = Sqr(Summe / n)
End Function
```

Ganz schön viel, was aus der recht einfachen Formel geworden ist. Machen Sie sich um die einzelnen Anweisungen nicht allzu viele Gedanken, sie werden in den nächsten Abschnitten Schritt für Schritt erklärt. Aufgerufen wird die Funktion in der Form

```
s = Standardabweichung(1, 3, 4, 5, 2, 10)
```

wobei Sie in Klammern beliebig viele Zahlen »übergeben« können. Die errechnete Standardabweichung wird der Variablen s zugewiesen. Na toll, so clever ist ein PC nun offenbar doch nicht, denn mit einem billigen Casio-Taschenrechner lässt sich die gleiche Berechnung mit ein paar Tastendrücken erledigen. Bedenken Sie dabei aber zwei Dinge. Zum einen ist es dank der Programmierbarkeit jederzeit möglich, die Formel beliebig umzugestalten oder zu erweitern. Zum anderen ist es mehr oder weniger Willkür des Schicksals, dass eine Funktion zur Standardabweichung nicht bereits in VBA fest eingebaut ist. Wenn Sie diese Funktion öfter benötigen, müssen Sie sie in Zukunft nur noch in Form eines allgemeinen Moduls (.*Bas*-Datei) oder besser gleich als globales Klassenmodul (.*Cls*-Datei) in Ihr Projekt einbinden und können auf die Funktion zugreifen, als wäre sie von Anfang Bestandteil von VBA gewesen. Sie sehen an diesem Beispiel recht gut, dass es oft nicht damit getan ist, eine Formel 1:1 in VBA umzusetzen. Man muss einige Dinge, wie z.B. das Bilden einer Summe, mit Hilfe der Programmierlogik von VBA »nachbauen«.

9.7.5   Exkurs: Auswerten von Formelausdrücken

Wer noch zur Schule oder schon/noch zur Uni/Fachhochschule geht oder sich aus irgendeinem anderen Grund gerne mit Mathematik beschäftigt, wird schnell den Wunsch verspüren, einen kleinen Funktionsplotter in VBA zu programmieren. Eigentlich keine schwierige Aufgabe, denn ein Bildfeld ist für diese Dinge hervorragend geeignet. Wenn es da nicht das Problem gäbe, beliebige Formeln auswerten zu müssen. Stellen Sie sich vor, jemand gibt in ein Textfeld den (mathematisch gesehen harmlosen) Ausdruck sin(x)2 – cos(x)2 ein. Für VBA ist dies nichts anderes als ein beliebiger Text-String ohne spezielle Bedeutung. Da es eine Eval-Funktion zum Auswerten beliebiger numerischer Ausdrücke, anders als in VBScript (allerdings erst ab Version 5), leider nicht gibt, muss man sich anders behelfen. Folgende Alternativen stehen zur Verfügung:

1. Einen Formelparser in VBA schreiben.

2. Einen Formelparser in C, C++ oder Delphi schreiben und als DLL-Funktion aufrufen.

3. Einen fertigen Formelparser als DLL-Funktion oder als Zusatzsteuerelement integrieren.

4. Den Formelparser eines anderen Programms über Automation ansteuern.

Option 1 zu wählen, heißt den harten und mühsamen Weg zu be-schreiten, denn einen Formelparser schüttelt man nicht eben aus dem Ärmel[5]. Auf der anderen Seite ist es sicherlich eine reizvolle Aufgabe, denn man lernt einiges über die Programmierung. Im Prinzip muss man den String in Zahlen, Variablen und Operatoren zerlegen und die Operatoren auf die Zahlen und Variablen anwenden. Schwierig wird es, weil die Punkt-vor-Strich-Regel eingehalten und Klammerausdrücke berücksichtigt werden müssen. In der Regel wird man einen Parser so schreiben, dass er stets einen elementaren Ausdruck auswertet und, sobald er auf eine Klammer stößt, das Zwischenergebnis speichert und sich selber rekursiv aufruft. Für Option 2 gilt das gleiche, allerdings kommt hier zum einen erleichternd hinzu, dass man bei den aufgezähl-ten Sprachen mit Zeigern arbeiten kann, was die Zerlegung des Strings erleichtert, und zum anderen, dass man gerade für C sehr viele fertige Beispiele in Büchern findet, die man »nur« noch ein wenig modifizieren und mit Hilfe von Visual C++ oder Borland C++ in Form einer DLL verpacken muss.

Die einfachste Lösung liefert Option 3. Fertige Formelparser als Acti-veX-Steuerelemente gibt es leider relativ wenige, ein Beispiel ist Eval-O-Matic Suite von ComponentCafe (*www.componentcafe.com/*). Die-ses Steuerelement ist in der Lage, nahezu beliebige mathematische Ausdrücke auszuwerten. Einfacher geht es nicht mehr. Auch Option 4 soll kurz angesprochen werden, denn prinzipiell spricht nichts dage-gen, die Auswertung der Formel einem anderen Programm, zum Bei-spiel Excel, zu übertragen. Voraussetzung ist allerdings, dass das Pro-gramm (OLE-) Automation oder zumindest DDE unterstützt, wobei ersteres sehr viel komfortabler anzuwenden ist. In Kapitel 19, »Office-Programmierung mit Visual Basic«, erhalten Sie ein Beispiel dafür, wie Sie eine beliebige Rechenaufgabe an Excel übertragen, indem Sie die Rechenparameter in die Zellen eines Tabellenblattes eintragen, die Formel in eine weitere Zelle eingeben und das Ergebnis aus dieser Zelle wieder abholen. Das Ganze benötigt lediglich ein paar Zeilen einfa-chen VBA-Programmcodes, wobei Excel selbst nie direkt in Erschei-nung tritt.

9.7.6   Logische Operatoren

Bei den logischen Operatoren werden zwei Operanden bitweise ver-knüpft. Auf welche Weise zwei korrespondierende Bits zu einem Er-gebnis-Bit verknüpft werden, wird über die sog. *Wahrheitstabelle* fest-gelegt. Der Name ist natürlich etwas irreführend, denn es geht lediglich

---

[5] Wer ein wenig im Web sucht, findet bestimmt interessante Beispiele für komplette Formelparser mit Quellcode.

um die Wahrheit im Sinne einer binären Verknüpfung. Aus der Wahrheitstabelle erfahren Sie, welches Bit herauskommt, wenn Sie zwei (oder mehrere) Bits nach einer bestimmten Regel verknüpfen. Nicht alle logischen Operatoren sind gleich wichtig. Am häufigsten werden der *And*-Operator (Und-Verknüpfung) und der *Or*-Operator (Oder-Verknüpfung) eingesetzt. Der *Xor*-Operator kann bei Grafikoperationen, bei denen mehrere Bitmaps kombiniert werden sollen, eine wichtige Rolle spielen.

Der And-Operator

Der *And*-Operator führt eine logische (d.h. bitweise) Und-Verknüpfung durch. Das Ergebnisbit ist gesetzt, wenn die beiden zu verknüpfenden Bits *True* sind.

Tabelle 9.7:
Die Wahrheits-
tabelle des And-
Operators.

Bit1	Bit2	Ergebnis
0	0	0
0	1	0
1	0	0
1	1	1

Der *And*-Operator wird z.B. dann benötigt, wenn Bits in einer Zahl gezielt gesetzt oder zurückgesetzt werden sollen.

Der Xor-Operator

Der *Xor*-Operator führt eine logische (d.h. bitweise) Exor-Verknüpfung durch. Das Ergebnis-Bit ist gesetzt, wenn die beiden zu verknüpfenden Bits verschieden sind.

Tabelle 9.8:
Die Wahrheits-
tabelle des Xor-
Operators.

Bit1	Bit2	Ergebnis
0	0	0
0	1	1
1	0	1
1	1	0

Der Not-Operator

Der *Not*-Operator führt eine logische (d.h. bitweise) Negierung, d.h. eine Umkehrung, durch. Das Ergebnis-Bit ist das Gegenteil des Ausgangs-Bits.

Bit 1	Ergebnis
0	1
1	0

Tabelle 9.9:
Die Wahrheits-
tabelle des Not-
Operators.

Der *Not*-Operator verhält sich in einigen Fällen scheinbar etwas merkwürdig:

```
?Not (2)
-3
```

Die Ursache dafür, dass -3 und nicht, wie zunächst zu erwarten gewesen wäre, -2 erscheint, liegt darin, wie VBA intern negative Zahlen darstellt. Betrachten wir die Operation auf der Bit-Ebene, ergibt sich folgendes Bild. Der Einfachheit halber beschränkt sich der Vergleich auf *Integer*-Werte.

```
Vor der Anwendung des Not-Operators:
0 0 0 0 0 0 0 0 0 0 0 0 0 0 1 0   (2)
Nach der Anwendung des Not-Operators:
1 1 1 1 1 1 1 1 1 1 1 1 1 1 0 1 (65533)
```

Zwar dreht der *Not*-Operator brav alle Bits um, doch ist die Zahl 65.533 im Wertebereich einer *Integer*-Zahl nicht erlaubt, da sich dieser nur bis 32.767 erstreckt. Die obige Darstellung entspricht vielmehr einer negativen Zahl. Um ihren Wert herauszufinden, muss man allerdings wissen, dass VBA negative Zahlen im sog. *Zweierkomplement* darstellt. Das Zweierkomplement einer Zahl erhält man, indem man alle Bits umdreht und anschließend 1 addiert. Um aus einem Zweierkomplement den absoluten Wert zu machen, muss man also 1 abziehen und alle Bits wieder umdrehen:

```
1 1 1 1 1 1 1 1 1 1 1 1 1 1 0 0
```

Dies ist die obige Zahl minus 1. Das Umdrehen aller Bits ergibt:

```
0 0 0 0 0 0 0 0 0 0 0 0 0 0 1 1
```

Dies ist die binäre Darstellung der Zahl 3. Das ist der Grund, warum der *Not*-Operator aus der 2 eine -3 macht.

Der Or-Operator

Der *Or*-Operator führt eine logische (d.h. bitweise) Oder-Verknüpfung durch. Das Ergebnis-Bit ist gesetzt, wenn eines der beiden zu verknüpfenden Bits *True* ist.

Tabelle 9.10:
Die Wahrheits-
tabelle des
Or-Operators.

Bit 1	Bit 2	Ergebnis
0	0	0
0	1	1
1	0	1
1	1	1

Der *Or*-Operator wird z. B. dann benötigt, wenn Bits in einer Zahl gesetzt werden sollen, ohne die übrigen Bits zu beeinflussen.

Der Eqv-Operator

Der *Eqv*-Operator führt eine logische (bitweise) Äquivalenz-Verknüpfung durch. Das Ergebnis-Bit ist gesetzt, wenn die beiden zu verknüpfenden Bits gleich sind. Dieser Operator wird so gut wie nie benötigt. Noch zutreffender dürfte die Aussage sein, dass dieser Operator eigentlich vollkommen überflüssig ist.

Tabelle 9.11:
Die Wahrheits-
tabelle des Eqv-
Operators.

Bit 1	Bit 2	Ergebnis
0	0	1
0	1	0
1	0	0
1	1	1

9.7.7   Der Imp-Operator

Der *Imp*-Operator führt ebenfalls eine logische Verknüpfung durch[6]. Das Ergebnis-Bit ist gesetzt, wenn das erste zu verknüpfende Bit *False* oder das zweite zu verknüpfende Bit *True* ist. Auch dieser Operator wird so gut wie nie benötigt und dürfte in erster Linie der Vollständigkeit halber mit von der Partie sein[7].

Tabelle 9.12:
Die Wahrheits-
tabelle des Imp-
Operators.

Bit 1	Bit 2	Ergebnis
0	0	1
0	1	1

---

[6] Fragen Sie mich aber bitte nicht, welche.

[7] Es ist immer wieder erstaunlich, wie hartnäckig sich einige Anweisungen über die vielen Jahre, in denen es Basic nun gibt, halten. Vielleicht sollte man eine Art »Urabstimmung« unter den VBA-Programmierern durchführen.

Bit1	Bit2	Ergebnis
1	0	0
1	1	1

9.7.8   Besonderheiten bei logischen Verknüpfungen

Wir kommen nun zu einem etwas heiklen Thema, der Durchführung von logischen Operatoren mit (ganzen) Zahlen. Sie wissen bereits, dass bei einer logischen Verknüpfung zwei Zahlen bitweise miteinander verknüpft werden. Doch können Sie erklären, warum die folgende Und-Verknüpfung der *Long*-Variablen *MausPosition*, die den sehr hohen Wert 20.316.582 besitzen soll, mit dem (Hexadezimal-) Wert &HFFFF (eine durchaus übliche Bitoperation) ein scheinbar merkwürdiges Ergebnis produziert?

```
?Mausposition And &HFFFF
20316582
```

Ohne es auf die letzte Stelle genau nachrechnen zu müssen, sollte die Und-Verknüpfung einer 32-Bit-Zahl mit dem Wert &HFFFF dazu führen, dass die Bits 16 bis 31 auf Null gesetzt werden und in jedem Fall ein Wert kleiner 65.535 resultiert. Doch offenbar kann die Und-Verknüpfung der Zahl nichts anhaben, denn ihr Wert wird in keinster Weise verändert. Was ist da los? Um es nicht zu spannend zu machen, VBA rechnet (bzw. verknüpft) durchaus richtig, allerdings etwas anders als es zunächst den Anschein hat. Das Problem bei derartigen Umrechnungen ist, dass VBA bei jeder Zahl grundsätzlich das Vorzeichen berücksichtigt. Bei der obigen Operation wird eine 32-Bit-Zahl (hier hat das Vorzeichen keine Bedeutung) mit der 16-Bit-Zahl &HFFFF verknüpft wird. Doch da es sich beim zweiten Operanden um einen Integer-Typ handelt, wird dieser von VBA auf 32 Bit erweitert. Doch anstatt die Bits 16 bis 31 mit Nullen aufzufüllen, wird die Zahl vorzeichenrichtig erweitert, was einem Auffüllen der höherwertigen Stellen mit Einsen entspricht. Anstatt die Und-Verknüpfung mit der Zahl

```
&HFFFF = 0 0 0 0 0 0 0 0 0 0 0 0 0 0 0 0 1 1 1 1 1 1 1 1 1 1 1 1 1 1 1 1
```

durchzuführen, führt VBA die Operation intern mit der Zahl

```
&HFFFFFFFF = 1 1 1 1 1 1 1 1 1 1 1 1 1 1 1 1 1 1 1 1 1 1 1 1 1 1 1 1 1 1 1 1
```

durch. Mathematisch ist diese Operation korrekt, doch wenn es darum geht, einzelne Bits auszublenden, kommt leider nicht das gewünschte Ergebnis heraus. Zum Glück ist die Lösung in diesem Fall einfach. Versehen Sie die Zahl &HFFFF einfach mit dem Typenkennzeichen &, sodass eine vorzeichenrichtige Erweiterung unterbleibt:

```
?Mausposition And &HFFFF&
422
```

Nun sind alle zufrieden, oder? Nun, noch nicht ganz. Was ist denn los, wenn das Ergebnis der Und-Verknüpfung einer *Integer*-Zahl zugewiesen werden soll? Probieren Sie dies unbedingt einmal selbst aus:

```
?CInt(Mausposition And &HFFFF&)
422
```

Bislang ist alles in Ordnung. Das Ergebnis der Verknüpfung wird über die *CInt*-Funktion korrekt in eine *Integer*-Zahl umgewandelt. Doch geben Sie der Variablen einmal ein negatives Vorzeichen:

```
?CInt(-Mausposition And &HFFFF&)
```

Jetzt ist ein Überlauf die Folge. Noch deutlicher wird diese Eigenheit bei folgender Operation:

```
?CInt(32768 And &HFFFF&)
```

Auch hier meldet VBA einen Überlauf. Der Grund dafür liegt darin, dass in beiden Fällen ein negatives Ergebnis entsteht, das kleiner ist als -32.768, der »größten« Zahl im negativen Bereich, die in einer *Integer*-Zahl dargestellt werden kann. Eine Funktion, die aus einer *Long*-Zahl die niederwertige Hälfte, d.h. die Bits 0 bis 15 – auch LoWord genannt – extrahiert, muss diesen Umstand unbedingt berücksichtigen:

```
Function LoWord (dWert As Long) As Integer
    If (dWert AND &H8000&) = 0 Then
        LoWord = dWert AND &HFFFF&
    Else
        LoWord = &H8000 OR (dWert AND &H7FFF&)
    End If
End Function
```

Die erste *If*-Abfrage der *LoWord*-Funktion prüft, ob Bit 15 gesetzt ist, d.h., die übergebene 32-Bit-Zahl als 16-Bit-Zahl negativ ist. Ist dies nicht der Fall, können die Bits 16 bis 31 einfach ausgeblendet werden, das Resultat liegt in jedem Fall zwischen 0 und 32.767. Ist Bit 15 dagegen gesetzt, muss es zunächst über eine Und-Verknüpfung mit

```
&H7FFF& (binär 0 0 0 0 0 0 0 0 0 0 0 0 0 0 0 0 - 0 1 1 1 1 1 1 1 1 1 1 1
1 1 1)
```

auf Null gesetzt werden. Die anschließende Oder-Verknüpfung mit

```
&H8000
(binär 1 1 1 1 1 1 1 1 1 1 1 1 1 1 1 1  1 0 0 0 0 0 0 0 0 0 0 0 0 0 0 0)
```

setzt dieses Vorzeichen wieder, ohne dabei aber den Wertebereich einer *Integer*-Zahl zu verlassen. Diese subtilen Unterschiede muss man kennen, um in VBA souverän zwischen 16- und 32-Bit-Zahlen umrechnen zu können.

Damit ist (hoffentlich) auch klar, wie eine *HiWord*-Funktion aussehen muss, die die oberen 16 Bit einer 32-Bit-Zahl ohne Berücksichtigung des Vorzeichens zurückgibt:

```
Function HiWord(dWert As Long) As Integer
    If (dWert And &H8000&) = 0 Then
        HiWord = dWert / &H10000
    Else
        HiWord = (dWert And &H7FFF&) / &H10000
    End If
End Function
```

Natürlich ist dies nur eine (und nicht unbedingt die schnellste) Möglichkeit, eine *LoWord*- und eine *HiWord*-Funktion zu implementieren (das Beste ist, auf eine in C geschriebene Bibliotheksfunktion zurückzugreifen). Wichtig ist lediglich, das Vorzeichen bei der Aufteilung zu berücksichtigen.

> *Geht es darum, zwei 16-Bit-Werte vorzeichenkorrekt zu einem 32-Bit-Wert zu verknüpfen, kann die (ansonsten recht obskure) LSet-Anweisung behilflich sein. Diese ist dazu da, eine Variable in den von einer anderen Variablen belegten Speicherplatz einzufügen:*

:-)
TIP

```
Option Explicit

Private Type typTest
    Teil1 As Integer
    Teil2 As Integer
End Type

Private Type typNeuerTestTyp
    Gesamt As Long
End Type

Private Sub cmdTest_Click()
    Dim X As typTest
    Dim Y As typNeuerTestTyp
    X.Teil1 = 1234
    X.Teil2 = 5678
    LSet Y = X
End Sub
```

9.7.9 Umrechnung von Dezimal in Binär und umgekehrt

Spätestens an dieser Stelle wird die Notwendigkeit einer Funktion, die Dezimalzahlen in Binärzahlen umwandelt, mehr als deutlich. Zwar bietet VBA eine *Hex*- und eine *Oct*-Funktion, nicht jedoch eine *Bin*-Funktion. Bei der Umrechnung einer Dezimalzahl in eine Binärzahl kommt es darauf an, für jede vorhandene Zweierpotenz in der umzurechnenden Zahl eine 1 zu notieren und für jede nicht vorhandene Zweierpotenz entsprechend eine 0. Am effektivsten arbeitet natürlich eine C-Funktion, die als DDL-Funktion aufgerufen wird, und bei der die einzelnen Stellen durch Verschieben der Zahl um eine Position nach links ermittelt werden. Doch zu Testzwecken tut es die folgende VBA-Funktion auch:

```
Function Bin(ByVal Wert As Long, Optional TrennFlag _
As Variant) As String
    Dim n As Integer, Temp As String, Digit As Byte
    For n = 31 To 0 Step -1
        Digit = Int(Wert / 2 ^ n)
        Temp = Temp & Digit
        Wert = Wert - Digit * 2 ^ n
    Next n
    If IsMissing(TrennFlag) = False Then
        Bin = Left(Temp, 16) & "-" & Right(Temp, 16)
    Else
        Bin = Temp
    End If
End Function
```

Die *Bin*-Funktion wandelt eine 32-Bit-Zahl in ihr binäres Äquivalent um:

```
?Bin(2^31-1)
0111111111111111111111111111111111
```

Was hat es mit der Variablen *TrennFlag* auf sich? Nicht viel, diese optionale Variable gibt zur besseren Lesbarkeit einen Trennstrich zwischen dem höherwertigen und dem niederwertigen Wort aus:

```
?Bin(2^31-1,True)
0111111111111111-1111111111111111
```

Die korrekte Umwandlung negativer Zahlen ist mit dieser Funktion leider nicht möglich, da VBA eine Zahl stets unter Berücksichtigung des Vorzeichens behandelt und es bei der Operation

```
Wert = Wert - 1 * 2 ^ 31
```

zwangsläufig zu einem Überlauf kommt.

Quiz: Warum wird das Argument *Wert* im Funktionskopf mit dem Schlüsselwort *ByVal* versehen?

```
Function Bin(ByVal Wert As Long, Optional TrennFlag _
As Variant) As String
```

Ohne diesen Vorsatz wird die Variable als Referenz übergeben, was zur Folge hat, dass sie auf der Modulebene nach Beendigung der Funktion den Wert 0 besitzt. Soll ihr Wert aber erhalten bleiben, was in der Regel wünschenswert ist, darf die Funktion lediglich eine Kopie des Wertes und nicht die Adresse der Variablen übergeben.

Auch die umgekehrte Berechnung des dezimalen Wertes einer binären Zahl ist nicht weiter schwer. Hier kommt es lediglich darauf an, die einzelnen Binärzahlen mit der entsprechenden Zweierpotenz zu multiplizieren:

```
Function BinToDez(Wert As String) As Long
    Dim n As Integer, Temp As Long, Digit As Byte, _
    Länge As Byte
    Länge = Len(Wert)
    For n = 1 To Länge
        Digit = Val(Mid(Wert, n, 1))
        Temp = Temp + Digit * 2 ^ (Länge - n)
    Next n
    BinToDez = Temp
End Function
```

Erweiterungsvorschlag:

Bauen Sie die Umrechnungsfunktionen in eine Klasse ein (*clsZahlenkonverter*). Das ist eine gute Übung, um mehr über den Umgang mit Klassen zu lernen. Nachdem Sie Kapitel 20 durchgearbeitet haben, können Sie aus Ihrem Zahlenkonverter ein richtiges Zusatzsteuerelement machen. In Kapitel 21 erfahren Sie, wie Sie es in eine globale Code-Komponente umwandeln. Es gibt also noch einiges zu tun.

9.8 Entscheidungen

Entscheidungen werden in VBA über die Anweisungen *If* (Wenn) und *Then* (Dann) realisiert. Die *If*-Anweisung macht nichts anderes als den auf die Anweisung folgenden Ausdruck zu zu prüfen. Ist der Ausdruck wahr (also ergibt er ein Ergebnis ungleich Null), werden die folgenden Anweisungen ausgeführt. Ist der Ausdruck dagegen Null, werden die folgenden Anweisungen nicht ausgeführt.

Umgangssprachlich kann man sich den Ausdruck, der stets auf die *If*-Anweisung folgt, als eine Ja-Nein-Bedingung vorstellen. Bei dieser Bedingung handelt es sich im allgemeinen um einen Vergleich (zum Beispiel »Temperatur > 80«), es kann sich jedoch um einen beliebigen Ausdruck handeln. Ist dieser Ausdruck = 0, ist die Bedingung nicht erfüllt und die auf die *Then*-Anweisung folgenden Anweisungen werden nicht ausgeführt. Die Programmausführung wird stattdessen mit der nächsten Anweisung, die auf die *If*-Anweisung folgt, fortgesetzt. Ist der Ausdruck dagegen ungleich Null, gilt die Bedingung als erfüllt und VBA führt die auf die *Then*-Anweisung folgende Anweisung aus.

Auch wenn auf die *If*-Anweisung nur eine Anweisung folgt, sollte man diese in eine eigene Zeile unterbringen und den *If*-Zweig mit der *End-If*-Anweisung beenden. Ihre Programme werden dadurch besser lesbar und weniger fehleranfällig. Also anstatt so:

```
If A = 1 Then SummeAddieren
```

besser so:

```
If A = 1 Then
    SummeAddieren
End If
```

Auf diese Weise ist es ein wenig leichter, den *If*-Zweig zu erweitern:

```
If A = 1 Then
    SummeAddieren
    VariableLöschen
    MsgBox Prompt:="Alles klar!"
End If
```

Der *Then*-Zweig umfasst nun alle Anweisungen bis zur *End-If*-Anweisung. Ist die Bedingung *A=1* nicht erfüllt, wird die Programmausführung mit der nächsten Anweisung fortgesetzt, die auf die *End-If*-Anweisung folgt.

Es wird zwar selten davon Gebrauch gemacht, doch möglich ist es. Die Rede ist von der Möglichkeit, mehrere Anweisungen getrennt durch einen Doppelpunkt in einer Programmzeile unterzubringen:

```
If A = 1 Then Call ErgebnisRrechnen : B = 2 : lstZahlen.Clear
```

Zwar werden Programmlistings dadurch ein wenig kürzer, die Lesbarkeit des Programms wird aber mit Sicherheit nicht erhöht. Außerdem gibt es Situationen, in denen VBA den Doppelpunkt mit dem Markierungszeichen für eine Sprungmarke verwechselt.

9.8.1 Auch bei Mißerfolg passiert etwas – die Else-Anweisung

Ist die auf die *If*-Anweisung folgende Bedingung erfüllt, wird eine bestimmte Anzahl an Anweisungen ausgeführt. Ist die Bedingung nicht erfüllt, wird das Programm in der nächsten Zeile oder bei den auf die *End-If*-Anweisung folgenden Anweisungen fortgesetzt. Über die *Else*-

Anweisung besteht die Möglichkeit, eine oder mehrere Anweisungen nur dann ausführen zu lassen, wenn die Bedingung nicht erfüllt ist:

```
If Bedingung Then Anweisungen Else Anweisungen
```

oder etwas eleganter

```
If Bedingung Then
    Anweisungen
Else
   Anweisungen
End If
```

Alle zwischen *Else* und *End If* aufgeführten Anweisungen werden nur dann ausgeführt, wenn Bedingung den Wert *False* ergibt:

```
If Spielstand > 10 Then
   MsgBox Prompt:="Hurra, gewonnen!"
Else
   MsgBox Prompt:="Sie müssen leider noch ein wenig weiterspielen!"
End If
```

9.9   Bedingungen können kombiniert werden

Nicht immer wird bei einer Entscheidung eine einzige Bedingung geprüft. Soll ein Alarm nur dann ausgelöst werden, wenn entweder *Sensor1* oder *Sensor2* ein Signal melden, müssen diese beiden Bedingungen miteinander verknüpft werden. Möglich wird dies über die logischen Operatoren *And* (Und-Verknüpfung) und *Or* (Oder-Verknüpfung), die bereits im Abschnitt über Operatoren vorgestellt wurden:

```
If Sensor1 = True Or Sensor2 = True Then AlarmAuslösen
```

Der *Or*-Operator verknüpft die beiden Bedingungen miteinander und liefert ein Resultat, das entweder *True* oder *False* ist. Gemäß der Oder-Verknüpfungsregel ist es *True*, wenn mindestens eine der verknüpften Bedingungen ebenfalls den Wert *True* besitzt. Wird dagegen der *And*-Operator eingesetzt, müssen beide (alle) Bedingungen den Wert *True* ergeben, damit dieser Operator einen *True*-Wert liefert:

```
If Sensor1 = True And Sensor2 = True Then AlarmAuslösen
```

In diesem Fall wird der Alarm nur dann ausgelöst, wenn sowohl *Sensor1* als auch *Sensor2* ein Signal liefern.

Beachten Sie, dass es sich bei *Sensor1 = True And Sensor2 = True* um einen zusammenhängenden Ausdruck handelt, an dem drei Operatoren beteiligt sind. Die Operatorpriorität spielt daher eine wichtige

Rolle. Würde der logische Operator *And* eine höhere Priorität besitzen als der Vergleichsoperator =, würde zuerst die Verknüpfung *True And Sensor2* ausgeführt werden, was die Abfrage natürlich verfälscht. Achten Sie daher stets auf die Priorität der beteiligten Operatoren, und setzen Sie gegebenenfalls Klammern, um eine bestimmte Reihenfolge bei der Auswertung einzuhalten.

Mit den logischen Operatoren *And*, *Or* und *Xor* (Exlusiv-Oder-Verknüpfung) lassen sich auch komplexe Bedingungen formulieren. Erfahrenen Entwicklern ist die Bedeutung logischer Verknüpfungen bestens vertraut, zumal jede gründliche Programmiereinführung zunächst auf die Grundgesetze binärer Logik (bei einer logischen Verknüpfung werden die beteiligten Operanden bitweise miteinander verknüpft) eingeht.

Verknüpfte Entscheidungen werden bei VBA etwas schneller ausgeführt, wenn sie auf mehrere Then-Anweisungen verteilt und nicht in einer einzigen If-Anweisung zusammengefasst werden. Die Anweisung

```
If A > 10 And B < 17 Then
```

sollte in der Form

```
If A < 20 Then
    If B < 17 Then
    ' Anweisungen
    End If
End If
```

geschrieben werden. Eine spürbare Geschwindigkeitssteigerung ergibt sich aber nur dann, wenn die Entscheidung innerhalb einer Schleife sehr oft ausgeführt wird.

9.9.1 Verschachtelte Entscheidungen

In größeren Programmen ist es häufig erforderlich, mehrere Entscheidungen ineinander zu verschachteln. Zum Beispiel dann, wenn die Ausführung einer Anweisung von mehreren Bedingungen abhängig ist, die nacheinander (nicht zusammen) geprüft werden müssen. Stellen Sie sich als Beispiel das Funktionsprinzip eines Geldautomaten vor, das im folgenden (allerdings ein wenig vereinfacht) durch eine Folge von *If-Else-End-If*-Abfragen beschrieben wird:

```
If KarteImSchlitz = True Then
    KartenLesen
    If KartenGültig = True Then
        Ausgabe "Bitte geben Sie Ihre Geheimnummer ein"
```

```
        GeheimnummerEingeben
         If Geheimnummer = Gültig Then
         Ausgabe "Bitte geben Sie den gewünschten Betrag ein"
        BetragEntgegennehmen
        If KontoStand - Betrag < Limit And _
        Betrag > BarGeldReserve Then
            GeldAuszahlen
            KontoStandAktualisieren
            BarGeldReserve = BarGeldReserve - Betrag
        Else
            Ausgabe "Auszahlung leider nicht möglich"
        End If
    Else
        Ausgabe "Geheimnummer ungültig"
        Versuche = Versuche + 1
        If Versuche > 3 Then Abbruch
    End If
    Else
        Ausgabe "Karte ungültig"
        Abbruch
    End If
Else
    Ausgabe "Unser Geldautomat steht Ihnen 23 Stunden am Tag zur
Verfügung"
End If
```

Zunächst einmal gilt als praktisch »unumstößliches« Grundgesetz, dass zu jeder _If_-Anweisung irgendwo im Programm (bei VBA innerhalb der Prozedur oder Funktion) eine _End-If_-Anweisung folgen muss. Das Einrücken der ineinander verschachtelten _If_-Zweige ist zwar keine Pflicht, erleichtert aber die Lesbarkeit des Programms enorm. Das Programm besteht aus insgesamt vier _If_-Anweisungen, die der Reihe nach abgearbeitet werden.

Für alle »Einrückmuffel« gibt es eine gute Nachricht. In der Symbolleisten Bearbeiten, die im allgemeinen allerdings erst sichtbar gemacht werden muss, gibt es ein Symbol, durch die ein markierter Block ein- oder ausgerückt wird. Sie müssen also nicht jede Zeile einzeln einrücken.

:-)
TIP

9.9.2 Die ElseIf-Anweisung macht das Programm übersichtlicher

Auch das nächste Beispiel enthält eine Aneinanderreihung von _If_-Anweisungen, die diesmal aber nicht verschachtelt sind:

```
If Punkte = 0 Then
    Ergebnis = "Das war wohl nix!"
    Bonus = 0
```

```
Else
    If Punkte > 0 And Punkte < 5 Then
        Ergebnis = "Fürs erste nicht schlecht"
        Bonus = 5
    Else
    If Punkte > 4 And Punkte < 10 Then
        Ergebnis = "Wirklich eine reife Leistung"
        Bonus = 10
    Else
    If Punkte > 9 Then
        Ergebnis = _
        "Spitze, Sie haben sich für Wetten dass! qualifiziert"
        Bonus = 1E6
    End If
    End If
    End If
End If
Print "Ihr Ergebnis: " & Ergebnis & _
" bei Jimmy's Flipper Madness"
```

Da jede *If*-Anweisung auch über einen *Else*-Zweig verfügt, lässt sich der Aufbau mit Hilfe der *ElseIf*-Anweisung ein wenig vereinfachen. Diese Anweisung fasst die Anweisungen *Else* und *If* zusammen und spart damit eine *End-If*-Anweisung. Der Programmaufbau wird dadurch ein wenig übersichtlicher. Sehen Sie selbst:

```
If Punkte = 0 Then
    Ergebnis = "Das war wohl nix!"
    Bonus = 0
ElseIf Punkte > 0 And Punkte < 5 Then
    Ergebnis = "Fürs erste nicht schlecht"
    Bonus = 5
ElseIf Punkte > 4 And Punkte < 10 Then
    Ergebnis = "Wirklich eine reife Leistung"
    Bonus = 10
ElseIf Punkte > 9 Then
    Ergebnis = _
    "Spitze, Sie haben sich für Wetten dass! qualifiziert"
    Bonus = 1E6
End If
Print "Ihr Ergebnis: " & Ergebnis & _
" bei Jimmy's Flipper Madness"
```

Dank der *ElseIf*-Anweisung sparen Sie pro Zweig eine *End-If*-Anweisung. Natürlich kann es auch passieren, dass keine der einzelnen Bedingungen zutrifft. Dieser Fall muss über eine *Else*-Anweisung am Ende des Zweiges abgefragt werden:

```
ElseIf Punkte > 9 Then
        Ergebnis = _
        "Spitze, Sie haben sich für Wetten dass! qualifiziert"
        Bonus = 1E6
Else
```

```
        Ergebnis = _
        "Ergebnis konnte nicht ermittelt werden - Freispiel"
End If
Print "Ihr Ergebnis: " & Ergebnis & _
" bei Jimmy's Flipper Madness"
```

Der letzte *Else*-Block wird nur dann ausgeführt, wenn keine der zuvor getesteten Bedingungen wahr ist.

9.9.3 Die Select-Case-Anweisung

Verschachtelte Entscheidungen können in VBA im allgemeinen ein wenig eleganter implementiert werden. Über die *Select-Case*-Anweisung ist es möglich, einen Ausdruck mit einer Reihe von konstanten Werten zu vergleichen und in Abhängigkeit von den Werten einen bestimmten Anweisungsblock auszuführen. Eine solche Entscheidungsvariante wird auch als Mehrfachentscheidung bezeichnet.

```
Select Case <Ausdruck>
    Case Fall1
        Anweisungen
    Case Fall2
        Anweisungen
    Case Fall3
        Anweisungen
    usw.
    [Case Else
        Anweisungen]
End Select
```
Syntax

Der Wert des auf die *Select-Case*-Anweisung folgenden Ausdrucks wird durch die folgenden *Case*-Anweisungen geprüft und legt somit fest, welcher Anweisungsblock zur Ausführung gelangt. In der Regel wird man über die *Select-Case*-Anweisung den Wert einer einzelnen Variablen abfragen:

```
Select Case Zeichencode
```

Es sind aber auch beliebige Ausdrücke erlaubt:

```
Select Case Int( Sqr (Rnd*Zahl)) + 1
```

Das folgende Beispiel zeigt eine relativ umfangreiche Mehrfachentscheidung:

```
Zeichen = Mid(FormelString, n, 1)
Select Case Zeichen
    Case "0" To "9"
        ZahlenString = ZahlenString & Zeichen
    Case "."
        ZahlenString = ZahlenString & Zeichen
    Case " "
```

```
    Case "+"
        Zahl = Val(ZahlenString) * VorzeichenFlag
    Case "-"
        Zahl = Val(ZahlenString) * VorzeichenFlag
    Case "*"
        Zahl = Val(ZahlenString) * VorzeichenFlag
    Case "/"
        Zahl = Val(ZahlenString) * VorzeichenFlag
    Case Else
        FormelFehler = True
End Select
```

In diesem Beispiel wird beim Wert der Variablen *Zeichen* geprüft, ob es sich um eine Ziffer oder um einen Rechenoperator handelt.

Bei den auf die einzelnen *Case*-Anweisungen zur Abfrage benutzten Ausdrücken muss es sich bereits seit VBA 5.0 nicht mehr ausschließlich um Konstanten handeln. Die folgende Abfrage ist daher erlaubt:

```
Select Case Zeichen
    Case Mid(txtEingabe.text,n,1)
```

Zusätzlich bietet die *Select-Case*-Anweisung eine einfache Möglichkeit, Bereichsprüfungen durchzuführen. In der Anweisung

```
Case "0" To "9"
```

wird geprüft, ob der zu prüfende Ausdruck im Bereich 0 bis 9 liegt. Allerdings wird bei diesem Vergleich kein Vergleich der Zahlenwerte, sondern der Zeichencodes (ANSI-Codes) durchgeführt, die im Bereich 48 bis 57 liegen. Die Bereichsprüfung funktioniert auch mit nicht zusammenhängenden Elementen:

```
Select Case Buchstabe
Case "A", "E", "I", "O", "U"
```

oder

```
Select Case ProduktName
    Case "MS Office", "Star Office", "Perfect Office"
```

Auch Vergleichsoperatoren können eingesetzt werden, ihnen muss aber das Schlüsselwort *Is* vorausgehen:

Eine *Case*-Anweisung kann einen zusammenhängenden Bereich prüfen. Der Beginn und das Ende des Bereichs müssen, getrennt durch das Schlüsselwort *To*, aufgeführt werden, z.B. *Case 2 To 5*.

Syntax
```
Case Is Vergleichsoperator Ausdruck
```

Beispiel
```
Select Case Zahl
    Case Is > 100
            MsgBox "Zahl kleiner 100"
```

```
        Case Is < 0
            MsgBox "Zahl kleiner 0"
```

In diesem Beispiel wird durch die erste *Case*-Anweisung geprüft, ob die Variable Zahl einen Wert größer 100 besitzt. Das Schlüsselwort *Is* kann bei der Eingabe allerdings entfallen, da es VBA ohnehin selbständig einfügt.

Ein beliebter Anfängerfehler ist es, einen *Case*-Zweig mit einem Vergleich wie folgt zu formulieren:

```
Select Case Zahl
        Case Zahl < 100
            MsgBox Prompt:="Zahl kleiner 100"
        Case Zahl < 0
        MsgBox "Zahl kleiner 0"
End Select
```

Obwohl VBA keine Fehlermeldung anzeigt (syntaktisch ist die Anweisung korrekt), liefert sie nicht das gewünschte Resultat. Woran könnte das liegen? Ganz einfach, der Ausdruck *Zahl < 100* ergibt den Wert *True* und dieser stimmt nicht mit dem Wert von *Zahl* überein.

9.10   Sprünge im Programm

Normalerweise wird die Programmausführung in einer Prozedur oder Funktion von der obersten Zeile beginnend bis zur letzten Zeile abgearbeitet. Entscheidungen können dafür verantwortlich sein, dass einzelne Teile übersprungen werden, während Schleifen dafür sorgen können, dass einzelne Programmteile wiederholt werden. Eine weitere Möglichkeit den Programmablauf zu beeinflussen bietet die *GoTo*-Anweisung. Diese Anweisung setzt die Programmausführung an einer anderen Stelle innerhalb der Prozedur oder Funktion fort.

Diese andere Stelle wird durch eine Sprungmarke markiert, bei der es sich ganz einfach um ein noch nicht anderweitig vergebenes Wort (Bezeichner) handelt, dem ein Doppelpunkt folgt.

```
GoTo Sprungmarke
```
Syntax

```
Sub Test()
    Anweisung1
    If Wert > 10 Then GoTo Hier_Gehts_Weiter
        Anweisung2
Hier_Gehts_Weiter:
        Anweisung3
End Sub
```
Beispiel

Besitzt der Ausdruck *Wert > 10* den Wert *True*, wird die folgende *GoTo*-Anweisung ausgeführt, welche dafür sorgt, dass die Programmausführung bei der Sprungmarke *Hier_Gehts_Weiter* fortgesetzt und die Anweisung *Anweisung2* folglich übersprungen wird. Den gleichen Effekt hätte man durch Einbeziehen von *Anweisung2* in die *If*-Anweisung erhalten, woran deutlich wird, dass es für die *GoTo*-Anweisung nur selten eine wirkliche Anwendung gibt, zumal ihre Reichweite (zum Glück) nur auf die aktuelle Prozedur/Funktion beschränkt ist und Sie nicht eben einmal schnell in eine ganz andere Prozedur springen können. Einen wirklichen Nutzen erfüllt die *GoTo*-Anweisung immer dann, wenn zu Testzwecken einzelne Teile einer Prozedur/Funktion übersprungen werden sollen.

9.11 Programmschleifen

Ein Computer kann seine Leistungsfähigkeit erst dann entfalten, wenn er eine oder mehrere Anweisungen wiederholt. Ein solches Programmkonstrukt wird als *Programmschleife* oder einfach nur als Schleife bezeichnet. Eine Schleife ist demnach eine Gruppe von Anweisungen, die wiederholt ausgeführt wird. VBA kennt drei Typen von (Zähl-) Schleifen:

- Die *For-Next*-Schleife
- Die *Do-Loop*-Schleife
- Die *While-Wend*-Schleife

Der Unterschied ist schnell erklärt. Während die *For-Next*-Schleife eingesetzt wird, wenn die Anzahl der Durchläufe von vornherein feststeht, kommt die *Do-Loop*-Schleife immer dann zum Einsatz, wenn die Anzahl der Durchläufe nicht feststeht und zum Beispiel von einer innerhalb der Schleife geprüften Bedingung abhängt. Ohne eine solche Bedingung wird eine *Do-Loop*-Schleife zu einer Endlosschleife, die unendlich oft durchlaufen wird. Die *While Wend*-Schleife funktioniert wie die *Do-Loop*-Schleife, ist ausschließlich aus Kompatibilitätsgründen zu Ur-Alt-Basic vorhanden und sollte daher nicht mehr verwendet werden (man findet sie manchmal noch in Programmbeispielen von Microsoft).

Beispiel Soll eine Endlosschleife während ihrer »endlosen« Durchläufe dennoch auf Ereignisse reagieren können, muss sie in der Form

```
Do While DoEvents
   ' Anweisungen
Loop
```

formuliert werden. Die *DoEvents*-Funktion gibt zwar immer einen *True*-Wert zurück, sorgt aber dafür, dass sich Windows in der Zwischenzeit um andere Ereignisse innerhalb des Programms kümmern kann.

9.11.1 Die For-Next-Schleife

Bei der *For-Next-Schleife* müssen Sie am Anfang einen Startwert, einen Endwert und gegebenenfalls auch eine Schrittweite angeben.

```
For Zähler = StartWert To EndWert [Step Schrittweite]
    [Anweisungen]
Next Zähler
```
Syntax

Bei *StartWert* und *EndWert* handelt es sich um den Beginn und das Ende des Schleifenzählers, der in der Variablen *Zähler* gespeichert wird. Beendet wird die Schleife, wenn die Schleifenvariable größer dem Endwert ist. Entfällt die Schrittweite, wird die Schleifenvariable bei jedem Durchlauf um 1 erhöht.

Die folgende *For-Next-Schleife* zählt die Variable *n* von 1 bis 10:

Beispiel

```
Private n As Integer
For n = 1 To 10
    Debug.Print n
Next n
```

Dies ist die einfachste Form einer Programmschleife. Nach der Ausführung der Schleife werden die Zahlen 1 bis 10 im Direktfenster ausgegeben. Verantwortlich dafür ist die Schleifenvariable *n*, die bei jedem Durchlauf um 1 (die implizite Schrittweite) erhöht wird. Bei jedem Durchlauf prüft die *For*-Anweisung, ob der Wert von *n* bereits 10 überschritten hat. Ist dies der Fall, wird die Programmausführung mit der ersten Anweisung nach der *Next*-Anweisung fortgesetzt.

Beachten Sie, dass eine *For-Next-Schleife* auch dann mindestens einmal ausgeführt wird, wenn der Startwert gleich dem Endwert ist:

Beispiel

```
For n = 0 To 0
    ' Anweisungen
Next n
```

Die Anweisungen in dieser Schleife werden genau einmal ausgeführt. Ein solcher Fall ist gar nicht mal so selten, denn häufig kommt es vor, dass Start- und Endwert gleich groß sind. Zu glauben, die Schleife würde in diesem Fall übersprungen werden, ist ebenfalls ein beliebter Anfängerfehler.

Soll der Schleifenzähler nicht in Einerschritten, sondern in einer anderen Schrittweite verändert werden, sollte dies nicht innerhalb der

Schleife, sondern stattdessen über den Zusatz *Step* geschehen. Die folgende Schleife hat den gleichen Effekt, ist bezüglich ihrer Syntax aber etwas eindeutiger:

```
For n = 1 To 10 Step 2
    Debug.Print n
Next n
```

Übrigens kann die Schrittweite auch negativ sein oder einen Nachkommaanteil besitzen. Die folgende Schleife zählt einen Countdown von 10 bis -10 in Schritten von 0,1:

```
For n = 10 To -10 Step -0.1
    Debug.Print n
Next n
```

Wundern Sie sich übrigens nicht über die vermeintliche Rechenungenauigkeit Ihres PCs. So werden Sie feststellen, dass, obwohl sauber in 0,1er-Schritten gezählt werden sollte, zwischendurch relativ »krumme« Zahlen, wie 0,1999981 herauskommen, und der Nullpunkt nicht erreicht werden kann. Schuld daran ist nicht etwa der vor einigen Jahren bekannt gewordene »Pentium-Bug« (der bei den neueren Modellen kein Thema mehr ist), sondern das Rechenprinzip des VBA-Interpreters (genauer gesagt, die interne IEEE-Darstellungsform von Fließkommazahlen). Die folgende Abfrage kann daher nicht, auch wenn es unlogisch erscheint, funktionieren:

```
For n = 10 To -10 Step -0.1
    If n = 0 Then MsgBox _
    Prompt:="Hurra, Stimmung hat Nullpunkt erreicht!"
Next n
```

Anstelle des Wertes 0 errechnet VBA den Wert -1,862645E-06, der zwar so gut wie 0 ist, aber eben doch nicht exakt 0 entspricht. Diese Recheneigenheiten von VBA (die es bei anderen Programmiersprachen naturgemäß auch gibt) muss man kennen, um in einigen, allerdings seltenen Fällen, eine langwierige Fehlersuche zu vermeiden. Kommt es auf hohe Genauigkeit an, muss die Schleifenvariable explizit den Datentyp *Double* oder *Decimal* besitzen.

Quiz: Wie oft wird die folgende Programmschleife durchlaufen?

```
Private n As Integer
For n = -10 To 10 Step 0.1
    Debug.Print n
Next n
```

Wenn Sie die Schleife über ⌷Strg⌷+⌷Pause⌷ unterbrechen und sich, z.B. über ⌷⇧⌷+⌷F9⌷, den Wert von *n* anzeigen lassen, werden Sie (wahrscheinlich) erstaunt feststellen, dass sich der Wert von *n* gar nicht geändert hat und immer noch -10 beträgt. Woran kann das liegen? Ganz einfach, da *n* den Datentyp *Integer* besitzt, kann es keinen Nachkommaanteil besitzen. Die Zuweisung des Wertes -9,9 ergibt stets wieder den Wert -10. Anstatt uns aber mit einer Fehlermeldung auf den »Type mismatch« hinzuweisen, führt VBA stur immer wieder die gleiche Zuweisung durch.

Letzte Frage zu diesem Thema, bevor die übrigen Schleifentypen vorgestellt werden: Wie oft wird die folgende Schleife durchlaufen?

```
Private n As Integer
For n = 10 To -10 Step -0.1
    Debug.Print n
Next n
```

Natürlich ist auch hier wieder ein kleiner Trick versteckt, denn diese Schleife wird überhaupt nicht durchlaufen, da die Schrittweite aufgrund des nicht erlaubten Nachkommateils den Wert Null besitzt. Interessanterweise zeigt die *For-Next-Schleife* dieses Verhalten aber nur, wenn *n* die Datentypen *Integer* oder *Long* besitzt. Besitzt *n* den Datentyp *Single,* wird die Schleife ganz normal durchlaufen. In diesem Fall besitzt die Schrittweite ebenfalls den Datentyp *Single* und damit den Wert, der ihr zugeteilt wurde.

9.11.2 Zählschleife einmal anders

Eine Zählschleife ist eine Programmschleife, bei der eine Variable bei jedem Durchlauf um 1 erhöht wird. Was ist z. B. zu tun, wenn eine Variable bei jedem Aufruf einer Prozedur um 1 erhöht und, nachdem sie den Wert 15 erreicht hat, wieder bei 0 anfangen soll? Denkbar wäre natürlich eine *If-Then*-Anweisung:

```
Zähler = Zähler + 1
If Zähler = 16 Then Zähler = 0
```

So lernt man es in der »Basic-Schule« im 1. Schuljahr. Es geht jedoch auch ein wenig einfacher und vor allem eleganter:

```
Zähler = (Zähler + 1) Mod 16
```

Diese Anweisung erfüllt den gleichen Zweck, Sie sparen jedoch eine Abfrage. Haben Sie das Prinzip verstanden? Ganz einfach, der *Mod*-Operator bildet stets den Rest einer Division, in diesem Fall der Division durch 16. Am Anfang besitzt die Variable Zähler den Wert 0, sodass als Rest von 1/16 natürlich 1 herauskommt. Beim nächsten Mal ist es 2, 3 usw. Irgendwann besitzt der Zähler den Wert 16, sodass die Division 0 ergibt. Insgesamt läuft der *Zähler* von 1 bis 15 durch und springt dann wieder auf 0. Der zweite Operand des *Mod*-Operators gibt die Obergrenze der Schleife minus 1 an. Dies sind die kleinen Tricks, die einen erfahrenen Profi von einem Anfänger unterscheiden. Ab jetzt gehören Sie auch zum erlauchten Kreis der »Insider«. Kleine Frage zum Schluss: Sind die Klammern wirklich erforderlich?

9.11.3 Die For-Each-In-Next-Schleife

Die *For-Next-Schleife* besitzt einen sehr interessanten Verwandten. Er heißt *For-Each-In-Next*-Schleife und ist speziell dazu da, den Inhalt einer Auflistung bearbeiten zu können.

Die folgende *For-Each*-Schleife geht alle Mitglieder der Auflistung *TableDefs* durch:

```
Private Db As Database
Private Td As TableDefs
Set Db = OpenDatabase("Biblio.mdb")
For Each Td In Db.TableDefs
    Debug.Print Td.Name
Next Td
```

Diese *For-Each*-Schleife gibt die Namen aller Tabellen in der Datenbank *Biblio.mdb* im Direktfenster aus. Auf Einzelheiten soll an dieser Stelle nicht eingegangen werden. Mehr über die *For-Each*-Schleife erfahren Sie in Kapitel 11, wenn es um den Umgang mit Objekten und Auflistungen geht.

9.11.4 Sind For-Next-Schleifen zur Verzögerung geeignet?

Unter MS-DOS war es eine bei Basic-Programmierern beliebte Technik, über leere *For-Next-Schleife*n kurze Verzögerungen zu erreichen. Auch unter VBA können *For-Next-Schleife*n dazu benutzt werden, das Programm kurz anzuhalten, wenngleich durch den ereignisorientierten Charakter von Windows Nebeneffekte nicht vermieden werden können. Außerdem werden *For-Next-Schleife*n mit fester Durchlaufzahl auf verschiedenen PCs unterschiedlich schnell ausgeführt, sodass es schwierig ist, eine Verzögerung bestimmter Dauer zu gewährleisten. Sehr viel zuverlässiger ist die API-Funktion *Sleep*, die die Programmausführung für eine bestimmte Anzahl an Millisekunden anhält.

Syntax
```
Declare Sub Sleep Lib "kernel32" Alias "Sleep" _
(ByVal dwMilliseconds As Long)
```

9.11.5 Die Do-Loop-Schleife

In vielen Situationen etwas flexibler als die *For-Next-Schleife* ist die *Do-Loop-Schleife*. Einen Schleifenzähler gibt es hier nicht, stattdessen wird die Anzahl der Durchläufe durch eine Abbruchbedingung festgelegt.

```
Do [While | Until Abbruchbedingung]
    Anweisungen
Loop [While | Until Abbruchbedingung]
```

Syntax

Die *Do-Loop-Schleife* wird so lange durchlaufen, wie oder bis eine Abbruchbedingung erfüllt ist. Damit ergeben sich insgesamt vier verschiedene Kombinationsmöglichkeiten:

a) Variante 1

```
Do While Abbruchbedingung
    Anweisungen
Loop
```

b) Variante 2

```
Do Until Abbruchbedingung
    Anweisungen
Loop
```

c) Variante 3

```
Do
    Anweisungen
Loop While Abbruchbedingung
```

d) Variante 4

```
Do
    Anweisungen
Loop Until Abbruchbedingung
```

Das folgende Beispiel erhöht die Variable *n* in Einerschritten so lange, wie ihr Wert kleiner 10 ist:

Beispiel

```
Do While n < 10
    n = n + 1
    Debug.Print n
Loop
```

Die Frage, ob die Abbruchbedingung auf die *Do-* oder auf die *Loop*-Anweisung folgen soll, hängt davon ab, ob die Schleife bei nicht erfüllter Bedingung überhaupt nicht oder mindestens einmal (bzw. noch einmal) durchlaufen werden soll.

Auch der Unterschied zwischen den Schlüsselwörtern *While* und *Until* ist schnell erklärt. Im ersten Fall wird die Schleife so lange durchlaufen, wie die Bedingung erfüllt ist. Im zweiten Fall wird die Schleife abgebrochen, wenn die Bedingung erfüllt ist. Natürlich kann über die *Not*-Funktion diese Einteilung in ihr Gegenteil verwandelt werden.

Beispiel Die folgende *Do*-Schleife soll alle Textzeilen (bis zum nächsten Zeilenumbruch) aus einer Textdatei lesen und in ein Textfeld übertragen. Die Abbruchbedingung wurde bewußt weggelassen:

```
Do
    Line Input DateiNr, Eingabezeile
    AnzahlZeilen = AnzahlZeilen + 1
    txtAusgabe.text = txtAusgabe.text & Eingabezeile
Loop
```

Die Abbruchbedingung ist einfach zu formulieren. Die Schleife soll so lange wiederholt werden, bis das Dateiende erreicht ist, das heißt die *Eof*-Funktion den Wert *True* zurückgibt. Doch wo soll die Abbruchbedingung erscheinen?

```
Do Until Eof(DateiNr)
    Line Input DateiNr, Eingabezeile
    AnzahlZeilen = AnzahlZeilen + 1
    txtAusgabe.text = txtAusgabe.text & Eingabezeile
Loop
```

In diesem Fall wird die Schleife nicht mehr durchlaufen, wenn die *Eof*-Funktion *True* zurückgibt. Nach dem gleichen Prinzip arbeitet die folgende Schleife, nur dass hier die Abbruchbedingung am Schleifenende steht:

```
Do
    Line Input DateiNr, Eingabezeile
    AnzahlZeilen = AnzahlZeilen + 1
    txtAusgabe.text = txtAusgabe.text & Eingabezeile
Loop While Not Eof(DateiNr)
```

Anstelle des Schlüsselworts *While* hätte natürlich auch das Schlüsselwort *Until* verwendet werden können, dann aber ohne den *Not*-Operator.

Beachten Sie, dass die *Eof*-Funktion sozusagen vorausschauend arbeitet und bereits dann einen *True*-Wert zurückgibt, wenn durch eine erfolgreiche Leseaktion das Dateiende erreicht wurde und der nächste Leseversuch unverrichteter Dinge abgebrochen werden müsste.

9.11.6 Schleifen verlassen mit der Exit-Anweisung

An der Beschreibung *Do-Loop-Schleife* wurde deutlich, dass eine Schleife ohne Abbruchbedingung zu einer Endlosschleife wird, die niemals verlassen wird. Doch da der Begriff »Unendlich« zum einen eine Reihe philosophischer Betrachtungen nach sich zieht, zum anderen

Endlosschleifen in der Praxis sehr selten sind, gibt es auch hier eine Möglichkeit, die Schleife zu verlassen. Diese Möglichkeit heißt *Exit*-Anweisung. Da sie nicht nur für den vorzeitigen Abbruch einer *Do-Loop-Schleife* zuständig ist, existiert sie in einer Vielzahl von Varianten.

```
Exit Do
Exit For
Exit Function
Exit Property
Exit Sub
```

Syntax

Da die *Exit*-Anweisung die Schleife, Prozedur oder Funktion, in der sie ausgeführt wird, bedingungslos verlässt, wird sie im allgemeinen in einer *If*-Abfrage ausgeführt.

Die *Do-Loop-Schleife* im folgenden Beispiel durchsucht eine Zeichenkette so lange, bis kein Zeichen mehr zurückgegeben wird:

Beispiel

```
Do
    c = ZeichenLesen()
    If IsEmpty(c) = True Then Exit Do
    Zeichenkette = Zeichenkette + c
Loop
```

Warum wird die Bedingung *IsEmpty(c)* nicht einfach (zusammen mit dem Zusatz *While* oder *Until*) bei der *Do*- oder *Loop*-Anweisung aufgeführt? Weil die Funktion *ZeichenLesen()* in jedem Fall, die Anweisung *Zeichenkette = Zeichenkette + c* aber nur ausgeführt werden soll, wenn ein Zeichen gelesen werden konnte. Es handelt sich also um keine Endlosschleife, sondern um eine Schleife mit der Abbruchbedingung in der Mitte.

9.12 Prozeduren und Funktionen

Prozeduren spielen bei VBA eine zentrale Rolle. Da es keinen »Hauptteil« gibt, befinden sich alle Anweisungen des Programms in Prozeduren (oder Funktionen). Auch bei allen Ereignisprozeduren handelt es sich um Prozeduren, der einzige Unterschied zu einer »normalen« Prozedur besteht darin, dass sie von Windows aufgerufen werden. Eine Prozedur ist ein Name, der für eine Reihe von Anweisungen steht. Trifft VBA bei der Abarbeitung des Programms auf diesen Namen, führt es alle Anweisungen aus, die für diesen Namen stehen.

Eine Prozedur ist vereinfacht ausgedrückt ein Platzhalter für eine Gruppe von Anweisungen.

Merksatz

Neben Prozeduren kennt VBA auch Funktionen (bzw. Methoden eines Formulars bzw. Moduls). Eine Funktion ähnelt einer Prozedur, nur dass sie stets einen Wert zurückgibt. Eine Funktion kann daher in Ausdrücken auf die gleiche Weise eingesetzt werden wie eine Variable. Da eine Funktion einen Wert zurückgibt, besitzt sie zwangsläufig auch einen Datentyp. Da sich Prozeduren und Funktionen ansonsten identisch verhalten, soll im weiteren Verlauf dieses Kapitels, sofern es nicht unbedingt notwendig ist, nur von Prozeduren die Rede sein.

Merksatz *Eine Funktion ist eine Prozedur, die einen Wert zurückgibt (und daher einen Datentyp besitzt) und in Ausdrücken eingesetzt werden kann.*

Prozeduren und Funktionen besitzen den folgenden allgemeinen (vereinfachten) Aufbau:

```
Sub Name (Argumente)
    ' Anweisungen
End Sub
```

bzw.

```
Function Name (Argumente) [As Datentyp]
    ' Anweisungen
    [Name = Ausdruck]
End Function
```

Wenn Sie diese Syntaxbeschreibung mit der in der VBA-Hilfe vergleichen, werden Sie feststellen, dass einige Dinge offenbar unterschlagen wurden, doch für die Erklärung des allgemeinen Prinzips reicht diese Beschreibung vollkommen aus.

9.12.1   Der Aufruf einer Prozedur

Eine Prozedur wird einfach durch Aufführen des Prozedurnamens im Programm aufgerufen. Betrachten wir zunächst den einfachsten Fall, bei dem keine Argumente übergeben werden.

```
MeineProzedur
```

Diese Anweisung ruft die Prozedur mit dem Namen *MeineProzedur* auf und bringt alle darin enthaltenen Anweisungen zur Ausführung. Alternativ können Sie einem Prozeduraufruf die *Call*-Anweisung voranstellen:

```
Call MeineProzedur
```

Hier gilt es aber zu beachten, dass, wenn der Prozedur Argumente übergeben werden, diese in Klammern gesetzt werden müssen. Bei folgendem Aufruf beschwert sich VBA bereits bei der Eingabe mit einem Syntaxfehler:

```
Call FarbeQuadropolieren Farbwert
```

Richtig muss es heißen:

```
Call FarbeQuadropolieren (Farbwert)
```

Übrigens ist es auch möglich, das (oder die) Argument(e) in ein doppeltes Klammernpaar zu setzen:

```
Call FarbeQuadropolieren ((Farbwert))
```

Das sieht zwar etwas ungewöhnlich aus, hat aber eine tiefere Bedeutung. In diesem Fall wird die Variable als Wert und nicht als Referenz übergeben und kann in der aufgerufenen Prozedur nicht geändert werden. Mehr dazu in Kapitel 9.18.

9.12.2 Der Aufruf einer Funktion

Beim Aufruf einer Funktion ist zu beachten, dass diese stets einen Wert zurückgibt. Sie können den Funktionsaufruf überall dort einsetzen, wo eine Variable erlaubt wäre:

```
Ergebnis = 100 * Mwst(200)
```

Bei *Mwst* handelt es sich um eine Funktion, die über die *Function*-Anweisung definiert wurde.

Eine Funktion kann zwar nur einen einzelnen Wert zurückgeben (der Funktionsname steht für den Rückgabewert). Doch handelt es sich bei dem Rückgabewert um eine UDT-Variable oder gar ein Feld, ist auf diese Weise auch die Rückgabe mehrerer Werte auf einmal möglich. Die Verwendung öffentlicher Variablen ist möglich, aber nur in Ausnahmefällen zu empfehlen.

Wird eine Funktion, die einen Wert zurückgibt, über eine Call-Anweisung aufgerufen, wird die Funktion wie eine Prozedur behandelt und der Rückgabewert verworfen.

9.12.3 Die Übergabe von Argumenten

Sowohl einer Prozedur als auch einer Funktion werden in der Regel *Argumente* übergeben. Diese Argumente werden bei der Definition der Prozedur durch Platzhalter festgelegt. Wird die Prozedur aufgerufen, ersetzt VBA diese formellen Argumente durch die tatsächlich übergebenen Argumente. Prozedurargumente werden innerhalb der Prozedur wie lokale Variablen behandelt. Sie sind nur innerhalb der Prozedur gültig und können daher auch, obwohl es nicht unbedingt zu empfehlen ist, den gleichen Namen besitzen wie Variablen in anderen Teilen des Programms.

Sie können einem Prozedurargument ruhig den Namen einer bereits im Programm verwendeten Variablen geben, überdecken damit aber die »Sichtbarkeit« dieser Variablen.

9.12.4 Benannte Argumente sind extrem praktisch

Eine besonders komfortable Methode der Argumentübergabe bieten die benannten Argumente (engl. »named arguments«). Stellen Sie sich eine Funktion (oder Prozedur) mit dem Namen *Fahrtkosten* zur Berechnung der Fahrtkosten vor, der sechs Argumente übergeben werden:

- Die gefahrenen Kilometer

- Die Benzinsorte

- Der Preis pro Liter

- Der Durchschnittsverbrauch

- Der Kilometerstand

- Die Zahl der Autobahnkilometer

Zugegeben, das Beispiel ist ein wenig konstruiert, doch Sie werden gleich sehen, worauf es hinausläuft. Traditionell, d.h. bis Visual Basic 3.0, mussten beim Aufruf von *Fahrtkosten* sämtliche Argumente übergeben werden:

```
Fahrtkosten KmGefahren, Benzintyp, Preis, D_Verbrauch, kmStand, _
kmAutobahn
```

Zwei Dinge sind an dieser Methode etwas ungünstig:

1. Es müssen stets sämtliche Argumente übergeben werden, auch wenn einzelne Argumente nicht benötigt werden.

2. Die Reihenfolge der Argumente muss stets eingehalten werden.

VBAs benannte Argumente bieten zu diesem starren Schema eine prima Alternative. Ihren Namen verdankt diese Methode dem Umstand, dass beim Aufruf der Prozedur den Argumenten ein Name vorausgeht. Voraussetzung ist allerdings, dass jedem Argument bei der Prozedurdeklaration das Schlüsselwort *Optional* vorausgeht. Der Datentyp der einzelnen Argumente spielt keine Rolle.

Beispiel Bei der folgenden Funktionsdeklaration werden sämtliche Argumente als optional deklariert, sie können beim Funktionsaufruf daher weggelassen oder in einer anderen Reihenfolge übergeben werden. Um zu prüfen, ob ein Argument übergeben wurde, kann die *IsMissing*-Funktion oder einfach eine Abfrage auf Null oder Leer-String eingesetzt werden.

```
Function Fahrtkosten(Optional KmGefahren, Optional Benzintyp, _
Optional Preis, Optional D_Verbrauch, Optional kmStand, _
Optional kmAutobahn)
    If IsMissing(Benzintyp) Then
        Benzintyp = "Super Bleifrei"
    End If
    If IsMissing(Preis) Then
        Preis = 1.75
    End If
    If IsMissing(D_Verbrauch) Then
        D_Verbrauch = 9.8
    End If
    If IsMissing(KmGefahren) Then
        Fahrtkosten = False
        Exit Function
    End If
    ' Hier müßte jetzt gerechnet werden
    Debug.Print KmGefahren, kmAutobahn, Benzintyp
    Fahrtkosten = True
End Function
```

Der Aufruf der Funktion gestaltet sich sehr komfortabel:

```
Dim Ergebnis As Boolean
Ergebnis = Fahrtkosten(kmAutobahn:=50, KmGefahren:=100)
```

Nicht nur die Reihenfolge der Argumente wurde vertauscht, von den insgesamt sechs Argumenten wurden nur zwei übergeben. Damit die Funktion dennoch richtig rechnen kann, werden über die *IsMissing*-Funktion Standardwerte zugewiesen. Diese Funktion bringt aber nur bei *Variant*-Datentypen etwas, da sie nur prüft, ob ein *Variant*-Typ den speziellen Wert *Empty* besitzt.

Benannte Argumente machen Ihre Programme nicht nur besser lesbar, sondern helfen auch Fehler zu vermeiden, die z. B. durch die Vertauschung von Argumenten entstehen können.

9.12.5 Optionale Argumente können initialisiert werden

Optionalen Argumenten kann im Prozedurkopf ein Initialisierungswert zugewiesen werden. Auf diese Weise besitzt die Variable in der Prozedur in jedem Fall einen bestimmten Standardwert für den Fall, dass für sie kein Argument übergeben wurde:

```
Static Sub Test(Optional StartModus As Boolean = True)
    If StartModus = True Then
```

Wird die Prozedur *Test* ohne Argument aufgerufen, besitzt *StartModus* den Wert *True*, ansonsten den übergebenen Wert.

9.12.6 Übergabe einer beliebigen Anzahl von Argumenten

Eine weitere, sehr leistungsfähige Eigenschaft von Prozeduren ist die Möglichkeit, eine beliebige Anzahl an Argumenten übergeben zu können. Normalerweise muss die Anzahl an Argumenten, die einer Prozedur übergeben werden, im Prozedurkopf genau festgelegt werden:

```
Sub TestProz (Wert1 As Integer, Wert2 As Integer)
```

Dieser Prozedur müssen beim Aufruf immer exakt zwei Argumente übergeben werden. Es gibt jedoch Fälle, in denen die Anzahl der Argumente beim Aufruf noch nicht genau feststeht. Ein Beispiel wäre eine Druckfunktion, die eine beliebige Anzahl an Argumenten ausgibt. Einmal übergeben Sie der Funktion lediglich ein Argument, beim nächsten Aufruf zwölf. Möglich wird dies durch das Schlüsselwort *ParamArray*, das für ein Feld mit einer beliebigen Anzahl an Argumenten steht. Es gibt allerdings eine kleine Einschränkung zu beachten, alle Argumente müssen vom Typ *Variant* sein.

Beispiel Das folgende Beispiel zeigt eine Funktion, die aus einer beliebigen Anzahl an Werten den Mittelwert errechnet.

```
Function Standardabweichung(ParamArray Werte() As Variant)
    Dim n As Integer, AnzahlWerte As Integer
    Dim Summe As Integer, MittelWert As Single
    AnzahlWerte = UBound(Werte) + 1
    For n = 0 To AnzahlWerte - 1
        ...
```

Der Funktion *Standardabweichung* wird ein einziges Argument mit dem Namen *Werte* in Form einer Feldvariablen vom Typ *Variant* übergeben. Doch da dem Namen das Schlüsselwort *ParamArrray* vorausgeht, kann eine beliebige Anzahl an Argumenten übergeben werden, die alle in der angegebenen Feldvariablen zur Verfügung steht. Aufgerufen wird die Funktion in der Form

```
Debug.Print Standardabweichung (10, 20, 30)
```

Über die *UBound*-Funktion können Sie feststellen, wie viele Argumente tatsächlich übergeben wurden:

```
AnzahlWerte = UBound(Werte) + 1.
```

Die Addition von 1 ist erforderlich, da die *UBound*-Funktion den höchsten Index zurückgibt, der Index jedoch bei Null beginnt.

9.13 Fest eingebaute »Funktionen«

VBA verfügt über ein umfangreiches Repertoire fest eingebauter Funktionen. Das Attribut »fest eingebaut« bezieht sich auf den Umstand, dass die Funktionen zum Sprachumfang von VBA gehören (also in der VBA-DLL enthalten sind). Auch die VBA-Funktionen sind an ein Objekt gebunden. Es ist das globale *VBA*-Objekt, das jedoch normalerweise nie in Erscheinung tritt. Aus diesem Grund, und weil viele Programmierer die VBA-Funktionen als Funktionen und nicht als Methoden des VBA-Objekts sehen, ist in diesem Buch weiterhin von Funktionen die Rede. Sie können daher z.B. die *Mid*-Funktion auf (mindestens) drei verschiedene Weisen aufrufen:

a) »klassisch Basic«

```
?Mid$ (Eingabe$, 1, 2)
```

b) »modern« mit benannten Argumenten

```
?Mid (String := Eingabe, Start:=1, Length:= 2)
```

c) als Methode des globalen VBA-Objekts

```
?VBA.Mid (String := Eingabe, Start:=1, Length:= 2)
```

Für welche Variante Sie sich entscheiden, spielt strenggenommen keine Rolle, da alle drei zum gleichen Resultat führen. Variante a) sollten Sie nicht mehr verwenden, da sie völlig veraltet ist und vielleicht bei einer künftigen Version von VBA nicht mehr unterstützt wird. Variante c) ist zwar formell korrekt, doch nichts für Schreibfaule. Man muss beim Weglassen des VBA-Objekts kein schlechtes Gewissen haben. Bleibt also Variante b) als die »richtige« Schreibweise.

Methode oder Funktion?

Sicher ist es Ihnen schon aufgefallen, dass an vielen Stellen des Buches von VBA-Methoden und nicht mehr von VBA-Funktionen die Rede ist. Formell handelt es sich bei den VBA-Funktionen, um die es in diesem Kapitel geht, um Methoden des globalen VBA-Objekts. In der Visual-Basic-Hilfe ist nach wie vor von Funktionen die Rede. Da dies eine rein formelle Unterscheidung ist, die für die Programmierung keine direkte Bedeutung besitzt, ist in diesem Kapitel weiterhin von Funktionen die Rede. Grundsätzlich ist es im Sinne einer einheitlichen Sprachregelung angebrachter von Methoden zu sprechen. Wundern Sie sich daher bitte nicht, wenn es einmal *Mid*-Funktion, ein anderes Mal *Mid*-Methode heißt. Beide Bezeichnungen sind korrekt[8].

---

8 Der Übergang auf die objektorientierte Programmierung ist sehr langwierig.

Um eine bessere Übersicht über die »VBA-Funktionen« zu gewinnen, ist es sinnvoll, diese in verschiedene Kategorien einzuteilen:

➡ Rechenfunktionen

➡ Stringfunktionen

➡ Finanzmathematische Funktionen

➡ Umwandlungsfunktionen

➡ Statusfunktionen

➡ Sonstige Funktionen

9.13.1 Rechenfunktionen

Rechenfunktionen sind bei einer Programmiersprache selbstverständlich. Jeder erwartet, dass innerhalb eines Programms eine Quadratwurzel gezogen, ein Logarithmus gebildet oder ein Sinus berechnet werden kann. VBA bietet alle wichtigen mathematischen Grundfunktionen. Speziellere Funktionen, etwa zur numerischen Integration oder ausgefallene Statistikfunktionen, sind leider Fehlanzeige, stehen aber über Toolboxen zur Verfügung.

Tabelle 9.13: Die Rechenfunktionen von VBA.

Funktion	Berechnet ...
Abs	Den Absolutwert einer Zahl, d.h. den Zahlenwert ohne Vorzeichen.
Atn	Den Arcustangens eines Längenverhältnisses. Das Ergebnis ist ein Winkel und liegt im Bereich -Pi/2 bis Pi/2.
Cos	Den Cosinus.
Exp	Den Exponenten zur Basis e (2,718282). Das Ergebnis kann maximal 709,782712893 betragen, sonst ist ein Überlauf die Folge.
Fix	Den ganzzahligen Anteil. Die Funktion schneidet den Nachkommaanteil einer Zahl ab. Der Unterschied zur *Int*-Funktion liegt in der Behandlung negativer Zahlen. Während die *Int*-Funktion den nächst kleineren ganzzahligen Wert zurückgibt (aus -4,6 wird -5), ist es bei der *Fix*-Funktion der nächst größere ganzzahlige Wert (aus -4,6 wird -4).
Int	Den ganzzahligen Anteil einer Zahl.
Log	Den natürlichen Logarithmus einer Zahl bezogen auf die Basis e.
Round	Rundet eine Fließkommazahl auf eine ebenfalls übergebene Anzahl an Stellen.

Funktion	Berechnet ...
Rnd	Ein Zufallszahl zwischen 0 und 1.
Sgn	Den Typ des Vorzeichens. Das Ergebnis ist -1 bei negativen, 1 bei positiven Zahlen und 0, wenn das Argument ebenfalls Null ist.
Sin	Den Sinus.
Sqr	Die Quadratwurzel. Negative Werte sind nicht erlaubt, denn mit komplexen Zahlen kann VBA von Haus aus nicht umgehen.
Tan	Den Tangens.

Rundungsfehler treten auf, weil die Genauigkeit auf sechs bis acht Stellen nach dem Komma begrenzt ist.

Wie wird gerundet?

Computer, zumindest solche, die auf dem Binärsystem basieren (und das sind ca. 99% aller eingesetzten Geräte[9]) rechnen grundsätzlich ungenau, denn für die Darstellung rationaler Zahlen steht nur eine begrenzte Anzahl an Nachkommastellen zur Verfügung. Selbst bei Einbeziehung des mathematischen Koprozessors, der von VBAs Rechenfunktionen ignoriert wird, erhöht sich die Genauigkeit zwar, das grundsätzliche Problem bleibt jedoch bestehen. Das bedeutet, dass Rundungsfehler jederzeit auftreten können. Die Frage ist lediglich, wie stark sie sich auswirken. Bei Ganzzahlen ist das Thema Rundungsfehler schnell abgehandelt, denn hier kann es kaum zu Ungenauigkeiten kommen. Lediglich ein Überlauf kann auftreten, wenn ein Wert nicht mehr im Wertebereich einer *Byte*-Zahl (0 bis 255), *Integer*-Zahl (-32.768 bis +32.767) bzw. *Long*-Zahl (-2.147.483.648 bis +2.147.483.647) liegt. Die Rechengenauigkeit bei Fließkommaoperationen hängt davon ab, welche Datentypen eingesetzt werden. Zur Auswahl stehen:

Datentyp	Anzahl Nachkommastellen
Single	Bis zu 6
Double	Bis zu 14

Tabelle 9.14: Die VBA-Datentypen und ihre Nachkommastellen.

---

[9] Von dem restlichen 1% habe ich zwar noch nie etwas gehört, doch es muss sie einfach geben.

Datentyp	Anzahl Nachkommastellen
Currency	4 (Festkomma)
Decimal	Bis zu 28

Welche Auswirkung die Genauigkeit auf das Ergebnis hat, wird durch ein paar Experimente im Direktfenster deutlich:

```
?22 / 7
3,142857
```

Standardmäßig rechnet VBA mit *Single*-Typen, wie auch die sehr praktische *TypeName*-Funktion deutlich macht:

```
?TypeName(22/7)
Single
```

Sollten sechs Nachkommastellen nicht ausreichen, muss die Rechnung mit *Double*-Zahlen durchgeführt werden:

```
?22#/7#
3,14285714285714
```

Statt lediglich sechs Nachkommastellen (was für die meisten Anwendungen völlig ausreichend ist), werden nun 14 Nachkommastellen angezeigt. Es müssen übrigens nicht beide Operanden den gleichen Datentyp besitzen. Ist nur einer der beiden Operanden vom Typ *Double*, ist das Ergebnis nach dem Motto »Ober sticht Unter« trotzdem ein *Double*-Wert, denn VBA passt den anderen Datentyp automatisch an. Die *TypeName*-Funktion beweist es:

```
?TypeName(22#/7)
Double
```

VBA verfügt über keine fest eingebaute Funktion zum Runden. Wer auf eine exakte Rundung angewiesen ist, muss diese selbst programmieren. Die zur Verfügung stehenden Konvertierungsfunktionen sind als Ersatz für eine Rundungsfunktion nur bedingt geeignet, denn eine echte Rundung findet nicht immer statt:

```
?Int(22/7*4)
12
?Fix(22/7*4)
12
?CInt(22/7*4)
13
```

Während die Funktionen *Int* und *Fix* lediglich den Ganzkommaanteil übriglassen, führt die *CInt*-Funktion eine richtige Rundung durch. Allerdings besitzt auch diese Funktion ihre Eigenheiten. Beträgt der

Nachkommaanteil des zu konvertierenden Werts exakt ,5, wird stets in Richtung der nächsten geraden Ganzzahl gerundet, d.h. aus 7,5 wird 8, aus 6,5 aber 6.

Eine weitere Eigenheit gilt es beim Umgang mit *Currency*-Werten zu beachten. Da diese bekanntlich nur über vier feste Nachkommastellen verfügen, sollte auch das Ergebnis zweier *Currency*-Werte nur vier Nachkommastellen besitzen. Dem ist aber nicht so, wie die Probe aufs Exempel zeigt:

```
?22@ / 7
3,14285714285714
```

Wie sich mit der *TypeName*-Funktion überprüfen lässt, hat VBA das Ergebnis eigenmächtig in einen *Double*-Wert umgewandelt. Dies passiert allerdings nur bei einer Division und auch dann, wenn sich das Ergebnis bequem mit vier Nachkommastellen darstellen ließe. Um tatsächlich einen *Currency*-Wert zu erhalten, muss die *CCur*-Funktion zur Anwendung kommen:

```
?CCur(22@/7)
3,1429
```

Zum Schluss noch ein Wort zur allgemeinen Zahlendarstellung. Ab einer bestimmten Größe werden Fließkommazahlen automatisch in der wissenschaftlichen Schreibweise dargestellt, bei welcher der Zehnerexponent durch den Buchstaben E abgekürzt wird. Die Zahl

```
?120^8
4,29981696E+16
```

Der Ausdruck bedeutet 4,29981696 * 10 hoch 16. Auch wenn es sich bei dem Ergebnis um eine ganze Zahl handelt, wird sie mit einem Komma versehen, da es aufgrund der Regeln für die wissenschaftliche Darstellung üblich ist, den Exponenten stets so zu wählen, dass ein Vorkommananteil zwischen 1 und 9 resultiert.

Zum Schluss dieses Abschnitts darf natürlich eine Funktion, die eine **Beispiel** Fließkommazahl auf eine bestimmte Anzahl an Nachkommastellen rundet, nicht fehlen:

```
Function Runden(Zahl As Variant, AnzahlStellen As Integer) _
As Double
   Dim Temp As Double, Zehnerpotenz As Long
   Temp = CDbl(Zahl)
   Zehnerpotenz = 10 ^ AnzahlStellen
   Runden = (Fix((Temp + 0.5 / Zehnerpotenz) * _
   Zehnerpotenz)) / Zehnerpotenz
End Function
```

Bliebe noch zu erwähnen, dass VBA 6.0 eine solche Funktion mit der *Round*-Funktion inzwischen enthält. Doch Sie kennen die üblichen Gründe: Übung macht den Meister und es gibt nichts, was man nicht noch besser machen kann. In diesem Fall sollte es zwischen der eingebauten Funktion und dem »Nachbau« keine spürbaren Unterschiede geben.

Ein Wort zu den Zufallszahlen

Zufallszahlen üben auf Programmierer einen magischen Reiz aus, verleihen sie dem ansonsten so deterministischen Computer einen Hauch von eigener Intelligenz und Unberechenbarkeit. Mit Zufallszahlen lassen sich so tolle Anwendungen realisieren wie Zahlenratespiele, Wahlprognosen und Wettervorhersagen. Dennoch, und das soll keinen enttäuschen, liefert die *Rnd*-Funktion keine echten Zufallszahlen. Beim ersten Aufruf der *Rnd*-Funktion wird stattdessen eine interne Reihenentwicklung begonnen, die bei einem erneuten Programmstart stets die gleiche Zahlenreihe liefert (probieren Sie es einmal aus). Ganz vorbei mit dem Zufall ist es, wenn Sie als Argument der *Rnd*-Funktion einen negativen Wert (Sie erhalten stets die gleiche Zahl) oder 0 (Sie erhalten die zuletzt gezogene Zahl) übergeben. Um diese Vorhersagbarkeit etwas zu minimieren, muss der Zufallszahlengenerator über die *Randomize*-Anweisung zuvor initialisiert werden.

Beispiel `Randomize Timer`

Diese Anweisung sorgt dafür, dass der Zufallszahlengenerator jedesmal mit einem neuen Startwert initialisiert wird.

:-)
TIP

Um eine Zufallszahl in einem bestimmten Bereich zu erhalten, muss diese nach der Formel

```
Zahl = Int(Rnd * (Obergrenze-Untergrenze)) + Untergrenze
```

mit einem Wert multipliziert und gegebenenfalls auch zu einem Startwert addiert werden. Die Ziehung der Lottozahlen sieht z. B. wie folgt aus:

```
Zahl = Int(Rnd * 49) + 1
```

Die *Int*-Funktion ist nur dann erforderlich, wenn ganze Zahlen herauskommen sollen (bei einer möglichst realistischen Lottoziehung ist dies sinnvoll, oder was halten Sie von der Zusatzzahl 7,43?)

Apropos Lottozahlen. Um eine Ziehung realistisch zu simulieren, muss natürlich gewährleistet sein, dass keine Zahl mehrfach gezogen wird. Mit einer kleinen, mehrfach verschachtelten *For-Next-Schleife* sparen Sie sich jegliche *If*-Abfragen:

```
Private Lottozahlen (1 to 6) As Byte
Sub cmdStart_Click()
    Dim n As Integer, m As Integer, z As Integer
    Dim OkFlag As Boolean
    Randomize Timer
    For n = 0 To UBound(Lottozahlen)
        Do
          OkFlag = True
          z = Int(Rnd * 49) + 1
          For m = 0 To n
             If z = LottoZahlen(m) Then OkFlag = False
          Next m
        Loop Until OkFlag = True
        LottoZahlen(n) = z
    Next n
End Sub
```

Ganz ohne *If* ging es zwar doch nicht, doch auch diese Anweisung hät- **Quiz**
te man sich sparen können. Hier die Lösung:

```
OkFlag = OkFlag + (z = LottoZahlen(m))
```

Damit diese, zugegeben etwas ungewöhnliche Anweisung, funktionieren kann, müssen die Anweisungen

```
OkFlag = True
```

und

```
Loop Until OkFlag = True
```

gegen die Anweisungen

```
OkFlag = 0
```

und

```
Loop Until OkFlag = 0
```

ausgetauscht werden.

Da die *Do-Loop-Schleife* nicht eher verlassen wird, bis eine noch nicht
gezogene Zahl gezogen wird, kommt am Ende keine Zahl mehrfach
vor.

Eine kleine Aufgabe für Zwischendurch

Zwar kommt in dem Lottozahlenfeld nun keine Zahl mehrfach vor,
doch liegt das Feld leider nicht sortiert vor (der Aufsichtsbeamte und
Frau Tietze wären mit dieser Ziehung gar nicht einverstanden). Machen Sie einen Vorschlag für eine Funktion mit dem Namen *FeldSortieren*, der als einziges Argument ein beliebiges Feld übergeben wird,
und die als Rückgabewert einen String mit den sortierten Zahlen zurückgibt. Nehmen Sie diese Aufgabe ernst, denn Sie lernen auf diese

Weise nicht nur etwas über den Umgang mit Feldvariablen, sondern erfahren auch, wie einer Prozedur eine Feldvariable übergeben wird.

Lösungsvorschlag

Der folgende Lösungsvorschlag zeigt eine Funktion mit dem Namen *FeldSortieren*, die ein Feld sortiert und die sortierten Elemente in einem String zusammenfasst:

```
Function FeldSortieren(ZuSortierendesFeld() _
As Byte) As String
    Dim n As Integer, m As Integer, Hilf As Integer
    Dim Temp As String
    For n = 0 To UBound(ZuSortierendesFeld) - 1
        For m = n To 6
        If ZuSortierendesFeld(n) > ZuSortierendesFeld(m) Then
            Hilf = ZuSortierendesFeld(n)
            ZuSortierendesFeld(n) = ZuSortierendesFeld(m)
          ZuSortierendesFeld(m) = Hilf
        End If
        Next m
    Next n
    For n = 0 To 6
        FeldSortieren = FeldSortieren & ZuSortierendesFeld _
        (n) & "     "
    Next n
End Function
```

Beachten Sie bei dieser Prozedur vor allem, auf welche Weise der Funktion eine Feldvariable übergeben wird (auf den Feldnamen folgen ein paar leere Klammern). Beim Aufruf der Funktion sorgt VBA automatisch dafür, dass eine Referenz auf die Feldvariable übergeben wird:

```
lblLottozahlen.Caption = FeldSortieren(LottoZahlen)
```

Alternativ könnte man auch eine Feldvariable mit 49 Feldern anlegen und für jede gezogene Zahl in das entsprechende Feld einen *True*-Wert eintragen. Dadurch würde sich die Abfrage ein wenig vereinfachen:

```
Sub cmdAlternativ_Click()
    Dim n As Integer, z As Integer
    Dim LottoZahlen(49) As Byte
    Randomize Timer
    For n = 0 To 6
        Do
            z = Int(Rnd * 49) + 1
        Loop Until LottoZahlen(z) = False
        LottoZahlen(z) = True
    Next n
End Sub
```

Dieses kleine, und zugegeben recht harmlose Beispiel macht deutlich, dass man in manchen Fällen durch einfaches Umstellen eines Algorithmus einen bedeutenden Effekt erzielen kann. Durch eine kleine Vereinfachung im Programmablauf sparen Sie eine Sortierroutine, denn die Zufallszahlen können nun mit geringem Aufwand sortiert angezeigt werden:

```
For n = 1 To 49
    If LottoZahlen(n) = True Then
        Temp = Temp & n & "     "
    End If
Next n
lblLottozahlen.Caption = Temp
```

Um während einer Debugging-Sitzung das Ergebnis des Zufallszahlengenerators »reproduzieren« zu können, müssen Sie die Rnd-Funktion mit 0 als Argument aufrufen. Sie erhalten stets die zuletzt gezogene Zahl und wissen so, mit welcher Zahl das Programm gearbeitet hat. Dies ist besonders dann wichtig, wenn Sie die Programmausführung über Strg + F9 *auf eine bestimmte Zeile setzen und das Programm eine Befehlssequenz noch einmal unter gleichen Bedingungen wiederholen soll.*

Noch einmal Lottozahlen, diesmal mit einer Auflistung

Die letzten Abschnitte zeigten eine Lösung, wie Sie bereits unter der allerersten Basic-Version für den PC möglich gewesen wäre. Da in diesem Buch soviel von der neuen Art zu programmieren (sprich den Umgang mit Klassen und Objekten) die Rede ist, muss natürlich der Beweis erbracht werden, dass diese Art der Programmierung auch bei kleinen Problemen von Vorteil sein kann. Das folgende Beispiel zeigt, wie sich nicht wiederholende Lottozahlen unter Zuhilfenahme einer Auflistung, d.h. einer Variablen vom Typ *Collection*, erzeugen lassen. Entscheiden Sie selbst, welche Variante Ihnen besser gefällt:

```
Sub cmdZufall_Click()
    On Error Resume Next
    Dim n As Integer, z As Integer
    Dim Y As Variant
    Set X = Nothing
    For n = 1 To 6
        Do
        Err.Clear
        z = Int(Rnd * 49) + 1
        X.Add Item:=z, Key:=Str(z)
        Loop Until Err.Number <> 0
    Next n
    lstZahlen.Clear
    For Each Y In X
```

```
        lstZahlen.AddItem Y
    Next
End Sub
```

In dieser Prozedur werden so lange Zufallszahlen zu der Auflistung *X* hinzugefügt, bis ein Laufzeitfehler auftritt. Da dieser immer dann die Folge ist, wenn der Schlüssel eines Elements bereits in der Auflistung vorhanden ist (Schlüssel und Element sind identisch), können keine doppelten Elemente vorkommen.

Vorsicht bei der Rnd-Funktion

Es wurde zu Beginn dieses Kapitels bereits erwähnt, dass die *Rnd*-Funktion manchmal zu recht subtilen Fehlersituationen führen kann. Warum – an dieser Frage sollten Sie Ihr bisher erworbenes VBA-Wissen überprüfen – kann die folgende Anweisung hin und wieder einen Laufzeitfehler verursachen?

```
Farbe = QBColor(Rnd * 16)
```

Theoretisch dürfte der *QBColor*-Funktion nie ein Wert größer 15 übergeben werden, denn die *Rnd*-Funktion gibt stets einen Wert < 1 zurück, der mit 16 multipliziert stets unter 16 bleibt. Dennoch kann es zu einem Laufzeitfehler kommen, da die *QBColor*-Funktion einen *Integer*-Wert erwartet und der von der *Rnd*-Funktion gelieferte Wert daher gerundet wird. Alle Werte größer gleich 15,5 werden aber intern auf 16 gerundet, was zu der Fehlersituation führt. Abhilfe schafft die *Int*-Funktion, die den Nachkommaanteil gnadenlos kürzt:

```
Farbe = QBColor(Int(Rnd * 16))
```

Abgeleitete mathematische Funktionen

Wer das »Mathematiktrauma« aus der Oberstufe erfolgreich überwunden hat (oder noch vor sich hat), wird vielleicht die eine oder andere Funktion aus dem Bronstein vermissen. Wie sich aus den zur Verfügung stehenden Funktionen weitere Funktionen (zum Beispiel die Hyperbolicus-Funktionen) ableiten lassen, verraten die VBA-Hilfe und das Visual-Basic-Handbuch (Anhang D).

:-)
TIP

Eine Fülle mathematischer Funktionen in Form von DLL-Funktionen enthält das Visual Basic Add-On BNALib (Info: http://cdeagle.cnchost.com/ – früher QuickPak Scientific von Crescent Software)[10].

---

[10] Das Produkt, das in Deutschland von Zoscke Data vertrieben wird, ist keineswegs konkurrenzlos. Mit ProMath/VB 2.0 gibt es von der Firma TeraTech (von denen wurde früher, soweit ich mich erinnern kann, das von den Basic-Erfindern Kurtz und Kemmeny entwickelte TrueBasic vertrieben) mindestens eine Alternative (Info: www.teratech.com/teratech).

9.14 Stringfunktionen

Bezüglich der Stringfunktionen kann VBA seine Ahnentafel, die mindestens bis zum Beginn der achtziger Jahre (vielleicht sogar in die Mitte der siebziger Jahre) zurückgehen dürfte, nicht leugnen. Praktisch alle »klassischen Basic-Stringfunktionen« sind auch in VBA zu finden. Das ist alles andere als ein Nachteil, denn das Verarbeiten von Zeichenketten wird wahrscheinlich nie aus der Mode kommen. Gegenüber den Klassikern sind bereits mit Visual Basic 4.0 auch ein paar interessante Funktionen, wie z.B. die *StrConv*-Funktion, hinzugestoßen. Mit VBA 6.0 wurden sechs neue Stringfunktionen, die es vorher schon in VBScript gab, in den Funktionsumfang aufgenommen (siehe Kapitel 9.23).

Funktion	Syntax	Bedeutung
Chr	*Chr(B)*	Wandelt den Zeichencode b (0-255) in einen 1-Zeichen-String um.
Instr	*Instr([Start], Teil-String, GesamtString, [Vergleich])*	Gibt die Position eines Teil-Strings in einem größeren String zurück, wobei zusätzlich die Startposition und die Art des Vergleichs (0-Binäre Suche, 1-Groß/Kleinschreibung oder den Wert der *CollatingOrder*-Eigenschaft eines *Field*-Objekts) festgelegt werden kann.
Left	*Left(String, n)*	Trennt n Zeichen von links beginnend ab und gibt sie als String zurück.
Len	*Len(String)*	Ermittelt die Länge eines Strings.
Ltrim	*LTrim(String)*	Schneidet von einem String alle führenden Leerzeichen ab.
Mid	*Mid(String, n, [Anzahl])*	Trennt ab der Position n Anzahl Zeichen aus dem String heraus und gibt sie als String zurück. Wird das Argument Anzahl weggelassen, werden alle Zeichen bis zum Ende der Zeichenkette zurückgegeben. Diese Funktion gibt es auch als Anweisung.
Right	*Right(String, n)*	Trennt n Zeichen von rechts beginnend ab und gibt sie als String zurück.

Tabelle 9.15: Die VBA-String-funktionen.

Funktion	Syntax	Bedeutung
RTrim	*RTrim(String)*	Schneidet von einem String alle angehängten Leerzeichen ab.
Str	*Str(Ausdruck)*	Wandelt den Ausdruck in einen String um.
StrComp	*StrComp(String1, String2[, Vergleich])*	Vergleicht zwei Strings miteinander und gibt einen *True/False*-Wert zurück.
StrConv	*StrConv(String, Umwandlungstyp)*	Leistungsfähige Konvertierungsfunktion, die einen String z.B. von ANSI- in Unicode oder von Klein- in Großbuchstaben umwandelt.
String	*String(Anzahl, Zeichen)*	Erstellt einen String, der aus *Anzahl* Zeichen mit dem ANSI-Code *Zeichen* besteht.
Trim	*Trim(String)*	Schneidet von einem String sowohl alle führenden als auch alle angehängten Leerzeichen ab.

Alle String-Funktionen gibt es in zwei Varianten: ohne und mit $-Zeichen am Ende. Letztere geben einen String-Wert zurück, erstere einen Wert vom Typ Variant. Normalerweise spricht nichts dagegen, die Variante ohne $-Zeichen zu verwenden.

Die StrConv-Funktion

Diese sehr leistungsfähige Funktion kann eine Zeichenkette nicht nur von Groß- in Kleinbuchstaben und umgekehrt umwandeln, es sind auch Umwandlungen der verschiedenen Zeichencodes (z.B. in DBCS- oder Unicode möglich). Wer in Japan lebt oder mit für das japanische Windows programmiert, erhält darüber hinaus eine Funktion für die Umwandlung von Katakana in Hiragana, der beiden offiziellen japanischen Zeichensätze. Ebenfalls (und weniger exotisch) ist die Möglichkeit verfügbar, über das Argument *vbProperCase* aus einer Zeichenkette einen sog. Titel-String zu machen, bei der jeweils der erste Buchstabe eines Worts ein Großbuchstabe ist:

```
Titel = StrConv("wie geht's denn so, arigato", vbPropercase)
```

Ohne die *StrvConv*-Funktion wäre für diese Aufgabe eine relativ umfangreiche String-Verarbeitung erforderlich.

Heraustrennen eines Null-Zeichens

Dies ist eine wichtige Funktion, denn sobald man von einer API-Funktion einen String entgegennimmt, erhält man eine Zeichenkette, die mit einem Nullbyte (Zeichencode 0) beendet wird. Da sich mit einem solchen String keine Stringoperationen, wie z. B. eine Verknüpfung, durchführen lassen, muss das *vbNullChar*-Zeichen abgetrennt werden. Auch wenn eine Lösung bereits an anderer Stelle in diesem Buch vorgestellt wird, hier noch einmal die String-Formel, die alle Zeichen einer Zeichenkette bis zum ersten *vbNullChar*-Zeichen abtrennt:

```
NeuerString = Left(Teststring, Instr(TestString, vbNullChar)
```

Wie lässt sich eine Dateierweiterung durch eine andere austauschen?

Stellen Sie sich vor, eine Variable enthält einen Dateinamen (im alten 8+3-Format) mit einer Erweiterung, und Sie möchten diese durch einen andere Erweiterung austauschen. Wie lässt sich dies mit maximal zwei Funktionsaufrufen erledigen? Die *Instr*-Funktion ist die Lösung:

```
BMPDateiName = Left(DateiName, InStr(DateiName, ".")) & "BMP"
```

Die *Left*-Funktion schneidet, beginnend mit dem ersten Zeichen von links, alle Zeichen bis zum Punkt ab. Die Position dieses Punkts liefert die *Instr*-Funktion. Anschließend hängt der &-Operator die neue Erweiterung, in diesem Fall »BMP«, an den Dateinamen. Diese Funktion würde natürlich auch mit langen Dateinamen funktionieren, doch da diese mehrere Punkte enthalten können, muss die *Instr*-Funktion in einer *Do*-Schleife so lange aufgerufen werden, bis kein Punkt mehr gefunden wird. Die *Instr*-Funktion gibt in diesem Fall eine 0 zurück. Versuchen Sie sich einmal an einer Lösung.

Wie lässt sich der Dateiname aus einem Pfadnamen extrahieren?

Ein häufig auftretendes Programmierproblem ist es, aus einem Pfadnamen den Dateinamen abtrennen zu müssen. Auch diese Aufgabe lässt sich mit der *Instr*-Funktion einfach lösen:

```
Private Pfadname As String, Dateiname As String
Private Länge As Integer, n As Integer, Position As Integer
Pfadname = _
"C:\Programme\Microsoft Visual Basic\Test\MeinProg.vbp"
Länge = Len(Pfadname)
Do
    n = InStr(n + 1, Pfadname, "\")
    If n = 0 Then Exit Do
        Position = n
    Loop
Dateiname = Right(Pfadname, Länge - Position)
```

Die *Do-Loop-Schleife* durchsucht die Variable *Pfadname* nach einem
»\«-Zeichen und übergibt dessen Position an die Variable *Position*. Die
Schleife wird so lange wiederholt, bis die *Instr*-Funktion den Wert 0
zurückgibt. Dann werden alle Zeichen bis zum Ende der Zeichenkette
über die *Right*-Funktion abgetrennt.

Wie immer gibt es eine etwas einfachere Lösung:

```
Private Pfadname As String, Dateiname As String
Private n As Integer, Länge As Integer
Pfadname = _
"C:\Programme\Microsoft Visual Basic\Test\MeinProg.vbp"
Länge = Len(Pfadname)
Do
    If Mid(Pfadname, Länge - n, 1) Like "[\:]" Or n = _
    Länge Then Exit Do
        n = n + 1
Loop
Dateiname = Right(Pfadname, n)
```

Diese Variante überprüft, beginnend beim letzten Zeichen, alle Zeichen der Zeichenkette *Pfadname*. Über den *Like*-Operator wird zusätzlich auf ein »:«-Zeichen geprüft, da ein Pfadname z. B. auch
»C:Test.vbp« lauten könnte.

*Hier ein kleiner Tipp aus der Abteilung »Basic, die unbekannte
Sprache«. Die Mid-Funktion gibt es auch in Form einer Anweisung.
Die Mid-Anweisung kann dazu benutzt werden, einen Teil-String in
einen anderen String einzufügen:*

```
A$ = "Nennen Sie mich einfach Professor"
Mid(A$ ,Instr(A$, "Prof")) = "Doctore!"
```

Leider kann die *Mid*-Anweisung nur so viele Zeichen austauschen, wie
die Zeichenkette lang ist. Sollen im obigen Beispiel auch die Leerzeichen stimmen, muss der ausgetauschte Ausdruck um den Ausdruck
Space(Len(»Professor«)-Len(»Doctore!«)) erweitert werden.

9.14.1   Finanzmathematische Funktionen

Für echte Frankfurter Finanzprofis und immer dann, wenn es um (richtiges) Geld geht, reichen die normalen Rechenfunktionen vermutlich
nicht aus. Damit Banker nicht die Nase rümpfen, bietet VBA eine Reihe von speziellen finanzmathematischen Funktionen, die (im Interesse
der Allgemeinheit) aber nur tabellarisch aufgelistet werden sollen, da jeder, der sich mit dieser Materie auskennt, vermutlich schon wissen
wird, wie diese Funktionen eingesetzt werden und was die teilweise
recht exotisch klingenden Argumente zu bedeuten haben.

Funktion	Bedeutung
DDB	Ermittelt den Abschreibungswert unter Berücksichtigung der geometrisch degressiven Abschreibung.
FV	Führt eine Zinsberechnung auf der Grundlage regelmäßiger Zahlungen und eines konstanten Zinssatzes durch.
IPmt	Berechnet den Betrag der Zinszahlungen für die Zinsberechnung der *FV*-Funktion.
IRR	Berechnet den internen Zinsfuß bei einer Zinsberechnung mit regelmäßigen Ein- und Ausgängen.
MIRR	Liefert im Gegensatz zur *IRR*-Funktion den modifizierten Zinsfuß.
NPer	Berechnet die Anzahl der Zahlungszeiträume bei einer Zinsberechnung mit der *FV*-Funktion.
NPV	Berechnet den Nettobarwert bei einer Zinsberechnung mit regelmäßigen Ein- und Ausgängen und eines Abzinsungssatzes.
Pmt	Berechnet den zu zahlenden Betrag bei einer Zinsrechnung mit regelmäßigen, konstanten Zahlen und einem konstanten Zinssatz.
PPmt	Entspricht der *Pmt*-Funktion, nur dass hier zusätzlich unterschieden werden kann, ob die Zahlungen am Ende oder am Anfang eines Zahlungszeitraums fällig sind.
PV	Berechnet den aktuellen Kapitalbetrag auf der Basis künftiger regelmäßiger und konstanter Zahlungen bei einem konstanten Zinssatz.
Rate	Berechnet bei einer Zinsberechnung den Zinssatz je Zeitraum.
SLN	Berechnet den Wert einer linearen Abschreibung für einen einzelnen Zeitraum.
SYD	Berechnet den Wert der sogenannten digitalen Abschreibung eines Anlageobjekts für einen bestimmten Zeitraum.

9.14.2 Umwandlungsfunktionen

VBA offeriert eine Fülle von Umwandlungsfunktionen, die Ausdrücke in einen bestimmten Datentyp umwandeln. Fängt man erst einmal zu suchen an, ist man erstaunt, wie vielfältig das Angebot ist. Die meisten dieser Funktionen werden allerdings nur relativ selten benötigt, da VBA intern viele Umwandlungen selbständig durchführt.

Tabelle 9.17:
Allgemeine
Umwandlungs-
funktionen in
VBA.

Funktion	Bedeutung
Asc	Ermittelt den ANSI-Code eines String-Zeichens. Besteht der String aus mehr als einem Zeichen, wird nur das erste Zeichen verwendet.
Cbool	Wandelt einen numerischen Ausdruck in eine Zahl vom Typ *Boolean* um. Ein Boolescher Wert kann nur die Werte 0 (False) und -1 (True) annehmen.
Cbyte	Wandelt einen numerischen Ausdruck in eine Zahl vom Typ *Byte* um.
Ccur	Wandelt einen numerischen Ausdruck in eine Zahl vom Typ *Currency* um und kürzt damit die Anzahl der Nachkommastellen auf 4.
Cdate	Wandelt einen numerischen Ausdruck in eine Zahl vom Typ *Date* um.
Cdec	Wandelt einen numerischen Ausdruck in eine Zahl vom Typ *Decimal* um.
CDbl	Wandelt einen numerischen Ausdruck in eine Zahl vom Typ *Double* um.
Cerr	Wandelt einen numerischen Ausdruck in eine Zahl vom Typ *Error* um.
Cint	Wandelt einen numerischen Ausdruck in eine Zahl vom Typ *Integer* um, wobei ein Fließkommawert zur nächsten geradzahligen Integer-Zahl gerundet wird.
CLng	Wandelt einen numerischen Ausdruck in eine Zahl vom Typ *Long* um, wobei ein Fließkommawert zur nächsten geradzahligen Integer-Zahl gerundet wird.
CSng	Wandelt einen numerischen Ausdruck in eine Zahl vom Typ *Single* um.
CStr	Wandelt einen numerischen Ausdruck in eine Zahl vom Typ *String* um.
Cvar	Wandelt einen numerischen Ausdruck in eine Zahl vom Typ *Variant* um.
Hex	Wandelt einen numerischen, ganzzahligen Ausdruck in die entsprechende Hexadezimalzahl um.

Funktion	Bedeutung
Oct	Wandelt einen numerischen, ganzzahligen Ausdruck in die entsprechende Oktalzahl (zur Basis 8) um.
Val	Berechnet den numerischen Wert eines Strings. Da die Umwandlung beim ersten nicht numerischen Zeichen durchgeführt wird, muss der String nicht nur aus Ziffern bestehen. Es ist zu beachten, dass die *Val*-Funktion als »ur-amerikanische Funktion« keine länderspezifischen Einstellungen berücksichtigt. Sie sollten anstelle von *Val* grundsätzlich die verschiedenen *Cx*-Funktionen verwenden.

Stichwort: Hexadezimalzahlen

VBA bietet mit der *Hex*-Funktion eine recht unscheinbare Funktion, die manchmal aber sehr nützlich sein kann. Eine Hexadezimalzahl (oder Sedezimalzahl, wie es korrekt heißen müsste) ist eine Zahl, bei der jede Ziffer nicht 10, sondern 16 Zustände annehmen kann. Da die Ziffern 0 bis 9 dafür nicht ausreichen, werden einfach die Buchstaben A bis F hinzugenommen. Die Zahl 1.000 wird hexadezimal daher als 3E8 geschrieben. Hexadezimalzahlen werden in VBA durch ein vorangestelltes »&H« gekennzeichnet (z. B. &H3E8). Über die *Hex*-Funktion können Sie eine Dezimalzahl in eine Hexadezimalzahl (genauer gesagt in eine Zeichenkette, da eine Hexadezimalzahl in VBA nicht numerisch ist) umwandeln. Eine Funktion für die Umwandlung einer Hexadezimal in eine Dezimalzahl gibt es nicht, denn durch das Voranstellen von »&H« kann man mit Hexadezimalzahlen rechnen.

Die Anweisung   **Beispiel**

```
Debug.Print &H3E8
```

gibt den Wert 1.000 im Direktfenster aus.

9.14.3 Datumsfunktionen

Noch vor einigen Jahren spielte das Datum oder die Zeit in einem Programm so gut wie keine Rolle. Kein Wunder, da die PC der allerersten Generation noch nicht einmal über eine eingebaute Uhr verfügten. Heute, im Zeitalter globaler Vernetzung und Armbanduhren, die man nur vor einen PC-Bildschirm halten muss, um einen Terminkalender zu übertragen, sieht das natürlich anders aus. Backup-Programme, Versionskontroll-Software, eMail-Software und natürlich sämtliche Zeitplaner hängen davon ab, dass jederzeit die exakte Uhrzeit unseres lokalen Raum-/Zeitkontinuums zur Verfügung gestellt werden kann. Und da gab es ja noch das »kleine« Jahr-2000-Problem, das bei Visual Basic nicht auftreten sollte. Grund genug, sich etwas ausführlicher mit der Art und Weise zu beschäftigen, wie VBA Datumsangaben speichert.

VBA stellt für Datums- und Zeitangaben mit *Date* einen eigenen (8-Byte-) Datentyp zur Verfügung, mit dem sich alle Daten zwischen dem 1. Januar 100 bis zum 31. Dezember 9999 darstellen lassen[11]. Alle Datumsfunktionen, die teilweise wirklich sehr praktisch sind, arbeiten mit diesem Datentyp. Ein Ausdruck vom Typ *Date*, d.h. eine gültige Datumsangabe, wird in diesem Kapitel auch als Datumstyp bezeichnet.

Tabelle 9.18: Die Zeit- und Datumsfunktionen von VBA.

Funktion	Bedeutung
CVDate	Wandelt einen beliebigen (gültigen) Datums-String in einen Datumstyp (Datentyp *Date*) um.
Date	Diese Funktion liefert das aktuelle Systemdatum in Form eines Datumstyps. Über die *Date*-Anweisung kann das Datum gesetzt werden (es muss unter DOS zwischen dem 1. Januar 1980 und dem 31. Dezember 2099 liegen).
DateSerial	Wandelt ein Datum in einen Datumstyp um. Das Datum wird in Form von drei Werten übergeben, die das Jahr, den Monat und den Tag angeben.
DateValue	Wandelt ein Datum in einen Datumstyp um. Das Datum wird in Form einer Zeichenkette übergeben, die ein gültiges Datum darstellt.
Date	Diese Anweisung stellt das Systemdatum ein. Der zugewiesene Wert muss ein String-Ausdruck oder ein Datumstyp sein.
DateAdd	Berechnet ein Datum, ausgehend von einem anderen Datum und einer Zeitdifferenz.
DateDiff	Berechnet die Zeitdifferenz zwischen zwei Daten in Tagen.
DatePart	Berechnet aus einem Datumstyp einen bestimmten Teil, wie z.B. die Nummer der Woche oder des Quartals.
Day	Extrahiert aus einem Datum die Tageszahl.
Hour	Extrahiert aus einem Datum die Stundenzahl.
Minute	Extrahiert aus einem Datum die Minutenzahl.
Month	Extrahiert aus einem Datum die Monatszahl.
Now	Liefert das aktuelle Systemdatum und die aktuelle Systemzeit in Form eines Datumstyps.

[11] Was PC-Besitzer danach mit ihrer teuer erworbenen Software anfangen sollen, steht in den Sternen. Ein weiteres eklatantes Beispiel für die kurzfristige Sichtweise der Software-Industrie.

Funktion	Bedeutung
Second	Extrahiert aus einem Datum die Sekundenzahl.
Time	Diese Funktion liefert die aktuelle Systemzeit in Form eines Datumtyps.
Time	Diese Anweisung stellt die Systemzeit ein.
Timer	Liefert die Anzahl der seit Mitternacht vergangenen Sekunden.
Weekday	Extrahiert aus einem Datumstyp eine Zahl für den Wochentag (1-Sonntag...7-Samstag).
Year	Extrahiert aus einem Datumstyp die Jahreszahl.

Kalenderwoche ausrechnen

Bei geschäftlichen Verabredungen ist es üblich, sich auf eine Kalenderwoche zu beziehen. Damit man auch ohne TimeSystem auf der Höhe der Zeit ist, bietet VBA die *DatePart*-Funktion, die diese Information, und noch einiges mehr, zur Verfügung stellt.

Das folgende Beispiel ermittelt für ein beliebiges Datum die Kalenderwoche. **Beispiel**

```
?"Das Datum liegt in der " & DatePart("ww", "12.12.95") & _
". KW""
Das Datum liegt in der 50. KW
```

Anzahl der Tage zwischen zwei Daten ausrechnen

Wir stehen vor einem großen Ereignis. Nur noch »n« Tage bis zur Jahrtausendwende. Um festzustellen, ob noch genügend Zeit ist, sich Eintrittskarten für die Party im New York Plaza, das Ticket für die Weltreise in der Concorde oder den Segeltörn mit dem Katamaran vor Neuseeland zu besorgen, bietet VBA die überaus praktische *DateDiff*-Funktion, welche die Differenz zwischen zwei Datumsangaben berechnet:

```
AnzahlTage = DateDiff("d", Now, "1.1.0")
```

Über das erste Argument wird angegeben, in welcher Einheit die Differenz zurückgegeben werden soll (in diesem Fall sind es Tage).

9.14.4 Statusfunktionen

Statusfunktionen sind Funktionen, die Informationen über das Programm zurückgeben. Funktionen, die etwa den freien Arbeitsspeicher[12] ermitteln, gibt es hier allerdings nicht, denn dies ist die Aufgabe des Betriebssystems, genauer gesagt der Windows-API.

Tabelle 9.19: Statusfunktionen in VBA.

Funktion	Bedeutung
IsArray	Stellt fest, ob ein Ausdruck den Unterdatentyp *Array* (Feld) besitzt.
IsDate	Stellt fest, ob ein Ausdruck den Unterdatentyp *Date* (Datum) besitzt.
IsVariant	Stellt fest, ob ein Ausdruck den Typ *Variant* besitzt.
IsEmpty	Stellt fest, ob eine Variable initialisiert wurde oder den Zustand *Empty* besitzt. Dies setzt aber voraus, dass die Variable den Typ *Variant* besitzt.
IsObject	Stellt fest, ob es sich bei einem Ausdruck um eine Referenz auf ein Objekt (Objektvariable) handelt.
IsError	Stellt fest, ob ein Ausdruck den Typ *Error* besitzt, d.h., ob es sich um ein Fehlerobjekt handelt.
IsMissing	Stellt fest, ob für ein optionales Prozedurargument vom Typ *Variant* ein Wert übergeben wurde.
IsNull	Stellt fest, ob ein Ausdruck den Wert Null besitzt. Dieser wird z.B. zurückgegeben, wenn ein Datenbankfeld keinen Inhalt besitzt.
IsNumeric	Stellt fest, ob ein Ausdruck numerisch ist.
TypeName	Gibt den Daten- bzw. Objekttyp eines Ausdrucks als Zeichenkette zurück.
VarType	Gibt den Datentyp eines Ausdrucks als Zahl zurück.

9.14.5 Sonstige Funktionen

In diese Kategorie fallen alle VBA-Funktionen, die in keine der bisher vorgestellten Kategorien gepasst haben.

---

[12] Wie die »legendäre« Free(0)-Funktion aus dem C64-Basic, das übrigens ebenfalls von Microsoft abstammte. Damals hatte dieser Umstand kaum eine Bedeutung.

Funktion	Bedeutung
Environ	Gibt den Wert Umgebungsvariablen zurück, deren Name beim Aufruf übergeben wurde. Alternativ kann auch eine Zahl übergeben werden, die für die Position der Variablen in dem Pool der Umgebungsvariablen steht.
Dir	Gibt den Namen einer Datei im aktuellen Verzeichnis zurück, deren Name mit dem übergebenen Muster (z.B. *.Txt) übereinstimmt. Um weitere Dateinamen zu erhalten, die mit dem Muster übereinstimmen, muss die _Dir_-Funktion mit leeren Klammern aufgerufen werden.
FileAttr	Gibt den Zugriffsmodus einer geöffneten Datei (z.B. _Binary_ oder _Random_) als Zahl zurück.
FileDateTime	Gibt das Datum der letzten Änderung einer Datei als Datumstyp zurück.
FileLen	Gibt die Länge einer Datei in Byte zurück, deren Dateiname übergeben wurde.
FreeFile	Gibt die nächste freie Dateibezugsnummer (engl. _file handle_) zurück, die für eine _Open_-Anweisung verwendet werden kann.
LOC	Gibt die aktuelle Position des Dateizeigers, der die Schreib-/Leseposition beim nächsten Zugriff festlegt, für eine geöffnete Datei zurück.
LOF	Gibt die Länge einer bereits geöffneten Datei in Byte zurück.
Partition	Diese Funktion gibt die Nummer eines Bereichs als String zurück, in dem sich ein übergebener Wert befindet, wobei der Bereich in feste Intervalle (z.B. 1.000er-Schritte) unterteilt wird.

Tabelle 9.20: Sonstige VBA-Funktionen.

9.14.6 Neue Funktionen bei VBA 6.0

VBA 6.0 wurde gegenüber seinem Vorgänger VBA 5.0 nur geringfügig verbessert (siehe Kapitel 9.23). Zu den wenigen Neuerungen zählen sechs Stringfunktionen, die bei VBScript abgeguckt wurden (siehe Tabelle 9.21).

Tabelle 9.21:
Die neuen String-
funktionen bei
VBA 6.0.

Funktion	Bedeutung	Beispiel
Filter	Durchsucht ein Feld von Strings nach einem Teilstring und gibt ein Feld mit Strings zurück, in denen der Teilstring vorkommt bzw. nicht vorkommt.	*TestFeld2 = Filter(Testfeld1, »tag«)*
InstrRev	Das Gegenstück zur *Instr*-Funktion. Durchsucht einen String nach einem Teilstring, wobei die Suche am Ende der Zeichenkette beginnt.	*Pos = InstrRev(Gesamtstring, vbNullChar)*
Join	Setzt einen String aus Teilstrings zusammen, die in Form eines Feldes übergeben werden. Als zweites Argument kann ein Trennzeichen übergeben werden, das die einzelnen Teilstrings im zusammengesetzten String trennt.	*GesamtName = Join(MannschaftsnamenFeld, »:«)*
Replace	Ersetzt in einem String einzelne Teilstrings, die in Form eines Feldes übergeben werden.	*TestString = »The blue moon shines over the blue gras« Ergebnis = Replace(TestString, »Blue«, »Yellow«, Count:=2)*
Split	Teilt einen String anhand eines Trennzeichens in Teilstrings auf und gibt diese in einem Feld zurück.	*Ergebnisfeld= Split(»Rot,Gelb,Grün«, »,«)*
StrReverse	Kehrt die Reihenfolge der Zeichen in einem String um und gibt das Ergebnis als String zurück.	*Ergebnis = StrReverse(»OttoX«)*

Besonders interessant sind die Funktionen *Filter* und *Replace*, mit denen sich Zeichenketten durchsuchen und in Abhängigkeit ihres Inhaltes neu zusammensetzen lassen. Die *Filter*-Funktion durchsucht ein Zeichenkettenfeld nach einer Zeichenkette und gibt ein Feld zurück, in dem alle Zeichenketten enthalten sind, die, in Abhängigkeit des *Include*-Arguments, die gesuchte Zeichenkette enthalten oder nicht enthalten.

Beispiel
```
Private TestFeld1 As Variant, TestFeld2 As Variant
TestFeld1 = Array("Montag", "Dienstag", "Mittwoch", "Donnerstag",
"Freitag", "Samstag", "Sonntag")
TestFeld2 = Filter(Testfeld1, "tag")
```

Die Variable *Testfeld2* erhält alle Zeichenketten, in denen die Silbe »tag« vorkommt.

Die *Replace*-Funktion ist in der Lage, eine Zeichenkette in einer Zeichenkette durch eine andere Zeichenkette auszutauschen. Wird die Anzahl der Austauschvorgänge über das *Count*-Argument nicht angegeben, werden alle gefundenen Teilzeichenketten ausgetauscht.

Beispiel

```
MeineZeichenkette = "Eine lustige Seefahrt, die ist lustig"
TeilZeichenkette= "lustig"
MeineZeichenkette = Replace(MeineZeichenkette, TeilZeichenkette, "traurig")
```

9.14.7   Das Dictionary-Objekt

Das *Dictionary*-Objekt ist ein unsichtbarer »Behälter« zum Abspeichern von Zahlen und Zeichenketten. Es verhält sich ein wenig wie ein unsichtbares Listenfeld, allerdings mit dem zusätzlichen Komfort einer Suchfunktion. Der Zugriff auf ein gespeichertes Element kann entweder über die Positionsnummer (die Numerierung beginnt bei 0) oder über einen optionalen Schlüssel erfolgen. Über ein *Dictionary*-Objekt lassen sich sehr einfach verschiedene Daten speichern, ohne dass man jedem einzelnen Datenelement einen eigenen Namen geben muss.

Beispiel

```
Dim Traumstädte As Dictionary, z As Long
Set Traumstädte = CreateObject("Scripting.Dictionary")
Traumstädte.Add "A", "Gelsenkirchen"
Traumstädte.Add "B", "Bochum"
Traumstädte.Add "C", "Wanne Eickel"
Traumstädte.Add "D", "Essen"
Traumstädte.Add "E", "Herne"
Traumstädte.Add "F", "Düsseldorf"
Traumstädte.Add "G", "Erkrath"
Traumstädte.Add "H", "Bottrop"
Randomize Timer
z = Int(Rnd * Traumstädte.Count)
MsgBox Prompt:="Die schönste Stadt der Welt ist: " & Traumstädte.Item(Chr(z
+ 65))
```

Als erstes wird über die *CreateObject*-Methode ein *Dictionary*-Objekt angelegt und der Variablen *Traumstädte* zugewiesen. Anschließend werden über die *Add*-Methode mehrere Elemente hinzugefügt, wobei jedes Element aus einem Schlüssel (in diesem Fall ein Buchstabe) und den eigentlichen Wert besteht. Für den Zugriff auf ein einzelnes Element muss der Schlüssel verwendet werden (die Positionsnummer geht nicht):

```
Msgbox Prompt:="Die schönste Stadt der Welt ist: " &
Traumstädte.Item(Chr(z+65))
```

Über die *Rnd*-Funktion wird der Variablen *z* ein Wert zugewiesen, der zwischen 0 und der maximalen Anzahl an Elementen in dem *Dictionary*-Objekt liegt. Letztere wird über die *Count*-Eigenschaft ermittelt.

Dass der Zugriff auf ein Element in einem *Dictionary*-Objekt nur über einen Schlüssel möglich ist, erscheint auf den ersten Blick etwas umständlich. Was ist z.B. zu tun, wenn man auf alle Elemente innerhalb einer Schleife zugreifen möchte? Dazu gibt es die *Items*-Methode, über die der komplette Inhalt eines *Dictionary*-Objekts einer Feldvariablen zugewiesen wird.

Beispiel
```
Städte = Traumstädte.Items
```

Die Feldvariable *Städte* kann nun z.B. mit einer *For Each*-Anweisung durchlaufen werden.

Beispiel
```
For Each S in Städte
    Msgbox Prompt:="Das Element ist: " & X
Next
```

Damit Sie das Dictionary-Objekt direkt (d.h. über frühe Bindung) ansprechen können, muss in das Projekt ein Verweis auf »Microsoft Scripting Runtime« eingebunden werden. Ohne diesen Verweis muss die Variable Traumstädte im obigen Beispiel den allgemeinen Typ Object besitzen, was eine späte Bindung bedeutet und wenn möglich vermieden werden sollte, da der Zugriff auf das Objekt verlangsamt wird und keine Eingabehilfen (Auswahlliste) zur Verfügung stehen.

9.15 Feldvariablen (Arrays)

In diesem Abschnitt wird mit den Feldvariablen ein sehr leistungsfähiges und vielseitiges Konzept vorgestellt, mit dem Programmiereinsteiger erfahrungsgemäß so ihre Schwierigkeiten haben. Eine Feldvariable, oder kurz ein Feld (engl. »array«) ist eine Variable, die aus einer beliebigen Anzahl an Untervariablen besteht, die alle den gleichen Namen, den gleichen Datentyp und den gleichen Gültigkeitsbereich besitzen. Damit sich die einzelnen Untervariablen unterscheiden lassen, werden sie stets über einen Index (also eine Zahl) angesprochen. Bis auf den Index verhalten sich Feldvariablen genauso wie »normale« (skalare) Variablen. In Anlehnung an die Mathematik (die ersten Feldvariablen wurden in den fünfziger Jahren – so alt sind sie nämlich schon – in der Programmiersprache Fortran zur Nachbildung von Vektoren benutzt) werden Feldvariablen auch als *Vektoren* bezeichnet.

*Eine Feldvariable ist eine Variable, die aus mehreren Untervaria- **Merksatz**
blen besteht, die über einen Index angesprochen werden. Der Index
beginnt standardmäßig bei 0 und läuft bis zur maximalen Anzahl
an Feldelementen minus 1.*

VBA kennt zwei verschiedene Typen von Feldvariablen, die aber im
Programm auf die gleiche Weise angesprochen werden. Feldvariablen,
die über die *Array*-Funktion einer *Variant*-Variablen zugewiesen werden und Feldvariablen, die wie alle übrigen Variablen, z.B. über eine
Private-Anweisung, deklariert werden.

```
Private Feldvariablenname [([[Untere Grenze To] Obere Grenze] _
[,[Untere Grenze To] obere Grenze] . . .])][As [New] _
Datentyp]...
```
Syntax

Lassen Sie sich durch die recht umfangreiche Syntax nicht verwirren,
die Deklaration einer Feldvariablen ist im Grunde ganz einfach. Etwas
unübersichtlich wird die Syntax lediglich deswegen, weil eine Feldvariable mehrere Dimensionen (laut Handbuch bis zu 60!) und jede Dimension eine eigene Unter- und Obergrenze besitzen kann. Ein solcher Fall
kommt aber in der Praxis selten vor. Die meisten Feldvariablen in diesem Buch besitzen eine, in einigen Fällen zwei Dimensionen. Feldvariablen mit mehr als zwei Dimensionen werden nur ganz selten verwendet.

Die folgende Anweisung deklariert eine Feldvariable mit zwölf Feldern **Beispiel**
vom Typ *Byte*:

```
Private MeinZahlenFeld(0 To 11) As Byte
```

Diese Anweisung deklariert eine Feldvariable mit dem Namen *Mein-
ZahlenFeld*, die aus zwanzig Untervariablen des Datentyps *Byte* be-
steht. Um alle Untervariablen (Felder) der Feldvariablen mit einem
Wert zu füllen, kann bequem eine Schleife eingesetzt werden:

```
Private n As Integer, z As Integer
For n = 0 To 111
  z = Int(Rnd*49) + 1
  MeinZahlenFeld(n) = z
Next n
```

Durch diese Schleife werden alle zwölf Felder der Feldvariablen mit einem Zufallswert gefüllt.

Standardmäßig beginnt der Index einer Feldvariablen bei 0, d.h. bei **Beispiel**
der Deklaration wird als Obergrenze die gewünschte Anzahl an Feldern minus 1 angegeben. Eine Feldvariable, die über die Anweisung

```
Private TestFeld(10)
```

definiert wird, besitzt elf Felder. Der unterste Index muss jedoch nicht bei 0 beginnen. Über den Zusatz *To* kann ein beliebiger Indexbereich (auch negativ) festgelegt werden. Soll der Index standardmäßig nicht bei 0, sondern bei 1 beginnen, muss im *Allgemein*-Teil des Moduls die Anweisung *Option Base 1* aufgeführt werden. Von der Verwendung dieser Anweisung wird jedoch abgeraten, da es für die Lesbarkeit des Programms besser ist, den Zusatz *To* bei der Dimensionierung zu verwenden. Besser wäre also die Variante:

```
Private TestFeld(0 To 10)
```

Befindet sich der Index, der beim Zugriff auf eine Feldvariable verwendet wird, außerhalb des erlaubten Bereichs, ist die Fehlermeldung »Index außerhalb des definierten Bereichs« (Laufzeitfehler Nr. 9) die Folge. Grundsätzlich ist es kein Problem, diesen Fehler abzufangen, die Feldvariable im Fehlerbehandlungsteil über eine *ReDim*-Anweisung größer zu dimensionieren und den Zugriff erneut durchzuführen. Voraussetzung ist allerdings, dass die Feldvariable im *Allgemein*-Teil als dynamisch, d.h. ohne Verwendung eines Index, deklariert wurde (mehr dazu später).

9.15.1 Löschen von Feldvariablen

Zum Glück muss man ein Array nicht in einer Schleife löschen, in dem man jedes einzelne Feld auf Null setzt. Dafür gibt es die *Erase*-Anweisung, die zu jenen unauffälligen VBA-Anweisungen gehört, die gerne übersehen werden.

Beispiel
```
Dim F As Variant
F = Array(11, 23, 45, 566)

Erase F

F = 0     ' Damit IsArray False zurückgibt
```

Zuerst wird der *Variant*-Variablen *F* ein kleines Feld zugewiesen, das anschließend über die *Erase*-Anweisung wieder gelöscht wird. Das anschließende Setzen auf 0 ist nur deswegen erforderlich, damit die *IsArray*-Methode keinen *True*-Wert zurückgibt, auch wenn die Variable *F* kein Feld mehr enthält.

9.15.2 Wie viele Dimensionen dürfen es denn sein?

Bislang haben Sie Feldvariablen kennengelernt, die nur eine Dimension besitzen. Feldvariablen können in VBA jedoch auch mehrere Dimensionen besitzen (bis zu 60), wengleich dies relativ selten benötigt wird. Ein solcher Fall liegt vor, wenn Sie mit Matrizen rechnen möchten, denn diese lassen sich sehr einfach mit zwei- oder mehrdimensionalen Feldvariablen nachbilden. Auch für viele Spiele (etwa Labyrinth-Spiele und natürlich Schach) sind mehrdimensionale Feldvariablen sehr hilfreich. Möchten Sie das Spielfeld eines Schiffe-versenken-Spiels in einer Variablen abbilden, kann diese wie folgt deklariert werden:

```
Private Spielfeld (9, 9) As Integer
```

Angesprochen wird diese zweidimensionale Variable wie jede andere Variable, nur dass Sie stets zwei Indices angeben müssen:

```
Spielfeld (1, 7) = 10
```

Wie viele verschiedene Zahlen können in der Variablen *Spielfeld* gespeichert werden? Sind es 100 oder gar 110? Die Antwort auf diese Frage hängt wieder davon ab, ob der Index bei 0 (110) oder bei 1 (100) beginnt. Eindeutiger, und vor allem empfehlenswert im Sinne eines lesbaren Programmlistings, ist daher die folgende Variante:

```
Private Spielfeld (0 To 9, 0 To 9) As Integer
```

Auch mit der Array-Funktion lassen sich mehrdimensionale Feldvariablen bilden, in dem ein Mitglied eines Feldes einfach über die Array-Funktion ein weiteres Feld erhält.

:-)
TIP

*Abbildung 9.2:
Das Prinzip des
Arrays an einem
Beispiel.*

9.15.3 Dynamische Feldvariablen

Eine dynamische Variable ist eine Feldvariable, deren Größe sich während der Programmausführung ändern kann. Das ist sehr praktisch, denn wenn Sie nur 20 Zahlenwerte speichern möchte, wäre es Platzverschwendung, dafür von Anfang an 200 Felder zu reservieren. Sollte es sich auf der anderen Seite wider Erwarten herausstellen, dass auch diese 200 Felder zu wenig sind, wäre der Laufzeitfehler Nr. 9 (VBA ist in diesen Dingen, anders als C, sehr streng) die Folge. Dynamische Feldvariablen lösen dieses Problem, denn ihre Größe kann während der Programmausführung über die *ReDim*-Anweisung beliebig variiert werden.

Bei einem dynamischen Feld kann die Anzahl der Felder (nicht aber die Anzahl der Dimensionen) während der Programmausführung jederzeit über eine ReDim-Anweisung geändert werden.

Dynamische Feldvariablen werden wie statische Feldvariablen deklariert, nur dass die Anzahl der Felder zunächst offenbleibt:

```
Private SpielFeld ()
```

Später, d.h. innerhalb einer Prozedur, legt die *ReDim*-Anweisung die tatsächliche Anzahl an Dimensionen fest:

```
ReDim SpielFeld(50)
```

Bei der *ReDim*-Anweisung muss unbedingt beachtet werden, dass sie in obiger Form die komplette Feldvariable löscht. Alle zuvor gespeicherten Werte sind also verloren. Ist dies nicht erwünscht, muss die *ReDim*-Anweisung mit dem Schlüsselwort *Preserve* versehen werden:

```
ReDim Preserve SpielFeld(50)
```

Merksatz *Um eine dynamische Feldvariable zu löschen, genügt eine ReDim-Anweisung ohne das Preserve-Schlüsselwort.*

9.15.4 Die Unter- und Obergrenzen einer Feldvariablen feststellen

Besonders bei dynamischen Feldern ist natürlich die Frage interessant, wie viele Felder die Variablen zur Zeit besitzen. Dafür stehen die Funktionen *LBound* (untere Grenze ermitteln) und *UBound* (obere Grenze ermitteln) zur Verfügung.

Syntax
```
LBound( Feldname[, Dimension])
UBound( Feldname[, Dimension])
```

Als Argumente werden der Funktion der Name der Feldvariable (ohne Klammern) und gegebenenfalls auch die Dimension übergeben, von der die Grenze bestimmt werden soll.

Beispiel Die folgende *For-Next-Schleife* belegt alle Felder der zweidimensionalen Variable *SpielFeld* mit dem Wert 99:

```
Private n As Integer, m As Integer
For n = LBound(SpielFeld, 1) To UBound(SpielFeld, 1)
    For m = LBound(SpielFeld, 2) To UBound(SpielFeld, 2)
        SpielFeld(n, m) = 99
    Next m
Next n
```

9.15.5   Feldvariablen in Variant-Variablen speichern

Feldvariablen besitzen keinen eigenen Datentyp (etwa »Array«), sondern stets den Datentyp ihrer Feldelemente. Eine Variable vom Typ *Variant* kann aber eine Feldvariable beinhalten, d.h. Sie können einer beliebigen *Variant*-Variable eine Feldvariable zuweisen und über die *Variant*-Variable auf die einzelnen Feldelemente zugreifen. Einzige Einschränkung: Der Datentyp des Feldes darf kein String fester Länge und kein benutzerdefinierter Typ sein.

Die folgende Anweisung deklariert eine Variable vom Typ *Variant* und weist ihr anschließend ein komplettes Feld zu:

```
Private F As Variant
F = SpielFeld
?F(2, 3)
99
?IsArray(F)
Wahr
```

Zum Schluss wird von der *IsArray*-Funktion bestätigt, dass es sich bei *F* tatsächlich um ein Feld handelt.

9.15.6   Die Funktion IsArray

Über die *IsArray*-Funktion lässt sich feststellen, ob es sich bei einer *Variant*-Variablen um ein Feld handelt.

```
IsArray(VarName)
```
                                                                              Syntax

---

Eine Feldvariable kann auch eine andere Feldvariable als Element enthalten. Hier ein Beispiel:

```
Private Feld1 As Variant, Feld2 As Variant, X As Variant
Feld1 = Array(1, 2, 3)
Feld2 = Array(Feld1, 2, 3)
X = Feld1(0)
?X(2)
3
```

9.15.7 Feldvariablen während des Programms initialisieren

Ein kleiner Nachteil von Feldvariablen in alten Visual-Basic-Versionen war die recht umständliche Initialisierung. Angenommen, Sie benötigen eine Feldvariable, die die Namen von Mannschaften enthält. Damals musste jedes Feld einzeln belegt werden:

```
Private Mannschaften(0 To 17) As String
Mannschaft(0) = "Rot Weis Essen"
Mannschaft(1) = "Arminia Bielefeld"
Mannschaft(2) = "Kickers Offenbach"
Mannschaft(3) = "Wuppertaler SV"
usw.
```

Für diese Aufgabe bietet VBA die sehr praktische *Array*-Funktion:

Syntax
```
Array(ArgListe)
```

Der *Array*-Funktion wird eine beliebige Argumentliste übergeben, die Sie einer beliebigen *Variant*-Variablen zuweisen können.

Beispiel Das folgende Beispiel zeigt, dass die *Array*-Funktion das Zuweisen von Initialisierungswerten etwas vereinfacht:

```
Private Mannschaften As Variant
Mannschaften = Array("Rot Weiss Essen", "Arminia Bielefeld", _
"Kickers Offenbach", "Wuppertaler SV", usw.)
```

Falls Sie früher bereits mit MS-DOS-Basic programmiert haben, dürften Sie sich noch an die Data-Anweisung erinnern, die es in VBA nicht gibt. Mit der *Array*-Funktion erhalten Sie einen vergleichbaren Ersatz[13].

Der Index des untersten Feldelements einer über die IsArray-Funktion angelegten Feldvariablen wird ebenfalls über die Option-Base-Anweisung bestimmt.

9.15.8 Felder als Rückgabewert einer Funktion

Funktionen können bei VBA 6.0 nun auch Felder als Rückgabewert zurückgeben. Prinzipiell ging das bereits mit VBA 5.0, doch musste damals der Rückgabewert der Funktion vom Datentyp *Variant* sein. Ab VBA 6.0 kann der Rückgabewert einen beliebigen Datentyp besitzen.

Beispiel
```
Function LottoZahlen() As Byte()
    Dim n As Byte, m As Byte, z As Byte, OKFlag As Boolean
```

---

[13] Sollten Sie diese Anweisung sehr vermissen: Read, Data und Restore lassen sich über eine Klassenauflistung relativ einfach nachbauen.

```
    Dim Zahlenfeld(0 To 5) As Byte
    For n = 0 To 5
        Do
          z = Int(Rnd * 49) + 1
          OKFlag = True
          For m = 0 To n
              If Zahlenfeld(m) = z Then
                  OKFlag = False
                  Exit For
              End If
          Next
          Loop Until OKFlag = True
          Zahlenfeld(n) = z
    Next
    LottoZahlen = Zahlenfeld()
End Function
```

Die Funktion *LottoZahlen* gibt ein Feld mit sechs »zufälligen« Zahlen im Bereich 1 bis 49 zurück, das einer anderen Feldvariablen zugewiesen werden kann:

```
Dim Zahlenfeld() As Byte
Zahlenfeld = LottoZahlen()
```

9.15.9   Felder durch Zuweisung kopieren

Bereits seit VBA 5.0 ist es möglich, den Inhalt einer Feldvariablen einer anderen Feldvariablen durch eine einzige Zuweisung zuzuweisen. Dabei gibt es allerdings zwei verschiedene Varianten. Zum einen lässt sich der Umstand nutzen, dass ein Variant über die *Array*-Funktion ein Feld erhalten und dieser Wert stets einem anderen *Variant* zugewiesen werden kann. Die folgende Konstruktion weist einer *Variant*-Variablen ein komplettes Feld zu:

```
Dim Feld1 As Variant, Feld2 As Variant
Feld1 = Array(111, 222, 333)
Feld2 = Feld1
MsgBox Prompt:=Feld2(2)
```

Bei der nächsten Varianten wird der Inhalt einer Feldvariablen einer anderen Feldvariablen zugewiesen:

```
Dim NewCopy() As Byte
Dim OldCopy() As Byte
OldCopy = LottoZahlen()
NewCopy() = OldCopy
Msgbox Prompt:=NewCopy(0)
```

Übungsaufgabe

Zum Schluss eine sicher interessante Herausforderung: Programmieren Sie eine kleine Funktion, die bei einem zweidimensionalen Array die Zeilen mit den Spalten vertauscht (notwendig kann eine solche Funktion z.B. dann werden, wenn Sie per *GetRows*-Methode des ADO-*Recordset*-Objekts eine Gruppe von Datensätzen in ein Array lesen und diese dann z.B. einem *Range*-Objekt einer Excel-Tabelle zuweisen). Der Funktion wird ein Array übergeben und sie gibt ein Array zurück. Natürlich soll die Größe des Arrays nicht festgelegt werden müssen. Viel Erfolg!

9.15.10 Felder mit Klasse

Dieser Abschnitt soll den Beweis antreten, dass Klassen nicht nur mit anspruchsvollen Dingen, wie Client-Server oder Software-Design zu tun haben, sondern sich auch für die ganz einfachen Dinge im Programmiererleben hervorragend eignen. Im folgenden wird ein neuer Typ von Feldvariablen vorgestellt, der gegenüber dem Standardtyp einen wesentlichen Vorteil bietet. Stellen Sie sich vor, Sie arbeiten als Programmierer für die NASA und müssen (aus irgendeinem Grund) 5.000.000 Messwerte speichern, die von einer Raumsonde an die Erde geschickt werden. Da diese Daten aber nicht alle auf einmal, sondern in kleinen Portionen verteilt (die Raumsonde ist immerhin ein paar Jahre unterwegs) eintrudeln, lohnt es sich nicht, ein Array mit fünf Millionen Elementen zu reservieren. Ein dynamisches Array möchten Sie aber auch nicht, da es z.B. passieren kann, dass der dreimillionste Wert direkt auf den zweimillionsten Wert folgen kann (fragen Sie mich bitte nicht warum – vielleicht durch eine Störung im Raum-Zeit-Kontinuum) und eine Lücke von knapp 1 Million Feldern sehr ineffektiv wäre. Kurzum, Sie benötigen einen Felddatentyp, der zwar nach außen so arbeitet wie ein normales Feld, intern aber anders organisiert ist. Dieser neue Felddatentyp wird ganz einfach durch eine Klassenauflistung realisiert. Jedes Feldelement ist ein kleines Objekt, das in einer Auflistung gehalten wird.

Beispiel Das folgende Beispiel zeigt, wie sich durch eine Klassenauflistung ein sehr viel leistungsfähiger Typ einer Feldvariablen nachbilden lässt. Ordnen Sie zur Umsetzung auf einem Formular ein Listenfeld (*lstListe*), zwei Textfelder (*txtEingabe* und *txtIndex*) und zwei Schaltflächen (*cmdAdd* und *cmdAusgabe*) an, fügen Sie ein Klassenmodul (*clsArrayX*) hinzu, und geben Sie folgende Anweisungen ein:

```
' Das Formular frmHaupt
Private X As New clsArrayX

Private Sub cmdAdd_Click()
    X.Add Item:=txtEingabe.Text, Index:=txtIndex.Text _
    txtEingabe.SetFocus
    txtEingabe.SelStart = 0
    txtEingabe.SelLength = Len(txtEingabe.Text)
```

```
End Sub

Private Sub cmdAusgabe_Click()
    Dim n As Long
    For n = 1 To X.BelegteFelder.Count
        lstListe.AddItem X.Item(X.BelegteFelder(n))
    Next n
End Sub

' Das Klassenmodul ArrayX.cls
Option Explicit

Private mSammlung As New Collection
Private mSammlungIndex As New Collection

' Array, das über eine Eigenschaft die Indizes aller
' belegten Felder zurückgibt

Public Function Add(Item As Long, Index As Long) As Long
    mSammlung.Add Item:=Item, Key:=Str(Index)
    mSammlungIndex.Add Item:=Index
    Add = mSammlung.Count
End Function

Public Function Clear()
    Clear = mSammlung.Count
    Set mSammlung = Nothing
    Set mSammlungIndex = Nothing
End Function

Public Function Item(Index As Long) As Long
    Item = mSammlung.Item(Str(Index))
End Function

Public Function BelegteFelder() As Collection
    Set BelegteFelder = mSammlungIndex
End Function
```

Nach dem Start des Programms können Sie in ein Textfeld einen Wert und in ein zweites Textfeld einen Index eingeben, unter dem der Wert gespeichert werden soll. Das Besondere daran ist, dass, wenn z.B. nach dem Feld mit dem Index Nr. 1 das Feld mit der Index-Nr. 100 belegt wird, kein Zwischenraum von 99 leeren Feldern entsteht. Das Feld besitzt vielmehr nur zwei Werte, wobei die Indizes der belegten Felder über die *Collection*-Eigenschaft *BelegteFelder* zur Verfügung stehen. Eine Schleife, die alle belegten Felder ausgibt, muss also nur diese Eigenschaft enumerieren. Beachten Sie, dass dem Klassenmodul eine Fehlerbehandlung fehlt, die immer dann erforderlich werden kann, wenn ein Feld doppelt belegt werden soll, d.h. bereits ein Schlüssel existiert.

Ein Performance-Vergleich

Wer ist denn nun schneller, ein herkömmliches dynamisches Feld (das mit Lücken arbeitet) oder unser neues Super-Duper-Klassenfeld, das mit zwei Auflistungen arbeitet? Probieren wir es einfach einmal aus. Ein simpler Benchmark-Test, der 10.000 Datenelemente in das aus Klassen basierte Array speichert, dauert etwas mehr als 10 Sekunden, das Speichern der gleichen Datenmenge in ein herkömmliches dynamisches Array ist mit der normalen *Timer*-Funktion kaum messbar (fügen Sie die *ReDim*-Anweisung aber in die Schleife ein, erleben Sie eine Überraschung. Jetzt ist die konventionelle Methode fast 800% langsamer). Bezüglich der Performance gibt es also im allgemeinen deutliche Nachteile. Bleibt zu hoffen, dass die Speicherersparnis bei sehr großen Feldern den zusätzlichen Aufwand rechtfertigt (dies lässt sich leider nicht so einfach feststellen). Sollte sich auch diese Hoffnung zerschlagen, bleibt als schwacher Trost, dass Sie sich immerhin als Objektpionier betrachten dürfen.

9.16 Benutzerdefinierte Datentypen

Neben den Standarddatentypen kann eine Variable auch einen vom Programmierer definierten Datentyp besitzen. Dieser wird als benutzerdefinierter Datentyp, strukturierter Datentyp und manchmal auch als Recorddatentyp bezeichnet, da sich seine Struktur aus den Grunddatentypen (und anderen Strukturdatentypen) zusammensetzt. Im Original heißt dieser Datentyp *User Definend Datatype*, weswegen die daraus resultierende Abkürzung *UDT* auch in diesem Buch verwendet wird. UDTs sind Variablen mit einem im Programm über die *Type*-Anweisung definierten Datentyp. Hat man einen solchen Datentyp erstellt, kann man mit seiner Hilfe, etwa über eine *Dim*-Anweisung, Variablen dieses Datentyps deklarieren.

Merksatz *Eine Strukturvariable ist eine Variable mit einem benutzerdefinierten Datentyp. Sie besitzt eine Struktur, d. h. sie besteht aus mehreren »Untervariablen«. Die Struktur einer Strukturvariablen wird über einen Strukturtyp festgelegt, der wiederum durch eine Type-Anweisung definiert wird.*

Bevor es an die Umsetzung geht, muss eine wichtige Frage geklärt werden. Welchen Vorteil bringen benutzerdefinierte Datentypen überhaupt? Die Antwortet lautet, sie machen das Programmieren einfacher, da komplexere Datenstrukturen einfacher »abgebildet« und angesprochen werden können. Stellen Sie sich vor, Sie möchten für eine Telefonlistenverwaltung (zugegeben, kein sehr aufregendes Beispiel) in einem Feld einen Namen, eine Altersangabe und eine Telefonnummer speichern. Da alle drei Angaben (zumindest theoretisch, da man auch _Variant_ hätte nehmen können) verschiedene Datentypen besitzen, kommt eine einfache Feldvariable nicht in Frage. Stattdessen wird über die _Type_-Anweisung zunächst ein neuer Strukturdatentyp deklariert:

```
Type Telefontyp
    Name As String * 30
    Alter As Byte
    Nummer As String * 12
End Type
```

Nun besitzt VBA einen neuen, benutzerdefinierten Datentyp mit dem Namen _Telefontyp_, der für eine Variablendeklaration zur Verfügung steht:

```
Private Telefonliste (0 To 100) As Telefontyp
```

Der große Vorteil besteht darin, dass Sie alle Felder über einen Index ansprechen können und nicht drei verschiedene Felder verwalten müssen:

```
If Telefonliste(1).Name = "Huber" Then
    WähleNummer(Telefonliste(1).Nummer)
End If
```

Dieser Vorteil wird besonders deutlich, wenn nach einzelnen Datensätzen gesucht werden muss:

```
For n = 0 To UBound(Telefonliste) - 1
    If Telefonliste(n).Name = "Huber" Then
        Ergebnis = "Die Nummer von " & Telefonliste(n).Name _
        & " lautet " & Telefonliste(n).Nummer
    End If
Next n
```

Halten wir fest, es gibt im allgemeinen keinen zwingenden Grund, benutzerdefinierte Datentypen einzusetzen, doch sie vereinfachen den Programmaufbau in vielen Fällen nicht unerheblich.

Das Arbeiten mit benutzerdefinierten Datentypen besteht immer aus zwei Schritten:

1. Anlegen eines Strukturtyps über die _Type_-Anweisung.

2. Definieren von Variablen des neuen Datentyps, z.B. über eine _Private_- oder _Dim_-Anweisung.

9.16.1 Die Type-Anweisung definiert den UDT

Zuerst benötigt man einen Strukturtyp, kurz UDT, dessen Struktur durch eine *Type*-Anweisung festgelegt wird.

Syntax
```
Type Name
    Variable1 As Datentyp
    Variable2 As Datentyp
    Variable3 As Datentyp
    usw.
End Type
```

Ein UDT besteht aus einer oder mehreren »Untervariablen«, die jeweils ihren eigenen Datentyp besitzt. Da es sich dabei wieder um einen UDT handeln kann, lassen sich Strukturvariablen auch verschachteln, d.h., Sie können für den Datentyp einer Untervariablen wiederum einen UDT angeben. Dabei darf es sich jedoch nicht um eine »Vorwärtsreferenz« handeln, d.h., der UDT muss im Programm-Listing bereits zuvor definiert worden sein.

Bis Visual Basic 3.0 konnten UDTs nur im Allgemein-Teil eines Moduls definiert werden. Seit Visual Basic 4.0 kann die Type-Anweisung auch im Allgemein-Teil eines Formulars aufgeführt werden, wenn ihr das Schlüsselwort Private vorausgeht. Der Strukturtyp kann in diesem Fall aber nur innerhalb des Formulars verwendet werden.

Beispiel Das folgende Beispiel definiert einen UDT mit dem Namen *AutoTyp*:

```
Type AutoTyp
    Marke As String * 20
    Typ As String * 20
    Farbe As String * 10
    Preis As Single
    Baujahr As Integer
End Type
```

Beachten Sie, dass die *Type*-Anweisung keine Variable definiert, sie legt lediglich die Struktur eines Datentyps fest. Erst die folgende *Dim*-Anweisung definiert eine Variable, die diesmal einen benutzerdefinierten Datentyp besitzt.

Beispiel Die folgende *Dim*-Anweisung definiert eine Variable mit einem benutzerdefinierten Datentyp:

```
Dim Pkw1 As AutoTyp
```

Durch diese *Dim*-Anweisung wird eine Variable mit dem Namen *Pkw1* deklariert, die den Datentyp *AutoTyp* besitzt.

Natürlich besitzt die Variable *Pkw1* noch keinen Wert. Dies wird, wie bei jeder Variablen, über eine Zuweisung nachgeholt:

```
With Pkw1
.Marke = "BMW"
.Typ = "1502"
.Farbe = "Daytonaviolett"
.Preis = "2000"
.Baujahr = "1975"
End With
```

Jede Untervariable muss durch eine separate Wertzuweisung einen Wert erhalten. Einer Variablen mit benutzerdefiniertem Datentyp als Ganzes einen Wert zuzuweisen, ist (anders als z.B. in C) leider nicht möglich. Die *With*-Anweisung ist nicht zwingend notwendig, hilft Ihnen aber bei der Eingabe und macht das Programm etwas übersichtlicher.

Achten Sie auf den Punkt bei jeder Zuweisung. Zwar hat dieser Punkt nichts mit jenem Punkt zu tun, der dazu benutzt wird, eine Komponente von einer Eigenschaft oder Methode zu trennen, doch gibt es gewisse Ähnlichkeiten. Abgesehen von dem Punkt werden Variablen mit einem benutzerdefinierten Datentyp genauso behandelt wie Variablen mit einem Standarddatentyp:

```
MwstBetrag = Pkw1.Preis * .15
```

Diese Anweisung berechnet aus dem Wert der Variablen *Pkw1.Preis* die Mehrwertsteuer.

Es ist sehr aufschlussreich, sich über die *Len*-Funktion die Länge einer Strukturvariablen ausgeben zu lassen:

```
Debug.Print Len(Pkw1)
```

Als Ergebnis erhalten Sie den Wert 56, was bedeutet, dass die Variable *Pkw1* insgesamt 56 Byte im Arbeitsspeicher belegt (rechnen Sie das einmal nach).

Quiz Wie viele Bytes umfasst die Variable *Pkw1*, wenn der Datentyp der Untervariablen *Baujahr* von *Integer* auf *Variant* geändert wird? Die Antwort lautet 70, weil eine einfache *Variant*-Variable 16 Byte, eine *Integer*-Variable nur 2 Byte belegt.

Mit Hilfe der LSet-Anweisung kann einer Variable mit einem UDT eine andere Variable mit einem anderen UDT zugewiesen werden. Da bei dieser Zuweisung aber nur eine byteweise Zuordnung vorgenommen wird, ist der Wert begrenzt. Außerdem gefährdet diese

Anweisung die Portabilität eines Programms, da andere Prozesso-
ren die Variablen unter Umständen an 4-Byte-Grenzen ausrichten.

9.16.2 Strukturfeldvariablen

Besonders interessant wird es, wenn eine Feldvariable einen UDT erhält. Das Ergebnis ist eine »Strukturfeldvariable«, die bezüglich ihres
Aufbaus bereits einer einfachen Datenbanktabelle entspricht.

Beispiel Im folgenden Beispiel wird eine Feldvariable vom Typ *AutoTyp* mit
100 Feldern angelegt:

```
Private PkwListe(0 To 99) As AutoTyp
```

Damit verfügt das Programm über 100 Variablen vom Typ *AutoTyp*,
die z. B. in einer *For-Next-Schleife* angesprochen werden können. Die
folgende Schleife überträgt die Preise aller Autotypen der Marke *BMW*
in ein Listenfeld:

```
For n = 0 To UBound(PkwListe) - 1
    If PkwListe(n).Marke = "BMW" Then
        lstPreise.AddItem PkwListe(n).Preis
    End If
Next n
```

Variablen mit einem benutzerdefinierten Datentypen sind eine äußerst
leistungsfähige Angelegenheit und als »Spielwiese« zum Austoben für
Algorithmenfreaks (beinahe) ideal geeignet[14]. So ist es bei VBA z.B.
möglich, dynamische Felder als Untervariablen eines Strukturtyps zu
deklarieren. Stellen Sie sich vor, Sie führen Versteigerungen mit Autos
durch und möchten in der Pkw-Liste aus dem letzten Beispiel auch die
eingehenden Gebote speichern. Da für jedes Auto eine unterschiedliche Anzahl an Geboten eingehen kann, definieren Sie die Untervariable *Preisgebote* als dynamisches Feld.

```
Private Type AutoTyp
    Marke As String * 20
    Typ As String * 20
    Farbe As String * 10
    Preis As Single
    Baujahr As Integer
    Preisgebote() As Single
End Type
```

Die Definition der Variablen *PkwListe* erfolgt wie gewohnt:

```
ReDim PkwListe(0 To 99) As AutoTyp
```

---

[14] Wenn es nun noch Zeiger geben würde, wären vermutlich »alle« glücklich. Mehr
dazu in Kapitel 9.20.

Doch bevor Sie irgendwelche Gebote speichern können, muss die *Re-Dim*-Anweisung noch einmal aktiv werden:

```
ReDim PkwListe(1).Preisgebote(0 To 9)
ReDim PkwListe(2).Preisgebote(0 To 4)
```

Damit können in der ersten Feldvariablen zehn und in der zweiten Feldvariablen fünf Preisgebote gespeichert werden:

```
PkwListe(1).Preisgebote(1) = "2500"
PkwListe(1).Preisgebote(2) = "3100"
PkwListe(2).Preisgebote(2) = "11200"
```

usw.

Doch es kommt noch besser. Da es bei einer richtigen Auktion üblich ist, drei Gebote entgegenzunehmen bevor der Hammer fällt, sollte auch die Variable *Preisgebote* eine Struktur besitzen:

```
Type PreisgebotTyp
    Gebot1 As Single
    Gebot2 As Single
    Gebot3 As Single
End Type
```

Damit muss der Strukturtyp *AutoTyp* etwas modifiziert werden:

```
Private Type AutoTyp
    Marke As String * 20
    Typ As String * 20
    Farbe As String * 10
    Preis As Single
    Baujahr As Integer
    Preisgebote() As PreisgebotTyp
End Type
```

Dies ist ein Beispiel für den Fall, dass ein UDT-Mitglied selber ein UDT ist. Die Anweisungen zum Speichern der einzelnen Gebote lauten wie folgt:

```
PkwListe(1).Preisgebote(1).Gebot1 = "2500"
PkwListe(1).Preisgebote(1).Gebot2 = "2900"
PkwListe(1).Preisgebote(1).Gebot3 = "5000"
```

Und da soll noch einer behaupten, mit Basic ließe sich nicht richtig programmieren.

9.16.3 Vergleich von Variablen mit einem benutzerdefinierten Datentyp

Das eben Gesagte muss nun gleich wieder etwas relativiert werden. Probieren Sie dazu einfach einmal aus, zwei Variablen des gleichen benutzerdefinierten Datentyps zu vergleichen:

```
Debug.Print PkwListe(1) = PkwListe(2)
```

Leider quittiert VBA diesen Versuch mit der Fehlermeldung »Datentypen unverträglich«. Ein direkter Vergleich zweier UDT-Variablen des
gleichen Typs ist offenbar nicht möglich (das Zuweisen an eine *Variant*-Variable geht). Was also tun? Eine brauchbare Lösung findet man
in dem sicherlich reichhaltigsten Fundus des gesammelten »Microsoft-
Wissens« außerhalb von Redmond. Die Rede ist von der Microsoft
Knowledge Base, einer Datenbank mit Tausenden von Fachartikeln zu
allen Microsoft-Produkten (mehr dazu in Anhang C »Informationen für
Visual-Basic-Entwickler«). Unter der Artikelnummer Q88551 findet
sich ein Vorschlag, wie sich zwei Variablen mit einem benutzerdefinierten Datentyp vergleichen lassen. Der Trick besteht darin, beide Strukturvariablen über die API-Funktion *RtlMove-Memory* in einen String
umzuwandeln und beide Strings miteinander zu vergleichen.

Beispiel Das folgende Miniprogramm definiert, in Anlehnung an den Artikel
aus der Microsoft Knowledge Base, eine Strukturfeldvariable vom Typ
AutoTyp und vergleicht zwei seiner Mitglieder über die selbstdefinierte
Funktion *TypeStr*, die eine Variable mit benutzerdefiniertem Datentyp
in eine Zeichenkette umwandelt. Ordnen Sie auf einem leeren Formular eine Schaltfläche (*cmdVergleich*) an, und fügen Sie folgende Anweisungen ein:

Der Allgemein-Teil

```
Option Explicit
Private Declare Sub CopyMemory Lib "Kernel32" Alias _
"RtlMoveMemory" (lpvDest As Any, lpvSource As Any, ByVal _
cbCopy As Long)

Private Type AutoTyp
    Marke As String * 20
    Typ As String * 20
    Farbe As String * 10
    Preis As Single
    Baujahr As Integer
End Type

Private PkwListe(1 To 100) As AutoTyp
```

Die Ereignisprozedur cmdVergleich_Click

```
Private Sub cmdVergleich_Click()
    If Type2Str(PkwListe(1)) = Type2Str(PkwListe(2)) Then
        MsgBox "Sie sind gleich!"
    Else
        MsgBox "Sie sind nicht gleich!"
    End If
End Sub
```

Die Ereignisprozedur Form_Load

```
Private Sub Form_Load()
    PkwListe(1).Marke = "BMW"
    PkwListe(1).Typ = "1502"
    PkwListe(1).Farbe = "Blau"
    PkwListe(1).Preis = 2200
    PkwListe(1).Baujahr = 1975

    PkwListe(2).Marke = "BMW"
    PkwListe(2).Typ = "1502"
    PkwListe(2).Farbe = "Blau"
    PkwListe(2).Preis = 2200
    PkwListe(2).Baujahr = 1975
End Sub
```

Die allgemeine Funktion Type2Str

```
Private Function Type2Str(TypVar As AutoTyp) As String
    Dim s As String
    s = Space(Len(TypVar))
    Call CopyMemory(ByVal s, TypVar, Len(TypVar))
    Type2Str = s
End Function
```

Variablen mit einem benutzerdefinierten Datentyp und Random-Dateien

So spannend es sein mag, mit benutzerdefinierten Datentypen zu spielen, das Ganze hätte wenig Wert, wenn es keine Möglichkeit geben würde, den Inhalt einer Variablen zu speichern. Stellen Sie sich vor, Sie füllen die Variable *PkwListe* aus dem letzten Beispiel mit den Daten von einhundert Pkws. Wird das Programm beendet, sind diese Daten verloren, wenn sie nicht zuvor abgespeichert werden. Zum Glück bietet VBA dafür mit den Random-Dateien eine sehr einfache Lösung. Eine Random-Datei ist, davon wird in Kapitel 9.19.2 die Rede sein, eine Datei, deren Inhalt in Datensätzen mit einem festen Aufbau organisiert ist. Sie ist daher ideal dafür geeignet, Variablen mit einem benutzerdefinierten Datentyp aufzunehmen.

Die folgenden Anweisungen speichern den Inhalt der Variablen *Pkw-Liste* mit dem benutzerdefinierten Datentyp *AutoTyp* in einer Datei mit dem Namen *Pkwliste.dat*:

Beispiel

```
Const Dateiname = "Pkwliste.dat"

Private Sub Form_Unload(Cancel As Integer)
    On Error GoTo FormUnload_Error
    Dim DateiNr As Integer, n As Integer
    DatensatzSpeichern DatensatzZähler
    DateiNr = FreeFile
    Open Dateiname For Random As DateiNr Len = _
```

```
    Len(PkwListe(0))
        For n = 1 To UBound(PkwListe)
            Put #DateiNr, n, PkwListe(n)
        Next n
    Close DateiNr
    Exit Sub
FormUnload_Error:
    Select Case Err
        Case Else
        MsgBox Err.Description & " (" & Err.Number & " )", _
        vbExclamation, "Laufzeitfehler"
        Cancel = True
    End Select
End Sub
```

Zweckmäßigerweise wird die Routine zum Speichern der Datensätze in
Form_Unload untergebracht, sodass beim Verlassen des Programms
(allerdings nicht bei der Ausführung einer *End*-Anweisung alleine) die
komplette Strukturfeldvariable, d.h. alle Datensätze, gespeichert werden.

Auf die gleiche Weise geschieht das Laden aller Datensätze, nur dass
diesmal die *Get*-Anweisung zum Einsatz kommt:

```
Sub DateiEinlesen()
    On Error GoTo DateiEinlesen_Error
    Dim DateiNr As Integer, n As Integer
    DateiNr = FreeFile
    Open Dateiname For Random As DateiNr Len = _
    Len(PkwListe(0))
    For n = 1 To UBound(PkwListe)
        Print #DateiNr, , PkwListe(n)
    Next n
    Close DateiNr
    Exit Sub
DateiEinlesen_Error:
    Select Case Err
    Case Else
        MsgBox Err.Description & " (" & Err.Number & " )", _
        vbExclamation, "Laufzeitfehler"
    End Select
End Sub
```

*Enthält eine Variable mit einem benutzerdefinierten Datentyp ein
dynamisches Feld als Untervariable, kann sie (offenbar) nicht über
die Put-Anweisung in einer Random-Datei abgelegt werden, da die
einzelnen Datensätze nicht die gleiche Länge besitzen. Keine Probleme gibt es, wenn es sich bei einer Untervariablen um ein stati-
sches Feld (feste Länge) handelt.*

Eine kleine Besonderheit gilt es zu beachten, wenn der Inhalt einer aus **Beispiel**
einer Random-Datei über die *Get*-Anweisung gelesenen Untervariablen einem Textfeld (oder einem anderen Steuerelement) zugewiesen
wird. Da für alle nicht belegten Positionen in der Datei *vbNullChar*-
Zeichen eingetragen werden, wird bei leeren Feldern ein Inhalt gelesen, der aus einer Aneinanderreihung von *vbNullChar*-Zeichen besteht. Es ist daher sinnvoll, einen gelesenen Wert über eine *NullTrim*-
Funktion zu »trimmen«

```
Function NullTrim (StringWert As String)
    NullTrim = Left(StringWert, Instr(StringWert, vbNullChar) -1)
End Function
```

Diese Funktion gibt einen Wert zurück, der alle Zeichen des übergebenen Strings bis zum Auftreten des ersten Chr⓪-Zeichens (*vb-
NullChar*) umfasst. Eine solche Funktion ist bei einigen API-Funktionen notwendig, denen eine Stringvariable übergeben wird, in der die
API-Funktion einen bestimmten Wert übergeben soll. Da es unter der
Windows-API üblich ist, Zeichenketten mit einem *vbNullChar*-Zeichen
zu beenden, muss die Stringvariable vor ihrer Weiterverarbeitung in Visual Basic »nullgetrimmt« werden.

Übergabe von Variablen mit einem benutzerdefinierten Datentyp an Prozeduren

Natürlich können auch UDT-Variablen als Argument an eine Prozedur
übergeben werden. Innerhalb des Prozedurkopfs wird, wie gewöhnlich,
der benutzerdefinierte Datentyp aufgeführt.

Der Prozedur *P1*, die im folgenden Beispiel definiert wird, soll eine Va- **Beispiel**
riable mit dem benutzerdefinierten Typ *AutoTyp* übergeben werden:

```
Sub P1 (PkwDaten As AutoTyp)
```

Wie sieht es aus, wenn anstelle einer skalaren Variable eine Feldvariable mit einem benutzerdefinierten Typ übergeben wird? Hier muss lediglich beachtet werden, dass die Strukturfeldvariable im Prozedurkopf
ein leeres Klammernpaar erhält. Die folgende Prozedur fügt den Wert
der Untervariable *Marke* einer Strukturfeldvariablen vom Typ *Auto-
Typ* in ein Listenfeld ein:

```
Private Sub PkwListe_Ausgeben(AutoListe() As AutoTyp)
    Dim n As Integer, Obergrenze As Integer, _
    PkwMarke As String
    Obergrenze = UBound(AutoListe)
    Do
        n = n + 1
        If n > Obergrenze Then Exit Do
            PkwMarke = AutoListe(n).Marke
            If RTrim(NullTrim(PkwMarke)) = "" Then Exit Do
```

```
           lstPkw.AddItem PkwMarke & vbTab & n
      Loop
End Sub
```

Aufgerufen wird die Prozedur in der gewohnten Form:

```
PkwListe_Ausgeben PkwListe()
```

Achten Sie auf das Schlüsselwort *Private*, das dem Prozedurnamen bei seiner Definition vorausgeht. Dieses ist notwendig, weil die Prozedur innerhalb eines Formulars definiert wird. Ohne das Voranstellen von *Private* handelt es sich um eine Methode des Formulars (VBA geht standardmäßig von *Public* aus), die jedoch keinen benutzerdefinierten Datentyp besitzen darf. Soll sie unbedingt öffentlich sein, muss das Schlüsselwort *Friend* zur Anwendung kommen. Bei öffentlichen Klassen ist die Verwendung von UDTs als Datentyp einer Eigenschaft oder Methode (seit VBA 6.0) dagegen erlaubt.

Eine in manchen Fällen besonders leistungsfähige Eigenschaft von VBA ist, dass eine Funktion als Rückgabewert auch einen benutzerdefinierten Datentyp besitzen kann. Das folgende Beispiel, das aus Platzgründen, und weil es nur auf das Prinzip ankommt, nur auszugsweise wiedergegeben ist, zeigt die Funktion ZeitTaktErmitteln, die eine Variable vom Typ GebührenTyp zurückgibt. Innerhalb der Funktion werden die einzelnen Untervariablen des Rückgabewerts belegt:

```
Function ZeitTaktErmitteln(Datum As Date) _As GebührenTyp
    Dim Wochentag As Integer, Stunde As Integer
    Wochentag = WeekDay(Datum)
    Stunde = Hour(Now)
    Select Case Wochentag
        Case 0, 7
    Select Case Stunde
        Case 21 To 23, 0 To 4
            ZeitTaktErmitteln.Neu = Gebührenfeld _
            (TarifZone, Mondschein)
            ZeitTaktErmitteln.Alt = GebührenfeldAlt _
            (TarifZone, Billig)
            ZeitTaktErmitteln.NameAlt = "Billig"
        ZeitTaktErmitteln.TarifName = "Mondschein"
usw.
```

Der Aufruf der Funktion erfolgt (beinahe) wie gewohnt:

```
lblAktuellerTarif.Caption = ZeitTaktErmitteln(Now).TarifName
```

Der Funktion wird ein Datum übergeben. Als Rückgabewert erhält man den Telefontarif, der zu diesem Datum gültig ist.

Ein kleiner Nachteil dieser Methode ist allerdings, dass für jeden Zugriff auf eine Untervariablen der Funktion *ZeitTaktErmitteln* die komplette Funktion aufgerufen wird. Dennoch handelt es sich um eine sehr leistungsfähige Methode, die vor allem den Programmaufbau vereinfacht.

9.16.4 UDTs der Windows-API

UDTs werden häufig auch für den Aufruf von API-Funktionen benötigt. In diesem Fall muss bereits bei der Deklaration der Variablen der UDT deklariert worden sein.

Die folgende Struktur *MemoryStatus* wird für den Aufruf einiger   **Beispiel**
Win32-API-Funktionen, wie z.B. *GlobalMemoryStatus*, benötigt.

```
Public Type MemoryStatus
    dwLength As Long
    dwMemoryLoad As Long
    dwTotalPhys As Long
    dwAvailPhys As Long
    dwTotalPageFile As Long
    dwAvailPageFile As Long
    dwTotalVirtual As Long
    dwAvailVirtual As Long
End Type
```

Natürlich ist der Funktion *GlobalMemoryStatus* der genaue Aufbau der Struktur, vor allem aber die Benennung der einzelnen Untervariablen, egal. Der Funktion wird bei ihrem Aufruf eine Referenz (Zeiger) auf einen Speicherbereich übergeben, der 32 Byte (acht Untervariablen vom Typ *Long*) umfassen muss. Windows legt die angeforderten Informationen in einem Format ab, wie er dem Aufbau der Struktur entspricht. Deswegen kann man später mit Hilfe eines UDTs des Typs *Memorystatus* bequem auf die einzelnen Informationen, wie z.B. die Auslastung des Arbeitsspeichers, zugreifen.

Das folgende Beispiel benutzt die API-Funktion *GlobalMemoryStatus*,   **Beispiel**
um die Menge des noch freien Arbeitsspeichers anzuzeigen:

Der Allgemein-Teil

```
Private Declare Sub GlobalMemoryStatus Lib "kernel32" _
(lpBuffer As MemoryStatus)

Private Type MemoryStatus
    dwLength As Long
    dwMemoryLoad As Long
    dwTotalPhys As Long
    dwAvailPhys As Long
    dwTotalPageFile As Long
    dwAvailPageFile As Long
```

```
    dwTotalVirtual As Long
    dwAvailVirtual As Long
End Type
Dim SpeicherTest As MemoryStatus
```

Die Ereignisprozedur cmdMemoryStatus_Click:

```
Private Sub cmdMemoryStatus_Click()
    GlobalMemoryStatus SpeicherTest
    MsgBox SpeicherTest.dwAvailPhys \ 1024 & " Mbyte frei!"
End Sub
```

9.17   Der Gültigkeitsbereich von Variablen

Der Gültigkeitsbereich einer Variablen (engl. *scope*) legt fest, wann eine Variable angesprochen werden kann und wann nicht. Dieses Thema ist für Programmiereinsteiger erfahrungsgemäß ein wenig verwirrend. Es ist jedoch letztendlich sehr einfach zu verstehen und vor allem von grundlegender Bedeutung für die Programmierung. VBA unterscheidet für Variablen (und Konstanten) drei verschiedene Gültigkeitstypen:

1. Lokale Variablen

2. Private Variablen

3. Öffentliche Variablen

Merksatz   *Der Gültigkeitsbereich einer Variablen wird dadurch bestimmt, ob die Variable mit einer Dim-, Public- oder Private-Anweisung deklariert wird.*

9.17.1   Lokale Variablen

Am einfachsten ist das Prinzip der lokalen Variablen zu beschreiben[15]. Eine *lokale Variable* ist eine private Variable, die nur innerhalb einer Prozedur (oder Funktion) gültig ist. Sie wird innerhalb der Prozedur über eine *Dim*- oder *Static*-Anweisung deklariert. Wird die Variable außerhalb der Prozedur angesprochen, resultiert daraus eine Fehlermeldung (es sei denn, eine Variable mit dem gleichen Namen existiert auch außerhalb der Prozedur). Lokale Variablen werden immer dann eingesetzt, wenn die Variable nur innerhalb der Prozedur benötigt wird und ihr Wert außerhalb der Prozedur keine Rolle spielt.

---

[15] Die Visual-Basic-Hilfe spricht nicht von lokalen Variablen, sondern von privaten Variablen auf Prozedurebene.

Das folgende Beispiel enthält eine Prozedur mit zwei lokalen Variablen **Beispiel**
A und B, die nur in der Prozedur gültig sind:

```
Sub P1 (A As Integer)
    Dim B As Long
    B = 5
End Sub
```

Sollte eine Variable mit dem Namen B außerhalb der Prozedur, z.B. im *Allgemein*-Teil des Formulars, deklariert worden sein, hat die Wertzuweisung innerhalb der Prozedur keine Auswirkung auf die (modulöffentliche) zweite Variable B. Man sagt auch, dass die lokale Variable B die namensgleiche Variable überdeckt. Für VBA handelt es sich um zwei verschiedene Variablen, auch wenn sie den gleichen Namen besitzen.

Beim Verlassen der Prozedur werden alle lokalen Variablen zerstört, sofern es sich nicht um statische Variablen handelt (mehr dazu später).

Prozedurargumente werden wie lokale Variablen behandelt. Anstatt über eine Dim-Anweisung werden sie implizit im Prozedurkopf deklariert.

9.17.2   Private Variablen

Private Variablen sind in dem gesamten Modul, d.h. in allen Prozeduren und Funktionen des Moduls, gültig, in dessen *Allgemein*-Teil sie über eine *Private*-Anweisung (oder *Dim*-Anweisung) deklariert wurden.

Das folgende Beispiel deklariert eine private Variable *TestVar*:   **Beispiel**

```
Option Explicit
Dim TestVar As Integer
```

Alternativ kann die Deklaration über eine *Private*-Anweisung durchgeführt werden:

```
Private TestVar As Integer
```

Die Variable *TestVar* ist in allen Prozeduren und Funktionen des Moduls gültig. Sollte es aber in einer der Prozeduren/Funktionen eine gleichnamige Variable geben, überdeckt diese die private Variable, solange die Prozedur/Funktion aktiv ist.

9.17.3   Die Anweisungen Private und Public

Die Anweisungen *Private* und *Public* können schnell abgehandelt werden, denn sie besitzen die gleiche Syntax wie die *Dim*-Anweisung. Der einzige Unterschied zur *Dim*-Anweisung besteht darin, dass sie explizit den Gültigkeitsbereich der Variablen festlegen, während eine *Dim*-Anweisung immer eine private Variable deklariert. Sowohl die *Private-* als auch die *Public*-Anweisung können nicht innerhalb einer Prozedur eingesetzt werden, da hier nur private (lokale) Variablen erlaubt sind.

Eine private Variable wird beim erneuten Laden des Formulars nicht neu initialisiert, sondern behält jenen Wert, den sie beim Entladen des Formulars besaß. Sollen alle privaten Variablen neu initialisiert werden, muss das Formular beim Entladen in ihrer Unload-Ereignisprozedur mit dem Wert Nothing belegt werden:

```
Set FormName = Nothing
```

9.17.4 Öffentliche Variablen

Eine Variable gilt als öffentlich, wenn sie im *Allgemein*-Teil eines Moduls über eine *Public*-Anweisung deklariert wird. Beim Zugriff auf eine öffentliche Variable spielt es aber eine Rolle, ob diese in einem allgemeinen Modul oder in einem Formular deklariert wurde. Im letzteren Fall muss beim Zugriff auf die Variable stets der Name des Formulars vorangestellt werden.

Beispiel   Im folgenden Beispiel wird eine Variable mit dem Namen *ÜberallGültig* im *Allgemein*-Teil eines Moduls deklariert:

```
Public ÜberallGültig
```

Diese Variable kann im gesamten Programm jederzeit über ihren Namen angesprochen werden. Erfolgt die Deklaration dagegen im *Allgemein*-Teil eines Formulars, muss außerhalb des Formular stets der Name des Formulars vorausgehen:

```
Wert = frmHaupt.ÜberallGültig
```

Eine öffentliche Variable eines Formulars wird wie eine Eigenschaft des Formulars behandelt.

Bei Public muss zwischen der Anweisung und dem Schlüsselwort unterschieden werden. Die Public-Anweisung wird auf die gleiche Weise eingesetzt wie die Dim-Anweisung, deklariert aber automatisch eine öffentliche Variable. Das Schlüsselwort Public setzt dagegen Anweisungen wie Const, Sub oder Function voraus, um den Gültigkeitsbereich des zu definierenden Objekts (Bezeichners) festzulegen. Man spricht daher auch von einem Gültigkeitsbereichsmodifizierer (engl. scope modifier).

Wird eine Variable in einem allgemeinen Modul als öffentlich deklariert, kann ihr beim Zugriff von einem anderen Modul der Modulname vorangestellt werden. Auf diese Weise wird sie von einer gleichnamigen privaten Variablen in dem Modul unterschieden.

Die Anweisung Public ersetzt die Global-Anweisung von Visual Basic 3.0, die aber auch von VBA 6.0 noch akzeptiert wird.

Wann wird welcher Gültigkeitsbereich eingesetzt? Diese Frage lässt sich relativ leicht beantworten. Wird eine Variable nur innerhalb einer Prozedur benötigt, sollte sie lokal deklariert werden. Auf diese Weise kann der Variablenname auch in anderen Prozeduren verwendet werden und ein versehentliches Überschreiben ist ausgeschlossen. Private Variablen sind Variablen, die im ganzen Modul zur Verfügung stehen müssen, auf die ein Zugriff von einem anderen Modul aus aber nicht möglich sein soll. Öffentliche Variablen stehen im gesamten Programm zur Verfügung. Besonders praktisch ist dies bei öffentlichen Variablen, die innerhalb eines Formulars deklariert werden, da das Formular damit um neue Eigenschaften erweitert wird. Eine sehr wichtige Rolle spielt diese Technik, wenn ein Formular als Dialogfeld eingesetzt wird und man die vom Benutzer eingegebenen Werte auswerten möchte. Relativ sparsam sollte man mit öffentlichen Variablen in einem allgemeinen Modul umgehen. Da diese »globalen Variablen« an jeder Stelle des Programms einen neuen Wert erhalten können, führt man auf diese Weise schnell Fehlersituationen in das Programm ein.

Und was ist mit »applikationsglobalen« Variablen? Oder anders herum, kann man, wie es früher unter MS-DOS-Basic möglich war, Variablen deklarieren, die von mehreren VBA-Programmen genutzt werden können? Die Antwortet lautet: ja und nein. Nein, weil es diesen Gültigkeitsbereich nicht gibt. Ja, wenn die Variable als öffentliche Variable in einem Klassenmodul deklariert wird und die Klasse Teil einer ActiveX-EXE- oder ActiveX-DLL-Anwendung ist. In diesem Fall kann die Variable von anderen VBA-Programmen wie die Eigenschaft einer Komponente angesprochen werden. Wenn es darum geht, Daten zwischen Applikationen auszutauschen, gibt es unter Windows aber verschiedene Alternativen.

9.17.5 Statische Variablen

Statische Variablen sind eine besondere Form der lokalen Variablen. Sie werden ebenfalls in einer Prozedur oder Funktion definiert, behalten aber ihren Wert, wenn diese beendet wird. Damit steht dieser Wert beim nächsten Aufruf der Prozedur/Funktion wieder zur Verfügung.

Beispiel Die Prozedur *P1* im folgenden Beispiel zählt die Anzahl ihrer Aufrufe:

```
Sub P1 ()
    Static Anzahl As Integer
    Anzahl = Anzahl + 1
    Debug.Print "Ich werde zum " & Anzahl & _
    ". Mal aufgerufen!"
    '
End Sub
```

Bei jedem Aufruf der Prozedur wird die Variable *Anzahl* um 1 erhöht, sie ist aber nach wie vor nur innerhalb der Prozedur *P1* gültig.

Geht einem Prozedur- oder Funktionsnamen das Schlüsselwort Static voraus, sind alle innerhalb der Prozedur deklarierten Variablen automatisch statisch.

Beispiel Wie kann man erreichen, dass eine statische Variable bei ihrem ersten Aufruf bereits einen bestimmten Wert erhält? Das folgende Beispiel zeigt zunächst, wie es nicht gehen kann.

```
Sub TestProz ()
    Static Anzahl
    Anzahl = 2
    ' Weitere Anweisungen
End Sub
```

In diesem Fall erhält die Variable *Anzahl* nicht nur beim ersten Aufruf, sondern bei jedem Aufruf den Wert 2. Abhilfe schafft z.B. die *IsEmpty*-Funktion, die prüft, ob eine *Variant*-Variable einen leeren Wert erhält und damit, ob die Variable bereits initialisiert wurde:

```
Sub TestProz ()
    Static Anzahl As Variant
    If IsEmpty(Anzahl) = True Then Anzahl = 2
    ' Weitere Anweisungen
End Sub
```

Durch die Abfrage erhält die Variable *Anzahl* nur beim ersten Aufruf einen Wert zugewiesen. Beachten Sie aber, dass dies nur dann funktionieren kann, wenn die Variable *Anzahl* den Datentyp *Variant* besitzt, da ansonsten der Zustand *Empty* nicht definiert ist. Bei anderen Datentypen muss der Zustand der Variablen über einen Vergleich abgefragt werden.

9.17.6 Der Gültigkeitsbereich von Prozeduren

Auch Prozeduren (und Funktionen) besitzen einen Gültigkeitsbereich. Allerdings gelten hier etwas andere Regeln als bei Variablen. Standardmäßig sind alle Prozeduren öffentlich, das Schlüsselwort *Public* muss also nicht verwendet werden. Allerdings gibt es auch hier zwischen allgemeinen Modulen und Formularen einen Unterschied zu beachten: Um eine öffentliche Prozedur auf einem Formular ansprechen zu können, muss dem Prozedurnamen der Formularname vorangestellt werden.

Das folgende Beispiel ruft die allgemeine Prozedur *ShowMeA* in dem Formular *frmHaupt* auf: **Beispiel**

```
frmHaupt.ShowMeA
```

Das bedeutet, dass jede Prozedur in einem Formular, der nicht das Schlüsselwort *Private* vorausgeht, wie eine Methode des Formulars aufgerufen wird.

Prozeduren, denen das Schlüsselwort *Private* vorausgeht, können dagegen nur innerhalb des Moduls angesprochen werden, in dem sie definiert wurden.

Das Schlüsselwort Friend

Bereits seit VBA 5.0 kann Funktionen und Prozeduren in einem Klassenmodul das Schlüsselwort *Friend* vorausgehen. Diese Prozeduren und Funktionen sind im gesamten Programm ansprechbar, stehen aber anderen Programmen nicht zur Verfügung, auch wenn die Klasse öffentlich ist (Stichwort ActiveX-EXE bzw. ActiveX-DLL).

9.18 Die Übergabe von Argumenten an Prozeduren

Zum Thema »Argumentübergabe beim Aufruf einer Prozedur oder Funktion« ist noch ein kleiner Nachtrag notwendig, für den es im Abschnitt 9.12, »Prozeduren und Funktionen«, aus didaktischen Gründen noch zu früh war. Auf welche Weise die Übergabe von Argumenten beim Aufruf einer Prozedur programmiertechnisch gelöst wird, wissen Sie bereits. Um der Prozedur *P1* drei Argumente übergeben zu können, müssen diese im Prozedurkopf deklariert werden:

```
Private Sub P1 (A As Integer, B As String, C As Boolean)
```

Beim Aufruf der Prozedur werden für die drei »Platzhalter« Werte (Argumente) eingesetzt:

```
Pl 12, "Hallo, Leute", True
```

Was Sie unter Umständen noch nicht wissen, ist, auf welche Weise die Argumentübergabe intern von VBA vorgenommen wird. Argumente können auf zwei verschiedene Weisen übergeben werden: Als Wert und als Referenz.

Standardmäßig verwendet VBA (in erster Linie aus Kompatibilitäts-gründen zu früheren Versionen) die Übergabe als *Referenz* (engl. »call by name«). Referenz bedeutet in diesem Zusammenhang, dass nicht der Wert einer Variablen sondern ihre »Adresse« (die auch als Referenz bezeichnet wird) übergeben wird. Dies bedeutet, dass die aufgerufene Prozedur über die Referenz nicht nur den Wert der Variablen erhält, sondern diesen auf der aufrufenden Programmebene auch verändern kann. Ganz im Gegensatz dazu steht die Übergabe als Wert (engl. »call by value«). Hier erhält die Prozedur lediglich eine Kopie des Werts, nicht aber die Referenz der übergebenen Variablen. Dies bedeutet, dass, wenn die Prozedur den Wert der übergebenen Variablen ändert, diese Änderung nicht das »Original«, d.h. den Wert der Variablen auf der aufrufenden Ebene betrifft.

Beispiel Das folgende kleine Beispiel soll den Unterschied zwischen der Über-gabe als Wert und als Referenz deutlich machen.

```
Option Explicit

Private A As Integer

Private Sub cmdReferenz_Click()
    p1 A
    MsgBox Prompt:= "Der neue Wert von A ist: " & A
End Sub

Private Sub cmdWert_Click()
    ' Call p1((A)) ' Alternative Aufrufvariante
    p1 (A)
    MsgBox Prompt:="Der neue Wert von A ist: " & A
End Sub

Private Sub Form_Load()
    A = 55
    lblWertA.Caption = A
End Sub

Sub p1(Zahl As Integer)
    Zahl = 99
End Sub
```

Die Hauptrolle in diesem »Experimentalfilm« spielt die Variable *A*, die als öffentliche Variable über eine *Private*-Anweisung im *Allgemein-*

Teil eines Formulars deklariert wird. Bereits innerhalb von _Form_Load_ wird ihr Wert in einem Bezeichnungsfeld zur Kontrolle ausgegeben. Nun kommen die Charaktere ins Spiel. Die Prozedur _cmdWert_Click_ übergibt die Variable _A_ beim Aufruf der Prozedur _P1_ nur als Wert. Innerhalb von _P1_ versucht man zwar _A_ zu ändern, doch es kann nicht gelingen, da nur eine Kopie von _A_ (ein Double) übergeben wurde. Die Ausgabe des aktuellen Werts von _A_ nach Verlassen von _P1_ beweist es: Der Wert hat sich nicht geändert. Ganz anders beim Aufruf von _cmdReferenz_Click_. Hier hat sich der Regisseur eine dramatische Steigerung der Handlung einfallen lassen, denn diesmal wird _A_ als Referenz übergeben (einfach die Klammern weglassen). Nun kann die Prozedur _P1_ ihr Spiel mit der hilflosen Variable treiben und ihren Wert ändern, denn sie hat nun einen Zugriff auf das Original (über die Referenz). Die bittere Konsequenz: Nach Beendigung von _P1_ ist die Variable _A_ nicht wiederzuerkennen, sie besitzt nun einen neuen Wert. Dies erscheint im Film um so wirkungsvoller, als dem neuen Wert nicht _A_, sondern dessen Stellvertreter _Zahl_ zugewiesen wurde.

Und als ob es nicht so spannend genug wäre, hat sich der Meisterregisseur im Stile von Alfred Hitchcock eine weitere Steigerung einfallen lassen. Wird _P1_ nämlich innerhalb von _cmdWert_Click_ in der Form

```
Call P1 (A)
```

aufgerufen, wird auch hier der Wert von _A_ geändert. Wie ist das möglich? Nun, wer gut aufgepasst hat, weiß, dass das Klammernpaar ein Zugeständnis an die _Call_-Anweisung ist. Was der Zuschauer jedoch noch nicht weiß, dadurch wird die Variable als Referenz übergeben. Dennoch gibt es auch hier ein Happy-End. Erfolgt der Aufruf in der Form

```
Call P1((A))
```

erfolgt die Argumentübergabe wieder als Referenz.

Um ein Argument explizit als Wert zu übergeben, muss dieser in ein Klammernpaar gesetzt werden. Dies ist aber nur bei jenen Argumenttypen möglich, die als Wert übergeben werden können. Feldvariablen oder Variablen mit einem benutzerdefinierten Datentyp können nur als Referenz übergeben werden.

Beachten Sie, dass die Frage Referenz oder Wert natürlich nur bei Variablen eine Rolle spielt. Beim Aufruf der Prozedur _P1_ und der Übergabe eines Werts, etwa in der Form

```
P1 2
```

kann keine Referenz übergeben werden, da eine solche nicht existiert. Der Aufruf von _P1_ in der Form

```
P1 (2)
```

hat daher den gleichen Effekt.

Die Fehlermeldung »Argumenttyp ByRef unverträglich

Hier eine kleine Quizaufgabe für erfahrenere VBA-Programmierer. Warum kommt es bei der Übersetzung der folgenden Anweisungen zu der etwas ominös klingenden Fehlermeldung »Argumenttyp ByRef unverträglich«?

```
Private X, Ergebnis As String
X = "Ein Text"
Ergebnis = TueIrgendWas (X)

' Irgendwelche Anweisungen
Function TueIrgendWas (Wert As String)
    ' Irgendwelche Anweisungen
End Function
```

Nun, die Funktion *TueIrgendWas* erwartet einen String als Argument, der als Referenz übergeben werden muss. Das übergebene Argument *X* ist jedoch vom Typ *Variant* und wird als Wert übergeben, auch wenn es einen Stringwert besitzt. Entweder man definiert *X* als String oder man gibt beim Aufruf ein weiteres Klammernpaar an:

```
Ergebnis = TueIrgendWas ((X))
```

Was machen die zusätzlichen Klammern für einen Unterschied? In diesem Fall wird eine explizite Übergabe als Wert angewiesen. VBA wertet daher den Ausdruck in den Klammern vor der Übergabe aus und macht aus dem Variant einen String, der aber als Referenz übergeben wird (keine Angst, ich möchte Sie nicht absichtlich verwirren). Dies sind die Feinheiten der VBA-Programmierung, auf die es manchmal ankommt[16].

9.18.1 Die Schlüsselwörter ByVal und ByRef

Zum Schluss dieses Abschnitts sollen auch die letzten beiden »Mysterien«, die im Zusammenhang mit der Argumentübergabe an Prozeduren vorkommen können, geklärt werden: Die Schlüsselwörter *ByVal* und *ByRef*. Durch sie kann im Prozedurkopf explizit festgelegt werden, ob das betreffende Argument als Wert (*ByVal*) oder als Referenz (*ByRef*) übergeben werden soll.

---

[16] Bevor Sie auf die Microsoft-Programmierer schimpfen, die sich so etwas ausdenken. Diese hatten keine andere Wahl, denn Visual Basic musste in der ersten Version kompatibel zu DOS-Basic sein und dort wurde so etwas schon seit »Jahrzehnten« gemacht.

Die folgende Prozedurdefinition legt fest, dass das Argument *Zahl* immer als Wert übergeben wird, unabhängig davon, auf welche Weise der Aufruf erfolgt:

```
Sub P1 (ByVal Zahl As Integer)
```

Es soll nicht verschwiegen werden, dass beide Schlüsselwörter beim Aufruf von VBA-Prozeduren nur sehr, sehr selten benötigt werden. Ganz anders beim Aufruf von DLL- und API-Funktionen. Hier spielt das Schlüsselwort *ByVal* eine sehr wichtige Rolle, da VBA bekanntlich Variablen grundsätzlich als Referenz übergibt, die meisten API-Funktionen aber einen Wert erwarten.

9.19   Dateizugriffe mit VBA

Alle Variablen behalten ihre Werte nur so lange, wie das Programm aktiv und die Variable innerhalb des Programms gültig ist. Wird das Programm beendet, geht der Inhalt sämtlicher Variablen zwangsläufig verloren. Damit die Werte beim nächsten Start des Programms wieder zur Verfügung stehen, müssen sie »irgendwo« gespeichert werden. Dieses Irgendwo kann entweder die Registrierung, eine »Verbunddatei« (engl. »compound object store«, dieser Ablagetyp wird von Visual Basic nicht direkt unterstützt) oder eine vom Programm unabhängige »normale« Datei sein. Letztere Alternative bietet sich immer dann an, wenn entweder relativ viele Daten gespeichert werden müssen (auch wenn es theoretisch möglich ist, sollte man die Registrierung nicht mit Daten überladen) oder wenn die Daten als eigenständige Einheit weitergegeben werden sollen.

9.19.1   Das FileSystemObject-Objekt

Bereits mit VBScript wurde mit dem *FileSystemObject*-Objekt eine Alternative zu den klassischen Dateizugriffsbefehlen eingeführt, die es bei VBScript (aus Sicherheitsgründen) nicht gibt. Seit Version 6.0 gibt es das *FileSystemObject*-Objekt auch bei VBA. Eng verbunden mit dem *FileSystem*-Objekt ist das *Textstream*-Objekt. Während *FileSystemObject* für die Datei als Ganzes steht, steht das *Textstream*-Objekt für den Inhalt. Ein »Stream« ist allgemein ein »Strom« von Zeichen, also eine Aufeinanderfolge einzelner Zeichen ohne logische Struktur. *Textstream*-Objekte werden für den Zugriff auf Textdateien über das *FileSystemObject*-Objekt und seine beiden Methoden *CreateTextFile* und *OpenTextFile* benötigt. Beide Methoden geben ein *Textstream-Objekt* zurück, über das der eigentliche Dateizugriff erledigt wird. Ein *Textstream*-Objekt verfügt über folgende Eigenschaften:

➡ *AtEndOfLine*

➡ *AtEndOfStream*

➡ *Column*

➡ *Line*

Während die *AtEndOnLine*-Eigenschaft und die *AtEndOfStream*-Eigenschaft jeweils einen *True*-Wert zurückgeben, wenn das Ende einer Zeile bzw. des Streams erreicht ist, erfährt man über die Eigenschaften *Column* und *Line* die Nummer des aktuellen Zeichens bzw. der aktuellen Zeile. Der Zugriff auf die Textdatei erfolgt über die Methoden des *Textstream*-Objekts (siehe Tabelle 9.22). Im einfachsten Fall sieht der Dateizugriff wie folgt aus:

```
Set Fs = CreateObject("Scripting.FileSystemObject")
Set D = Fs.CreateTextfile("C:\NurEinTest.Txt")
D.WriteLine ("Nur ein kleiner Test!")
D.Close
```

Diese Anweisungen, die zum Anlegen der Datei *NurEinTest.txt* führen, können Sie auch im Direktfenster ausprobieren.

Tabelle 9.22:
Die Methoden
des Textstream-
Objekts.

Methode	Bedeutung
Close	Schließt einen Textstream.
Read	Liest eine vorgegebene Anzahl an Zeichen aus einem geöffneten Textstream ein.
ReadAll	Liest alle Zeichen aus einem geöffneten Textstream ein.
ReadLine	Liest einzelne Zeichen aus einem geöffneten Textstream ein.
Skip	Überspringt eine vorgegebene Anzahl an Zeichen in einem geöffneten Textstream.
SkipLine	Überspringt die nächste Zeile in einem geöffneten Textstream.
Write	Schreibt eine vorgegebene Anzahl an Zeichen in einen geöffneten Textstream.
WriteLine	Schreibt eine vorgegebene Zeichenkette in einen geöffneten Textstream und hängt am Ende einen Zeilenumbruch an (*vbCrLf*) an.
WriteBlankLines	Schreibt eine vorgegebene Anzahl an Leerzeilen (*vbCrLf*) in einen geöffneten Textstream.

Die folgenden Anweisungen schreiben den Inhalt des *Dictionary*-Ob-   **Beispiel**
jekts *Traumstädte* in eine Datei mit dem Namen *Traumstädte.txt*.

```
Option Explicit

Private F As FileSystemObject, S As Textstream, n As Long, Städte As
Dictionary

Sub Test()

    Set Städte = New Dictionary
    Set F = CreateObject("Scripting.FileSystemObject")
    Set S = F.CreateTextFile("Traumstädte.txt", True)
    Städte.Add Item:="Wanne Eickel", Key:="0"
    Städte.Add Item:="Gießen", Key:="1"
    Städte.Add Item:="Wetzlar", Key:="2"
    Städte.Add Item:="Bottrop", Key:="3"
    For n = 0 To Städte.Count - 1
        S.WriteLine Städte.Item(Chr(n + 48))
    Next
    S.Close
End Sub
```

Als erstes wird der Variablen *Städte* ein neues *Dictionary*-Objekt zugewiesen (Voraussetzung ist, dass ein Verweis auf »Microsoft Scripting
Runtime« eingebunden wurde). Anschließend wird über die *CreateObject*-Funktion ein *FileSystemObject*-Objekt angelegt. Danach wird die
CreateTextfile-Methode aufgerufen, welche eine Datei mit dem Namen *Traumstädte*.txt auf Laufwerk C: anlegt und ein *Textstream*-Ob-
jekt zurückgibt, welches über die *Set*-Anweisung der Variablen *S* zugewiesen wird. Nachdem die Variable *Städte* über die *Add*-Methode des
Dictionary-Objekts alle Elemente erhalten hat, werden diese in einer
For Next-Schleife über die *WriteLine*-Methode in der Datei gespeichert. Am Ende wird das *Textstream*-Objekt über die *Close*-Methode
wieder geschlossen.

9.19.2 Die »klassischen« VBA-Befehle

Neben dem »neumodischen« *FilesystemObject*- und *Textstream*-
Objekten bietet VBA seit den Tagen der Heimcomputer und 8-Bit-
Betriebssysteme die klassischen Dateizugriffsmethoden an. Hier er-
folgt der Zugriff auf eine Datei stets nach dem gleichen Schema:

1. Holen einer freien Dateinummer über die *FreeFile*-Methode

2. Öffnen der Datei über die *Open*-Anweisung

3. Schreiben und/oder Lesen der Daten

4. Schließen der Datei über die *Close*-Anweisung

VBA unterscheidet beim Dateizugriff über die *Open*-Anweisung zwischen drei verschiedenen Zugriffsmodi:

- Sequentieller Zugriff

- Random-Zugriff

- Binärer Zugriff

Lassen Sie sich durch diese Namen nicht verwirren, dahinter stecken ganz einfache Mechanismen[17]. Der sequentielle Zugriff wird immer dann verwendet, wenn Textstrings gespeichert werden sollen, denn bei diesem Zugriff orientiert sich VBA an Trennzeichen wie Kommata oder dem Zeilenumbruch (*vbCr*). Der Random-Zugriff kommt immer dann in Frage, wenn die zu speichernden Datenelemente die gleiche Größe besitzen. Da dies z.B. bei UDT-Variablen der Fall ist, werden Random-Dateien zur Speicherung von Strukturfeldvariablen verwendet. Bei einem binären Zugriff werden die Daten so gespeichert, wie sie im Programm vorliegen. Diese Zugriffsmethode wird vornehmlich zur Speicherung von Zahlen verwendet.

Es sei aber vorangestellt, dass diese Unterteilung in erster Linie historischen Charakter hat und daher nicht zwingend vorgeschrieben ist. Das Ergebnis ist in allen Fällen eine »normale« Datei, in der die Daten binär vorliegen. Sie können also ohne weiteres auf eine Datei, die im sequentiellen Modus gespeichert wurde, im Binärmodus zugreifen. Alle Dateizugriffe werden über die Anweisungen *Open* und *Close* durchgeführt, die daher zunächst vorgestellt werden sollen.

Die Open-Anweisung

Die *Open*-Anweisung »öffnet« eine beliebige Datei. Dieser Schritt ist unter Windows notwendig, um auf eine Datei zugreifen zu können.

Syntax
```
Open Dateiname [For Modus] [Access Zugriff] [Sperre] _
As [#]Dateinummer [Len=Satzlänge]
```

Bei den Parametern der *Open*-Anweisung sind nur der Dateiname und die Dateinummer Pflicht. Im einfachsten Fall kann die *Open*-Anweisung wie folgt aussehen:

```
Open Dateiname As 1
```

Diese Anweisung öffnet die Datei *Dateiname* mit der Dateinummer 1 (für einen Random-Zugriff).

Welche Bedeutung hat die Dateinummer? Über sie wird ein »Datenkanal« für den Transport der Daten zwischen dem Programm und dem

---

[17] Diese Dinge stammen alle noch aus einer Zeit, in der Power-User noch mit 640 Kbyte RAM glücklich sein konnten.

Betriebssystem ausgewählt. Um sich nicht um den genauen Wert der Dateinummer kümmern zu müssen, holt man sich die nächste freie Dateinummer stets über die *FreeFile*-Methode des globalen *VBA*-Objekts.

```
Private DateiNr As Integer
DateiNr = FreeFile
Open DateiName For Input As DateiNr
```

Diese Anweisungen öffnen eine Datei im sequentiellen Eingabemodus, was lediglich bedeutet, dass Sie den Inhalt der Datei über die *Input#*-Anweisung zeilenweise lesen können, wobei die *Input#*-Anweisung automatisch alle Zeichen bis zum nächsten Trennzeichen (z.B. Kommata oder Zeilenumbruch) liest.

Die Close-Anweisung

Jede Datei, die über eine *Open*-Anweisung geöffnet wurde, sollte über eine *Close*-Anweisung wieder geschlossen werden. Zum einen wird dadurch die Dateinummer wieder freigegeben, zum anderen werden dadurch alle Daten, die sich noch im internen Zwischenspeicher befinden können, auf das Speichermedium (in der Regel die Festplatte) geschrieben. Zwingend notwendig ist die *Close*-Anweisung jedoch nicht, da VBA mit dem ordnungsgemäßen Beenden des Programms alle Dateien automatisch schließt.

```
Close [Dateinummer]
```
Syntax

Wird keine Dateinummer aufgeführt, werden einfach alle offenen Dateien geschlossen.

Um sicherzugehen, dass sämtliche Daten, die sich noch in den Zwischenspeichern befinden könnten, auf das Speichermedium geschrieben werden, muss die *Reset*-Anweisung ausgeführt werden, die alle noch geöffneten Dateien auf einmal schließt. Sie entspricht der Anweisung *Close* ohne Angabe einer Dateinummer.

Sequentielle Dateizugriffe

Sequentielle Dateizugriffe werden immer dann benötigt, wenn ganze Zeichenketten gespeichert oder gelesen werden sollen. Die folgenden Beispiele gehen davon aus, dass der Inhalt des Textfelds *txtTextfeld* in eine Datei geschrieben und aus einer Datei gelesen werden soll.

Die folgenden Anweisungen übertragen den Inhalt der Datei *Lies-* **Beispiel**
mich.txt in das Textfeld *txtTextfeld*:

```
Sub cmdSpeichern_Click()
    Dim Dateiname As String, DateiNr As Integer
    Dim Temp As String
```

```
    Dateiname = "Liesmich.txt"
    DateiNr = FreeFile
    Open Dateiname For Output As DateiNr
      Print #DateiNr, txtTextfeld.Text
    Close DateiNr
End Sub
```

Als erstes wird die Datei über eine freie Dateinummer im Output-Modus geöffnet. Anschließend wird der Wert der *Text*-Eigenschaft über eine *Print#*-Anweisung in die Datei geschrieben.

Das Lesen der Datei geschieht auf ähnliche Weise, nur dass die Datei im Input-Modus geöffnet und anstelle der *Print#*-Anweisung die *Line-Input#*-Anweisung zum Einsatz kommen muss:

```
Sub cmdLesen_Click()
    Dim Dateiname As String, DateiNr As Integer
    Dim Temp As String
    Dateiname = "Liesmich.txt"
    DateiNr = FreeFile
    Open Dateiname For Input As DateiNr
        Do While Not EOF(DateiNr)
            Line Input #DateiNr, Temp
            txtTextfeld.Text = txtTextfeld.Text & Temp _
            & vbCrLf
        Loop
    Close DateiNr
End Sub
```

Bei dieser Prozedur fällt auf, dass eine *Do-Loop-Schleife* verwendet wird, um den Inhalt der Datei zeilenweise (d.h. bis zum nächsten Zeilenumbruch) über die *Line-Input#*-Anweisung zu lesen. Die Schleifenabbruchbedingung wird über die *Eof*-Funktion geprüft, die *True* zurückgibt, sobald ein Lesebefehl das Ende der Datei erreicht hat.

Alternativ ist es möglich, den kompletten Inhalt der Datei über einen Aufruf der *Input*-Funktion einzulesen. Dieser Funktion muss lediglich die Dateinummer und die Anzahl der zu lesenden Zeichen übergeben werden:

```
txtTextfeld.Text = Input(Lof(DateiNr), DateiNr)
```

Über die *Lof*-Funktion wird die Größe einer geöffneten Datei in Bytes bestimmt. Zwar benutzen Sie bei dieser Variante die *Do-Loop-Schleife*, erfahren dafür aber nicht, wie viele Zeilen eingelesen wurden (wie Sie die Anzahl der Zeilen in einem Textfeld ermitteln können, wird in Kapitel 15, »Visual Basic und die Windows-API«, verraten).

Verwenden Sie die Print#-Anweisung nur im Zusammenspiel mit der Line-Input#-Anweisung, da letztere stets eine komplette Zeile bis zum nächsten Zeilenumbruch (oder Dateiende) einliest. Möchten Sie dagegen, auf einzelne Datenelemente, z.B. Zahlen, zugreifen, sollten Sie stattdessen die Write#-Anweisung zum Schreiben verwenden, da diese zwischen den verschiedenen Datentypen unterscheiden kann und z.B. Zeichenketten in Anführungsstriche setzt und Zahlenwerte durch Kommata trennt.

Random-Dateizugriffe

Random-Dateizugriffe werden immer dann benötigt, wenn der Inhalt einer UDT-Variablen in eine Datei übertragen werden soll. Im Unterschied zum sequentiellen Zugriff wird nicht zwischen einem Input- und einem Output-Modus unterschieden, der Zugriff erfolgt vielmehr »wahlweise« (engl. »random«). Für das Schreiben eines Datensatzes wird die *Put*-Anweisung, für das Lesen eines Datensatzes die *Get*-Anweisung verwendet.

Syntax

```
Get [#]Dateinummer,[Satznummer],Variablenname
Put [#]Dateinummer,[Satznummer],Variablenname
```

In beiden Fällen ist die Datensatznummer, die nur intern existiert, optional. Wird sie weggelassen, bezieht sich die Anweisung auf den aktuellen Datensatz. VBA verwaltet eine interne 32-Bit-Zahl, die stets die Nummer des als nächstes zu lesenden oder zu schreibenden Datensatzes erhält. Bei einem Zugriff wird diese Nummer automatisch um 1 erhöht.

Die folgenden Anweisungen schreiben den kompletten Inhalt der **Beispiel** Strukturfeldvariablen *PkwListe* in eine Datei.

```
Private DateiNr As Integer, n As Integer
DateiNr = FreeFile
Open Dateiname For Random As DateiNr Len = Len(PkwListe(0))
For n = 1 To UBound(PkwListe)
    Put #DateiNr, n, PkwListe(n)
Next n
Close DateiNr
```

Diese Anweisungen sollten Ihnen bekannt vorkommen, denn sie stammen aus dem Beispiel in Abschnitt 9.16, »Benutzerdefinierte Datentypen«. Durch die *Put*-Anweisung wird bei jedem Schleifendurchlauf der aktuelle Datensatz in die Datei geschrieben. Das Einlesen einer Random-Datei unterscheidet sich lediglich durch die *Get*-Anweisung:

```
Private DateiNr As Integer, n As Integer
DateiNr = FreeFile
Open Dateiname For Random As DateiNr Len = Len(PkwListe(0))
For n = 1 To UBound(PkwListe)
    Get #DateiNr, , PkwListe(n)
Next n
Close DateiNr
```

Die Anzahl der Datensätze in einer Datei ergibt sich aus der Division der Dateigröße durch die Größe eines einzelnen Datensatzes:

```
DatensatzAnzahl = LOF(DateiNr) \ Len(PkwListe(1))
```

Ein Besonderheit bei Random-Dateien ist es, dass Sie jeden Datensatz über die *Seek*-Anweisung gezielt anspringen können. Dadurch kann festgelegt werden, welchen Datensatz die *Get*-Anweisung als nächstes lesen oder die *Put*-Anweisung als nächstes schreiben soll.

Syntax   Seek [#]Dateinummer,Position

Bei *Position* handelt es sich um die Datensatznummer, die im Bereich 1 (nicht 0) bis 2.147.483.647 liegen kann. Den aktuellen Stand des Datensatzzeigers gibt die *Seek*-Methode zurück.

Besitzen die zu speichernden Daten eine einheitliche Struktur, lohnt sich das Abspeichern in einer Random-Datei nur bei kleinen Datenmengen. Für die Speicherung größerer Datenmengen (in der Regel bereits ab 100 Datensätzen[18]) stehen z.B. mit der Jet-Engine (Microsoft Access) oder dem SQL-Server sehr viel leistungsfähigere Datenbanksysteme zur Verfügung.

Die Nummer des Datensatzes, auf den zuletzt ein Schreib- oder Lesezugriff durchgeführt wurde, steht über die Loc-Methode zur Verfügung.

Binäre Dateizugriffe

Ein binärer Dateizugriff unterscheidet sich von den übrigen Dateizugriffsmethoden lediglich dadurch, wie die zu schreibenden Daten behandelt werden. Bei einem binären Zugriff werden genauso viele Bytes gelesen, wie es dem Datentyp der zu lesenden oder zu schreibenden Daten entspricht. Im Gegensatz zum sequentiellen oder dem Random-Zugriff spielen weder Trennzeichen noch Datensatzgrößen eine Rolle. Der Lesezugriff auf eine Datei im Binärmodus erfolgt über die *Get-An-*

---

[18] Wenngleich dieser Wert natürlich nur eine grobe Orientierung geben soll.

weisung, der Schreibzugriff entsprechend über die *Put*-Anweisung, nur dass die Datensatznummer hier weggelassen wird.

In dem folgenden Beispiel werden drei Zahlen mit unterschiedlichen   **Beispiel**
Datentypen in eine Datei mit dem Namen *Zahlen.dat* geschrieben.

```
DateiNr = FreeFile
Private Wert1 As Double, Wert2 As Single, Wert3 As Integer
Wert1 = 123456.789
Wert2 = 22.3
Wert3 = 7
Open "Zahlen.dat" For Binary As DateiNr
    Put DateiNr, ,Wert1
    Put DateiNr, ,Wert2
    Put DateiNr, ,Wert3
Close DateiNr
```

So weit, so gut. Doch wie werden diese Zahlen wieder eingelesen? Da die *Put*-Anweisung für jede Variable so viele Bytes schreibt, wie diese Variable im Arbeitsspeicher belegt (den Platzbedarf der einzelnen Datentypen können Sie Tabelle 9.4 entnehmen), kommt es natürlich auf die Reihenfolge an, in der die einzelnen Werte gelesen werden. Die folgende Anweisung liest die Werte wieder richtig ein:

```
DateiNr = FreeFile
Open "Zahlen.dat" For Binary As DateiNr
    Get DateiNr, ,Wert1
    Get DateiNr, ,Wert2
    Get DateiNr, ,Wert3
Close DateiNr
```

Würden Sie aber die Reihenfolge vertauschen, würden völlig falsche Werte resultieren, da die Datei *Zahlen.dat* lediglich aus einer Aneinanderreihung von Bytes besteht, nicht aber Informationen, wie z.B. bei einer Datenbank, über den Datentyp der gespeicherten Elemente enthält.

Eine kleine Verständnisfrage zum Schluss. Wie groß ist die Datei *Zah-*   **Quiz**
len.dat aus dem letzten Beispiel genau?

Das Anlegen temporärer Dateien

Soll das Programm Daten nur temporär in einer Datei ablegen, ist es empfehlenswert, eine temporäre Datei anzulegen. Eine temporäre Datei ist eine »normale« Datei, sie besitzt allerdings ein eigenes Dateiattribut und wird in der Regel auch in einem dafür vorgesehenen Verzeichnis (z.B. *C:\Temp*) angelegt. Um beim Anlegen einer temporären Datei nicht in einen Namenskonflikt mit einer unter Umständen bereits vorhandenen Datei kommen zu können, gibt es die API-Funktion *GetTempFileName*.

Syntax
```
Declare Function GetTempFileName Lib "kernel32" Alias _
"GetTempFileNameA" (ByVal lpszPath As String, ByVal _
lpPrefixString As String, ByVal wUnique As Long, ByVal _
lpTempFileName As String) As Long
```

Die Bedeutung der Argumente:

Argument	Bedeutung
lpszPath	Legt das Verzeichnis fest, in dem die temporäre Datei angelegt wird.
lpPrefixString	Legt den Dateinamen fest, dieser sollte aber kürzer als acht Zeichen sein, da eine Nummer angehängt wird.
wUnique	Zahl, die an den Namen gehängt wird. Wird hier 0 angegeben, wird eine Zufallszahl, die über die Systemzeit gebildet wird, eingesetzt.
lpTempFileName	Stringvariable, in der der komplette Pfad abgelegt wird.
Rückgabewert	Nummer, die für den Dateinamen verwendet wird.

Beispiel Die folgenden Anweisungen legen eine temporäre Datei an, wobei der Pfad für die temporären Dateien zuvor über die API-Funktion *Get-TempPath* geholt wird. Ordnen Sie auf einem leeren Formular (*frm-Haupt*) eine Schaltfläche (*cmdStart*) an, und geben Sie folgende Anweisung ein:

```
Option Explicit

Private Declare Function GetTempFileName Lib "kernel32" _
Alias "GetTempFileNameA" (ByVal lpszPath As String, ByVal _
lpPrefixString As String, ByVal wUnique As Long, ByVal _
lpTempFileName As String) As Long

Private Declare Function GetTempPath Lib "kernel32" Alias _
"GetTempPathA" (ByVal nBufferLength As Long, ByVal lpBuffer _
As String) As Long

Private Sub cmdStart_Click()
    Dim RetVal As Long
    Dim PfadName As String, DateiName As String
    PfadName = Space(262)
    DateiName = Space(262)
    RetVal = GetTempPath(Len(PfadName), PfadName)
    RetVal = GetTempFileName(PfadName, "Vb", 0&, DateiName)
    DateiName = Left(DateiName, InStr(DateiName, Chr(0)) - 1)
    MsgBox DateiName & " wurde angelegt!", vbOKOnly
End Sub
```

9.19.3 Behandlung von Laufzeitfehlern bei Dateizugriffen

Wenn es einen Grund gibt, Laufzeitfehler abzufangen, dann bei Datei-zugriffen, denn nirgends ist die Zahl potenzieller Fehlerquellen so hoch. Ein nicht bereites Laufwerk, ein ungültiger Dateiname oder eine volle Festplatte, all dies sind Gründe für einen Laufzeitfehler. Damit dieser nicht zu einem Programmabbruch führt, muss jede Prozedur, die Datei-zugriffe durchführt, eine *On Error-GoTo*-Anweisung enthalten.

9.20 Zeiger

Zeiger (engl. »pointer«) sind ein Thema, welches bei VBA eigentlich kein Thema ist, denn VBA bietet auch in der Version 6.0 keine Zeiger. Das ist etwas schade, denn Zeiger sind ein leistungsfähiges Sprachele-ment, ohne die die moderne Software-Entwicklung nicht denkbar wä-re. Zeiger sind für unerfahrene Programmierer erfahrungsgemäß schwierig zu verstehen, wenngleich die Hintergründe einfach sind. Ein Zeiger ist nichts anderes als die Adresse eines Datenobjekts im Arbeits-speicher. Der für Nicht-Informatiker vielleicht etwas ungewöhnliche Name leitet sich von dem Umstand ab, dass ein Zeiger, dadurch, dass er eine Adresse darstellt, auf das Datenelement bildlich gesehen zeigt. In einer Programmiersprache wie C, C++ oder ObjectPascal (Delphi) gehören Zeiger zum täglichen Brot des Programmierers. Sie sind aller-dings, und das macht das Ganze ein bißchen komplizierter, mehr als nur eine Adresse. Da ein Zeiger stets auf ein bestimmtes Datenelement zeigt, besitzt ein Zeiger (genauer gesagt, eine Zeigervariable, die den Zeiger enthält) auch einen Datentyp. In C spricht man zum Beispiel von einen *Integer*-Zeiger und meint damit die Adresse einer Integer-Variablen. Wird auf den Wert zugegriffen, auf den ein Zeiger zeigt, spricht man von einer Dereferenzierung (Zeiger werden auch als *Refe-renzen* bezeichnet). Dies sind Dinge, die das Verständnis von Zeigern etwas erschweren können. In C kommt hinzu, dass Zeiger auf Zeiger zeigen können und damit doppelt oder dreifach referenziert werden[19].

Sicher fragen Sie sich: »Was hat das alles mit VBA zu tun?« Normaler-weise nicht viel, denn in VBA gibt es leider keine Zeigervariablen (Zei-ger gibt es intern natürlich, denn z.B. jede Feldvariable steht für einen Zeiger auf das erste Feldelement). Nach dem Motto »Es gibt nicht viel, was es in Visual Basic nicht gibt«, sind Mittel und Wege vorhanden, die fehlenden Zeigervariablen zu ersetzen.

---

[19] Dies ist ein Grund, warum C-Programmierer (eigentlich völlig zu Unrecht) gerne etwas verächtlich auf Basic-Programmierer hinabschauen (es gibt aber auch nette C-Programmierer).

9.20.1 Die VarPtr-Methode

Es gibt schon Dinge, die erscheinen im nachhinein ziemlich kurios. Da enthält die VBA-Laufzeitbibliothek (bzw. damals noch die Visual-Basic-Laufzeitbibliothek) seit der ersten Version eine Funktion, mit der man die Adresse einer Variablen als *Long*-Wert erhält, doch erst mit der Version 5.0 wird diese (eigentlich mehr als harmlose) *VarPtr*-Methode offiziell dokumentiert. Mit Hilfe dieser Methode (Funktion), die »Basic-Veteranen« aus den Tagen von GW-Basic noch bekannt sein dürfte, lässt sich z.B. der Inhalt einer Variablen über eine API-Funktion im Arbeitsspeicher kopieren.

Beispiel Die folgenden Anweisungen kopieren den Inhalt der Variablen *X* über die API-Funktion *RtlMoveMemory* in die Variable *Y*:

Der Allgemein-Teil

```
Option Explicit
Private Declare Sub CopyMemory Lib "Kernel32" Alias _
"RtlMoveMemory" (lpvDest As Any, lpvSource As Any, _
ByVal cbCopy As Long)
```

Die Ereignisprozedur Form_Load

```
Private Sub Form_Load()
    Dim X As Long, Y As Long
    Dim QuellWert As Long, ZielWert As Long
    QuellWert = 12345678
    X = VarPtr(QuellWert)
    Y = VarPtr(ZielWert)
    CopyMemory ByVal Y, ByVal X, 4
    MsgBox Prompt:=ZielWert
End Sub
```

Natürlich gibt es im Programmieralltag nicht viele Situationen, in denen man unbedingt direkt auf eine Variable zurückgreifen muss. Da VBA zudem keinen Dereferenzierungsoperator bietet, gibt es keine Möglichkeit, auf den Wert einer über die *VarPtr*-Methode referenzierten Variablen zuzugreifen. Aus diesem Grund ist die *VarPtr*-Methode auch nur von begrenztem Wert.

Die ObjPtr-Methode

Die *ObjPtr*-Methode gibt die Adresse jenes Objekts im Arbeitsspeicher zurück, auf das eine Objektvariable verweist:

```
Set Fs = CreateObject("Scripting.FileSystemObject")
?Objptr(FS)
51317712
Set Fs = Nothing
?Objptr(FS)
0
```

Die StrPtr-Methode

Das Trio der undokumentierten »Spezialfunktionen« wird durch die *StrPtr*-Methode abgerundet, das die Adresse einer Zeichenkette im Arbeitsspeicher zurückgibt:

```
S = "Hallo, Du da"
?Strptr(S)
6534088
?VarPtr(S)
6246932
```

Da es bei VBA üblich ist, dass eine Stringvariable keinen Zeiger auf die Zeichenkette, sondern erst einmal auf den Stringdeskriptor enthält, der dann auf die Zeichenkette verweist, liefern *StrPtr* und *VarPtr* unterschiedliche Adressen.

Ein Wort zum AddressOf-Operator

Der bereits mit Visual Basic 5.0 eingeführte *AddressOf*-Operator ermöglicht es, einer API-Funktion die Adresse einer in Visual Basic definierten Funktion oder Prozedur zu übergeben (mehr dazu in Kapitel 15, »Visual Basic und die Windows-API«). Dieser Operator kann aber nur im Zusammenhang mit API-Funktionen eingesetzt werden. Er ist außerdem ein Beispiel für einen der sehr wenigen Unterschiede zwischen VBA 5.0 (z. B. aus Office'97) und der VBA-Implementation in Visual Basic 5.0, die mit VBA 6.0 aufgehoben wurden.

9.21 Mehr über Objektvariablen

Eine Objektvariable ist eine Variable, die eine Referenz auf ein Objekt enthält. Objektvariablen werden wie »normale« Variablen, z.B. über eine *Private*-Anweisung, deklariert, denn es handelt sich um normale Variablen. Als Wert enthalten sie eine Referenz auf eine Komponente:

```
Private Variablenname As Objekttyp ' Objekttyp steht für einen Objekttyp
```

Damit wird die Objektvariable aber erst deklariert. Die Instanzierung erfolgt entweder über eine *Set*-Anweisung im Zusammenhang mit dem Schlüsselwort *New* oder durch eine implizite Instanzierung, die beim ersten Zugriff auf eine Eigenschaft oder Methode des Objekts stattfindet.

```
Set Objektvariable = {[New] Objektausdruck | Nothing}
```
Syntax

Durch diese Anweisung wird eine weitere Instanz des angegebenen Objekttyps (Klasse) erzeugt. Die *Set*-Anweisung enthält folgende Komponenten:

Komponente	Bedeutung
Objektvariable	Name einer Objektvariablen oder Eigenschaft.
New	Legt fest, dass eine neue Instanz des Objekts angelegt wird. Kann nicht im Zusammenhang mit einem Standarddatentyp oder einem abhängigen Automationsobjekt verwendet werden.
Objektausdruck	Name eines Objekts, einer bereits deklarierten Objektvariablen oder einer Funktion oder Methode, die ein Objekt des gleichen Typs zurückgibt.
Nothing	Hebt die Zuordnung der Objektvariablen mit einem Objekt wieder auf. Die von der Objektvariablen belegten Systemressourcen werden dadurch freigegeben, wenn keine weitere Referenz auf das Objekt existiert.

Durch die folgenden Anweisungen wird eine Objektvariable definiert und ihr anschließend ein Wert zugewiesen:

```
Private Bild As Picturebox
Set Bild = picBild
Bild.Picture = LoadPicture(BitmapName)
picZweitesBildfeld.Picture = Bild.Picture
Set Bild = Nothing
```

Die *Private*-Anweisung deklariert eine Objektvariable *Bild* vom Typ *Picturebox* (entspricht bezüglich der Funktionalität einem Bildfeld). Die *Set*-Anweisung weist der Variablen eine Referenz auf ein bereits existierendes Bildfeld mit dem Namen *picBild* zu. Anschließend kann über die Objektvariable *Bild* auf das Objekt zugegriffen werden. Durch die letzte Anweisung, die der Variablen den Wert *Nothing* zuweist, wird die Objektreferenz wieder aufgehoben.

Erhält eine Objektvariable den Wert Nothing, wird die in ihr enthaltene Objektreferenz gelöscht und der interne Referenzzähler auf das instanzierte Objekt um 1 erniedrigt. Ist der Referenzzähler 0, wird das Objekt aus dem Arbeitsspeicher entfernt.

Wo erfährt man denn die Klassennamen der einzelnen Steuerelemente? Entweder aus der VBA-Hilfe oder direkt aus dem Eigenschaftsfenster. Die Listenauswahl der auf dem aktuellen Formular enthaltenen Objekte enthält auf der linken Seite den Objektnamen (Name-Eigenschaft) und auf der rechten Seite den Klassennamen

*(zum Beispiel CommandButton für eine Befehlsschaltfläche). Der
Klassenname ist auch in der deutschen Version stets ein englischer
Name.*

*Eine Objektvariable enthält stets eine 4 Byte große Referenz auf
das Objekt.*

9.21.1   Die Datentypen Form und Control

Neben dem allgemeinen Objektdatentyp *Object* und den speziellen
Objektdatentypen aus einer Typenbibliothek, kennt Visual Basic zwei
spezielle Datentypen mit den Namen *Form* und *Control*. Während
Form für ein beliebiges Formular steht, steht *Control* für ein beliebiges
Steuerelement. Beide Datentypen werden in erster Linie innerhalb von
Prozeduren eingesetzt, denn sie ermöglichen, dass der Prozedur ein
Formular oder ein Steuerelement als Argument übergeben werden
kann.

Das folgende Beispiel zeigt den Prozedurkopf einer Prozedur, der ein   **Beispiel**
Steuerelement als Argument übergeben wird:

```
Sub cmdStart_DragDrop(Source As Control, X As Single, Y As Single)
```

Dies ist der Prozedurrahmen der Ereignisprozedur *DragDrop*, einer
Standardereignisprozedur, über die nahezu alle sichtbaren Steuerelemente verfügen. Sie wird immer dann aufgerufen, wenn im Rahmen
einer Ziehen- und Ablegen-Operation über dem betreffenden Steuerelement ein Steuerelement abgelegt wird. Damit mit dem abgelegten
Steuerelement Operationen oder Zuweisungen durchgeführt werden
können, wird es als Prozedurargument *Source* vom Typ *Control* übergeben:

```
Sub picBild_DragDrop(Source As Control, X As Single, _Y As Single)
    If TypeOf Source Is Label Then
        MsgBox Prompt:="Es wurde ein Bezeichnungsfeld fallengelassen"
    Else IfTypeOf Source Is Textbox Then
        MsgBox Prompt:="Es wurde ein Textfeld fallengelassen"
    Else
        MsgBox Prompt:="Weiß nicht", vbOkOnly
    End If
End Sub
```

Der *TypeOf*-Vergleichsoperator prüft, zusammen mit dem *Is*-Opera-
tor, ob das über dem Bildfeld *picBild* »losgelassene« Steuerelement den
Typ *Label* oder den Typ *Textbox* besitzt. Übrigens muss bei einem
Steuerelement lediglich die *DragMode*-Eigenschaft den Wert 1 (auto-

matisch) besitzen, damit es durch gleichzeitiges Drücken der Maustaste und Ziehen der Maus über einem anderen Steuerelement oder dem Formular abgelegt werden kann.

Dass ein Formular als Argument übergeben wird, kommt zwar seltener vor, ist aber möglich. Das folgende Beispiel demonstriert es.

Beispiel Stellen Sie sich vor, Sie sollen eine kleine Routine schreiben, deren Aufgabe darin besteht, allen Bezeichnungsfeldern auf einem Formular eine Umrandung zu geben. Die direkte Lösung nach dem allgemeinen Schema

```
frmForm.lblBezeichnung1.BorderStyle = 1
frmForm.lblBezeichnung2.BorderStyle = 1
frmForm.lblBezeichnung3.BorderStyle = 1
```

usw.

scheidet aus, da die Routine nicht nur mit einem beliebigen Formular, sondern auch mit einer beliebigen Anzahl beliebiger Bezeichnungsfelder funktionieren soll. Damit ist die Lösung klar. Der zu entwerfenden Routine muss das Formular, auf dem sich die Bezeichnungsfelder befinden, als Argument übergeben werden:

```
Sub RahmenSetzen (MeineForm As Form)
    Dim C As Control
    For Each C In MeineForm.Controls
        If TypeOf C Is Label Then C.BorderStyle = 1
    Next
End Sub
```

In der Prozedur wird das Formular über die Objektvariable *MeineForm* angesprochen. Über die *Dim*-Anweisung wird eine Objektvariable mit dem Namen *C* vom Typ *Control* deklariert. Über diese Variable werden später die einzelnen Bezeichnungsfelder nacheinander angesprochen. In der *For-Each-Schleife* werden alle Steuerelemente des Formulars der Reihe nach durchgezählt. Möglich wird dies über das Objekt *Controls*, das als Eigenschaft des *Forms*-Objekts zur Verfügung steht. Die Objektvariable *C* erhält bei jedem Durchlauf eine Referenz auf eines der Steuerelemente. Der Objektausdruck *MeineForm.Controls*[N] gibt diese Objektreferenz zurück. Da *C* für ein Steuerelement des Formulars steht, weist diese Anweisung der Eigenschaft *BorderStyle* des jeweiligen Steuerelements den Wert 1 zu. Das wichtigste Element in diesem Listing ist das Objekt *Controls*. Es handelt sich um eine Art Auflistung, die seit Visual Basic 5.0 auch enumerierbar ist, d.h. in einer *For-Each-Schleife* aufgezählt werden kann.

Über die Auflistung Controls können alle Steuerelemente eines Formulars angesprochen werden. Über die globale Auflistung Forms stehen alle Formulare einer Anwendung zur Verfügung. Der Zugriff auf einzelne Elemente einer Auflistung kann über einen Index oder einen Namen (auch »key« genannt) erfolgen:

```
Set C = MeineForm.Controls(n)
```

Diese Anweisung weist der Variablen *C* das n-te Element in der Sammlung zu.

Der Zugriff auf ein Objekt über seinen Namen ist im allgemeinen schneller als der Zugriff über eine Zahl (engl. »ordinal number«). Es lohnt sich daher, einem Objekt beim Hinzufügen zu einer Auflistung auch einen Namen zuzuweisen.

Wie viele Textfelder befinden sich auf einem Formular?

Wie Sie diese Frage beantworten, wissen Sie bereits. Man durchläuft das *Controls*-Objekt einmal und zählt über den *TypeOf*-Operator alle Steuerelemente, die den Objekttyp *Textbox* besitzen. Damit besitzen Sie zwar die Anzahl, doch wenn Sie nachträglich allen Textfeldern z.B. eine andere Hintergrundfarbe geben möchten, muss die Schleife noch einmal durchlaufen werden. Etwas effektiver kann es sein, alle Textfelder in einer neuen Auflistung zusammenzufassen und sie dann gemeinsam zu manipulieren. Zumindest ein Vorteil wird sofort deutlich, die genaue Anzahl steht immer über die *Count*-Eigenschaft zur Verfügung.

Beispiel

Das folgende Beispiel zeigt eine einfache Anwendung für eine Auflistung. Nach Aufruf der Ereignisprozedur *cmdZählen_Click* werden alle Textfelder auf dem Formular in der Auflistung mit dem Namen *AlleMeineTextfelder* zusammengefasst. Der Aufruf der Ereignisprozedur *cmdÄndern_Click* gibt allen Textfeldern der Sammlung einen (zufälligen) Wert:

```
Private MeineTextFelder As New Collection

Sub cmdZählen_Click()
    Dim X As Control
    For Each X In Controls
        If TypeOf X Is TextBox Then
            MeineTextFelder.Add Item:=X, Key:="Textfeld" & _
            X.TabIndex
        End If
    Next X
    MsgBox Prompt:=MeineTextFelder.Count & " Textfelder gefunden!", _
```

```
        vbOKOnly
End Sub

Sub cmdÄndern_Click()
    Dim T As TextBox
    For Each T In MeineTextFelder
        T.Text = 1 - Val(T.Text)
    Next
End Sub
```

Um jedem Textfeld der Auflistung *MeineTextFelder* einen eindeutigen Schlüssel geben zu können, wird ihnen der Wert der *TabIndex*-Eigenschaft zugewiesen, der bekanntlich für jedes Steuerelement einen anderen numerischen Wert besitzt.

Mit Hilfe des !-Operators (auch Bang-Operator genannt[20]) ist ein direkter Zugriff auf die Mitglieder einer Sammlung möglich. Die Anweisung

```
MeineTextFelder.Add txtEingabe, "txtEingabe"
MeineTextFelder.Item("txtEingabe").Text = "Hallo"
```

lässt sich mit Hilfe des !-Operators ein wenig kürzer formulieren:

```
MeineTextFelder!txtEingabe.Text = "Hallo"
```

Dies bringt vor allem beim Umgang mit den Datenbankobjekten Performance-Vorteile.

9.21.2 Objektvariablen für Steuerelemente

Auf die gleiche Weise, wie Objektvariablen für ein Formular definiert werden, können auch Objektvariablen für ein Steuerelement definiert werden. Dabei kommt es allerdings darauf an, den Klassennamen des Steuerelements zu kennen:

```
Private MeinNeuesTextfeld As TextBox
```

So lautet der Klassenname für Textfelder *Textbox* und nicht etwa Textfeld. Dies liegt daran, dass der Klassenname für ein Objekt sozusagen im »Inneren« von Windows vergeben wird und sich (zum Glück) nicht an die Landessprache anpasst.

Um eine allgemeine Objektvariable für ein beliebiges Steuerelement zu deklarieren, muss der Objektdatentyp *Control* verwendet werden:

```
Private Irgendeines As Control
```

---

[20] Vergessen Sie am besten alles, was Sie im Zusammenhang mit dem !-Operator unter früheren Visual-Basic-Versionen gehört haben mögen.

Diese Anweisung deklariert eine Objektvariable vom Typ *Control*, der über eine *Set*-Anweisung eine Objektreferenz (späte Bindung) zugewiesen werden kann:

```
Set Irgendeines = cmdText
```

Die Objektvariable *Irgendeines* steht nun für das Objekt (es handelt sich um eine Befehlsschaltfläche) mit dem Namen *cmdText*.

New geht nicht bei Steuerelementen

Anders als bei Formularen kann das Schlüsselwort *New* auf Steuerelementevariablen nicht angewendet werden. Dennoch ist es seit Visual Basic 6.0 möglich, Steuerelemente erst zur Laufzeit anzulegen, ohne dass diese Mitglied eines Steuerelementefeldes sein müssen.

```
Private WithEvents cmdNeuerButton As CommandButton
```

Beispiel

```
Private Sub cmdNeuerButton_Click ()
    Msgbox Prompt:="Danke, dass Sie mich geklickt haben!"
End Sub

Sub cmdNeuenButtonAnlegen_Click ()
    Set cmdNeuerButton = Me.Controls.Add ("VB.CommandButton",
"cmdNeuerButton")
….cmdNeuerButton.Caption = "Ganz &neu"
    cmdNeuerButton.Move Me.ScaleWidth \ 2, Me.ScaleHeight \ 2
    cmdNeuerButton.Enabled = True
    cmdNeuerButton.Visible = True
End Sub
```

Bevor der neue Button über die *Add*-Methode der *Controls*-Auflistung hinzugefügt werden kann (bei *VB.CommandButton* handelt es sich um den offiziellen Klassennamen), muss über die *WithEvents*-Anweisung eine »Ereignissenke« eingerichtet werden. Erst dadurch wird das Formular in die Lage versetzt, auf die Ereignisse der neuen Befehlsschaltfläche zu reagieren.

9.21.3 Die globalen VBA-Objekte

Neben den Formularen, Steuerelementen, Zusatzsteuerelementen und jenen Objekten, die über referenzierte Typenbibliotheken zur Verfügung stehen, existieren noch eine Reihe »fest eingebauter« VBA-Objekte, die für die Programmierung wichtig sind. Diese Objekte werden auch als globale VBA-Objekte bezeichnet, da sie von jeder Stelle des Programms aus angesprochen werden können. Wie alle Objekte können auch diese Objekte über Eigenschaften und Methoden verfügen, wobei aber nicht alle Objekte Methoden besitzen.

Objekt	Bedeutung
App	Stellt Informationen für die Applikationen, wie die Nummer der aktuellen Instanz (*hInstance*-Eigenschaft) oder Versionsinformationen, zur Verfügung.
Clipboard	Ermöglicht einen direkten Zugriff auf die Zwischenablage.
Debug	Ermöglicht über die *Print*-Methode während der Programmausführung eine Ausgabe im Testfenster.
Err	Stellt Informationen über einen aufgetretenen Laufzeitfehler zur Verfügung.
Error	Enthält Informationen bei einem Datenbankzugriffsfehler. Ist Mitglied der *Errors*-Auflistung.
Forms	Enthält alle geladenen Formulare des Programms.
Printer	Entspricht von seinen Ausgabemöglichkeiten einem Bildfeld, nur dass die Ausgabe auf dem Drucker erfolgt. Alle verfügbaren Drucker werden in der Auflistung *Printers* zusammengefasst.
Screen	Steht für den gesamten Bildschirm, d.h. den Desktop. Stellt u.a. Informationen über die Bildschirmauflösung oder die verfügbaren Fonts zur Verfügung.

Beispiel Die folgende Schleife gibt über das *Fonts*-Objekt die Namen aller installierten Schriftarten in einem Listenfeld aus:

```
For n = 0 To Screen.Fonts.Count - 1
    lstSchriftarten.AddItem Screen.Fonts(n)
Next n
```

Das *Fonts*-Objekt, das über die *Fonts*-Eigenschaft des *Screen*-Objekts zur Verfügung steht, enthält in einem internen Feld die Namen aller installierten Schriftarten. Über die *Count*-Eigenschaft steht die Anzahl der Objekte (Schriftarten) im *Fonts*-Objekt zur Verfügung.

Doch auch wenn es so aussieht, als wäre das *Fonts*-Objekt ein Unterobjekt des *Screen*-Objekts, liegt hier keine echte Objekthierarchie vor. Diese Objekte stehen bereits seit Visual Basic 2.0 zur Verfügung, als sicherlich noch nicht abzusehen war, in welche Richtung die Entwicklung gehen wird. Auch, und das macht den Unterschied deutlich, ist das *Fonts*-Objekt nicht über eine *For-Each*-Anweisung enumerierbar.

Neben den globalen VBA-Objekten besitzt VBA auch eine Reihe globaler »Methoden« (siehe Tabelle 9.24). Es handelt sich um Methoden des globalen *VBA*-Objekts, das für VBA als Ganzes steht. Allerdings ist es reine Ansichtssache, ob man sie als Methoden oder einfach nur als

Funktionen betrachtet (im Visual-Basic-Handbuch ist nach wie vor von Funktionen die Rede, während sie der Objektkatalog als Methoden einstuft).

Methoden	Bedeutung
Load	Lädt ein Formular oder Steuerelement.
LoadPicture	Lädt ein Bild in den Arbeitsspeicher und weist eine Referenz der *Picture*-Eigenschaft zu.
LoadResData, LoadResString, LoadResPicture	Laden bzw. speichern Ressourcen aus einer RES-Datei.
SavePicture	Speichert das über die *Picture*-Eigenschaft adressierte Bild in einer Datei im BMP- oder ICO-Format.
Unload	Entlädt ein Formular oder ein Steuerelement aus einem Steuerelementefeld.

Tabelle 9.24:
Die »globalen«
VBA-Methoden.

9.21.4 Objektausdrücke

Auch Objekte können einen Ausdruck bilden. Ein Objektausdruck ist ein Ausdruck, der immer ein Objekt eines bestimmten Typs, genauer gesagt, eine Referenz auf ein Objekt einer bestimmten Klasse zurückgibt. Sie können einen Objektausdruck daher überall dort einsetzen, wo ein einfaches Objekt erlaubt ist. Im einfachsten Fall ist ein Objektausdruck ein Objektname. Es kann sich aber auch um eine Aneinanderreihung von Objekten handeln.

Ein Objektausdruck steht stets für eine Referenz auf ein Objekt eines bestimmten Typs.   **Merksatz**

Mit der folgenden *Private*-Anweisung wird eine Objektvariable vom Typ *Database* deklariert, die anschließend über die *Set*-Anweisung einen Wert erhält:

```
Private Db As Database
Set Db = Opendatabase("Biblio.mdb")
```

Die Variable *Db* enthält eine Referenz auf ein Objekt vom Typ *Database*. Ein *Database*-Objekt besitzt eine Reihe von Unterobjekten, wie zum Beispiel *TableDefs* und *Fields* (mehr dazu in Kapitel 17, »Elementares Datenbankwissen«). Es ist ein Grundgesetz von VBA, dass Objekte und Unterobjekte stets über einen Punkt miteinander verbunden werden. Die folgende Anweisung definiert zunächst eine Objektvariable vom Typ *Field*:

```
Private F As Field
```

Achten Sie darauf, auf welche Weise die Variable *F* eine Referenz auf ein *Field*-Objekt erhält:

```
Set F = Db.TableDefs(1).Fields(1)
```

Da die Variable *Db* auf ein *Database*-Objekt zeigt, das als Unterobjekte *TableDefs*- und als Unterunterobjekte *Fields*-Objekte besitzt, gibt der Ausdruck rechts vom Gleichheitszeichen ein *Field*-Objekt zurück. Es handelt sich um einen Objektausdruck. Ein Objektausdruck ist damit ein Ausdruck, dessen Ergebnis eine einzelne Objektreferenz ist.

Auch einzelne Eigenschaften können ein Objekt zurückgeben. Ein Beispiel ist die Eigenschaft *ActiveControl*, die das Steuerelement zurückgibt und zur Zeit im Fokus steht. Doch was muss man sich unter »Zurückgeben« eines Objekts genau vorstellen? Visual-Basic-Einsteiger tendieren dazu, sich vorzustellen, dass damit der Name des Objekts gemeint ist. Tatsächlich handelt es sich aber wieder um eine Referenz auf das Objekt, d.h., einen Platzhalter für das Objekt. Diese Referenz kann überall dort eingesetzt werden, wo auch der Name des zurückgegebenen Objekts erlaubt wäre.

Beispiel Die folgende Anweisung verwendet die *ActiveControl*-Eigenschaft, um eine Objektreferenz zurückzugeben:

```
Screen.ActiveForm.ActiveControl.Tag = "Hallo"
```

Diese Anweisung setzt die *Tag*-Eigenschaft des aktiven Steuerelements auf einen neuen Wert. Dies ist wieder ein Beispiel für einen Objektausdruck. Was auf den ersten Blick so aussieht, als könne man in VBA scheinbar recht willkürlich manche Objekte aneinanderhängen und andere nicht, hat einen etwas anderen Hintergrund. Eine Zerlegung des Objektausdrucks ergibt:

Screen	Objekt	Dies ist (unbestritten) ein Objekt.
Active-Form	Eigenschaft	Dies ist eine Eigenschaft des *Screen*-Objekts, die ein Formular zurückgibt. Ersetzen Sie den Teilausdruck *Screen.ActiveForm* durch ein Formobjekt.
Active-Control	Eigenschaft	Dies ist eine Eigenschaft eines Formulars, die auf das Formularobjekt *Screen.ActiveControl* angewendet wird. Der Ausdruck *Screen.ActiveForm.ActiveControl* steht somit für ein Steuerelement.
Tag	Eigenschaft	Dies ist eine (ganz normale) Eigenschaft eines Steuerelements, die sich auf jenes Steuerelement bezieht, das der Ausdruck *Screen.ActiveForm.ActiveControl* zurückgibt.

Damit wird aus der scheinbar willkürlichen Aneinanderreihung von unterschiedlichen Objekten ein Ausdruck, der ganz einfachen Visual-Basic-Gesetzen gehorcht. Insbesondere beim Zugriff auf andere Anwendungen über COM-Schnittstellen werden Sie mit relativ komplexen Objektausdrücken, die nicht selten aus einem halben Dutzend Komponenten bestehen, zu tun haben. Hier kommt allerdings etwas erschwerend hinzu, dass eine Objekthierarchie existiert und Objekte nicht beliebig aneinandergereiht werden können.

Werden mehrere »Objekte« durch einen Punkt zu einem Objektausdruck verknüpft, handelt es sich dabei nur bei dem ersten Objekt um ein Objekt. Die übrigen »Objekte« sind Eigenschaften, die eine Objektreferenz zurückgeben und daher anstelle eines Objekts eingesetzt werden können.

9.21.5 Objekt = Objekt?

Um feststellen zu können, ob zwei Objektvariablen gleich sind, d.h. eine Referenz auf das gleiche Objekt enthalten, muss anstelle des =-Operators der *Is*-Operator verwendet werden.

In dem folgenden Beispiel wird nur dann ein Mitteilungsfeld angezeigt, **Beispiel**
wenn beide Objektvariablen *MeinObject1* und *MeinObject2* auf das
gleiche Bildfeld zeigen:

```
Private MeinObject1 As Picture, MeinObject2 As Picture
Set MeinObject1 = picBild1.Picture
Set MeinObject2 = picBild2.Picture
If MeinObject1 Is MeinObject2 Then
    MsgBox Prompt:="Hurra, beide sind gleich!", Buttons:=vbOkOnly
End If
```

Der *Is*-Operator vergleicht nicht, ob zwei Objektvariablen den gleichen Objekttyp besitzen.

"Möchten Sie feststellen, ob eine Objektvariable einen Wert (also eine Referenz auf ein Objekt) besitzt, müssen Sie sie mit Nothing vergleichen:

```
If MeinObject1 Is Nothing Then"
```

9.21.6 Benutzerdefinierte Datentypen als Prozedurargumente

Ein wenig »trickreich« wird die VBA-Programmierung immer dann, wenn es um Feldvariablen mit einem benutzerdefinierten Datentyp (UDT-Feldvariablen) als Prozedurargument geht. Vor allem, wenn Sie bereits viel in C programmiert haben, erwarten Sie bitte nicht, dass sich alles so elegant lösen lässt wie in C (wo UDT-Variablen und Feldvariablen einfach nur Adressen auf jenem Speicherbereich sind, in dem das erste Element der Variablen abgelegt ist). Aber wie immer gilt der Grundsatz, in VBA geht zwar nicht alles so elegant wie in C, C++, Java & Co, aber es geht.

Beispiel Das folgende Beispiel zeigt, wie eine UDT-Feldvariable als Prozedurargument übergeben wird.

```
Option Explicit

Private Adressliste(0 To 100) As Adresstyp

Private Sub cmdStart_Click()
    Dim tmpFeld(100) As Adresstyp
    Dim n As Integer
'   tmpFeld(0) = ListeFüllen(Adressliste())
'   Beide Anweisungen sind möglich!
    Adressliste(0) = ListeFüllen(Adressliste())
    For n = 0 To UBound(tmpFeld)
        lstAdressen.AddItem Adressliste(n).Name & "," _
        & Adressliste(n).Alter
    Next
End Sub

' Das Modul Test.bas
Option Explicit

Public Type Adresstyp
        Name As String
        Alter As Integer
End Type

Public Function ListeFüllen(tmpListe() As Adresstyp) _
As Adresstyp
    Dim TmpNamen As Variant
    Dim n As Integer
    TmpNamen = Array("Maier", "Müller", "Ziege", _
    "Beckenbauer")
    For n = 0 To 100
        tmpListe(n).Name = TmpNamen _
        (Int(Rnd * UBound(TmpNamen)))
        tmpListe(n).Alter = Int(Rnd * 60) + 18
    Next n
    ListeFüllen = tmpListe(0)
End Function
```

Adresstyp ist ein simpler UDT, der für die Definition einer Feldvariablen mit dem Namen *Adressliste* benutzt wird. Dieses UDT-Array wird zu Demonstrationszwecken der Funktion *ListeFüllen* übergeben. Dieses füllt es mit zufälligen Namen und Altersangaben und gibt es als UDT-Array an die aufrufende Prozedur zurück, die den Inhalt des Felds in einem Listenfeld ausgibt. Führen Sie dieses Minibeispiel in Ruhe aus, denn es zeigt, dass VBA (auch ohne explizite Zeigervariablen) beim Umgang mit Datenstrukturen flexibler ist als es vielleicht den Anschein haben mag.

9.22 Verknüpfte Listen

In Kapitel 9.15.8, »Felder mit Klasse«, wurde gezeigt, wie sich durch die Mitwirkung einer Klasse ein verbesserter Feldtyp realisieren lässt. Wie wäre es denn mit verknüpften Listen (engl. »linked list«)? Eine verknüpfte Liste ist ein Feld, bei der jedes Element über einen Eintrag verfügt, der auf das nächste Element in der Liste zeigt. Dadurch lassen sich z.B. beliebige Ordnungsrelationen herstellen, ohne dass die Anordnung in der Liste geändert werden muss. Außerdem handelt es sich um Felder, die beliebig wachsen und schrumpfen können. Verknüpfte Listen sind in Visual Basic eigentlich nicht möglich, da es offiziell keine Zeiger gibt. Spätestens seit Version 4 muss dieses »eigentlich« in dicke Anführungsstriche gesetzt werden, denn über Klassen steht das fehlende Glied zur Verfügung. Werden alle Elemente der verknüpften Liste über Klassen realisiert (eine Klasse kann ja auch für einen einzelnen Wert stehen, was bei verknüpften Listen allerdings keine Bedingung ist) und enthält eine Eigenschaft eine Referenz auf ein Objekt der Klasse, dann zeigt ein Objekt über seine Eigenschaft auf ein weiteres Objekt. Voilà, wir präsentieren die verknüpfte Liste[21].

Beispiel

Das folgende Beispiel zeigt eine Minianwendung für eine verknüpfte Liste. Es geht um eine Klasse *clsNode*, die zwei Eigenschaften *Name* und *Alter* und eine weitere Eigenschaft *Node* enthält, die auf das nächste Element der Liste zeigt. Über eine Eingabemaske können diese Werte eingegeben werden. Nach jeder Eingabe wird ein neues Objekt vom Typ *clsNode* instanziert und an die Liste gehängt. Um alle Elemente der Liste ausgeben zu können, muss man über die *Node*-Eigenschaft einen Zeiger auf das nächste Element holen usw. Ordnen Sie auf einem Formular zwei Textfelder (*txtName* und *txtAlter*), ein Listenfeld (*lstNamen*) und zwei Schaltflächen (*cmdAdd* und *cmdTest*) an, fügen Sie ein Klassenmodul *clsNode* hinzu, und geben Sie die Anweisungen aus Listing 9.1 ein.

---

[21] Sollte der Eindruck entstanden sein, ich hätte dieses »Geheimnis« entdeckt, so ist dieser Eindruck leider falsch. Der Umstand, dass sich mit Klassen verknüpfte Listen realisieren lassen, wird lediglich im Programmierhandbuch nicht besonders hervorgehoben. Er ergibt sich aber beinahe von alleine durch den Umstand, dass jede Objektreferenz ein Zeiger auf eine andere (Objekt-)Variable ist.

Listing 9.1:
Eine einfache An-
wendung für
eine verknüpfte
Liste.

```
' Das Formular frmHaupt
Option Explicit
Private X(0 To 100) As clsNode
Private Zähler As Integer

Private Sub cmdAdd_Click()
    Set X(Zähler) = New clsNode
    X(Zähler).Name = txtName.Text
    X(Zähler).Alter = txtAlter.Text
    If Zähler > 0 Then
        Set X(Zähler).Node = X(Zähler - 1)
    End If
    Zähler = Zähler + 1
    txtName.SetFocus
End Sub

Private Sub cmdTest_Click()
    Dim Y As clsNode
    Set Y = X(Zähler - 1)
    Do
        lstNamen.AddItem Y.Name
        Set Y = Y.Node
    Loop Until ObjPtr(Y) = 0
End Sub

Private Sub txtAlter_GotFocus()
  '  txtAlter.SelStart = 0
    txtAlter.SelLength = Len(txtAlter.Text)
End Sub

Private Sub txtName_GotFocus()
    txtName.SelStart = 0
    txtName.SelLength = Len(txtName.Text)
End Sub

' Das Klassenmodul clsNode
Option Explicit

Public Name As String
Public Alter As Integer
Public Node As clsNode
```

9.23 Verbesserungen bei VBA 6.0

Weil es den einen oder anderen Leser sicherlich interessieren dürfte, zum Schluss noch einmal eine Zusammenfassung der Unterschiede zwischen VBA 5.0 und VBA 6.0:

➡ Mit *Filter*, *InstrRev*, *Join*, *Replace*, *Split* und *StrReverse* gibt es sechs neue Stringfunktionen für die Stringverarbeitung und mit *Weekdayname* und *MonthName* zwei neue Stringfunktionen für die Datumsausgabe.

▪► Endlich gibt es eine *Round*-Funktion, mit der eine Fließkommazahl auf eine gewünschte Anzahl an Stellen gerundet wird.

▪► *Funktionen können ein Feld mit einem beliebigen Datentyp zurückgeben.*

▪► *In Klassen können öffentliche Methoden einen UDT als Rückgabewert besitzen.*

▪► *Über die CallByName-Methode des globalen VBA-Objekts können Methoden indirekt über ihren Namen, der als Stringvariable übergeben wird, aufgerufen werden.*

▪► *Es gibt vier neue Fomat-Varianten, die die allgemeine Format-Methode in bestimmten Situationen ersetzen: FormatCurrency, FormatDateTime, FormatNumber und FormatPercent.*

9.24 Ein universeller Devisenrechner

Erinnern Sie sich noch an den kleinen Devisenrechner aus Kapitel 2? In einer Erweiterung ging es darum, weitere Devisen hinzuzufügen. Damals stellte sich allerdings heraus, dass das Programm dafür nicht besonders gut vorbereitet war. Mit jeder neuen Währung mussten weiteren Abfragen und Konstanten eingefügt werden. Kein sehr befriedigender Zustand. Doch da Sie in Kapitel 2 noch »Anfängerstatus« besaßen, sich inzwischen aber auf dem Level »Fortgeschrittener Programmierer« befinden, wird als krönender Abschluss dieses Kapitels ein universeller Devisenrechner vorgestellt, der mit einer im Prinzip beliebigen Anzahl an Devisensorten klarkommt. Alle Devisennamen und ihre »aktuellen« Kurse befinden sich in der Datei *Devisen.ini*, bei der es sich um eine simple Textdatei handelt. Da diese Datei aber den typischen Aufbau einer Ini-Datei aufweist, verwenden wir für den Zugriff weder das neue *FileSystemObject*-Objekt (was prinzipiell machbar wäre) noch die altmodischen Dateibefehle, sondern in Vorwegnahme von Kapitel 15 die API-Funktion *GetPrivateProfileString*, durch die das »Auseinanderklamüsern« der verschiedenen Devisenmerkmale, wie Name, Währungssymbol, Kurs oder Flaggensymbol entfällt. Ganz perfekt ist auch dieser Devisenrechner noch nicht. Im Internet-Zeitalter würde man sicherlich erwarten, dass sich die Sortenkurse automatisch aktualisieren. Das ist auch nicht weiter schwierig, eine aktive Internet-Verbindung natürlich vorausgesetzt. Wie sich das realisieren lässt, wird ansatzweise in Kapitel 22 beschrieben.

Abbildung 9.3:
Diese Version
des Devisen-
rechners ist
wirklich univer-
sell.

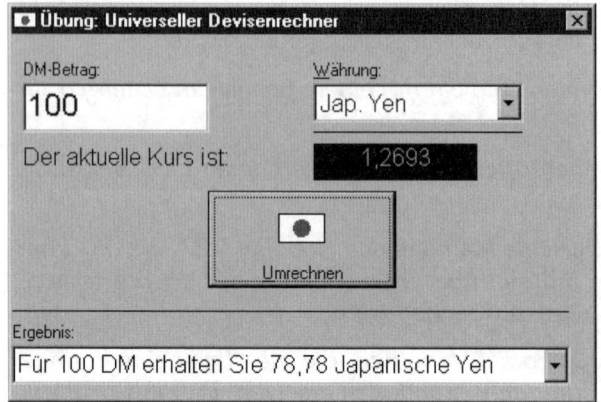

Wie funktioniert's?

Kernstück des Devisenrechners ist die bereits erwähnte API-Funktion *GetPrivateProfileString* (ein wahres »Argument-Monster«, das aber einfach zu verstehen ist), die den Inhalt der *Devisen.ini*-Datei in verschiedene Feldvariablen einliest. Schauen Sie sich das Programmlisting von *UniversellerDevisenrechner.vbp* auf der Buch-CD einmal in Ruhe an. Achten Sie vor allem darauf, auf welche Weise die dynamischen Feldvariablen dynamisch vergrößert werden:

```
If UBound(Wechselkurse) = n Then
    ReDim Preserve Wechselkurse(n + 5)
    ReDim Preserve picFlagge(n + 5)
    ReDim Preserve Währungsnamen(n + 5)
End If
```

Jedesmal, wenn die obere Feldgrenze gleich dem Schleifenzähler *n* ist, wird das Feld um weitere fünf Felder vergrößert. Damit entfällt die Notwendigkeit, das Feld von Anfang zu groß dimensionieren zu müssen, da die Anzahl der Devisen am Anfang nicht bekannt ist. Das ist ja das Schöne an dem Programm, es spielt keine Rolle, wie viele Einträge in *Devisen.ini* enthalten sind. Und warum wurden die Devisendaten nicht in einer Datenbank abgelegt? Zum einen, weil man nicht für jede Lösung eine Datenbank benötigt (die Datenbank ist in diesem Fall die Datei *Devisen.ini* – wenn Sie möchten, können Sie über eine Klasse einen OLE DB-Provider erstellen, der dafür sorgt, dass sich *Devisen.ini* wie eine Datenbank ansprechen und an Steuerelemente binden lässt). Zum anderen steht bei diesem Beispiel die VBA-Programmierung im Vordergrund. Bei einer datenbankbasierenden Lösung müßte man sehr viel weniger programmieren und Sie würden sehr viel weniger über VBA lernen.

Erweiterungsvorschlag

Auch dieses Beispiel ist noch nicht ausgereizt. Wenn Sie einen Blick in *Devisen.ini* werfen, werden Sie feststellen, dass jede Währung einen Schlüssel mit dem Namen »ISO« besitzt. Hier wird das offizielle ISO-Kürzel der Währung abgelegt. Erweitern Sie den Devisenrechner so, dass nach Auswahl einer Währung auch das Kürzel angezeigt wird.

9.25 Zusammenfassung

Visual Basic besitzt (bereits seit der Version 4.0) eine sehr leistungsfähige Programmiersprache mit dem Namen *Visual Basic für Applikationen* (VBA). VBA, das in der aktuellen Version 6.0 vorliegt, ist darüber hinaus in verschiedenen Anwendungen (u.a. Microsoft Office) enthalten. Auch wenn VBA in seinen Ursprüngen auf das »klassische« Microsoft Basic zurückgeht (immerhin war das Microsoft Basic aus dem Jahre 1975 das allererste Produkt der Firma), hat es mit dem alten Basic außer dem Namen nur wenige Dinge gemeinsam. VBA ist das »Basic« der neunziger Jahre. Es ist eine sehr moderne Programmiersprache, die eine Vielzahl an Datentypen (im Prinzip von 1 bis 96 Bit), ein leistungsfähiges Prozedurprinzip und die Möglichkeit von Spracherweiterungen über Klassen bietet. Wer VBA beherrscht, beherrscht damit eine Programmiersprache, die völlig unabhängig von Visual Basic im Windows-Bereich immer häufiger anzutreffen sein wird. Wichtiger als die zahlreichen VBA-Anweisungen zu kennen, ist es zu verstehen, wie VBA mit Datentypen umgeht und welcher Unterschied zwischen einer Argumentübergabe als Referenz und als Wert besteht. Dies sind Dinge, die man im allgemeinen nicht durch Nachschlagen in der Hilfe herausfindet, sondern die man nur durch Beispiele erlernen kann.

Debugging und Abfangen von Laufzeitfehlern

Kapitel 10

Jedes Visual-Basic-Programm kann Fehler verursachen, die auch der genialste Programmierer nicht verhindern kann. Die Rede ist von den Laufzeitfehlern, die entweder durch widrige Umstände wie z. B. eine Fehleingabe des Benutzers oder ein nicht bereites Laufwerk, aber auch durch Programmfehler wie z. B. eine Division durch Null oder einen Index außerhalb des erlaubten Bereichs verursacht werden. Laufzeitfehler müssen abgefangen werden, denn sonst führen sie zu einem Programmabbruch und dem damit verbundenen Datenverlust, ohne dass der Benutzer dagegen etwas machen kann. Dieses Kapitel zeigt, wie sich Laufzeitfehler abfangen lassen, sodass sie sich nicht negativ auf die Programmausführung auswirken können, und wie sich mit dem in die IDE integrierten Debugger logische Programmfehler aufspüren lassen.

Gegenüber Visual Basic 5.0 hat es bei Visual Basic 6.0 in bezug auf Debugging und Abfangen von Laufzeitfehlern keine Änderungen geben, sodass Sie in diesem wichtigen Bereich weder etwas Neues lernen, noch Ihre Programme umstellen müssen.

Sie lesen in diesem Kapitel etwas über:

➥ Das Auftreten und Abfangen von Laufzeitfehlern

➥ Die *On-Error*-Anweisung

➥ Die Funktionen *Err* und *Error*

➥ Das Fehlerobjekt *Err* mit seinen Eigenschaften und Methoden

➥ Verschachtelte Laufzeitfehler

➥ Laufzeitfehlerbehandlung in Klassen

➥ Den integrierten Debugger der IDE

Am Ende dieses Kapitels sollten Ihnen Laufzeitfehler kein Kopfzerbrechen mehr bereiten. Sie wissen, welche Stärken und vor allem Schwächen die Laufzeitfehlerbehandlung von Visual Basic besitzt, kennen die Bedeutung einer Fehlerbehandlungsroutine, fangen Laufzeitfehler professionell ab und können mit dem integrierten Debugger der IDE souverän umgehen.

10.1 Irren ist menschlich, aber gefährlich

Fehler sind etwas, über das man in einem Programmierbuch im Allgemeinen nur ungern spricht. Man ist sich des Umstands bewußt, dass man sie nur schwer vermeiden kann, weiß, wie aufwändig (und im Allgemeinen auch kostspielig) Testverfahren sind, und möchte sich dadurch nicht die Freude am Programmieren vermiesen lassen. Das mag ein Grund sein, warum das Thema »Programmierfehler und wie man sie vermeidet« in einem Programmierhandbuch in der Regel erst relativ spät behandelt wird. Bezogen auf die heutige Software-Entwicklung ist das natürlich absolut falsch. Jeder, der beabsichtigt, Programme zu schreiben, die woanders ihren Dienst verrichten sollen, muss sich darüber im klaren sein, dass Zuverlässigkeit und Robustheit an oberster Stelle stehen müssen. Dazu ein Beispiel aus dem täglichen Leben. Während der Bordcomputer der Boeing 747 »nur« etwa 400.000 Zeilen Programmcode enthielt, sind es bei der ultramodernen und voll computerisierten Boeing 777 (auch fliegender Großrechner genannt) bereits über 5 Millionen Programmzeilen. Auch wenn gemäß der Bedienphilosophie des Flugzeugs der Pilot immer die letzte Entscheidung haben soll, wird durch diese enorme Menge an Programmbefehlen und damit an potentiellen Fehlerquellen eindrucksvoll deutlich, welche extrem hohen Anforderungen an die Zuverlässigkeit jeder einzelnen Programmroutine gestellt werden müssen. Dies sind natürlich Dinge, die nicht mehr auf den Schultern eines einzelnen Programmierers lasten können. Hier kommen ausgeklügelte und in der Regel auch hochkomplizierte Testverfahren für ganze Programmierteams zum Einsatz, die eine Wissenschaft für sich darstellen. Doch Software-Fehler können nicht nur die Sicherheit von Systemen beeinträchtigen, sie können auch teuer werden, in manchen Fällen sogar sehr teuer. Einer der wohl teuersten Software-Bugs überhaupt hat vor einiger Zeit etwa 500 Millionen Dollar gekostet und dafür gesorgt, dass die Ariane-5-Rakete nur eine stark verkürzte Flugdauer hatte (mehr dazu unter *www.esrin.esa.it/htdocs/tidc/ Press/Press96/ariane5rep.html*). Die besonders bittere Ironie ist dabei offenbar der Umstand, dass der Fehler der in Ada programmierten Software, der zur automatischen Selbstzerstörung der Rakete führte (Ursache war angeblich eine irrtümliche Konvertierung einer 64-Bit- in eine 16-Bit-Zahl), in einem Modul auftrat, das in dieser Phase des Fluges gar nicht benötigt (und ohne erneuten Test aus der Ariane 4-Software übernommen) wurde. Beide Beispiele zeigen, dass Fehlerprävention und Fehlersuche nicht als lästige Pflicht angesehen werden und nicht nur auf die speziellen Anweisungen einer Programmiersprache begrenzt betrachtet werden dürfen. Es ist ein fundamentaler Aspekt moderner Software-Technologie, den man sich auch als angehender Visual-Basic-Programmierer aneignen muss. Auch wenn man weder Großraumflugzeuge noch Raketen steuern möchte.

10.2   Was sind eigentlich Laufzeitfehler?

Ein *Laufzeitfehler* ist ein Fehler, der während der Programmausführung (Laufzeit) auftritt. Laufzeitfehler werden in der Regel nicht direkt durch den Programmcode, sondern durch widrige äußere Umstände bedingt, auf die der Programmierer nur bedingt einen Einfluss hat. Das klassische Beispiel für einen Laufzeitfehler ist ein nicht verriegeltes Diskettenlaufwerk, das die bekannte Fehlermeldung »Laufwerk nicht bereit« (wird gerne auch auf englisch angezeigt[1]) verursacht. Ein weiteres klassisches Beispiel für einen internen Laufzeitfehler ist eine Division durch Null oder der Verwendung eines Index, der außerhalb des festgelegten Bereichs liegt. Fehler also, die der Compiler während der Programmübersetzung noch nicht feststellen kann. Da nicht behandelte Laufzeitfehler innerhalb der EXE-Datei sofort zu einem Programmabbruch führen, ohne dass der Benutzer die Gelegenheit erhält, das Programm und seine Daten zu retten, muss jedes Visual-Basic-Programm Maßnahmen treffen, die verhindern, dass Laufzeitfehler an den Benutzer »weitergereicht« werden. Die gute Nachricht ist, dass es über eine *On-Error*-Anweisung relativ einfach möglich ist, jeden (auffangbaren) Laufzeitfehler zu unterdrücken. Die schlechte Nachricht ist leider, dass dies in Visual Basic im Prinzip in jeder Prozedur durchgeführt werden muss, da es eine globale Fehlerbehandlung nicht gibt.

Bei den Laufzeitfehlern wird zwischen auffangbaren Laufzeitfehlern (engl. »trappable errors«) und nicht auffangbaren Laufzeitfehlern (engl. »untrappable errors«) unterschieden. Während erstere durch Abfangen über eine *On-Error*-Anweisung dem Benutzer verborgen bleiben, ist der Programmierer letzteren gegenüber machtlos ist. Ein markantes Beispiel ist der Paritätsfehler, der direkt durch die Hardware verursacht

---

[1] Bei einem deutschsprachigen Windows natürlich.

wird und im Allgemeinen durch die Software nicht abgefangen werden kann. Eine Liste aller (dokumentierten) abfangbaren Laufzeitfehler finden Sie in der Visual-Basic-Hilfe. Erschrecken Sie nicht über den Umfang, viele Fehler sind sehr speziell und treten daher auch selten auf. Anders als in C++ nimmt Visual Basic bereits eine Reihe elementarer Laufzeitüberprüfungen für Sie vor. So wird stets erkannt, wenn der Index einer Feldvariablen außerhalb des dimensionierten Bereichs liegt. Der Fall, dass beim Schreibzugriff auf ein Array durch einen zu hohen Index ein anderer Teil des Programms überschrieben wird und ein Absturz die Folge ist, kann bei Visual Basic also erst gar nicht auftreten, da er per Laufzeitfehler abgefangen wird. Etwas anders sieht es aus, wenn das Visual-Basic-Programm kompiliert und die Option »Keine Überprüfung der Datenfeldgrenzen« aktiviert wurde. Auch der sicherlich beliebteste C/C++-Fehler, der Zugriff auf einen uninitialisierten Zeiger, der, da der Zeigervariablen kein Wert zugewiesen wurde, »ins Leere« zeigt, kann bei Visual Basic nicht auftreten. Aus dem einfachen Grund, weil es in VBA keine Zeigervariablen gibt. Gegenüber anderen Programmiersprachen, in denen praktisch alles erlaubt ist, ist VBA daher relativ sicher. Dies betrifft auch die Genauigkeit von Rechenoperationen. Während es in C/C++ kein Problem ist, den Wert einer Fließkommazahl in einer *Long*-Variablen zu speichern, ohne dass der Compiler etwas gegen die »Datenverfälschung« unternimmt, denkt VBA als »typenbewußte« Sprache mit und führt selbständig die erforderlichen Konvertierungen (und sogar eine Rundung) durch. Die folgende Zuweisung ist daher erlaubt:

```
Dim Zahl1 As Long
Dim Zahl2 As String
Zahl2 = "1234,54545"
Zahl1 = Zahl2
```

Die Variable *Zahl1* besitzt anschließend den Wert 1235. Nicht erlaubt sind dagegen Bereichsüberschreitungen:

```
Dim Zahl1 As Byte
Dim Zahl2 As String
Zahl2 = "1234,54545"
Zahl1 = Zahl2
```

und jene Fälle, in denen eine Stringvariable keinen numerischen Wert besitzt:

```
Dim Zahl1 As Long
Dim Zahl2 As String
Zahl2 = "1234,54545XYZ"
Zahl1 = Zahl2
```

Während im ersten Beispiel ein Überlauf (Laufzeitfehler Nr. 6) die Folge ist, tritt im zweiten Beispiel eine Typenunverträglichkeit ein (Laufzeitfehler Nr. 13).

Wird ein Visual-Basic-Programm in der IDE ausgeführt, führt ein Laufzeitfehler dazu, dass das Programm unterbrochen wird und in den Haltemodus übergeht. Wird es dagegen als EXE-Datei ausgeführt, führt ein Laufzeitfehler, der nicht im Programm abgefangen wird, zu einem Programmabbruch. Der Anwender besitzt in diesem Fall keine Möglichkeit, das Programm und vor allem die noch nicht gesicherten Daten zu retten.

Ein Laufzeitfehler wird durch eine Fehlerbehandlungsroutine (auch »error handler« genannt) abgefangen. Diese wird aufgerufen, sobald der Laufzeitfehler auftritt. Bei einer Fehlerbehandlungsroutine handelt es sich nicht um eine Prozedur, sondern um eine Gruppe von Anweisungen, die in einer Prozedur eingefügt werden. Eine Fehlerbehandlungsroutine wirkt damit stets für eine bestimmte Prozedur. Enthält eine Prozedur keine Fehlerbehandlungsroutine, wird bei Auftreten eines Laufzeitfehlers jeweils die nächst höhere Prozedurebene durchsucht bis eine Fehlerbehandlungsroutine gefunden wird (mehr dazu in Kapitel 10.11, »Verschachtelte Laufzeitfehler«).

10.3 Der allgemeine Aufbau einer Fehlerbehandlungsroutine

Eine Fehlerbehandlungsroutine wird durch eine gewöhnliche Sprungmarke eingeleitet, die von einer *On-Error*-Anweisung für den Aufruf benutzt wird. Beendet wird eine Fehlerbehandlungsroutine in der Regel durch eine *Resume*- oder *Resume-Next*-Anweisung. Sie legt fest, an welcher Stelle im Programm die Programmausführung nach Beendigung der Fehlerbehandlung fortgesetzt werden soll.

Das folgende Beispiel zeigt eine simple Prozedur mit einer Fehlerbehandlungsroutine: **Beispiel**

```
Sub Test()
    On Error GoTo Test_Err
    ' Irgendwelche Anweisungen
    Exit Sub
Test_Err:
    ' Irgendwelche Anweisungen
    Resume Next
End Sub
```

Tritt während der Ausführung der Anweisungen zwischen *On Error* und *Exit Sub* ein Laufzeitfehler auf, wird die Programmausführung bei der Sprungmarke *Test_Err*, der Fehlerbehandlungsroutine, fortgesetzt.

Was hier im einzelnen passiert, hängt vom Typ der Prozedur ab. In vielen Fällen wird man lediglich den Benutzer auf den Fehler aufmerksam machen und, sofern es sich nicht um einen fatalen Fehler handelt, das Programm über die *Resume-Next*-Anweisung fortführen. Kann innerhalb der Fehlerbehandlungsroutine die Fehlerursache beseitigt werden, wird das Programm stattdessen über eine *Resume*-Anweisung fortgeführt, welche die fehlerverursachende Anweisung noch einmal ausführt. Soll dies nur für eine begrenzte Anzahl geschehen, muss über eine interne Zählvariable irgendwann auf *Resume Next* umgeschaltet werden. Vergessen Sie übrigens nicht die *Exit-Sub*-Anweisung, denn diese verhindert, dass die Fehlerbehandlungsroutine auch ohne Laufzeitfehler durchlaufen wird.

Für den Namen der Sprungmarke, die eine Fehlerbehandlungsroutine einleitet, gibt es keine einheitliche Schreibweise. Im Allgemeinen wird man den Prozedurnamen verwenden, dem die Silbe »err« vorangestellt wird (z. B. errEingabePrüfen).

10.4 Vor- und Nachteile der Laufzeitfehlerbehandlung

Laufzeitfehler werden in einem Visual-Basic-Programm nur dann abgefangen, wenn die *On-Error*-Anweisung verwendet wird. Ein Nachteil ist, dass diese Anweisung in jeder Prozedur enthalten sein muss, in der auf einen Laufzeitfehler reagiert werden soll. Eine globale Fehlerbehandlung gibt es in Visual Basic (noch) nicht[2]. Zwar ist es möglich, eine Fehlerbehandlungsroutine zu installieren, zu der alle Prozeduren und Funktionen eines Moduls verzweigen. Doch besteht hier der Nachteil, dass das Programm stets auf der Ebene dieser Prozedur und nicht auf der Ebene der fehlerverursachenden Prozedur bzw. Funktion fortgesetzt wird.

Alle Prozeduren, in denen Datei- oder Datenbankzugriffe durchgeführt werden, sollten grundsätzlich eine On-Error-Anweisung enthalten, die die wichtigsten Fehler abfängt, oder von einer Prozedur aufgerufen werden, die eine solche Anweisung enthält. Es ist im Allgemeinen ungünstig, Fehlerbehandlungsroutinen erst nachträglich einzubauen. Bei größeren Projekten muss das »Fehlerhandling« von Anfang an fester Bestandteil des Programmaufbaus sein.

---

[2] Man soll die Hoffnung nie aufgeben. Doch obwohl es so wichtig wäre, wurde dieses Feature bislang noch nicht einmal als Gerücht gehandelt.

Ein weiterer kleiner Nachteil der Fehlerbehandlung von Visual Basic ist, dass ohne Fehlerbehandlung das Programm bei der Ausführung innerhalb der Entwicklungsumgebung stets bei der fehlerverursachenden Anweisung anhält (was in diesem Fall gut ist). Wird dagegen die Fehlerbehandlungsroutine angesprungen, weiß man natürlich nicht automatisch, welche Anweisung verantwortlich war. Der »Störenfried« muss daher zunächst ausfindig gemacht werden, was bei besonders hartnäckigen Fällen durch das Einfügen von Zeilennummern und Abfragen der (eigentlich nicht mehr aktuellen) *Erl*-Funktion etwas erleichtert wird.

10.5 Die On-Error-Anweisung

Damit in einer Prozedur/Funktion Laufzeitfehler abgefangen werden, muss diese eine *On-Error*-Anweisung enthalten.

```
On Error GoTo Sprungmarke
On Error Resume Next
On Error GoTo 0
```

Syntax

Wird die *On-Error*-Anweisung ausgeführt, wird dadurch die lokale Fehlerbehandlung aktiviert (oder deaktiviert wie in Variante c). Ein Sprung wird zu diesem Zeitpunkt aber noch nicht durchgeführt, sondern erst dann, wenn ein Laufzeitfehler auftritt. Die *On-Error*-Anweisung kann in drei Varianten eingesetzt werden (siehe Tabelle 10.1).

Variante	Bedeutung
a) *GoTo Sprungmarke*	Diese Variante aktiviert den Laufzeitfehlerhandler. Beim Auftreten eines Laufzeitfehlers springt das Programm zur Sprungmarke.
b) *Resume Next*	Auftretende Laufzeitfehler führen nicht zu einer Fehlermeldung. Das Programm erhält damit die Gelegenheit, sie direkt im Programm, z.B. über die *Err*-Funktion, abzufragen.
c) *GoTo 0*	Deaktiviert den Laufzeitfehlerhandler. Laufzeitfehler führen danach wieder zu einem Programmabbruch.

Tabelle 10.1: Einsatzvarianten der On-Error-Anweisung.

Das folgende Beispiel zeigt eine Prozedur mit einer Fehlerbehandlungsroutine, die Buchstaben zu Beginn einer Zeile dienen lediglich der Beschreibung des Beispiels in diesem Buch und dürfen nicht mit eingegeben werden:

Beispiel

```
Sub FindeDatei()
A              On Error GoTo FindeDatei_Err
Dim CheckName As String, Ergebnis As String
```

```
B                   CheckName = Dir("A:*.txt")
If CheckName <> "" Then
   Ergebnis = "Die gefundene Datei heißt: " __
   & CheckName
Else
   Ergebnis = "Leider keine Datei gefunden!"
End If
C                   Exit Sub
D   FindeDatei_Err:
E   Select Case Err.Number
F   Case 71
  MsgBox "Bitte schließen Sie das Laufwerk A:"
G      Resume
H   Case Else
  MsgBox Error & "-" & Err, vbExclamation, "Laufzeitfehler"
I      Stop
End Select
End Sub
```

Die Erklärung zu dem Programmlisting:

Zeile	Erklärung
A	Die Fehlerbehandlungsroutine wird installiert. Sobald in der Prozedur ein Laufzeitfehler auftritt, wird die Sprungmarke *FindeDatei_Err* angesprungen.
B	Dies ist die fehlerverursachende Anweisung. Die *Dir*-Funktion greift auf das Laufwerk A: zu. Ist keine Diskette eingelegt, ist ein Laufzeitfehler die Folge.
C	Diese Anweisung ist in jedem Fall erforderlich, damit die Fehlerbehandlungsroutine nicht automatisch durchlaufen wird.
D	Hier beginnt die Fehlerbehandlungsroutine.
E	Die *Select*-Anweisung prüft den Fehlercode, den die *Number*-Eigenschaft des *Err*-Objekts zurückgibt.
F	Der Fehlercode 71 steht für ein nicht bereites Laufwerk.
G	Die *Resume*-Anweisung bewirkt, dass die fehlerverursachende Anweisung noch einmal ausgeführt wird.
H	Alle übrigen Fehlercodes werden pauschal abgehandelt.
I	Die *Stop*-Anweisung ist im Testmodus einer Anwendung sinnvoll, wenn das Programm noch nicht auf alle Fehlertypen vorbereitet ist. In einer EXE-Datei hat sie dagegen nichts zu suchen, wenngleich sie besser ist als ein abruptes Ende des Programms.

Was passiert, wenn die Prozedur *FindeDatei* ausgeführt und das Laufwerk A: nicht geschlossen ist? In diesem Fall wird dem Benutzer eine kleine Mitteilungsbox angezeigt. Über die *Resume*-Anweisung wird die

Dir-Funktion erneut ausgeführt. Ist das Laufwerk A: wieder nicht geschlossen (bereit), wird die Fehlerbehandlungsroutine erneut aufgerufen. Damit sich das Spiel nicht endlos wiederholt, sollte eine Zählvariable dafür sorgen, dass nach dem dritten oder fünften Mal die Prozedur über eine *Resume-Next*-Anweisung fortgesetzt oder über eine *Exit-Sub*-Anweisung abgebrochen wird.

10.6   Das Err-Objekt

Tritt ein Laufzeitfehler auf, wird automatisch die Fehlerbehandlungsroutine angesprungen. Zusätzliche Informationen über den aufgetretenen Laufzeitfehler, wie die Fehlernummer oder den Fehlertext, werden aber nicht übergeben. Diese Informationen stehen vielmehr über die Eigenschaften des *Err*-Objekts zur Verfügung.

10.6.1   Die Eigenschaften des Err-Objekts

Die wichtigsten Eigenschaften des *Err*-Objekts sind *Number* und *Description*, da sie die Informationen über den aufgetretenen Fehler enthalten.

Eigenschaft	Bedeutung
Description	Enthält die zu einem Laufzeitfehler gehörende Fehlermeldung. Durch Zuweisen einer Zeichenkette kann der Text eines benutzerdefinierten Fehlers gesetzt werden.
HelpContext	ID-Wert in einer Hilfedatei, die eine Erklärung zu dem Fehler enthält.
HelpFile	Name einer Hilfedatei, die eine Erklärung zu dem Fehler enthält.
LastDLLError	Gibt den Fehlercode einer DLL-Funktion zurück. Dies ist eine sehr wichtige Eigenschaft, denn da Visual Basic unmittelbar nach dem Aufruf einer DLL-Funktion intern u.U. weitere API-Funktionen aufruft, hat der offizielle Win32-Fehlercode keine Bedeutung.
Number	Liefert die Fehlernummer des aufgetretenen Laufzeitfehlers.
Source	Enthält den Namen des Objekts, das den Fehler verursachte. Besonders wichtig im Zusammenhang mit Automation.

Das Err-Objekt ersetzt seit Visual Basic 4.0 den Aufruf der Funktion Err. Da die Number-Eigenschaft die Standardeigenschaft des Err-Objekts ist, müssen Programme, die die Err-Funktion aufrufen, nicht geändert werden. Die folgenden beiden Anweisungen sind identisch:

```
MsgBox Prompt:="Der Fehlercode ist: " & Err
MsgBox Prompt:="Der Fehlercode ist: " & Err.Number
```

Auch wenn der Programmierer im ersten Fall die *Err*-Funktion gemeint haben mag, ersetzt Visual Basic diesen Aufruf durch das *Err*-Objekt.

Bei der Fehlernummer eines auffangbaren Laufzeitfehlers handelt es sich um einen Wert zwischen 0 und 65.535, von denen aber nur einige Nummern eine feste Bedeutung besitzen. Die Nummern 0 bis 1.000 sind von Visual Basic reserviert und sollten nicht für eigene Fehlernummern verwendet werden.

Tabelle 10.2: Die »prominentesten« Laufzeitfehler und ihre Ursachen.

Fehlernummer	Fehlertext	Wie lässt er sich beheben?
7	Nicht genügend Speicher	Innerhalb des Programms nur schwierig, u.U. Löschen des Papierkorbs vorschlagen.
9	Index außerhalb des definierten Bereichs	Index überprüfen, u.U. vor dem Feldzugriff *Debug.Assert* einfügen.
11	Division durch Null	Operanden vorher prüfen.
28	Nicht genügend Stapelspeicher	Tritt bei Rekursionen auf, die unkontrolliert ausführen oder zu tief verschachtelt sind. Über die Aufrufliste können Sie feststellen, welche Prozedur die Rekursion übertrieben hat.
48	Fehler beim Laden einer DLL	16-Bit-DLL soll nicht unter Windows 9x oder Windows NT geladen werden.
49	Falsche DLL-Aufrufkonventionen	Die auf dem internen Argumentestack abgelegten Parameter stimmen nicht (grundsätzlich »FrameFehler«), beim Aufruf oder der Deklaration wurde ein Datentyp falsch angegeben.

Fehlernummer	Fehlertext	Wie lässt er sich beheben?
52	Dateiname oder Dateinummer falsch	Fehler im Dateinamen
53	Datei nicht gefunden	Datei gibt es wohl nicht oder ist falsch geschrieben. Dateinamen auf Gültigkeit prüfen und über die *Dir*-Funktion feststellen, ob die Datei existiert.
71	Diskette nicht bereit	Woran kann das wohl liegen?
91	Objektvariable oder *With*-Blockvariable nicht festgelegt	Objektvariable wurde nicht richtig initialisiert, manchmal fehlt nur das *New*-Schlüsselwort. Oder das Objekt kann nicht direkt instanziert werden, sondern nur über ein »Oberobjekt«.
94	Verwendung von Null unzulässig	Über die *IsNull*-Funktion prüfen, dass keine Null vorliegt.

10.6.2 Die Source-Eigenschaft

Die *Source*-Eigenschaft enthält einen String, der in der Regel dem Klassennamen des fehlerverursachenden Objekts entspricht. Diese Eigenschaft spielt immer dann eine Rolle, wenn der Laufzeitfehler in einem Objekt verursacht wird, das sich in einer anderen Applikation (z. B. Microsoft Excel) befindet. In diesem Fall enthält die *Number*-Eigenschaft den Fehlercode aus dieser Applikation und *Source* den Namen des Objekts (z. B. Excel.Application). Auf diese Weise erhält der Benutzer einen Hinweis auf die Fehlerquelle, wenn der Laufzeitfehler nicht in dem Programm behandelt werden kann.

10.6.3 Die Methoden des Err-Objekts

Das *Err*-Objekt verfügt lediglich über die beiden Methoden *Clear* und *Raise*.

Methode	Bedeutung
Clear	Löscht die Daten des zuletzt aufgetretenen Laufzeitfehlers.
Raise	Erzeugt einen Laufzeitfehler, wobei die Angaben für *Number*, *Source*, *Description*, *HelpContext* und *HelpFile* als benannte Argumente übergeben oder aus den gleichnamigen Eigenschaften des *Err*-Objekts übernommen werden.

Die Raise-Methode

Die *Raise*-Methode des *Err*-Objekts wirft eine interessante Frage auf. Warum soll man absichtlich Laufzeitfehler produzieren, wobei man eigentlich froh sein sollte, wenn das Programm fehlerfrei durchläuft? Auf diese Frage gibt es zwei Anworten:

1. Um die Fehlerbehandlungsroutinen eines Programms zu testen.

2. Um einen Laufzeitfehler an die Fehlerbehandlungsroutine der aufrufenden Prozedur weiterzureichen (mehr dazu in Kapitel 10.12).

Beispiel Das folgende Beispiel simuliert einen Laufzeitfehler:

```
Err.Description = "Das ist nur eine Übung!"
Err.Source = "Herr Müller"
Err.Raise Number := 7
```

Nach Ausführung der *Raise*-Methode wird ein Laufzeitfehler Nr. 7 erzeugt. In dem Dialogfeld wird der über die *Description*-Eigenschaft festgelegte Text angezeigt. Das Setzen der *Source*-Eigenschaft wäre nicht nötig gewesen und kann in diesem Fall dazu dienen, dass ein Tester erfährt, wer diese »Testumgebung« aufgesetzt hat.

Die Raise-Methode entspricht der alten Error-Anweisung, die offiziell nicht mehr dabei ist und daher auch nicht mehr eingesetzt werden sollte.

10.7 Die Erl-Funktion

Die *Erl*-Funktion wird dazu benutzt, um die »Zeilennummer« eines aufgetretenen Laufzeitfehlers zu erhalten, die der Programmzeile mit der fehlerverursachenden Anweisung am nächsten ist. Voraussetzung ist, dass die Prozedur über Zeilennummern, d.h. über numerische Sprungmarken, die einzelnen Programmzeilen vorausgehen, verfügt. Offiziell ist die *Erl*-Funktion zwar nicht mehr Teil von VBA, sie wird jedoch nach wie vor unterstützt. Da das *Err*-Objekt keinen Ersatz bietet, können Sie sie zu Debug-Zwecken ruhig benutzen, zumal sie zur Lokalisierung von Laufzeitfehlern wirklich praktisch ist.

Beispiel Dieses kleine Beispiel zeigt, wie die *Erl*-Funktion in Kombination mit »Zeilennummern« eingesetzt werden kann:

```
Sub Test()
    On Error GoTo errTest
1: Dim A
2: Dim B
3: B = A \ 0
    Exit Sub
```

```
errTest:
    Debug.Print Erl
End Sub
```

Aufgrund des Divisionsfehlers enthält *Erl* den Wert 3.

10.8   Die Resume-Anweisung

Diese Anweisung legt fest, an welcher Stelle die Prozedur nach Abarbeiten der Fehlerbehandlungsroutine fortgesetzt wird. Dabei gibt es drei Möglichkeiten:

1. Die Prozedur wird durch die *Resume-Next*-Anweisung mit der fehlerverursachenden Anweisung fortgesetzt. Dies setzt allerdings voraus, dass innerhalb der Fehlerbehandlungsroutine die Möglichkeit bestand, die Fehlerursache zu beseitigen.

2. Die Prozedur wird durch die *Resume*-Anweisung mit der Anweisung fortgesetzt, die der fehlerverursachenden Anweisung folgt.

3. Die Prozedur wird über eine *Resume*-Sprungmarke-Anweisung mit einer bestimmten Programmzeile innerhalb der Prozedur fortgesetzt.

Für welche Möglichkeit Sie sich entscheiden, hängt in erster Linie von dem Typ des Laufzeitfehlers ab. Ein falscher Dateiname oder ein nicht bereites Laufwerk können durch den Benutzer und im Rahmen der Fehlerbehandlungsroutine korrigiert werden. In diesem Fall kann die fehlerverursachende Anweisung über die *Resume*-Anweisung erneut ausgeführt werden. Eine volle Festplatte, eine Zugriffsverweigerung aufgrund fehlender Rechte oder nicht genügend Stackspeicher lassen sich nicht so ohne weiteres beheben. In diesem Fall muss die fehlerverursachende Anweisung entweder über eine *Resume-Next*-Anweisung übersprungen oder, falls dies nicht möglich ist, die Prozedur über eine *Exit- Sub*-Anweisung verlassen werden.

10.9   Fehlerbehandlung ein- und ausschalten

Die *On-Error*-Anweisung muss nicht automatisch zu Beginn einer Prozedur aufgeführt werden. In manchen Fällen soll lediglich eine einzelne Anweisung oder eine Gruppe von Anweisungen überwacht werden. In diesem Fall lässt sich das Abfangen von Laufzeitfehlern gezielt ein- und ausschalten.

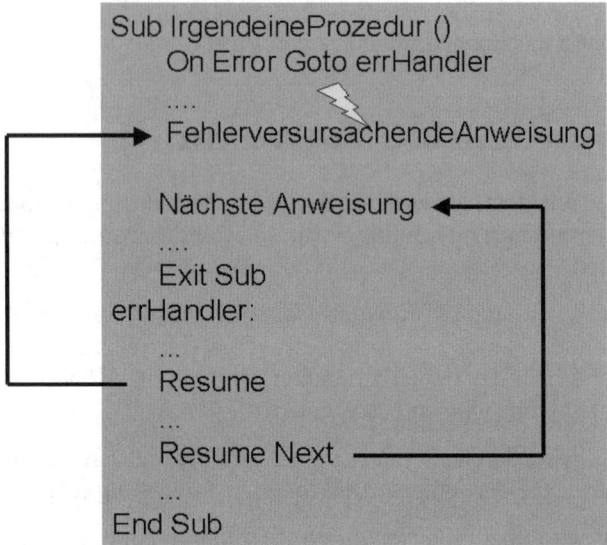

Programmverlauf bei einem Laufzeitfehler

Sub IrgendeineProzedur ()
    On Error Goto errHandler
    .....
    FehlerversursachendeAnweisung

    Nächste Anweisung

    ....
    Exit Sub
errHandler:
    ...
    Resume
    ...
    Resume Next
    ...
End Sub

Beispiel Das folgende Beispiel zeigt eine Prozedur, in der die Fehlerbehandlung ein- und wieder ausgeschaltet wird:

```
Sub Test ()
    ' Irgendwelche Anweisungen
    On Error GoTo Fehlermarke
    ' Anweisungen
    On Error GoTo 0
    ' Irgendwelche Anweisungen
    Exit Sub
Fehlermarke:
    ' Irgendwelche Anweisungen
End Sub
```

Die *On-Error-GoTo-0*-Anweisung sorgt dafür, dass die Fehlerbehandlung wieder deaktiviert wird.

10.10 Laufzeitfehler direkt abfragen

Eine in manchen Fällen flexiblere Behandlung von Laufzeitfehlern erlaubt die *On-Error-Resume-Next*-Anweisung. Diese Anweisung aktiviert zwar das Abfangen von Laufzeitfehlern, es wird aber keine Fehlerbehandlungsroutine aktiviert. Stattdessen muss der Programmierer den Laufzeitfehler über die Eigenschaften *Number* und *Description* des *Err*-Objekts direkt abfragen. Man spricht daher auch von einer verzö-

gerten Fehlerbehandlung. Der Vorteil ist, dass man keine Fehlerbehandlungsroutine schreiben und auch nicht den Fall berücksichtigen
muss, dass der Fehler an höhere Ebenen weitergereicht wird.

In dem folgenden Beispiel wird die Fehlerbehandlung in einer Prozedur **Beispiel**
unmittelbar nach einer fehlerverursachenden Anweisung ausgeführt:

```
Sub Test()
    On Error Resume Next
    Open Dateiname For Random As 1
    If Err.Number = 53 Then
    MsgBox "Dat File jibt es net", vbExclamation, "Laufzeitfehler"
```

Nach der Ausführung der *Open*-Anweisung wird geprüft, ob der Laufzeitfehler Nr. 53 (Datei nicht gefunden) auftrat.

*Durch Einfügen einer On-Error-Resume-Next-Anweisung werden
keine Laufzeitfehler mehr angezeigt. Das Programme wirkt so zwar
»fehlerfrei«[3], doch werden unter Umständen wichtige Indikatoren
übersehen. Diese Anweisung sollte daher nur eingesetzt werden,
wenn sich die möglichen Laufzeitfehler eingrenzen lassen und das
Nichtabfangen eines Fehlers keine schwerwiegenden Konsequenzen haben kann.*

10.11 Verschachtelte Laufzeitfehler

Was passiert, wenn in einer Prozedur ein Laufzeitfehler auftritt, diese
aber über keine Fehlerbehandlungsroutine verfügt? In diesem Fall
durchsucht Visual Basic die aufrufende Prozedur nach einer solchen
Routine. Enthält auch diese Routine keine Fehlerbehandlungsroutine,
wird die aufrufende Prozedur dieser Prozedur durchsucht. Dieses Spiel
wiederholt sich, bis entweder eine Fehlerbehandlungsroutine gefunden
oder die oberste Ebene des Programms erreicht wurde.

So weit, so gut. Doch was passiert, nachdem die Fehlerbehandlungsroutine abgearbeitet wurde und das Programm auf eine *Resume*-An-
weisung stößt? Zu erwarten wäre, dass die Programmausführung auf
der Prozedurebene fortgesetzt wird, in welcher der Laufzeitfehler auftrat. Doch eine solche globale Fehlerbehandlung wurde in Visual Basic
(noch) nicht implementiert. Stattdessen wird die Programmausführung
stets auf der Ebene fortgesetzt, auf der die Fehlerbehandlungsroutine
ausgeführt wird. Das bedeutet konkret:

---

[3] Dies ist natürlich ideal für Vorführungen.

➡ Eine *Resume*-Anweisung führt dazu, dass der Prozeduraufruf erneut ausgeführt wird, der zum Aufruf der fehlerverursachenden Prozedur führte.

➡ Eine *Resume-Next*-Anweisung führt dazu, dass die Programmausführung mit der auf den Prozeduraufruf, der zum Aufruf der fehlerverursachenden Prozedur führte, folgenden Anweisung fortgesetzt wird.

Dieses Verhalten muss nicht automatisch ungünstig sein, denn in manchen Fällen kann man darauf in der Prozedur mit der Fehlerbehandlungsroutine elegant reagieren. Das Problem ist allerdings, dass die Prozedur nicht wissen kann, auf welcher Ebene der nacheinander aufgerufenen Prozeduren der Laufzeitfehler verursacht wurde und unter Umständen eine Reihe von globalen Variablen neu initialisiert werden müssen, um einen definierten Zustand zu erreichen.

Unterschätzen Sie den Aufwand, der für eine einwandfrei funktionierende Fehlerbehandlungsroutine in größeren Visual-Basic-Programmen betrieben werden muss, nicht.

Beispiel Das folgende Beispiel zeigt, welchen Weg die Programmausführung bei einer verschachtelten Fehlerbehandlung nimmt:

```
Sub A ()
    On Error GoTo A_Err
    Call B
    AnweisungX
    Exit Sub
A_Err:
    ' Anweisungen
    Resume Next
End Sub

Sub B ()
    Call C
    AnweisungY
End Sub

Sub C ()
    FehlerAnweisung
    AnweisungZ
End Sub
```

Bei der Ausführung dieses Programmfragments werden nacheinander die Prozeduren *A*, *B* und *C* aufgerufen. Jetzt soll in der Prozedur *C* ein Laufzeitfehler auftreten. Da diese Prozedur über keine eigene Fehlerbehandlungsroutine verfügt, durchsucht Visual Basic die aufrufende Prozedur *B*. Da auch hier Fehlanzeige ist, ruft Visual Basic die Fehlerbehandlungsroutine der Prozedur *A* auf. Nach Abarbeitung dieser Routine kommt zwangsläufig die *Resume*-Anweisung an die Reihe. Doch anstatt auf die Prozedur *C* zurückzukehren, setzt Visual Basic die Programmausführung mit der Anweisung »AnweisungX« fort. Die Anweisungen »AnweisungY« (Prozedur *B*) und »AnweisungZ« (Prozedur *C*) werden in diesem Fall nicht mehr ausgeführt.

Im Folgenden wird gezeigt, wie eine direkte Fehlerbehandlung in einer verschachtelten Prozedur durchgeführt werden kann: **Beispiel**

```
Sub P2()
    On Error Resume Next
    Dim A, B, C
    A = 2
    B = 0
Operation:
    C = A / B
If Err.Number = 11 Then
        Err.Clear
        B = 1: GoTo Operation
    ElseIf Err.Number > 0 Then
        On Error GoTo 0
        Err.Raise Err.Number, , Err.Description
    End If
End Sub
```

Innerhalb der Prozedur wird durch die Division (wie immer) ein Laufzeitfehler produziert, der aber an Ort und Stelle behandelt wird. Ist es der Fehler mit der Nummer 11, wird die Fehlerursache gelöst und die Operation mit einem gültigen Operanden wiederholt. Ist es aber ein anderer Fehler, wird dieser an die aufrufende Ebene weitergereicht. Zuvor muss aber die direkte Laufzeitfehlerbehandlung abgeschaltet werden.

10.12 Laufzeitfehler an die nächste Prozedur weiterreichen

Enthält eine Prozedur eine Fehlerbehandlungsroutine, heißt dies noch nicht, dass hier alle denkbaren Laufzeitfehler ausgewertet werden müssen. Es ist eine gängige Programmierpraxis, dass man nur die für diese Prozedur typischen Fehler auswertet und anschließend über eine *Raise*-Methode die Fehlerbehandlungsroutine der nächst höheren Prozedur aufruft, in der die »übrigen« Laufzeitfehler ausgewertet werden.

Das folgende Beispiel zeigt eine Prozedur, in der ein Laufzeitfehler an die aufrufende Prozedur weitergereicht wird: **Beispiel**

```
Sub Test ()
    On Error GoTo Test_Err
    Anweisungen
    Exit Sub
Test_Err:
    Select Case Err.Number
        Case 51
            Anweisungen
        Case Else
            Err.Raise Number := Err.Number
    End Select
End Sub
```

In der Fehlerbehandlungsroutine dieser Prozedur wird lediglich der Fehler 51 »behandelt«. Alle übrigen Laufzeitfehler werden über die *Raise*-Methode, die diesen Fehler noch einmal aufruft, an die nächst höhere Prozedur mit einer eigenen Fehlerbehandlungsroutine weitergereicht. Ein Nachteil ist aber auch hier, dass die Programmausführung auf dieser Ebene und nicht in der Prozedur *Test* fortgeführt wird.

10.13 Laufzeitfehler in Klassen

In bezug auf die Laufzeitfehlerbehandlung verhält sich eine Klasse wie ein Formular oder ein allgemeines Modul. Allerdings gibt es naturgemäß einen Unterschied, denn ein Klassenmodul wird immer von einer anderen Programmkomponente genutzt. Kann das Klassenmodul einen Laufzeitfehler nicht behandeln, reicht es diesen über die *Raise*-Methode an die benutzende Komponente weiter, was zur Folge hat, dass der Laufzeitfehler dort ausgelöst wird. Dies gilt auch für den Fall, dass die Klasse selber auf eine Komponente zugreift, in der ein Laufzeitfehler auftrat. In diesem Fall sollte die Klasse aber die Fehlernummer nicht einfach nur weiterreichen, sondern dem Programm zusätzliche Informationen zur Verfügung stellen.

Merksatz *Klassen, die eine Fehlernummer an das benutzende Programm weiterreichen, sollten stets den Wert der Konstanten vbObjectError zur Fehlernummer addieren. Diese stellt sicher, dass es nicht zu Überschneidungen mit bereits intern vergebenen Fehlernummern kommt.*

10.13.1   Wann soll das Programm anhalten?

Zum Testen der Fehlerbehandlung in einem Klassenmodul ist es nicht immer erwünscht, dass das Programm bei der fehlerverursachenden Anweisung oder dem Aufruf der *Raise*-Methode unterbricht, denn man möchte ja testen, wie die benutzende Komponente mit dem Fehler umgeht. Unter anderem aus diesem Grund kann innerhalb der IDE eingestellt werden, wie diese auf das Auftreten eines Laufzeitfehlers reagieren soll. Folgende Optionen stehen zur Auswahl:

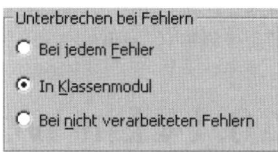

Abbildung 10.2: In der Register-karte »Allge-mein« der IDE-Optionen wird eingestellt, wann das Pro-gramm Fehler anhalten soll.

Die Bedeutung der drei Optionen wird am besten an einem kleinen Beispiel deutlich. Stellen Sie sich vor, ein Klassenmodul enthält die folgende *Calc*-Methode:

```
Public Function Calc (mOp1 As Double, mOp2 As Double) As Double
    On Error GoTo errCalc
    Dim mErgebnis
    mErgebnis = mOp1 \ mOp2
    Calc = mErgebnis
    Exit Function
errCalc:
    Err.Raise vbObjectError + 77 , _
    "Sorry, Division ging in die Hose"
End Function
```

Angesprochen wird die *Calc*-Methode von einem anderen Modul:

```
Private C As New Calc
C.Calc 7, 0
```

Es kommt natürlich, wie es kommen musste, die Division löst einen Laufzeitfehler auf. Wann dieser Fehler in der IDE angezeigt wird, hängt von der eingestellten Option ab:

▪► Ist die erste Option aktiv (dies ist die Standardeinstellung), wird die Programmausführung nur bei nicht bearbeiteten Fehlern angehalten. Dies sind Fehler, für die keine Fehlerbehandlungsroutine existiert. Da die *Calc*-Methode eine Fehlerbehandlung enthält, hält die Programmausführung im obigen Programm wegen der *Raise*-Methode aber trotzdem an.

▪► Bei der zweiten Option wird das Programm nicht in dem Klassenmodul, sondern in der aufrufenden Komponente, d.h. nach dem Aufruf der *Calc*-Methode, angehalten.

▪► Bei der dritten Option schließlich hält die Programmausführung in jedem Fall an, im obigen Beispiel also bei der Division im Klassenmodul.

:-)
TIP

Die Einstellung der Option gilt normalerweise für die gesamte IDE, soll sie sich nur auf das aktuelle Projekt beziehen, müssen Sie sie über den Menübefehl Umschalten im Kontextmenü des Codefensters einstellen.

10.14 Ein Wort zur (fehlenden) globalen Fehlerbehandlung

Der Umstand, dass Visual Basic keine globale Fehlerbehandlung unterstützt, bedeutet nicht, dass eine solche nicht notwendig wäre oder sich nicht zumindest teilweise realisieren ließe. Ideal wäre es natürlich, wenn ein Laufzeitfehler zum Aufruf einer zentralen Fehlerbehandlungsroutine führen würde, der neben der Fehlernummer auch den Namen der Prozedur und des Moduls (natürlich als Objekte – was bedeuten würde, dass die Struktur eines Visual-Basic-Programms in einem dynamisch erzeugten Objektmodell zur Verfügung steht) übergeben würde und man generell festlegen könnte, ob die Programmausführung an der Stelle, an welcher der Fehler auftrat, oder bei einem definierten Einsprungpunkt fortgeführt wird. Leider gibt es diesen Komfort auch bei der aktuellen Version 6.0 noch nicht. Dennoch kann man das Beste aus der Situation machen und zumindest die gängigsten Fehlertypen (dies bietet sich gerade bei direkten Dateizugriffen an) in einer allgemeinen Prozedur zusammenstellen, die von verschiedenen Stellen des Programms gemeinsam genutzt werden kann.

Beispiel Das folgende Beispiel zeigt den (absichtlich unvollständigen) Ansatz für eine »globale Fehlerbehandlungsroutine«, die sich um gängige Dateizugriffsfehler kümmern soll:

```
Function Fehlerbehandlung(objFehler As ErrObject, Optional Formular As
Form) As Boolean
    Dim Zusatzmeldung As String
    Dim Antwort As Integer
    Select Case objFehler.Number
     Case 52  ' Dateiname oder Dateinummer falsch
       Zusatzmeldung = "Mit dem Dateinamen oder internen Dateinummer stimmt
etwas nicht!"
     Case 53  ' Datei nicht gefunden
       Zusatzmeldung = "Eine Datei wurde nicht gefunden!"
     Case 71  ' Laufwerk nicht bereit
       Zusatzmeldung = "Das Laufwerk ist nicht bereit!"
     Case Else
       Zusatzmeldung = "Unbekannter Fehler!"
    End Select
```

```
      Antwort = MsgBox(Prompt:=Standardtext & vbCrLf & vbCrLf &
Zusatzmeldung & vbCrLf & vbCrLf & Benutzerprompt, _
        Buttons:=vbExclamation + vbRetryCancel, Title:="Fehlernummer: " &
objFehler.Number)
    Fehlerbehandlung = False       ' Abbruch der Aktion erwünscht
    Select Case objFehler.Number
     Case 52   ' Dateiname oder Dateinummer falsch
        If Antwort = vbRetry Then
           Fehlerbehandlung = True
        ' Hier können weitere Anweisungen erfolgen
        End If
     Case 53   ' Datei nicht gefunden
        If Antwort = vbRetry Then
           Fehlerbehandlung = True
        ' Hier können weitere Anweisungen erfolgen
        End If
        ' Hier können weitere Anweisungen erfolgen
     Case 71   ' Laufwerk nicht bereit
        If Antwort = vbRetry Then
           Fehlerbehandlung = True
        ' Hier können weitere Anweisungen erfolgen
        End If
        ' Hier können weitere Anweisungen erfolgen
     Case Else
        ' Hier können weitere Anweisungen erfolgen
    End Select
End Function
```

Diese Funktion kann im Prinzip von beliebigen Stellen innerhalb des Programms aufgerufen werden. Als erstes Argument wird ihr das *Err*-Objekt übergeben (über den es u.a. Fehlernummer und Fehlertext erhält). Beim zweiten Argument handelt sich um das Formular, was z.B. dazu benutzt werden kann, eine Fehlermeldung in einem Statusfeld des Formulars auszugeben. Da die Fehlerroutine auch aus einem Modul aufgerufen werden könnte oder das Formular nicht benötigt wird, ist das Argument optional:

```
Sub FehlerTest()
    On Error GoTo errTest
    Dim Antwort As Boolean
    Dir ("A:")
    Exit Sub
errTest:
    Antwort = Fehlerbehandlung(objFehler:=Err)
    If Antwort = False Then
      Exit Sub
    Else
      Resume Dateizugriff
Programmausführung wird bei Sprungmarke fortgesetzt
End Sub
```

Die Funktion gibt einen Wert zurück, der angibt, ob der Benutzer eine Wiederholung des fehlerverursachenden Vorgangs oder einen Abbruch der Aktion wünscht. Im ersten Fall muss das Programm geeignete Maßnahmen ergreifen und die Programmausführung über eine *Resume*-Anweisung fortsetzen. Im zweiten Fall genügt es im Allgemeinen, die fehlerverursachende Prozedur zu verlassen.

Auch wenn dieses Beispiel bei oberflächlicher Betrachtung wie eine globale Fehlerbehandlung aussehen mag (immerhin kann die Funktion von jeder Stelle des Programms aufgerufen werden), besitzt es naturgemäß deutliche Einschränkungen. Das größte Manko ist, dass es nichts über die Gründe für das Auftreten des Fehlers weiß und daher keine geeigneten Maßnahmen unternehmen kann. Sein Hauptvorteil ist, dass es das Schreiben umfangreicherer Laufzeitfehlerroutinen vereinfacht und das Wiederholen gleichlautender Mitteilungsboxen vermeiden hilft.

Ein »pseudoglobaler« Fehler-Handler ist für das Debugging oft eine wichtige Hilfe. Hier kommt es im Allgemeinen nicht so sehr darauf an, einen perfekt stimmigen Programmverlauf zu haben, sondern möglichst viele Laufzeitfehler zu erkennen. In diesem Fall sollte man möglichst viele derartige Aufrufe einbauen (die später wieder entfernt werden), damit man das Programm so umbauen kann, dass nur noch wenige Laufzeitfehler auftreten.

10.14.1 Protokollieren von Laufzeitfehlern

Auch wenn es einen idealen Ersatz für die fehlende globale Fehlerbehandlung vermutlich nicht gibt, gibt es doch Dinge, die zum Pflichtprogramm eines Programmierers gehören sollten. Darunter fällt neben dem Einfügen von *On Error*-Anweisungen auch das Protokollieren von Laufzeitfehlern in einer LOG-Datei. Das kann entweder über normale Dateizugriffe (etwa über das *FileSystemObject*-Objekt – siehe Kapitel 9), über spezielle Zusatzsteuerelemente oder über die Methoden *StartLogging* und *LogEvent* des *App*-Objekts geschehen. Diese Methode protokolliert einen beliebigen Text, zusammen mit einem Zahlencode an einem festgelegten Ort. Unter Windows NT handelt es sich dabei um das interne NT Event Log, unter Windows 9x um eine Textdatei, deren Pfad über die *LogPath*-Eigenschaft des *App*-Objekts abgefragt (aber nicht gesetzt) werden kann.

10.15 Der integrierte Debugger der IDE

Älteren Schätzungen zufolge kann die Fehlersuche bis zu 40% (in der Regel ist es inzwischen sehr viel mehr) der Zeit in einem Software-Projekt in Anspruch nehmen. Zum Glück laufen Visual-Basic-Programme nicht als Systemprogramme auf Ring 0, sondern als reine Anwendungsprogramme auf Ring 3 des Prozessors, sodass Sie sich nur selten mit Low-Level-Debug-Techniken beschäftigen müssen. Immerhin kann der Visual-Basic-Compiler bereits seit Version 5.0 bei gesetzter Option »Testinformation für symbolischen Debugger generieren« die EXE-Datei so vorbereiten, dass sie mit dem Low-Level-Debugger aus Visual Studio bzw. Visual C++ debuggt werden können. Da normalerweise sehr lästige Programmfehler wie nicht initialisierte Zeiger oder falsche Datentypen einem Visual-Basic-Programmierer nicht unterlaufen können, wird dies jedoch nie zwingend erforderlich sein[4]. Dennoch kann auch die Fehlersuche in einem Visual-Basic-Programm kostbare Zeit in Anspruch nehmen, sodass man sich mit dem integrierten Debugger der IDE möglichst frühzeitig beschäftigen sollte.

Unter *Debugging* wird die Fehlersuche in einem Programm verstanden[5]. Dieser Abschnitt beschreibt die wichtigsten Mittel zur Fehlersuche, die der Debugger der IDE zur Verfügung stellt. Mit Hilfe des Debuggers können Sie:

- Ein Programm Anweisung für Anweisung ausführen.

- Das Programm an beliebigen Stellen anhalten lassen (Haltepunkt), wobei es möglich ist, in einem gewissen Umfang Änderungen am Programm vorzunehmen.

- Das Anhalten des Programms von einer Bedingung (z.B. eine Variable wird negativ) abhängig machen.

- Den aktuellen Wert von Ausdrücken und Eigenschaften beobachten.

- Die Aufrufliste von Prozeduren verfolgen.

Sie sehen an dieser Auflistung, der Debugger ist **kein** Werkzeug, das Ihnen logische Fehler im Programm anzeigt. Er ist vielmehr ein Werkzeug, mit dessen Hilfe Sie diese Fehler aufspüren können.

---

[4] Das Fehlen von Zeigern hat auch seine Vorteile.

[5] Angeblich wurde der allererste Computerfehler Mitte der vierziger Jahre durch eine kleine Motte (engl. »bug«) verursacht, die sich in einem der damaligen Röhrenrechner verirrt hatte.

10.15.1 Die verschiedenen Fenster des Debugger

Der Debugger der IDE kann auf verschiedene Weisen bedient werden: über die Menübefehle im TESTEN-Menü, die Symbole der *Testen*-Symbolleiste, durch das Kontextmenü des Codefensters oder eine Vielzahl von Tastenkombinationen (siehe Tabelle 10.3). Unterstützt wird der Debugger durch vier verschiedene Fenster, die während einer Programmunterbrechung wichtige Informationen über das Programm enthalten:

➡ Das Direktfenster

➡ Das Überwachungsfenster

➡ Das Lokalfenster

➡ Die Aufrufeliste

Das Direktfenster

Dies ist, neben dem Lokalfenster, das wichtigste Fenster, denn hier können Sie im Haltemodus nahezu beliebige Anweisungen ausführen, um sich z. B. den Wert einer Variablen oder Eigenschaft anzuschauen oder dieser einen neuen Wert zuzuweisen. Das Direktfenster steht auch im Entwurfmodus zur Verfügung, allerdings sind die Variablen des Programms nicht definiert.

Abbildung 10.3: Im Direktfenster können während einer Programmunterbrechung nahezu beliebige VBA-Anweisungen ausgeführt werden.

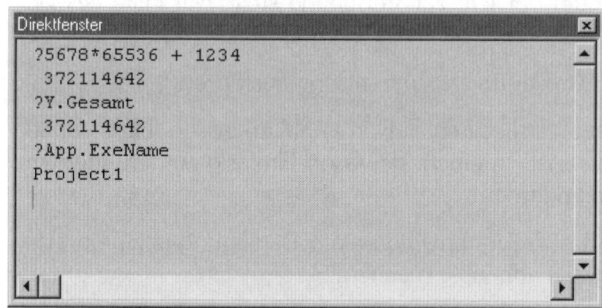

```
Direktfenster                                    ☒
?5678*65536 + 1234
 372114642
?Y.Gesamt
 372114642
?App.ExeName
Project1
```

Das Überwachungsfenster

In diesem Fenster werden alle zu überwachenden Ausdrücke mit ihren aktuellen Werten angezeigt. Neben dem Wert wird auch der Typ des Ausdrucks angezeigt. Da lokale Ausdrücke nur in einer Prozedur gültig sind, wird zusätzlich auch der Kontext des Ausdrucks angezeigt. Zwingend erforderlich ist das Überwachungsfenster allerdings nicht, da die aktuellen Werte, etwa von Eigenschaften oder Variablen, eines Programms auch im Lokalfenster angezeigt werden. Der Vorteil des Überwachungsfensters besteht darin, dass das Überwachen eines Ausdrucks bedeutet, dass das Programm anhält, wenn der Ausdruck einen festgelegten Wert annimmt. Um einen Ausdruck zu überwachen, gibt es mehrere Möglichkeiten. Die einfachste ist, ihn mit der Maus aus dem Programmfenster in das Überwachungsfenster zu ziehen.

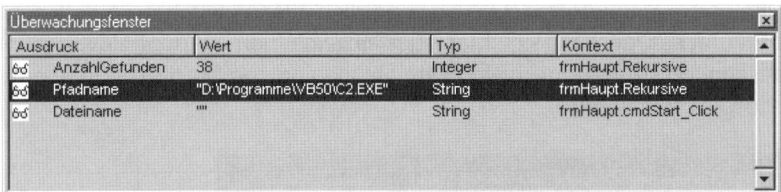

Abbildung 10.4: Im Überwachungsfenster werden alle zu überwachenden Ausdrücke angezeigt.

Dass sich ein Ausdruck im Überwachungsfenster befindet, bedeutet lediglich, dass er während der Programmausführung beobachtet werden kann. Soll daraus auch ein bedingter Haltepunkt werden, müssen Sie ihn mit der rechten Maustaste anklicken, den Befehl ÜBERWACHUNG BEARBEITEN wählen und für die Art der Überwachung entweder die Option »Unterbrechen, wenn der Ausdruck *True* ist« oder »Unterbrechen, wenn Wert geändert wurde« einstellen.

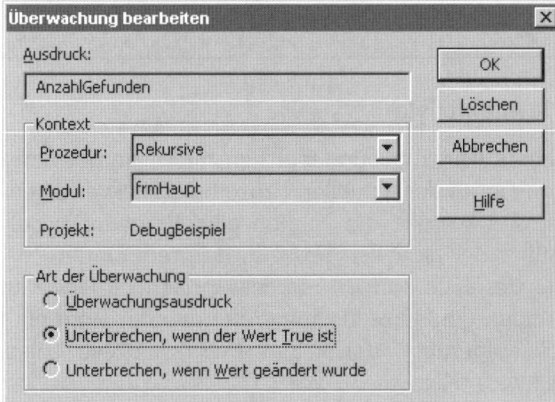

Abbildung 10.5: In diesem Dialogfeld wird eingestellt, ob ein überwachter Ausdruck das Programm anhalten kann.

Achten Sie auf den Kontext, in dem ein Ausdruck überwacht werden soll. Je größer der Kontext, desto länger benötigt Visual Basic, um alle Ausdrücke abzufragen. Stellen Sie den Kontext daher möglichst klein ein (im Allgemeinen wird er auf eine einzelne Prozedur beschränkt). Auch sind Ausdrücke nicht in allen Prozeduren gültig. So bringt es nichts, eine lokale Variable im gesamtem Modul überwachen zu lassen.

Das Lokalfenster

Das Lokalfenster ist eine besonders leistungsfähige Einrichtung, allerdings muss man es erst einmal in Ruhe kennen lernen. Hier sehen Sie während einer Programmunterbrechung sämtliche Ausdrücke im aktuellen Programmkontext. Da dazu natürlich auch Feldvariablen gehören, bedeutet das, dass Sie sich hier jedes einzelne Element der Feldvariablen anschauen können, was z.B. beim Debugging von Sortierroutinen eine enorme Hilfe darstellt.

Abbildung 10.6: Das Lokalfenster zeigt alle aktuellen Ausdrücke in einer Baumstruktur an.

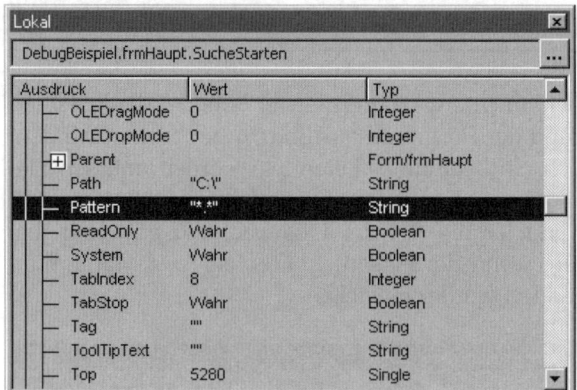

Die Aufrufeliste

Dieses (leider gebundene) Fenster ist immer dann nützlich, wenn Sie den Aufruf der aktuellen Prozedur zurückverfolgen möchten. In diesem Fenster werden die Namen aller Prozeduren aufgeführt, die zu dem Aufruf der aktuellen Prozedur führten. Durch Auswahl einer Prozedur aus der Liste können Sie besser nachvollziehen, unter welchen Bedingungen die Prozedur aufgerufen wurde. Wird ein interner Programmteil aufgerufen, der keiner Programmzeile entspricht, erscheint der Hinweis »Kein Visual-Basic-Code«.

Abbildung 10.7: In der Aufrufeliste werden alle Prozeduren aufgeführt, die nacheinander ausgeführt wurden, um zur aktuellen Prozedur zu gelangen.

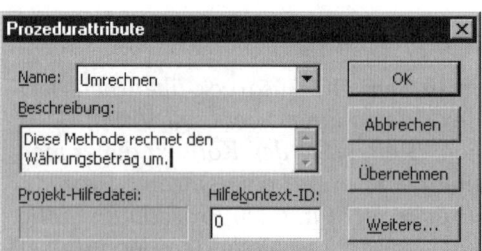

10.16 Die wichtigsten Debug-Techniken in Visual Basic

Auch wenn es am Anfang vielleicht nicht den Anschein haben mag, der Debugger der IDE ist wirklich einfach zu bedienen. Man muss kein Visual-Basic-Profi sein, um von dem Debugger zu profitieren. Im Gegenteil, gerade wenn Sie mit der Visual-Basic-Programmierung erst beginnen, können Sie durch die schrittweise Ausführung eines Programms oder das Überwachen einzelner Ausdrücke eine Menge lernen. Schieben Sie das Kapitel Debugger daher nicht auf die lange Bank. Alle »Befehle« des Debugger stehen zwar über das TESTEN-Menü zur Verfügung, in der Regel werden sie jedoch über die Maus oder eine Tastenkombination ausgeführt. So ist es sehr viel bequemer die F8 -Taste zu drücken, anstatt den Befehl EINZELSCHRITT im TESTEN-Menü auszuwählen. Auch mit der Maus lässt sich eine Menge machen. So setzt das Anklicken der Kennzeichenleiste im Haltemodus in der betreffenden Programmzeile einen Haltepunkt bzw. hebt ihn wieder auf. Möchten Sie die nächste Anweisung festlegen, so ziehen Sie das gelbe Pfeilsymbol innerhalb der aktuellen Prozedur einfach auf die gewünschte Zeile. Dies sind Abkürzungen, die man nach kurzer Beschäftigung mit dem Debugger von alleine lernt.

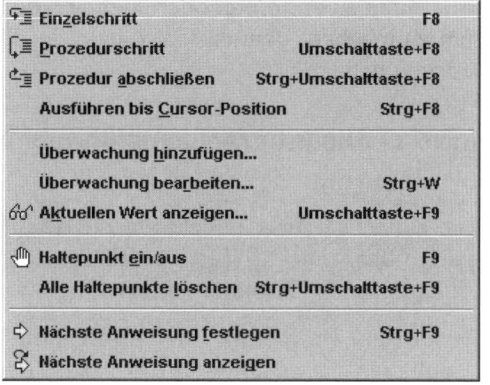

Abbildung 10.8: Das Testen-Menü enthält die Befehle des Visual-Basic-Debugger.

10.16.1 Die Debug-Befehle der Symbolleiste

Die wichtigsten Debug-Befehle stehen auch in der Symbolleiste *Testen* zur Verfügung, die gegebenenfalls über den Menübefehl AN-SICHT | SYMBOLLEISTEN erst sichtbar gemacht werden müssen.

Abbildung 10.9:
Alle wichtigen
Debug-Befehle
gibt es auch in
der Symbol-
leiste.

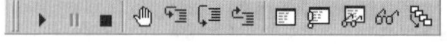

10.16.2 Unterbrechen eines Programms über Strg+Untbr

Dies ist die einfachste »Technik« zum Aufspüren von Programm-fehlern. Sollte sich das Programm nicht nach Ihren Wünschen verhalten, unterbrechen Sie es einfach über die Tastenkombination `Strg`+`Pause`. Diese Maßnahme ist auch dann erforderlich, wenn es sich in einer Endlosschleife befindet oder aus anderen Gründen nicht mehr auf Benutzereingaben reagiert.

10.16.3 Anhalten eines Programms über eine Stop-Anweisung

Dies ist die sicherlich einfachste Debug-Methode wenn es darum geht, mehr über die Funktionsweise eines Programms zu erfahren. Möchte man, dass das Programm an einer Stelle anhält, fügt man einfach eine *Stop*-Anweisung ein. Diese bewirkt, dass die IDE in den Haltemodus übergeht. Vergessen Sie aber nicht, alle *Stop*-Anweisungen aus dem Programm zu entfernen oder über eine bedingte Kompilierung unwirksam zu machen, denn sie werden in der EXE-Datei wie eine *End*-Anweisung behandelt.

10.16.4 Die Programmausführung im Einzelschrittmodus
`F8`

Die einfachste und naheliegendste Debug-Technik ist es, ein Programm über die `F8`-Taste im Einzelschrittmodus auszuführen. Dabei gilt es folgende Besonderheiten zu beachten:

▪➤ Um ein Programm im Einzelschrittmodus ausführen zu können, müssen Sie es entweder über die `F8`-Taste starten oder an einer bestimmten Stelle einen Haltepunkt setzen und das Programm von dort an mit der `F8`-Taste fortführen.

▪➤ Die Programmausführung innerhalb einer Ereignisprozedur kann nur bis zur nächsten *End-Sub*-Anweisung fortgeführt werden. Der weitere Programmverlauf hängt davon ab, welches Ereignis als Nächstes eintritt. Achten Sie dabei auf die Titelzeile der Entwicklungsumgebung. Der Zusatz »Unterbrechen« zeigt an, dass sich das Programm im Haltemodus befindet und im Einzelschrittmodus ausgeführt werden kann. Der Zusatz »Ausführen« bedeutet dagegen, dass das Programm läuft und auf weitere Ereignisse wartet. Die F8-Taste hat in diesem Fall keine Wirkung.

➡ Soll ein Prozedur- oder Funktionsaufruf in einem Schritt ausgeführt und nicht schrittweise durchlaufen werden, muss anstelle der F8-Taste die Tastenkombination ⇧+F8 verwendet werden.

Ist ein Zeitgeber unmittelbar nach dem Programmstart aktiv, wird die Programmausführung auch im Einzelschrittmodus durch ein *Timer*-Ereignis unterbrochen. Da dies die Programmausführung stören kann, sollten Zeitgeber im Debug-Modus deaktiviert werden. Dies kann z.B. im Haltemodus durch Setzen der *Enabled*-Eigenschaft auf *False* oder etwas eleganter über eine Compiler-Konstante erledigt werden.

Beispiel

```
#Const DebugModus = 1
Private Sub Form_Load ()
    #If DebugModus = 0 Then
        tmrZeitgeber.Enabled = True
    #End If
End Sub
```

Nur, wenn die Konstante *DebugModus* den Wert 1 besitzt, wird eine Anweisung eingefügt, die den Zeitgeber aktiviert.

10.16.5 Ausführen eines Prozedurschritts (⇧+F8)

Wie im letzten Abschnitt erklärt wurde, führt dieser Befehl einen Prozeduraufruf als eine Anweisung aus, d.h. die aufzurufende Prozedur wird nicht schrittweise durchlaufen.

10.16.6 Die aktuelle Prozedur abschließen (Strg+⇧+F8)

Führt alle Anweisungen bis zum Ende der Prozedur aus.

10.16.7 Ausführen bis zur Cursorposition

Führt alle Anweisungen bis zu jener Programmzeile auf, in der sich die Textmarke (Cursor) zur Zeit befindet. Dies ist sehr praktisch, denn auf diese Weise können Sie bestimmte Passagen in einer Prozedur schnell überspringen.

10.16.8 Ausführen bis zum Ende einer Schleife

Bei größeren Schleifen möchte man in der Regel nicht jede Anweisung im Einzelschrittmodus wiederholen, sondern die Programmausführung erst nach der *Next*- oder *Loop*-Anweisung fortsetzen. Zwar bietet der Debugger dafür keinen entsprechenden Befehl, doch lässt sich durch

Setzen eines Haltepunkts bei der ersten Anweisung nach dem Schleifenende, dem Drücken der [F5]-Taste und dem Zurücksetzen des Haltepunkts der gleiche Effekt erzielen.

10.16.9 Die Programmausführung an einer anderen Stelle fortsetzen ([Strg]+[F9])

Eine sehr leistungsfähige Technik steht über die Tastenkombination
[Strg]+[F9] zur Verfügung, über die sich die Programmausführung innerhalb einer Prozedur mit einer anderen Anweisung als der folgenden
fortsetzen lässt. Auf diese Weise kann eine Anweisung wiederholt werden. Dabei muss aber beachtet werden, dass lediglich die Programmausführung beeinflusst wird, Variablenwerte aber nicht zurückgesetzt
werden. Sie ändern lediglich die Reihenfolge der Anweisungen, versetzen das Programm aber nicht in einen bestimmten Zustand.

10.16.10 Die letzte Anweisung wiederholen

Auch wenn ein solcher Befehl recht praktisch wäre, es gibt ihn leider
nicht. Möchten Sie die Auswirkung eines bestimmten Befehls noch
einmal sehen, müssen Sie – wie im letzten Abschnitt beschrieben – die
Textmarke auf die Zeile setzen und [Strg]+[F9] betätigen. Beachten
Sie, dass Visual Basic aber lediglich den internen Programmzeiger zu-
rücksetzt, nicht aber die Umgebung, d.h. die Werte der einzelnen Variablen und Eigenschaften, wiederherstellt. Diese Technik hat daher
nur einen begrenzten Wert.

10.16.11 Setzen von Haltepunkten ([F9])

Über die [F9]-Taste kann jede ausführbare Programmzeile mit einem
Haltepunkt belegt werden. Ein Haltepunkt ist eine Programmzeile, an
der das Programm anhält und in den Haltemodus übergeht. Sie können sich nun, entweder im Direktfenster oder über die Tastenkombination [⇧]+[F9], die Werte von Variablen oder Eigenschaften ansehen
und diese natürlich auch ändern.

Ein wenig einfacher wird ein Haltepunkt durch Anklicken der Spalte
rechts von der Programmzeile gesetzt bzw. aufgehoben.

*Prinzipiell sind im Unterbrechungsmodus auch Änderungen am
Programm möglich, sofern sie keine Neuübersetzung notwendig
machen. So ist es im Allgemeinen kein Problem, Programmzeilen
zu löschen oder hinzuzufügen. Nicht möglich ist es dagegen im Allgemeinen (es gibt auch Ausnahmen), Deklarationen hinzuzufügen
oder den Datentyp von Variablen zu ändern.*

10.16.12 Setzen von bedingten Haltepunkten

Ein bedingter Haltepunkt ist ein Haltepunkt, der nur unter bestimmten Bedingungen aktiv wird. Zu diesen Bedingungen gehören:

➡ Ein Ausdruck wird wahr

➡ Eine Variable ändert ihren Wert

Mit Hilfe eines bedingten Haltepunkts lassen sich beliebige Ausdrücke überwachen. Soll das Programm zum Beispiel immer dann anhalten, wenn die Variable *m* einen negativen Wert erhält, muss der Ausdruck *m<0* in das »Ausdruck«-Eingabefeld eingetragen werden. Der zu überwachende Ausdruck muss sich nicht auf einfache Vergleiche von Variablen oder Eigenschaften beschränken. Um z.B. festzustellen, wann die Variable *m* einen Nachkommaanteil erhält, muss der Ausdruck *Int* M *− m <>0* überwacht werden. Alle Überwachungswerte werden während der Programmausführung mit ihren aktuellen Werten im Überwachungsfenster angezeigt, sofern dieses nicht durch das Programmfenster verdeckt wird[6].

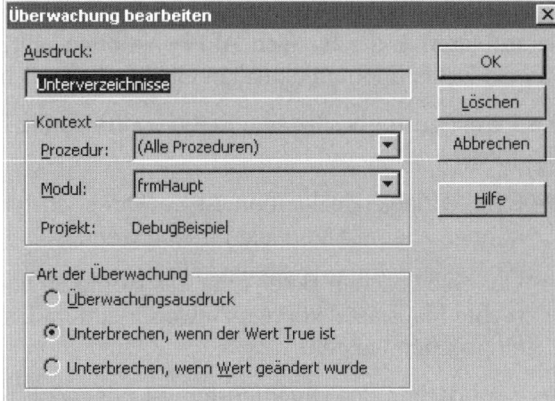

Abbildung 10.10: In diesem Dialogfeld werden bedingte Haltepunkte bearbeitet.

10.16.13 Den Wert eines Ausdrucks anzeigen

Während einer Programmunterbrechung können Sie sich in der aktuellen Prozedur die Werte nahezu aller Ausdrücke ansehen, indem Sie den Mauszeiger kurz über den Ausdruck bewegen. Sollte dies aus irgendeinem Grund nicht funktionieren, können Sie den gleichen Effekt über die Tastenkombination Strg + F9 erreichen.

---

[6] Ein weiteres Argument für den neuen 20-Zoll-Monitor.

Abbildung 10.11:
Während der
Programmaus-
führung kann
der Wert eines
(gültigen) Aus-
drucks als Tool-
tip angezeigt
werden.

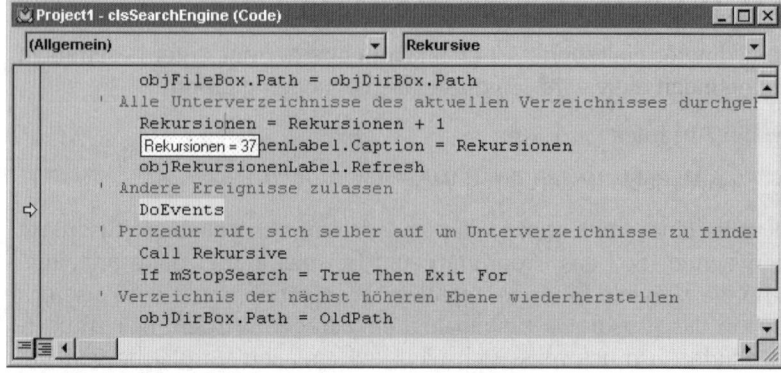

10.16.14 Der Umgang mit dem Direktfenster

Zu den wichtigsten Debug-Techniken gehört nach wie vor das Direktfenster. Während einer Programmunterbrechung können im Direktfenster VBA-Anweisungen ausgeführt werden, um z.B. Variablenwerte anzuzeigen oder Eigenschaftswerte zu ändern. Das Direktfenster ist eine Art »interaktives VBA«, in dem Sie nahezu alle VBA-Anweisungen ausprobieren und z.B. auch API-Funktionen aufrufen können (sofern sich die Deklaration im aktuellen Gültigkeitsbereich befindet).

Das Direktfenster besitzt eine Reihe von Besonderheiten, die man kennen muss:

- Eine Variablendeklaration ist im Direktfenster nicht möglich. Sie können aber alle Variablen frei verwenden.

- Über die üblichen Befehle für das Kopieren und Einfügen (oder die rechte Maustaste) können Anweisungen im Direktfenster einfacher eingegeben werden.

- Ein Löschen des Direktfensters ist nur möglich (allerdings nicht im Ausführen-Modus), indem Sie den zu löschenden Text markieren und löschen[7].

- Anweisungen müssen sich auf eine Zeile beschränken oder über den Zeilenfortführungsoperator auf mehrere Zeilen verteilt werden. In diesem Fall muss eine Zeile durch den Trennoperator : beendet werden.

---

[7] Ich bin immer noch auf der Suche nach dem Trick, der das Debug-Fenster programmgesteuert löscht. Für VB 3 gab es einen, in dem man die Bezugsnummer des Debugfensters ermittelte und dem Fenster eine WM_CLEAR-Nachricht sandte, der aber in späteren Versionen nicht mehr funktioniert.

Die folgenden Anweisungen geben im Direktfenster die Zahlen 1 bis **Beispiel**
10 aus:

```
For n = 1 To 10 : _
    Print n : _
Next n
```

Eine wichtige Funktion des Direktfenster ist es, über die *Print*-Methode
(neben *Assert* die einzige Methode des *Debug*-Objekts) Kontrollmitteilungen auszugeben. Über diese Kontrollmitteilungen lassen sich die
Werte von Ausdrücken überwachen (manchmal einfacher als über das
Überwachungsfenster) oder einfach nur signalisieren, wann das Programm eine bestimmte Stelle im Programm erreicht hat. Diese Debug-
Technik sollte man den Mitteilungsboxen über die *MsgBox*-Methode
vorziehen, da letztere die Eigenschaft haben, in einigen Situationen
Nachrichten zu »verschlucken« und somit den Programmverlauf zu verfälschen.

*Ausgaben im Direktfenster über die Anweisung Debug.Print wer-
den nicht in die EXE-Datei übertragen und müssen daher nicht entfernt werden.*

10.16.15 Die Assert-Methode

Bereits seit Visual Basic 5.0 besitzt das *Debug*-Objekt eine zweite Methode mit dem Namen *Assert*. Was hat es damit auf sich? Dies ist eine
sehr praktische Einrichtung, die verhindern soll, dass Laufzeitfehler
aufgrund ungültiger oder falscher Argumente entstehen können. Beim
Aufruf der Methode geben Sie eine Bedingung an, die zur Laufzeit
überprüft werden soll. Ist diese Bedingung unwahr (d.h. ergibt der Ausdruck einen *False*-Wert), hält das Programm mit einem Hinweis an,
um Sie darüber zu informieren, dass falsche Argumente entstanden
sind.

Beispiel

```
Debug.Assert Alter > 0
```

Besitzt die Variable *Alter* (aus welchen Grund auch immer) an dieser
Stelle einen Wert, der kleiner Null ist, wird das Programm angehalten.
In der kompilierten EXE-Datei wird die *Assert*-Methode, genauso wie
die *Print*-Methode des *Debug*-Objekts, natürlich entfernt.

Nie wieder Bugs verspricht VB/CodeReview von Marquis Computing **Tooltip:**
(*www.marquistools.com*), das den Quellcode eines Projekts analysiert
und laut Prospekt in der Lage ist, Hunderte von Fehlern zu finden. Die
Firma bietet (natürlich ohne Gewähr) eine Geld-zurück-Garantie, falls
VB/CodeReview nicht alle Fehler findet.

Tabelle 10.3:
Wichtige Tasten-
kombinationen
für die Ausfüh-
rung eines Pro-
gramms im Ein-
zelschrittmodus.

Tastenkombination	Bedeutung
`F5`	Startet das Programm oder setzt die Programmaus-führung nach einer Unterbrechung fort.
`F8`	Führt die nächste Anweisung aus.
`F9`	Setzt oder löscht einen Haltepunkt.
`Strg`+`H`	Zeigt die Aufrufliste an, die zum Aufruf der aktuellen Prozedur bzw. Funktion geführt hat.
`Strg`+`W`	Öffnet das Dialogfeld zum Bearbeiten von bedingten Haltepunkten.
`Strg`+`F5`	Kompiliert das gesamte Programm.
`Strg`+`F8`	Führt das Programm bis zu der Programmzeile aus, auf der sich die Textmarke zur Zeit befindet.
`Strg`+`F9`	Setzt als nächste auszuführende Anweisung innerhalb der aktuellen Prozedur jene Anweisung fest, auf der sich die Textmarke zur Zeit befindet.
`Strg`+`G`	Schaltet während einer Programmunterbrechung auf das Direktfenster um.
`Strg`+`Pause`	Programm unterbrechen und in den Haltemodus wechseln.
`Strg`+`⇧`+`F9`	Löscht alle Haltepunkte auf einmal.
`⇧`+`F2`	Zeigt die Definition jener Prozedur/Funktion an, über deren Namen sich die Textmarke zur Zeit befindet.
`⇧`+`F8`	Führt die nächste Anweisung aus, wobei Prozeduren und Funktionen in einem Schritt ausgeführt werden.
`⇧`+`F9`	Zeigt den Wert des Ausdrucks an, auf dem sich die Textmarke befindet, oder der markiert wurde.
`Strg`+`F8`	Führt alle Anweisungen bis zur Position der Textmarke aus.
`Strg`+`⇧`+`F8`	Führt alle Anweisungen bis zum Ende der aktuellen Prozedur aus.

10.16.16 Den Prozeduraufruf verfolgen

Die Ausführung eines Visual-Basic-Programms besteht bekanntlich aus dem Aufruf von Prozeduren und Funktionen. Die einzelnen Ebenen, die zum Aufruf einer bestimmten Prozedur oder Funktion geführt haben, werden als *Aufrufeliste* bezeichnet. Diese kann über die Tastenkombination `Strg`+`L` angezeigt werden. Sie können so nachvollzie-

hen, welcher Programmpfad zum Aufruf der aktuellen und unter
Umständen fehlerhaften Routine geführt hat. Die Aufrufeliste enthält
die bislang aufgerufenen Prozeduren in der allgemeinen Form:

```
Projektname.Modulname.Prozedurname
```

wobei der oberste Eintrag die zuletzt aufgerufene Prozedur angibt (es
dauert eine Weile, bis man sich daran gewöhnt). Die Aufrufeliste enthält allerdings nicht die komplette Aufrufreihenfolge der seit dem Programmstart nacheinander aufgerufenen Prozeduren. Angezeigt wird
vielmehr die Aufrufreihenfolge seit dem letzten Aufruf einer Ereignisprozedur auf dem Startformular/modul (also die aktuelle Aufruftiefe).
Der Hinweis »Kein Visual-Basic-Code« bedeutet, dass zu diesem Zeitpunkt keine Visual-Basic-Prozedur ausgeführt wurde, wie es z.B. unmittelbar nach dem Laden eines weiteren Formulars der Fall ist. Klicken Sie auf eine der aufgeführten Prozeduren, zeigt die IDE jene
Prozedur an, von wo die angezeigte Prozedur aufgerufen wurde und
markiert die Aufrufezeile mit einem hellgrünen Pfeilsymbol. Dieses
Pfeilsymbol bedeutet soviel wie »aktuelle Programmzeile zum Zeitpunkt, an dem der Prozeduraufruf erfolgte«.

10.16.17 Lesezeichen setzen

Auch das ist eine Debugging-Technik. Gibt es kritische Stellen im Programm, die Sie näher untersuchen oder später noch ändern möchten,
setzen Sie auf diese Programmzeilen ein Lesezeichen. Sie können diese Programmzeilen später ansteuern und müssen nicht nach ihnen suchen. Gesetzt werden Lesezeichen über das entsprechende Symbol in
der Symbolleiste oder den Menübefehl BEARBEITEN | LESEZEICHEN. Lei-
der lassen sich Lesezeichen nicht direkt ansteuern, sondern nur der
Reihe nach.

10.16.18 Vollständig kompilieren

Bereits seit Version 4.0 bietet Visual Basic eine Möglichkeit, ein Programm nur teilweise zu übersetzen. Dadurch wird die Zeit, bis das Programm ausführbereit ist, deutlich verkürzt. Dieser Komfort hat aber
seinen Preis. Da das Programm nur teilweise übersetzt wird, werden
nicht alle Fehler angezeigt. Um eine vollständige Übersetzung zu erreichen, muss entweder die Option *Kompilieren bei Bedarf* in der Registerkarte *Weiteres* der IDE-Optionen deaktiviert oder das Programm
grundsätzlich über $\boxed{\text{Strg}}$+$\boxed{\text{F5}}$ gestartet werden.

10.16.19 Feststellen, ob ein Programm in der IDE ausgeführt wird

In einigen, allerdings sehr seltenen Fällen verhält sich ein Visual-Basic-Programm anders, wenn es innerhalb der IDE ausgeführt wird, als wenn es als eigenständige EXE-Datei läuft. Auch einige scheinbar nicht erklärbare Fehler können verschwinden, wenn Sie das Programm als EXE-Datei starten oder zumindest die IDE neu starten. Um festzustellen, unter welcher Umgebung ein Programm läuft, gibt es mehrere Möglichkeiten. Die einfachste ist es, über die Eigenschaft *ExeName* des *App*-Objekts den Programmnamen der Anwendung abzufragen. Sind allerdings Programm- und Projektname identisch, hilft diese Abfrage auch nicht weiter. In diesem Fall muss man sich den (allerdings undokumentierten) Umstand zu Nutze machen, dass Visual Basic bei der Ausführung einer EXE-Datei ein unsichtbares Applikationsfenster einer Fensterklasse mit dem Namen *ThunderRT5Main* anlegt (bis Visual Basic 4.0 lautete der Name noch *ThunderRTMain*), wobei der Fenstertitel des unsichtbaren Fensters dem Projektnamen entspricht, der zuvor in den Prokjektoptionen eingestellt wurde und über die *Title*-Eigenschaft des *App*-Objekts zur Laufzeit abgefragt werden kann. Indem man dieses Fenster mit der *FindWindow*-API-Funktion sucht, lässt sich leicht feststellen, ob das Programm als eigenständige EXE-Datei läuft. Wird das Fenster gefunden, ist das Programm als EXE-Datei aktiv, wenn nicht, läuft es innerhalb der IDE (hier trägt die Fensterklasse den Namen *ThunderMain)*.

Beispiel Durch die folgenden Anweisungen kann ein Visual-Basic-Programm feststellen, ob es innerhalb der IDE ausgeführt wird, oder ob es als EXE-Datei läuft.

```
Option Explicit
Private Declare Function FindWindow Lib "user32" Alias _
"FindWindowA" (ByVal lpClassName As String, ByVal _
lpWindowName As String) As Long

Private Sub cmdWhere_Click()
    Dim Titel As String
    Dim hFenster As Long, hInst As Long
    Titel = App.Title
    hFenster = FindWindow("ThunderRT5Main", Titel)
    If hFenster <> 0 Then
        MsgBox "Wir laufen als EXE!, vbExclamation, _
        "Wo laufen sie denn?"
    Else
        hFenster = FindWindow("ThunderMain", App.EXEName & _
        " - Microsoft Visual Basic [Ausführen]")
        If hFenster <> 0 Then
            MsgBox "Wir laufen in der Entwicklungsumgebung!" _
```

```
        , vbExclamation, "Wo laufen sie denn?"
      End If
    End If
End Sub
```

Beachten Sie, dass sich der Titel des IDE-Fensters aus dem Projektnamen und dem Zusatz »Microsoft Visual Basic [Ausführen]« zusammensetzt.

10.17 Eine Debug-Sitzung zum Üben

Die Fehlersuche in einem Programm lernt man nur durch praktische Erfahrung. Ein erfahrener Programmierer zeichnet sich durch den Umstand aus, dass er oder sie anhand des Fehlverhaltens eines Programms Rückschlüsse auf die Programmursache ziehen kann und nicht »blind« nach dem Fehler suchen muss, sondern in der Regel weiß, wo ein Halte- oder Überwachungspunkt gesetzt werden muss. In diesem Abschnitt werden einige der in den letzten Abschnitten vorgestellten Debug-Techniken anhand eines kleinen Beispielprogramms vorgeführt. Es handelt sich um eine (diesmal aber nicht auf Klassen basierende) Variante des FileFinders (Projektdatei *DebugBeispiel.vbp*), in der absichtlich drei Fehler eingebaut wurden, die es im Folgenden zu finden gilt.

Schritt 1

Starten des Programms. Starten Sie das Programm, um sein Verhalten zu testen. Geben Sie als Suchname »*.ocx« ein, und legen Sie als Startverzeichnis C:\ fest. Sie werden feststellen, dass es scheinbar alle Dateien »findet« und keine Unterverzeichnisse durchsucht.

Schritt 2:

Setzen eines Haltepunkts. Da das Fehlverhalten sehr allgemein ist, gibt es zunächst keine speziellen Anhaltspunkte. Eine mögliche Strategie ist es daher, zunächst an einem markanten Punkt des Programms einen Haltepunkt zu setzen und sich in der Programmunterbrechung die Werte der wichtigsten Variablen und Eigenschaften im Lokalfenster anzuschauen. Ein solcher markanter Punkt ist der Aufruf der Prozedur *Rekursive*. Markieren Sie diese Zeile, und setzen Sie über die [F9]-Taste einen Haltepunkt.

Ein Haltepunkt an einer entscheidenden Stelle des Programms gibt Ihnen Gelegenheit, die relevanten Variablen- und Eigenschaftswerte, z. B. im Lokalfenster, zu inspizieren.

Abbildung 10.12:
In die Pro-
grammzeile, in
der die Prozedur
Rekursive auf-
gerufen wird,
wurde ein Halte-
punkt gesetzt.

```
Private Sub SucheStarten()
    Rekursionen = 0
    filDateiListe.Path = StartVerzeichnis
    dirVerzeichnisListe.Path = StartVerzeichnis
●   Call Rekursive
    SucheAnhalten = False
    cmdStart.Enabled = True
    cmdStart.Picture = imgAmpelGrün.Picture
    Me.Icon = imgAmpelGrün.Picture
    cmdStart.Caption = "&Suche starten"
End Sub
```

Schritt 3: Der Wert der Eigenschaft *Pattern* des Dateilistenfelds wird inspiziert. Es ist zwar nur ein Verdacht, doch damit die gesuchten Dateien in das Dateilistenfeld *filDateiListe* übertragen werden, muss dessen *Pattern*-Eigenschaft den Namen der gesuchten Datei enthalten. Ein Blick in das Lokalfenster offenbart aber, dass dem nicht so ist. Anstelle des Werts »*.ocx« enthält die *Pattern*-Eigenschaft den Standardwert »*.*«. Der Grund dafür liegt ganz einfach darin, dass die Zuweisung an die Eigenschaft gar nicht durchgeführt wurde. Holen Sie dies jetzt nach, indem Sie zu Beginn der Prozedur *SucheStarten* die Anweisung

```
filDateiListe.Pattern = SuchDateiName
```

einfügen. Fehler Nr. 1 wäre damit behoben. Jetzt, wo Sie den Fehler kennen, können Sie zur Kontrolle den Ausdruck *filDateiListe.Pattern* <> »*.*« überwachen lassen. Das Programm hält damit an, sobald die *Pattern*-Eigenschaft einen anderen Wert als den Standardwert erhält.

Abbildung 10.13:
Im Überwa-
chungsfenster
wird die Pattern-
Eigenschaft
überwacht.

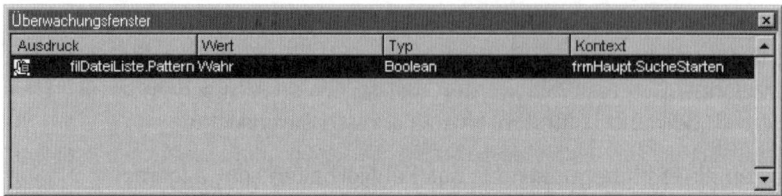

Geht es nur darum, den Wert eines Ausdrucks zu beobachten, ist das Lokalfenster in der Regel die bequemere Alternative.

Schritt 4: Der erneute Aufruf bestätigt den Verdacht, dass das Programm noch nicht fehlerfrei ist. Diesmal werden gar keine Dateien angezeigt, da keine Unterverzeichnisse durchsucht wurden. Offenbar wird die für das Durchsuchen der Unterverzeichnisse zuständige Variable *Unterverzeichnisse* nicht gesetzt. Das lässt sich natürlich durch Setzen eines Überwachungspunkts leicht nachprüfen. Fügen Sie daher einen Überwachungspunkt hinzu, indem Sie die Variable in das Überwachungsfenster ziehen. Bearbeiten Sie den neuen Überwachungspunkt anschließend, und setzen Sie die Option »Unterbrechen, wenn der Wert

True ist«. Nach erneutem Ausführen des Programms stellen Sie fest, dass das Programm nicht anhält, die Variable also keinen *True*-Wert erhält. Dies führt zu dem Schluss, das der Wert des Kontrollkästchens nicht an die Variable *Unterverzeichnisse* übergeben wird. Fügen Sie daher in die Prozedur *SucheStarten* vor dem Aufruf der Prozedur *Rekursive* folgende Anweisung ein:

```
Unterverzeichnisse = CBool(chkRekursiv.Value)
```

Damit wäre auch der zweite Fehler behoben, und wir können uns dem Finale, dem Aufspüren des dritten und letzten Fehlers, widmen.

Um einen Ausdruck überwachen zu können, ziehen Sie ihn mit der Maus in das Überwachungsfenster.

:-)
TIP

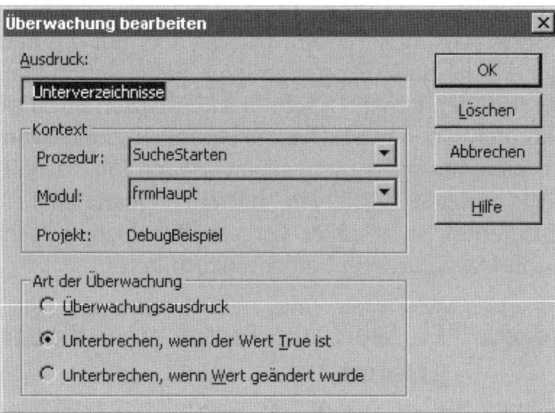

*Abbildung 10.14:
Der Überwa-
chungspunkt
soll feststellen,
ob die Variable
Unterverzeich-
nisse einen Wert
erhält.*

Schritt 5: Nun läuft das Programm durch und zeigt alle gefundenen Dateien in der Liste an. Perfekt ist es allerdings immer noch nicht. Sie werden feststellen, dass es nicht möglich ist, die Suche erneut zu starten. Mit anderen Worten, nach dem Anklicken der Startschaltfläche wird die Prozedur *SucheStarten* nicht aufgerufen. Ihre Aufgabe besteht nun darin, herauszufinden, warum das Anklicken beim zweiten Mal wirkungslos bleibt. Setzen Sie daher auf die erste Anweisung in der Prozedur *cmdStart_Click* einen Haltepunkt, und starten Sie das Programm. Drücken Sie nach dem ersten Anhalten gleich wieder die F5-Taste, da die Suche beim ersten Mal korrekt ausgeführt wird. Achten Sie nach dem zweiten Stop auf die entscheidende *If*-Abfrage, in der der Zustand der Variablen *StopModus* geprüft wird. Diese entscheidet nämlich, ob die Suche durchgeführt (*StopModus=False*) oder angehalten wird (*StopModus=True*). Da die Suche nicht durchgeführt wird, muss der *StopModus* den Wert *True* besitzen, obwohl er *False* sein sollte. Und so ist es auch, wie sich auf mehrere Weisen überprüfen lässt, z.B. indem Sie den Mauszeiger auf den Variablennamen positionieren, damit der aktuelle Wert angezeigt wird. Damit ist alles klar, fügen Sie vor die *Else*-Anweisung die Anweisung

```
StartModus = False
```

ein und der letzte Fehler des Programms ist behoben.

:-)
TIP

Halten Sie den Mauszeiger über eine Variable (bzw. allgemein einen Ausdruck), um seinen aktuellen Wert zu sehen. Sollte dies nicht funktionieren, markieren Sie den Ausdruck und betätigen `Strg` + `F9`.

Ziehen wir ein kurzes Fazit: Es gibt eine Reihe von Debug-Techniken, die sich relativ schnell lernen lassen. Dazu gehören das schrittweise Ausführen eines Programms, das Setzen von Haltepunkten, das Überwachen von Ausdrücken. Dies ist aber nur das Handwerkszeug, das jeder Visual-Basic-Programmierer beherrschen muss. Die Fehlersuche im richtigen Leben ist sehr viel komplizierter, da es um komplexere Zusammenhänge geht. Dies gilt vor allem dann, wenn ein Programmfehler nicht aus einer nicht zugewiesenen Eigenschaft oder einer nicht zurückgesetzten Variablen besteht. Doch egal wie kompliziert ein Programm ist, die hier vorgestellten Debug-Techniken sind stets der Schlüssel dafür, den Fehler aufzuspüren.

10.17.1 Ein Wort zum Testen eines Visual-Basic-Programms

Testen und Fehlersuche sind zwei verschiedene Dinge. Das Testen eines Programms bedeutet, ein vermeintlich fehlerfreies Programm in allen denkbaren Situationen auszuprobieren. Da es dabei in erster Linie darum geht, Benutzereingaben zu simulieren und festzustellen, ob eine bestimmte Eingabe ein Dialogfeld mit einem bestimmten Inhalt als Ergebnis hat, lässt sich dieser Prozess natürlich wunderbar automatisieren. Leider verfügt Visual Basic über kein Testwerkzeug. Da das ehemalige Microsoft Visual Test 4.0, das dazu hervorragend geeignet war (und dessen Visual-Basic-kompatible Programmiersprache auch über Zeigervariablen verfügte), von Microsoft schon im Herbst 96 leider an die Firma Rational verkauft wurde (*www.rational.com/products/visualtest/*), müssen sich Visual-Basic-Programmierer, die ihre Programme einem größeren Benutzerkreis zur Verfügung stellen möchten und daher auf eine möglichst fehlerfreie Benutzerführung angewiesen sind, entweder dieses Tool zulegen oder eines der verschiedenen Testing-Tools anderer Anbieter aussuchen.

10.18 Zusammenfassung

Das Vermeiden von Programmfehlern sollte bei der Software-Entwicklung die höchste Priorität haben. Das klingt zwar wie eine Platitüde, doch wer sich autodidaktisch in die Programmierung einarbeitet, läuft Gefahr, diese Erfahrung auf dem schmerzvollen Weg zu machen, in der er oder sie alle bekannten Fallen der Reihe nach durchläuft. Programmfehler können verschiedene Ursachen haben. Die häufigsten sind simple Tippfehler, die dank Eingabehilfe und Syntaxüberprüfung sehr wirkungsvoll abgefangen werden und sich daher gar nicht erst auswirken können. Fehler, die den Programmierern die meiste Arbeit verursachen, sind Laufzeitfehler. Dies sind Fehler, die erst während der Programmausführung, z. B. durch einen ungültigen Wert oder eine Division durch Null (das klassische Beispiel), verursacht werden. Programmierer sind gegen Laufzeitfehler keinesfalls machtlos. Die überwiegende Mehrheit derartiger Fehler kann über eine *On-Error*-Anweisung abgefangen werden. Auf diese Weise wird erreicht, dass ein Laufzeitfehler nicht zum Programmabbruch führt, sondern zum Aufruf einer speziellen Fehlerbehandlungsroutine, in der der Fehler verarbeitet wird. Leider bietet Visual Basic auch in der sechsten Version noch keine globale Fehlerbehandlung, im Prinzip muss jede Prozedur ihre eigene Fehlerbehandlung enthalten. Die Fehler, die den Programmierern den meisten Kummer bereiten, sind logische Fehler. Das klassische Beispiel wäre das »Jahr-2000-Problem«. Steht bei einem Datum nur eine zweistellige Jahreszahl zur Verfügung, geht das Programm unter Umständen vom falschen Jahrtausend aus, mit allen damit verbundenen Folgen. Diese Fehler lassen sich nur durch intensiven Einsatz von »Gehirnschmalz« in Form von logischem Verständnis, Programmiererfahrung und einem »Riecher« für faule Konstruktionen aufspüren. Visual Basic stellt in der IDE einen komfortablen und relativ leistungsfähigen Debugger zur Verfügung, mit dessen Hilfe ein Visual-Basic-Programm im Einzelschrittmodus durchlaufen werden kann, wobei der komplette Zustand des Programms, d. h., die aktuellen Werte der gültigen Variablen und Eigenschaften, im Lokalfenster dokumentiert werden. Der Debugger ist aber nur ein Werkzeug zur Fehlersuche, den Fehler beheben kann nur der Programmierer, indem er die Logik des Programms so formuliert und implementiert, dass sie möglichst überschaubar ist und im Idealfall logische Fehler gar nicht erst auftreten. Die Verwendung von Klassen ist hier eine wichtige Präventionsmaßnahme, denn wurde eine Klasse, die nur über definierte Schnittstellen angesprochen werden kann, erst einmal debuggt, kommt sie als Fehlerquelle im Allgemeinen nicht mehr in Frage. Ein Programm, das sich ausschließlich (unter der Voraussetzung, dass dies überhaupt möglich ist) aus fertigen Komponenten zusammensetzt, sollte daher von Anfang an fehlerfrei sein.

10.18.1 Ein wenig Spaß zum Schluss...

Eigentlich ist es ja ein ernstes und wichtiges Thema, das auch Visual-Basic-Programmierer angeht: Aussagekräftige Fehlermeldungen und vernünftige Fehlerdialoge zu konzipieren. Doch da man über dieses Thema vermutlich ein ganzes Buch schreiben könnte und man bekanntlich an Beispielen am besten lernt, hier eine kleine Kostprobe für den unfreiwilligen Humor mancher Programmierer (weitere Kostproben gibt es im Web unter *www.dasding.de/dialoge/dialog.htm*).

Abbildung 10.15:
Was will uns
diese Fehlermel-
dung wohl
sagen?

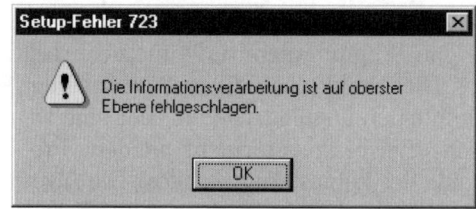

Klassen und Objekte

Kapitel

11

Mit den Klassen bietet VBA ein wichtiges und vor allem sehr leistungsfähiges Sprachelement, das sich auf vielfältige Weise einsetzen lässt und in diesem Kapitel ausführlich vorgestellt wird. Kurz, es geht um objektorientierte Programmierung mit VBA. Im Gegensatz zu dem, was Sie vielleicht bisher über Klassen und Objekte gehört haben mögen, der Umgang mit Klassen und Objekten ist wirklich einfach. Kompliziert wird es, wenn es darum geht, komplexe Programmierprobleme mit Klassen umzusetzen (das liegt allerdings weniger an den Klassen, sondern an den komplexen Programmierproblemen). Wenn Klassen bei kleinen Visual-Basic-Programmen meistens lediglich eine Option darstellen, kommen sie automatisch ins Spiel, wenn es um die Umsetzung von mehrschichtigen Client-Server-Anwendungen mit Visual Basic geht. Auch COM-Komponenten, ActiveX-Steuerelemente, ActiveX-Dokumente, Datenbankverbindungs-, Datenbankabfragen und WebClass-Komponenten basieren bei Visual Basic 6.0 auf Klassen, sodass sie spätestens wenn es um diese Themen geht, keine Option mehr darstellen, sondern zu einem festen Bestandteil der Programmiersprache gehören. Es gibt also keinen Grund, Klassen und die davon abgeleiteten Objekte als eine »exotische« Eigenheit von VBA zu sehen, die für die tägliche Programmierpraxis keine Bedeutung hat. Schon gar nicht sollte man Klassen in die Kategorie »fortgeschrittene Programmierung« einstufen. Sie sind so elementar, dass sie Bestandteil jeder VBA-Einführung sein sollten.

Sie lesen in diesem Kapitel etwas über:

➥ Was ist eine Klasse?

➥ Wie aus einer Klasse ein Objekt wird

➥ Das erste Beispiel mit Klasse

➥ Definieren von Eigenschaften und Methoden

➡ Eigenschaftsprozeduren

➡ Implementieren von Ereignissen

➡ Der Klassengenerator

➡ Polymorphismus und die *Implements*-Anweisung

➡ Warum Objekte für die Programmierung so wichtig sind

Fortgeschrittenere Themen, wie öffentliche Klassen, das Abspeichern einer Klasse, Fehlerbehandlung in Klassen oder die Anbindung einer Klasse an eine Datenbank, werden in Kapitel 21 behandelt.

11.1 Was ist eine Klasse?

Klassen sind dazu da, Objekte zu definieren. Eine Klasse legt sowohl die *Schnittstelle* eines Objekts, d.h. die Namen und Datentypen seiner Eigenschaften und Methoden, seine Ereignisse, sowie (im Allgemeinen) den dahinterstehenden Programmcode fest. VBA kennt allerdings keine »Class-Anweisung«, wie sie es in anderen Programmiersprachen gibt. Stattdessen wird eine Klasse durch Hinzufügen eines Klassenmoduls zum aktuellen Projekt definiert. Ein Klassenmodul ist ein Modul in einem Visual-Basic-Projekt, in dem die Eigenschaften, Methoden und Ereignisse eines neuen Objekts festgelegt werden. Nach dem Hinzufügen ist es (im Allgemeinen, d.h. wenn kein Add-In beteiligt war) noch leer und enthält lediglich die Prozedurrahmen der verschiedenen Ereignisse des *Class*-Objekts. Es ist die Aufgabe des Programmierers, Prozeduren einzufügen und Variablen zu deklarieren und so die Klasse mit Leben zu füllen.

11.1.1 Wie wird aus einer Klasse ein Objekt?

Bislang ist alles noch ganz einfach. Für jede Klasse, die innerhalb des Programms zur Verfügung stehen soll, wird ein Klassenmodul zum Projekt hinzugefügt. Nun ist eine Klasse aber nichts, das man direkt in einem Programm ansprechen kann. Heißt ein Klassenmodul in einem Projekt zum Beispiel *clsTest* und enthält dieses Modul eine Prozedur mit dem Namen *LosGehts*, so ist der Aufruf der Prozedur in der Form

```
clsTest.LosGehts
```

anders, als bei einem allgemeinen Modul, nicht zulässig. Die Klasse definiert lediglich einen Objekttyp, ähnlich wie die *Type*-Anweisung in VBA nur den Strukturtyp und keine Variable definiert. Damit dieser aktiv und in einem Programm benutzt werden kann, muss als erstes eine Variable definiert werden, die als »Datentyp« (in diesem Fall spricht man von einem Objekttyp) den Namen der Klasse erhält:

```
Private C As clsTest
```

Das Ergebnis ist eine Objektvariable mit dem Namen *C*, die für ein Objekt der Klasse *clsTest* stehen kann. Im Moment ist *C* aber noch nicht belegt. Kurz nach der Deklaration besitzt es den Wert *Nothing*, was in Objektsprache soviel bedeutet wie nichts. Mit anderen Worten, die Variable *C* enthält zwar einen Datypen, aber noch keine Referenz auf ein existierendes Objekt. Das ändert sich im zweiten Schritt, in dem die Variable *C* einen Wert erhält. Allerdings müssen VBA-Programmierer auch hier umlernen, denn die Anweisung

```
C = clsTest
```

ist ebenfalls nicht erlaubt. Objektvariablen erhalten ihre Werte immer über die *Set*-Anweisung. Und da ein Objekt noch nicht existiert, sondern erst angelegt werden soll, muss zusätzlich das Schlüsselwort *New* aufgeführt werden:

```
Set C = New clsTest
```

Diese Anweisung weist der Variablen *C* eine Referenz auf ein Objekt im Arbeitsspeicher zu. Ein Vorgang, der als *Instanzierung* bezeichnet wird.

Das war alles. Jetzt existiert eine Objektvariable *C*, die für alle Eigenschaften und Methoden des (gleichnamigen) Objekts steht. Dem Aufruf der Methode steht nichts mehr im Weg:

```
C.LosGehts
```

Halten wir fest, ein Klassenmodul definiert einen Objekttyp, der, z.B. über eine *Private*-oder -*Dim*-Anweisung, zur Deklaration von Objektvariablen und über die *Set*-Anweisung zum Erzeugen einer Instanz verwendet werden kann. Ein Klassenmodul definiert eine Klasse, das heißt, die Eigenschaften und Methoden eines Visual-Basic-Objekts. Die Begriffe Klasse und Objekttyp sind bei Visual Basic identisch.

Klassenmodule besitzen keine Benutzeroberfläche, sie sind vielmehr fensterlos (sie können allerdings ein Formular sowohl gebunden als auch ungebunden laden und anzeigen oder innerhalb einer Prozedur die *Msgbox*-Methode aufrufen). Möchten Sie ein Objekt mit einer eigenen Oberfläche, das auf einem Formular angeordnet werden kann, müssen Sie, wie es in Kapitel 20 gezeigt wird, ein ActiveX-Steuerelement erstellen.

11.1.2 Klassen sind allgegenwärtig

Das Prinzip der (Objekt-) Klassen gab es bei Visual Basic zwar von Anfang an, doch erst mit Visual Basic 4.0 wurde es über die Klassenmodule möglich, neue Objektklassen anzulegen. Bis dato gab es lediglich die verschiedenen Steuerelemente, die stets einer bestimmten Objekt-klasse angehörten. Ein Bezeichnungsfeld gehört zur Klasse »Label«, eine Schaltfläche zur Klasse »CommandButton« und ein Formular zu jener Klasse, die den gleichen Namen wie das Formular besitzt. Wird ein Bezeichnungsfeld auf einem Formular angeordnet, wird eine *Instanz*, d.h. eine weitere »Kopie«, der betreffenden Klasse erzeugt. Um eine Instanz einer Klasse zu erhalten, muss eine Variable, z.B. über eine *Private*-Anweisung, mit dem Namen der Klasse, d.h. dem Objekt-typ, instanziert werden.

11.1.3   Klassenmodule hinzufügen

Möchten Sie in einem Visual-Basic-Projekt eine neue Klasse definie-ren, müssen Sie über den Menübefehl PROJEKT | KLASSENMODUL HIN-ZUFÜGEN ein neues Klassenmodul hinzufügen. Es erscheint ein Aus-wahldialog, über den Sie auswählen können, ob Sie ein neues und leeres Klassenmodul einfügen möchten, das Klassenmodul von einem Assistenten (mehr dazu in Kapitel 11.7) anlegen lassen oder ein Add-In (eine spezielle Variante eines Klassenmoduls) erstellen möchten. Alter-nativ können Sie an dieser Stelle auch ein bereits vorhandenes Klas-senmodul (alle Klassenmodule tragen die Erweiterung *.Cls*) einfügen. Schließlich gibt es noch die Möglichkeit, eine Klasse über den Visual Component Manager in das Projekt einzufügen.

Abbildung 11.1:
Beim Einfügen eines Klassen-moduls kann entweder ein leeres Klassen-modul ange-legt, ein Assi-stent bemüht oder ein Klas-senmodul für ein Add-In erstellt werden.

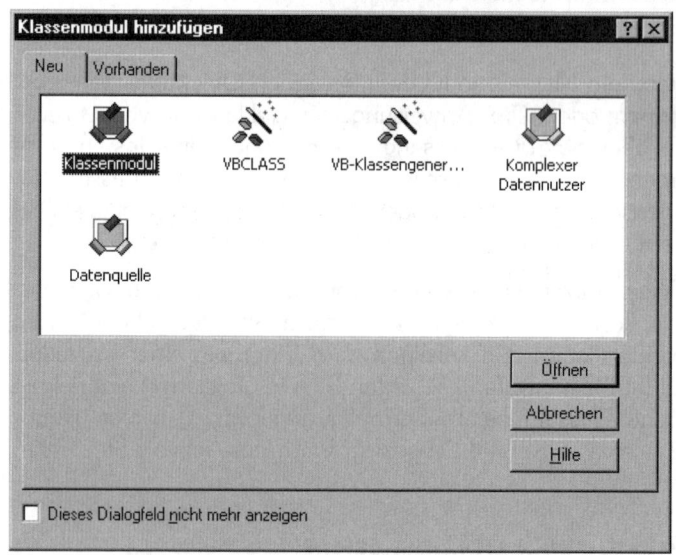

Wählen Sie die Option »Klassenmodul«, wird ein leeres Modul ange-legt. Ein Klassenmodul entspricht bezüglich seines Aufbaus einem all-gemeinen Modul mit einem Unterschied: Es verfügt stets über ein

Class-Objekt, das unter anderem die Ereignisse *Initialize* und *Terminate* besitzt. Bezüglich der Programmierung gibt es ebenfalls einen grundlegenden Unterschied zwischen einem Klassenmodul und einem allgemeinen Modul: Die Prozeduren und Funktionen eines Klassenmoduls werden, wie es bereits in der Einleitung an einem kleinen Beispiel gezeigt wurde, nicht einfach aufgerufen. Vielmehr muss die Klasse zunächst über eine *Private-*, *Public-* oder *Dim*-Anweisung instanziert werden. Das Ergebnis ist eine Objektvariable vom Typ der Klasse, über welche die einzelnen Methoden aufgerufen werden können.

Während die Theorie über Klassen und die davon abgeleiteten (sprich instanzierten) Objekte nicht allzu kompliziert ist, ist die Frage wofür das Ganze benötigt wird, nicht so einfach zu beantworten. Wie es am Ende des Kapitels hoffentlich überzeugend dargestellt wird, ist die Verwendung von Klassen und damit von Objekten weder reiner Selbstzweck, noch führt sie automatisch zu leistungsfähigeren Programmen. Genau wie die Verwendung von Strukturvariablen ein Werkzeug für den Programmierer ist, Datenstrukturen eleganter abbilden zu können, sind auch Klassen Werkzeuge, um komplexe Datenstrukturen besser implementieren und den Programmaufbau, vor allem die Trennung zwischen Programmcode und Daten, besser strukturieren zu können. Gegenüber einer passiven Strukturvariable bieten Klassen den entscheidenden Vorteil, dass auch Funktionscode in der Datenstruktur untergebracht werden kann. Sei es, um objektspezifische Funktionen in Gestalt von Methoden zur Verfügung zu stellen, sei es, um beim Zugriff auf Daten über Eigenschaftsprozeduren eine Überprüfung der Daten durchführen zu können. Nicht zuletzt können Objekte über ihre Methoden mit der Benutzeroberfläche Daten austauschen.

11.2 Das erste Programmbeispiel mit Klassen

Anstatt über die Vor- und Nachteile der objektorientierten Programmierung ausführlich zu debattieren (das erwartet Sie erst am Ende des Kapitels) oder eine akademische Betrachtung fundamentaler OOP-Eigenschaften, wie Vererbung und Polymorphismus, anzustellen, geht es in diesem Abschnitt gleich mit dem ersten Beispiel los. Erinnern Sie sich noch an den kleinen Devisenrechner aus Kapitel 2? Dieses Beispiel soll im Folgenden noch einmal umgesetzt werden, diesmal aber auf der Basis von Klassen. Wie in Kapitel 2 lernen Sie auch in diesem Kapitel zwei Varianten kennen: Eine einfache Variante, bei der Sie den Umgang mit Klassen und Objekten lernen, und einer erweiterten Variante, die Sie schon etwas eher von der Nützlichkeit von Objekten überzeugen könnte[1].

Übung 11.1:
Einfacher Devi-
senrechner mit
Klasse

Im Folgenden wird (wieder einmal) ein kleiner Devisenrechner umgesetzt, der in der Lage ist, einen DM-Betrag in eine voreingestellte Währung (z.B: Euro) umzurechnen. An diesem Beispiel soll der Umgang mit Klassenmodulen, das Implementieren von Eigenschaften und das Instanzieren einer Klasse deutlich werden.

Schritt 1

Starten Sie Visual Basic und legen Sie ein neues Standard-Exe-Projekt an. Geben Sie dem Projekt den Namen »Bsp11_01«.

Schritt 2

Geben Sie dem Formular den Namen »frmHaupt«, und ordnen Sie auf dem Formular die Steuerelemente so an wie es in Abbildung 11.2 zu sehen ist. Die zu ändernden Eigenschaften sind in Tabelle 11.1 aufgeführt.

Tabelle 11.1:
Die Benutzer-
oberfläche von
Übung 11.1.

Eigenschaft	Alter Wert	Neuer Wert
Name	Text1	txtDMBetrag
Text	Text1	-
Name	Text2	txtErgebnis
Text	Text2	-
Locked (bei *txtErgebnis*)	False	True

Abbildung 11.2:
Diese Eigen-
schaften erhal-
ten in Übung
11.1 neue Werte.

---

[1] Eine gewisse Grundskepsis in allen Ehren, aber über die Nützlichkeit von Klassen darf es grundsätzlich keine Zweifel geben, wenngleich man von Fall zu Fall prüfen muss, wie sinnvoll die Verwendung von Klassen für ein bestimmtes Projekt ist. Wie sagt es ein bekannter VBA-Autor in seinem Buch in einer Einleitung »Let's assume objects are good«.

Fügen Sie über das Menükommando PROJEKT | KLASSENMODUL HINZU-FÜGEN ein Klassenmodul hinzu (falls ein weiteres Auswahlfenster erscheint, wählen Sie dort die Kategorie »Klassenmodul«). Ihr Projekt umfasst nun ein Formular und ein Klassenmodul.

Schritt 3

Ändern Sie im Eigenschaftsdialogfenster den Namen der Klasse auf »clsWährung«.

Schritt 4

Geben Sie in das Klassenfenster folgende Anweisungen ein:

Schritt 5

```
Private mWährungsname As String
Private mUmrechnungskurs As Currency
Private mAusgangsbetrag As String
Private mEndBetrag As String
```

Diese Anweisungen haben natürlich nichts mit »Objektprogrammierung« zu tun. Hier werden lediglich ein paar Variablen definiert, die innerhalb der Klasse benötigt werden. Das kleine »m« soll andeuten, dass die Variablen nur innerhalb des Moduls gültig sind. Es sind also keine Eigenschaften.

Jetzt geht es mit der »Objektprogrammierung« los. Als erstes soll das künftige Objekt eine Eigenschaft mit dem Namen Währungsnamen erhalten, über die der Name der Währung sowohl gesetzt als auch abgefragt werden kann. Da es sich daher um eine Lese-/Schreibeigenschaft handelt, werden sowohl eine Property Let- (Zuweisen) als auch eine Property Get-Prozedur (Lesen) benötigt:

Schritt 6

```
Property Let Währungsname (tmpName As String)
    mWährungsname = tmpName
End Property

Property Get Währungsname() As String
    Währungsname = mWährungsname
End Property
```

Schauen Sie sich dieses »Pärchen« gut an, Sie werden es noch sehr oft benutzen. Lesen Sie nicht weiter, bevor Sie nicht die Bedeutung verstanden haben. *Property Let* wird aufgerufen, wenn später die Eigenschaft *Währungsname* einen Wert erhält. In diesem Fall wird der zugewiesene Wert durch das Prozedurargument *tmpName* vertreten. Dieser wird der Variablen *mWährungsname*, die bereits definiert wurde, zugewiesen. *Property Get* wird dagegen aufgerufen, wenn später die Eigenschaft abgefragt wird (etwa in einem Ausdruck). Hier geht es darum, den »irgendwo« zwischengespeicherten Wert als Funktionsrückgabewert zu übergeben. *Property Get* entspricht daher einer Funktion (auch wenn sie als Prozedur bezeichnet wird), die einen (im Prinzip beliebigen) Wert zurückgibt.

Schritt 7 Unser Objekt soll nicht eine Eigenschaft, sondern noch drei weitere Eigenschaften erhalten: *Umrechnungskurs*, *Ausgangsbetrag* und *Endbetrag* (Sie werden später noch erfahren, dass dies auch sehr viel einfacher geht). Da es sich stets um Lese-/Schreibeigenschaften handelt, werden drei *Property Let/Property Get*-Pärchen benötigt:

```
Property Let Umrechnungskurs(tmpKurs As Currency)
    mUmrechnungskurs = tmpKurs
End Property

Property Get Umrechnungskurs() As Currency
    Umrechnungskurs = mUmrechnungskurs
End Property

Property Let Ausgangsbetrag(tmpKurs As Currency)
    mAusgangsbetrag = tmpKurs
End Property

Property Get Ausgangsbetrag() As Currency
    Ausgangsbetrag = mAusgangsbetrag
End Property

Property Let EndBetrag(tmpKurs As Currency)
    mEndBetrag = tmpKurs
End Property

Property Get EndBetrag() As Currency
    EndBetrag = mEndBetrag
End Property
```

Sie sehen, man kann sich wirklich daran gewöhnen. Auch wenn das Zusammenspiel von *Property Get* und *Property Let* am Anfang vielleicht ein wenig undurchsichtig erscheinen mag, es gibt am Ende alles einen Sinn.

Natürlich sind die *Property*-Prozeduren nicht auf das Zuweisen eines Wertes beschränkt. Es handelt sich um normale Prozeduren – alles ist im Prinzip erlaubt. So wäre es denkbar, vor der Zuweisung an eine Variable erst einmal eine Eingabeprüfung durchzuführen:

```
Property Let Währungsname (tmpName As String)

    If tmpName = "" Then
        tmpName = "Dollar"
    End I

    mWährungsname = tmpName
End Property
```

Schritt 8 Damit Sie in dieser ersten Übung auch eine Methode implementieren können, wird das Objekt um eine Methode mit dem Namen *Umrechnen* erweitert. Moment, Methode? Wird dafür etwa auch eine spezielle

Anweisung benötigt, die ich vielleicht überlesen habe? Keine Sorge, die Microsoft-Programmierer haben sich wirklich Mühe gegeben, die »Objektprogrammierung« so einfach und vor allem so Visual-Basic-typisch wie möglich zu gestalten: Fügen Sie einfach eine *Sub*- oder *Function*-Prozedur in das Klassenmodul ein. Sofern nicht das Schlüsselwort *Private* vorausgeht, wird daraus automatisch eine Methode:

```
Sub Umrechnen()
    mEndBetrag = mAusgangsbetrag / mUmrechnungskurs
End Sub
```

Diese Methode gibt keinen Wert zurück (sonst wäre es eine *Function*). Stattdessen führt sie eine simple Berechnung durch und weist das Ergebnis der privaten Variablen *mEndBetrag* zu. Was mit dem Ergebnis geschieht, muss ich doch noch irgendwo festlegen? Eben nicht, denn genau dafür gibt es doch schon die folgende *Property Get*-Prozedur:

```
Property Get EndBetrag() As Currency

    EndBetrag = mEndBetrag

End Property
```

Wird später im Programm die Eigenschaft *EndBetrag* abgefragt, wird diese Prozedur aufgerufen und der Wert von *mEndbetrag* wird zurückgegeben:

```
Msgbox Prompt:= "Der Endbetrag ist:" & D.EndBetrag
```

Damit ist die Klasse *clsWährung* erst einmal komplett. Sie verfügt über vier Eigenschaften und eine Methode. Möchten Sie das alles auf einen Blick sehen, dann rufen Sie über die [F2]-Taste den Objektkatalog auf, und wählen Sie aus der Liste der Objektbibliotheken den Projektnamen aus.

Nachdem die Klasse *clsWährung* fertiggestellt wurde, müssen auch in **Schritt 9** das Formular (also in die Klasse *frmHaupt*) ein paar Anweisungen eingefügt werden. Vor allem geht es darum, die Klasse zu instanzieren. Das geschieht bereits innerhalb von *Form_Load*:

```
Private W As clsWährung

Private Sub Form_Load()

    Set W = New clsWährung

    W.Umrechnungskurs = 1.96
    W.Währungsname = "Euro"

End Sub
```

Abbildung 11.3: Der Objektkatalog zeigt die Eigenschaften und Methoden der Klasse »clsWährung« an.

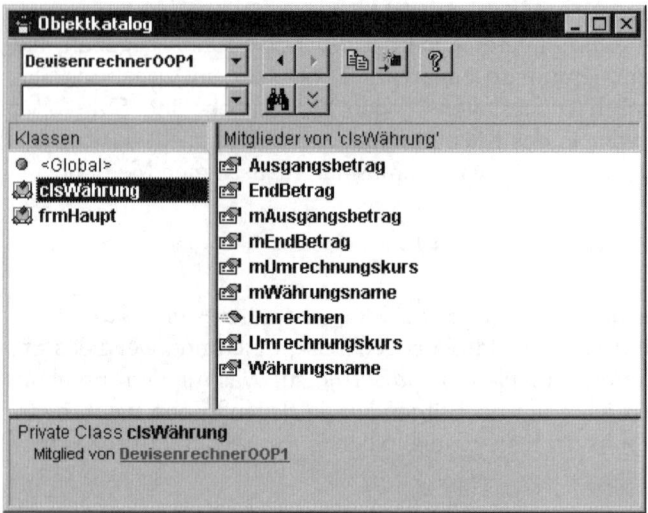

Die erste *Private*-Anweisung deklariert eine Variable mit dem Namen *W* vom Typ *clsWährung*. Dadurch erfolgt aber noch keine Instanzierung. Diese geschieht mit der *ersten Set*-Anweisung innerhalb von *Form_Load*. Das *New*-Schlüsselwort sorgt dafür, dass eine neue Instanz angelegt und die Referenz auf das angelegte Objekt in der Variablen *W* gespeichert wird. Mit den nächsten beiden Anweisungen erhalten die Eigenschaften *Umrechnungskurs* und *Währungsname* ihren Wert. Sie wissen, was dadurch passiert: In beiden Fällen wird die entsprechende *Property Let*-Prozedur aufgerufen.

Schritt 10 Damit unser Devisenrechner rechnet, muss irgendwann die *Umrechnen*-Methode aufgerufen werden. Das geschieht in der *Change*-Ereignisprozedur, also immer dann, wenn in das Textfeld ein neues Zeichen eingegeben wird:

```
Private Sub txtEingabe_Change()

    If IsNumeric(txtDMBetrag.Text) = True Then
        W.Ausgangsbetrag = txtDMBetrag.Text
        W.Umrechnen
        txtErgebnis.Text = Format(W.EndBetrag, "0.00") & " " &
W.Währungsname
    Else
        txtErgebnis.Text = "ERROR"
    End If
End Sub
```

Nach der üblichen Abfrage, ob das Textfeld überhaupt einen numerischen Inhalt besitzt, wird die Umrechnung in drei Schritten durchgeführt:

1. Die Eigenschaft *Ausgangsbetrag* erhält einen Wert.

2. Die Methode *Umrechnen* wird aufgerufen.

3. Die Eigenschaft *EndBetrag* wird abgefragt.

Natürlich, und dieser Aspekt ist wichtig, muss das nicht in drei Schritten geschehen. Dies geschah lediglich aus didaktischen Gründen, damit Sie an einem sehr einfachen Beispiel die Implementierung von Eigenschaften und Methoden in Ruhe üben können. In der Praxis würde man auf die Eigenschaften *Ausgangsbetrag* und *EndBetrag* vermutlich verzichten und die Methode *Umrechnen* dahingehend erweitern, dass ihr der Ausgangsbetrag als Argument übergeben wird und sie das Ergebnis als Rückgabewert zurückgibt:

```
Function Umrechnen(tmpBetrag As Currency) As Currency

    Umrechnen = tmpBetrag / mUmrechnungskurs

End Sub
```

Das ist das Schöne an der Objektprogrammierung, dass Sie Ihnen bezüglich der Implementierung keine Regeln auferlegt. Klassenmodule und *Property*-Prozeduren sind lediglich das Grundwerkzeug. Wie daraus Objekte werden, bleibt Ihnen überlassen.

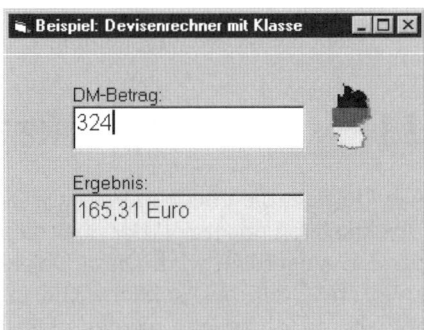

Abbildung 11.4: Der Devisenrechner mit Klasse in Aktion – »objektorientiert« sieht er doch irgendwie besser aus?

Nach dem Start des Programms werden Sie wenig Unterschiede zu der Version aus Kapitel 2, die noch ohne Klassen auskam, feststellen. Daß ist auch nicht der Sinne der Objektprogrammierung. Programme, die mit Klassen arbeiten, bieten Vorteile, die dem Entwickler (und damit indirekt auch dem Anwender) zugute kommen:

▪➤ Das Programm ist klarer strukturiert.

▪➤ Das Programm ist leichter erweiterbar.

▪➤ Das Programm ist weniger fehleranfällig.

▪➤ Das Programm wird skalierbar.

Alle drei Vorteile können zu diesem Zeitpunkt noch nicht bewiesen werden (Kapitel 21 geht etwas mehr in diese Richtung), da dafür das Beispiel einfach zu klein ist. Aber die Ansätze sind erkennbar:

➡ Der Devisenrechner ist klarer strukturiert, da sich die Programmlogik in einer Klasse befindet. Wird die Klasse ausgetauscht, ändert sich dadurch nicht zwangsläufig der Zugriff auf die Klasse.

➡ Der Devisenrechner ist erweiterbar. Es können jederzeit neue Eigenschaften und Methoden hinzugefügt werden, ohne dass die Programmteile, die auf die Klasse bisher zugegriffen haben, angepasst werden müssen.

➡ Der Devisenrechner ist weniger fehleranfällig, da die Verwendung von Klassen den modularen Aufbau stärker unterstützt (modular ist immer besser). Wurde die Klasse debuggt, also fehlerfrei gemacht, steht sie als Komponente innerhalb des Projekts oder auch für andere Projekte zur Verfügung.

➡ Der Devisenrechner ist skalierbar. Wandeln Sie die Klasse in ein ActiveX-DLL um, sodass Sie anderen Programmen zur Verfügung steht. Sollte die Klasse eines Tages nicht nur einen, sondern vielleicht 1.000 Klienten besitzen, etwa weil sie auf der Webseite in einem Intranet eingesetzt wird, integrieren Sie sie mit wenig Aufwand in den Microsoft Transaction Server, der sich um die Ressourcenverwaltung kümmert.

11.3 Der Objektkatalog

Alle Objekte, die in einem Projekt zur Verfügung stehen, werden vom Objektkatalog angezeigt, der über die F2-Taste als Fenster innerhalb der IDE aufgerufen wird. Diese Objekte halten sich nicht an »geheimnisvollen« Orten auf, sondern sind in EXE-, DLL- und OCX-Dateien enthalten. Beschrieben werden diese Objekte durch *Objektbibliotheken* (auch *Typenbibliotheken*, engl. »type libraries«) genannt. Der Objektkatalog ist daher streng genommen kein Betrachter für Objekte, sondern für den Inhalt von Objektbibliotheken, die eine Beschreibung, nicht aber den Programmcode von Objekten enthalten. Über den Objektkatalog (engl. »Object browser«) erfahren Sie nicht nur die Namen der zur Verfügung stehenden Objekte, sondern auch die Namen und Datentypen der Eigenschaften, Methoden, Ereignisse und Konstanten, die ebenfalls in einer Objektbibliothek enthalten sind.

Es ist wichtig zu verstehen, dass der Objektkatalog nur jene Objektbibliotheken anzeigt, die von Anfang an Bestandteil des Projekts sind oder nachträglich über den Menübefehl PROJEKT | VERWEISE hinzugeladen wurden. Wenn Sie im Objektkatalog bestimmte Objekte vermissen heißt das daher nicht automatisch, dass diese Objekte auf Ihrem PC nicht zur Verfügung stehen. Die dazugehörigen Objektbibliotheken müssen nachträglich geladen werden.

Mit Hilfe des Objektkatalogs können Sie:

- Eine Liste aller eingebundenen Objektbibliotheken (Typenbibliotheken) und deren Inhalt auflisten.

- Eine Übersicht aller zu einer Komponente gehörenden Eigenschaften und Methoden erhalten, sowie eine Syntaxbeschreibung.

- Die in einem allgemeinen Modul oder einem Formular definierten Mitglieder (Eigenschaften, Funktionen und Prozeduren) auflisten.

- Die Werte und Namen von vordefinierten Konstanten erfahren, denn auch Konstanten werden in Objektbibliotheken gespeichert.

- Nach Objekt-, Eigenschafts-, Methoden- oder Konstantennamen suchen.

- Einen Hilfetext zu einem Objekt oder eines seiner Eigenschaften und Methoden erhalten (sofern die Hilfedatei zur Verfügung steht).

Der Objektkatalog ist zwar leicht zu bedienen, es dürfte aber eine Weile dauern, bis Sie sich vollständig damit zurechtfinden, zumal er für die Programmierung nicht benötigt wird. Vor allem müssen Sie die kleinen Symbole kennen lernen, durch die der Typ eines aufgelisteten Elements angegeben wird. Eine Übersicht über alle in Frage kommenden Symbole finden Sie in Tabelle 11.2.

Der Objektkatalog listet nicht nur Komponenten (Klassen) auf. Hier finden Sie auch Konstanten sowie die »klassischen« Teile eines Visual-Basic-Programms, die Module und die in ihnen enthaltenen Prozeduren und Funktionen (auch Module und Formulare sind Klassen, wenngleich mit gewissen Eigenheiten). Nutzen Sie den Objektkatalog so oft wie möglich, denn über ihn erhalten Sie einen direkten Zugriff auf alle Komponenten Ihres Visual-Basic-Programms.

Abbildung 11.5:
Die Objektbib-
liothek, deren
Objekte ange-
zeigt werden
soll, wird aus
einer Liste aus-
gewählt.

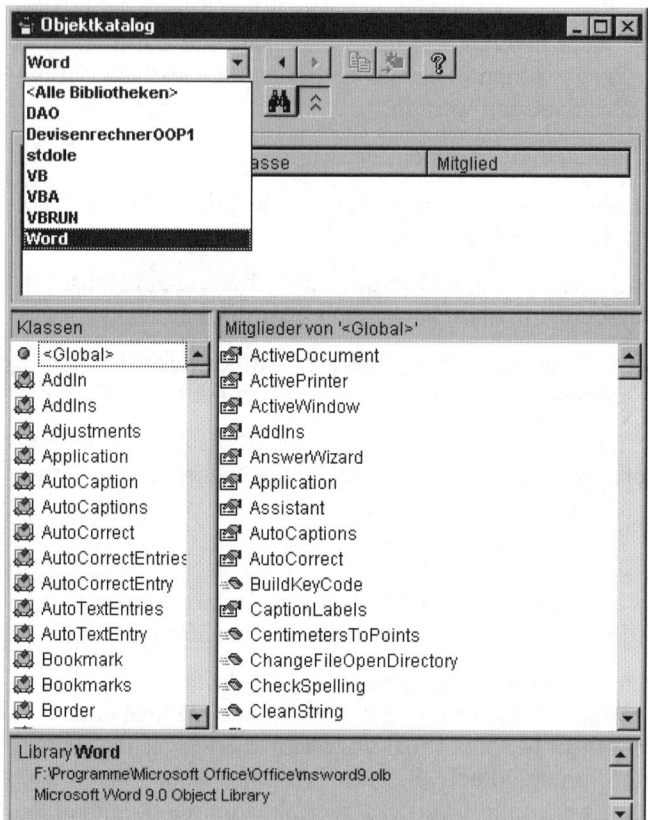

Tabelle 11.2:
Die gängigsten
Symbole des
Objektkatalogs
und ihre Bedeu-
tung.

Symbol	Bedeutung
◎	Globale Objekte (z.B. öffentliche Variablen in einem Modul).
🗔	Klassen
🖧	Module
🗐	Enumerationen (Konstanten)
🗔	Eigenschaften
🖎	Methoden
⚡	Ereignisse

Stellen Sie fest, wie viele Objekte (Klassen) die Objektbibliothek »VBA« **Übung:**
enthält. Sind es 2, 12 oder 124? Öffnen Sie dazu den Objektkatalog,
wählen Sie in der Auswahlliste in der linken oberen Ecke den Eintrag
»VBA« und zählen Sie die Einträge, denen ein Klassensymbol vorausgeht. Dann finden Sie die gesuchte Anzahl.

Eine Eigenschaft, die leicht übersehen wird, ist die Möglichkeit, :-)
zwischen verschiedenen Definitionen vor- und zurückblättern zu TIP
können. Haben Sie z.B. eine Syntaxbeschreibung aufgerufen und
auf eine Verknüpfung geklickt, um mehr über die Enumerationsty-
pen zu erfahren, gelangen Sie durch Anklicken des Pfeilsymbols
wieder zur letzten Definition zurück.

11.4   Hinzufügen von Eigenschaften

Die Eigenschaften einer Klasse werden über Eigenschaftsprozeduren
implementiert. Eine Eigenschaftsprozedur wird durch die *Property*-An-
weisung eingeleitet. Anschließend folgt entweder der Zusatz *Let* (oder
Set bei Objekteigenschaften) wenn die Eigenschaft einen Wert erhalten soll oder der Zusatz *Get* wenn der Wert der Eigenschaft abgefragt
werden soll. Wann immer später eine Eigenschaft einen Wert erhält
oder der Wert der Eigenschaft abgefragt wird, wird die entsprechende
Eigenschaftsprozedur aufgerufen. Im Rahmen dieser Prozedur können
Sie elegant und vor allem abgekapselt innerhalb des Objekts überprüfen, ob der zugewiesene Wert in Ordnung ist und ihn gegebenenfalls
durch einen anderen Wert ersetzen. Außerdem lassen sich Eigenschaften auf diese Weise als Nur-Lese-Eigenschaften deklarieren, da, wenn
keine *Property-Let*-Prozedur existiert, auch kein Schreibzugriff möglich ist.

Visual Basic kennt drei Typen von Eigenschaftsprozeduren:

➡ *Property-Get*-Prozeduren

➡ *Property-Let*-Prozeduren

und

➡ *Property-Set*-Prozeduren

Während eine *Property-Get*-Prozedur aufgerufen wird, wenn der Wert
einer Eigenschaft gelesen wird, erfolgt der Aufruf der *Property-Let*-
Prozedur beim Zuweisen eines Wertes an die Eigenschaft. Die *Property-Set*-Prozedur wird nur dann aufgerufen, wenn es sich bei der Eigenschaft, die einen Wert erhalten soll, um eine Objekteigenschaft handelt. Eine Objekteigenschaft ist eine Eigenschaft, die eine Referenz auf

ein Objekt zurückgibt (die *ActiveControl*-Eigenschaft eines Formulars ist eines von vielen Beispielen – sie gibt eine Referenz auf ein Objekt vom Typ *Control* zurück). Ein Pendant zur *Property-Set*-Prozedur gibt es nicht, da das Abfragen von Objektreferenzen (sofern es benötigt wird) über eine *Property-Get*-Prozedur erledigt werden kann.

Tabelle 11.3: Property-Anweisungen für die Definition von Eigenschaftsprozeduren.

Eigenschaftenprozedur	Bedeutung
Property-Get	Wird für das Lesen eines Eigenschaftenwerts verwendet. Damit kann der gelesene Wert der (internen) Eigenschaft z.B. vor der Übergabe an eine Variable überprüft werden und gegebenenfalls geändert werden.
Property-Let	Wird für die Zuweisung eines Werts an eine Eigenschaft verwendet. Damit kann der zugewiesene Wert vor der Zuweisung an die (interne) Eigenschaft überprüft und gegebenenfalls geändert werden.
Property-Set	Wird für die Zuweisung eines Objekts an eine Eigenschaft verwendet, wenn die Eigenschaft einen Objektdatentyp besitzt. Damit kann das zugewiesene Objekt vor der Zuweisung an ein (internes) Objekt überprüft werden.

Die Property-Get-Anweisung

```
[Friend | Public | Private][Static] Property Get Name _
[(Argumentliste)][As Type]
        [Anweisungen]
        [Name = Ausdruck]
    [Exit Property]
  [Anweisungen]
  [Name = Ausdruck]
End Property
```

Die Property-Let-Anweisung

```
[Friend | Public | Private][Static] Property Let Name _
[(Argumentliste,] Wert)
        [Anweisungen]
        [Exit Property]
        [Anweisungen]
End Property
```

Die Property-Set-Anweisung

```
[Friend | Public | Private][Static] Property Set Name _
[(Argumentliste,] Referenz)
        [Anweisungen]
```

```
        [Exit Property]
      [Anweisungen]
End Property
```

Die Syntaxbeschreibung macht es deutlich: Bei den Eigenschaftsprozeduren handelt es sich im Grunde um gewöhnliche Prozedurdefinitionen
(aus diesem Grund sollen die einzelnen Elemente an dieser Stelle nicht
näher erklärt werden, da dies bereits in Kapitel 9 an der Reihe war).
Anstelle von *Sub* bzw. *Function* muss einfach nur »Property« geschrieben werden. Allerdings gibt es ein paar Unterschiede:

1. Eigenschaftsprozeduren definieren in Klassenmodulen oder Formularen eine einzelne Eigenschaft. Werden die Anweisungen *Property Set* und *Property Get* paarweise verwendet, stehen sie für ein
   und dieselbe Eigenschaft. Visual Basic ruft *Property Let* (bzw. *Property Set* bei Objektvariablen) auf, wenn die Eigenschaft einen
   Wert erhält (auch wenn dies innerhalb des gleichen Moduls geschieht) und *Property Get*, wenn die Eigenschaft gelesen wird.

2. Auch allgemeine Module können Eigenschaftsprozeduren enthalten. Diese müssen allerdings nicht instanziert werden. Allgemeine
   Module spielen, auch wenn es sie bei Visual Basic von Anfang an
   gegeben hat, aus der neuen objektorientierten Sichtweise die Rolle
   von »statischen Klassen«, wenngleich allgemeine Module keine
   Klassen sind (sie werden lediglich syntaktisch so behandelt).

3. Visual Basic sorgt dafür, dass der Prozedurname einer Eigenschaftsprozedur als Eigenschaft und nicht als Methode im Klassenmodul
   geführt wird. Eine *Property-Let*-Prozedur wird ausgeführt, wenn
   die Eigenschaft (Prozedurname) beim Zugriff auf eine instanzierte
   Objektvariable einen Wert erhält.

Am Anfang erscheinen Eigenschaftsprozeduren etwas unhandlich. So
muss der Datentyp des Rückgabewertes einer *Property-Get*-Prozedur
stets der gleiche sein wie der Datentyp des letzten (oder einzigen) Arguments der korrespondierenden *Property-Let*-Prozedur. Das ist auch
logisch, denn da *Property Let* und *Property Get* für ein und dieselbe
Eigenschaft stehen, muss *Property Get* den gleichen Datentyp zurückgeben, der über *Property Let* zugewiesen wurde. Nicht ganz einsichtig
dürfte am Anfang sein, wozu die *Property-Get*-Prozedur Prozedurparameter benötigt wird. Das kommt in der Tat nur dann vor, wenn es
sich bei einer Eigenschaft um eine Feldvariable handelt und für das Ansprechen der Eigenschaft ein Index übergeben werden muss.

Übung Im folgenden Beispiel wird die Eigenschaft *WurzelOperand* des Klassenmoduls *clsRechenmaschine* durch eine *Property-Let-* und eine *Property-Get*-Prozedur definiert. Über die *Property-Let*-Prozedur besteht u. a. die Möglichkeit bei der Wertzuweisung zu prüfen, ob der zugewiesene Wert negativ ist.

Listing 11.1: Die Eigenschaft WurzelOperand der Klasse clsRechenmaschine wird über eine Eigenschaftenprozedur implementiert.

```
Private mImaginär As Boolean
Private mOperand As Double

Public Property Let WurzelOperand(Wert As Double)
    If Wert < 0 Then
        mImaginär = True
    Else
        mOperand = Wert
    End If
End Property

Public Property Get WurzelOperand() As Double
    If mImaginär = True Then
        WurzelOperand = 0
    Else
        WurzelOperand = mOperand
    End If
End Property
```

Beim Zugriff auf die Eigenschaft spielt es keine Rolle, ob diese über eine Eigenschaftsprozedur oder nur eine öffentliche Variable implementiert wurde:

```
Private Rechner As clsRechenmaschine
Set Rechner = New clsRechenmaschine
Rechner.WurzelOperand = -1
Debug.Print WurzelOperand
```

Diese Zuweisung an die Eigenschaft *WurzelOperand* führt dazu, dass im Klassenmodul die *Property-Let*-Prozedur aufgerufen und der zugewiesene Wert -1 in Form der Prozedurvariablen *Wert* übergeben wird. Ist der übergebene Wert negativ, erhält die im Klassenmodul definierte interne Variable *mImaginär* (der Präfix »m« soll andeuten, dass es sich um eine auf das Modul bezogene Variable handelt) den Wert *True*, was später bei der Durchführung der Rechenoperation entsprechend berücksichtigt werden kann (auf das Rechnen mit komplexen Zahlen soll an dieser Stelle nicht eingegangen werden).

Die anschließende Ausgabe des Werts der Eigenschaft *WurzelOperand* führt zur Ausgabe von -1, da dies über den Aufruf der *Property-Get*-Prozedur im Klassenmodul so festgelegt wird.

Beachten Sie, dass (auch wenn scheinbar eine Zuweisung an eine »Eigenschaft« erfolgt) tatsächlich keine echte Zuweisung stattfindet:

```
Rechner.WurzelOperand = -1
```

Diese Zuweisung ruft zunächst nur eine *Property-Let*-Prozedur mit dem Namen *WurzelOperand* auf. Was innerhalb dieser Prozedur passiert, ist Sache des Programmierers, der den zugewiesenen Wert in einer privaten Variablen speichern muss (sie heißt in diesem Beispiel *mOperand*), damit er für Berechnungen zur Verfügung steht. Der Ausdruck *WurzelOperand* steht innerhalb des Klassenmoduls nicht für eine Variable, sondern für eine *Property-Get*-Prozedur. Durch das Ausführen der Prozedur und dem Zuweisen der internen Variablen entspricht der Prozeduraufruf einer Variablenzuweisung.

Eigenschaftsprozeduren sind, da sie für zugängliche Eigenschaften stehen, genau wie Prozeduren und Funktionen standardmäßig öffentlich. Das Schlüsselwort Public ist daher nicht zwingend erforderlich. **Merksatz**

Der folgende Programmausschnitt aus der Klasse *clsTopMannschaften* zeigt, wie einer *Property-Get*-Prozedur ein Argument übergeben wird: **Beispiel**

```
Property Get Mannschaft(tmpIndex As Integer) As String
    If tmpIndex <= UBound(mMannschaftsFeld) Then
        Mannschaft = mMannschaftsFeld(tmpIndex)
    Else
        Mannschaft = "Gibt's ja gar nich'"
    End If
End Property
```

Durch diese *Property-Get*-Prozedur wird eine Feldeigenschaft implementiert, der beim Zugriff folglich ein Index übergeben werden muss:

```
Private X As clsTopMannschaften
Set X = New clsTopMannschaften
MsgBox Prompt:="Der Mannschaftsname ist: " & X.Mannschaft (2)
```

Wenn Sie in einem Klassenmodul sowohl Public-Variablen als auch Eigenschaftsprozeduren verwenden, müssen Sie erst die Variablen und dann die Eigenschaftsprozeduren aufführen. Ansonsten kann es passieren, dass eine Eigenschaft scheinbar nicht vorhanden ist.

Wenn Ihnen das Einfügen von Property-Prozeduren zu umständlich ist, gibt es eine einfache Abkürzung. Führen Sie den Menübefehl Extras | Prozedur einfügen aus, wählen Sie die Kategorie »Property«, und geben Sie den Prozedurnamen an. Beachten Sie, dass die Argumente den Typ Variant erhalten.

Abbildung 11.6:
Dieses Dialog-
feld übernimmt
auch das Anle-
gen des Proze-
durrahmens von
Property-Proze-
duren.

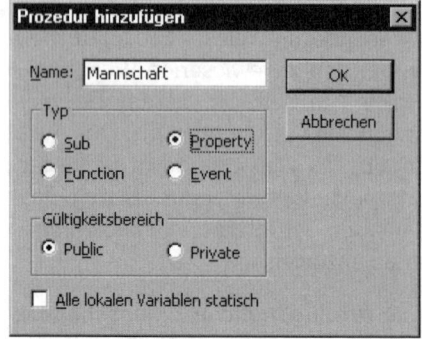

11.4.1 Eigenschaftsprozeduren in einem Formularmodul

Auch ein Formular kann Eigenschaftsprozeduren enthalten. Sie erweitern das Formular dadurch um zusätzliche Eigenschaften, die sich
durch nichts von den »fest eingebauten« Eigenschaften unterscheiden.
Anders als bei Verwendung einer einfachen öffentlichen Variablen, die
ebenfalls wie eine Eigenschaft des Formulars angesprochen wird, besteht hier die Möglichkeit, den zugewiesenen Wert zu überprüfen oder
zu modifizieren.

Beispiel Das folgende Beispiel definiert für ein Formular über eine *Property-
Let-* und eine *Property-Get*-Anweisung eine neue Eigenschaft mit dem
Namen *LoadTime*, die den Zeitpunkt angibt, zu dem das Formular ge-
laden wurde.

Das Formular frmTest

Listing 11.2:
Das Formular er-
hält über eine
Property-Proze-
dur eine neue Ei-
genschaft mit
dem Namen
LoadTime.

```
Option Explicit

Private mLoadTime As Date
Property Let LoadTime(Zeitpunkt As Date)
    mLoadTime = Zeitpunkt
End Property

Property Get LoadTime() As Date
    LoadTime= mLoadTime
End Property
```

Bei *LoadTime* handelt es sich um eine neue Eigenschaft des Formulars, die den Zeitpunkt angibt, zu dem das Formular geladen wurde.

Von einem anderen Formular aus, kann die neue Eigenschaft *Time-
Loaded* des Formulars *frmTest* wie folgt angesprochen werden.

```
?frmTest.LoadTime
22.08.98 00:22:20
```

Damit das Ganze funktionieren kann, muss die neue Eigenschaft *LoadTime* natürlich auch einen Wert erhalten, was beim Laden des Formulars in *Form_Load* geschieht:

```
Me.LoadTime = Now
```

11.5 Hinzufügen von Methoden

Methoden sind neben den Namen, dem Typ, den Eigenschaften und eventuell auch den Ereignissen das fünfte Merkmal eines Objekts. Methoden sind Funktionen, die stets auf ein Objekt angewendet werden. Zur Implementierung von Methoden gibt es nicht viel anzumerken, denn es handelt sich um »gewöhnliche« Prozeduren bzw. Funktionen. Haben Sie daher das Prinzip verstanden, nach dem Prozeduren und Funktionen definiert und aufgerufen werden, wissen Sie auch über Methoden Bescheid. Der einzige Unterschied zwischen einer gewöhnlichen Funktion und einer Methode besteht darin, dass, um eine Methode aufrufen zu können, das Objekt zuerst instanziert werden muss.

11.5.1 Einfache Methoden ohne Argumente

Da eine Methode ohne Argumente einer einfachen Prozedur entspricht, ist dieses Thema schnell abgehandelt. Die folgende Prozedur mit dem Namen *Umrechnen* ist automatisch eine Methode, da sie als öffentliche Prozedur in einem Klassenmodul enthalten ist:

```
Sub Umrechnen ()

    mErgebnis = mDMBetrag * Umrechnungskurs

End Sub
```

11.5.2 Methoden mit Argumenten

Auch zu diesem Thema gibt es zwischen Methoden und gewöhnlichen Prozeduren nichts anzumerken. Einer Methode werden auf die gleiche Weise Argumente übergeben wie einer Prozedur, denn beide sind identisch:

```
Sub Umrechnen(tmpBetrag As Currency)

    mErgebnis = tmpBetrag / mUmrechnungskurs

End Sub
```

Diese Methode muss bei ihrem Aufruf ein Argument erhalten, was beim späteren Aufruf wie folgt aussehen kann:

```
D.Umrechnen 123
```

Warum werden hier keine Klammern verwendet? Weil die Methode keinen Wert zurückgibt und daher auch nicht auf der rechten Seite einer Zuweisung stehen kann.

11.5.3 Methoden, die einen Wert zurückgeben

Wie gewöhnliche Funktionen können auch Methoden einen Rückgabewert besitzen:

```
Function Umrechnen(tmpBetrag As Currency) As Currency

    Umrechnen = tmpBetrag / mUmrechnungskurs

End Sub
```

Diese Methoden kennen Sie bereits aus dem Devisenrechner-Beispiel. Beim späteren Aufruf müssen diesmal Klammern gesetzt werden, denn die Methode gibt einen Wert zurück:

```
Ergebnis = D.Umrechnen (123)
```

Übrigens, und das ist sehr wichtig, Methoden können, wie Funktionen, Objektreferenzen zurückgeben. Das bedeutet, dass Sie auf die Methode weitere Eigenschaften und Methoden folgen lassen können: Nämlich die Eigenschaften und Methoden jenes Objekts, das die Methode zurückgibt. Hier ein Beispiel aus einer erweiterten Form des Devisenrechners, die in Kapitel 21 vorgestellt wird:

```
Ergebnis = D.DevisenListe("Dollar").Umrechnen (123)
```

Diesmal wird die *Umrechnen*-Methode nicht auf das Objekt *Devisen-Liste* angewendet, sondern auf jenes Objekt, das von der Methode (oder Eigenschaft) *DevisenListe* zurückgegeben wird (welches Objekt auch immer das sein mag).

Dies sind Programmiertechniken, die den Einsatz von Klassen erst so attraktiv machen, die einen Einsteiger erfahrungsgemäß aber erheblich verwirren[2]. Spätestens nach Durcharbeiten von Kapitel 21 sollte dieses Thema sehr viel klarer sein.

11.5.4 Methode oder Eigenschaft?

Diese eher triviale Frage ist für OOP-Einsteiger erfahrungsgemäß nicht ganz leicht zu beantworten. Wann ist denn »etwas« eine Eigenschaft, wann eine Methode? Woran kann ich eindeutig erkennen, ob es sich

---

[2] Dies soll keineswegs überheblich klingen, ich kann mich an meine eigene »Verwirrungsphase« noch gut erinnern. Aus meinen Schulungen weiß ich zudem, dass der Umgang mit Eigenschaften oder Methoden, die Objektreferenzen zurückgeben, eine erhebliche »Verständnishürde« darstellt.

um eine Methode handelt (und was ist eigentlich die Aufgabe einer Methode?). Fragen über Fragen, deren Antworten sich erfahrungsgemäß mit der Zeit von alleine einstellen. Zunächst ganz trivial: Eine Eigenschaft steht für ein (passives) Merkmal, eine Methode tut etwas. Hier ein Beispiel für eine Eigenschaft:

```
MeinObjekt.Farbe = RGB (255, 0, 0)
```

Und hier ein Beispiel für eine Methode:

```
MeinObjekt.FarbeEinstellen RGB (255, 0, 0)
```

Das Beispiel zeigt aber auch, dass es keine eindeutige Trennlinie zwischen Eigenschaften und Methoden gibt. Auch Eigenschaften tun etwas, denn es wird stets eine *Property*-Prozedur aufgerufen. Es ist wichtig zu verstehen, dass es der Programmierer des Objekts in der Hand hat festzulegen, was eine Eigenschaft und was eine Methode ist. Wenn Sie Klassen programmieren stehen Sie vor der gleichen Entscheidung. Die Antwort hängt davon ab, wie Sie das (meistens gedanklich vorliegende) Vorbild als Klasse implementieren möchten. Soll die Eigenschaft aktiv eingesetzt werden? Dann implementieren Sie sie als Methode. Ist sie dagegen in erster Linie passiv? Dann implementieren Sie sie als Methode. Es liegt an Ihnen als Autor der Komponente diese möglichst »stark« auszudrücken. In diesem Sinne sind Eigenschaften und Methoden nur verschiedene Ausdrucksform eines Programmelements, das intern (d.h. auf der Ebene von COM) grundsätzlich als Funktion implementiert ist – hier gibt es keine Eigenschaften.

Falls Ihnen das im Moment noch zu abstrakt ist, hier eine einfache **Merksatz** *Merkregel: Auf Eigenschaften darf ein Gleichheitszeichen folgen, auf Methoden nie.*

11.5.5 Kommentieren von Methoden und Eigenschaften

Ein Mittel, die am Anfang mögliche Konfusion ein wenig zu entschärfen ist es, sowohl Eigenschaften als auch Methoden zu kommentieren. Die eingefügten Kommentare erscheinen als Erklärung im Objektkatalog unterhalb der Syntaxbeschreibung und tragen so dazu bei, dass andere Programmierer die von Ihnen implementierten Schnittstellen besser verstehen. Um eine Eigenschaft oder Methode kommentieren zu können, müssen Sie folgende Schritte ausführen:

1. Setzen Sie die Textmarke in die Prozedur oder auf die Eigenschaft.

2. Führen Sie den Menübefehl EXTRAS | PROZEDURATTRIBUTE aus. Es öffnet sich ein Dialogfeld, in dessen Kommentarfeld Sie einen beliebigen Text eingeben können.

Abbildung 11.7:
In diesem Dia-
logfeld kann
jede Eigen-
schaft oder
Methode mit
einem Kommen-
tar versehen
werden.

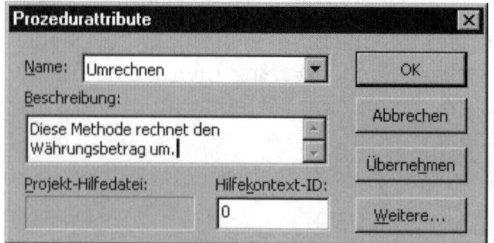

11.6 Implementieren von Ereignissen

Damit aus einer Klasse nicht nur ein Objekt (also eine erweiterte Datenstruktur), sondern auch eine »richtige« Komponente (also z.B. ein
Steuerelement) werden kann, muss eine Klasse in der Lage sein, Ereignisse auszulösen. Dafür ist die *Event*-Anweisung zuständig, durch die
in einem Klassenmodul oder einem Formular eine *Ereignisquelle*
(engl. »event source«) definiert wird. Damit ein von der Ereignisquelle
über die *RaiseEvent*-Anweisung ausgelöstes Ereignis in anderen Modulen (also in Formularen und Klassen, in denen die Klasse instanziert
wurde) wirksam werden kann, muss in diesen Modulen über die Anweisung *WithEvents* eine sog. *Ereignissenke* (engl. »event sink«) definiert
werden. Die Verbindung zwischen Ereignisquelle und Ereignissenke
wird bei der Deklaration der Objektvariablen über die *WithEvents*-An-
weisung hergestellt. Das Definieren einer Ereignisprozedur besteht damit aus drei Schritten:

1. Deklarieren der Ereignisprozedur und ihrer Parameter über eine
   Event-Anweisung.

2. Aufruf der Ereignisprozedur über eine *RaiseEvent*-Anweisung.

3. Definieren einer Ereignissenke in einem Formular oder einem anderen Klassenmodul über eine *WithEvents*-Anweisung.

Übung 11.2:
Benutzerdefi-
nierte Ereig-
nisse in Klas-
sen.
Da der Umgang mit benutzerdefinierten Ereignissen, der im Grunde
sehr einfach ist, am besten an einem Beispiel deutlich wird, zeigt die
folgende Übung Schritt für Schritt, wie Sie in eine Klasse ein Ereignis
einbauen können. Die Syntaxbeschreibung der verwendeten Anweisungen finden Sie in der Visual-Basic-Hilfe.

Selbst definierte Ereignisprozeduren unterliegen, im Vergleich zu normalen Prozeduren, einigen kleineren Einschränkungen. Sie können leider keine benannten Argumente, keine optionalen Argumente und
keine beliebige Anzahl an Argumenten (*ParamArray*-Schlüsselwort)

besitzen. Außerdem können sie keine Rückgabewerte besitzen (allerdings ist es möglich, über als Referenz übergebene Argumente Werte an die Ereignisprozedur zurückzugeben – eine Programmierpraxis, die man nur nach gründlicher Überlegung verwenden sollte).

Das folgende Beispiel enthält in einer Klasse eine kleine Sortierroutine, die ein übergebenes Feld sortiert. Als Sortieralgorithmus wurde der sehr einfach zu implementierende, allerdings bei größeren Feldern sehr ineffektive Bubblesort-Algorithmus verwendet. Der Umstand, dass für ein 1.000-Elemente-Feld über 180.000 Vertauschungen vorgenommen werden, wirkt sich für dieses Beispiel ausnahmsweise einmal positiv aus, denn es soll demonstriert werden, wie die Sortierroutine eine Fortschrittsanzeige auf einem Formular über ein Ereignis aktualisieren kann. Ganz nebenbei lernen Sie in diesem Beispiel, wie Sie einer Eigenschaft auch ein komplettes Feld (wahlweise statisch oder dynamisch) übergeben können.

Starten Sie Visual Basic, wählen Sie als Projekttyp »Standard-EXE«, und fügen Sie auf einem Formular eine Schaltfläche (*cmdSortieren*), zwei Bezeichnungsfelder (*lblFortschritt* und *lblAnzahlVertauschungen*) sowie zwei Listenfelder (*lblVorher* und *lstNachher*) an. **Schritt 1**

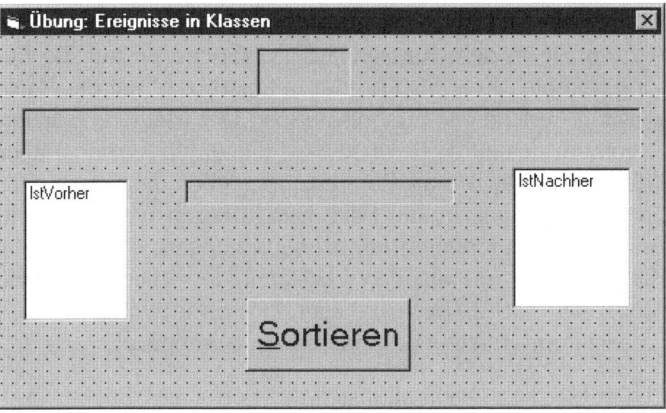

Abbildung 11.8: Die Oberfläche des Beispielprogramms.

Fügen Sie zu dem Projekt ein Klassenmodul (*clsSortieren*) hinzu, und geben Sie den Programmcode aus Listing 11.3 ein. **Schritt 2**

Das Klassenmodul clsSortieren

Listing 11.3: Der Inhalt des Klassenmoduls clsSortieren.

```
Option Explicit
' Private Mitglieder
Private mSortierfeld As Variant
Private mAnzahlVertauschungen As Long
' Hier wird ein Ereignis definiert
Public Event Fortschritt(Schleifenzähler As Integer)
' Die Nur-Lese-Eigenschaft AnzahlVertauschungen
```

```
Property Get AnzahlVertauschungen() As Long
    AnzahlVertauschungen = mAnzahlVertauschungen
End Property
' Die Methode Sortieren
Public Function Sortieren(tmpFeld As Variant) As Long
    Dim n As Integer, m As Integer
    Dim h As Integer
    For n = 1 To UBound(tmpFeld)
        For m = n + 1 To UBound(tmpFeld)
            If tmpFeld(m) < tmpFeld(n) Then
                GoSub Vertausche
                mAnzahlVertauschungen = _
                mAnzahlVertauschungen + 1
            End If
        Next m
' Hier wird ein Ereignis ausgelöst
        RaiseEvent Fortschritt(n)
    Next n
    Sortieren = mAnzahlVertauschungen
Exit Function
Vertausche:
    h = tmpFeld(m)
    tmpFeld(m) = tmpFeld(n)
    tmpFeld(n) = h
    Return
End Function
```

Achten Sie in dem Klassenmodul *clsSortieren* auf die *Event*-Anweisung, die eine Ereignisprozedur definiert, und auf die *RaiseEvent*-Anweisung, welche das Ereignis auslöst. Der Methode *Sortieren* wird als Argument das zu sortierende Feld (Datentyp *Variant*) übergeben. Da Felder grundsätzlich als Referenz übergeben werden, enthält die Funktion einen Zeiger auf das Feld. Der Rückgabewert der Funktion ist die Anzahl der durchgeführten Vertauschungen. Ansonsten enthält das Klassenmodul (bis auf den Umstand, dass hier das Ur-Basic-Anweisungspaar *GoSub/Return* – allerdings ohne zwingenden Grund – zum Einsatz kommt) keine besonderen Anweisungen.

Schritt 3 Fügen Sie dem Deklarationsteil des Formulars die Anweisung aus Listing 11.4 ein. Achten Sie hier besonders auf die *Private*-Anweisung, die die Objektvariable *SortierMich* vom Typ *clsSortieren* erzeugt. Durch das Schlüsselwort *WithEvents* wird gleichzeitig eine Ereignissenke definiert. Das bedeutet nichts anderes, als dass Sie die Ereignisprozeduren der Klasse in dem Formular wie die Ereignisprozeduren eines beliebigen Steuerelements ansprechen können. Machen Sie die Probe aufs Exempel, öffnen Sie im Programmcode-Fenster des Formulars die Objektliste und siehe da, es ist ein Eintrag mit dem Namen »SortierMich« vorhanden. Wählen Sie diesen Eintrag, steht in der Ereignisliste die Ereignisprozedur *Fortschritt* zur Auswahl.

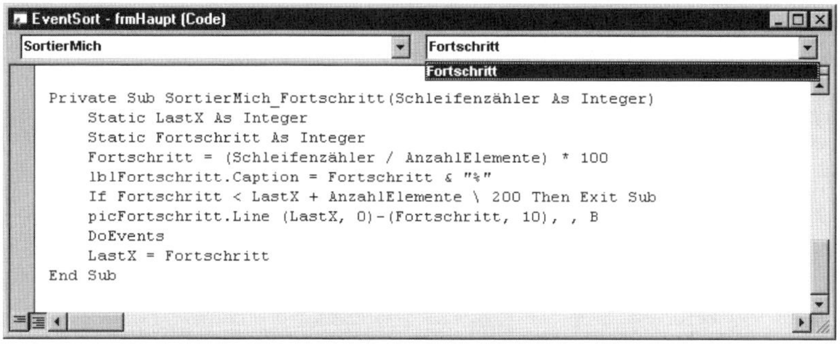

Abbildung 11.9:
Dank With-
Events können
in dem Formu-
lar alle Ereig-
nisse des
Objekts »Sor-
tierMich« ange-
sprochen wer-
den (in diesem
Fall ist es nur ein
Ereignis).

```
' Der Allgemein-Teil
Option Explicit

Const AnzahlElemente = 1000
Private Sortierfeld(AnzahlElemente) As Integer
' Hier wird die Ereignissenke definiert:
' Eine normale Instanz der Klasse clsSortieren
Private WithEvents SortierMich As clsSortieren
```

Listing 11.4:
Der Deklarati-
onsteil des For-
mulars, in dem
die clsSortieren-
Klasse instan-
ziert wird.

Das Deklarieren der Objektvariablen genügt aber noch nicht, zusätzlich **Schritt 4** muss eine neue Instanz der Objektvariablen mit Ereignissenke angelegt werden. Dies geschieht innerhalb von *Form_Load*. Fügen Sie in diese Ereignisprozedur die Anweisungen aus Listing 11.5 ein.

```
Private Sub Form_Load()
    Dim n As Integer, z As Integer
' Hier wird die Ereignissenke aktiviert.
' Ab jetzt können Ereignisse eintreffen
    Set SortierMich = New clsSortieren
    picFortschritt.Scale (0, 0)-(100, 10)
    picFortschritt.FillStyle = vbSolid
    picFortschritt.FillColor = RGB(255, 0, 0)
    For n = 1 To AnzahlElemente
        z = Int(Rnd * 1000)
        Sortierfeld(n) = z
        lstVorher.AddItem Sortierfeld(n)
    Next n
End Sub
```

Listing 11.5:
Der Inhalt der Er-
eignisprozedur
Form_Load.

Nun kann die Ereignisprozedur mit beliebigen Inhalten gefüllt **Schritt 5** werden. In diesem Beispiel soll sie lediglich den Wert des äußeren Schleifenzählers der Sortierroutine übergeben, der als Fortschrittsanzeige »mißbraucht« wird. Fügen Sie in die Ereignisprozedur *SortierMich_Fortschritt* die Anweisungen aus Listing 11.6 ein. Innerhalb dieser Prozedur wird lediglich der aktuelle Schleifenzähler (der bei 1.000 Elementen zwischen 1 und 1.000 liegen kann) in einen Prozentwert umgewandelt und über eine *Line*-Methode als dicker roter Fortschrittsbalken in einem Bildfeld ausgegeben.

Listing 11.6:
Der Inhalt der Er-
eignisprozedur
SortierMich_Fort
schritt.

```
Private Sub SortierMich_Fortschritt_
(Schleifenzähler As Integer)
    Static LastX As Integer
    Static Fortschritt As Integer
    Fortschritt = (Schleifenzähler / AnzahlElemente) * 100
    lblFortschritt.Caption = Fortschritt & "%"
    If Fortschritt < LastX + AnzahlElemente \ 200 Then Exit Sub
    picFortschritt.Line (LastX, 0)-(Fortschritt, 10), , B
    DoEvents
    LastX = Fortschritt
End Sub
```

Schritt 6 Zum Schluss muss die Sortierroutine auch irgendwo aufgerufen werden. Dies geschieht nach Anklicken der Schaltfläche *cmdSortieren.*
Fügen Sie in deren *Click*-Ereignisprozedur die Anweisungen aus Listing 11.7 ein. Achten Sie darauf, auf welche Weise das zu sortierende
Feld übergeben wird. Da eine Referenz auf das Feld übergeben wird,
ist ein Zurückgeben des Felds nicht notwendig. Die Methode greift
über die Referenz vielmehr direkt auf das Feld zu.

Listing 11.7:
Der Inhalt der
Ereignisprozedur
cmdSortieren_-
Click.

```
Private Sub cmdSortieren_Click()
    Dim n As Integer
    Me.MousePointer = vbArrowHourglass
' Die Sortieren-Methode wird aufgerufen
    lblAnzahlVertauschungen.Caption = _
    SortierMich.Sortieren(Sortierfeld) & " Vertauschungen"
    Me.MousePointer = vbDefault
    For n = 1 To AnzahlElemente
        lstNachher.AddItem Sortierfeld(n)
    Next n
End Sub
```

*Eigentlich ist es ja selbstverständlich: WithEvents kann nur mit
frühgebundenen Objektvariablen funktionieren (also nicht mit Objektvariablen vom Typ Object).*

Erweiterungsvorschläge

Zwei Dinge sind an dem Beispiel aus Übung 11.2 wichtig: Der Aufruf
selbst definierter Ereignisprozeduren und die Übergabe von Feldern als
Eigenschaften. Daraus ergeben sich zwei interessante und vor allem
lehrreiche Erweiterungsmöglichkeiten:

1. Übergeben Sie anstelle eines statischen Felds ein dynamisches Feld,
   bei dem die Anzahl der Feldelemente z.B. über ein weiteres Textfeld (oder einen Schieberegler) eingestellt werden kann.

2. Führen Sie eine Schaltfläche ein, deren Anklicken die Sortierroutine beendet. Dazu muss der Ereignisprozedur ein »Rückgabewert«
   übergeben werden. Dies lässt sich wie folgt realisieren:

```
Public Event Fortschritt(Schleifenzähler As Integer, _
    ByRef Cancel As Boolean)
```

Der Zusatz *ByRef* vor dem neuen *Cancel*-Argument ist wichtig, weil durch Zuweisen eines Werts an das übergebene Argument der zugewiesene Wert an das Klassenmodul zurückgegeben wird. Dadurch ändert sich auch der Aufruf der Ereignisprozedur:

```
RaiseEvent Fortschritt(n, Cancel)
```

Nun muss das übergebene Argument auch ausgewertet werden. Hier wäre es denkbar, den *Stop*-Button auf dem Formular eine Variable *StopModus* setzen zu lassen, die in der Ereignisprozedur abgefragt wird:

```
Private Sub SortierMich_Fortschritt(Schleifenzähler _
As Integer, Cancel As Boolean)
    Static LastX As Integer, Fortschritt As Integer
    If StopModus = True Then
        StopModus = False
        Cancel = True
        Exit Sub
    End If
' Weitere Anweisungen
End Sub
```

Da die Ereignisprozedur nach Ausführung der *End-Sub*-Anweisung in das instanzierte Objekt zurückkehrt, kann das *Cancel*-Argument dort entsprechend abgefragt werden:

```
RaiseEvent Fortschritt(n, Cancel)
If Cancel = True Then
    Sortieren = AnzahlVertauschungen
    Exit Function
End If
```

11.7 Der Klassengenerator

Beim Anlegen eines neuen Klassenmoduls über den Menübefehl PROJEKT | KLASSENMODUL HINZUFÜGEN, können Sie wahlweise ein leeres Klassenmodul einfügen oder den Klassengenerator beauftragen, die Klasse mit ihren Eigenschaften, Methoden, Ereignissen und Aufzählungen (Enumerationen) anzulegen. Dieser Assistent ist immer dann sehr praktisch, wenn Sie mehrere Klassen mit einer Vielzahl von Eigenschaften, Methoden und Ereignissen anlegen möchten und keine Lust haben, alle *Property*-Anweisungen einzutippen. Der Klassengenerator kann jedoch nichts durchführen, was sich nicht auch direkt im Klassenmodul implementieren ließe.

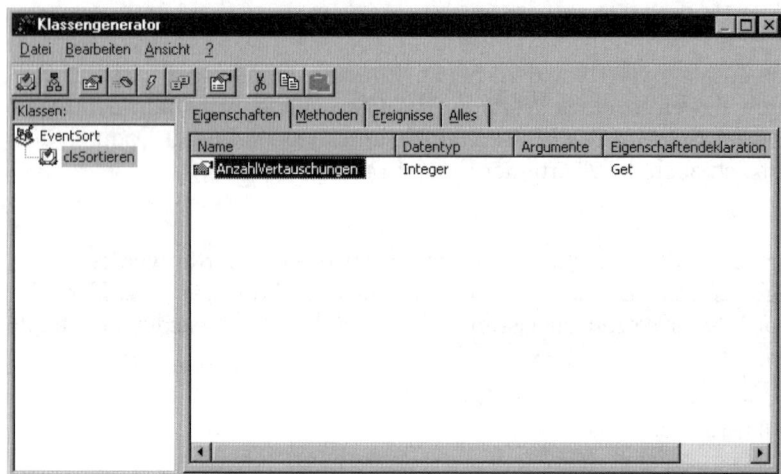

Über die Tastenkombination ⌷Strg⌷+⌷S⌷ wird für die angelegten Klassen der für die Implementation der einzelnen Mitglieder erforderliche Programmcode erzeugt. Sie können den Klassengenerator jederzeit über den Menübefehl PROJEKT | KLASSENMODUL HINZUFÜGEN erneut aufrufen, um Änderungen an den Schnittstellen vorzunehmen. Da der Klassengenerator den gesamten Quellcode aller in dem Projekt enthaltenen Klassenmodule einliest, können Sie die Änderungen wahlweise auch im Quellcode durchführen.

Eine Besonderheit gibt es beim Anlegen einer neuen Klasse zu beachten, denn hier steht die Option »Basiert auf« zur Auswahl. Dies bedeutet nun nicht, dass Visual Basic 6.0 doch (und von allen unbemerkt) eine Vererbung auf Quellcode-Ebene unterstützt. Es bedeutet lediglich, dass Sie eine Klasse auswählen können, deren Mitglieder automatisch in der neuen Klasse übernommen werden. Außerdem wird beim Anlegen der »Basisklasse« automatisch auch die »abgeleitete« Klasse angelegt (wahlweise in der *Class_Initialize*-Ereignisprozedur oder beim ersten Zugriff über eine *Property-Get*-Prozedur). Die Basisklasse enthält zudem eine Eigenschaft mit dem Namen der abgeleiteten Klasse, sodass die abgeleitete Klasse von der Basisklasse zugänglich ist. Ändert man aber in der Basisklasse einzelne Mitglieder, so übertragen sich diese Änderungen nicht auf die davon abgeleiteten Klassen.

Eine Besonderheit zum Schluss. Der Klassenassistent kann auch Klassenauflistungen anlegen. Eine Klassenauflistung ist, wie Kapitel 11.12 noch genauer erklären wird, eine Klasse mit einem privaten *Collection*-Objekt, in das über die *Add*-Methode der Klassenauflistung Objekte hinzugefügt werden können. Im Gegensatz zu einer Standard-Auflistung, d.h., einem Objekt vom Typ *Collection*, kann man hier eigene *Add-* und *Remove*-Methoden festlegen, in denen z. B. der Typ des hinzuzufügenden Objekts geprüft und ein individueller Schlüssel vergeben wird.

11.8 Klassen für (etwas) Fortgeschrittene

In diesem Abschnitt geht es um Dinge im Zusammenhang mit der Programmierung von Klassen, die bislang dezent verschwiegen wurden. Nichts Kompliziertes, aber Details, die am Anfang den Blick für das Wesentliche (sprich die Grundidee der Klassen) etwas trüben können. In diesem Abschnitt erfahren Sie etwas über:

➡ Die explizite und implizite Instanzierung eines Objekts.

➡ Den Unterschied zwischen früher und später Bindung.

➡ Die Ereignisse *Initialize* und *Terminate* einer Klasse.

➡ Die Lebensdauer eines Objekts

➡ Das Feststellen, ob eine Objektvariable eine gültige Referenz enthält.

➡ Die *IsObject*-Methode

➡ Der Vergleich von Objektvariablen.

➡ Das Schlüsselwort *Friend.*

➡ Wer bin ich?

➡ Wer sind meine »Eltern«?

➡ Methoden über die *CallbyName*-Methode aufrufen.

➡ Die Default-Eigenschaft einer Klasse festlegen.

11.8.1 Wie wird ein Objekt eigentlich instanziert?

Bislang wurde die Instanzierung einer Klasse stets in zwei Schritten erledigt:

1. Definieren einer Objektvariablen.

2. Zuweisen an die Objektvariable mit dem Befehl *Set* und dem Schlüsselwort *New*.

Doch wann tritt die Instanzierung ein, in dessen Folge das *Initialize*-Ereignis ausgelöst wird? Schon bei der Deklaration oder erst bei der Zuweisung? Sie können das selber herausfinden, in dem Sie eine Klasse

einfügen, in die *Initialize*-Ereignisprozedur eine *Msgbox*-Methode einfügen und die beiden Anweisungen im Einzelschrittmodus durchlaufen
lassen. Dabei werden Sie feststellen, dass nach der Deklaration die Objektvariable den Wert *Nothing* besitzt und die *ObjPtr*-Methode entsprechend den Wert 0 liefert. Erst durch die *Set*-Anweisung wird eine
Instanzierung durchgeführt wird. Die Abfrage über die *Typename*-Me-
thode (etwa im Direktfenster) ergibt nun:

```
?Typename(C)
clsMannschaft
?Objptr(C)
6497820
```

Neben dieser expliziten Instanzierung gibt es noch die implizite Instanzierung. Hier findet die Instanzierung beim ersten Zugriff auf eine Eigenschaft oder Methode statt:

```
Private C As New clsMannschaft

' Etwas später

C.Mannschaftsname = "Seattle Mariners"
```

Wo ist die *Set*-Anweisung geblieben? Sie wird nicht benötigt, denn in
diesem Fall führt Visual Basic beim ersten Zugriff auf die Objektvariable eine implizite Instanzierung durch. Beachten Sie aber, dass das *Initialize*-Ereignis im Klassenmodul erst beim ersten Zugriff auf die Variable *C* ausgeführt wird, bei der expliziten Instanzierung aber bereits
bei Ausführung der *Set*-Anweisung. Welche Form der Instanzierung
sollte man wählen? Im Allgemeinen, sofern nichts dagegen spricht,
empfehle ich die explizite Instanzierung, da hier die Instanzierung »bewußt« erfolgt und der Zeitpunkt der Instanzierung aus dem Programm-
listing klar ersichtlich ist.

Nachdem die Frage geklärt wurde, wie eine Objektvariable initialisiert
wird, muss als Nächstes die nicht minder spannende Frage beantwortet werden, wann ein instanziertes Objekt »stirbt«. Dafür kann es mehrere Gründe geben:

➡ Die Objektvariable verliert ihren Gültigkeitsbereich.

➡ Die Objektvariable wird auf den Wert *Nothing* gesetzt.

Auch dazu ein kleines Beispiel. Durch die folgende Anweisung wird die
Klasse *clsMannschaft* instanziert:

```
Private M As New clsMannschaft
```

Die Objektvariable *M* enthält eine Referenz auf diese Instanz. Was
durch den Programmtext nicht sichtbar wird, ist der Umstand, dass Visual Basic (genauer gesagt COM) einen internen Referenzzähler auf

jede Instanz verwaltet. Eine Instanz wird erst dann aus dem Arbeitsspeicher entfernt, wenn der Instanzzähler Null wird, d.h. keine Objektvariable mehr eine Referenz auf die Instanz enthält. In diesem Fall, und erst dann, wird im Klassenmodul ein *Terminate*-Ereignis ausgelöst. Im Folgenden sollten Sie sich eine Klasse mit dem Namen *clsMannschaft* anlegen, die lediglich eine »Dummy«-Eigenschaft und ein *Terminate*-Ereignis enthält:

```
Private Sub Class_Terminate()
    Debug.Print "Ich wurde so eben terminiert!"
End Sub
```

Im Folgenden Beispiel wird das *Terminate*-Ereignis durch die *End-Sub*-Anweisung ausgelöst, weil die Variable *M* »stirbt« (weil sie ihren Gültigkeitsbereich verlässt):

```
Private Sub cmdTest_Click()
    Dim M As clsMannschaft
    Set M = New clsMannschaft
    M.Dummy = 42
End Sub
```

Das nächste Beispiel verwendet stattdessen den Wert *Nothing*, um die Variable *M* zu »vernichten«:

```
Private Sub cmdTest_Click()
    Dim M As clsMannschaft
    Set M = New clsMannschaft
    M.Dummy = 42
    Set M = Nothing
    Debug.Print TypeName(M)
End Sub
```

Durch die Zuweisung von *Nothing* wird die in *M* enthaltene Referenz gelöscht. Wird der Referenzzähler dadurch auf Null gesetzt, wird die Instanz zerstört und ein *Terminate*-Ereignis noch vor Ausführung der *End-Sub*-Anweisung ausgelöst. Die folgende *Print*-Methode gibt daher den Wert *Nothing* im Direktfenster aus. Richtig? Leider falsch, denn bereits durch die simple Ausgabe innerhalb der *TypeName*-Funktion wird wieder eine implizite Initialisierung durchgeführt. Ähnlich trickreich verhält sich das Ganze, wenn eine zweite Variable ins Spiel kommt, die eine Referenz auf den in *M* gespeicherten Wert erhält:

```
Private Sub cmdTest_Click()
    Dim M As clsMannschaft
    Dim N As Object
    Set M = New clsMannschaft

    M.Dummy = 43
    Set N = M
    Set M = Nothing
End Sub
```

Wann wird in diesem Fall das *Terminate*-Ereignis ausgelöst? Bereits nach der Zuweisung mit *Nothing* oder erst bei Verlassen der Prozedur? Überlegen Sie ganz kurz, wie war das mit dem internen Referenzzähler? Durch die Zuweisung an die Variable *N* enthält auch diese eine Referenz auf die Instanz der Klasse, der Referenzzähler ist also 2. Das Setzen von *M* auf *Nothing* setzt den Zähler auf 1, ein *Terminate*-Ereignis findet jedoch erst statt, wenn der Zähler auf Null geht. Mit anderen Worten, das Zuweisen von *Nothing* löst in diesem Fall *kein Terminate*-Ereignis aus, da die Variable *N* noch eine Referenz auf die Instanz enthält. Noch kniffliger wird es, wenn die Variable *N* öffentlich ist und somit auch außerhalb der Prozedur gültig ist. In diesem Fall wird bei Verlassen der Prozedur kein *Terminate*-Ereignis ausgelöst. Achten Sie beim Programmieren daher genau auf den Gültigkeitsbereich von Objektvariablen, und vermeiden Sie Variablen, die im gesamten Programm gültig sind.

11.8.2 Die Ereignisse Initialize und Terminate

Beide Ereignisse haben nur etwas mit der Initialisierung und Deinitialisierung einer Instanz zu tun. Wann immer, z.B. über eine *Set*-Anweisung oder über eine implizite Instanzierung, eine neue Instanz einer Klasse erzeugt wird, wird das *Initialize*-Ereignis ausgelöst und die damit verbundene Ereignisprozedur aufgerufen. Das *Terminate*-Ereignis wird dagegen ausgelöst, wenn die Instanz aus dem Arbeitsspeicher entfernt wird, das heißt, keine Referenzen auf das Objekt mehr existieren. Dies kann z.B. beim Zuweisen von *Nothing* an die Objektvariable der Fall sein.

In der *Initialize*-Ereignisprozedur eines Klassenobjekts können notwendige Initialisierungen durchgeführt werden. Das *Initialize*-Ereignis wird, genau wie das *Terminate*-Ereignis, für die Programmierung einer Klasse aber nicht zwingend benötigt.

Auch bei VBA 6.0 ist es nicht möglich, gleich beim Instanzieren einer Klasse Initialisierungswerte für Eigenschaften zu übergeben (wie es in C++ mit den Konstruktoren möglich ist). Dies wird hoffentlich bei einer kommenden Version nachgeholt.

11.8.3 Die Lebensdauer eines Objekts

Die Lebensdauer eines Objekts hängt davon ab, wie lange eine Referenz auf das Objekt existiert. Wird das Objekt zum ersten Mal referenziert, ist ein *Initialize*-Ereignis die Folge. Gleichzeitig wird der interne Referenzzähler (auf den es von Visual Basic aus keinen Zugriff gibt, was für »Aufräumarbeiten« praktisch wäre[3]) um eins erhöht. Jede weitere Referenzierung, etwa durch eine Zuweisung an eine andere Objektvariable, erhöht den Referenzzähler um eins. Beachten Sie dabei, dass eine Anweisung wie

```
Set W = Nothing
```

das von der Objektvariablen *W* referenzierte Objekt nicht automatisch zerstört, sondern lediglich den Referenzzähler um eins erniedrigt. Ein *Terminate*-Ereignis tritt erst dann auf, wenn der Referenzzähler den Wert Null erreicht. Erst dann wird das Objekt zerstört und aus dem Arbeitsspeicher entfernt.

Das folgende Beispiel zeigt, wie sich durch die Annahme, ein Objekt sei zerstört, Programmierfehler einschleichen können: **Beispiel**

```
Option Explicit
Private Oberobjekt As Object
Private Sub Form_Load()
    Dim X As clsDevise
    Set X = New clsDevise
    Set Oberobjekt = X
    Set X = Nothing
End Sub
```

Durch die erste *Set*-Anweisung wird das Objekt *clsDevise* instanziert und ein *Initialize*-Ereignis ist die Folge. Die *Set*-Anweisung am Ende der Prozedur führt dagegen nicht zu einem *Terminate*-Ereignis, auch wenn die Variable *X* anschließend »stirbt«. Der Grund liegt darin, dass die Variable *Oberobjekt* ebenfalls eine Referenz enthält, die dafür sorgt, dass der Referenzzähler noch nicht auf Null geht. Das *Terminate*-Ereignis tritt erst dann ein, wenn entweder *Oberobjekt* den Wert *Nothing* erhält oder das Formular geschlossen wird, da die Variable dann ebenfalls stirbt. Eine Möglichkeit, den Referenzzähler explizit auf Null zu setzen, gibt es in Visual Basic nicht.

Eine Möglichkeit den Referenzzähler zu simulieren, besteht darin, eine globale Variable einzuführen, die innerhalb des Initialize-Ereignisses um eins erhöht und im Terminate-Ereignis entsprechend erniedrigt wird. Diese Technik sollte aber lediglich zu Experimentierzwecken verwendet werden, da sie Abhängigkeiten schafft, die den Sinn und Zweck von Klassen in Frage stellen.

:-)
TIP

---

[3] Man müßte lediglich die Schnittstellenfunktionen *AddRef* und *Release* der Schnittstelle *IUnknown* des Objekts aufrufen, was in VBA aber leider nicht möglich ist, da es keine Möglichkeit gibt, eine Funktion über ihre Adresse aufzurufen. Möglich ist es über eine kleine C- oder Assembler-DLL.

11.8.4 Feststellen, ob eine Objektvariable »leer« ist

Dies wurde schon mehrfach erwähnt. Um festzustellen, ob eine Objektvariable einen Inhalt, also eine Referenz auf ein Objekt besitzt, muss ein Vergleich mit *Nothing* über den *Is*-Operator durchgeführt werden.

Beispiel
```
If mParent Is Nothing Then
    Set mParent = objTemp
End If
```

Um den Ausdruck zu invertieren, muss der *Not*-Operator vorangestellt werden:

```
If Not Eltern Is Nothing Then
    Eltern.KindEntladen
End If
```

11.8.5 Frühe und späte Bindung

Beim Arbeiten mit Komponenten spielt die Frage der Bindung eine ganz wichtige Rolle. Unter *Bindung* wird allgemein der Zeitpunkt verstanden, zu dem die Objektvariable ihre Referenz auf eine Komponente, d.h. eine instanzierte Klasse, erhält. Es werden zwei Formen der Bindung unterschieden: Frühe Bindung und späte Bindung. Bei der *frühen Bindung* (engl. »early binding«) wird bereits bei der Deklaration der Objektvariablen der Objekttyp festgelegt:

```
Private Db As Database
```

Visual Basic »weiß« bereits bei der Übersetzung (Compile-Zeit) dieser Anweisung, dass die Variable vom Typ *Database* ist. Geben Sie den Variablennamen *Db* in das Programmfenster ein, listet der Visual-Basic-Editor nach der Eingabe des Punkts alle für ein *Database*-Objekt in Frage kommenden Eigenschaften und Methoden auf. Dies ist jedoch nur möglich, wenn der Objekttyp *Database* irgendwo definiert wurde. Unter Windows sind dafür die Objekttypenbibliotheken (engl. *object type libraries*), oder kurz Typenbibliotheken, zuständig. Nur, wenn z.B. die Typenbibliothek »Microsoft DAO 3.6 Object Library« (oder eine vergleichbare Typenbibliothek) über den Menübefehl PROJEKT/ VERWEISE zuvor eingebunden wurde, kennt Visual Basic den Objekttyp *Database*, und eine frühe Bindung ist möglich. Steht aus irgend einem Grund keine Typenbibliothek zur Verfügung, kommt nur die *späte Bindung* (engl. »late binding«) in Frage. Hier wird der Objekttyp zunächst offengelassen:

```
Private Db As Object
```

Wird diese Anweisung übersetzt, »weiß« Visual Basic noch nicht, welchen Objekttyp *Db* besitzt und muss diese Information zunächst offenlassen. Erst bei der späteren Ausführung dieser Anweisung versucht

Visual Basic, die offene Referenz (sofern es möglich ist) aufzulösen. Es liegt auf der Hand, dass dies die Programmausführung deutlich verlangsamt. Nicht nur, dass Visual Basic bei der Programmausführung (über die *IQueryInterface*-Funktion der *IUnknown*-Schnittstelle) das Objekt fragen muss, ob es die erforderlichen Schnittstellen unterstützt. Es muss dies auch beim Aufruf jeder einzelnen Eigenschaft und Methode tun, da diese Dinge, wie etwa Parameterinformationen, zur Übersetzungszeit noch nicht bekannt waren. Verwenden Sie daher die frühe Bindung wann immer möglich.

Hier noch eine etwas simplere Analogie (die sicherlich nicht unbedingt erforderlich ist): Frühe Bindung bedeutet, jemand direkt anzurufen, späte Bindung dagegen, jedesmal im Telefonbuch nachzusehen, um die Nummer in Erfahrung zu bringen und dann die Vermittlung zu beauftragen, diese Nummer zu wählen.

Bei der Definition von Objektvariablen sollte der Objekttyp bereits bei der Deklaration angegeben werden (frühe Bindung), da dies eine deutliche Geschwindigkeitssteigerung beim Zugriff auf die Objektvariable bedeuten kann.

11.8.6 Feststellen, ob eine Variable eine Objektvariable ist – die IsObject-Methode

Um festzustellen zu können, ob es sich bei einer Variable um eine Objektvariable handelt, gibt es die *IsObject*-Methode.

Beispiel

```
If IsObject(X) = True Then
    Msgbox Prompt:= "Variable X ist eine Objektvariable!"
Else
    Msgbox Prompt:="Variable X ist eine gewöhnliche Variable!"
End If
```

Denken Sie daran, dass *IsObject* nichts darüber sagt, ob die Variable eine gültige Referenz enthält. Möchten Sie den Typ der Objektvariablen erfahren, müssen Sie entweder einen Vergleich mit dem *Is*-Operator und einem bestimmten Objekttyp durchführen oder die *TypeName*-Methode verwenden.

Beispiel

```
?TypeName(X)
Nothing
```

In diesem Fall enthält die Variable *X* noch keine Objektreferenz, was sich gleich ändert:

```
Set X = New clsFileFinder
?TypeName(X)
clsFileFinder
```

11.8.7 Feststellen, ob eine Objektvariable eine gültige Referenz enthält.

Eine Objektvariable besitzt erst dann einen Wert, wenn ihr über die Set-Anweisung eine gültige Referenz zugewiesen wurde. Die Deklaration alleine genügt nicht, in diesem Fall besitzt sie den (Spezial-) Wert *Nothing*. Um festzustellen, ob eine Objektvariable eine gültige Referenz besitzt, gibt es mehrere Möglichkeiten:

➡ Abfrage auf den Wert *Nothing* mit dem *Is*-Operator.

➡ Vergleich des Objektzeigers mit der *ObjPtr*-Methode auf den Wert 0.

Beispiel Im Folgenden Beispiel wird zunächst eine Objektvariable deklariert:

```
Private D As clsDevise
```

Zu diesem Zeitpunkt besitzt die Variable *D* noch den Wert *Nothing*, was sich im Direktfenster feststellen lässt:

```
?D Is Nothing
Wahr
?ObjPtr(D)
0
```

Erst durch die Instanzierung erhält die Objektvariable *D* ihren Wert:

```
Set D = New clsDevise

?D Is Nothing
Falsch
?TypeOf D Is clsDevise
Wahr
?ObjPtr(D)
6383496
```

11.8.8 Der Vergleich von Objektvariablen

Wie lässt sich feststellen, ob zwei Objektvariablen auf dasselbe Objekt verweisen? Die Antwort lautet: Über den *Is*-Operator, der dazu da ist, Objektvariablen zu vergleichen.

Beispiel Im Folgenden werden zwei Objektvariablen deklariert und instanziert:

```
Dim X As clsDevise, Y As clsDevise
Set X = New clsDevise
Set Y = New clsDevise
```

Sind *X* und *Y* nun etwa gleich? Genauso wenig wie zwei Variablen gleich sind nur weil sie den Datentyp *Integer* besitzen. Der *Is*-Operator beweist es:

```
?X Is Y
Falsch
```

Wie es sich mit der *ObjPtr*-Methode schnell zeigen lässt, zeigen beide Variablen (natürlich) auf verschiedene Objekte, die allerdings den gleichen Objekttyp besitzen:

```
?ObjPtr(X)
6301452

?ObjPtr(Y)
6359208
```

Gleich sind zwei Objektvariablen erst dann, wenn der ersten Variablen über die *Set*-Anweisung eine Referenz auf die zweite Variable zugewiesen wurde:

```
Set X = Y
?X Is Y
Wahr
```

Es ist wichtig zu verstehen, dass ein Zuweisen des Wertes einer Objektvariable an eine andere Objektvariable nicht bedeutet, dass VBA den Wert der Variablen rechts vom Gleichheitszeichen in die Variable links vom Gleichheitszeichen kopiert, wie es etwa bei normalen Variablen der Fall ist. Durch den Befehl

```
Set X = Y
```

werden vielmehr folgende Schritte ausgeführt:

➥ Die Variable *Y* enthält eine Objektreferenz, genauer gesagt, einen Zeiger auf die Standardschnittstelle der Klasse *clsDevise*.

➥ VBA ruft die interne Funktion *QueryInterface* der *IUnknown*-Schnittstelle der Standardschnittstelle der Klasse von Variable *Y* auf, um einen Zeiger auf diese Schnittstelle zu erhalten. Es handelt sich ebenfalls um die Standardschnittstelle der Klasse *clsDevise*, sodass eine Zuweisung möglich ist.

➥ VBA weist den erhaltenen Zeiger der Variablen *X* zu. Damit zeigt auch *X* auf die Standardschnittstelle des Objekts, auf das *Y* zeigt. Bei der Objektreferenz handelt es sich daher »in Wirklichkeit« um einen Zeiger auf die Standardschnittstelle des Objekts.

Sollten die beiden Variablen verschiedene Objekttypen besitzen, kann die Zuweisung nicht funktionieren:

```
Private X As New clsAndereDevise, Y As New clsDevise
Set X = Y
```

In diesem Fall versucht VBA zunächst über einen *QueryInterface*-Aufruf einen Zeiger auf die Schnittstelle *clsAndereDevise* zu erhalten. Das kann jedoch nicht funktionieren, da *clsDevise* diese Schnittstelle (vermutlich) nicht unterstützt. Eine Fehlermeldung vom Typ »Typen unverträglich« ist die Folge.

Der Fehler tritt nicht auf, wenn die Klasse *clsDevise* die Schnittstelle der Klasse *clsAndereDevise* über eine *Implements*-Anweisung implementiert hat. Mehr zur *Implements*-Anweisung in Kapitel 11.13.

11.8.9 Das Schlüsselwort Friend

Das Schlüsselwort *Friend* ist eine Alternative zu den beiden Schlüsselwörtern *Private* und *Public*, durch die der Gültigkeitsbereich einer Prozedur oder Eigenschaftsprozedur bestimmt wird. Besitzt eine Prozedur den Gültigkeitsbereich *Friend,* kann diese zwar innerhalb des Projekts von allen Modulen aus aufgerufen werden, ist aber nicht von anderen Programmen aus zugänglich.

Beispiel
```
Friend Property Get Währungsname () As String
    Währungsname = mWährungsname
End Property
```

Eine Anwendung für *Friend* gibt es z.B. innerhalb eines ActiveX-Steuerelement-Projekts, das gleichzeitig nichtöffentliche Klassen enthält. Damit das ActiveX-Steuerelement, nicht aber der Host des ActiveX-Steuerelements, auf die Prozeduren der Klasse zugreifen kann, werden diese nicht als *Public*, sondern als *Friend* deklariert.

11.8.10 Wer bin ich ?

Zugegeben, die Zwischenüberschrift dürfte keinen rechten Sinn ergeben. Keine Sorge, es geht nicht um heiteres Beruferaten mit zweifelhaften Preisen, sondern um die elementare Frage, wie eine Klasse auf ihre eigene Instanz zugreifen kann. Bei Formularen gibt es für diesen Zweck das Schlüsselwort *Me*, das auch in einem Klassenmodul die Aufgabe erfüllt, eine Referenz auf die aktuelle Instanz zurückzugeben. Benötigt wird eine solche Selbstreferenz z.B. immer dann, wenn eine Klasse eine Referenz auf sich selbst an eine »Unterklasse« weitergeben möchte oder innerhalb der Klasse eine Eigenschaft der Klasse aufgerufen werden soll.

Beispiel
```
Option Explicit

Private mStartVerzeichnis As String

Public Property Get StartVerzeichnis() As String
    StartVerzeichnis = mStartVerzeichnis
```

```
End Property

Public Property Let StartVerzeichnis(ByVal sWert As String)
    mStartVerzeichnis = sWert
End Property

Public Sub Suchen()
    If Me.StartVerzeichnis = "" Then
        Me.StartVerzeichnis = "C:\"
    End If
End Sub
```

Dieses Beispiel zeigt einen kleinen Ausschnitt aus einer Klasse. Nach Aufruf der *Suchen*-Methode wird zunächst der Wert der Eigenschaft *StartVerzeichnis* geprüft. Dazu wird das *Me*-Objekt verwendet. Zwingend erforderlich ist es allerdings nicht, das *Me*-Objekt einzugeben, da es, wie bei einem Formular, die Voreinstellung ist. Auch wäre es kein Problem, direkt auf die *mStartVerzeichnis*-Variable zuzugreifen.

11.8.11 Wer sind meine »Eltern«?

Auch diese Zwischenüberschrift bedarf einer Erläuterung. Jedes instanzierte Objekt besitzt ein Elternteil, nämlich jenes Objekt, das das Kindobjekt instanziert hat. Zwischen dem Objekt, das ein anderes Objekt instanziert hat und dem instanzierten Objekt besteht eine Eltern-Kind-Beziehung. Hin und wieder gibt es Situationen, da möchte man von der Kindklasse eine Referenz auf die Elternklasse erhalten. Dies spielt besonders in Objektmodellen eine Rolle, wo ein Objekt eine Eigenschaft besitzt, die auf ein anderes Objekt verweist. Dieses andere Objekt kann dann über die *Parent*-Eigenschaft auf jenes Objekt zugreifen, von dem es abgeleitet wurde. Auch Steuerelemente besitzen eine *Parent*-Eigenschaft, durch die sie eine Referenz auf das Formular erhalten oder eine *Container*-Eigenschaft, die eine Referenz auf den umgebenen Container (z. B. ein Rahmenfeld oder ebenfalls das Formular) zurückgibt. Eine solche *Parent*-Eigenschaft gibt es bei Klassenmodulen nicht, sie muss vielmehr als normale Eigenschaft implementiert werden.

```
' Klassenmodul clsTest

Private mParent As Object

Property Set Parent (objParent As Object)
    If mParent Is Nothing Then
        Set mParent = objParent
    End If
End Property

Property Get Parent() As Object
    Set Parent = mParent
End Property
```

Damit verfügt das Klassenmodul über eine *Parent*-Eigenschaft, die nun auch gesetzt werden muss (leider geht das nicht automatisch).

```
' Formular, das die Klasse instanziert
Dim O As clsTest
Set O = New clsTest
Set O.Parent = Me
```

Durch die letzte Zuweisung erhält die *Parent*-Eigenschaft der Klasse eine Referenz auf das Elternobjekt, von dem aus die Klasse instanziert wurde. Innerhalb der Klasse steht das Elternobjekt über die *mParent*-Variable oder die *Parent*-Eigenschaft zur Verfügung:

```
mElterntyp = TypeName(mParent)
```

Das letztgenannte Verfahren ist zwar einfach zu implementieren, bietet aber (mindestens) zwei Nachteile:

➡ Durch das Setzen der *Parent*-Eigenschaft von außen entsteht eine Abhängigkeit, die der klaren Trennung der Klassen entgegenläuft. Vergißt der Programmierer die Eigenschaft zu setzen, kann die Klasse unter Umständen nicht funktionieren. Solche Abhängigkeiten sollten nach Möglichkeit vermieden werden.

➡ Durch das Setzen der *Parent*-Eigenschaft wird eine weitere Referenz auf das Formular erzeugt, was den internen Referenzzähler des Formulars um eins erhöht. Es kann nun passieren, dass, wenn die Elternklasse in ihrem Terminate-Ereignis die Kindobjekte entladen soll, dieses Ereignis gar nicht eintreten kann, weil das Kindobjekt unter Umständen noch existiert und eine Referenz auf das Elternobjekt hält. Dies nennt man eine *zirkuläre Referenz*. Solche Zustände sind der Alptraum eines Objektprogrammierers, vor allem bei umfangreichen Objektmodellen. Man programmiert und programmiert, fügt Klasse um Klasse zusammen und stellt hinterher fest, dass das komplette Objektmodell umgebaut werden muss, weil zirkuläre Referenzen (und andere Widrigkeiten) auftreten. Viel Spaß. Damit es soweit erst gar nicht kommt, muss man sich derartige Zusammenhänge von Anfang an klar machen, stets an den unsichtbaren Referenzzähler denken und zirkuläre Referenzen vermeiden.

Merksatz *Eine zirkuläre Referenz bedeutet, dass eine Eigenschaft eines Objekts eine Referenz auf sich selbst besitzt und dadurch den Referenzzähler um eins erhöht, sodass das Setzen der Objektvariablen auf Nothing nicht dazu führt, dass das Objekt zerstört wird. Zirkuläre Referenzen sollten, wenn möglich, vermieden werden.*

Während es zum ersten Problem bei VBA 6.0 keine Alternative gibt, lässt sich die zirkuläre Referenz durch einen Trick vermeiden. Es müßte eine Möglichkeit geben, eine Referenz auf ein Objekt zu erhalten, ohne dass dadurch der interne Referenzzähler um eins erhöht wird. Diese Möglichkeit gibt es, indem man keine neue Referenz anlegt, sondern einfach den Objektzeiger in eine *Long*-Variable kopiert.

Inhalt der Klasse clsTest   **Beispiel**

```
Option Explicit
Private Declare Sub CopyMem Lib "Kernel32" Alias "RtlMoveMemory" (D As Any,
S As Any, ByVal Länge As Long)

Private mParent As Object
Private mlpParent As Long

Property Let Parent(ByVal tmpWert As Long)
    mlpParent = tmpWert
End Property

Sub EineMethode(ByVal tmpWert As String)
    If mlpParent Then
        CopyMem mParent, mlpParent, 4
        mParent.Caption = tmpWert
        CopyMem mParent, 0&, 4
    End If
End Sub
```

Inhalt des Formulars frmTest – enthält eine Schaltfläche cmdStart

```
Private Sub cmdStart_Click()
    Dim C As clsTest
    Set C = New clsTest
    C.Parent = ObjPtr(Me)
    C.EineMethode "Nur ein Test"
    Set C = Nothing
End Sub
```

Wenn Ihnen das Ganze am Anfang etwas undurchsichtig erscheint, ist das kein Problem. Es geht bei dem Beispiel um folgenden Ablauf:

➡ Die Klasse *clsTest* wird instanziert und der Variablen *C* zugewiesen.

➡ Die *Parent*-Eigenschaft der Klasse erhält über *ObjPtr* eine Referenz auf das Formular, das die Rolle des Elternobjekts spielt. Diese 4-Byte-Adresse wird in der Variablen *mlpParent* abgelegt, die folglich vom Typ *Long* ist.

➡ Innerhalb der *EineMethode*-Methode holt sich das Objekt über die *RtlMoveMemory*-API-Funktion (sie erhält den etwas anschaulicheren Namen *CopyMem*) die Referenz auf das Elternobjekt aus der *Long*-Variablen *lpmParent* und kopiert sie in die Variable *mParent*. Da diese vom Typ *Object* ist, kann anschließend eine Eigenschaft oder Methode des Elternobjekts aufgerufen werden (in diesem Fall die *Caption*-Eigenschaft des Formulars).

➡ Am Ende wird die Objektvariable wieder gelöscht. Da das Kindobjekt keine Referenz auf das Elternobjekt hält, ist sofort ein *Terminate*-Ereignis die Folge.

Durch dieses Verfahren steht eine Objektreferenz zur Verfügung, ohne dass der Referenzzähler des Objekts um eins erhöht wurde.

11.8.12 Methoden über die CallbyName-Methode aufrufen

Die mit Visual Basic 6.0 eingeführte *CallbyName*-Methode erlaubt es, die Eigenschaften und Methoden eines Objekts über eine Variable aufzurufen. Das ist sehr praktisch, denn auf diese Weise kann ein und derselbe Aufruf beliebige Methoden aufrufen oder Eigenschaften ansprechen. Benötigt wird diese Technik immer dann, wenn ein Steuerelement oder ein komplettes Formular erst zur Laufzeit generiert wurde und der Programmcode folglich nicht die Namen der Methoden und vor allem die Instanzen der Objekte kennen kann.

Beispiel Das folgende Beispiel zeigt zunächst das Grundgerüst einer kleinen Klasse mit dem Namen *clsRechner*, mit der sich die vier Grundrechenarten durchführen lassen:

```
Option Explicit
Private mErgebnis As Double
Private mOp1 As Double
Private mOp2 As Double

Property Let Op1(tmpWert As Double)
    mOp1 = tmpWert
End Property

Property Let Op2(tmpWert As Double)
    mOp2 = tmpWert
End Property

Property Get Ergebnis() As Double
    Ergebnis = mErgebnis
End Property

Sub Addition()
    mErgebnis = mOp1 + mOp2
End Sub

Sub Subtraktion()
    mErgebnis = mOp1 - mOp2
End Sub

Sub Multiplikation()
    mErgebnis = mOp1 * mOp2
End Sub
```

```
Sub Division()
    mErgebnis = mOp1 / mOp2
End Sub
```

Die vier Rechenmethoden der Klasse werden in einem Formular in der
Click-Prozedur eines aus vier Schaltflächen bestehenden Steuerelementefeldes aufgerufen:

```
Private Sub cmdOp_Click(Index As Integer)
    R.Op1 = txtZahl1.Text
    R.Op2 = txtZahl2.Text

    Select Case Index
     Case 0      ' Addition
        CallByName R, "Addition", VbMethod
     Case 1      ' Subtraktion
        CallByName R, "Subtraktion", VbMethod
     Case 2      ' Multiplikation
        CallByName R, "Multiplikation", VbMethod
     Case 3      ' Division
        CallByName R, "Division", VbMethod
    End Select
    lbAusgabe.Caption = R.Ergebnis
End Sub
```

Werden auch die Schaltflächen erst zur Laufzeit auf dem Formular an-
geordnet, ließe sich ein Rechner programmieren, dessen angezeigte
Rechenbefehle erst zur Laufzeit festgelegt werden (das nachträgliche
Hinzufügen von Methoden ist allerdings nicht möglich).

11.8.13 Die Default-Eigenschaft einer Klasse festlegen.

Jedes Steuerelement besitzt eine Eigenschaft, die nicht im Programmcode aufgeführt werden muss. Beim Bezeichnungsfeld ist es die *Caption*-Eigenschaft, beim Textfeld die *Text*-Eigenschaft:

```
txtEingabe = "So geht es auch!"
```

Diese Anweisung weist der *Text*-Eigenschaft des Textfeldes einen
Wert zu. Die voreingestellte Eigenschaft wird auch als *Default-Eigenschaft* bezeichnet, da sie immer dann verwendet wird, wenn keine Eigenschaft angegeben wird. Auch Klassen können eine *Default*-Eigen-
schaft erhalten, wenngleich das Vorhandensein einer solchen
Eigenschaft nicht grundsätzlich empfohlen werden kann[4].

Führen Sie folgende Schritte aus, um in einem Klassenmodul eine *Default*-Eigenschaft zu setzen:

---

[4] Ich arbeite in meinen Programmen grundsätzlich nicht mit *Default*-Eigen-
schaften, auch wenn es den Programmaufbau ein wenig verkürzen würde. Die
Lesbarkeit wird dadurch enorm verschlechtert.

1. Öffnen Sie das Klassenmodul und führen Sie den Menübefehl EX-TRAS | PROZEDURATTRIBUTE aus.

2. Wählen Sie aus der Auswahlliste *Name* die Eigenschaft oder Methode und klicken Sie auf *Weitere*.

3. Wählen Sie in der Auswahlliste Prozedur-ID den Eintrag »Voreinstellung«.

Abbildung 11.11:
In den Prozedu-rattributen wird
unter anderem
die Default-
Eigenschaft ein-
gestellt.

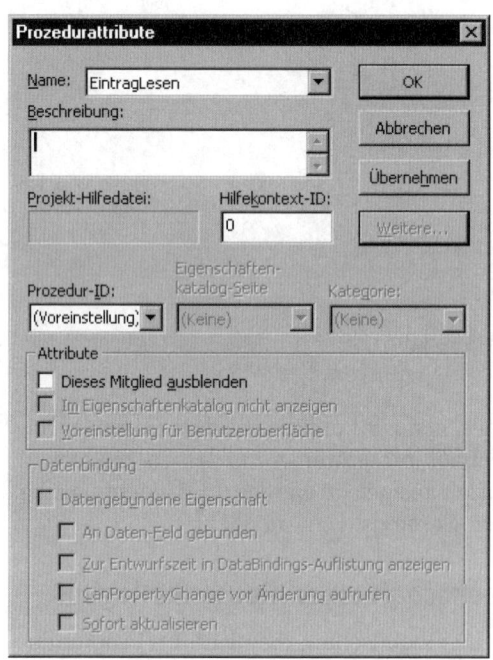

Die Default-Eigenschaft/-Methode wird im Objektkatalog durch einen kleinen blauen Punkt markiert.

11.9 Auflistungen

Fasst man mehrere Objekte unter einem Namen zusammen, spricht man von einer *Objektauflistung* oder kurz einer *Auflistung* (engl. »collection«). Für Auflistungen bietet Visual Basic einen allgemeinen Datentyp mit dem Namen *Collection*. Wird eine Variable vom Typ *Collection* deklariert, steht automatisch eine *Add*-Methode zur Verfügung, mit der Sie beliebige Objektvariablen in die Auflistung einfügen können. Auflistungen sind ein eigenständiger Datentyp in VBA, sie haben nichts mit Klassen zu tun, wenngleich sie in Klassen vorteilhaft eingesetzt werden können (mehr dazu in Kapitel 11.12 »Klassenauflistungen«). Auflistungen stellen daher eine sehr praktische Einrichtung dar, wenn es darum geht, während der Programmausführung beliebige Objekte (und natürlich auch »normale« Variablen) unter einem Namen zusammenzufassen. Vereinbarungsgemäß endet der Name einer Auflistung mit der Silbe »Liste« (im englischen lediglich mit dem Buchstaben »s«).

Eine Auflistung ist ein symbolischer Name, der für eine beliebige Anzahl beliebiger Objekte steht. Jede Auflistung besitzt automatisch die Methoden Add, Remove und Item sowie eine Count-Eigenschaft.   **Merksatz**

11.9.1   Hinzufügen und Entfernen von Mitgliedern

Das Hinzufügen und Entfernen von Mitgliedern geschieht über die Methoden *Add* und *Remove*, über die jede Auflistung verfügt.

```
Auflistung.Add (item, key, before, after)
```
Syntax

Bei den Argumenten der Methode handelt es sich um benannte Argumente, d.h., sie können in verschiedener Reihenfolge aufgeführt oder ganz weggelassen werden.

Die Syntaxelemente und ihre Bedeutung:

Element	Bedeutung
item	Objekt, das in die Auflistung aufgenommen werden soll.
key	Optionales Argument. Ein eindeutiger String, der das Objekt kennzeichnet. Dieser String kann anstelle von einem Index für den Zugriff auf das Objekt verwendet werden, was im Allgemeinen einen Geschwindigkeitsgewinn bedeutet.
before	Optionales Argument. Ausdruck, der die relative Position des Objekts in der Auflistung festlegt. Das neue Mitglied wird vor das über *before* spezifizierte Objekt eingereiht. Falls es sich um einen numerischen Ausdruck handelt, muss dieser im Bereich *1* bis *Count* liegen. Falls es sich um einen String handelt, muss dieser einem bereits vergebenen Schlüssel entsprechen.
after	Optionales Argument. Ausdruck, der die relative Position des Objekts in der Auflistung festlegt. Das neue Mitglied wird nach dem über *after* spezifizierten Objekt eingereiht. Falls es sich um einen numerischen Ausdruck handelt, muss dieser im Bereich *1* bis *Count* liegen. Falls es sich um einen String handelt, muss dieser einem bereits vergebenen Schlüssel entsprechen. Es darf entweder der Parameter *before* oder *after* verwendet werden, nicht aber beide.

Syntax   `Objekt.Remove index`

Bei *Index* handelt es sich um einen Ausdruck, der die Position (numerischer Ausdruck) oder den Namen (*String*-Ausdruck) des Objekts in der Auflistung festlegt.

> **:-)**
> **TIP**
>
> *Vergeben Sie für die Mitglieder einer Auflistung stets Schlüssel, da der Zugriff über einen Schlüssel schneller ist, als der Zugriff über eine Zahl.*

11.9.2   Auflistungen in der Praxis

Der Zugriff auf ein Objekt einer Auflistung erfolgt entweder über einen Index oder seinen beim Aufruf der *Add*-Methode angegebenen Schlüssel. Diese Methode ist im Allgemeinen zu empfehlen, da sie vor allem bei großen Auflistungen einen schnellen Zugriff erlaubt. Der wichtigste Vorteil von Auflistungen ist eine deutlich vereinfachte Programmierung, da mehrere unabhängige Objekte z.B. in einer *For-Each-In*-Schleife angesprochen werden können.

Beispiel   Das folgende Beispiel zeigt, wie Steuerelemente zu einer Auflistung hinzugefügt werden. Auf einem Formular sollen sich drei Bildfelder mit den Namen *picBild1*, *picBild2* und *picBild3* sowie eine Befehlsschaltfläche mit dem Namen *cmdStart* befinden:

```
Sub cmdStart_Click ()
   Dim BildListe As New Collection
   Dim BildObjekt As PictureBox
   BildListe.Add Item := picBild1
   BildListe.Add Item := picBild2
   BildListe.Add Item := picBild3
   For Each BildObjekt In BildListe
      BildObjekt.Picture = LoadPicture(DateiName)
   Next n
   Debug.Print "Es sind " & BildListe.Count & _
      " Elemente enthalten"
End Sub
```

In diesem Beispiel wird eine Auflistung mit dem Namen *BildListe* definiert. Über die *Add*-Methode werden in diese Auflistung nacheinander drei Bildfelder eingefügt. In einer *For-Each-In*-Schleife erhält die *Picture*-Eigenschaft dieser Bildfelder einen Wert.

Das wirklich Schöne an Auflistungen ist ihre enorme Flexibilität. Lassen Sie Ihrer Kreativität beim Programmieren einfach freien Lauf, und es fallen Ihnen sofort ein Dutzend Anwendungen für Auflistungen ein. Im Folgenden Beispiel werden alle Bezeichnungsfelder und Schaltflächen eines Formulars in einer Auflistung zusammengefasst, die noch den Wert »Caption« bzw. »Command« als Voreinstellung besitzen. Ordnen Sie für dieses Beispiel zwei Schaltflächen (*cmdCaptionNeu* und *cmdStart*), ein Listenfeld (*lstControlListe*) sowie eine beliebige Anzahl an Bezeichnungsfeldern und Schaltflächen auf einem Formular an.

```
Option Explicit
' Hier wird die Auflistung definiert
Private ControlListe As New Collection
' Ereignisprozedur cmdCaptionNeu_Click
Private Sub cmdCaptionNeu_Click()
    Dim C As Control
    For Each C In ControlListe
        C.Caption = "Nr. " & Right(X.Name, 1)
    Next
End Sub

' Ereignisprozedur cmdStart_Click
Private Sub cmdStart_Click()
    Dim n As Integer
    Dim C As Control
    lstControlListe.Clear
    For Each C In Me.Controls
        If TypeOf C Is Label Or TypeOf C Is CommandButton Then
            If Left(C.Caption, 5) = "Label" Or _
            Left(C.Caption, 7) = "Command" Then
                lstControlListe.AddItem C.Name
                ControlListe.Add Item:=C, Key:=C.Caption
            End If
        End If
    Next
End Sub
```

Nach dem Anklicken der *Start*-Schaltfläche (*cmdStart*) werden zunächst alle Bezeichnungsfelder bzw. Schaltflächen, deren *Caption*-Eigenschaft noch den voreingestellten Wert »Caption« bzw. »Command« besitzen, in eine Auflistung mit dem Namen *ControlListe* übertragen:

```
ControlListe.Add Item:=C, Key:=C.Caption
```

Während der *Item*-Parameter den abzulegenden Gegenstand angibt, wird über den *Key*-Parameter ein Schlüssel festgelegt, über den der Zugriff erfolgen kann. In der Ereignisprozedur *cmdCaptionNeu_Click* wird die Auflistung mit einer *For-Each*-Schleife durchlaufen, durch die alle Steuerelemente eine neue Überschrift erhalten. Was Sie mit dieser Auflistung nun anfangen, bleibt Ihnen überlassen. Das Beispiel sollte lediglich deutlich machen, wie elegant sich beliebige Objekte in einer Auflistung zusammenfassen lassen.

Übungs-aufgabe Sind Sie bereit für eine kleine Übung? Praktisch jede Anwendung listet in ihrem Dateimenü die Namen der zuletzt bearbeiteten Dateien auf, damit diese schneller abrufbar sind. Eine solche »recent file list« lässt sich wunderbar mittels *Collection* realisieren, da hier das Vorhandensein eines Eintrags bequem per Laufzeitfehler festgestellt werden kann und sie praktisch beliebig viele Mitglieder aufnehmen kann. Hier ist Ihre Aufgabe: Implementieren Sie eine solche Dateiliste, indem Sie eine Klasse implementieren, zu der man stets vier (oder eine festgelegte Anzahl) an Elementen hinzufügen kann und stets nur die 4 zuletzt hinzugefügten Elemente über eine *Collection*-Eigenschaft angeboten werden. Der Multiscript-Editor aus Kapitel 24 zeigt wie es gehen kann.

11.9.3   Eine Auflistung wieder entfernen

Wie lässt sich eine Auflistung am schnellsten leeren? Indem Sie sie auf den Wert *Nothing* setzen:

```
Set BezeichnungsfelderListe = Nothing
```

Das Setzen einer Objektvariablen auf *Nothing* hat allgemein den Effekt, dass die Objektreferenz in einer Objektvariablen gelöscht wird.

11.10 Auch Formulare sind Klassen

Haben Sie das Objektprinzip von Visual Basic verstanden, ist es an der Zeit, auch Formulare als Klassen zu betrachten (dieser Umstand wurde bereits mehrfach erwähnt). Tatsächlich ist jedes Formular eine Instanz einer Klasse, wobei die Klasse automatisch den Namen des Formulars besitzt. So ist das Formular *Form1*, das nach Anlegen eines neuen Standard-EXE-Projekts erscheint, eine Instanz der Klasse *Form1*. Wie jede Klasse besitzt auch diese Klasse Eigenschaften, Methoden sowie Ereignisse und kann über *Property*-Prozeduren oder *Event*-Anweisungen um neue Mitglieder erweitert werden. Auch ein *Initialize*- und ein *Terminate*-Ereignis ist bei einem Formular vorhanden.

Merksatz *Formulare sind Klassen. Der Klassenname ist mit dem Formularnamen identisch.*

Alle Zugriffe, die über den Namen des Formulars durchgeführt werden, finden in Wirklichkeit über die Formularvariable statt:

```
frmTest.Visible = False
```

Die *Visible*-Eigenschaft wird nicht direkt auf dem Formular angewendet, sondern auf die gleichnamige Objektvariable. Dieser Umstand hat normalerweise für den Zugriff auf das Formular keine Bedeutung. Er kann aber dann zu Fehlern führen, wenn der Zugriff über eine Objektvariable erfolgt:

```
Private F As frmTest

Set F = New frmTest
F.Caption = "Dies ist eine neue Instanz"
frmTest.Show
```

Was ist an diesem kurzen Beispiel falsch? Richtig, die *Show*-Methode wird auf das Formular selbst und nicht auf die neue Instanz *F* angewendet. Die Folge ist daher, dass der geänderte Titel nicht angezeigt wird. Richtig wäre es, die letzte Anweisung wie folgt auszuführen:

```
F.Show
```

Ist die Name-Eigenschaft eines Formulars bereits mit einem reservierten Wort identisch, muss der Formobjekttypname in eckige Klammern gesetzt werden:

```
Private frmTest As New [True]
```

Da das Schlüsselwort *True* auch als Name eines Formulars verwendet wurde, muss es in eckige Klammern gesetzt werden.

Bei Formularen ergeben sich durch den Umstand, dass es sich um erweiterbare Klassen handelt, nicht nur neue theoretische Aspekte, sondern vor allem handfeste Vorteile für die Programmierung. So ist es problemlos möglich, von einem existierenden Formular zusätzliche Kopien (Instanzen) anzufertigen und diese beliebig zu manipulieren. Auf diese Weise lassen sich zum Beispiel Dialogfelder während der Programmausführung dynamisch(er) gestalten. Alle im *Allgemein*-Teil eines Formulars über *Public* deklarierte Variablen werden wie Eigenschaften des Formulars, alle über *Public* definierten Funktionen und Prozeduren wie Methoden des Formulars behandelt. Der große Vorteil bei den benutzerdefinierten Eigenschaften wird erst auf den zweiten Blick sichtbar. Sprechen Sie eine solche Eigenschaft, z.B. in der Form

```
Zahl = frmMeineForm.MeineEigenschaft
```

an und wurde das Formular bereits einmal instanziert, wird dadurch kein *Form_Load*-Ereignis ausgelöst, was die Programmausführung enorm verzögern würde. Lediglich beim ersten Zugriff auf das Formular ist ein *Initialize*-Ereignis, wie bei jeder Klasse, die Folge.

Ein Anwendungsbeispiel für instanzierte Formulare ist das gleichzeitige Anzeigen mehrerer Dialogfelder, die sich lediglich in einigen optischen Details unterscheiden. Anstatt das Dialogfeld mehrfach als Formular in der Projektdatei zu speichern, erstellen Sie während der Laufzeit mehrere Instanzen (sprich Kopien) eines einzigen Formulars.

Dazu benötigen Sie aber zuerst eine Objektvariable, die wie folgt dimensioniert wird:

```
Private F1 As Form
```

Diese Anweisung deklariert eine neue Objektvariable mit dem Namen *F1* und dem Objekttyp *Form*. Dies bedeutet, dass die Variable *F1* für ein Objekt vom Typ *Form* steht. Im nächsten Schritt erhält die Objektvariable *F1* eine Referenz auf ein bereits existierendes Formular zugewiesen:

```
Set F1 = New Form1
```

Das Schlüsselwort *New* bewirkt, dass eine weitere Instanz des Formulars angelegt wird. Ohne dieses Schlüsselwort würde Visual Basic zwar ebenfalls eine Objektvariable vom Typ *Form* deklarieren, sie würde aber für die aktuelle Instanz des Formulars *Form1* stehen:

```
Set F1 = Form1
```

Dies ist ein scheinbar subtiler, aber bedeutungsvoller Unterschied. Alle Änderungen, die über *F1* an dem Formular vorgenommen werden, beziehen sich jetzt auf dieses eine Formular. Bei Verwendung des *New*-Schlüsselworts in der *Private*-Anweisung wird dagegen ein neues Formular erzeugt, das allerdings noch nicht sichtbar ist. Die Anweisung

```
F1.Caption = "Das ist meine neue Instanz #1"
```

würde daher noch keine sichtbare Wirkung haben. Zuerst muss nämlich die neue Instanz über eine *Show*-Methode sichtbar gemacht werden:

```
F1.Show
```

Nun existieren zwei scheinbar identische Formulare, die die gleichen Attribute und den gleichen Inhalt besitzen. Sie können aber die einzelnen Formulare unabhängig voneinander ansprechen.

Die neue Instanz ist ein exaktes Duplikat des Originalformulars, sie besitzt alle Attribute (das heißt, die aktuellen Einstellungen der einzelnen Eigenschaften) des Originalformulars. Sie wird daher über dem Originalformular angezeigt, sofern sie nicht verschoben wird (im Programm können Sie dazu die *Move*-Methode verwenden, welche den Eigenschaften *Left* und *Top*, und gegebenenfalls auch *Height* und *Width*, neue Werte zuweist). Von einem Formular können Sie theoretisch beliebig viele Instanzen anlegen. Allerdings werden Sie bei einem Grenzwert (in der Regel bei ca. 200 Formularen) feststellen, dass die Ressourcen des PC langsam zu Ende gehen und sich Windows auf einmal sehr merkwürdig verhält.

11.11 Ein abschließendes Beispiel

In diesem Abschnitt wird eine Klasse vorgestellt, die für die tägliche Programmierpraxis echte Vorteile bringen kann. Allein die Grundidee, eine Datei in einer Klasse zu verpacken, gibt so viel her, dass man darüber ein eigenes Kapitel verfassen könnte. Indem Sie alle Dateizugriffe über eine Klasse durchführen, können Sie Dateien um beliebige Eigenschaften erweitern und damit im Prinzip Dinge realisieren, die Windows vermutlich erst mit künftigen Versionen bieten wird (Stichwort »Objektdateisystem«). Sehen Sie diesen Abschnitt daher auch als Aufforderung, bei konventionellen Programmieraufgaben, wie dem Zugriff und die Manipulation von Dateien, neue Wege zu gehen. Im Folgenden wird eine Klasse vorgestellt, die als »Suchmaschine« für ein einfaches »FileFinder«-Programm verwendet werden kann. Die Suche nach einer Datei wird dabei ausschließlich über Eigenschaften, Methoden und Ereignisse gesteuert. Eine gefundene Datei wird dabei nicht einfach nur in eine Liste eingetragen. Für jede Datei wird ein neues Objekt angelegt, in dessen Eigenschaften die wichtigsten Dateiattribute wie Name, Größe und andere Attribute abgelegt werden. Alle Dateiobjekte gehören selbstverständlich zu einer Auflistung, sodass ein sehr bequemer und vor allem extrem flexibler Zugriff auf die gefundenen Dateien möglich ist. Und das Beste dabei ist: Wie Kapitel 21, »Komponenten für Fortgeschrittene«, zeigen wird, können Sie den FileFinder z.B. auch mit einem VBA-Programm in Office 97 ansprechen. Sie werden dabei feststellen, dass das *FileFinder*-Objekt etwas mehr Komfort bietet (allerdings naturgemäß auch Einschränkungen, die sich allerdings nachtragen lassen) als das in Office 97 enthaltene *FileSearch*-Objekt (das z.B. nicht mit einer Auflistung arbeitet).

Übung 11.3: FileFinder mit Klassen.

Das folgende Beispiel ist etwas umfangreicher als üblich. Es geht allerdings weniger um die Implementation einer rekursiven Dateisuche, die für sich alleine auch recht interessant ist, sondern um den Umstand, dass alle gefundenen Dateien über Objekte (der Klasse *clsDateiObjekt*) in einer Auflistung zur Verfügung gestellt werden. Aus Platzgründen kann im Folgenden nicht das komplette Programmlisting besprochen werden. Es soll stattdessen lediglich auf den »objektbasierenden« Teil eingegangen werden. Das Beispielprogramm besteht aus zwei Klassenmodulen, zwei Formularen und einem allgemeinen Modul. Die beiden Klassenmodule heißen:

▪► *clsDateiObjekt*

und

▪► *clsSearchEngine*

Während das Klassenmodul *clsDateiObjekt* lediglich dazu da ist, Objektvariablen zu definieren, in denen die Attribute einer gefundenen Datei abgelegt werden, enthält die Klasse *clsSearchEngine* die »Suchmaschine« des Dateisuchprogramms.

Abbildung 11.12:
Die Benutzer-
oberfläche des
Dateisuchpro-
gramms, das für
den Benutzer
unsichtbar mit
der Suchklasse
»clsSearchEn-
gine« arbeitet.

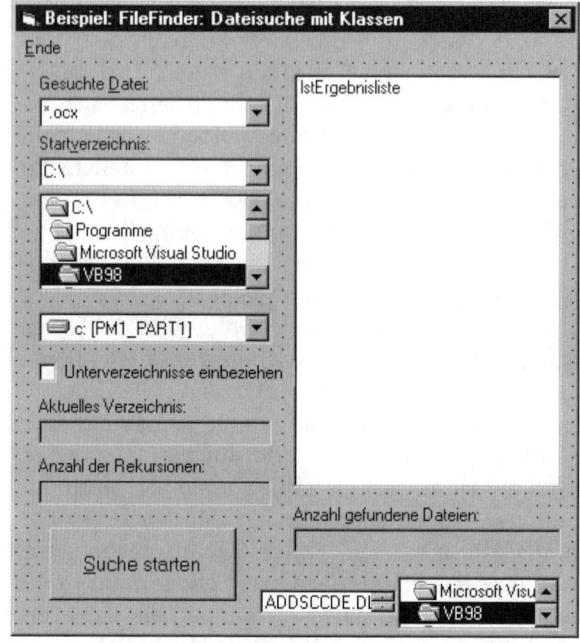

Schritt 1 Anlegen der Klasse *clsDateiObjekt*. Starten Sie Visual Basic mit einem leeren Projekt, fügen Sie ein Klassenmodul hinzu, und geben Sie
ihm den Namen *clsDateiObjekt*. Deklarieren Sie im Deklarationsteil
folgende Variablen und Eigenschaftsprozeduren:

Listing 11.8:
Der Deklarati-
onsteil der Klas-
se clsSearch-
Engine.

```
Option Explicit
' Hier werden private Mitglieder definiert
Private mFileName As String
Private mPfadName As String
Private mFileSize As Long
Private mFileDate As Date
Private mReadOnly As Boolean
Private mSystem As Boolean
Private mHidden As Boolean
Private mArchive As Boolean

' Die Filename-Eigenschaft
Property Let Filename(tmpFilename As String)
    mFileName = tmpFilename
End Property
Property Get Filename() As String
    Filename = mFileName
End Property

' Die Pfadname-Eigenschaft
Property Let Pfadname(tmpPfadname As String)
    mPfadName = tmpPfadname
```

```
End Property
Property Get Pfadname() As String
    Pfadname = mPfadName
End Property

' Die FileSize-Eigenschaft
Property Let FileSize(tmpFileSize As Long)
    mFileSize = tmpFileSize
End Property
Property Get FileSize() As Long
    FileSize = mFileSize
End Property

' Die FileDate-Eigenschaft
Property Let FileDate(tmpFileDate As Date)
    mFileDate = tmpFileDate
End Property
Property Get FileDate() As Date
    FileDate = mFileDate
End Property

' Die ReadOnly-Eigenschaft
Property Let ReadOnly(tmpReadOnly As Boolean)
    mReadOnly = tmpReadOnly
End Property
Property Get ReadOnly() As Boolean
    ReadOnly = mReadOnly
End Property

' Die System-Eigenschaft
Property Let System(tmpSystem As Boolean)
    mSystem = tmpSystem
End Property
Property Get System() As Boolean
    System = mSystem
End Property

' Die Hidden-Eigenschaft
Property Let Hidden(tmpHidden As Boolean)
    mHidden = tmpHidden
End Property
Property Get Hidden() As Boolean
    Hidden = mHidden
End Property

' Die Archive-Eigenschaft
Property Let Archive(tmpArchive As Boolean)
    System = mSystem
End Property
Property Get Archive() As Boolean
    System = mSystem
End Property
```

Diese Deklarationen führen dazu, dass alle Objekte des Typs *clsDatei-Objekt* die oben aufgeführten Eigenschaften besitzen. Methoden werden in dieser Klasse nicht benötigt.

Schritt 2 Anlegen der Klasse *clsSearchEngine*. Diese Klasse ist ein wenig umfangreicher, denn neben einigen Eigenschaften verfügt sie vor allem über die Methode *Search*, durch deren Aufruf die Suche nach einer Datei gestartet wird. Um das Programm-Listing nicht zu umfangreich werden zu lassen, werden die meisten der Eigenschaften über einfache *Public*-Anweisungen deklariert.

Listing 11.9: Der Deklarationsteil der Klasse clsSearchEngine.

```
Option Explicit
' Private Variablen - keine Eigenschaften
Private mStopSearch As Boolean
Private Rekursionen As Integer
Private Zähler As Integer

' Öffentliche Variablen - Eigenschaften der Klasse
Public StartVerzeichnis As String
Public SuchDateiName As String
Public Unterverzeichnisse As Boolean

' Die Klasse kann auch ein Ereignis auslösen
Public Event DateiGefunden(Datei As clsDateiObjekt)

Public objDirBox As DirListBox
Public objFileBox As FileListBox
Public objAktuellesDirLabel As Label
Public objRekursionenLabel As Label

Public GefundeneDatei As clsDateiObjekt
Public GefundeneDateiListe As New Collection

Property Let StopSearch(tmpWert As Boolean)
    mStopSearch = tmpWert
End Property

Property Get StopSearch() As Boolean
    StopSearch = mStopSearch
End Property
```

Die wichtigsten Eigenschaften sind *StartVerzeichnis* und *SuchDatei-Name*. Während erstere das Startverzeichnis festlegt, enthält letztere den Namen oder das Namensfragment der zu suchenden Datei(en). Damit diese Eigenschaften aber angesprochen werden können, muss zunächst einmal eine Objektvariable vom Typ *clsSearchEngine* deklariert werden. Dies geschieht natürlich nicht innerhalb der Klasse, sondern in jenem Formular, in der ein Zugriff auf den Suchmotor erfolgt.

```
Public DateiSuchObjekt As New clsSearchEngine
```

Anschließend kann den Eigenschaften ein Wert zugewiesen und die Suche über den Aufruf der *Search*-Methode gestartet werden:

```
DateiSuchObjekt.StartVerzeichnis = txtStartDir.Text
DateiSuchObjekt.SuchDateiName = txtDateiname.Text
DateiSuchObjekt.Unterverzeichnisse = CBool(chkRekursiv.Value)
DateiSuchObjekt.Search
```

Nun ist der Suchmotor innerhalb der *Search*-Prozedur am Arbeiten. Die Programmausführung wird nicht eher fortgesetzt, bis sich die *Search*-Prozedur zurückmeldet (prinzipiell ist es möglich, im Rahmen des *DateiGefunden*-Ereignisses und einem zusätzlichen *Cancel*-Parameter die Suche abzubrechen – diese Möglichkeit wurde in dem Programm aber nicht gewählt).

Doch wo sind die Ergebnisse? Wie es sich für ein Objekt gehört, stehen diese ebenfalls über eine Eigenschaft zur Verfügung. Dabei handelt es sich um keine normale Eigenschaft (dynamische Felder können nicht an Eigenschaften übergeben werden), sondern um eine Auflistung. Konkret: Für jede gefundene Datei wird eine eigene Objektvariable vom Typ *clsDateiObjekt* angelegt. Alle Dateiobjekte werden in einer Auflistung mit dem Namen *GefundeneDateiListe* (sie besitzt den allgemeinen Typ *Collection*) zusammengefasst:

```
Public GefundeneDatei As clsDateiObjekt
Public GefundeneDateiListe As New Collection
```

Indem die Klasse *clsSearchEngine* eine Eigenschaft mit dem Namen *GefundeneDateiListe* vom Typ einer Auflistung besitzt, besitzen alle Instanzen (Objektvariablen) vom Typ *clsSearchEngine* eine solche Eigenschaft, über die eine Referenz auf die Objektauflistung und damit auf alle gefundenen Dateien zurückgegeben wird. Das ist objektbasierende Programmierung mit Visual Basic.

Dank der Eigenschaft *GefundeneDateiListe* können die Namen der gefundenen Dateien nach beendeter *Search*-Methode elegant und einfach in ein Listenfeld übernommen werden:

```
Dim DateiListe As clsDateiObjekt
For Each DateiListe In DateiSuchObjekt.GefundeneDateiListe
    DateiName = Dateiliste.FileName
    lstErgebnisliste.AddItem DateiListe
Next
```

Natürlich ist dieser Schritt, so elegant er auch erscheinen mag, streng genommen überflüssig, denn es wäre programmtechnisch kein Problem, auf die *GefundeneDateiListe*-Auflistung zu verzichten und das Auffüllen des Listenfelds direkt von der *Search*-Methode übernehmen zu lassen. Dies ist ein typischer Konflikt, vor dem Programmierer, die sich zum ersten Mal mit Klassen beschäftigen, häufig stehen. Erfahrungsgemäß tendiert man nach dem Motto »Erlaubt ist, was machbar ist« dazu, traditionelle Programmiertechniken mit objektorientierten Techniken zu vermengen. Ein solcher Fall läge vor, wenn wir tatsächlich direkt von der Search-Methode aus, d.h. aus einer Klasse heraus, auf das Listenfeld *lstErgebnisListe* zugegriffen hätten. Programmiertechnisch gesehen ist das kein Problem, doch unter dem Blickwinkel einer sauberen Trennung zwischen Klassenmodulen und den darauf zugreifenden Programmen höchst problematisch. Die Kunst objektorientierter Programmierung besteht weniger darin zu wissen, wie man eine Klasse instanziert, sondern wo man die Trennlinie zieht.

Bei der objektorientierten Programmierung ist eine klare Abkapselung der Klassen vom übrigen Programmcode von großer Bedeutung. Der Programmcode in einer Klasse sollte nie auf den Code eines Formulars oder eines Moduls direkt zugreifen, sondern dies ausschließlich über Schnittstellen erledigen. Falls eine Routine benötigt wird, auf die mehrere Klassen zugreifen ist es u.U. ratsam, diese ebenfalls in eine Klasse einzubetten.

Schritt 3 Aufbau der Oberfläche. Zu dem Aufbau der Oberfläche sollen an dieser Stelle keine weiteren Angaben erfolgen, zumal Bild 11.11 die wichtigsten Detailfragen beantworten sollte. Beachten Sie allerdings, dass sowohl das Datei- als auch das Verzeichnislistenfeld in der rechten unteren Ecke des Formulars lediglich intern für die rekursive Suche benötigt werden und während der Programmausführung nicht sichtbar sind. Wie bereits erwähnt, verfügt das Beispielprogramm über zwei Formulare. Das zweite Formular ist lediglich dazu da, die Dateiattribute einer im Listenfeld doppelt angeklickten Datei anzuzeigen.

Schritt 4 Das Programm kann gestartet werden. Bei der Ausführung des Programms werden Sie nicht feststellen, dass es auf Klassen basiert. Nach dem Eintrag eines (optionalen) Dateinamens und eines (ebenfalls optionalen) Startverzeichnisses wird die Suche über die Schaltfläche *Start* gestartet. Nach einer Weile werden alle gefundenen Dateien in ein Listenfeld übertragen. Da die Suche mit VBA-Mitteln durchgeführt wird, ist sie nicht besonders schnell. Auch sollten Sie die Ausgabe der durchsuchten Verzeichnisse abschalten, da dies nur zu Anschauungszwecken dient, die Performance aber deutlich herabsetzt. Um eine Geschwindigkeitsoptimierung zu erreichen, müßte man die API-Funktionen *FindFileFirst* und *FindFileNext* einsetzen oder in einer in C++ oder Delphi programmierten DLL direkt (unter Windows 9x) auf die Verzeichnisstruktur in der *File Allocation Table* (FAT) zugreifen. Das Schöne daran wäre, dass die neue *Search*-Methode auf exakt die gleiche Weise aufgerufen wird und Änderungen im restlichen Programm daher nicht notwendig wären.

Wie funktioniert's?

Den Kern des Dateisuchprogramms bildet die *Search*-Methode im Klassenmodul *clsSearchEngine*, die nach der Initialisierung der Suchparameter die private Prozedur *Rekursive* aufruft.

Besonders wichtig ist die Anweisung

```
Set GefundeneDatei = New clsDateiObjekt
```

durch die eine neue Instanz des Objekts *clsDateiObjekt* erzeugt und eine Referenz auf dieses Objekt in der Objektvariablen *GefundeneDatei* abgelegt wird. Durch die folgenden Zuweisungen werden die Attribute der gefundenen Datei in den Eigenschaften der Objektvariablen gespeichert:

```
GefundeneDatei.FileName = DateiName
GefundeneDatei.FileSize = FileLen(DateiName)
```

usw.

Nun wird es wieder spannend. Die folgende Anweisung fügt über die *Add*-Methode das aktuelle *GefundeneDatei*-Objekt in die Auflistung *GefundeneDateiListe* ein:

```
GefundeneDateiListe.Add GefundeneDatei
Set GefundeneDatei = Nothing
```

Damit beim nächsten Durchlauf eine komplett neue Variable angelegt werden kann, wird die Objektreferenz vor dem Ende der Schleife wieder gelöscht.

Da jedes Unterverzeichnis wieder beliebig viele Unterverzeichnisse besitzen kann, ruft sich die (private) Funktion *Rekursive* am Ende selber auf:

```
Call Rekursive
```

Der rekursive Aufruf von Prozeduren und Funktionen ist in VBA grundsätzlich kein Problem. Zwei Dinge gibt es aber zu beachten. Statische Variablen sollten in einer solchen Prozedur/Funktion im Allgemeinen vermieden werden, da sie beim erneuten Aufruf nicht initialisiert werden, sondern ihren alten Wert erhalten. Die Anzahl der rekursiven Aufrufe wird durch den zur Verfügung stehenden Stack-Speicher begrenzt, was unter Windows 9x die Anzahl der Rekursionen einschränken kann.

11.11.1   Jede gefundene Datei ist ein Ereignis

Eine kleine Besonderheit des *FileFinders* dürfte Ihnen bereits aufgefallen sein. Jede gefundene Datei löst ein *DateiGefunden*-Ereignis aus. Möglich wird dies über die Anweisung

```
Public Event DateiGefunden(Datei As clsDateiObjekt)
```

im Klassenmodul, das ein Ereignis und den Kopf einer Ereignisprozedur definiert. Als einzigem Argument wird der Prozedur das gefundene
Dateiobjekt übergeben. Ausgelöst wird das Ereignis in der Klasse über
eine *RaiseEvent*-Anweisung:

```
RaiseEvent DateiGefunden(GefundeneDatei)
```

Damit wurde aber lediglich die Ereignisquelle definiert. Wie Sie aus Kapitel 11.6 bereits wissen, benötigen wir noch eine Ereignissenke. Dies
kann jedes Formular sein, in dem die Ereignissenke über eine *With-
Events*-Anweisung deklariert wurde:

```
Public WithEvents DateiSuchObjekt As clsSearchEngine
```

Beachten Sie bitte, dass das *WithEvents*-Schlüsselwort die Deklaration
der Objektvariablen *DateiSuchObjekt* lediglich erweitert, d. h. *With-
Events* wird nicht noch einmal separat aufgeführt (ein beliebter Fehler
am Anfang). Genauso wichtig ist es, die Zuordnung zu einer Instanz
der Klasse nicht zu vergessen, was im Allgemeinen innerhalb von
Form_Load geschieht:

```
Set DateiSuchObjekt = New clsSearchEngine
```

Diese Anweisung wäre auch ohne *WithEvents* erforderlich gewesen,
denn sie instanziert die Klasse *clsSearchEngine*. Dank *WithEvents*
werden Sie feststellen, dass im Programmcode-Fenster ein neues Objekt mit dem Namen *DateiSuchObjekt* zur Verfügung steht, aus dessen Ereignisliste Sie eines der selbst definierten Ereignisse auswählen
können.

*Abbildung 11.13:
In der Prozedur-
liste erscheinen
alle Ereignisse
von DateiSuch-
Objekt.*

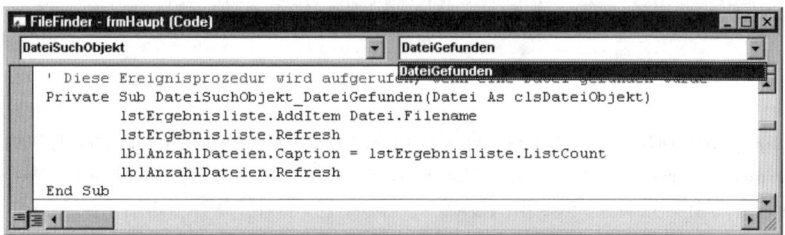

Wie Bild 11.12 zeigt, dient die Ereignisprozedur lediglich dazu, den
Namen der gefundenen Datei in das Listenfeld zu übertragen, sodass
Sie, genau wie bei der Windows-Suche, bereits während der Suche die
ersten Namen sehen können. Außerdem wird die Anzahl der gefundenen Dateien aktualisiert:

```
Private Sub DateiSuchObjekt_DateiGefunden _
(Datei As clsDateiObjekt)
    lstErgebnisliste.AddItem Datei.Filename
    lstErgebnisliste.Refresh
    lblAnzahlDateien.Caption = lstErgebnisliste.ListCount
    lblAnzahlDateien.Refresh
End Sub
```

Ist dieser Effekt nicht erwünscht, wird auch das Ereignis nicht benötigt. Das Einbeziehen der Ereignisprozedur zeigt sehr schön, wie Klassen mit dem sie benutzenden Programm kommunizieren können.

Es sei an dieser Stelle noch einmal darauf hingewiesen, dass der File-Finder in erster Linie der Veranschaulichung gilt und daher nicht optimal aufgebaut wurde. Einige Dinge lassen sich bestimmt noch optimieren. Im Vordergrund des Beispiels steht die klare Trennung zwischen einer Klasse und einem Programm, das auf die Klasse zugreift. In Kapitel 21, »Komponenten für Fortgeschrittene«, werden Sie erleben, dass die *clsSearchEngine*-Klasse ohne größere Änderungen isoliert und als Komponente zur Verfügung gestellt werden kann. In dieser Form kann sie dank ihrer COM-Schnittstelle von beliebigen Programmen, z.B. einem VBA-Programm in Office'97, benutzt werden.

11.12 Klassenauflistungen

Eine *Klassenauflistung* ist eine Klasse, die sich nach außen wie eine Auflistung, d.h. wie ein *Collection*-Objekt verhält. Wie bei einer einfachen Auflistung können zur Laufzeit zur Klassenauflistung Objekte hinzugefügt oder aus der Auflistung entfernt werden. Die erforderlichen Methoden, wie *Add* oder *Remove*, oder die *Item*-Eigenschaft, müssen allerdings (vom Programmierer) nachträglich definiert werden, denn es handelt sich nach wie vor um ein gewöhnliches Klassenmodul.

Klassenauflistungen sind enorm praktisch, denn da Sie die *Add*-Methode selber implementieren können, lässt sich beispielsweise vorher prüfen, ob das hinzuzufügende Objekt bestimmte Bedingungen erfüllt. Oder Sie implementieren die *Add*-Methode so, dass sie eine Referenz auf das neu aufgenommene Objekt zurückgibt, sodass Sie mit diesem Objekt irgendwelche Operationen erledigen können. Anstelle weiterer Erläuterungen soll Sie ein kleines Beispiel von der Nützlichkeit von Klassenauflistungen überzeugen.

Neben programmtechnischen Erleichterungen gibt es einen weiteren Grund, der die Einführung von Klassenauflistungen notwendig machen kann. Fügen Sie zu einem Collection-Objekt Objekte hinzu, die auf Ereignisse reagieren können und möchten Sie diese Ereignisse in einem Formular auswerten, so bezieht sich die in dem Formular über WithEvents definierte Objektvariable stets auf das letzte zur Collection hinzugefügte Objekt. Arbeiten Sie dagegen mit einer Klassenauflistung, löst die Klassenauflistung das Ereignis aus und übergibt dabei das betroffene Objekt als Argument.

Übung 11.4: Klassenauflistungen. Im Folgenden Beispiel werden zwei Klassen definiert. Die Klasse *clsMannschaft* definiert ein Objekt, das in die Klassenauflistung *clsMannschaftsListe* aufgenommen wird. Da das Beispiel lediglich dazu dient, den Umgang mit Klassenauflistungen zu veranschaulichen, können die eingegebenen Daten nicht gespeichert werden.

Schritt 1 Erstellen Sie als erstes die Klassenauflistung. Sie basiert auf einem Klassenmodul, das die Eigenschaften und Methoden eines *Collection*-Objekts besitzen muss. Fügen Sie in das Projekt vom Typ »Standard-Exe« eine Klasse mit dem Namen *clsMannschaftsListe* hinzu, und übernehmen Sie den Programmcode aus Listing 11.10.

Listing 11.10: Der Inhalt der Klasse clsMannschaftsListe.

```
Option Explicit

Private mMannschaften As New Collection

Public Function Add(m As clsMannschaft, _
Optional mName As String) As clsMannschaft
    mMannschaften.Add m, mName
    Set Add = m
End Function

Public Function Remove(Index As Variant)
    mMannschaften.Remove Index
End Function

Public Function Item(Index As Variant)
    Set Item = mMannschaften.Item(Index)
End Function

Public Property Get Count() As Long
    Count = mMannschaften.Count
End Property

Public Function NewEnum() As IUnknown
    Set NewEnum = mMannschaften.[_NewEnum]
End Function
```

Das Listing macht deutlich, dass es sich bei einer Klassenauflistung um eine »normale« Klasse handelt, in der die Methoden *Add*, *Item* und *Remove* sowie eine *Count*-Eigenschaft implementiert wurden.

Schritt 2 Eine wichtige Besonderheit gilt es aber zu beachten. Damit die Klasse auch enumerationsfähig ist (mehr dazu gleich), muss sie eine *NewEnum*-Methode enthalten, die einen Wert vom Typ *IUnknown* zurückgibt. Doch das alleine genügt noch nicht. Aktivieren Sie das Klassenmodul, und führen Sie den Menübefehl EXTRAS | PROZEDURATTRIBUTE aus. Es erscheint ein Dialogfeld, in dem Sie die Prozedurattribute, alle Prozeduren und Funktionen der Klasse einstellen können. Führen Sie nun folgende Schritte aus:

1. Wählen Sie aus der Auswahlliste »Name« die *NewEnum*-Methode aus.

2. Klicken Sie auf die Schaltfläche *Optionen*, um zusätzliche Einstellungen anzuzeigen.

3. Tragen Sie in das Eingabefeld »Prozedur-ID« den Wert -4 ein.

Nur wenn Sie diese (zugegeben reichlich merkwürdigen) Schritte ausgeführt haben, können die Objekte der Klassenauflistung später über eine *For-Each*-Schleife enumeriert werden.

Fügen Sie eine Klasse mit dem Namen *clsMannschaft* hinzu. Diese **Schritt 3** enthält lediglich eine Reihe von Eigenschaften und definiert einen Objekttyp, der in die Auflistung aufgenommen werden soll:

```
Option Explicit

Public Vereinsname As String
Public AnzahlSpieler As Integer
Public Ort As String
Public Tabellenplatz As Integer
```

Jetzt wird noch eine kleine Benutzeroberfläche für das Formular benö- **Schritt 4** tigt, in dem die Klassen instanziert und die einzelnen Objekte vom Typ *clsMannschaft* der Klassenauflistung hinzugefügt werden. Ordnen Sie auf dem Formular dazu ein Listenfeld (*lstMannschaften*), zwei Textfelder (*txtMannschaftsname* und *txtAnzahlSpieler*) und eine Schaltfläche (*cmdAdd*) an, und geben Sie den Programmcode aus Listing 11.11 ein.

```
Option Explicit

Private M As New clsMannschaft
Private MannschaftsListe As New clsMannschaftsListe

Private Sub cmdAdd_Click()
    With MannschaftsListe.Add(M, txtMannschaftsname.Text)
        .AnzahlSpieler = txtAnzahlSpieler.Text
        .Vereinsname = txtMannschaftsname.Text
    End With
    lstMannschaften.Clear
    For Each M In MannschaftsListe
        lstMannschaften.AddItem M.Vereinsname
    Next
    txtMannschaftsname.SetFocus
    txtMannschaftsname.SelStart = 0
    txtMannschaftsname.SelLength = _
    Len(txtMannschaftsname.Text)
End Sub
```

*Listing 11.11:
Innerhalb der Ereignisprozedur
cmdAdd_Click
werden neue Objekte zur Auflistung hinzugefügt.*

Die Ereignisprozedur ist schnell erklärt. Als erstes wird eine neue Instanz des *clsMannschaft*-Objekts angelegt und ihm zwei Attribute zugewiesen. Anschließend wird dieses Objekt über die *Add*-Methode der Auflistung *MannschaftsListe* hinzugefügt. Zum Schluss wird über eine *For-Each*-Anweisung (wenn Sie hier eine Fehlermeldung erhalten, müssen Sie Schritt 2 wiederholen) die *Vereinsname*-Eigenschaft alle zur Zeit in der Auflistung enthaltenen Objekte in ein Listenfeld übertragen.

Erweiterungsvorschlag

Erweitern Sie den *FileFinder* aus Übung 11.3 um eine Klassenauflistung *clsGefundeneDateiliste*, in der alle Dateiobjekte aufgenommen werden. Die Klassenauflistung ersetzt die Objektvariable *Gefundene-DateiListe* und kann z. B. sicherstellen, dass eine Datei ohne Dateinamen oder mit 0 Byte Größe nicht in die Auflistung aufgenommen wird.

11.13 Polymorphismus und die Implements-Anweisung

Unter *Polymorphismus* versteht man bei Visual Basic, dass man Methoden und Eigenschaften auf verschiedene Objekte anwenden kann, ohne im Einzelfall den Objekttyp kennen zu müssen. Hier ein einfaches Beispiel:

```
Private O As Object

For Each O In Objektlistung
    O.Initialize
Next
```

In dieser (fiktiven) Schleife wird bei allen Objekten einer Auflistung die *Initialize*-Methode aufgerufen. Es spielt dabei keine Rolle, welchen Objekttyp die Variable O besitzt. Gleichzeitig wird bei dieser Form des Polymorphismus ein wichtiger Nachteil deutlich: Die Objektvariable *O* besitzt den Typ *Object*, was die langsamere späte Bindung nach sich zieht. Visual Basic bietet über die *Implements*-Anweisung auch die Möglichkeit, Polymorphismus über eine späte Bindung zu realisieren.

11.13.1 Der Begriff der Schnittstelle

Es ist sehr wichtig, dass Sie sich noch einmal den Begriff der Schnittstelle in Erinnerung rufen. Unter einer *Schnittstelle* versteht man alle Eigenschaften und Methoden einer Klasse. Technisch ist die Schnittstelle über eine Tabelle (auch *vTable*) genannt realisiert, in der die Aufrufadressen der Methoden und Eigenschaften enthalten sind. Das Besondere beim Component Object Model (COM) ist nun, dass ein Objekt zusätzlich zu seiner Standardschnittstelle (also jener, die es ohnehin besitzt) auch Schnittstellen anbieten kann (fragen Sie sich im Moment noch nicht, wozu das gut sein soll. Die Antwort kommt von alleine. In erster Linie geht es um eine flexiblere Programmierung).

Über die *Implements*-Anweisung ist es möglich, in einem Klassenmodul die Schnittstelle einer anderen Klasse (bzw. allgemein eines COM-Objekts) zu verwenden, d.h. zu implementieren. Das bedeutet, dass das Objekt neben seiner eigenen Schnittstelle eine weitere Schnittstelle anbieten kann und sich aus der Sicht eines Klienten einmal wie das eine, ein anderes Mal wie ein anderes Objekt verhalten kann, ohne dass der Objekttyp den allgemeinen Typ *Object* besitzen muss (was den Nachteil der späten Bindung bedeuten würde).

Ein Vorteil dieses Verfahrens besteht darin, dass man auf ein und dasselbe Objekt verschiedene »Varianten« einer Methode anwenden kann und Zuordnungen zu den einzelnen Objekten bereits bei der Übersetzung des Programms vorgenommen werden. Ein anderer Vorteil ist, dass sich über die *Implements*-Anweisung die Schnittstellen beliebiger COM-Objekte »importieren« lassen (bei ActiveX-Steuerelementen kann auf diese Weise die COM-Schnittstelle *IObjectSafety* implementiert werden, die vorhanden sein muss, damit ein *Active*-Steuerelement als sicher gilt).

Der Vorteil der *Implements*-Anweisung, die am Anfang sehr abstrakt erscheinen mag, lässt sich am besten an einem kleinen Beispiel verdeutlichen. Das folgende Beispiel ist ein kleines Zeichenprogramm, das wahlweise Quader und Zylinder in einem Bildfeld ausgeben kann. Die Information zum Zeichnen der Körper ist in den Klassen *clsQuader* und *clsZylinder* enthalten, die ihre Schnittstellen von der Basisklasse *clsKörper* erhalten. Dadurch kann die *Zeichnen*-Methode sowohl auf Objekte vom Typ *clsQuader* als auch vom Typ *clsZylinder* angewendet werden, ohne dass die Objektvariablen vom Typ *Object* sein müssen (in diesem Fall wäre die *Implements*-Anweisung nämlich nicht erforderlich).

Übung 11.5: Ein Beispiel für die Implements-Anweisung.

Erstellen Sie ein Formular gemäß Bild 11.14 (oder laden Sie das Formular von der Buch-CD).

Schritt 1

Legen Sie eine Klasse mit dem Namen *clsKörper* an, und fügen Sie die Anweisungen aus Listing 11.12 ein. Dies ist die Basisklasse, die lediglich die Schnittstellendefinition enthält, aber keinen einzigen Programmbefehl.

Schritt 2

Abbildung 11.14:
Die Benutzer-
oberfläche des
Beispielpro-
gramms für die
Implements-
Anweisung.

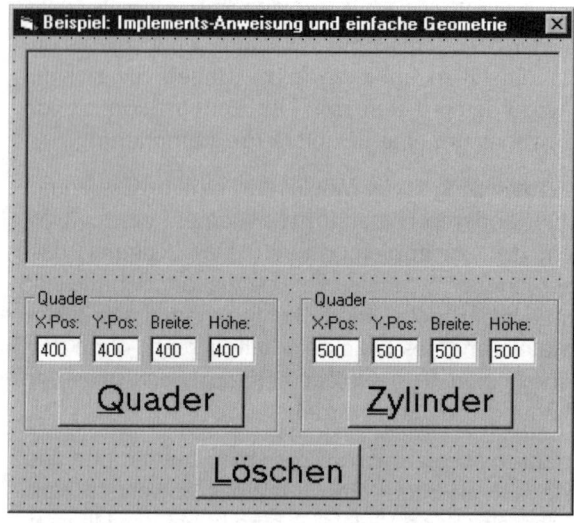

Listing 11.12:
Der Inhalt der
Basisklasse cls-
Körper.

```
Option Explicit
' Die Eigenschaft Breite
Property Let Breite(tmpBreite As Single)
End Property

Property Get Breite() As Single
End Property
' Die Eigenschaft Höhe
Property Let Höhe(tmpHöhe As Single)
End Property

Property Get Höhe() As Single
End Property
' Die Eigenschaft Left
Property Let Left(tmpLeft As Single)
End Property

Property Get Left() As Single
End Property
' Die Eigenschaft Top
Property Get Top() As Single
End Property

Property Let Top(mTop As Single)
End Property
' Die Zeichne-Methode
Public Sub Zeichne()
End Sub
```

Schritt 3 Legen Sie eine Klasse mit dem Namen *clsQuader* an, und fügen Sie die Anweisungen aus Listing 11.13 ein. Nach der Eingabe der *Implements*-Anweisung werden Sie feststellen, dass in der Objektliste des

Programmcode-Fensters der Eintrag *clsKörper* erscheint. Auf diese Weise erhalten Sie in dem Klassenmodul *clsQuader* einen Zugriff auf die Schnittstelle der Klasse *clsKörper*. Beachten Sie aber, dass Sie sämtliche Ereignisse und Methoden der Basisklasse *clsKörper* implementieren müssen. Ansonsten wird vor der Übersetzung eine Fehlermeldung angezeigt. Die einzige Methode der Klasse ist *Zeichne*, sie wurde von der Basisklasse übernommen, wird aber in der Klasse *clsQuader* spezifisch implementiert (der Prozedurparameter RHS[5] resultiert aus dem Umstand, dass Visual Basic die Argumentenamen der implementierten Schnittstelle nicht kennt und daher nicht die wahren Namen vorgeben kann).

```
Option Explicit
' Die Schnittstelle der Klasse clsKörper wird übernommen
Implements clsKörper
Private mBreite As Single
Private mHöhe As Single
Private mTop As Single
Private mLeft As Single
Private mBildObjekt As PictureBox
Private Property Get clsKörper_Breite() As Single
End Property
Private Property Let clsKörper_Breite(RHS As Single)
    mBreite = RHS
End Property
Private Property Get clsKörper_Höhe() As Single
End Property
Private Property Let clsKörper_Höhe(RHS As Single)
    mHöhe = RHS
End Property
Private Property Get clsKörper_Left() As Single
End Property
Private Property Let clsKörper_Left(RHS As Single)
    mLeft = RHS
End Property

Private Property Get clsKörper_Top() As Single
End Property

Private Property Let clsKörper_Top(RHS As Single)
    mTop = RHS
End Property

Public Property Set BildObjekt(tmpBildobjekt As PictureBox)
    Set mBildObjekt = tmpBildobjekt
End Property
```

Listing 11.13:
Der Inhalt der
Klasse clsQua-
der.

---

[5] Diese etwas ominöse Abkürzung steht angeblich für »right hand sided«, weil das Argument bzw. die Argumente stets auf der rechten Seite der Zuweisung stehen.

```
Private Sub clsKörper_Zeichne()
    mBildObjekt.Line (mLeft, mTop)-(mLeft + mBreite, _
    mTop + mHöhe), , B
    mBildObjekt.Line (mLeft, mTop)-(mLeft + mBreite * _
    0.75, mTop - mHöhe * 0.75)
    mBildObjekt.Line Step(0, 0)-Step(mBreite, 0)
    mBildObjekt.Line Step(0, 0)-(mLeft + mBreite, mTop)
    mBildObjekt.Line (mLeft + mBreite, mTop + mHöhe)- _
    (mLeft + mBreite + mBreite * 0.75, mTop + mHöhe - _
    mHöhe * 0.75)
    mBildObjekt.Line Step(0, 0)-Step(0, -mHöhe)
End Sub
```

Schritt 4 Legen Sie eine Klasse mit dem Namen *clsZylinder* an, und fügen Sie die Anweisungen aus Listing 11.14 ein. Auch in dieser Klasse wird über die *Implements*-Anweisung die Schnittstelle der Basisklasse implementiert. Allerdings wird die *Zeichne*-Methode naturgemäß anders implementiert, denn es soll diesmal kein Quader gezeichnet werden, sondern ein Zylinder.

Listing 11.14: Der Inhalt der Klasse clsZylinder.

```
Option Explicit
' Die Schnittstelle der Klasse clsKörper wird übernommen
Implements clsKörper

Private mBreite As Single
Private mHöhe As Single
Private mTop As Single
Private mLeft As Single
Private mBildObjekt As PictureBox

Private Property Get clsKörper_Breite() As Single
End Property

Private Property Let clsKörper_Breite(RHS As Single)
    mBreite = RHS
End Property

Private Property Let clsKörper_Höhe(RHS As Single)
    mHöhe = RHS
End Property

Private Property Get clsKörper_Höhe() As Single
End Property

Private Property Let clsKörper_Left(RHS As Single)
    mLeft = RHS
End Property

Private Property Get clsKörper_Left() As Single
End Property

Private Property Let clsKörper_Top(RHS As Single)
    mTop = RHS
```

```
End Property
Private Property Get clsKörper_Top() As Single
End Property

Public Property Set BildObjekt(tmpBildobjekt As PictureBox)
    Set mBildObjekt = tmpBildobjekt
End Property

Private Sub clsKörper_Zeichne()
    mBildObjekt.Circle (mLeft, mTop), mBreite, , , , 0.5
    mBildObjekt.Circle (mLeft, mTop + mHöhe * 1.25), _
    mBreite, , , , 0.5
    mBildObjekt.Line (mLeft + mBreite, mTop)-Step _
    (0, mHöhe * 1.25)
    mBildObjekt.Line (mLeft - mBreite, mTop)-Step _
    (0, mHöhe * 1.25)
End Sub
```

Bislang wurden lediglich drei Klassen implementiert. Im nächsten **Schritt 5**
Schritt werden die Klassen instanziert und benutzt. Zunächst die Ereignisprozedur *cmdQuader_Click*, die ein Quaderobjekt in dem Bildfeld
zeichnet:

```
Private Sub cmdQuader_Click()
    Dim Basis As clsKörper
    Dim X As New clsQuader
    Set Basis = X
    Basis.Breite = txtBreiteQ.Text
    Basis.Höhe = txtHöheQ.Text
    Basis.Left = txtXPosQ.Text
    Basis.Top = txtYPosQ.Text
    Set X.BildObjekt = picAusgabe
    Basis.Zeichne
End Sub
```

Als erstes wird die Basisklasse *clsKörper* instanziert und die Referenz
in der Variablen *Basis* abgelegt. Anschließend wird die Klasse *clsQuader* instanziert. Durch die Anweisung

```
Set Basis = X
```

erhält die Objektvariable *Basis* eine zusätzliche Schnittstelle, nämlich
die der Klasse *clsQuader*. Alle Methoden und Eigenschaften, die auf
Basis angewendet werden, beziehen sich auf die in der Klasse *clsQuader* implementierten Methoden und Eigenschaften. Eine Ausnahme
stellt die *BildObjekt*-Eigenschaft. Diese stammt nicht aus der Basisklasse, sondern aus der Klasse *clsQuader*. Über diese Eigenschaft wird
die Klasse mit einem Bildfeld für die Ausgabe verknüpft.

Zum Schluss soll auch das Zylinderobjekt gezeichnet werden. Die dafür **Schritt 6**
zuständige Ereignisprozedur *cmdZylinder_Click* ist mit der Ereignisprozedur, die den Quader zeichnet (schließlich geht es um Polymorphismus), nahezu identisch.

```
Private Sub cmdZylinder_Click()
    Dim Basis As clsKörper
    Dim Z As New clsZylinder
    Set Basis = Z
    Basis.Breite = txtBreiteZ.Text
    Basis.Höhe = txtHöheZ.Text
    Basis.Left = picAusgabe.ScaleWidth \ 2
    Basis.Top = txtYPosZ.Text
    Set Z.BildObjekt = picAusgabe
    Basis.Zeichne
End Sub
```

Fällt Ihnen ein Unterschied auf? Abgesehen davon, dass die Koordinaten aus anderen Textfeldern stammen, ist der einzige Unterschied die Definition der Variablen Z:

```
Dim Z As New clsZylinder
Set Basis = Z
```

Durch diese Anweisungen erhält die Objektvariable *Basis* eine zusätzliche Schnittstelle, diesmal die der Klasse *clsZylinder*. Die *Zeichne*-Methode zeichnet diesmal einen Zylinder.

Abbildung 11.15: Die »Zeichne«-Methode zeichnet wahlweise einen Quader oder einen Kreis.

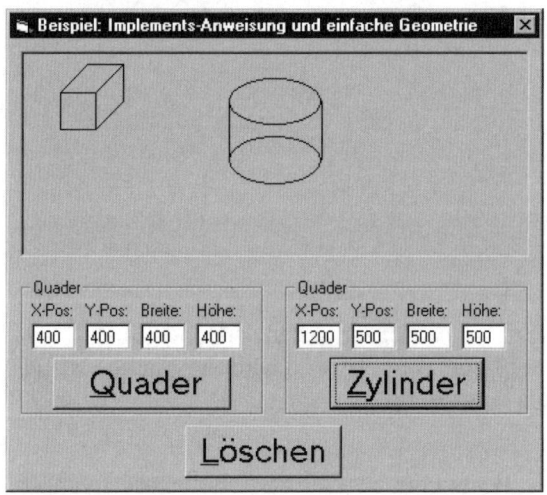

11.13.2   Mehr über die Implements-Anweisung

Die *Implements*-Anweisung ist sicherlich jene VBA-Anweisung, deren Arbeitsweise, vor allem aber deren Bedeutung für die Programmierung, am schwierigsten zu verstehen sein dürfte. Dabei lässt sich die Aufgabe der Anweisung in einem Satz abhandeln: Sie implementiert in einer Klasse die Schnittstelle einer anderen Klasse (oder eines beliebigen COM-Objekts) und erweitert damit eine Klasse um eine weitere Schnittstelle. So viel zur Aufgabenbeschreibung. Die entscheidende

Frage ist dagegen, warum soll man die _Implements_-Anweisung überhaupt einsetzen? Zunächst vorweg, eine zwingende Notwendigkeit für
die _Implements_-Anweisung gibt es im Allgemeinen nicht. Sie wird immer dann eingesetzt, wenn ein Visual-Basic-Programm mit mehreren
Klassen arbeitet und wenn man dabei die Schnittstelle einer Klasse in
einer anderen Klasse benutzen möchte. Dieses Prinzip wird auch als
Polymorphismus bezeichnet und wird in Kapitel 11.15 noch einmal
kurz beschrieben, wenn es um die drei Grundsäulen objektorientierter
Programmierung ging. Doch warum möchte man eine Schnittstelle
aus Klasse A auch in Klasse B benutzen, d.h. die Schnittstelle »verer-
ben«? Polymorphismus bedeutet, dass Sie eine Methode, z.B. _Zeichne_
(aus dem letzten Beispiel) anwenden können, ohne dass dies vom Objekt abhängt, auf das die Methode angewendet wird. Die von einer Basisklasse _clsKörper_ abgeleitete Methode kann sowohl auf Quader- als
auch auf Zylinderobjekte angewendet werden. Dies ist Polymorphismus, wie ihn Visual Basic sieht, und wie er über die _Implements_-An-
weisung realisiert werden kann. Allerdings, die _Implements_-Anwei-
sung wäre dazu nicht zwingend erforderlich. Man hätte auch einfach
die _Zeichne_-Methode zweimal unabhängig von einer Basisklasse implementieren und jeweils eine Instanz der Klasse _clsQuader_ bzw. _cls-
Zylinder_ einer allgemeinen Objektvariablen vom Typ _Object_ zuweisen
können. Das Resultat wäre nach außen das gleiche. Die Gründe für die
Verwendung der _Implements_-Anweisung liegen zum einen in der verbesserten Performance, da Visual Basic über die Schnittstelleninforma-
tionen bereits zur Laufzeit verfügt und diese nicht erst während der
Programmausführung erfragen muss. Zum anderen wird sichergestellt,
dass ein Objekt alle Mitglieder einer Schnittstelle unterstützt. Geht es
nur um eine Methode, ist der Aufwand vielleicht zu hoch. Bei komplexen Schnittstellen kann die Implementierung einer kompletten Schnittstelle erhebliche Vorteile bringen. Erst die Möglichkeit, ein Programm
durch Hinzufügen von Schnittstellen zu erweitern, bringt Ihnen die
Vorteile, die die objektorientierte Programmierung bieten soll. So lassen sich durch geschickte Verknüpfung einzelner Objekte Programmiertricks realisieren, die ohne _Implements_-Anweisung nicht möglich
sind. Man kann fast sagen, bevor man die _Implements_-Anweisung
nicht verstanden hat, hat man nicht verstanden was objektorientierte
Programmierung in Visual Basic bedeutet.

_Die Implements-Anweisung unterstützt nur Eigenschaften und Me-
thoden (d.h. eintreffende Schnittstellen), alle Ereignisse (d.h. aus-
gehende Schnittstellen) werden ignoriert._

11.14 Tipps für den Umgang mit Klassen

Die folgenden Tipps sollen verhindern, dass durch die Verwendung von Klassen ihr Programm nicht unnötig »ausgebremst« wird:

➡ Vermeiden Sie (wenn möglich) die späte Bindung, d.h. verwenden Sie zur Deklaration einer Objektvariablen anstelle des allgemeinen Typs *Object* den speziellen Objekttyp. Der Zugriff auf das Objekt wird dadurch deutlich beschleunigt.

➡ Reduzieren Sie die Anzahl der Punkte in einem Objektausdruck, z.B. durch Ersetzen eines Teilausdrucks durch eine Objektvariable oder durch Verwendung der *With*-Anweisung.

➡ Die implizite Adressierung einer Objektvariablen (Autoinstanzierung), d.h., ohne Verwendung einer *Set*-Anweisung, kann die Programmausführungsgeschwindigkeit ebenfalls herabsetzen.

➡ Verzichten Sie beim Zugriff auf Auflistungen auf die optionalen Parameter *Before* und *After*, da diese den Zugriff auf die Sammlung verlangsamen können.

➡ Vermeiden Sie *Variant*-Variablen in Eigenschaftsprozeduren. Bereits seit Visual Basic 5.0 können auch optionale Argumente in Eigenschaftsprozeduren einen beliebigen Datentyp besitzen, die zudem bereits im Prozedurkopf initialisiert werden können.

➡ Achten Sie sehr genau auf die Lebensdauer einer Objektvariablen. Wird eine Objektvariable zu oft instanziert, kann der in der *Initialize*-Ereignisprozedur ausgeführte Programmcode die Programmausführung verlangsamen. Abhilfe schafft die Verwendung einer globalen Objektvariablen.

11.15 Objekte theoretisch

In den letzten Abschnitten haben Sie den Umgang mit Klassen und Objekten in der Praxis kennengelernt, in diesem Abschnitt geht es um die dahinterstehende Theorie. Dabei sollen folgende (teilweise nicht ganz einfache) Fragen beantwortet werden:

➡ Was ist eine objektorientierte Programmiersprache?

➡ Ist Visual Basic eine objektorientierte Sprache?

➡ Welche Vorteile bringt der Einsatz von Objekten?

➡ Wo treten Objekte bei Visual Basic auf?

11.15.1 Was ist eine objektorientierte Programmiersprache?

Zunächst eine einfache Frage zur Einstimmung und Wiederholung: Was ist ein Objekt? Diese Frage sollten Sie inzwischen mit Leichtigkeit beantworten können: Ein Objekt ist eine Software-Komponente, die über Eigenschaften und Methoden angesprochen wird und auf Ereignisse reagieren kann (aber nicht muss). In Visual Basic werden Objekte durch Klassenmodule definiert – pro Objekt wird ein Klassenmodul benötigt, jedes Klassenmodul steht für eine Klasse. Eine objektorientierte Programmiersprache ist daher eine Programmiersprache, die mit Objekten arbeitet. Arbeiten bedeutet nicht nur, dass Objekte im Programm angesprochen, sondern auch neu definiert werden können. Die zweite Frage ist daher: Ist denn Visual Basic eine objektorientierte Programmiersprache? Diese Frage ist nicht ganz so einfach zu beantworten und wird daher auf den nächsten Abschnitt vertagt. Zunächst muss nämlich die Beantwortung der ersten Frage etwas vertieft werden.

Kurzer Exkurs: Für was steht eigentlich OOP?

Im Weiteren Verlauf dieses Buches treffen Sie häufiger auf den Begriff »OOP«. Er steht ganz einfach für »Objektorientierte Programmierung«. Allerdings wird er nicht immer syntaktisch korrekt verwendet. So ist eine OOP-Sprache natürlich keine »Objektorientierte Programmierung-Programmiersprache«, sondern nur eine objektorientierte Programmiersprache. Ich bitte diese sprachliche Vereinfachung zu entschuldigen.

In der Informatik, die sich schon sehr lange mit diesem Thema beschäftigt, werden für die OOP-Tauglichkeit einer Programmiersprache drei Kriterien angesetzt:

1. Kapselung

2. Polymorphismus

3. Vererbung

Erwarten Sie aber bitte nicht, dass diese Begriffe irgendwo in der Visual-Basic-IDE oder beim Programmieren auftauchen (wenngleich die Online-Dokumentation Polymorphismus gut erklärt). Es sind rein akademische Begriffe, die auf die frühen achtziger Jahre (oder noch früher) zurückgehen und deren Nützlichkeit nicht allgemein gültig ist. Ja, es ist noch nicht einmal unumstritten, ob sich OOP wirklich durch diese drei Begriffe ausreichend definieren lässt. Doch da man über sie in der OOP-Literatur auf Schritt und Tritt stolpert, sollen sie kurz erläutert und in Beziehung zu in Visual Basic 6.0 enthaltenen Spracheigenschaften gesetzt werden.

Kapselung

Da wäre zunächst die Kapselung (engl. »encapsulation«). Kapselung ist ein relativ einfaches Konzept, dennoch ist es bei Visual Basic nicht vollständig implementiert. Kapselung bedeutet, dass die Daten einer Klasse nur über die öffentlichen Eigenschaften der Klasse zugänglich sind. Wenn eine Klasse die Änderung der Hintergrundfarbe ermöglicht, ist ein Zugriff auf die Farbeigenschaft nur über die dafür zuständige Eigenschaft möglich:

```
Property Let SystemColor (tmpFarbe As RGBColor)
    If ValidColor(tmpFarbe) Then
        SystemColor = tmpFarbe
        RefreshDisplay
    End If
End Property
```

Man kann es drehen und wenden wie man möchte, ein Zugriff auf die Systemfarbe ist nur über die Eigenschaften *SystemColor* möglich:

```
DisplayObject.SystemColor = vbRed
```

Dazu gleich ein warnender Hinweis: Visual Basic legt Ihnen keinerlei Grenzen bezüglich der Frage auf, wie ernst Sie es mit der Kapselung nehmen. Es ist überhaupt kein Problem, in einer Klasse eine globale Variable anzusprechen oder andere Abhängigkeiten einzubauen (etwa von der Klasse auf bestimmte Formulare zuzugreifen, wenngleich dies kein absolutes Tabu ist). Das dies nichts mehr mit den Zielen von OOP zu tun hat, versteht sich von selbst. Nur der umgekehrte Weg ist nicht möglich, also innerhalb einer Klasse globale Variablen zu deklarieren. Jede *Public*-Variable ist automatisch eine Eigenschaft (die *Global*-Anweisung wird zwar auch von Visual Basic 6.0 noch unterstützt, innerhalb einer Klasse erhalten Sie jedoch eine unpassende Fehlermeldung).

Polymorphismus

Polymorphismus ist ein Begriff, mit dem sich OOP-Einsteiger erfahrungsgemäß recht schwer tun, wenngleich auch hier ein simples, aber sehr leistungsfähiges Prinzip dahintersteckt. Man muss die verschiedenen Erläuterungen schon mehrfach lesen, um zu verstehen, was sich hinter Polymorphismus verbirgt.

Polymorphismus bedeutet (Achtung, es wird spannend), das ein Satz von Eigenschaften und Methoden (also eine Schnittstelle) von mehreren unterschiedlichen Objekttypen angeboten wird. In einem ganz einfachen Sinne gab es Polymorphismus schon immer. Sie können die *Cls*-Methode sowohl auf ein Bildfeld als auch auf ein Formular anwenden. Doch ist das kein sehr gutes Beispiel, sondern ein fest eingebautes Verhalten, das sich als Polymorphismus im einfachsten Sinne interpretieren lässt. Im Umgang mit Klassen bedeutet Polymorphismus, dass eine Klasse die Schnittstelle einer anderen Klasse über die *Implements*-Anweisung übernehmen (der Fachausdruck lautet implementieren) kann. Angenommen, Klasse *B* implementiert ebenfalls die Schnittstelle von Klasse *A*, weil Klasse *B* die Anweisung

```
Implements Klasse A
```

enthält. Dann wird es möglich, einer Objektvariablen vom Typ *Klasse A* ein Objekt vom Typ *Klasse B* zuzuweisen:

```
Private A As New KlasseA
Private B As New KlasseB
Set A = B
```

Es ist wichtig zu verstehen, dass die *Implements*-Anweisung keine Voraussetzung ist, um einer Objektvariablen einen anderen Objekttyp zuweisen zu können. Doch ohne *Implements* müssen Sie die Objektvariable vom allgemeinen Typ *Object* deklarieren, was bezüglich des Laufzeitverhaltens (es liegt in diesem Fall eine späte Bindung vor) gewisse Nachteile mit sich bringt.

Übrigens, wenn Ihnen Polymorphismus wie Vererbung vorkommt, liegen Sie mit dieser Vermutung natürlich richtig. Vererbung ist eine spezielle Form des Polymorphismus, was die allgemeine Bedeutung der Vererbung etwas einschränkt.

Vererbung

Vererbung ist ein wichtiges Konzept der reinen OOP-Lehre, seine Nützlichkeit für die Programmierung ist allerdings nicht unumstritten. Vererbung bedeutet, dass bei der Definition einer neuen Klasse eine bereits existierende Klasse angegeben werden kann, von der die neue Klasse die bereits implementierten Funktionen »erbt«. In C++ würde eine solche Definition wie folgt aussehen:

```
class Hund : public Säugetiere
```

Damit wird eine neue Klasse mit dem Namen *Hund* definiert, die sich von der bereits vorhandenen (Basis-) Klasse *Säugetiere* ableitet. Der Vorteil dieser Vorgehensweise ist, dass alle bereits vorhandenen Funktionen (Methoden) der Basisklasse automatisch auch in einer abgeleiteten Klasse zur Verfügung stehen. Ich muss sie also nicht noch einmal eintippen. Und, das ist noch viel wichtiger, meine neue Klasse weist ein einheitliches Verhalten auf. Wenn ein anderer Programmteil die Funktion *Fressen* der Basisklasse *Säugetiere* ansprechen kann, so kann er es auch mit der abgeleiteten Klasse *Hund* (dies ist wiederum eine Eigenschaft von Polymorphismus – beide Techniken hängen sehr eng zusammen).

Vererbung ist nun kein universell anwendbares Mittel. Selbst wer Zoo-Software programmiert oder Brehms Tierleben als Multimedia-Titel anbieten möchte, wird nicht zwangsweise mit Vererbung arbeiten. Vererbung kann in einigen Situationen sehr sinnvoll sein. Stellen Sie sich vor, Sie verfügen über eine Klasse, die für ein Formular steht. Wenn Sie jetzt ein neues Formular benötigen, etwa eines, das bereits über Bildlaufleisten verfügt und seinen Inhalt drucken kann, möchten Sie nicht sämtliche Eigenschaften und Methoden neu definieren (Sie möchten noch nicht einmal die Prozedurrahmen dafür anlegen). Sie möchten einfach sagen können:

```
Private NeuesFenster As New Standardfenster From Standardfenster
```

und erhalten eine Datenstruktur, die für ein neues Fenster steht, und die Sie nun um neue Eigenschaften erweitern können. Hier ist Vererbung praktisch und aus diesem Grund arbeitet die Microsoft Foundation Classes (MFC) für C++ nach diesem Schema. Auf Visual Basic ist es nur bedingt anwendbar, da Programmierer hier mit vordefinierten Fenstertypen (den Fensterklassen – wobei diese Klassen nichts mit den VB-Klassen zu tun haben) arbeiten müssen und offiziell keine Möglichkeit erhalten, eigene Fenstertypen definieren zu können.

11.15.2   Ist Visual Basic eine objektorientierte Sprache?

Das ist eine heikle Frage, da ihre Antwort sehr stark durch den eigenen Standpunkt und persönliche Vorlieben und Antipathien (es gibt Leute, die mögen einfach kein Basic) beeinflusst wird. Während sich diese Frage für einen erfahrenen Visual-Basic-Programmierer meistens gar nicht stellt, da es ihm oder ihr in erster Linie um Lösungen und nicht um akademische Betrachtungen geht, wird ein C++-Programmierer ohne Bezug zu Visual Basic die Frage gefühlsmäßig eher verneinen (frei nach dem Motto »da programmiert man doch noch mit Zeilennummern«). Für die Praxis mit Visual Basic ist die Beantwortung der eingangs gestellten Frage daher wenig relevant. Es hat wenig Sinn, die in Visual Basic implementierten OOP-Eigenschaften mit denen einer »richtigen« OOP-Sprache, wie Smalltalk, oder denen einer »Hybridsprache«, wie C++, ObjectPascal oder Java, zu vergleichen. Wenn mir Visual Basic zu langsam (oder zu umständlich bei der Codierung) ist, nehme ich Visual C++ oder vielleicht Visual J++ und muss dazu (zumindestens im Visual Studio von Microsoft) noch nicht einmal die Entwicklungsumgebung wechseln. Zwar sind C++-Klassen, Visual-Basic-Klassen und Java-Klassen auf Quellcodeebene untereinander nicht kompatibel, doch steht über DLL, COM und ActiveX (oder auch Java-Beans) eine Basis für die Zusammenarbeit von binären Codemodulen zur Verfügung. Wer dagegen meint, dass ihm Visual Basic nicht objektorientiert genug sei, steigt nicht mal eben auf Smalltalk um, da dieser reinen OOP-Sprache wichtige Elemente fehlen, ohne die ein Windows-Programmierer heutzutage nicht mehr auskommen kann.

Visual Basic kennt (zur Zeit) keine echte Vererbung, erlaubt es einer Klasse aber, über die *Implements*-Anweisung die Schnittstellen anderer Klassen zu übernehmen. Damit kann z.B. ein und dieselbe Methode auf mehrere Objekte angewendet werden, ohne dass der Objekttyp erst zur Laufzeit angegeben werden muss.

Vorläufiges Fazit: Programmiersprachen werden auch im Jahre 1998 nicht aufgrund ihrer OOP-Fähigkeiten, sondern aufgrund ihrer Praxistauglichkeit für die Lösung von Programmierproblemen ausgewählt. Die OOP-Fähigkeiten, die zur Lösung der Programmierprobleme aber maßgeblich beitragen können, fügen sich vielmehr nahtlos in das Gesamtkonzept der Sprache ein, das wiederum möglichst eng auf das Betriebssystem abgestimmt ist, und sind ein weiteres Merkmal, das über die Leistungsfähigkeit der Sprache entscheidet. Da es »die« OOP-Sprache nicht gibt, gibt es auch keine Norm für die »OOP-Tauglichkeit« einer Programmiersprache. Die Frage »Ist Visual Basic objektorientiert?« muss daher mit einem »Ja, im Sinne der Visual-Basic-Philosophie und Jein, im klassischen Sinne« beantwortet werden. Es erfüllt aufgrund der fehlenden Vererbung nicht alle Kriterien einer klassischen OOP-Sprache. Doch da dies ohnehin nicht zur Disposition steht, ist es für die Visual-Basic-Praxis kein echter Nachteil.

Doch warum stellt Microsoft sich so an und führt nicht einfach auch bei Visual Basic Vererbung ein (bei Visual C++ und Viusal J++ klappt das doch auch – es ist also nicht so, dass Micosoft etwas gegen Vererbung hätte oder nicht in der Lage wäre, diese zu implementieren). Dann wäre die ganze Diskussion beendet, Visual Basic ein offizielles Mitglied der »feinen OOP-Gesellschaft« und jeder Programmierer könnte selber herausfinden, was er davon hat. Nun ist Vererbung kein Feature, das man einfach so einführen kann, etwa wie eine neue Form der For-Next-Schleife. Es ist ein so grundlegendes Konzept, dass es mehr als gut durchdacht sein muss[6]. Eine schwach implementierte Vererbung kann mehr schaden als nützen. Und, es macht keinen Sinn, Vererbung losgelöst vom Betriebssystem einzuführen. Stellen Sie sich den Ärger vor, wenn Visual Basic 6.0 eine einfache Form der Vererbung bieten würde (zunächst wären alle happy), die mit der nächsten Version wieder revidiert werden müßte, da sie nicht kompatibel zur nächsten Version von COM ist (die meisten Entwickler wären darüber mehr als unhappy). Dennoch ist Vererbung bei Visual Basic nach wie vor ein Thema. David Stutz, einer der (vielleicht sogar der) Chefarchitekten

---

[6] Je mächtiger ein Werkzeug, desto größer ist der Schaden, den man damit anrichten kann – darum gibt es in Visual Basic auch keine Pointer.

von Visual Basic bei Microsoft bemerkte dazu anläßlich der offiziellen Vorstellung von Visual Studio 6.0:

»Eventually Visual Basic will have interitance«.

Und siehe da, Herr Stutz lag mit seiner Vermutung goldrichtig. Visual Basic .NET, der Nachfolger von Visual Basic 6.0, wird tatsächlich eine (einfache) Vererbung von Klassen bieten, die auch Formulare umfasst.

11.15.3 Welche Vorteile bringt der Einsatz von Objekten

Es wurde bereits mehrfach erwähnt. Da Klassen in der täglichen Programmierpraxis meistens nur eine Option darstellen, muss es für den Einsatz von Klassen und Objekten gute Gründe geben, denn zu Nachteilen sollte er auf keinen Fall führen.

Es gibt (mindestens) drei Gründe, warum es erstrebenswert ist, in einem Visual-Basic-Programm mit Klassen zu arbeiten:

➥ Die Klasse wird zur Kapselung (und damit zur vereinfachten Handhabung) interner Programmfunktionen (das klassische Beispiel sind die API-Funktionen für den Registry-Zugriff) eingesetzt.

➥ Die Klasse wird zur Implementierung anspruchsvoller Datenstrukturen, etwa verknüpfter Listen, verwendet.

➥ Die Klasse wird für das Erstellen vom Komponenten oder OLE-DB-Providern verwendet, etwa dann, wenn das Visual-Basic-Programm auf einem Server arbeitet oder in einem 3-Schichten-System die zweite Ebene darstellt.

Es gibt noch weitere Gründe, die allerdings etwas abstrakterer Natur sind. Dazu zählen ein besseres weil weniger fehleranfälligeres und besser erweiterbares Programmdesign, eine klarere Strukturierung und nicht zuletzt das schöne Gefühl, die Möglichkeiten der Programmiersprache VBA bis zum Letzten auszureizen.

11.15.4 Wo treten Objekte bei Visual Basic auf?

Jetzt, wo Sie (fast) alles über den Umgang mit Klassen und Objekten wissen, dürfte Sie die Frage interessieren, wo in der täglichen Visual-Basic-Praxis überhaupt Objekte auftreten. Die folgende (sicherlich nicht vollständige) Auflistung dürfte Sie hoffentlich restlos davon überzeugen, dass auch wenn Visual Basic nicht in die klassische Kategorie der Objektsprachen fällt, Objekte an so vielen Stellen auftreten, dass sich die gestellte Frage »Objektorientiert ja oder nein?« für eine Visual-Basic-Programmiererin bzw. einen Programmierer gar nicht erst stellt. Es ist wie bei so vielem: Ist man mit der Praxis beschäftigt, verlieren die meisten theoretischen Aspekte ihre Relevanz. Nach dem Motto »Lass die anderen diskutieren«, beschäftigt man sich viel lieber mit der praktischen Lösung[7]. Doch hier die versprochene Liste:

➡ Über Klassenmodule werden neue Objekte definiert, die in Form von Objektvariablen instanziert und angesprochen werden.

➡ Über Klassen lassen sich komplexe Objektmodelle implementieren, die die Programmfunktionalität auf zusammenhängende Objekte abbilden.

➡ Auch Benutzersteuerelemente und Formulare sind Klassen mit dem Unterschied, dass sie zur Programmausführungszeit automatisch instanziert werden.

➡ Beim Erstellen von Klassen ist ein Klassenassistent behilflich.

➡ Sämtliche Datenbankschnittstellen (ADO, RDO und DAO) werden durch Objekte implementiert.

➡ Die Eigenschaften und Methoden öffentlicher Projekte stehen, im Rahmen von ActiveX-DLLs- und ActiveX-EXE-Projekten, anderen Anwendungen zur Verfügung.

➡ Die Visual-Basic-IDE bietet ein Objektmodell, das von Add-Ins (ActiveX-DLLs) genutzt werden kann.

➡ In ein Projekt können Verweise auf andere Objektbibliotheken eingebunden werden, sodass sich deren Objekte nutzen lassen als wären sie Teil des Programms.

➡ Der Objektkatalog listet alle in einem Objekt zur Verfügung stehenden Objekte auf.

➡ Der Visual Component Manager dient dem Speichern fertiger Objekte, sodass diese in anderen Projekten zur Verfügung stehen.

Nicht vergessen werden darf dabei natürlich, dass praktisch alles, was Sie in Visual Basic anfassen, etwas mit Komponenten und damit auch mit Objekten zu tun hat. Sobald Sie ein neues Formular hinzufügen, instanzieren Sie dadurch ein neues Objekt, das sich von einer generischen Formularklasse ableitet. Steuerelemente sind Komponenten mit Eigenschaften und Methoden, VBA besitzt interne Objekte, wie zum Beispiel *Clipboard* oder *Debug*, die über Eigenschaften und Methoden verfügen. Und selbst bei *Rnd* handelt es sich offiziell um keine Funktion, sondern um eine Methode des *VBA*-Objekts. Wenn von OOP die Rede ist, ist damit in erster Linie die Programmierung mit Klassen gemeint. Der Rest von Visual Basic ist bereits objektbasierend.

---

[7] Was nicht heißen soll, dass Diskutieren überflüssig ist. Im Gegenteil. Nur hilft es oft bei der Lösung nicht weiter.

11.16 Zusammenfassung

Müssen alle Visual-Basic-Programmierer ab jetzt nur noch objektorientiert programmieren? Sicher nicht, wenngleich die Verwendung von Klassen bei vielen Programmierprojekten keine Option mehr ist. Abgesehen von diesen Fällen, in denen unverzichtbare Systemkomponenten über Klassen implementiert werden, ist der Einsatz von Klassen natürlich kein Zwang. Man wird auch mit Visual Basic 7 oder 8 traditionell programmieren können, denn am Prinzip einer Prozedur oder einer *For-Next*-Schleife wird sich in den nächsten 10 bis 20 Jahren (vermutlich) nichts ändern. Allerdings wird es in Zukunft immer schwerer werden, den Verzicht von Klassen zu argumentieren, denn die Vorteile liegen auf der Hand. Visual-Basic-Programme, die auf Klassen basieren sind:

- Modularer und damit klarer strukturiert.

- Weniger fehleranfällig und leichter zu pflegen.

- Skalierbar.

- Von anderen Programmen aus ansprechbar.

- Etwas leichter in wiederverwendbare Programmteile aufteilbar.

Es ist wichtig zu verstehen, dass sich keiner dieser Vorteile von alleine einstellt. Wenn das Programmdesign nicht stimmt oder sich der Programmierer keine Mühe gegeben hat, kann ein Programm, auch wenn es auf Klassen basiert, keines der aufgezählten Versprechungen einlösen. Klassen sind ein elementares und leistungsfähiges Sprachelement, das mit Verstand eingesetzt, ein enormes Potential bietet. Doch der Umgang mit Objekten sollte nichts sein, zu dem ein Programmierer überredet werden muss, denn es kann richtig Spaß machen, die Funktionalität eines Programms in Klassen zu verpacken.

11.17 Merksätze

Ein Klassenmodul stellt sozusagen den »Bauplan« für ein Objekt dar. Konkret, alle öffentlichen Prozeduren sind automatisch Methoden, alle öffentlichen *Property*-Prozeduren automatisch Eigenschaften. Aber, ein Klassenmodul ist lediglich eine (passive) Schablone für ein Objekt. Um mit einem Objekt des durch das Klassenmodul vorgegebenen Typs arbeiten zu können, muss über eine *Dim-*, *Private-* oder *Public*-Anweisung eine Variable dieses Typs deklariert werden. Dieser Vorgang wird auch als *Instanzierung* bezeichnet.

Die Windows-Standard-
steuerelemente und
ihre Kollegen

Kapitel

12

atürlich (oder besser zum Glück) hat Visual Basic für die Gestaltung von Benutzeroberflächen etwas mehr zu bieten als die notwendigen, aber wenig »aufregenden« Standardsteuerelemente der Werkzeugsammlung. Da gibt es zum einen die Windows-Standardsteuerelemente. Diese sind nicht in Visual Basic, sondern in Windows »fest eingebaut« und stehen Visual-Basic-Programmierern über eine Reihe von Zusatzsteuerelementen zur Verfügung. Da wären zum anderen zahlreiche Zusatzsteuerelemente, die verschiedene Aufgaben, wie z.B. das Ansteuern von Multimediageräten oder die komfortable Texteingabe mit Formatierungsmöglichkeit, übernehmen. Allen Zusatzsteuerelementen ist gemeinsam, dass sie zunächst zu einem Projekt hinzugefügt werden müssen. Bezüglich ihrer Programmierung gibt es zu den eingebauten Steuerelementen aber keine Unterschiede.

Sie lesen in diesem Kapitel etwas über:

➡ Die verschiedenen Zusatzsteuerelemente, die in der Einsteiger- und Profi-Edition zur Verfügung stehen.

➡ Das Hinzufügen eines Steuerelements zu einem Projekt.

➡ Das nachträgliche Registrieren eines Zusatzsteuerelements.

➡ Die insgesamt 15 Windows-Standardsteuerelemente.

➡ Das RTF-Textfeld.

➡ Das TabStrip-Steuerelement.

➡ Das FlexGrid-Steuerelement.

In diesem Kapitel werden nicht alle der mitgelieferten Zusatzsteuerelemente besprochen. Weitere Zusatzsteuerelemente finden Sie im Unterverzeichnis *\Commond\Tools\VB\Controls* auf Ihrer Visual-Basic-CD bzw. im gleichnamigen *Tools*-Verzeichnis auf der Festplatte.

12.1 Ein erster Überblick

Ein Zusatzsteuerelement (engl. »custom control«) ist ein Steuerelement, das zur Werkzeugsammlung hinzugefügt werden kann. Zusatzsteuerelemente, die seit Visual Basic 5.0 auch als ActiveX-Steuerelemente bezeichnet werden, stehen in großer Auswahl zur Verfügung. Es gibt sie in kommerziellen Toolboxen, als Zugabe zu Standardsoftware oder als Share- oder Freeware auf CDs und natürlich im Internet. Sie sind nicht auf Visual Basic beschränkt, sondern können z.B. in Microsoft Access, in den übrigen Office'97-Anwendungen, auf HTML-Seiten oder in verschiedenen Anwendungen, die nicht von Microsoft stammen, zum Einsatz kommen. Allerdings enthält das Visual-Basic-Paket nur die »lebensnotwendige« Grundauswahl, wobei der Umfang auch davon abhängt, ob Sie mit der Einsteiger-, der Profi- oder der Enterprise-Edition arbeiten. Damit es nicht gleich am Anfang schon zu unübersichtlich wird, enthält Tabelle 12.1 eine Übersicht der Zusatzsteuerelemente aller drei Editionen (alle Angaben bezüglich der Verfügbarkeit in den einzelnen Versionen allerdings ohne Gewähr)[1].

Tabelle 12.1:
Die verschiedenen Zusatzsteuerelemente, die in der Einsteiger, der Profi- und der Enterprise-Edition zur Verfügung stehen.

ActiveX-Steuerelement	Dateiname	Version	Edition
ADO Datensteuerelement	*Msadodc.ocx*	6.00.8171	S,P,E
AxBrowse	*Vcmaxb.ocx*	6.00.8169	P,E
CDlg	*Repcdlg.ocx*	6.00.8161	P,E
Chart-Steuerelement	*Mschrt20.ocx*	6.00.8177	P,E
Comm-Steuerelement	*Mscomm32.ocx*	6.00.8169	P,E
Standarddialogsteuerelement	*Comdlg32.ocx*	6.00.8169	S,P,E
DBList	*Dblist32.ocx*	6.00.8169	S,P,E
DataGrid-Steuerelement	*Msdatgrd.ocx*	6.00.8169	S,P,E
DataList-Steuerelement	*Msdatlst.ocx*	6.00.8169	S,P,E
DataRepeater-Steuerelement	*Msdatrep.ocx*	6.00.8169	P,E

---

[1] Die Übersicht stammt aus einem Artikel, den Microsoft in der Knowledge Base unter der Nr. Q191524 veröffentlicht hat.

ActiveX-Steuer-element	Dateiname	Version	Edition
FlexGrid-Steuer-element	*Msfxgrd.ocx*	6.00.8169	S,P,E
Hierarchisches FlexGrid-Steuer-element	*Mshflxg.ocx*	6.00.3005	S,P,E
Internet Transfer-Steuerelement	*Msinet.ocx*	6.00.8169	S,P,E
MAPI-Steuerele-ment	*Msmapi.ocx*	6.00.8169	S,P,E
Maskierbares Textfeld	*Msmask32.ocx*	6.00.8169	S,P,E
MxFlexGrid-Assi-stent	*Flexwiz.ocx*	6.00.8169	S,P,E
Multimedia-Steuerelement	*Mci32.ocx*	6.00.8169	S,P,E
Verpackungs-/ Weitergabeassi-stent	*Pdwizard.ocx*	6.00.8169	S,P,E
PictureClip-Steuerelement	*Picclp32.ocx*	6.00.8169	S,P,E
Remote Daten-steuerelement	*Msrdc20.ocx*	6.00.8169	E
RTF-Textfeld	*Richtx32.ocx*	6.00.8169	S,P,E
SysInfo-Steuerele-ment	*Sysinfo.ocx*	6.00.8169	S,P,E
Tab-Register-Steuerelement	*Tabctl32.ocx*	6.00.8169	S,P,E
Anwendungsassi-stent	*Appwiz.ocx*	6.00.8177	S,P,E
Datenformularas-sistent	*Dataform.ocx*	6.00.8169	S,P,E
Chart-Assistent	*Chartwiz.ocx*	6.00.8177	S,P,E
VisModel-Brow-ser	*Vcmvmb.ocx*	6.00.8169	S,P,E
Windows-Stan-dardsteuerele-mente 3 6.0	*Comct332.ocx*	6.00.8169	S,P,E

ActiveX-Steuer-element	Dateiname	Version	Edition
Windows-Stan-dardsteuerele-mente 6.0	*Mscomctl.ocx*	6.00.8177	S,P,E
Windows-Stan-dardsteuerele-mente 2 6.0	*Mscomct2.ocx*	6.00.8177	S,P,E
Winsock-Steuer-element	*Mwinsck.ocx*	6.00.8169	S,P,E
S=Standard (Einsteiger), P=Profi, E=Enterprise			

12.1.1 Das Hinzufügen eines Steuerelements zu einem Projekt

Wenn Sie Visual Basic starten und ein neues Standard-EXE-Projekt an-legen, sehen Sie in der Werkzeugsammlung im Allgemeinen nur die Standardsteuerelemente. Damit ein Zusatzsteuerelement in einem Pro-jekt eingesetzt werden kann, muss es zur Werkzeugsammlung hinzuge-fügt werden. Führen Sie dazu folgende Arbeitsschritte aus:

➡ Klicken Sie die Werkzeugsammlung mit der rechten Maustaste an, oder öffnen Sie das PROJEKT-Menü und wählen Sie KOMPONEN-TEN.

➡ Es erscheint eine Auswahl mit allen zur Zeit registrierten Zusatz-steuerelementen auf dem PC. Kreuzen Sie alle jene Steuerelemen-te an, die zur Werkzeugsammlung hinzugefügt werden sollen.

➡ Die Zusatzsteuerelemente stehen jetzt über die Werkzeugsamm-lung zur Verfügung und werden auf die gleiche Weise in ein Pro-gramm integriert wie die fest eingebauten Steuerelemente. Einen Unterschied gibt es aber: Viele Zusatzsteuerelemente verfügen im Eigenschaftsfenster über den Eintrag »Benutzerdefiniert«, über den sich die wichtigsten Eigenschaften in einem Dialogfeld einstellen lassen.

:-)
TIP
Über die Tastenkombination Strg+T *lässt sich die Komponen-tenauswahl am schnellsten öffnen.*

Seit Visual Basic 6.0 ist es über die Add-Methode des Controls-Objekt möglich, ein Zusatzsteuerelement erst zur Laufzeit zu laden.

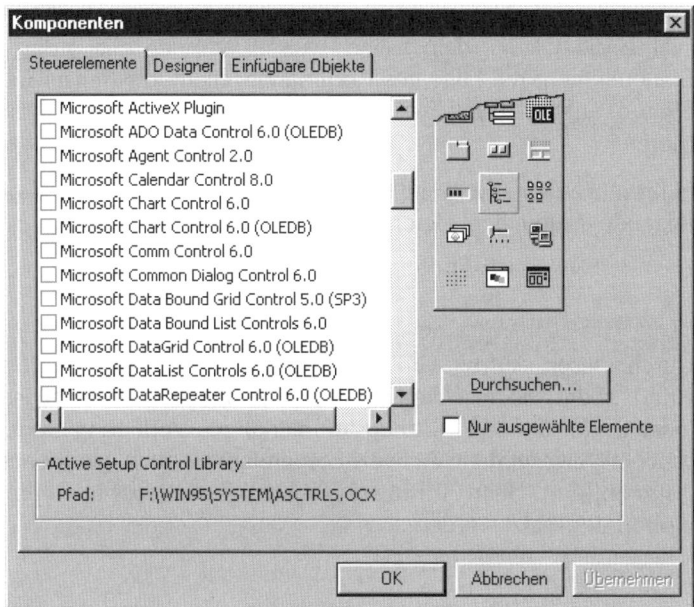

Abbildung 12.1: Die Komponentenauswahl zeigt alle auf dem PC zur Verfügung stehenden Steuerelemente an.

Wenn Sie das Projekt speichern, werden in der Projektdatei auch die Referenzen auf die nachträglich geladenen Zusatzsteuerelemente gespeichert, sodass sie beim nächsten Laden des Projekts automatisch in der Werkzeugsammlung erscheinen.

12.1.2 Das nachträgliche Registrieren eines Zusatz-steuerelements

Wenn Sie den Menübefehl PROJEKT | KOMPONENTEN ausführen, sehen Sie alle jene Steuerelemente, die bereits auf dem PC registriert wurden. Damit ein ActiveX-Steuerelement in einem Programm ausgeführt werden kann, muss es nämlich zuvor in der Registry registriert worden sein. Die Registrierung bedeutet im Wesentlichen, dass im Schlüssel *Hkey_Local_Machine\Software\Classes\CLSID* ein Eintrag enthalten ist, der mindestens zwei Angaben enthält:

- ➡ Die eindeutige Kennummer des Zusatzsteuerelements (die CLSID-Nummer).

- ➡ Den Namen der Programmdatei, in der das Zusatzsteuerelement enthalten ist (in der Regel ist dies eine OCX-Datei).

Normalerweise geschieht das Registrieren automatisch, also bei der Installation der Software, oder wenn Sie das OCX-Steuerelement in dem Dialogfeld auswählen. Sollte aus irgendeinem Grund die Visual-Basic-IDE nicht verfügbar sein (etwa weil das Visual-Basic-Programm auf einem anderen PC läuft, auf dem kein Visual Basic installiert ist, oder Visual Basic wieder deinstalliert wurde), können Sie jedes ActiveX-Steuerelement mit Hilfe des Kommandozeilentools *Regsvr32.exe*, das Sie u. a. auf der Visual-Basic-CD finden, auch manuell (händisch) registrieren:

Führen Sie den AUSFÜHREN-Befehl im Startmenü aus, und geben Sie folgende (allgemeine) Befehlszeile ein:

```
regsvr32.exe \Pfadname\Dateiname
```

Beispiel   `regsvr32 c:\windows\desktop\anigif\anigif.ocx`

Durch diesen Aufruf wird das Zusatzsteuerelement *Anigif.ocx* registriert, sodass es anschließend in der Visual-Basic-Werkzeugsammlung (oder in der Office-Werkzeugsammlung) zur Verfügung steht. Auf die gleiche Weise wird ein ActiveX-Steuerelement auch wieder aus der Registry entfernt. Beim Aufruf von *Regsvr32.exe* muss in diesem Fall die Option *-u* gesetzt werden:

```
regsvr32 -u c:\windows\desktop\anigif\anigif.ocx
```

Auf der Visual-Basic-CD finden Sie im Unterverzeichnis \Common\Tools\Vb\Regutils das Hilfsprogramm Regocx32.exe, das speziell zur Registrierung von ActiveX-Steuerelementen da ist und in der Form

```
Regocx32.exe Kontrollname.ocx
```

aufgerufen wird.

12.1.3   Der Lizenzschlüssel ist wichtig

Wenn Sie ein Visual-Basic-Programm erstellen, das mit ActiveX-Steuerelementen arbeitet, müssen diese Steuerelemente ebenfalls auf den Ziel-PC kopiert und dort registriert werden. Dies erledigt im Allgemeinen das Installationsprogramm oder der Anwender mit Hilfe von *Regsvr32.exe*. Moment, wenn ich nur die Einsteiger-Edition besitze und mir jemand ein Programm kopiert, das mit den ActiveX-Steuerelementen der Profi-Edition (oder anderen tollen ActiveX-Steuerelementen) arbeitet, die stets als separate OCX-Dateien vorliegen, dann könnte ich doch...

Leider nicht, denn gegen diese Art der »Softwaredistribution« möchten sich die Softwarehersteller natürlich schützen. Die meisten Zusatzsteuerelemente beinhalten zwar eine Laufzeitlizenz, nicht aber eine Lizenz für die Ausführung der Steuerelemente in einer IDE. Sonst könnte ein Programmierer ein ActiveX-Steuerelement kaufen, es mit seinen Anwendungen (legal natürlich) an andere Programmierer weitergeben, die dann dieses Steuerelement wiederum in ihre eigene Programme einbauen. Das wäre zwar nicht legal, sodass eigentlich niemand auf diese Idee kommen sollte, doch um diese Tür gar nicht erst zu öffnen, kommen die meisten ActiveX-Steuerelemente mit einem Lizenzschlüssel (einer Zeichenfolge), der bei der Installation im Schlüssel *\Hkey_Local_Machine\Software\Classes\Licences* in die Registry eingetragen wird. Nur wenn dieser Schlüssel enthalten ist, kann ein ActiveX-Steuerelement in einer IDE eingesetzt werden. Zwar ist es kein Problem, diesen Schlüssel oder die REG-Datei, die ihn enthält, zu kopieren, doch ist das in den meisten Fällen ein Verstoß gegen den Lizenzvertrag und damit ebenfalls nicht legal.

12.2 Die Windows-Standardsteuerelemente

Mit den Windows-Standardsteuerelementen (engl. »common controls«) hat es eine besondere Bewandtnis. Es sind Bedienelemente, die Windows für die Benutzeroberfläche benötigt, aber auch allen Anwendungen zur Verfügung stellt und die daher in Windows »fest« eingebaut sind. Allerdings sind es keine ActiveX-Steuerelemente, sondern zunächst nur reine Windows-Steuerelemente, die in einer DLL (u. a. *Comctl32.dll*) vorliegen. Damit auch Visual-Basic-Programme diese Steuerelemente nutzen können, gibt es eine Reihe von OCX-Zusatzsteuerelementen (u. a. *Comctl32.ocx*), die in den System-DLLs enthaltenen Funktionen über Eigenschaften und Methoden zur Verfügung stellen. Bei den Windows-Standardsteuerelementen handelt es sich um:

- Die Abbildungsliste (image list)

- Die Listenansicht (listview)

- Die Fortschrittsleiste (progress bar)

- Den Schieberegler (slider)

- Die Statusleiste (status bar)

- Die Registerkarte (tab strip)

➡ Die Symbolleiste (symbol bar)

➡ Die Strukturansicht (tree view)

➡ Das Bildkombinationsfeld (image combo)

➡ Das Animationssteuerelement (animation)

➡ Den AufAb-Zähler (up down)

➡ Die Monatsansicht (month view)

➡ Die Datumsauswahl (date picker)

➡ Die flache Bildlaufleiste (flat scroll bar)

➡ Die »moderne« Symbolleiste (coolbar)

Auch die Windows-Standardsteuerelemente werden über den Menü-
befehl PROJEKT | KOMPONENTEN eingebunden. Der zu wählende Ein-
trag hängt von den gewünschten Zusatzsteuerelementen ab. Zur Auswahl stehen:

➡ *Microsoft Windows Common Controls 6.0* (Tab Strip, Tool bar,
Status Bar , Progress Bar, Tree View, List View, Image List,
Slider, Image Combo)

➡ *Microsoft Windows Common Controls-2 6.0* (Animation, Up
Down, Month View, DTPicker, Flat Scrollbar)

➡ *Microsoft Windows Common Controls-3 6.0* (Coolbar)

*Die Einträge »Microsoft Windows Common Controls 5.0 (SP2)« ste-
hen für aktualisierte Versionen der Windows-Standardsteuerelemente, die mit dem Service Pack 2 für Visual Basic 5.0 ausgeliefert
wurden.*

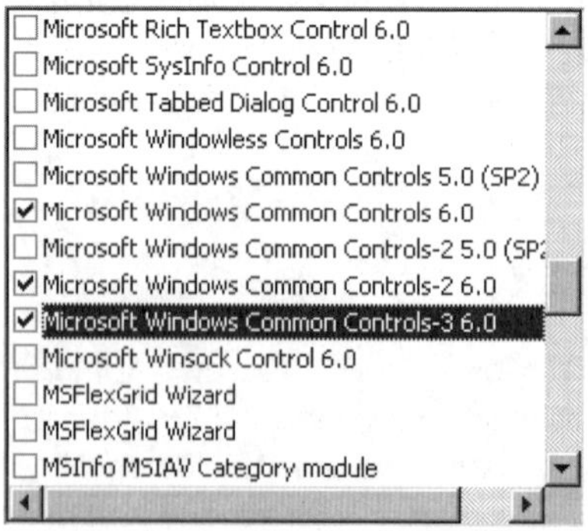

Abbildung 12.2:
Über diese Ein-
träge werden
die Windows-
Standardsteuer-
elemente aus-
gewählt.

☐ Microsoft Rich Textbox Control 6.0
☐ Microsoft SysInfo Control 6.0
☐ Microsoft Tabbed Dialog Control 6.0
☐ Microsoft Windowless Controls 6.0
☐ Microsoft Windows Common Controls 5.0 (SP2)
☑ Microsoft Windows Common Controls 6.0
☐ Microsoft Windows Common Controls-2 5.0 (SP2
☑ Microsoft Windows Common Controls-2 6.0
☑ Microsoft Windows Common Controls-3 6.0
☐ Microsoft Winsock Control 6.0
☐ MSFlexGrid Wizard
☐ MSFlexGrid Wizard
☐ MSInfo MSIAV Category module

12.2.1   ActiveX-Steuerelement oder Zusatzsteuerelement?

Da es so wichtig ist, hier noch einmal eine kurze Begriffsklärung. Zwischen Steuerelementen und Zusatzsteuerelementen besteht nur insofern ein Unterschied, dass erstere »fest« in Visual Basic eingebaut sind, letztere als OCX-Dateien vorliegen und daher nachträglich geladen werden müssen. Bezüglich der Programmierung ergeben sich keine Unterschiede. Und was sind noch einmal ActiveX-Steuerelemente? Nichts anderes als ganz »normale« Zusatzsteuerelemente, nur mit einem etwas moderneren Namen (und einigen internen Details, die aber für die Programmierung in Visual Basic keinen Unterschied ergeben). Seit Visual Basic 5.0 ist es möglich, ActiveX-Steuerelemente in Visual Basic zu programmieren (früher war dazu C bzw. C++ erforderlich). Das Ergebnis sind vollwertige Zusatzsteuerelemente, die den ActiveX-Steuerelement-Spezifikationen entsprechen. Da dies für ältere Zusatzsteuerelemente nicht zutrifft, gilt folgende allgemeine Regel: Jedes ActiveX-Steuerelement ist ein Zusatzsteuerelement, jedes Zusatzsteuerelement aber nicht automatisch ein ActiveX-Steuerelement.

12.2.2   Allgemeine Tipps zu den Windows-Standardsteuerelementen

Auch wenn die einzelnen Standardsteuerelemente verschiedene Aufgaben übernehmen, werden Sie feststellen, dass sie bezüglich ihrer Programmierung viele Ähnlichkeiten aufweisen. Am einfachsten lernen Sie ein Windows-Standardsteuerelement kennen, in dem Sie im Eigenschaftsfenster den Eintrag »Benutzerdefiniert« wählen. Es erscheint ein Dialog, in dem die wichtigsten Eigenschaften angeboten werden.

Denken Sie daran, dass viele elementare Eigenschaften Objekte zurückgeben und keine einfachen Datentypen besitzen. Ein Beispiel ist die *ListImages*-Eigenschaft der Abbildungsliste, die für alle in der Liste enthaltenen Symbole steht. Diese enthält nun nicht etwa die Namen der einzelnen Symboldateien, sondern ist eine Auflistung aller *ListImage*-Objekte. Um der Abbildungsliste ein neues Bild hinzuzufügen, ist daher folgende Anweisung erforderlich:

```
Set imgListe = imgBilder.ListImages.Add(, "Sonne", LoadPicture(IcoPfadname
& "Sun.ico"))
```

Die *Add*-Methode hängt an *ListImages* ein neues *ListImage*-Objekt an. Der Rückgabewert der *Add*-Methode ist eine Referenz auf das neue *ListImage*-Objekt, das einer Variablen zugewiesen wird (die ist oft nur eine Formalität, die zugewiesene Referenz wird für den weiteren Programmverlauf nur selten benötigt). Dieses Prinzip müssen Sie verstanden haben, wenn Sie mit den Windows-Standardsteuerelementen umgehen wollen.

12.2.3 Die Abbildungsliste

Die *Abbildungsliste* (Klassenname »ImageList«) ist während der Programmausführung nicht sichtbar. Ihre Aufgabe ist es, für die anderen Standardsteuerelemente, wie z.B. die Symbolleiste oder der Strukturansicht, Bilder zur Verfügung zu stellen. Jedes Bild wird durch ein eigenes Objekt vom Typ *ListImage* dargestellt. Die wichtigste Eigenschaft der Abbildungsliste ist daher auch *ListImages*, denn sie gibt eine Referenz auf eine Auflistung von *ListImage*-Objekten zurück. Die Programmierung einer Abbildungsliste ist sehr einfach. In den häufigsten Fällen wird man die Abbildungsliste lediglich als passiven Behälter verwenden, ihr während der Entwurfszeit eine Reihe von Bitmaps zuweisen und ihren Namen als »Image-Pool« anderen Steuerelementen, wie z.B. der Symbolleiste, zuweisen. Über die Eigenschaften *MaskColor* und *UseMaskColor*, die man bei vielen Steuerelementen findet, ist es möglich, einem auf dem Steuerelement angeordneten Symbol einen transparenten Hintergrund zu geben.

Beachten Sie, dass die Abbildungsliste vier verschiedene Symbolgrößen aufnehmen kann: 16x16 (dies sind die kleinen Symbole, am besten geeignet für Symbolleisten), 32x32 (die Standardgröße für Symbole), 48x48 (dies sind die großen Symbole) und schließlich benutzerdefiniert (Symbole können bis zu 255x255 Pixel groß werden und 255 verschiedene Farben enthalten[2]).

Beispiel Die Anweisungen des folgenden Beispiels weisen der Abbildungsliste *imgBilder* vier Symbole zu. Die *Set*-Anweisung ist notwendig, weil die *Add*-Methode eine Referenz auf ein Objekt vom Typ *ListImage* zurückgibt, das für dieses Beispiel aber nicht weiterverarbeitet wird.

```
Const IcoPfadname = "C:\Programme\Microsoft Visual
Studio\Common\Graphics\Icons\Elements\"

Dim imgListe As ListImage

Set imgListe = imgBilder.ListImages.Add(, "Sonne", LoadPicture(IcoPfadname
& "Sun.ico"))
Set imgListe = imgBilder.ListImages.Add(, "Schnee", LoadPicture(IcoPfadname
& "Snow.ico"))
Set imgListe = imgBilder.ListImages.Add(, "Regen", LoadPicture(IcoPfadname
& "Rain.ico"))
Set imgListe = imgBilder.ListImages.Add(, "Wasser", LoadPicture(IcoPfadname
& "Water.ico"))
Set imgcboBilder.ImageList = imgBilder
```

---

[2]   Die Größe wird durch den Umstand bestimmt, dass in der ICO-Datei (genauer gesagt, in der Iconinfo-Struktur, die Sie sich mit dem API-Katalog anschauen können) die Felder für Höhe und Breite vom Typ *Byte* sind.

Neben einem *Picture*-Objekt über die *LoadPicture*-Methode wird dem *ListImage*-Objekt auch ein Schlüssel zugewiesen, der für einen schnellen Zugriff auf ein einzelnes Objekt verwendet werden kann.

*Abbildung 12.3:
Die Abbildungs-
liste erhält in
der Regel
bereits zur Ent-
wurfszeit ihre
Bitmaps.*

Überlegen Sie sich vor dem Aufruf der Abbildungsliste, welche Bilder Sie einfügen möchten. Ist die Abbildungsliste erst einmal mit einem anderen Steuerelement verbunden, ist das Hinzufügen oder Entfernen einzelner Bilder nicht mehr möglich. Sie müssen erst die Verknüpfung lösen (z. B. indem Sie bei einer Symbolleiste die ImageList-Eigenschaft löschen), um Änderungen vornehmen zu können.

Über die ExtractIcon-Methode des ListImage-Objekts erhalten Sie eine Referenz auf eines der gespeicherten Symbole. Damit können Sie z. B. eine ICO-Bitmap in eine BMP-Bitmap umwandeln.

12.2.4 Die Listenansicht

Die *Listenansicht* (Klassenname »ListView«) ist ein sehr praktisches Steuerelement. Mit seiner Hilfe können Sie eine beliebige Anzahl an Elementen wahlweise als Symbol, als kleines Symbol, als Text oder in einer Liste darstellen. Die Listenansicht können Sie z. B. in der rechten Hälfte eines Explorer-Fensters in Aktion bewundern.

Am besten wird der Umgang mit der Listenansicht an einem kleinen Beispiel deutlich. Das Beispielprogramm aus der folgenden Übung stellt alle Symboldateien des Unterverzeichnisses \Graphics\Icons\Elements dar. Nicht vorgesehen ist die Ansicht »Kleine Symbole«, da die Bitmaps dafür auf das 16x16-Format umgearbeitet werden müßten.

**Übung 12-1:
Der Umgang
mit der Listen-
ansicht.**

```vb
Private Sub Form_Load()
    Dim imgListe As ListImage
    Dim lstItem As ListItem
    Dim AltDir As String, DateiName As String
    Dim IconNr As Byte
    Dim colHead As ColumnHeader
' Hier werden die drei Spaltenüberschriften für den
' Detail-Modus definiert
    Set colHead = lstvListenansicht.ColumnHeaders.Add(, , _
      "Dateiname", lstvListenansicht.Width / 3)
    Set colHead = lstvListenansicht.ColumnHeaders.Add(, , _
      "Größe", lstvListenansicht.Width / 3, lvwColumnCenter)
    Set colHead = lstvListenansicht.ColumnHeaders.Add(, , _
      "Datum", lstvListenansicht.Width / 3)
' Alle Dateien des Verzeichnisses Elements werden eingelesen
    AltDir = CurDir
    ChDir "\Programme\Microsoft Visual
Studio\Common\Graphics\Icons\Elements"
    DateiName = Dir("*.ico")
    Do
        If DateiName = "" Then Exit Do
' Für jede ICO-Datei ein ListImage-Objekt anlegen
        Set imgListe = imgBilder.ListImages.Add(, DateiName, _
        LoadPicture(DateiName))
        DateiName = Dir()
    Loop
    lstvListenansicht.Icons = imgBilder ' Icon-Eigenschaften
    IconNr = 1
' Für jedes ListImage-Objekt wird in die
' Listenansicht eingefügt
    For Each imgListe In imgBilder.ListImages
        Set lstItem = lstvListenansicht.ListItems.Add()
' Der Icon-Eigenschaft aus der Listenansicht erhält über
' die Index-Eigenschaft ein ListImage-Objekt
        lstItem.Icon = IconNr
        IconNr = IconNr + 1
        lstItem.Text = imgListe.Key
' Die SubItem-Eigenschaft legt den Inhalt einer Spalte in
' der Details-Ansicht fest
        lstItem.SubItems(1) = FileLen(lstItem.Text)
        lstItem.SubItems(2) = FileDateTime(lstItem.Text)
    Next imgListe

    ChDir AltDir

' Über das Kombinationsfeld kann später die Ansicht ausgewählt werden
    With cboAuswahl
        .AddItem "0 - Große Symbole"
        .ItemData(0) = 0
        .AddItem "1 - Kleine Symbole"
        .ItemData(1) = 1
        .AddItem "2 - Liste"
        .ItemData(2) = 2
```

```
        .AddItem "3 - Details"
        .ItemData(3) = 3
        .ListIndex = 0
    End With
End Sub

Private Sub cboAuswahl_Click()
    lstvListenansicht.View = cboAuswahl.ListIndex
End Sub
```

Abbildung 12.4: Die Listenansicht bietet, wie die rechte Hälfte des Explorer-Fensters, vier verschiedene Darstellungsmodi.

Eigenschaft	Bedeutung
Icons	Legt den Namen einer Abbildungsliste fest, die die großen Symbole enthält.
SmallIcons	Legt den Namen einer Abbildungsliste fest, die die kleinen Symbole (16x16) enthält.
Arrange	Legt fest, ob sich die Symbole in der Ansicht »Große Symbole« oder »Kleine Symbole« in die Breite (*lvwAutoLeft – 1*) oder in die Höhe (*lvwAutoTop – 2*) ausrichten. Die Standardeinstellung ist *lvwNoArrange* (0 – keine Ausrichtung).
ColumnHeaders	Steht für eine Auflistung von *ColumnHeader*-Objekten, von denen jedes einzelne über die Überschrift einer Spalte im Detailsansichtsmodus steht.
DropHighLight	Hebt das Element, dessen Index übergeben wurde, besonders hervor. Kann bei Ziehen-und-Ablegen-Operationen verwendet werden.
HideColumnHeaders	Ist *True*, wenn die Spaltenüberschrift in der Detailsansicht nicht angezeigt wird.

Tabelle 12.2: Die wichtigsten Eigenschaften eines Listenansicht-Objekts.

Eigenschaft	Bedeutung
HideSelection	Ist *True*, wenn eine Auswahl aufgehoben wird, nachdem die Abbildungsliste den Fokus verloren hat.
ListItems	Enthält eine Auflistung von *ListItem*-Objekten. Jedes *ListItem*-Objekt steht für ein Objekt, das in der Listenansicht angezeigt wird. Durch Setzen der *Ghosted*-Eigenschaft eines *ListItem*-Objekts auf *True* kann ein einzelner Eintrag abgeblendet dargestellt werden. Über die *SubItems*-Eigenschaft wird der Inhalt der einzelnen Spalten in der Detailsansicht festgelegt.
LabelEdit	Setzt oder ermittelt den Bearbeitungsmodus (manuell oder automatisch) für den Namen eines Objekts. Bei *lvwAutomatic* (0 – automatisch) wird durch das Anklicken des Namens dieser in den Bearbeitungsmodus gebracht und ein *BeforeLabelEdit*-Ereignis ausgelöst, bei *lvwManual* (1 – manuell), kann der Name dagegen nur durch Aufruf der *StartLabelEdit*-Methode bearbeitet werden.
LabelWrap	Legt fest, ob beim Namen eines Symbols in der Symbolansicht ein Umbruch erlaubt ist (*LabelWrap=True*, Standard) oder nicht.
MultiSelect	Ist diese Eigenschaft *True*, ist eine Mehrfachauswahl im Zusammenspiel mit der (⟨⇧⟩)- und der (⟨Strg⟩)-Taste erlaubt. Die Standardeinstellung ist *False*.
SelectedItem	Gibt eine Referenz auf ein selektiertes *ListItem*-Objekt zurück.
Sorted	Ist diese Eigenschaft *True*, werden die einzelnen Objekte gemäß dem Wert der *SortKey*-Eigenschaft sortiert.
SortKey	Legt fest, ob die Objekte nach dem Wert der *Text*-Eigenschaft (*SortKey=0*) oder nach dem einer der einzelnen Spalten (*SortKey>0*) sortiert wird, sofern die *SubItems*-Eigenschaften entsprechend gesetzt wurden.
SortOrder	Legt fest, ob die einzelnen Objekte bei *Sorted=True* in aufsteigender (*lvwAscending* -0) oder absteigender Reihenfolge (*lvwDescending* -1) sortiert werden.
View	Legt einen der vier Darstellungsmodi »Große Symbole« (*lvwIcon* -0, Standardeinstellung), »Kleine Symbole« (*lvw-SmallIcon* -1), »Liste« (*lvwList* -2) oder »Detail« (*lvwReport* -3) fest.

Die Ereignisse des Listenansicht-Objekts

Das Listenansicht-Objekt verfügt über eine Reihe spezieller Ereignisse, die zusätzlich zu den Standardereignissen auftreten können.

Ereignis	Wird ausgelöst ...	
AfterLabelEdit	... nachdem das Editieren des Namensfeldes eines Objekts beendet wurde. Der vom Benutzer eingegebene Text wird über das Argument *Newstring* übergeben. Über das *Cancel*-Argument kann der alte Wert wiederhergestellt werden.	*Tabelle 12.3: Die wichtigsten Ereignisse des Listenansicht-Objekts (Fortsetzung).*
BeforeLabelEdit	... bevor das Editieren des Namensfeldes eines Objekts begonnen wird und nach dem normalen *Click*-Ereignis. Durch Setzen des *Cancel*-Arguments auf *True*, kann das Bearbeiten verhindert werden.	
ColumnClick	... wenn ein Spaltenkopf im Detailsansichtsmodus angeklickt wird. Als Argument wird das betroffene *ColumnHeader*-Objekt übergeben.	
ItemClick	... wenn ein Objekt angeklickt wird.	

Das ItemList-Objekt

Jeder einzelne Eintrag in der Listenansicht wird durch ein *ListItem*-Objekt repräsentiert, das in einer *ListItems*-Auflistung zusammengefasst ist. Ein *ListItem*-Objekt verfügt u.a. über die Eigenschaften *Icon* und *Text*, die das Bild und den Text eines Eintrags bestimmten. Beachten Sie bei der *Icon*-Eigenschaft, dass dieser der Index einer Bitmap in einer Abbildungsliste zugewiesen werden muss.

Das *ItemList*-Objekt besitzt zwei interessante Methoden mit den Namen *CreateDragImage* und *EnsureVisible*. Letztere stellt sicher, dass das betroffene Objekt in dem Listenansicht-Objekt sichtbar ist, erstere stellt eine geditherte Bitmap für eine Ziehen-und-Ablegen-Operation zur Verfügung.

Eigenschaft	Bedeutung	
Ghosted	Ist diese Eigenschaft *True*, wird der Eintrag abgeblendet dargestellt.	*Tabelle 12.4: Die wichtigsten Eigenschaften eines ListItem-Objekts.*
Icon	Enthält einen Index in einem Abbildungsliste-Objekt, der die angezeigte Bitmap für den Anzeigenmodus »Große Symbole« festlegt.	
Key	Enthält einen optionalen Schlüssel, über den ein schnellerer Zugriff auf ein Objekt möglich ist.	

Eigenschaft	Bedeutung
Selected	Besitzt den Wert *True*, wenn der betreffende Eintrag selektiert ist.
SmallIcon	Enthält einen Index in einem Abbildungslisteobjekt, der die angezeigte Bitmap für den Anzeigenmodus »Kleine Symbole« festlegt.
SubItems	Feldeigenschaft, die den Inhalt der einzelnen Spalten in der Detailsansicht festlegt. Handelt es sich bei den Objekten um Dateiobjekte, kann damit z. B. die Größe einer Datei oder das Datum der letzten Änderung angezeigt werden.
Text	Enthält den Text, der mit dem Objekt angezeigt wird.

12.2.5   Die Fortschrittsleiste

Die Fortschrittsleiste (Klassenname »ProgressBar«) ist ein sehr wichtiges Steuerelement, denn es ist wissenschaftlich erwiesen, dass, wenn ein Betrachter eine Bewegung wahrnimmt, sie oder er das Fortschreiten eines Vorgangs als zügiger empfindet als wenn dieser nicht durch eine Bewegung unterlegt wird. Für den Entwickler ist dieser psychologische Effekt von unschätzbarem Wert, denn es ist sehr viel einfacher, eine Fortschrittsleiste einzubauen, als ein Programmteil zu optimieren[3]. Die Fortschrittsleiste ist damit ideal dafür geeignet, einen länger dauernden Vorgang wie z. B. das Kopieren einer Datei oder das Laden mehrerer Formulare zu unterlegen. Voraussetzung ist natürlich, dass dieser Vorgang in regelmäßigen Abständen unterbrochen werden kann, was beim Laden einer einzelnen Datei oder anderen »atomaren« Vorgängen nicht unbedingt gewährleistet ist. Die Fortschrittsleiste lässt sich auch in die Statusleiste einbauen, wodurch der von Standardanwendungen her bekannte Effekt entsteht.

:-)
TIP

Soll die Fortschrittsleiste in der Statusleiste erscheinen, muss sie dort z. B. über eine Move-Methode plaziert und bezüglich ihrer Größe angepasst werden.

Die Programmierung der Fortschrittsleiste ist sehr einfach, denn außer den Eigenschaften *Min*, *Max* und *Value* gibt es keine weiteren Eigenschaften zu berücksichtigen. Die Anzahl der Unterteilungen wird indirekt durch die Differenz aus der *Max*- und der *Min*-Eigenschaft und dem Verhältnis aus Höhe und Breite festgelegt.

---

[3] Dieses Phänomen, das auch als subjektive Geschwindigkeit bezeichnet wird, wird von einigen Software-Firmen überaus erfolgreich angewendet.

Für die Einstellung der Farbe gibt es keine Eigenschaft. Diese wird vielmehr im Unterprogramm »Anzeige« der Systemsteuerung über den Eintrag Markierte Elemente eingestellt.

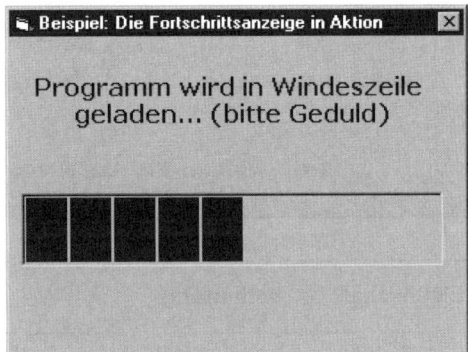

Abbildung 12.5: Eine Fortschrittsleiste ist für die subjektive Geschwindigkeit eines Programms von unschätzbarem Wert.

Tabelle 12.5: Die wichtigsten Eigenschaften einer Fortschrittsleiste.

Eigenschaft	Bedeutung
Max	Legt den größten Wert fest, den die *Value*-Eigenschaft annehmen kann.
Min	Legt den kleinsten Wert fest, den die *Value*-Eigenschaft annehmen kann.
Negotiate	Ist diese Eigenschaft *False* (Standardeinstellung), wird das Steuerelement nicht angezeigt, wenn gleichzeitig eine Symbolleiste angezeigt wird.
Value	Enthält den aktuellen Wert des Reglers. Durch Setzen dieser Eigenschaft wird der Regler entsprechend verschoben.

12.2.6 Der Schieberegler

Über den Schieberegler (Klassenname »Slider«) lässt sich ein Wert in einem bestimmten Wertebereich einstellen. Der Schieberegler entspricht bezüglich seiner Möglichkeiten der Bildlaufleiste, ist aber konform zur Windows-Optik. Die Programmierung des Schiebereglers entspricht der einer Bildlaufleiste. Im Unterschied zu einer Bildlaufleiste können Sie hier auch einen Bereich einstellen sowie die Skala mit einer Unterteilung versehen. Anwendungen für den Schieberegler zu finden, ist daher nicht weiter schwer. Das beste Beispiel ist sicherlich die Einstellung der Bildschirmauflösung in der Systemsteuerung (um den Schieberegler wie bei diesem Beispiel ohne Skala anzuzeigen, muss die *Tick-Style*-Eigenschaft den Wert *sldNoTicks* bzw. 3 erhalten).

Abbildung 12.6:
Der Schiebereg-
ler eignet sich
besonders gut
zum Einstellen
eines Wertes auf
einer Skala.

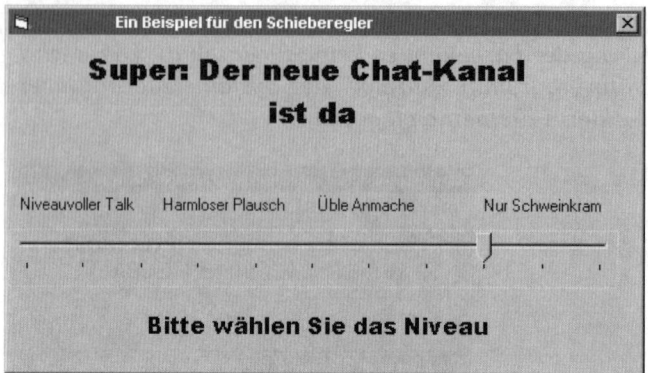

Tabelle 12.6:
Die wichtigsten
Eigenschaften
des Schiebereg-
lers.

Eigenschaft	Bedeutung
LargeChange	Legt den Betrag fest, um den sich die *Value*-Eigenschaft beim Betätigen der (Bild ↑)- oder (Bild ↓)-Taste oder beim Anklicken des Reglers rechts oder links neben dem Schieber ändert.
Max	Legt den größten Wert fest, den die *Value*-Eigenschaft annehmen kann.
Min	Legt den kleinsten Wert fest, den die *Value*-Eigenschaft annehmen kann.
Orientation	Legt die Ausrichtung des Schiebereglers fest (*sldHorizontal* oder *sldVertical*).
SelectRange	Legt fest, ob bei dem Schieberegler ein Bereich voreingestellt werden kann (*SelectRange=True*). Bei *SelectRange=False* hat die *SelLength*-Eigenschaft keine Bedeutung und die Eigenschaften *Value* und *SelStart* sind identisch.
SelLength	Legt die aktuelle Länge eines markierten Bereichs auf der Skala fest.
SelStart	Legt den Beginn des aktuell markierten Bereichs auf der Skala fest.
SmallChange	Legt den Betrag fest, um den sich die *Value*-Eigenschaft beim Betätigen der (↑)- oder (↓)-Taste ändert.
TickFrequency	Steht nicht etwa für die Blinkfrequenz des Reglers, sondern legt die Anzahl an sichtbaren Unterteilungen auf der Skala fest.
TickStyle	Legt fest, ob und auf welche Weise eine Skala angezeigt wird. Zur Auswahl stehen die Einstellungen sldBottomRight (0, Standardeinstellung), *sldTopLeft* (1), *sldBoth* (2) und *sldNoTicks* (3).
Value	Steht für den aktuellen Wert des Schiebers auf der Skala.

Ereignisse des Schiebereglers

Wie eine Bildlaufleiste verfügt auch der Schieberegler über die Ereignisse *Change* und *Scroll*, die immer dann ausgelöst werden, wenn sich der Wert der *Value*-Eigenschaft ändert bzw. der Regler durch den Benutzer verschoben wird. Bemerkenswert ist, dass der Schieberegler auf die Mausereignisse *Click*, *MouseDown*, *MouseUp* und *MouseMove* reagieren kann. Im letzteren Fall werden X/Y-Koordinaten übergeben, die sich auf die Innenfläche des Schiebereglers beziehen. Die Möglichkeit, ein eigenes inneres Koordinatensystem über eine *Scale*-Methode zu definieren, gibt es allerdings nicht.

Da der Schieberegler Bestandteil der Datei Comctl32.ocx ist, muss diese Datei auf dem PC vorhanden sein, auf dem ein Visual-Basic-Programm, das eines der Standardsteuerelemente verwendet, ausgeführt werden soll.

12.2.7 Die Statusleiste

Die Statusleiste gehört zu den Grundbestandteilen eines Fensters. Sie ist eine einfache und elegante Möglichkeit, Statusmeldungen auf den Bildschirm zu bringen, ohne den Benutzer dabei allzu sehr zu irritieren.

Die Statusleiste kann in einen oder mehrere Bereiche (maximal jedoch nur 16) unterteilt werden. Jeder einzelne Bereich wird durch ein *Panel*-Objekt dargestellt, das in der *Panels*-Auflistung zusammengefasst wird.

*Abbildung 12.7:
Die Statusleiste
kann neben Text
auch Statusin-
formationen
anzeigen.*

Da es sich bei der Statusleiste um ein rein passives Objekt handelt, ist die Programmierung sehr einfach. Die Statusleiste kann in zwei Modi betrieben werden: im einfachen und im normalen Modus. Im einfachen Modus (*Style= sbrSimple*) besteht die Statusleiste lediglich aus einer Anzeigenfläche, deren Inhalt über die *SimpleText*-Eigenschaft bestimmt wird. Im normalen Modus (*Style=sbrNormal*) kann die Statusleiste aus bis zu 16 *Panel*-Objekten bestehen, wobei jedes *Panel*-Objekt u. a. über eine *Text*- und eine *Style*-Eigenschaft verfügt. Letzteres legt fest, ob in dem Bereich normaler Text oder der Zustand der (`Rollen⇩`)- oder `NumLock`-Taste oder die Uhrzeit eingeblendet wird. Über die *Picture*-Eigenschaft kann in jedem Bereich eine Bitmap angezeigt werden.

Der Aufbau der Statusleiste wird in der Regel bereits während der Entwurfszeit über die »Benutzerdefiniert«-Einstellung im Eigenschaftenfenster eingestellt. Ein wenig umständlich ist, dass für einen Bereich nur eine Mindestbreite angegeben werden kann, die sich automatisch auf die Breite der übrigen Bereiche auswirkt. Es gehört daher etwas Geduld dazu, die optimale Breite für die einzelnen Bereiche herauszufinden. Soll die Statusleiste während der Programmausführung um neue Bereiche ergänzt werden, muss dies über die *Add*-Methode geschehen.

Beispiel Die folgende Anweisung fügt in eine Statusleiste sechs Bereiche ein, wobei in jedem Bereich eine andere Information angezeigt wird.

```
Private Sub Form_Load()
    Dim sbrX As Panel
    Dim n As Integer
    sbrStatus.Panels(1).Text = "Hallo"

    For n = 1 To 6
        Set sbrX = sbrStatus.Panels.Add(, "Objekt" & n)
        sbrX.AutoSize = sbrSpring
        sbrX.MinWidth = 800
        sbrX.Style = n
    Next
End Sub
```

Durch Setzen der *AutoSize*-Eigenschaft auf *sbrSpring*, passt sich die Statusleiste automatisch an die Größe des Formulars an, wobei die durch *MinWidth* gesetzte Mindestbreite aber nicht unterschritten wird. Bei *AutoSize* dient das Gitternetz als Spielfeld für ein »Schiffe versenken«-Spiel *dabei* passt sich die Breite eines Bereichs an seinen Inhalt an.

Die *Text*-Eigenschaft hat nur bei *Style=0* eine Bedeutung. Folgende Einstellungen kommen für die *Style*-Eigenschaft in Frage:

Konstante	Wert	Was wird angezeigt?
sbrText	0	Text oder Bitmap (Standardeinstellung)
sbrCaps	1	Zustand der (CapsLock)-Taste.
sbrNum	2	Zustand der (Num⇩)-Taste.
sbrIns	3	Zustand der (Einfg)-Taste.
sbrScrl	4	Zustand der (Rollen⇩)-Taste (es wird das Wort »SCRL« angezeigt).
sbrTime	5	Die Uhrzeit.
sbrDate	6	Das Datum.

Das Anklicken eines Bereichs hat die Ereignisse *PanelClick* bzw. *PanelDblClick* zur Folge. Bei beiden Ereignisprozeduren wird der betroffene Bereich in Form eines *Panel*-Objekts übergeben.

12.2.8 Die Registerkarte

Über die Registerkarte (Klassenname »TabStrip«) werden die für eine moderne Benutzeroberfläche sehr wichtigen Registerdialogfelder, kurz Registerkarten, realisiert. Beim ersten Kennen lernen des Registerkarten-Zusatzsteuerelements dürfte sich eine gewisse Ernüchterung einstellen[4], denn die Programmierung ist relativ umständlich. So ist eine einzelne Registerkarte (im Original »Tab« genannt) kein Container und kann daher keine Steuerelemente aufnehmen. Ein Umschalten auf eine andere Registerkarte führt daher nicht automatisch dazu, dass auf eine andere Sichtweise, z.B. mit anderen Steuerelementen, umgeschaltet wird. Dies muss vielmehr durch Plazieren von mehreren Rahmen- oder Bildfeldern, die während der Programmausführung übereinander gelagert werden, erreicht werden. Schaltet der Benutzer auf eine andere Registerkarte um, wird das für diese Registerkarte zuständige Rahmen- oder Bildfeld über die *ZOrder*-Methode einfach in den Vordergrund gebracht. Auch das Anordnen von Symbolen (am besten im kleinen 16x16-Format) in den Registerkartenköpfen wirkt oft nicht sehr professionell, sodass man auf diese Option im Allgemeinen verzichten wird.

Jede Registerkarte besteht aus einem oder mehreren *Tab*-Objekten, die entweder zur Entwurfszeit oder während der Programmausführung über eine *Add*-Methode hinzugefügt werden. Ein *Tab*-Objekt steht für einen Registerkartenkopf (nicht für die komplette Registerkarte). Besitzt die Registerkarte mehr Unterteilungen, als aufgrund ihrer Breite dargestellt werden können, wird es automatisch mit einer Bildlaufleiste versehen. Besitzt die Eigenschaft *MultiRow* den Wert *True*, werden die Registerkartenköpfe mehrzeilig angeordnet (was aber im Allgemeinen vermieden werden sollte, da es die Übersichtlichkeit nicht gerade erhöht). Besonders wichtig sind die Eigenschaften *ClientHeight*, *ClientLeft*, *ClientTop* und *ClientWidth* der Registerkarte, denn sie legen die Abmessungen der Innenfläche einer Registerkarte in den Koordinaten des umgebenden Containers, in der Regel des Formulars, fest.

Der Umgang mit den Registerkarten in der Praxis sieht so aus, dass man zuerst die Registerkarte in der gewünschten Größe auf einem Formular anordnet. Über den Eintrag »Benutzerdefiniert« müssen im Allgemeinen keine Einstellungen vorgenommen werden, da dies (wie im-

---

[4] Geben Sie daher nicht gleich auf, wenn sich das typische Windows-95-Feeling nicht sofort einstellen will.

mer) während der Programmausführung geschehen kann. Über die *Add*-Methode werden die einzelnen Registerkarten zur *Tabs*-Auflistung hinzugefügt. Anschließend muss für jede einzelne Registerkarte ein Bildfeld auf dem Formular angeordnet werden, wobei die Bildfelder in der Regel in einem Steuerelementefeld zusammengefasst werden. Um die Steuerelemente etwas einfacher in den Rahmenfeldern anordnen zu können, sollte man diese zunächst nebeneinander positionieren (das Formular muss dazu unter Umständen stark vergrößert werden) und erst nach ihrer Fertigstellung übereinander anordnen. Das Überlappen der Rahmenfelder geschieht erst zur Laufzeit, in dem diese über die *Move*-Methode an die gewünschte Position gebracht werden.

Bei den Ereignissen kommt es in der Regel nur darauf an, das *Click*-Ereignis auszuwerten. Da diesem aber keine Argumente übergeben werden, muss man auf die aktuell selektierte Registerkarte über die *SelectedRegister*-Eigenschaft zugreifen:

```
picContainer(tabStripBeispiel.SelectedItem.Index - 1).ZOrder 0
```

Vor dem Wechsel auf eine andere Registerkarte wird das *BeforeClick*-Ereignis ausgelöst, in dem man die eingegebenen Daten überprüfen kann. Soll der Wechsel nicht stattfinden, kann dieser durch Setzen des *Cancel*-Arguments unterbunden werden.

Tabelle 12.7:
Die wichtigsten Eigenschaften des Registerkarten-Zusatzsteuerelements.

Eigenschaft	Bedeutung
ClientHeight, ClientLeft, ClientTop, ClientWidth	Abmessungen der Innenfläche in der Einheit des umgebenden Containers.
ImageList	Name einer Abbildungsliste, die die Symbole für die Registerkartenköpfe enthält.
MultiRow	Ist dieser Wert *True*, werden die Registerkartenköpfe mehrzeilig dargestellt.
SelectedItem	Gibt eine Referenz auf das aktuell selektierte *Tab*-Objekt zurück.
ShowTips	Ist dieser Wert *True*, kann jeder Registerkarte über die *ToolTipText*-Eigenschaft ein Erklärungstext zugewiesen werden.
Style	Legt das Aussehen der Registerkarten fest. Zur Auswahl stehen die Konstanten *tabTabs* (0) und *tabButtons* (1). Letztere macht aus einer Registerkarte eine Leiste mit Schaltflächen, ähnlich der Taskleiste der Windows-Oberfläche.
TabFixedHeight	Höhe eines Registerkartenkopfes bei *TabWidthStyle=tabFixed*.

Eigenschaft	Bedeutung
TabFixedWidth	Breite eines Registerkartenkopfes bei *Tab-WidthStyle=tabFixed*.
Tabs	Gibt eine Referenz auf die *Tabs*-Auflistung zurück, in der alle Registerkartenköpfe als *Tab*-Objekte enthalten sind.
TabWidthStyle	Legt fest, ob ein Registerkartenkopf in fester Breite dargestellt wird (*tabFixed*) oder entsprechend der benötigten Breite (*tabJustified*).

Tabelle 12.8: Die wichtigsten Eigenschaften eines Tab-Objekts.

Eigenschaft	Bedeutung
Caption	Beschriftung eines Registerkartenkopfes. Wird im Allgemeinen beim Aufruf der *Add*-Methode gesetzt.
Height, Width	Höhe und Breite des Registerkartenkopfes in der Maßeinheit des umgebenden Containers. Während der Programmausführung können diese Eigenschaften nur gelesen werden.
Image	Indexnummer eines Symbols in der verbundenen Abbildungsliste, das im Registerkartenkopf erscheinen soll.
Left, Top	Abstand des Registerkartenkopfes vom linken bzw. oberen Rand des umgebenden Containers, in dessen Maßeinheit. Während der Programmausführung können diese Eigenschaften nur gelesen werden.
Key	Zeichenkette, über die ein *Tab*-Objekt identifiziert werden kann.
Selected	Ist *True*, wenn das *Tab*-Objekt zur Zeit selektiert ist.
ToolTipText	Enthält eine Zeichenkette, die als Erklärungstext erscheint, wenn der Benutzer den Mauszeiger in dem Registerkartenkopf positioniert.

Das Beispielprogramm der folgenden Übung demonstriert den Einsatz des Registerkarten-Zusatzsteuerelements an einem einfachen Beispiel. Achten Sie dabei vor allem auf die Art und Weise, wie ein einzelnes Bildfeld, das den Inhalt einer Registerkarte darstellt, aktiviert wird.

Übung 12.2: Der Umgang mit der Registerkarte.

Die Vorbereitung der Registerkarte wird (mehr dazu gleich) in der Ereignisprozedur *Form_Load* erledigt:

```
Private Sub Form_Load()
    fraBestellung.Move Left:=fraAbsender.Left, Top:=fraAbsender.Top
    fraVersand.Move Left:=fraAbsender.Left, Top:=fraAbsender.Top
    fraAbsender.ZOrder 0
End Sub
```

Abbildung 12.8:
Für den Aufbau
einer Register-
karte ist es sinn-
voll, die Bildfel-
der in ihrer
Originalgröße
zunächst neben-
einander anzu-
ordnen.

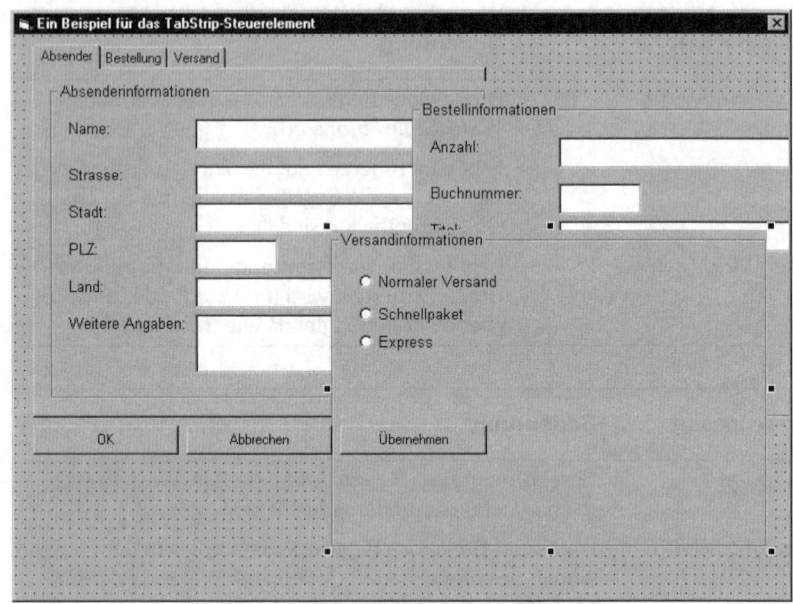

Das Beispiel geht davon aus, dass sich das erste Rahmenfeld (*fraAbsender*) bereits an der richtigen Position befindet. Anschließend werden die anderen beiden Rahmenfelder mit diesem überlagert. Bei der Auswahl einer Registerkarte muss lediglich das entsprechende Rahmenfeld über die *ZOrder*-Methode in den Vordergrund gebracht werden:

```
Private Sub tbsTest_Click()
    Select Case tbsTest.SelectedItem.Key
        Case "Absender"
            fraAbsender.ZOrder 0
        Case "Bestellung"
            fraBestellung.ZOrder 0
        Case "Versand"
            fraVersand.ZOrder 0
    End Select
End
```

Werden die drei Rahmenfelder zu einem Steuerelementefeld zusammengefasst, kann die *Select Case*-Abfrage auch entfallen.

:-)
TIP

Durch Setzen der Style-Eigenschaft auf den Wert tabButtons, wird aus der Registerkarte eine Taskleiste, die sich z.B. für einen Programmstarter verwenden lässt.

12.2.9 Die Symbolleiste

Auch die Symbolleiste gehört zu den »unverzichtbaren« Utensilien moderner Windows-Anwendungen und ist nicht weniger wichtig als eine Menüleiste. Während die Menüleiste sämtliche Befehle der Anwendung enthält, bietet die Symbolleiste im Allgemeinen die am häufigsten benutzten Befehle an. Sie ist also in erster Linie für erfahrene Anwender oder für Neulinge als Orientierung gedacht. Mit wenig Programmieraufwand lässt sich ein Visual-Basic-Programm um dieses im Allgemeinen sehr nützliche und im Sinne der Windows-Bedienerphilosophie auch notwendige Bedienelement erweitern.

Eine Symbolleiste wird in der Regel über ihr Eigenschaftsdialogfeld, das wie immer über den Eintrag »Benutzerdefiniert« in ihrem Eigenschaftsfenster geöffnet wird, konfiguriert. Das Ändern von Eigenschaften im Programm ist im Allgemeinen nicht erforderlich. Als erstes benötigen Sie eine Abbildungsliste, in der alle Bitmaps (am Anfang am besten im 16x16-Format) eingefügt werden, die später in der Symbolleiste erscheinen sollen. Anschließend ordnen Sie eine Symbolleiste auf dem Formular an und fügen in deren Eigenschaftendialogfeld die gewünschten Schaltflächen hinzu. Die einzige Eigenschaft, die man für eine Schaltfläche in der Regel einstellen wird, ist die *ToolTipText*-Eigenschaft. Besonders praktisch ist, dass bei *AllowCustomize=True* die Anordnung der einzelnen Schaltflächen in einer Symbolleiste vom Benutzer während der Programmausführung variiert werden kann.

Sollten Sie feststellen müssen, dass die auf der Symbolleiste angeordneten Bitmaps merkwürdig »blass« aussehen, ändern Sie den Wert der Eigenschaft Colormask und BackColor. Achten Sie darauf, dass sich nur Symbole mit einer festen Größe von 16x16, 32x32 oder 48x48 vorteilhaft einbinden lassen. Sollte sich die Größe der einzelnen Schaltflächen nicht richtig einstellen lassen, kann es daran liegen, dass das Symbol insgesamt eine zu große Fläche besitzt.

:-)
TIP

Tabelle 12.9:
Die wichtigsten
Eigenschaften
einer Symbolleiste.

Eigenschaft	Bedeutung
Align	Legt die Ausrichtung der Symbolleiste fest.
AllowCustomize	Wenn *True* (Voreinstellung), kann die Anordnung der Schaltflächen während der Programmausführung geändert werden.
ButtonHeight, ButtonWidth	Höhe und Breite einer Schaltfläche in der Maßeinheit des umgebenden Containers.

Eigenschaft	Bedeutung
Buttons	Gibt eine Referenz auf die *Buttons*-Auflistung, in der jede Schaltfläche durch ein *Button*-Objekt repräsentiert wird, zurück.
ImageList	Name einer Abbildungsliste, die die Bitmaps für die einzelnen Schaltflächen enthält.
ShowTips	Wenn *True* (Voreinstellung), werden kurze Hinweistexte eingeblendet, sobald der Mauszeiger über eine Schaltfläche positioniert wird.
Wrappable	Wenn *True* (Voreinstellung), wird die Symbolleiste beim Verkleinern des Fensters umbrochen.

Tabelle 12.10:
Die wichtigsten
Eigenschaften
eines Button-
Objekts.

Eigenschaft	Bedeutung
Caption	Text, in der Schaltfläche erscheint.
Description	Legt den Erklärungstext fest, der in dem Dialogfeld zur Konfiguration der Symbolleiste erscheint.
Image	Indexnummer einer Bitmap der verknüpften Abbildungsliste.
Key	Schlüssel, über den das Objekt in der *Buttons*-Auflistung eindeutig identifiziert werden kann.
MixedState	Ermittelt, ob sich die Schaltfläche in einem undefinierten Zustand (sie wird in diesem abgeblendet dargestellt) befindet. Durch Setzen auf *True* kann die Schaltfläche in diesen Zustand gebracht werden.
Style	Legt den Typ der Schaltfläche fest. Folgende fünf Einstellungen kommen in Frage:
	tbrDefault (0) Standardschaltfläche (Voreinstellung)
	tbrCheck (1) Schaltfläche kann ein- und ausgeschaltet werden.
	tbrButtonGroup (2) Schaltfläche gehört zu einer Gruppe, in der zu einem Zeitpunkt immer nur eine Schaltfläche gesetzt werden kann.
	tbrSeparator (3) Schaltfläche spielt lediglich die Rolle eines Trennzwischenraums mit acht Pixel Breite
	tbrPlaceholder (4) Wie bei 3, nur dass die Breite variiert werden kann.
ToolTip	Hinweistext für die Schaltfläche, der beim Positionieren des Mauszeigers auf die Schaltfläche erscheint.

Eigenschaft	Bedeutung
Value	Aktueller Zustand der Schaltfläche: *tbrUnPressed* (0)- Schaltfläche ist nicht gesetzt (Standardeinstellung).
	tbrUnPressed (1)- Schaltfläche ist gesetzt.

Auch andere Steuerelemente als Button-Objekte, wie z. B. ein Kombinationsfeld, lassen sich in der Symbolleiste anordnen. Da es sich bei der Symbolleiste aber nicht um einen Container handelt, muss das Steuerelement über den Aufruf der ZOrder-Methode mit dem Argument 0 in den Vordergrund gebracht werden.

:-) TIP

Die Auswertung eines Buttons

Bliebe noch eine kleine Frage zu klären: Was passiert im Programm, wenn eine Schaltfläche der Symbolleiste mit der Maus angeklickt wird? Ganz einfach, in diesem Fall wird das *ButtonClick*-Ereignis ausgelöst, dem als Argument das betroffene *Button*-Objekt übergeben wird:

```
Private Sub tooSymbolleiste_ButtonClick(ByVal Button _
As Button)
    Select Case Button.Key
    Case "Öffnen"
        mnuDateiÖffnen_Click
    Case "Speichern"
        mnuDateiSpeichern_Click
    ' usw.
    End Select
End Sub
```

Um herauszufinden, für welche Schaltfläche das *Button*-Objekt steht, muss in der *ButtonClick*-Ereignisprozedur der Symbolleiste eine seiner Eigenschaften, in der Regel die *Key*-Eigenschaft, abgefragt werden. Die *Index*-Eigenschaft eignet sich dazu nicht so gut, da man nicht immer von der Anordnung der Schaltflächen ausgehen kann, sondern z. B. auch Trennsymbole berücksichtigen muss, die einen eigenen Index besitzen.

Bliebe noch zu erwähnen, dass die Symbolleiste über die Methoden *SaveToolbar* und *RestoreToolbar* verfügt, mit denen sich die aktuelle Zusammensetzung der Symbolleiste in der Registrierung speichern und wiederherstellen lässt. Um die Symbolleiste, unmittelbar nachdem sie vom Benutzer modifiziert wurde, abspeichern zu können, muss die *SaveToolbar*-Methode in der Ereignisprozedur *ChangeEvent* ausgeführt werden.

12.2.10   Die Strukturansicht

Die *Strukturansicht* (Klassenname »TreeView«) ist sicherlich das komplexeste der Windows-Zusatzsteuerelemente. Es ist jedoch relativ einfach zu programmieren, wenn man das zugrundeliegende Prinzip verstanden hat.

Bei der Strukturansicht handelt es sich um ein Steuerelement zum Darstellen beliebiger Hierarchien[5]. Wenn Sie einen Eindruck von den Möglichkeiten der Strukturansicht erhalten möchten, müssen Sie sich lediglich ein Explorer-Fenster ansehen, dessen linke Hälfte über eine Strukturansicht realisiert wird.

Wenn Sie sich zum ersten Mal eine Strukturansicht ansehen, dürften Sie sich wahrscheinlich die Frage stellen, wie um alles in der Welt die Hierarchie zwischen den einzelnen Punkten, sie werden hier als Knoten (engl.»nodes«) bezeichnet, hergestellt wird. Nun, das Prinzip ist erstaunlich simpel. Jeder einzelne Knoten wird durch ein *Node*-Objekt repräsentiert. Alle *Node*-Objekte werden – nach diesem Prinzip arbeiten alle Windows-Zusatzsteuerelemente – über eine *Nodes*-Auflistung angesprochen, die wiederum über die *Nodes*-Eigenschaft der Strukturansicht zur Verfügung steht. Nun kommt der entscheidende Punkt. Fügt man über die *Add*-Methode einen weiteren Knoten hinzu, kann man über die Argumente *Relative* und *Relationship* (mehr dazu gleich) einstellen, zu welchem der bereits vorhandenen Knoten der neue Knoten eine verwandtschaftliche Beziehung besitzen soll. Möchte man z. B. an einen Knoten auf der obersten Ebene einen Unterknoten anhängen, muss man beim Aufruf der *Add*-Methode für das Argument *Relative* den Schlüssel dieses Knotens (*Key*-Eigenschaft) und für das Argument *Relationship* die Konstante *tvwChild* einsetzen.

Die Strukturansicht ist bezüglich ihres Aufbaus mit der Verzeichnisstruktur der Festplatte vergleichbar. Jeder Knoten besitzt einen Pfad, der den Weg vom obersten Knoten beginnend beschreibt und die Namen aller Unterknoten umfasst. Dieser Pfad steht über Eigenschaft FullPath eines Node-Objekts zur Verfügung. Sollten Sie beim Arbeiten mit der Strukturansicht die Orientierung verlieren, lassen Sie sich einfach den Pfad eines Knotens ausgeben.

Beispiel   Das folgende Beispiel erstellt eine Strukturansicht mit drei Knoten, von denen jeder wiederum drei Unterknoten besitzt.

---

[5]   Falls Sie das alte Outline-Steuerelement vermissen sollten: Diese steht in Gestalt von Msoutl32.ocx im *Common**Tools**VB**Controls*-Verzeichnis noch zur Verfügung.

```
Private Sub Form_Load()
    Dim n As Integer, m As Integer
    Dim xNode As Node, yNode As Node
    For n = 1 To 3
        Set xNode = treeBeispiel.Nodes.Add(, , "Eintrag" _
        & n, "Eintrag" & n)
        For m = 1 To 3
            Set yNode = treeBeispiel.Nodes.Add(xNode, _
            tvwChild, "Eintrag" & n & m, "Untereintrag" & m)
        Next m
    Next n
End Sub
```

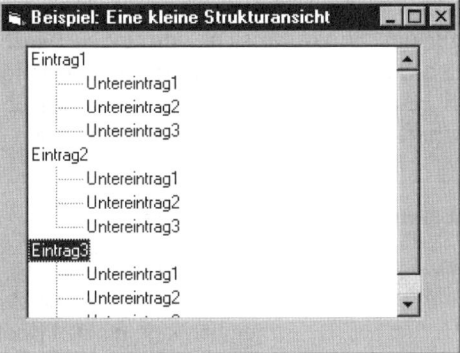

*Abbildung 12.9:
Die Strukturan-
sicht wurde um
drei Einträge mit
jeweils drei
Untereinträgen
erweitert.*

Das Ergebnis der Bemühungen ist in Bild 12.10 zu sehen. Es wirkt zwar nicht besonders attraktiv, doch macht es hoffentlich das Prinzip des Zugriffs gut genug deutlich. Um zu erreichen, dass ein neuer Knoten an eine bestimmte Position gesetzt wird, muss man den Namen eines bereits existierenden Knotens und eine Verwandtschaftsbeziehung (in der Regel *tvwChild*, um einen Unterknoten zu erzeugen) angeben.

Wie muss die Anweisung lauten, die einen weiteren Knoten auf der **Quiz** obersten Ebene mit der Überschrift »Letzter Eintrag« und den Schlüsselnamen *Eintrag4* in den Baum einfügt? Hier ist die Auflösung:

```
Set xNode = treeBeispiel.Nodes.Add("Eintrag3", tvwLast, _
  "Eintrag4", "Letzter Eintrag")
```

Betrachten Sie sich diese Anweisung in Ruhe. Bei »Eintrag3« handelt es sich um den Schlüsselnamen des dritten Knotens auf der obersten Ebene (aus diesem Grund ist es im Allgemeinen wichtig, der *Key*-Eigenschaft einen Wert zu geben). Das Argument *tvwLast* sorgt dafür, dass der neue Knoten an das Ende der Knotenliste auf der Ebene von »Eintrag3« gehängt wird. Bei »Eintrag4« handelt es sich schließlich um den Schlüsselnamen und bei »Letzter Eintrag« um den Titel des neuen Eintrags.

Haben Sie diese Anweisung verstanden? Dann sollte auch die folgende Frage kein Problem mehr sein. Wie muss die Anweisung lauten, die den obigen Knoten als letzten Knoten auf der dritten Unterebene einträgt? Nun, dazu muss lediglich der Name des Knotens geändert werden, der jetzt »Eintrag33« lautet:

```
Set xNode = treeBeispiel.Nodes.Add("Eintrag33", tvwLast, _
  "Eintrag4", "Letzter Eintrag")
```

Wie sich eine Strukturansicht durch die Einbeziehung von Bitmaps optisch attraktiver gestalten lässt, wird in Übung 12.3 gezeigt. Das Prinzip kann aber bereits jetzt verraten werden. Alles, was (wie immer) benötigt wird, ist eine Abbildungsliste, die über die *ImageList*-Eigenschaft mit der Strukturansicht verbunden wird. Über die Argumente *Image* und *SelectedImage* können Sie den Index einer Bitmap festlegen, die in einem Knoten angezeigt wird. Die über die *SelectedImage*-Eigenschaft festgelegte Bitmap wird bei einem geöffneten Knoten angezeigt.

Tabelle 12.11:
Die wichtigsten
Eigenschaften
der Strukturan-
sicht.

Eigenschaft	Bedeutung
DropHighlight	Gibt eine Referenz auf das zur Zeit hervorgehobene *Node*-Objekt zurück. Wird bei Ziehen-und-Ablegen-Operationen benötigt, um den Knoten, über den sich ein Objekt befindet, optisch hervorzuheben.
ImageList	Name des Abbildungsliste-Steuerelements, das die Bitmaps für die *Image*-Eigenschaft enthält.
Indentation	Setzt oder ermittelt das Maß der Einrückung eines Knotens im Baum. Als Einheit wird die Maßeinheit des umgebenden Containers verwendet. Einen Mindestwert kann der Wert dieser Eigenschaft nicht unterschreiten.
LabelEdit	Bestimmt, ob das Editieren eines Knotennamens automatisch durch Anklicken (*lvwAutomatic*, Voreinstellung) oder nur über die *BeforeLabelEdit*-Methode (*lvwManual*) erfolgen kann.
LineStyle	Legt fest, ob auch die Objekte auf der obersten Ebene (*Root*-Objekte) mit einer Linie verbunden werden sollen (*tvwRootLines*) oder nur die Unterobjekte (*tvwTreeLines*, Voreinstellung).
Nodes	Gibt eine Referenz auf die *Nodes*-Auflistung zurück.
PathSeparator	Legt das Zeichen fest, das als Trennzeichen für die *Path*-Eigenschaft (standardmäßig »\«) verwendet wird.
SelectedItem	Gibt eine Referenz auf den zur Zeit selektierten Knoten in Form eines *Node*-Objekts zurück.

Eigenschaft	Bedeutung
Sorted	Legt fest oder ermittelt, ob die Knoten der obersten Ebene (*Root*-Objekte) alphabetisch sortiert werden.
Style	Legt das Aussehen der Strukturansicht fest. Zur Auswahl stehen insgesamt acht Darstellungstypen, wobei die Einstellung *Style*=5 (Linien, Bitmaps und Text) am häufigsten verwendet wird. Die Voreinstellung lautet *Style*=7, wobei Knotenpunkte zusätzlich durch Pluszeichen (offen) und Minuszeichen (geschlossen) dargestellt werden.

Eigenschaft	Bedeutung
Child	Gibt eine Referenz auf den ersten Unterknoten zurück.
Children	Gibt die Anzahl der Unterknoten zurück.
Expanded	Setzt oder ermittelt, ob der Knoten zur Zeit geöffnet (*Expanded=True*) ist oder nicht.
ExpandedImage	Enthält den Index einer Bitmap, die für den Knoten im geöffneten Zustand verwendet wird.
FirstSibling	Gibt eine Referenz auf den ersten Geschwisterknoten (engl. »sibling«), d.h. den ersten Knoten auf der Ebene des Knotens, zurück.
FullPath	Enthält den vollständigen Pfad des Knotens beginnend mit dem obersten Knoten.
Image	Enthält den Index einer Bitmap, die für den Knoten im geöffneten Zustand verwendet wird.
Key	Enthält eine Zeichenkette, die für den Zugriff auf den Knoten innerhalb der *Nodes*-Auflistung verwendet werden kann.
LastSibling	Gibt eine Referenz auf den letzten Geschwisterknoten, d.h. den letzten Knoten auf der Ebene des Knotens, zurück.
Next	Gibt eine Referenz auf den nächsten Geschwisterknoten, d.h. den nächsten Knoten auf der Ebene des Knotens, zurück.
Parent	Gibt eine Referenz auf den Elternknoten, d.h. den Knoten auf der nächst höheren Ebene, zurück.
Previous	Gibt eine Referenz auf den vorausgehenden Geschwisterknoten, d.h. den vorausgehenden Knoten auf der Ebene des Knotens, zurück.

Tabelle 12.12: Die wichtigsten Eigenschaften eines Node-Objekts.

Eigenschaft	Bedeutung
Root	Gibt eine Referenz auf den ersten Knoten der obersten Ebene (Root-Knoten) zurück, von dem sich der Knoten ableitet. Ist für einen Knoten auf der ersten Ebene mit der *Parent*-Eigenschaft identisch.
Selected	Setzt oder ermittelt, ob der Knoten selektiert ist.
SelectedImage	Enthält den Index einer Bitmap, die für den Knoten im selektierten Zustand verwendet wird.
Sorted	Legt fest oder ermittelt, ob die Unterknoten des aktuellen Zweiges sortiert werden sollen.
Text	Enthält die Zeichenkette, die für den Knoten im Baum angezeigt wird.

Methoden und Ereignisse

Die Anzahl der in der Innenfläche der Strukturansicht sichtbaren Knoten gibt die *GetVisibleCount*-Methode zurück. Die *HitTest*-Methode wird in erster Linie bei Ziehen-und-Ablegen-Operationen benötigt. Sie gibt eine Referenz auf jenes *Node*-Objekt zurück, das sich bei einem übergebenen Paar an X/Y-Koordinaten befindet.

Beispiel Die folgende Mitteilungsbox gibt den Namen des Knotens aus, auf dem ein Objekt abgelegt wurde:

```
Private Sub treeGeo_DragDrop(Source As Control, x As Single, _
y As Single)
    On Error GoTo treeGeoDragDrop_Error
    MsgBox Prompt:=treeGeo.HitTest(x, y).Text & " wurde getroffen!",__
     Buttons:=vbOKOnly
    Exit Sub
treeGeoDragDrop_Error:
    Select Case Err.Number
        Case 91 ' Objekt nicht festgelegt
        Case Else
            MsgBox Prompt:= Err.Description & " (" & _
            Err.Number & ")", Buttons:= vbExclamation, _
            Title:= "Laufzeitfehler"
            Stop
    End Select
End Sub
```

Das Einfügen einer Laufzeitfehlerbehandlung ist erforderlich, da die *HitTest*-Methode den Laufzeitfehler 91 erzeugt, wenn die X/Y-Koordinaten sich nicht in dem Bereich eines Knotens befinden. Die Abfrage über die *TypeOf*-Anweisung im Stile von

```
If TypeOf treeGeo.HitTest(x, y) Is Node Then
```

wäre zwar logisch, funktioniert aber leider nicht, da die *HitTest*-Methode in diesem Fall offenbar gar nichts zurückgibt.

Damit der Knoten, über den sich das gezogene Objekt zur Zeit befindet, optisch hervorgehoben wird, muss die *HitTest*-Methode auch in dem *DragOver*-Ereignis aufgerufen werden:

```
Private Sub treeGeo_DragOver(Source As Control, x As Single, _
y As Single, State As Integer)
    Set treeGeo.DropHighlight = treeGeo.HitTest(x, y)
End Sub
```

Eine Fehlerbehandlung ist in diesem Fall nicht zwingend notwendig, da das *DragOver*-Ereignis ohnehin nur aufgerufen wird, wenn sich die X/Y-Koordinate innerhalb eines Knotens befindet.

Methode	Bedeutung
GetVisibleCount	Gibt die Anzahl der im vollständig sichtbaren Ausschnitt der Strukturansicht enthaltenen Knoten zurück.
HitTest	Gibt eine Referenz auf ein *Node*-Objekt zurück, das sich bei dem angegebenen Koordinatenpaar befindet.
StartLabelEdit	Schaltet bei *LabelEdit=tvwManual* den Namen eines Knotens in den Bearbeitenmodus.

Tabelle 12.13:
Die wichtigsten
Methoden der
Strukturansicht.

Auch das *Node*-Objekt verfügt über zwei erwähnenswerte Methoden: *CreateDragImage* und *EnsureVisible*. Während letztere dafür sorgt, dass der betreffende Knoten im sichtbaren Bereich des Baums liegt, erzeugt die *CreateDragImage*-Methode ein gedithertes Abbild des Knotens, das für eine Ziehen-und-Ablegen-Operation verwendet werden kann.

Für die Programmierung der Strukturansicht sind drei Ereignisse von Bedeutung: *Click*, *Collapse* und *Expand*. Als Argument wird bei allen drei Ereignissen eine Referenz auf den Knoten übergeben, sodass ein Zugriff auf seine Eigenschaften möglich ist.

Ereignis	Wird ausgelöst, wenn ...
Click	... ein Knoten angeklickt wird.
Collapse	... ein Knoten geschlossen wird.
Expand	... ein Knoten geöffnet wird.

Tabelle 12.14:
Die wichtigsten
Ereignisse bei
der Strukturansicht.

Übung 12.3:
Ein Beispiel für die Strukturansicht.

Das Beispielprogramm der folgenden Übung zeigt eine Anwendung für die Strukturansicht. Es handelt sich um die Oberfläche einer Mini-Geodatenbank, die einige Fakten zu den insgesamt zehn Ländern enthält, die in der Strukturansicht über ihre Landesflaggen repräsentiert werden. In der vorliegenden Version sind die Daten in einer Textdatei mit dem Namen *GeoFacts.txt* enthalten. Es sollte jedoch kein Problem sein, vor allem nach Durcharbeiten von Kapitel 17, die Daten über eine kleine Access-Datenbank zur Verfügung zu stellen[6].

Abbildung 12.10:
Durch die Verwendung einer Strukturansicht lassen sich hierarchische Listen optisch attraktiv darstellen.

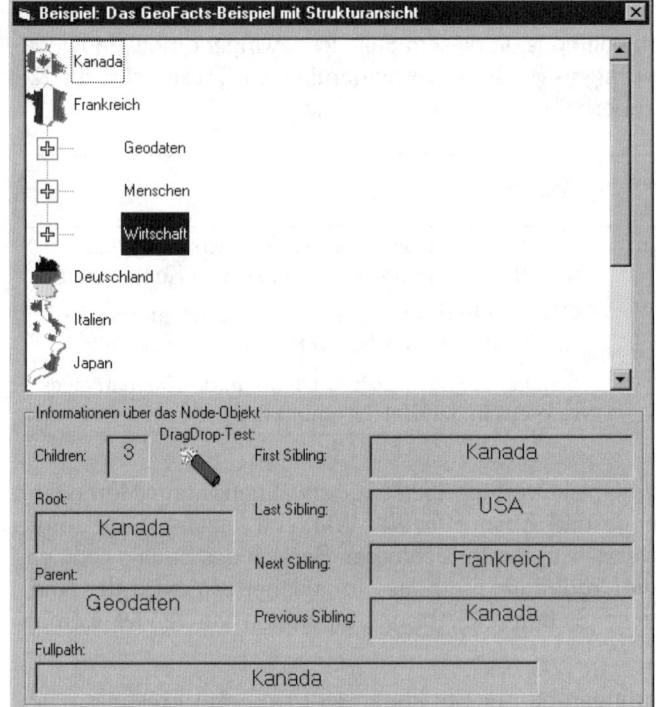

Wie funktioniert's?

Das Beispielprogramm in Übung 12.3 besitzt einige Komponenten, über die man (immer noch) besser den Mantel des Schweigens hüllt[7]. Dazu gehört z.B. der Teil, der den Inhalt der Textdatei *Geofacts.txt* auswertet. In der Praxis sollte man eine etwas flexiblere Lösung wäh-

---

[6] Noch besser wäre es natürlich, die Daten in einer frei verknüpfbaren Form zur Verfügung zu stellen, sodass Abfragen nach dem Schema »Liste alle Länder mit einem Bruttosozialprodukt > n auch möglich sind. Mit SQL geht dies zwar auch, doch nicht ganz so flexibel wie es sein könnte.

[7] Dabei hatte ich mir schon beim Visual-Basic-4-Kompendium vorgenommen, eine bessere Lösung abzuliefern.

len. Auch das Zusammenbauen des Baums sollte nicht unter Verwendung fester Zahlenwerte, sondern universell konzipiert erfolgen. Doch bei dieser Übung kommt es einzig und allein darauf an, zu zeigen, wie eine Struktur aufgebaut wird. Dies geschieht bereits in *Form_Load*, in dem die einzelnen Knoten in einer Reihe von *For-Next*-Schleifen aneinandergehängt werden. Als überaus nützlich erweist sich wieder einmal die *Array*-Methode des *VBA*-Objekts, durch die eine Reihe von Begriffen in eine Feldvariable übertragen werden können.

Im Folgenden wird der Kern des Programms vorgestellt, in dem die einzelnen Knoten über eine *Add*-Methode in die Auflistung *Nodes* eingefügt werden:

```
For n = 1 To 9
    Set xNod = treeGeo.Nodes.Add(, , , LänderNamenFeld(n), n)
Next

For m = 1 To treeGeo.Nodes.Count
    Set xN = treeGeo.Nodes.Add(treeGeo.Nodes(m), tvwChild, _
    "Key" & m & 0, KategorienFeld(0))

    For n = 0 To 2
        Set yN = treeGeo.Nodes.Add(xN, tvwChild, "Fakt:" & _
        FaktIndex, GeoDatenKategorienFeld(n))
        FaktIndex = FaktIndex + 1
    Next n

    Set xN = treeGeo.Nodes.Add(treeGeo.Nodes(m), tvwChild, _
    "Key" & m & 1, KategorienFeld(1))

    For n = 0 To 2
        Set yN = treeGeo.Nodes.Add(xN, tvwChild, "Fakt:" & _
        FaktIndex, MenschenKategorienFeld(n))
        FaktIndex = FaktIndex + 1
    Next n
    Set xN = treeGeo.Nodes.Add(treeGeo.Nodes(m), tvwChild, _
    "Key" & m & 2, KategorienFeld(2))

    For n = 0 To 2
        Set yN = treeGeo.Nodes.Add(xN, tvwChild, "Fakt:" & _
        FaktIndex, WirtschaftKategorienFeld(n))
        FaktIndex = FaktIndex + 1
    Next n
Next m
```

Noch Fragen? Das Schema, nach dem ein neuer Knoten in die *Nodes*-Auflistung eingefügt wird, ist immer das gleiche, unabhängig von der Position des Knotens. Es kommt lediglich darauf an, sich für die Benennung der Schlüssel (*Key*-Eigenschaft) ein Schema zu überlegen, sodass z.B. der 4. Knoten auf der 3. Ebene innerhalb einer Schleife eindeutig angesprochen werden kann.

Ziehen und Loslassen mit der Strukturansicht

Bei der Strukturansicht bietet es sich natürlich geradezu an, Elemente in die Strukturansicht zu ziehen. Damit lassen sich vor allem Eingabeelemente in Anwendungen realisieren, in denen es etwas per Maus zu verteilen gibt (z. B. Dienstpläne, Bettenbelegungen, Raumverteilungen bei Schulungen, Mannschaftsaufstellungen in Turnieren und vieles mehr). Dank OLE-Drag&Drop ist die Programmierung recht einfach. Voraussetzung, dass die Strukturansicht auf Ziehen und Ablegen reagieren kann ist, dass die *OLEDropMode*-Eigenschaft den Wert *ccOLEDropManual* (1) besitzt. Ist dies der Fall, wird beim Ablegen eines Elements in der Strukturansicht ein *OLEDragDrop*-Ereignis ausgelöst. Der Ereignisprozedur wird ein *DataObject*-Objekt übergeben, über welches man den Namen des abgelegten Objekts erfährt.

Beispiel Das folgende kleine Codebeispiel geht davon aus, dass eine Listenansicht eine Reihe von Landesflaggensymbolen enthält (die von der Abbildungsliste *imgLänder* zur Verfügung gestellt werden), die per OLE-Drag&Drop in die Strukturansicht *treeLänder* gezogen werden können. Die Strukturansicht enthält bereits vier Knoten mit den Namen »Gruppe 1«, »Gruppe 2«, »Gruppe 3« und »Gruppe 4«. Beim Ablegen eines Flaggensymbols wird in der Gruppe, über die das Symbol abgelegt wurde, ein neuer Unterknoten angelegt. Damit die Listenansicht automatisch OLE-Drag&Drop-fähig wird, muss deren *OLEDragMode*-Eigenschaft den Wert *ccOLEDragAutomatic* (1) erhalten.

```
Private Sub treeLänder_OLEDragDrop(Data As ComctlLib.DataObject, Effect As
Long, Button As Integer, Shift As Integer, x As Single, y As Single)

    On Error GoTo errDragDrop
    Dim tmpText As String, SchlüsselName As String
    Dim xNod As Node
    tmpText = Data.GetData(sFormat:=1)
    Set xNod = treeLänder.HitTest(x, y)
    SchlüsselName = xNod.FullPath & "\" & tmpText
    Set xNod = treeLänder.Nodes.Add(xNod, tvwChild, _
     Schlüsselname, tmpText, _
     imglBilder.ListImages(tmpText).Index)
    Exit Sub

errDragDrop:
    Select Case Err.Number
    Case 35602 ' Schlüssel gibt es bereits
        Exit Sub
    Case Else
        MsgBox Prompt:="Laufzeitfehler", Title:=Err.Description & " (" &
Err.Number & ")", Buttons:=vbExclamation
        Stop
    End Select

End Sub
```

Über die *GetData*-Methode erhalten wir den Namen des »gedroppten« Listenelements. Dieser wird dazu benutzt, auf die *imglBilder*-Abbildungsliste zuzugreifen. Was Sie aus dem Beispiel nicht entnehmen können ist der Umstand, dass jede Landesflagge einen Schlüssel erhalten hat, der dem Ländernamen entspricht. Der Variablen *Schlüsselname* wird ein Schlüssel zugeordnet, der sich aus dem Gruppennamen und dem Landesnamen zusammensetzt. Damit das doppelte Ablegen ein und derselben Landesflagge nicht zu einem Laufzeitfehler führt, wird dieser über eine On *Error*-Anweisung abgefangen.

Die Strukturansicht als Explorer-Ersatz

Zwar liegt es nahe, die Strukturansicht als Grundlage für einen Explorer-Nachbau zu verwenden, doch dürfte ein solches ehrgeiziges Projekt mit den Hausmitteln, die Visual Basic zur Verfügung stellt, nur schwierig zu realisieren sein. Ein »Verhinderungsgrund« ist die relativ komplizierte Frage der Synchronisierung, wenn z.B. der Benutzer in einem anderen Explorer-Fenster ein Verzeichnis löscht und diese Änderung in der Strukturansicht berücksichtigt werden muss. Windows, genauer gesagt, der Explorer, verschickt in diesem Fall eine entsprechende Nachricht, die ein Visual-Basic-Programm auswerten muss. Über den bereits mit Visual Basic 5 eingeführten *AddressOf*-Operator ist es zwar prinzipiell möglich, eine eigene Fensterfunktion einzurichten, die diese Nachrichten auswertet, doch ist der Aufwand dafür unverhältnismäßig hoch. Vermutlich ist es hier sogar erforderlich, auf jene Ereignisse zuzugreifen, die von den einzelnen COM-Komponenten der Shell empfangen werden. Auf der anderen Seite haben solche pessimistischen Aussagen in der Geschichte bestimmt schon manche große Erfindung verhindert. Wer Lust und Zeit hat, sich mit diesen Dingen zu beschäftigen, sollte es vielleicht einmal selbst ausprobieren.

12.2.11 Das Animationssteuerelement

Das Animationssteuerelement (Klassenname »Animation«) ist in der Lage, AVI-Clips (allerdings ohne Ton) abzuspielen und somit Flächen und Dialogfelder mit einer Animation zu unterlegen wie Sie sie z.B. von den Dateioperationen her kennen. Das Steuerelement wird in Kapitel 8.13 vorgestellt.

Das Animationssteuerelement ist in der Datei Mscomct2.ocx enthalten und wird über den Eintrag »Microsoft Windows Common Controls-2 6.0« geladen.

12.2.12 Das AufAb-Steuerelement

Das *AufAb-Steuerelement* (Klassenname »UpDown«) soll als Nachfolger des wenig praktischen SpinButton-Steuerelements aus älteren Visual-Basic-Versionen das Einstellen ganzzahliger Werte im Bereich bis 2 Milliarden erlauben (bei der *Value*-Eigenschaft handelt es sich selbstverständlich um eine 32-Bit-Zahl). Es verhält sich nahezu identisch zu einer Bildlaufleiste, nur dass es sehr wenig Platz einnimmt und über seine *BuddyControl*-Eigenschaft direkt mit einem Steuerelement verknüpft werden kann.

Das AufAb-Steuerelement ist in der Datei *Mscomct2.ocx enthalten und wird über den Eintrag »Microsoft Windows Common Controls-2 6.0« geladen.*

Die eigentliche Stärke des *AufAb*-Steuerelements liegt darin, dass es über die *BuddyControl*-Eigenschaft (die *AutoBuddy*-Eigenschaft muss dazu den Wert *True* besitzen), mit einem anderen Steuerelement, sowie einem Textfeld, verbunden werden kann. Über die *BuddyProperty*-Eigenschaft wird festgelegt, welche Eigenschaft des »Kumpels« (=engl. Buddy) durch Anklicken der Pfeilsymbole rauf oder runter gezählt werden soll. Wird hier nichts angegeben, wird automatisch die Standardeigenschaft (bei einem Textfeld also die *Text*-Eigenschaft) verwendet. Über die Eigenschaften *Min*, *Max* und *Wrap* legen Sie den Minimal- und Maximalwert des Wertebereichs fest bzw. bestimmen, ob beim Über- oder Unterschreiten ein Umbruch erfolgen soll. Schließlich gibt es noch die *Increment*-Eigenschaft, die die Schrittweite festlegt.

Abbildung 12.11: Das AufAb-Steuerelement ist der ideale Begleiter eines Textfelds zum Einstellen von Werten.

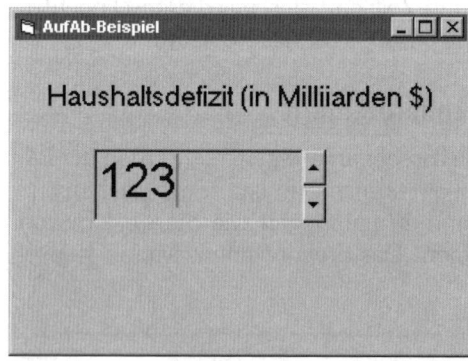

12.2.13 Die Bildkombinationsliste

Bei der Bildkombinationsliste (Klassenname »ImageCombo«) handelt es sich um ein Steuerelement, das viele Visual-Basic-Programmierer vermutlich seit der Version 1.0 vermißt haben (wenngleich es zahlreiche

Alternativen gab). Bei der Bildkombinationsliste handelt es sich um ein Kombinationsfeld, bei der die Einträge auch Bitmaps enthalten können. Damit lässt sich z. B. jene Ordnerauswahlliste realisieren, die die Adreßleiste in einem Ordnerfenster ergänzt. Auf Wunsch ist auch eine hierarchische Darstellung möglich. Also, eine tolle Sache.

Das Bildkombinationsfeld ist in der Datei Mscomctl.ocx enthalten und wird über den Eintrag »Microsoft Windows Common Controls 6.0« geladen.

Anders als bei dem herkömmlichen Listenfeld sind die Elemente nicht einfach nur Strings, sondern, wie es für die Zusatzsteuerelemente üblich ist, Objekte vom Typ *ComboItem* einer Auflistung. Das bedeutet auch, dass es Eigenschaften wie *List*, *ListIndex* oder *ItemData* nicht gibt. Das Hinzufügen eines neuen Elements geschieht stattdessen über die *Add*-Methode:

```
Dim objNeuerEintrag As ComboItem
Set objNeuerEintrag = imgBildliste.ComboItems.Add (Text:="Ein Bild",
Picture:=1)
```

Leider müssen die Bilder wieder einmal aus einer Abbildungsliste stammen, was die Flexibilität unnötig einschränkt. Sie geben daher bei der *Add*-Methode keine *Picture*-Eigenschaft, sondern lediglich die Nummer eines Bildes in der Abbildungsliste an.

Die folgenden Anweisungen füllen eine Bildkombinationsliste mit den Landesflaggen aus dem Unterverzeichnis *Icons**Flags*, die zuvor in eine Abbildungsliste eingefügt wurden: **Beispiel**

```
Dim tmpBild As ListImage
Dim cboItem As ComboItem

For Each tmpBild In imgBilder.ListImages
        Set cboItem = imgcbBildliste.ComboItems.Add(Index:=tmpBild.Index,
Key:=tmpBild.Tag, Text:=tmpBild.Tag, Image:=tmpBild.Index)
    Next

    imgcbBildliste.SelectedItem = imgcbBildliste.ComboItems.Item("Kanada")
```

Übrigens muss die Bildkombinationsliste nicht nur für die Darstellung von Bildchen genutzt werden. Sie eignet sich auch sehr gut als Ersatz für ein herkömmliches Listen- oder Kombinationsfeld.

Abbildung12.12:
Die Bildkombi-
nationsliste
wurde mit Com-
boItem-Objek-
ten gefüllt.

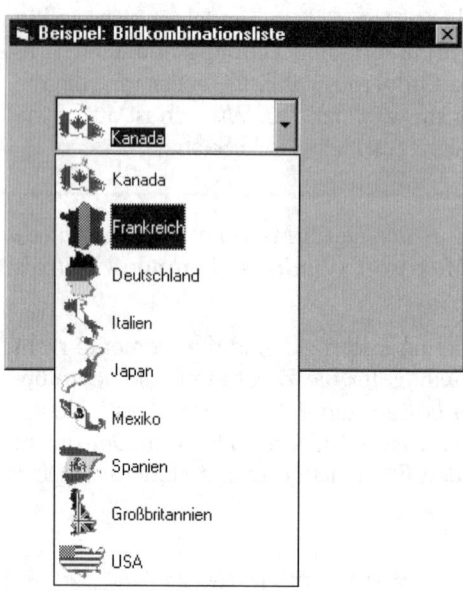

12.2.14 Die Monatsansicht

Lange Zeit besaß Visual Basic überhaupt kein Kaldendersteuerelement, nun stehen mit dem Kalenderblatt *Mscal.ocx* aus Office, dem Prototyp der Visual-Basic-CD, der Monatsansicht (Klassenname »MonthView«) und der Datumsauswahl gleich so viele Alternativen zur Auswahl, dass die Wahl schwer zu fallen scheint. Bei näherer Betrachtung wird jedoch schnell klar, dass die Monatsansicht bzw. ihr naher Verwandter die Datumsauswahl, wenn es um eine einfache Datumsselektion geht, in der Regel die besten Alternativen darstellen.

Die Monatsansicht ist in der Datei Mscomct2.ocx enthalten und wird über den Eintrag »Microsoft Windows Common Controls-2 6.0« geladen.

Der im Kalenderblatt eingestellte Wert steht über die *Value*-Eigenschaft zur Verfügung. Wird ein Datum selektiert, hat dies ein *Date-Click*- bzw. *DateDblClick*-Ereignis zur Folge. Diese geben einen *Date-Clicked*- bzw. *DateDblClicked*-Datumswert zurück, der erst nach Verlassen der Ereignisprozedur in die *Value*-Eigenschaft übernommen wird.

Ist die Eigenschaft *MultiSelect=True,* lässt sich ein zusammenhängender Datumsbereich markieren. Die Eigenschaft *SelStart* und *SelEnd* markieren das Anfangs- und Enddatum. Die Eigenschaft *MaxSelCount* legt die Anzahl der maximal auswählbaren Tage fest.

Schließlich können über die *MonthRows*- und *MonthColumns*-Eigenschaft mehrere Monate auf einmal angezeigt werden (etwa für einen Jahreskalender).

Abbildung 12.13: Die Monatsansicht erlaubt eine elegante und völlig unkomplizierte Datumsauswahl.

12.2.15 Die Datumsauswahl

Die Datumsauswahl (Klassenname »DTPicker«) ist ein spezielles Eingabefeld für Datumsangaben. Am rechten Rand des Feldes befindet sich ein Pfeilsymbol, dessen Anklicken das Kalenderblatt der Monatsansicht öffnet. Ein Datum kann daher wahlweise eingegeben oder aus der Monatsansicht ausgewählt werden.

Die Monatsansicht ist in der Datei Mscomct2.ocx enthalten und wird über den Eintrag »Microsoft Windows Common Controls-2 6.0« geladen.

Die Datumsauswahl kann in zwei Modi angezeigt werden:

➡ Im Dropdown-Kalendermodus (Standardeinstellung). Hier wird der Kalender durch Anklicken des Pfeilsymbols geöffnet.

➡ Im Zeitformatmodus. Hier wird das Datum durch Auswahl eines Feldes für den Tag, den Monat oder das Jahr und mit dem Aufwärts/Abwärtspfeil eingestellt.

Eine besondere Stärke der Datumsauswahl ist, dass sich über die *CustomFormat*-Eigenschaft auch eigene Formate definieren lassen. Die wichtigste Eigenschaft ist *Value*, denn sie steht für das eingestellte Datum. Über die Eigenschaften *Day*, *DayOfWeek*, *Week*, *Month* und *Year* werden die einzelnen Datumsfelder gesetzt oder abgefragt. Über die *Checkbox*-Eigenschaft kann eingestellt werden, ob der Benutzer die Datumauswahl über ein Kontrollkästchen deaktivieren kann (die *Value*-Eigenschaft gibt in diesem Fall den Wert Null zurück). Letzteres kann praktisch sein, wenn die Datumsauswahl zwar angezeigt, aber noch nicht aktiv sein soll. Wird ein Datum geändert, ist ein *Change*-Ereignis die Folge.

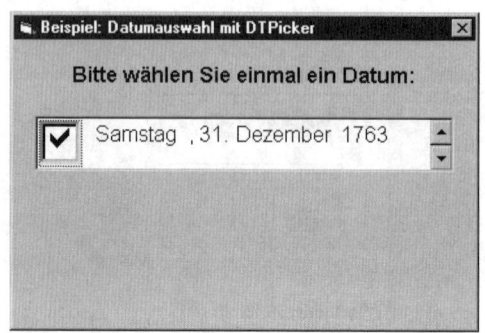

Abbildung12.14: Bei der Datumsauswahl wird die Monatsansicht mit der direkten Eingabe in einem Textfeld kombiniert.

12.2.16 Die flachen Bildlaufleisten

Die flache Bildlaufleiste (Klassenname »FlatScrollBar«) entspricht der herkömmlichen Bildlaufleiste mit einigen Unterschieden. Zum einen ist sie optisch flach und passt sich damit besser an den 3D-Look der übrigen Standardsteuerelemente an als ihr altes Vorbild. Zum anderen besitzt sie mit der *Arrows*-Eigenschaft die Möglichkeit, wahlweise einen der beiden Pfeile zu deaktivieren.

Die flache Bildlaufleiste ist in der Datei Mscomct2.ocx enthalten und wird über den Eintrag »Microsoft Windows Common Controls-2 6.0« geladen.

12.2.17 Die »Coolbar«-Symbolleiste

Bei der *Coolbar*-Symbolleiste handelt es sich um jenen Symbolleistentyp, den Sie auch beim Internet Explorer ab Version 3.0 finden. Es soll gleich vorweg genommen werden, dass das *Coolbar*-Zusatzsteuerelement nur ein Minimum an Funktionalität zur Verfügung stellt und ein Nachbilden der Explorer-Symbolleiste (etwa mit Schaltflächen, die ihre Optik verändern wenn man mit dem Mauszeiger darüber fährt) zwar möglich, aber relativ aufwändig ist. Beim *Coolbar*-Steuerelement handelt es sich um eine schlichte Symbolleiste, die wahlweise an einem Rand des Formulars »andockt«, sich aber in der Größe nicht variieren lässt. Die aktiven Elemente der Coolbar sind die Bänder (*Bands*-Objekte), die die beweglichen Bereiche der Symbolleiste darstellen, und die vom Benutzer (wie beim Internet Explorer) verschoben werden können. Alle *Band*-Objekte sind in der *Bands*-Auflistung zusammengefasst und werden entweder über den Eintrag »Benutzerdefiniert« im Eigenschaftsfenster oder zur Laufzeit über die *Add*-Methode hinzugefügt. Jedes *Band*-Objekt ist ein Container für genau ein Steuerelement (fensterlose Steuerelemente kommen nicht in Frage). Ein wenig ungewöhnlich ist die Art und Weise wie ein Steuerelement hinzugefügt wird:

1. Ordnen Sie ein *Coolbar*-Steuerelement auf einem Formular an und legen Sie die gewünschte Anzahl an Bändern an.

2. Wählen Sie ein Steuerelement in der Werkzeugsammlung aus, und ordnen Sie es auf dem Band an.

3. Wählen Sie im Eigenschaftsfenster den Eintrag »Benutzerdefiniert« beim *Coolbar*-Steuerelement aus, wählen Sie die Registerkarte *Bänder*, stellen Sie das Band ein, und wählen Sie aus der Auswahlliste *Untergeordnetes Objekt* das Steuerelement aus. Dadurch wird es zum Kindobjekt des Bandes.

Damit fängt die Arbeit aber erst richtig an. Sollen in einem Band mehrere Symbole angeboten werden (also die typische Arbeit einer Symbolleiste), muss ein Bildfeld als Container einspringen, in dem die einzelnen Bilder, hier tut es auch eine Anzeige, angeordnet werden. Das Einstellen der Größe, das Reagieren auf Mausereignisse usw. muss Ihr Programm übernehmen. Übrigens ist die *Picture*-Eigenschaft nicht für das Anzeigen von Symbolbildern zuständig, hier kann vielmehr ein Hintergrundmuster für die komplette Symbolleiste eingestellt werden (wie es vom Internet Explorer 3.0 genutzt wurde).

Die Coolbar-Symbolleiste ist in der Datei *Comct332.ocx enthalten und wird über den Eintrag »Microsoft Windows Common Controls-3 6.0« geladen. Außerdem muss auf dem PC der Internet Explorer ab Version 3 installiert sein.*

Wer weder mit den Möglichkeiten der Symbolleiste, noch der der Coolbar zufrieden ist, sollte einfach einmal unter www.download.com/PC/ActiveX/ nach dem Stichwort »Toolbar« suchen. Dort wird eine reichhaltige Auswahl an Alternativen angeboten.

12.3 Das RTF-Textfeld

Das RTF-Textfeld ist eine Alternative zum Textfeld. Gegenüber diesem bietet es einen entscheidenden Vorteil: Die angezeigten Texte können auch formatiert werden. Dies wird durch die Unterstützung des RTF-Formats (*Rich Text File*) möglich, bei dem es sich um eine (zumindest theoretisch) applikations- und betriebssystemunabhängige Beschreibungssprache für die optische Gestaltung von Texten handelt[8]. Auch das RTF-Textfeld ist gebunden, d.h. es verfügt über die Eigenschaften *DataField* und *DataSource* und kann beispielsweise dazu benutzt werden, den Inhalt eines Memofeldes einer Datenbank anzuzeigen.

Das RTF-Textfeld ist eine Art »Komforttextfeld«, denn es enthält zwar die meisten Eigenschaften eines Textfeldes, bietet aber sehr viel weitreichendere Möglichkeiten. Ob Sie es aber dem gemeinen Textfeld vorziehen, hängt davon ab, ob Sie die Möglichkeiten der Textformatierung wirklich benötigen (mit über 650 Kbyte, die *Richtx32.ocx* zusammen mit den Hilfsdateien *Riched32.dll* und *Riched20.dll* belegen, ist es alles andere als ein »Leichtgewicht«). Da das RTF-Textfeld (beinahe) die komplette Funktionalität einer Minitextverarbeitung enthält, können Sie mit seiner Hilfe ein einfaches Textbearbeitungsprogramm à la WordPad in Ihre Programme integrieren.

Da das RTF-Textfeld als OCX-Steuerelement in der Datei Richtx32.ocx enthalten ist, muss diese Datei auf jedem PC vorhanden sein, auf dem Visual-Basic-Programme laufen, die dieses Steuerelement verwenden.

12.3.1 Die wichtigsten Eigenschaften des RTF-Textfeldes

Das RTF-Textfeld bietet eine Fülle von Eigenschaften, wobei die meisten natürlich das Formatieren des aktuell ausgewählten Textes betreffen. Da im Prinzip jedes einzelne Zeichen eine eigene Zeichenformatierung besitzen kann, muss es eine Möglichkeit geben, einzelne Zeichen ansprechen zu können. Anstatt die *Text*-Eigenschaft mit einem Index zu versehen, wirken Eigenschaften wie *SelColor* oder *SelFontSize* auf den aktuell ausgewählten Text.

Tabelle 12.15: Die wichtigsten Eigenschaften des RTF-Textfeldes.

Eigenschaft	Bedeutung
BulletIndent	Setzt oder liefert die Anzahl an Koordinateneinheiten, um die ein eingerückter Absatz mit einem Einrückungspunkt eingerückt wird. Die Eigenschaft gibt den Nullwert zurück, wenn der ausgewählte Bereich Absätze mit unterschiedlichen Einrückungen enthält.
DisableNoScroll	Legt fest, ob bei *Scrollbars*= 1, 2 oder 3 die Bildlaufleisten automatisch unterdrückt werden, wenn der Text zum Scrollen zu klein ist.

---

[8] Der Begriff »rich« steht in diesem Zusammenhang nicht für reich im finanziellen Sinne, sondern für reichhaltig – bezogen auf die Formatierungsmöglichkeiten.

Eigenschaft	Bedeutung
FileName	Setzt oder ermittelt den Namen der Datei, dessen Inhalt in das Textfeld geladen wird. Die *FileName*-Eigenschaft kann bereits zur Entwurfszeit einen Wert erhalten, der in das Textfeld geladen wird.
Locked	Ist diese Eigenschaft *True*, kann das Textfeld nicht editiert werden.
MaxLength	Legt die maximale Anzahl an Zeichen fest, die in die *Text*-Eigenschaft übertragen werden. Beschränkt allerdings nicht die Größe des Textes, der der *Text*-Eigenschaft im Programm zugewiesen werden kann. Besitzt die *MaxLength*-Eigenschaft den Wert 0 (Standardeinstellung), hängt die maximale Anzahl lediglich von der Größe des freien Arbeitsspeichers ab.
MultiLine	Ist diese Eigenschaft *True*, kann das Textfeld auch mehrzeilig sein. Bei *MultiLine=False* (Standardeinstellung) werden die Steuercodes *vbCr* und *vbLf* ignoriert.
OLEObjects	Dies ist eine recht interessante Eigenschaft, denn ein RTF-Textfeld kann auch eingebettete Objekte enthalten. Auf diese Weise ist es z.B. möglich, ICO-Bitmaps in den Text zu integrieren. Die *OLEObjects*-Eigenschaft stellt eine Auflistung aller enthaltenen *OLEObject*-Objekte zur Verfügung. Das Hinzufügen von Objekten in den Text des RTF-Textfeldes geschieht z.B. über die *Add*-Methode oder durch Ziehen und Ablegen während der Programmausführung.
SelAlignment	Setzt oder ermittelt die Ausrichtung der Absätze in dem markierten Bereich. Zur Auswahl stehen *rtfLeft* (0-linksbündig), *rtfRight* (1-rechtsbündig) und *rtfCenter* (2-zentriert). Die Eigenschaft gibt einen Nullwert zurück, wenn der ausgewählte Text verschiedene Ausrichtungen enthält.
SelBullet	Setzt oder ermittelt die Einrückung des aktuell selektierten Bereichs. Die Eigenschaft gibt einen Nullwert zurück, wenn der ausgewählte Text verschiedene Einrückungen enthält.
SelCharOffset	Setzt oder ermittelt, ob der selektierte Text normal angezeigt, hoch- oder tiefgestellt wird. Die Eigenschaft gibt einen Nullwert zurück, wenn der ausgewählte Text verschiedene »Höhen« enthält.

Eigenschaft	Bedeutung
SelColor	Setzt oder ermittelt die RGB-Farbe des aktuell selektierten Bereichs. Die Eigenschaft gibt einen Nullwert zurück, wenn der ausgewählte Text verschiedene Farbwerte enthält. Ist kein Text selektiert, legt das Setzen der SelColor-Eigenschaft die Farbe für alle neu eingegebenen Zeichen fest.
SelHangingIndent	Setzt oder ermittelt, wie stark ein Textblock »hängend« eingerückt wird. Als Einheit wird die über die ScaleMode-Eigenschaft festgelegte Einheit des Formulars, in dem sich das Textfeld befindet, verwendet.
SelIndent	Setzt oder ermittelt, wie stark die Absätze in dem markierten Textblock eingerückt (engl. »to indent«) werden. Als Einheit wird die über die ScaleMode-Eigenschaft festgelegte Einheit des Formulars, in dem sich das Textfeld befindet, verwendet.
SelLength	Setzt oder liefert die Länge des selektierten Textes.
SelRightIndent	Setzt oder ermittelt, wie stark die Absätze in dem markierten Textblock rechtsbündig eingerückt werden. Als Einheit wird die über die ScaleMode-Eigenschaft festgelegte Einheit des Formulars, in dem sich das Textfeld befindet, verwendet.
SelRTF	Setzt oder liefert den selektierten Text im RTF-Format.
SelStart	Setzt oder liefert den Beginn des ausgewählten Textes.
SelTabCount	Setzt oder liefert die Anzahl an Tabstopps.
SelTabs	Setzt die Position eines einzelnen Tabstopps, der über einen Index angesprochen wird. Die Einheit wird über die ScaleMode-Eigenschaft des Formulars festgelegt, in dem sich das Textfeld befindet.
SelText	Setzt oder liefert den selektierten Text.
Text	Setzt oder liefert den aktuellen Inhalt des RTF-Textfeldes als »normale« Zeichenkette.
TextRTF	Setzt oder liefert den aktuellen Inhalt des RTF-Textfeldes als Zeichenkette im RTF-Format.

12.3.2 Die wichtigsten Methoden des RTF-Textfeldes

Die Methoden des RTF-Textfeldes stellen ein paar recht leistungsfähige Funktionen zur Verfügung. Dazu gehören zum einen die Methoden *LoadFile* und *SaveFile* zum Laden und Speichern von Dateien. Dazu gehört aber auch die *Find*-Methode, die den Text nach einer Zeichenkette durchsucht.

Methode	Bedeutung
Find	Durchsucht das Textfeld nach einer Zeichenkette. Der Beginn des gefundenen Textes wird zurückgegeben. Außerdem wird der Text hervorgehoben.
GetLineFromChar	Ermittelt die Zeilennummer zu einer bestimmten Zeichenposition in der *Text*-Eigenschaft.
LoadFile	Lädt den Inhalt der angegebenen Datei im TXT-Format (*rtfTxt*) oder RTF-Format (*rtfRTF*).
SaveFile	Speichert den aktuellen Inhalt des RTF-Textfeldes im TXT-Format (*rtfTxt*) oder RTF-Format (*rtfRTF*).
SelPrint	Gibt den aktuell selektierten Text auf dem Drucker aus.
Span	Selektiert einen zusammenhängenden Bereich innerhalb des RTF-Textfeldes bis ein Zeichen erreicht wird, das in einer Gruppe von festgelegten Zeichen (z.B. ein Satzzeichen) enthalten oder nicht enthalten ist.
UpTo	Setzt die Einfügemarke ab der aktuellen Position vor ein bestimmtes Zeichen (z.B. ein Satzzeichen).

Tabelle 12.16: Die wichtigsten Methoden des RTF-Textfeldes.

Ein Wort zum RTF-Format

Beim RTF-Format handelt sich um ein Textformat, das (theoretisch) unabhängig von einem Textbearbeitungsprogramm oder einem Betriebssystem ist. Die Formatierungsmerkmale wie z.B. Fett oder die Textgröße werden durch bestimmte Zeichenfolgen (z.B. {\Bold}) festgelegt, die von jeder Software auf jeder Plattform verarbeitet (aber nicht automatisch angezeigt) werden können. Mit dem Aufkommen des HTML-Formats als weltweiten Standard ist das RTF-Format praktisch bedeutungslos geworden. Allerdings gibt es noch kein ActiveX-Steuerelement, mit dem Sie Texte eingeben und formatieren können, das diese Texte im HTML-Format speichert. Mit dem WebBrowser-Steuerelement steht aber immerhin ein Steuerelement zur Verfügung, das die Anzeige von HTML-Dokumenten erlaubt. Wer daher lediglich daran interessiert ist, formatierte Texte in Visual Basic eingeben, anzeigen und speichern bzw. laden zu können, ist mit dem RTF-Textfeld noch gut beraten.

12.3.3 Wie wird der Text im RTF-Textfeld formatiert?

Damit ein Textelement im RTF-Textfeld formatiert werden kann, muss das Textelement zuvor ausgewählt worden sein. Anschließend kann es über die entsprechenden Eigenschaften wie *SelBold*, *SelColor*, *SelFontName*, *SelFontSize*, *SelItalic*, *SelStrikethru* oder *SelUnderline*

formatiert werden. Da wie bei einem normalen Textfeld alle eingegebenen Zeichen, allerdings ohne Formatierungsinformationen, in der
Text-Eigenschaft abgelegt werden, ist es für die Formatierung erforderlich, die Einfügemarke auf einen bestimmten Punkt des Textes zu
positionieren. Dies kann zwar auch durch Abzählen der Zeichen und
Zuweisen des Zeichenabstandes an die *SelStart*-Eigenschaft geschehen, sehr viel bequemer sind aber die Methoden *Span* und *UpTo*.
Während die *UpTo*-Methode die Einfügemarke so lange verschiebt, bis
ein bestimmtes Zeichen, das beim Aufruf der Methode mit angegeben
werden muss, erreicht wird, selektiert die *Span*-Methode diesen Bereich, sodass er anschließend über die *SelText*-Eigenschaft zur Verfügung steht.

Syntax
```
Objekt.Span Zeichengruppe[,Richtung][,Umkehrung]
Objekt.UpTo Zeichengruppe[,Richtung][,Umkehrung]
```

Die Bedeutung der Argumente:

Argument	Bedeutung
Zeichengruppe	String-Ausdruck, der alle Zeichen enthält, nach denen gesucht werden soll, z.B. ».;!?«.
Richtung	Optional. Legt die Suchrichtung fest. Ist der Wert *True* (Standardeinstellung), wird zum Textende gesucht. Ist der Wert *False*, zum Beginn des Textes.
Umkehrung	Optional. Ist dieser Wert *True* (Standardeinstellung), wird die Suche so lange fortgesetzt, bis ein Zeichen ge-funden wird, das in der Zeichengruppe enthalten ist. Ist der Wert dagegen *False*, wird die Suche so lange fort-gesetzt, bis ein Zeichen gefunden wird, das nicht in der Zeichengruppe enthalten ist.

Beispiel Das folgende Beispiel demonstriert das Prinzip, nach dem einzelne
Zeichen in dem RTF-Textfeld formatiert werden. Zuerst wird ein Text
ausgegeben, anschließend werden die einzelnen, durch Leerzeichen
getrennten Wörter formatiert.

```
Private Sub cmdStart_Click()
    rtfAusgabe.SelFontSize = 24
    rtfAusgabe.Text = "Das    alles    kann" _
    & vbCrLf & " das   erweiterte " _
    & vbCrLf & " Textfeld."
    rtfAusgabe.SelStart = 0
    Do
        ' Alle Zeichen bis zum nächsten Leer- oder
        ' Satzzeichen markieren
        rtfAusgabe.Span " .", True, True
```

```
     ' Farbe und Schriftgröße neu setzen
       rtfAusgabe.SelColor = QBColor(Int(Rnd * 15) + 1)
       rtfAusgabe.SelFontSize = Int(Rnd * 12) + 12
     ' Einfügemarke auf das nächste Leerzeichen oder
     ' Satzzeichen setzen
       rtfAusgabe.UpTo " .", True, False
     ' Einfügemarke auf das nächste Zeichen setzen, das
     ' kein Leer- oder Satzzeichen ist
       rtfAusgabe.UpTo " .", True, True
   Loop Until rtfAusgabe.SelStart >= Len(rtfAusgabe.Text)
End Sub
```

Das Prinzip, nach dem ein einzelnes Wort markiert wird, ist immer das gleiche. Zuerst selektiert die *Span*-Methode alle Zeichen bis zum nächsten Leerzeichen. Dadurch kann das erste Wort formatiert werden. Doch da die *Span*-Methode die Einfügemarke nicht verschiebt, muss die *UpTo*-Methode die Einfügemarke auf das nächste Zeichen, das ein Leer- oder Satzzeichen ist (also das Ende des Wortes) setzen. Da zwischen zwei Wörtern beliebig viele Leerzeichen stehen können, wird die *UpTo*-Methode noch einmal aufgerufen, wobei die Einfügemarke (achten Sie auf das zweite Argument) diesmal auf das nächste Zeichen gesetzt wird, das kein Leer- oder Satzzeichen ist. Da dies der Anfang eines Wortes ist, kann die *Span*-Methode wieder alle Zeichen bis zum nächsten Leer- oder Satzzeichen auswählen. Auf diese Weise werden nacheinander alle Wörter des gesamten Textes, unabhängig von seiner Größe, selektiert und mit einer zufälligen Farbe und Schriftgröße versehen.

Das Beispiel zeigt zwar recht schön die Anwendung der Methoden *Span* und *UpTo*, es macht aber auch eindrucksvoll deutlich, dass die Formatierung einzelner Textpassagen ein wenig umständlich werden kann. In der Praxis wird man dagegen die einzelnen Formatierungsoptionen über ein Dialogfeld, z.B. das Standarddialogfeld für Schriftarten – siehe Kapitel 8.14, anbieten.

12.3.4 Arbeiten mit Einrückungen

Auch wenn das RTF-Textfeld keine Absätze im Sinne von Word kennt, kann jeder Paragraph, d.h. alle Zeichen bis zum nächsten Zeilenumbruch, einen linken und einen rechten Einzug erhalten, die über die Eigenschaften *SelIndent* (linker Einzug) und *SelRightIndent* (rechter Einzug) eingestellt werden. Als Maßeinheit wird dabei automatisch jene Maßeinheit verwendet, die für das umgebende Formular über die *ScaleMode*-Eigenschaft (im Allgemeinen Twips) vereinbart wurde. Neben einem linken und einem rechten Einzug können Sie auch einen hängenden Einzug festlegen. Bei einem hängenden Einzug besitzt die erste Zeile eines Paragraphen einen linken Einzug, die übrigen dagegen nicht. Für diese Einstellung ist die Eigenschaft *SelHangingIndent* zuständig. Sie gibt an, wie stark sich der linke Einzug der ersten Zeile von dem linken Einzug der übrigen Zeilen, d.h. vom Wert der *SelIndent*-Eigenschaft, unterscheidet.

Hängende Absätze können auf Wunsch mit einem Aufzählungszeichen (engl. »bullet«) versehen werden (Sie kennen das von WordPad her). Dazu muss die Textmarke in den Paragraph gesetzt, oder es müssen alle Paragraphen, die einen solchen Aufzählungspunkt erhalten sollen, markiert werden. Durch Setzen der *SelBullet*-Eigenschaft auf *True* erhalten alle Paragraphen einen Aufzählungspunkt, wobei der Abstand zwischen dem Aufzählungspunkt (dessen Form offenbar nicht geändert werden kann) und dem Beginn des Textes über die *BulletIndent*-Eigenschaft festgelegt wird (auch hier wird die über die *ScaleMode*-Eigenschaft des Formulars festgelegte Einheit verwendet). Um die Aufzählungspunkte verschwinden zu lassen, muss die *SelBullet*-Eigenschaft den Wert *False* erhalten.

Beispiel Das folgende Beispiel schaltet für einen Absatz die Einrückungspunkte entweder ein oder aus.

```
Private Sub mnuBullets_Click()
    If rtfAusgabe.SelBullet = True Then
        rtfAusgabe.SelBullet = False
    Else
        rtfAusgabe.BulletIndent = 100
        rtfAusgabe.SelBullet = True
    End If
End Sub
```

12.3.5 Suchen im Text

Was bei einem Textfeld nur durch eine kleine Programmroutine möglich ist, steht beim RTF-Textfeld über eine eingebaute Methode zur Verfügung: Eine Suchfunktion mit Hilfe der *Find*-Methode.

```
Objekt.Find(Suchstring, Start, Ende, Optionen)
```

Die Bedeutung der Argumente:

Argument	Bedeutung
Such-String	Die gesuchte Zeichenkette.
Start	Startposition der Suche (das erste Zeichen in der *Text*-Eigenschaft besitzt den Index 0).
Ende	Bei dieser Zeichenposition soll die Suche beendet werden. Werden weder eine Start- noch eine Endposition angegeben, wird entweder der gesamte Text oder der aktuell selektierte Bereich durchsucht.

Argument	Bedeutung
Optionen	Legen den Suchmodus fest. Zur Auswahl stehen:
	rtfWholeWord (2) – Bei der Suche werden nur ganze Wörter verglichen.
	rtfMatchCase (4) – Bei der Suche wird zwischen Groß-/ Kleinschreibung unterschieden.
	rtfNoHighlight (8) – Der gefundene Text wird hervorgehoben.

Als Rückgabewert gibt die *Find*-Methode den Index des ersten Zeichens des gefundenen Strings zurück. War die Suche dagegen erfolglos, wird -1 zurückgegeben.

Da Visual Basic über das Standarddialogfeldsteuerelement leider kein Suchendialogfeld zur Verfügung stellt (es ist zwar in der Datei Comm32dlg.dll enthalten, lässt sich aber von Visual Basic aus so ohne weiteres nicht nutzen[9]), muss dieses in Eigenbau implementiert werden. Sie sollten sich dabei aber an jene Vorgaben halten, die durch das Standarddialogfeld, zum Beispiel jenes aus Word-Pad, vorgegeben werden[10].

Jedes Textbearbeitungsprogramm verfügt über einen *Weitersuchen*-Befehl, mit dem die Suche nach einem bereits gefundenen Textfragment fortgesetzt wird. Einen solchen Befehl bei dem RTF-Textfeld zu implementieren, ist nicht weiter schwer. Da ein gefundener Suchtext automatisch selektiert wird, muss die Suche bei der Textposition *SelStart* + *SelLength* + 1 fortgesetzt werden:

```
Private Suchbegriff As String' Modulöffentliche Variable

rtfTextfeld.SelStart = rtfTextfeld.SelStart + _
 rtfTextfeld.SelLength + 1
rtfTextfeld.Find Suchbegriff, , Len(rtfTextfeld.Text)
```

---

[9] Diese schwammige Formulierung sollte Ihren Verdacht erregen. Tatsächlich hat Bruce McKinney in seinem sehr empfehlenswerten Buch »Hardcore Visual Basic« gezeigt, wie man es ohne viel Arbeitsaufwand doch erreichen kann. Vielleicht fällt Ihnen eine einfachere Lösung ein.

[10] Daß WordPad genau jene Funktionalität bietet, die das RTF-Textfeld unterstützt, ist kein Zufall, denn WordPad basiert auf diesem Steuerelement. Sie können also nun Microsoft Konkurrenz machen.

12.3.6 Laden und Speichern von Texten

Zum einen bietet die *FileName*-Eigenschaft des RTF-Textfeldes die Möglichkeit, eine Datei anzugeben, deren Inhalt nach dem Start des Programms automatisch geladen wird. Zum anderen stehen mit *Load-File* und *SaveFile* zwei Methoden zum Laden und Speichern des aktuellen Inhalts zur Verfügung.

Syntax
```
Objekt.LoadFile Pfadname, Dateityp
Objekt.SaveFile Pfadname, Dateityp
```

In beiden Fällen legt das Argument *Dateityp* fest, ob eine normale Textdatei (*rtfText*) oder eine Datei im RTF-Format (*rtfRTF*) gelesen bzw. geschrieben werden soll. Es spricht jedoch nichts dagegen, den Inhalt des RTF-Textfeldes über eine *Input*-Anweisung zu laden und über eine *Print*-Anweisung zu speichern.

Beispiel Diese Anweisungen speichern den aktuellen RTF-Inhalt des RTF-Textfeldes in einer Datei:

```
DateiNr = FreeFile
Open Dateiname For Output As DateiNr
    Print# DateiNr, rtfAusgabe.TextRTF
Close DateiNr
```

Die folgenden Anweisungen laden den Inhalt einer Datei, die im Textformat vorliegen muss, in das RTF-Textfeld:

```
DateiNr = FreeFile
Open Dateiname For Input As DateiNr
    rtfAusgabe.Text = Input(LOF(DateiNr), DateiNr)
Close DateiNr
```

12.3.7 Drucken von Text

Für das Drucken des selektierten Textes ist die *SelEdit*-Methode zuständig. Dieser Methode wird als einziges Argument der sog. Gerätekontext eines Druckers übergeben. Über diesen Gerätekontext, den Sie z.B. über die *hDC*-Eigenschaft eines *Printer*-Objekts erhalten, wird die Verbindung zu der (virtuellen) Ausgabefläche des Druckers im System hergestellt:

```
rtfTextfeld.SelPrint Printer.hDC
```

Ein Beispiel für das Ausdrucken des Textes über einen Drucker, der zuvor über den Druckerdialog ausgewählt wurde, erhalten Sie im nächsten Abschnitt.

12.4 Das SSTab-Steuerelement

Dieses Steuerelement gehört nicht zu den Windows-Standardsteuerelementen. Es handelt sich vielmehr um ein von Microsoft »eingekauftes« und für VisuaL Basic 6.0 weiterentwickeltes Steuerelement der Firma Sheridan (*www.shersoft.com*). Der wichtigste Unterschied bezüglich der Programmierung gegenüber der Registerkarte ist, dass es sich bei *SSTab* um einen echten Container handelt und sich die Steuerelemente bereits während der Entwurfszeit auf den einzelnen Registerkarten anordnen lassen. Das Anklicken eines Registerkartenkopfes führt zu einem Umschalten auf einen anderen Container, wodurch dessen Inhalt sichtbar wird.

Da das SSTab-Zusatzsteuerelement letztendlich nichts anderes darstellt als ein umschaltbares 3D-Rahmenfeld, besitzt es auch nur wenige wichtige Eigenschaften. Anders als beim Register-Zusatzsteuerelement sind die einzelnen Registerkarten nicht in Form einer Auflistung organisiert, sondern werden über einen Index angesprochen. Anstelle über eine *Add*-Methode, die es bei SSTab nicht gibt, werden weitere Registerkarten über ein Erhöhen der *Tabs*-Eigenschaft hinzugefügt.

Eigenschaft	Bedeutung
Picture	Legt ein Symbolbild fest, das im Registerkartenkopf angezeigt wird, wenn die Registerkarte aktiv ist. Dieses kann auch über die *TabPicture*-Eigenschaft eingestellt werden.
Rows	Ermittelt die Anzahl der Reihen im Registerkartenkopf.
ShowFocusRect	Legt fest, ob im Registerkartenkopf ein Rechteck angezeigt wird, wenn dieses den Fokus besitzt (*ShowFocusRect=True*).
Style	Legt fest, ob das Registerdialogfeld den Windows-95-Look (*ssStylePropertyPage*, 1) oder den »alten« Look von Microsoft Office 4.x (*ssStyleTabbedDialog*, 0) erhält.
Tab	Setzt oder ermittelt die aktive Registerkarte.
TabCaption	Setzt oder ermittelt die Beschriftung in jener Registerkarte, deren Index übergeben wird.
TabEnabled	Legt fest oder ermittelt, ob die Registerkarte, dessen Index übergeben wird, auf Eingaben reagieren kann.
TabHeight	Setzt oder ermittelt die Höhe aller Registerkartenköpfe.
TabMaxWidth	Setzt oder ermittelt die maximale Breite der Registerkartenköpfe. Hat bei *Style=ssStylePropertyPage* keine Bedeutung.

Tabelle 12.17:
Die wichtigsten Eigenschaften des SSTab-Zusatzsteuerelements.

Eigenschaft	Bedeutung
TabOrientation	Setzt oder ermittelt die Position der Registerkartenköpfe. Zur Auswahl stehen *ssTabOrientationTop* (0, oben), *ssTabOrientationBottom* (1, unten), *ssTabOrientationLeft* (2, linke Seite) und *ssTabOrientationRight* (3, rechte Seite).
TabPicture	Weist dem Registerkartenkopf, deren Index übergeben wird, ein Symbolbild zu.
Tabs	Bestimmt oder ermittelt die Anzahl der Registerkarten.
TabsPerRow	Setzt oder ermittelt, wie viele Registerkartenköpfe pro Zeile angezeigt werden sollen.
Visible	Legt fest oder ermittelt, ob eine Registerkarte, deren Index übergeben wird, sichtbar ist.
WordWrap	Legt fest oder ermittelt, ob der Text im Registerkartenkopf umbrochen wird.

12.5 Das maskierbare Textfeld

Das einfache Textfeld bietet eine Eigenschaft, die für manche Arten der Texteingabe etwas ungünstig ist. Der Text kann stets in einer beliebigen Form eingegeben werden. Für manche Eingabetypen, wie zum Beispiel die Datumseingabe, wäre es sinnvoller, wenn die Eingabe zum einen nur an bestimmten Stellen möglich wäre und wenn zum anderen an bestimmten Stellen nur bestimmte Zeichen (z.B. Zahlen) eingegeben werden dürften. Dies würde die Eingabe etwas erleichtern, vor allem aber Fehleingaben ausschließen. Zwar kann man diese Eingabeüberprüfung bei einem Textfeld über die *KeyPress*- und *KeyDown*-Ereignisse programmieren. Doch ist der Aufwand, sofern man sich nicht entschließt, ein ActiveX-Steuerelement daraus zu machen, relativ hoch. Das maskierbare Textfeld, das im Original *masked edit* und im deutschsprachigen Handbuch »Formatierte Bearbeitung[11]« heißt, bietet gegenüber dem einfachen Textfeld den Vorteil, dass über die *Mask*-Eigenschaft eine Eingabemaske festgelegt werden kann.

 Das maskierbare Texteingabefeld ist kein gleichwertiger Ersatz für das Textfeld, da es einige wichtige Eigenschaften, z.B. MultiLine, des Textfeldes nicht besitzt. Dennoch bietet es aufgrund der Tatsache, dass es bestimmte Eingaben gar nicht erst zulässt und über ein ValidationError-Ereignis verfügt, einen wichtigen Pluspunkt.

[11] Wer denkt sich wohl solche Namen aus? Wahrscheinlich die Marketingabteilung.

12.5.1 Die wichtigsten Eigenschaften des maskierbaren Textfeldes

Das maskierbare Textfeld ist das »etwas andere« Textfeld, das sich bis auf ein paar zusätzliche Eigenschaften und einige fehlende Eigenschaften wie das Textfeld verhält. Die wichtigste Eigenschaft ist die *Mask*-Eigenschaft, denn sie legt fest, welche Eingaben erlaubt sind und welche nicht:

```
mskEingabe.Mask = "(###)-#######"
```

Diese Maske können Sie verwenden, um die Eingabe einer Telefonnummer aus den USA zu ermöglichen. Jedes »#«-Zeichen steht für eine Zahl zwischen 0 und 9. Gibt der Benutzer an dieser Stelle ein anderes Zeichen ein, z.B. einen Buchstaben, wird die Eingabe zurückgewiesen und ein *ValidationError*-Ereignis ausgelöst. Eine besondere Rolle spielen Klammern und Bindestrich, denn diese Zeichen werden angezeigt, können aber nicht überschrieben werden. Dabei wird allerdings schon ein Nachteil des Textfeldes deutlich. Wird dieses Format nicht exakt eingehalten, z.B. wenn eine Ziffer zu wenig eingegeben wird, ist ebenfalls ein *ValidationError* die Folge, was die Auswertung ein wenig umständlich macht.

Sehr flexibel ist das maskierbare Textfeld was den Zugriff auf den eingegebenen Text angeht. Während Sie über die *Text*-Eigenschaft stets den gesamten Inhalt des Textfeldes erhalten, steht die *ClipText*-Eigenschaft nur für den tatsächlich eingegebenen Text:

```
?mskEingabe.Text
(123)-4567890
?mskEingabe.ClipText
1234567890
```

Mit welchen Zeichen das Textfeld ausgefüllt wird, wenn noch keine Eingabe erfolgte, wird über die *PromptChar*-Eigenschaft eingestellt. Sie werden feststellen, dass der Eingabecursor (Textmarke) nicht immer auf die erste Position springt, sondern sich in der Mitte des Feldes aufhält. Dies kann durch Einfügen der Anweisung

```
mskEingabe.SelStart = 0
```

in der *GotFocus*-Ereignisprozedur des maskierbaren Textfeldes erreicht werden. Wurden nicht alle möglichen Plätze mit Zeichen ausgefüllt, erhält die *Text*-Eigenschaft für jedes nicht eingegebene Zeichen ein Promptzeichen. Sollte dies aus irgendeinem Grund nicht erwünscht sein, muss die *PromptInclude*-Eigenschaft den Wert *False* erhalten. Bei *PromptInclude=False* sind die *Text*- und die *Cliptext*-Eigenschaft identisch.

Tabelle 12.18:
Die wichtigsten
Eigenschaften
des maskierba-
ren Textfeldes.

Eigenschaft	Bedeutung
AllowPrompt	Legt fest, ob auch das Promptzeichen als Eingabezeichen akzeptiert wird (*AllowPrompt=True*) oder nicht (*Allow-Prompt=False*, Standardeinstellung). Bei *Allow-Prompt=False* hat die Eingabe eines Promptzeichens ein *ValidationError*-Ereignis zur Folge.
AutoTab	Legt fest, ob nach vollendeter Eingabe das nächste Steuerelement automatisch den Eingabefokus erhält (*Au-toTab=1*), oder ob nach der Eingabe des ersten überzähligen Zeichens das *ValidationError*-Ereignis ausgelöst wird AutoTab=0, Standardeinstellung).
ClipMode	Legt fest, ob das Formatzeichen bei einer Kopieroperation mitübertragen werden soll (*ClipMode=0,* Standardeinstellung) oder ob nur die eingegebenen Zeichen (*ClipMo-de=1*).
ClipText	Enthält den reinen Text, der in das Textfeld eingegeben wurde, ohne Formatierungszeichen.
Format	Wählt ein Format aus, das für die Ausgabe von Zahlen verwendet wird, sobald das maskierbare Textfeld den Fokus verliert. Es können z.B. für negative und positive Zahlen verschiedene Formate verwendet werden, wobei diese Einstellung im Allgemeinen nicht mit der *Mask*-Eigenschaft zusammenpasst. Besonders praktisch ist die *For-mat*-Eigenschaft für Datumseingaben, da diese automatisch im korrekten Format angezeigt werden und der Benutzer bei der Eingabe kein Format einhalten muss. Für den Formatbezeichner gelten die gleichen Regeln wie bei der *Format*-Funktion.
FormattedText	Enthält den kompletten Text, der in das Eingabefeld eingegeben wurde, inklusive der Formatierungszeichen.
Mask	Über diese Eigenschaft wird eine Maske festgelegt, die bestimmt, welche Zeichen erlaubt sind und welche nicht. Die Maske für die Eingabe einer Telefonnummer könnte z.B. #####-######### lauten, wobei für jedes #-Zeichen, das nur eine numerische Eingabe zulässt, ein Promptzeichen, z.B. ein Unterstrich, angezeigt wird. Die Eingabe eines unerlaubten Zeichens oder das nicht vollständige Ausfüllen der Maske löst ein *ValidationError*-Ereignis aus.
PromptChar	Legt das Zeichen fest, das für die Eingabemaske verwendet wird. Standardmäßig handelt es sich um einen Unterstrich.

Eigenschaft	Bedeutung
PromptInclude	Legt fest, ob die nicht überschriebenen Promptzeichen in die *Text*-Eigenschaft übernommen werden (*PromptInclude=True*, Standardeinstellung) oder nicht (*PromptInclude=False*). Im Allgemeinen wird man die Promptzeichen nicht übernehmen, da beim Zuweisen eines Wertes an die *Text*-Eigenschaft, der Wert ansonsten dem Aufbau der Maske entsprechen muss, um nicht einen Laufzeitfehler zu verursachen.

12.6 Das MsFlexGrid-Gitternetz

Das FlexGrid-Gitternetz (engl. »grid«) wird immer dann benötigt, wenn Text- oder Grafikdaten (unabhängig davon, ob eine Datenbank im Spiel ist) in Tabellenform ausgegeben werden sollen. Das MsFlexGrid-Gitternetz, das im Folgenden einfach als Gitternetz bzw. FlexGrid bezeichnet werden soll (das alte Grid aus Visual Basic 4.0 finden Sie auf der Visual-Basic-CD-ROM im Unterverzeichnis \Common\Tools\VB\Controls) ist kein Steuerelement, das man allzu sehr von der theoretischen Seite betrachten sollte. Am besten lernt man es durch ein einfaches Beispiel kennen. Nachdem Sie das Gitternetz auf einem Formular angeordnet haben, nimmt es seine Standardstellung (zwei Reihen, zwei Spalten, davon jeweils eine fest) an. Über den Eintrag »Benutzerdefiniert« im Eigenschaftenfenster lässt sich die Ausgangsformation sehr einfach ändern, indem Sie in der Registerkarte »Allgemein« die gewünschte Anzahl an Zeilen und Spalten einstellen. Das Gitternetz unterscheidet dabei zwischen normalen Zellen (*Cols*-Eigenschaft für die Anzahl an Spalten, *Rows*-Eigenschaft für die Anzahl an Zeilen) und festen Zellen (*FixedCols*- und *FixedRows*-Eigenschaft). Letztere sind jene Zellen, die grau unterlegt am Rand des Gitternetzes erscheinen. Die festen Zellen werden zwar genau wie die übrigen Zellen über die *Col*- und *Row*-Eigenschaft angesprochen, verhalten sich aber bei der Auswahl mit der Maus anders als die übrigen Zellen. So wird beim Anklicken einer festen Spaltenzelle die gesamte Spalte selektiert, was sich durch Setzen der *AllowBigSelection*-Eigenschaft auf *False* unterdrücken lässt.

Besonders komfortabel ist, dass sich durch Ziehen einer Umrandungslinie einer festen Zelle die Größe der Zeile bzw. Spalte verändern lässt. Abgeschaltet wird dieses Verhalten durch Setzen der *AllowUserResizing*-Eigenschaft auf *False*.

Abbildung 12.15:
Das MsFlexGrid
kann über sein
Eigenschafts-
dialogfeld
bequem vorein-
gestellt werden.

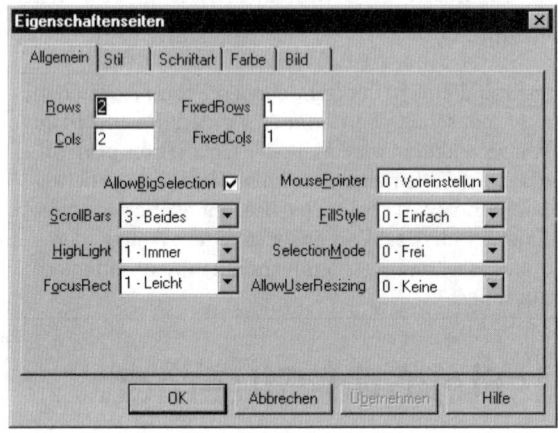

12.6.1 Daten in die Zellen eintragen

Einmal eingetragen verbleiben die Daten so lange in einer Zelle, bis das Formular entladen oder das Programm beendet wird. Es gibt verschiedene Methoden, um Daten in eine Zelle zu übertragen:

➡ Die *AddItem*-Methode

➡ Die Eigenschaften *Clip* und/oder *Text*

➡ Die *TextArray*- und *Textmatrix*-Eigenschaften

➡ Gebunden an eine Datenquelle über ein Datensteuerelement und die Eigenschaft *DataSource*.

Die letzte Variante lässt sich schnell abhandeln, denn wie die meisten Steuerelemente kann auch FlexGrid gebunden betrieben werden. In diesem Fall stellt es jene Datensätze dar, die aus der über ein Datensteuerelement festgelegten Datensatzgruppe stammen. Soll die automatisch angelegte Kopfzeile nicht angezeigt werden, muss diese durch Setzen von *FixedRows=0* und Ausführen der *RemoveItem*-Methode entfernt werden.

Der einfachste Weg Daten in das FlexGrid zu übernehmen, stellt die *AddItem*-Methode dar. Diese füllt das Gitter zeilenweise auf, wobei die einzelnen Felder durch *vbTab*-Zeichen getrennt werden:

```
msflxGitter.AddItem "Januar" & vbTab & "20 Hühner" & vbTab & "10 Ziegen"
```

Diese Anweisung fügt eine neue Zeile mit drei Feldern ein, wobei die erste Zeile in der grau unterlegten Randspalte angezeigt wird.

Geht es darum, einen ganzen Bereich einzufügen, ist die *Clip*-Methode besser geeignet. Der Startpunkt, also die linke obere Zelle des Bereichs, wird über die Eigenschaften *Row* und *Col*, die Größe des Bereichs über die Eigenschaften *RowSel* und *ColSel* festgelegt. Besonders praktisch ist dabei, dass sich ein solcher Bereich mit Hilfe einer ADO-Datensatzgruppe mit einem Befehl füllen lässt:

```
Dim Rs As New ADODB.Recordset
Dim Cn As ADODB.Connection
msflxGitter.Rows = 20
msflxGitter.Cols = 6
Set Cn = New ADODB.Connection
Cn.Open "Biblio"
Rs.Open "Select [Year Born], Au_id, Author From Authors Order by Author",
Cn, adOpenForwardOnly
msflxGitter.Row = 1
msflxGitter.Col = 1
msflxGitter.RowSel = 8
msflxGitter.ColSel = 5
msflxGitter.Clip = Rs.GetString(NumRows:=10, NullExpr:="Leer")
```

12.6.2   Der Zugriff auf eine einzelne Zelle

Der Zugriff auf eine einzelne Zelle wird entweder über die *Textmatrix*-Eigenschaft durchgeführt, der Spalten- und Zeilennummer übergeben wird. Oder man verwendet das Verfahren des alten Grid, das allerdings ein wenig umständlich ist. Hier wird der Inhalt einer Zelle über die *Text*- bzw. *Picture*-Eigenschaft des Gitternetzes festgelegt. Wer jetzt aber glaubt, dass man diesen Eigenschaften einen Spalten- und einen Zeilenwert übergeben kann, ist mit der Philosophie des »alten« Visual Basics noch nicht vertraut. Man muss vielmehr die Zelle über die *Col*- und *Row*-Eigenschaft zunächst auswählen und ihr dann über die *Text*- und *Picture*-Eigenschaft einen Wert zuweisen. Der wichtigste Unterschied beider Verfahren ist, dass bei *Textmatrix* die aktuell ausgewählte Zelle nicht verändert werden muss. Als Alternative zu *Textmatrix* gibt es die *TextArray*-Eigenschaft, bei der das gesamte Grid als ein eindimensionales Feld betrachtet wird.

Das folgende Beispiel fügt in dem Gitternetz *grdBeispiel* eine 3x3-Matrix mit dem Produkt aus Zeilen- und Spaltennummer als Zelleninhalt ein, wobei zusätzlich ein aus einer Zelle bestehender Randbereich angezeigt wird: **Beispiel**

```
Dim Zeile As Integer, Spalte As Integer
grdBeispiel.Rows = 4
grdBeispiel.Cols = 4
For Zeile = 1 To 3
    grdBeispiel.Row = Zeile
    For Spalte = 1 To 3
        grdBeispiel.Col = Spalte
        grdBeispiel.Text = Zeile * Spalte
    Next Spalte
Next
```

Wenn Sie ein Gitternetz auf dem Formular anordnen, ihm den Namen *grdBeispiel* geben und die obige Routine in die Prozedur *Form_Load* einfügen, können Sie sich das Ergebnis betrachten. Allzu beeindruckend ist das Resultat allerdings noch nicht. Nicht nur, dass die einzelnen Zellen zu klein sind, auch die Beschriftung der Zeilen und Spalten fehlt noch. Letzteres soll im nächsten Schritt nachgeholt werden. Da die festen Zeilen den Index 0 besitzen, kann ihre Beschriftung in die äußere *For-Next*-Schleife eingefügt werden:

```
For Zeile = 1 To 3
    grdBeispiel.Row = 0
    grdBeispiel.Col = Zeile
    grdBeispiel.Text = Zeile
    grdBeispiel.Row = Zeile
    grdBeispiel.Col = 0
    grdBeispiel.Text = Zeile
    For Spalte = 1 To 3
```

usw.

Im nächsten Schritt soll etwas für die Optik getan werden. Über die Eigenschaften *ColWidth* und *RowHeight*, denen die Spalten- bzw. Zeilennummer als Index übergeben werden muss, wird die Breite und Höhe einer einzelnen Zelle eingestellt, über die *Size*-Eigenschaft des *Font*-Objekts die Schriftgröße in der gesamten Tabelle (eine individuelle Formatierung ist nicht möglich). Die *ColAlignment*-Eigenschaft sorgt dafür, dass der Inhalt in einer Zelle zentriert ausgegeben wird, wobei für die Ausrichtung der festen Zellen die *FixedAlignment*-Eigenschaft zuständig ist:

```
Const MagicFactor = 1.15126
Dim Zeile As Integer, Spalte As Integer
grdBeispiel.Rows = 4
grdBeispiel.Cols = 4
grdBeispiel.FixedAlignment(0) = vbCenter
grdBeispiel.Font.Size = 16
grdBeispiel.RowHeight(0) = 500
grdBeispiel.ColWidth(0) = 500

For Zeile = 1 To 3
    grdBeispiel.Row = 0
    grdBeispiel.Col = Zeile
    grdBeispiel.Text = Zeile
    grdBeispiel.Row = Zeile
    grdBeispiel.Col = 0
    grdBeispiel.Text = Zeile
    grdBeispiel.RowHeight(Zeile) = 500
    grdBeispiel.FixedAlignment(Zeile) = vbCenter
    For Spalte = 1 To 3
        grdBeispiel.Col = Spalte
        grdBeispiel.Text = Zeile * Spalte
```

```
      grdBeispiel.ColAlignment(Spalte) = vbCenter
      grdBeispiel.ColWidth(Spalte) = 500
   Next Spalte
Next Zeile
grdBeispiel.Height = grdBeispiel.Rows * _
grdBeispiel.RowHeight(1) * MagicFactor
grdBeispiel.Width = grdBeispiel.Cols * _
grdBeispiel.ColWidth(1) * MagicFactor
```

Bereits dieses harmlose Beispiel macht recht gut deutlich, wie groß der Aufwand ist, um ein Gitternetz in eine gewünschte Form zu bringen. Der Vorteil dieses Verfahrens ist, dass Sie als Programmierer alle Details bestimmen können.

12.6.3 Sortieren der Tabelle

Zu den erfreulichen Eigenschaften des FlexGrid gehört die Sortierfähigkeit über die *Sort*-Eigenschaft. Es gibt zwei grundsätzlich verschiedene Sortiermethoden:

➡ Wird die *Sort*-Eigenschaft auf den Wert 9 gesetzt, wird beim Sortieren des Grids (etwa durch Anklicken des Spaltenkopfes) für jede Zeile ein *Compare*-Ereignis ausgelöst. In dieser Ereignisprozedur muss nun das Sortieren erfolgen.

➡ Wird die *Sort*-Eigenschaft auf einen anderen Wert gesetzt, z.B. *flexSortGenericAscending*, wird die Tabelle nach jener Spalte sortiert, die über die *Col*-Eigenschaft selektiert wird.

Allerdings muss das Programm festlegen, wann die Sortierung erfolgen soll. Üblich ist es, die Sortierung durch Anklicken des Spaltenkopfes zu starten. Dazu muss, etwa im *MouseDown*-Ereignis, über die Eigenschaften *RowPos* und *ColPos* abgefragt werden, ob sich die Mauskoordinaten im Bereich des Spaltenkopfes befinden.

12.6.4 Editieren einer Zelle

Das Editieren einer Zelle ist, wie beim alten Grid, leider nicht möglich. Eine gute Alternative ist es, beim Anklicken einer Zelle ein Textfeld anzuzeigen, das die Zelle überdeckt und die Eingabe eines Wertes entgegennimmt, der anschließend, etwa innerhalb des *Change*-Ereignisses beim Textfeld, über die *Textmatrix*-Eigenschaft der Zelle zugewiesen wird.

Tabelle 12.19:
Die wichtigsten
Eigenschaften
des MsFlexGrid-
Gitternetzes.

Eigenschaft	Bedeutung
AllowBigSelection	Wenn *True*, kann durch Anklicken eines Spalten- oder Zeilenkopfes die gesamte Spalte bzw. Zeile selektiert werden.
AllowUserResizing	Legt fest, ob der Benutzer während der Programmausführung einzelne Spalten, einzelne Zellen, sowohl Spalten als auch Zellen oder gar nichts an der Größe ändern kann.
CellPicture	Weist der über die *Row*- und *Col*-Eigenschaft festgelegten Zelle ein Bild zu. Es muss die *Set*-Anweisung vorangestellt werden.
Clip	Weist dem selektierten Bereich der Tabelle einen Textinhalt zu. Da diese Eigenschaft mehrere Zellen ansprechen kann, muss die zugewiesene Zeichenkette für jede neue Zelle ein *vbTab*- und für jede neue Zeile ein *vbCr*-Zeichen enthalten.
Col	Setzt oder ermittelt die aktuelle Spaltennummer.
ColAlignment	Setzt oder ermittelt die Ausrichtung in einer einzelnen Spalte.
ColIsVisible	Gibt an, ob eine bestimmte Spalte der Tabelle sichtbar ist.
ColPos	Gibt den Abstand zwischen dem linken Rand und einer bestimmten Spalte in Twips an.
Cols	Setzt oder ermittelt die Anzahl an Spalten, wobei die festen Spalten inbegriffen sind.
ColSel	Setzt oder ermittelt die erste oder letzte Spalte eines selektierten Bereichs.
ColWidth	Setzt oder ermittelt die Breite einer einzelnen Spalte.
FillStyle	Legt fest, ob das Zuweisen der *Text*-Eigenschaft eine Zelle (*FillStyle=0*) oder alle selektierten Zellen (*FillStyle=1*) betrifft.
ColAlignmentFixed	Legt die Ausrichtung in den festen Zellen fest.
FixedCols	Setzt oder ermittelt die Anzahl der festen Spalten.
FixedRows	Setzt oder ermittelt die Anzahl der festen Zeilen.
FocusRect	Bestimmt das Aussehen des Rechtecks, das angezeigt wird, wenn eine Zelle den Fokus erhält.
GridLines	Legt fest, ob die Gitternetzlinien sichtbar sind oder nicht.
GridLineWidth	Setzt oder ermittelt die Breite der Gitternetzlinien.

Eigenschaft	Bedeutung
HighLight	Bestimmt, auf welche Weise eine markierte Zelle hervorgehoben wird.
LeftCol	Setzt oder ermittelt die Spaltennummer der am weitesten links stehenden Spalte im sichtbaren Bereich des Gitternetzes.
MergeCells	Legt fest, auf welche Weise benachbarte Zellen mit dem gleichen Inhalt zu einer Zelle zusammengefasst werden. Dies ist eine sehr leistungsfähige Eigenschaft, die die Übersichtlichkeit erhöht und z.B. vermeiden hilft, dass es in einer Tabelle mehrere Zellen untereinander gibt, die den gleichen Inhalt aufweisen. Die Zellen, die zusammengefasst werden dürfen, werden über die Eigenschaften _MergeCol_ und _MergeRow_ bestimmt.
MouseCol, MouseRow	Gibt die aktuellen Mauskoordinaten als Spalten- bzw. Zeilennummer zurück.
Picture	Steht für das gesamte Gitternetz in Form einer Bitmap.
Redraw	Wenn _True_, wird Gitternetz bei jeder Änderung aktualisiert. Durch vorübergehendes Zurücksetzen auf _False_ lässt sich unter Umständen ein Flackern vermeiden.
Row	Setzt oder ermittelt die aktuellen Reihennummer.
RowHeight	Setzt oder ermittelt die Höhe einer Zelle in Twips.
RowIsVisible	Gibt an, ob eine bestimmte Reihe im sichtbaren Bereich des Gitternetzes liegt.
RowPos	Gibt den Abstand zwischen der linken oberen Ecke des Gitternetzes und der linken oberen Ecke einer Zelle in Twips zurück.
RowSel	Setzt oder ermittelt die erste oder letzte Zeile eines selektierten Bereichs.
Rows	Setzt oder ermittelt die Anzahl der Zeilen.
ScrollBars	Legt fest, ob das Gitternetz mit Bildlaufleisten versehen wird. Zur Auswahl stehen _vbSBNone_ (0, keine Bildlaufleisten), _vbHorizontal_ (1), _vbVertical_ (2) und _vbBoth_ (3).
Sort	Legt fest, auf welche Weise die Tabellendaten sortiert werden. Insgesamt stehen acht verschiedene Sortierverfahren zur Auswahl. Im benutzerdefinierten Modus wird bei jedem Vergleich ein _Compare_-Ereignis ausgelöst, sodass der Programmierer eine eigene Sortierung einführen kann.

Eigenschaft	Bedeutung
Text	Weist der über die *Row*- und *Col*-Eigenschaft festgelegten Zelle ein Bild zu.
TextArray	Ermöglicht in der Form *TextArray(n)* den Zugriff auf eine einzelne Zelle, wobei sich *n* nach der Formel »Zeilennummer * Anzahl der Zeilen + Spaltennummer« ergibt.
TextMatrix	Ermöglicht den Zugriff auf den Textinhalt einer einzelnen Zelle in der Form *TextMatrix(n, m)*.
TopRow	Setzt oder ermittelt die Reihennummer der obersten Reihe im sichtbaren Bereich des Gitternetzes.
WordWrap	Wenn *True*, wird zu langer Text in einer Zelle umbrochen.

12.6.5 Auswerten von selektierten Zellen

Das Anklicken einer Zelle ruft ein *Click*-Ereignis hervor, dem aber nicht die Spalten- und Zeilennummer übergeben wird. Diese muss vielmehr über die *Col*- und *Row*-Eigenschaft abgefragt werden. Selektiert der Benutzer einen aus mehreren Zellen bestehenden Bereich, werden die Spalten- und Zeilennummern der Eckzellen über die Eigenschaften *SelStartCol*, *SelStartRow*, *SelEndCol* und *SelEndRow* angegeben. Umgekehrt kann durch Setzen dieser Eigenschaft eine Selektion durchgeführt werden.

Beispiel Die folgende *Click*-Ereignisprozedur gibt die Zeilen- und Spaltennummer einer selektierten Zelle aus:

```
MsgBox Prompt:="Sie haben Zelle " & grdBeispiel.Row & ":" & _
grdBeispiel.Col & " selektiert!", Buttons:=vbExclamation
```

Im nächsten Beispiel wird die Anzahl der selektierten Zellen angezeigt:

```
Dim AnzahlX As Integer, AnzahlY As Integer
AnzahlX = Abs(grdBeispiel.SelEndCol - _
grdBeispiel.SelStartCol) + 1
AnzahlY = Abs(grdBeispiel.SelEndRow - _
grdBeispiel.SelStartRow) + 1
MsgBox Prompt:="Es wurden " & AnzahlX * AnzahlY & _
" Zellen selektiert!", Buttons:=vbExclamation
```

Für den Zugriff auf den selektierten Bereich des Gitternetzes gibt es die *Grid*-Eigenschaft. Diese Eigenschaft erhält den gesamten Textinhalt aller ausgewählten Zellen, wobei der Inhalt zweier benachbarter Zellen durch ein *vbTab*-Zeichen (Tabstopp) und der zweier benachbarter Zeilen durch ein *vbCr*-Zeichen (Zeilenumbruch) getrennt ist. Durch Zuweisen einer Zeichenkette an diese Eigenschaft können mehrere Zellen mit einem Inhalt belegt werden.

12.6.6 Der Umgang mit Laufzeitfehlern

Jeder Zugriff auf eine nicht existierende Zelle hat einen Laufzeitfehler zur Folge. Diesen Umstand kann man sich zunutze machen, um die Programmierung ein wenig zu vereinfachen. Möchte man z. B. alle Zeilen eines Gitternetzes der Reihe nach ansprechen, kann dies auch unabhängig von der *Rows*-Eigenschaft geschehen. Sobald man nämlich über die letzte Zeilen hinausschießt, ist ein Laufzeitfehler die Folge, in dessen Fehlerbehandlungsroutine man die Zeilennummer wieder auf 1 (oder einen anderen gültigen Wert) setzen kann.

Beispiel

```
Private Sub cmdShow_Click()
    On Error GoTo cmdShow_Error
    grdBeispiel.LeftCol = grdBeispiel.LeftCol + 1
    Exit Sub
cmdShow_Error:
    Select Case Err.Number
        Case 30010 ' Ungültiger Spaltenwert
            grdBeispiel.LeftCol = 1
        Case Else
            MsgBox Prompt:=Err.Description & " (" & _
            Err.Number & ")", _
            Buttons:=vbExclamation, Title:="Laufzeitfehler"
        Stop
    End Select
End Sub
```

Jedes Anklicken der Schaltfläche *cmdShow* bewirkt, dass der sichtbare Bereich der Tabelle um eine Position nach rechts verschoben wird. Wird dabei eine nicht mehr vorhandene Spalte angesprochen (der höchste Wert, den die *LeftCol*-Eigenschaft annehmen kann, lautet *Cols* – Anzahl der sichtbaren Spalten), ist der Laufzeitfehler 30010 die Folge, durch den die *LeftCol*-Eigenschaft wieder den Wert 1 erhält.

12.6.7 »Schiffe versenken« mit dem FlexGrid

Übung 12.4: Schiffe versenken mit dem Gitternetz

Die folgende Übung zeigt ein wenig mehr von den Möglichkeiten des Gitternetzes. Vor allem ist es ein recht gutes Lehrbeispiel für die Programmierung im Allgemeinen, da es in erster Linie darum geht, einen einfachen Algorithmus umzusetzen. Die Aufgabenstellung dürfte jedem Leser vertraut sein. Es soll ein Spielfeld für das klassische »Schiffe versenken«-Spiel entworfen werden. Gemäß den Regeln gibt es eine bestimmte Anzahl an »Flottenverbänden«[12], die aus einer festen Anzahl

---

[12] Im Sinne der pazifistischen Grundeinstellung des Autors handelt es sich natürlich um unbemannte Forschungsschiffe, die nicht versenkt, sondern lediglich »befriedet« werden.

von Schiffen bestehen. Die Hauptaufgabe besteht also darin, auf einer
10x10-Matrix, die durch ein Gitternetz dargestellt wird, alle Schiffe gemäß den Regeln so anzuordnen, dass sie sich nicht überlagern. Der zugrundeliegende Algorithmus soll so angelegt sein, dass er unabhängig
von der Anzahl der Schiffe und der Größe der einzelnen Flottenverbän-
de arbeitet. Mit anderen Worten, es soll keine Rolle spielen, ob das
Spielfeld mit drei Flottenverbänden à 4 Schiffen oder vier Flottenverbänden à 3 Schiffen belegt wird. Diese Übung stellt daher hoffentlich
nicht nur eine Gelegenheit dar, das Gitternetz besser kennenzulernen,
sondern auch Ihr allgemeines Programmierwissen auf die Probe zu
stellen. Als kleinen Anreiz zeigt Bild 12.17 wie das fertige Spielfeld
aussehen wird. Es sei vorangestellt, dass die Übung lediglich die Konstruktion des Spielfeldes, nicht aber das komplette Spiel umfasst[13].
Auch werden aus Platzgründen nur Auszüge vorgestellt, das komplette
Listing finden Sie auf der Buch-CD-ROM in der Datei *Schiffe.vbp*.

Abbildung12.16:
Das Gitternetz
dient als Spiel-
feld für ein
»Schiffe versen-
ken«-Spiel.

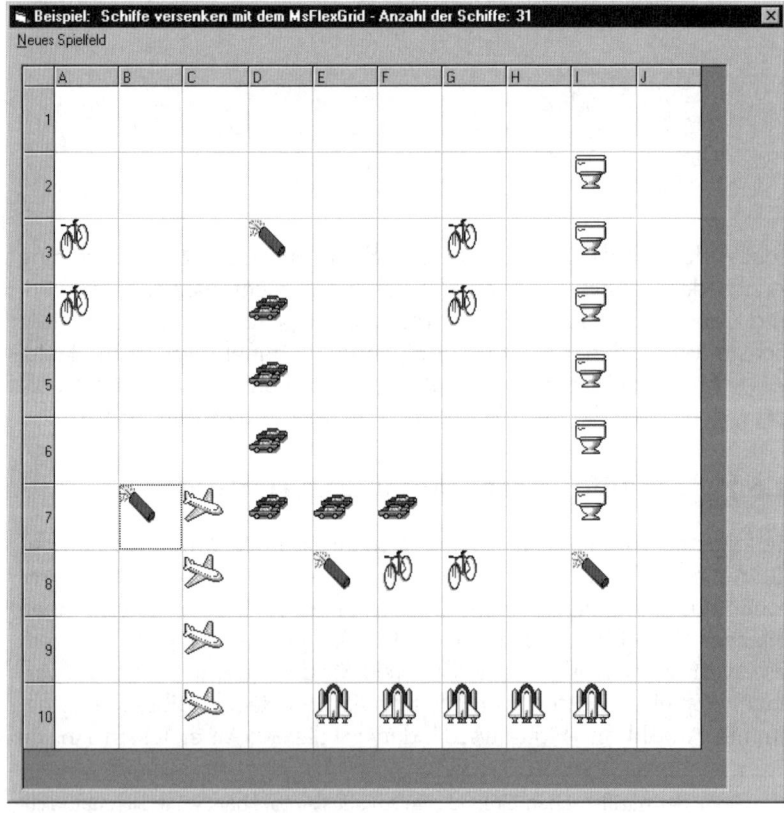

---

[13] Per Automation und DCOM dürfte eine Netzwerkversion für den Spielspaß zu
zweit nicht allzu aufwändig sein. Einen Ansatz finden Sie in Kapitel 22.

Das Programm beginnt mit einem leeren Formular, einem Gitternetz **Schritt 1**
und sechs Anzeigefeldern. Letztere werden in dem Steuerelementefeld
imgSpielbaustein zusammengefasst und dienen als »Behälter« für die
verschiedenen Schiffstypen.

Die Menüleiste weist ein einziges Menü »Neues Spielfeld« auf (*mu-* **Schritt 2**
NeuesSpielfeld), über das ein neues Spielfeld angelegt wird.

Im *Allgemein*-Teil des Formulars werden lediglich zwei Variablen defi- **Schritt 3**
niert:

```
Option Explicit
Private Spielfeld() As Boolean
Private SpielfeldAufbau As Variant
```

Die eigentliche »Intelligenz« des Beispiels steckt in der allgemeinen Pro- **Schritt 4**
zedur mit dem Namen *SpielfeldBelegen*, deren Aufgabe es ist, die
Schiffe regelgerecht auf dem Grid anzuordnen. Richten Sie Ihr Augen-
merk vor allem auf die Anweisung

```
SpielfeldAufbau = Array(6, 5, 4, 3, 3, 2, 2, 2, 1, 1, 1, 1)
```

denn durch sie wird die Anzahl und vor allem die Größe der einzelnen
Konvois in die *Variant*-Variable *SpielfeldAufbau* übertragen. Indem
Sie hier andere Zahlen eintragen, legen Sie einen anderen Spielfeldaufbau fest. Beachten Sie aber, dass für Konvoigrößen > 6 noch keine
Symbole enthalten sind. Außerdem gibt es irgendwo eine Obergrenze,
ab der das Programm nicht mehr in der Lage ist, alle Konvois unterzubringen (ich habe das allerdings noch nicht ausprobiert). Das Unterbringen eines Konvois beginnt damit, dass per Zufallszahlengenerator
ein Startfeld gefunden wird. Anschließend wird geprüft, ob für den
Konvoi genügend freie Plätze bis zum Spielfeldrand vorhanden und
diese auch noch frei sind. Nur, wenn alle Bedingungen erfüllt sind,
werden die einzelnen Plätze mit Schiffen gefüllt. Alle gesetzten Schiffe
werden in die Feldvariable *Spielfeld* eingetragen. Da diese Variable
den Typ *Boolean* besitzt, kann hier nur das Vorhandensein oder
Nicht-vorhandensein vermerkt werden. Möchte man zusätzliche Informationen, wie z. B. den Zustand des Schiffes oder die Anzahl der Tref-
fer, unterbringen, muss der Datentyp auf *Byte* geändert werden.

In *Form_Load* wird das Gitternetz aufgebaut, beschriftet und mit Schif- **Schritt 5**
fen belegt. Zum Schluss werden die Anzahl der Schiffe gezählt (auch
wenn dies strenggenommen nicht erforderlich wäre) und die ermittelte
Zahl in der Titelleiste des Formulars angezeigt.

Die Ereignisprozedur *grdSpielfeld_Click* wird immer dann aufgerufen, **Schritt 6**
wenn ein Spielfeld mit der Maus angeklickt wird. Wurden mehrere
Spielfelder markiert, wird die Anzahl der Schiffe in diesem Bereich

ausgegeben. Ansonsten wird angezeigt, ob sich auf dem angeklickten Feld ein Schiff befindet. Die Routine ist deswegen ein wenig umfangreicher als es notwendig wäre, da auf eine syntaktische Formulierung Wert gelegt wurde.

Schritt 7 Schließlich kommt auch die Ereignisprozedur *mnuNeuesSpielfeld_Click* noch ins Spiel. Hier wird lediglich das Grid gelöscht und zum Schluss die Prozedur *SpielfeldBelegen* aufgerufen.

Wie werden Eingaben in eine Zelle durchgeführt?

Weder das normale Grid noch *FlexGrid* erlauben eine direkte Eingabe in eine Zelle. Indem man ein Textfeld über die Zelle positioniert und dessen *Text*-Eigenschaft in der *Change*-Ereignisprozedur des Textfeldes der *Text*-Eigenschaft der betreffenden Zelle zuweist, lässt sich jedoch auf einfache Weise die fehlende Eingabemöglichkeit nachtragen.

Wie wird ein Gitternetz gelöscht?

Dazu verfügt das *FlexGrid*-Steuerelement über eine *Clear*-Methode.

12.6.8   Weitere Eigenschaften des FlexGrid

Das *FlexGrid*-Gitternetz bietet eine Fülle von Eigenschaften (insgesamt über 100), die im Folgenden nur kurz vorgestellt werden sollen:

■► Über die *AllowUserResizing*-Eigenschaft kann eingestellt werden, ob der Benutzer die Größe der Zellen während der Ausführung verändern darf. Über die *AllowBigSelection*-Eigenschaft, ob ein Anklicken eines Spalten- oder Zeilenkopfes die gesamte Spalte bzw. Zeile markiert.

■► Jede einzelne Zelle kann über die Eigenschaften *CellBackColor* und *CellForeColor* eine eigene Farbe erhalten.

■► Über die *Picture*-Eigenschaft steht der komplette Inhalt des Grids, z.B. über die Ausgabe auf dem Drucker, zur Verfügung.

■► Das FlexGrid verfügt über die Eigenschaften *DataBound* und *DataField* und ist damit gebunden. Allerdings kann es Datensätze nur anzeigen, aber keine Änderungen in die Datenbank zurückschreiben.

■► Über die *MergeCells-*, *MergeCol-* und *MergeRow*-Eigenschaften lassen sich benachbarte Zellen mit gleichem Inhalt zu einer großen Zelle zusammenfassen. Auf diese Weise wird die Übersichtlichkeit erhöht (das Beispielprogramm *Flex.vbp* im Unterverzeichnis *MsFlexGd* der Visual-Basic-Beispielprogramme gibt davon einen Eindruck).

➡ Das FlexGrid unterstützt natürlich OLE-Drag&Drop.

➡ Mit *EnterCell und LeaveCell* stehen Ereignisse zur Verfügung, mit denen sich flexibler auf Benutzereingaben reagieren lässt.

Kompatibilität zum »alten« Microsoft-Grid

Anders als es von VideoSoft (dem Hersteller des FlexGrid-Steuerelements) »versprochen« wird, ist *FlexGrid* nicht hundertprozentig kompatibel zum alten Grid. Mögliche Inkompatibilitäten (die Visual-Basic-Hilfe schweigt sich zu diesem Punkt aus) findet man besten heraus, indem man in einem Programm das alte gegen das neue Grid austauscht. Bezogen auf Übung 12.4 ergeben sich bereits folgende Unterschiede:

➡ Die *Picture*-Eigenschaft hat eine andere Bedeutung. Der Bildinhalt einer Zelle wird über die *CellPicture*-Eigenschaft und der *Set*-Anweisung festgelegt.

➡ Die Eigenschaften *SelStartCol*, *SelStartRow*, *SelEndCol* und *SelEndRow*, die den markierten Bereich angeben, gibt es nicht. Stattdessen muss ein markierter Bereich über die Eigenschaften *Col*, *ColSel*, *Row* und *RowSel* ermittelt werden.

Die Ausgabe auf dem Drucker

Dank der *Picture*-Eigenschaft ist es eine Kleinigkeit, den Inhalt des Grids auf dem Drucker auszugeben:

```
Private Sub mnuDrucken_Click()
    Printer.PaintPicture grdSpielfeld.Picture, 0, 0
    Printer.EndDoc
End Sub
```

Über die *PictureType*-Eigenschaft wird eingestellt, ob der Inhalt der Tabelle farbig oder monochrom gespeichert wird. Aus Platzgründen ist bei größeren Tabellen monochrom wahrscheinlich die bessere Wahl.

12.7 Zusammenfassung

Bereits seit der Version 1.0 bietet Visual Basic die Möglichkeit, die Werkzeugsammlung um Zusatzsteuerelemente zu erweitern (Visual-Basic-Pioniere werden sich vielleicht noch an das Professional Toolkit erinnern). Inzwischen dürfte es mehrere Tausend ActiveX-Steuerelemente geben, die als Erweiterung in Frage kommen. Natürlich bietet auch Visual Basic 6.0 (in allen drei Editionen) mehr Zusatzsteuerelemente als unmittelbar nach dem Start in der Werkzeugsammlung angezeigt werden (durchsuchen Sie einmal Ihre Festplatte und Ihre Visual-Basic-

CD nach Dateien mit der Erweiterung .OCX, der typischen Erweiterung eines Zusatzsteuerelements). Eine besondere Rolle spielen die Windows-Standardsteuerelemente, da es sich um Bedienelemente handelt, die von Windows zur Verfügung gestellt werden. Besonders deswegen, weil sie auch von der Windows-Oberfläche benutzt werden, sodass Visual-Basic-Programme dank ihrer Mitwirkung mit minimalem Aufwand die typischen Bedienelemente von Windows-Anwendungen enthalten.

Bunte Welt der Grafik

Kapitel **13**

*I*n diesem Kapitel wird gezeigt, wie in einem Visual-Basic-Programm »Grafikausgaben« durchgeführt werden. Da in einem Windows-Programm sämtliche Ausgaben grundsätzlich Grafikausgaben sind, erhält der Begriff »Grafik« eine etwas speziellere Bedeutung. Unter einer Grafikausgabe in einem Visual-Basic-Programm wird das Zeichnen von Linien und anderen geometrischen Figuren sowie der Umgang mit Bitmaps verstanden. Es sei vorangestellt, dass Grafikausgaben unter Visual Basic zum einen keine sehr große Rolle spielen, da es etwa für Geschäftsgrafiken oder andere Dinge, fertige Komponenten gibt. Zum anderen sind die Grafikmethoden, die seit der Version 1.0 nicht überarbeitet und direkt aus der DOS-Ära übernommen wurden, nicht besonders leistungsfähig. Für einfache Linien, Kreise oder Funktionsgraphen sind sie jedoch bestens geeignet. Das Schöne an den Grafikmethoden ist, dass es keine Rolle spielt, ob die Ausgabe auf einem Formular oder auf dem Drucker erfolgen soll (das Thema Drucken ist allerdings erst in Kapitel 14 an der Reihe).

Sie lesen in diesem Kapitel etwas über:

➡ Die Grafikmethoden *Line*, *Circle*, *Pset* und *Point*

➡ Die Anzeige von Bitmaps

➡ Das *Picture*-Objekt

➡ Innere und äußere Koordinatensysteme

➡ Die Bedeutung der Z-Achse

➡ Das Verschieben von Bitmaps über die *PaintPicture*-Methode

➡ Die Zusammensetzung von Farben

13.1 Die Grafikmethoden

Das Zeichnen von Linien und anderen geometrischen Figuren wird entweder über die Figurenelemente, mit Hilfe von Grafikmethoden oder über den direkten Aufruf der Windows-API-Funktionen des GDI durchgeführt. Allen Grafikmethoden ist gemeinsam, dass sie in exakt der gleichen Syntax wahlweise auf die Objekte *Form, Bildfeld* und *Printer* angewendet werden können. In den übrigen Steuerelementen sind keine Grafikausgaben möglich.

Tabelle 13.1: Die Grafikmethoden können gleichermaßen auf ein Formular, ein Bildfeld oder ein Printer-Objekt angewendet werden.

Methode	Syntax	Bedeutung
Circle	(x, y), Radius, Farbe, Start, Ende, Aspekt	Zeichnet eine Ellipse oder einen Kreisbogen. Wenn eines der Argumente *Start* oder *Ende* negativ ist, wird eine Verbindung zum Kreismittelpunkt gezeichnet. Das Argument *Aspekt* legt den »Rundungsfaktor« fest.
Line	[Step] (x1, y1) – [Step] (x2, y2), Farbe, BF	Zeichnet eine Linie oder ein Rechteck, wenn der Zusatz »B« angegeben wird. Der Zusatz »F« füllt das Rechteck mit der über das Argument *Farbe* festgelegten Farbe. Ohne den Zusatz »F« gibt dieser nur die Rahmenfarbe an.
Pset	[Step] (x, y), [Farbe]	Setzt einen einzelnen Punkt. Entfällt das Argument *Farbe*, wird der Punkt in der über die *FillColor*-Eigenschaft festgelegten Farbe gezeichnet.
Point	(x, y)	Ermittelt die RGB-Farbe eines Punktes. Diese Methode ist wichtig, um die Farbe eines Punktes in Abhängigkeit der aktuellen Farbe zu setzen.

Beispiel Die folgenden Anweisungen rufen einfache Grafikmethoden auf:

```
picBild.Circle (100,100), 200
Line (100,100)-(400,400),RGB(255,0,0),BF
```

Die Anwendung der Grafikmethoden ist sehr einfach. Während die *Circle*-Methode in dem Bildfeld *picBild* einen Kreis zeichnet, gibt die *Line*-Methode ein rot gefülltes Rechteck aus. Die Größe und die Koordinaten des Kreises werden standardmäßig in Twips angegeben und beziehen sich stets auf den umgebenden »Container« (zum Beispiel ein Bildfeld oder ein Formular). Gleiches gilt für die *Line*-Methode. Doch wo erfolgt hier die Ausgabe? Da der Methode kein Objekt vorausgeht, wird standardmäßig das Formular verwendet. Soll die Ausgabe dagegen in einem Bildfeld erfolgen, muss dessen Name vorangestellt werden:

```
picBild.picBild.Circle (100,100), 200
picBild.Line (100,100)-(400,400),RGB(255,0,0),BF
```

Was aus der Syntaxbeschreibung nur indirekt hervorgeht, ist die Möglichkeit bei der Line-Methode über den Zusatz Step zu erreichen, dass die Argumente als relative Entfernungen von der aktuellen Ausgabeposition aus betrachtet werden.

Auch wenn dieser Hinweis höchstwahrscheinlich vollkommen überflüssig ist, das Einstellen der Auflösung (wie z.B. unter MS-DOS üblich) ist bei Visual Basic nicht vorgesehen, da dies grundsätzlich vom Anwender für alle Windows-Anwendungen eingestellt wird. Vielmehr muss ein Visual-Basic-Programm, z.B. über die Eigenschaften TwipsPerPixelX und TwipsPerPixelY des Screen-Objekts, die aktuelle Auflösung abfragen und sich gegebenenfalls, z.B. durch Anpassen der Größe von Formularen und Steuerelementen, darauf einstellen. Prinzipiell ist es allerdings möglich, z.B. durch einen Aufruf der API-Funktion ChangeDisplaySettings, eine Änderung der Auflösung während der Programmausführung durchzuführen. Erlaubt ist ein solcher Eingriff immer dann, wenn das Programm nur für eine bestimmte Auflösung gedacht ist und man davon ausgehen kann, dass die übrigen Anwendungen davon nicht beeinträchtigt werden (ein kleines Beispiel finden Sie auf der Buch-CD).

13.1.1 Alles ist »Twip«

Jede Grafikmethode erwartet als Argument Koordinatenangaben wie z.B. den Startpunkt einer Linie oder den Mittelpunkt einer Ellipse. Standardmäßig werden alle Koordinaten in Visual Basic in *Twip* angegeben. Ein Twip ist eine Längeneinheit, sie entspricht 0,0176 mm (oder 1/1440 Zoll). Über die *ScaleMode*-Eigenschaft eines Formulars, eines Bildfeldes oder eines *Printer*-Objekts kann eine andere Einheit, z.B. Zentimeter, für das für die Grafikmethoden stets maßgebliche innere Koordinatensystem der Ausgabefläche eingestellt werden. Auch wenn der Umgang mit Twips zunächst ungewohnt sein mag, gibt es im Allgemeinen keinen Grund, an der Voreinstellung etwas zu ändern. Im Gegensatz zum (quadratischen) Pixel ist ein Twip unabhängig von der Bildschirmauflösung, sodass eine Linie von 100 Twip Länge bei jeder

Auflösung (beinahe) die gleiche Länge auf dem Bildschirm umfasst. Lediglich einige Grafikkartentreiber können dafür sorgen, dass ein Twip bei verschiedenen Auflösungen nicht die gleichen Proportionen besitzt.

Merksatz *Twip ist die Standardlängeneinheit in Visual Basic für alle grafischen Operationen. Ein Twip = 0,0176 mm, 567 Twip ergeben einen logischen Zentimeter, das heißt, die Entfernung auf dem Bildschirm, die beim Ausdruck auf dem Drucker einem »echten« Zentimeter entspricht.*

13.1.2   Feststellen der Bildschirmauflösung

Die aktuelle Bildschirmauflösung wird am einfachsten über die Eigenschaften *TwipsPerPixelX* und *TwipsPerPixelY* des *Screen*-Objekts ermittelt, die die Anzahl der Twips pro Pixel auf der X-Achse bzw. der Y-Achse zurückgeben.

Beispiel Die folgenden Anweisungen ermitteln die Auflösung in Pixel:

```
Xpixel = Screen.Width / Screen.TwipsPerPixelX
Ypixel = Screen.Width / Screen.TwipsPerPixelY
```

Da die *Width*-Eigenschaft stets die (für die aktuelle Auflösung konstante) Anzahl der Twips in der X-Richtung und die *Height*-Eigenschaft entsprechend die Anzahl der Twips in der Y-Richtung zurückgeben, ergibt eine Division durch die Anzahl der Twips pro Pixel die aktuelle Auflösung in Pixel.

Das Twips ist eine sehr viel kleinere Einheit als das Pixel. Bei einer typischen Auflösung von 800x600 Bildpunkten beträgt die Breite des Bildschirms (*Screen*-Objekt) ca. 12.000 Twips und die Höhe ca. 9.000 Twips. Auf ein Pixel kommen in der Länge und in der Breite daher 15 Twips.

13.1.3   Farbe, Dicke und Muster von Grafiken einstellen

Kreise und Linien, die mit den Grafikmethoden *Circle*, *Line* und *Pset* in einem Bildfeld oder Formular gezeichnet werden, müssen keinesfalls dünne schwarze Linien sein, dies ist lediglich die Standardeinstellung. Beide Objekte (genauer gesagt ihr Gerätekontext) verfügen über eine Reihe von Eigenschaften, mit denen sich die Ausgabe variieren lässt. Prinzipiell gilt dies auch für das Objekt *Printer*, doch da es sich bei dem angeschlossenen Drucker in vielen Fällen um einen Schwarzweißdrucker handeln dürfte und die Auflösung in der Regel nicht so gut ist wie bei einer Grafikkarte, sind die Möglichkeiten der Farb- und Formgestaltung naturgemäß ein wenig eingeschränkt.

Eigenschaft	Bedeutung
DrawMode	Legt fest, wie die zu zeichnende Linie mit dem Hintergrundmuster kombiniert wird. Zur Auswahl stehen insgesamt 16 verschiedene Modi.
DrawStyle	Legt fest, ob die Linie durchgezogen oder gestrichelt ausgegeben wird. Zur Auswahl stehen insgesamt sieben verschiedene Zeichenmodi (im Original auch »pens« für Zeichenstifte genannt).
DrawWidth	Legt die Stärke der Linie im Bereich 1 bis 32.767 Pixel fest. Die Standardeinstellung ist 1. Bei Stärken größer 1 wird eine über die *DrawStyle*-Eigenschaft eingestellte gestrichelte Linie durchgezogen dargestellt.
FillColor	Legt die Füllfarbe fest, mit der Innenflächen von *Circle*- oder *Line*-Methoden ausgefüllt werden.
FillStyle	Legt fest, mit welchem Hintergrundmuster (engl. »brush«) eine Fläche ausgefüllt wird, die mit einer *Circle*- oder *Line*-Methode gezeichnet wurde. Zur Auswahl stehen acht verschiedene Muster, die Standardeinstellung ist *1 – Transparent*. Soll die Innenfläche mit einer Farbe ausgefüllt werden, muss für *FillStyle = 0 – Solid* eingestellt werden.

Tabelle 13.2: Eigenschaften, die die Arbeitsweise der Grafikmethoden beeinflussen können.

Alle Eigenschaften wirken sich aber erst auf künftige Zeichenoperationen aus. Wenn Sie die *FillStyle*-Eigenschaft eines Bildfeldes einstellen, erreichen Sie damit nicht, dass das Bildfeld sofort mit diesem Muster ausgefüllt wird. Diese Einstellung bezieht sich lediglich auf alle Innenflächen, die danach über die *Circle*- oder die *Line*-Methode (mit B-Argument) in dem Bildfeld gezeichnet werden.

Im Folgenden Beispiel wird innerhalb von *Form_Load* ein Rahmen in einem Bildfeld gezeichnet: **Beispiel**

```
Sub Form_Load ()
    Me.Show
    picBild.Line (0, 0)-(picBild.ScaleWidth, _
    picBild.ScaleHeight), picBild.BackColor, B
End Sub
```

Die *Line*-Methode sorgt dafür, dass das Bildfeld mit dem über die Eigenschaften *FillColor* und *FillStyle* des Bildfeldes festgelegten Werte vollständig ausgefüllt wird. Die *Show*-Methode ist notwendig, damit das Füllmuster unmittelbar nach dem Laden des Formulars sichtbar wird. Ansonsten müßte die *AutoRedraw*-Eigenschaft des Bildfeldes den Wert *True* besitzen.

Übung 13.1:
Aufspannen ei-
nes gestrichel-
ten Rechtecks

In der folgenden Übung wird gezeigt, wie sich mit der Maus ein gestricheltes Rechteck in einem Formular aufziehen lässt. Ein solches Rechteck wird z. B. bei Malprogrammen für die Auswahl eines auszuschneidenden Bereichs verwendet. Als kleine Zugabe (die richtige Kombination von *DrawMode*- und *DrawStyle*-Eigenschaft des Formulars und ein Zeitgeber machen es möglich) wird das Band beim Loslassen der Maustaste in Bewegung gesetzt (so wie Sie es z.B. von Excel her beim Markieren einer Zelle kennen).

Schritt 1 Ordnen Sie auf einem leeren Formular (*frmHaupt*) einen Zeitgeber (*tmrZeit*) an, und setzen Sie die *Interval*-Eigenschaft auf 100 (oder einen anderen Wert).

Schritt 2 Fügen Sie im *Allgemein*-Teil des Formulars *frmHaupt* folgende Deklarationen ein:

```
Option Explicit
Private OldX As Single, OldY As Single, StartX As Single, StartY As Single
```

Schritt 3 Fügen Sie in die Ereignisprozedur *Form_Load* folgende Anweisungen ein:

```
Me.DrawStyle = vbDot
```

Schritt 4 Fügen Sie in die Ereignisprozedur *Form_MouseDown* folgende Anweisungen ein:

```
tmrZeit.Enabled = False
StartX = X: StartY = Y
OldX = StartX: OldY = StartY
Me.Cls
```

Schritt 5 Fügen Sie in die Ereignisprozedur *Form_MouseMove* folgende Anweisungen ein:

```
Dim SavedModus As Integer
If Button = 1 Then
SavedModus = Me.DrawMode
Me.DrawMode = vbInvert
Me.Line (StartX, StartY)-(OldX, OldY), , B
Me.Line (StartX, StartY)-(X, Y), , B
OldX = X: OldY = Y
Me.DrawMode = SavedModus
End If
```

Schritt 6 Fügen Sie in die Ereignisprozedur *Form_MouseUp* folgende Anweisungen ein:

```
tmrZeit.Enabled = True
```

Schritt 7 Fügen Sie in die Ereignisprozedur *tmrZeit_Timer* folgende Anweisungen ein:

```
Dim SavedDrawStyle As Integer, SavedModus As Integer
SavedDrawStyle = Me.DrawStyle
SavedModus = Me.DrawMode
Me.DrawStyle = vbSolid
Me.DrawMode = vbInvert
Me.Line (StartX, StartY)-(OldX, OldY), , B
Me.DrawMode = SavedModus
Me.DrawStyle = SavedDrawStyle
```

Wie funktioniert's?

Das Prinzip des »rubber bands« ist recht simpel. Sobald die Maustaste (*MouseDown*-Ereignis) gedrückt wird, löscht das Programm die Ausgabefläche und merkt sich die aktuellen Mauskoordinaten. Wird der Mauszeiger bei gedrückter Maustaste bewegt (*MouseMove*-Ereignis), spannt sich ein gestricheltes Rechteck auf. Dafür, dass dabei nicht ein eventuell vorhandenes Hintergrundmuster ebenfalls gelöscht wird, sorgt der Zeichenmodus *vbInvert* (invertierte Darstellung), der die zu zeichnende Linie mit dem bereits vorhandenen Bitmuster so verknüpft, dass bei erneutem Zeichnen das ursprüngliche Bitmuster wieder hergestellt wird. Eingestellt wird der Zeichenmodus wie immer über die *DrawMode*-Eigenschaft, die festlegt, auf welche Weise die Farbe des Zeichenstiftes (*Forecolor*-Eigenschaft) mit der Farbe eines Pixels des Hintergrundmusters verknüpft wird. Beachten Sie dabei, dass durch die Verknüpfung die Farbe des gezeichneten Pixels verfälscht wird. Wenn Sie z. B. Schwarz als Zeichenfarbe wählen, wird eine graue Linie gezeichnet, wenn der Hintergrund ebenfalls grau ist. Das Loslassen der Maustaste (*MouseUp*-Ereignis) friert das aktuelle Rechteck ein und startet den Zeitgeber, der nun alle 100 Millisekunden das Rechteck invertiert zeichnet. Dadurch entsteht der Eindruck, die Linie des Rechtecks würde sich bewegen, in Wirklichkeit werden die einzelnen Punkte bei jedem Aufruf lediglich invertiert. Das Zwischenspeichern des aktuellen Zeichenmodus ist eine reine Vorsichtsmaßnahme, die bei diesem kleinen Beispiel auch hätte entfallen können.

13.1.4 Wo findet die Ausgabe statt?

Eine Frage wurde bislang noch nicht geklärt. An welcher Position in einem Bildfeld oder Formular findet denn die Ausgabe statt? Beim Aufruf der Grafikmethoden wird dies im Allgemeinen angegeben. Weniger klar ist es aber bei der *Print*-Methode, die ebenfalls als Ausgabemethode »Grafikausgaben« durchführt. Die Antwort ist simpel. Die jeweils aktuelle Ausgabeposition wird durch die Eigenschaften *CurrentX*(X-Position) und *CurrentY*(Y-Position) bestimmt. Der Wert dieser beiden Eigenschaften bezieht sich immer auf das innere Koordinatensystem des Ausgabeelements.

Mit jeder Textausgabe werden die Werte für *CurrentX* und *CurrentY* aktualisiert, sodass sie stets auf jene Position zeigen, bei der die nächste Textausgabe erfolgt. Über eine *Cls*-Methode werden beide Eigenschaften auf den Wert 0 zurückgesetzt.

Tabelle 13.3:
Die Auswirkung
von Ausgabeme-
thoden auf die
Eigenschaften
CurrentX und
CurrentY.

Aktion	Setzt CurrentX und CurrentY auf
Cls	0
Print	Den Beginn der nächsten Textausgabe.
Line	Den Endpunkt der Linie, sodass die nächste *Line*-Methode mit dem Zusatz *Step* bei diesem Punkt fortfahren kann.
Circle	Den Mittelpunkt des Kreises.
Pset	Die angegebenen Koordinaten.

13.1.5 Wie werden Grafiken intern gespeichert?

Der Inhalt einer Ausgabefläche kann entweder nur angezeigt oder aber auch gleichzeitig im Arbeitsspeicher gehalten werden. Befindet sich die Bildinformation auch im Arbeitsspeicher, wird sie als dauerhafte Grafik (engl. »persistent image«) bezeichnet. Ob der Inhalt einer Ausgabefläche nur im Vordergrund angezeigt oder gleichzeitig auch im Arbeitsspeicher abgelegt wird, wird über die *AutoRedraw*-Eigenschaft bestimmt.

Merksatz *Formulare und Bildfelder besitzen zwei Image-Ebenen: Die Vordergrundebene und die Speicherebene. Ein angezeigtes Bild ist nur bei AutoRedraw=True auch im Arbeitsspeicher enthalten. Dies hat auf das Neuzeichnen des Bildes einen grundlegenden Einfluss.*

Führen Sie dazu ein kleines Experiment durch. Zeichnen Sie auf einem Formular, dessen *AutoRedraw*-Eigenschaft den Wert *False* besitzt, über die *Circle*-Methode einen Kreis, und bewegen Sie ein anderes Fenster über das Formular mit dem Kreis. Sie werden feststellen, dass der Kreis, nachdem das Formular wieder freigegeben wurde, teilweise oder ganz verschwunden ist. Der Grund dafür ist, dass standardmäßig Bilder zwar angezeigt, nicht aber im Arbeitsspeicher abgelegt werden[1]. Erst wenn die Eigenschaft *AutoRedraw* den Wert *True* erhält, wird das Bild auch im Arbeitsspeicher abgelegt und steht für das Neuzeichnen zur Verfügung.

---

[1] Natürlich existiert auch eine »nur« angezeigte Bitmap irgendwo im Arbeitsspeicher, denn sonst könnte sie nicht angezeigt werden. Es gibt nur keine offizielle Möglichkeit, auf diese Speicherinformation zuzugreifen.

Besitzt die AutoRedraw-Eigenschaft den Wert True, werden Bilder **Merksatz**
nicht nur angezeigt, sondern auch im Arbeitsspeicher gespeichert.

Der Name *AutoRedraw* spricht für sich. Ist dieser Wert *True*, kann
sich das Objekt automatisch neuzeichnen. Ist der Wert dagegen *False*,
wird anstelle des automatischen Neuzeichnens ein *Paint*-Ereignisaus-
gelöst. In dieser Ereignisprozedur erhält das Objekt die Gelegenheit,
sich selbst, z. B. über Grafikmethoden, neu zu zeichnen.

Standardmäßig besitzt die *AutoRedraw*-Eigenschaft den Wert *False*.
Das führt zum Beispiel dazu, dass Ausgaben, die in *Form_Load* durchgeführt werden, nicht angezeigt werden, da die Innenfläche des Formulars zu diesem Zeitpunkt nicht sichtbar ist. Wird *AutoRedraw* dagegen bereits innerhalb *Form_Load* auf *True* gesetzt, werden alle
folgenden Ausgaben auch im Arbeitsspeicher ausgegeben. dass *Auto-
Redraw* nicht standardmäßig den Wert *True* besitzt, hat einen guten
Grund. Das Speichern der Ausgabefläche kostet natürlich Arbeitsspeicher und Zeit, insbesondere dann, wenn das Formular viele Grafikelemente (nicht Steuerelemente, diese zeichnen sich selbst) enthält und in
einer hohen Auflösung mit vielen Farben dargestellt wird.

13.2 Das innere Koordinatensystem

Formulare, Bildfelder und das Objekt *Printer* besitzen ein inneres
Koordinatensystem. Dies bedeutet, dass für die X- und Y-Achse eine
eigene Einteilung geschaffen und eine andere Maßeinheit als Twips
verwendet werden kann. Wie können Sie die (äußere) Breite und die
Höhe eines Bildfeldes erfahren? Wie bei jedem (sichtbaren) Steuerelement auch über dessen *Width*- und *Height*-Eigenschaft. Neben diesen
beiden Eigenschaften gibt es aber noch die Eigenschaften *ScaleWidth*
und *ScaleHeight*. Diese geben die innere Breite der Ausgabefläche an,
d.h. abzüglich des Rahmens. Das Besondere an dem inneren
Koordinatensystem ist, dass Sie dessen Einteilung und Abmessungen
frei wählen können. Doch nicht nur die Breite und die Höhe des inneren Koordinatensystems kann variiert werden, sondern auch die Koordinaten des Ursprungs, d.h. der linken oberen Ecke. Bei jedem Steuerelement geben die Eigenschaften *Top* und *Left* die Entfernung der
linken oberen Ecke zum Container des Steuerelements an. Das Pendant zu diesen beiden Eigenschaften sind die Eigenschaften *ScaleTop*
und *ScaleLeft*, die die Koordinaten der linken oberen Ecke des inneren Koordinatensystems, das heißt der Innenfläche eines Bildfeldes, eines Formulars oder des Objekts *Printer* angeben.

Die Eigenschaften Height und ScaleHeight sowie Width und Scale-Width besitzen nicht die gleichen Werte, da Height und Width auch die Umrandung des Objekts miteinschließen. Bei einem Formular kann dies einen deutlichen Unterschied ausmachen. Über die API-Funktion GetSystemMetrics erhält man u.a. die Höhe der Titelleiste und die Breite der Umrandung eines Fensters.

Abbildung 13.1:
Die Bedeutung
der Eigenschaften Scale-Height, Scale-Width, ScaleLeft und ScaleTop.

1= ScaleHeight

2= ScaleWidth

3= ScaleLeft

4= ScaleTop

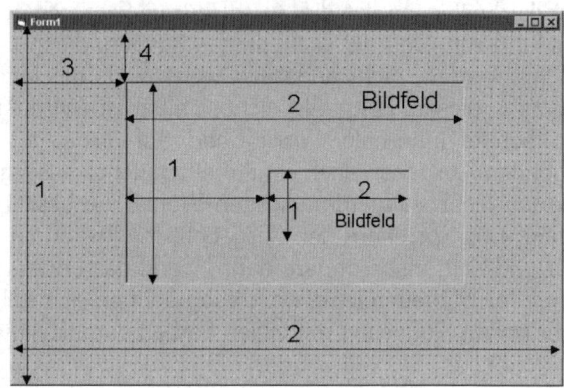

13.2.1 Die Scale-Methode

Durch Zuweisen neuer Werte an diese beiden Eigenschaften oder durch Aufruf der *Scale*-Methode kann das innere Koordinatensystem eine neue Unterteilung erhalten. Die Eigenschaften *ScaleWidth* und *Scale-Height* geben dann nicht mehr die Breite und Höhe des Objekts an, sondern die Anzahl der Unterteilungen auf der X- und Y-Achse. Außerdem lassen sich auf diese Weise dem »Nullpunkt« in der linken oberen Ecke des Objekts neue Koordinaten geben. Und wozu soll das gut sein? Das innere Koordinatensystem legt unter anderem zwei Dinge fest:

1. Die Koordinaten für die Ausführung von Grafikmethoden in diesem Objekt.

2. Die Angaben von Mauskoordinaten, wenn sich der Mauszeiger in dem Objekt befindet.

Syntax `Objekt.Scale [(x1, y1) - (x2, y2)]`

Während das erste Koordinatenpaar die Koordinaten des linken oberen Eckpunktes festlegt, legt das zweite die Koordinaten des rechten unteren Eckpunktes und damit die Ausdehnung des Koordinatensystems fest. Wird die *Scale*-Methode ohne Argumente aufgerufen, wird das innere Koordinatensystem auf seine Ursprungswerte zurückgesetzt und als Maßeinheit wieder Twips verwendet.

Der Aufruf der *Scale*-Methode hat die gleiche Wirkung, als wenn die Eigenschaften *ScaleTop*, *ScaleLeft*, *ScaleHeight* und *ScaleWidth* einzeln einen Wert erhalten.

Das folgende Beispiel führt in einem Bildfeld eine neue Unterteilung ein: **Beispiel**

```
picBild.Scale (0,0)-(100,100)
picBild.Line (0,0)-(100,100)
```

Durch die *Scale*-Methode erhält das Bildfeld *picBild* eine Unterteilung von 100 Einheiten. Die Ausführung der folgenden *Line*-Methode führt nun dazu, dass eine Linie von der linken oberen Ecke in die rechte untere Ecke gezogen wird.

Die folgenden Anweisungen geben in der Innenfläche eines Formulars   **Beispiel** eine numerierte Skala aus:

```
Dim i As Integer
Me.BackColor = QBColor(7)
Me.Scale (0, 110)-(130, 0)
For i = 100 To 10 Step -10
    Me.Line (0, i)-(2, i)
    Me.CurrentY = Me.CurrentY + 1.5
    Me.Print i ' Auf die linke Seite die Numerierung setzen
    Me.Line (Me.ScaleWidth - 2, i)-(Me.ScaleWidth, i)
    Me.CurrentY = Me.CurrentY + 1.5
    Me.CurrentX = Me.ScaleWidth - 9
    Me.Print i
Next
```

Die Schleife gibt auf der linken und rechten Seite eines Formulars eine Y-Achsenunterteilung in Zehnerschritten aus. Über die *Scale*-Methode erhält das Formular ein inneres Koordinatensystem, dessen linke obere Ecke die Koordinaten 0/110 und dessen rechte untere Ecke die Koordinaten 130/0 besitzt. Dadurch verfügt die X-Achse über 130 Einheiten, während es bei der Y-Achse 110 sind. Das Voranstellen des *Me*-Objekts ist nicht zwingend notwendig, da das aktuelle Formular für alle Eigenschaften und Methoden der Default ist, doch erhöht diese Maßnahme die Lesbarkeit des Listings und hilft Mißverständnisse vermeiden.

Lassen Sie sich durch den mathematisch klingenden Begriff »inneres Koordinatensystem« nicht irritieren. Er bedeutet lediglich, dass zum Beispiel ein Bild eine andere Unterteilung der X- und Y-Achse besitzen kann. Anstatt tausend Unterteilungen kann es z.B. einhundert oder nur fünf Unterteilungen besitzen. Dies erleichtert unter Umständen die Koordinatenangaben bei Grafikmethoden und Textausgaben. Einen zwingenden Grund für die Verwendung eines eigenen inneren Koordinatensystems gibt es im Allgemeinen aber nicht.

Die Mauskoordinaten und deren Maßeinheit, die Ereignisprozeduren wie MouseMove zurückgeben, werden immer an das innere Koordinatensystem eines Bildfeldes oder eines Formulars angepasst. Wurde für ein Bildfeld z. B. Zentimeter eingestellt, werden die Mauskoordinaten immer dann in Zentimeter angegeben, wenn sich der Mauszeiger in der Innenfläche des Bildfeldes befindet. Dies muss bei der Abfrage der Mauskoordinaten stets berücksichtigt werden.

13.3 Die Rolle der Z-Achse

Sobald sich zwei Formulare auf dem Bildschirm (innerhalb einer MDI-Anwendung) oder zwei Steuerelemente auf einem Formular überlagern, kommt eine (imaginäre) Z-Achse ins Spiel, denn neben der X- und Y-Koordinate gibt es nun auch eine Überlagerungsreihenfolge, in der die einzelnen Steuerelemente übereinanderliegen. Anders als es der Name Z-Achse vermuten lässt, gibt es aber nur zwei Ebenen. Ein Steuerelement kann sich entweder im Vordergrund befinden und damit von keinem anderen Steuerelement überlagert werden. Oder es kann sich im Hintergrund befinden, wobei es von einem oder mehreren Steuerelementen überlagert wird. Diese Reihenfolge, die auch als Z-Order bezeichnet wird, kann über die *Z-Order*-Methode für ein Steuerelement oder ein Formular eingestellt.

Syntax   `Objekt.Zorder [Position]`

Das optionale Argument *Position* gibt die relative Position des Objekts zu anderen Instanzen des gleichen Objekts an. Es kann die Werte 0 oder 1 annehmen. Ist der Wert 0 (oder gar nicht aufgeführt), wird das Objekt an die oberste Stelle der Z-Order positioniert und wird damit von keinem anderen Steuerelement überlagert. Ist der Wert 1, wird es an die untere Stelle positioniert.

Der gleiche Effekt kann bereits während der Entwurfszeit in der Entwicklungsumgebung über die Menükommandos BEARBEITEN | IN DEN VORDERGRUND BRINGEN und BEARBEITEN | IN DEN HINTERGRUND BRINGEN erreicht werden.

13.4 Anzeigen von Bitmaps

Wir kommen jetzt zu einem sehr angenehmen Thema, nämlich dem Anzeigen von Bitmaps. Eine Bitmap ist die binäre Darstellung eines Bildes, das aus einzelnen Bildpunkten besteht, wobei jeder Bildpunkt, je nach Farbtiefe, durch eine bestimmte Anzahl an Bits dargestellt

wird. Die Größe einer Bitmap, d. h. ihre Höhe und Breite, wird als Auflösung bezeichnet und in Pixel angegeben. Die Auflösung ist mit der
Bitmap fest verknüpft (und in der Bitmap-Datei) gespeichert. Auch
wenn eine Bitmap vergrößert oder verkleinert werden kann, ändert
dies nichts an der Auflösung. Intern werden Bitmaps in einem Format
dargestellt, das als »geräteunabhängiges Format« (engl. »Device Inde-
pendet Bitmap«) bezeichnet wird. Dies bedeutet, dass die Bitmap-Datei
nicht die Pixelinformation für die einzelnen Bildpunkte enthält, sondern die Farbinformationen werden als Palettenwerte gespeichert.
Liest Windows bzw. Visual Basic eine Bitmap-Datei ein (zu erkennen
an den Erweiterungen *.BMP*, *.RLE* oder *.DIB*), erfährt es anhand der
Kopfinformationen etwas über die Größe der Bitmap, liest dann die
Farbinformation ein und passt diese an die aktuelle Farbtiefe an.

Für die Darstellung von Bitmaps bietet Visual Basic interne *Picture*-
Objekte (genauer gesagt, um COM-Objekte, die über ihre *IPicture-
Disp*-Schnittstelle angesprochen werden). Übrigens ist der Begriff »Bitmap« in diesem Zusammenhang nicht ganz korrekt, denn die *Picture*-
Objekte können auch Metadateien (Erweiterung .WMF) darstellen.
Hier ist die Bildinformation nicht in Form von Bildpunkten, sondern
von Grafikanweisungen gespeichert, die beim Auslesen der Datei interpretiert und umgesetzt werden. Auf diese Weise ist eine Metadatei sehr
viel besser in der Lage, sich an die Gegebenheiten eines Ausgabegerä-
tes anzupassen.

```
Private MeinBild As Picture
Set MeinBild = LoadPicture ("C:\Visual Basic\Icons\Misc\Face01.ico")
```
Beispiel

Zunächst wird eine (Objekt-) Variable vom Typ *Picture* definiert (man
kann hier auch den »wahren« Namen *IPictureDisp* bzw. *stdPicture*
einsetzen). Anschließend erhält diese Variable über die globale *Load-
Picture*-Methode einen Wert.

Allerdings kann man eine in einem *Picture*-Objekt gespeicherte Bitmap noch nicht sehen. Wir benötigen dazu eine Ausgabefläche, die
über eine Eigenschaft verfügt, der man ein *Picture*-Objekt zuweisen
kann. In diesem Punkt hat Visual Basic eine reichhaltige Auswahl zu
bieten: Bildfelder, Anzeigen (hier gibt es eine *Stretch*-Eigenschaft, mit
der Sie die Bitmap an die Größe des Rahmens anpassen können), das
Formular, aber auch Schaltfläche, Optionsfelder oder Kontrollkästchen
kommen dafür in Frage. Gehen Sie die Liste der verfügbaren Steuerelemente einfach einmal durch, und sehen Sie nach, wo es eine *Picture*-Eigenschaft (oder eine ähnlich klingende Eigenschaft) gibt. Allen
diesen Eigenschaften kann ein *Picture*-Objekt entweder direkt:

```
picBild.Picture = LoadPicture(Dateiname)
```

oder indirekt

```
picBild.Picture = MeinBild
```

zugewiesen werden. Über die *SavePicture*-Methode können Sie den Inhalt eines *Picture*-Objekts in einer Datei speichern. Das einfachste Malprogramm der Welt besteht daher aus einem Formular, in dem ein *MouseMove*-Ereignis über die *Pset*-Methode Pixel dort zeichnet, wo sich der Mauszeiger aufhält (probieren Sie es einmal aus). Möchten Sie Ihr Kunstwerk verewigen, genügt ein Aufruf der *SavePicture*-Methode.

Beispiel   `SavePicture Me.Image, "pmtest.bmp"`

Das Abspeichern über die SavePicture-Methode ist nur mit der Image-Eigenschaft möglich, nicht aber mit der Picture-Eigenschaft eines Bildfeldes. Die Image-Eigenschaft steht für die dauerhafte Bitmap, d. h. den »eigentlichen« Inhalt eines Bildfeldes, der im Arbeitsspeicher abgelegt ist. Wurde das Bild durch eine Zuweisung an die Picture-Eigenschaft (sowohl während der Entwurfszeit als auch während der Programmausführung) geladen, wird es in dem gleichen Dateiformat wieder gespeichert. Der Inhalt eines Anzeigenfelds wird stets im BMP-Format gespeichert.

Tabelle 13.4: Diese Grafikformate werden durch das Picture-Objekt unterstützt.

Grafikformat	Bedeutung
ICO	In diesem Format werden die kleinen »Windows-Bildchen« dargestellt. Ihre Größe beträgt meistens 32x32 Pixel, wobei eine ICO-Datei auch mehrere Bitmaps enthalten kann. Visual Basic bietet in seinem Icons-Ordner Hunderte dieser Bildchen.
BMP	Standardgrafikformat bei Windows.
DIB	Entspricht dem BMP-Format.
RLE	Entspricht dem BMP-Format, nur dass hier die Bitmap-Informationen nach dem »Run Length Encoding«-Schema komprimiert werden.
GIF	Im Internet gebräuchliches Format. Kommt aber langsam aus der Mode.
Jpeg	Im Internet gebräuchliches Format (Erweiterung .JPG).
WMF	Windows-Metafile-Format. Enthält anstelle von Bitmaps Zeichenbefehle. Die Clipart-Symbole liegen in diesem Format vor.
EMF	Enhanced-Metafile-Format, verbessertes WMF-Format.

13.4.1   Wie groß kann eine Bitmap werden?

Diese Frage stellen sich vor allem Einsteiger, die mit den Gepflogen-heiten von Windows noch nicht so vertraut sind. Da die Auflistung einer Bitmap durch zwei 32-Bit-Werte festgelegt wird, ergibt sich daraus auch ihre maximale Größe. Auf der anderen Seite bietet selbst ein hochauflösender Monitor maximal eine Auflösung von 2000x2000 Pixel, sodass dies in etwa die »Schallmauer« für Bitmaps darstellt. Das heißt aber nicht, dass etwa ein Bildfeld keine größeren Bitmaps darstellen kann. Man muss lediglich ein Bildfeld in einem anderen Bildfeld anordnen und dem inneren Bildfeld negative Koordinaten für die linke obere Ecke geben. Versieht man das äußere Bildfeld mit Bildlaufleisten, kann man den Inhalt des inneren Bildfeldes in den des äußeren Bildfelds scrollen.

13.4.2   Das »Geheimnis« der FRX-Dateien

Vielleicht sind Ihnen schon einmal die geheimnisvoll aussehenden Dateien mit der Erweiterung *.FRX* untergekommen. In diesen Dateien, die auch als »Stash-Dateien« bezeichnet werden, werden u. a. die Bitmaps von *Picture*-Objekten bei der Ausführung des Programms in der IDE gespeichert. Läuft das Programm als EXE oder DLL, werden diese Dateien nicht benötigt, denn dann ist die Bitmap-Info Teil der Datei. Stash-Dateien gibt es auch für ActiveX-Steuerelemente und Benutzerdokumente, sie besitzen dort aber andere Erweiterungen.

13.5   Die PaintPicture-Methode

Die *PaintPicture*-Methode weist einem Bildfeld, einem Formular oder dem Objekt *Printer* die über die *Picture*-Eigenschaft eines anderen Objekts festgelegten Inhalt zu. Als Quelle für die Bitmap kann auch ein *Picture*-Objekt angegeben werden. Der besondere Reiz liegt bei der *PaintPicture*-Methode in der Möglichkeit, die zugewiesene Bitmap in ihrer Größe zu ändern oder sie zu spiegeln.

```
Objekt.PaintPicture Picture, X1, Y1, Breite1, Höhe1, X2, _Y2, Breite2,
Höhe2, RopCode
```
      Syntax

Lediglich die Herkunft der Bitmap und die Zielkoordinaten *X1* und *Y1* müssen angegeben werden, die übrigen Argumente sind optional. Bis auf das Argument *RopCode* (Datentyp *Long*) handelt es sich bei allen Größen- und Koordinatenangaben um *Single*-Werte.

Die Argumente der PaintPicture-Methode:

Argument	Bedeutung
Objekt	Objektausdruck, der für ein Bildfeld, ein Formular oder das Objekt Printer steht, in dem die Ausgabe erfolgen soll.
Picture	Legt über die *Picture*-Eigenschaft eines anderen Objekts oder über ein *Picture*-Objekt die darzustellende Bitmap (Quelle) fest.
X1, Y1	Legen die Koordinaten der linken oberen Ecke im Ausgabeobjekt fest. Normalerweise 0/0.
Breite1, Höhe1	Legt die Breite und Höhe der auszugebenden Bitmap fest. Ist die Zielbreite (Breite2) bzw. Zielhöhe (Höhe2) kleiner oder größer, wird die Bitmap entsprechend gestaucht oder gedehnt. Wird der Wert weggelassen, wird die Breite bzw. Höhe der Quelle eingesetzt.
X2, Y2	Optional. Legen die Koordinaten der linken oberen Ecke im Bereich der Quelle fest. Damit kann bestimmt werden, dass nicht das komplette Quellbild ausgegeben wird. Wird einer oder werden beide Werte weggelassen, wird 0 eingesetzt.
Breite2, Höhe2	Optional. Breite und Höhe des Bereichs im Quellbild, der an X2/Y2 in der Breite Breite1 und der Höhe Höhe1 ausgegeben werden soll. Wird der Wert weggelassen, wird die Breite bzw. Höhe der Quelle eingesetzt.
RopCode	Optional. Operationscode vom Typ *Long*, der festlegt, wie die Quelle mit einer bereits vorhandenen Bitmap im Ziel kombiniert werden soll. Der Standardwert beträgt &HCC0020 (*vbSrcCopy*).

Die Einheiten der Koordinaten orientieren sich an der Maßeinheit, die über die *ScaleMode*-Eigenschaft im Ausgabeobjekt eingestellt wurde.

Beispiel Die folgende Anweisung überträgt den Inhalt des Bildfeldes *picBild* in das Bildfeld *picVorschau*:

```
picVorschau.PaintPicture picBild.Picture, 0, 0, _
picVorschau.ScaleWidth, picVorschau.ScaleHeight
```

Die Angabe der Breite (*ScaleWidth*) und Höhe (*ScaleHeight*) des Bildfeldes sorgen dafür, dass die Bitmap auf die aktuelle Größe von *picVorschau* reduziert wird.

Durch die PaintPicture-Methode wird der Einsatz der API-Funktion BitBlt und StretchBlt in den meisten Fällen überflüssig.

13.6 Farben

Jede auf dem Bildschirm dargestellte Farbe setzt sich aus den drei Grundfarben Rot, Grün und Blau zusammen. Man spricht daher auch vom RGB-Modell. Das RGB-Modell ist zwar nicht das einzige Farbmodell auf der Welt, es ist aber jenes, das in der Windows-Welt standardmäßig verwendet wird. Dieses Modell beschreibt, wie viele Anteile einer der drei Grundfarben genommen werden müssen, um eine beliebige Mischfarbe zu erhalten. Die drei Grundfarben werden entweder überlagert (additive Farbmischung) oder ausgeblendet (subtraktive Farbmischung), um die resultierende Farbe zu erhalten. Das Ergebnis ist ein 24-Bit-Farbwert, bei dem die drei Grundfarben durch einen 8-Bit-Wert vertreten sind. Da ein 8-Bit-Wert 256 verschiedene Werte (Bitkombinationen) speichern kann, kann der Anteil einer Grundfarbe im Bereich 0 bis 255 liegen. Zählt man alle Kombinationen, die sich mit einem 24-Bit-Wert bilden lassen (2^{24}) zusammen, ergibt sich ein Wert von etwas mehr als 16,7 Millionen. Dies ist die maximale Anzahl an Farben, die unter Windows auf dem Bildschirm dargestellt werden können. Ein solcher Modus wird auch als *True-Color-Modus* bezeichnet, da sich für das menschliche Auge die Zusammensetzung der Mischfarbe nicht mehr von »echten Farben« unterscheiden lässt[2].

Eine Farbe wird in Windows durch einen 24-Bit-Wert (RGB-Wert) dargestellt, wobei jede der drei Grundfarben Rot, Grün und Blau einen Anteil von 8 Bit besitzt. **Merksatz**

Jede Eigenschaft eines Steuerelements, das eine Farbe darstellt, wie zum Beispiel die Eigenschaften *BackColor* und *ForeColor*, erwarten einen solchen 24-Bit-Farbwert. Da es in Visual Basic aber keine 24-Bit-Datentypen gibt, wird dieser in einem 32-Bit-Wert vom Typ *Long* (&) gespeichert.

Das folgende Beispiel zeigt, wie ein Farbwert aus einer Variablen einer Eigenschaft zugewiesen wird: **Beispiel**

```
Private Lieblingsfarbe As Long
Lieblingsfarbe = &HFF24A0
picBild.ForeColor = Lieblingsfarbe
```

---

[2] Auch wenn Farbscanner eine Auflösung von 30 Bit und mehr bieten, kann diese Farbvielfalt von den meisten Programmen nicht verarbeitet werden.

In der Variablen *Lieblingsfarbe* wird ein Farbwert gespeichert, der anschließend der *ForeColor*-Eigenschaft eines Bildfeldes zugewiesen wird. In der Regel werden Farbwerte nicht als Dezimalzahl angegeben, sondern als Hexadezimal (Sie erkennen diese an einem vorangestellten &H). Dies hat rein praktische Gründe, denn in einer Hexadezimalzahl stehen jeweils zwei Ziffern für ein Byte. Dem Farbwert &HFF00FF sieht man bereits an, dass sowohl der Rot- als auch der Blauanteil den Wert 255 (&HFF) besitzen. Bei einer Dezimalzahl ist das nicht so einfach.

13.6.1 Zugriff auf die Systemfarben

Windows definiert eine Vielzahl von Systemfarben, die für die Darstellung von Menüs oder den Rahmen eines Fenster verwendet werden. Diese Systemfarben, die über die Systemsteuerung eingestellt werden können, stehen bei Visual Basic über vordefinierte Konstanten (z. B. *vbActiveBorder* oder *vbDesktop*) zur Verfügung.

13.6.2 Die RGB-Funktion und die QBColor-Funktion

Da es auf die Dauer etwas umständlich ist, den 24-Bit-Farbwert durch Zusammensetzen der einzelnen Grundfarbenanteile zu bilden, gibt es die *RGB*-Funktion. Ihr werden die Anteile für den Rot-, Grün- und Blauwert übergeben und sie macht daraus den benötigten 24-Bit-Farbwert.

Beispiel   Die folgende Anweisung weist einer Eigenschaft einen Farbwert über die *RGB*-Methode zu:

```
picBild.BackColor = RGB(255, 0, 0)
```

Nicht immer möchte man den Farbwert so genau einstellen. Oft tut es eine der sechzehn Grundfarben, die jeder PC beherrscht, auch. Für diesen Zweck (und aus »Kompatibilitätsgründen zur DOS-Welt) gibt es die *QBColor*-Methode(QBasic-Farbe), der ein Wert zwischen 0 und 15 übergeben wird, und die den dazu gehörigen Farbwert zurückgibt.

Beispiel   Die folgende Anweisung weist einer Eigenschaft einen Farbwert über die *QBColor*-Methode zu:

```
picBild.BackColor = QBColor(4)
```

Diese Anweisung setzt die Hintergrundfarbe des Bildfeldes auf Rot, denn die *QBColor*-Methode wandelt die Farbnummer 4 in einen passenden 24-Bit-Farbwert um.

13.6.3 Die Rolle der Farbpalette

Wenngleich die Theorie der RGB-Farben relativ einfach ist, entsteht in der Praxis eine (eigentlich unnötige) Komplikation. Die wenigsten Visual-Basic-Programme werden in einem Grafikmodus, in dem $2^{24}=16{,}7$ Millionen Farben gleichzeitig dargestellt werden können, ausgeführt. In der Regel stehen nur 65.536, 256, 64 oder gar 16 Farben gleichzeitig zur Verfügung. Eine besondere Rolle spielt dabei der 256-Farbenmodus, denn hier steht der 8-Bit-Farbwert eines Pixel nicht für eine Farbe, sondern für einen Tabellenplatz, d.h. einen Eintrag in einer Tabelle, die als *Farbpalette* bezeichnet wird. Diese sog. *Palettentechnik* ermöglicht es einer Grafikkarte, dass sie einer Anwendung beliebige Farben aus den 16,7 Millionen Farben bereitstellen kann, obwohl zu einem Zeitpunkt nur 256 Farben gleichzeitig dargestellt werden können.

Das Picture-Objekt gibt über seine hPal-Eigenschaft den Bezug auf seine Palette zurück. Dieser Wert kann z.B. für Palettenmanipulationen verwendet werden (damit lassen sich interessante Grafikeffekte erzielen). Über die Palette-Eigenschaft eines Formulars ist es zudem möglich, dem Formular eine Palette einer anderen Bitmap zuzuordnen. Diese Palette wird für alle Grafikausgaben des Formulars verwendet.

Übrigens muss man keine API-Funktion bemühen, um auf die Farbpalette zugreifen zu können. Konkret, Sie möchten einer Farbeigenschaft keinen direkten Farbwert zuordnen, sondern einen Farbwert aus der aktuellen Palette. Dazu muss lediglich das Byte Nr. 3 im 32-Bit-Farbwert auf den entsprechenden Wert gesetzt werden, denn es legt fest, auf welche Weise die übrigen drei Bytes interpretiert werden:

Wert von Byte 3	Bedeutung
&H00	Die Farbe wird durch sog. Dithering aus den 20 Systemfarben gebildet.
&H01	Der Rot-Wert (Byte 0) steht für die Nummer eines Eintrags in der Palette, Byte 1 und 2 sind 0.
&H02	Die drei Bytes 0 bis 2 stehen für die Grundfarben. Es wird der Farbwert aus der Palette gelesen, der mit den angegebenen Werten am ehesten übereinstimmt.
&H80	Dieser Wert wird von Visual Basic für die Anzeige der über die Systemsteuerung eingestellten Default-Farben verwendet.

Das Byte Nr. 3 legt fest, auf welche Weise die übrigen drei Bytes 0 bis 2 interpretiert werden. Besitzt es den Wert 2, bedeutet dies, dass die übrigen drei Bytes für die Farbwerte der drei Grundfarben stehen. Besitzt Byte Nr. 3 dagegen den Wert 1, steht Byte 0 für die Nummer eines Eintrags in der Farbpalette. Der RGB-Wert kommt nun aus der Farbpalette und wird nicht mehr direkt angegeben. Schließlich kann Byte Nr. 3 auch den Wert 0 besitzen, was bedeutet, dass lediglich die 20 Systemfarben zum Einsatz kommen und keine Farbtabelle verwendet wird (Sie sehen in diesem Fall nur die »geditherten« Farben). Auf diese Weise wird sichergestellt, dass eine Farbe auf allen PCs durch die gleiche Farbe dargestellt wird.

13.7   Ein wenig GDI

Für die Ausgabe von Grafiken und Texten auf Bildschirm und Drucker ist ein Teil von Windows zuständig, der als *Graphical Device Interface*, kurz GDI, bezeichnet wird. Das GDI enthält eine Vielzahl von API-Funktionen, die auch von Visual Basic aus aufgerufen werden können. Es sei vorangestellt, dass dies nicht automatisch einen Vorteil bringt. Die Grafikfunktionen des GDI sind zwar im Allgemeinen etwas schneller als die entsprechenden Visual-Basic-Grafikmethoden, die Frage ist jedoch, in welcher Weise sich der Geschwindigkeitsvorteil auswirkt[3].

Die GDI-Komponente von Windows enthält eine Reihe von API-Zeichenfunktionen, die gegenüber den Zeichenmethoden von Visual Basic aber nicht immer einen Vorteil bieten.

Zu den GDI-API-Funktionen, für die es bei Visual Basic kein Pendant gibt, gehören unter anderem *Polygon*, *Polyline* und *RoundRect*. Während letzteres ein Rechteck mit abgerundeten Ecken auf den Bildschirm zaubert, verbindet die Polygon-API-Funktion eine Reihe von Punkten mit durchgezogenen Linien. Auch die Polyline-Funktion verbindet ein Punktefeld mit einer Linie, ohne dabei aber die Endpunkte miteinander zu verbinden.

Folgende Dinge sollten Sie beim Umgang mit den GDI-API-Funktionen unbedingt beachten:

---

[3] Wie Vergleiche zeigen, wurden die Grafikmethoden bereits mit Visual Basic 5.0 erheblich beschleunigt, sodass sie ihren GDI-Kollegen kaum noch nachstehen.

1. Alle Koordinaten und Längenangaben werden grundsätzlich in Form ganzer Zahlen in der Einheit Pixel gemacht (Visual Basic geht standardmäßig von einfach genauen Zahlen mit der Einheit Twip aus). Setzen Sie daher die *ScaleMode*-Eigenschaft der Ausgabefläche zuvor auf den Wert *vbPixels* (3) oder rechnen Sie bei der Argumentübergabe die Twips-Angaben (z.B. über die Methoden *ScaleX* und *ScaleY*) in Pixel um.

2. Da die GDI-API-Funktionen ohne das Wissen von Visual Basic in eine Ausgabefläche zeichnen, ist eine *Refresh*-Methode fällig, um das Ergebnis betrachten zu können. Außerdem muss die *AutoRedraw*-Eigenschaft der Ausgabefläche den Wert *True* besitzen.

3. Anders als die Visual-Basic-Methoden führen die GDI-API-Funktionen keine Argumentüberprüfung durch. Übergeben Sie der *StretchBlt*-Funktion z.B. einen ungültigen RopCode, stürzt das Programm (zumindest unter Windows 95) ohne Vorwarnung ab. Sichern Sie Ihr Programm beim Experimentieren mit den GDI-API-Funktionen vorher, und beenden Sie möglichst alle übrigen Applikationen.

Allen GDI-API-Funktionen ist gemeinsam, dass sie direkt in einen Gerätekontext zeichnen. Stellen Sie sich den Gerätekontext als den aktuellen Zustand der Innenfläche eines Formulars oder eines Bildfeldes vor. Der Gerätekontext besitzt eine Reihe von Attributen, wie z.B. ein Hintergrundmuster, eine Zeichenfarbe, eine Zeichenstärke oder eine Farbpalette, die zum größten Teil über Visual-Basic-Eigenschaften eingestellt werden.

13.7.1   Zeichnen von Linien mit Polyline

Besonders Spaß macht das Verbinden mehrerer Punkte durch eine zusammenhängende Linie, denn alles, was die dafür zuständige Funktion *Polyline* erwartet, ist ein Feld mit den Koordinaten der einzelnen Punkte sowie die Anzahl der zu zeichnenden Punkte.

Polyline verbindet mehrere Punkte durch eine Linie.   **Syntax**

```
Declare Function Polyline Lib "gdi32" Alias "Polyline" _
(ByVal hdc As Long, lpPoint As POINTAPI, ByVal nCount As _
Long) As Long
```

Bei *POINTAPI* handelt es sich um eine der zahlreichen Strukturen des GDI, die sich in Visual Basic aber zum Glück leicht nachbilden lassen (und auch über den API-Katalog zur Verfügung stehen):

```
Type POINTAPI
    X As Integer
    Y As Integer
End Type
```

```
Const MaxPunkte As Byte = 100
Private PunkteFeld(0 To MaxPunkte) As POINTAPI
```

Zunächst wird über die *Type*-Anweisung ein benutzerdefinierter Datentyp mit dem Namen *POINTAPI* deklariert, die anschließend zur Definition eines Feldes benutzt wird. Die Feldvariable wird später beim Aufruf der *Polyline*-Funktion übergeben:

Beispiel Die folgende Anweisung zeichnet ein Vieleck in dem Bildfeld *picBild*:

```
RetVal = Polyline(picBild.hDC, PunkteFeld(0), PunkteIndex)
picBild.Refresh
```

13.7.2 Bézier-Kurven

Zu den »Highlights« des Win32-GDI gehört die Funktion *PolyBezier* zum Zeichnen einer Bézier-Kurve. Eine Bézier-Kurve ist eine beliebig geformte Kurve, die durch vier Punkte definiert wird: einen Start- und einen Endpunkt sowie zwei »Kontrollpunkte«, die festlegen, an welcher Stelle die Kurve ihre Richtung ändert.

Syntax *PolyBezier* zeichnet eine Kurve, die durch einen Start- und einen Endpunkt sowie zwei optionale Kontrollpunkte definiert wird.

```
Declare Function PolyBezier Lib "gdi32" Alias "PolyBezier" _
(ByVal hdc As Long, lppt As POINTAPI, ByVal cPoints As _
Long) As Long
```

Als Argument erwartet die Funktion – neben der obligatorischen Bezugsnummer auf einen Gerätekontext – eine Feldvariable vom Typ *POINTAPI*, in der die vier Punktkoordinaten enthalten sind. Die Anzahl der Punkte wird als drittes und letztes Argument übergeben. Diese Zahl ergibt sich aus der Anzahl der zu zeichnenden Kurven multipliziert mit 4, da jede einzelne Kurven durch vier Punkte festgelegt wird.

Beispiel Der »Kern« dieses Minibeispiels besteht aus einem einzigen Aufruf der *PolyBézier*-Funktion, der die Argumente in Form eines Feldes übergeben werden:

```
Private Sub cmdZeichnen_Click()
    Dim RetVal As Long
    RetVal = PolyBezier(picBild.hdc, Punkte(0), 4)
    picBild.Refresh
End Sub
```

13.8 Zusammenfassung

Visual Basic bietet über seine Grafikmethoden einfache, aber keineswegs ausgefallene Methoden zur Grafikausgabe in einem Formular, einem Bildfeld oder auf den Standarddrucker über das *Objekt*-Printer

an. Allen Ausgabeflächen ist gemeinsam, dass sie über einen Gerätekontext verfügen, über dessen Eigenschaften die »Optik« der Ausgabe
eingestellt werden. Bei Visual Basic werden die Attribute des Gerätekontextes über Eigenschaften (z. B. *ForeColor* oder *FillStyle*) eingestellt. Es ist daher üblich, zuerst die Eigenschaften des Gerätekontextes
zu setzen und dann die Ausgabe durchzuführen. Für die Darstellung
von Bitmaps gibt es das *Picture*-Objekt, das im Zusammenhang mit einer Vielzahl von Steuerelementen eingesetzt werden kann. Es unterstützt die wichtigsten Grafikformate. Auch Schaltflächen oder Optionsfelder können mit Bitmaps ausgestattet werden.

Sollten die Grafikmethoden nicht genügen, gibt es noch das GDI als
»Grafiktoolbox«. Hier findet man zum einen jene API-Funktionen, die
Visual Basic in Form von Methoden bietet, aber auch zusätzliche Funk-
tionen wie z. B. eine Funktion zum Zeichnen von Polygonen oder von
Bézier-Kurven.

Wer Funktionen für schnelle Spiele oder 3D-Grafik sucht, wird bei Visual Basic immerhin ansatzweise fündig. Mit den *DirectAnimation*-
Steuerelementen bietet Microsoft (im Zusammenhang mit dem Internet
Explorer 4 bzw. Windows 98) einen leichten Zugang zum Grafik- und
Animationsteil der extrem leistungsfähigen, leider auch sehr umfangreichen Multimediaschnittstelle *DirectX*. DirectX-Funktionen umgehen
das GDI und greifen direkt auf die unteren Grafiktreiberebenen zu. Mit
ihrer Hilfe lassen sich rasante Action-Spiele und tolle Grafikeffekte realisieren. Leider lassen sich DirectX-Funktionen von Visual Basic nicht
direkt aufrufen, da die zugrundeliegenden COM-Komponenten Funktionen mit teilweise nicht zu Visual Basic kompatiblen Datentypen arbeiten. Für alle angehenden Spieleprogrammierer gibt es jedoch einen
Trost:

1. Mit den *DirectAnimation*-Steuerelementen lassen sich schnelle
   Animationen und 3D-Grafiken auf den Bildschirm zaubern. Leider
   sind diese Steuerelemente nicht in der Visual-Basic-Hilfe dokumentiert (eine Beschreibung finden Sie u. a. im Internet Explorer 4-
   Toolkit). Dafür gibt es auf der Visual-Basic-CD ein paar tolle Beispiele, die Sie sich unbedingt zu Gemüte führen sollten.

2. Einige kleine Softwarefirmen bieten inzwischen ActiveX-Steuerelemente an, die einen Teil der DirectX-Funktionalität so verpacken,
   dass er sich von Visual Basic aus nutzen lässt. Damit steht zwar
   nicht die gesamte Funktionalität zur Verfügung (etwa Direct3D zum
   Darstellen dreidimensionaler Grafiken), aber wenn es um schnelle
   Sprite-Operationen, etwa für Spiele, geht, sind diese sicherlich sehr
   gut geeignet.

Die Ansteuerung des Druckers

Kapitel **14**

Das Thema Drucken wird von Visual Basic in den meisten Fällen sehr elegant gelöst. Über die *Printers*-Auflistung stehen alle eingerichteten Drucker des PCs einfach und »objektkonform« zur Verfügung, über das *Printer*-Objekt werden die einzelnen Eigenschaften eines Druckertreibers angesprochen. Für die direkte Ausgabe von Zahlen und einfachen Grafiken spielt es keine Rolle, ob die Ausgabe auf einem Formular, einem Bildfeld oder dem *Printer*-Objekt erfolgt. Diese Objekte sind bezüglich der Ausgabemethoden »polymorph«. Weniger elegant wird es, wenn der komplette Inhalt eines Formular oder Bildfeldes auf dem Drucker ausgegeben werden soll. Hier muss Visual Basic vollständig passen und man ist auf relativ aufwändige API-Programmierung angewiesen.

Sie lesen in diesem Kapitel etwas über:

➡ Die Ansteuerung eines Druckers

➡ Die direkte Ausgabe von Text und Grafik auf dem Drucker

➡ Die Auswahl eines Druckers

14.1 Die Ansteuerung des Druckers

Ausgaben auf einen Drucker sind bei Windows nichts anderes als Grafikausgaben, die nicht in den Gerätekontext eines Bildfeldes oder eines Formulars stattfinden, sondern in dem eines Druckers. Aus diesem Grund gibt es keine speziellen Druckausgabemethoden. Die folgende Anweisung gibt einen Satz in der Innenfläche eines Formulars aus:

```
Me.Print "Das ist nur ein Test!"
```

Die nächste Anweisung führt die gleiche Ausgabe auf dem Drucker aus:

```
Printer.Print "Das ist nur ein Test!"
```

Indem man eine Objektvariable einsetzt, kann das Ausgabemedium auch zur Laufzeit eingesetzt werden:

```
Dim Ausgabegerät As Object
Set Ausgabegerät = Printer
Ausgabegerät.Print "Ausgabe auf dem Drucker"
Set Ausgabegerät = Me
Ausgabegerät.Print "Ausgabe diesmal auf dem Formular"
```

14.1.1 Das Ausdrucken eines Formularinhalts

Ein Formular verfügt über die Methode *PrintForm*, durch die der Inhalt des Formulars auf dem Standarddrucker ausgegeben wird. Auch wenn diese Methode sehr einfach anzuwenden ist, ist das Druckergebnis alles andere als befriedigend (die Innenfläche des Formulars wird lediglich bitweise an den Drucker geschickt und nicht durch das Windows-GDI und den Druckertreiber aufbereitet). Die *PrintForm*-Methode eignet sich daher in erster Linie zu Dokumentationszwecken, nicht aber, wenn es darum geht, den Inhalt eines Formulars in Gestalt eines gebrauchsfertigen Formulars möglichst originalgetreu auszudrucken.

Beispiel Die folgende Anweisung gibt die Innenfläche des aktuellen Formulars auf dem Drucker aus:

```
Me.PrintForm
```

Enthält das Formular Grafiken, die über die Grafikmethoden gezeichnet wurden, muss die *AutoRedraw*-Eigenschaft des Formulars den Wert *True* besitzen. Um ein besseres Resultat zu erzielen, muss die Innenfläche des Formulars über eine API-Funktion in einen Speicherkontext umgewandelt und über eine weitere API-Funktion über den Gerätekontext des Druckers ausgegeben werden.

Auf der Buch-CD-ROM finden Sie ein Textdokument, in dem dieses Verfahren anhand eines Beispielprogramms beschrieben wird.

14.1.2 Das Objekt Printer

Das *Printer*-Objekt mit seinen zahlreichen Eigenschaften und Methoden stellt für ca. 80% aller Druckaufgaben in einem typischen Visual-Basic-Programm eine gute, wenn nicht sogar die ideale Lösung dar. Das Besondere am *Printer*-Objekt ist, dass es zu einer Objektsammlung mit dem Namen *Printer* gehört. Das bedeutet, dass für jeden installierten Drucker ein eigenes *Printer*-Objekt existiert.

Das Printer-Objekt stellt eine direkte Verbindung zum Gerätekontext eines Druckers her. Dieser Gerätekontext kann über die hDC-Eigenschaft auch direkt angesprochen werden.

Tabelle 14.1:
Die wichtigsten Eigenschaften des Printer-Objekts.

Eigenschaft	Bedeutung
ColorMode	Setzt oder ermittelt die Fähigkeit des Druckers zum Farbdruck. Ist nur vorhanden, wenn der Druckertreiber eine Farbausgabe unterstützt.
Copies	Setzt oder ermittelt die Anzahl der zu druckenden Kopien. Dieser Wert kann auch über das Druckerdialogfeld eingestellt werden.
DeviceName	Gibt den Namen des Druckers zurück.
DriverName	Gibt den Namen des aktuellen Druckertreibers zurück.
Duplex	Setzt oder ermittelt die Fähigkeit des Druckers zum doppelseitigen Ausdruck. Ist nur vorhanden, wenn der Drucker diese Fähigkeit unterstützt.
Orientation	Setzt oder ermittelt, ob der Ausdruck im Hochformat (1-*vbPRORPortrait*) oder im Querformat (2-*vbPRORLandscape*) erfolgt.
Page	Liefert die aktuelle Seitennummer.
PaperBin	Setzt oder ermittelt einen Wert, der für den Papierschacht steht, in dem der Ausdruck erfolgt (Standard: 1-*vbPRBNUpper*).
PaperSize	Setzt oder ermittelt einen Wert, der für die aktuelle Papiergröße steht (Standard: 9-*vbPRPSA4*).
Port	Liefert den Namen des Druckerports, der mit dem Drucker verbunden ist (in der Regel LPT1).
PrintQuality	Setzt oder ermittelt einen Wert, der für die aktuelle Druckqualität steht (Standard: 600)
TrackDefault	Setzt oder ermittelt einen Wahr-/Falsch-Wert, der angibt, ob der Drucker, auf den das *Printer*-Objekt zeigt, über die Systemsteuerung geändert werden kann (*True*=Standardeinstellung) oder nicht.
Zoom	Setzt oder ermittelt einen Wert, um den der Ausdruck vergrößert oder verkleinert wird. Steht nur zur Verfügung, wenn diese Eigenschaft auch durch den Druckertreiber unterstützt wird.

Tabelle 14.2:
Die wichtigsten
Methoden des
Printer-Objekts.

Methode	Bedeutung
EndDoc	Beendet den aktuellen Ausdruck und sendet den im Druckerspeicher befindlichen Inhalt an den Drucker. Wird *EndDoc* unmittelbar nach der *NewPage*-Methode aufgerufen, wird keine Leerseite ausgegeben.
KillDoc	Beendet den aktuellen Druckauftrag.
NewPage	Setzt den Ausdruck auf einer neuen Seite fort.
PaintPicture	Gibt in der Zeichenfläche des *Printer*-Objekts eine Bitmap aus, die auch in der Position geändert, gestaucht oder gestreckt werden kann.

Windows druckt normalerweise erst dann, wenn der Gerätekontext vollständig aufgebaut wurde. Alle GDI-Aufrufe, die den Inhalt des Gerätekontextes aufbauen, werden in Form von speziellen »Ausgabeanweisungen« in einer Metadatei abgelegt, die beim Aufruf der API-Funktion EndPage »abgespielt«, d. h. an den Drucker geschickt und im Grafikformat, d. h. der internen Seitenbeschreibungssprache des Druckers, aufbereitet wird. Die KillDoc-Methode des Printer-Objekts beendet zwar den aktuellen Druckauftrag, doch da die meisten Ausgabedaten erst mit dem Aufruf der EndDoc-Methode an den Drucker geschickt werden, ist ein sofortiger Abbruch auf diese Weise nicht realisierbar.

Über die API-Funktion *SetAbortProc* und der Verwendung des *AddressOf*-Operators ist es jedoch prinzipiell möglich, eine Prozedur zu installieren, die vom Windows-Druck-Manager während des Ausdrucks, genauer, während des Aufrufs der *EndPage*-API-Funktion, in regelmäßigen Abständen aufgerufen wird. Über den Rückgabewert dieser Funktion, der innerhalb des Programms gesetzt werden muss, kann man Windows mitteilen, den Druck entweder fortzusetzen oder abzubrechen. Auf diese Weise hat ein Abbruch des Druckauftrags durch den Benutzer eine unmittelbare Auswirkung.

14.2 Direkte Ausgaben auf dem Drucker

Direkte Ausgaben auf dem Drucker sind in »Wahrheit« stets Aufgaben auf ein vorher ausgewähltes *Printer*-Objekt. Mit dem *Printer*-Objekt können Sie Text- und Grafikausgaben direkt auf dem Drucker ausführen. Es entspricht von seinen Ausgabemöglichkeiten her dem Bildfeld, nur dass die Ausgaben nicht auf dem Bildschirm, sondern auf dem Standarddrucker landen. Im Gegensatz zu einem Bildfeld werden Grafikausgaben nicht sofort durchgeführt, sondern erst in einer Zwischendatei (Metadatei) aufbereitet und als Ganzes an den Drucker geschickt. Als Grundregel ist zu beachten, dass bei den meisten Druckern eine Ausgabe erst dann erfolgt, wenn die *EndDoc*-Methode des *Printer*-Objekts ausgeführt wurde.

Die folgenden Anweisungen bereiten den Inhalt einer Druckseite auf **Beispiel**
und geben sie anschließend auf dem Standarddrucker aus:

```
Dim TextLänge As Single, XPos As Integer
Dim Ausgabetext As String, Kopfzeile As String
Ausgabetext = "Der Kreis, der ist rund!"
Kopfzeile = "Printing Demo - Seite "
Printer.Scale (0, 0)-(100, 100)
Printer.FontName = "Arial"
Printer.FontSize = 8
Printer.CurrentY = 0
XPos = (Printer.ScaleWidth - Printer.TextWidth(Kopfzeile)) / 2
Printer.CurrentX = XPos
Printer.Print Kopfzeile; Printer.Page
Printer.FontSize = 24
Printer.Line (1, 1)-(99, 99), , B
Printer.DrawWidth = 4
Printer.Circle (50, 50), 20
Printer.CurrentY = 10
XPos = (Printer.ScaleWidth - Printer.TextWidth _
(Ausgabetext)) / 2
Printer.CurrentX = CInt(XPos)
Printer.Print Ausgabetext
Printer.EndDoc
```

Dieses Beispiel (bei dem der Drucker einen Kreis in einem Rahmen ausgibt) zeigt, dass die Ausgabe auf dem Drucker über das *Printer*-Objekt prinzipiell auf die gleiche Weise erfolgt wie bei der Ausgabe in einem Bildfeld. Über die *Page*-Eigenschaft des *Printer*-Objekts steht jederzeit die aktuelle Seitennummer zur Verfügung.

Soll die Ausgabe anstatt im Hochformat im Querformat erfolgen, muss lediglich die Eigenschaft *Orientation* einen anderen Wert erhalten:

```
Printer.Orientation = vbPRORLandscape
```

Eine Anpassung der Ausgabekoordinaten oder gar eine andere *Scale*-Methode ist für den Druck im Querformat nicht erforderlich. Um diese Dinge kümmert sich Windows (im Allgemeinen).

14.2.1   Wie wird die Ausgabe positioniert?

Dieser Hinweis ist eigentlich überflüssig, dennoch wird er erfahrungsgemäß zunächst übersehen: Um die Druckausgabe zu positionieren,
müssen, genau wie beim Bildfeld, die Eigenschaften *CurrentX* und
CurrentY benutzt werden. Zu berücksichtigen ist allerdings, dass eine
Druckseite im Allgemeinen eine sehr viel höhere Auflösung besitzt als
die Innenfläche eines Formulars:

```
?Printer.ScaleWidth
11150
```

```
?Me.ScaleWidth
5850
```

```
?Screen.Width
15360
```

Um die Grafikausgaben dennoch 1:1 zwischen Formular- und Druckerausgabe übertragen zu können, muss das innere Koordinatensystem
des *Printer*-Objekts über die *Scale*-Methode entsprechend skaliert
werden.

14.3   Die Auswahl eines Druckers

Da für alle installierten Drucker *Printer*-Objekte existieren, die in der
Auflistung *Printers* zusammengefasst werden, beschränkt sich die Auswahl eines neuen Druckers auf die Auswahl des dazugehörigen *Printer*-Objekts.

Übung 14.1:
Auswahl eines
Druckers

Die folgende Übung soll den Umgang mit der *Printers*-Objektsamm-
lung veranschaulichen. Starten Sie ein leeres Visual-Basic-Programm,
halten Sie das Programm an, und geben Sie im Direktfenster die folgenden Anweisungen ein:

```
?Printers.Count
2
```

Diese Anweisung gibt die Anzahl der zur Zeit installierten Drucker aus.
Die nächste Anweisung gibt den Namen des ersten Druckers aus:

```
?Printers(0).DeviceName
HP LaserJet 4P
```

Welcher der zur Verfügung stehenden Drucker der Standarddrucker
ist, bestimmt das *Printer*-Objekt, das für diesen Drucker steht. Die folgende kleine Programmroutine (sie stammt aus der Visual-Basic-Hilfe)
macht den ersten Drucker in der Liste der verfügbaren Drucker zum
Standarddrucker, der den Portraitmodus unterstützt:

```
Dim P As Printer
For Each P In Printers
    If P.Orientation = vbPRORPortrait Then
' Drucker zum Standarddrucker machen
        Set Printer = P
' Drucker gefunden, fertig!
        Exit For
    End If
Next
```

Die *For-Each-In*-Schleife geht alle verfügbaren Drucker der Reihe nach durch und setzt sie nacheinander in die Variable *X* ein. Besitzt einer der Drucker das Attribut *vbPRORPortrait* (dies ist eine vordefinierte Konstante), wird dieser Drucker durch Zuweisen an *P* zum Standarddrucker und die Schleife verlassen.

14.3.1 Die Auswahl eines Druckers über den Standarddruckerdialog

Mit Hilfe des Standarddialog-Zusatzsteuerelements kann der Benutzer die Möglichkeit erhalten, während der Programmausführung einen anderen Drucker auszuwählen. Dazu muss lediglich der Standarddialog über die Methode *ShowPrinter* aufgerufen werden. Der vom Benutzer eingestellte Drucker wird anschließend automatisch zum Standarddrucker (normalerweise für alle Anwendungen) und steht über das *Printer*-Objekt zur Verfügung. Anders als es zunächst zu erwarten wäre, gibt der Standarddruckerdialog keine Referenz auf den ausgewählten Drucker zurück, sondern führt die vom Benutzer getroffene Auswahl im System durch, was bedeutet, dass das *Printer*-Objekt anschließend für den gewählten Drucker steht. Der Aufruf des Standarddruckerdialogs beschränkt sich daher im einfachsten Fall auf die Anweisung:

```
cdlStandard.ShowPrinter
```

Eine wichtige Rolle spielt die *PrinterDefault*-Eigenschaft. Nur wenn diese den Wert *True* besitzt, wirkt sich die Einstellung im Standarddruckerdialog auf das gesamte System aus, d.h. auf alle übrigen Anwendungen. Dieses Verhalten ist zwar nicht systemkonform (normalerweise sollte die Auswahl eines Standarddruckers ausschließlich über die Systemsteuerung erfolgen), bedeutet aber, dass der gewählte Drucker automatisch über das *Printer*-Objekt zur Verfügung steht. Ist der Wert der *PrinterDefault*-Eigenschaft dagegen *False*, wird die Angelegenheit ein wenig komplizierter. In diesem Fall erhält man den ausgewählten Drucker lediglich über die *hDC*-Eigenschaft des Standarddruckerdialogs. Anstatt die Grafikmethoden des *Printer*-Objekts für die Druckerausgabe verwenden zu können, muss die Ausgabe über die API-Funktionen des GDI erfolgen, denen über die *hDC*-Eigenschaft der Gerätekontext der Ausgabefläche übergeben wird.

Tabelle 14.3:
Die wichtigsten
Einstellungen für
die Flags-Eigen-
schaft beim Stan-
darddruckerdia-
log.

Konstante	Wert	Bedeutung
cdlPDAllPages	&H0&	Setzt oder enthält den Zustand des Optionsfeldes »Alles«.
cdlPDPrintSetup	&H40&	Anstelle des Standarddruckerdialogs wird das Dialogfeld für die Einrichtung des Standarddruckers angezeigt.
cdlPDReturnDC	&H100&	Die Eigenschaft *hDC* gibt den Gerätekontext des ausgewählten Druckers zurück.

14.4 Die Ausgabe des Formularinhalts auf dem Drucker

Der Formularinhalt umfasst alle Steuerelemente und deren Inhalte, die auf einem Formular angeordnet sind. Also der grafische Inhalt eines Formulars. Leider bietet Visual Basic mit der *PrintForm*-Methode nur eine stark eingeschränkte Druckfunktion. Der dicke Nachteil dieser Methode ist, dass sie den Formularinhalt Pixel für Pixel (in Abhängigkeit der aktuellen Auflösung) an den Drucker schickt, anstatt die Bitmap, die in der Innenfläche des Formulars angezeigt wird, über den Druckertreiber aufbereiten zu lassen. Das Ergebnis ist nicht nur sehr grobkörnig, da auch die Graustufen nicht genutzt werden, werden 3D-Effekte völlig weggelassen, sodass das Formular kaum wiederzuerkennen ist.

Wer den Inhalt eines Formulars möglichst original und womöglich eingebettet in andere Elemente auf einer Druckseite ausgeben möchte, ist auf Alternativen angewiesen. Leider gibt es keine direkte Alternative in Visual Basic. Um den Inhalt des Formulars als Bitmap an den Drucker zu schicken, muss dieser Inhalt zunächst über eine Reihe von API-Funktionen in einen »kompatiblen« Gerätespeicherkontext kopiert und von dort in den Gerätekontext des Druckers kopiert werden. Aus Platzgründen kann leider kein Beispiel vorgestellt werden. Sie finden verschiedene Anleitungen in der Microsoft Knowledge Base (z. B. Artikelnummer Q84066), sowie ein Beispiel auf der Buch-CD (*FormularDrucken.vbp*).

14.5 Zusammenfassung

Für die Ansteuerung des Druckers sind bei Visual Basic die Objekte *Printer* und *Printers* zuständig. Während *Printers* für die Gesamtheit aller installierten Druckertreiber steht, wird die Druckerausgabe als auch das Einstellen von Eigenschaften über das *Printer*-Objekt erledigt. Für alle Grafik- und Textmethoden spielt es keine Rolle, ob sie in den Gerätekontext eines Formulars, eines Bildfeldes oder des *Printer*-Objekts zeichnen. Das macht die Druckerausgabe sehr flexibel.

Leider ist es nicht direkt möglich, den Inhalt eines Formulars originalgetreu auszudrucken. Dazu sind Aufrufe von API-Funktionen erforderlich.

Generell sind die Grafik- und Textmethoden von Visual Basic sehr beschränkt. Wer komplexe Grafiken, Tabellen oder Datenbankreports ausdrucken will, greift auf andere Hilfsmittel, wie Chart-Steuerelemente oder den Datenbankreportgenerator von Visual Basic zurück. Wie immer gilt der in der Programmierwelt sehr wichtige Grundsatz: »Es kommt immer darauf an, das richtige Werkzeug zu wählen«. Mit anderen Worten, es lohnt sich im Allgemeinen nicht, viel Schweiß und Arbeit in eine (wo möglich auf API-Funktionen) eigene Lösung zu investieren, wenn es eine fertige Lösung in Form einer Komponente bereits gibt. Insbesondere Microsoft Office'97 bietet mit dem Graph-Server eine überaus attraktive Alternative.

Visual Basic und die
Windows-API

Kapitel

15

n Kapitel 3 wurde die Rolle der Windows-API als universelle »Toolbox« für alle Windows-Programmierer hervorgehoben. Jetzt ist es
an der Zeit, sich des überaus reichhaltigen Fundus zu bedienen (an einigen Stellen des Buches geschah dies bereits). Eines soll aber von Anfang klar gestellt werden. Der Zugriff auf die Windows-API ist weder
»Zauberei« noch eine von Microsoft geheim gehaltene Tuning-Möglich-
keit für Visual-Basic-Programme. Die API, offiziell heißt sie Win32-
API, ist jene Funktionalität, die Microsoft allen Windows-Programmierern für das Erstellen von Anwendungen unter Windows 9x und
Windows NT/2000/XP (eingeschränkt unter Windows CE) offiziell zur
Verfügung stellt. Visual Basic wurde gerade dafür geschaffen, dass ein
direkter Zugriff auf die API nicht notwendig sind. Einen großen Teil
seines anfänglichen Erfolgs verdankt es genau diesem Umstand. Aus
diesem Grund ist der Aufruf von API-Funktionen kein Thema, dem im
Handbuch enormer Platz eingeräumt wird. Dennoch gelangt man auch
bei der Visual-Basic-Programmierung schnell in Situationen, in denen
es ohne Zugriff auf die API nicht oder nur sehr umständlich geht. Hier
ein kleines Beispiel: Um zu erfahren, in welchem Verzeichnis Windows
installiert ist, gibt es keine VBA-Funktion. Mit einem Aufruf der API-
Funktion *GetWindowsDir* lässt sich diese Information schnell abfragen. Zu wissen, wann API-Funktionen nützlich sind und wann nicht,
sollte daher zum Grundrepertoire jedes Visual-Basic-Programmierers
gehören.

Sie lesen in diesem Kapitel etwas über:

➡ Das Prinzip der API-Funktionen

➡ Die *Declare*-Anweisung

➡ Die Bedeutung des Alias

➠ Den API-Katalog

➠ Die Übergabe von Argumenten

➠ Den Unterschied zwischen *ByVal* und *ByRef*

➠ Callback-Funktionen, Subclassing und den *AddressOf*-Operator

➠ Das Prinzip der *SendMessage*-API-Funktion

➠ Tricks mit Standardsteuerelementen

➠ Die interessanten API-Funktionen

➠ Typenbibliotheken statt *Declare*-Anweisung

15.1 Allgemeines über den Aufruf einer API-Funktion

Eine API-Funktion ist eine Funktion, die in einer jener zahlreichen Systemdateien enthalten ist, die das darstellen, was gemeinhin als Windows bezeichnet wird. Da alle API-Funktionen in DLLs enthalten sind (siehe Kapitel 3), ist der Begriff API-Funktion eine Untermenge des Begriffs DLL-Funktion. Wenn im Folgenden nur von API-Funktionen die Rede ist, sind damit selbstverständlich auch die DLL-Funktionen gemeint (einige Visual-Basic-Toolboxen liegen nur als DLLs und nicht als ActiveX-Steuerelemente vor). Übrigens ist der Begriff API-Funktion nicht an bestimmte Systemdateien gebunden. Alles, was im weitläufigen Sinne zu Windows gehört, zählt als API-Funktion. Der Umfang der Win32-API ist dagegen genau festgeschrieben (und im Win32 SDK dokumentiert). Die übrigen Funktionen, etwa die Multimedia-API, zählen daher als »API-Erweiterung«.

Was den Aufruf einer API-Funktion von Visual Basic aus angeht, gibt es eine gute und eine schlechte Nachricht. Die gute zuerst: Der Aufruf einer API-Funktion ist sehr einfach. Schätzungsweise 80% aller API-Funktionen erwarten Visual-Basic-kompatible Argumente (also Argumente, die sich durch Visual-Basic-Datentypen darstellen lassen). Leider gibt es auch eine schlechte Nachricht: Die Win32-API ist in der Visual-Basic-Hilfe nicht dokumentiert. Die einzige Hilfe bietet die Datei *Win32api.txt*, die über den API-Katalog zur Verfügung gestellt wird, und in der Sie die fertigen *Declare*-Anweisungen der meisten API-Funktionen finden. Damit ist es zumindestens kein Problem, fertige Listings abzutippen, wie Sie sie in Zeitschriften und auch in diesem Buch finden. Wer allerdings wissen möchte, was eine API-Funktion bewirkt und welche Bedeutung die einzelnen Argumente haben, benötigt zusätzliche Literatur. Leider gibt es in der deutschsprachigen Literatur (offenbar[1]) kein Werk, das sich speziell mit der Windows-API und Visual Basic beschäftigt. Das Standardwerk zu diesem Thema ist daher der *Visual Basic Programmer's Guide to the Win32 API* von Altmeister Dan Applemann (ZD Press). In diesem Buch ist praktisch das gesamte API-Wissen (es gibt auch ein paar Lücken) so erklärt, dass es für Visual-Basic-Programmierer sofort einsetzbar ist[2].

Damit ein Visual-Basic-Programm eine API-Funktion aufrufen kann, muss diese dem Programm über eine *Declare*-Anweisung bekannt gemacht werden.

15.2 Die Declare-Anweisung

Jede externe Funktion, die in einem Visual-Basic-Programm aufgerufen wird, benötigt im Programm eine *Declare*-Anweisung. Aus der *Declare*-Anweisung erfährt Visual Basic vier wichtige Dinge:

1. Den Namen der Funktion/Prozedur.

2. Den Namen der DLL, in der sie sich befindet.

3. Die Anzahl der Argumente und ihre Datentypen.

4. Den Datentyp des Rückgabewertes, sofern es sich um eine Funktion handelt.

```
[Public | Private ] Declare Sub Name Lib "Libname" _
[Alias "Aliasname" ][([Argumentenliste])]
```
Syntax

oder für eine Funktion

```
[Public | Private ] Declare Function Name Lib "Libname" _
[Alias "Aliasname" ] [([Argumentenliste])][As Datentyp]
```

In einem Formular muss einer Declare-Anweisung das Schlüsselwort Private vorausgehen. Eine Deklaration in einem Modul darf dagegen öffentlich sein.

---

[1]   Da lasse ich mich gerne korrigieren.

[2]   Dieses Buch, das Sie in jedem Visual-Basic-Bookshop finden, ist inzwischen zwar nicht mehr konkurrenzlos, doch ist es sicher jenes Buch, das weitere Literatur zu diesem Thema überflüssig macht.

Besitzt eine externe Funktion den gleichen Namen wie ein Schlüs-
selwort, muss die Funktion über den Zusatz Alias einen anderen
Namen erhalten, über den sie im Programm angesprochen wird.
Das gleiche gilt, wenn beim Aufruf die Groß-/Kleinschreibung keine
Rolle spielen soll. In diesem Fall sind Aliasname und Funktionsna-
me scheinbar identisch.

15.2.1   Die Bedeutung des Alias

Wie Sie noch erfahren werden, müssen Sie, dem API-Katalog sei es
gedankt, die *Declare*-Anweisungen für API-Funktionen nur in Ausnahmefällen eintippen. Allerdings enthalten fast alle *Declare*-Anweisun-
gen für Win32-API-Funktionen das Schlüsselwort *Alias*, auf das in vielen Fällen der scheinbar identische Funktionsname folgt. Was hat das
zu bedeuten? Nun, der Alias einer Funktion ist nichts anderes als der
»wahre« Name einer Funktion. Enthält die *Declare*-Anweisung das
Schlüsselwort *Alias*, ist der Name vor dem Schlüsselwort der neue
Name für den Aufruf innerhalb des Programms, der Name nach dem
Schlüsselwort *Alias* dagegen der wahre Name der Funktion. Welchen
Vorteil soll dies bringen? Nun, stellen Sie sich vor, eine API-Funktion
besitzt den Namen *GetObject*. Warum könnte es beim Aufruf dieser
Funktion in einem Visual-Basic-Programm Probleme geben? Ganz ein-
fach, weil es bereits eine Methode mit diesem Namen gibt. Um die
API-Funktion dennoch aufrufen zu können, erhält sie einen (beliebi-
gen) Alias:

```
Declare Function GetObjectGDI Lib "Gdi" Alias "GetObject" (Argument) As
Long
```

Im Weiteren Verlauf des Programms wird die *GetObject*-API-Funktion
unter ihrem Aliasnamen *GetObjectGDI* aufgerufen.

Es gibt noch zwei weitere Gründe, warum der Einsatz eines Alias notwendig sein kann. Einige API-Funktionen besitzen Argumente, denen
je nach Anforderung verschiedene Datentypen übergeben werden können. Ein Beispiel ist die Funktion *GetPrivateProfileString*, der für den
Sektionsnamen zum einen ein Sektionsname (String), zum anderen ein
Nullzeiger (dargestellt durch die Konstante *vbNullString*) übergeben
werden kann. Falls man »as any« nicht aufheben möchte, definiert man
die Funktion zweimal, wobei eine der beiden Funktionen (oder beide)
einen Aliasnamen erhalten muss:

```
Declare Function AlleEintragsNamenLesen Lib "kernel32" Alias _
"GetPrivateProfileStringA" (ByVal lpApplicationName As _
String, ByVal lpKeyName As Any, ...) As Long
```

und

```
Declare Function GetPrivateProfileString Lib "kernel32" _
Alias "GetPrivateProfileStringA" (ByVal lpApplicationName _
As String, ByVal lpKeyName As String, ...) As Long
```

Nun kann die Funktion unter dem Namen *AlleEintragsNamenLesen* mit einem Nullzeiger und unter dem Namen *GetPrivateProfileString* mit einem String aufgerufen werden. Aufgerufen wird natürlich in beiden Fällen ein und dieselbe API-Funktion, doch dürfen ihr in beiden Fällen für das Argument *lpKeyName* verschiedene Datentypen übergeben werden. Natürlich hätte man auch für dieses Argument in der Originaldeklaration *As Any* schreiben können (so wie es auch in *Win32api.txt* gehandhabt wird), doch stellt diese Variante sicher, dass der Funktion *GetPrivateProfileString* in jedem Fall ein String übergeben wird.

Die zweite Anwendung für einen Aliasnamen ergibt sich im Zusammenhang mit dem Umstand, dass bei Win32-API-Funktionsnamen zwischen Groß- und Kleinschreibung unterschieden wird. Halten Sie sich nicht an diese Regel, gibt Windows an, dass es die Funktion nicht finden kann. Um jetzt aber nicht bei jeder Funktion peinlich genau auf Groß-/Kleinschreibung achten zu müssen (das gäbe auch arge »Kompatibilitätsprobleme« bei der Umstellung von 16-Bit-Programmen), besitzt in der Datei *Win32api.tx*t jede Funktion einen Alias, sodass die Groß-/Kleinschreibung für den Funktionsnamen, der für den Aufruf der Funktion verwendet wird, keine Rolle spielt.

Die folgenden Anweisungen zeigen, wann es bei einer Deklaration aufgrund der Groß-/Kleinschreibung zu Fehlern kommen kann: **Beispiel**

```
Declare Function FlashWindow Lib "user32" (ByVal hwnd As _
Long, ByVal bInvert As Long) As Long
```

Diese Funktionsdeklaration verwendet in dieser (fiktiven) Form keinen Alias, der Aufruf der Funktion in der Form

```
RetVal = flashwindow(sNull, "Windows-Hilfe")
```

kann daher nicht funktionieren, da die Schreibweise des Funktionsnamens falsch ist. Verwenden Sie dagegen einen Alias, der den wahren Namen der Funktion festlegt, können Sie die Funktion beliebig aufrufen, da der für die Verwendung im Programm angegebene Name nicht »case sensitive« ist.

Und es gibt noch einen Grund, der für einen Alias sprechen kann. Einige Funktionsnamen sind ziemlich lang. Über den Alias können Sie ihnen einen Namen zuordnen, der nur aus zwei oder drei Buchstaben besteht. Das macht den häufigen Aufruf etwas einfacher.

15.3 Der API-Katalog

API-Funktionen wären bei weitem nicht so beliebt, wenn man sich die Deklarationen aus verschiedenen Quellen zusammensuchen und womöglich noch per Hand eintippen müßte. Visual Basic bietet zwar keine API-Hilfe, dafür aber einen API-Katalog, der die *Declare*-Anweisungen der allermeisten API-Funktionen, sowie die erforderlichen Datentypen (in Form von UDTs) und Konstanten enthält. Der API-Katalog (der in Form der Datei *Apiload.exe* vorliegt), und auch als API-Viewer bezeichnet wird, ist allerdings kein »API-Expertensystem«, sondern lediglich ein Betrachter, der den Inhalt der Datei *Win32api.txt* darstellt und jede andere Textdatei mit einem passenden Aufbau genauso anzeigen würde.

Auf Wunsch wandelt der API-Katalog eine Textdatei in eine Access-Datenbank um, was den Zugriff beschleunigen soll. Doch Vorsicht, die Umwandlung dauert relativ lange.

Abbildung 15.1: Der API-Katalog enthält die Declare-Anweisungen für (fast) alle API-Funktionen, die von Visual Basic aus aufgerufen werden können.

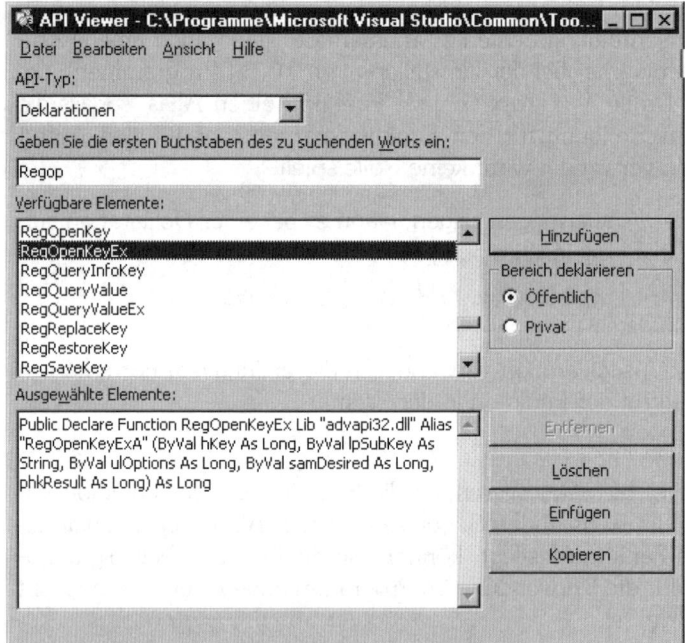

Der API-Katalog steht auch als Add-In zur Verfügung und wird über den Menübefehl ADD-INS | ADD-IN-MANAGER und Laden des Eintrags »VB 6 API Viewer« eingebunden

Leider ist der API-Katalog bezüglich seiner Möglichkeiten etwas begrenzt. Dennoch ist er eine überaus wertvolle Hilfe. Immerhin hat er in den letzten Versionen auch eine kleine Verbesserung erfahren: Über den Menübefehl ANSICHT | VOLLTEXT können Sie bei Deklarationen, Typen oder Konstanten den vollen Text einsehen. Außerdem können Sie einstellen, ob einer Deklaration *Private* oder *Public* vorangestellt werden soll.

Doch bitte nicht vergessen, der API-Katalog liefert lediglich die Deklarationen. Eine Erklärung der einzelnen Funktionen und ihrer Argumente finden Sie hier nicht.

15.4 Die Übergabe von Argumenten

Die meisten API-Funktionen erwarten bei ihrem Aufruf bestimmte Argumente (bei einigen Funktionen sind es sogar relativ viele). Daran liegt im Allgemeinen keine zusätzliche Schwierigkeit, denn der Aufruf unterscheidet sich auch hier nicht von dem einer herkömmlichen Funktion. Ein wenig kompliziert kann es allerdings werden, wenn die API-Funktion Zeiger erwartet und Sie entscheiden müssen, ob das Argument als Wert oder als Referenz (im Zweifelsfall immer als Wert) übergeben werden soll, oder ein Argument einen Datentyp besitzt, für den es kein direktes Gegenstück in Visual Basic gibt. Doch so etwas kommt zum Glück selten vor. Als Anschauungsmaterial für eine einfache API-Funktion mit Argumenten soll *FlashWindow* herhalten, die vor allem bei den Autoren von Einführungsbüchern sehr beliebt ist. Der Grund, sie ist vollkommen problemlos anzuwenden und hat einen hübschen visuellen Effekt. Hier zunächst die allgemeine Syntax der Funktion:

```
Declare Function FlashWindow Lib "user32" (ByVal hwnd As Long, ByVal
bInvert As Long) As Long
```

Betrachten Sie jetzt den hinteren Teil der Funktionsdeklaration. Anstelle eines leeren Klammernpaares besitzt die Funktion eine Argumenteliste. Wenn Sie Kapitel 9, in dem es um die Deklaration von Funktionen in VBA ging, aufmerksam durchgearbeitet haben, dürfte Ihnen diese bestens bekannt sein:

```
ByVal hwnd As Long, ByVal bInvert As Long
```

Die Argumenteliste umfasst zwei Argumente. Es ist ganz wichtig zu verstehen, dass es nicht auf die Namen der Argumente, sondern auf deren Datentyp ankommt. Die Namen sind bloße Platzhalter, die einzig und allein dazu da sind, Ihnen die Bedeutung des Arguments zu verraten und dem Umstand Rechnung tragen, dass aus Syntaxgründen irgendein Name aufgeführt werden muss. Der Datentyp legt dagegen fest, wie viele Bytes auf dem sog. Callstack (dem internen »Übergabebahnhof für die Argumente«) abgelegt werden. Sind es zu wenig oder zu viele, wird entweder ein falscher Wert übergeben oder das Programm stürzt im schlimmsten Fall sogar ab.

Nun kann auch die *FlashWindow*-Funktion eingesetzt werden. Dazu müssen Sie aber noch die Bedeutung der beiden Funktionsargumente kennen.

Die Argumente und ihre Bedeutung:

Argument	Bedeutung
HWnd	Dies ist ganz einfach die »Adresse« (Bezugsnummer) des Fensters, dessen Titelzeile »flashen« soll.
BInvert	Dieser Wert legt fest, ob die Titelzeile in den gegenteiligen Zustand umspringt (bInvert<>0) oder ihren Ursprungszustand wieder annimmt (bInvert=0). Wird die FlashWindow-Funktion mit einem Wert ungleich Null für *bInvert* aufgerufen, schaltet sie zwischen dem aktiven und inaktiven Zustand der Titelleiste um.
Rückgabewert	Als Rückgabewert gibt die Funktion den Zustand der Titelleiste vor dem Aufruf von FlashWindow zurück.

Beispiel Da die *FlashWindow*-Funktion den Zustand der Titelleiste lediglich umschaltet, sie aber nicht von alleine blinken lässt, muss sie von einem Zeitgeber gesteuert werden, um ein regelmäßiges Blinken der Titelleiste zu erreichen. Damit kann man den Benutzer sehr schön auf einen bestimmten Zustand aufmerksam machen, da gleichzeitig auch der Fenstereintrag in der Taskleiste zu blinken beginnt.

Ordnen Sie für die Umsetzung des Beispiels auf einem leeren Formular eine Schaltfläche (*cmdStart*) und einen Zeitgeber (*tmrZeit*) an.

```
Private Declare Function FlashWindow Lib "user32" _
(ByVal hwnd As Long, ByVal bInvert As Long) As Long
Private Sub cmdStart_Click()
    Static Modus
    Dim RetVal As Long
    If Modus = True Then
        Modus = False
        cmdStart.Caption = "&Start"
        tmrZeit.Interval = 0
        RetVal = FlashWindow(hwnd, 1)
    Else
```

```
        Modus = True
        cmdStart.Caption = "&Stop"
        tmrZeit.Interval = 200
    End If
End Sub
```

Übrigens kann die *FlashWindow*-Funktion beliebige Fenster zum Blinken bringen, indem Sie die Bezugsnummer (*hWnd*-Eigenschaft) des Fensters übergeben. Eine Möglichkeit, diese Bezugsnummer für ein beliebiges Fenster zu erhalten, bietet die *FindWindow*-API-Funktion, womit Sie gleich die nächste API-Funktion mit Argumenten kennen lernen.

FindWindow sucht die Bezugsnummer eines Fensters, dessen Klassenname oder Fenstertitel angegeben wurde. **Syntax**

```
Declare Function FindWindow Lib "user32" Alias "FindWindowA" (ByVal
lpClassName As String, ByVal lpWindowName As String) As Long
```

Als Argumente werden der Funktion der Klassenname (hierfür kann die Konstante *vbNullString* übergeben werden, in diesem Fall werden alle »Klassennamen« berücksichtigt[3]) und der Fenstername übergeben. Letzterer ist in der Titelleiste des Fensters zu finden und muss vollständig übernommen werden. Als Rückgabewert gibt die Funktion die Bezugsnummer des Fensters zurück, sofern dieses gefunden wurde.

Das folgende Beispiel ermittelt die Bezugsnummer eines bestimmten **Beispiel** Fensters:

```
Private FensterBezug As Long
FensterBezug = FindWindow(vbNullString, "Microsoft Word - KAP15.DOC")
FlashWindow( FensterBezug, 1)
```

Dieses kleine Beispiel schaltet die Titelleiste des Fensters mit dem Titel »Microsoft Word – KAP15.DOC« (die Groß-/Kleinschreibung spielt keine Rolle) um. Voraussetzung ist allerdings, dass der Titel des Fensters auch exakt so lautet. Wurde innerhalb von Word ein anderes Dokument geladen, muss dessen Name, getrennt von einem Bindestrich (mit Leerzeichen vorher und nachher), an den Namen »Microsoft Word« gehängt werden.

Halten wir fest, für jedes Argument, das beim Aufruf einer API-Funktion übergeben wird, muss der richtige Datentyp und der richtige Aufruftyp (in den meisten Fällen *ByVal*) angegeben werden. Der Name des Arguments spielt dagegen keine Rolle.

---

[3]   Diese Fensterklasse hat überhaupt nichts mit den VBA-Klassen zu tun.

15.4.1   Funktion oder Prozedur?

Auch diese Formalität lässt sich schnell klären. Praktisch alle API-Funktionen sind Funktionen, d.h. sie geben einen Wert zurück. Dennoch finden Sie im API-Katalog auch einige *Sub*-Anweisungen. Hier liegt zwar ebenfalls eine Funktion vor, doch da der Rückgabewert nicht interessiert, kann die API-Funktion als *Sub* aufgerufen werden.

15.4.2   Der Unterschied zwischen ByVal und ByRef

Fast jedem Argument, das einer API-Funktion übergeben wird, geht das Schlüsselwort *ByVal* (Abkürzung für »By Value«, zu deutsch »Übergabe als Wert«) voraus. Damit hat es eine einfache Bewandtnis. Standardmäßig übergibt Visual Basic ein Argument als Referenz. Sowohl bei API-Funktionen als auch bei herkömmlichen Funktionen und Prozeduren. Die aufgerufene Funktion (oder Prozedur) erhält eine Adresse von dem übergebenen Wert, sodass sie diesen gegebenenfalls verändern kann. Die meisten API-Funktionen erwarten allerdings direkte Werte. Anstelle der Adresse eines *Integer*-Wertes möchte die Funktion den Wert direkt haben. Damit Visual Basic einen Wert und keine Referenz übergibt, muss der Variablen in der Funktionsdeklaration *ByVal* vorausgehen.

Merksatz   *Wenn Sie sich bezüglich der Übergabemethode eines Arguments nicht sicher sind und über keine zuverlässige Declare-Anweisung verfügen, verwenden Sie im Zweifelsfall zunächst ByVal.*

Wahrscheinlich aus Gründen der Vollständigkeit verfügt Visual Basic auch über das Schlüsselwort ByRef (Abkürzung für »By Reference«, zu deutsch »als Referenz«). Dieses ist jedoch beim Aufruf von API-Funktionen nicht erforderlich, da Visual Basic einen Wert standardmäßig als Referenz übergibt.

15.4.3   Die Rolle der Datentypen

Wir kommen nun zu einem sehr wichtigen, leider aber für Programmiereinsteiger nicht ganz unproblematischen Thema. Es geht um die Datentypen, die beim Aufruf einer API-Funktion übergeben werden müssen. Bekanntlich wurde die Windows-API in erster Linie für den Aufruf von einem C-Programm konzipiert (Windows selbst ist zu einem großen Teil in C geschrieben). Dies ist insofern von Bedeutung, da alle Konventionen, was die Übergabe von Argumenten angeht, denen von C entsprechen. Für C-Programmierer ist das ideal, denn sie rufen eine API-Funktion auf die exakt gleiche Weise auf wie eine normale C-Funktion und können alle benötigten Datentypen in ihrem Programm so deklarieren, wie es von der API-Funktion erwartet wird. Für Visual-Basic-Programmierer sieht die Angelegenheit ein wenig komplizierter aus, denn für nicht jeden C-Datentyp gibt es ein direktes Gegenstück in Visual Basic. Manchmal stolpert man auch über die Frage, ob ein C-Datentyp nun 16- oder 32-Bit-bereit ist. Zwar ist ein *Long* in beiden Fällen ein (vorzeichenbehafteter) 32-Bit-Integer-Wert, doch ob ein *int* in C einen 16- oder einen 32-Bit-Wert darstellt (er ist bei Win32 nämlich ein 32-Bit-Wert, also vom Datentyp *Long*), oder was eine API-Funktion mit einem *Short*-, *WORD*- oder *LPSTR*-Datentyp meinen könnte, ist am Anfang alles andere als offensichtlich. Erschwerend kommt hinzu, dass die allermeisten Referenzen der Windows-API nur auf die C-Datentypen, nicht aber auf die Visual-Basic-Pendants eingehen. Zum Glück gibt es für fast jeden API-Datentyp eine Möglichkeit, diesen in Visual Basic zur Verfügung zu stellen. Man muss »nur« wissen, was die C-Datentypen exakt bedeuten, d.h. in erster Linie, wie viele Bytes dieser belegt. Für alle die, die noch alte Visual-Basic-3.0-Programme nach Win32 portieren müssen (z.B. weil sie einen tollen API-Trick im Internet für Visual Basic 3.0 gefunden haben), enthält Tabelle 15.1 auch eine Gegenüberstellung der Win16/Win32-Datentypen.

C-Datentyp	Größe bei Win16 in Bytes	Größe bei Win32 in Bytes
Unsigned INT, UINT, INT	2	4
short	2	2
long	4	4
char, CHAR	1	1
WORD	2	2
Handle (z.B. hWnd oder hDC)	2	4
LPSTR	4	4
WCHR	2	2
TCHAR	1	1 oder 2
POINT	4	8

Tabelle 15.1: Größe eines C-Datentyps bei 16- und bei 32-Bit-Windows.

C-Datentypdeklaration	Visual-Basic-Aufruf	Wird aufgerufen als
BOOL	ByVal B As Boolean	Integer oder Variant
LPSTR (Zeiger auf String)	ByVal S As String	String oder Variant
LPINT (Zeiger auf Integer)	I As Integer	Integer oder Variant

Tabelle 15.2: C-Datentypen und ihre Visual-Basic-Pendants.

Kapitel 15: Visual Basic und die Windows-API

C-Datentypdeklaration	Visual-Basic-Aufruf	Wird aufgerufen als
LPDWORD (Zeiger auf Long)	L As Long	Long oder Variant
LPRECT (Zeiger auf Struktur)	R As Rect	Strukturvariable
Short, WORD (Integer)	ByVal I As Integer	Integer oder Variant
HWND (Handle)	ByVal h As Long	Long oder Variant
int, UINT, DWORD, LONG (Long)	ByVal L AsLong	Long oder Variant
float, double	ByVal f As Float	Single und Double (kommt bei API-Aufrufen nicht vor)
void * (Zeiger auf void)	V As Any	Jede Variable (ByVal bei Strings)
Void (Rückgabewert)	Sub Prozedurname	-
NULL	As Any oder As String	vbNullString oder ByVal 0&
Char	ByVal Ch As String	String oder Variant

Merksatz *Dies ist gerade für Umsteiger von Visual Basic 3.0 wichtig. Bei Win32 ist ein int-Wert ein 32-Bit-Wert (bei Windows 3.1 waren es noch 16 Bits). Ein Integer ist aber auch bei 32-Bit-Visual-Basic-Versionen (also ab Visual Basic 4.0/32 Bit) nur ein vorzeichenbehafteter 16-Bit-Wert.*

15.5 Ein Griff in die »API-Trickkiste«

Natürlich gibt es keine offizielle »Hitparade« der API-Funktionen und natürlich ist die API offiziell keine »Trickkiste«. Es gibt aber Funktionen, die jeder Visual-Basic-Programmierer kennen sollte, der sich für die Windows-API im Allgemeinen und den Aufruf dieser Funktionen von einem Visual-Basic-Programm interessiert.

Tabelle 15.3: Die »beliebtesten« API-Funktionen für Visual-Basic-Programmierer in einer Übersicht.

API-Funktion	Bedeutung	Syntax in Kapitel ...
BringWindowToTop	Aktiviert ein Fenster.	-
ExtractIcon	Extrahiert ein Symbol (ICO-Format) aus einer Datei.	16

API-Funktion	Bedeutung	Syntax in Kapitel ...
FindWindow	Ermittelt die Bezugs-nummer eines Fensters.	16
GetPrivateProfile-String	Liest einen Eintrag aus einer INI-Datei.	16
GetSystemDirectory	Ermittelt den Namen des Windows-Sys-temverzeichnisses.	16
GetVersionEx	Gibt die Betriebssys-temversion zurück.	16
GetWindowsDirectory	Ermittelt den Namen des Windows-Verzeich-nisses.	16
GlobalMemoryStatus	Gibt die Menge des frei-en Arbeitsspeichers zu-rück.	16
SendMessage	Sendet eine Nachricht an ein Fenster oder Steuerelement.	16
SetActiveWindow	Aktiviert ein Fenster.	-
SetCapture	Beschränkt die Bewe-gungsfreiheit des Maus-zeigers auf einen be-stimmten Bereich.	9
SetCursorPos	Setzt die Position des Mauszeigers.	9
WritePrivateProfile-String	Schreibt einen Eintrag in eine INI-Datei.	16

15.5.1 Die Bezugsnummer eines Fensters ermitteln

Zu den wichtigsten Eigenschaften eines Fensters gehört die *hWnd*-Ei-genschaft, denn diese steht für die interne Bezugsnummer des Fen-sters. Alle Zugriffe über API-Funktionen auf das Fenster werden über diese Bezugsnummer durchgeführt. Der Name *hWnd* leitet sich von dem Umstand ab, dass die Fensterbezugsnummer auf engl. »window handle« heißt.

Alle Windows-Objekte werden über eine Bezugsnummer identifi- **Merksatz**
ziert und angesprochen. Für Fenster steht diese Bezugsnummer
über die hWnd-Eigenschaft zur Verfügung.

Bei der Bezugsnummer handelt es sich zwar um eine »normale« 32-Bit-Zahl, doch hat ihr aktueller Wert keine direkte Bedeutung für das Programm:

```
?Me.hWnd
380
```

Der aktuelle Wert der Fensterbezugsnummer lautet zwar 380, doch wird sich dieser beim nächsten Aufruf des Programms mit Sicherheit ändern. Grundsätzlich kann man mit Bezugsnummern keine Rechenoperationen durchführen, also nicht von der Bezugsnummer eines Fensters durch eine Addition auf die des nächsten Fensters schließen (auf diese Idee würde auch kein Windows-Programmierer kommen). Auch das Zwischenspeichern von Bezugsnummern in Variablen ist keine gute Programmierpraxis. Stattdessen wird die Bezugsnummer eines Objekts stets neu »angefordert«. Entweder durch Abfrage der entsprechenden Visual-Basic-Eigenschaft oder durch den Aufruf einer API-Funktion, die diesen Wert zurückgibt.

Tabelle 15.4:
Visual-Basic-
Eigenschaften,
die Bezugsnum-
mern zurückge-
ben.

Bezugsnummern-eigenschaft	Bedeutung
Picture	Bezugsnummer des *Picture*-Objekts (bzw. eines *IPictureDisp*-Objekts).
hDC	Bezugsnummer des Gerätekontextes eines Formulars, eines Bildfeldes oder des *Printer*-Objekts.
hInstance	Bezugsnummer der aktuellen Instanz der Anwendung (*App*-Objekt).
hWnd	Fensterbezugsnummer.
Icon	Bezug auf ein Symbol (*hIcon*).
PrevInstance	Bezugsnummer einer unter Umständen bereits aktiven Instanz (*App*-Objekt).

Die Figurenelemente, das Bezeichnungsfeld und das Anzeigenelement besitzen keine hWnd-Eigenschaft, da es sich nicht um richtige Fenster, sondern um eine »Ausgabeanweisung« an ein Fenster handelt. Sie sind vielmehr »Komponenten« des Containers (Formular, Bildfeld oder Rahmenfeld) auf dem sie angeordnet sind. Diese Steuerelemente werden übrigens auch als »lightweight controls« bezeichnet, da sie relativ wenig Arbeitsspeicher belegen. Ab Visual Basic 6.0 können Sie nicht nur solche Steuerelemente erstellen, Visual Basic spendiert Ihnen auf der Visual-Basic-CD gleich die wichtigsten Steuerelemente der Werkzeugsammlung in einer Light-Variante (Sie finden sie in der Datei Mswless.ocx).

Nun besitzen aber auch die meisten Steuerelemente, wie das Textfeld oder die Befehlsschaltfläche, eine *hWnd*-Eigenschaft. Was hat das zu bedeuten? Ganz einfach, auch diese Steuerelemente werden Windows-intern als Fenster ausgeführt, sie besitzen nur nicht das Aussehen und das Verhalten eines Standardfensters. Die Bezugsnummer eines Visual-Basic-Objekts erhalten Sie über die *hWnd*-Eigenschaft. Doch was ist zu tun, wenn Sie auf ein anderes Fenster, zum Beispiel das Notepad-Fenster, zugreifen möchten, um diesem zum Beispiel eine Nachricht zu schicken? Um an die Fensterbezugsnummer eines Fensters zu kommen, gibt es verschiedene Möglichkeiten:

1. Über die API-Funktion *GetActiveWindow*. Das setzt aber voraus, dass die Anwendung bereits läuft und Sie sie z.B. über die Anweisung *AppActivate* zur aktiven Anwendung machen können.

2. Über die API-Funktion *FindWindow*. Auch in diesem Fall muss die Anwendung laufen und Sie müssen neben dem Fenstertitel auch den Klassennamen kennen.

3. Sollte die Anwendung noch nicht geladen worden sein, muss dies zunächst, z.B. über die *Shell*-Methode, nachgeholt werden. Der Rückgabewert dieser Funktion ist die Instanzbezugsnummer *hInstance*. Anschließend kann die Fensterbezugsnummer über die *GetActiveWindow*-Funktion ermittelt werden.

15.5.2 Informationen über ein Fenster erfragen

Zugegeben, es ist für die Visual-Basic-Programmierung nur selten erforderlich, intime Details über ein Fenster, wie zum Beispiel den Klassennamen, zu erhalten. Doch kann es keinesfalls schaden, etwas mehr über die interne Arbeitsweise von Visual Basic und Windows zu wissen.

Um Informationen über ein Fenster zu erhalten, muss man es erst einmal in der internen Fensterliste ausfindig machen. Dazu gibt es u.a. die *FindWindow*-Funktion, der wahlweise der Name der Titelleiste oder der Klassenname des Fensters übergeben werden kann. Dieser Klassenname hat absolut nichts mit den Visual-Basic-Klassen zu tun. Die Klasse eines Fensters ist eine Eigenschaft, die es seit Windows 1.0 gibt und die lediglich festlegt, welche Attribute ein Fenster automatisch besitzt, wenn es neu angelegt wird. Es wird Sie wahrscheinlich überraschen, dass ein Formular und eine Schaltfläche eng miteinander verwandt sind. Bei beiden handelt es sich um Fenster, die allerdings, und das wird Sie weniger überraschen, zu verschiedenen Fensterklassen gehören. Den Klassennamen eines Fensters erfahren Sie über die API-Funktion *GetClassName*.

GetClassName ermittelt den Klassennamen eines Fensters.   **Syntax**

```
Declare Function GetClassName Lib "user32" Alias _
"GetClassNameA" (ByVal hwnd As Long, ByVal lpClassName As _
String, ByVal nMaxCount As Long) As Long
```

Der Funktion wird die Bezugsnummer eines Fensters und eine String-variable übergeben, in der die Zeichenkette mit dem Klassennamen ab-gelegt wird. Außerdem muss die Anzahl der Zeichen übergeben wer-den, die Windows maximal in der Stringvariablen ablegen darf. Dies ist eine Standardtechnik bei der Übergabe von Stringvariablen an eine API-Funktion, wenn diese den Inhalt der Stringvariablen überschreiben soll. Achten Sie stets darauf, die Stringvariablen zuvor mit Leerzeichen zu initialisieren und für die Anzahl der Zeichen keinen zu großen Wert anzugeben. Übergeben Sie z.B. eine Länge von 100 Zeichen, reser-vieren aber nur für 90 Zeichen Platz in der Stringvariablen, über-schreibt Windows die Stringvariable um zehn Zeichen, was sich im All-gemeinen eher ungünstig für den weiteren Programmverlauf auswirkt. Das Beste ist es daher, eine Stringvariable über die *Space*- oder *String*-Methode mit einer bestimmten Anzahl an Leerzeichen oder Nullen zu füllen und über die *LenB*-Methode genau diese Anzahl zu übergeben:

```
KlassenName = String(255, 0)
RetVal = GetClassName (hWnd, KlassenName, _
Len(KlassenName) + 1)
```

Beispiel Die folgenden Anweisungen übertragen die Klassennamen aller Steu-erelemente und des Formulars selbst in ein Listenfeld:

```
Option Explicit
Private Declare Function GetClassName Lib "user32" Alias _
"GetClassNameA" (ByVal hwnd As Long, ByVal lpClassName As _
String, ByVal nMaxCount As Long) As Long

Private Sub cmdStart_Click()
    On Error GoTo cmdStartClick_Err
    Dim KlassenName As String, RetVal As Long
    Dim OhneHwnd As Integer
    Dim C As Control
    lstKlassenNamen.Clear
    KlassenName = Space(256)
    RetVal = GetClassName(Me.hwnd, KlassenName, _
    Len(KlassenName))
    lstKlassenNamen.AddItem KlassenName
    For Each C In Controls
        KlassenName = Space(256)
        RetVal = GetClassName(C.hwnd, KlassenName, _
        LenB(KlassenName))
        lstKlassenNamen.AddItem KlassenName
Weiter:
    Next
    MsgBox "Von " & Controls.Count & _
```

```
    " Steuerelementen besitzen " & _
    OhneHwnd & " keine Klasse!", vbExclamation, "Hinweis"
    Exit Sub
cmdStartClick_Err:
    Select Case Err.Number
        Case 438 ' Objekt unterstützt Eigenschaft nicht
            OhneHwnd = OhneHwnd + 1
             Resume Weiter
        Case Else
            MsgBox Err.Description & " (" & Err.Number & _
            ")", vbExclamation, "Laufzeitfehler"
            Stop
        End Select
End Sub
```

Über die *Controls*-Sammlung wird die *hWnd*-Eigenschaft aller Steuerelemente des Formulars der *GetClassName*-Funktion übergeben. Die
Fehlerbehandlung ist notwendig, da nicht alle Steuerelemente eine
hWnd-Eigenschaft besitzen. Beachten Sie, dass die *Resume*-Anwei-
sung in einer relativ selten anzutreffenden Variante eingesetzt wird.
Anstatt zur nächsten Anweisung zu springen, verzweigt sie zu der
Sprungmarke *Weiter*.

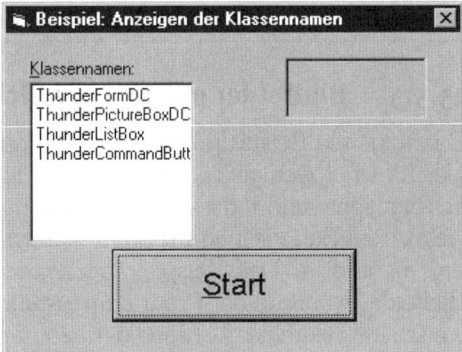

*Abbildung 15.2:
Über die Get-
ClassName-
Funktion wer-
den die Klassen-
namen der Steu-
erelemente
aufgelistet.*

*Tabelle 15.5:
API-Funktionen
für die Abfrage
von Informa-
tionen über ein
Fenster.*

API-Funktion	Bedeutung
GetActiveWindow	Ermittelt die Bezugsnummer des aktiven Fensters.
GetClassInfo	Füllt eine Strukturvariable vom Typ *WNDCLASS* mit den Informationen einer Fensterklasse.
GetClassLong	Liefert die Zusatzinformation einer Fensterklasse wie z.B. die Bezugsnummer des Fenstermenüs. Die gewünschte Information wird über einen Index aus-gewählt.
GetClassName	Ermittelt den Klassennamen eines Fensters.

API-Funktion	Bedeutung
GetClassWord	Liefert die Zusatzinformation einer Fensterklasse wie z.B. die Bezugsnummer des Standardsymbols (*hIcon*) oder die Anzahl der Bytes im Extrabereich der Fensterklassenstruktur. Die gewünschte Information wird über einen Index ausgewählt.
GetClientRect	Ermittelt die Größe der Innenfläche eines Fensters.
GetNextWindow	Ermittelt die Bezugsnummer des nächsten Fensters in der internen Fensterliste.
GetParent	Ermittelt die Bezugsnummer eines Elternfensters (sofern vorhanden).
GetWindowRect	Ermittelt die Größe der Gesamtfläche eines Fensters (inklusive Umrandung).
GetWindowText	Liefert die Überschrift eines Fensters (normalerweise identisch mit *Caption*-Eigenschaft).
GetWindowWord	Ermittelt Zusatzinformationen zu einem Fenster wie z.B. die Instanznummer der Applikation, zu der das Fenster gehört. Die gewünschte Information wird über einen Index ausgewählt.

15.5.3 Bildfelder mit veränderlicher Größe

Das folgende Beispielprogramm wird Ihnen bestimmt gefallen, wenngleich es nur wenige sinnvolle Anwendungen dafür geben dürfte. Aber es zeigt sehr schön, dass man sich nie mit dem zufrieden geben sollte, was Visual Basic seinen Programmierern serviert. Oft ist noch ein wenig mehr drin. Das Beispielprogramm ermöglicht, die Größe eines Bildfeldes während der Programmausführung zu verändern. Normalerweise sind Bildfelder während der Programmausführung in ihrer Größe nicht änderbar. Das ist natürlich kein Naturgesetz, sondern wird Visual-Basic-intern dadurch entschieden, indem das zuständige Attribut »Größe veränderbar« in der Fensterklasse des Bildfeldes einfach nicht »freigeschaltet« wird. Über ein paar API-Aufrufe lässt sich auch diese kleine Einschränkung umgehen. Allerdings ist diesmal nicht die *SendMessage*-Funktion im Spiel. Stattdessen kommt die *SetWindowLong*-API-Funktion zum Einsatz, die die Fensterinformation direkt verändert. Zwar soll man als Visual-Basic-Programmierer diese Dinge normalerweise, vor allem wider besseren Wissens, in Ruhe lassen, doch im vorliegenden Fall ist das Risiko nicht allzu groß.

Syntax Die API-Funktion *SetWindowLong* ändert die Klasseninformation eines Fensters.

```
Declare Function GetWindowLong Lib "user32" Alias _
"GetWindowLongA" (ByVal hwnd As Long, ByVal nIndex As Long) _
As Long

Declare Function SetWindowLong Lib "user32" Alias _
"SetWindowLongA" (ByVal hwnd As Long, ByVal nIndex As Long, _
ByVal dwNewLong As Long) As Long
```

Der *SetWindowLong*-API-Funktion werden drei Argumente übergeben:

1. Die Bezugsnummer des Fensters, dessen Fensterinformationen gesetzt oder gelesen (über die *GetWindowLong*-API-Funktion) werden sollen.

2. Ein Index, der angibt, welcher Teil der Fensterinformation (es handelt sich um eine UDT-Variable) gemeint ist.

3. Der neue Wert, der in die Fensterinformationsstruktur eingetragen werden soll.

Folgende Konstanten kommen für das Argument *nIndex* in Frage, das festlegt, welche Fensterinformationen abgefragt werden sollen:

Konstante	Bedeutung
GWL_EXSTYLE	Spricht die erweiterten Stilattribute eines Fensters an.
GWL_STYLE	Spricht die Standardstilattribute eines Fensters an.
GWL_WNDPROC	Spricht die Adresse der Fensterfunktion eines Fensters an. Wird in Visual Basic normalerweise nicht benötigt, da Eingriffe in die Fensterfunktion eine Vielzahl von Implikationen nach sich ziehen.

Für die Umsetzung des Beispiels benötigen Sie ein Formular, auf dem zwei Schaltflächen (*cmdStart* und *cmdNormal*) angeordnet sind. Nach dem Anklicken der Schaltfläche *cmdStart* wird der aktuelle Wert für den Fensterstil gelesen (und zwischengespeichert) und dann mit den neuen Attributen *WS_THICKFRAME* (das Bildfeld erhält eine doppelte Umrandung) und *GWL_STYLE* per *OR*-Operator verknüpft.

Übung 15.1: Bildfelder mit veränderlicher Größe.

Abbildung 15.3:
Durch Ankli-
cken des Fen-
sterrahmens
lässt sich das
Bildfeld belie-
big in der Größe
verändern.

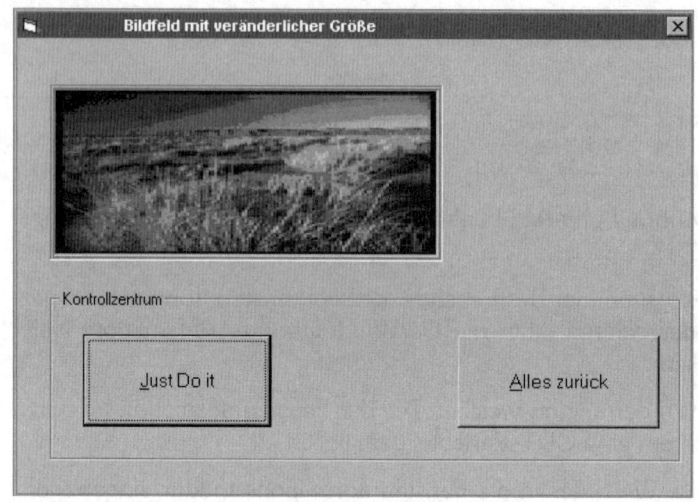

Der Allgemein-Teil

```
Option Explicit

Private Declare Function GetWindowLong Lib "user32" Alias _
"GetWindowLongA" (ByVal hwnd As Long, ByVal nIndex As Long) _
As Long
Private Declare Function SetWindowLong Lib "user32" Alias _
"SetWindowLongA" (ByVal hwnd As Long, ByVal nIndex As Long, _
ByVal dwNewLong As Long) As Long
Private Declare Function SetWindowPos Lib "user32" (ByVal _
hwnd As Long, ByVal hWndInsertAfter As Long, ByVal x As _
Long, ByVal y As Long, ByVal cx As Long, ByVal cy As Long, _
ByVal wFlags As Long) As Long

Const GWL_STYLE = (-16)
Const WS_THICKFRAME = &H40000
Const WS_CHILD = &H40000000
Const SWP_DRAWFRAME = &H20
Const SWP_NOMOVE = &H2
Const SWP_NOSIZE = &H1
Const SWP_NOZORDER = &H4

Private OldStyle As Long

Private Sub cmdNormal_Click()
    Dim Style As Long
    Dim XPos As Integer, YPos As Integer
    Style = SetWindowLong(picBild.hwnd, GWL_STYLE, OldStyle)
    XPos = picBild.Left / Screen.TwipsPerPixelX
    YPos = picBild.Top / Screen.TwipsPerPixelY
    SetWindowPos picBild.hwnd, Me.hwnd, XPos, YPos, 0, 0, _
    SWP_NOZORDER Or SWP_NOSIZE Or SWP_DRAWFRAME
End Sub
```

Die Ereignisprozedur cmdStart_Click()

```
Private Sub cmdStart_Click()
    Dim Style As Long
    Dim XPos As Integer, YPos As Integer
    ' Aktuellen Stil des Bildfeldes abfragen
    Style = GetWindowLong(picBild.hwnd, GWL_STYLE)
    ' und zwischenspeichern
    OldStyle = Style
    ' Neuen Stil setzen
    Style = Style Or WS_THICKFRAME
    Style = SetWindowLong(picBild.hwnd, GWL_STYLE, Style)
    ' Windows von der neuen Größe des Bildfeldes unterrichten
    XPos = picBild.Left / Screen.TwipsPerPixelX
    YPos = picBild.Top / Screen.TwipsPerPixelY
    SetWindowPos picBild.hwnd, Me.hwnd, XPos, YPos, 0, 0, _
    SWP_NOZORDER Or SWP_NOSIZE Or SWP_DRAWFRAME
End Sub
```

Wie funktioniert's?

Damit Visual Basic von diesen »eigenmächtigen« Eingriffen in die Fensterstruktur des Bildfeldes unterrichtet wird, muss die *SetWindowPos*-Funktion aufgerufen werden, die die interne Liste aller vorhandenen Fenster neu knüpft und die getroffenen Änderungen berücksichtigt. Da *SetWindowPos* das Fenster (Bildfeld) neu zeichnet, müssen ihr die Koordinaten (in Pixel), die Größe und zusätzliche Attribute übergeben werden. Nachdem die Prozedur abgearbeitet wurde, können Sie die Größe des Bildfeldes mit der Maus verändern. Falls sich im Bildfeld eine skalierbare Bitmap (Metafile) befindet, passt diese ihre Größe automatisch an. Über die Schaltfläche *cmdNormal* wird der alte Zustand des Bildfeldes wiederhergestellt.

15.5.4 Icons aus Dateien extrahieren

Symbole (oder Icons) sind die kleinen bunten Bildchen, die bei Windows »herumwuseln« und bei Visual Basic überall dort zum Einsatz kommen können, wo es eine *Icon-* oder *Picture-*Eigenschaft gibt. Symbole sind keine offiziellen Bitmaps (wenngleich sie aus einer Aneinanderreihung von Bits bestehen), die besitzen ihre eigene Struktur. Sie können im Prinzip beliebig groß werden (sie sollten allerdings quadratisch sein). Anders als man es zunächst vermuten würde, gibt es aber keine starre Festlegung, denn die Größe der (großen) Shell-Symbole kann bei Windows über die Systemsteuerung eingestellt werden (die aktuelle Größe wird in der Registry unter dem Schlüssel *HKey_Current_User\Control Panel\desktop\WindowMetrics\Shell Icon Size*) abgelegt. Die übliche Größe von Symbolen beträgt 32x32 bei 16 Farben. Symbole sind allerdings nicht nur in ICO-Dateien enthalten, sie können auch Bestandteil von EXE- oder DLL-Dateien sein (z.B. *Shell32.dll* oder *Mori-*

cons.dll) bzw. allgemein in beliebigen binären Dateien vertreten sein. Auch die Mauszeigersymboldateien (CUR-Dateien) sind bezüglich ihrer Struktur ICO-Dateien. Im Folgenden soll kurz skizziert werden, wie sich aus einer beliebigen Programmdatei ein bestimmtes Symbol extrahieren lässt. Das Symbol können Sie wahlweise einer Eigenschaft zuweisen oder in einer eigenen ICO-Datei speichern. Dabei müssen folgende Schritte durchlaufen werden:

1. Ermitteln der Bezugsnummer der aktuellen Instanz des Fensters über die *GetClassWord*-API-Funktion.

2. Extrahieren des Symbols über die *ExtractIcon*-API-Funktion. Das Resultat ist ein *hIcon*-Wert.

3. Kopieren der *hIcon*-Bitmap über die *DrawIcon*-API-Funktion in ein Bildfeld (eine Anzeige geht nicht, da diese keine *hDC*-Eigenschaft besitzt).

Beispiel   Die folgende Prozedur extrahiert ein Symbol aus der Systemdatei *Shell32.dll* und kopiert es in ein Bildfeld.

```
Private Sub cmdStart_Click()
    Dim Dateiname As String
    Dim hIcon As Long, Retval As Long, hInstanz As Long, nIconIndex As Long
    Dateiname = "C:\Windows\System\Shell32.dll"
    hInstanz = GetClassWord(hWnd, -16)
    nIconIndex = 21                                              '
Nummer des Symbols
    hIcon = ExtractIcon(hInstanz, Dateiname, nIconIndex)
    Retval = DrawIcon(picBild.hDC, 0, 0, hIcon)
    ' nur bei AutoRedraw=True
    ' picBild.Refresh
End Sub
```

Syntax
```
Declare Function GetClassWord Lib "user32" Alias _
"GetClassWord" (ByVal hwnd As Long, ByVal nIndex As Long) _
As Long
```

Neben der obligatorischen Fensterbezugsnummer erhält diese Funktion einen Index, der die gewünschte Information auswählt. Welche Einstellungen (die Konstanten finden Sie in *Win32api.txt*) für das Argument *nIndex* in Frage kommen, können Sie Tabelle 15.6 entnehmen.

Syntax
```
Declare Function ExtractIcon Lib "shell32.dll" Alias _
"ExtractIconA" (ByVal hInst As Long, ByVal lpszExeFileName _
As String, ByVal nIconIndex As Long) As Long
```

Diese API-Funktion erhält die Instanznummer des Moduls (offiziell aber eine *hInstance*-Bezugsnummer, was nicht exakt dasselbe ist), den Dateinamen (wie immer als nullterminierten String) und die Nummer des Symbols in der Datei. Dateien, wie z. B. *Moreicons.dll4*, können mehrere Dutzend Symbole enthalten, die auf diese Weise ausgewählt werden.

```
Declare Function DrawIcon Lib "User32" (ByVal hDC As Long, ByVal X As Long,
ByVal Y As Long, ByVal hIcon As Long) As Long
```

Diese API-Funktion kopiert die Bitmap des Icons in einen Gerätekontext und ist notwendig, da man die *hIcon*-Bezugsnummer nicht direkt der *Picture*-Eigenschaft zuweisen kann.

Konstante	Rückgabewert
GCW_CBLSEXTRA	Anzahl der Bytes im Extradatenbereich des Fensters.
GCW_HBRBACKGROUND	Bezugsnummer des Standardhintergrundmusters, die beim Zeichnen des Fensters verwendet wird.
GWC_HCURSOR	Bezugsnummer des Standardmauszeigersymbols.
GWC_HICON	Bezugsnummer des Standardsymbols.
GWC_HMODULE (-16)	Bezugsnummer des Moduls.
GWC_STYLE	Fenstertyp.

*Tabelle 15.6:
Diese Konstanten können der
GetClassWord-
Funktion übergeben werden.*

15.5.5 Informationen über eine Ico-Datei ermitteln

Woher erfahre ich denn, wie viele Symbole eine ICO-Datei besitzt und welche Größe diese besitzen? Dazu gibt es einen einfachen Weg. Laden Sie die ICO-Datei über die Anweisungen *Open* und *Get* als »normale« Binärdatei in zwei Strukturvariablen vom Typ *ICONDIR* (Anzahl der Symbole) und *ICONDIRENTRY* (Größe und Anzahl der Farben). Über die Strukturvariablen können Sie dann auf die gewünschten Informationen zugreifen:

```
Type ICONDIR
    idReserved As Integer
    idType As Integer        ' Dateityp: 1-Icon, 2-Cursor
    idCount As Integer       ' Anzahl der Symbole
End Type
```

und

```
Type ICONDIRENTRY
    bWidth As Byte           ' Breite
    bHeight As Byte          ' Höhe
    bColorCount As Byte      ' Anzahl der Farben
    bReserved As Byte
    wPlanes As Integer
    wBitCount As Integer
    dwBytesInRes As Long
    dwImageOffset As Long
End Type
```

Versuchen Sie sich einmal an einer Erweiterung zu dem Beispielprogramm der letzten Übung, das die wichtigsten Informationen einer ICO-Datei zeigt. Eine mögliche Lösung finden Sie auf der Buch-CD-ROM in der Datei *Icontyp.vbp*.

15.5.6 Die SearchTreeForFile-Funktion

Falls Sie Zeit und Lust zum Experimentieren haben: Die Win32-API-Funktion *SearchTreeForFile* der Systemdatei *Imagehlp.dll* durchsucht ein ganzes Laufwerk relativ flott nach einer Datei:

```
Declare Function SearchTreeForFile Lib "Imagehlp.dll" (ByVal _
lpRootPath As String, ByVal lpInputPathName As String, ByVal _
lpOutputPath As String) As Long
```

Der Funktion werden drei Argumente übergeben:

*lpRootPath*String, der das Startverzeichnis festlegt

*lpInputPathName*String, der den Suchnamen festlegt

*lpOutputPath*String, der den Namen des gefundenen Verzeichnisses enthält.

Die API-Funktion ist leider nicht so flexibel, wie sie sein könnte. Sie sucht sozusagen nach dem ersten Verzeichnis, das einen angegebenen Dateinamen enthält. Leider unterstützt sie (offenbar) keinen der üblichen Platzhalter * und ?. Hier trotzdem ein kleines Beispiel für den Aufruf der API-Funktion zur Suche nach einer beliebigen Datei, deren Name im Textfeld *txtSuchname* eingegeben wurde:

```
Private Sub cmdSuche_Click()
    Dim Suchname As String, Ergebnis As String
    Dim StartDir As String
    Dim RetVal As Long
    Suchname = txtSuchname.Text
    StartDir = "C:\"
    Ergebnis = Space(1024)
    cmdSuche.Enabled = False
    RetVal = SearchTreeForFile(StartDir, Suchname, Ergebnis)
    cmdSuche.Enabled = True
    If RetVal Then
        Ergebnis = Left(Ergebnis, InStr(Ergebnis, vbNullChar))
        lblErgebnis.Caption = Ergebnis
    Else
        lblErgebnis.Caption = "Nix gefunden, sorry!"
    End If
End Sub
```

15.6 Die SendMessage-API-Funktion

Windows ist ein Betriebssystem, bei dem alle Vorgänge, die die Benutzeroberfläche betreffen, auf Nachrichten basieren. Klickt der Benutzer eine Schaltfläche in einem Dialogfeld an, schickt Windows dem Dialogfeld eine Nachricht, was nichts anderes bedeutet, als dass Windows die interne Fensterfunktion des Dialogfeldfensters aufruft (die bei dem Anlegen des Dialogfeldes in die Fensterstruktur eingetragen wurde, im Programm also bekannt ist) und beim Aufruf bestimmte Argumente, wie etwa die Mauskoordinaten, übergibt.

Sie würden staunen, wenn Sie wüßten, wie viele Nachrichten in jeder Sekunde im Windows-System verschickt werden. Wann immer Sie ein Fenster öffnen, einen Menüeintrag selektieren oder mit der Maus auf ein Bedienelement klicken, flitzen ein paar Dutzend Nachrichten durch das System. Über ein Hilfsprogramm, wie zum Beispiel das *Spy*-Programm (nomen est omen) von der Visual-Basic-CD-ROM (Sie finden es im Ordner *Tools**Spy*), können Sie diese Nachrichten beobachten, wobei Sie allerdings gute Kenntnisse über den internen Aufbau von Windows benötigen, um die angezeigten Informationen zu interpretieren. Dennoch sollten Sie *Spy* unbedingt einmal ausprobieren, denn der Umgang mit diesem Helfer ist beinahe genial einfach. Als erstes führen Sie den Menübefehl MESSAGES | OPTIONS aus und klicken in der Registerkarte *Windows* auf die Schaltfläche mit dem Titel »Finder Tools«. Ziehen Sie das Symbol nun auf jenes Fenster, das überwacht werden soll, und wählen Sie alle jene Nachrichtentypen aus, die Sie sehen möchten (am Anfang sollten Sie die *WM_MOUSEMOVE*- und *WM_SETCURSOR*-Nachrichten nicht selektieren). Nach Anklicken des Ampelsymbols in der Symbolleiste beginnt die Nachrichtenaufzeichnung. Durch einen Doppelklick auf eine Nachricht erhalten Sie weitere Informationen über die Nachricht.

Nicht alle Nachrichten, die von Windows (oder anderen Anwendungen) an ein Visual-Basic-Programm geschickt werden, werden in Form von Ereignissen an ein Visual-Basic-Programm weitergeleitet. Die übrigen Nachrichten verschwinden einfach in den »Tiefen« des Betriebssystems. Das ist oft ein wenig schade, denn diese Nachrichten enthalten zum einen teilweise wichtige Systeminformationen, zum anderen ist das direkte Versenden von Nachrichten ein einfach anzuwendendes Kommunikationsmedium zwischen Programmen. Mit der *PeekMessage*-API-Funktion werden Sie in einem der nächsten Abschnitte eine API-Funktion kennen lernen, mit der Sie gezielt das Eintreffen bestimmter Nachrichten abfragen können. Doch natürlich ist es wenig elegant, wenn das Eintreffen von Nachrichten gezielt abgefragt werden muss. Es ist gerade der besondere Vorteil der Windows-Architektur, dass jedes Fenster automatisch über das Eintreffen von Nachrichten informiert wird.

Abbildung 15.4:
Das Spy++-Pro-
gramm macht
die Nachrichten
sichtbar, die
z. B. an ein For-
mular geschickt
werden.

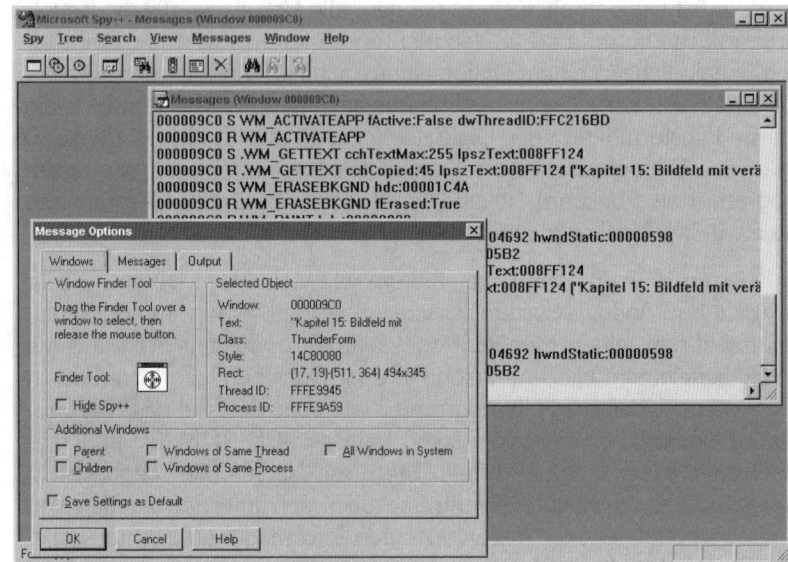

So interessant das auch sein mag, Sie werden sich natürlich fragen, was hat das mit Visual Basic zu tun? Hier werden doch alle Nachrichten an mein Programm intern in Ereignisse umgewandelt, die zum Aufruf der zugeordneten Ereignisprozeduren führen. Warum soll ich mich mit den Nachrichten beschäftigen?

Was Sie noch nicht wissen können, bei vielen der fest eingebauten Steuerelemente steht Visual-Basic-Programmierern nicht die volle Funktionalität zur Verfügung. Wußten Sie z. B., dass das Listenfeld eine eingebaute Suchfunktion besitzt? Um diese Suchfunktionen nutzen zu können, müssen Sie nur dem Listenfeld den entsprechenden »Befehl« in Form einer Nachricht schicken. Und genau dafür gibt es die API-Funktion *SendMessage*.

Die *SendMessage*-Funktion ruft die Fensterfunktion des Empfänger-fensters direkt auf und kehrt erst dann wieder mit einem Rückgabewert zurück, wenn die Nachricht abgearbeitet wurde. Man spricht hier auch von einem »synchronen« Nachrichtenversand.

Syntax
```
Declare Function SendMessage Lib "user32" Alias _
"SendMessageA" (ByVal hwnd As Long, ByVal wMsg As Long, _
ByVal wParam As Long, lParam As Long) As Long
```

Der *SendMessage*-Funktion werden stets vier Argumente übergeben, von denen die ersten beiden Argumente obligatorisch sind: Die Bezugsnummer des Fensters, das die Nachricht erhält, und die Kennummer der Nachricht, anhand derer die Fensterfunktion des Empfängerfensters erkennt, um welche Nachricht es sich handelt. Der eigentliche Inhalt der Nachricht wird durch die Argumente *wParam* und *lParam* bestimmt. Hier hängt es vom Typ der Nachricht ab, ob beide Argumente, nur eines der beiden Argumente oder keines mit einem Wert belegt werden muss. Sendet man eine Nachricht, um eine bestimmte Information zu erhalten, wird diese, sofern es sich um einen numerischen Wert handelt, über den Rückgabewert der *SendMessage*-Funktion zurückgegeben. Handelt es sich dagegen um einen nichtnumerischen Wert, wie z.B. einen String oder eine Variable mit einem benutzerdefinierten Datentyp, legt Windows diesen in einer entsprechenden Variablen ab, deren Adresse über den *lParam*-Argument festgelegt wird. Dieses allgemeine Prinzip gilt für alle Windows-Nachrichten.

Die Argumente und ihre Bedeutung:

Argument	Bedeutung
hWnd	Die Bezugsnummer des Fensters, das die Nachricht erhalten soll.
wMsg	Die Nummer der Nachricht.
wParam	Der 1. Teil der Nachricht (*Long*-Argument).
lParam	Der 2. Teil der Nachricht (*Long*-Argument).
Rückgabewert	Hängt vom Typ der Nachricht ab. Entweder ein True/False-Wert oder ein numerischer Wert.

15.6.1   Der Aufbau einer Nachricht

Es ist sehr lehrreich, sich einmal den Aufbau einer Windows-Nachricht zu betrachten. Laden Sie dazu den API-Katalog, und suchen Sie dort nach dem Datentyp *MSG*. Dieser legt den allgemeinen Aufbau einer Nachricht fest und besitzt folgenden Aufbau:

```
Type MSG
    hwnd As Long
    message As Long
    wParam As Long
    lParam As Long
    time As Long
    pt As POINTAPI
End Type
```

Zumindest sollten Ihnen einige der Untervariablen bekannt vorkommen. So stehen *wParam* und *lParam* natürlich für den Inhalt der Nachricht, *message* für den Nachrichtentyp und *time* für den Zeitpunkt, zu dem die Nachricht verschickt wurde. Es ist üblich, für den Nachrichtentyp nicht mit belanglosen Zahlenkonstanten, sondern ausschließlich mit Namen wie z.B. *WM_PAINT* oder *WM_COMMAND* zu arbeiten. Jede dieser Konstanten steht allerdings für eine bestimmte Zahl. Die Definition aller Nachrichtenkonstanten finden Sie in *Win32api.txt*.

Auch wenn diese Angaben nur selten benötigt werden, gibt das Argument *pt* die Mauskoordinaten an. Zwar werden die Koordinaten in Pixel angegeben, sie beziehen sich aber auf das innere Koordinatensystem jenes Fensters, an welche die Nachricht geschickt wurde. Auch *pt* ist ein UDT, der wie folgt definiert ist:

```
Private Type POINTAPI
    x As Long
    y As Long
End Type
```

Und wo ist der Empfänger der Nachricht? Klar, dieser wird über *hWnd* festgelegt, denn dies ist die Bezugsnummer des Fensters, dessen Fensterfunktion die Nachricht auswerten soll.

Schauen Sie sich *MSG* in Ruhe an. Haben Sie seine Struktur verstanden, wissen Sie alles über die ansonsten so »geheimnisvoll« wirkenden Windows-Nachrichten.

Das lParam-Argument ist in der Deklaration von SendMessage als Long-Wert deklariert. Es gibt allerdings eine Reihe von Situationen, in denen für dieses Argument ein Zeiger übergeben wird. In diesem Fall muss das lParam-Argument über As Any (d.h. typenlos) deklariert werden.

15.6.2   Die API-Funktion PostMessage

Die API-Funktion *PostMessage* wird in Visual Basic nur selten verwendet, da sie eine Nachricht lediglich in die allgemeine Nachrichtenschleife von Windows einträgt, aus der sie dann zu einem späteren Zeitpunkt von dem Empfänger abgeholt wird. Diese Form des Nachrichtenversands wird daher auch als »asynchron« bezeichnet. Ein Beispiel, wann das »Posten« einer Nachricht erforderlich wird, ist die Nachricht *WM_CLOSE*. Diese Nachricht wird an ein Applikationsfenster geschickt, um die Applikation zu beenden. Da die Applikation darauf aber nicht sofort reagieren kann, u.U. ist sie noch mit anderen Dingen beschäftigt, wird sie über die *PostMessage*-Funktion im Nachrichtenpuffer von Windows abgelegt. »Irgendwann« holt sich die Applikation über die *PeekMessage*-Funktion diese Nachricht ab, wertet sie aus und beendet ihre Aktivitäten oder auch nicht (bei einem Visual-Basic-Programm führt das Eintreffen einer *WM_CLOSE*-Nachricht zu einem *QueryUnload*-Ereignis). Da es sich um eine asynchrone Nachricht handelt, bekommt die Anwendung, die die Nachricht gepostet hat, davon nichts direkt mit.

Nachrichten werden in den allermeisten Fällen über die SendMessage-Funktion an ein Fenster verschickt. Da es sich hier um eine synchrone Nachricht handelt, stellt der Rückgabewert der Funktion bereits die »Antwort« auf die Nachricht dar. Das Verschicken von asynchronen Nachrichten über die PostMessage-Funktion ist nur selten erforderlich. **Merksatz**

Dennoch bedeutet dies nicht, dass das »Posten« von Nachrichten keine Bedeutung hat. Im Gegenteil, in vielen Fällen ist es eher ungünstig, einem Fenster direkt eine Nachricht zu schicken, da dieser Vorgang zu einem zeitaufwändigen Taskwechsel führen kann und die Fensterfunktion für andere Dinge blockiert wird. Außerdem erhält Windows keine Gelegenheit, einzelne Fenster miteinander zu koordinieren. Da der Aufruf von *SendMessage* in einem Visual-Basic-Programm aber in der Regel sporadisch erfolgt, spielen diese Überlegungen hier keine Rolle.

15.7 Tricks mit Standardsteuerelementen

Die API-Funktion *SendMessage* lässt sich, wie im letzten Abschnitt bereits angedeutet, für ein paar interessante Erweiterungen einiger Standardsteuerelemente benutzen.

15.7.1 Tricks mit dem Textfeld

Das Textfeld der Werkzeugsammlung kann mehr, als es auf den ersten Blick den Anschein haben mag. Das Problem ist lediglich, dass Visual Basic uns nicht alle Tricks des Textfeldes verrät. Um die »verborgenen« Fähigkeiten zu nutzen, bedarf es schon der API-Funktion *SendMessage*. *SendMessage* ist eine universelle Funktion, die Nachrichten an Fenster (und damit auch an Steuerelemente, die auf einem Fenster basieren) verschickt und damit bestimmte interne Mechanismen aktiviert. Natürlich kann die *SendMessage*-Funktion keine Wunder vollbringen. Sie nutzt nur jene Fähigkeiten eines Steuerelements aus, die (aus welchem Grund auch immer) nicht über Eigenschaften und Methoden zur Verfügung gestellt werden.

Arbeiten Sie stets mit den Konstanten, die der API-Katalog über die Datei Win32api.txt zur Verfügung stellt.

Bei allen folgenden Beispielen wird die Deklaration der SendMessage-Funktion nicht extra aufgeführt.

Einlesen und abspeichern von OEM-Zeichen

Als OEM-Zeichen werden unter Windows die »fest verdrahteten« Zeichensätze (Codepages) bezeichnet, wie sie z. B. unter DOS verwendet werden (oder besser hoffentlich wurden). Wenn Sie einen DOS-Text in ein Textfeld laden, werden Sie feststellen, dass die Umlaute nicht richtig dargestellt werden und stattdessen »irgendwelche« Sonderzeichen auftauchen. Obwohl eine zeichenweise Konvertierung nicht allzu schwierig ist, hält die Windows-API dafür die Funktionen *CharToOem* und *OemToChar* bereit.

Syntax
```
Declare Function CharToOem Lib "user32" Alias "CharToOemA" _
(ByVal lpszSrc As String, ByVal lpszDst As String) As Long

Declare Function OemToChar Lib "user32" Alias "OemToCharA" _
(ByVal lpszSrc As String, ByVal lpszDst As String) As Long
```

Die Anwendung beider Funktionen ist sehr einfach, Sie dürfen nur nicht vergessen, die Stringvariable, die den umgewandelten Text aufnehmen soll, vorher mit einer entsprechenden Anzahl an (Leer-) Zeichen zu initialisieren.

Beispiel Das folgende Beispiel liest den Inhalt der Datei *Config.sys* zunächst »verkehrt« in ein Textfeld. Nach Anklicken der Schaltfläche wird der Text umgewandelt:

```
Option Explicit
Private Declare Function OemToChar Lib "user32" Alias _
"OemToCharA" (ByVal lpszSrc As String, ByVal lpszDst As _
String) As Long

Private Sub cmdLaden_Click()
    Dim QuellString As String, Zielstring As String, _
    RetVal As Long
    QuellString = txtTextfeld.Text
    Zielstring = Space(Len(QuellString))
    RetVal = OemToChar(QuellString, Zielstring)
    txtTextfeld.Text = Zielstring
End Sub

Private Sub Form_Load()
    Dim tmpDateiname As String, DateiNr As Integer
    DateiNr = FreeFile
```

```
    tmpDateiname = "C:\Config.sys"
    Open tmpDateiname For Input As DateiNr
        txtTextfeld.Text = Input(FileLen(tmpDateiname), _
        DateiNr)
    Close DateiNr
End Sub
```

Zugriff auf eine einzelne Zeile

Um auf eine bestimmte Zeile in einem Textfeld zugreifen zu können, ist normalerweise eine aufwändige Stringverarbeitung notwendig. Sehr viel einfacher geht es durch das Senden bestimmter Nachrichten an das Textfeld. Die interessantesten Nachrichten sind in Tabelle 15.7 zusammengefasst.

Nachricht	Bedeutung
EM_GETFIRSTVISIBLELINE	Ermittelt die Nummer der ersten sichtbaren Zeile.
EM_GETLINE	Lädt eine bestimmte Zeile in einen Stringpuffer.
EM_GETLINECOUNT	Ermittelt die Gesamtzahl der Zeilen.
EM_LINEFROMCHAR	Bestimmt die Zeilennummer eines Zeichens, dessen Offset innerhalb der Text-Eigenschaft angegeben wird.
EM_LINEINDEX	Bestimmt den Offset innerhalb der *Text*-Eigenschaft des ersten Zeichens innerhalb einer angegebenen Zeile.
EM_LINELENGTH	Ermittelt die Länge einer Textzeile.
EM_SETREADONLY	Schaltet das Textfeld in den Nur-Lese-Modus. Seit Visual Basic 4.0 gibt es dafür aber die *Locked*-Eigenschaft. Ein weiterer Trick ist, das Textfeld in ein Rahmenfeld zu plazieren und das Rahmenfeld über *BorderStyle=0* und *Enbaled=False* unsichtbar zu machen.

*Tabelle 15.7:
Interessante
Nachrichten, die
über die Send-
Message-API-
Funktion an ein
Textfeld
geschickt werden können.*

Wenn man jetzt noch weiß, dass die Zeilennumerierung stets bei Null beginnt, ist ein Zugriff auf einzelne Zeilen und einzelne Teile einer Zeile problemlos möglich.

Anzahl der Zeilen in einem Textfeld feststellen

Die folgende *SendMessage*-Funktion ermittelt mit Hilfe der Nachricht *EM_GETLINECOUNT* die Anzahl der Zeilen in dem Textfeld *txtEingabe*. Dies wäre in VBA nur durch Zählen der Zeilenumbrüche (*vbCr*-Zeichen) halbwegs zuverlässig zu lösen.

Syntax
```
Const EM_GETLINECOUNT = &HBA
```

Argument	Bedeutung
wParam	0
lParam	0
Rückgabewert	Anzahl der Zeilen im Textfeld.

Beispiel
```
Option Explicit

Const WM_USER = &H400
Const EM_GETLINECOUNT = &HBA

Private Sub cmdAnzahlZeilen_Click()
    Dim AnzahlZeilen As Integer
    AnzahlZeilen = SendMessage(txtEingabe.hwnd, _
    EM_GETLINECOUNT, 0, 0&)
    MsgBox Prompt:="Anzahl Zeilen: " & AnzahlZeilen
End Sub
```

Die aktuelle Zeile in einem mehrzeiligen Textfeld ermitteln

Die folgende *SendMessage*-Funktion ermittelt mit Hilfe der Nachricht *EM_LINEFROMCHAR* die Zeilennummer, in der sich die Textmarke momentan befindet. Auch diese Funktion wäre in VBA nicht ganz einfach zu lösen.

Syntax
```
Const EM_LINEFROMCHAR = &HC9
```

Argument	Bedeutung
wParam	Abstand des Zeichens relativ zum Beginn der *Text*-Eigenschaft.
lParam	0
Rückgabewert	Zeilennummer, die das angegebene Zeichen enthält.

Beispiel
```
Private Sub cmdAktuelleZeile_Click()
    Dim Zeilennummer As Integer
    Zeilennummer = SendMessage(txtEingabe.hwnd, _
    EM_LINEFROMCHAR, -1, 0&)
    MsgBox Prompt:="Zeilennummer: " & Zeilennummer + 1
End Sub
```

Feststellen des Zeilenbeginns einer Zeile relativ zum gesamten Text

Die folgende *SendMessage*-Funktion ermittelt mit Hilfe der Nachricht *EM_LINEINDEX* die Position des Zeichens, das sich am Beginn der angegebenen Zeile befindet, relativ zur *Text*-Eigenschaft des Textfeldes *txtEingabe*. Damit lässt sich sehr einfach die aktuelle Zeile aus der *Text*-Eigenschaft heraustrennen.

```
Const EM_LINEINDEX = &HBB
```

Syntax

Argument	Bedeutung
wParam	Nummer der Zeile -1, wenn die aktuelle Zeile, in der sich der Textcursor befindet, verwendet werden soll.
lParam	0
Rückgabewert	Position des Zeichens relativ zum Beginn der Zeile. -1 bedeutet einen Fehler.

```
Private Sub cmdZeilenbeginn_Click()
    Dim Zeilenposition As Integer
    Dim Zeilennummer As Integer
    Zeilennummer = SendMessage(txtEingabe.hwnd, _
    EM_LINEFROMCHAR, -1, 0&)
    Zeilenposition = SendMessage(txtEingabe.hwnd, _
    EM_LINEINDEX, Zeilennummer, 0&)
    MsgBox Prompt:="Zeilenposition: " & Zeilenposition
End Sub
```

Beispiel

Feststellen, ob sich der Inhalt des Textfeldes geändert hat

Die folgende *SendMessage*-Funktion prüft mit Hilfe der Nachricht *EM_GETMODIFY*, ob der Inhalt des Textfeldes geändert wurde. Über einen Aufruf der *SendMessage*-Funktion mit dem Argument *EM_SETMODIFY* lässt sich das interne Modify-Flag wieder zurücksetzen.

```
Const EM_GETMODIFY = &HB8
```

Syntax

Argument	Bedeutung
wParam	0
lParam	0
Rückgabewert	*True*, wenn das Flag gesetzt ist. In diesem Fall wurde die *Text*-Eigenschaft geändert.

Beispiel
```
Private Sub cmdGeändert_Click()
    Dim GeändertFlag As Boolean
    GeändertFlag = SendMessage(txtEingabe.hwnd, _
    EM_GETMODIFY, 0, 0&) * -1
    MsgBox Prompt:="Geändert: " & GeändertFlag
End Sub
```

Aufheben der Geändert-Markierung

Die folgende *SendMessage*-Funktion setzt mit Hilfe der *EM_SETMODIFY*-Nachricht das interne Modify-Flag zurück. Dieser Aufruf sollte z.B. immer dann erfolgen, wenn der Inhalt des Textfeldes gespeichert wurde.

Syntax
```
Const EM_SETMODIFY = &HB9
```

Argument	Bedeutung
wParam	*True*, wenn das Flag gesetzt, *False*, wenn es zurückgesetzt werden soll.
lParam	0
Rückgabewert	Der neue Zustand des Flag.

Beispiel
```
Private Sub cmdGeändertWeg_Click()
    Dim RetVal As Long
    RetVal = SendMessage(txtEingabe.hwnd, _
    EM_SETMODIFY, 0, 0&)
    MsgBox Prompt:="Geändert wieder aufgehoben!"
End Sub
```

Löschen des selektierten Textes

Die folgende *SendMessage*-Funktion löscht mit Hilfe der Nachricht *WM_CLEAR* den aktuell ausgewählten Text. Dies erspart das Heraustrennen des von der *SelText*-Eigenschaft zurückgegebenen Teilstrings.

Syntax
```
Const WM_CLEAR = &H303
```

Argument	Bedeutung
wParam	0
lParam	0
Rückgabewert	Kein Rückgabewert.

```
Private Sub cmdSelektionLöschen_Click()
    Dim RetVal As Long
    RetVal = SendMessage(txtEingabe.hwnd, _
    WM_CLEAR, 0, 0&)
End Sub
```

Beispiel

Scrollen des Inhalts eines Textfeldes

In einem mehrzeiligen Textfeld, das über Bildlaufleisten verfügt, kann der Text durch Senden der *EM_LINESCROLL* sowohl horizontal als auch vertikal gescrollt werden. Zusätzlich ist es über die Nachricht *EM_GETFIRSTVISIBLE-LINE* möglich, die Zeilennummer der ersten sichtbaren Zeile im Textfeld zu bestimmen.

```
Const EM_GETFIRSTVISIBLELINE = &HCE
```

Syntax

Argument	Bedeutung
wParam	0
lParam	0
Rückgabewert	Zeilennummer der ersten sichtbaren Zeile.

```
Private Sub cmdErsteZeileSichtbar_Click()
    Dim Zeilennummer As Integer
    Zeilennummer = SendMessage(txtEingabe.hwnd, _
    EM_GETFIRSTVISIBLELINE, -1, 0&)
    MsgBox Prompt:="Erste sichtbare Zeile: " & _
    Zeilennummer + 1
End Sub
```

Beispiel

Ein Textfeld mit Tabstops versehen

Soll ein Textfeld eine kleine Tabelle darstellen, sind Tabstops unumgänglich. Ein Tabstop ist eine Position innerhalb einer Zeile, die durch die Tabulatortaste oder das Zeichen *vbTab* im Text angesprungen wird. Standardmäßig enthält ein Textfeld alle 32 Dialogeinheiten einen Tabstop (eine Dialogeinheit entspricht dem Viertel der durchschnittlichen Breite eines Zeichens). Über die Nachricht *EM_SETTABSTOPS* können Sie in einem Textfeld eine beliebige Anzahl an Tabstops setzen. Die genaue Anzahl (*wParam*) und ein Feld mit den Nummern der einzelnen Tabstops wird über die Argumente *wParam* (Anzahl) und *lParam* (Adresse des ersten Feldelements) übergeben.

```
Const EM_SETTABSTOPS = &HCB
```

Syntax

Argument	Bedeutung
wParam	Anzahl der zu setzenden Tabstops. Um den Standard-Tabstop von 32 Dialogeinheiten wiederherzustellen, muss Null übergeben werden. Für jeden Tabstop muss in einer Feldvariablen die Anzahl an Dialogeinheiten eingetragen werden.
lParam	Adresse der ersten Feldvariablen (z. B. *TabFeld(0)*), die die Entfernung der einzelnen Tabstops enthält.
Rückgabewert	*True*, wenn die Tabstops gesetzt werden konnten, ansonsten *False*.

Beispiel In dem folgenden Beispiel wird zunächst ein Text in einem Textfeld ausgegeben, wobei ein *vbTab*-Zeichen dafür sorgt, dass die Textausgabe an den Standardtabstop erfolgt. Anschließend werden nach Anklicken einer Schaltfläche mit dem Namen *cmdTest* die Tabstops neu gesetzt.

```
Option Explicit
Private Declare Function SendMessage Lib "user32" Alias _
"SendMessageA" (ByVal hWnd As Long, ByVal wMsg As Long, _
ByVal wParam As Long, lParam As Any) As Long

Const EM_SETTABSTOPS = &HCB

Private Sub cmdTabstops_Click()
    Dim RetVal As Long
    Dim TabFeld(3) As Long
    TabFeld(0) = 64
    TabFeld(1) = 96
    TabFeld(2) = 128
    RetVal = SendMessage(txtEingabe.hWnd, _
    EM_SETTABSTOPS, 3, TabFeld(0))
    txtEingabe.Refresh
End Sub

Private Sub cmdZeilenbeginn_Click()
    Dim Zeilenposition As Integer
    Dim Zeilennummer As Integer
    Zeilennummer = SendMessage(txtEingabe.hWnd, _
    EM_LINEFROMCHAR, -1, 0&)
    Zeilenposition = SendMessage(txtEingabe.hWnd, _
    EM_LINEINDEX, Zeilennummer, 0&)
    MsgBox Prompt:="Zeilenposition: " & Zeilenposition
End Sub

Private Sub Form_Load()
    Dim Temp As String
    Temp = "Niederlassungen" & vbTab & "London" & _
    vbTab & "Paris" & vbTab & "Tokio" & vbCrLf
```

```
    Temp = Temp & "1. Quartal" & vbTab & "1000" _
    & vbTab & "2000" & vbTab & "3000" & vbCrLf
    Temp = Temp & "2. Quartal" & vbTab & "4000" _
    & vbTab & "5000" & vbTab & "6000" & vbCrLf
    Temp = Temp & "3. Quartal" & vbTab & "7000" & _
    vbTab & "8000" & vbTab & "9000" & vbCrLf
    Temp = Temp & "4. Quartal" & vbTab & "10000" & _
    vbTab & "11000" & vbTab & "12000" & vbCrLf
    txtEingabe.Text = Temp
End Sub
```

Die *Refresh*-Methode ist notwendig, damit die neuen Tabstops für die
bisherige Ausgabe auch zur Anwendung kommen.

*Kommen Sie bitte nicht auf die Idee, das Tabulatorfeld mit dem
Datentyp Byte zu deklarieren (auch wenn es naheliegend erscheint). Windows-API-Funktionen wie SendMessage vertragen
kein Byte-Argument, wenn ein Long-Argument erwartet wird.*

Über die Nachricht *LB_SETTABSTOPS* werden auf die gleiche Weise
Tabstops in einem Listenfeld gesetzt.

Rückgängigmachen der letzten Änderung in einem Textfeld

Die folgende *SendMessage*-Funktion macht mit Hilfe einer
EM_UNDO-Nachricht die letzte Änderung in dem Textfeld wieder
rückgängig. Dies ist eine besonders leistungsfähige Eigenschaft, die je-
des Textfeld besitzt. In VBA wäre dazu eine komplizierte Stringverwal-
tung notwendig, und Sie müßten sich zudem mit sich gegenseitig in die
Quere kommenden *Change*-Ereignissen herumschlagen. Dank der
SendMessage-Funktion genügt ein einziger Aufruf, um den Inhalt des
Textfeldes vor der letzten Änderung wiederherzustellen.

Über Senden der Nachricht *EM_CANUNDO* kann festgestellt werden,
ob die letzte Änderung überhaupt rückgängig gemacht werden kann,
d.h. der interne »Undo-Puffer« den alten Zustand des Textfeldes enthält. Die Funktion gibt *True* zurück, wenn es möglich ist. Ansonsten
wird *False* zurückgegeben.

```
Const EM_UNDO = &HC7
```
Syntax

Argument	Bedeutung
wParam	0
lParam	0
Rückgabewert	*True*, wenn bei einem mehrzeiligen Textfeld die Operati-on rückgängig gemacht werden konnte, ansonsten *False*. Bei einem einzeiligen Textfeld immer *True*.

Syntax `Const EM_CANUNDO = &HC6`

Beispiel
```
Private Sub cmdUndo_Click()
    Dim RetVal As Long
    RetVal = SendMessage(txtEingabe.hWnd,
    EM_UNDO, 0, 0&)
End Sub
```

Die in den letzten Beispielen gezeigten Nachrichten können nicht nur dem Textfeld des eigenen Programms, sondern im Prinzip jedem Textfeld anderer Anwendungen, z.B. dem des Notepad-Editor, geschickt werden. Es muss beim Aufruf von SendMessage lediglich die entsprechende Fensterbezugsnummer (hWnd-Eigenschaft) übergeben werden. Wie diese für ein beliebiges Fenster ermittelt werden kann, wird im Zusammenhang mit der Find-Window-Funktion in Kapitel 15.4 gezeigt.

Die Blinkfrequenz der Textmarke ändern

Dieser »Trick« funktioniert ausnahmsweise ohne die *SendMessage*-Funktion. Über die API-Funktion *SetCaretBlinkTime* lässt sich die Blinkfrequenz der Textmarke (im Original *Caret* genannt) in einem Textfeld auf einen anderen Wert setzen (und über die API-Funktion *GetCaretBlinkTime* abfragen). Dies kann z.B. dazu benutzt werden, den Benutzer durch schnelleres Blinken auf eine bestimmte Situation aufmerksam zu machen.

Syntax *SetCaretBlinkTime* stellt die Blinkfrequenz der Textmarke ein, *GetCaretBlinkTime* fragt die aktuelle Rate ab.

```
Declare Function GetCaretBlinkTime Lib "user32" () As Long
Declare Function SetCaretBlinkTime Lib "user32" Alias _
"SetCaretBlinkTime" (ByVal wMSeconds As Long) As Long
```

Beispiel
```
Private Sub cmdSchnell_Click()
    Dim RetVal As Long
    BlinkRate = GetCaretBlinkTime()
    RetVal = SetCaretBlinkTime(BlinkRate \ 2)
End Sub
```

15.7.2　Tricks mit Listen- und Kombinationsfeldern

Genau wie mit einem Textfeld lassen sich auch mit einem Listenfeld oder Kombinationsfeld einige Dinge anstellen. Wie bei einem Textfeld beruhen diese darauf, dass man über die *SendMessage*-Funktion Nachrichten mit einer bestimmten Aufforderung an das Steuerelement schickt. Eine Übersicht über die wichtigsten Nachrichten (anhand des Präfixes »LB« können Sie erkennen, dass eine »Listbox« angesprochen wird – bei einem Kombinationsfeld lautet der Präfix »CB«) gibt Tabelle

15.8. Wie die Übersicht zeigt, stehen die meisten Nachrichten auch in Form von Methoden und Eigenschaften zur Verfügung. Doch es gibt wieder einmal ein paar interessante Lücken. Die einzelnen Nachrichtenkonstanten finden Sie in der Datei *Win32api.txt*.

Nachricht	Auswirkung
LB_ADDSTRING	Fügt ein Element zu der Liste hinzu.
LB_DELETESTRING	Entfernt ein Element aus der Liste.
LB_DIR	Trägt Dateinamen in die Liste ein.
LB_FINDSTRING	Durchsucht die Liste nach einem Teilstring.
LB_FINDSTRINGEXACT	Durchsucht die Liste nach einem String, wobei beide Strings exakt übereinstimmen müssen.
LB_GETCURSEL	Gibt den Index des selektierten Eintrags zurück.
LB_GETSEL	Gibt den Zustand eines Eintrags bei einer Mehrfachauswahl zurück.
LB_GETSELCOUNT	Ermittelt die Anzahl der selektierten Einträge bei einer Mehrfachauswahl.
LB_GETSELITEMS	Gibt ein Feld mit einer Liste der selektierten Einträge bei einer Mehrfachauswahl zurück.
LB_RESETCONTENT	Löscht den Inhalt der Liste.
LB_SELECTSTRING	Durchsucht die Liste nach einem Eintrag und selektiert diesen, wenn er gefunden wurde. Das direkte Versenden dieser Nachricht bietet den Vorteil, dass kein *Click*-Ereignis ausgelöst wird.
LB_SELITEMRANGE	Selektiert einen bestimmten Bereich von Elementen.
LB_SETCURSEL	Selektiert oder deselektiert einen Eintrag.
LB_SETSEL	Selektiert oder deselektiert einen Eintrag in einer Mehrfachauswahl. Wird die *SendMessage*-Funktion bei einem Listenfeld mit *MultiSelect=True*, mit *wParam=False* und *lParam=True* aufgerufen, sollten alle Einträge auf einmal aufgehoben werden.

Tabelle 15.8: Die Nachrichtenkonstanten für ein Listen- und Kombinationsfeld.

Die in der Tabelle aufgeführten Nachrichten beziehen sich auf ein Listenfeld. Ein Kombinationsfeld besitzt, auch wenn es viele Gemeinsamkeiten mit einem Listenfeld aufweist, einen eigenen Satz von Nachrichten (Sie erkennen diese an dem Präfix »CB«), die in den meisten Fällen mit denen der LB-Nachrichten identisch sind. Es gibt aber ein paar interessante Ausnahmen, die in Tabelle 15.9 zusammengefasst sind.

Tabelle 15.9:
Interessante
Nachrichten für
ein Kombinati-
onsfeld.

Nachricht	Bedeutung	wParam	lParam
CB_GETDROPP EDCONTROL-RECT	Gibt die Größe des Rechtecks in Pixel zurück, die von der geöffneten Dropdown-Liste belegt wird. Diese Werte werden in eine Variable vom Typ RECT eingetragen.	0	Adresse einer RECT-Struktur mit den Angaben in Pixel.
CB_GETDROPP EDSTATE	Gibt an, ob der Listenteil des Kombinationsfeldes sichtbar ist.	0	0
CB_LIMITTEXT	Begrenzt die Eingabe in dem Textfeld auf eine bestimmte Anzahl an Zeichen.	Maximale Länge	0
CB_SHOWDRO PDOWN	Blendet den Listenteil ein oder aus.	1-Listenteil ein, 0-Listenteil aus	0

Ein Listenfeld mit einer horizontalen Bildlaufleiste versehen

Normalerweise besitzt ein Listenfeld nur eine vertikale Bildlaufleiste. Über die Nachricht *LB_SETHORIZONTALEXTENT* kann jedes Listenfeld veranlasst werden, auch eine horizontale Bildlaufleiste anzuzeigen. Als Argument wird für *wParam* die neue scrollbare Breite des Listenfeldes in Pixel und für *lParam* eine schlichte 0 übergeben.

Syntax   `Const LB_SETHORIZONTALEXTENT = &H194`

Argument	Bedeutung
wParam	Neue horizontale Ausdehnung des Listenfeldes in Pixel.
lParam	0
Rückgabewert	Kein Rückgabewert.

Beispiel
```
Private Sub cmdVertScroll_Click()
    Dim RetVal As Long
    Dim Pixel As Integer
```

```
       Pixel = lstListe.Width / Screen.TwipsPerPixelX _
       * 1.2
       RetVal = SendMessage(lstListe.hwnd, _
       LB_SETHORIZONTALEXTENT, Pixel, 0)
End Sub
```

In diesem Beispiel wird das Listenfeld *txtTest* mit einer horizontalen Bildlaufleiste versehen. Die scrollbare Breite beträgt die 1,2fache Breite der aktuellen Breite. Generell geben Sie für *wParam* einen Wert an, der der Breite des längsten Listeneintrages entsprechen sollte.

Schnelles Update von Listenfeldern

Das Hinzufügen von Elementen zu einem Listenfeld geschieht normalerweise über die *AddItem*-Methode. Diese Methode hat aber einen kleinen Nachteil. Wird sie in einer größeren Schleife ausgeführt, in der das Verarbeiten von Ereignissen durch eine *DoEvents*-Anweisung zugelassen wurde, führt jede *AddItem*-Methode dazu, dass das Listenfeld komplett neu gezeichnet wird, was das Auffüllen der Liste deutlich verlangsamt. Über die *SendMessage*-Funktion kann man einem Listenfeld die Nachricht *WM_SETREDRAW* setzen und damit das Neuzeichnen-Flag, das die *AddItem*-Methode automatisch setzt, zurücksetzen, um ein Neuzeichnen zu verhindern. Anstelle der *AddItem*-Methode müssen Sie nun aber die Nachricht *LB_ADDSTRING* verwenden, die den gleichen Effekt besitzt, aber das Neuzeichnen-Flag nicht ignoriert. Auf diese Weise wird in einer größeren Schleife, in der eine *DoEvents*-Anweisung enthalten ist, das Neuzeichnen erheblich beschleunigt.

Syntax

```
Const LB_ADDSTRING = &H180
```

Argument	Bedeutung
wParam	0
lParam	Adresse eines nullterminierten Strings, der in das Listenfeld eingefügt werden soll.
Rückgabewert	Index des eingefügten Strings. Falls ein Fehler auftrat, ist der Wert *LB_ERR*. Stand nicht genug Speicher in dem Listenfeld zur Verfügung *LB_ERRSPACE*.

Beispiel

```
Const LB_ADDSTRING = &H180
Const WM_SETREDRAW = &HB

Private TestArray As Variant
' Wird in Form_Load über Array-Funktion mit beliebigen
' Werten gefüllt

Sub cmdFastUpdate_Click()
    Dim RetVal As Long, n As Long, Tmp As String
```

```
' Neuzeichnen-Flag zurücksetzen
    RetVal = SendMessage(lstListe.hwnd, WM_SETREDRAW, _
    0, 0)
    For n = 1 To 1000
        Tmp = AttributArray(Int(Rnd * UBound(TestArray)))
        RetVal = SendMessage(lstListe.hwnd, LB_ADDSTRING, 0, _
        ByVal Tmp)
        DoEvents
    Next n
' Neuzeichnen-Flag setzen
    RetVal = SendMessage(lstListe.hwnd, WM_SETREDRAW, 1, 0)
End Sub
```

Diese Schleife wird erheblich schneller ausgeführt (0,41 Sekunden) als eine Schleife, die mit der *AddItem*-Methode arbeitet (5,3 Sekunden)[4]. Wohlgemerkt wird dieser Unterschied aber nur dann sichtbar, wenn in der Schleife aus irgendeinem Grund eine *DoEvents*-Anweisung ausgeführt werden muss. Ohne *DoEvents*-Anweisung sind beide Verfahren etwa gleich schnell, da in diesem Fall gerade aufgrund des Fehlens einer *DoEvents*-Anweisung das Listenfeld durch die *AddItem*-Methode ebenfalls (offenbar) nicht aktualisiert wird.

Eingabebegrenzung in einem Kombinationsfeld

Anders als ein Listenfeld verfügt ein Kombinationsfeld nicht über eine *MaxLength*-Eigenschaft, mit der sich die Anzahl an Zeichen im Textfeld begrenzen ließe. Über die Nachricht *CB_LIMITTEXT* und die *SendMessage*-Funktion lässt sich diese Eigenschaft jedoch nachträglich einbauen.

Syntax   `Const CB_LIMITTEXT = &H141`

Argument	Bedeutung
wParam	Maximale Länge des Textes. 0 bis 65.535 Zeichen bei 16-Bit-Visual-Basic, 0 bis 232-1 (&H7FFFFFFE). Die auf diese Weise festgesetzte Limitierung hat aber keinen Einfluss auf den Text, der über die *Text*-Eigenschaft dem Kombinationsfeld zugewiesen werden kann.
lParam	0
Rückgabewert	Immer *True*.

Beispiel   Das folgende Beispiel demonstriert, wie sich in einem Kombinationsfeld die Eingabe auf eine vorgegebene Anzahl an Zeichen begrenzen lässt. Ordnen Sie auf einem Formular ein Kombinationsfeld (*cboTest*),

---

[4] Beide Angaben sollten natürlich nur als relativ verstanden werden.

ein Textfeld (*txtMaxAnzahl*) für die Eingabe der maximal erlaubten Zeichen und eine Befehlschaltfläche (*cmdStart*) an. Nach Eingabe einer Zahl und dem Anklicken der Schaltfläche lässt sich in dem Kombinationsfeld nur die angegebene Anzahl an Zeichen eintippen.

```
Private Sub cmdStart_Click()
    Dim RetVal As Long
    RetVal = SendMessage(cboTest.hWnd, CB_LIMITTEXT, _
    Val(txtMaxAnzahl.Text), 0)
End Sub
```

Suchen in einem Listen- oder Kombinationsfeld

Im Folgenden wird eine wirklich nützliche Abkürzung vorgestellt. Haben Sie schon einmal versucht, in einem Listenfeld einen Eintrag zu finden? Anstatt jedesmal einen Suchalgorithmus implementieren zu müssen, können Sie das Listenfeld (bzw. Kombinationsfeld) über die Nachrichten *LB_FINDSTRING* und *LB_FINDSTRINGEXACT* (*CB_FINDSTRING* und *CB_FINDSTRINGEXACT* bei einem Kombinationsfeld) direkt abfragen, ob es einen bestimmten Eintrag enthält. Während die erste Nachricht lediglich prüft, ob ein Eintrag in dem Listenfeld mit dem Suchbegriff beginnt, prüft die zweite Nachricht auf exakte Übereinstimmung.

Syntax

```
Const LB_FINDSTRING = &H18F
Const LB_FINDSTRINGEXACT = &H1A2
Const CB_FINDSTRING = &H14C
Const CB_FINDSTRINGEXACT = &H158
```

Argument	Bedeutung
wParam	Legt den Listeneintrag fest, bei dem die Suche beginnt. Wird kein übereinstimmender Eintrag gefunden, wird die Suche mit dem ersten Eintrag fortgesetzt bis der Starteintrag wieder erreicht wird. Soll die Suche die gesamte Liste umfassen, wird hier -1 festgelegt.
lParam	Enthält die Adresse des nullterminierten Such-Strings. Vergessen Sie *ByVal* nicht, falls dies im *Declare*-Statement nicht vorangestellt wird.
Rückgabewert	Index des gefundenen Eintrags. Falls die Suche erfolglos war, wird *CB_ERR* bzw. *LB_ERR* zurückgegeben.

Beispiel

Das folgende Beispiel zeigt eine Anwendung zum Durchsuchen eines Kombinationsfeldes mit Hilfe der *CB_FINDSTRINGEXACT*-Nachricht (*CB_FINDSTRING* funktioniert in diesem Fall auch). Innerhalb von *Form_Load* wird das Listenfeld *lstListe* zunächst mit allen vorhandenen Schriftarten geladen. Anschließend sorgt die *SendMessage*-Funktion dafür, dass in dem Listenfeld jene Schriftart voreingestellt wird, deren Name in dem Textfeld *txtSuchbegriff* eingegeben wurde.

```
Private Sub cmdSuche_Click()
    Dim Tmp As String, RetVal As Long
    Tmp = txtSuchbegriff.Text
    RetVal = SendMessage(lstListe.hWnd, LB_FINDSTRING, -1, _
    ByVal Tmp)
    If RetVal = -1 Then
        MsgBox Prompt:="Kein Eintrag gefunden"
    Else
        lstListe.ListIndex = RetVal
    End If
End Sub
```

Ermitteln der Größe eines aufgeklappten Kombinationsfeldes

Ein kleiner Nachteil von Kombinationsfeldern ist, dass die geöffnete Liste in der Regel andere Eingabefelder auf dem Formular überdeckt. Um zu erreichen, was allerdings relativ selten der Fall sein dürfte, dass ein Eingabefeld immer sichtbar ist, muss man die Höhe der Liste kennen. Diese ergibt sich nicht durch eine Multiplikation der Anzahl der Einträge mit der aktuellen Schrifthöhe, da nicht alle Einträge angezeigt werden. Am einfachsten erhält man die Höhe, indem man an das Kombinationsfeld die Nachricht *CB_GETDROPPEDCONTROL-RECT* schickt. Beim Aufruf der *SendMessage*-Funktion wird für *lParam* die Adresse einer Variablen vom Typ *RECT* übergeben, in die Windows die Abmessungen der Liste in Pixel einträgt.

Syntax `Const CB_GETDROPPEDCONTROLRECT = &H152`

Argument	Bedeutung
wParam	0
lParam	Adresse einer Strukturvariablen vom Typ *RECT*.
Rückgabewert	Immer *CB_OKAY*.

Beispiel Das folgende Beispiel zeigt eine kleine Anwendung der Nachricht *CB_GETDROPPEDCONTROLRECT*. Für die Ausführung wird vorausgesetzt, dass sich auf einem Formular ein Kombinationsfeld mit dem Namen *cboTest* befindet, das eine Reihe von Einträgen enthält.

```
Private Type RECT
    left As Long
    top As Long
    right As Long
    bottom As Long
End Type
```

```
Private Rechteck As RECT

Private Sub cboFläche_DropDown()
    Dim RetVal As Long
    RetVal = SendMessage(cboTest.hWnd, _
    CB_GETDROPPEDCONTROLRECT, 0, Rechteck)
    lblHöhe.Caption = Rechteck.bottom - Rechteck.top
    lblBreite.Caption = Rechteck.right - Rechteck.left
End Sub
```

Nach dem Öffnen der Liste werden die Maße der geöffneten Liste, angegeben in Pixel, in zwei Bezeichnungsfeldern angezeigt.

Ein Wort zum Schluss

Natürlich fragt man sich zu Recht (vor allem als angehender Visual-Basic-Programmierer, der gerade erst halbwegs mit Text- und Listenfeldern klarkommt), wie man um alles in der Welt darauf kommen soll, dass die *SendMessage*-Funktion diese kleinen »Wunder« vollbringen kann. Die Antwort hat (wieder einmal) etwas mit der Philosophie von Visual Basic zu tun. Visual Basic soll den Entwickler bewußt von der Komplexität der Windows-API abschirmen. Was sich am Anfang als echter Vorteil auswirkt, empfinden erfahrene Programmierer schnell als Einschränkung. Über die Möglichkeiten der *SendMessage*-Funktion verliert die Hilfe von Visual Basic (meiner Meinung nach nicht zu Unrecht) kein Wort. Man muss erst wieder einmal die Microsoft Knowledgebase (entweder auf der MSDN-CD-ROM oder im Internet unter *http:/ /msdn.microsoft.com*) durchsuchen oder ein paar »schlaue« Bücher wälzen, um darauf zu stoßen. Für C-Programmierer, die von Anfang an mit der API umgehen müssen, gehören Funktionen wie *SendMessage* zum täglichen Brot. Fazit: Ab einer gewissen Stufe ist es auch bei Visual Basic unumgänglich, sich mit der Windows-API zu beschäftigen.

15.8 Der direkte Zugriff auf Menüs

Menüs geben ein wenig mehr her, als es der Menü-Editor zunächst vermuten lässt. Zu den wichtigsten erweiterten Möglichkeiten, die über API-Funktionsaufrufe genutzt werden können, gehört der Zugriff auf das Systemmenü, das Einfügen von Bitmaps und die Auswertung zusätzlicher Menüereignisse.

Anders als die meisten Steuerelemente und das Formular verfügen Menüs über keine *hWnd*-Eigenschaft, da Visual Basic den Zugriff auf die Menüs über interne »Objekte« durchführt. Dies bedeutet unter anderem, dass Sie bei der Verwendung der Menü-API-Funktionen auf das Menü direkt, d.h. unter Umgehung der internen Visual-Basic-Objekte, zugreifen. Die Folge ist, dass Änderungen, die über eine API-Funktion, wie z.B. *ModifyMenu*, an einem Menüeintrag vorgenommen werden, sich nicht automatisch in der dafür zuständigen Visual-Basic-Eigenschaft widerspiegeln. Löschen Sie einen Menüeintrag über die API-Funktion *DeleteMenu*, merkt Visual Basic davon nichts und ordnet z.B. die *Visible*-Eigenschaft der verbleibenden Einträge falsch zu, da es davon ausgeht, dass der gelöschte Eintrag noch vorhanden ist. Sie sollten daher Zugriffe auf das Menü eines Formulars nur vornehmen, um eine Bitmap einzutragen, nicht aber, um Dinge zu erledigen, für die es in Visual Basic entsprechende Eigenschaften gibt, da Sie ansonsten auch den zusätzlichen Verwaltungsaufwand übernehmen müssen.

Tabelle 15.10: API-Funktionen, die für den Zugriff auf ein Menü benötigt werden.

Funktion	Bedeutung
DeleteMenu	Löscht einen Menüeintrag oder ein Menü. Sollte nur für das Systemmenü verwendet werden.
GetMenu	Ermittelt die Bezugsnummer der Menüleiste eines Formulars.
GetMenuItemCount	Ermittelt die Anzahl an Einträgen in einem Menü.
GetMenuItemID	Ermittelt die ID-Nummer eines einzelnen Menüeintrags.
GetSubMenu	Ermittelt die Bezugsnummer eines einzelnen Menüs.
GetSystemMenu	Liefert die Bezugsnummer des Systemmenüs.
ModifyMenu	Ändert die Attribute eines einzelnen Menüeintrags.
SetMenuItemBitmaps	Ersetzt das Häkchen für den *Zustand Checked=True* durch eine Bitmap.

Um auf das Menü eines Formulars zugreifen zu können, benötigen Sie als erstes die Bezugsnummer der gesamten Menüleiste. Diese erhalten Sie über die API-Funktion *GetMenu*:

Syntax
```
Declare Function GetMenu Lib "user32" Alias "GetMenu" _
(ByVal hwnd As Long) As Long
```

Beispiel
```
hMenu = GetMenu(Me.hWnd)
```

Als Argument wird die Bezugsnummer des Formulars übergeben. Nun müssen Sie über die API-Funktion *GetSubMenu* die Bezugsnummer eines einzelnen Menüs (lassen Sie sich durch den Begriff »SubMenu« nicht irritieren) holen. Da eine Menüleiste mehrere Menüs besitzen kann, müssen Sie die Position des Menüs angeben (das erste Menü in der Menüleiste besitzt die Nummer 0):

Syntax
```
Declare Function GetSubMenu Lib "user32" Alias "GetSubMenu" _
(ByVal hMenu As Long, ByVal nPos As Long) As Long
```

```
hSubMenu = GetSubMenu(hMenu, 0)
```
Beispiel

Mit der zweiten Bezugsnummer ist ein Zugriff auf einen einzelnen Menüeintrag möglich, die dafür zuständige Funktion heißt *GetMenuItemID*. Diese Funktion gibt ausnahmsweise einmal keine Bezugsnummer zurück, sondern eine Identifizierungsnummer (die dem Menüeintrag über das Menüentwurfsfenster indirekt zugewiesen wurde):

```
Declare Function GetMenuItemID Lib "user32" Alias _
"GetMenuItemID" (ByVal hMenu As Long, ByVal nPos As Long) _
As Long
```
Syntax

```
MenuID = GetMenuItemID(hSubMenu, 0)
```
Beispiel

Ist die ID-Nummer eines Menüeintrags bekannt, kann die *Modify-Menu*-Funktion in Aktion treten, um ein oder mehrere Attribute des Eintrags zu ändern. Denken Sie aber daran, dass Sie nur jene Attribute ändern sollten, für die es keine Visual-Basic-Eigenschaften gibt.

Wie viele Einträge enthält ein Menü?

Dies ist ein eher harmloses Beispiel, denn alles was zu tun ist, ist die API-Funktion *GetMenuItemCount* aufzurufen, die die Anzahl der Einträge in einem Menü zurückgibt.

GetMenuItemCount ermittelt die Anzahl an Einträgen in einem Menü. **Syntax**

```
Declare Function GetMenuItemCount Lib "user32" Alias _
"GetMenuItemCount" (ByVal hMenu As Long) As Long
```

Als einziges Argument benötigt die Funktion die Bezugsnummer des Menüs, die zuvor über die Funktionen *GetMenu* und *GetSubMenu* ermittelt werden muss.

Das folgende Beispiel zählt die Anzahl an Einträgen, die sich in dem **Beispiel** ersten Menü befinden:

```
Private Anzahl As Long
Private hMenu As Long, hSubMenu As Long
hMenu = GetMenu(Me.hwnd)
hSubMenu = GetSubMenu(hMenu, 0)
Anzahl = GetMenuItemCount(hSubMenu)
```

Einfügen von Bitmaps in ein Menü

Auch das Einfügen einer Bitmap anstelle eines Textes geht erstaunlich einfach, denn diese Möglichkeit ist durch Windows bereits vorgesehen, sie wird nur nicht durch Visual Basic zur Verfügung gestellt. Dies kann aber auch daran liegen, dass es nicht viele zwingende Anwendungen für Bitmaps in einem Menü geben dürfte. Alles, was Sie tun müssen, um anstelle eines Textes eine Bitmap in einen Menüeintrag einzufügen, ist es, die Funktion *ModifyMenu* aufzurufen und das entsprechende Flag (*MF_BITMAP*) und die *Picture*-Eigenschaft eines Bildfeldes zu übergeben.

Merksatz *Um eine Bitmap in ein Menü aufzunehmen, müssen über die API-Funktionen GetMenu, GetSubMenu und GetMenuItemID der Reihe nach die Menü-ID des betreffenden Eintrags ermittelt werden. Über die API-Funktion ModifyMenu können dann einzelne Attribute des Menüeintrags geändert und auf diese Weise z.B. eine Bitmap über die Picture-Eigenschaft festgelegt werden.*

Syntax *ModifyMenu* ändert die Attribute eines einzelnen Menüeintrags.

```
Declare Function ModifyMenu Lib "user32" Alias "ModifyMenuA" _
(ByVal hMenu As Long, ByVal nPosition As Long, ByVal wFlags _
As Long, ByVal wIDNewItem As Long, ByVal lpBitmap As Long) _
As Long
```

Erläuterungen zu den einzelnen Argumenten:

Argument	Bedeutung
hMenu	Bezugsnummer des Menüs.
nPosition	Position des Menüeintrags in dem Menü (der erste Eintrag besitzt den Index 0).
wFlags	Legt die neuen Attribute des Menüeintrags fest.
wIDNewItem	Neuer ID-Wert des Menüeintrags. Im Allgemeinen ist dieser Wert mit dem ursprünglichen ID-Wert identisch.
lpBitmap	*Picture*-Eigenschaft eines Bildfeldes mit *Auto-Redraw=True*.

Achten Sie bei ModifyMenu auf die Declare-Anweisung in der Datei Win32api.txt. Sollte das letzte Argument ByVal lpString As String lauten, ändern Sie diesen in ByVal lpBitmap As Long (wichtig ist nur der Datentyp), da die Funktion ansonsten nicht das gewünschte Resultat zeigt.

Übung 15-2: Bitmaps in ein Menü einfügen. In der folgenden Übung wird gezeigt, wie sich die Einträge eines Menüs durch Bitmaps ersetzen lassen. Für die Umsetzung dieses Beispiels benötigen Sie ein Formular, ein Menü, das drei Menüeinträge (beliebiger Name) enthält, die zu einem Steuerelementefeld zusammengefasst sind, und drei Bildfelder mit *AutoRedraw=True*, in denen die Bitmaps enthalten sind, die in die Menüeinträge eingetragen werden sollen.

Diese Bitmaps sollten während der Programmausführung unsichtbar sein. Die Übung finden Sie auf der Buch-CD-ROM in der Datei *BitmapMenu.vbp*.

Folgende Schritte führen zur Umsetzung des Programms:

Legen Sie in einem leeren Formular (*frmHaupt*) ein Menü mit drei Einträgen an.   **Schritt 1**

Ordnen Sie auf dem Formular drei Bildfelder (*picFlagge*) in einem Steuerelementefeld an, und weisen Sie jedem Bildfeld eine Bitmap zu.   **Schritt 2**

Fügen Sie in den *Allgemein*-Teil folgende Anweisungen ein: **Schritt 3**

```
Option Explicit

Private Declare Function GetMenu Lib "user32" _
(ByVal hwnd As Long) As Long
Private Declare Function GetSubMenu Lib "user32" (ByVal _
Menu As Long, ByVal nPos As Long) As Long
Private Declare Function GetMenuItemID Lib "user32" _
ByVal hMenu As Long, ByVal nPos As Long) As Long
Private Declare Function ModifyMenu Lib "user32" Alias _
"ModifyMenuA" (ByVal hMenu As Long, ByVal nPosition As _
Long, ByVal wFlags As Long, ByVal wIDNewItem As Long, _
ByVal lpString As Long) As Long

Private Flaggen(0 To 3) As Picture

Const MF_BYCOMMAND = 0
Const MF_BYPOSITION = &H400
Const MF_BITMAP = 4

' Passen Sie den Pfad an
Const Pfadname = _
"C:\Programme\Microsoft Visual Studio\Common\Graphics\Icons\Flags\"
```

Ordnen Sie auf dem Formular eine Schaltfläche an (*cmdBitmap*), und fügen Sie in die Ereignisprozedur *cmdBitmap_Click* folgende Anweisungen ein: **Schritt 4**

```
Dim RetVal As Long, n As Integer
Dim hMenu As Long, hSubMenu As Long, MenuID As Long
hMenu = GetMenu(Me.hwnd)
hSubMenu = GetSubMenu(hMenu, 0)

For n = 0 To 2
    MenuID = GetMenuItemID(hSubMenu, n)
    picFlagge(n).Picture = picFlagge(n).Image
    RetVal = ModifyMenu(hMenu, MenuID, MF_BYCOMMAND Or _
    MF_BITMAP Or MF_MENUBARBREAK, MenuID, _
    picFlagge(n).Picture)
Next n
```

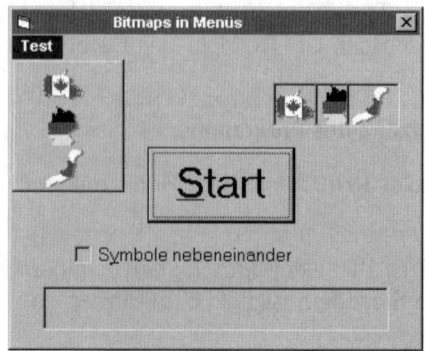

Wie funktioniert's?

Das Beispielprogramm aus Übung 15-2 bedarf keiner tiefergehenden Erläuterungen, da die beteiligten API-Funktionen bereits vorgestellt wurden. Im Mittelpunkt steht natürlich die *ModifyMenu*-Funktion, die eine Bitmap in einen Menüeintrag setzt. Möglich wird dies über das Flag *MF_BITMAP*, das beim Aufruf der Funktion übergeben wird. Dadurch »weiß« die Funktion, dass das letzte Argument für eine Bitmap steht. Das zweite Flag, *MF_BYCOMMAND*, legt lediglich fest, dass der Menüeintrag über seine ID-Nummer und nicht über seine Position (*MF_BYPOSITION*) angesprochen wird.

Beachten Sie, dass sich die zugewiesene Bitmap, während sie Bestandteil des Menüeintrags ist, nicht ändern darf, und Sie daher nur die *Picture*-Eigenschaft eines Bildfeldes mit *AutoRedraw=True* übergeben können und diesem zuvor die *Image*-Eigenschaft zugewiesen werden muss:

```
picFlagge(n).Picture = picFlagge(n).Image
```

Um die Bitmap wieder zu entfernen, genügt es, der *Caption*-Eigenschaft den alten Textwert wiederzugeben. Es ist in Visual Basic (offenbar) nicht möglich, Text und Bitmap zu kombinieren.

Anzeigen von Schriftarten in einem Menü

Es ist eine der vielen kleinen netten Neuerungen bei Microsoft Word'97, dass bei der Auflistung der Formatvorlagen in der Symbolleiste auch der Schrifttyp angezeigt wird. Scheinbar ist es in Visual Basic nicht möglich, jeden Menüeintrag in einer anderen Schriftart anzuzeigen. Hier ein kleiner Tipp: Eine API-Funktion gibt es dafür nicht, Sie kennen die Lösung aber bereits. Da Sie wissen, wie der Inhalt eines Bildfeldes in einem Menüeintrag angezeigt wird, spricht nichts dagegen, in dem Bildfeld einen Text auszugeben. Indem Sie der *Name*-Eigenschaft des zu dem Bildfeld gehörenden *Font*-Objekts einen anderen Wert geben, wird der Text in dieser Schriftart dargestellt.

Das folgende Beispiel zeigt, wie die verschiedenen Einträge eines Me-   **Beispiel**
nüs in verschiedenen Schriftarten dargestellt werden können. Für die
Umsetzung benötigen Sie ein Formular, das ein Menü mit einem Eintrag (*mnuFont*) enthält, dessen *Index*-Eigenschaft auf 0 gesetzt wurde.
Außerdem müssen auf dem Formular ein Bildfeld (*picFont*) mit *In-
dex=0* und eine Schaltfläche (*cmdFontsEintragen*) angeordnet werden. Sie finden das Beispiel auf der Buch-CD-ROM in der Datei
Menufont.vbp.

```
Private Sub cmdFontsEintragen_Click()
    Dim RetVal As Long, n As Integer
    Dim hMenu As Long, hSubMenu As Long, MenuID As Long
    hMenu = GetMenu(Me.hwnd)
    hSubMenu = GetSubMenu(hMenu, 1)
    For n = 1 To 10
        Load picFont(n)
        Load mnuFont(n)
        picFont(n).AutoRedraw = True
        picFont(n).Scale (0, 0)-(100, 100)
        picFont(n).CurrentX = 16
        picFont(n).CurrentY = 26
        picFont(n).Font.Name = Screen.Fonts(n)
        picFont(n).Font.Size = 11
        picFont(n).Print picFont(n).Font.Name
        MenuID = GetMenuItemID(hSubMenu, n)
        picFont(n).Picture = picFont(n).Image
        RetVal = ModifyMenu(hMenu, MenuID, MF_BYCOMMAND Or _
        MF_BITMAP, MenuID, picFont(n).Picture)
    Next
End Sub
```

Übrigens können Menüeinträge auch nebeneinander angeordnet werden (bis zum nächsten Trennbalken). Beim Aufruf der *ModifyMenu*-
Funktion muss zusätzlich das Flag *MF_MENUBARBREAK* übergeben
werden.

Der Zugriff auf die Einträge im Systemmenü

Das Systemmenü eines Formulars steht immer dann zur Verfügung,
wenn die *ControlBox*-Eigenschaft des Formulars den Wert *True* besitzt. Standardmäßig enthält das Systemmenü die Einträge

➡ Wiederherstellen

➡ Verschieben

➡ Größe ändern

➡ Minimieren

➡ Maximieren

und

➡ Schließen

Abbildung 15.6:
Durch das Einfü-
gen von Bildfel-
dern, die ledig-
lich einen Text
erhalten, lassen
sich verschie-
dene Schriftar-
ten in einem
Menü darstel-
len.

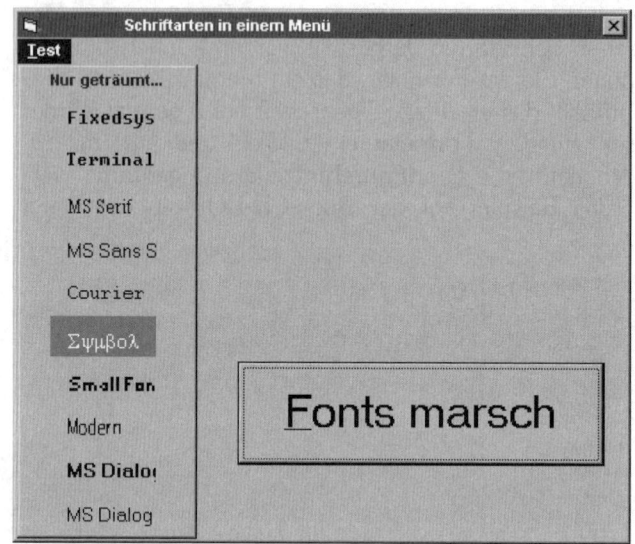

Ob alle diese Einträge zur Verfügung stehen, hängt davon ab, welchen Wert die Eigenschaften *BorderStyle*, *ControlBox*, *MaxButton* und *MinButton* besitzen.

Auch wenn das Systemmenü nicht über das Menüentwurfsfenster be-arbeitet werden kann, ist es möglich, über die API-Funktionen *GetSys-temMenu*, *AddMenu* und *RemoveMenu* Einträge des Systemmenüs umzubenennen, ihre Attribute zu ändern, zu entfernen und hinzuzufü-gen. Hinzugefügte Einträge stehen allerdings nicht über Visual-Basic-Menüobjekte zur Verfügung (man muss ihre Nachrichten über ein Sub-classing, wie es in Kapitel 15.9 beschrieben wird, gezielt auswerten), sodass diese Methode nicht unbedingt zu empfehlen ist.

Syntax *GetSystemMenuLib* liefert die Bezugsnummer des Systemmenüs ei-nes Fensters.

```
Declare Function GetSystemMenu Lib "user32" Alias _
"GetSystemMenu" (ByVal hwnd As Long, ByVal bRevert As Long) _
As Long
```

Syntax *RemoveMenu* entfernt einen Eintrag aus einem Menü.

```
Declare Function RemoveMenu Lib "user32" Alias "RemoveMenu" _
(ByVal hMenu As Long, ByVal nPosition As Long, ByVal wFlags _
As Long) As Long
```

Beispiel Das folgende Beispiel zeigt, wie sich das SCHLIESSEN-Kommando aus dem Systemmenü entfernen lässt. Es muss aber beachtet werden, dass für jedes Kommando, das aus dem Systemmenü entfernt wird, die ent-sprechende Funktionalität für das Formular nicht mehr zur Verfügung

steht. Möchte man eine bestimmte Funktionalität dem Benutzer lediglich vorenthalten, ist es vielleicht besser, über die API-Funktion *ModifyMenu* einen Eintrag abgeblendet darzustellen.

```
Private RetVal As Long
Private hSystemMenu As Long, nPosition As Long
hSystemMenu = GetSystemMenu(Me.hwnd, False)
nPosition = 5
RetVal = RemoveMenu(hSystemMenu, nPosition, MF_BYPOSITION)
nPosition = 5
RetVal = RemoveMenu(hSystemMenu, nPosition, MF_BYPOSITION)
```

Dass die *RemoveMenu*-Funktion gleich zweimal aufgerufen wird, liegt
daran, dass neben dem Eintrag SCHLIESSEN auch der Trennstrich entfernt werden soll. Natürlich ist die Position 5 nur dann gültig, wenn das
Systemmenü alle Einträge enthält und die *BorderStyle*-Eigenschaft des
Formulars z.B. den Wert 1 besitzt. In diesem Fall werden nämlich nur
drei Einträge (inklusive Trennstrich, der als eigener Eintrag immer mit-
gezählt werden muss) angezeigt. Übrigens lässt sich der ursprüngliche
Zustand des Systemmenüs sehr einfach wiederherstellen. Sie müssen
lediglich beim Aufruf von *GetSystemMenu* für das zweite Argument
einen *True*-Wert übergeben.

15.9 Callback-Funktionen, Subclassing und der AddressOf-Operator

Am Ende dieses (hoffentlich abwechslungsreichen) Kapitels soll natürlich auch der bereits mit Visual Basic 5.0 eingeführte *AddressOf*-Ope-
rator vorgestellt werden. Mit ihm können Sie wirklich Spaß haben,
denn zum einen ermöglicht er Dinge, die vorher nur unter Zuhilfenahme eines Callback-Steuerelements möglich waren. Zum anderen bekommen Sie richtigen »Spaß«, wenn Sie etwa eine Fensterfunktion in
Visual Basic implementieren möchten und dabei einen Fehler machen.
In diesem Fall stürzt das ganze Programm nämlich in der Regel ab.

15.9.1 Nachrichten an ein Visual-Basic-Formular abfangen

Ein Formular empfängt, wie jedes andere Fenster (ein Formular ist ein
Fenster), viele verschiedene Nachrichten. Als Visual-Basic-Programmierer muss man sich darüber keine Gedanken machen. Es sei denn,
man ist mit der Art und Weise wie das Visual-Basic-Programm eine bestimmte Nachricht behandelt nicht zufrieden und möchte, dass eine
Nachricht eine andere Aktion zur Folge hat. Bei einem C-Programm

ist das Abfangen von Nachrichten kein Thema, denn hier muss der Programmierer für jedes Fenster eine Fensterfunktion implementieren, die sämtliche Nachrichten auswertet (die meisten werden allerdings zur Weiterverarbeitung an Windows weitergereicht). Bei Visual Basic sieht das natürlich anders aus, denn hier kümmert sich das Formular um diese Dinge. Damit ein Visual-Basic-Formular individuell auf einzelne Nachrichten reagieren kann, gibt es prinzipiell zwei Möglichkeiten:

➡ Sie definieren eine eigene Fensterfunktion in Visual Basic und tragen deren Adresse über den Aufruf der *SetWindowLong*-API-Funktion in das dem Formular zugrundeliegende Fenster ein. Ein kleines Beispiel für diese Art des Subclassing finden Sie in Kapitel 15.5.3, in dem es um Bildfelder mit veränderlicher Größe geht.

➡ Sie verwenden eines der zahlreichen Zusatzsteuerelemente (z.B. Bruno Jennrichs Subclassing-Toolbox, VB/Messenger oder Spy-Works/VB). Dies ist die komfortabelste Lösung, da Sie sich hier um das Debbuging und das Handling der Fensterfunktion keine Gedanken machen müssen.

Beispiel Der »Klassiker« eines Beispiels für das *Subclassing* (so wird das »Abfangen« und Auswerten von Fensternachrichten genannt), ist sicherlich die Auswertung zusätzlicher Menüereignisse. Hier geht es darum, die *WM_MENUSELECT*-Nachricht, die ein Menüobjekt enthält, wenn der Benutzer den Mauszeiger darüber bewegt, auszuwerten. Auch dazu erhalten Sie ein Beispiel in Kapitel 15.9.5, an dem auch noch einmal der Unterschied zwischen Callbacks und Subclassing erklärt wird.

15.9.2 Subclassing und Callbacks

Bevor es mit dem ersten Beispiel losgeht, sollen kurz zwei verwandte Begriffe erläutert werden, die durch die Visual-Basic-Szene geistern und die im Zusammenhang mit APIs und allen jenen Dingen, die in Visual Basic offiziell nicht gehen, manchmal für Verwirrung sorgen. Da wäre zunächst der Begriff *Callback*. Sie wissen bereits, dass beim Aufruf einer API-Funktion eine bestimmte Funktion in einer Betriebssystemdatei (z.B. *User32.exe*) aufgerufen wird. Diese Form des Funktionsaufrufs unterscheidet sich grundsätzlich nicht vom Aufruf einer Visual-Basic-Funktion. Die Funktion wird aufgerufen, tut irgend etwas und kehrt zum aufrufenden Visual-Basic-Programm zurück. Der ganze Verlauf ist synchron, d.h. die Programmausführung wird nicht eher fortgesetzt, bis die API-Funktion beendet ist und sie die Kontrolle an das aufrufende Programm zurückgegeben hat:

```
A = 2
B = APIFunktion ()
C = A + B
```

Die Summe kann _C_ nicht eher zugewiesen werden, bevor _APIFunkti-on_ nicht wieder zurückgekehrt ist. Es gibt aber auch eine Reihe von API-Funktionen, die nicht in dieses einfache Schema passen. Sie sorgen vielmehr dafür, dass nach ihrem Aufruf eine Funktion Ihres Programms aufgerufen wird. Diese API-Funktionen werden als _Callback_-Funktionen bezeichnet, da sie dafür sorgen, dass eine Funktion des (Visual-Basic-) Programms zurückgerufen wird. Ein typisches Beispiel für eine solche _Callback_-Funktion ist die _Fenster_-Funktion eines Fensters. Sie wird immer dann aufgerufen, wenn ein Fenster vom Windows-Kern (oder von Visual Basic) über die _SendMessage_-Funktion eine Nachricht erhält. Callback-Funktionen spielen für die Visual-Basic-Programmierung normalerweise keine Rolle. Es gibt jedoch auch ein paar (allerdings relativ seltene) Ausnahmen. Stellen Sie sich vor, Sie benötigen für ein Systemprogramm die Namen aller zur Zeit geöffneten Fenster. Normalerweise würden Sie dazu so lange die _FindWindow_-Funktion aufrufen, bis diese keine weiteren Fenster mehr finden kann. Doch es gibt eine bessere Alternative: Sie beauftragen Windows über die _EnumWindows_-Funktion, alle Fenster zu enumerieren (d.h. aufzuzählen). Da man in der Praxis die Fensterbezugsnummern nicht nur sammeln sondern mit den Fenstern auch etwas anfangen möchte, haben sich die Entwickler von Windows etwas Besonderes einfallen lassen. Für jedes gefundene Fenster wird eine Funktion in Ihrem Programm aufgerufen, der u.a. die Bezugsnummer des Fensters übergeben wird. Damit Windows weiß, welche Funktion es aufrufen soll, muss beim Aufruf von _EnumWindows_ die Adresse dieser Funktion übergeben werden. Doch genau hier lag bis Visual Basic 5.0 der sprichwörtliche Hund begraben. Es gab nämlich offiziell keine Möglichkeit, an die Adresse einer Funktion heranzukommen (die _VarPtr_-Funktion ist dafür nicht geeignet, da sie die Funktion auch aufruft). Erst der mit Visual Basic 5 eingeführte _AddressOf_-Operator kommt an die Adresse einer Funktion heran (ohne sie aufzurufen) und eröffnet Visual-Basic-Programmierern eine Fülle neuer Möglichkeiten. Ein Beispiel dafür wird gleich folgen. _AddressOf_ besitzt nur einen kleinen Nachteil: Er kann nur beim Aufruf von API-Funktionen eingesetzt werden.

Und nun zum Subclassing. Callback-Funktionen gibt es in zwei Geschmacksrichtungen, die man als »voraussehbar« und »unvoraussehbar« bezeichnen könnte (diese Begriffe sind allerdings nicht offiziell). _Enum-Windows_ ist eine voraussehbare Funktion. Sobald sie aufgerufen wird, wird die übergebene Callback-Funktion für jedes gefundene Fenster aufgerufen. Mit anderen Worten, die Programmausführung wird erst fortgesetzt, wenn die Fensterliste abgearbeitet wurde. Anschließend finden bis zum nächsten Aufruf von _EnumWindows_ keine Callbacks mehr statt. Die Fensterfunktion eines Formulars gehört dagegen zur Klasse der unvoraussehbaren Callbacks. Sobald wir nämlich über die

SetWindowLong-API-Funktion Windows die Adresse unserer Fensterfunktion mitgeteilt haben, kann diese zu jedem beliebigen Zeitpunkt aufgerufen werden (was natürlich Probleme bereitet, wenn sich die IDE im Haltemodus befindet – mehr dazu gleich). Warum? Nun, weil auch Ereignisse zu jedem beliebigen Zeitpunkt aufgerufen werden können. Man sollte daher besser dafür sorgen, dass diese Funktion zu jedem Zeitpunkt aufrufbar ist. Sollte dies nämlich nicht der Fall sein, stürzt das Programm unweigerlich ab.

Mit der Fensterfunktion hat es eine besondere Bewandtnis (wir kommen jetzt endlich zum Subclassing). Indem Sie nämlich alle Nachrichten, die an ein Fenster geschickt werden, abfangen und nach Belieben zur Verarbeitung an den Windows-Kern weiterleiten, können Sie das Verhalten eines Formulars oder Steuerelements (sofern es auf einer Fensterklasse basiert) nahezu beliebig beeinflussen. Stellen Sie sich vor, ein Fenster erhält die Nachricht *WM_PAINT*, d.h. die Aufforderung zum Neuzeichnen. Indem Sie diese Nachricht abfangen und nicht weiterleiten, verhindern Sie zunächst, dass die Innenfläche neu gezeichnet wird. Oder noch viel besser, Sie rufen eine eigene Routine zum Neuzeichnen auf und erreichen beispielsweise so, dass das Steuerelement eine andere Form erhält. Auf diese Weise lassen sich zum Beispiel »runde Buttons« zeichnen, indem Sie zunächst den Button rahmenlos machen und die typische Form der Schaltfläche nicht von Windows, sondern von Ihrer eigenen Routine zeichnen lassen. Diese Form des Eingriffs in die Fensterfunktion wird als *Subclassing* bezeichnet (wird ein Fenster mit einer eigenen Fensterfunktion erstellt, die einen Teil der Nachrichten selber verarbeitet und den Rest von Windows verarbeiten lässt, spricht man auch vom »Superclassing«), da man die ursprüngliche Fensterklasse (die z.B. festlegt, wie eine Schaltfläche gezeichnet wird) erweitert. Im Prinzip verläuft Subclassing nach folgendem Schema:

1. Man definiert eine Fensterfunktion, die folgenden allgemeinen Rahmen besitzt:

```
Function FensterProzedur(ByVal hwnd As Long, ByVal uMsg As _
Long, ByVal wParam As Long, ByVal lParam As Long) As Long
' Irgendwelche Anweisungen
End Function
```

2. Man teilt Windows über die *SetWindowLong*-API-Funktion und den *AddressOf*-Operator mit, dass es Nachrichten an diese Funktion verschicken soll:

```
stdWinProc = SetWindowLong(hwnd, GWL_WNDPROC, AddressOf _
FensterProzedur)
```

Ohne *AddressOf*-Operator würde das nicht funktionieren. Aus diesem Grund ist dieser unscheinbare Operator für die Systemprogrammierung so wichtig.

3. Man verarbeitet in der neuen Fensterprozedur einzelne Nachrichten und ruft für alle übrigen Nachrichten über die API-Funktion *CallWindowProc* jene Originalfensterfunktion auf, deren Adresse die *SetWindowLong*-Funktion zurückgegeben hat:

```
Function FensterProzedur(ByVal hwnd As Long, ByVal uMsg As _
Long, ByVal wParam As Long, ByVal lParam As Long) As Long
    Select Case uMsg
      Case WM_COMMAND    ' WM_COMMMAND-Nachricht vorverarbeiten
        ' Irgendwelche Anweisungen
      End Select
    FensterProzedur = CallWindowProc(stdWinProc, hwnd, uMsg, _
    wParam, ByVal lParam)
End Function
```

Natürlich muss man genau wissen, wie man eine Windows-Nachricht verarbeiten muss und welche Bedeutung die übergebenen *wParam*- und *lParam*-Argumente der Nachricht besitzen. Und genau in diesem Punkt fängt es für Visual-Basic-Programmierer an schwierig zu werden, denn diese Details stehen nicht in der Visual-Basic-Hilfe, sondern höchstens in einem Einführungsbuch zur Windows-Programmierung. C-Programmierer sind hier klar im Vorteil, denn sie »wachsen« mit diesen Dingen auf. Dennoch erhalten Sie in diesem Kapitel ein kleines Beispiel für Subclassing in Visual Basic.

Übrigens können Sie auf diese Weise nicht nur die Fenster Ihres Visual-Basic-Programms »subclassen«, sondern im Prinzip jedes andere Fenster.

In diesem Zusammenhang soll auch kurz der Begriff »Hook« geklärt werden. *Hooks* sind ebenfalls Eingriffe in den Nachrichtenmechanismus von Windows, aber auf einer globaleren Basis. Das klassische Beispiel ist die Abfrage, ob der Benutzer in irgendeiner Anwendung eine bestimmte Taste gedrückt hat. Um den dafür zuständigen System-Hook auf eine Prozedur Ihres Programms »umzuleiten« und den Original-Hook anschließend aufzurufen, können Sie diese Ereignisse abfragen, bevor sie eine Windows-Anwendung erreichen. Auf diese Weise lässt sich Windows ein wenig »verbiegen«, wie Sie es vielleicht von DOS her gewöhnt sind. Ob sich der Aufwand lohnt, ist eine andere Frage. Einige Add-Ons, wie z.B. SpyWorks/VB, enthalten Zusatzsteuerelemente, mit denen sich System-Hooks relativ einfach setzen lassen[5].

---

[5] Ich möchte wirklich keine Schleichwerbung machen, doch wenngleich SpyWorks/VB nichts bietet, was sich nicht auch »zu Fuß« erledigen ließe, bietet es einen Komfort, der offenbar konkurrenzlos ist. Ich lasse mich jedoch gern von Alternativen überzeugen.

Subclassing ist eine sehr leistungsfähige Technik, die Visual-Basic-Programmierern das Tor in die Windows-Welt weit öffnet. Das Schöne daran ist, dass Sie seit Visual Basic 5.0 dank des *AddressOf*-Operators im Prinzip keine Add-Ons (wie etwa SpyWorks/VB) oder Zusatzsteuerelemente (wie ein Subclassing-Steuerelement) mehr benötigen, denn Sie können für jedes Formular oder Steuerelement eine eigene Fensterfunktion einrichten (dazu gleich ein kleines Beispiel). Allerdings nur im Prinzip, denn das was eben in wenigen Sätzen beschrieben wurde, bedeutet in der Praxis in der Regel nicht nur einen erhöhten Programmieraufwand, sondern setzt auch gute bis sehr gute Kenntnisse der Windows-Interna voraus. Sobald Sie nämlich den ersten Schritt aus der »behüteten« Visual-Basic-Welt gehen, müssen Sie die volle Verantwortung für Ihr Programm übernehmen und sich um Dinge kümmern, von denen Sie vorher wahrscheinlich noch nicht einmal wußten, dass es sie gibt. Für die meisten Visual-Basic-Programmierer kommen diese »Programmiertricks«, so reizvoll sie auch manchmal erscheinen mögen, daher nicht in Frage. Und genau hier kommen wieder die Add-Ons und Zusatzsteuerelemente ins Spiel, die auch mit Visual Basic 5.0 nicht überflüssig werden. Sie verpacken den ganzen »Verwaltungskram« in ein Steuerelement und ermöglichen es so, dass auch der »normale« Visual-Basic-Programmierer Callback-Funktionen einsetzen und ein Subclassing durchführen kann.

Da ich für dieses Kapitel kein bestimmtes Zusatzsteuerelement voraussetzen möchte (wenn Sie sich ein solches Zusatzsteuerelement besorgen, erhalten Sie in der Regel auch gleich die passenden Beispiele dazu), werden im Folgenden anhand zweier kleiner Beispiele das Prinzip des Callback und des Subclassing mit Hilfe des *AddressOf*-Operators vorgeführt.

15.9.3   Zeig' mir Deine Fenster

Um die Namen aller systemweit aktiven Fenster zu erhalten, gibt es die *EnumWindows*-Funktion. Dies ist eine Callback-Funktion, die eine Funktion, deren Adresse beim Aufruf übergeben wird, für jedes gefundene Fenster aufruft. Die *EnumWindows*-Funktion gehört in die Kategorie der Enumerationsfunktionen. Unter dem Begriff Enumerationen wird eine spezielle Kategorie von API-Funktionen zusammengefasst, die einen »Gegenstand« enumerieren (z.B. einen Font) und für jeden gefundenen Gegenstand eine Rückruf-Funktion aufrufen.

Syntax ```
Declare Function EnumWindows Lib "User32" (ByVal lpEnumunc _
As Long, ByVal lParam As Long) As Long
```

Während das erste Argument die Adresse der Rückruf-Funktion ist, handelt es sich beim zweiten Argument um einen im Prinzip beliebigen Wert, der bei jedem Aufruf der Rückruf-Funktion übergeben wird.
```

Ordnen Sie für die Umsetzung des folgenden Beispiels ein Listenfeld **Beispiel** (*lstListe*), ein Bezeichnungsfeld (*lblAnzahlFenster*) und eine Schaltfläche (*cmdStart*) auf einem Formular an. Fügen Sie ein allgemeines Modul hinzu, und geben Sie dort folgende Anweisungen ein:

```
Option Explicit

Private Declare Function EnumWindows Lib "User32" (ByVal _
pCallBack As Long, lParam As Any) As Long
Private Declare Function GetWindowText Lib "User32" Alias _
"GetWindowTextA" (ByVal hWnd As Long, ByVal strBuffer As _
String, ByVal cch As Long) As Long

Function FensterListeFüllen(lstListe As ListBox) As Long
    lstListe.Clear
    EnumWindows VarPtr(EnumWindowProz), lstListe
End Function

Function EnumWindowProz(ByVal hWnd As Long, lParam As _
ListBox) As Long
    Dim strTemp As String * 128
    Dim Länge As Long
    Länge = GetWindowText(hWnd, strTemp, 128)
    If Länge > 0 Then
        With lParam
            .AddItem Left(strTemp, Länge)
            .ItemData(.NewIndex) = hWnd
        End With
    End If
    EnumWindowProz = 1
End Function
```

Die Funktion *FensterListeFüllen* kann jetzt über die Schaltfläche aufgerufen werden:

```
Private Sub cmdStart_Click()
    FensterListeFüllen lstListe
    lblAnzahlFenster.Caption = lstListe.ListCount & " Fenster"
End Sub
```

Ist es nicht erstaunlich, wie viele Fenster es gibt? Kleine Quizfrage zum Schluss: Welche Rolle spielt der *AddressOf*-Operator in diesem Beispiel? Das Beispielprogramm finden Sie auf der Buch-CD-ROM in der Datei *FensterEnum.vbp*.

Eine wichtige Anmerkung

Callback-Funktionen besitzen eine Eigenheit, die die Programmierung in Visual Basic erheblich erschweren kann. Wurde einer API-Funktion die Adresse einer Rückruf-Funktion übergeben, darf in der aufgerufenen Visual-Basic-Funktion nichts Unvorhergesehenes passieren. Selbst ein Haltepunkt kann zu Problemen führen, da Windows in diesem Fall eine nicht aktive Funktion aufruft. Sehr viel kritischer ist das Problem natürlich beim Subclassing von Formularen oder Steuerelementen. Während sich bei Enumerationen der Rückruf auf einen kurzen Zeitraum beschränkt, können in Visual Basic implementierte Fensterfunktionen zu jedem Zeitpunkt aufgerufen werden, auch wenn das Programm im Haltemodus ist. Abhilfe schafft eine spezielle DLL, die Visual-Basic-Guru Matthew Curland vom Microsoft-VBA-Entwicklerteam geschrieben hat. Wurde die DLL *Dbgwproc.dll* über den Menübefehl PROJEKT | VERWEISE zuvor eingebunden, kann ein Visual-Basic-Programm mit Callback-Funktionalität halbwegs normal debuggt werden.7

15.9.4 Timer einmal anders

Der normale Zeitgeber, der als Steuerelement fest in die Laufzeitumgebung eingebunden ist, besitzt ein paar kleinere Nachteile. Einer davon ist die oft unbefriedigende Auflösung. Auch wenn die *Interval*-Eigenschaft jeden Wert zwischen 1 und 65.535 Millisekunden annehmen kann, sind kleinere Auflösungen als 55 Millisekunden (dem Systemtakt eines PC) nicht möglich. Noch schwerer wirkt der Umstand, dass der Zeitgeber an ein Fenster gebunden ist und daher nicht in einem (fensterlosen) Klassenmodul eingesetzt werden kann. Was tut man daher, wenn man eine Methode in regelmäßigen Abständen aufrufen, dafür aber kein Formular »verschwenden« möchte. Man greift auf die API-Funktion *SetTimer* zurück.

Syntax
```
Private Declare Function SetTimer Lib "user32" (ByVal hWnd _
As Long, ByVal nIDEvent As Long, ByVal uElapse As Long, _
ByVal lpTimerFunc As Long) As Long
```

Fällt Ihnen an der API-Deklaration schon etwas auf? Richtig, Sie müssen beim Argument *lpTimerFunc* der Funktion die Adresse einer Rückruf-Funktion übergeben, die dann in regelmäßigen Abständen von Windows aufgerufen wird. Ein klarer Fall also für den *AddressOf*-Operator (und ein klarer Fall für *Dbgwproc.dll*, um einen möglichen Absturz zu vermeiden, wenn Sie das Programm in der IDE testen und anhalten).

Beispiel Das folgende Beispiel zeigt ein (Formular-) Modul, in dem eine Variable kontinuierlich hochgezählt und ausgegeben wird. Sich weitere Anwendungen auszudenken, dürfte nicht schwer sein. Wie wäre es zum Beispiel mit einer Klasse, die ständig den noch freien Arbeitsspeicher überwacht oder das Eintreffen neuer Nachrichten im Posteingang prüft?

```
Option Explicit

Private Sub cmdStart_Click()
    Dim RetVal As Long
    RetVal = SetTimer(Me.hWnd, 88, 5000, AddressOf Test)
```

```
End Sub
Sub Test ()
    Static Zähler
    Zähler = Zähler + 1
    Debug.Print Zähler
End Sub
```

15.9.5 Menüs können noch mehr – Nachhilfe für Visual Basic

Es wurde bereits mehrfach angedeutet, dass Visual Basic bei Menüs aus unerfindlichen Gründen lediglich ein *Click*-Ereignis weiterreicht, nicht jedoch das ebenfalls wichtige *WM_MENUSELECT*-Ereignis, das immer dann auftritt, wenn der Benutzer ein Menü geöffnet hat und den Mauszeiger über die einzelnen Einträge bewegt (ohne jedoch zu klicken). Möchte man z.B. in der Statusleiste einen Hinweistext anzeigen, der von dem gerade selektierten Menüeintrag abhängt, so ist dies offiziell nicht möglich. Inoffiziell schon, denn Zusatzsteuerelemente, die diesen Mangel beheben, gibt es wahrscheinlich schon länger, als es Visual Basic gibt. Für alle jene, die keine Steuerelemente einsetzen möchten, bietet der neue *AddressOf*-Operator die Rettung.

Das folgende Beispiel beschreibt ein Formular, das über ein Menü mit **Beispiel** drei Einträgen verfügt. Wenn Sie das Menü öffnen, wird in einer Statusleiste der Name des selektierten Eintrags angezeigt. Ordnen Sie zur Umsetzung auf einem Formular (*frmHaupt*) eine *Statusleiste* (*staStatusleiste*) an, und fügen Sie zum Formular ein Menü (Name spielt keine Rolle) mit drei Einträgen hinzu, die in einem Steuerelementefeld zusammengefasst sind (Name spielt ebenfalls keine Rolle). Fügen Sie zu dem Projekt ein allgemeines Modul hinzu, und geben Sie folgende Anweisungen ein:

```
Option Explicit
Private Declare Function SetWindowLong Lib "user32" Alias _
"SetWindowLongA" (ByVal hwnd As Long, ByVal nIndex As Long, _
ByVal dwNewLong As Long) As Long

Private Declare Function CallWindowProc Lib "user32" Alias _
"CallWindowProcA" (ByVal wndrpcPrev As Long, ByVal hwnd As _
Long, ByVal uMsg As Long, ByVal wParam As Long, lParam As _
Any) As Long

Private Declare Function GetMenu Lib "user32" (ByVal hwnd As _
Long) As Long

Private Declare Function GetMenuString Lib "user32" Alias _
"GetMenuStringA" (ByVal hMenu As Long, ByVal wIDItem As _
Long, ByVal lpString As String, ByVal nMaxCount As Long, _
ByVal wFlag As Long) As Long
```

```
Const GWL_WNDPROC = -4
Const WM_COMMAND = &H111
Const WM_MENUSELECT = &H11F
Const MF_BYCOMMAND = &H0&

Private stdWinProc As Long

Sub StartSubClass(hwnd As Long)
    stdWinProc = SetWindowLong(hwnd, GWL_WNDPROC, _
    AddressOf FensterProzedur)
End Sub

Function FensterProzedur(ByVal hwnd As Long, ByVal uMsg _
As Long, ByVal wParam As Long, ByVal lParam As Long) As Long
        Dim hMenu As Long, RetVal As Long
        Dim MenuName As String
        MenuName = Space(64)
        Select Case uMsg
           Case WM_COMMAND
              ' Debug.Print Hex(wParam)
           Case WM_MENUSELECT
              hMenu = GetMenu(frmHaupt.hwnd)
              RetVal = GetMenuString(hMenu, LoWord(wParam), _
              MenuName, Len(MenuName), MF_BYCOMMAND)
              frmHaupt.staStatusleiste.Panels(1).Text = _
              "Es wurde " & NullTrim(MenuName) & " gewählt"
              ' Debug.Print Hex(LoWord((wParam)))
        End Select
        FensterProzedur = CallWindowProc(stdWinProc, hwnd, _
        uMsg, wParam, ByVal lParam)
End Function

Function LoWord(dWert As Long) As Integer
    If (dWert And &H8000&) = 0 Then
       LoWord = dWert And &HFFFF&
    Else
       LoWord = &H8000 Or (dWert And &H7FFF&)
    End If
End Function

Function NullTrim(StringWert As String)
    NullTrim = Left(StringWert, InStr(StringWert, Chr(0)) - 1)
End Function
```

Erkennen Sie die Fensterfunktion wieder? Diese hat die Aufgabe, die Nachricht *WM_MENUSELECT* auszuwerten. Über das *wParam*-Argument der Nachricht erhalten Sie die ID des aktuell ausgewählten Menüeintrags und können diesen dazu benutzen, über die API-Funktion *GetMenuString* den Text des Menüeintrags zu lesen und in der Statusleiste auszugeben.

Damit das Ganze funktionieren kann, muss die Fensterfunktion in der *Load*-Prozedur des Formulars gestartet werden:

```
Private Sub Form_Load()
    StartSubClass hwnd
End Sub
```

Bedenken Sie bitte, dass ohne Anwesenheit der bereits genannten DLL Dbgwproc.dll das Programm im Haltemodus extrem absturzgefährdet ist. Dieses Problem umgehen Sie, wenn Sie anstelle einer eigenen Fensterfunktion wieder eines der zahlreichen Zusatzsteuerelemente einsetzen, die die WM_MENUSELECT-Nachricht in ein Ereignis umwandeln. Betrachten Sie das Beispielprogramm, das Sie in Gestalt der Datei Menuselect.vbp auf der Buch-CD-ROM finden, in erster Linie als ein einfaches Lehrbeispiel, das das Prinzip des Subclassing veranschaulichen soll.

15.10 Auswerten von Fehlern

Auch beim Aufruf einer API-Funktion können Fehler auftreten. Ein Fehler liegt immer dann vor, wenn eine API-Funktion nicht das gewünschte Resultat liefert (etwa weil ein unpassendes Argument übergeben wurde). Da eine API-Funktion nicht einfach abbrechen kann, gibt es eine andere Form der Rückmeldung: Trat während der Ausführung ein Fehler auf, gibt die Funktion den Wert -1 zurück. Über die API-Funktion *GetLastError* kann der Fehlercode abgefragt werden.

15.10.1 Die LastDLLError-Eigenschaft

Allerdings ist es beim Aufruf von Visual Basic nicht damit getan, einfach den Rückgabewert von *GetLastError* abzufragen:

```
Ergebnis = APIFunktion (Argument)

If Ergebnis < 0 Then
    FehlerNr = GetLastError()
    Msgbox Prompt:="Es trat Fehler " & FehlerNr & " auf!"
End If
```

Der Grund liegt darin, dass nach dem Aufruf der API-Funktion und dem Aufruf von *GetLastError* intern noch weitere API-Funktionen aufgerufen werden können. *GetLastError* würde also den falschen Fehlercode melden. Auch Microsoft hat diese Situation erkannt und stellt daher über das *Err*-Objekt die *LastDllError*-Eigenschaft, die stets den Fehlercode der zuletzt im Visual-Basic-Programm aufgerufenen API/DLL-Funktion enthält.

Beispiel
```
Ergebnis = APIFunktion (Argument)
MsgBox Prompt:="API-Error:" & Err.LastDllError
```

15.10.2 Fehlermeldungen im Klartext

Wer es genauer wissen will, kann sich über die API-Funktion *Format-Message* den Text einer internen Fehlermeldung anzeigen lassen.

```
Private Declare Function FormatMessage Lib "Kernel32" Alias
"FormatMessageA" (ByVal dwFlags As Long, _lpSource As Any, _
ByVal dwMessageId As Long, ByVal dwLanguageID As Long,
ByVal lpBuffer As String, ByVal nSize As Long,
Arguments As Long) As Long
Const FORMAT_MESSAGE_FROM_System As Long = &H1000
```

Beispiel
```
Function Fehlertext(ByVal FehlerNr As Long) As String
    Dim Nachricht As String
    Dim RetVal As Long
    Nachricht = Space(1024)
    RetVal = FormatMessage(FORMAT_MESSAGE_FROM_System, ByVal 0&, FehlerNr,
0&, Nachricht, Len(Nachricht), ByVal 0&)
    If RetVal Then
        Fehlertext = Left(Nachricht, RetVal)
    Else
        Fehlertext = FehlerNr & " ist nicht definiert"
    End If
End Function
```

15.11 Typenbibliotheken statt Declare-Anweisung

Die *Declare*-Anweisung ist zwar etwas, an das man sich mit der Zeit gewöhnt, ein wenig umständlich ist sie dennoch. Alle reden über Objekte, warum kann man denn nicht auch auf die API »objektorientiert«, d.h. über Eigenschaften und Methoden, zugreifen. Nun, man kann. Eine Möglichkeit ist es, die wichtigsten API-Funktionen (alle wäre vermutlich ein wenig viel) in einen COM-Server, also in eine ActiveX-DLL, zu verpacken und dabei für jede API-Funktion eine Klasse zu verwenden, wobei die Argumente der Funktion als Eigenschaften implementiert werden. In einem neuen Projekt bindet man eine Referenz auf den COM-Server, instanziert eine Variable vom Typ *clsAPI* (dies ist nur ein beliebiger Name) und kann über die Methoden des Objekts auf die API-Objekte und deren Eigenschaften zugreifen. Ein Nachteil ist, dass dieser COM-Server sehr umfangreich wird, auch wenn nur eine API-Funktion vollständig in den Arbeitsspeicher geladen wird. Eine andere, und vermutlich attraktivere, Alternative ist es, eine Typenbibliothek zu erstellen. Die Aufgabe einer Typenbibliothek ist es, die Eigenschaften und Methoden eines Objekts zu beschreiben und gleichzeitig die Verbindung zu den internen Funktionen einer DLL herzustellen. Um welche DLLs es sich dabei handelt, spielt keine Rolle. Warum dann nicht auch die Windows-API? Eine solche Typenbibliothek wird mit Hilfe der *Interface Description Language* (IDL) erstellt. Dies ist keine Programmiersprache, sondern lediglich ein Satz von Steueranweisungen, die in eine Textdatei eingetippt werden. Die resultierende Datei wird mit dem MIDL-Compiler, der auch auf der Visual-Basic-CD sein sollte, in eine Typenbibliothek übersetzt. Wenn Sie meinen, dass sich das nach viel Arbeit anhört, haben Sie recht. Aus diesem Grund sollte man wenn möglich auf eine fertige Typenbibliothek zugreifen. Visual Basic enthält eine solche Bibliothek allerdings nicht, wenngleich es bestimmt sehr praktisch wäre, doch *Bruce McKinney*, der Autor des Buches *Visual Basic 5 Harcore* (Microsoft Press), hat sich die Mühe gemacht und bietet eine solche Typenbibliothek im Rahmen seines Buches an (die Adresse seiner Homepage lautet *www.accessone.com/~brucem/*). Außerdem hat er in einem Artikel, der u. a. in der Microsoft Knowledgebase zu finden ist, das Erstellen einer Typenbibliothek für Visual Basic ausführlich beschrieben.

15.12 Goldene Regeln für den Umgang mit der API

Der Aufruf von API-Funktionen ist, und davon konnte Sie dieses Kapitel hoffentlich überzeugen, im Allgemeinen nicht weiter schwer. Im Gegenteil! Hat man den Bogen erst einmal heraus, kann es sogar richtig Spaß machen, API-Funktionen aufzurufen. Damit Sie von Frust und Schutzverletzungen weitestgehend verschont bleiben, sollten Sie folgende Regeln beherzigen:

➡ Speichern Sie vor jedem Programmstart das Projekt (setzen Sie unbedingt die Option *Speichern der Änderungen bestätigen* in den IDE-Optionen). Sollte eine Schutzverletzung auftreten, ist Ihr Programm nicht verloren.

➡ Im Zweifelsfall immer *ByVal*. Normalerweise übernimmt man eine Deklaration aus dem API-Katalog und muss sich um die Argumenttypen nicht kümmern. Sollten Sie sich aber aus irgendeinem Grund bei einem Argument bezüglich des Aufrufs nicht sicher sein, setzen Sie ein *ByVal* voraus. Damit muss die Funktion zwar nicht funktionieren, ein Absturz wird dadurch aber im Allgemeinen vermieden.

▪➤ Sollte der Aufruf einer API-Funktion zu einer »Falsche DLL-Aufrufkonvention«- oder »Typen nicht verträglich«-Fehlermeldung führen,
müssen Sie die Datentypen in der Deklaration mit den Datentypen, die beim Aufruf übergeben wurden, vergleichen (die Namen
der Argumente spielen keine Rolle). Solche Fehler sind bei Win32
aber relativ selten, da der Datentyp *Long* im Prinzip auch Zeiger
oder *Integer*-Werte aufnehmen kann[6].

▪➤ Auch Kleinigkeiten können einen API-Aufruf scheitern lassen. Enthält der »wahre« Funktionsname, der dem Alias-Schlüsselwort
folgt, etwa ein führendes Leerzeichen, beschwert sich Visual Basic
mit der Fehlermeldung »DLL-Einsprungpunkt nicht gefunden«
(Fehlernummer 453).

▪➤ Bei den »wahren« Funktionsnamen einer Win32-API kommt es auf
die richtige Groß-/Kleinschreibung an. Viele Funktionen gibt es in
zwei Ausführungen, der letzte Buchstabe ist entweder »A« (ANSI)
oder »W« (Unicode). Verwenden Sie bei Visual Basic immer die
»A«-Variante.

▪➤ Zahlen sind bei Win32 immer *Long*. Achten Sie darauf, dass alle
Zahlenargumente den Typ *Long* besitzen[7]. Insbesondere wenn Sie
Beispiele aus Zeitschriften oder Büchern übernehmen, die noch für
16-Bit-Windows gedacht sind, sollten Sie grundsätzlich alle *Integer*-Argumente gegen *Long*-Argumente austauschen. Das gilt
auch für zusammengesetzte Datentypen (z. B. *RECT*).

▪➤ Übergeben Sie keine uninitialisierten Strings. Wenn Sie eine
Stringvariable übergeben, in die eine API-Funktion etwas eintragen
soll, füllen Sie die Variable zuvor, etwa über die *Space*-Funktion,
mit einer ausreichenden Anzahl an Leerzeichen (1024 sollten in
der Regel mehr als ausreichend sein).

▪➤ Im Zweifelsfall hat der API-Katalog unrecht. Nichts gegen Microsoft, aber die *Win32api.txt* enthielt schon bei Visual Basic 4.0 und
5.0 etliche Fehler. Im Allgemeinen sind es nur harmlose Fehler wie
ein vergessenes »ByVal« oder ein »As Any«, wo es zum Beispiel ein
»As Long« sein müßte. Sollte sich eine API-Funktion partout nicht
aufrufen lassen, überprüfen Sie als erstes die *Declare*-Anweisung.

---

[6] Mir ist beim Ausprobieren aufgefallen, wie schwer es ist, absichtlich einen
Aufruffehler zu provozieren. Es ist bei einigen API-Funktionen sogar möglich,
die Bezugsnummer eines Fensters als String zu übergeben, ohne dass Visual
Basic sich beschwert. Und es funktioniert sogar.

[7] Es mag Ausnahmen von der Regel geben, doch sind mir diese noch nicht
untergekommen. Auf der anderen Seite hatte ich noch keine Gelegenheit, alle
der ca. 1500 verschiedenen API-Funktionen (inzwischen dürften es ein paar
mehr sein) durchzusehen. Dieser Ratschlag erfolgt daher ohne Gewähr.

➡ Ein wichtiger Ratschlag noch einmal zum Schluss: Bitte speichern Sie Ihre Programme ab, bevor Sie neue API-Funktionen zum ersten Mal testen, denn die Absturzwahrscheinlichkeit liegt bei über 50%.

15.12.1 Was kann man tun, wenn sich eine DLL nicht laden lässt?

Nicht immer ist der Aufruf einer DLL-Funktion erfolgreich, wobei Visual Basic nur den Argumente-Stack überprüft und außer der Meldung »Falsche DLL-Aufrufkonvention« keine weitergehenden Fehlerursachen liefert. Um herauszufinden, aus welchen Gründen der Aufruf einer DLL-Funktion scheiterte, gibt es die Möglichkeit, die DLL über die API-Funktion *LoadLibrary* zu laden. Über den Rückgabewert dieser Funktion erhält man wichtige Rückschlüsse auf die Fehlerursache. Anschließend muss die DLL über die *FreeLibrary*-API-Funktion wieder freigegeben werden. Da ein Fehler beim Laden eines Moduls zu einem kritischen Fehler führt, muss man Windows über die *SetErrorMode*-API-Funktion vor dem Laden der vermeintlichen DLL mitteilen, dass man sich selbst um den Fehler kümmert. Das folgende Programmlisting stellt ein Grundgerüst dar, das eine DLL lädt und einen eventuellen Fehlercode anzeigt. Der Name der zu ladenden DLL muss sich in der Variablen *tmpDateiname* befinden. Das vollständige Beispiel finden Sie auf der Buch-CD-ROM in der Datei *DllError.vbp*.

```
Option Explicit
Private Declare Function LoadLibrary Lib "kernel32" Alias _
"LoadLibraryA" (ByVal lpLibFileName As String) As Long
Private Declare Function FreeLibrary Lib "kernel32" (ByVal _
hLibModule As Long) As Long
Private Declare Function SetErrorMode Lib "Kernel32" (ByVal _
wMode As Long) As Long

Const SEM_NOOPENFILEERRORBOX = &H8000
Const SEM_FAILCRITICALERRORS = &H1

Private Sub cmdLaden_Click()
    Dim hInst As Long, oldErrorMode As Long
    If tmpDateiname = "" Then
        MsgBox Prompt:="Keine Datei selektiert!"
        Exit Sub
    End If
    oldErrorMode = SetErrorMode(SEM_NOOPENFILEERRORBOX Or _
    SEM_FAILCRITICALERRORS)
    hInst = LoadLibrary(tmpDateiname)
    If hInst > 32 Then ' Trat ein Fehler auf?
        MsgBox Prompt:="Bibliothek wurde erfolgreich geladen"
        FreeLibrary (hInst)
```

```
    Else
        MsgBox Prompt:="Fehler beim Laden der Bibliothek: " + _
        Format(hInst)
    End If
End Sub
```

Tabelle 15.11:
Die wichtigsten
Fehlercodes, die
von LoadLibrary
zurückgegeben
werden können.

Fehlercode	Bedeutung
0	Zu wenig Arbeitsspeicher.
2	Datei nicht gefunden.
3	Pfad nicht gefunden.
10	Falsche Windows-Version.
11	Fehler in der EXE-Datei.
14	Unbekannter Dateityp.
20	Fehler in der DLL.

15.13 Zusammenfassung

API-Funktionen sind mehr als nur die zusätzliche Würze in der »Suppe« des Visual-Basic-Programmierers. Sie stellen einem Visual-Basic-Programm jene Funktionalität zur Verfügung, die Microsoft aus unterschiedlichen Gründen nicht für Visual Basic vorgesehen hat. Der Aufruf der meisten API-Funktionen von Visual Basic aus ist völlig problemlos. Enthält das Programm die stets erforderliche *Declare*-Anweisung, kann die API-Funktion wie jede andere Visual-Basic-Funktion aufgerufen werden. Eines darf dabei aber nicht vergessen werden. Sobald eine API-Funktion aufgerufen wird, verlässt das Programm das schützende Dach der Visual-Basic-Laufzeitumgebung. Mit anderen Worten, auf das was nach dem Aufruf der API-Funktion passiert, hat der Visual-Basic-Programmierer keinen Einfluss mehr. API-Funktionen bringen daher unter Umständen eine gewisse Instabilität in ein Programm hinein. Diese lässt sich auf ein Minimum reduzieren, indem man bestimmte Regeln beachtet. Dann werden die API-Funktionen zu einer sinnvollen Erweiterung der VBA-Funktionalität.

15.14 Ressourcen

Dieses Kapitel konnte natürlich nur einen sehr kleinen Teil der riesigen Win32-API vorstellen. Es ging in erster Linie darum, das Prinzip des API-Aufrufs anhand einiger Beispiele zu veranschaulichen. Wer mehr über die Win32-API wissen möchte, kommt um die Anschaffung zusätzlicher Informationsquellen nicht umhin. Dafür gibt es (mindestens) zwei Möglichkeiten:

1. Sie besorgen sich das Buch *Visual Basic Programmer's Guide to the Win32-API* (mehr dazu in Anhang C). Hier finden Sie nahezu alle Win32-API-Funktionen für den Einsatz unter Visual Basic aufgelistet, viele Beispiele und einige sehr interessante Zusatzsteuerelemente (z. B. für Subclassing, Hooks und Callbacks). Für jemand, der tiefer in die API-Programmierung einsteigen möchte, ist dieses Buch beinahe unentbehrlich.

2. Sie besorgen sich die *MSDN Library Single Edition* oder gleich das Jahresabonnement[8]. Dies kann allein wegen der Microsoft Knowledge Base (laut Aussage von Microsoft mit über 1.2 Gbyte an Know-how) jedem engagierten Entwickler nur wärmstens empfohlen werden (weitere Infos und Preise erhalten Sie unter *www.eu.microsoft.com/germany/produkte/MSDN/preise.htm*).
Ein kleiner Nachteil der Dokumentation ist jedoch, dass lediglich die C/C++-Syntax beschrieben wird. Doch da die korrekten Deklarationen in *Win32api.txt* enthalten sind, steht einer Umsetzung nichts im Wege. Es kann höchstens passieren, dass Sie eine Win32-API-Funktion finden, für die es kein *Declare*-Statement in *Win32api.txt* gibt. In diesem Fall müssen Sie das *Declare*-Statement entweder in anderen Quellen suchen (z. B. in der Microsoft Knowledge Base auf der MSDN-CD-ROM) oder selber aktiv werden und die einzelnen Argumenttypen anpassen.

Bevor Sie sich auf die Suche nach weiteren Büchern oder Tipps-Seiten im Internet begeben, installieren Sie das Programm AllApi-Net. Sie finden es unter www.allapi.net. Man könnte das Programm auch als »den besten Freund des Visual Basic-Programmierers« bezeichnen, denn es enthält nicht nur viele API-Deklarationen, sondern auch viele Beispiele, die Sie direkt in Ihre Programme übernehmen können.

:-)
TIP

---

[8] Die Enterprise-Edition von Visual Basic 6.0 enthält eine »Special Edition« der MSDN-Library (Level I) für die Visual Tools.

Das Zusammenspiel mit dem Betriebssystem

Je umfangreicher Visual-Basic-Programme werden, desto wichtiger wird das Zusammenspiel mit dem Betriebssystem. Dieses stellt nicht nur eine umfangreiche Programmierschnittstelle (API) zur Verfügung, es bietet auch eine Reihe wichtiger Dienste, die z. B. das Starten von Programmen, das Abfragen wichtiger Systeminformationen oder den Datenaustausch zwischen Programmen übernehmen. In diesem Kapitel werden die wichtigsten »Dienstleistungen« des Betriebssystems (am Beispiel von Windows 9x) vorgestellt und gezeigt, wie sie von einem Visual-Basic-Programm genutzt werden können. Wer noch die »wilde« MS-DOS-Ära in Erinnerung hat, wird feststellen, dass es unter Windows (besonders natürlich unter Windows NT) sehr viel »sittsamer« zugeht. Man verzichtet auf verwegene Programmierhacks und hält sich brav an die vorgegebenen Schnittstellen. Eines bereits vorweg: Visual Basic ist auch in der Version 6.0 alles andere als eine Systemsprache. Selbst die einfachsten Dinge, wie der Zugriff auf einen E/A-Port, erfordern spezielle Maßnahmen. Wer in die Tiefen des Systems hinabsteigen will (oder muss), ist daher nach wie vor gut beraten, ein wenig C++ (C tut es in diesem Fall natürlich auch) oder gar Assembler zu studieren. Was viele nicht wissen, auch mit dem Makroassembler von Microsoft (MASM) lassen sich richtige Windows-Programme schreiben (allerdings ist das Ganze etwas umständlich). Dies sind aber Themen, die in diesem Buch nicht behandelt werden.

Und weil wir gerade dabei sind. Ebenfalls aus Platzgründen können in diesem Kapitel leider bei weitem nicht alle Themen behandelt werden, die in die Kategorie »Visual Basic und das Betriebssystem« fallen würden. Dazu gehören z. B. die Themen »DDE« und »OLE-Steuerelement«. Letzteres dürfte wohl, auch wenn es zahlreiche Möglichkeiten eröffnet (da es gebunden ist, können Sie mit wenig Aufwand z. B. eine Videodatenbank erstellen, in der jedes Feld eines Datensatzes eine AVI-Datei enthält), für den Programmieralltag keine große Rolle spielen. Ähnliches gilt für DDE. Es ist inzwischen nicht mehr aktuell, da sich der Datenaustausch zwischen Programmen über einen direkten Zugriff auf die Komponenten sehr viel eleganter realisieren lässt. Das gleiche gilt für »Spezialthemen« wie z.B. die NetDDE-Funktionen oder der Zugriff auf die Hardware (der unter Windows NT/2000/XP ohne einen virtuellen Gerätetreiber nicht durchführbar ist). Falls Sie an diesen spezielleren Themen interessiert sind, finden Sie zusätzliche Informationen auf der Buch-CD-ROM.

Sie lesen in diesem Kapitel etwas über:

- Die Abfrage von Systeminformationen

- Der Zugriff auf die Objekte der Windows-Shell

- Der Zugriff auf die INI-Dateien und die Registry

- Der Zugriff auf die serielle Schnittstelle

- Die Toolhelp-API für Spezialisten

16.1 Abfrage von Systeminformationen

Das Betriebssystem hält eine Vielzahl von Informationen bereit, die hin und wieder auch für ein Visual-Basic-Programm interessant sind. Das fängt bei einfachen Dingen an, wie der Betriebssystemversion, unter der ein Programm läuft, und reicht zu spezielleren Informationen, wie dem Ladestand des Akkus (falls das Programm auf einem Notebook läuft) oder der Auslastung des Arbeitsspeichers. Alle diese Informationen stellt das Betriebssystem bereit. Doch wie immer muss man wissen, wo man sie finden kann. Prinzipiell gibt es bei Visual Basic vier verschiedene »Quellen« für Betriebssystemdaten:

1. Das *App*-Objekt

2. Das Zusatzsteuerelement *Sysinfo.ocx*

3. Verschiedene API-Funktionen (was sonst)

4. Die Registry, sowie verschiedene INI-Dateien

Die einzelnen Quellen sollten im Allgemeinen in der Reihenfolge ihrer Aufzählung eingesetzt werden.

16.1.1   Das App-Objekt

Das *App*-Objekt ist ein globales Objekt, das eine Reihe von Systeminformationen zur Verfügung stellt. Viele Eigenschaften, wie etwa
CompanyName, sind selbsterklärend. Andere, wie *OLEServerBusy-
TimeOut*, werden nur in speziellen Situationen, wie dem Zugriff auf einen Komponentenserver, und damit relativ selten benötigt. Die wichtigsten dieser Eigenschaften sind in Tabelle 16.1 zusammengestellt.

Eigenschaft	Bedeutung
ExeName	Name der EXE-Datei. Bei der Ausführung in der IDE wird der Projektname zurückgegeben.
hInstance	Spezielle Bezugsnummer der aktuellen Instanz der ausführenden EXE-Datei.
LogMode	Legt fest, auf welche Weise die Protokollierung durch die *LogEvent*-Methode durchgeführt wird. Bei *vbLogAuto=0* wird das Protokoll in die über die *LogPath*-Eigenschaft festgelegte Datei geschrieben.
Path	Legt den aktuellen Pfad fest oder gibt ihn zurück. Das Setzen dieser Eigenschaft ist zweckmäßig, da bei Dateizugriffen nicht jedesmal ein Pfad zusammengebaut werden muss, sondern alle Dateizugriffe sich auf jenes Verzeichnis beziehen können, in dem sich alle Programmdateien befinden.
prevInstance	Gibt die Instanznummer einer bereits gestarteten Instanz zurück. Enthält diese Eigenschaft keinen Wert, wurde das Programm noch nicht gestartet. Die entsprechende Abfrage *App.Instance = App.prevInstance* erfolgt üblicherweise in *Form_Load*.
StartMode	Gibt an oder legt fest, ob die Anwendung als EXE-Datei (*vbSModeStandalone*, 0) oder als ActiveX-Komponente (*vbSModeAutomation*, 1) gestartet wird.
TaskVisible	Gibt an oder legt fest, ob die Anwendung in der Task-Liste erscheint.
ThreadId	Gibt die Kennnummer des durch den Prozess gestarteten Thread zurück. Kann für einige API-Aufrufe benutzt werden.
Title	Gibt an oder legt fest, welcher Titel in der Taskleiste erscheint.
UnattendedApp	Durch Setzen dieser Eigenschaft auf *True* kann angegeben werden, dass die EXE-Datei ohne Benutzeroberfläche ausgeführt wird. Das ist bei reinen Komponentenservern von Bedeutung, die bei Instanzierungen durch andere Programme für jede Instanz einen neuen Thread anlegen können.

*Tabelle 16.1:
Die interessante-
sten Eigenschaf-
ten des App-
Objekts.*

16.1.2 Das Zusatzsteuerelement SYSINFO.OCX

Die Visual-Basic-CD-ROM enthält im Ordner \OS\System ein Zusatzsteuerelement mit dem Namen *Sysinfo.ocx*. Dieses versetzt ein Visual-Basic-Programm in die Lage, auf wichtige Systemereignisse und Konfigurationsänderung zu reagieren. Im einzelnen lässt sich mit *SysInfo* auf folgende Ereignisse reagieren:

➡ Auf die Auswahl eines anderen Hardware-Profils.

➡ Auf Änderungen an der Registry bzw. *Win.Ini*.

➡ Auf das Hinzufügen oder Entfernen einer Plug&Play-Komponente.

➡ Auf Änderungen des Bildschirmmodus.

➡ Auf Aktionen des Power-Managers, wie z.B. das Absinken der Akkuspannung bei einem Notebook unter einen bestimmten Wert.

➡ Auf das Verschieben oder Vergrößern der Taskleiste.

➡ Auf die Änderung der Systemzeit durch eine Anwendung oder den Benutzer.

➡ Auf die Änderung der Systemfarben durch eine Anwendung oder den Benutzer.

Auch die Eigenschaften des *SysInfo*-Zusatzsteuerelements sind überaus interessant, denn Sie erfahren einige Systemdetails, die Ihnen das *App*-Objekt bislang verschwiegen hat.

Eigenschaft	Bedeutung
ACStatus	Gibt an, ob der PC an eine Wechselstromversorgung (AC) angeschlossen ist (1) oder nicht (0). Lässt sich dies nicht eindeutig feststellen, gibt die Eigenschaft den Wert 255 zurück.
BatteryFullTime	Gibt die Lebensdauer des Akkus im geladenen Zustand in Sekunden an. Ist dieser Wert nicht bekannt, wird H&FFFFFFFF zurückgegeben.
BatteryLifePercent	Gibt den Ladezustand des Akkus in einem Prozentwert von 0 bis 100 zurück. Ist dieser Wert nicht bekannt, wird 255 zurückgegeben.
BatteryLifeTime	Gibt die noch verbleibende Lebensdauer der Batterie in Sekunden zurück. Ist dieser Wert nicht bekannt, wird H&FFFFFFFF zurückgegeben.
BatteryStatus	Gibt den allgemeinen Zustand des Akkus an (1-voll, 2-wenig, 4-kritisch, 8-Akku lädt, 128-Kein Akku vorhanden).

Eigenschaft	Bedeutung
OSPlattform	Gibt das Betriebssystem an, unter dem das Programm läuft (0-Win32s, 1-Windows 9x, 2-Windows NT).
OSVersion	Gibt die Betriebssystemversion als Zahl an (bei Windows 98 ist es 4.1).
OSVerString	Gibt die Betriebssystemversion als Zeichenkette an.
ScrollBarSize	Gibt die Breite einer Bildlaufleiste in einem Fenster an.
WorkAreaHeight	Gibt die Höhe der verfügbaren Bildschirmfläche ohne die Taskleiste an.
WorkAreaLeft	Gibt die linke Position der verfügbaren Bildschirmfläche ohne die Taskleiste an.
WorkAreaTop	Gibt die obere Position der verfügbaren Bildschirmfläche ohne die Taskleiste an.
WorkAreaWidth	Gibt die Breite der verfügbaren Bildschirmfläche ohne die Taskleiste an.

16.1.3 API-Funktionen, die Informationen des Betriebssystems bereitstellen

Die Win32-API hält, wahrscheinlich zur Freude vieler Programmierer, auch eine reichhaltige Auswahl an »Auskunftsfunktionen« bereit. Anstelle langatmiger Erläuterungen enthält Tabelle 16.2 eine Auflistung der interessantesten Funktionen. Funktionen wie *GetSystemMetrics* oder *SystemParametersInfo* sind wahre »Auskunftswunder«, denn sie stellen eine Vielzahl von Informationen über die Windows-Oberfläche zur Verfügung. Ihr Aufruf sollte zwar, vor allem nach Durcharbeiten von Kapitel 15, kein Problem darstellen, doch muss man die zuständigen Konstanten kennen, um an eine Information heranzukommen. Hier sei noch einmal auf die in Anhang C aufgeführten Quellen verwiesen.

Funktion	Bedeutung
GetDeviceCaps	Gibt Informationen über die Eigenschaften eines Ausgabegeräts, z. B. Bildschirm, zurück.
GetFreeSpace*	Ermittelt den noch freien Arbeitsspeicher in der globalen Speicherhalde (engl. »global heap«).
GetSystemDirectory	Gibt den Pfad des Windows-Systemverzeichnisses zurück.

Tabelle 16.2:
API-Funktionen
zur Abfrage
von System-
informationen.

Funktion	Bedeutung
GetSystemMetrics	Liefert u.a. Informationen über die Größe einzelner Fensterelemente, z.B. die Titelzeile, die Menüleiste oder die Umrandung.
GetVersionEx	Ermittelt die aktuelle Windows- und DOS-Versionsnummer.
GetWindowsDirectory	Ermittelt den Namen des Windows-Ordners.
GetWinFlags	Ermittelt u.a. den Prozessortyp.
GlobalMemoryStatus	Ermittelt den noch freien physikalischen und virtuellen Arbeitsspeicher.
SystemParametersInfo	Gibt eine Fülle von Systeminformationen zurück, die die Benutzeroberfläche betreffen, und die vom Benutzer über die Systemsteuerung eingestellt werden. Dazu gehört z.B. die Einstellungen des Bildschirmschoners oder die Doppelklickgeschwindigkeit. Wird die Funktion mit dem Argument *SPI_SCREENSAVERRUNNING* aufgerufen, kann die Wirkung der Tastenkombination (Strg)+(Alt)+(Entf) aufgehoben werden.

16.1.4 Wieviel Speicher ist noch frei?

Die ist wahrscheinlich die wichtigste aller Fragen: »Wieviel Arbeitsspeicher bleibt mir noch, um meinen neuen Ray-Tracing-Cubic-Spline-Algorithmus zu starten?« 128 Mbyte? Hmm, knapp, aber könnte reichen. Auch wenn sowohl Windows 9x als auch Windows NT/2000/XP immerhin 2 GByte Arbeitsspeicher ansprechen können (natürlich auch unter Visual Basic beispielsweise über die *ReDim*-Anweisung)[1], können bei Windows 9x nach wie vor die Systemressourcen (also jener auf 192 Kbyte limitierte Bereich, in dem Windows Bezugsnummern und anderen »Verwaltungskram« ablegt) etwas eng werden. Um Engpässe zu vermeiden (die über die Laufzeitfehlerbehandlung oft nicht mehr abgefangen werden können) oder um sog. Speicherlecks ausfindig zu machen, empfiehlt es sich, in kritischen Fällen den freien Arbeitsspeicher über die API-Funktion *GlobalMemoryStatus* abzufragen (die beliebte *GetFreeSystemResources*-API-Funktion aus Windows 3.1 gibt es bei Win32 nicht). Diese macht auf den ersten Blick zwar einen etwas komplizierten Eindruck, was in erster Linie an dem zu übergebenden Argument vom Typ *MEMORYSTATUS* liegen dürfte, sie ist es natürlich nicht (und wozu gibt es schließlich Klassen für praktizierende Anhänger der OOP-Lehre).

---

[1] Eine Grenze, die im Jahre 2002 angesichts 512 MBit-Bausteinen nicht mehr allzu weit weg erscheint.

Das folgende Beispiel überträgt einige Informationen über die aktuelle **Beispiel** Arbeitsspeicherauslastung in die Variable *lpInfoPuffer*.

```
Private Declare Sub GlobalMemoryStatus Lib "kernel32" _
(lpBuffer As MEMORYSTATUS)

Private Type MEMORYSTATUS
    dwLength As                    ' Gesamtlänge der Struktur
    dwMemoryLoad As                ' Prozent des belegten Speichers
    dwTotalPhys As                 ' Gesamtarbeitsspeicher
    dwAvailPhys As                 ' Verfügbarer Arbeitsspeicher
    dwTotalPageFile As Long        ' Größe der Auslagerungsdatei
    dwAvailPageFile As Long        ' Verfügbarer Arbeitsspeicher
    dwTotalVirtual As Long         ' Größe d. virtuellen Speichers
    dwAvailVirtual As Long         ' Verfügbarer virtueller Speicher
End Type


Private lpInfoPuffer As MEMORYSTATUS

Private Sub cmdInfo_Click()
    lpInfoPuffer.dwLength = Len(lpInfoPuffer)
    GlobalMemoryStatus lpInfoPuffer
    Debug.Print "Prozent des belegten Speichers: " & _
    lpInfoPuffer.dwMemoryLoad & "%"
    Debug.Print "Gesamtarbeitsspeicher: " & _
    Format(lpInfoPuffer.dwTotalPhys, "###.####.###")
    Debug.Print "Verfügbarer Arbeitsspeicher: " & _
    Format(lpInfoPuffer.dwAvailPhys, "###.####.###")
    Debug.Print "Größe der Auslagerungsdatei: " & _
    Format(lpInfoPuffer.dwTotalPageFile, "###.####.###")
    Debug.Print "Verfügbarer Arbeitsspeicher: " & _
    Format(lpInfoPuffer.dwAvailPageFile, "###.####.###")
    Debug.Print "Größe d. virtuellen Speichers: " & _
    Format(lpInfoPuffer.dwTotalVirtual, "###.####.###")
    Debug.Print "Verfügbarer virtueller Speicher: " & _
    Format(lpInfoPuffer.dwAvailVirtual, "###.####.###")
End Sub
```

16.1.5   Und wie sieht es auf der Platte aus?

Neben dem Arbeitsspeicher ist der Festplattenspeicher der zweite kritische Parameter bei der Ausführung eines Programms. Unter DOS gab es die Funktion 36 h des Interrupts 21 h, mit der man noch freien Arbeitsspeicher auf einem Laufwerk ermitteln konnte. Die Win32-API bietet dafür die Funktionen *GetDiskFreeSpace* und *GetDiskFree-SpaceEx* für Partitionen größer als 2 Gbyte (ab Windows 95 OSR2 bzw. Windows 98).

Das folgende Beispiel zeigt, wie der freie Platz auf einem über eine **Beispiel** Laufwerksliste ausgewählten Laufwerk ermittelt wird.

```
Option Explicit
Private Declare Function GetDiskFreeSpace Lib "kernel32" _
Alias "GetDiskFreeSpaceA" (ByVal lpRootPathName As String, _
lpSectorsPerCluster As Long, lpBytesPerSector As Long, _
lpNumberOfFreeClusters As Long, lpTotalNumberOfClusters As _
Long) As Long

Private Type DiskInformation
    lpSectorsPerCluster As Long
    lpBytesPerSector As Long
    lpNumberOfFreeClusters As Long
    lpTotalNumberOfClusters As Long
End Type

Private Sub cmdStart_Click()
    Dim info As DiskInformation
    Dim RetVal As Long, BytesProCluster As Long, _
    BytesProSektor As Long
    Dim AnzahlFreieBytes As Double, AnzahlFreieCluster _
    As Long, SektorenProCluster As Long, GesamtZahlCluster _
    As Long
    Dim RootPfadName As String, tmpString As String
    RootPfadName = Left(drvLaufwerk.Drive, 2) & "\"
    RetVal = GetDiskFreeSpace(RootPfadName, _
    SektorenProCluster, BytesProSektor, _
    AnzahlFreieCluster, GesamtZahlCluster)
    BytesProCluster = SektorenProCluster * BytesProSektor
    AnzahlFreieBytes = BytesProCluster * AnzahlFreieCluster
    tmpString = "Anzahl der freien Bytes : " & _
    Format(AnzahlFreieBytes, "0,0")
    MsgBox Prompt:=tmpString
End Sub
```

16.1.6   Feststellen der Betriebssystemversion

Die bekannte Frage von Loriot »Ja, wo laufen Sie denn?« lautet bei Windows natürlich »Ja, worunter laufen Sie denn?«, denn mit Windows 95, Windows 98, Windows 98 SE, Windows 98 ME, Windows NT 4.0, Windows 2000, Windows XP und allem, was noch kommen mag, gibt es eine große Versionsvielfalt. Allerdings unterscheiden sich alle diese Versionen auf der API-Ebene lediglich durch ihre Haupt- und Nebenversionsnummer. Windows XP gibt z.B. eine unscheinbare 5.1 als Versionsnummer zurück. Wer sichergehen will, dass eine bestimmte Funktion auch tatsächlich zur Verfügung steht und das Betriebssystem nicht aus purer Höflichkeit nur einen Standardwert zurückgibt, muss sich über die *GetVersionEx*-API-Funktion zunächst einmal nach der Versionsnummer erkundigen.

Syntax   *GetVersionEx* ermittelt die Versionsnummer des Betriebssystems.

```
Declare Function GetVersionEx Lib "kernel32" Alias _
"GetVersionExA" (ByVal lpVersionInformation As _
OSVERSIONINFO) As Long
```

```
Option Explicit

Private Type OSVERSIONINFO
    dwOSVersionInfoSize As Long
    dwMajorVersion As Long
    dwMinorVersion As Long
    dwBuildNummer As Long
    dwPlatformID As Long

    szCSDVersion As String * 128
End Type

Private OSInfo As OSVERSIONINFO

Private Sub cmdStart_Click()
    Dim RetVal As Long
    RetVal = GetVersion(OSInfo)
    OSInfo.dwOSVersionInfoSize = 148
    OSInfo.szCSDVersion = Space(128)
    RetVal = GetVersion(OSInfo)
    Debug.Print OSInfo.dwMajorVersion
    Debug.Print OSInfo.dwMinorVersion
    Debug.Print OSInfo.dwBuildNummer
    Debug.Print OSInfo.dwPlatformID
End Sub
```

Unter Windows 95 erhält man als Versionsnummer 4.0 zurück, denn die »95« ist bekanntlich nur ein Marketinggag (immerhin ein Wort mit drei »g«) gewesen und unter echten Programmierern natürlich verpönt. Entsprechend besitzt Windows 98 intern die Version 4.1, was durchaus einen Sinn ergibt. Die Untervariable *dwPlatformID* besitzt den Wert 1 für Windows 9x, 2 für Windows NT und 0 für eine nicht näher bezeichnete Win32-Plattform (z.B. OS/390). Die Untervariable *dwBuildNummer* spielt in erster Linie bei Windows NT eine Rolle, da hier in kürzeren Abständen neue Builds ausgeliefert werden, wenngleich sie auch bei Windows 9x zurückgegeben wird.

Wer es ganz genau wissen will, sollte sich auch bei Windows 9x das Low-Word der Build-Nummer anschauen. Ist diese nämlich größer als 1.000, läuft auf dem PC das OEM Service Release 2 (auch OSR2 genannt) oder höher. Windows 98 Service Release 1 dürfte dagegen eine Buildnummer größer 1.800 zurückgeben. Es ist in diesem Zusammenhang interessant anzumerken, dass es keinen Bruch zwischen Windows 95 und Windows 98 gegeben hat, sondern die Buildnummern kontinuierlich erhöht wurden.

16.1.7 Informationen über ein Formular abfragen

In einigen, unter Visual Basic allerdings relativ seltenen Fällen, kann es notwendig sein, zusätzliche Informationen über ein Fenster zu erhalten. Die Größe des Fensters verraten die Eigenschaften *Height* und *Width*. Und wo erfährt man, wie viele Pixel die Überschrift, die Menüleiste oder die Umrandung umfasst? Diese und viele andere Informationen erhält man über die API-Funktion *GetSystemMetrics*.

Syntax *GetSystemMetrics* liefert detaillierte Informationen über die internen Abmessungen eines Fensters.

```
Declare Function GetSystemMetrics Lib "user32" Alias _
"GetSystemMetrics" (ByVal nIndex As Long) As Long
```

Der *GetSystemMetrics*-Funktion wird über einen Index mitgeteilt, welche Information gesucht wird, und gibt daraufhin den gewünschten Wert zurück.

Tabelle 16.3:
Die wichtigsten
Argumente der
GetSystem-
Metrics-Funk-
tion.

Index	Zurückgegebene Information
SM_CXBORDER	Breite der Umrandung bei fester Umrandung.
SM_CXFRAME	Breite der Umrandung bei einem Formular mit veränderlicher Größe.
SM_CXFULLSCREEN	Breite der Innenfläche (engl. »client area«) des Formulars bei maximaler Größe.
SM_CXFULLSCREEN	Höhe der Innenfläche des Formulars bei maximaler Größe.
SM_CXMIN	Mindestbreite eines Formulars.
SM_CYCAPTION	Höhe der Titelleiste eines Formulars.
SM_CYFRAME	Höhe der Umrandung bei einem Formular mit veränderlicher Größe.
SM_CYMENU	Höhe der Menüleiste eines Formulars.
SM_CYMIN	Mindesthöhe eines Formulars.

16.1.8 Ermitteln des Programmverzeichnisnamens

Das Thema »Wo laufen Sie denn?« hatten wir zwar bereits, doch diesmal ist die Frage ernst gemeint. Eine wichtige Abfrage besteht darin, herauszufinden, in welchem Ordner ein Programm ausgeführt wird. Auf diese Weise kann das Programm sicherstellen, dass Dateien, die während der Ausführung des Programms angelegt werden müssen, sich stets in jenem Ordner befinden, in dem das Programm ausgeführt wird. Dieser Aspekt ist besonders dann von Bedeutung, wenn sich das Programm auf einem Server-PC befindet und von einer Arbeitsstation im Netzwerk ausgeführt wird. Der Name des Ordners, in dem eine EXE-Datei läuft, steht über die *Path*-Eigenschaft des *App*-Objekts zur Verfügung:

```
TempPfad = App.Path
TempPfad = IIf(Right(TempPfad, 1) = "\", TempPfad, TempPfad _
& "\")
DateiNr = FreeFile
Open TempPfad & "Temp.dat" For Output As DateiNr
```

In dieser Anweisungssequenz wird eine Datei mit dem Namen *Temp.dat* in dem Ordner angelegt, in dem das Programm ausgeführt wird. Zuvor wird geprüft, ob das Programm im Hauptordner (z. B. *C:*) läuft, weil in diesem Fall kein »\«-Zeichen angehängt werden darf.

16.1.9 Feststellen der Landessprache

Moderne Software muss mehrsprachig sein und sich auf die jeweiligen Landeskonventionen automatisch einstellen. Ein Programm, das keine Umlaute akzeptiert oder das Datum im falschen Format darstellt, hat es schwer, Gnade vor den Augen kritischer Benutzer (und wer ist das nicht?) zu finden. Für hiesige Visual-Basic-Programmierer ist das natürlich kein Thema, sondern eher, sich zusätzlich auf andere Landessprachen einzustellen[2]. Zum Glück ist es relativ einfach, die aktuellen Einstellungen abzufragen, denn diese sind natürlich in der Registry abgelegt. Um festzustellen, welche Landessprache eingestellt ist, genügt z. B. ein Blick in die Datei *Win.Ini*, die auch von Windows 9x geführt wird. Etwas professioneller und vor allem »zukunftskompatibler« ist jedoch der Aufruf der API-Funktion *SystemParametersInfo*, über die sich über die Systemsteuerung getroffene Einstellungen auch ändern lassen.

16.1.10 Feststellen der Anzahl an Farben

Um die aktuelle Auflösung zu erfahren, muss man lediglich die Höhe und Breite des *Screen*-Objekts durch die Werte der Eigenschaften *TwipsPerPixelY* und *TwipsPerPixelX* teilen. Leider gibt es beim *Screen*-Objekt keine Eigenschaft, welche die Anzahl der aktuell zur Verfügung stehenden Farben zurückgibt. Um festzustellen, ob ein System z. B. im 256-Farben-Modus arbeitet, muss die universelle API-Funktion *GetDeviceCaps* bemüht werden.

---

[2] Wissen Sie eigentlich, wie viele Sprachen es weltweit gibt (nicht Programmiersprachen, richtige Sprachen, die gibt es auch)? Ich wußte es natürlich auch nicht, bis ich es in einer Ausgabe der Zeitschrift »Civilisation« erfuhr: Es sind über 6.000. Allerdings mit fallender Tendenz. Was gestresste Programmierer vielleicht erleichtert zur Kenntnis nehmen werden, ist für die Betroffenen natürlich nicht so spaßig.

Syntax Das folgende Beispiel gibt die Anzahl an Farben aus, die in der aktuellen Auflösung zur Verfügung stehen.

Der Allgemein-Teil

```
Option Explicit
Private Declare Function GetDeviceCaps Lib "gdi32" (ByVal _
hdc As Long, ByVal nIndex As Long) As Long

Private Declare Function GetDC Lib "user32" (ByVal hwnd _
As Long) As Long

Private Declare Function ReleaseDC Lib "user32" (ByVal hwnd _
As Long, ByVal hdc As Long) As Long

Const PLANES = 14
Const BITSPIXEL = 12

Function AnzahlFarben() As Long
    Dim hdc As Long, RetVal As Long
    Dim nBitsPerPixel As Integer
    hdc = GetDC(0)
    nBitsPerPixel = GetDeviceCaps(hdc, BITSPIXEL) * _
    GetDeviceCaps(hdc, PLANES)
    RetVal = ReleaseDC(0, hdc)
    AnzahlFarben = 2& ^ nBitsPerPixel
End Function
```

Ein Aufruf der Funktion *AnzahlFarben* ruft als erstes die Funktion *GetDC* auf, um eine Bezugsnummer auf den Gerätekontext für den Bildschirm zu erhalten. Anschließend tritt die *GetDeviceCaps*-Funktion in Aktion, welche die Anzahl an Bits pro Pixel zurückgibt. Am Ende wird die Bezugsnummer auf den Gerätekontext wieder freigegeben und die Anzahl der Bits pro Pixel mit 2 potenziert (8 Bit = 256 Farben).

Um die Anzahl und Namen der auf einem PC installierten Fonts zu erfahren, muss ausnahmsweise einmal keine API-Funktion bemüht werden, denn dafür stehen mit Fonts und FontCount zwei Eigenschaften des Screen-Objekts zur Verfügung.

Beispiel Die folgenden Anweisungen übertragen die Namen aller installierten Fonts in ein Listenfeld.

```
Private n As Long

For n = 0 To Screen.FontCount - 1
    lstSchriftarten.AddItem Screen.Fonts(n)
Next n
```

Bei *Fonts* handelt es sich übrigens nicht um eine Auflistung, auch wenn der Name darauf hindeutet und mit *Font* auch ein singuläres Objekt existiert. So kann die *For-Each-In*-Anweisung leider nicht dazu benutzt werden, alle *Font*-Objekte im *Fonts*-Objekt durchzuzählen. *Fonts* ist vielmehr eine einfache Eigenschaft, die wie eine Feldvariable angesprochen wird.

Und wo erfahre ich, welche Schriftgrößen für einen bestimmten Font erlaubt sind? Gar nicht, dies muss vielmehr durch Ausprobieren herausgefunden werden. Wenn Sie an einer Liste aller zu einer Schriftart in Frage kommenden Größen interessiert sind, müssen Sie in einer Schleife der Eigenschaft *Size* des *Font*-Objekts alle Schriftgrößen von 2 bis 128 zuweisen. Da die *Size*-Eigenschaft bei einer unsinnigen Größe automatisch auf den nächsten möglichen Wert gesetzt wird, erfahren Sie durch Abfrage der *Size*-Eigenschaft den »wahren« Wert und können diesen in eine Liste übertragen.

Die folgenden Anweisungen ermitteln alle Schriftgrößen, die bei einer eingestellten Schriftart in Frage kommen: **Beispiel**

```
lstSchriftgrößen.Clear

For n = 2 To 256 Step 2
    txtEingabe.Font.Size = n
    m = txtEingabe.Font.Size
    If m <> OldFontSize Then
        lstSchriftgrößen.AddItem m
    End If
    OldFontSize = m
Next n
```

Diese Schleife geht alle Zahlen von 2 bis 256 in Zweierschritten durch, weist sie der *Size*-Eigenschaft des *Font*-Objekts zu und trägt den zurückgegebenen Wert, sofern dieser nicht bereits in die Liste eingetragen wurde, in die Liste ein. Unbedingt zu empfehlen ist diese Vorgehensweise aber nicht, denn sie bedeutet eine zusätzliche Verzögerung beim Zugriff auf eine Schriftart.

Es ist schon faszinierend zu sehen, wie scheinbar perfekt sich True-Type-Schriften in ihrer Größe verändern lassen. Auch wenn die meisten Anwender (und auch Entwickler) die Textausgabe bei Windows als etwas völlig Selbstverständliches ansehen, darf nicht vergessen werden, welcher enorme Rechenaufwand und welche programmtechnische Meisterleistung dahintersteckt. Jeder, der sich etwas intensiver mit dem Thema Fonts in der Windows-Programmierung beschäftigt, bekommt davon sehr schnell einen Eindruck.

Wenn man dem Benutzer eine Liste der vorhandenen Schriftarten zur Auswahl anbietet, ist es natürlich sinnvoll, die aktuelle Auswahl in der Liste voreinzustellen. Normalerweise müßte man dazu die gesamte Liste nach dem aktuellen Wert der Name-Eigenschaft des *Font*-Objekts in einer *For-Next*-Schleife durchsuchen und bei Übereinstimmung den aktuellen Wert des Schleifenzählers der *ListIndex*-Eigenschaft zuweisen, um diesen Wert zu selektieren. Mit einem »Trick« geht es jedoch sehr viel einfacher. Wieder einmal hilft uns die »magische« *Send-Message*-Funktion. Wenn sie einem Listenfeld (oder einem Kombinationsfeld) die Nachricht *LB_SELECTSTRING* schickt und dabei einen Suchnamen übergibt, wird der Listeneintrag, der mit dem Suchnamen übereinstimmt, automatisch ausgewählt.

Beispiel
```
Declare Function SendMessage Lib "user32" Alias _
"SendMessageA" (ByVal hwnd As Long, ByVal wMsg As Long, _
ByVal wParam As Long, lParam As Long) As Long

Const WM_USER = &H400
Const LB_SELECTSTRING = (WM_USER + 13)

Sub EintragSelektieren (lstListe As Control, SuchString _
As String)
    Dim RetVal As Long
    If TypeOf lstListe Is ListBox Or TypeOf lstListe Is _
    ComboBox Then
        n = SendMessage(lstListe.hWnd, LB_SELECTSTRING, -1, _
        ByVal SuchString)
    End If
End Sub
```

Der Aufruf der Funktion kann nach dem Schema

```
Suchname = lblAusgabe.Font.Name
EintragSelektieren lstSchriftarten, Suchname
```

erfolgen.

16.1.11 Pfade der Systemverzeichnisse feststellen

Möchte man wissen, z.B. beim Zugriff auf Konfigurationsdateien, in welchen Verzeichnissen Windows und seine Systemdateien installiert wurden, muss man die API-Funktionen *GetWindowsDirectory* und *GetSystemDirectory* bemühen.

Syntax
```
Declare Function GetWindowsDirectory Lib "kernel32" Alias _
"GetWindowsDirectoryA" (ByVal lpBuffer As String, ByVal _
nSize As Long) As Long

Declare Function GetSystemDirectory Lib "kernel32" Alias _
"GetSystemDirectoryA" (ByVal lpBuffer As String, ByVal _
nSize As Long) As Long
```

16.1.12 Feststellen, ob lange Dateinamen unterstützt werden

Bei direkten Dateizugriffen ist es wichtig zu wissen, ob das Betriebssystem, unter dem das Programm läuft, lange Dateinamen unterstützt. Dies ist z.B. bei Windows 9x nicht selbstverständlich, da diese Option bei der Installation auch deaktiviert werden kann. Gewißheit erhält man daher nur durch Ausprobieren und Abfangen des Laufzeitfehlers oder über die API-Funktion _GetVolumeInformation_.

```
Declare Function GetVolumeInformation Lib "kernel32" Alias _
"GetVolumeInformationA" (ByVal lpRootPathName As _
String, ByVal lpVolumeNameBuffer As String, ByVal _
nVolumeNameSize As Long, lpVolumeSerialNumber As Long, _
lpMaximumComponentLength As Long, lpFileSystemFlags As _
Long, ByVal lpFileSystemNameBuffer As String, ByVal _
nFileSystemNameSize As Long) As Long
```

Syntax

Lassen Sie sich von dem Umfang der Funktionsdeklaration nicht abschrecken. Die Aufgabe der Funktion ist es, eine Reihe von Systeminformationen in Variablen zu übertragen. Die Bedeutung der Argumente im einzelnen:

Argument	Bedeutung
lpRootPathName	Hier muss der Name des Hauptordners eingesetzt werden, z.B. C:\
lpVolumenNameBuffer	Laufwerksbezeichnung (Volume-Name bzw. Datenträgerbezeichnung).
nVolumeNameSize	Größe der Variablen, in der die Laufwerksbezeichnung abgelegt wird.
lpVolumeSerialNumber	Enthält die Laufwerkskennnummer (_Long_).
lpFileSystemFlags	_Long_-Wert, der zusätzliche Informationen über das Laufwerk aufnimmt (z.B. ob Dateinamen aus Unicode-Zeichen bestehen).
lpFileSystemNameBuffer	Stringvariable, die den Namen des Dateisystems (FAT, HPFS oder NTFS) enthält.
nFileSystemNameSize	Länge der Stringvariablen, die das Argument _FileSystemNameBuffer_ aufnimmt
Rückgabewert	1, wenn die Funktion erfolgreich ausgeführt werden konnte.

Welche Variable ist für die maximale Länge des Dateinamens zuständig? Richtig, es ist _lpMaximumComponentLength_, die den Wert 255 besitzen sollte.

Beispiel Die folgenden Anweisungen geben die maximal erlaubte Länge der Dateinamen aus:

```
Private Sub cmdStart_Click()
    Dim RetVal As Long
    Dim VolumeName As String, Dim DateiSystem As String
    Dim SerialNummer As Long, DateiNamenLänge As Long, _
    FileSystemFlags As Long
    DateiSystem = Space(256)
    VolumeName = Space(256)
    RetVal = GetVolumeInformation("C:\", VolumeName, _
    Len(VolumeName), SerialNummer, DateiNamenLänge, _
    FileSystemFlags, DateiSystem, Len(DateiSystem))
    MsgBox Prompt:="Maximale Dateinamenlänge: " & DateiNamenLänge, _
    vbOKOnly, "Hinweis"
End Sub
```

16.2 Zugriffe auf die Objekte der Windows-Shell

Trotz aller Neuerungen wie COM, DirectX und ActiveX ist die wichtigste Aufgabe eines Betriebssystems nach wie vor das Durchführen von Dateioperationen. Dazu gehört im einzelnen:

- Das Starten und Beenden eines Programms

- Das Kopieren, Verschieben, Umbenennen und Löschen von Dateien

- Das Anlegen von Verknüpfungen

- Die Auswahl eines Ordners

- Das Abfragen von Dateiinformationen

16.2.1 Allgemeines über den Zugriff auf die Windows-Shell

Der Begriff »Windows-Shell« ist die mehr technische Beschreibung der Benutzeroberfläche von Windows. Wie es nicht anders zu erwarten war, besteht auch die Shell aus COM-Komponenten. Bis vor kurzem war es praktisch unmöglich, von einem Visual-Basic-Programm auf die speziellen Ordner, wie den Arbeitsplatzordner, gewöhnliche Ordner oder andere »Bewohner« der Shell, wie Verknüpfungen oder Netzwerkverbindungen, heranzukommen. Damit ist zum Glück Schluss, denn seit dem Internet Explorer 4 bzw. Windows 98 stehen über die »Scripting Runtime« eine Typenbibliothek und über das *FileSystemObject*-Objekt ein umfangreiches Objektmodell zur Verfügung, mit dem sich ein solcher Zugriff einfach und völlig Visual Basic konform durchführen lässt. Folgende Dinge müssen beim *FileSystemObject*-Objekt aber angemerkt werden:

▪► Es ist kein Bestandteil von Visual Basic, sondern Teil einer System-DLL, die über eine Typenbibliothek einen Zugriff auf die COM-Komponenten der Windows-Shell ermöglicht. Der Einsatz ist daher auch mit Visual Basic 5.0 (auch Visual Basic 5 CCE) oder Visual Basic 4.0 (32 Bit) möglich.

▪► Das *FileSystemObject*-Objekt und seine Unterobjekte unterstützen keine Ereignisse. Es ist also nicht möglich, eine Benachrichtigung zu erhalten, wenn sich der Zustand von Ordnern oder Dateien geändert hat.

▪► Visual-Basic-Programme, die auf das *FileSystemObject*-Objekt zugreifen, müssen die erforderlichen System-DLL *Scrrun.dll* mitliefern (Größe ca. 170 Kbyte; die Versionsnummer der in diesem Buch verwendeten DLL ist 3.1.0.2230).

▪► Die das *FileSystemObject*-Objekt bietet zwar einen leichten, keineswegs aber vollständigen Zugriff auf die *Shell*-Objekte. Es fehlen z.B. Suchfunktionen oder die Möglichkeit, auf die Registrierung zugreifen zu können. Auch der Zugriff und das Anlegen von Verknüpfungen ist erst mit einer Version möglich, die mit dem Internet Explorer 5 installiert wird. Wundern Sie sich daher nicht, wenn eine bestimmte Aktion scheinbar nicht möglich ist und stellen Sie sicher, dass auf allen PCs, auf denen Ihre Programme laufen, die aktuellen Versionen von *Scrrun.dll* installiert sind. Zu den Alternativen zum *FileSystemObject*-Objekt lesen Sie etwas in Kapitel 16.2.3.

Doch man sollte nicht undankbar sein. Dank des *FileSystemObject*-Objekts lassen sich mit wenigen Zeilen Aktionen durchführen, die vorher gar nicht oder nur mit großem Aufwand möglich waren.

16.2.2 Überblick über das FileSystemObject-Objekt

Das *FileSystemObject*-Objekt (kurz FSO) wurde bereits in Kapitel 9 kurz vorgestellt, damals lediglich im Zusammenhang mit dem *Dictionary*- und dem *Textstream*-Unterobjekt. Doch das FSO kann noch sehr viel mehr. Es bietet einen beinahe vollständigen (die Betonung liegt auf beinahe) Zugriff auf die Windows-Shell und ihre Objekte. Das Kennen lernen des FSO gestaltet sich völlig unproblematisch. Fügen Sie in einem leeren Projekt einfach einen Verweis auf »Microsoft Scripting Runtime« ein und öffnen Sie danach den Objektkatalog. Nach Auswahl der Scripting-Bibliothek können Sie im Objektmodell auf Entdeckungsreise gehen. Die meisten Namen dürften völlig selbsterklärend sein. Oberstes Objekt ist das *FileSystemObject*-Objekt, von dem sich direkt das *Drives*-, das *Folder*- und das *File*-Objekt ableiten. Wie es die einzelnen Namen nahelegen, steht das *Drives*-Objekt für eine Auflistung aller Laufwerke, das *Folder*-Objekt für einen einzelnen Order und das *File*-Objekt für eine einzelne Datei. Um die Gesamtgröße aller Dateien im Stammlaufwerk C:\ zu ermitteln, sind folgende Anweisungen erforderlich:

```
Dim Fs As FileSystemObject
Dim Fo As Folder
Dim Fi As File
Dim Summe As Long
Set Fs = New FileSystemObject
Set Fo = Fs.GetFolder("C:\")
For Each Fi In Fo.Files
    Summe = Summe + Fi.Size
Next

MsgBox Prompt:="Gesamtgröße in Bytes: " & Summe
```

Tabelle 16.4:
Die Objekte der
Scripting
Runtime.

Objekt	Bedeutung
FileSystemObject	Oberstes Objekt des Objektmodells
Drives	Auflistung aller angemeldeten Laufwerke
Drive	Steht für ein einzelnes Laufwerk
Folders	Auflistung aller Ordner auf einem Laufwerk
Folder	Steht für einen einzelnen Ordner
Files	Auflistung aller Dateien eines Ordners
File	Steht für eine einzelne Datei

Tabelle 16.5:
Die wichtigsten
Eigenschaften
und Methoden
der einzelnen
Scripting-
Objekte.

Eigenschaft/Methode	Objekt	Bedeutung
AvailableSpace-Eigenschaft	*Drive*	Enthält den verfügbaren Speicher auf einem Laufwerk.
BuildPath-Methode	*FileSystemObject*	Setzt einen Pfadnamen aus Pfadnamen und Dateinamen zusammen.
CopyFile-Methode	*FileSystemObject*	Kopiert eine Datei.
CopyFolder-Methode	*FileSystemObject*	Kopiert einen Ordner.
CreateFolder-Methode	*FileSystemObject*	Legt einen neuen Ordner an.
DateLastModifies-Eigenschaft	*File, Folder*	Zeitpunkt der letzten Änderung.

Eigenschaft/Methode	Objekt	Bedeutung
DeleteFile-Methode	*FileSystemObject*	Löscht eine Datei. Auf Wunsch ohne Bestätigung bei Dateien mit Nur-Lese-Attribut.
DeleteFolder-Methode	*FileSystemObject*	Löscht einen Ordner. Auf Wunsch ohne Bestätigung. Wie beim Dateilöschen wird auch hier der Papierkorb übergangen, d.h. das Löschen ist endgültig.
DriveExist-Methode	*FileSystemObject*	Prüft, ob ein Laufwerk existiert.
FileExist-Methode	*FileSystemObject*	Prüft, ob eine Datei existiert.
FolderExist-Methode	*FileSystemObject*	Prüft, ob ein Ordner existiert.
FreeSpace-Eigenschaft	*Drive*	Enthält den noch freien Speicher auf einem Laufwerk.
GetDrive-Methode	*FileSystemObject*	Gibt ein *Drive*-Objekt zurück, nachdem der Laufwerksname übergeben wurde.
GetFile-Methode	*FileSystemObject*	Gibt ein *File*-Objekt zurück, nachdem ein Dateipfad übergeben wurde.
GetFolder-Methode	*FileSystemObject*	Gibt ein *Folder*-Objekt zurück, nachdem ein Ordnername übergeben wurde.
GetSpecialFolder-Methode	*FileSystemObject*	Gibt ein *Folder*-Objekt zurück, nachdem eine Konstante für einen Systemordner (z.B. Arbeitsplatz) übergeben wurde.
GetTempName-Methode	*FileSystemObject*	Erzeugt einen Dateinamen, der für eine temporäre Datei verwendet werden kann.
IsReady-Eigenschaft	*Drive*	Gibt ab, ob ein Laufwerk bereit ist.
SerialNumber-Eigenschaft	*Driver*	Enthält die Seriennummer des Laufwerks.
ShortName-Eigenschaft	*File, Folder*	Kurzer Dateiname im 8+3-Format (Alias).

Eigenschaft/Methode	Objekt	Bedeutung
SubFolders-Eigenschaft	*Folder*	Gibt die Unterordner in einem Ordner als *Folders*-Auflistung zurück.
TotalSize-Eigenschaft	*Drive*	Enthält die Gesamtgröße eines Laufwerks.

Ein paar Beispiele

Die folgenden kleinen Beispiele sollen den Umgang mit den Scripting-Runtime-Objekten (also dem *FileSystemObject*-Objekt und seinen Unterobjekten) veranschaulichen. Auch wenn es (scheinbar) keine Dokumention zu den Objekten gibt, sollten die Beispiele und der Objektkatalog die meisten Fragen beantworten.

a) Durchgehen aller Dateien in einem Laufwerk

Der Zugriff auf einzelne Ordner der *Folders*-Auflistung oder einzelne Dateien der *Files*-Auflistung ist nur innerhalb einer *For-Each*-Schleife oder über den Dateinamen möglich. Die Angabe eines Indices führt zu einer Fehlermeldung:

```
Dim Fs As FileSystemObject
Dim Fo As Folder
Set Fs = New FileSystemObject
Set Fo = Fs.GetFolder("C:\")
Msgbox Prompt:="Der Dateigröße beträgt: " & Fo.Files(1).Size
```

Richtig ist es dagegen, wenn der Dateiname direkt angegeben wird:

```
Msgbox Prompt:="Die Dateigröße beträgt: " & Fo.Files("Msdos.sys").Size
```

b) Feststellen, ob ein Laufwerk existiert

```
Dim Fs As FileSystemObject
Set Fs = New FileSystemObject
If Fs.DriveExist("C:\") = True Then
    ' Laufwerk existiert
End If
```

c) Feststellen, des freien Platzes auf einem Laufwerk

```
Dim Fs As FileSystemObject
Dim Dr As Drive
Set Fs = New FileSystemObject
Set Dr = Fs.GetDrive("C:\")
Msgbox Prompt:="Der freie Platz beträgt: " & Dr.FreeSpace
```

c) Feststellen des Datums der letzten Änderung bei einer Datei

```
Dim Fs As FileSystemObject
Dim Fi As File
```

```
Set Fs = New FileSystemObject
Set Fi = Fs.GetFile("C:\Msdos.sys")
Msgbox Prompt:="Datum der letzten Änderung: " & Fi.DateLastModified
```

d) Feststellen der Anzahl an Unterordnern im Windows-Ordner

```
Dim Fs As FileSystemObject
Dim Fo As Folder
Set Fs = New FileSystemObject
Set Fo = Fs.GetSpecialFolder(SystemFolder)
Msgbox Prompt:=Fo.SubFolders.Count & " Unterordner vorhanden"
```

e) Suche nach einer Datei

Die Suche nach einer Datei lässt sich durch rekursiven Aufruf einer
Funktion, die erst die *Files*-Auflistung des übergebenen *Folder*-Objekts
durchgeht und sich anschließend beim Durchgehen der *SubFolders*-
Auflistung für jedes gefundene *Folder*-Objekt selber aufruft, recht einfach realisieren. Im Folgenden wird lediglich diese *SearchFile*-Funktion
vorgestellt, das komplette Beispiel finden Sie auf der Buch-CD in der
Datei *FileFindFSO.vbp*.

```
Sub FileSearch(tmpF As Folder)  ' Einen Ordner nach Dateien durchsuchen
    Dim Fi As File, Fo As Folder
    Dim Li As ListItem
' Erst einmal alle Dateien durchgehen
    For Each Fi In tmpF.Files
        If InStr(Start:=1, String1:=Fi.Name, String2:=Suchname,
compare:=vbTextCompare) <> 0 Then
            ' Ergebnis in Listenansicht übernehmen
            Set Li = lstErgebnisse.ListItems.Add(Text:=Fi.Name)
            Li.SubItems(1) = Fi.Size
            Li.SubItems(2) = Fi.Path
            lstErgebnisse.Refresh
        End If
        DoEvents
Bitte einmal kurz luftholen
    Next
    ' Jetzt jeden Unterordner durchgehen
    For Each Fo In tmpF.SubFolders
        FileSearch Fo' Dies ist der rekursive Aufruf
    Next
End Sub
```

Zu beachten ist hier, dass es keine eingebaute »Wildcard«-Suche gibt.
Stattdessen muss die Übereinstimmung mit der *Instr*-Methode geprüft
werden.

16.2.3   Alternativen zum FileSystemObject-Objekt

Die Scripting-Runtime-Objekte sind nicht die einzige Alternative für
den Zugriff auf die Shell-Objekte. Die beiden anderen Alternativen
sind:

■► Der Windows Scripting Host

■► Das Shell-Objekt in den Internet Controls

■► Die »Microsoft Shell Controls and Automation«-Objektbibliothek (*Shdoc401.dll*).

Der Windows Scripting Host (WSH) ist seit Windows 98 ein fester Bestandteil des Betriebssystems und kann für Windows 95 und Windows NT 4.0 nachträglich von der Microsoft Scripting-Webseite *http://msdn. microsoft.com/scripting* heruntergeladen werden). Nach seiner Installation binden Sie die Typenbibliothek »Windows Scripting Host Object Model (Ver 1.0)« (die Versionsnummer kann variieren) in ein Projekt ein und greifen über das *IWshShell_Class*-Objekt auf jene Objekte, Methoden und Eigenschaften zu, die über das *FileSystemObject*-Objekt nicht zur Verfügung stehen (allerdings gibt es auch funktionale Überschneidungen).

Die zweite Alternative steht in Form der Datei *Shdocvw.dll* zur Verfügung. Hierbei handelt es sich um jenes Modul, das ab Windows 98 bzw. Windows 95 mit Active Desktop für die Darstellung eines Ordnerfensters zuständig ist. Folglich lassen sich nach Einbinden der Typenbibliothek »Internet Controls« viele Shell-Funktionen ausführen. Interessant ist dabei vor allem das *Shell*-Objekt, das über Methoden, wie *Explore* (Öffnen eines Explorer-Fensters), *FindFiles* (Aufruf des Suchen-Dialogfelds), *SetTime* (Aufruf des Dialogfelds zum Einstellen der Uhrzeit), *ShutDownWindows* (Herunterfahren von Windows) oder *MinimizeAll* (verkleinern aller Desktop-Fenster) verfügt. Dinge, die sich bislang ein wenig umständlich nur über den Aufruf von *Run32dll.exe* mit bestimmten (meistens undokumentierten) Parametern realisieren ließen.

Die dritte Variante kommt für alle in Frage, die mit dem Internet Explorer ab Version 5.0 arbeiten. Hier steht mit der Datei *Shdoc401.dll* eine Erweiterung der Datei *Shdocvw.dll* zur Verfügung, die zusätzliche Objekte bietet. Binden Sie in ein Projekt eine Referenz auf »Microsoft Shell Controls and Automation« ein und schauen Sie sich die Objekte mit dem Objektkatalog an. Hier ein kleines Beispiel, das alle LNK-Dateien (also Verknüpfungen) in einem Verzeichnis anzeigt:

```
Private Sub Form_Load()
    Dim S As Shell
    Dim F As Folder
    Dim I As Long
    Set S = New Shell
    Set F = S.NameSpace("C:\Windows\Desktop")
    For I = 0 To F.Items.Count - 1
        If F.Items.Item(I).IsLink = 1 Then
            MsgBox Prompt:=F.Items.Item(I).Path
        End If
    Next
End Sub
```

Das entscheidende Element ist die *NameSpace*-Methode des *Shell*-Objekts, die für einen vorgegebenen Pfad ein *Folder*-Objekt erzeut. Das Anlegen einer Verknüpfung ist mit den Shell-Objekten offenbar nicht möglich. Das vorhandene *ShellLinkObject* käme zwar in Frage, ist aber scheinbar nicht direkt instanzierbar.

Das ist ein wenig kurios. Die Ja/Nein-Eigenschaften der Shell-Objekte geben als Wahr-Wert offenbar den Wert 1 und nicht −1 zurück, sodass eine Abfrage auf True nicht funktioniert.

16.2.4 Starten eines Programms

Für das Starten beliebiger EXE-Dateien (bzw. COM- und Stapeldateien) während der Ausführung eines Visual-Basic-Programms steht die *Shell*-Methode als einfachste Alternative zur Verfügung.

`Shell(Pfadname[, Fenstermodus])`   **Syntax**

Über das Argument *Fenstermodus* wird festgelegt, ob die Anwendung als normales Fenster, im Vollbildmodus oder als Symbol gestartet wird. Beim Rückgabewert handelt es sich um die Task-ID (als *Double*-Wert), die den gestarteten Prozess zwar eindeutig kennzeichnet, aber nur selten weiterverarbeitet wird.

Konstante	Wert	Bedeutung
vbHide	0	Das Fenster der Anwendung wird nicht angezeigt.
vbNormalFocus	1	Die Anwendung wird in einem Anwendungsfenster normaler Größe ausgeführt.
vbMinimizedFocus	2	Die Anwendung wird als Symbol ausgeführt.
vbMaximizedFocus	3	Die Anwendung wird in maximaler Größe ausgeführt und erhält den Fokus.
vbNormalNoFocus	4	Das Anwendungsfenster wird in der zuletzt gültigen Größe ausgeführt, allerdings bleibt das aktuelle Fenster aktiv.
vbMinimizedNoFocus	6	Das Anwendungsfenster wird als Symbol angezeigt, erhält aber keinen Fokus.

Soll eine Stapeldatei ausgeführt werden, muss dies über einen Aufruf von Command.com geschehen. Den aktuellen Pfad von Command.com erhalten Sie am einfachsten über die Environ-Methode:

```
ComPfad = Environ("Comspec")
```

Dieser Aufruf der *Environ*-Methode gibt den Inhalt der Umgebungsvariablen *Comspec* zurück. Ein kleines Beispiel für den Aufruf einer Stapeldatei finden Sie in einem der nächsten Abschnitte im Zusammenhang mit dem *Format*-Befehl von Windows.

16.2.5   Feststellen, wann ein Programm beendet wurde

Leider besitzt die *Shell*-Methode eine kleine Einschränkung. Sie ist nämlich weder in der Lage festzustellen, wann das Laden eines Programms beendet wurde und das Anwendungsfenster für einen Zugriff wieder zur Verfügung steht, noch kann sie angeben, wann das über die *Shell*-Methode gestartete Programm wieder beendet wurde. Gerade bei DOS-Programmen kann es notwendig sein, ein Visual-Basic-Programm erst dann fortzuführen, wenn das DOS-Programm definitiv wieder beendet wurde. Allerdings, und das mag zunächst verwundern, gibt es zwar mehrere Lösungswege, doch offenbar keine »ultimative« Methode. Die folgende Variante ist ein kürzerer, doch in einigen Situationen vielleicht nicht der optimalste Weg.

Beispiel

```
Option Explicit

Private Declare Function OpenProcess Lib "kernel32" (ByVal _
dwDesiredAccess As Long, ByVal bInheritHandle As Long, _
ByVal dwProcessId As Long) As Long

Private Declare Function GetExitCodeProcess Lib "kernel32" _
(ByVal hProcess As Long, lpExitCode As Long) As Long

Const STILL_ACTIVE = &H103

Private Sub cmdStart_Click()
    Dim AppDir As String
    Dim Progname As String, Dateiname As String
    Dim ProcessId As Long, hProcess As Long, nRet As Long
    Const fdwAccess = &H100000

    AppDir = "C:\Test"
    Dateiname = "Tools.zip"
    Progname = "pkunzip " & AppDir & Dateiname & " " & AppDir
    ProcessId = Shell(Progname, vbMinimizedNoFocus)
    hProcess = OpenProcess(fdwAccess, False, ProcessId)
```

```
    Do
        GetExitCodeProcess hProcess, nRet
        DoEvents
    Loop While nRet = STILL_ACTIVE
    MsgBox Prompt:=Progname & " wurde terminiert!", vbOKOnly, _
        "Arnie was here"
End Sub
```

Nach dem Anklicken der Schaltfläche *cmdStart* wird das Programm *PKunzip* mit den festgelegten Parametern gestartet. Über die API-Funktion *GetExitCodeProcess*, auf die aus Platzgründen leider nicht näher eingegangen werden kann[3], wird eine *Do*-Schleife so lange wiederholt, bis der Prozess terminiert wird. Auch hier wäre es sinnvoll, einen Timeout-Wert einzuführen. Unter Umständen kann es notwendig sein, in die *Do*-Schleife über die API-Funktion *Sleep* eine kurze Verzögerung (50 bis 100 Millisekunden) einzubauen.

Die Visual Basic Knowledgebase beschreibt unter der Artikelnummer Q129796 (»How to Determine When a shelled 32-Bit Process Has Terminated«) ein Verfahren, bei dem die allgemeine API-Funktion WaitForSingleObject verwendet wird. Diese Funktion wartet so lange, bis ein Prozess(-Objekt), der über die API-Funktion CreateProcess (die gegenüber der Shell-Funktion einige Vorteile bietet) gestartet wurde, wieder beendet wird.

In diesem Zusammenhang soll kurz auf die API-Funktion FindExecute hingewiesen werden. Diese durchsucht nicht, wie es der Name vielleicht vermuten lässt, die Festplatte nach einer ausführbaren Programmdatei, um es dann auszuführen (was sicherlich praktisch wäre), sondern findet »nur« den Namen der ausführbaren Programmdatei, der mit einer Dateierweiterung assoziiert ist.

---

[3] Diese Funktionen werden in einem Visual-Basic-Programm wahrscheinlich einzig und allein für diese Aufgabe benötigt. Sie werden natürlich in der Win32-Referenz ausführlich erklärt.

16.2.6 Das Kopieren, Verschieben, Umbenennen und Löschen von Dateien

Dies ist ein Thema, das man (im Prinzip) schnell abhaken kann, denn für die meisten der elementaren Dateioperationen gibt es eine hübsche, altmodische VBA-Anweisung, die die Aufgabe schnell und unspektakulär löst. Da diese Anweisungen nur aus Kompatibilitätsgründen zur Verfügung stehen (sie erledigen ihre Aufgabe aber zuverlässig), soll es nur bei einer Auflistung bleiben. Dateioperationen werden besser mit den *Scripting-Runtime*-Objekten gelöst (siehe Kapitel 16.2.2).

Tabelle 16.6:
VBA-Anweisungen für elementare Dateioperationen.

Anweisung	Bedeutung
MkDir	Legt ein neues Verzeichnis (Ordner) an.
ChDir	Setzt das aktuelle Verzeichnis auf ein anderes Verzeichnis.
Kill	Löscht eine Datei. Die Datei muss allerdings geschlossen sein.
FileCopy	Kopiert eine Datei.
Name	Benennt eine Datei oder ein Verzeichnis (Ordner) um.
RmDir	Entfernt ein leeres Verzeichnis (Ordner).

Formatieren von Disketten

Eine *Format*-Anweisung bietet Visual Basic leider (oder zum Glück) nicht. Auch das *Drive*-Objekt des *FileSystemObject*-Objekt bietet keine derartige Methode. Allerdings gibt es einen sehr interessanten API-Aufruf, der die Formatierung eines Datenträgers erledigt (mehr dazu gleich). Wer diese Funktionalität in einem Visual-Basic-Programm zur Verfügung stellen möchte, kann über einen Aufruf von *Command.Com* das FORMAT-Kommando des Betriebssystems aufrufen.

Beispiel Das folgende Beispiel zeigt, wie sich das FORMAT-Kommando des Betriebssystems über die *Shell*-Funktion starten lässt. Wie Sie aus dem letzten Abschnitt wissen, wartet die Funktion nicht, bis das Programm fertig ist. Da es im Fall einer Formatierung allerdings mehr als sinnvoll ist, das Ende der Formatierung abzuwarten, müssen Sie das vorgestellte Verfahren verwenden, um das Ende der Programmausführung festzustellen. Da dazu bereits alles gesagt wurde, hier lediglich der Kommando-String, der für den Aufruf benötigt wird:

```
Kommandostring = "Command.com /C Format /Q /Autotest A:"
```

Beachten Sie, dass die Formatierung der Diskette dank der (undokumentierten) Option */Autotest*[4] ohne Bestätigung gestartet wird. Anders

---

[4] Die allerdings schon seit MS-DOS 6 (vielleicht sogar früher) zur Verfügung steht.

wäre es nicht möglich, den DOS-Prozess als Symbol (*vbMinimized-Focus*) oder gar unsichtbar (*vbHide*) zu starten. Dies setzt natürlich voraus, dass alle Vorbereitungen getroffen sind und die richtige Diskette im Laufwerk A: liegt.

Nach dem Motto »Windows und seine kleinen Geheimnisse« verbirgt die Datei Shell32.dll eine höchst interessante API-Funktion mit dem Namen SHFormatDrive. Diese Funktion, die von Microsoft (noch) nicht offiziell dokumentiert wurde, ruft jenes Dialogfeld auf, das bei Windows während der Ausführung des FORMAT-Befehls im Kontextmenü eines Laufwerks erscheint:

:-)
TIP

```
Private Declare Function SHFormatDrive Lib "shell32.dll" _
(ByVal hwnd As Long, ByVal Drive As Long, ByVal FormatID As _
Long, ByVal Optionen As Long) As Long
```

Da die Funktion nicht Teil der Win32-SDK-Hilfe ist, gibt es für die Argumente auch keine offiziellen Angaben. Offenbar haben die Argumente folgende Bedeutung:

Argument	Bedeutung
hWnd	Bezugsnummer des Formulars, zu dem sich das Dialogfeld modal verhalten soll (in der Regel ist es das Formular, in dem die Funktion aufgerufen wird).
Drive	Nummer des zu formatierenden Laufwerks (0-A, 1-B, 2-C usw.)
FormatID	Voreinstellung für die Größe des zu formatierenden Laufwerks (bei 0 wird die Standardgröße angegeben).
Optionen	Optionen, die die Formatierung beeinflussen. Zur Auswahl stehen 0 (Voreinstellung), 1 (Quick-Format) und 2 (vollständige Formatierung).

Die folgende Anweisung ruft das Dialogfeld für die Formatierung des Laufwerks A: auf: **Beispiel**

```
RetVal = SHFormatDrive(Me.hwnd, 0, 0, 0)
```

16.2.7 Löschen in den Papierkorb

Dateioperationen werden am schnellsten über die *Shell*-Objekte durchgeführt. Doch da diese Objekte nicht immer die volle Funktionalität der Shell unterstützen, lohnt es sich manchmal, ein wenig zu forschen (z.B. in der Microsoft Knowledge Base bzw. allgemein im Internet). Da wäre z.B. die API-Funktion *SHFileOperation*, mit der sich nicht nur sämtliche Dateioperationen durchführen lassen, sondern auch das Löschen in den Papierkorb bewerkstelligen lässt.

Übung 16.1:
Löschen mit
Papierkorb

Das Beispielprogramm der folgenden Übung demonstriert, wie sich mit Hilfe der *SHFileOperation*-Funktion Dateien unter Einbeziehung des Papierkorbs löschen lassen. Die Auswahl der Dateien erfolgt dabei über ein eigens angefertigtes Benutzersteuerelement mit dem Namen *usrDatei*, das alle ausgewählten Dateien über die Eigenschaft *Datei-NamenListe* zur Verfügung stellt. Da dieser Part nichts mit der eigentlichen Löschoperation zu tun hat, wird darauf nicht näher eingegangen (wenn Sie wissen möchten, wie man ein Benutzersteuerelement um eine *Array*-Eigenschaft erweitert, sehen Sie sich das Steuerelement einmal näher an). Sie finden das Beispiel auf der Buch-CD-ROM in der Datei *Papierkorb.vbp*.

```
Option Explicit
Private Declare Function SHFileOperation Lib "shell32.dll" _
Alias "SHFileOperationA" (lpFileOp As SHFILEOPSTRUCT) As Long

Private Type SHFILEOPSTRUCT
        hwnd As Long
        wFunc As Long
        pFrom As String
        pTo As String
        fFlags As Integer
        fAnyOperationsAborted As Long
        hNameMappings As Long
        lpszProgressTitle As String '  wird nur benutzt bei
                                    ' FOF_SIMPLEPROGRESS
End Type

Const FO_DELETE = &H3
Const FOF_ALLOWUNDO = &H40

Private Sub cmdLöschen_Click()
    Dim RetVal As Long
    RetVal = Löschen(usrDatei.DateinamenListe)
    usrDatei.Refresh
    MsgBox Prompt:="Erfolg = " & RetVal
End Sub

Function Löschen(tmpDateinamen As Variant)
    Dim SHFileOp As SHFILEOPSTRUCT
    Dim n As Long
    Dim Dateinamen As String
    For n = 0 To UBound(tmpDateinamen)
      Dateinamen = Dateinamen & tmpDateinamen(n) & vbNullChar
    Next n
    With SHFileOp
      .wFunc = FO_DELETE
      .pFrom = Dateinamen
```

```
      .fFlags = FOF_ALLOWUNDO
   End With
   Löschen = SHFileOperation(SHFileOp)
End Function
```

Entscheidend sind lediglich die letzten Anweisungen, in denen die Variable *SHFileOp* vom Typ *SHFILEOPSTRUCT*, die »Instruktionen« für die durchzuführende *Shell*-Operation erhält.

Mehr zu der SHFileOperation-Funktion

Die API-Funktion ist so interessant, dass es sich lohnt, sie näher zu untersuchen. Da ihr nur ein Argument übergeben wird, werden alle Anweisungen an die Funktion in den Unterfeldern des Datentyps festgelegt.

Unterfeld	Bedeutung
hwnd	Einfach nur die Bezugsnummer des Fensters, zu dem sich das Animationsfeld modal verhalten soll.
wFunc	Legt die durchzuführende Operation fest. Zur Auswahl stehen *FO_COPY*, *FO_RENAME*, *FO_DELETE* und *FO_MOVE*.
pFrom	Stringvariable, die die Namen der Quelldateien enthält (getrennt durch ein *vbNullChar*-Zeichen). Das Ende der Liste muss durch zwei *vbNullChar*-Zeichen gekennzeichnet werden.
pTo	Stringvariable, die die Namen der Zieldateien enthält (getrennt durch ein *vbNullChar*-Zeichen). Das Ende der Liste muss durch zwei *vbNullChar*-Zeichen gekennzeichnet werden. Ist nur möglich, wenn das *fFlags*-Feld den Wert *FOF_MULTIDESTILES* enthält.
fFlags	Bestimmt, auf welche Weise die Operation durchgeführt wird. Zur Auswahl stehen: *FOF_ALLOWUNDO* (Rückgängig machen möglich), *FOF_FILESONLY* (Operation wird nur durchgeführt, wenn ein Platzhalter im Dateinamen enthalten ist), *FOF_MULTIDESTFILES* (Operation mit mehreren Dateien), FOF_NOCONFIRMATION (alle Anfragen des Systems werden automatisch bestätigt), *FOF_NOCONFIRMMKDIR* (das Erstellen von Ordnern muss nicht bestätigt werden), *FOF_RENAMEONCOLLISION* (falls die Zieldatei bereits existiert, erhält eine kopierte Datei automatisch einen neuen Namen vom Typ »Kopie von ...«), *FOF_SILENT* (es wird keine Fortschrittsanzeige angezeigt), *FOF_SIMPLEPROGRESS* (in der Fortschrittsanzeige werden keine Dateinamen angezeigt), *FOF_WANTMAPPINGHANDLE* (das Unterfeld *hNameMappings* wird mit Werten gefüllt).

Unterfeld	Bedeutung
fAnyOpera-tionsAborted	Enthält *True*, wenn eine Operation abgebrochen wurde.
nNameMap-pings	Enthält das *fFlags*-Feld den Wert *FOF_WANTMAPPINGSHANDLE*, werden hier die alten und neuen Pfade der kopierten, verschobenen oder umbenannten Datei als *SHNAMEMAPPING*-Strukturen eingetragen.
lpszProgess-Title	Steht im *fFLags*-Feld *FOF_SIMPLEPROGRESS*, legt dieses Feld den Titel der Fortschrittsdialogbox fest.
Rückgabe-wert	Anscheinend wird immer 0 zurückgegeben, sodass sich anhand des Rückgabewerts nicht feststellen lässt, ob die Dateioperation ausgeführt wurde.

16.2.8   Suchen nach Dateien

Schon wieder das Thema »Wie finde ich bloß eine Datei auf meiner neuen 80-GByte-Festplatte?«. Nachdem Sie bereits zwei Variationen des Themas kennengelernt haben (die konventionelle im Rahmen des File-Finders in Kapitel 11) und der etwas unbefriedigende Ansatz über die *SearchTreeForFile*-API-Funktion in Kapitel 15), hier eine dritte Variante, die aber aus Platzgründen nur angedeutet werden kann. Im reichhaltigen Fundus der Win32-API gibt es nämlich die Funktionen *FindFirstFile* und *FindNextFile*, die nicht nur eine fortgesetzte Suche erlauben, sondern auch Platzhalter akzeptieren. Hier also die ultimative Herausforderung für alle angehenden, ehrgeizigen Visual-Basic-Programmierer: Implementieren Sie beide Funktionen in der *clsSearchEngine*-Klasse aus Kapitel 11. Ihre Mühen werden in doppelter Hinsicht belohnt: Zum einen lernen Sie zwei nützliche API-Funktionen besser kennen, zum anderen beweisen Sie die Behauptung von der Kapselbarkeit von Komponenten. Ersetzen Sie nämlich die etwas langsame Suchmethode über das Verzeichnislistenfeld gegen die schnellere API-Suche, müssen Sie keine einzige Schnittstelle ändern. Das Programm sollte unverändert mit der neuen *clsSearchEngine*-Klasse zusammenarbeiten.

Syntax
```
Declare Function FindFirstFile Lib "kernel32" Alias _
"FindFirstFileA" (ByVal lpFileName As String, _
lpFindFileData As WIN32_FIND_DATA) As Long

Declare Function FindNextFile Lib "kernel32" Alias _
"FindNextFileA" (ByVal hFindFile As Long, lpFindFileData As _
WIN32_FIND_DATA) As Long
```

Die Argumente und ihre Bedeutung:

Argument	Bedeutung
lpFileName	Name der Datei.
lpFindFileData	Strukturvariable vom Typ *WIN32_FIND_DATA*, in der die Informationen über die gefundene Datei abgelegt werden.
hFindFile	Rückgabewert der *FindFirstFile*-Funktion.

Fehlt nicht noch etwas? Richtig, damit Sie beide Funktionen gewinnbringend einsetzen können, müssen Sie natürlich auch den Aufbau der *WIN32_FIND_DATA*-Struktur kennen, die zum Glück ebenfalls über den API-Katalog zur Verfügung steht:

```
Type WIN32_FIND_DATA
    dwFileAttributes As Long      ' Dateiattribute
    ftCreationTime As FILETIME    ' Datum der Erstellung
    ftLastAccessTime As FILETIME  ' Datum des letzten Zugriffs
    ftLastWriteTime As FILETIME   ' Datum der letzten Änderung
    nFileSizeHigh As Long         ' High-Word der Dateigröße
    nFileSizeLow As Long          ' Low-Word der Dateigröße
    dwReserved0 As Long
    dwReserved1 As Long
    cFileName As String * MAX_PATH ' Pfadname
    cAlternate As String * 14      ' Dateiname im 8+3-Format
End Type
```

Tja, einen haben wir wohl noch, denn die Datumsangaben werden ebenfalls in Form eines Strukturtyps übergeben (also eine echte Herausforderung):

```
Type FILETIME
    dwLowDateTime As Long
    dwHighDateTime As Long
End Type
```

Denken Sie daran, dass die Datums- und Zeitangaben im Format *Coordinated Universal Time* (UTC) übergeben werden. Sollte dies ein Problem sein, können diese über die API-Funktion *FileTimeToLocalFileTime* in das lokale Zeitformat konvertiert werden.

```
Declare Function FileTimeToLocalFileTime Lib "kernel32" _
Alias "FileTimeToLocalFileTime" (lpFileTime As FILETIME, _
lpLocalFileTime As FILETIME) As Long
```
Syntax

Während das Argument *lpFileTime* eine Variable vom Typ *FILETIME* mit der umzuwandelnden Zeit darstellt, ist *lpLocalFileTime* die Variable, in der die umgewandelte Zeit abgelegt wird[5].

16.2.9   Abfrage von Dateiinformationen

Möchte man von einer Datei nicht nur den Namen, sondern zusätzliche Attribute wie z.B. die Größe oder das Datum der letzten Änderung wissen, muss man sich diese aus verschiedenen Quellen zusammensuchen.

Tabelle 16.7: Diese VBA-Methoden liefern Informationen über eine Datei.

Funktion	Bedeutung
GetAttr	Liefert das DOS-Attribut einer Datei. In Frage kommen: *vbNormal*, *vbReadOnly*, *vbHidden*, *vbSystem*, *vbDirectory* und *vbArchive*, die natürlich auch kombiniert werden können.
FileLen	Gibt die Länge der Datei als *Long*-Wert zurück.
FileDate-Time	Gibt das Datum und die Uhrzeit der letzten Änderung der Datei als *Date*-Typ zurück.

Möchte man mehr über eine Visual-Basic-Datei erfahren, stehen dafür die verschiedenen Eigenschaften des *App*-Objekts zur Verfügung. Spezielle, auf die Shell bezogene Informationen über die Datei, wie z.B. eine Bezugsnummer auf das Dateisymbol oder den Dateityp, liefert die *SHGetFileInfo*-API-Funktion in *Shell32.dll*. Über diese Funktion kann die Shell veranlasst werden, einer Datei anstelle eines großen Symbols ein kleines Symbol zu geben.

Beispiel   Die folgenden Anweisungen geben die Beschreibung einer Datei zurück, die dieser bei der Registrierung des Dateityps zugewiesen wird.

```
Option Explicit

Private Declare Function SHGetFileInfo Lib "shell32.dll" _
Alias "SHGetFileInfoA" (ByVal pszPath As String, _
ByVal dwFileAttributes As Long, psfi As SHFILEINFO, _
ByVal cbFileInfo As Long, ByVal uFlags As Long) As Long

' uFlags bestimmt den Rückgabewert der Funktion
Const SHGFI_TYPENAME = &H400
Const MAX_PATH = 260

Private Type SHFILEINFO
    hIcon As Long
```

---

[5] Vielleicht verstehen Sie jetzt ein wenig besser, warum Microsoft Visual-Basic-Programmierern die API ersparen wollte.

```
    iIcon As Long
    dwAttributes As Long
    szDisplayName As String * MAX_PATH
    szTypeName As String * 80
End Type

Private Sub cmdStart_Click()
    Dim tmpDateiname As String
    Dim uFlags As Long, retVal As Long
    Dim X As SHFILEINFO
    uFlags = SHGFI_TYPENAME
    tmpDateiname = "C:\Windows\Calc.exe"
    retVal = SHGetFileInfo(tmpDateiname, dwFileAttributes, _
    X, LenB(X), uFlags)
    MsgBox Prompt:="Der Dateityp lautet: " & X.szTypeName
End Sub
```

Die *SHFileGetInfo*-Funktion macht wieder einmal die typische Situation eines Visual-Basic-Programmierers deutlich, der einfach nur jene Funktionen nutzen möchte, die für einen C/C++-Programmierer selbstverständlich sind. Zwar ist die Funktion, zusammen mit dem Datentyp *SHFILEINFO*, lobenswerterweise in *Win32api.txt* enthalten, doch das war auch schon alles. Für die Beschreibung der Funktion muss man die MSDN-CD-ROM durchscannen. Die Werte der einzelnen Konstanten (diese sind im API-Katalog leider nicht enthalten) findet man erst in der Datei *Shellapi.h* im Win32-SDK.

16.2.10 Der Zugriff auf die Kommandozeile

Beim Aufruf eines Programms können zusätzliche Angaben, wie z. B. eine Option oder ein Dateiname, übergeben werden. Der Dateiname und die mit ihm zusammen übergebenen Parameter werden auch als Kommandozeile bezeichnet. Für den Zugriff auf alle Parameter, die nach dem Dateinamen aufgeführt werden, steht bei Visual Basic die *Command*-Methode zur Verfügung.

Die folgende Anweisung prüft, ob die Kommandozeile den Parameter /E enthält: **Beispiel**

```
OptionE = Instr(Command, "/E")
If OptionE <> 0 Then
    ' Die Option /E wurde gesetzt
```

16.2.11 Das Anlegen von Verknüpfungen

Verknüpfungen spielen bei Windows eine wichtige Rolle. Als Platzhalter für eine ausführbare Programmdatei können sie überall dort plaziert werden, wo der Benutzer die Gelegenheit erhalten soll, eine Programmdatei auszuführen. Leider war es für Visual-Basic-Programmierer in der Vergangenheit alles andere als einfach, Verknüpfungen anzulegen.

Man war entweder auf umfangreiche Eigenintiative in und die Kapselung der COM-Funktionalität in einer ActiveX-DLL oder auf die API-Funktion *fCreateShellLink* der Datei *VB5Stkit.dll* im Visual-Basic-Verzeichnis *Setupkit1\SETUP* angewiesen. Zumindestens nach der Installation des Windows Scripting Host (WSH) ist das zum Glück Vergangenheit.

Fügen Sie als erstes zu Ihrem Projekt eine Referenz auf die Typenbibliothek »Windows Scripting Host« hinzu. Führen Sie folgende Anweisungen aus:

```
Dim S As IwshShell_Class
Dim O As IwshShortcut
Set S = New IwshShell_Class
Set O = S.CreateShortcut("C:\NurEinTest.lnk")
O.TargetPath = "C:\Windows\Calc.exe"
O.IconLocation = "C:\Windows\System\Shell32.dll,29"
O.Save
Set O = Nothing
Set S = Nothing
```

Beispiel Für den Fall, dass Ihnen der Windows Scripting Host nicht zur Verfügung steht, zeigt das folgende Beispiel, wie Verknüpfungen konventionell über die API-Funktion *fCreateShellLink* auf dem Desktop, im PROGRAMM-Menü und im *Autostart*-Ordner angelegt werden.

```
Option Explicit
Private Declare Function VerknüpfungAnlegen Lib _
"VB5STKIT.dll" Alias "fCreateShellLink" (ByVal _
lpstrFolderName As String, ByVal lpstrLinkName As String, _
ByVal lpstrLinkPath As String, ByVal lpstrLinkArguments As _
String) As Long

Private Sub cmdShortcut_Click()
    Dim RetVal As Long
    Dim TitelDerVerknüpfung As String
    Dim Pfadname As String
    TitelDerVerknüpfung = "Hab heute nur von dir geträumt"
    Pfadname = "C:\windows\calc.exe"
    ' Verknüpfung auf dem Desktop anlegen
    RetVal = VerknüpfungAnlegen("..\..\Desktop", _
    TitelDerVerknüpfung, Pfadname, "")
    ' Verknüpfung im Programm-Menü anlegen
     RetVal = VerknüpfungAnlegen("", TitelDerVerknüpfung, _
     Pfadname, "")
    ' Verknüpfung im Autostart-Ordner anlegen
     RetVal = VerknüpfungAnlegen("\Autostart", _
     TitelDerVerknüpfung, Pfadname, "")
End Sub
```

16.2.12 Die Auswahl eines Ordners

Das Verzeichnislistenfeld der Werkzeugsammlung bietet einen Nachteil. Es listet nur alle Ordner auf, ignoriert jedoch die Ordnerhierarchie der Windows-Oberfläche, die beim Desktop-Ordner beginnt und auch virtuelle Ordner wie den Arbeitsplatz oder den Papierkorb umfasst. Möchte man dem Benutzer die Auswahl eines Ordners auf die gleiche Weise ermöglichen, wie es bei Windows 9x z.B. nach Anklicken der *Durchsuchen*-Schaltfläche im Suchen-Dialogfeld üblich ist, muss man auf die *SHBrowseForFolder*-API-Funktion aus *Shell32.dll* zurückgreifen. Beim Einbau der Funktion in ein Visual-Basic-Programm wird schnell deutlich, welche große Hilfe der API-Katalog normalerweise ist. Da die API-Funktion nicht Teil von *Win32api.txt* ist, muss sie »zu Fuß« in ein *Declare*-Statement umgesetzt werden. Ohne gute Grundkenntnisse über die Datentypen der Windows-API ist eine Umsetzung aber fast unmöglich. Sobald man sich einmal die Mühe gemacht und die Funktionalität in eine (fehlerfreie) Klasse, in ein ActiveX-Steuerelement oder eine Codekomponente verpackt hat, steht sie allen Visual-Basic-Programmierern auf die übliche Weise zur Verfügung. Das ist der Vorteil von Visual Basic, den es zu nutzen gilt.

Die folgenden Anweisungen zeigen, wie sich das »Ordner auswählen«-Dialogfeld von einem Visual-Basic-Programm aufrufen lässt. Das Beispiel finden Sie auf der Buch-CD-ROM in der Datei *SHBrowse.vbp*.

Beispiel

```
Option Explicit

Private Declare Function SHBrowseForFolder Lib "shell32" _
(lpbi As BROWSEINFO) As Long

Private Declare Function CoTaskMemFree Lib "ole32" _
(ByVal hMem As Long) As Long

Private Declare Function lstrcat Lib "kernel32" Alias _
"lstrcatA" (ByVal lpString1 As String, ByVal lpString2 _
As String) As Long
Private Declare Function SHGetPathFromIDList Lib "shell32" _
(ByVal pidList As Long, ByVal lpBuffer As String) As Long

Private Type BROWSEINFO
    hwndOwner As Long
    pidlRoot As Long
    pszDisplayName As Long
    lpszTitle As Long
    ulFlags As Long
    lpfn As Long
    lParam As Long
    iImage As Long
End Type
```

```
Private Const BIF_RETURNONLYFSDIRS = 1
Private Const MAX_PATH = 260

Private Sub cmdLos_Click()
    Dim X As BROWSEINFO
    Dim IDList As Long, RetVal As Long
    Dim tmpProgrammName As String
    With X
     .hwndOwner = Me.hWnd
     .lpszTitle = lstrcat("Wählen Sie einen Ordner", "")
     .ulFlags = BIF_RETURNONLYFSDIRS
    End With
    IDList = SHBrowseForFolder(X) ' Dialogbox anzeigen
    If IDList <> 0 Then            ' Pfadname aus ID-Liste holen
        tmpProgrammName = Space(MAX_PATH)
        RetVal = SHGetPathFromIDList(IDList, tmpProgrammName)
        CoTaskMemFree (IDList)     ' Platz für IDList freigeben
        NullTrim (tmpProgrammName)
    End If
    MsgBox Prompt:="Gewählt wurde: " & tmpProgrammName
End Sub


Function NullTrim(StringWert As String)
    NullTrim = Left(StringWert, InStr _
    (StringWert, vbNullChar) - 1)
End Function
```

Abbildung 16.1:
Auch so lässt
sich ein Lauf-
werk oder ein
Ordner aus-
wählen.

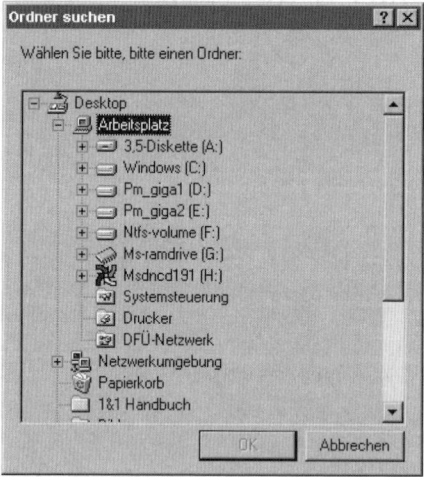

16.2.13 Zugriff auf die SysTray

Als »SysTray« (zu deutsch Systemablage) wird jener Bereich der Taskleiste bezeichnet, in dem verschiedene Statusinformationen angezeigt
werden. Einigen Programmen gelingt es offenbar, sich in die SysTray
einzuklinken. Kann das mein Visual-Basic-Programm auch? Im Prinzip
ja, allerdings sind dazu eine Reihe von API-Aufrufen und ein Callback

notwendig, auf die aus Platzgründen leider nicht eingegangen werden kann. Als kleinen Trost gibt es für alle, die dieses Thema näher interessiert, von Microsoft ein Benutzersteuerelement mit dem Namen *SysTray*, dessen Quellocde das Prinzip des Zugriffs sehr gut beschreibt. Nähere Informationen finden Sie im *Tools*-Verzeichnis Ihrer Visual-Basic-CD.

16.2.14 Wie kann man ein anderes Visual-Basic-Programm beenden?

Sie wissen inzwischen, dass man ein (beliebiges) Programm über die *Shell*- oder *WinExec*-Funktion starten kann. Doch wie kann man ein Programm vorzeitig beenden? Bei Visual-Basic-Anwendungen gibt es die Möglichkeit, diesen eine *WM_CLOSE*-Nachricht zu »posten«, d.h. über die API-Funktion *PostMessage* im Nachrichtenpuffer der Anwendung abzulegen. Dazu muss allerdings die Bezugsnummer des Hauptfensters bekannt sein. Sollte das Visual-Basic-Programm nicht über ein Hauptfenster verfügen (d.h. wenn es über *Sub Main* gestartet wurde), gibt es einen kleinen Trick. Jedes Visual-Basic-Programm enthält ein internes, unsichtbares Fenster mit dem Klassennamen *ThunderRT5-Main* und einem Fenstertext, der jenem Projektnamen entspricht, der im Dialogfeld, das nach Ausführung des Menübefehls DATEI | EXE-DATEI ERSTELLEN erscheint, enthalten ist. Indem man diesen Fenster die *WM_CLOSE*-Nachricht sendet, kann die Applikation beendet werden.

Das folgende Beispiel zeigt, wie eine Visual-Basic-Anwendung durch **Beispiel** Senden einer *WM_CLOSE*-Nachricht beendet werden kann.

```
Option Explicit

Declare Function PostMessage Lib "user32" Alias _
"PostMessageA" (ByVal hwnd As Long, ByVal wMsg As Long, _
ByVal wParam As Long, ByVal lParam As Long) As Long

Declare Function FindWindow Lib "user32" Alias "FindWindowA" _
(ByVal lpClassName As String, ByVal lpWindowName As String) _
As Long
Const WM_CLOSE = &H10

Private Sub cmdTerminate_Click()
    Dim hFenster As Long, RetVal As Integer
    Dim AppName As String
' Name des zu schließenden Applikationsfensters festlegen
    AppName = "Wnet01"
    hFenster = FindWindow("ThunderRT5Main", AppName)
    If hFenster <> 0 Then
        RetVal = PostMessage(hFenster, WM_CLOSE, 0, 0)
    End If
End Sub
```

Erhält die Visual-Basic-Anwendung von Windows die *WM_CLOSE*-Nachricht, wird im Startformular ein *QueryUnload*-Ereignis ausgelöst (für das *Unload*-Argument wird der Wert *vbAppTaskManager* übergeben), in dem das Programm die bevorstehende Terminierung noch verhindern kann.

Wie Sie einen beliebigen Prozess durch Aufruf der *TerminateProcess*-API-Funktion beenden können, erfahren Sie in Kapitel 16.7.

16.3   Zugriff auf Konfigurationsdateien

Sowohl Windows 9x als auch Windows NT/2000/XP legen ihre Konfigurationsdaten in einer hierarchisch strukturierten Datenbank ab, die als Registry oder Registrierung bezeichnet wird. Auch die unter Windows 3.1 üblichen INI-Dateien (engl. »profile files«) spielen nach wie vor eine Rolle. So wertet Windows 9x nach dem Start den Inhalt von *Win.Ini* aus und überträgt die dort enthaltenen Werte der gültigen Einträge in die Konfigurationsdateien. Letztere besteht bei Windows 95 aus der Datei *System.dat* (Systemeinstellungen) und *User.dat* (Benutzereinstellungen). Da es sich anders als bei den INI-Datei nicht mehr um Textdateien handelt (viele Informationen können auch binär gespeichert werden), erfolgt der Zugriff ausschließlich über API-Funktionen. Im Folgenden wird zunächst der Zugriff auf die Registry erläutert. Anschließend geht es um den Zugriff auf die INI-Dateien. Zum Schluss wird gezeigt, wie ein Programm individuelle Werte in der Registry zwischenspeichern kann, sodass sie nach dem nächsten Programmstart wieder zur Verfügung stehen.

16.3.1   Der Zugriff auf die Registry

Die Registry ist der Nachfolger der INI-Dateien. Sie wurde bereits mit Windows 3.1 eingeführt, diente dort aber nur als Konfigurationsdatenbank von OLE-Servern und Dateierweiterungen. Unter Windows 9x und Windows NT wurde aus der Registry eine hierarchisch aufgebaute Datei. Ihr Inhalt liegt binär vor, sodass der Zugriff nicht mit einem Texteditor möglich ist. Wenngleich auch Windows 9x aus Kompatibilitätsgründen nach wie vor den Inhalt der Konfigurationsdateien *System.Ini* und *Win.Ini* auswerten (allerdings nur bestimmte Einträge), sollten Sie Ihr Hauptaugenmerk auf die Registry richten. Gegenüber den INI-Dateien bietet sie folgende Vorteile und Unterschiede:

➠ Die Registry ist hierarchisch aufgebaut. Jeder Eintrag, der als Schlüssel bezeichnet wird, besitzt einen Pfad, der aus allen Schlüsseln besteht, die »geöffnet« werden müssen, um an den betreffenden Schlüssel zu gelangen. Jeder Schlüssel kann einen oder mehrere (!) Einträge besitzen. Jeder Eintrag kann einen beliebigen Wert besitzen.

➠ Die Registry kann relativ einfach gesichert und nach einer Beschädigung wiederhergestellt werden.

➠ Aufgrund der hierarchischen Struktur ist es für die Registry kein Problem, mehrere Benutzer oder mehrere Versionen ein und derselben Anwendung zu unterstützen.

➠ Die Registry ist von jedem Arbeitsplatz des Netzwerks aus sowie über eine DFÜ-Netzwerkverbindung zugänglich.

➠ Für die Einträge der Registry ist ein besserer Zugriffsschutz möglich als bei einer INI-Datei.

➠ Es gibt kein 64-Kbyte-Limit!

Auch für den Zugriff auf die Registry stellt Windows über die Datei *Advapi32.dll* eine Reihe von API-Funktionen zur Verfügung. Es sei bereits an dieser Stelle erwähnt, dass, wenn es nur darum geht, programmspezifische Daten zu speichern, Visual Basic über die Funktion *GetSetting* und die Anweisung *SaveSetting* einen einfacheren Zugriff auf die Registry bietet.

Genau wie bei den »alten« Funktionen *GetPrivateProfileString* und *WritePrivateProfileString* werden Sie beim ersten Mal unter Umständen nicht allzu viel verstehen und die API-Funktionen wahrscheinlich zunächst meiden. Letztendlich sind aber auch diese Funktionen, hat man sich erst einmal einen Überblick verschafft, recht einfach in ihrer Anwendung. Dennoch ist die Registry mit allen ihren Facetten sehr viel komplexer als eine INI-Datei, sodass es in diesem Kapitel nur bei einer kurzen Übersicht bleiben kann.[6]

16.3.2 Das Prinzip des Zugriffs

Um auf einen Schlüssel zugreifen zu können, müssen Sie diesen über die *Reg-OpenKeyEx*-Funktion öffnen. Er wird dadurch für andere Benutzer gesperrt. Nach Beendigung des Zugriffs muss er über *die Reg-CloseKey*-Funktion wieder freigegeben werden. Sowohl die *Declare*-Anweisungen der API-Funktionen als auch die Konstantendefinitionen,

---

[6] In Kapitel 52 des Handbuches des Win32-SDK ist die Registry ausführlicher beschrieben.

wie z.B. *HKey_Local_Machine*, finden Sie in der Datei *Win32api.txt*. Um mehrere Werte in der Registry auf einmal zu ändern, gibt es die Möglichkeit, diese in einer Textdatei mit der Erweiterung *.Reg* zusammenzufassen und über den Aufruf von *Regedit.exe*, dem Registry-Editor, in die Registry zu laden. Sie sparen sich so den Zugriff über die API-Funktionen.

Beim Zugriff auf einen Schlüssel, z.B. über die Funktion *RegOpenKeyEx*, wird der Name des Schlüssels als Subschlüssel eines bereits geöffneten Schlüssels angegeben. Die vier bei Windows 9x vordefinierten Schlüssel *HKey_Local_Machine*, *HKey_Classes_Root*, *HKey_Users* und *HKey_Current_User* sind immer offen (der Buchstabe »H« soll andeuten, dass Sie stets mit Bezugsnummern – Handles – auf Schlüssel – Keys – arbeiten).

Die Hinweise in diesem Kapitel beziehen sich auf Windows 9x. Windows NT arbeitet zwar ebenfalls mit einer Registry, diese besitzt was die Namen und Rolle der einzelnen Schlüssel angeht aber einen etwas anderen Aufbau.

Tabelle 16.8: Die wichtigsten Win32-API-Funktionen für den Zugriff auf die Registry.

Funktion	Bedeutung
RegCloseKey	Schließt den Zugriff auf einen Schlüssel wieder.
RegCreateKeyEx	Erstellt und/oder öffnet einen Schlüssel.
RegDeleteKey	Löscht einen Schlüssel.
RegEnumKey	Gibt (enumeriert) nacheinander alle Unterschlüssel eines Schlüssels zurück. Bei jedem Aufruf der Funktion wird der Name eines Schlüssels in einer Variablen abgelegt, dessen Index (beginnend bei 0) beim Funktionsaufruf übergeben wurde.
RegEnumValue	Gibt (enumeriert) nacheinander die einzelnen Werte eines Schlüssels zurück. Bei jedem Aufruf der Funktion wird der Name eines Eintrags und sein Wert in zwei Variablen abgelegt, dessen Index (beginnend bei 0) beim Funktionsaufruf übergeben wurde.
RegFlushKey	Überträgt die Attribute des aktuell geöffneten Schlüssels in die Registry.
RegOpenKeyEx	Öffnet den Zugriff auf einen Schlüssel.
RegReplaceKey	Tauscht alle Schlüssel und ihre Werte mit den Informationen einer angegebenen Datei aus.
RegSaveKey	Speichert einen Schlüssel und dessen Unterschlüssel in der angegebenen Datei.

Funktion	Bedeutung
RegSetValueEx	Ändert den Namen und/oder den Wert eines Schlüssels. Diese Funktion wird benutzt, um den Wert eines Eintrags in der Registry zu ändern.
RegUnloadKey	Entfernt einen Schlüssel und dessen Unterschlüssel aus der Registry.
ReqQueryValueEx	Fragt den Wert eines Schlüssels ab. Diese Funktion wird benutzt, um den Wert eines Eintrags in der Registry zu lesen.

Das Prinzip des Zugriffs auf die Registry soll am Beispiel den Funktionen *RegOpenKeyEx* und *RegQueryValueEx*, die den Wert eines Schlüssels zurückgibt, erläutert werden. Damit diese Funktion erfolgreich ausgeführt werden kann, muss der Schlüssel zuvor über die *RegOpenKeyEx*-Funktion mit dem Argument *KEY_QUERY_VALUE* geöffnet werden.

```
Declare Function RegOpenKeyEx Lib "advapi32.dll" Alias _
RegOpenKeyExA" (ByVal hKey As Long, ByVal lpszSubKey As _
String, ByVal dwReserved As Long, ByVal samDesired As Long, _
phkResult As Long) As Long
```
Syntax

Die einzelnen Argumente und ihre Bedeutung:

Argument	Bedeutung
hKey	Name eines zur Zeit offenen Schlüssels oder, was in der Regel der Fall ist, eines der Grundschlüssel *HKEY_CLASSES_ROOT*, *HKEY_CURRENT_USER*, *HKEY_LOCAL_MACHINE* oder *HKEY_USERS*.
lpszSubKey	Name des Unterschlüssels als nullterminierter String.
dwReserved	Reserviert, hier wird 0 (als Nullzeiger 0&) übergeben.
SamDesired	Maske, die die Form der Zugriffserlaubnis festlegt. In der Regel *KEY_QUERY_VALUE*, d.h. Erlaubnis zur Abfrage des Subschlüssels.
phkResult	Name einer Variable, in die die Bezugsnummer des geöffneten Schlüssels eingetragen wird.

```
Declare Function RegQueryValueEx Lib "advapi32.dll" Alias
"RegQueryValueExA" (ByVal hKey As Long, ByVal lpszValueName As String,
ByVal lpdwReserved As Long, lpdwType As Long, lpdData As Any, lPCbData As
Long) As Long
```
Syntax

Die einzelnen Argumente und ihre Bedeutung:

Argument	Bedeutung
hKey	Name eines zur Zeit offenen Schlüssels, was in der Regel der Fall ist, oder eines der Hauptschlüssel *HKEY_CLASSES_ROOT, HKEY_CURRENT_ USER, HKEY_LOCAL_MACHINE* oder *HKEY_ USERS*.
lpszValueName	Name des Eintrags, dessen Wert abgefragt werden soll. Der Name muss durch ein Nullzeichen beendet werden (nullterminierter String. d.h. Übergabe mit *ByVal*).
lpdwReserved	Reserviert, hier wird 0 (vbNullString) übergeben.
lpdwType	Datentyp des Eintrags, dessen Wert gelesen werden soll. In Frage kommen bei Windows 9x *REG_BINARY* (binärer Wert), *REG_DWORD* (32-Bit-Zahl) oder *REG_SZ* (nullterminierter String).
LpdData	Name einer Variablen, in die der zu lesende Wert eingetragen wird. Handelt es sich um eine Stringvariable, muss *ByVal* vorausgehen.
lPCdData	Länge der Variablen, in die der Rückgabewert in Byte eingetragen wird.

Der Rückgabewert der Funktion lautet *ERROR_SUCCESS* wenn ein Wert gelesen werden konnte, ansonsten enthält dieser einen Fehlercode.

Beispiel Das folgende Beispiel zeigt, wie sich aus der Registry der Wert eines Schlüssels auslesen lässt. Sie können dieses Beispiel für jeden in Ihrer Registry enthaltenen Schlüssel abwandeln und dessen Wert auslesen. Für die Umsetzung des Beispiels benötigen Sie ein leeres Formular (*frmHaupt*), auf dem eine Schaltfläche (*cmdStart*) angeordnet wird:

```
Option Explicit

Private Declare Function RegOpenKeyEx Lib "advapi32.dll" Alias
"RegOpenKeyExA" (ByVal hKey As Long, ByVal lpSubKey As String, ByVal
ulOptions As Long, ByVal samDesired As Long, phkResult As Long) As Long

Private Declare Function RegQueryValueEx Lib "advapi32.dll" Alias
"RegQueryValueExA" (ByVal hKey As Long, ByVal lpValueName As String, ByVal
lpReserved As Long, lpType As Long, lpData As Any, lPCbData As Long) As
Long' Besitzt lpData den Typ String, muss ByVal vorausgehen

Private Declare Function RegCloseKey Lib "advapi32.dll" (ByVal hKey As
Long) As Long
```

```
Const REG_NONE = 0           ' Kein Wert
Const REG_SZ = 1             ' Unicode mit Null am Ende
Const REG_EXPAND_SZ = 2      ' Unicode mit Null am Ende
Const REG_BINARY = 3         ' Binärer Wert
Const REG_DWORD = 4          ' Numerische 32-Bit-Konstante
Const HKEY_CLASSES_ROOT = &H80000000
Const HKEY_CURRENT_USER = &H80000001
Const HKEY_LOCAL_MACHINE = &H80000002
Const HKEY_USERS = &H80000003

Const KEY_QUERY_VALUE = &H1

Private Sub cmdStart_Click()
    Dim hKey As Long, RetVal As Long
    Dim Wert As String
    Wert = Space(256)
' Schlüssel öffnen
    RetVal = RegOpenKeyEx(HKEY_LOCAL_MACHINE, _
    "SOFTWARE\Microsoft\Windows\CurrentVersion\Setup", _
    0, KEY_QUERY_VALUE, hKey)
' Wert abfragen
    RetVal = RegQueryValueEx(hKey, "SourcePath", 0, REG_SZ, _
    ByVal Wert, Len(Wert))
' Ergebnis ausgeben
    MsgBox Prompt:="Ihre Installationsdateien kommen von: " & Wert, _
    vbInformation, " Registry"
' Schlüssel nun wieder schließen
    RetVal = RegCloseKey(hKey)
End Sub
```

Beispiel

Während es beim Zugriff auf eine INI-Datei notwendig war, durch Übergabe eines Nullwerts die Namen aller Einträge zu erhalten, gibt es dafür beim Zugriff auf die Registry die *RenEnumValue*-Funktion. Diese Funktion gibt bei jedem Aufruf den Namen eines Eintrags und seinen aktuellen Wert zurück. Beide Werte werden in Variablen abgelegt. Das folgende kleine Beispiel überträgt alle Einträge des Schlüssels *HKey_Local_Machine\Software\Microsoft\Windows-\Current-Version\Setup* in ein Listenfeld. Für die Umsetzung des Beispiels benötigen Sie ein leeres Formular, auf der eine Schaltfläche (*cmdStart*) und ein Listenfeld (*lstSchlüssel*) angeordnet wird:

```
Option Explicit

Private Declare Function RegOpenKeyEx Lib "advapi32.dll" _
Alias "RegOpenKeyExA" (ByVal hKey As Long, ByVal lpSubKey _
As String, ByVal ulOptions As Long, ByVal samDesired As _
Long, phkResult As Long) As Long

Private Declare Function RegCloseKey Lib "advapi32.dll" _
(ByVal hKey As Long) As Long
```

```
Private Declare Function RegEnumValue Lib "advapi32.dll" _
Alias "RegEnumValueA" (ByVal hKey As Long, ByVal dwIndex As _
Long, ByVal lpValueName As String, lPCbValueName As Long, _
lpReserved As Long, lpType As Long, lpData As Any, lPCbData _
As Long) As Long
' Achtung: Das Argument lpData muss anstelle von As Byte
' As Any erhalten

Const REG_SZ = 1
Const REG_NONE = 0

Const HKEY_CLASSES_ROOT = &H80000000
Const HKEY_CURRENT_USER = &H80000001
Const HKEY_LOCAL_MACHINE = &H80000002
Const HKEY_USERS = &H80000003

Const ERROR_NO_MORE_ITEMS = 259&

Private Sub cmdStart_Click()
    Dim hKey As Long, RetVal As Long
    Dim Wert As String, EintragsName As String
    Dim iZähler As Long
    Wert = Space(256)
    EintragsName = Space(256)
' Schlüssel öffnen und Bezugsnummer in hKey speichern
    RetVal = RegOpenKeyEx(HKEY_LOCAL_MACHINE, _
    "SOFTWARE\Microsoft\Windows\CurrentVersion\Setup", 0, _
    KEY_QUERY_VALUE, hKey)
' Nun die Namen aller Einträge des Schlüssels Setup auflisten
    lstSchlüssel.Clear
    Do
        Wert = Space(256)
        EintragsName = Space(256)
        RetVal = RegEnumValue(hKey, iZähler, EintragsName, _
        Len(EintragsName), 0, REG_SZ, ByVal Wert, Len(Wert))
' Wenn keine Werte mehr da, dann Schleife verlassen
        If RetVal = ERROR_NO_MORE_ITEMS Then Exit Do
' Name des Eintrags in Listenfeld eintragen
        EintragsName = NullTrim(EintragsName)
        Wert = NullTrim(Wert)
        lstSchlüssel.AddItem EintragsName & " >> " & Wert
' Zähler für Index um 1 erhöhen
        iZähler = iZähler + 1
    Loop
' Schlüssel nun wieder schließen
    RetVal = RegCloseKey(hKey)
End Sub
```

Nach Anklicken der Schaltfläche werden die Namen aller Einträge des Schlüssels, samt ihres aktuellen Werts in das Listenfeld übertragen. Die *Do*-Schleife wird dabei so lange durchlaufen, bis die Funktion den Wert *ERROR_NO_MORE_ITEMS* (diese Konstante ist in der Datei *Win32api.txt* vordefiniert) zurückgibt. Eine Kleinigkeit gilt es aber noch zu beachten, da die API-Funktion an die zurückgegebenen Zeichen ein Null-Byte hängt (dies ist unter Windows so üblich), muss dieses, z.B. über die *Instr*-Funktion, entfernt werden, damit Sie an die Stringvariable problemlos weitere Strings hängen können. Und noch einen Hinweis zum Schluss: Achten Sie darauf, dass der Datentyp des Arguments *lpdData* den Datentyp *As Any* besitzt (in der *Win32api.txt*-Datei besitzt dieser den Datentyp *As Byte*, was in diesem Fall zu einer Fehlermeldung führt).

16.3.3 Der Zugriff auf INI-Dateien

Initialisierungsdateien (sie besitzen die Erweiterung *.Ini*) spielen für die Speicherung von Konfigurationsdaten auch bei Windows 9x noch eine Rolle, wenngleich keine Hauptrolle mehr. Da die Registry sehr umfangreich werden kann (bis zu mehreren Mbyte), ist der Zugriff auf INI-Dateien manchmal die bessere Lösung. INI-Dateien besitzen einen einheitlichen Aufbau. Sie bestehen aus einem oder mehreren Sektionen. Eingeleitet wird eine Sektion durch einen in eckigen Klammern gesetzten Sektionsnamen. Jede Sektion kann keinen, einen oder mehrere Einträge besitzen. Damit ergibt sich folgendes allgemeines Schema:

```
[Sektion1]
Eintrag1=Wert
Eintrag2=Wert
Eintrag3=Wert
[Sektion2]
Eintrag1=Wert
Eintrag2=Wert
[Sektion3]
Eintrag1=Wert
```

Sowohl für die Namensgebung als auch für die Anordnung der einzelnen Einträge haben Sie die freie Wahl. Des Weiteren spielt das Format eines Werts keine Rolle, da es Windows Ihnen überlässt, wie die Zeichen, die auf das Gleichheitszeichen folgen, interpretiert werden. Lediglich zwei Regeln müssen eingehalten werden:

➡ Sektionsnamen müssen in eckige Klammern gesetzt werden.

➡ Der Eintragsname und sein Wert müssen durch ein Gleichheitszeichen getrennt werden.

Wie Sie eine Sektion oder einen Eintrag benennen, bleibt Ihnen überlassen. Auch der Wert eines Eintrags kann jede beliebige Kombination aus Zeichen und Buchstaben annehmen. Windows sucht beim Zugriff auf eine INI-Datei lediglich nach dem Sektions- und dem Eintragsnamen und liest den Wert, der sich hinter dem Gleichheitszeichen befindet.

Welchen Wert ein Eintrag besitzt, spielt für den Zugriff keine Rolle. Es ist die Aufgabe des jeweiligen Programms, einen als Zeichenkette (oder *Integer*-Zahl) gelesenen Wert zu interpretieren. Auch wenn es sich bei einer INI-Datei um eine gewöhnliche Textdatei handelt, lohnt es sich im Allgemeinen nicht, diese über eine *Open*-Kommando zu öffnen und ihren Inhalt sequentiell einzulesen. Sehr viel bequemer geht es mit den in Tabelle 16.9 aufgeführten API-Funktionen.

Tabelle 16.9: Die API-Funktionen für den Zugriff auf INI-Dateien.

Funktion	Bedeutung
GetPrivateProfileString	Liest einen Eintragswert oder die Namen aller Einträge einer Sektion aus einer beliebigen (INI-)Datei.
GetPrivateProfileInt	Liest einen Eintragswert als numerischen Wert einer Sektion aus einer beliebigen (INI-)Datei.
GetProfileString	Liest einen Eintragswert oder die Namen aller Einträge einer Sektion aus der Datei *Win.Ini*.
GetPrivateProfileInt	Liest einen Eintragswert als numerischen Wert aus der Datei *Win.Ini*.
WritePrivateProfileString	Schreibt einen Eintragswert in die Sektion einer beliebigen (INI-)Datei.
WritePrivateProfileInt	Schreibt einen numerischen Wert in die Sektion einer beliebigen (INI-)Datei.
WriteProfileString	Schreibt einen Eintragswert in eine Sektion der Datei *Win.Ini*.
WritePrivateProfileInt	Schreibt einen numerischen Eintragswert in die Sektion der Datei *Win.Ini*.

Wirft man einen Blick auf Funktionen wie *GetPrivateProfileString*, erscheint deren Anwendung zunächst recht kompliziert. Dabei ist alles ganz einfach. Sie müssen dieser Funktion nur mitteilen, aus welcher Datei und welcher Sektion sie welchen Eintragswert lesen und in welche Stringvariable sie diesen Wert übertragen soll. Außerdem können Sie einen »Notfallrückgabewert« und die maximale Länge der zu lesenden Zeichen vereinbaren. Lassen Sie sich nicht durch den Umstand irritieren, dass die Funktion auch einen Wert zurückgibt. Dieser steht für die Anzahl der tatsächlich gelesenen Zeichen und wird lediglich zur Kontrolle benötigt. Der aus der INI-Datei gelesene Wert wird stets in einer Stringvariablen abgelegt, deren Name beim Aufruf übergeben wird.

Vergessen Sie nicht, die Stringvariable, die den Rückgabewert er-
halten soll, vor dem Aufruf entweder mit Leerzeichen zu initialisie-
ren oder sie als Stringvariable fester Länge zu vereinbaren. Anson-
sten ist unter Umständen eine allgemeine Schutzverletzung die
Folge.

Speichern Sie Ihre Programme vor dem Ausprobieren der Profile-
Funktionen unbedingt ab, da am Anfang ein Absturz des Pro-
gramms aufgrund fehlerhafter Parameter nicht unwahrscheinlich
ist.

Feststellen, ob eine INI-Datei existiert

Eine INI-Datei ist eine Datei wie jede andere auch. Sie wird nicht registriert und ist daher auch nicht über eine API-Funktion abfragbar. Die
GetPrivateProfile-Funktionen geben lediglich den Default-Wert zurück, wenn eine INI-Datei unter dem angegebenen Pfad nicht gefunden werden konnte. Um festzustellen, ob eine INI-Datei überhaupt vorhanden ist, muss sie gesucht werden. Ein bezüglich seiner
Ausführungsgeschwindigkeit halbwegs zufriedenstellender Suchalgorithmus wurde in Kapitel 11 in Gestalt des FileFinders vorgestellt. Da
es nur darum geht, eine einzige Datei zu suchen, ist die *SearchTree-*
ForFile-API-Funktion (siehe Kapitel 15) wahrscheinlich die bessere
Wahl. In der Regel befinden sich INI-Dateien aber nicht »irgendwo« auf
der Festplatte, sondern entweder im Windows-Ordner oder im Ordner,
in dem sich die Applikation befindet. Kennen Sie den Pfad der Datei,
können Sie diese mit dem *Open*-Befehl und »for input« öffnen und den
resultierenden Laufzeitfehler, für den Fall, dass die Datei nicht existiert,
abfangen.

Wie kann ich eine Zeile in einer INI-Datei löschen?

Die Funktionen *GetPrivateProfileString* und *WritePrivateProfile-*
String besitzen eine kleine Besonderheit. Wird beim Aufruf der *Get-*
PrivateProfileString-Funktion anstelle eines Eintragsnamens ein Nullzeiger (*vbNullString*) übergeben, legt die Funktion in dem
Rückgabepuffer die Namen aller in der angegebenen Sektion enthaltenen Einträge (getrennt durch ein *vbNullChar*-Zeichen) ab. Die Übergabe eines Nullzeigers (anstelle des Wertes für einen Eintragsnamen) ist
auch bei der *WritePrivateProfileString*-Funktion möglich. In diesem
Fall wird der komplette Eintrag aus der Sektion gelöscht.

Die folgende Anweisung löscht die Werte aller Eintragsnamen einer **Beispiel**
Sektion:

```
RetVal = WritePrivateProfileString("Kreditkarten", _
"Amex Gold", vbNullString, "Cash.ini")
```

Wird auch für den Eintragsnamen ein Nullzeiger übergeben, wird die komplette Sektion aus der INI-Datei gelöscht:

```
RetVal = WritePrivateProfileString("Kreditkarten", _
vbNullString, vbNullString, "Cash.ini")
```

:-)
TIP

Sobald Ihr Programm den Inhalt von Win.Ini in einer Sektion, die auch von anderen Programmen genutzt werden könnte, geändert hat, sollten Sie dies allen anderen Programmen mitteilen. Einige Programme sind so konzipiert, dass sie bei einer entsprechenden Nachricht die sie betreffenden Einträge von Win.Ini noch einmal lesen. Das Verschicken der Nachricht »Win.Ini wurde geändert« übernimmt die API-Funktion SendMessage. Doch wie soll man an die Bezugsnummern der einzelnen Fenster herankommen? Ganz einfach, wird der Funktion der Wert HWND_BROADCAST übergeben, erhalten alle Fenster die gleiche Nachricht, dass ein Eintrag in der angegebenen Sektion geändert wurde.

Beispiel Das folgende Beispiel teilt eine Änderung in der Registry allen aktiven Programmen mit.

```
Declare Function SendMessage Lib "user32" Alias _
"SendMessageA" (ByVal hwnd As Long, ByVal wMsg As Long, _
ByVal wParam As Long, lParam As Long) As Long

Const WM_WININICHANGE = &H1A
Const HWND_BROADCAST = &HFFFF&

Sub NachrichtAnAlle ()
    Dim RetVal As Long, Sektionsname As String
    Sektionsname = "Hier den Sektionsnamen eintragen"
    RetVal = SendMessage (HWND_BROADCAST, WM_WININICHANGE, _
    0, Sektionsname)
End Sub
```

Wie kann ein Visual-Basic-Programm auf eine solche Nachricht reagieren? Da Visual-Basic-Programme nicht nachrichtengesteuert, sondern ereignisgesteuert ausgeführt werden, besitzt ein Visual-Basic-Programm ohne ein zusätzliches Hilfsmittel keine Möglichkeit, auf die Änderung von *Win.Ini* zu reagieren. Ein solches Hilfsmittel kann zum einen eine eigene Fensterfunktion (Stichwort: Subclassing) oder ein Zusatzsteuerelement sein, das diese Aufgabe übernimmt. Die wahrscheinlich einfachste Lösung bietet das SysInfo-Zusatzsteuerelement (*Sysinfo.Ocx*), das ein Visual-Basic-Programm in die Lage versetzt, auf verschiedene Systemänderungen zu reagieren.

16.3.4   Programmspezifische Daten speichern

Möchte man nur programmspezifische Daten speichern, wie z. B. Benutzereinstellungen, muss man dazu weder INI-Dateien anlegen, noch über API-Funktionen auf die Registry zugreifen. Für diesen Zweck bietet Visual Basic eine Reihe leicht zu handhabender Anweisungen und Funktionen, bei denen Sie sich keine Gedanken darüber machen müssen, wo genau die Konfigurationsdaten abgelegt werden. Das heißt natürlich nicht, dass sie irgendwo versteckt werden. Sie werden vielmehr im Schlüssel *\HKey_Current_User\Software\VB and VBA Program Settings* abgelegt.

Anweisung/Funktion	Syntax	Bedeutung
DeleteSetting-Anweisung	DeleteSetting(App-Name, Sektion[, Schlüssel])	Löscht einen Schlüssel oder Einträge.
GetAllSettings-Funktion	GetAllSettings(App-Name, Sektion)	Liest die Namen aller Einträge eines Schlüssels und ihre Werte.
GetSetting-Funktion	GetSetting(AppName, Sektion, Schlüssel[, Default])	Liest den Wert eines Schlüssels in einer Sektion.
SaveSetting-Anweisung	SaveSetting(App-Name, Sektion, Schlüssel, Einstellungen)	Trägt Werte in die Registry ein.

Tabelle 16.10: Anweisungen für den Zugriff auf die Registry.

Das folgende Beispiel schreibt über die *SetSetting*-Anweisung für die Applikation »DemoApp« in die Sektion »Allgemein« drei Schlüssel mit den Namen »Wert1«, »Wert2« und »Wert3« sowie drei Werte und gibt diese über die *GetAllSettings*-Funktion anschließend im Debug-Fenster wieder aus: **Beispiel**

```
Private Sub cmdTest_Click()
    Dim E As Variant, n As Integer
    SaveSetting appname:="DemoApp", section := "Allgemein", _
    Key:="Wert1", setting:=100
    SaveSetting appname:="DemoApp", section := "Allgemein", _
    Key:="Wert2", setting:=200
    SaveSetting appname:="DemoApp", section := "Allgemein", _
    Key:="Wert3", setting:=300
    E = GetAllSettings(appname:="DemoApp", section := _
    "Allgemein")
    If Not IsEmpty(E) Then
        For n = LBound(E, 1) To UBound(E, 1)
            Debug.Print E(n, 0), E(n, 1)
        Next n
    End If
End Sub
```

Achten Sie vor allem auf die Art und Weise, wie die *GetAllSettings*-Funktion die Werte der einzelnen Einträge zurückgibt. Der Rückgabewert ist eine zweidimensionale Feldvariable (Typ *Variant*), in der die erste Spalte (Index 0) den Namen eines Eintrags und die zweite Spalte (Index 1) seinen Wert enthält. Existiert ein Schlüssel nicht oder enthält dieser keine Einträge, gibt die *GetAllSettings*-Funktion einen nicht initialisierten *Variant*-Wert zurück.

Es ist wichtig zu verstehen, dass *SaveSetting* lediglich eine Vereinfachung beim Zugriff auf die Registry darstellt. Die Werte werden in die gleiche Registry geschrieben und könnten daher auch über die API-Funktionen wieder ausgelesen werden. Der Vorteil von *SaveSetting*&Co ist einfach, dass Sie sich keine Gedanken um den genauen Aufenthaltsort in der Registry machen müssen, denn der Schlüsselname hängt stets vom Programmnamen ab.

16.3.5 Der Zugriff auf die Systemsteuerung

Soll ein Visual-Basic-Programm die Eintragungen in der Registry nicht nur abfragen, sondern direkt auf die Systemsteuerung (engl. »control panel«) zugreifen, muss dafür die API-Funktion *SystemParametersInfo* verwendet werden.

Syntax
```
Declare Function SystemParametersInfo Lib "user32" Alias _
"SystemParametersInfoA" (ByVal uAction As Long, ByVal _
uParam As Long, ByVal lpvParam As Any, ByVal fuWinIni _
As Long) As Long
```

Die Argumente und ihre Bedeutung:

Argumente	Bedeutung
uAction	Sagt Windows, welche Einstellung geändert werden soll. Die Datei *Win32api.txt* enthält eine Reihe vordefinierter Konstanten (Präfix SPI_).
uParam	Zusätzlicher *Integer*-Wert für *uAction*.
lpvParam	Zusätzlicher Wert für *uAction*.
fuWinIni	Integer-Wert der festlegt, ob *Win.Ini* (bzw. die Registry) aktualisiert werden sollen. Bei *SPIF_UPDATEINIFILE* wird eine Initialisierung durchgeführt. Bei *SPIF_SENDWININICHANGE* werden alle aktiven Anwendungen von den gemachten Änderungen über eine Nachricht unterrichtet.

Beispiel   Das folgende Beispiel stellt ein anderes Hintergrundbild ein und aktiviert den Bildschirmschoner durch einen direkten Zugriff auf die Systemsteuerung:

```
Option Explicit
Private Declare Function SystemParametersInfo Lib "user32" _
Alias "SystemParametersInfoA" (ByVal uAction As Long, ByVal _
uParam As Long, ByVal lpvParam As Any, ByVal fuWinIni As _
Long) As Long

Const SPI_SETSCREENSAVEACTIVE = 17
Const SPI_SETDESKWALLPAPER = 20
Const SPIF_UPDATEINIFILE = &H1
Const SPIF_SENDWININICHANGE = &H2

Private Sub cmdStart_Click()
    Dim RetVal As Long
    Dim Dateiname As String, KeineTapete As String
    Dateiname = "C:\Windows\wellen.bmp"
    KeineTapete = "(Keine)"
    RetVal = SystemParametersInfo(SPI_SETDESKWALLPAPER, 2&, _
    Dateiname, SPIF_UPDATEINIFILE Or SPIF_SENDWININICHANGE)
    RetVal = SystemParametersInfo(SPI_SETSCREENSAVEACTIVE, _
    True, 0&, 0)
End Sub
```

Eine sinnvolle Maßnahme kann es sein, den Benutzer die Benutzung eines Hintergrundbildes zu »verbieten«. Dazu muss für den Dateinamen das Wort »(Kein)« übergeben werden.

Es gibt allerdings nur wenige Fälle, wo ein direkter Zugriff auf die Systemsteuerung wirklich notwendig ist, da die Unterprogramme der Systemsteuerung lediglich eine Oberfläche für die Einträge der Registry darstellen. Mit anderen Worten: Durch den direkten Zugriff auf die Registry lässt sich die gleiche Wirkung erzielen, als wenn der Benutzer die Änderung in der Systemsteuerung vornimmt.

Bei einigen Änderungen in der Systemsteuerung ist ein Neustart :-)
erforderlich, damit diese wirksam werden. Dies kann über die API- TIP
Funktion ExitWindows realisiert werden.

```
Declare Function ExitWindows Lib "user32" Alias _                    Syntax
"ExitWindows" (ByVal dwReserved As Long, ByVal uReturnCode _
 As Long) As Long
```

Die folgenden Anweisungen führen einen Neustart von Windows **Beispiel** durch:

```
Private RetVal As Long
RetVal = ExitWindows(0, 0)
```

Bei *ExitWindows* handelt es sich nicht um eine API-Funktion, sondern um ein C++-Makro, das die API-Funktion *ExitWindowsEx* aufruft.

Syntax
```
Declare Function ExitWindowsEx Lib "user32" Alias _
"ExitWindowsEx" (ByVal uFlags As Long, ByVal dwReserved _
As Long) As Long
```

Für das Argument *dwReserved* wird üblicherweise eine 0 übergeben. Über das Argument *uFlags* wird eingestellt, was genau beim Herunterfahren des Systems passieren soll (die Konstanten sind in *Win32api.txt* definiert):

Wert	Bedeutung
EWX_FORCE	Beendet auch jene Applikationen, die nicht mehr reagieren.
EWX_LOGOFF	Beendet alle Anwendungen und meldet den Benutzer ab.
EWX_REBOOT	Führt einen Neustart aus.
EWX_SHUTDOWN	Fährt das System herunter, sodass der PC anschließend sicher ausgeschaltet werden kann.
EWX_RESET	Führt einen kompletten Reset durch. Der Wert wird wie folgt gebildet: *EWX_LOGOFF* + *EWX_FORCE* + *EWX_REBOOT*.

16.3.6   Der Start von Windows-Assistenten

Windows arbeitet mit einer Vielzahl von Assistenten, die Konfigurationsaufgaben, wie das Einrichten eines Druckers, erledigen. Diese Assistenten, bei denen es sich sich um DLLs handelt, lassen sich indirekt von einem Visual-Basic-Programm aufrufen, indem man das Hilfsprogramm Rundll32.exe aufruft. Dieser Helfer ist allgemein dazu da, DLL-Funktionen aufzurufen.

Beispiel
```
Shell "rundll32.exe shell32.dll,SHHelpShortcuts_RunDLL AddPrinter",
vbNormalFocus
```

Dieser Aufruf der Shell-Methode startet den Druckerassistenten (halten Sie genau die Schreibweise ein). Die Namen der Argumente sind Windows-spezifisch und werden häufig in Windows Tipps&Tricks-Rubriken veröffentlicht. Karl E. Peterson hat auf seiner (im übrigen sehr empfehlenswerten) Webseite *www.mvps.org/vb* dankenswerterweise weitere Beispiele veröffentlicht.

16.4 Der Zugriff auf die serielle Schnittstelle

Die serielle Schnittstelle ist die wichtigste Verbindung eines PCs zur »Außenwelt«. Auch wenn sie theoretisch eine Vielzahl von Geräten ansteuern kann, besteht ihre Hauptaufgabe darin, ein Modem oder eine Maus zu steuern. Zwar ist die Übertragungsgeschwindigkeit des UART ohne zusätzlichen Treiber auf 115 Kbit/s begrenzt, doch ist dies für die Modem-Kommunikation im Allgemeinen ausreichend. Visual Basic bietet von Haus aus keine Zugriffsmöglichkeit auf die serielle Schnittstelle, sieht man von der bezüglich seiner Möglichkeiten sehr begrenzten *Open*-Anweisung einmal ab. Dafür gibt es mit dem *MSComm*-Zusatzsteuerelement (*Mscomm32.ocx*) eine relativ leistungsfähige Erweiterung. Mit *MSComm* lassen sich eine Vielzahl von DFÜ-Anwendungen (das Kürzel DFÜ steht für Datenfernübertragung) realisieren, vom einfachen Terminalprogramm, über einen Telefonwähler bis hin zu einem kompletten Mailboxsystem. Für größere Anwendungen wird allerdings die Anschaffung einer Toolbox, wie z.B. PDQComm von Crescent, empfohlen, da diese sehr viel Komfort, etwa durch eingebaute Terminalemulationen und Dateitransferprotokolle (für Mailboxen unverzichtbar) oder eine Modemdatenbank mit Anwahl-Strings, bieten.

Die komplette Ansteuerung der seriellen Schnittstelle kann über das Zusatzsteuerelement Mscomm.ocx erfolgen. **Merksatz**

Das Mscomm-Steuerelement ist leider nicht in der Einsteiger-Edition enthalten. Wer nur diese Version besitzt, muss sich entweder eine kommerzielle Toolbox anschaffen (Shareware oder FreeWare scheint es nicht zu geben, wenngleich es nicht so schwierig sein kann, die API-Funktionen in einem ActiveX-Steuerelement einzubauen[7]), auf die Profi-Edition updaten oder auf die API-Funktionen ausweichen, die in diesem Buch aber nicht beschrieben werden.

16.4.1 Ein wenig Theorie

Auch wenn Sie für die Programmierung der seriellen Schnittstelle mit Hilfe des MSComm-Steuerelements nichts über deren Funktionsweise wissen müssen, schaden kann ein kurzer Ausflug in die Theorie aber auch nicht. Serielle Kommunikation bedeutet die Umwandlung von acht Bit großen Dateneinheiten (das heißt von Bytes) in einzelne Bits, damit diese über eine einzelne Leitung übertragen werden können.

---

[7] Das wäre doch einmal ein interessantes Programmierprojekt.

Auch wenn man damit für die Datenübertragung mit zwei Leitungen auskommen würde (eine zweite Leitung ist für die Referenzspannung immer erforderlich), verfügt die serielle Schnittstelle eines PCs über mindestens neun Leitungen. Sowohl die Funktion als auch die Bezeichnungen der einzelnen Leitungen sind nach einem internationalen Standard normiert, der als *RS-232C* (bzw. V.24) bezeichnet wird. Dies ist jedoch nur eine Schnittstellenbeschreibung, die mit der eigentlichen Datenübertragung nichts zu tun hat.

16.4.2 Die Rolle des UART

Der Datentransfer über die serielle Schnittstelle ist völlig unabhängig von dem anzusteuernden Gerät. Es spielt für die Programmierung keine Rolle, ob die serielle Schnittstelle mit einem Modem, einem Barcode-Leser oder einer digitalen Kamera verbunden ist. Auch die Frage, ob das Gerät extern oder an den Erweiterungsbus des PCs angeschlossen ist, ist für die Programmierung nicht von Bedeutung. Die serielle Schnittstelle wird vielmehr über einen der zur Verfügung stehenden COM-Ports[8] (bis zu 255) angesprochen. Der eigentliche Datenaustausch zwischen der Schnittstelle und dem angeschlossenen Gerät wird von einem speziellen Kommunikationsbaustein des PCs übernommen, der als *Universal Asynchronous Receiver Transmitter* (UART) bezeichnet wird. Die Aufgabe dieses Bausteins, er trägt in der Regel die Typenbezeichnung 16550, ist es, aus einem Byte eine Serie von acht Bits zu machen. Doch der UART ist weit mehr als nur ein Parallel/Seriell-Konverter. Zum einen sorgt er für die zeitliche Synchronisation der Daten. Da die Datenübertragung über eine serielle Schnittstelle asynchron, d.h. ohne festen Zeittakt, verläuft, muss der UART durch das Mitversenden von Start- und Stop-Bits dem Empfänger die Gelegenheit geben, den Anfang und das Ende eines Datenpakets exakt erkennen zu können. Zusätzlich kann mit dem Paritäts-Bit ein weiteres Bit übertragen werden, das für die Anzahl der übertragenen Bits mit dem Zustand »1« steht (diese Anzahl wird aufaddiert und ergibt entweder eine gerade oder ungerade Parität) und fehlerhafte Übertragungen erkennen helfen soll.

Das Besondere am UART ist, dass dieser programmiert werden kann. Der Baustein verfügt nämlich über acht eigene Register, die über einen direkten Zugriff auf die diesen Registern zugeordneten E/A-Ports angesprochen werden. Die Adresse des ersten UART-Registers wird im BIOS des PCs eingestellt und lautet in der Regel 03F8h für COM1 und 02F8h bei COM2. Bei Visual Basic ist solch ein direkter Zugriff, wie

---

[8] Beachten Sie, dass COM sich hier auf die serielle Schnittstelle (engl. COM-Port) bezieht.

am Ende dieses Kapitels noch gezeigt wird, nicht so ohne weiteres möglich. Das ist jedoch kein Nachteil, da Sie mit den Möglichkeiten des *MSComm*-Steuerelements, womit wir wieder beim eigentlichen Thema wären, mehr als auskommen werden. Weitere technische Details sollen Ihnen an dieser Stelle erspart bleiben. Falls Sie sich für die direkte Programmierung der seriellen Schnittstelle unter Windows interessieren, finden Sie in Anhang C einen Literaturhinweis.

16.4.3 MSComm in der Praxis

Das MSComm-Steuerelement stellt eine flexible, leistungsfähige und zum Glück recht einfach zu bedienende Erweiterung der Werkzeugsammlung dar. Es handelt sich im wesentlichen um eine Zusammenfassung jener Funktionen, die der Windows-Comm-Treiber *Comm.drv* für den Zugriff auf die serielle Schnittstelle zur Verfügung stellt. Um mit dem Steuerelement arbeiten zu können, muss dieses (es befindet sich in der Datei *MSComm.Ocx*, die sich üblicherweise im System-Verzeichnis von Windows aufhält) über den Menübefehl PROJEKT | KOMPONENTEN in die Werkzeugsammlung geladen werden. Das MSComm-Steuerelement übernimmt die gesamte Kommunikation über die serielle Schnittstelle und ist trotz seiner insgesamt 25 spezifischen Eigenschaften einfach zu programmieren.

Jedes MSComm-Steuerelement steht für einen COM-Port, dessen **Merksatz**
Nummer ihm über die CommPort-Eigenschaft zugewiesen wird, und der über die Settings-Eigenschaft konfiguriert wird. Stellen Sie sich das MSComm-Steuerelement daher als einen »virtuellen COM-Port« vor.

Wenn Sie am Anfang nicht gleich ein komplettes Terminalprogramm entwickeln möchten, sondern in erster Linie an einem Programm zum Dateitransfer zwischen zwei PCs oder einem einfachen Terminalprogramm zum Anwählen einer Mailbox interessiert sind, kommen Sie mit den sieben wichtigsten Eigenschaften des MSComm-Steuerelements aus, die in Tabelle 16.11 aufgelistet werden.

Mit Visual Basic 5.0 wurde das MSComm-Steuerelement geringfügig verbessert. Die wichtigste Neuerung ist die InputMode-Eigenschaft. Besitzt diese Eigenschaft den Wert 1, werden empfangene und zu sendende Daten als Binärdaten behandelt und entsprechend die Eigenschaften Input und Output als Byte-Arrays. Außerdem unterstützt MSComm Übertragungsgeschwindigkeiten bis 230 Kbit/s anstelle von 115 Kbit/s.

Tabelle 16.11:
Die wichtigsten
Eigenschaften
des MSComm-
Steuerelements.

Eigenschaft	Bedeutung
CommPort	Legt die Nummer der seriellen Schnittstelle fest. Die erlaubten Werte liegen bei einem PC zwischen 1 und 4.
Input	Enthält alle eingetroffenen, aber noch nicht gelesenen Zeichen.
InputLen	Legt fest, wie viele Zeichen bei einem Lesezugriff auf die Input-Eigenschaft gelesen werden sollen.
Output	Enthält die Zeichen, die über die serielle Schnittstelle ausgegeben werden sollen.
PortOpen	Öffnet und schließt die serielle Schnittstelle, deren Nummer zuvor der *CommPort*-Eigenschaft zugewiesen wurde.
Rtreshold	Legt die Anzahl der Zeichen fest, die eintreffen müssen, bis ein entsprechendes *CommEvent*-Ereignis erzeugt wird. Die Standardeinstellung ist Null.
Settings	Bestimmt die Kommunikationsparameter Baudrate, Parität, Anzahl der Daten-Bits und Anzahl der Stop-Bits. Wird als eine Zeichenkette im Format »BBBB,P,D,S« angegeben

16.4.4 Die Initialisierung der seriellen Schnittstelle

Bevor Sie auf einen COM-Port zugreifen können, muss dieser initialisiert werden. Initialisierung bedeutet in diesem Zusammenhang, Werte für die Übertragungsgeschwindigkeit, die Anzahl der Stop- und Daten-Bits sowie die Art der Parität festzulegen. Für diese Initialisierung ist die *Settings*-Eigenschaft des MSComm-Steuerelements zuständig. Dieser Eigenschaft werden die Initialisierungsdaten in Form einer Zeichenkette übergeben, die den folgenden allgemeinen Aufbau besitzt:

```
BBBB, P, D, S
```

BBBB steht für die Baudrate, das heißt für die Übertragungsgeschwindigkeit zwischen dem UART und dem DCE (steht für Data Communications Equipment, d.h. das Modem), P für die Parität, D für die Anzahl der Daten-Bits und S für die Anzahl der Stop-Bits. Für die Baudrate sind Werte von 300 bis 19.200 Bit/s möglich, wobei 19.200 sicherlich den gebräuchlichsten Wert darstellen dürften.[9] Für die Parität kommen die Werte »E« (engl. »even«, gerade Parität), »O«

[9] In der Praxis kann die Übertragungsgeschwindigkeit zwischen dem UART und dem Modem (auch DTE-Geschwindigkeit genannt) auch mit einem Maximalwert von 230.000 Bit/s durchgeführt werden. Dieser Wert entspricht aber nicht der tatsächlichen Übertragungsgeschwindigkeit zwischen den beiden Modems, denn diese hängt davon ab, wie viele Zeichen das Modem über die Leitung »jagen« kann.

(engl. »odd«, ungerade Parität) und »N« (engl. »none«, keine Parität) in Frage. In der Regel wird auf die Parität verzichtet, sodass »N« als Standardwert verwendet wird. Für die Anzahl der Daten-Bits sind die Werte 7 und 8 am gebräuchlichsten. Die ebenfalls möglichen Werte 4, 5 und 6 kommen nur sehr selten zur Anwendung. Bliebe noch die Angabe der Stop-Bits zu klären. Hier akzeptiert MSComm die Werte 1, 1,5 und 2, wobei 1 den mit Abstand am gebräuchlichsten Wert darstellt.

Die folgende Zuweisung initialisiert die Schnittstelle COM1 mit den ge-   **Beispiel** bräuchlichsten Werten.

```
ComTest.CommPort = 1
ComTest.Settings = "19200,N,8,1"
```

Diese Anweisung initialisiert das MSComm-Steuerelement mit dem Namen *ComTest* auf einen Wert, der für die meisten Übertragungen verwendet werden kann. Beachten Sie allerdings, dass Ihr Kommunikationspartner stets die gleichen Einstellungen verwenden muss. Viele Kommunikationsprogramme sind inzwischen aber so »intelligent«, dass sie sich automatisch auf die Werte des Partners einstellen, die dieser zu Beginn einer Übertragung übermittelt.

Besitzt ein COM-Port die gewünschten Parameter, kann er über die *PortOpen*-Eigenschaft geöffnet werden. Erhält diese Eigenschaft den Wert *True*, wird der entsprechende Port geöffnet. Durch Zuweisen eines *False*-Werts wird er dagegen wieder geschlossen. Die Nummer des zu öffnenden Ports wird über die *CommPort*-Eigenschaft bestimmt. Da ein Windows-Computer bis zu 255 serielle Schnittstellen unterstützen kann, müssen die in Frage kommenden Werte in diesem Bereich liegen.

```
ComTest.CommPort = 2
ComTest.SettIngs = "9600,N,8,1"
ComTest.PortOpen = True
```

Diese drei Anweisungen initialisieren und öffnen die serielle Schnittstelle mit der Bezeichnung COM2. Jetzt ist der Port geöffnet, und Sie können über die *Output*-Eigenschaft z.B. Zeichen an ein Modem senden:

```
ComTest.Output = "ATI1"
```

Über die *Input*-Eigenschaft steht kurz darauf die Antwort des Modems zur Verfügung.

16.4.5   COM-Port-Fehler abfangen

Natürlich können bereits beim Öffnen eines Ports Fehler auftreten. Zu den häufigsten Fehlern gehört das Öffnen eines bereits offenen oder der Zugriff auf einen noch geschlossenen Port. Um diese und andere

Fehler sicher abfangen zu können, sollten Sie bei allen Zugriffen auf die serielle Schnittstelle unbedingt mit einer *On-Error-GoTo*-Anweisung arbeiten. Auch bei Laufzeitfehlern, die durch einen Zugriff auf die serielle Schnittstelle verursacht werden, erhalten Sie in der *Number*-Eigenschaft des *Err*-Objekts die Fehlernummer und über die *Description*-Eigenschaft einen Fehlertext zurück. Ist *Number=0*, konnte MS-Comm die Verbindung erfolgreich herstellen und die Kommunikation kann beginnen.

16.4.6 Ausgaben über die serielle Schnittstelle

Wurde die serielle Schnittstelle erfolgreich initialisiert, kann es sofort mit der Übertragung losgehen. Um eine Zeichenfolge über die serielle Schnittstelle übertragen zu können, muss dieser die *Output*-Eigenschaft zugewiesen werden.

Beispiel
```
ComTest.Output = "Ready"
```

Diese Anweisung sendet den Text »Ready« über die serielle Schnittstelle an ein angeschlossenes Modem oder direkt an einen anderen PC.

Sowohl die Ausgabe als auch die Eingabe wird über einen internen Puffer abgewickelt, dessen Standardgröße 512 Byte beträgt. Über die *OutBufferSize*-Eigenschaft kann dieser Wert vergrößert werden, wenn während der Übertragung ein Überlauffehler auftreten sollte. Die Anzahl der noch im Ausgabepuffer befindlichen Zeichen wird über die *OutBufferCount*-Eigenschaft abgefragt. Durch Setzen dieser Eigenschaft auf Null wird der interne Ausgabepuffer gelöscht. Für einfache Beispielprogramme spielen aber beide Eigenschaften keine Rolle.

16.4.7 Eingaben über die serielle Schnittstelle

Genauso einfach wie die Ausgabe wird auch die Eingabe durchgeführt. Alle an die serielle Schnittstelle gesendeten Zeichen werden in einem internen Puffer abgelegt und stehen über die *Input*-Eigenschaft zur Verfügung.

```
txtTextfeld.SelText = ComTest.Input
```

Beachten Sie, dass das Lesen dieser Eigenschaft die Zeichen gleichzeitig aus dem Eingangspuffer entfernt, Sie können ein eingetroffenes Zeichen daher nur einmal lesen. Beachten Sie ferner, dass Sie über die *InputLen*-Eigenschaft festlegen können, wie viele Zeichen bei einem Lesezugriff auf die *Input*-Eigenschaft aus dem Puffer übergeben werden. Normalerweise besitzt diese Eigenschaft den Wert Null, sodass bei einem Lesezugriff sämtliche Zeichen übergeben werden.

Wie beim Ausgabepuffer kann auch die Größe des Eingabepuffers variiert werden. Die dafür zuständige Eigenschaft lautet entsprechend *InBufferSize*. Über die *InBufferCount*-Eigenschaft erfahren Sie, wie viele Zeichen sich noch im Eingabepuffer befinden. Durch Setzen dieser Eigenschaft auf Null werden der Eingabepuffer und damit alle noch nicht gelesenen Zeichen gelöscht.

Das folgende Beispiel zeigt die einfachste Form der Kommunikation **Beispiel** zwischen einem PC und einem Modem.

```
Sub cmdModemStart_Click ()
    On Error GoTo CommFehler       ' Laufzeitfehler abfangen
    Dim Eingabe As String
    ComTest.CommPort = 1           ' COM1 auswählen
    ComTest.SettIngs = "19200, N, 8, 1" ' Parameter einstellen
    ComTest.InputLen = 0                 ' Alle Zeichen lesen
    ComTest.PortOpen = True              ' COM1 öffnen
    ComTest.Output = "ATZ" & vbCr        ' Modem-Reset
    Do
        DoEvents                         ' Ereignis bearbeiten
        Eingabe = ComTest.Input          ' Eingabe über Modem
        AusgabeBox.Print Eingabe    ' Eingabe wieder ausgeben
    Loop Until Right(Eingabe, 1) = vbLf
    ComTest.PortOpen = False             ' COM1 schließen
Ende:
    Exit Sub
CommFehler:
    MsgBox Prompt:=Err.Description & " (" & Err.Number & ")", _
    vbExclamation, "Laufzeitfehler"
    ComTest.PortOpen = False
    Resume Ende
End Sub
```

Diese kleine Routine stellt das wohl einfachste Kommunikationsprogramm dar, das sich über das MSComm-Steuerelement realisieren lässt. Wie im letzten Abschnitt besprochen wurde, wird der COM-Port als erstes initialisiert. Da die Datenübertragung diesmal über ein Modem stattfinden soll, wird dieses zunächst über das AT-Kommando (mehr dazu später) *ATZ* des Modems initialisiert (zwingend notwendig ist dies allerdings nicht). In der folgenden *Do*-Schleife werden so lange Zeichen aus dem Eingabepuffer gelesen und ausgegeben, bis das Zeichen mit dem ASCII-Code *vbLf* (10) auftaucht, das heißt, bis das Ende einer Zeile erreicht ist. Zum Schluss wird der COM-Port wieder geschlossen. Eine Fehlerbehandlungsroutine, die im Falle eines Laufzeitfehlers den Fehlertext ausgibt und die Prozedur anschließend verlässt, rundet das kleine Programm ab.

16.4.8 Ereignisgesteuerte Datenübertragung

Wie soll man auf die von einem Modem oder einem anderen PC in unregelmäßigen Abständen eintreffenden Zeichen reagieren? Denkbar wäre es, wie im letzten Abschnitt gezeigt, in einer *Do*-Schleife so lange alle Zeichen aus dem Eingabepuffer auszulesen, bis das Ende der Übertragung durch ein spezielles Steuerzeichen signalisiert wird.

```
Do
    DoEvents
    Eingabe = ComTest.Input
Loop While Instr(Eingabe, Chr(26)) = 0
```

In diesem (fiktiven) Beispiel wird das Einlesen von Zeichen so lange wiederholt, bis irgendwann das Steuerzeichen mit dem ASCII-Code 26 (^Z) auftaucht, welches in diesem Fall das Ende der Dateiübertragung signalisieren soll. Doch obwohl die *Do*-Schleife über eine *DoEvents*-Anweisung verfügt und damit anderen Ereignissen die Gelegenheit gibt, ausgewertet zu werden, ist dieses Verfahren äußerst unpraktikabel. Nicht nur, dass alle Abfragen der eintreffenden Zeichen innerhalb einer *Do*-Schleife stattfinden müßten, der gesamte Programmaufbau würde durch diese Polling-Technik ungünstig beeinflusst.

16.4.9 Das OnComm-Ereignis

Zum Glück verfügt das MSComm-Steuerelement über eine extrem leistungsfähige Ereignisprozedur mit dem Namen *OnComm*. Dieses Ereignis, es ist übrigens das einzige, auf das das MSComm-Steuerelement reagieren kann, wird immer dann aufgerufen, wenn ein die serielle Schnittstelle betreffendes Ereignis eingetreten ist. Doch wie erfährt man, um welches Ereignis es sich handelt? Auch das ist einfach, denn die Eigenschaft enthält in diesem Fall eine Nummer, die für ein bestimmtes Ereignis oder einen bestimmten Fehler steht.

```
Sub comTest_OnComm ()
    Select Case comTest.CommEvent
        Case comBreak        ' Break-Zeichen eingetroffen
          ' Anweisungen
        Case comCTSTO        ' CTS-Timeout
          ' Anweisungen
        Case comERRxParity   ' Paritätsfehler
          ' Anweisungen
        Case comEVCts        ' Änderung der CTS-Leitung
          ' Anweisungen
        Case comEVReceive    ' Zeichen eingetroffen
          usw.
```

Für jedes mögliche Ereignis und für jeden möglichen Fehler existiert eine eigene Nummer, die über eine *Select-Case*-Anweisung abgefragt werden kann. Die etwas merkwürdig anmutenden Konstanten sind bereits in Visual Basic definiert.

Um die Bedeutung der einzelnen Konstanten besser verstehen zu können, sollten Sie sich auf alle Fälle das Beispielprogramm VBTerm zu Gemüte führen, das sich im Unterverzeichnis \Samples\Comptools\Mscomm auf der Visual-Basic-CD-ROM befindet. Hierbei handelt es sich um ein kleines Terminalprogramm, das mit Hilfe von MSComm realisiert wurde.

Wenn Sie sowohl das Warten auf Zeichen in einer Do-Schleife als auch den ereignisgesteuerten Empfang kombinieren, sollten Sie in der Do-Schleife kein DoEvents einbauen, da in diesem Fall das Eintreffen eines Zeichens gleichzeitig zu einem OnComm-Ereignis führt und die Do-Schleife dank DoEvents verlassen wird.

16.4.10 Die RThreshold-Eigenschaft

Das wohl wichtigste Ereignis, auf das MSComm reagieren kann, ist *comEvReceive*, denn es wird immer dann aufgerufen, wenn ein Zeichen über die serielle Schnittstelle eingetroffen ist. Voraussetzung ist allerdings, dass die *RThreshold*-Eigenschaft einen Wert größer Null besitzt. Diese Eigenschaft legt nämlich fest, wie viele Zeichen eintreffen müssen, damit das obige Ereignis ausgelöst wird. Da die Standardeinstellung dieser Eigenschaft Null beträgt, können Sie ewig warten, bis ein *comEvReceive*-Ereignis eintritt. Setzen Sie diese Eigenschaft daher auf den Wert 1, damit ein einzelnes Zeichen das Ereignis auslösen kann. Entsprechend legt die *SThreshold*-Eigenschaft die Anzahl der Zeichen fest, die sich im Ausgabepuffer befinden müssen, damit ein *commEV_Send*-Ereignis ausgelöst wird. Auch hier beträgt die Voreinstellung Null, was dazu führt, dass ein Übertragen eines Zeichens in den Ausgabepuffer nicht zu einem *OnComm*-Ereignis führt. Allerdings gibt es eine subtile Kleinigkeit zu beachten: Dieses Ereignis wird ausgelöst, wenn die festgelegte Zahl nach dem Versenden von Zeichen erreicht wird. Befinden sich drei Zeichen im Ausgabepuffer und beträgt der Wert von *SThreshold* 1, müssen zwei Zeichen verschickt werden, damit das Ereignis ausgelöst wird. Das *comEV_Send*-Ereignis wird in der Praxis aber nur selten benötigt.

Damit das Eintreffen von Zeichen zu einem OnComm-Ereignis führt, muss die RThreshold-Eigenschaft einen Wert größer Null (Anzahl an Zeichen, die zum Auslösen des Ereignisse führen) besitzen. **Merksatz**

Als abschließendes Beispiel soll ein kleines »Terminalprogramm« (allerdings ohne eine echte Terminalemulation) vorgestellt werden, das die Verbindung zweier PCs über die serielle Schnittstelle erlaubt. Zwar können Sie mit diesem Programm nur einfache Zeichen hin- und her- **Übung 16.2: Ein kleines Terminalprogramm**

schicken (es geht in erster Linie um das Prinzip), es ist aber nicht weiter schwer, das Programm etwa um ein XModem-Protokoll für den Dateitransfer oder (unter Verwendung von PDQComm) auch um eine ANSI- oder VT100-Terminalemulation zu erweitern. Um mit dem Mini-Terminal-Programm via Modem auf eine Mailbox zugreifen zu können, sind im Prinzip keine Erweiterungen erforderlich, denn Sie können direkt den ATDP- oder ATDT-Befehl zur Anwahl der Mailbox in das Textfenster eintippen. Der Rest läuft dann von alleine. Ohne Terminalemulation (die meisten Mailboxen bieten ANSI) und einer Möglichkeit zum File-Transfer hat das Ganze aber wenig Sinn.

Wer ein richtiges Terminalprogramm entwickeln oder mit minimalem Aufwand Mailboxen ansteuern möchte, sollte in jedem Fall auf ein Add-On wie das bereits mehrfach erwähnte PDQComm (Info unter http://crescent.progress.com/pdqcomm.html), zurückgreifen. Die Anschaffung lohnt sich bereits wegen der zusätzlichen Terminalunterstützung, der leistungsfähigen Protokolle und der Unterstützung für Modemskripts.

Abbildung 16.2: So sollte das Formular des Beispielprogramms der Übung zur Entwurfszeit aussehen.

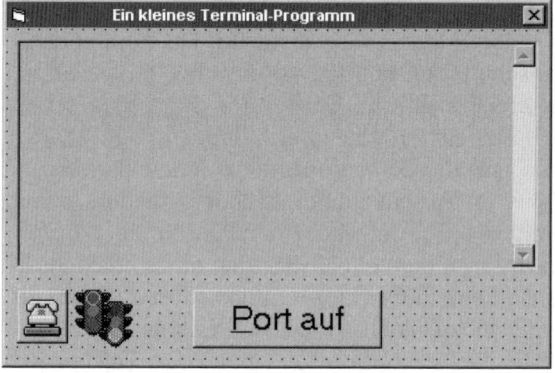

Wie funktioniert's?

Vom Prinzip her ist dieses Terminalprogramm denkbar einfach. Als erstes muss innerhalb von *Form_Load* der COM-Port initialisiert werden:

```
txtÜbertragung.Enabled = False
cmdTerminal.Visible = True
mscTest.CommPort = 2
mscTest.Settings = "9600,N,8,1"
```

Um das Programm möglichst einfach zu halten, wird mit festen Schnittstellenparametern gearbeitet. Das Textfeld ist zunächst deaktiviert, es wird erst aktiviert, nachdem der andere PC seine Bereitschaft signalisiert hat, was in diesem Fall über ein Chr(19)-Zeichen geschieht:

```
Private Sub mscTest_OnComm()
   Dim EreignisMeldung As String, FehlerMeldung As String
   ' ...
   Select Case mscTest.CommEvent
    Case comEvReceive
     If PortAktivModus Then Eingang = mscTest.Input
        ' XON empfangen und Übertragung ermöglichen
     If Eingang = Chr(19) Then
        txtÜbertragung.Enabled = True
        If PortAktivModus Then mscTest.InBufferCount = 0
           Eingang = ""
        End If
     End If
     ' XOFF empfangen und Verbindung unterbrechen
     If Eingang = Chr(17) Then
        cmdTerminal.Caption = "Terminalübertragung starten"
        txtÜbertragung.Enabled = False
        mscTest.PortOpen = False
        PortAktivModus = False
```

Immer, wenn ein Zeichen vom Sender-PC verschickt wird, löst dieses dann bei dem Empfänger-PC das *OnComm*-Ereignis aus. Über die *CommEvent*-Eigenschaft erfolgt sowohl die Verarbeitung der eingetroffenen Zeichen als auch die Fehlerbehandlung. Besitzt die Eigenschaft den Wert *comEV_RECEIVE*, wird das angekommene Zeichen der Variablen *Eingang* zugewiesen, wo es dann der Prozedur *Zeichen-Ausgeben* übergeben wird, die es, nach einer Filterung, der *SelText*-Eigenschaft des Textfeldes zuweist. Entsprechend signalisiert der andere PC über ein Chr(17)-Zeichen das Ende der Übertragung, woraufhin das Textfeld wieder deaktiviert wird.

Für die Übertragung eines Zeichens ist (natürlich) das *KeyPress*-Ereignis des Textfeldes zuständig.

```
Private Sub txtÜbertragung_KeyPress(KeyAscii As Integer)
    If mscTest.PortOpen Then
       mscTest.Output = Chr(KeyAscii)
       If Not Echo Then KeyAscii = 0
    End If
End Sub
```

Nur, wenn die *Echo*-Option gesetzt wird, wird ein übertragenes Zeichen auch im eigenen Textfeld angezeigt. In dem Beispielprogramm ist der Sender nämlich zugleich auch Empfänger und umgekehrt. Es können also gleichzeitig Zeichen abgeschickt und empfangen werden.

Im Grunde hat es wenig Sinn, ein eigenes Beispielprogramm vorzustellen, denn das Visual Basic beigefügte Programm *VBTerm* im Verzeichnis \Samples\Comptools\Mscomm ist zum Kennen lernen des MSComm-Steuerelements hervorragend geeignet. Sie können (oder besser sollten) es als Grundlage für Eigenentwicklungen verwenden.

Mit seiner Hilfe können Sie auch Mailboxen anwählen (z. B. die Vobis-Mailbox unter Tel. 02405/94047), wobei auch hier die fehlende ANSI-Emulation das Ganze auf jene Mailboxen beschränkt, die auch einen Nicht-ANSI-Modus bieten.[10]

Abbildung 16.3:
Zu »Besuch« in
der Vobis-Mail-
box mit VBTerm.

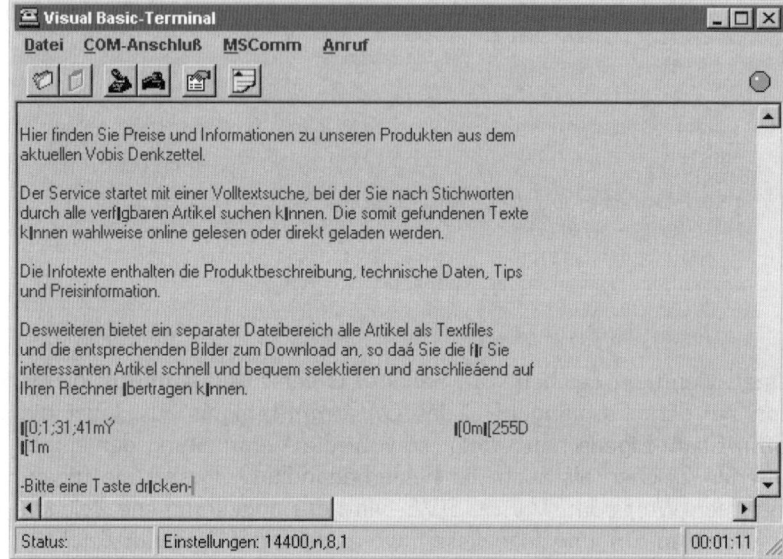

Ein Wort zu ISDN

Mit ISDN funktioniert das Ganze leider nicht, denn hier ist eine gänzlich andere Form der Kommunikation im Spiel. Wer die Verbindung über ISDN durchführen möchte, muss direkt auf die Funktionen der CAPI-Schnittstelle zugreifen. Einfacher geht es in jedem Fall mit Hilfe eines Add-Ons, das diese Funktion in einem Zusatzsteuerelement verpackt. Es gibt eine Reihe sehr guter ISDN-Toolboxen für Visual Basic, die aber leider nicht ganz preiswert sind.

16.4.11   Die Ansteuerung eines Modems

Im Zeitalter weltweiter Kommunikation soll ein Visual-Basic-Programm natürlich auch in der Lage sein, auf andere Computer über eine Telefonleitung zuzugreifen. Zum Glück ist das Anwählen einer Mailbox und der anschließende Verbindungsaufbau sehr einfach, da diese Dinge vom Modem übernommen werden. Sie müssen lediglich über einen AT-Befehl die Nummer Ihres Kommunikationspartners anwählen und den »Ich bin auf Empfang«-String des Modems am an-

---

[10] Eine Liste von Mailboxen in Ihrer näheren Umgebung finden Sie jeden Monat beispielsweise in der Zeitschrift c't.

deren Ende der Leitung abfragen. Der Rest der Kommunikation verläuft auf die gleiche Weise, als würde diese mit einem PC durchgeführt werden, der mit Ihrem PC, wie in der letzten Übung, über ein serielles Kabel verbunden ist.

Ein Wort zu den AT-Befehlen des Modems

Jedes moderne Modem verfügt über einen eigenen Befehlssatz, der auch als AT-Befehlssatz bezeichnet wird, da alle Befehle mit der Vorsilbe AT beginnen (die Abkürzung steht für »ATtention«, da sie dem Modem mitteilen, dass anschließend keine zu übertragenden Daten folgen, sondern Befehle an das Modem). Eine Übersicht über die AT-Befehle sollten Sie in der Beschreibung Ihres Modems finden. Dank der AT-Befehle wird die Programmierung eines Modems sehr einfach. Um z.B. zu erreichen, dass das Modem die Rufnummer 0211/4792424 per Tonwahl anwählt, muss folgende Zeichenkette an das Modem geschickt werden:

```
ATDT02114792424
```

Mehrere AT-Kommandos in einem Modem-String werden durch ein »|«-Zeichen voneinander getrennt. Erfolgt die Anwahl von einer Nebenstelle aus, sollte man nach der ersten 0 ein Komma einfügen, was eine kurze Verzögerung für das Warten auf das Freizeichen bewirkt. Die Grundeinstellung beträgt 2 Sekunden und kann über das Modemregister S8 auf einen Wert zwischen 0 und 255 eingestellt werden (z.B. *ATS8=5* für 5 Sekunden warten). Die wichtigsten AT-Befehle, die jedes Modem unterstützen sollte, sind in Tabelle 16.12 aufgeführt. Erwähnenswert ist hier vor allem der Befehl *ATZ*, der ein Modem wieder in seinen Ausgangszustand zurücksetzt (Modem-Reset).

Modembefehl	Bedeutung
ATDT	Wählt die folgende Rufnummer per Tonwahl an.
ATDP	Wählt die folgende Rufnummer per Pulswahl an.
ATM0	Schaltet den internen Modemlautsprecher aus.
ATM1	Schaltet den internen Modemlautsprecher ein, bis ein Trägersignal erkannt wird.
ATM2	Schaltet den internen Modemlautsprecher dauerhaft ein.
ATSn?	Gibt den Inhalt des internen Modemregisters n aus (z.B. ATS8?)
ATSn=m	Setzt den Inhalt des internen Modemregisters n auf den Wert m. Besonders interessant sind die Modemregister 6 (Anzahl der Sekunden, die auf ein Freizeichen gewartet wird) und 7 (Anzahl der Sekunden, die auf ein Trägersignal gewartet wird).

Tabelle 16.12: Wichtige AT-Befehle für die Ansteuerung eines Modems.

Modembefehl	Bedeutung
ATZ	Führt einen Reset des Modems durch.
ATA	Schaltet das Modem in den Empfangsmodus.

Die AT-Befehle können Sie mit jedem Terminalprogramm, das die Übertragung über ein an die COM-Schnittstelle angeschlossenes Modem abwickelt, ausprobieren. Um feststellen zu können, ob das Modem aktiv ist, tippen Sie die Befehlsfolge *AT* ein. Das Modem sollte mit einem OK antworten. Dieser String kommt nicht vom Terminalprogramm, sondern wird im Modem erzeugt und über die Schnittstelle an den PC geschickt. Über die *Input*-Eigenschaft des MSComm-Zusatzsteuerelements wird dieser String, genau wie alle anderen Zeichen, die über die Schnittstelle eintreffen, ausgelesen.

Hat das Modem bereits eine Verbindung zu einem anderen Computer hergestellt, muss es über die Zeichenfolge »+++« (die sog. Escape-Sequenz) in den Befehlsmodus geschaltet werden. Über das ATO-Kommando (Buchstabe O) wird es wieder in den Online-Modus gebracht. Soll Ihr Visual-Basic-Programm auf Anrufe reagieren können, muss das Modem über den ATA-Befehl in den Empfangsmodus gebracht werden. Es ist dann in der Lage, auf eintreffende Anrufe zu reagieren und die Verbindung mit dem anrufenden Modem aufzubauen.

Übung 16.3: Anwählen einer Mailbox Das Beispielprogramm der folgenden Übung zeigt, wie über die AT-Befehle des Modems die Verbindung zu einer Mailbox aufgebaut werden kann. Das Beispielprogramm ist bewußt einfach gehalten und soll kein Ersatz für HyperTerminal von Windows 9x sein. In erster Linie geht es darum, das Prinzip der Verständigung zwischen einem Visual-Basic-Programm und dem Modem deutlich zu machen.

Auf der Buch-CD ist das Beispiel in Gestalt der Datei *Terminal.vbp* zu finden.

Wie funktioniert's?

Nach dem Start des Beispielprogramms wird innerhalb von *Form_Load* COM2 mit voreingestellten Parametern initialisiert:

```
comTest.CommPort = 2
comTest.Settings = "19200,N,7,1"
comTest.RThreshold = 1
tmrZeit.Interval = 500
```

Wenn Sie das Programm richtig benutzen möchten, sollten Sie natürlich ein Dialogfeld einbauen, in dem sich die Parameter Windows-konform einstellen lassen, und das (ebenfalls Windows-konform) über die rechte Maustaste geöffnet werden kann. Außerdem wird ein Zeitgeber gestartet, der in regelmäßigen Abständen die *PortOpen*- und die *CD-Holding*-Eigenschaft überwacht, um feststellen zu können, ob der Port geöffnet bzw. das Modem online ist.

Durch Anklicken der *Start*-Schaltfläche wird COM2 geöffnet und das Modem über ein AT-Kommando »aufgeweckt«. Die folgende *Do*-Schleife wird erst dann verlassen, wenn sich das Modem mit OK gemeldet hat oder ein TimeOut-Wert erreicht wurde:

```
comTest.PortOpen = True
comTest.InputLen = 0
comTest.Output = "A"
comTest.Output = "T"
comTest.Output = Chr(13)

Do
    TimeOut = TimeOut + 1
    If TimeOut > 100000 Then
     comTest.PortOpen = False
     MsgBox Prompt:="Zeitüberschreitung beim Modem", _
     vbExclamation, "Modemproblem"
     Exit Sub
    End If
    Eingabe = comTest.Input
Loop Until InStr(Eingabe, "OK")
```

Bei diesem Beispiel gibt es zwei Besonderheiten zu beachten. Zum einen muss das AT-Kommando an das Modem zeichenweise geschickt werden. Ob dies eine Eigenheit des Modems (in diesem Fall ein Zyxel 1496E) ist, oder generell der Fall ist, konnte leider nicht festgestellt werden.[11] Zum anderen echot das Modem das gesendete Kommando normalerweise wieder zurück, sodass es über die *Input*-Eigenschaft wieder eingelesen wird. Über das Modemkommando *ATE0* wird das Echo von ausgeführten Kommandos unterdrückt. Das bedeutet aber auch, dass eingetippte AT-Kommandos im Textfeld nur dann angezeigt werden, wenn sie in der *KeyPress*-Prozedur des Textfeldes nicht über *KeyAscii=0* »vernichtet« werden. Sollten Sie bei dem Beispielprogramm nach Anklicken der *Start*-Schaltfläche häufiger (oder ständig) einen Timeout feststellen, kann eine kleine *For-Next*-Zeitschleife nach der Ausgabe eines einzelnen Zeichens an das Modem unter Umständen das Problem beseitigen.

Damit die vom Modem gesendeten Zeichen auch in dem Textfeld erscheinen, wird von dem *OnComm*-Ereignis Gebrauch gemacht. Neben zahlreichen Fehlerbedingungen wird hier vor allem das *comEvRe-*

---

[11] Zumindest war es trotz vergeblicher Bemühungen nicht möglich, ein AT-Kommando als Ganzes zu schicken.

ceive-Ereignis abgefragt, das immer dann erscheint, wenn ein Zeichen vom Modem im Eingabepuffer erschienen ist. Damit Sonderzeichen wie CarriageReturn oder Backspace, die vom Modem verstanden werden, keine Sonderzeichen erzeugen, werden sie im Textfeld nicht dargestellt:

```
Case comEvReceive
    Zeichen = comTest.Input
    If Not (Zeichen = vbCr Or Zeichen = vbLf Or Zeichen = _
    vbBack) Then
        txtTextfeld.SelText = Zeichen
    End If
```

:-)
TIP

Wie lässt sich feststellen, ob das Modem online ist? Entweder durch einen direkten Zugriff auf das Bit Nr. 6 des Registers Nr. 7 im UART oder (ein wenig einfacher) über die CDHolding-Eigenschaft, die den Zustand der Carrier-Detect-Leitung enthält. Indem diese Eigenschaft regelmäßig über einen Zeitgeber abgefragt wird, lässt sich der Zustand des Modems überwachen.

16.5   Der Zugriff auf das Netzwerk

Bitte lassen Sie sich von der Überschrift nicht irritieren. Der Zugriff auf das Netzwerk bedeutet in diesem Zusammenhang nicht das Übertragen von Informationen über das Netzwerk, denn dies wird unter Windows über die normalen Dateizugriffsfunktionen bzw. ganz normal durch Zugriff über die (DCOM-)Schnittstellen eines Objekts, das auf einem anderen PC registriert ist, abgewickelt. Er bedeutet lediglich das Einrichten oder Trennen von Netzwerkverbindungen oder das Abfragen von Netzwerkinformationen, wie zum Beispiel den aktuellen Benutzernamen oder die bereits eingerichteten Netzwerklaufwerke, über eine Reihe einfach zu handhabender API-Funktionen (aus der DLL mit dem Namen *Mpr.dll*) und die von Windows dafür zur Verfügung gestellten Standarddialogfelder. Relativ unspektakuläre Dinge, die manchmal, wie es eben so ist, unverzichtbar sind.

Beispiel Das folgende Beispiel zeigt, wie sich mit Hilfe der API-Funktion *WNet-GetUser* der Name des aktuell eingeloggten Benutzers feststellen lässt.

```
Option Explicit

Private Declare Function WNetGetUser Lib "mpr" Alias _
"WNetGetUserA" (ByVal lpName As String, ByVal lpUserName _
As String, lpnLength As Long) As Long
```

```
Private Sub cmdStart_Click()
    Dim RetVal As Long
    Dim NamenPuffer As String
    NamenPuffer = Space(256)
    RetVal = WNetGetUser(vbNullString, NamenPuffer, _
    Len(NamenPuffer))
    MsgBox Prompt:=NamenPuffer
End Sub
```

Der Funktion *WNetGetUser* müssen drei Argumente übergeben werden. Das erste Argument ist eine Stringvariable, die den Namen des Netzwerks enthält. Wird hier ein Nullzeiger übergeben, wird das Standardnetzwerk verwendet. Das zweite Argument ist ebenfalls eine Stringvariable, in die der Name des Benutzers eingetragen wird. Das dritte Argument steht für die Länge der zweiten Stringvariablen. Konnte die Funktion nicht erfolgreich ausgeführt werden, wird ein Fehlercode zurückgegeben (z.B. *ERROR_NO_NETWORK*). Ansonsten der Wert *NO_ERROR*.

Funktion	Bedeutung
WnetAddConnection	Fügt eine Netzwerkverbindung hinzu.
WnetCancelConnection	Entfernt eine Netzwerkverbindung.
WnetGetConnection	Listet alle Netzwerkverbindungen auf.
WNetRestoreConnection	Stellt eine Netzwerkverbindung nach dem Neustart des Systems automatisch wieder her.
WNetBrowseDialog	Öffnet das Dialogfeld zur Auswahl einer Netzwerkverbindung.
WNetConnectDialog	Öffnet das Dialogfeld zum Herstellen einer Netzwerkverbindung.
WnetDisconnectDialog	Öffnet das Dialogfeld zum Beenden einer Netzwerkverbindung.
WnetGetUser	Ermittelt Informationen über einen Benutzer.

*Tabelle 16.13:
API-Funktionen
für das Abfragen
von Netzwerk-
informationen.*

16.6 Datenaustausch zwischen Applikationen

Windows ist seit der ersten Version ein Multitasking-System, in dem mehrere Anwendungen »gleichzeitig« ausgeführt werden können. Eine Grundvoraussetzung in einem solchen System ist, dass diese Anwendungen Daten austauschen und miteinander kommunizieren können. Visual Basic bietet dazu eine Reihe sehr unterschiedlicher Mechanismen an:

■→ Die *SendKeys-Methode*

■→ Die Zwischenablage

■→ Das Dynamic Data Exchange (DDE)

■→ Zugriff über COM-Automation[12]

■→ Das Senden von Nachrichten über die API-Funktionen
PostMessage und *SendMessage*

■→ Die Nutzung gemeinsamer Speicherbereiche.

In diesem Kapitel werden lediglich die ersten beiden Themen kurz angesprochen. Das Thema »DDE« hat mit dem Zugriff auf die COM-Schnittstellen (mehr dazu in Kapitel 21) deutlich an Bedeutung verloren hat. Einer der wenigen Bereiche, in denen DDE noch eine gewisse Berechtigung besitzt, ist die Steuerung von Microsoft Access 2, das noch keine entsprechenden COM-Schnittstellen besitzt. Das Senden (oder besser »Posten«) von Nachrichten ist, genau wie die gemeinsame Nutzung von Speicherbereichen, ein echtes Profithema, das zudem gute Kenntnisse der Windows-API und des internen Aufbaus von Windows voraussetzt. Da es nur in sehr wenigen Situationen überhaupt sinnvoll sein dürfte, wird es in diesem Buch nicht besprochen.

16.6.1 Die SendKeys-Methode

Die *SendKeys*-Anweisung sendet einem anderen Fenster Tastaturcodes und bewirkt damit das gleiche, als wenn die entsprechenden Tasten in dem Fenster über die Tastatur eingegeben worden wären. Mit Hilfe der *SendKeys-Methode* lassen sich Anwendungen wie »von Geisterhand« fernsteuern.

Syntax `SendKeys Zeichenkette[, Warten]`

Der Parameter *Zeichenkette* enthält die zu sendenden Tasten in kodierter Form. Über den Boolean-Parameter *Warten* wird festgelegt, ob die aktuelle Anwendung warten soll, bis die Tastencodes vom Empfänger verarbeitet wurden (*True*) oder das Programm unmittelbar nach der *SendKeys-Methode* fortgesetzt wird (*False*).

Für die Kodierung der zu sendenden Tasten gibt es eine spezielle Syntax, wenn es um Sondertasten oder Tastenkombinationen geht (Tabelle 16.14).

---

[12] Hier sprechen wir übrigens wieder vom Component Object Model.

Taste	Zeichencode
(←)	{BS}
(Entf)	{DEL}
(↓)	{DOWN}
(↵)	{ENTER} oder ~
(Esc)	{ESC}
(⇥)	{TAB}
(F1), (F2) usw.	{F1}, {F2} usw.
(⇧)	+
(Strg)	∧
(Alt)	%

Tabelle 16.14:
Die wichtigsten
Tastencodes der
SendKeys-
Methode.

Die folgenden Anweisungen starten das Programm *Notepad.exe*, tra- **Beispiel**
gen die Zeichenfolge »ABC« in das Programmfenster ein, speichern
das Ganze in der Datei *Test.dat* ab und beenden Notepad wieder:

```
Private RetVal As Long
RetVal = Shell("Notepad.exe", vbNormalFocus)
SendKeys "ABC", True
SendKeys "%DS", True
SendKeys "Test.txt", True
SendKeys "%S", True
SendKeys "%{F4}", True  starten und ein paar Zeichen senden
```

*Soll eines der Spezialzeichen »+«, »∧«, »%«, »~« oder die runden,
eckigen und geschweiften Klammern mit SendKeys gesendet werden, müssen diese in geschweifte Klammern gesetzt werden.*

*Die SendKeys-Methode kann einer DOS-Anwendung, die in der
MS-DOS-Eingabeaufforderung im Vollbildmodus läuft, im Allgemeinen keine Tasten senden.*

16.6.2   Der Zugriff auf die Zwischenablage

Zu dem Thema »Datenaustausch mit anderen Anwendungen« gehört
auch der Zugriff auf die Zwischenablage. Die Zwischenablage ist eine
interne Ablage für Text, Grafik oder allgemein OLE-Dokumentobjekte.
Die meisten Benutzer erwarten, dass mit einem Visual-Basic-Programm, sofern es sinnvoll ist, über Tastenkombinationen wie
((Strg)+(Einfg)) oder ((⇧)+(Einfg)) Texte in andere Programme
transferiert werden können, oder dass die rechte Maustaste ein Kon-

textmenü mit Befehlen wie EINFÜGEN, MARKIEREN oder KOPIEREN bietet. Diese Funktionalität steht nicht immer automatisch zur Verfügung, sondern muss in einigen Fällen im Programm implementiert werden. Zum Glück ist der Zugriff auf die Zwischenablage sehr einfach, denn dafür steht in Visual Basic das globale *Clipboard*-Objekt mit seinen Methoden zur Verfügung.

Merksatz *Alle Zugriffe auf die Zwischenablage erfolgen in einem Visual-Basic-Programm über das Clipboard-Objekt und seine sechs Methoden.*

Die Methoden des Clipboard-Objekts

Tabelle 16.15:
Die Methoden
des Clipboard-
Objekts.

Methode	Syntax	Bedeutung
Clear	Clear	Löscht den aktuellen Inhalt der Zwischenablage.
GetData	GetData(Format)	Holt eine Grafik aus der Zwischenablage.
GetFormat	GetFormat (Format)	Stellt fest, ob die Zwischenablage ein Element des angegebenen Formats enthält.
GetText	GetText (Format)	Holt Text aus der Zwischenablage.
SetData	SetData Daten, Format	Überträgt Grafik im angegebenen Format in die Zwischenablage.
SetText	SetText Daten, Format	Überträgt Text im angegebenen Format in die Zwischenablage.

Übersicht über die einzelnen Formate und ihre Konstanten

Tabelle 16.16:
Konstanten, die
für den Zugriff
auf das Clip-
board-Objekt
von Bedeutung
sind.

Wert	Konstante	Bedeutung
HBF00	*vbCFLINK*	DDE-Verknüpfung
1	*vbCFText*	Text
2	*vbCFBitmap*	Bitmap im BMP-Format
3	*vbCFMetaFile*	Bitmap im WMF-Format
8	*vbCFDIB*	Bitmap im DIB-Format (geräteunabhängige Bitmap)
9	*vbCFPalette*	Farbpalette

Das Besondere an der Zwischenablage ist, dass bei jedem Zugriff das Format angegeben werden muss. Die Zwischenablage kann bekanntlich zu einem Zeitpunkt mehrere Objekte verschiedener Formate enthalten, nicht aber mehrere Objekte des gleichen Formats. Wenn Sie zweimal nacheinander Text in die Zwischenablage übertragen, wird beim zweiten Zugriff der bereits abgelegte Text überschrieben. Es ist aber ohne weiteres möglich, Text und Grafik gleichzeitig zu speichern.

In der folgenden Übung werden am Beispiel eines Textfeldes die wichtigsten Anweisungen aus dem BEARBEITEN-Menü eines typischen Texteditors à la Notepad implementiert. Der Aufbau des BEARBEITEN-Menüs ist in Bild 16.4 zu sehen.

Übung 16.4: Die Befehle des Bearbeiten-Menüs implementieren

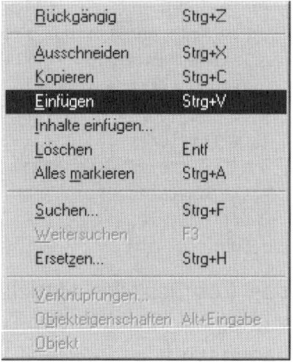

Abbildung 16.4: Der typische Aufbau eines Bearbeiten-Menüs.

Die Implementierung des AUSSCHNEIDEN-Befehls

```
Private Sub mnuAusschneiden_Click()
    Dim Temp As String, TextMarkePosition As Integer
    Clipboard.SetText txtTextfeld.SelText, vbCFText
    TextMarkePosition = txtTextfeld.SelStart
    Temp = Left(txtTextfeld.Text, TextMarkePosition)
    Temp = Temp & Right(txtTextfeld.Text, _
    Len(txtTextfeld.Text) - (txtTextfeld.SelStart + _
    txtTextfeld.SelLength))
    txtTextfeld.Text = Temp
    txtTextfeld.SelStart = TextMarkePosition
End Sub
```

Das Ausschneiden bedeutet, den aktuell ausgewählten Text über die *SetText*-Methode in die Zwischenablage zu übertragen und diesen anschließend aus der *Text*-Eigenschaft herauszutrennen.

Die Implementierung des KOPIEREN-Befehls

```
Private Sub mnuKopieren_Click()
    Clipboard.SetText txtTextfeld.SelText, vbCFText
End Sub
```

Zum Kopieren des aktuell selektierten Textes genügt ein Aufruf der *SetText*-Methode.

Die Implementierung des EINFÜGEN-Befehls

```
Private Sub mnuEinfügen_Click()
    txtTextfeld.SelText = Clipboard.GetText(vbCFText)
End Sub
```

Das Einfügen des Textes bedeutet einen Aufruf der *GetText*-Methode. Durch Zuweisen an die *SelText*-Eigenschaft wird dieser an der aktuellen Textmarke eingefügt, wobei der aktuell selektierte Text automatisch überschrieben wird.

Die Implementierung des LÖSCHEN-Befehls

```
Private Sub mnuLöschen_Click()
    Dim Temp As String, TextMarkePosition As Integer
    TextMarkePosition = txtTextfeld.SelStart
    Temp = Left(txtTextfeld.Text, TextMarkePosition)
    Temp = Temp & Right(txtTextfeld.Text, _
    Len(txtTextfeld.Text) - (txtTextfeld.SelStart + _
    txtTextfeld.SelLength))
    txtTextfeld.Text = Temp
    txtTextfeld.SelStart = TextMarkePosition
End Sub
```

Das Löschen des aktuell ausgewählten Textes entspricht dem Ausschneiden, nur dass der Text diesmal nicht in die Zwischenablage übertragen wird.

Die Implementierung des ALLES-MARKIEREN-Befehls

```
Private Sub mnuAllesMarkieren_Click()
    txtTextfeld.SelStart = 0
    txtTextfeld.SelLength = Len(txtTextfeld.Text)
End Sub
```

Um den gesamten Text zu markieren, muss lediglich die *SelLength*-Eigenschaft die Länge des Textes erhalten.

Die Implementierung des ZWISCHENABLAGE-LEEREN-Befehls

```
Private Sub mnuZwischenablageLeeren_Click()
    Clipboard.Clear
End Sub
```

Der Vollständigkeit halber, und damit Sie für Ihren eigenen Texteditor alle Routinen direkt übernehmen können, wird auch die Ereignisprozedur *mnuBearbeiten_Click* aufgeführt, die beim Öffnen des BEARBEITEN-Menüs ausgeführt wird. Hier kommt es lediglich darauf an, nur jene Menüeinträge freizugeben, die, bezogen auf den aktuellen Inhalt der Zwischenablage, einen Sinn ergeben:

```
Private Sub mnuBearbeiten_Click()
'Zunächst einmal alle Befehle deaktivieren
    mnuEinfügen.Enabled = False
    mnuAusschneiden.Enabled = False
    mnuKopieren.Enabled = False
    mnuLöschen.Enabled = False
    If Clipboard.GetFormat(vbCFText) = True Then
       mnuEinfügen.Enabled = True
       mnuZwischenablageLeeren.Enabled = True
    Else
       mnuZwischenablageLeeren.Enabled = False
    End If

' Ist Text in der Zwischenablage enthalten?
    If Clipboard.GetFormat(vbCFText) = True And TypeOf _
    Screen.ActiveControl Is TextBox Then
       mnuEinfügen.Enabled = True
       mnuZwischenablageLeeren.Enabled = True
    End If

' Wurde Text markiert?
    If txtTextfeld.SelText <> "" Then
       mnuKopieren.Enabled = True
       mnuAusschneiden.Enabled = True
       mnuLöschen.Enabled = True
    End If
End Sub
```

*Über die API-Funktion SendMessage können Sie die Standard-
befehle im Bearbeiten-Menü, wie AUSSCHNEIDEN, KOPIEREN, EINFÜ-
GEN und LÖSCHEN, für ein Textfeld etwas einfacher implementieren, indem Sie einem Textfeld eine entsprechende Aufforderung in
Gestalt einer Nachricht, wie z. B. »Füge den Inhalt der Zwischenablage ein« (repräsentiert durch eine Zahlenkonstante), schicken:*

`:-)`
`TIP`

```
Const WM_CUT = &H300
Const WM_COPY = &H301
Const WM_PASTE = &H302
Const WM_CLEAR = &H303

Sub txtEingabe_Ausschneiden()
    Dim RetVal As Long
    RetVal = SendMessage(txtEingabe.hwnd, WM_CUT, 0, 0&)
End Sub

Sub txtEingabe_Kopieren()
    Dim RetVal As Long
    RetVal = SendMessage(txtEingabe.hwnd, WM_COPY, 0, 0&)
End Sub

Sub txtEingabe_Einfügen()
```

```
    Dim RetVal As Long
    RetVal = SendMessage(txtEingabe.hwnd, WM_PASTE, 0, 0&)
End Sub

Sub txtEingabe_Löschen()
    Dim RetVal As Long
    RetVal = SendMessage(txtEingabe.hwnd, WM_CLEAR, 0, 0&)
End Sub
```

Ganz vermeiden lässt sich ein Zugriff auf das *Clipboard*-Objekt aber nicht, denn genau wie in dem Beispielprogramm aus Übung 16.4 sollten die einzelnen Menüs nur dann angeboten werden, wenn in der Zwischenablage ein Textobjekt enthalten ist. Mehr über die *SendMessage*-Funktion im speziellen und den Aufruf von API-Funktion im Allgemeinen erfahren Sie in Kapitel 15.

16.7 Ein wenig Toolhelp

Bei *Toolhelp* handelt es sich um eine DLL, die es schon seit den Tagen von Windows 3.0 gibt, und die Windows-Programmierern dabei behilflich sein sollte, auf einige Interna von Windows, wie z.B. die Liste aller Tasks, in »zivilisierter« Manier zuzugreifen. Auch wenn die insgesamt zwölf Toolhelp-Funktionen, die in der 32-Bit-Version Teil von *Kernel32.dll* sind, teilweise sehr spezieller Natur sind, sind einige auch für Visual-Basic-Programmierer interessant. Mit ihrer Hilfe können Sie z.B. eine Liste aller aktiven Prozesse erstellen oder einen Prozess sauber beenden. Letzteres kann immer dann interessant sein, wenn ein Komponenten-Server (z.B. Excel) nicht korrekt beendet wurde und jetzt im Speicher »hängt«. Anstatt die Funktionen im einzelnen zu beschreiben, werden sie im Folgenden anhand eines praktischen Beispiels beschrieben. Es handelt sich um ein Programm, mit dem sich ein beliebiger Prozess beenden lässt.

Beispiel Das folgende Beispiel zeigt in einem Listenfeld alle aktiven Prozesse an. Per Doppelklick auf einen Eintrag wird der betreffende Prozess beendet. Aus Platzgründen werden nur die wichtigsten Anweisungen vorgestellt. Das komplette Beispiel (das nicht sehr umfangreich ist) finden Sie auf der Buch-CD-ROM in der Datei *Toolhelp.vbp*. Die folgenden Anweisungen listen alle aktiven Prozesse auf:

```
...
    Dim Process32 As PROCESSENTRY32
...
    hSnap = CreateToolhelp32Snapshot(TH32CS_SNAPPROCESS, 0)
    If hSnap = -1 Then
        ' Fehler
    End If
```

```
   Process32.dwSize = LenB(Process32)
   RetVal = Process32First(hSnap, Process32)
   If RetVal <> 1 Then
      ' Fehler
   End If
...
   Do While RetVal = 1
      tmpString = vbTab & Process32.szExeFile
      lstProzesse.AddItem tmpString
      RetVal = Process32Next(hSnap, Process32)
   Loop
   RetVal = CloseHandle(hSnap)
   lblAnzahl.Caption = Anzahl & " Prozesse"
```

Wie funktioniert's?

Hier die Funktionsweise in aller gebotenen Kürze: Die API-Funktion *Create-Toolhelp32Snapshot* (auf Groß/Kleinschreibung achten) legt einen Schnappschuß des Systemspeichers an. Über die Konstante *TH32CS_SNAPPROCESS* wird sie beauftragt, die Daten aller aktuell aktiven Prozesse »einzufrieren«. Anschließend wird diese Liste über die API-Funktionen *Process32First* und *Process32Next* abgearbeitet und in das Listenfeld übertragen. Beide füllen die Daten über den gefundenen Prozess in eine Variable vom Typ *PROCESSENTRY32*. Zum Schluss wird der Snapshot über die *CloseHandle*-API-Funktion zerstört, denn sonst kann es zu einem Speicherleck kommen.

Soll ein Prozess gelöscht werden, was per Doppelklick auf einen Eintrag geschieht, treten die API-Funktionen *OpenProcess* und *TerminateProcess* in Aktion:

```
Private Sub lstProzesse_DblClick()

   tmpProzessName = lstProzesse.List(lstProzesse.ListIndex)
....
   ProzessId = lstProzesse.ItemData(lstProzesse.ListIndex)
   hProzess = OpenProcess(PROCESS_TERMINATE, 1, ProzessId)
   ' Hasta la vista, baby!
   RetVal = TerminateProcess(hProzess, 0)
   If RetVal = 0 Then
      MsgBox Prompt:="Fehler beim Terminieren!", vbCritical, _
      "Terminieren wird terminiert"
   End If
   cmdStart_Click
End Sub
```

Das Öffnen des Prozesses ist unter Win32 notwendig, um die Bezugsnummmer auf den Prozess mit einer Erlaubnis zum Terminieren zu bekommen. Zum Schluss wird noch einmal die *Click*-Prozedur der Schaltfläche aufgerufen, damit die aktuelle Prozessliste angezeigt wird.

Die Toolhep32-Funktionen stehen offiziell nur unter Windows 9x zur Verfügung. Ab Windows NT 4.0 gibt es als Ersatz die Datei Psapi.dll, die sich im Verzeichnis \MSTOOLS\BIN befinden sollte, nachdem das Win32-SDK installiert wurde.

16.8 Was es sonst noch so gibt

Die Überschrift zu diesem Abschnitt wurde bewußt ein wenig unspezifisch gewählt. Tatsächlich gibt es noch mindestens zwei wichtige Bereiche, die bislang noch nicht erwähnt wurden:

▪➡ Der direkte Zugriff auf die Hardware

▪➡ Der direkte Zugriff auf den Arbeitsspeicher

Bei diesen Themen handelt es sich jedoch um »Tabuthemen«. Visual Basic wurde von Anfang an nicht als die universelle Vielzwecksprache positioniert. Frei nach dem Motto »Ein guter Visual-Basic-Programmierer lässt die Finger von der Hardware« (und von Zeigern) enthält Visual Basic keinerlei Sprachelemente für den direkten Hardware-Zugriff. Eine direkte Einschränkung bedeutet diese »erzieherische Maßnahme« allerdings nicht, denn Hardware-Zugriffe sind in der Windows-Praxis eher die Ausnahme. Wer dennoch auf E/A-Ports zugreifen will, muss nicht auf C++ umsteigen. Mit Hilfe kleiner Zusatzsteuerelemente oder fertiger DLL-Routinen aus Shareware-Bibliotheken lassen sich zumindest unter Windows 9x die meisten Zugriffe von Visual Basic aus bequem erledigen.

16.8.1 Der Zugriff auf die Hardware

Der Zugriff auf die Hardware bedeutet bei Windows in erster Linie, einen Zugriff auf die E/A-Ports durchzuführen, denn sämtliche Hardware-Komponenten sind in den (max. 64 Kbyte großen) E/A-Bereich des PCs »gemapped« und werden daher über E/A-Adressen angesprochen. Für Visual-Basic-Programmierer gibt es in diesem Punkt eine gute und eine schlechte Nachricht. Nein, Visual Basic bietet leider keinen Inp- oder Outp-Befehl für den Zugriff auf einen E/A-Port. Aber mit Hilfe eines Zusatzsteuerelements oder einer kleinen DLL-Routine lässt sich diese Limitierung, zumindest unter Windows 9x, ohne großen Aufwand umgehen.

Wann wird ein E/A-Zugriff überhaupt benötigt? Nun, immer dann, wenn man auf I/O-Karten, wie zum Beispiel Messwertkarten oder selbst entwickelte Steuerungsplatinen, oder (was aber sehr selten sein dürfte) auf die Register der internen Bausteine des PCs, wie den Interruptkontroller, den Timer oder den UART, zugreifen möchte.

Die folgenden Anweisungen ermitteln (unter Zuhilfenahme der Freeware-DLL *Io.dll*, die die beiden Funktionen *ReadPort* und *WritePort* zur Verfügung stellt und auf der Buch-CD enthalten ist) den aktuellen Zustand des Carrier-Detect-Bits im Register 7 des UART, das unter der E/A-Adresse »COM-Portadresse + 7« angesprochen werden kann. Für die Umsetzung dieses Beispiels benötigen Sie die DLL *Io.dll* (oder eine andere DLL, die einen E/A-Port-Zugriff unter Windows 9x erlaubt – unter Windows NT funktioniert es nicht).

Beispiel

```
Option Explicit

' Bitte Pfad anpassen:
Const DLLPfad = "D:\Programme\Microsoft Visual Studio\Vb60\Io.dll"
Private Declare Function ReadPort Lib _DLLPfad (ByVal Address As Long) As
Byte

Private Sub cmdStart_Click()
    Dim Adresse As Long, Inhalt As Byte, Online As Boolean
    Adresse = &H3F8 + 6
    Inhalt = ReadPort(Adresse)
    If Inhalt And 128 Then Online = True
    If Online = True Then
        MsgBox Prompt:="Hurra, wir sind online!"
    Else
        MsgBox Prompt:="Leider offline, sorry!"
    End If
End Sub
```

In diesem Fall geht das Programm von der Basisadresse 3F8h für COM1 aus. In der Praxis sollte man zunächst abfragen, über welchen COM-Port die Verbindung läuft und welche Basisadresse dem COM-Port zugewiesen wurde. Letztere Angaben sind in der Speicherzelle 2 im BIOS-Datensegment mit der Adresse 40 h abgelegt (die Adresse lautet in der alten Segment:Offset-Schreibweise 0040:0002h). In der Registry ist diese Information offenbar nicht enthalten.

Unter Windows NT/2000/XP lässt sich diese DLL nicht einsetzen. Aber es gibt auch hier eine relativ einfache Lösung in Form von Zusatzkomponenten. Eine sehr gute Freeware finden Sie unter dem Namen NTPort Library im Internet unter *www.zealsoftstudio.com*

16.8.2 Peek, Poke & Co – der Zugriff auf den Arbeitsspeicher

Wer damals (lang, lang ist es her) schon mal Basic-Programme auf einem der extrem populären Heimcomputer wie beispielsweise dem legendären C64 »eingehackt« hat, wird sich gerne an die Peek- und Poke-Befehle erinnern. Diese Befehle besaßen eine Art »Kultstatus«, denn mit den richtigen magischen Adressen konnte man die Speicherverwaltung umprogrammieren oder die High-Scores der Jump&Run-Spiele hochsetzen. Natürlich gibt es diese beiden Befehle bei Visual Basic nicht, denn, wie Sie bereits wissen, sollen Visual-Basic-Programmierer davon die Finger lassen. Doch es gibt noch einen weiteren Grund. Die Notwendigkeit, in einem Visual-Basic-Programm auf einzelne Speicherzellen zugreifen zu müssen, ist unter Windows praktisch gleich Null und wirklich nur Spezialfällen vorbehalten. Einen Anwendungsbereich gibt es dennoch. Möchte man aus irgendeinem Grund die Speicherverwaltung in einem Programm selbst in die Hand nehmen und benötigt vom Betriebssystem einen (im Prinzip) beliebig großen Speicherblock, so kann man diesen über die API-Funktion *Global-Alloc* anfordern. Zurück erhält man allerdings nicht die Adresse des Speicherblocks, sondern eine Bezugsnummer. Absolute Adressen treten also auch hier nicht auf, da sie wegen des virtuellen Speichermanagers von Windows ohnehin keine reale Bedeutung haben (konkret, die Adresse 200.000 kann vom Speichermanager irgendwohin »gemapped« werden). Hat man einen Speicherblock angefordert, kann man andere API-Funktionen dazu benutzen, etwas in den Speicherblock abzulegen. Aber wie gesagt, eine echte Notwendigkeit gibt es dafür nur sehr selten. Das folgende Minibeispiel soll zumindest das Prinzip andeuten.

Beispiel
```
Option Explicit
Private Declare Sub CopyMemory Lib "kernel32" Alias _
"RtlMoveMemory" (lpvDest As Any, lpvSource As Any, ByVal _
cbCopy As Long)

Private Declare Function GlobalAlloc Lib "kernel32" (ByVal _
wFlags As Long, ByVal dwBytes As Long) As Long
Private Declare Function GlobalFree Lib "kernel32" (ByVal _
hMem As Long) As Long

Private Declare Function GlobalLock Lib "kernel32" (ByVal _
hMem As Long) As Long
Private Declare Function GlobalUnlock Lib "kernel32" (ByVal _
hMem As Long) As Long
```

```
Const GMEM_MOVEABLE = &H2
Const GMEM_ZEROINIT = &H40
Const GHND = (GMEM_MOVEABLE Or GMEM_ZEROINIT)

Private Sub Form_Load()
    Dim hMem As Long, hAdresse As Long, RetVal As Long
    Dim X As Long, Y As Long
    Dim QuellWert As Long, ZielWert As Long
    QuellWert = 12345678
    hMem = GlobalAlloc(GHND, 100)  ' Speicherbereich anfordern
    hAdresse = GlobalLock(hMem)    ' Adresse holen
    X = VarPtr(QuellWert)
    Y = VarPtr(ZielWert)
    CopyMemory hAdresse, ByVal X, 4 ' Variable in den Puffer
    CopyMemory ByVal Y, hAdresse, 4 ' Variable aus dem Puffer
    RetVal = GlobalFree(hAdresse)   ' Speicher freigeben
    RetVal = GlobalUnlock(hMem)     ' Adresse freigeben
    MsgBox Prompt:="Zielwert:" & ZielWert
End Sub
```

Das Beispiel kopiert die Variable *QuellWert* im Speicher hin und her. Zunächst wird über das Gespann *GlobalAlloc* und *GlobalLock* ein 100 Byte großer Puffer angelegt. In diesen wird über die *CopyMemory*-Funktion der Inhalt der Variablen *QuellWert* kopiert. Anschließend sorgt ein erneuter Aufruf von *CopyMemory* dafür, dass der Wert in der Variablen *ZielWert* landet. Zum Schluss wird über *GlobalFree* und *GlobalUnlock* der reservierte Arbeitsreicher wieder freigegeben.

Was ist eine Adresse?

Auch diese Frage soll nicht unbeantwortet bleiben. Eine Adresse ist nichts anderes als die »Hausnummer« einer Speicherzelle. In einem PC mit 8 Mbyte RAM gibt es folglich 8.388.608 verschiedene Hausnummern, wobei die virtuelle Speicherverwaltung von Windows diesen Wert um ein Vielfaches erhöht. Nun wäre es natürlich viel zu einfach gewesen, wenn die Hausnummern bei 0 begonnen und bis zur höchsten Adresse fortgeführt worden wären. Aufgrund eines historischen Vermächtnisses, das wir dem ersten Intel-Prozessor für PC, dem 8088, verdanken, war es früher üblich, eine Adresse in zwei Komponenten aufzuteilen: einen Segment- und einen Offset-Anteil. Es sei erwähnt, dass »nur« Windows 3.x mit diesem Adreßschema arbeitet. Eine der unangenehmsten Einschränkungen des Segment:Offset-Modells war der Umstand, dass nur maximal 64 Kbyte große Blöcke durch einen Zeiger angesprochen werden konnten. War der Block nur ein Byte größer, musste beim Zugriff auf das 65.536ste Byte eine Umrechnung durchgeführt werden, was die Programmierung umständlicher machte und natürlich zu Lasten der Performance ging. Viele der von 16-Bit-Visual-Basic bekannten Einschränkungen bei Listen- und Textfeldern gehen auf das Konto der Segment:Offset-Speicheradressierung zurück. Mit Windows 95 wurde das »flat memory model« eingeführt, bei dem, wie man es erwarten kann, alle Speicherzellen durch eine einzige 32-Bit-Adresse angesprochen werden. Doch selbst bei der Programmierung auf API-Ebene kommt man so gut wie nie mit absoluten Adressen in Berührung. Stattdessen werden Speicherobjekte, wie alle Windows-internen Objekte, über Bezugsnummern angesprochen. Das hat den Vorteil, dass das Programm mit einer konstanten Bezugsnummer arbeitet, der Speichermanager aber den darunterliegenden Speicher beliebig verschieben kann.

16.9 Zusammenfassung

Das Betriebssystem ist eine Software, die Ihre Klienten, d.h. den ausführenden Programmen, umfangreiche »Dienstleistungen« entweder in Form von API-Funktionen, COM-Komponenten (in zunehmenden Maße, siehe Windows-Shell, DirectX oder Datenbankdienste) oder Hilfsprogrammen zur Verfügung stellt. Ein Visual-Basic-Programm muss diese Services im Allgemeinen immer dann in Anspruch nehmen, wenn es Informationen benötigt, die über Anweisungen, globale Objekte oder Steuerelemente nicht zur Verfügung stehen.

16.10 Ressourcen

Wer mehr über den Zugriff auf das Betriebssystem erfahren will, muss sich diese Informationen aus verschiedenen Quellen zusammensuchen. Die beste Quelle ist auch hier die Microsoft Knowledge Base im MSDN, in der zahlreiche Artikel enthalten sind die zeigen, wie sich Betriebssystemdienste von Visual Basic aus über API-Funktionen aufrufen lassen.

[1] Microsoft Windows 95 Programmierleitfaden, Microsoft Press, ISBN 3-86063-255-6

Dieses Buch vom Microsoft-Entwicklerteam zeigt den Zugriff auf die Komponenten der Oberfläche von einem C++-Programm aus und ist für Visual-Basic-Programmierer nur von begrenztem Wert. Es ist allerdings das einzige Buch (das ich kenne), in dem zumindestens die Funktionsweise der Shell erklärt wird.

[2] Visual Basic Programmer's Guide to the Win32 API, D. Appleman, ZD-Press, ISBN 1-56276-287-7

[3] www.allapi.net

Auf dieser Webseite finden Sie praktisch alles, was Sie über den Aufruf von API-Funktionen unter Visual Basic wissen müssen. Außerdem können Sie hier ein sehr praktisches Werkzeug herunterladen, dass den etwas drögen API-Katalog von Visual Basic ersetzt und vor allem eine Fülle von Beispielen für API-Aufrufe enthält, die teilweise auch kommentiert sind und damit eine große Hilfe darstellen.

Elementares
Datenbankwissen

Was ist auch im Jahre 2002 das mit Abstand wichtigste Thema für Visual-Basic-Programmierer? Glaubt man den Umfragen, die hin und wieder von Microsoft durchgeführt werden, geben nach wie vor weit über 90% die Datenbankprogrammierung als das wichtigste Thema an. Das ist kein Wunder, denn letztendlich gibt es nur wenige Anwendungen, bei denen die Anbindung an eine Datenbank keine Rolle spielt. Obwohl Visual Basic kein reines Datenbankentwicklungssystem à la Microsoft Access, sondern in erster Linie ein universelles Entwicklungssystem ist, bietet es eine hervorragende Datenbankanbindung, die mit Visual Basic 6.0 in Bezug auf Komfort noch einmal deutlich verbessert wurde. Das Schöne daran ist, dass der Typ der Datenbank keine Rolle spielt. Unabhängig davon, ob es sich um eine Microsoft-Access-, eine alte dBase- oder Clipper-, eine moderne SQL-Server-Datenbank oder um eine simple Textdatei handelt, alle diese Datenquellen, den notwendigen (OLE DB)-Datenbanktreiber vorausgesetzt, werden auf die gleich Weise angesprochen. Das bedeutet nicht nur eine Unabhängigkeit bei der Auswahl der Datenquelle. Es bedeutet auch, dass für den Fall, dass die Access-Datenbank eines Tages »zu klein« werden sollte, ein Umstieg auf den Microsoft SQL-Server (der seit Access 2000 als Alternative zur Jet-Engine zur Verfügung steht) erfolgen kann, wobei die Datenzugriffsroutinen in Ihren Visual-Basic-Programmen nicht umgeschrieben werden müssen.

In diesem Kapitel geht es zunächst um die elementare Datenbankgrundlagen. Es wird davon ausgegangen, dass Sie noch nicht mit der Datenbankprogrammierung in Berührung gekommen sind und mit den vielen Abkürzungen, wie DAO, ADO oder ODBC, noch nicht vertraut sind (diese werden allerdings erst in Kapitel 18 erklärt). Auf viele praktische Beispiele für den Datenbankzugriff mit ADO sowohl auf Access- als auch auf SQL-Server-Datenbanken geht Kapitel 18 ein.

Sie lesen in diesem Kapitel etwas über:

➡ Den allgemeinen Aufbau einer Datenbank

➡ Das ADO-Datensteuerelement

➡ Die gebundenen Steuerelemente

➡ Der Umgang mit dem DataCombo- und DataList-Steuerelement

➡ Die Visual Data Tools

➡ Der Datenumgebungsdesigner

➡ Der Datenreportdesigner

➡ Kurze Einführung in SQL

➡ Ein SQL-Trainer zum Kennenlernen von SQL

Nachdem Sie das Kapitel durchgearbeitet haben, wissen Sie über den allgemeinen Aufbau einer Datenbank Bescheid und können einfache Datenzugriffe mit Hilfe des ADO-Datensteuerelements realisieren, einfache Datenbankabfragen durchführen und die Ergebnisse z.B. mit dem Microsoft DataGrid-Steuerelement anzeigen.

17.1   Ein wenig Theorie

... muss leider sein, denn die Datenbankprogrammierung mit Visual Basic setzt voraus, dass Sie mit dem Aufbau und den Besonderheiten relationaler Datenbanken vertraut sind. Auch wenn dieses Buch aus Platzgründen nicht auf die Theorie der Datenbanken, insbesondere auf das in der Welt der Datenbanken sehr wichtige relationale Datenbankmodell, eingehen kann, sollen zumindest die wichtigsten Konzepte, die damit einhergehen und zum Beispiel auch beim Anlegen von Datenbanken in Microsoft Access eine wichtige Rolle spielen, kurz erläutert werden.

Alle in einer Datenbank gespeicherten Daten sind in Form von *Tabellen* organisiert. Eine *Tabelle* besitzt einen sehr einfachen Aufbau. Sie besteht aus einer Reihe von Zeilen, die in Spalten unterteilt sind. Jede Zeile besitzt eine feste Anzahl von Spalten, wobei jede Spalte eine feste Größe besitzt (die durch den Datentyp ihres Inhalts bestimmt wird). Eine Zeile (engl. »row«) entspricht damit einem Datensatz, eine Spalte einem Feld des Datensatzes (engl. »column«). Eine Datenbank kann eine beliebige Anzahl an Tabellen besitzen. Das Attribut »relational« leitet sich von dem Umstand ab, dass zwischen den Feldern verschiedener Tabellen sog. Beziehungen (Relationen) bestehen können. So ist es üblich, dass in einer Datenbank, die Aufträge enthält, die Kundendaten, wie z.B. Name oder Wohnort, nicht in der Tabelle der Auftragsdaten gespeichert werden. Stattdessen enthält diese Tabelle lediglich ein Feld für eine Kundennummer. Die Stammdaten des Kunden sind in einer weiteren Tabelle enthalten. Auch diese Tabelle besitzt ein Feld für die Kundennummer. Das Feld »Kundennummer« der Auftragstabelle verweist somit auf das Feld »Kundennummer« der Stammdatentabelle, in der z.B. die Anschrift eines Kunden gespeichert ist. Das Feld mit der Kundennummer in der Stammdatentabelle wird in diesem Fall als *Primärschlüssel* bezeichnet (engl. »primary key«), das Feld mit der Kundennummer in der Auftragsdatenbank als *Fremdschlüssel* (engl. »foreign key«). Zwischen dem Primärschlüssel in der Stammdatentabelle und dem Fremdschlüssel in der Auftragstabelle besteht eine 1:n-Beziehung. Ein Datensatz in der Stammdatentabelle, der die Daten eines einzelnen Kunden enthält, kann beliebig viele (also n) Datensätze in der Auftragstabelle anzeigen, denn ein Kunde kann beliebig viele Aufträge erteilen. Die Beziehung wird über das Feld mit der Kundennummer hergestellt, das in beiden Tabellen enthalten ist (aber nicht den gleichen Namen tragen muss).

Das Herstellen solcher Relationen ist (genau wie die Aufteilung der zu speichernden Daten auf Tabellen) ein Vorgang, der zur Implementation einer (relationalen) Datenbank gehört. Es existieren eine Reihe von Regeln, die eingehalten werden müssen, damit eine Datenbank den Forderungen des relationalen Modells gerecht wird. Das stufenweise Umsetzen dieser Regel wird als *Normalisierung* der Datenbank bezeichnet. Es sei allerdings darauf hingewiesen, dass das relationale Datenbankmodell Anfang der siebziger Jahre von Mathematikern und nicht von Visual-Basic-Programmierern entworfen wurde. Es ist daher sehr theoretisch und wirkt oft ein wenig praxisfern. Trotzdem ist es sehr wichtig. Jeder, der größere Datenbanken entwerfen will, ist gut beraten, sich ausführlich mit den Normalisierungsregeln zu beschäftigen, die in praktisch jedem Buch über relationale Datenbanken beschrieben und in Kapitel 17.1.1 kurz zusammengefasst werden.

Das Anlegen der für das Abspeichern der Daten stets erforderlichen Tabellen und das Einrichten von Feldern in den einzelnen Tabellen wird als Normalisierung bezeichnet, wenn es bestimmten allgemeinen Regeln folgt. Das Ziel der Normalisierung ist, dass die Tabellen möglichst effektiv aufgebaut sind und Redundanzen (d.h. mehrfach abgespeicherte Felder in unterschiedlichen Tabellen) auf ein Minimum reduziert werden.

Trotz allem Komfort, den Visual Basic seit Version 6.0 auch für die Implementierung einer Datenbank zu bieten hat, eine Hilfestellung beim Entwurf der Datenbank (d. h. beim Aufteilen der zu speichernden Daten auf Tabellen und Felder) und bei der Normalisierung seiner Tabellen gibt Ihnen Visual Basic leider nicht. Sie sollten sich mit diesen Dingen sehr ausführlich beschäftigen, bevor Sie Ihre erste »große« Datenbank implementieren. Ein wichtiger Grundsatz darf nicht vergessen werden: Das »Feintuning« einer im täglichen Einsatz befindlichen Datenbank hat wenig Sinn, wenn das zugrunde liegende »Design« der Datenbank nicht stimmt. Und das bedeutet konkret: Tabellen, die den Normalisierungsregeln gehorchen, die sinnvolle Vergabe von Indizes, Primär- und Fremdschlüsseln und die Verwendung von SQL-Anweisungen, die die Datenbankengine nicht dazu zwingen, unnötige Verarbeitungsschritte einzulegen.

Eine Tabelle besteht aus einem oder mehreren Datensätzen. Ein Datensatz ist in eine feststehende Anzahl von Feldern unterteilt. Jedes Feld kann einen eigenen Datentyp besitzen.

Abbildung 17.1:
Eine Datenbank
ist in Tabellen
und Felder
organisiert.

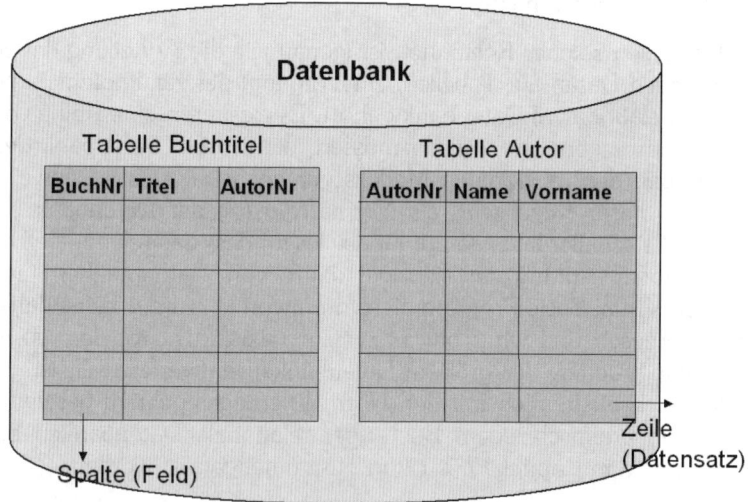

17.1.1 Normal ist meistens besser – die Grundlagen der Normalisierung

Auch wenn Sie sich dieses Thema unbedingt noch einmal in einem Buch zum Thema Datenbankentwurf oder relationale Datenbanken zu Gemüte führen sollten, fasst dieses Kapitel die wichtigsten drei Normalisierungsregeln kurz zusammen. Bei der Normalisierung geht es darum, die zu speichernden Felder so auf verschiedene Tabellen zu verteilen, dass Redundanzen vermieden werden und sich die Datenbank basierend auf den Regeln relationaler Datenbanken implementieren lässt.

Die 1. Normalform ist eine sehr simple und im Grunde auch naheliegende Regel für Tabellen. Sie besagt, dass alle Felder unteilbare (»atomare«) Werte besitzen müssen. Es darf z.B. kein Feld »Name« geben, das sowohl den Vor- als auch den Nachnamen enthält. Natürlich darf ein Feld beide Namensteile kombinieren, nur dürfen beide dann nicht mehr getrennt voneinander abgefragt werden. Bezogen auf die Buchdatenbank dürfen der Name des Autors und der Titel des Buches nicht in einem Feld zusammengefasst werden. Die Regel für die 1. Normalform ist daher im Allgemeinen keiner besonderen Erwähnung wert. Die 2. Normalform geht einen wichtigen Schritt weiter. Allerdings ist sie auf Anhieb vermutlich nicht ganz einfach zu verstehen (wenngleich der Hintergrund einfach ist). Eine Tabelle befindet sich in der 2. Normalform, wenn sie die 1. Normalform erfüllt und wenn es kein Nicht-Schlüsselfeld gibt, das nicht vom Schlüsselfeld oder, falls der Schlüssel aus mehreren Feldern besteht, von der Kombination der Schlüsselfelder abhängig ist. In den meisten Tabellen spielen ein oder mehrere Felder die Rolle eines Schlüssels. Über den Schlüssel werden z.B. Beziehungen mit anderen Tabellen hergestellt. In der Tabelle Buchtitel unserer Beispieldatenbank Buchversand.mdb ist das Feld BuchNr der Schlüssel. Sollte, was in diesem Beispiel aber nicht der Fall ist, die Buchnummer mehrfach vorkommen, das Feld alleine also nicht eindeutig sein, muss ein weiteres Feld hinzugenommen werden (die Schlüssel müssen im Allgemeinen eindeutig sein). Nun darf es kein weiteres Feld mehr geben, dass von diesen beiden Feldern abhängig ist. Abhängig bedeutet, dass, wenn sich der Wert eines der Schlüsselfelder ändert, sich zwangsläufig auch der Wert des abhängigen Feldes ändert. Um eine Tabelle in die 2. Normalform zu bringen, ist häufig ein Aufteilen der Tabelle in zwei oder mehr Tabellen notwendig. Diese Maßnahme soll Redundanzen vermeiden (dies ist eines der Hauptziele der Normalisierung). Die 3. Normalform ist noch etwas komplizierter, denn hier kommen die transitiven Abhängigkeiten ins Spiel. Eine transitive Abhängigkeit liegt immer dann vor, wenn ein Nicht-Schlüsselfeld von einer Kombination aus einem Teilschlüsselfeld und einem weiteren

Nicht-Schlüsselfeld abhängig ist. Oder anders herum: Jedes Nicht-Schlüsselfeld einer Tabelle darf in der 3. Normalform nur vom kompletten Schlüssel abhängig sein und von nichts anderem. Würde eine Tabelle ein Feld Wohnort und ein Feld PLZ enthalten, die keine Schlüsselfelder sind, so wäre ein Feld Bundesland von diesen beiden Feldern transitiv abhängig. Ändert sich der Wohnort, ändert sich gegebenenfalls auch das Schlüsselfeld. Dies ist aber gemäß der 3. Normalisierungsregel nicht erlaubt. Im Rahmen einer (notwendigen) Normalisierung müsste die komplette Ortsangabe bestehend aus Wohnort, PLZ und Bundesland in einer eigenen Tabelle untergebracht werden und die ursprüngliche Tabelle ein Feld enthalten, das auf einen Datensatz dieser Tabelle verweist.

Leider kann dieser kurze Abriss das Prinzip der Normalisierung nur andeuten. Für kleine Datenbanken ist die Normalisierung nicht so wichtig bzw. sie ergibt sich von alleine, wenn die Datenbank nach den Grundsätzen des »gesunden Menschenverstandes« umgesetzt wird. Für große Datenbanken ist dies ein sehr wichtiger Prozess, für den man sich entsprechend Zeit nehmen muss.

17.2 Visual Basic und der Zugriff auf Datenbanken

Der Zugriff auf Datenbanken spielt bei der Visual-Basic-Programmierung zwar eine sehr wichtige Rolle, doch wird dadurch Visual Basic noch nicht zu einem reinen Datenbankentwicklungssystem. Visual Basic enthält keinerlei »Datenzugriffsbefehle« und ist daher von Haus aus alleine nicht in der Lage, auf eine Datenbank zuzugreifen. Für den Datenzugriff benutzt Visual Basic vielmehr ein allgemeines Prinzip, das grundsätzlich immer dann zur Anwendung kommt, wenn ein Visual-Basic-Programm Dinge erledigen soll, für die es keine eingebauten Befehle gibt: das Einbeziehen einer COM-Bibliothek. Diese enthält Klassen mit Funktionen (Eigenschaften und Methoden), die den Befehlssatz der Programmiersprache gezielt erweitern. Um eine solche COM-Bibliothek ansprechen zu können, wird entweder über den Menübefehl PROJEKT | VERWEISE ein Verweis in das Projekt eingefügt oder das benötigte Objekt wird über die *CreateObject*-Funktion instanziert.

Visual Basic enthält keine eingebauten »Datenbankbefehle«. Der Zugriff auf eine Datenbank (bzw. eine Datenquelle) wird über eine Objektbibliothek hergestellt, die über den Menübefehl Projekt | Verweise in ein Projekt eingebunden wird.

17.2.1 Die Rolle von ADO

Wenn es eine Abkürzung gibt, die Sie sich gut merken müssen, dann ist es ADO. Visual-Basic-Programmierern stehen seit der Version 6.0 gleich zwei COM-Schnittstellen zur Verfügung, die, was den Zugriff auf Access-Datenbanken angeht, nahezu gleichwertig sind: Die bereits mit Visual Basic 3.0 eingeführten *Data Access Objects* (DAO) und die mit Visual Basic 6.0 »eingeführten« *ActiveX Data Objects* (ADO)[1]. Die ADOs sind Objekte, die Methoden und Eigenschaften für den Zugriff auf eine Datenbank zur Verfügung stellen. Mit Hilfe der ADOs öffnen Sie Tabellen und führen in der Datenbank gespeicherte Abfragen sowie allgemeine SQL-Kommandos aus. Die Hauptaufgabe der ADOs ist es, Daten aus der Datenbank herauszuholen, Daten in der Datenbank zu aktualisieren und neue Daten einzufügen. Sie sind nicht dazu da, Tabellen anzulegen, Felder zu definieren oder die Struktur der Datenbank zu verändern (wenngleich dies über SQL möglich ist). Dafür gibt es andere Objektschnittstellen, etwa ADOX oder die DAO.

Die ADOs basieren auf einer allgemeinen Datenschnittstelle mit dem Namen OLE DB. OLE DB ist eine COM-Schnittstelle, deren Funktionen aber nicht von einem Visual Basic-Programm direkt aufgerufen werden können. Aus diesem Grund gibt es die ADOs, die die von OLE DB bereitgestellte Funktionalität »mundgerecht« verpacken, so dass sie die meisten Anforderungen lösen können. Normalerweise müssen sich Visual-Basic-Programmierer nicht mit OLE DB beschäftigen. Der Name taucht daher lediglich im Zusammenhang mit dem über OLE DB durchgeführten Datenzugriff mit Hilfe eines OLE DB-Treibers und eines OLE DB-Providers auf.

Auch wenn die ADOs den »guten alten« DAOs nahezu ebenbürtig sind, wenn es lediglich um den Zugriff auf Access-Datenbanken geht, besitzen sie doch zwei oftmals entscheidende Vorteile:

➡️ Die modernen Steuerelemente, wie zum Beispiel das DataGrid, unterstützen nur die Bindung an ADO-Recordsets.

---

[1] Die ADOs werden unabhängig von Visual Basic entwickelt und aktualisiert. So kommt es, dass ADO inzwischen in der Version 2.7 vorliegt, während Visual Basic lediglich um vier Service Releases »älter« geworden ist.

➡ Möchte man die sehr praktische Datenumgebung oder die (etwas weniger praktischen) Datenreports nutzen, setzt dies ebenfalls die Verwendung der ADOs voraus.

Darüber hinaus bieten die ADOs zahlreiche Vorteile, die sich aber bei kleineren Anwendungen kaum bemerkbar machen. Anders sieht es beim Zugriff auf eine Microsoft SQL-Server-Datenbank aus. Auch wenn dieser prinzipiell mit den DAOs möglich ist, bieten die ADOs etwa, was den Aufruf gespeicherter Prozeduren angeht, zahlreiche Vorteile. Nicht zuletzt sind die ADOs die deutlich modernere Datenbankschnittstelle, so dass sie in diesem Buch den Vorzug erhalten. Sie sind allerdings nicht kompatibel zu den DAOs, können aber parallel in ein und demselben Visual Basic-Programm benutzt werden.

Auch die DAOs haben nach wie vor ihre Vorzüge

Ganz so übel sind die DAOs natürlich nicht, denn schließlich leisteten sie viele Jahre eine solide Arbeit. Sie sind den ADOs immer dann vorzuziehen, wenn es in erster Linie um Access-Datenbanken geht. So steht das DBEngine-Objekt für die Jet-Engine und besitzt Methoden, wie *CompactDatabase oder RepairDatabase, die es nur im Zusammenhang mit der Jet-Engine gibt und die bei den universellen ADOs daher nicht zur Verfügung stehen. Doch da DAO und ADO parallel existieren können, ist es überhaupt kein Problem, in einem Visual-Basic-Programm hauptsächlich ADO zu verwenden und für einige Spezialfälle auf DAO zurückzugreifen.*

17.2.2   Die Rolle der Jet-Engine

In diesem Abschnitt erfahren Sie, dass beim Zugriff auf eine Access-Datenbank immer die *Jet-Engine* im Spiel ist. Dies ist der Name des Datenbankprogramms, über das jede Access-Datenbank angesprochen wird. Die Jet-Engine ist Teil von Microsoft Access, sie ist Teil von Visual Basic, sie ist Teil einiger Windows-Versionen und es gibt sie auch einzeln. Es handelt sich nicht um eine Anwendung im herkömmlichen Sinne, sondern um einen Satz von Systemdateien, die die komplette Datenbankfunktionalität enthalten. Wie diese Funktionen angesprochen werden, haben Sie bereits erfahren: Über die Data Access Objects (DAO), die direkt auf die Jet-Engine zugreifen oder über die ActiveX Data Objects (ADO), die dazu den »Umweg« über einen OLE DB- oder ODBC-Treiber gehen müssen (die Programmierung wird dadurch aber nicht umständlicher).

Die Jet-Engine kann drei verschiedene Datenbanktypen ansprechen:

➡ Access-Datenbanken (Mdb-Dateien)

➡ Externe ISAM-Datenbanken

➡ ODBC-Datenbanken

»Access-Datenbanken« sind das primäre Datenbankformat der Jet-Engine. Sie sind gerade für kleinere Datenbankanwendungen die erste Wahl. Unter dem Begriff »ISAM-Datenbanken« werden jene (inzwischen sehr alten) Datenbanktypen zusammengefasst, die über einen externen ISAM-Treiber angesprochen werden. Dazu gehören xBase-Datenbanken (z.B. dBase, Clipper oder FoxPro), aber auch Excel-Tabellen, oder normale Text-Dateien. ODBC-Datenbanken sind Datenbanken, die über einen ODBC-Treiber angesprochen werden. Das sind zum Beispiel Microsoft SQL-Server-, Oracle SQL-Server- oder DB2-Datenbanken unter dem Betriebssystem AS/400.

Dank der Jet-Engine verfügt Visual Basic über die wichtigsten Eigenschaften eines Datenbankentwicklungssystems. Mit Visual Basic und der Jet-Engine können Sie unter anderem:

➡ Datenbankabfragen per SQL in Access- und ODBC-Datenbanken durchführen.

➡ Daten zu einer Datenbank hinzufügen oder aus der Datenbank löschen.

➡ Datenbanken erstellen oder bestehende Datenbanken erweitern, wobei u.a. auch Indizes und Relationen angelegt werden können.

➡ Reports erstellen und diese von einem Visual-Basic-Programm aus starten.

➡ Externe ISAM-Datenbanken (z.B. dBase, Paradox, FoxPro, Excel oder Text) anlegen und abfragen.

Auch wenn es durchaus attraktive Alternativen gibt, ist die Jet-Engine für die Visual-Basic-Programmierer das mit Abstand attraktivste Datenbanksystem. Sein Hauptvorteil ist allerdings, dass es Mdb-Datenbanken erstellen und lesen kann, jene Datenbanken also, die auch mit Microsoft Access angelegt werden.

Ab der Version 2.6 der ActiveX Data Objects (ADO), die unter dem Namen MDAC auch separat von der Microsoft-Webseite www. microsoft.com/data/ado heruntergeladen werden können, ist die Jet-Engine nicht mehr dabei. Sie muss auf der gleichen Webseite separat heruntergeladen werden. Dies müssen Sie berücksichtigen, falls Sie ein Visual-Basic-Programm mit MDAC zusammen ausliefern möchten.

17.2.3 Die Rolle von Microsoft Access

Im letzten Abschnitt wurde ein Umstand besonders hervorgehoben. Visual Basic verfügt mit der Jet-Engine über das gleiche Datenbanksystem, mit dem auch Microsoft Access arbeitet. Die Frage lautet daher: Wer benötigt noch Microsoft Access, wenn Visual-Basic-Programme durch Einbeziehen der Jet-Engine oder Visual Basic selber über den Visual Data Manager (einem Add-In, das ebenfalls direkt auf der Jet-Engine aufsetzt und ein wenig Microsoft Access ähnelt) scheinbar die gleichen Aufgaben erledigen können? Die Antwort auf diese, zugegeben etwas provozierend gestellte Frage ist[2], dass Microsoft Access keinesfalls überflüssig wird, es wird nur für Visual-Basic-Programmierer nicht mehr zwingend benötigt. Dennoch bietet es auch für Visual-Basic-Programmierer einige Vorteile:

- Eine Access-Datenbank lässt sich sehr viel leichter erstellen, als es mit dem Visual Data Manager der Fall ist.

- Für das Erstellen von Abfragen (und gespeicherten Prozeduren beim SQL-Server) steht ein kleiner Editor zur Verfügung.

- Der Reportgenerator von Microsoft Access ist dem Reportdesigner von Visual Basic 6.0 deutlich überlegen.

- Sicherheitseinstellungen für die Jet-Engine, die auf Benutzern und Gruppen basieren, lassen sich nur mit Microsoft Access vornehmen.

Im Idealfall erstellen Visual-Basic-Programmierer die Datenbank mit Microsoft Access, nehmen gegebenenfalls Sicherheitsfestlegungen vor und programmieren die Anwendungen, die auf die Datenbank zugreifen, in Visual Basic.

---

[2]   Die zudem bereits gestellt wurde, seitdem Visual Basic 3.0 auf den Markt kam.

17.2.4   Die Rolle des Microsoft SQL-Servers

Die Welt der Datenbank bietet eine ungewohnte und manchmal etwas verwirrende Artenvielfalt. Da wären nicht nur die vielen Begriffe und Abkürzungen, sondern auch die vielen unterschiedlichen Produkte. Die Firma Microsoft offeriert ihren Kunden mindestens drei Datenbankwerkzeuge. Mit *Microsoft Access* haben Sie das populärste und daher auch das praktisch jedem Visual-Basic-Programmierer geläufige Produkt bereits kennengelernt. Mit Visual FoxPro, das in diesem Buch nicht behandelt wird, da es für Visual-Basic-Programmierer relativ uninteressant ist, gibt es eine mindestens gleichwertige Alternative, die über ein sehr leistungsfähiges und vor allem sehr schnelles Datenbanksystem, eine eigene Programmiersprache und viele Extras verfügt. Und da gibt es noch den Microsoft SQL-Server, das große Datenbanksystem von Microsoft. Anders als Access ist es kein Programm für den (manchmal etwas unbedarften) Endanwender, sondern ein Serverprodukt für die Datenbankprofis. Es besitzt keine eigene Benutzeroberfläche, sondern wird über ein Systemprogramm mit dem Namen Enterprise Manager verwaltet, der bei Windows 2000 (wie praktisch alle Systemprogramme) in die Computer-Management-Konsole integriert ist.

Die Hauptvorteile des Microsoft SQL-Servers (die aktuelle Version lautet übrigens Microsoft SQL-Server 2000) liegen unter anderem darin, dass er sehr viel größere Datenbanken verwalten kann als Access (es gibt praktisch keine Limitierung für die Datenbankgröße), eine ausgefeilte Sicherheit bietet und sehr viel leistungsfähiger ist, was den gleichzeitigen Zugriff mehrerer Benutzer (in diesem Zusammenhang auch Clients genannt) angeht. Der Microsoft SQL-Server ist allerdings nicht gerade billig[3], eine typische Lizenz (die sich stets nach der maximalen Anzahl der Clients richtet) kostet zwischen 20.000 und 40.000 € (ohne MwSt.), wobei die Preisskala nach oben praktisch offen ist. Wohl gemerkt erhält man stets ein und dasselbe Produkt, nur dass es von mehreren Menschen gleichzeitig benutzt werden darf (stellen Sie sich einen Reisebus vor, dessen Anschaffungskosten davon abhängen, wie viele Menschen gleichzeitig mitfahren dürfen. Anders als bei einem Bus gibt es für die Anzahl der Clients keine physikalische Limitierung. Das macht das Lizenzgeschäft für die Softwarefirma natürlich sehr attraktiv).

Für die meisten Visual-Basic-Programmierer kommt ein Datenbanksystem, das so viel kosten kann wie ein Auto der gehobenen Mittelklasse, im Allgemeinen nicht in Frage. Dennoch ist der SQL-Server für Visual-Basic-Programmierer sehr attraktiv und wird relativ häufig als Alterna-

---

[3] Im Vergleich zu seinem direkten Konkurrenten Oracle SQL-Server aber doch.

tive zu Access eingesetzt. Wie ist das möglich? Der Grund dafür liegt in dem Umstand, dass sowohl Visual Basic 6.0 Enterprise als auch Microsoft Access ab Version 2000 ebenfalls den SQL-Server enthalten. Toll, ein Programm, das regulär 20.000 € und mehr kosten kann in einem Paket für »nur« 1.000 €? Nun, nicht ganz. Die genauen Hintergründe sind etwas komplizierter – passen Sie daher gut auf. Visual Basic 6.0 enthält lediglich die Developer Edition des Microsoft SQL-Servers 6.5. Dies ist zwar der richtige SQL-Server, doch gibt es eine deutliche Einschränkung bezüglich der Nutzungsmöglichkeit im praktischen Einsatz. Da es sich um eine absichtlich reduzierte Version handelt, sind nicht mehr als fünf gleichzeitige Verbindungen erlaubt (die Einzelheiten, die sich zwischenzeitlich wieder geändert haben können, müssen Sie im Lizenzvertrag nachlesen). Für die Entwicklung einer Datenbankanwendung ist dies im Allgemeinen kein Problem. Wer die Developer Edition dagegen in einer Firma einsetzen möchte, stößt zwangsläufig ganz schnell an die Grenzen. Daher auch der Begriff *Developer Edition*. Nun ist die Version 6.5 inzwischen aber recht veraltet. Daher gibt es die etwas aktuellere Version 7.0 im Rahmen des kostenlos erhältlichen Visual Studio 6.0 Plus Packs. Doch das ist noch nicht alles. Seit der Version 7.0 gibt es den Microsoft SQL-Server auch in einer Desktop-Version für Windows 9x. Diese Version ist auch Bestandteil von Microsoft Access 2000 und Microsoft Office 2000 und heißt dort *Microsoft SQL Server Desktop Engine*, kurz MSDE. Die MSDE ist Teil von Office 2000, von Access 2000 und im Rahmen eines Visual Studio Updates auch einzeln erhältlich. Die MSDE ist, auch wenn sie anders heißt, ein Nachfolger der SQL-Server 6.5 Developer Edition, die, da sie z.B. Teil von Microsoft Office 2000 ist, nicht nur Inhabern einer Enterprise Edition vorbehalten ist. Dieser kurze und sicherlich nicht vollständige Abriss über die verschiedenen Produktvarianten, in denen der Microsoft SQL-Server vorkommt, sollte eines deutlich machen: Der Microsoft SQL-Server ist eine attraktive Alternative zur inzwischen recht betagten Jet-Engine (nicht direkt zu Microsoft Access, da Sie ab Version 2000 SQL Server-Datenbanken auch mit Access einsetzen können), die für Visual-Basic-Programmierer über die Developer Edition oder über die MSDE sehr leicht verfügbar ist. Teuer wird es nur, wenn Sie vorhaben sollten, den Microsoft SQL-Server im großen Stil (etwa für eine Webfarm) einzusetzen.

Programmiert wird der Microsoft SQL-Server übrigens – dieses nicht ganz unwichtige Thema soll natürlich auch einmal angesprochen werden – im Prinzip auf die gleiche Weise wie die Jet-Engine. In erster Linie über die *ActiveX Data Objects* (ADO), die in Kapitel 18 ausführlich vorgestellt werden. Über einen ODBC-Treiber ist der Zugriff aber auch über DAOs (und damit indirekt über die Jet-Engine) und damit zum Beispiel auch über das Datensteuerelement möglich.

17.3 Der Visual Data Manager als Mini-»Datenbank- entwicklungssystem«

Zum Kennenlernen elementarer Datenbankoperationen mit Visual Basic und dem Erlernen einfacher SQL-Kommandos bietet Visual Basic (bereits seit Version 3.0) ein kleines Juwel: Das Add-In *Visual Data Manager*, das über das ADD-INS-Menü der IDE aufgerufen wird. Hinter diesem Add-In steht das Visual-Basic-Programm *VisData*, das im Unterverzeichnis *\Samples\Visdata* auch als eigenständiges Programm mit seinem kompletten Quellcode vorliegt.

Mit Hilfe des Visual Data Managers können Sie:

- Datenbanken bearbeiten und ihre Struktur ändern.

- Datenbanken neu erstellen.

- SQL-Abfragen zusammenstellen und sie z.B. über die Zwischenablage in ein Visual-Basic-Programm übernehmen.

- Formulare erstellen.

Natürlich besitzt der Visual Data Manager auch klare Grenzen. Abgesehen davon, dass er manchmal den Eindruck macht, als hätte ihn Bill Gates kleiner Neffe in den Sommerferien programmiert, sind einige wichtige Funktionen nicht vorhanden. So ist es nicht möglich, Felder und Indizes nachträglich zu ändern, Beziehungen zwischen Feldern zweier Tabellen herzustellen oder Bilder in Felder einzufügen, von etwas anspruchsvolleren Funktionen, wie dem Anlegen von Reports, ganz zu schweigen. Der Visual Data Manager ist in erster Linie eine Hilfe (oder »Notnagel«), wenn es um das Anlegen kleiner Datenbanken geht, die aus wenigen Tabellen bestehen und wo die Beziehungen zwischen den Tabellen keine allzu große Rolle spielen. Er ist ferner ein praktisches Hilfsmittel beim schnellen Überprüfen von Tabellen- und Feldnamen oder zum Testen einer ODBC-Verbindung (etwa auch zu einer Oracle-Datenbank).

Über ein kleines »Update« kann der Visual Data Manager auch Access 2000-Datenbanken ansprechen. Nähere Einzelheiten finden Sie im Internet auf der Microsoft-MSDN-Webseite. Die Adresse lautet: http://support.microsoft.com/kb/articles/Q252/4/38.ASP. *Im Wesentlichen geht es darum, die Projektdatei Visdata.vbp zu öffnen und die Referenz auf die DAO-Objektbibliothek 3.51 gegen*

:-)
TIP

die Referenz auf die aktuelle Version 3.60 auszutauschen. An-schließend muss die Vbp-Datei erneut (in das Verzeichnis \Pro-gramme\Microsoft Visual Studio\VB98, sofern bei der Installation kein anderes ausgewählt wurde) kompiliert werden.

:-)
TIP

Der Visual Data Manager ist ein Visual-Basic-Programm, das auf der Visual-Basic-CD auch als Projektdatei (Visdata.vbp) vorliegt. Es wird mit der MSDN-Hilfe und dem Samples-Verzeichnis installiert. Anhand des sehr umfangreichen Quelltextes lernen Sie sehr schön, was (DAO-) Datenbankprogrammierung mit Visual Basic bedeutet.

Abbildung 17.2:
Das Add-In
Visual Data
Manager ist
ideal zum Ken-
nenlernen von
Datenbanken
und für den Per-
formance.Ver-
gleich geeignet.

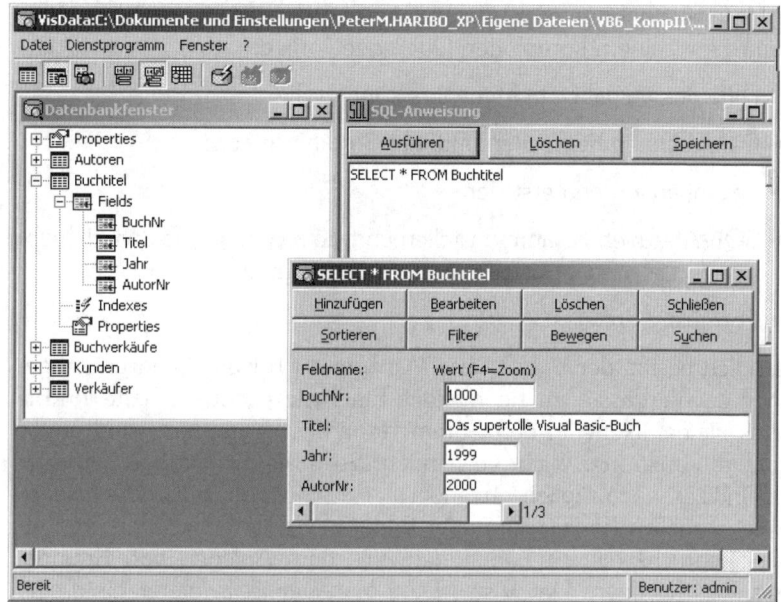

17.4 Das ADO-Datensteuerelement

Die Theorie relationaler Datenbanken verstanden zu haben ist eine Sa-che, eine Datenbank von einem Visual-Basic-Programm aus anspre-chen zu können eine ganze andere. Häufig möchte man sich nicht mit anspruchsvollen Themen beschäftigen, sondern lediglich den Inhalt ei-ner oder mehrerer Tabellen oder das Ergebnis einer Datenbankabfrage auf einem Formular in einem DataGrid oder in einzelnen Steuerele-menten anzeigen und gegebenenfalls auch Änderungen an einzelnen

Feldinhalten vornehmen können. Für diesen Zweck gibt es das ADO-Datensteuerelement. Seine Aufgabe besteht darin, einzelne Steuerelemente über ihre Eigenschaften DataSource und DataField mit dem Feld einer Datenbank zu verbinden, und das ohne Programmierung.

Das ADO-Datensteuerelement ersetzt das alte Datensteuerelement, das bereits mit Visual Basic 3.0 eingeführt wurde. Es basiert auf OLE DB und kann alle Datenquellen ansprechen, für die ein sog. OLE DB-Provider zur Verfügung steht (dazu gehören u.a. auch Jet-Datenbanken). Anders als das alte Datensteuerelement, das fest in die Werkzeugsammlung eingebaut ist (und daher am Anfang leicht verwechselt werden kann), muss das ADO-Datensteuerelement über den Menübefehl PROJEKT | KOMPONENTEN zur Werkzeugsammlung hinzugefügt werden.

Die Begriffe OLE DB und ADO werden in Kapitel 18 ausführlich erklärt.

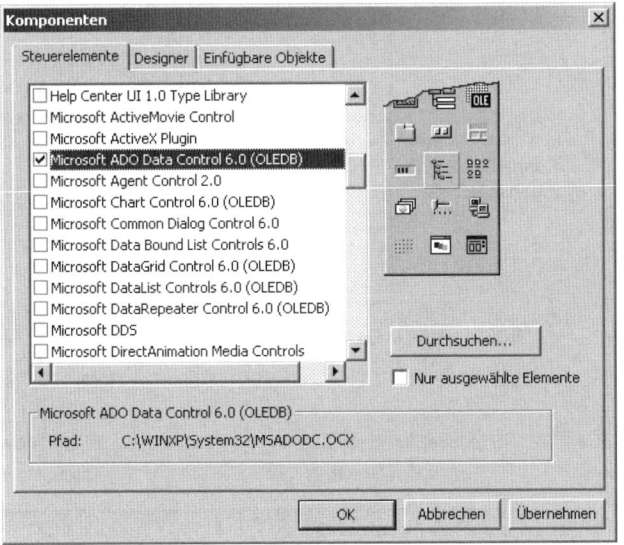

Abbildung 17.3: Das ADO-Steuerelement muss nachträglich zur Werkzeugsammlung hinzugefügt werden.

Auch wenn es in diesem Kapitel um den Zugriff auf Access-Datenbanken geht: Das ADO-Datensteuerelement kann über seine ConnectionString-Eigenschaft sowohl mit ISAM-Datenbanken (z.B. dBase-, Excel- oder Textdateien) als auch mit allen anderen Datenbanken verbunden werden, für die ein OLE DB- oder ODBC-Treiber existiert.

Mit Hilfe des ADO-Datensteuerelements können Sie u.a.:

■► Datensätze durchblättern und bei Bedarf editieren, wobei die einzelnen Felder in den gebundenen Steuerelementen angezeigt und bearbeitet werden.

■► Eine Datensatzgruppe mit der Tabelle einer anderen Datenbank verbinden.

■► Über die *Recordset*-Eigenschaft auf jeden einzelnen Datensatz zugreifen.

■► Über die *Recordset*-Eigenschaft und die Methoden *Delete* und *AddNew* Datensätze löschen und neue Datensätze hinzufügen.

■► Über die *Recordset*-Eigenschaft und die *Find*-Methode nach Datensätzen suchen.

Abbildung 17.4:
Das Funktions-
prinzip des
ADO-Daten-
steuerelements

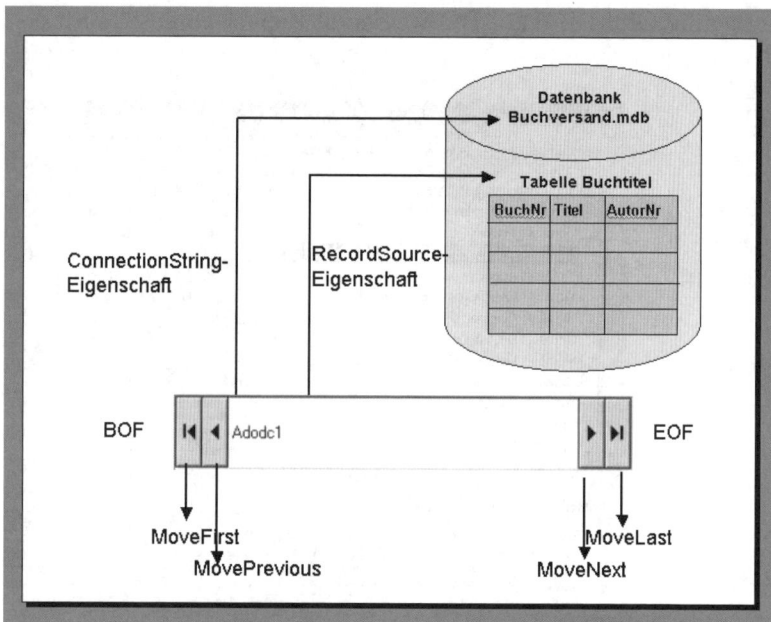

Abbildung 17.4 zeigt das Funktionsprinzip des ADO-Datensteuerelements. Es kommt vor allem darauf an zu verstehen, dass seine Aufgabe einzig und allein darin besteht, den (gebundenen) Steuerelementen auf dem Formular ein *Recordset* (d.h. eine Gruppe von Datensätzen) zur Verfügung zu stellen, aus dem sich jedes Steuerelement ein Feld »aussuchen« kann (die Zuordnung erfolgt über die *DataField*-Eigenschaft des Steuerelements), das in dem Steuerelement angezeigt und gegebenenfalls auch editiert wird.

17.4.1 Das ADO-Datensteuerelement zur Entwurfszeit mit der Datenbank verbinden

In den meisten Fällen wird das ADO-Datensteuerelement bereits zur Entwurfszeit mit der Datenbank verbunden. Anders als beim alten Datensteuerelement gibt es keine *Databasename*-Eigenschaft mehr, die Auswahl der Datenbank erfolgt über die *ConnectionString*-Eigenschaft. Nach Anklicken der drei Punkte erscheint ein Auswahldialog, in dem die sog. Verbindungszeichenfolge zusammengestellt werden muss. Diese Zeichenkette ist für OLE DB die Antwort auf die Frage »Welcher Typ von Datenquelle soll angesprochen werden und wo befindet sie sich?«. Außerdem können in der Verbindungszeichenfolge ein Benutzername und ein Kennwort angegeben werden, das zum Beispiel bei einer SQL-Server-Datenbank grundsätzlich benötigt wird. Für den Zugriff auf eine Access-Datenbank setzt sie sich aus dem Namen des zuständigen OLE DB-Providers (»Microsoft.Jet.OLEDB.4.0«) und dem Verzeichnispfad der Mdb-Datei zusammen. Anschließend wird über die *Recordsource*-Eigenschaft eine Tabelle oder Abfrage ausgewählt oder eine SQL-Anweisung eingegeben. Dieser Ablauf wird in Kapitel 17.4.4 an einem kleinen Beispiel beschrieben.

17.4.2 Das ADO-Datensteuerelement zur Laufzeit mit der Datenbank verbinden

Das ADO-Datensteuerelement lässt sich auch erst zur Laufzeit mit einer Datenbank verbinden. Dazu müssen ebenfalls die Eigenschaften *ConnectionString* und *RecordSource* mit den entsprechenden Werten belegt werden, was am besten im *Form_Load*-Ereignis geschieht.

Beispiel

```
DBPfad = »C:\Eigene Dateien\Buchversand.mdb«
With adoDS
  .ConnectionString = »Provider=Microsoft.Jet.OLEDB.4.0; Data Source=« &
DBPfad
  .Recordsource = »Buchtitel«
End With
```

Wenn das ADO-Datensteuerelement erst zur Laufzeit mit einer Datenbank verbunden wird, ist es nahe liegend, auch die Steuerelemente erst zur Laufzeit zu binden:

```
With txtTitel
  Set .DataSource = adoDS
  .DataField = »Titel«
End With
```

Das Setzen der DataSource-Eigenschaft eines gebundenen Steuerelements muss über die Set-Anweisung erfolgen:

Bereits bei einer so simplen Angelegenheit, wie dem Zuweisen von Werten an die ConnectionString- und RecordSource-Eigenschaft, lassen sich Fehler machen. Am einfachsten natürlich bei der Verbindungszeichenfolge, die dieses »Buchstabenungetüm« an Providernamen enthält. Auch der Name der Tabelle muss stimmen bzw. die angegebene Tabelle muss in der Datenbank enthalten sein, denn sonst ist ebenfalls eine merkwürdige Fehlermeldung die Folge. Lassen Sie sich davon aber nicht entmutigen – nach ein paar Wochen werden Sie auch den Providernamen für die Jet-Datenbank auswendig schreiben können.

17.4.3 Die wichtigsten Eigenschaften des ADO-Datensteuerelements

Die wichtigsten Eigenschaften des ADO-Datensteuerelements sind (natürlich) ConnectionString und RecordSource, denn über sie wird festgelegt, welche Datensatzgruppe über das Datensteuerelement zur Verfügung gestellt wird. Darüber hinaus gibt es eine Reihe weniger wichtiger Eigenschaften, wie zum Beispiel Align oder Orientation, über die festgelegt wird, auf welche Weise das Datensteuerelemenent auf dem Formular angeordnet wird. Die wichtigsten Eigenschaften sind in Tabelle 17.1 zusammengefasst. Es sei an dieser Stelle noch einmal darauf hingewiesen, dass das ADO-Datensteuerelement in erster Linie zum Kennenlernen, für sehr einfache Programme und aus Kompatibilitätsgründen angeboten wird. Die meisten Visual-Basic-Programme greifen über die ADO-Objekte, die in Kapitel 18 an der Reihe sind, direkt auf eine Datenbank zu.

Tabelle 17.1: Die wichtigsten Eigenschaften des ADO-Datensteuerelements

Eigenschaft	Bedeutung
Align	Legt fest, auf welche Weise das ADO-Datensteuerelement auf dem Formular angeordnet wird.
Connection-String	Verbindungszeichenfolge, die die Verbindung zu einer Datenquelle herstellt (z.B. *DSN=Biblio*, um die bereits angelegte ODBC-Datenquelle *Biblio* anzusprechen).
Align	Legt fest, auf welche Weise das ADO-Datensteuerelement auf dem Formular angeordnet wird.
Connection-String	Verbindungszeichenfolge, die die Verbindung zu einer Datenquelle herstellt (z.B. *DSN=Biblio*, um die bereits angelegte ODBC-Datenquelle *Biblio* anzusprechen).

Eigenschaft	Bedeutung
CursorType	Legt fest, durch welchen Cursortyp die Datensatzgruppe, für die das ADO-Datensteuerelement steht, repräsentiert wird. Der Begriff *Cursor* steht im Zusammenhang mit der Datenbankprogrammierung für eine Gruppe von Datensätzen, die z.B. durch eine SQL-Abfrage zurückgegeben wurde. Je nach Cursortyp sind mit den Datensätzen bestimmte Operationen, wie das Zurückbewegen, nicht möglich bzw. möglich. Außerdem legt der Cursortyp fest, ob Änderungen, die andere Benutzer an den Tabellen vornehmen, die dem Cursor zugrunde liegen, sofort oder erst nach dem erneuten Öffnen des Cursors zur Verfügung stehen.
EOFAction	Legt fest, was passiert, wenn der Datensatzzeiger über den letzten Datensatz hinaus bewegt wurde und die *EOF*-Eigenschaft des *Recordset*-Objekts *True* wird.
Locktype	Legt fest, mit welcher Art der Datensatzsperre gearbeitet wird.
MaxRecords	Maximale Anzahl an Datensätzen, die eine Abfrage an das *Recordset*-Objekt zurückgeben sollen.
Mode	Legt die Berechtigung für das Ändern von Daten fest.
RecordSource	Legt fest, auf welche Weise die Datensätze aus einer Datenbank zur Verfügung gestellt werden sollen (z. B. über einen Tabellennamen, eine gespeicherte Abfrage (SQL-Server) oder eine SQL-Anweisung).

17.4.4 Das ADO-Datensteuerelement an einem Beispiel

In diesem Abschnitt wird das ADO-Datensteuerelement unter Beweis stellen, dass der Zugriff auf eine Access-Datenbank tatsächlich ohne Programmierung möglich ist (wenngleich dies in der Praxis keinen echten Vorteil bedeutet – schließlich sind wir alle Programmierer und programmieren für unser Leben gerne). Das Beispielprogramm wird in der Lage sein, die Datensätze einer Tabelle einer Access-Datenbank auf dem Formular anzuzeigen, wobei auch das Editieren der angezeigten Datensätze möglich sein wird.

Legen Sie ein neues Standard-EXE-Projekt an, fügen Sie über PRO- **Schritt 1**
JEKT | KOMPONENTEN ein ADO-Steuerelement hinzu und ordnen Sie es auf dem Formular an. Dies ist die Voraussetzung dafür, dass über die gebundenen Steuerelemente auf die Felder einer Tabelle zugegriffen werden kann. Geben Sie dem ADO-Datensteuerelement den Namen »adoBiblio« (der Name spielt für den Zugriff auf die Datenbank natürlich keine Rolle).

Abbildung 17.5:
Ein ADO-Daten-
steuerelement
wurde auf einem
leeren Formular
angeordnet.

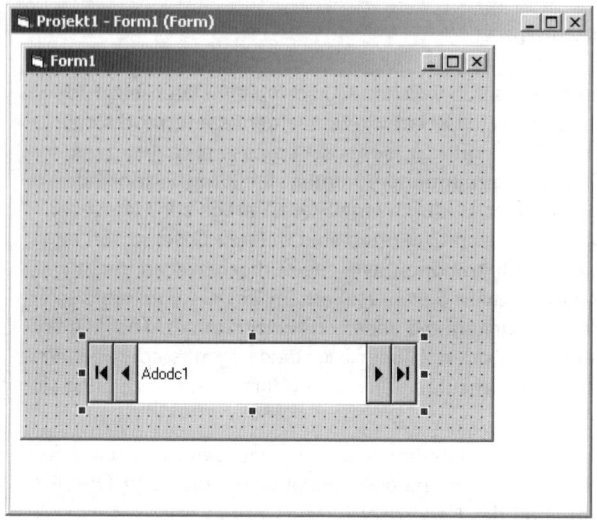

Schritt 2 Verbinden Sie das ADO-Datensteuerelement mit einer Datenquelle. Dies soll für die folgende Übung die Demodatenbank *Biblio.mdb* sein, die sich im Visual-Basic-Verzeichnis befinden sollte. Allerdings besitzt das ADO-Datensteuerelement, anders als das alte Datensteuerelement, keine *DatabaseName*-Eigenschaft, die man einfach auf den Namen der Datenbank setzen könnte. Stattdessen wird die Datenbank über eine sog. *Verbindungszeichenfolge* (engl. »connection string«) ausgewählt, die der *ConnectionString*-Eigenschaft zugewiesen wird. Keine Sorge, das ist sehr viel einfacher als es sich zunächst anhören mag. Selektieren Sie das ADO-Datensteuerelement, wählen Sie als Erstes die *ConnectionString*-Eigenschaft aus und klicken Sie auf die Schaltfläche mit den drei Punkten.

Schritt 3 Es öffnet sich ein Dialogfeld, in dem Sie die voreingestellte Option *Verbindungszeichenfolge verwenden* übernehmen und auf die Schaltfläche *Erstellen* klicken.

Schritt 4 Es erscheint der übliche Auswahldialog für eine OLE DB-Datenquelle, in dem stets zwei Register wichtig sind: Provider und Verbindung. Als Erstes müssen Sie den sog. OLE DB-Provider auswählen, der für die Datenverbindung eingesetzt wird und dessen vollständiger (und im Allgemeinen auch recht langer) Name in die Verbindungszeichenfolge eingesetzt werden muss. Wählen Sie den Provider »Microsoft Jet 4.0 OLE DB Provider«.

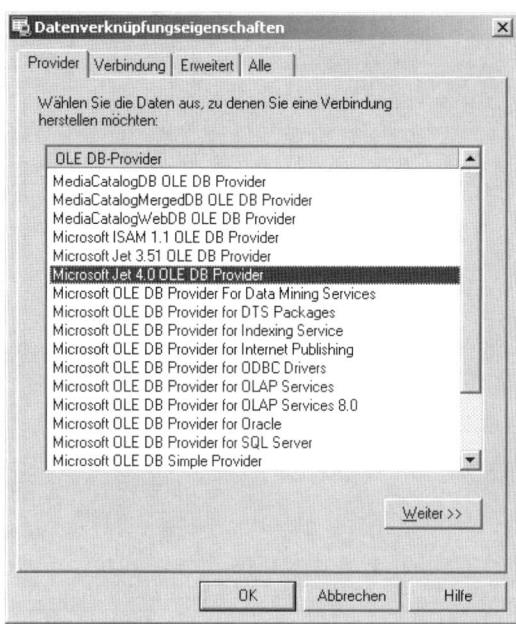

Abbildung 17.6:
In diesem Dia-
logfeld wird der
OLE DB-Provider
ausgewählt.

Schließen Sie das Dialogfeld aber noch nicht, sondern wechseln Sie in **Schritt 5** das Register *Verbindung*, was auch über die Schaltfläche *Weitere* geschehen kann. Wählen Sie in diesem Register den Verzeichnispfad der Mdb-Datei aus, mit der die Verbindung hergestellt werden soll. Schließen Sie das Dialogfeld über *OK*.

Die Verbindungszeichenfolge ist damit erstellt, sie wird zur Kontrolle **Schritt 6** noch einmal angezeigt (auf die Details soll an dieser Stelle nicht eingegangen werden). Schließen Sie das Dialogfeld mit *OK*. Sie haben damit das ADO-Datensteuerelement mit der Jet-Datenbank *Biblio.mdb* über einen OLE DB-Provider verbunden.

Für den Fall, dass Sie später einmal eine Verbindung im Programmcode herstellen möchten: Der Verbindungsstring lautet in diesem Fall »Provider=Microsoft.Jet.OLEDB.4.0;Data Source=C:\ Programme\Microsoft Visual Studio\VB98\Biblio.mdb;«, wobei der Pfad gegebenenfalls angepasst werden muss (achten Sie auf das Leerzeichen zwischen Data und Source).

:-)
TIP

Abbildung 17.7:
In diesem Dia-
logfeld wird die
Mdb-Datenbank
ausgewählt.

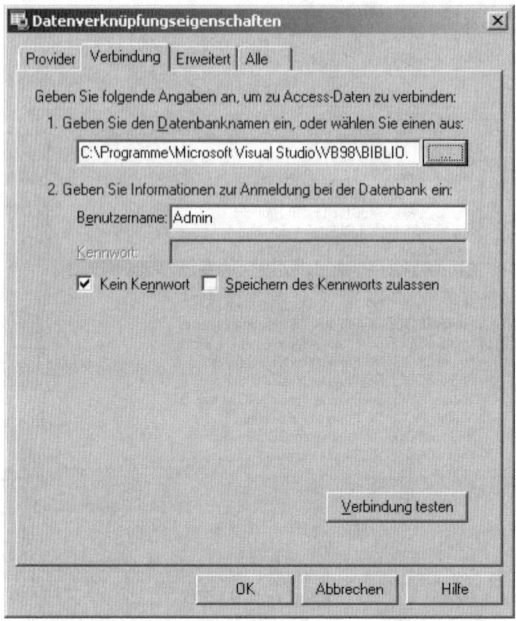

Abbildung 17.8:
Die Verbin-
dungszeichen-
folge ist fertig.

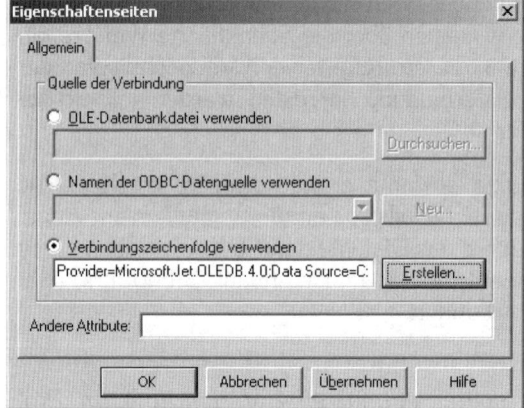

Schritt 7 Noch ist auf dem Formular nicht viel zu sehen. Das wird sich aber gleich ändern. Zunächst müssen Sie dem ADO-Datensteuerelement mitteilen, welche Tabelle es einlesen soll. Selektieren Sie das ADO-Datensteuerelement und klicken Sie auf die Schaltfläche mit den drei Punkten neben der *RecordSource*-Eigenschaft.

Schritt 8 Es öffnet sich ein kleines Dialogfeld, in dem Sie die Datenquelle festlegen. Sie können entweder eine Tabelle auswählen oder ein SQL-Kommando eingeben. Wählen Sie in der oberen Auswahlliste den Eintrag

»2 – adCmdTable«. Daraufhin sollte die darunterliegende Auswahlliste *Tables* aktiv werden, aus der Sie den Eintrag »Titles« wählen. Bestätigen Sie das Dialogfeld mit *OK*.

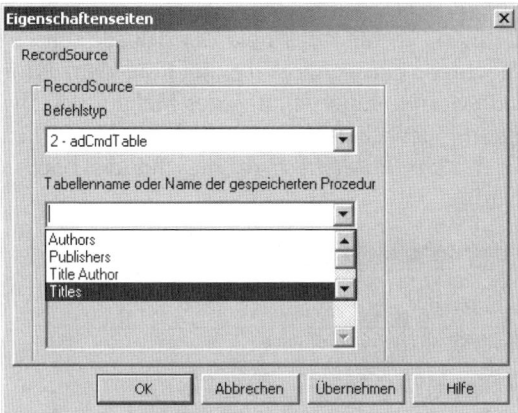

Abbildung 17.9:
In der Register-
karte »Record-
source« wird
eine Tabelle der
Datenbank aus-
gewählt.

Ordnen Sie auf dem Formular ein Textfeld an. Setzen Sie die *Data-Source*-Eigenschaft auf den Namen des ADO-Datensteuerelements, in diesem Fall »adoBiblio«, um es mit dem ADO-Datensteuerelement zu verbinden. **Schritt 9**

Beim Anklicken der *DataField*-Eigenschaft des Textfeldes werden Sie feststellen, dass eine Listenauswahl mit allen zur Verfügung stehenden Feldnamen erscheint. Wählen Sie das Feld *Title* aus. **Schritt 10**

Abbildung 17.10:
Die »Data-
Field«.Eigen-
schaft des Text-
feldes listet alle
in Frage kommen-
den Felder auf.

Sollte an dieser Stelle eine Fehlermeldung erscheinen, haben Sie wahrscheinlich vergessen, für die *RecordSource*-Eigenschaft des ADO-Datensteuerelements den Namen einer Tabelle (oder Abfrage) auszuwählen.

Ordnen Sie für jedes Feld der Tabelle, das Sie sehen und bearbeiten möchten, ein weiteres Textfeld auf dem Formular an. Setzen Sie die *DataSource*-Eigenschaft jedes Mal auf den Wert »adoBiblio«, die *DataField*-Eigenschaft dagegen auf den Namen eines Feldes (z.B. auf das Feld *Year Published*, da dies für die nächste Übung noch benötigt wird).

Abbildung 17.11:
Das erste »ADO-Datenbankprogramm«
in Aktion

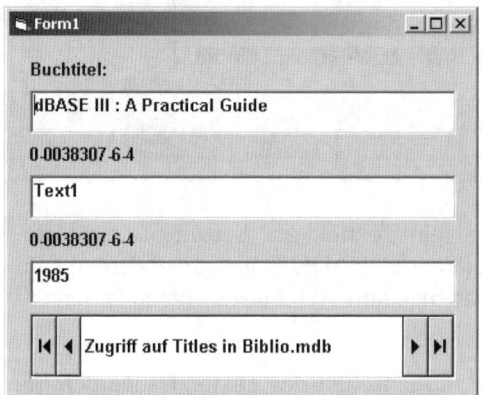

Fertig. Mit ein paar Mausklicks und ohne Programmierung haben Sie ein »Programm« zum Bearbeiten einer beliebigen Datenbanktabelle erstellt. Anstatt *Biblio.mdb* hätte es auch eine Microsoft SQL Server-Datenbank oder eine Excel-Tabelle sein können. Der Aufwand wäre der gleiche, lediglich die *ConnectionString*-Eigenschaft hätte einen anderen Wert erhalten müssen.

Natürlich ist dieses Programm für die Praxis noch nicht einsatzfähig. Zum einen wurde aus Gründen der Einfachheit auf Namenskonventionen verzichtet, zum anderen fehlen noch wichtige Grundfunktionen. So werden Sie feststellen, dass alle Änderungen, die Sie in einem Textfeld durchführen, automatisch in die Datenbank übernommen werden, sobald Sie zu einem anderen Datensatz wechseln. In der Praxis sollte dies nicht ohne Rückfrage beim Benutzer geschehen. Auch fehlen wichtige Datenbankfunktionen, wie die Möglichkeit, Datensätze zu suchen oder seitenweise blättern zu können. Diese Dinge lassen sich zwar mit wenig Programmieraufwand implementieren, sie zeigen aber die grundsätzlichen Begrenzungen des ADO-Datensteuerelements auf.

Einen haben wir noch. Der letzte Schritt soll zeigen, dass das ADO-Da-   **Schritt 11**
tensteuerelement auch SQL kann. Beenden Sie das Programm, wäh-
len Sie beim ADO-Datensteuerelement die *RecordSource*-Eigen-
schaft, wählen Sie aus der oberen Auswahlliste den Eintrag »1 –
adCmdText« und geben Sie in das Textfeld »Befehlstext (SQL)« das folgende SQL-Kommando ein:

```
Select * From Titles Where [Year Published] < 1980
```

Bestätigen Sie das Dialogfeld mit *OK* und führen Sie das Programm erneut aus. Fällt Ihnen etwas auf? Es werden nur noch Datensätze angezeigt, bei denen das Feld »Jahr« kleiner als 1980 ist. Durch die SQL-
Abfrage wurde eine andere Datensatzgruppe zusammengestellt.

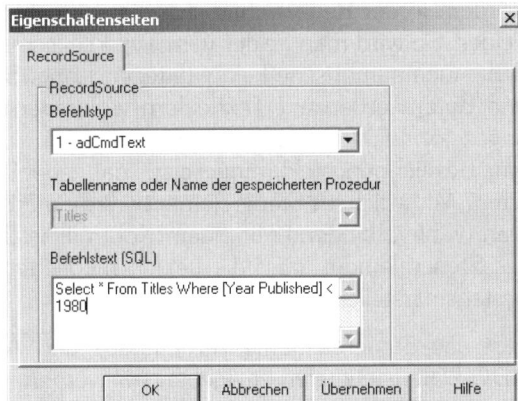

Abbildung 17.12:
Die Record-
Source-Eigen-
schaft besitzt als
Wert nun eine
SQL-Anweisung.

Das ADO-Datensteuerelement ist hervorragend dafür geeignet, den
Inhalt einer Tabelle in gebundenen Steuerelementen, wie Textfel-
dern, Bildfeldern oder Gitternetzen, darzustellen, um über die
Steuerungsknöpfe ein Blättern in der Datensatzgruppe zu ermög-
lichen. Weitergehende Funktionen müssen allerdings program-
miertechnisch gelöst werden, so dass viele VisualBasic-Program-
mierer auf das ADO-Datensteuerelement ganz verzichten und die
komplette Funktionalität direkt über die ADO-Objekte (mehr dazu
in Kapitel 18) nachbauen.

17.5 Die Rolle der gebundenen Steuerelemente

Der wichtigste Grund, das ADO-Datensteuerelement (bzw. allgemeine Datensteuerelemente) für den Zugriff auf eine Datenbank zu verwenden, sind die gebundenen Steuerelemente. Das ADO-Datensteuerelement alleine zeigt noch keine Datensätze an, es stellt lediglich die Verbindung zwischen einer Datensatzgruppe und den einzelnen Steuerelementen her. Jedes dieser Steuerelemente ist in der Lage, den Inhalt eines Feldes anzuzeigen. Welches Steuerelement mit welchem Feld verbunden wird, muss beim Erstellen eines Formulars festgelegt werden. In der Regel richtet sich die Auswahl nach dem Datentyp des Feldes. So wird man Felder vom Typ »Text« mit einem Textfeld verbinden. Auch numerische Felder (Integer, Long, Single, Double, Currency und Byte) werden mit Textfeldern verbunden. Soll der Feldinhalt nur angezeigt, nicht aber bearbeitet werden, wird anstelle eines Textfeldes ein Bezeichnungsfeld eingesetzt, das ebenfalls gebunden arbeiten kann. Mit welchem Steuerelement würde man ein Feld vom Typ Boolean wohl verbinden? Mit einem Kontrollkästchen natürlich, denn dieses Steuerelement kann die beiden möglichen Werte True und False bestens darstellen.

Fast alle Steuerelemente zur Eingabe und Ausgabe können an ein ADO-Datensteuerelement gebunden werden. Das bedeutet, dass der Inhalt eines Feldes automatisch in dem Steuerelement angezeigt und bearbeitet werden kann. Ein solches Steuerelement wird daher als gebunden (engl. »bound control«) bezeichnet. Jedes gebundene Steuerelement besitzt u. a. die Eigenschaften *DataSource*, *DataField*, *DataMember* und *DataChanged*. Wenn Sie einmal die Steuerelemente der Werkzeugsammlung und die einzelnen Zusatzsteuerelemente durchgehen, werden Sie feststellen, dass all jene Steuerelemente gebunden sind, bei denen die Anbindung an eine Datenbank sinnvoll ist. Nicht dabei sind daher der Zeitgeber, das Rahmenfeld, die Bildlaufleisten und das Optionsfeld. Letzteres mag vielleicht überraschen, ergibt aber einen Sinn, wenn man bedenkt, dass es nur im Zusammenspiel mit anderen Optionsfeldern eingesetzt wird.

Eigenschaft	Bedeutung
DataChanged	Ist diese Eigenschaft *True*, wurde der Inhalt des Steuerelements geändert und stimmt nun nicht mehr mit dem Feldinhalt des Datensatzes überein.
DataField	Enthält den Namen eines Datensatzfeldes, der in dem Steuerelement angezeigt werden soll.
DataFormat	Weist dem Steuerelement ein *DataFormat*-Objekt zu, dessen *Value*-Eigenschaft eine spezielle Formatierung festlegt.
DataMember	Wählt für den Fall, dass die Datenquelle mehrere Datensätze zur Verfügung stellt, einen aus. Das ist zum Beispiel bei einer Datenumgebung der Fall, wo über die *DataMember*-Eigenschaft, die den Datentyp String besitzt, der Name eines Befehlsobjekts ausgewählt wird.
DataSource	Enthält den Namen des (ADO-) Datensteuerelements, mit dem das Steuerelement verbunden werden soll. Kann (anders als beim herkömmlichen Datensteuerelement) auch zur Laufzeit über eine *Set*-Anweisung gesetzt werden.

Tabelle 17.2:
Die für den Datenbankzugriff wichtigen Eigenschaften eines gebundenen Steuerelements.

Ein bezüglich seiner Möglichkeiten sehr leistungsfähiges gebundenes Steuerelement ist das Datenbankgitternetz *DataGrid*. Mit seiner Hilfe lässt sich in nur vier Minischritten ein Datenbank-Browser erstellen, der alle Datensätze mit allen dazugehörigen Feldern anzeigt.

Ordnen Sie ein ADO-Datensteuerelement auf einem Formular an. **Schritt 1**

Setzen Sie die Eigenschaften *ConnectionString* und *RecordSource* **Schritt 2** des ADO-Datensteuerelements (wie im letzten Beispiel gezeigt) auf den Namen einer Datenquelle bzw. den einer Tabelle (oder eines SQL-Kommandos).

Ordnen Sie das DataGrid auf dem Formular an, indem Sie es über **Schritt 3** PROJEKT | KOMPONENTEN und Auswahl des Eintrags »Microsoft Data-Grid Control 6.0 (OLEDB)« zur Werkzeugsammlung hinzufügen.

Setzen Sie die *DataSource*-Eigenschaft des Datenbankgitternetzes auf **Schritt 4** den Namen des ADO-Datensteuerelements. Fertig!

Das *DataGrid*-Steuerelement wird in Kürze in Aktion treten, wenn mit dem Datenformularassistenten eine überaus praktische Möglichkeit vorgestellt wird, Datenbankoberflächen anzufertigen.

Abbildung 17.13:
Das ADO-Daten-
steuerelement
wurde an ein
DataGrid
gebunden.

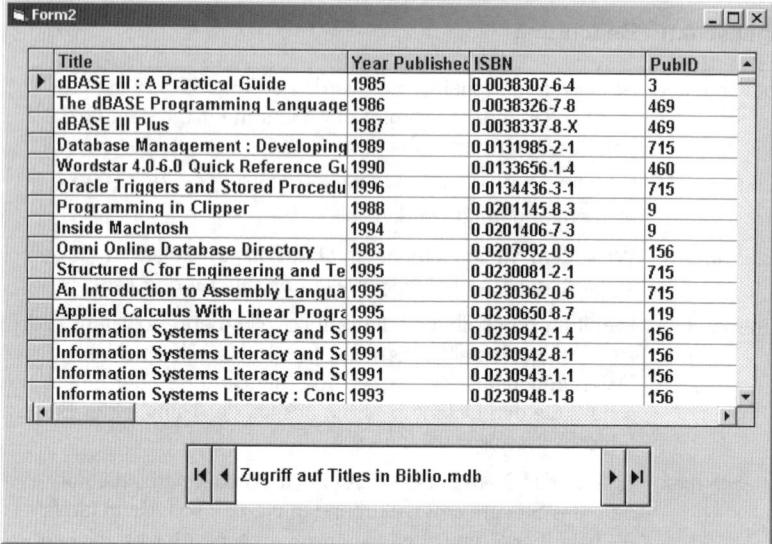

17.5.1 Wie wird ein Steuerelement mit einem Daten-steuerelement verbunden?

Die Antwort auf diese Frage kennen Sie bereits. Um ein auf einem Formular angeordnetes Steuerelement mit einem ADO-Datensteuer-element zu verbinden, muss sich zunächst ein ADO-Datensteuerele-ment auf dem Formular befinden. Um die Zuordnung zwischen dem Steuerelement und dem ADO-Datensteuerelement herzustellen, muss die *DataSource*-Eigenschaft mit dem Namen des Datensteuerelements belegt werden (dies kann allerdings nur zur Entwurfszeit geschehen). Anschließend muss die *DataField*-Eigenschaft den Namen jenes Feldes enthalten, der in dem Steuerelement dargestellt werden soll. Dies kann auch während der Programmausführung geschehen. Existiert das an-gegebene Feld nicht, ist ein Laufzeitfehler die Folge.

Wurde die Verbindung zwischen dem Steuerelement und seinem zu-ständigen ADO-Datensteuerelement hergestellt (auf einem Formular können auch mehrere ADO-Datensteuerelemente angeordnet wer-den), wird der Feldinhalt nicht nur in dem Steuerelement dargestellt, er kann auch, sofern das Steuerelement eine Eingabe zulässt, automa-tisch bearbeitet werden. Während der Programmausführung bietet das ADO-Datensteuerelement nur eine minimale Funktionalität. Über sei-ne vier Schaltflächen ist nur ein einfaches Blättern in der aktuellen Da-tensatzgruppe möglich. Alle weiteren Datenbankfunktionen, wie z.B. das Löschen oder Hinzufügen von Datensätzen, müssen durch einen zusätzlichen Programmcode implementiert werden. Dafür stellt das

ADO-Datensteuerelement, genauer gesagt sein *Recordset*-Objekt, eine Reihe elementarer Methoden zur Verfügung. Dieses ADO-Recordset-Objekt, das für einen oder mehrere Datensätze steht (daher auch sein Name – Recordset, zu dt. »Datensatzgruppe«), wird in Kapitel 18 ausführlich vorgestellt, in dem es um die direkte Programmierung mit den ADO-Objekten geht.

Schaltfläche	Bedeutung
⏮	Gehe zum ersten Datensatz der Datensatzgruppe (*MoveFirst*-Operation).
◀	Gehe zum zurückliegenden Datensatz (*MovePrevious*-Operation).
▶	Gehe zum nächsten Datensatz (*MoveNext*-Operation).
⏭	Gehe zum letzten Datensatz (*MoveLast*-Operation).

Tabelle 17.3:
Die Bedeutung
der vier Schalt-
flächen eines
ADO-Datensteu-
erelements

17.5.2 Wie wird der Inhalt eines gebundenen Steuerelements abgespeichert – die Ereignisse eines ADO-Recordsets

Gebundene Steuerelemente zeigen automatisch den Inhalt eines einzelnen Datenbankfeldes an. Normalerweise wird der Inhalt eines gebundenen Steuerelements in die Datensatzgruppe zurückgeschrieben, sobald der aktuelle Datensatz ungültig wird, z.B. weil der Benutzer auf die »Gehe zum nächsten Datensatz«-Schaltfläche im Datensteuerelement geklickt hat. Nicht immer ist es jedoch erwünscht, dass dadurch der Inhalt des Steuerelements in die Datenbank übertragen wird. Für diesen Fall existiert beim ADO-Datensteuerelement das *WillChangeRecord*-Ereignis. Es wird immer dann aufgerufen, bevor sich der Inhalt des über das ADO-Recordset-Objekt verwalteten aktuellen Datensatzes (engl. »record«) ändern soll, z.B. weil eine *MoveNext*-Operation ausgeführt werden soll und der Inhalt eines der Felder geändert wurde. Es ist sehr aufschlussreich, sich einmal die Ereignisprozedur genauer anzusehen:

```
Private Sub adoData_WillChangeRecord(ByVal adReason As
ADODB.EventReasonEnum, _
 ByVal cRecords As Long, _
 adStatus As ADODB.EventStatusEnum, _
 ByVal pRecordset As ADODB.Recordset)
```

Machen Sie sich nichts aus dem Umstand, dass der Prozedur insgesamt vier Argumente übergeben wurden (und diese etwa der besseren Übersichtlichkeit halber auf mehrere Zeilen verteilt werden). Über *adReason* erfahren Sie, warum die Änderung erfolgen soll (z. B. eine Update-Aktion). Das Argument *cRecords* steht für die Anzahl der sich ändernden Datensätze. Wichtig ist das Argument *adStatus*, denn durch Setzen auf den Wert *adStatusCancel* können Sie verhindern, dass die Änderung in die Datenquelle übernommen wird. Schließlich wird Ihnen über *pRecordset* das *Recordset*-Objekt übergeben, auf das sich das Ereignis bezieht. Möchten Sie daher verhindern, dass die aktuellen Inhalte der gebundenen Steuerelemente in die Datenbank übernommen werden, muss *adStatus* auf *False* gesetzt werden:

```
adStatus = adStatusCancel
```

In der Regel fragt man den Benutzer zuerst, ob die geänderten Daten gespeichert werden sollen:

```
Dim iAntwort As VbMsgBoxResult
iAntwort = MsgBox(»Änderungen in Datenbank übernehmen?«, vbQuestion +
vbYesNo)
If iAntwort = vbNo Then
  adStatus = adStatusCancel
End If
```

Eine Auflistung aller Konstanten, die *adStatus* zugewiesen werden können, finden Sie u. a. im Objektkatalog ([F2]-Taste), indem Sie aus der linken Klassenliste die *Recordset*-Klasse auswählen (stellen Sie dazu in der Liste der Objektbibliotheken am besten ADODB ein), in der rechten Liste das Ereignis *WillChangeRecordset* wählen und in der Syntaxbeschreibung (ganz unten) auf *EventReasonEnum* klicken.

Wird ein Datensatz bewegt, ohne dass Änderungen vorgenommen wurden, werden nacheinander die Ereignisse *WillMove* sowie *MoveComplete* ausgelöst. Leider ist der Umgang mit den ADO-Ereignissen alles andere als simpel. Das liegt zum einen daran, dass die komplexe Arbeitsweise des zugrunde liegenden OLE DB-Providers eine Vielzahl unterschiedlicher und voneinander abhängiger Ereigniskombinationen auslösen kann und das Ganze in der Visual-Basic-Hilfe nur äußerst spärlich dokumentiert ist. Sollten Sie auf »unlösbare« Schwierigkeiten stoßen, ist es unter Umständen ratsamer, auf die Ereignisse komplett zu verzichten und die Frage »Aktualisieren Ja/Nein?« mit anderen Hilfsmitteln, etwa durch Abfragen der *DataChanged*-Eigenschaft, zu lösen. Zumindestens dieser Aspekt ist beim alten Datensteuerelement sehr viel einfacher gelöst.

Die folgende Variante hat sich in Tests als erfolgreich erwiesen, wenn es darum geht, das Zurückschreiben von Änderungen in Abhängigkeit einer Bedingung durchzuführen:

```
Private Sub adoData_RecordChangeComplete(ByVal adReason As
ADODB.EventReasonEnum, ByVal cRecords As Long, ByVal pError As ADODB.Error,
adStatus As ADODB.EventStatusEnum, ByVal pRecordset As ADODB.Recordset)
  If adStatus = adStatusErrorsOccurred Then
    adStatus = adStatusUnwantedEvent
  End If
End Sub
Private Sub adoData_WillChangeRecord(ByVal adReason As
ADODB.EventReasonEnum, ByVal cRecords As Long, adStatus As
ADODB.EventStatusEnum, ByVal pRecordset As ADODB.Recordset)
  Dim iAntwort As VbMsgBoxResult
  If chkUpdate.Value = 1 Then
   If adReason = adRsnFirstChange Then
      adStatus = adStatusCancel
      Text1.DataChanged = False
   End If
  End If
End Sub
```

In diesem Beispiel, das aus einem Zusammenspiel der Ereignisse *RecordChangeComplete* und *WillChangeRecord* besteht, entscheidet der Zustand eines Kontrollkästchens darüber, ob Daten aktualisiert werden oder nicht. Achten Sie darauf, dass das Anzeigen einer *Msgbox* offenbar die Abfolge der Ereignisse durcheinander bringen und zu »eigenartigen« Resultaten führen kann.

Wie lässt sich feststellen, ob ein gebundenes Steuerelement nicht mehr mit dem Inhalt des Datensatzes übereinstimmen könnte? Über die DataChanged-Eigenschaft der gebundenen Steuerelemente. Ist diese True, wurden in dem Steuerelement Änderungen vorgenommen. Durch Setzen dieser Eigenschaft auf False wird ein Zurückschreiben des Feldes in den Datensatz verhindert. Wird der Datensatzzeiger bewegt, wird die DataChanged-Eigenschaft automatisch auf False gesetzt. Wird die Aktion allerdings in der WillChangeRecord-Ereignisprozedur abgebrochen, behält auch die DataChanged-Eigenschaft ihren alten Wert.

17.6 Das Anlegen einer Datenbank mit dem Visual Data Manager

Geht es lediglich um den Zugriff auf eine Datenbank, um den Inhalt einer Tabelle oder darum, das Ergebnis einer SQL-Abfrage anzuzeigen, ist das ADO-Datensteuerelement bestens geeignet (wenngleich ein großer Teil der Funktionalität per Programmcode hinzugefügt werden muss – mehr dazu im Kapitel 18). Doch wie sieht es mit dem Anlegen einer Datenbank aus? Dafür gibt es (wie immer) mehrere Möglichkeiten:

➡ Sie verwenden dafür Microsoft Access, den Visual Data Manager oder die Datenwerkzeuge der Enterprise-Edition.

➡ Sie verwenden die entsprechenden SQL-Datendefinitionsanweisungen (z. B. CREATE DATABASE und CREATE TABLE).

➡ Sie verwenden die Objekte der Microsoft ADO Ext. 2.5 for DDL and Security-Objektbibliothek (kurz ADOX). Diese Methode wird in Kapitel 18 vorgestellt.

Unabhängig davon für welche Methode Sie sich entscheiden, besteht das Anlegen einer Datenbank aus dem Anlegen einzelner Tabellen und dem Hinzufügen von Feldern mit einem bestimmten Datentyp. Anschließend wählen Sie, welche Felder einen Index besitzen oder die Rolle eines Primärschlüssels spielen sollen, und legen gegebenenfalls Beziehungen zwischen einzelnen Feldern und Validierungsregeln, die beim Zuweisen neuer Werte in Kraft treten, fest. Zum Schluss werden die einzelnen Felder mit Daten gefüllt und fertig ist die Datenbank. Was sich in der Theorie ziemlich einfach anhört, wirft in der Praxis ein grundlegendes Problem auf: Die Organisation der Datenbank. Konkret: Welche Tabellen lege ich an, welche Felder enthält eine Tabelle und vor allem welche Beziehungen müssen zwischen den einzelnen Feldern existieren? In der Regel geht man, sofern man sich kein teures Modellierungsprogramm leisten kann[4], so vor, dass man die zu verarbeitenden Daten auf ein Blatt Papier schreibt, sie in Gruppen einteilt und daraus die Aufteilung in Tabellen ableitet. Durch die Gruppenunterteilung ergeben sich automatisch bestimmte Beziehungen, die in Primär- und Fremdschlüsseln ausgedrückt werden. Steht die Grundstruktur der Datenbank, schließt sich eine sog. *Normalisierung* an. Dies ist ein Fachbegriff aus dem Lehrbuch über relationale Datenbanken; in der Visual-Basic-Hilfe werden Sie ihn daher nicht finden. Unter Normalisierung versteht man das Anwenden gewisser Regeln (z. B.

---

[4] Diese Programme sind in der Regel nicht nur teuer, sondern sehr teuer.

darf in einer Tabelle ein Feld nur einmal vorkommen, ein Primärschlüssel muss eindeutig sein usw.), die sicherstellen sollen, dass die Struktur der Datenbank den Gesetzmäßigkeiten des relationalen Datenbankmodells gehorcht (mehr dazu in Kapitel 17.1.1). Dies sind Dinge, bei denen Ihnen Visual Basic keinerlei Hilfestellung bieten kann. Zum Glück lassen sich viele Dinge bei der Implementation einer Datenbank durch »Nachdenken« von allein ableiten. Andere Dinge sind in Büchern über relationale Datenbanken und auch über Microsoft Access sehr gut beschrieben.

Die Implementation, d.h. das Festlegen der »Feinstruktur« einer Datenbank, ist allerdings ein Vorgang, dessen Komplexität und vor allem Wichtigkeit man nicht unterschätzen sollte. Vor allem muss berücksichtigt werden, dass spätere Änderungen an der Datenbankstruktur zwar grundsätzlich möglich sind, aber weit reichende Änderungen in den Programmen, die auf die Datenbank zugreifen, nach sich ziehen können.

Unterschätzen Sie nicht den Aufwand, der für die »saubere« Implementierung einer Datenbank, d.h. die Aufteilung der anfallenden Daten auf die einzelnen Tabellen und das Festlegen von Beziehungen zwischen Feldern verschiedener Tabellen, notwendig ist. Gehen Sie nicht davon aus, später alles noch einmal ändern zu können. Planen Sie den Entwurf vielmehr so, dass er später nicht mehr geändert werden muss. Die Leichtigkeit, mit der sich in Visual Basic und in Microsoft Access Tabellen anlegen lassen, darf nicht zu der Annahme verleiten, dass damit auch eine saubere Datenbankstruktur einhergeht. Im Gegenteil, es ist nahezu unmöglich (und keinesfalls zu empfehlen), eine Datenbank ab einer bestimmten Größenordnung aus dem Stegreif, d.h. ohne gründliche Vorbereitung, zu implementieren.

17.6.1 Eine Datenbank im Selbstbau

Die »ernsten« Hinweise im letzten Abschnitt sollen natürlich niemanden davon abhalten, einfach einmal mit Hilfe des Visual Data Managers eine Jet-Datenbank anzulegen. Wo bei Ihrem Entwurf die Schwachstellen liegen, werden Sie schon früh genug herausfinden und mit zunehmender Erfahrung (man soll stets positiv in die Zukunft blicken) auch in der Lage sein, Design-Schwächen zu beheben oder gar nicht erst entstehen zu lassen. Im Folgenden soll die Jet-Datenbank *Buchversand.mdb* erstellt werden, die für die Beispiele der nächsten Abschnitte verwendet wird. Da es sich um eine absolute Minidatenbank (der Begriff »Mikro« wäre wahrscheinlich noch zu hoch gegriffen) handelt, lässt sie sich in wenigen Schritten erstellen. Wenn alles gut geht, verfügen Sie in etwa 30 Minuten über eine Jet-Datenbank, die aus mehreren Tabellen und einigen Datensätzen pro Tabelle besteht.

Schritt 1 Starten Sie den Visual Data Manager über den Menübefehl ADD-INS | VISUAL DATA MANAGER.

Schritt 2 Legen Sie über den Menübefehl DATEI | NEU eine neue Tabelle an. Wählen Sie nacheinander die Einträge MICROSOFT ACCESS und VERSION 7.0 MDB. Geben Sie in das Dialogfeld den Namen der Datenbank, er soll »Buchversand.mdb« lauten, ein und klicken Sie auf die *Speichern*-Schaltfläche.

Schritt 3 Damit haben Sie eine neue (Jet-) Datenbank erstellt. Da diese aber noch keine Tabellen besitzt, gibt es nicht viel zu sehen. Die weitere Vorgehensweise ist beim Visual Data Manager leider ein wenig diffus. Man würde erwarten, dass eines der Menüs einen Befehl vom Typ »Tabelle hinzufügen« enthält. Stattdessen müssen Sie das Datenbankfenster mit der rechten Maustaste anklicken und den Befehl NEUE TABELLE wählen. Es erscheint ein recht umfangreiches Dialogfeld, in dem Sie zuerst den Namen der Tabelle und anschließend die Namen aller zu der Tabelle gehörenden Felder und ihre Typen eintragen müssen (das Eintragen der Feldinhalte kommt später). Orientieren Sie sich bei der Eingabe der Felder an Tabelle 17.3. Wie diese zeigt, besitzt die Datenbank insgesamt fünf Tabellen mit den Namen »Buchtitel«, »Autoren«, »Verkäufer«, »Buchverkäufe« und »Kunden« (es handelt sich also um eine Datenbank, die in einem kleinen Buchversand zum Einsatz kommen könnte – damit es nicht zu unübersichtlich wird, beschränken sich die Tabellen auf das absolute Minimum. Falls die Datenbank wirklich in der Praxis benutzt werden sollte, müssten zusätzliche Felder hinzugefügt werden).

Die Datenbank Buchversand.mdb finden Sie auch auf der Buch-CD (bzw. auf der Webseite des Autors). Sie wird auch für die Beispielprogramme in Kapitel 18 verwendet.

Der Wert in Klammern in der Spalte Typ gibt beim Datentyp Text die Größe eines Feldes an. Sie kann bei Jet-Datenbanken zwischen 1 und 255 Zeichen liegen und ist für dieses Beispiel vollkommen unkritisch.

Tabelle Buchtitel	Feldname	Typ
Buchtitel	BuchNr	Long
Buchtitel	Titel	Text (255)
Buchtitel	Jahr	Integer
Buchtitel	AutorNr	Long

Tabelle 17.4: Der Aufbau von Buchversand. mdb

Tabelle Autoren		
Autoren	AutorNr	Long
Autoren	AutorName	Text (64)
Tabelle Verkäufer		
Verkäufer	VerkäuferNr	Long
Verkäufer	VerkäuferName	Text (64)

Tabelle Buchverkäufe		
Buchverkäufe	VerkaufsNr	Long
Buchverkäufe	BuchNr	Long
Buchverkäufe	KundenNr	Long
Buchverkäufe	Anzahl	Integer
Buchverkäufe	Einzelpreis	Currency
Buchverkäufe	Rabatt	Byte
Buchverkäufe	VerkäufcrNr	Long
Buchverkäufe	Verkaufsdatum	Date/Time

Tabelle Kunden		
Kunden	KundenNr	Long
Kunden	Kundenname	Text (64)
Kunden	PLZ	Text (5)

Klicken Sie nach Eingabe der Felder für die Tabelle *Buchtitel* noch **Schritt 4** nicht auf *Tabelle erstellen*, sondern zunächst auf *Index hinzufügen*, da die Tabelle einen Index als Primärschlüssel erhalten soll (auch wenn es nicht zwingend notwendig ist, ist es eine wichtige Voraussetzung für eine »richtige« Datenbank). Geben Sie für den Namen des Index »inx-BuchNr« ein, und wählen Sie als zu indizierendes Feld »BuchNr« aus. Achten Sie darauf, dass die Option *Unique* gesetzt ist. Das bedeutet, dass der Feldinhalt in der Tabelle nur einmal vorkommen darf, was bei einer Buchnummer (anders als zum Beispiel beim Titel oder der Autorennummer, die immer mehrfach vorkommen können) selbstverständlich sein sollte. Klicken Sie auf *OK* und auf *SCHLIEßEN*, um den Index zur Tabelle hinzuzufügen, und anschließend auf *SCHLIEßEN*, um die Tabelle zu erstellen.

Schritt 5 Legen Sie nach dem gleichen Verfahren die vier übrigen Tabellen an. Das Hinzufügen eines Primärschlüsselindex' ist bei jeder Tabelle empfehlenswert, da die Jet-Engine so schneller einen Datensatz lokalisieren kann, aber es ist nicht notwendig.

Schritt 6 Führen Sie für das Datenbankfeld *Anzahl* der Tabelle *Buchverkäufe* eine Validierungsregel ein, indem Sie in das Feld »ValidationRule« den Ausdruck »>0« eintragen. Diese Bedingung wird in der Datenbank gespeichert und führt dazu, dass bei einer Zuweisung an das Feld geprüft wird, ob der Wert für *Anzahl* größer 0 ist. Ist dies nicht der Fall, wird die Zuweisung nicht durchgeführt und ein Laufzeitfehler ist die Folge. Das hat den Vorteil, dass diese Abfrage nicht in das Programm eingebaut werden muss, ist aber unter Umständen etwas unflexibler. Im Feld »ValidationText« können Sie einen Text eintragen, der beim Auslösen dieses Fehlers angezeigt wird. Und weil wir gerade dabei sind – tragen Sie in das Feld »DefaultValue« den Wert 1. ein. Dies bewirkt, dass in jedem neu angelegten Datensatz das Feld *Anzahl* automatisch den Wert 1 erhält.

*Abbildung 17.14:
In diesem Dialogfeld des
Visual Data
Managers werden die Felder
einer Tabelle
festgelegt und
bearbeitet.*

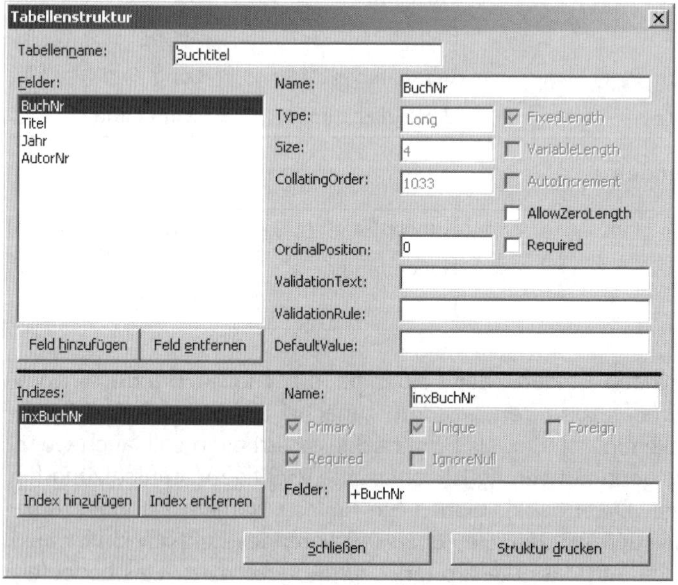

Die Datenbank besitzt nun fünf Tabellen. Sie werden feststellen, dass **Schritt 7** der Visual Data Manager die komplette Struktur der Datenbank hierarchisch darstellt. Das ist auf der einen Seite sehr praktisch, am Anfang aber auch recht verwirrend (siehe Abbildung 17.15).

Abbildung 17.15: Der Visual Data Manager zeigt die Struktur einer Tabelle stets hierarchisch an.

Füllen Sie die Tabelle mit einem Inhalt. Auch diese Funktion muss man **Schritt 8** erst einmal suchen. Klicken Sie zum Beispiel die Tabelle *Buchtitel* in der Baumansicht mit der rechten Maustaste an und wählen Sie den Befehl ÖFFNEN. Stellen Sie aber sicher, dass in der Symbolleiste die Optionsschaltfläche »*Recordset vom Typ Dynaset*« angeklickt ist, sonst können keine Änderungen an der Tabelle gemacht werden. Nun können Sie beliebig viele Datensätze hinzufügen. Wie Sie die Felder füllen, spielt in diesem Beispiel natürlich keine Rolle (auf der Buch-CD finden Sie eine Datenbank mit dem Namen *Buchversand.mdb*, die Sie als Grundlage verwenden können). Wenn Sie die Datenbank von Grund auf selber erstellen möchten, sollten Sie pro Tabelle etwa 4-5 Datensätze einfügen, wobei Sie sich die Feldinhalte ausdenken können (denken Sie aber daran, für Anzahl in der Tabelle *Buchverkäufe* immer einen Wert größer 0 einzugeben, denn dies sieht die Validierungsregel so vor).

Welche Daten Sie in die einzelnen Felder eintragen, spielt natürlich keine Rolle. Bei der Vergabe der Felder, die für eine Nummer stehen, es sind die Felder *BuchNr*, *AutorNr*, *VerkäuferNr*, *VerkaufsNr* und *KundenNr*, gilt es, eine gewisse Systematik einzuhalten. So können die Werte für *BuchNr* bei 1000 beginnen für jedes Buch um eins erhöht werden, das Feld *AutorNr* kann bei 2000 beginnen und für jeden Autorendatensatz um eins erhöht werden, das Feld *VerkäuferNr* entsprechend bei 3000 usw. Als Alternative zu dieser künstlichen Systematik kann ein Feld beim Anlegen auch den Typ *AutoIncField* erhalten. Dies bewirkt, dass der Feldinhalt automatisch bei jedem Datensatz um eins erhöht wird. Der Nachteil dieses zunächst recht praktisch klingenden Verfahrens ist allerdings, dass die Jet-Engine »irgendwelche« Zahlen vergibt und es auch nicht möglich ist, wieder bei einer niedrigeren Zahl anzufangen (etwa, wenn ein Datensatz in der Mitte gelöscht wurde).

Schritt 9   Fertig! Sie haben eine kleine Jet-Datenbank erstellt und (hoffentlich) mit Inhalten gefüllt. Auch wenn es mit Access sicherlich ein wenig komfortabler geht, hat der Visual Data Manager seine Arbeit gut gemacht.

Wie es weiter geht, hängt von Ihnen ab. Die beste Übung ist es sicherlich (wie es ansatzweise in Kapitel 17.7 gezeigt wird), ein kleines Formular anzulegen, mit dem der Inhalt der Datenbank angezeigt und bearbeitet werden kann. Dies können Sie entweder »zu Fuß« erledigen, Sie können es aber auch von einem Assistenten erledigen lassen.

17.7   Mit dem Formularassistenten Formulare mit eingebauter Datenbankanbindung erstellen

Wer schon einmal eine umfangreichere Datenbankmaske durch Anordnen der Steuerelemente auf einem Formular und durch Setzen der *DataSource*- und *DataField*-Eigenschaft bei jedem einzelnen Steuerelement erstellt hat, wird sich sicherlich die Frage gestellt haben, ob das nicht auch einfacher geht. Es geht, denn genau dafür sind die Assistenten da. Ein Formular mit Steuerelementen, die mit den Feldern einer Datenbanktabelle verbunden sind, erstellt Ihnen das Add-In »Datenformularassistent«, das über das ADD-INS-Menü zur Verfügung steht. Das Besondere am Datenformularassistenten ist, dass das Add-In nicht nur alle Eigenschaften auf die benötigten Werte setzt, sondern auch zusätzliche Programmbefehle einfügt und somit eine Grundfunktionalität zur Verfügung stellt. So finden Sie auf dem Formular auch Schaltflächen für die Operationen »Hinzufügen« und »Löschen«. Sehen Sie sich den generierten Programmcode einmal in Ruhe an. Sie lernen so ein paar wichtige Dinge über die Programmierung des ADO-Datensteuerelements.

Im Folgenden wird das Erstellen einer Datenbankmaske anhand der im letzten Abschnitt angelegten Datenbank *Buchversand.mdb* gezeigt. Sie können aber auch jede andere Datenbank, z. B. die beliebte Demo-Datenbank *Biblio.mdb* (zu finden im Visual-Basic-Verzeichnis), verwenden.

Aktivieren Sie das Add-In, indem Sie den Befehl ADD-IN MANAGER im **Schritt 1** ADD-INS-Menü ausführen und im Auswahlmenü den Eintrag »VB 6 Datenformular-Assistent« wählen. Das ADD-INS-Menü enthält einen neuen Eintrag, über den der Assistent jederzeit gestartet werden kann.

Starten Sie den Datenformularassistenten. Nach dem üblichen Begrü- **Schritt 2** ßungsdialog, in dem Sie bereits durchgeführte Einstellungen abrufen können, müssen Sie im nächsten Schritt ein unter Umständen vorhandenes Profil auswählen. Da es ein solches nicht gibt, klicken Sie auf *Weiter*. Im nächsten Schritt müssen Sie den Typ der Datenbank auswählen. Wählen Sie »Access«.

Jetzt müssen Sie die Datenbank auswählen. Wählen Sie für diese **Schritt 3** Übung die im letzten Abschnitt erstellte Datenbank *Buchversand.mdb*.

Geben Sie dem zu erstellenden Formular einen Namen, z.B. »frm- **Schritt 4** Buchtitel«. Nun kommt eine wichtige Entscheidung. Sie müssen nämlich auswählen, welchen Formulartyp der Assistent erstellen soll. Zur Auswahl stehen: »Einzelner Datensatz«, »Tabelle« und »Master/Detail«, »Microsoft HFlexGrid« und »Microsoft Chart«. Die erste Option erstellt die einfachste Form der Maske, denn hier werden auf dem Formular einzelne Steuerelemente angeordnet, so dass Sie stets den Inhalt eines einzelnen Datensatzes einsehen und bearbeiten können. Wählen Sie dagegen die Option »Tabelle«, werden die Datensätze in einer Tabelle angezeigt, wobei so viele Datensätze auf einmal angezeigt werden, wie im sichtbaren Teil der Tabelle Platz haben. Wählen Sie diese Option, wenn Sie sich eine Übersicht über eine Tabelle verschaffen möchten. Die Option »Master/Detail« wird immer dann gewählt, wenn zwei Tabellen im Spiel sind und beide Tabellen ein gemeinsames Feld besitzen. Hier werden auf dem Formular zwei Datensteuerelemente angeordnet. Entsprechend müssen Sie zwei Tabellen und in jeder Tabelle einen Schlüssel, d.h. ein Datenfeld, auswählen, das beide Tabellen verbindet. Das klassische Beispiel ist eine Auftragsbearbeitung, die aus zwei Tabellen besteht: offene Aufträge und Kundenstammdaten. In der Master/Detail-Ansicht können Sie z.B. zu einer Kundennummer alle Aufträge dieses Kunden sehen. Die Kundennummer kommt aus der Stammdatentabelle (sie spielt die Rolle des Primärschlüssels). Die zweite Tabelle enthält alle aktuellen Aufträge. Hier gibt es ebenfalls ein Feld mit der Kundennummer. In der »Master/Detail«-Ansicht wird eine Eingabemaske erzeugt, die aus einem Eingabefeld für den Primärschlüssel der ersten Tabelle, bezogen auf das obige Beispiel also die Kundennummer, und einer Tabelle besteht, in der alle Datensätze der zweiten Tabelle angezeigt werden, also die offenen Aufträge, die mit ihrem *KundenNr*-Feld mit der eingegebenen Kundennummer übereinstimmen. Datenbankprofis nennen dies eine 1:n-Beziehung zwischen einem Primärschlüssel und n Fremdschlüsseln. Bezogen auf unsere Buchdatenbank liegt eine solche Beziehung z.B. zwischen der Tabelle *Buchverkäufe* und der Tabelle *Buchtitel* vor. Die Tabelle *Buchverkäufe* ist die Detailstabelle – sie enthält in jedem Datensatz ein Feld *BuchNr*, das auf genau einen Datensatz in der Mastertabelle verweist. Dadurch müssen die redundanten Daten nicht in der Tabelle mit den Verkäufen gespeichert werden.

:-)
TIP

Wenn Sie diese leistungsfähige Form der Datenbankansicht in einer weiteren Variante in Aktion erleben möchten, wählen Sie die Demo-Datenbank Biblio.mdb *(die Datenbank muss mehrere Tabellen oder Abfragen enthalten, was bei unserer kleinen Datenbank nicht der Fall ist), wählen Sie für die »Master-Datenquelle« die Tabelle »Authors«, für die Details-Tabelle »All Titels« und geben als gemeinsames Feld das Feld »Author« an. Sie erhalten ein Formular, in dem in der Detailansicht stets alle von dem in der Master-Tabelle ausgewählten Autor verfassten Bücher aufgelistet werden.*

Doch zurück zur Übung. Neben der Option *Einzelner Datensatz* müssen Sie über die Option *ADO-Datensteuerelement* angeben, dass der Programmcode für das ADO-Datensteuerelement aufgebaut werden soll. Klicken Sie auf die WEITER-Schaltfläche.

Schritt 5 Im nächsten Schritt müssen Sie die Tabelle auswählen, auf deren Grundlage das Formular erstellt werden soll. Wählen Sie die Tabelle Buchtitel, da in dieser Eingabemaske gearbeitet werden soll. Nach Auswahl der Tabelle werden alle Felder der Tabelle in einer Auswahlliste aufgeführt. Sie können nun festlegen, welche Felder auf dem Formular erscheinen sollen. Über die $\boxed{\leftarrow}$ + $\boxed{\rightarrow}$-Tasten können Sie die Reihenfolge der einzelnen Felder verschieben, dies ist für unser Beispiel aber noch nicht erforderlich. Übertragen Sie alle Felder in die Auswahlliste, und klicken Sie auf die Weiter-Schaltfläche.

Schritt 6 In diesem Dialogfeld können Sie festlegen, welche Schaltflächen auf der Eingabemaske nicht verfügbar sein sollen und ob auch das Datensteuerelement sichtbar sein soll. So wird man die Option *Schaltfläche Löschen* deaktivieren, wenn der Benutzer keine Gelegenheit erhalten soll, Datensätze zu löschen. Der Assistent erzeugt für jede der gewählten Schaltflächen den erforderlichen Programmcode, um die dahinter stehende Operation mit dem ADO-Datensteuerelement durchführen zu können.

Schritt 7 Jetzt sind Sie fast am Ziel. Im letzten Schritt können Sie alle getroffenen Einstellungen speichern, so dass sie beim nächsten Mal auf Abruf

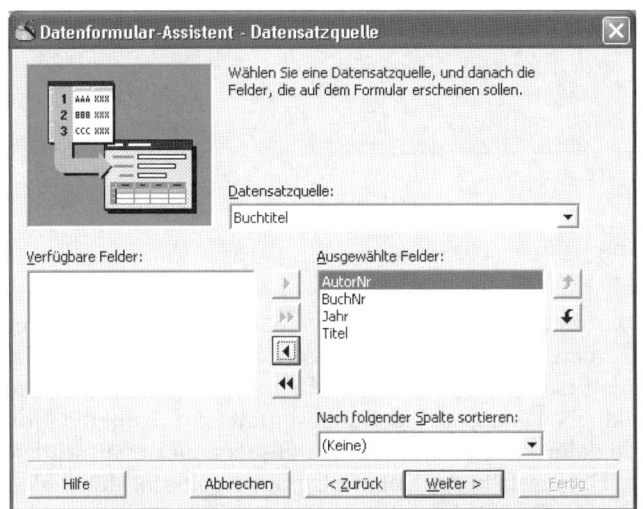

Abbildung 17.16:
In diesem Dialog-
feld werden die
Felder ausge-
wählt, die in der
Eingabemaske
erscheinen sol-
len.

zur Verfügung stehen (dies ist jenes Profil, das im ersten Dialogfeld ausgewählt werden kann). Klicken Sie auf die FERTIG-Schaltfläche, damit der Assistent das Formular erstellen kann.

Fertig! Damit ist das Eingabeformular erstellt. Sie können das Ergebnis bewundern, Sie können es aber auch schon über die F5-Taste ausführen. Doch Vorsicht, Sie arbeiten nicht mit einer »Attrappe«, sondern mit einem bereits in Teilen funktionsfähigen Prototyp. Wenn Sie z.B. auf die LÖSCHEN-Schaltfläche klicken, wird tatsächlich ein Datensatz (unwiderruflich, denn eine Undo-Funktion gibt es hier nicht) in der Datenbank entfernt.

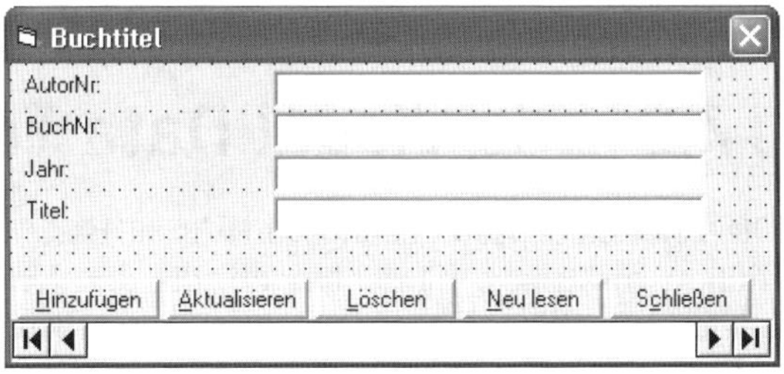

Schritt 8

Abbildung 17.17:
Der Datenformu-
larassistent hat
sein Werk
vollendet.

Die Übung ist noch nicht ganz fertig. Beenden Sie das Programm, sofern Sie es gestartet haben, und öffnen Sie über die F7-Taste das Programmcode-Fenster. Sehen Sie sich den erzeugten Programmcode in Ruhe an. Werfen Sie z.B. einen Blick auf die Ereignisprozedur *cmdLöschen_Click*. Die folgenden Anweisungen werden ausgeführt, wenn der Benutzer die LÖSCHEN-Schaltfläche angeklickt hat:

```
Private Sub cmdDelete_Click()
  On Error GoTo DeleteErr
  With datPrimaryRS.Recordset
    .Delete
    .MoveNext
    If .EOF Then .MoveLast
  End With
  Exit Sub
DeleteErr:
  MsgBox Err.Description
End Sub
```

Die einzelnen Anweisungen, die in der Ereignisprozedur ausgeführt
werden, dürften Ihnen zu diesem Zeitpunkt noch nicht allzu viel sagen.
Als Erstes wird die *Delete*-Methode ausgeführt. Da dadurch aber der
aktuelle Datensatzzeiger unbestimmt wird, sorgt die *MoveNext*-Metho-
de dafür, dass der nächste Datensatz angesteuert wird. Wurde der letzte Datensatz in der Datensatzgruppe gelöscht, führt *MoveNext* aber zu
einem »End Of File«. Um in diesem Fall wieder zu einem gültigen Datensatz zu kommen, wird eine *MoveLast*-Methode ausgeführt.

Wie bei allen Assistenten ist auch der Formularassistent alles andere als
perfekt. Es soll hier nicht der Eindruck vermittelt werden, als ließen
sich mit »ein paar Mausklicks« elementare Programmieraufgaben be-
wältigen. Der Wert des Formularassistenten besteht ganz einfach darin, dass er Ihnen das umständliche und reichlich monotone Anordnen
der Steuerelemente auf einem Formular erspart und Sie im Handumdrehen zu einem funktionstüchtigen Prototypen kommen. Wenn Sie
Datenbankprofi werden möchten, sollten Sie den Formularassistenten
nicht nur schnell hinter sich lassen, sondern, die Grundidee ist nämlich
sehr gut, stattdessen einen eigenen Assistenten in Form eines Add-Ins
entwickeln.

17.8   Die Visual Data Tools

Die Entwicklungsumgebung von Visual Basic 6.0 bietet ab der Profi-
Edition zusätzliche Einrichtungen, die den Umgang mit Datenbanken
erleichtern sollen. Diese werden (recht werbewirksam) unter dem Sammelbegriff *Visual Data Tools* zusammengefasst. Diesen Eintrag finden
Sie allerdings nicht im Menü, Sie müssen vielmehr wissen, was sich
hinter diesen Tools verbirgt. Im Einzelnen handelt es sich um:

➡ Das Datenansichtsfenster

➡ Den Datenumgebungsdesigner

➡ Den Datenreportdesigner

➡ Einen SQL-Abfragegenerator

Letzterer ist nicht einzeln aufrufbar, sondern nur im Rahmen eines Befehlsobjekts in einer Datenumgebung.

Der Visual Data Manager zählt offiziell nicht zu den Visual Data Tools, auch wenn dies aufgrund der Namensverwandtschaft nahe läge. Der Visual Data Manager ist lediglich ein Visual-Basic-Programm, das den Umgang mit den DAO-Objekten veranschaulichen soll und auch beim kostenlos erhältlichen Ablaufmodell von Visual Basic 6.0 dabei ist (was man von den eher »exklusiven« Visual Data Tools leider nicht sagen kann).

17.8.1 Das Datenansichtsfenster

Das Datenansichtsfenster bietet einen Blick in eine Datenbank. Es enthält eine Reihe von Datenverknüpfungen, wobei jede Verknüpfung für eine beliebige Datenbank steht. Der Inhalt des Datenansichtsfensters ist unabhängig von einem geladenen Projekt – soll eine angezeigte Verknüpfung nicht mehr angezeigt werden, muss sie gelöscht werden. Das Datenansichtsfenster verwirrt erfahrungsgemäß viele Visual-Basic-Programmierer am Anfang, da es recht unscheinbar ist und seine Rolle und Daseinsberechtigung nicht ganz eindeutig zu sein scheint. Vor allem ist die Unterscheidung zum Datenumgebungsdesigner recht unklar, zumal in der Datenansicht auch die angelegten Datenumgebungen, dieses Mal aber bezogen auf das aktuelle Projekt, aufgelistet werden. Das Wichtigste ist zu verstehen, dass das Datenansichtsfenster (nahezu) passiv ist. Es zeigt den Inhalt der einzelnen Tabellen einer Datenbank lediglich an und erlaubt es, deren Inhalte zu editieren. Das Verändern bestehender Tabellen oder das Hinzufügen von Tabellen ist nicht möglich. Auch kann eine einmal angelegte Datenverknüpfung nicht mehr geändert, sondern nur gelöscht und erneut hinzugefügt werden. Das Datenansichtsfenster soll wie bei Access die in einer Datenbank enthaltenen Tabellen und Abfragen auflisten, damit diese beim Zusammenstellen einer SQL-Abfrage mit dem SQL-Abfragegenerator (mehr dazu in Kapitel 17.9) zur Verfügung stehen. Darüber hinaus soll es den allgemeinen Komfort beim Umgang mit Datenbanken erhöhen und den Aufruf des Visual Data Managers oder des Enterprise Managers beim Microsoft SQL-Server überflüssig machen (wenngleich Letzterer das Erstellen und Bearbeiten einer SQL-Serverdatenbank ermöglicht, was in der Datenansicht nicht möglich ist).

Wie wird das Datenansichtsfenster aufgerufen? Ganz einfach, über das etwas unscheinbar wirkende, gelbe Datenbanksymbol in der Symbolleiste der Entwicklungsumgebung. Im Datenansichtsfenster werden sowohl bestehende Datenverknüpfungen als auch bestehende Datenumgebungen aufgelistet, die mit den Datenverknüpfungen aber nichts zu tun haben (ein weiterer Umstand, der das Datenansichtsfenster ein wenig undurchsichtig erscheinen lässt).

Arbeitsschritt: Anlegen einer neuen Datenverknüpfung

Eine Datenverknüpfung wird immer dann benötigt, wenn Sie mit dem SQL-Abfragegenerator eine SQL-Abfrage zusammenstellen möchten und eine Auflistung aller in die Abfrage einbindbaren Tabellen benötigen. Führen Sie die folgenden Arbeitsschritte aus, um eine neue Datenverknüpfung anzulegen.

Schritt 1 Öffnen Sie das Datenansichtsfenster.

Schritt 2 Klicken Sie auf das Symbol *Neue Datenverknüpfung hinzufügen.*

Schritt 3 Es erscheint der übliche Auswahldialog, in dem Sie zuerst den Provider (in diesem Fall »Microsoft Jet 4.0 OLE DB Provider«) und anschließend (im Register *Verbindungen) die Mdb-Datenbank auswählen.*

Schritt 4 Die neue Verknüpfung wird im Datenansichtsfenster angezeigt. Wenn Sie auf das »+«-Zeichen klicken, werden alle Tabellen, Ansichten und gespeicherten Prozeduren (Abfragen) aufgelistet, die in der Datenbank enthalten sind.

Abbildung 17.18:
Das Daten-
ansichtsfenster
listet alle Daten-
verknüpfungen
auf.

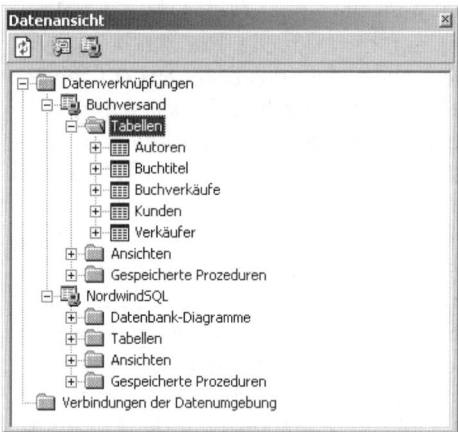

17.8.2 Der Datenumgebungsdesigner

Eine ganz andere Bedeutung als eine Datenverknüpfung besitzt eine *Datenumgebung*. Eine Datenumgebung ist ein weiteres Modul im aktuellen Visual-Basic-Projekt, das eine (im Prinzip beliebige) Anzahl an Verbindungs- und Befehlsobjekten enthält. Ein Verbindungsobjekt steht für eine Datenbankverbindung, ein Befehlsobjekt wahlweise für eine Tabelle oder eine Abfrage. Hinter einer Datenumgebung steht ein kleines Objektmodell, bei dem das *DataEnvironment*-Objekt an der Spitze steht. Für jede Verbindung wird ein *Connection*-Objekt, für jedes Befehlsobjekt ein *Command*-Objekt angelegt, dem, sofern das Befehlsobjekt Datensätze zurückgibt, automatisch ein *Recordset*-Objekt zugeordnet wird. Aus der Sicht des Visual-Basic-Programms besteht eine Datenumgebung aus einer Reihe von *Connection*-, *Command*- und *Recordset*-Objekten, die über das *DataEnvironment-Objekt* angesprochen werden.

Es ist wichtig zu verstehen, dass eine Datenumgebung für die Datenbankprogrammierung mit ADO nicht zwingend notwendig ist. Sie ist lediglich ein zusätzlicher Komfort, von dem vor allem erfahrenere Programmierer profitieren, die keine Lust mehr haben, jede Kleinigkeit »auszuprogrammieren« zu müssen. Ihr Vorteil ist, dass sie als normales Modul in beliebig vielen Projekten eingesetzt werden kann. Mit anderen Worten, man legt die benötigten Verbindungs- und Befehlsobjekte einmal an und kann sie anschließend mehrfach verwenden. Das erspart Programmieraufwand und unterstützt das Teamwork, da sich in einem Team zum Beispiel ein Programmierer um das Erstellen von Abfragen kümmern und diese später den anderen Programmierern über eine Datenumgebung zur Verfügung stellen kann.

Die Datenumgebung ist ein Modul, das eine beliebige Anzahl an Verbindungs- und Befehlsobjekten enthalten kann. Jedes Verbindungsobjekt steht für eine Verbindung zu einer Datenbank, jedes Befehlsobjekt für eine Tabelle, eine Abfrage oder eine gespeicherte Prozedur.
Eine Datenumgebung kann auf verschiedene Weisen angelegt werden: Entweder im Datenansichtsfenster oder über das PROJEKT-Menü, denn bei einer Datenumgebung handelt es sich um ein (Designer-) Modul.

Anlegen einer neuen Datenumgebung

Datenumgebungen sind immer dann sehr praktisch, wenn Sie auf ein und dieselbe Datenbank von mehreren Projekten aus zugreifen möchten und Sie nicht jedes Mal im Programm die gleichen ADO-Objekte anlegen möchten. Außerdem lassen sich im Rahmen einer Datenumgebung SQL-Abfragen zusammenstellen und Gruppierungen und Aggregatfunktionen auf der Grundlage des (von Microsoft »erfundenen«) SQL-Kommandos *SHAPE* benutzen, was im Programmcode sehr viel aufwendiger wäre. Der Umgang mit einer Datenumgebung ist alles andere als kompliziert, so dass Sie es unbedingt einmal ausprobieren sollten.

Führen Sie die folgenden Arbeitsschritte aus, um eine neue Datenumgebung anzulegen.

Schritt 1 Führen Sie im PROJEKT-Menü den Befehl DATA ENVIRONMENT aus. Dieser Befehl fügt eine Datenumgebung zum aktuellen Projekt hinzu. Sollte dieser Befehl nicht angeboten werden, müssen Sie stattdessen den Befehl KOMPONENTEN wählen, auf das Register *Designer* wechseln und dort den Eintrag *Data Environment* selektieren. Sollte dieser Eintrag hier nicht angeboten werden, wurde der Datenumgebungsdesigner auf dem Rechner nicht installiert.

Schritt 2 Öffnen Sie im Projekt-Explorer das Datenumgebungsdesignermodul. Sie werden feststellen, dass es bereits ein *Connection*-Objekt enthält. Klicken Sie es mit der rechten Maustaste an, und wählen Sie EIGENSCHAFTEN. Wie für OLE DB üblich erscheint ein Dialogfeld, in dem Sie zum einen den Provider und zum anderen die Datenbank auswählen müssen. Wählen Sie für den Provider »Microsoft Jet 4.0 OLE DB Provider« und als Datenbank die in Kapitel 0 angelegte Datenbank *Buchversand.mdb* (oder eine beliebige Access-Datenbank).

Um sicher zu gehen, dass alle Angaben stimmen, klicken Sie einmal auf *Verbindung testen* (zwingend notwendig ist dies aber nicht – diese Option steht in erster Linie für Datenbanken zur Verfügung, die über ein Netzwerk angesprochen werden).

Schritt 3 Fügen Sie ein Befehlsobjekt hinzu (es erhält zunächst den Namen »Command1«). Klicken Sie das Befehlsobjekt mit der rechten Maustaste an, und wählen Sie EIGENSCHAFTEN. Es erscheint ein Dialogfeld, in dem eingestellt wird, für welchen Befehl das Befehlsobjekt stehen soll. Wählen Sie dazu aus der Auswahlliste *Datenbankobjekt* den Eintrag *Tabellen* und anschließend aus der Auswahlliste *Objektname* den Namen einer Tabelle aus. Da im letzten Schritt die in Kapitel 0 angelegte Jet-Datenbank *Buchversand.mdb* gewählt wurde, können Sie in diesem Schritt eine in dieser Datenbank enthaltene Tabelle wählen – probieren Sie es für dieses Beispiel mit der Tabelle *Buchtitel* (die natürlich mindestens ein paar Datensätze enthalten sollte).

Schritt 4 Damit ist die Datenumgebung erst einmal fertig. Sie kann nun auf zwei verschiedene Weisen genutzt werden. Zur Entwurfszeit, in dem Sie ein Befehlsobjekt auf ein beliebiges Formular ziehen und dort ablegen. Dadurch wird für jedes Feld, das von dem Befehlsobjekt repräsentiert wird, ein passendes Steuerelement auf dem Formular angeordnet, bei dem die Eigenschaften *DataSource*, *DataMember* und *DataField* mit den erforderlichen Werten belegt werden, so dass die Datenbindung bereits existiert.

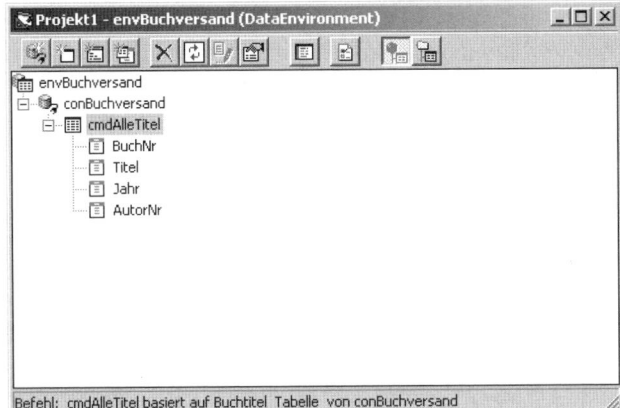

Abbildung 17.19: Die Datenumge-bung enthält ein Verbindungs-und ein Befehlsob-jekt.

17.8.3   Der SQL-Abfragegenerator

Im Rahmen des Datenumgebungsdesigners steht ein recht leistungsfä-higer SQL-Abfragegenerator zur Verfügung. Seine Aufgabe besteht darin, das Erstellen von Abfragen durch das Zusammenstellen der be-teiligten Tabellen, die Auswahl der zurückzugebenden Felder und na-türlich das Festlegen von Auswahlkriterien zu ermöglichen. Das Ergeb-nis ist eine SQL-Abfrage, die probeweise ausgeführt werden kann, wobei die zurückgegebenen Datensätze in einem eigenen Fenster an-gezeigt werden. Access-Anwendern wird dieses Prinzip sehr bekannt vorkommen, denn ein solcher Abfragegenerator ist auch in Microsoft Access »fest eingebaut«. Für Visual-Basic-Programmierer bietet der SQL-Abfragegenerator gleich zwei Vorteile: 1. Man muss sich nicht besonders gut mit SQL auskennen, um SQL-Abfragen für Befehlsob-jekte festlegen zu können. 2. Man kann eine Abfrage testen, ohne das komplette Programm starten zu müssen. Der Umgang mit dem SQL-Abfragegenerator ist relativ simpel, wie auch die folgende Übung zei-gen wird.

Arbeitsschritt: Erstellen eines Befehlsobjekts, das auf einer SQL-Abfra-ge basiert

Im Folgenden soll die in Kapitel 17.8.2 angelegte Datenumgebung um ein Befehlsobjekt erweitert werden, das auf einer SQL-Abfrage basiert. Diese können Sie entweder direkt eintragen oder mit dem SQL-Abfra-gegenerator anfertigen lassen.

Schritt 1 Fügen Sie zur Datenumgebung ein weiteres Befehlsobjekt hinzu, indem Sie zuerst das vorhandene Verbindungsobjekt selektieren (wenn kein Verbindungsobjekt selektiert wurde, müssen Sie das Befehlsobjekt nachträglich einem solchen zuordnen, da jedes Befehlsobjekt auf einem Verbindungsobjekt basieren muss) und anschließend auf das Symbol *Befehl hinzufügen* in der Symbolleiste klicken. Das Befehlsobjekt besitzt den Namen *Befehl1,* ändern Sie diesen in *cmdUmsätzePro-Verkäufer.*

Abbildung 17.20:
In die Datenumgebung wurde ein weiteres Befehlsobjekt eingefügt, das auf einer SQL-Abfrage basieren wird.

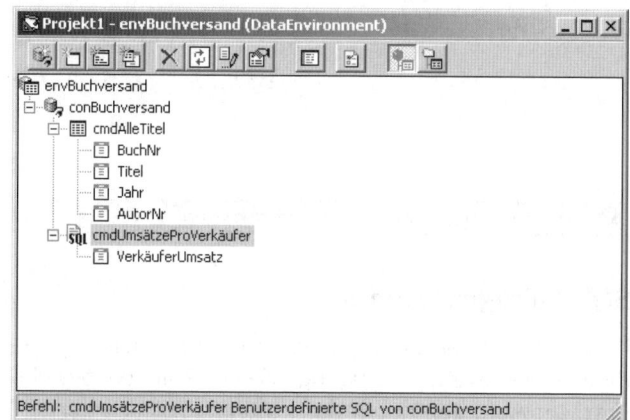

Schritt 2 Klicken Sie das neue Befehlsobjekt mit der rechten Maustaste an, und wählen Sie EIGENSCHAFTEN. Sie gelangen in das *Allgemein*-Register, wo bei einem Befehlsobjekt festgelegt wird, für welche Datensätze es stehen soll. Dieses Mal soll aber keine Tabelle ausgewählt werden, stattdessen soll dem Befehlsobjekt eine SQL-Abfrage zugeordnet werden. Selektieren Sie daher die Option *SQL-Anweisung.*

Schritt 3 Klicken Sie auf die Schaltfläche *SQL-Generator.* Dies startet den internen SQL-Abfragegenerator, mit dessen Hilfe nun die folgende SQL-Anweisung umgesetzt werden soll:

```
SELECT Titel, Anzahl * Einzelpreis * (1-Rabatt / 100) As Umsatz FROM
Buchtitel, Buchverkäufe WHERE Buchtitel.BuchNr = Buchverkäufe.BuchNr AND
Buchverkäufe.VerkäuferNr = 1
```

Das ist bereits eine etwas umfangreichere SQL-Abfrage, in der sogar eine kleine Berechnung stattfindet (eine kurze Einführung in SQL gibt es in Kapitel 17.9). Auf Deutsch bedeutet diese Abfrage Folgendes: Gib die angegebenen Felder der Tabellen *Buchtitel* und *Buchverkäufe* zurück, bei denen zwei Bedingungen erfüllt sind:

1. Das Feld *BuchNr* in der Tabelle *Buchtitel* muss mit dem Feld *BuchNr* in der Tabelle *Buchverkäufe* übereinstimmen. Damit wird

erreicht, dass jedem verkauften Buch der Buchtitel zugeordnet wird, denn diese Information ist in der Tabelle *Buchverkäufe* nicht enthalten.

2. Gib als zweite Einschränkung nur jene Datensätze zurück, bei denen das Feld *VerkäuferNr = 1* ist. Damit werden nur die Verkäufe eines bestimmten Verkäufers aufgelistet. Später wird gezeigt, wie sich durch Einführen eines Parameters diese Abfrage variabel gestalten lässt.

Im Moment erhält der Entwurfsbereich des SQL-Abfragegenerators noch keinen Inhalt. Bevor dieser hinzugefügt wird, sollten Sie sich mit dem allgemeinen Aufbau der Arbeitsumgebung vertraut machen. Diese besteht aus vier untereinander liegenden Bereichen: Dem Tabellenbereich, dem Felderbereich, dem SQL-Bereich und dem Ergebnisbereich. Im Tabellenbereich werden alle an der Abfrage beteiligten Tabellen aufgelistet – die Tabellen werden in der Regel aus dem Datenansichtsfenster in den Bereich gezogen. Im Felderbereich können einzelne Felder aus einer der Tabellen ausgewählt und gegebenenfalls auch mit einem Auswahlkriterium und einem Alias belegt werden. Oft ist es einfacher, dies direkt über die SQL-Anweisung im SQL-Bereich einzugeben. Wo die Festlegung letztendlich getroffen wird, spielt keine Rolle. Änderungen im SQL-Bereich wirken sich direkt auf die Auswahl im Felderbereich aus, und Änderungen bei der Felderauswahl wirken sich direkt auf das SQL-Kommando aus. Schließlich gibt es noch den Ergebnisbereich. Hier werden alle Datensätze aufgelistet, die von der aktuellen Abfrage zurückgegeben werden. Sie testen die aktuelle SQL-Anweisung, indem Sie z.B. den Ergebnisbereich mit der rechten Maustaste anklicken und AUSFÜHREN wählen.

Sie können eine zusammengestellte SQL-Anweisung jederzeit überprüfen (ohne dass sie ausgeführt wird), indem Sie den SQL-Bereich mit der rechten Maustaste anklicken und SQL-Syntax überprüfen wählen.

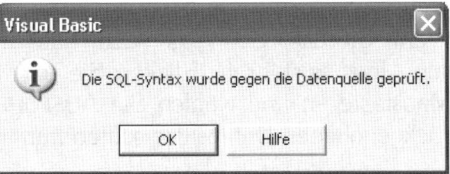

*Abbildung 17.21:
Diese Meldung erscheint, wenn die SQL-Syntax erfolgreich überprüft wurde.*

Schritt 4   Ziehen Sie für diese Übung zwei Tabellen aus dem Datenansichtsfenster auf den Tabellenbereich: Die Tabelle *Buchtitel* und die Tabelle *Buchverkäufe*. Falls beide Tabellen beim Anlegen mit einem Primärschlüssel versehen werden, wird zwischen den Feldern *BuchNr* und *BuchNr* eine Linie angezeigt, die die Beziehung zwischen den beiden Tabellen veranschaulichen soll.

Schritt 5   Nachdem beide Tabellen im Tabellenbereich angeordnet wurden, werden Sie feststellen, dass im SQL-Bereich eine SQL-Anweisung angezeigt wird. Es ist jene Anweisung, die alle Datensätze zurückgeben würden, bei denen die Buchnummer im gemeinsamen Feld *BuchNr* übereinstimmt. Doch diese einfache Anweisung genügt für die Aufgabe nicht. Geben Sie vielmehr die bereits in Schritt 3 vorgestellte SQL-Anweisung ein.

Abbildung 17.22:
Die SQL-Anwei-
sung wurde im
SQL-Bereich ein-
gegeben

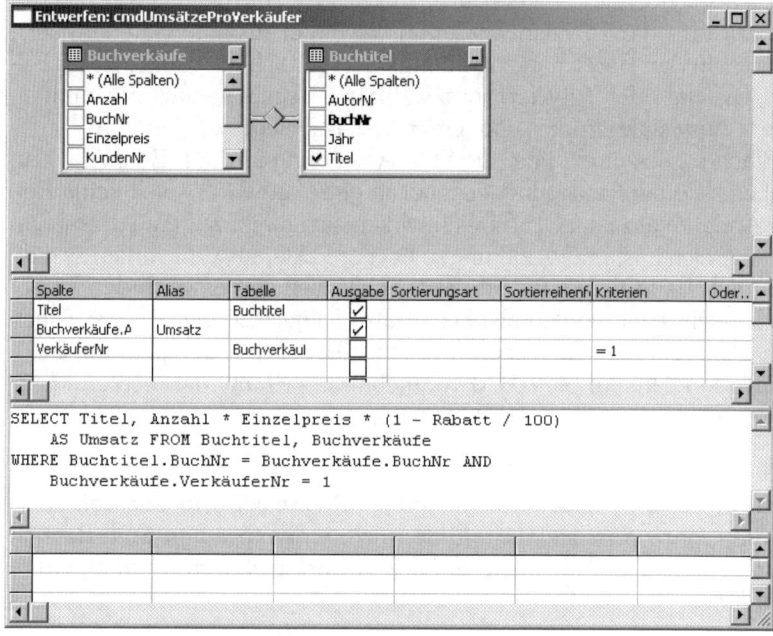

Schritt 6   Wenn Sie alles richtig gemacht haben, können Sie die SQL-Anweisung jetzt ausführen. Klicken Sie den SQL-Bereich mit der rechten Maustaste an und wählen Sie AUSFÜHREN. Die von der Abfrage zurückgegebenen Datensätze sollten nun in der Ergebnisliste erscheinen.

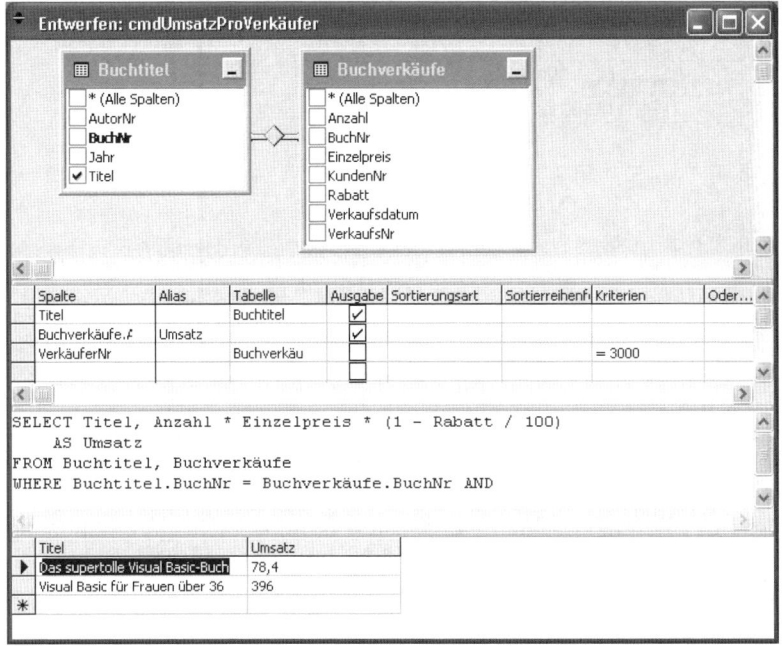

Abbildung 17.23:
Der Ergebnisbe-
reich zeigt die
von der SQL-
Abfrage zurück-
gegebenen
Datensätze an.

Schließen Sie das Fenster des SQL-Abfragegenerators, und bestätigen **Schritt 7**
Sie das Speichern. Dadurch wird die erstellte Abfrage dem Befehlsobjekt zugeordnet und in der Datenumgebung gespeichert (ansonsten
müssten Sie die Abfrage erneut zusammenstellen). Sie können die Abfrage jederzeit wieder modifizieren. Es ist wichtig zu verstehen, dass die
Abfrage nur in der Datenumgebung und nicht in der Datenbank selber
gespeichert wird.

Zum Abschluss soll das Ergebnis der SQL-Abfrage auch auf einem For- **Schritt 8**
mular sichtbar gemacht werden. Wechseln Sie dazu in das Fenster der
Datenumgebung, selektieren Sie das Befehlsobjekt, das für die SQL-
Abfrage steht, und ziehen Sie es mit der rechten Maustaste auf ein Formular. Wählen Sie beim Loslassen die Option »Datentabelle«. Dadurch
wird ein neues und noch leeres DataGrid auf dem Formular angeordnet, welches noch etwas vergrößert werden muss. Wenn Sie nun das
Programm starten, wird das Ergebnis der Abfrage automatisch in der
Tabelle angezeigt. Das ist ein Komfort, auf den man vermutlich nur ungern wieder verzichten möchte.

Natürlich steckt dahinter keine Zauberei – es geht alles mit rechten
Dingen zu. Achten Sie einmal darauf, welche Werte für die Eigenschaften *DataSource* und *DataMember* beim DataGrid auf dem Formular
eingetragen wurden. Für *DataSource* wird der Name der Datenumge-

Abbildung 17.24:
Das Ergebnis der
angelegten SQL-
Abfrage wird in
einem DataGrid
angezeigt.

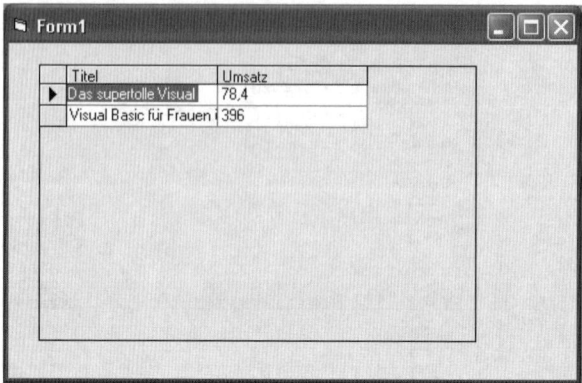

bung eingetragen, für *DataMember* der Name des Befehlsobjekts. Diese Zuordnungen können natürlich auch im Programm durchgeführt werden (denken Sie daran, dass die Zuordnung an *DataSet* stets mit dem *Set*-Befehl geschieht, ansonsten ist eine nicht ganz eindeutige Fehlermeldung die Folge), das Ziehen und Ablegen ist lediglich eine Vereinfachung.

Abbildung 17.25:
Das DataGrid wird
über seine Eigen-
schaften Data-
Source und Data-
Member mit
einem Befehlsob-
jekt der Daten-
umgebung
verbunden.

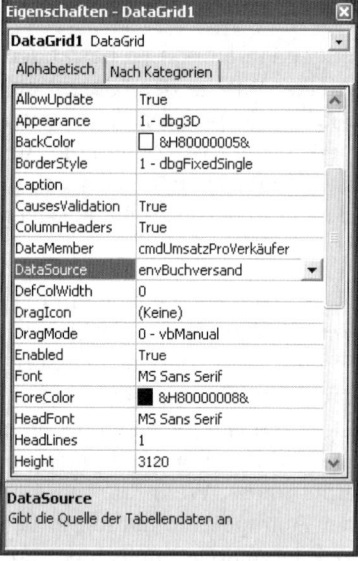

Speichern einer Datenumgebung

Eine Datenumgebung wird wie jedes andere Modul als eine eigene Datei gespeichert, deren Name ebenfalls Teil der Projektdatei ist, so dass sie mit dem Laden des Projekts wieder geladen wird. Wie alle Designermodule wird auch die Datenumgebung als Datei mit der Er-

weiterung *.Dsr gespeichert. Über den Menübefehl* PROJEKT | DATEI
HINZUFÜGEN (Strg + D) wird sie nachträglich einem Projekt hinzugefügt.

In Kapitel 18 erfahren Sie, wie Sie die Befehlsobjekte einer Datenumgebung von einem Programm aus ansprechen.

17.8.4 Der Datenreportdesigner

Zu den Visual Data Tools von Visual Basic 6.0 gehört auch ein kleiner
Datenreportgenerator, mit dem sich Datenreports erstellen lassen. Mit
seiner Hilfe lassen sich

▶ die Ergebnisse von Datenbankabfragen in optisch ansprechender
Form auf den Bildschirm bringen, ausdrucken und in das HTML-
Format exportieren.

▶ die von einer Datenumgebung zur Verfügung gestellten Aggregat-
kommandos dazu benutzen, um Gruppierungen durchzuführen.

▶ über ein spezielles Steuerelement typische Rechenoperationen,
wie das Bilden einer Summe oder eines Durchschnitts, mit einer
kompletten Spalte eines Reports, etwa einer Verkaufszahl, durchführen.

Um alle diese Dinge soll es in diesem Abschnitt gehen.

*Der Datenreportdesigner von Visual Basic 6.0 ist nicht der Nach-
folger des Crystal Report-Reportgenerators, der mit früheren Visual-Basic-Versionen in einer bezüglich ihres Funktionsumfangs redu-
zierten Version beigelegt wurde. Diesen Reportgenerator (er wird
inzwischen von der Firma Crystal Decisions – http://germa-
ny.crystaldecisions.com/homepage vertrieben) gibt es nach wie vor
– die aktuellste Version lautet 8.5. Visual Basic 6.0 enthält ab der
Profi-Edition aus »Kompatibilitätsgründen« lediglich die Version
4.6 (Sie finden diese auf der Visual-Basic-CD).*

*Eine 30 Tage gültige (englische) Version 8 des Crystal Report-Ge-
nerators kann unter http://www.crystaldecisions.com/products/
crystalreport/rdc heruntergeladen werden (die Datei ist allerdings
32 MByte groß).*

17.8.5 Der Aufruf des Datenreportdesigners

Wie alle »Designer« wird auch der Datenreportdesigner über das PRO-
JEKT-Menü aufgerufen, wodurch dieser Teil des aktuellen Projekts wird
(ein Projekt könnte auch mehrere Datenreports enthalten). Sollte sich

der Eintrag DATENREPORT HINZUFÜGEN nicht hier befinden, muss er gegebenenfalls über den Menüeintrag KOMPONENTEN und Umschalten auf das Register *Designer* eingefügt werden. Sollte hier der Eintrag *Data Report* wider Erwarten nicht aufgeführt sein (hinter dem Reportdesigner steckt die Datei *Msdbrpt.dll*), wurde er noch nicht installiert bzw. die DLL-Datei wurde noch nicht registriert (was über den Aufruf von *Regsvr32.exe* mit *Msdbprt.dll* als Argument gegebenenfalls nachgeholt werden kann).

Anschließend kann der Designer wie bereits beschrieben über den Menübefehl PROJEKT | DATENREPORT HINZUFÜGEN zum aktuellen Projekt hinzugefügt werden. Genau wie der Datenumgebungsdesigner, der auf der gleichen Technologie basiert, wird er als Datei in das Projekt eingefügt und als Datei mit der Erweiterung *.Dsr* separat (und wie alle Projektdateien rein textuell) gespeichert (binäre Bestandteile, wie Bitmaps, werden in einer separaten Datei gespeichert).

Ein Projekt kann auch mehrere Datenreports enthalten. Gemäß den Namenskonventionen sollten die Namen mit »rpt« beginnen.

Grundlage für einen Datenreport sind zwei Dinge:

➡ Eine Datenbank, die über ADO und OLE DB angesprochen werden kann (das trifft auf praktisch alle gängigen Datenbanken zu), und ein *Recordset*-Objekt, das eine Gruppe von Datensätzen für die Ausgabe im Report zur Verfügung stellt.

➡ Eine Datenumgebung, die ein oder mehrere *Command*-Objekte zur Verfügung stellt. Die Datenumgebung ist zwar keine zwingende Voraussetzung, erleichtert aber das Ansprechen der einzelnen Datenbankabfragen, da sich die Befehlsobjekte aus der Datenumgebung mit der Maus auf die Oberfläche des Reportdesigners ziehen und dort ablegen lassen, was Ihnen das meistens leider recht umständliche Anordnen der einzelnen Steuerelemente erspart.

Anfertigen eines Datenreports

Die folgende kleine Übung soll den grundsätzlichen Umgang mit dem Datenreportdesigner veranschaulichen. Führen Sie zur Umsetzung die folgenden Schritte aus:

Schritt 1 Legen Sie ein neues Projekt vom Typ »Standard-Exe« an, und fügen Sie über PROJEKT | DATENREPORT HINZUFÜGEN (oder DATA REPORT HINZUFÜGEN) einen Datenreport hinzu. Es erscheint ein neues Fenster, das einen noch leeren Datenreport enthält. Dies ist der Designer, hinter dem wie bei jedem Designer eine Klasse steht (über die F7 -Taste gelangen Sie in das Programmcodefenster, das aber nur relativ selten eine Rolle spielt). Ein Report besteht stets aus mehreren Bereichen, die in Kapitel 17.8.6 vorgestellt werden. Der wichtigste Bereich ist der Detailbereich, da hier die Daten der Abfrage angezeigt werden.

Entfernen Sie das Formular, da es für dieses Beispiel nicht benötigt **Schritt 2** wird. Stellen Sie in den Projekteigenschaften stattdessen das Modul *DataReport1* als Startobjekt ein. Das bewirkt, dass der Datenreport mit dem Programmstart angezeigt wird.

Vergrößern Sie das Reportfenster ein wenig, und machen Sie gegebe- **Schritt 3** nenfalls die Werkzeugsammlung sichtbar. Sie enthält einen eigenen Bereich mit den Reportsteuerelementen. Die herkömmlichen Steuerelemente können nicht auf einem Datenreport angeordnet werden.

Ordnen Sie im Seitenkopf (Bereich2) ein RptLabel-Steuerelement an, **Schritt 4** und tragen Sie für die *Bezeichnung*-Eigenschaft den Text »Buchverkäufe 2001« ein – dies soll die Überschrift des Reports sein. Über die *Font*-Eigenschaft lässt sich wie üblich die Schriftgröße variieren.

Jetzt geht es um die eigentlichen Daten. Ordnen Sie im Detailbereich **Schritt 5** (Bereich1) ein weiteres *RptLabel*-Steuerelement an. Geben Sie ihm die Bezeichnung *Buchtitel*. *RtpLabel*-Steuerelemente dienen nur der Anzeige von Beschriftungen – sie können keine Datenbankinhalte anzeigen.

Ordnen Sie rechts neben dem *RptLabel*- ein *RptTextbox*-Steuerele- **Schritt 6** ment an. Es verfügt über eine *DataField*-Eigenschaft und kann daher gebunden eingesetzt werden.

Der Datenreport wäre damit erst einmal »fertig«. Jetzt muss noch die **Schritt 7** Datenbank angebunden werden. Während beim nächsten Beispiel dafür eine Datenumgebung verwendet wird, wird in diesem Beispiel gezeigt, dass sich alles auch »zu Fuß« erledigen lässt. Schalten Sie beim Reportdesigner mit F7 auf das Programmcodefenster um, und geben Sie in den *Allgemein*-Teil der Klasse und anschließend in die *Initialize*-Prozedur die folgenden Befehle ein:

```
Private adoCn As ADODB.Connection
Private adoRs As ADODB.Recordset
Private Sub DataReport_Initialize()
  Set adoCn = New ADODB.Connection
  With adoCn
    .Provider = »Microsoft.Jet.OLEDB.4.0«
    .ConnectionString = »C:\Eigene Dateien\Buchversand.mdb«
    .Open
  End With
  Set adoRs = New ADODB.Recordset
  With adoRs
   .ActiveConnection = adoCn
    .Source = »SELECT * FROM Buchtitel«
```

```
    .Open
  End With
  With DataReport1
    Set .DataSource = adoRs
.Sections.Item(»Bereich1«).Controls(»Text1«).DataField = »Titel«
  End With
End Sub
```

Gegebenenfalls muss über Projekt | Verweise in das Projekt ein Verweis auf die Microsoft ActiveX Data Objects eingefügt werden.

Visual-Basic-Programmierer, die sich bereits mit ADO auskennen, werden mit den Befehlen keine Verständnisschwierigkeiten haben. Sie öffnen die Datenbank und führen anschließend eine kleine Abfrage aus, deren Ergebnis über ein *Recordset*-Objekt dem Datenreport zur Verfügung gestellt wird. Als Erstes wird ein *ADODB.Connection*-Objekt angelegt, das die Verbindung zur Datenbank herstellt. Als nächstes wird ein *ADODB.Recordset*-Objekt instanziert, das mit dem Ergebnis einer einfachen SQL-Abfrage »gefüttert« wird. Dieses *Recordset*-Objekt wird über dessen *DataSource*-Eigenschaft an den Datenreport gebunden. Ein wenig umständlich ist die Bindung der einzigen Textbox. Es gibt leider keinen direkten Weg – man muss wissen, dass sie sich im Abschnitt »Be-reich1« befindet und zudem ohne die ansonsten »richtungsweisenden« Auswahllisten auskommt, die nach der *Controls*-Eigenschaft, die für alle Steuerelemente in einem Bereich steht, nicht angeboten werden (weil die *Controls*-Auflistung für mehrere unterschiedliche Steuerelemente steht).

Falls Sie sich wundern sollten, warum nicht der ansonsten stets notwendige Verweis auf die »Microsoft ActiveX Data Objects« eingefügt wurde – dies geschah (hoffentlich) bereits durch das Hinzufügen eines Datenreportdesigners.

Schritt 8   Starten Sie das Projekt über die [F5]-Taste, ohne die Dateien allerdings zu speichern. Wenn Sie alles richtig gemacht haben, sollte in einem Fenster ein Datenreport erscheinen, der alle Buchtitel der Datenbank *Buchversand.mdb* auflistet. Die Optik ist noch nicht sehr beeindruckend, aber das Prinzip sollte deutlich geworden sein.

Zwei kleine Tipps für den Fall, dass Sie noch ein wenig an der Optik arbeiten möchten: Wie lässt sich der Zeilenabstand zwischen den einzelnen Datensätzen verringern? Indem Sie den Detailbereich verkleinern. Und wie lässt sich verhindern, dass die Überschrift »Buchtitel« in jeder Zeile erscheint? Indem Sie das *RptLabel*-Feld (mit der Maus) in den Seitenkopf (Bereich2) verschieben. Sie sehen, Datenreports zu erstellen, hat relativ wenig mit Datenbankprogrammierung zu tun. Es ist viel mehr

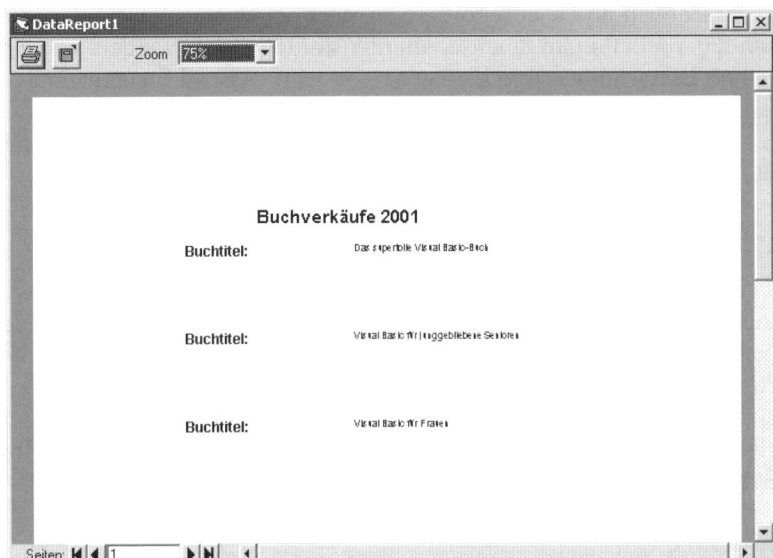

Abbildung 17.26:
Der erste Daten-
report zeigt den
Inhalt des Feldes
»Titel« aller
Datensätze an,
die über ein
Recordset-Objekt
zur Verfügung
gestellt werden.

ein gewisses Fingerspitzengefühl und leider auch eine »Nachsichtigkeit« für die Unzulänglichkeiten des Datenreportdesigners erforderlich.

17.8.6 Der allgemeine Aufbau eines Datenreports

Ein Datenreport besitzt seinen eigenen, stets gleichen Aufbau. Er besteht am Anfang aus fünf Teilbereichen:

➡ Dem Berichtskopf (Bereich 4)

➡ Dem Seitenkopf (Bereich 2)

➡ Dem Detailbereich (Bereich 1)

➡ Dem Seitenfuß (Bereich 3)

➡ Dem Berichtsfuß (Bereich 5)

Außerdem kann ein Bericht über das Kontextmenü um einen oder mehrere Gruppenkopf- und -fuß-Bereiche ergänzt werden. Diese Aufteilung mag zunächst etwas verwirrend erscheinen, ist aber notwendig, denn schließlich möchte man erreichen, dass bestimmte Angaben (wie z.B. die Seitenzahl oder das Datum) am Ende jeder Seite (Seitenfuß), andere Angaben nur zu Beginn des Reports (Berichtskopf) oder am Ende des Reports (Berichtsfuß) erscheinen. Datenbank gebundene Textboxen werden nur im Detailbereich angeordnet. Dies ist jener Bereich, der auf jeder Seite des Berichts gleich dargestellt wird und mit den Inhalten der einzelnen Datensätze gefüllt wird.

Jeder Bereich im Datenreportfenster stellt ein eigenes Objekt dar, dessen Eigenschaften im Eigenschaftenfenster eingestellt werden. Die einzelnen Bereiche und ihre Elemente, wie zum Beispiel Steuerelemente, lassen sich auch programmgesteuert ansprechen, allerdings müssen Sie mit der allgemeinen Controls-Auflistung vorlieb nehmen, die alle Steuerelemente eines Bereichs umfasst.

17.8.7   Die Steuerelemente für den Datenreport

Der Datenreportdesigner arbeitet mit einem eigenen Satz an Steuerelementen – die Steuerelemente der »normalen« Toolbox können leider nicht verwendet werden, was natürlich eine deutliche Einschränkung darstellt. Alle der insgesamt lediglich 6 Steuerelemente werden in einem eigenen Bereich der Werkzeugsammlung angeboten – weitere Steuerelemente gibt es (leider) nicht. Die wichtigsten Eigenschaften dieser Rpt-Steuerelemente sind *DataMember*, *DataField* und *DataFormat*.

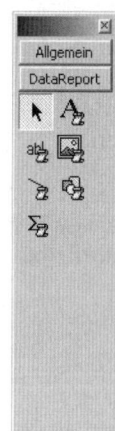

Abbildung 17.27: Die Steuerelemente des Reportdesigners werden in einem eigenen Bereich der Werkzeugsammlung angeboten.

Tabelle 17.5: Die Steuerelemente für den Datenreport

Steuerelement	Bedeutung
RptLabel	Ein Bezeichnungsfeld, das ausschließlich zur Beschriftung dient.
RptTextbox	Ein Textfeld, in dem Datenbankinhalte angezeigt werden. Es kann nur im Detailbereich angeordnet und nur datengebunden eingesetzt werden (es besitzt keine *Text*-Eigenschaft).
RptImage	Dient zur Anzeige von Bitmaps.
RptLine	Ermöglicht das Anzeigen von Trennlinien, um einzelne Bereiche im Detailbereich optisch voneinander zu unterscheiden.

Steuerele-ment	Bedeutung
RptShape	Ermöglicht das Anzeigen einfacher geometrischer Figuren und dient dazu, Reports optisch ein wenig aufzulockern.
RptFunction	Dieses spezielle Steuerelement ist zur Laufzeit unsichtbar. Es dient dazu, Berechnungen mit Spalten (das heißt ein und demselben sich über den Verlauf des Reports wiederholendes Feld), wie zum Beispiel eine Summenbildung, durchzuführen.

Über die CanGrow-*Eigenschaft wird eingestellt, ob sich die Größe des Steuerelements automatisch an seinen Inhalt anpassen soll.*

:-)
TIP

17.8.8   Einfügen von Seitenzahlen und Datum

Am Ende einer Seite (Seitenfuß-Bereich) sollen in der Regel Seitenzahlen und andere Angaben, wie z. B. das Datum, erscheinen. Diese »Angaben« (es handelt sich um Bezeichnungsfelder mit einem besonderen Wert der *Caption*-Eigenschaft) werden durch Anklicken des Bereichs mit der rechten Maustaste und Auswahl des Eintrags *Steuerelemente* eingefügt. Klicken Sie das eingefügte Element erneut mit der rechten Maustaste an, erscheint ein Kontextmenü mit einer Reihe von Ausrichtungsmöglichkeiten.

Steuerzeichen	Bedeutung
%p	Aktuelle Seitenzahl
%P	Gesamtseitenzahl
%d	Aktuelles Datum (kurzes Format)
%D	Aktuelles Datum (langes Format)
%t	Aktuelle Uhrzeit (kurzes Format)
%T	Aktuelle Uhrzeit (langes Format)
%i	Titel des Reports

*Tabelle 17.6:
Spezielle Steuerzeichen für den Fußbereich*

Soll am Seitenende die Angabe »n von m Seiten« erscheinen, kann dies am einfachsten durch Einfügen eines rptLabels, *dessen* Caption-*Eigenschaft den Wert »%p von %P« erhält, erreicht werden.*

:-)
TIP

17.8.9 Die Verbindung eines Datenreports zu einer Datenquelle

Damit ein Datenreport Daten anzeigen kann, muss eine Verbindung zu einer Datenquelle hergestellt werden. Dafür besitzt das *DataReport*-Objekt die Eigenschaft *DataSource*, die entweder zur Entwurfszeit (es ist aber kein Auswahldialog abrufbar; es werden lediglich vorhandene Datenumgebungen aufgelistet) oder zur Ausführungszeit gesetzt wird. Die einzelnen *RptTextbox*-Steuerelemente werden über ihre *DataField*- und gegebenenfalls auch *DataMember*-Eigenschaft mit einem Feld der Datenquelle verbunden. Das programmgesteuerte Herstellen einer Verbindung ist aber eine Ausnahme – in den meisten Fällen werden die Befehlsobjekte einer zuvor zum Projekt hinzugefügten oder angelegten Datenumgebung auf den Reportdesigner gezogen, wodurch die Eigenschaften *DataField* und *DataMember* automatisch gesetzt werden.

Abbildung 17.28: Die Verbindung einer RptTextbox zu einem Datenbankfeld wird über seine Eigenschaften Data-Field und Data-Member hergestellt.

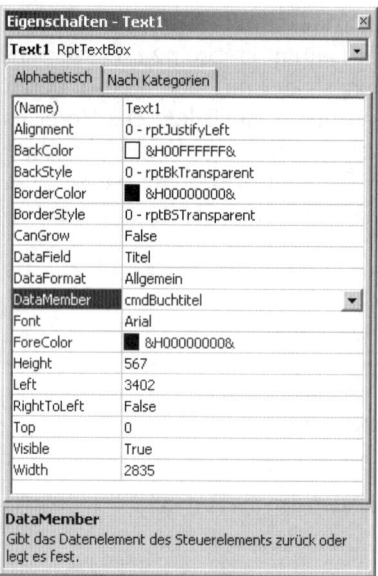

17.8.10 Die Formatierung einer Textbox

Da der Reportdesigner lediglich eine Textbox zur Verfügung stellt, lassen sich auf einem Report nur jene Datenbankfelder darstellen, die sich in ein Textformat umwandeln lassen (das trifft auf die meisten Feldtypen zu). Zusätzlich besteht über die *DataFormat*-Eigenschaft die Möglichkeit, die Ausgabe zu formatieren. Damit lässt sich zum Beispiel die Ausgabe von Datumsangaben variieren.

17.8.11 Gruppierungen

Richtig interessant wird es erst dann, wenn ein Datenreport einfache Berechnungen, etwa die Summe über eine Spalte, enthält. Diese werden in der Regel (und am einfachsten) über Gruppierungen realisiert. Bei einer Gruppierung, bei der mindestens zwei Tabellen beteiligt sind, werden alle Datensätze einer Tabelle mit einem Primärschlüssel mit allen Datensätzen einer anderen Tabelle mit dem dazugehörenden Sekundärschlüssel zusammengefasst. Bezogen auf die Beispieldatenbank *Buchversand.mdb* bestünde eine mögliche Gruppierung darin, von jedem Buchtitel alle Verkäufe zusammenzufassen. Der Report würde mit einem Buchtitel im Gruppenkopf beginnen und anschließend im Detailbereich alle Verkäufe auflisten, die mit diesem Titel durchgeführt wurden. Daraufhin würde das nächste Buch mit seinen Verkäufen folgen usw. Am Ende einer solchen Aufstellung soll in der Regel auch die Summe der Verkäufe zu einem Buch und am Ende des Reports die Summe der Verkäufe aller Bücher stehen. Dann erfüllt ein Report eine echte Funktion, indem er Informationen zusammenstellt, die ansonsten nur über mehrere aufeinander folgende Abfragen zu erhalten wären. Ein solcher Report soll im Folgenden umgesetzt werden. Dabei wird von der Möglichkeit der Datenumgebung Gebrauch gemacht, Beziehungen zwischen Befehlsobjekten herstellen zu können. In dem konkreten Beispiel besteht die Beziehung darin, dass ein Befehlsobjekt, das für die Tabelle *Buchtitel* steht, ein Unterbefehlsobjekt enthält, das für alle Verkäufe, d.h. die Tabelle *Buchverkäufe* steht. Über das gemeinsame Feld *BuchNr* wird die Beziehung hergestellt. Damit lässt sich ein Report erzeugen, der zu jedem Buchtitel die verkauften Bücher auflistet.

Anlegen eines Datenreports mit Gruppierung

Im Folgenden soll nicht das Anlegen der für das Beispiel notwendigen Datenumgebung beschrieben werden. Sie finden diese als Teil des Projekts *Buchversand.vbp,* das auch den zu erstellenden Report enthält, auf der Buch-CD.

Führen Sie für das Erstellen des Reports die folgenden Arbeitsschritte aus:

Starten Sie Visual Basic 6.0, legen Sie ein Standard-Exe-Projekt an, entfernen Sie das Formular, da es nicht benötigt wird, fügen Sie einen Datenreport hinzu, und machen Sie diesen in den Projekteigenschaften zum Startmodul. **Schritt 1**

Damit steht der Projektrahmen. Jetzt wird eine Datenumgebung benötigt, die ein verschachteltes Befehlsobjekt enthält. Da die Datenumgebung im Rahmen des Projekts *Buchversand.vbp* der Begleit-CD ent- **Schritt 2** halten ist, wird das Anlegen nur im Schnelldurchgang besprochen. Fügen Sie eine Datenumgebung zum Projekt hinzu, stellen Sie über das bereits vorhandene *Connection-Objekt* die Verbindung zur Datenbank *Buchversand.mdb* her (als Provider muss »Microsoft Jet 4.0 OLEDB« verwendet werden), und fügen Sie ein Befehlsobjekt hinzu, das mit der Tabelle *Buchtitel* verbunden wird (die Namensgebung sollte sich nach den allgemeinen Konventionen richten). Fügen Sie zu dem Befehlsobjekt ein Unterbefehlsobjekt hinzu, das mit der Tabelle *Buchverkäufe* verbunden wird und stellen Sie die Beziehung über das gemeinsame Feld *BuchNr* her (die Felder müssten allerdings nicht die gleichen Namen tragen). Damit ist die Datenumgebung komplett.

Abbildung 17.29: Im Register Beziehung wird die Beziehung zwischen zwei Befehlsobjekten hergestellt.

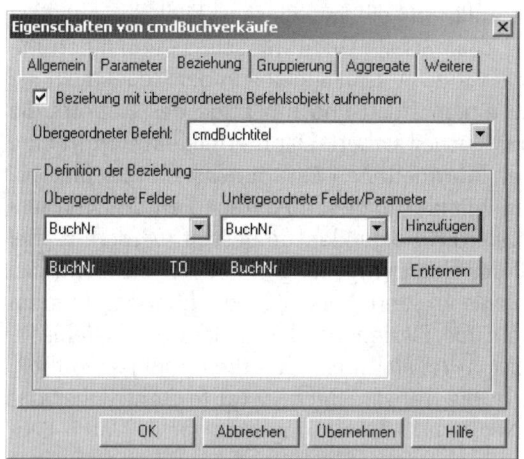

Abbildung 17.30: Die Datenumgebung enthält ein Befehlsobjekt mit einem Unterbefehlsobjekt.

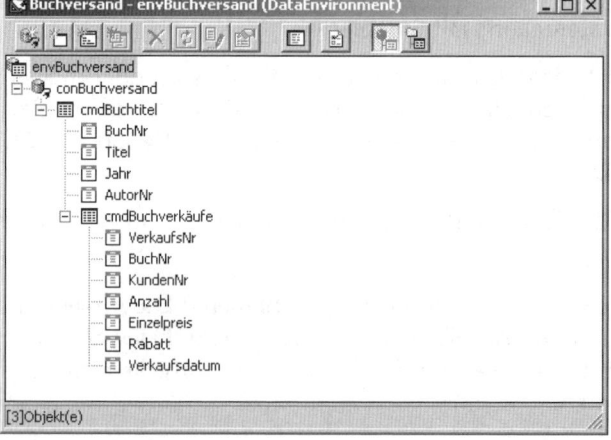

Selektieren Sie im Projekt-Explorer den Datenreport, wechseln Sie mit **Schritt 3**
F4 in das Eigenschaftenfenster, wählen Sie aus der Auswahlliste den
Eintrag *Datareport1* (bzw. das *DataReport*-Objekt), und stellen Sie für
DataSource die Datenumgebung ein. Stellen Sie anschließend für *Da-*
taMember den Namen des obersten Befehlsobjekts ein.

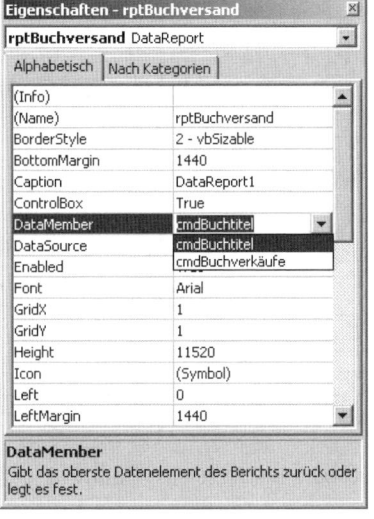

Abbildung 17.31:
Über DataSource
und DataMember
wird die Anbin-
dung an die
Datenquelle her-
gestellt.

Klicken Sie den Detailbereich im Reportdesigner mit der rechten **Schritt 4**
Maustaste an, wählen Sie STRUKTUR ABRUFEN, und bestätigen Sie den
Hinweis, der Sie darauf aufmerksam macht, dass dadurch alle vorhandenen Steuerelemente gelöscht und alle Bereichs- und Layoutanpas-
sungen entfernt werden, mit JA (über Strg + Z lässt sich der alte Zustand wiederherstellen). Sie werden feststellen, dass im Reportdesigner
ein Gruppenbereich mit Kopf, Fuß und Detailbereich angelegt wurde.
Steuerelemente werden aber noch nicht angeordnet.

Jetzt müssen noch die Steuerelemente angeordnet werden. Ziehen Sie **Schritt 5**
das (oberste) Befehlsobjekt, das mit der Tabelle *Buchtitel* verbunden ist,
mit der linken Maustaste in den Gruppenkopf (*cmdBuchtitel_Header*)
des Reportdesigners. In diesem Bereich sollen die Felder *Buchnum-*
mer, *Buchtitel*, *Jahr* und *AutorNr* angezeigt werden. Ziehen Sie nun
das zweite Befehlsobjekt, das alle Umsätze für einen Kunden auflistet, in
den Detailbereich – hier werden die Umsatzdaten aufgelistet.

Abbildung 17.32:
Durch das Abru-
fen der Struktur
wird die Hierar-
chie des Befehls-
objekts auf den
Reportdesigner
übertragen.

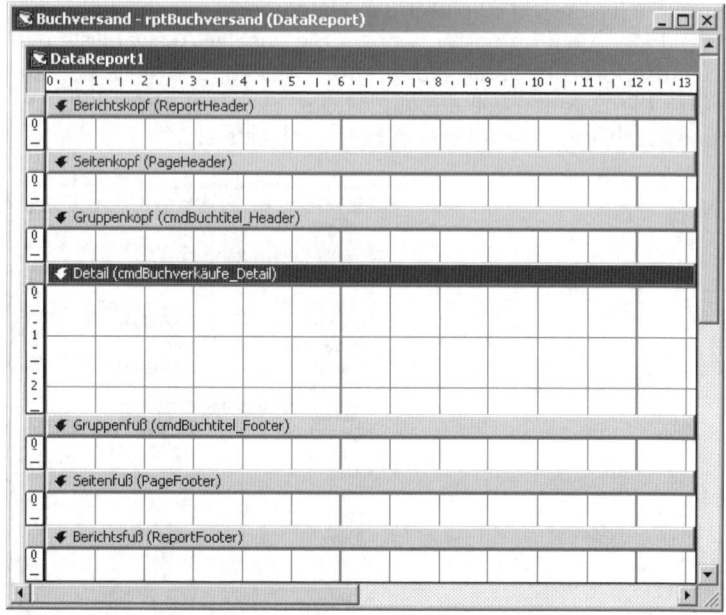

Schritt 6 Neben Sie jetzt ein »Feintuning« vor, indem Sie die einzelnen Steuerelemente anordnen, die Schriftarten ändern, Bezeichnungsfelder für die
Beschriftungen in den Seiten- und in den Gruppenkopf einfügen, die
Seitenzahl im Seitenfuß anzeigen lassen, Trennlinien einfügen und einiges mehr. Zu einem zufrieden stellenden Ergebnis kommen Sie vermutlich nur dann, wenn Sie sich das Ergebnis anschauen und solange
Änderungen vornehmen, bis Sie mit dem Resultat zufrieden sind.

Schritt 7 Starten Sie das Programm über F5 . Der angezeigte Report sollte in
etwa jenem Report entsprechen, der in Abbildung 17.33 zu sehen ist.

*Alternativ zum Abrufen der gesamten Struktur können Sie auch
einzelne Gruppenkopf-/-fuß-Bereiche einfügen, in dem Sie einen
Gruppenkopf- oder Detailbereich mit der rechten Maustaste anklicken und Gruppenkopf/-fuss einfügen wählen. Es erscheint ein
Auswahldialog, in dem Sie festlegen, wo der neue Gruppenbereich
(er wird blau hinterlegt angezeigt und kann über die Pfeiltasten verschoben werden) eingefügt werden soll.*

*Versehentlich einfügte Gruppenbereiche werden durch Anklicken
mit der rechten Maustaste und Auswahl von GRUPPENKOPF/-FUß
LÖSCHEN wieder entfernt.*

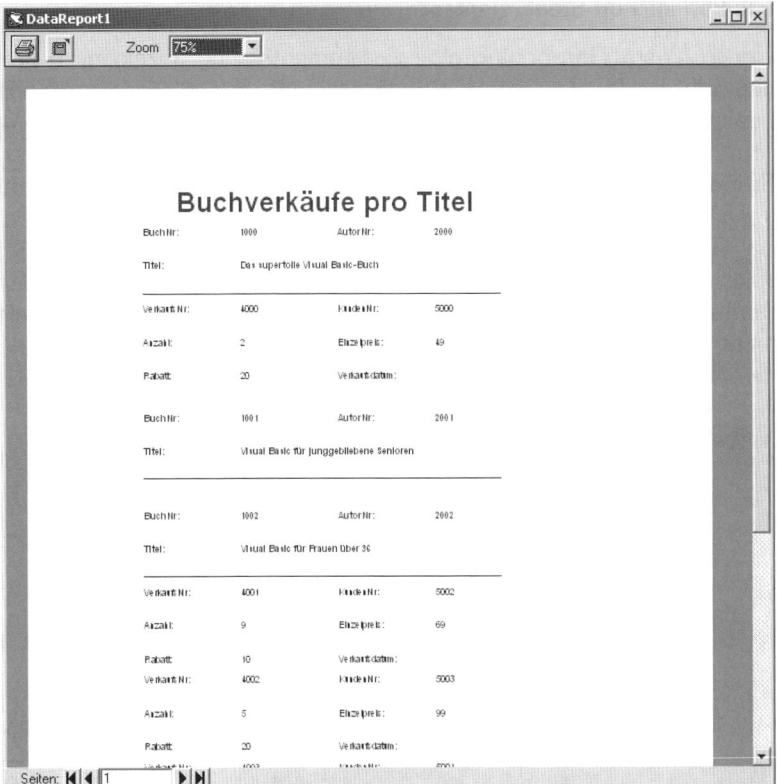

Abbildung 17.33:
Voilà der fertige
Report.

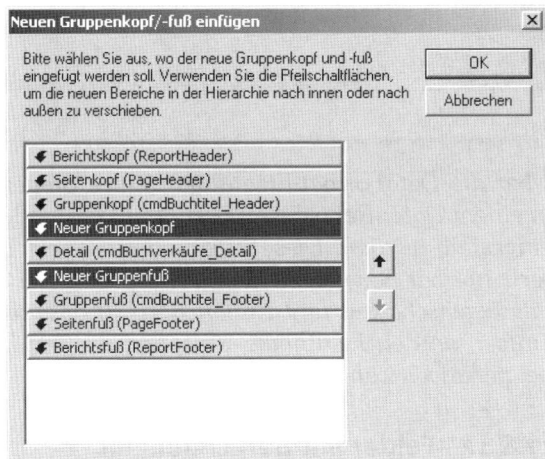

Abbildung 17.34:
In diesem Dialog-
feld wird festge-
legt, wo der neue
Gruppenbereich
eingefügt wer-
den soll.

Das RptFunction-Steuerelement

Um in einem Gruppenfuß eine Zusammenfassung anzeigen zu können, gibt es das *RptFunction*-Steuerelement. Es stellt insgesamt acht Funktionen (*Summe, Mittelwert, kleinster Wert, größter Wert, Anzahl der Datensätze, Anzahl der Felder mit Nicht-Null-Werten, Standardabweichung* und *Standardfehlerabweichung*) zur Verfügung, die mit allen Werten eines Feldes in dem Bereich, auf dem sich der Gruppenfuß befindet, angewendet werden. Möchten Sie zum Beispiel erreichen, dass am Ende einer Aufstellung für ein Buch der Gesamtumsatz angezeigt wird, ordnen Sie ein *RptFunction*-Steuerelement im Gruppenfuß an, und stellen Sie für *DataMember cmdBuchverkäufe* und für *DataField Einzelpreis* ein.

Abbildung 17.35:
Der Report wurde
um eine Aufstellung am Ende der Auftragsliste pro Kunde ergänzt.

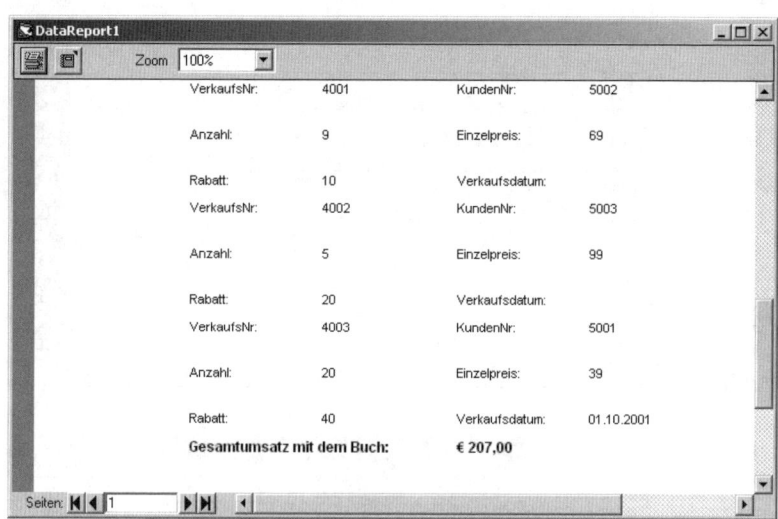

> :-)
> **TIP**
>
> *Über die DataFormat-Eigenschaft eines Steuerelements kann auch in einem DatenReport eine bestimmte Formatierung (z. B. Währung) eingestellt werden. Diese Eigenschaft ist sehr viel mehr als eine Alternative zur FormatCurrency-Funktion. Es ist ein (OLE DB-) Objekt mit Eigenschaften und Ereignissen, so dass die Formatierung sehr einfach an den Feldinhalt angepasst werden kann (z. B. rote Farbe bei negativen Zahlen).*

17.8.12 Felder mit Berechnungen

Der Datenreportdesigner unterstützt leider keine berechneten Felder (anders als zum Beispiel beim Access-Reportgenerator). Möchte man zum Beispiel in einem Gruppenfuß die Summe aller Verkäufe ausgeben, muss ein *Recordset* ein Feld enthalten, das dem Produkt aus der Anzahl der verkauften Bücher und dem Preis eines Buches entspricht. Über dieses Feld kann mit Hilfe eines *RptFunction*-Steuerelements eine Summe gebildet werden.

17.8.13   Spezialitäten bei Datenreports

In diesem Abschnitt geht es um ein paar Spezialitäten, die beim Umgang mit Datenreports eine Rolle spielen können:

- Tipps zum Anordnen von Steuerelementen
- Druckvorschau
- Export in eine HTML-Datei
- Allgemeine Tipps für das Erstellen von Datenreports

Tipps zum Anordnen von Steuerelementen

Das Anordnen von Steuerelementen kann zu einem echten Geduldsspiel werden – Sie werden zum Beispiel feststellen, dass nach dem Ablegen eines Befehlsobjekts aus einer Datenumgebung nicht alle Steuerelemente im sichtbaren Bereich des Reportdesigners erscheinen und zunächst nicht erreicht werden können (bei niedrigen Bildschirmauflösungen). In diesem Fall müssen Sie das Steuerelement aus der Auswahlliste im Eigenschaftenfenster selektieren (den Namen eines Bezeichnungsfeldes muss man manchmal erraten) und anschließend die *Top*-Eigenschaft auf einen niedrigeren Wert setzen – die *Height*-Eigenschaft des Detailbereichs lässt sich nur dann herabsetzen, wenn sich im oberen Bereich kein Steuerelement mehr befindet. Ein anderer nützlicher Tipp ist über die rechte Maustaste das automatische Ausrichten der Steuerelemente am Raster abzuschalten und die Steuerelemente über ihre *Top- und Left*-Eigenschaften auszurichten (eine Pixel-genaue Ausrichtung ist mit der Maus recht schwierig und vor allem zeitaufwändig). Als Fazit lässt sich feststellen, dass die Ausarbeitung eines Reports eine relativ zeitaufwendige Angelegenheit werden kann. Für umfangreichere Reports kommt der Datenreportdesigner daher wohl nicht in Frage.

17.8.14   Export in eine HTML-Datei

Ein Report wird über die Schaltfläche *Exportieren* in eine HTML-Datei exportiert. Es erscheint ein Auswahldialog, in den der Name der HTML-Datei eingegeben werden muss. Auch wenn das Resultat optisch recht passabel ist und den Vorteil bietet, dass der vollständige Report angezeigt wird, werden nicht alle Steuerelemente an der erwarteten Position angezeigt, so dass die Steuerelemente im Reportdesigner gegebenenfalls so umgestellt werden müssen, dass sie (zumindest halbwegs) akzeptabel im HTML-Export erscheinen.

17.8.15 Allgemeine Tipps für das Erstellen eines Reports

Die folgenden Tipps gelten allgemein für den Umgang mit Datenreports.

- Alle Felder werden durch Anklicken des Berichts mit der rechten Maustaste und Auswahl des Eintrags ALLES AUSWÄHLEN selektiert.

- Um mehrere Felder zu selektieren, kann ein Rahmen um diese Felder gezogen werden.

- Der Rand des Reports wird über die Eigenschaften *LeftMargin, RightMargin, BottomMargin und TopMargin eingestellt.*

- Um ein oder mehrere Felder zu löschen, müssen diese zunächst selektiert und über den Befehl LÖSCHEN im Kontextmenü entfernt werden.

- Soll der Vorspann des Reports (Seitenkopf) als separate Seite erscheinen, muss die *ForcePageBreak*-Eigenschaft des Objekts den Wert *rptPageBreakAfter* erhalten.

- Um eine feinere Justierung zu ermöglichen, muss die Einstellung *Am Raster ausrichten* im Kontextmenü deaktiviert werden.

- Durch Setzen der *KeepTogether*-Eigenschaft eines Bereichs-Objekts auf *True* wird erreicht, dass dieses nicht an seinem Seitenende landet und der folgende Bereich auf der nächsten Seite angezeigt wird.

- Ein Datenreport kann über seine *MDIChild*-Eigenschaft MDI-Kindfenster eines MDI-Hauptfensters sein. In diesem Fall wird der Report im Rahmen des Hauptfensters dargestellt.

17.8.16 Datenreports per Programm ansprechen

Auch ein Datenreport ist wie die Datenumgebung ein Objekt, das über seinen Namen vom Programm aus angesprochen werden kann. Sein Typ lautet *DataReport*. Wie bei der Datenumgebung steht auch hinter einem Datenreport ein Klassenmodul, das entsprechend die Ereignisse *Initialize* und *Terminate* zur Verfügung stellt. Das *DataReport*-Objekt verfügt über eine Reihe von Eigenschaften, Methoden und Ereignisse, von denen die wichtigsten in Tabelle 17.7 zusammengefasst sind. Um

Ereignisse von einem anderen Modul aus auswerten zu können, muss eine Variable mit *WithEvents* deklariert werden:

```
Private WithEvents oRp As DataReport
```

Mitglied	Bedeutung
Error-Ereignis	Wird beim Auftreten eines Fehlers aufgerufen. Der Parameter *JobType* gibt die Operation an, die den Fehler ausgelöst hat.
AsyncProcess-Ereignis	Wird während einer asynchronen Operation, wie dem Ausdrucken eines Reports, aufgerufen.
ProcessingTimeOut-Ereignis	Tritt während einer asynchronen Operation in regelmäßigen Abständen auf und gibt dem Programm so Gelegenheit, den Vorgang abzubrechen.
AsyncCount-Eigenschaft	Gibt an, ob eine asynchrone Operation, wie das Exportieren eines Datenreports, noch läuft.
DataMember-Eigenschaft	Legt eine Datensatzgruppe in der über die *DataSource*-Eigenschaft ausgewählten Datenquelle fest oder gibt diese zurück.
DataSource-Eigenschaft	Legt die Datenquelle fest, mit der ein Report verbunden ist, oder gibt diese zurück.
ExportFormats-Eigenschaft	Gibt eine Referenz auf die *ExportFormats*-Auflistung zurück, die für jedes unterstützte Format ein *ExportFormat*-Objekt enthält.
ExportReport-Methode	Exportiert einen Report in das Text- oder HTML-Format.
PrintReport-Methode	Gibt einen Report auf dem Drucker aus.
Refresh-Methode	Bewirkt, dass der Report neu dargestellt wird.
Sections-Eigenschaft	Ermöglicht einen Zugriff auf die einzelnen *Section*-Objekte und damit auch auf den Inhalt einzelner Steuerelemente, die in diesen Bereichen angeordnet sind.
ReportTitle-Eigenschaft	Gibt den Titel des Reports an oder legt ihn fest.

17.8.17 Das programmgesteuerte Erstellen von Datenreports

Alle Dinge, die im Rahmen des Datenreportdesigners durchgeführt werden, lassen sich auch programmgesteuert erledigen.

Binden eines Datenreports

Wie bereits erwähnt, wird ein Datenreport über seine Eigenschaften *DataSource* und *DataField* an eine Datenquelle gebunden.

Das Anzeigen eines Datenreports

Für das Anzeigen eines Datenreports ist die *Show*-Methode zuständig:

```
Verkaufsreport.Show
```

Das Ausdrucken eines Datenreports

Das Ausdrucken eines Reports übernimmt die *PrintReport*-Methode:

```
Ausleihreport.PrintReport
Do While Ausleihreport.AsyncCount > 0
    DoEvents
    Debug.Print »Druck dauert noch an«
Loop
Unload Verkaufsreport
```

In diesem Beispiel wird über die *AsyncCount*-Eigenschaft geprüft, ob der Ausdruck fertig ist.

Das Exportieren eines Datenreports

Das Exportieren eines Datenreports bedeutet, diesen in einer Text- oder HTML-Datei zu speichern. Diese Aufgabe übernimmt die *Export-Report*-Methode, wobei in den Parametern das Format oder der Umstand, dass eine Auswahldialogbox angezeigt wird, festgelegt wird:

```
Ausleihreport.ExportReport
```

Das Format wird über den optionalen *FormatIndex*-Parameter ausgewählt. Ein Dialogfeld wird angezeigt, wenn für den (im obigen Beispiel nicht verwendeten) *ShowDialogParameter True* übergeben wurde.

Zugriff auf einzelne Steuerelemente des Datenreports

Der Zugriff auf einzelne Reportsteuerelemente ist über die *Sections*-Eigenschaft möglich:

```
?Buchreport.Sections(2).Controls.(1).Name
```

oder

```
?Buchreport.Sections(2).Controls.(2).Caption
```

Dabei können nur jene Eigenschaften angesprochen werden, die im Eigenschaftsfenster angezeigt werden (es ist daher auch nicht möglich, auf den Inhalt eines Textfeldes zuzugreifen).

17.9   Eine kleine Einführung in SQL

Bislang haben Sie zwar viele Dinge über den Aufbau und den Zugriff auf Datenbanken erfahren, ein wichtiges Thema wurde aber noch ausgespart: der Zugriff auf Datenbanken per SQL. Im Mittelpunkt aller Datenbankabfragen steht die Datenbankabfragesprache SQL. Die *Structured Query Language*, kurz SQL (ausgesprochen wie »sszieehquäll«), die bereits in den siebziger Jahren entwickelt wurde, hat sich zum Esperanto in der Computerwelt entwickelt[5]. Es dürfte wohl kein namhaftes Datenbanksystem geben, das nicht SQL unterstützt. Da SQL so wichtig ist, wurde es bereits vor einigen Jahren von einem ANSI-Komitee standardisiert. Es sei allerdings erwähnt, dass Microsoft bei früheren Versionen der Jet-Engine einen SQL-Dialekt unterstützt, der vom offiziellen ANSI-SQL ein wenig abweicht. Auch der SQL-Dialekt des Microsoft SQL-Servers (Transact SQL oder kurz TSQL) ist nicht hundertprozentig ANSI-konform und stimmt nicht in allen Bereichen mit dem der Jet-Engine überein. Dies sind aber Details, die die Bedeutung von SQL als universelle Abfragesprache in keiner Weise schmälern sollen, zumal mit der Jet-Engine 4.0 (die u.a. Bestandteil von Microsoft Access 2000 ist) die Konformität zu ANSI-SQL weiter verbessert wurde und es z.B. keine Rolle mehr spielt, ob als Platzhalter für mehrere Zeichen ein »*« oder ein »%« verwendet wird.

17.9.1   Die allgemeine Bedeutung von SQL

SQL ist keine allgemeine Programmiersprache, sondern eine standardisierte Datenbankabfrage- und -definitionssprache. Die einzelnen SQL-Kommandos, in diesem Zusammenhang – um sie sprachlich von den Visual-Basic-Anweisungen zu unterscheiden – auch SQL-Statements genannt, sollen sowohl die Abfrage als auch das Anlegen und Erweitern von Datenbanken ermöglichen.

Da SQL für den Datenbankzugriff die zentrale Rolle spielt, enthält die folgende Übung einen kleinen SQL-Trainer, der Ihnen den Umgang mit den elementaren SQL-Statements veranschaulichen soll. Hinter diesem Beispielprogramm steckt nichts anderes als ein ADO-Daten-

---

[5]   Allerdings hat »Structured Query Language« als Aufschlüsselung der Abkürzung inzwischen keine Bedeutung mehr und wurde lediglich der Vollständigkeit halber erwähnt. SQL ist SQL.

steuerelement, dessen *RecordSource*-Eigenschaft ein SQL-Statement zugewiesen wird. Nach Ausführung der *Refresh*-Methode wird das SQL-Statement ausgeführt. Das Ergebnis ist eine Datensatzgruppe, in der alle Datensätze enthalten sind, die durch die SQL-Abfrage herausgefiltert wurden. Bevor es in die Praxis geht, sind allerdings ein paar allgemeine Erläuterungen zum Thema SQL notwendig.

17.9.2   Was ist SQL?

SQL ist im Prinzip eine einfache Programmiersprache. Alle SQL-Statements haben den Zweck, Datenbankabfragen durchzuführen, den Inhalt von Datenbanken zu verändern und Datenbanken anzulegen. SQL besitzt z.B. keinerlei Ausgabebefehle, da es einzig und allein um den Zugriff auf Datenbanken geht. Die Ausgabe der Datensätze, die von einer SQL-Abfrage zurückgegeben werden, müssen stets von dem System, in diesem Fall Visual Basic, erledigt werden, welches die SQL-Statements an die Datenbank schickt und die »Antwort« der Datenbank (in der Regel eine Datensatzgruppe, die direkt einem *Recordset*-Objekt zugewiesen wird) auswertet. Die Gesamtheit der SQL-Statements lässt sich in drei (voneinander unabhängige) Gruppen unterteilen:

- Data Definition Language (DDL)
- Data Control Language (DCL)
- Data Manipulation Language (DML)

Während die Statements der *Data Definition Language* (DDL) u.a. für das Anlegen von Tabellen zuständig sind, werden über die Statements der *Data Manipulation Language* (DML) die eigentlichen Datenbankabfragen durchgeführt. Die *Data Control Language* (DCL) wird durch den SQL-Dialekt der Jet-Engine nicht unterstützt. Auf die DDL-Statements, wie z.B. *CREATE TABLE* zum Anlegen einer Tabelle, wird nicht eingegangen, da diese Dinge über die Methoden und Eigenschaften der ADO- und ADOX-Objekte in der Regel einfacher erledigt werden.

Damit Sie SQL-Statements in den Programmbeispielen besser von den übrigen Anweisungen unterscheiden können, werden sie in diesem Buch (wie auch in der Visual-Basic-Hilfe) ausschließlich in Großbuchstaben dargestellt. Bei der Eingabe von SQL-Statements spielt die Groß-/Kleinschreibung allerdings keine Rolle.

Wenn Sie über Microsoft Access oder die Enterprise Edition von Visual Basic 6.0 verfügen, können Sie sich das Eintippen von SQL-Statements nahezu vollständig sparen. Access bietet von Anfang an einen SQL-Statementbuilder, bei dem Sie eine Abfrage mit der Maus und eine Auswahl der beteiligten Tabellen und Felder zusammenstellen. Bei Visual Basic 6.0 gibt es eine solche Hilfe im Zusammenhang mit dem in Kapitel 0 vorgestellten SQL-Abfragegenerator (der Teil des Datenumgebungsdesigners ist) beim Anlegen eines Command-Objekts. Beachten Sie allerdings, dass Access SQL-Statements erzeugt, die allen Formalismen genügen und daher häufig in SQL-Statements mit unnötigem »Ballast« resultieren, die sich auch einfacher formulieren ließen.

Übung 17.1: Ein SQL-Trainer

In der folgenden Übung wird ein kleines Visual-Basic-Programm vorgestellt, das die Auswirkung einfacher SQL-Statements veranschaulichen soll und für die folgenden Abschnitte benötigt wird. Es handelt sich um einen simplen SQL-Trainer, der mit der bereits mehrfach vorgestellten Jet-Datenbank *Buchversand.mdb (Buch-CD)* arbeitet. Es ist natürlich kein Problem, das Programm entsprechend zu modifizieren, so dass es mit beliebigen Datenbanken arbeitet.

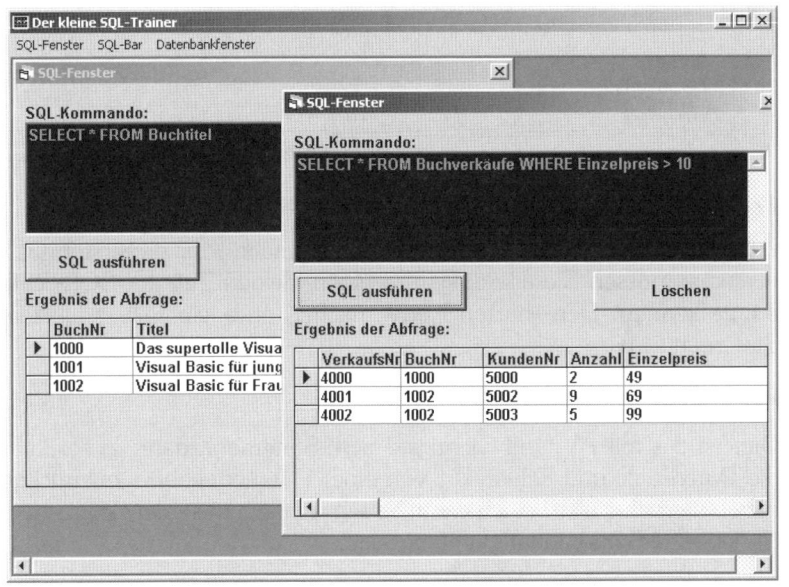

Abbildung 17.36: Das Beispielprogramm soll das Kennenlernen elementarer SQL-Statements erleichtern.

Wie funktioniert's?

Das Beispielprogramm aus Übung 17.1 ist beinahe selbsterklärend. Der Kern des Programms besteht aus einem Textfeld, dessen Inhalt der *RecordSource*-Eigenschaft des ADO-Datensteuerelements *ado-Buchversand* zugewiesen wird, um eine neue Datensatzgruppe auf der Basis des SQL-Statements zu erstellen. Relativ umfangreich ist das Beispielprogramm nur deswegen, weil es z.B. den nicht zu unterschätzenden Komfort bietet, dass alle bereits eingegebenen SQL-Statements in einer Liste abgelegt werden. Sie müssen also ein SQL-Statement nicht jedes Mal komplett neu eingeben, sondern können es aus einer Liste auswählen. Außerdem erhalten Sie in einem separaten Fenster einen kompletten Überblick über den Inhalt der Datenbank, so dass Sie dafür nicht den Visual Data Manager oder die Datenansicht bemühen müssen.

Abbildung 17.37:
Der Datenbankinhalt wird in einem eigenen Fenster angezeigt.

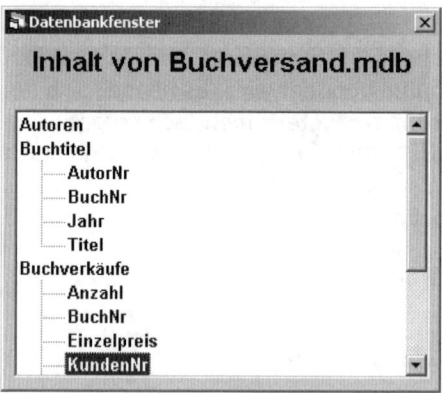

17.9.3 Die wichtigsten SQL-Statements im Überblick

Zwar ist SQL eine eigene »Programmiersprache«, für die ersten Gehversuche müssen Sie allerdings nur einen kleinen Teil der SQL-Statements kennen. Den »harten Kern« machen etwa ein halbes Dutzend Statements aus.

Das SELECT-Statement

Dies ist das mit Abstand wichtigste SQL-Statement, denn es selektiert die Datensätze und Felder, die von einer Datenbankabfrage zurückgegeben werden sollen. Auch wenn es sehr einfach in seiner Anwendung ist, ist seine Syntax relativ umfangreich.

```
Syntax:
SELECT [Prädikat] { * | Tabelle.* | [Tabelle.]Feld1 [, [Tabelle.]Feld2[,
...]]}
FROM Tabellenausdruck [, ...] [IN externe Datenbank]
```

```
[WHERE... ]
[GROUP BY... ]
[HAVING... ]
[ORDER BY... ]
```

Bereits die Syntaxbeschreibung scheint eine Wissenschaft für sich zu sein. Doch keine Sorge, in seiner Anwendung ist das *SELECT*-Statement (in den meisten Fällen jedenfalls) sehr einfach. Syntaxbeschreibungen sind nun einmal dazu da, sämtliche Spezial- und Sonderfälle zu berücksichtigen, und wirken daher häufig ziemlich überdimensioniert. Man hätte das *SELECT*-Statement auch wie folgt erklären können:

```
SELECT Feldnamen FROM Tabelle WHERE Bedingung
```

Dies ist die einfachste und am häufigsten angewendete Form eines *SELECT-Statements*. Sie wählen zunächst jene Feldnamen aus, die in die Zieltabelle übertragen werden sollen. Anschließend legen Sie den Namen der Quelltabelle und eine Bedingung für die zu übertragenden Datensätze fest. Das folgende *SELECT*-Statement überträgt alle Datensätze aus der Tabelle *Buchtitel*, deren Feld Jahr zwischen 1999 und 2000 liegt:
SELECT * FROM Titles WHERE Jahr BETWEEN 1999 AND 2000

Sollte ein Feldname Leerzeichen enthalten, muss der ganze Name in eckige Klammern gesetzt werden.

Das war doch gar nicht so schwierig. Weitere Beispiele finden Sie im nächsten Abschnitt, in dem es um die Praxis mit SQL geht. Damit haben Sie die Bedeutung der Schlüsselwörter *SELECT*, *FROM* und *WHERE* bereits kennengelernt. Doch die obige Syntaxbeschreibung des *SELECT*-Statements hatte noch etwas mehr zu bieten. Da gibt es noch das Schlüsselwort *ORDER BY*, dessen Bedeutung aber sehr einfach ist. Es legt die Sortierreihenfolge der Datensätze in der Ergebnistabelle fest:

```
SELECT * FROM Buchtitel WHERE Titel LIKE 'S*' ORDER BY Jahr
```

Dieses SQL-Statement gibt eine Datensatzgruppe zurück, in denen das Feld *Titel* mit dem Buchstaben »S« beginnt und die nach dem Inhalt des Feldes *Jahr* sortiert werden.

Die Bedeutung der Schlüsselwörter *GROUP BY* und *HAVING* ist nicht ganz so trivial. Über *GROUP BY* können Sie nämlich mehrere Felder mit gleichem Inhalt (darauf kommt es an) verschiedener Datensätze in einem einzigen Datensatz zusammenfassen. Über *HAVING* wird eine Bedingung festgelegt, die die Datensätze der neuen Gruppe erfüllen müssen, um in den endgültigen Datensatz übernommen zu werden. *GROUP BY* und *HAVING* werden in der Regel mit SQL-Funktionen benötigt, die irgendein Ergebnis, z.B. die Summe aller Felder einer Spalte, liefern und damit ein eigenes Feld im Ergebnisdatensatz belegen. Dazu am besten ein kleines Beispiel, das schon ein wenig tiefer in SQL einsteigt:

```
SELECT Jahr, COUNT(Jahr) AS Anzahl FROM Buchtitel GROUP BY Jahr
```

Dieses Statement zählt über die *COUNT*-Funktion, wie oft ein bestimmter Inhalt des Feldes *Jahr* auftritt und überträgt das Ergebnis, zusammen mit dem Inhalt von *Jahr* über *GROUP BY* in die Ergebnistabelle. Sollen in der Ergebnistabelle zum Beispiel nur die Jahrgänge 1999 bis 2000 erscheinen, muss das Schlüsselwort *HAVING* eingesetzt werden:

```
SELECT Jahr, COUNT(Jahr) AS Anzahl FROM Buchtitel GROUP BY Jahr HAVING Jahr
BETWEEN 1999 AND 2000
```

HAVING sortiert die bereits übertragenen Datensätze nach einer bestimmten Bedingung aus.

SQL-Statements können auch ein wenig rechnen. Das folgende *SELECT*-Statement berechnet über die SQL-Funktion *AVG* das Durchschnittsalter des Feldes *Jahr* in der Tabelle *Titel*:

SELECT AVG(Jahr) AS Durchschnitt FROM Buchtitel

Dieses Statement gibt einen einzigen Datensatz mit einem Feld zurück, das den Durchschnittswert enthält. Durch das Schlüsselwort *AS* erhält das Feld den Namen *Durchschnitt* (ansonsten vergibt die Jet-Engine einen eigenen Namen).

Das SELECT-Statement kann auch verschachtelt werden, d. h. eine SELECT-Abfrage kann auf eine Datensatzgruppe angewendet werden, die von einem anderen SELECT-Statement in der gleichen Anweisung generiert wurde. Eine solche Unteranweisung wird auch als »Subquery« bezeichnet. Eine Einschränkung ist, dass die Datensätze, die von einem Subquery zurückgegeben werden, nur ein Feld besitzen können. Durch das Verschachteln zweier SELECT-Statements bleiben in dem äußeren SELECT-Statement nur jene Datensätze übrig, die mit dem Feld, das von dem inneren SELECT-Statement zurückgegeben wurde, übereinstimmen.

Beispiel
```
SELECT * FROM Buchverkäufe WHERE KundenNr = ANY (SELECT KundenNr FROM
Kunden WHERE PLZ>'40000')
```

Das »innere« SQL-Statement liefert zunächst alle Datensätze aus der Tabelle *Kunden*, die die Bedingung PLZ > '40000' erfüllen. Diese Teil-

menge wird anschließend von dem »äußeren« SELECT-Statement weiterverarbeitet, wo die WHERE-Klausel dafür sorgt, dass nur jene Datensätze übrigbleiben, die in dem Postleitzahlengebiet Bücher gekauft
haben. Der gleiche Effekt lässt sich in diesem Fall aber auch über eine
Inner-Join-Operation erreichen.

SQL-Statement	Bedeutung
CREATE TABLE	Legt eine neue Tabelle an. Kann auch dazu benutzt wer- den, den Inhalt einer bereits existierenden Tabelle voll- ständig oder teilweise zu kopieren.
DELETE	Löscht einen oder mehrere Datensätze, die einer be- stimmten Bedingung gehorchen.
DROP TABLE	Entfernt eine Tabelle aus einer Datenbank.
INSERT INTO	Fügt neue Datensätze in eine Tabelle ein.
SELECT	Leitet eine Datenbankabfrage ein.
SELECT DISTINCTROW	Sorgt dafür, dass identische Datensätze nicht berücksich- tigt werden.
SELECT DISTINCT	Sorgt dafür, dass Datensätze mit identischen Feldern nicht zurückgegeben werden.
SELECT TOP	Gibt nur die obersten Datensätze zurück, wobei als Krite- rium ein oder mehrere Feldnamen angegeben werden.
UPDATE	Aktualisiert ein oder mehrere Felder einer oder mehrerer Tabellen mit einem bestimmten Wert.

*Tabelle 17.8:
Die wichtigsten
SQL-Statements,
die zum Kennen-
lernen von SQL
benötigt werden*

Funktion	Bedeutung
MIN	Gibt das Feld mit dem kleinsten Wert in einer Tabelle zurück.
MAX	Gibt das Feld mit dem größten Wert in einer Tabelle zurück.
AVG	Bildet den Durchschnittswert aus einzelnen Feldern.
SUM	Bildet die Summe aus einzelnen Feldern.

*Tabelle 17.9:
Beispiele für
SQL-Funktionen*

17.9.4 Visual-Basic-Variablen in SQL-Statements

Natürlich ist es kein Problem, Visual-Basic-Ausdrücke (z.B. auch Visu-
al-Basic-Funktionen, wie *Left*, *Mid* oder *Sqr*) in SQL-Statements einzubauen. Das einzige »Problem«, auf das Sie dabei achten müssen, ist
das richtige Setzen der Anführungsstriche und Hochkommata.

Das folgende SQL-Statement gibt nur jene Datensätze zurück, deren **Beispiel**
Feld *Titel* mit einer Silbe anfängt, die in dem Textfeld *txtSuchbegriff*

enthalten ist. Bei diesem Beispiel ist wieder ein ADO-Datensteuerelement (*adoData*) im Spiel.

```
SQLString = »SELECT Titel FROM Buchtitel WHERE » & _
»Titel LIKE '« & txtSuchbegriff.text & »*'«
adoTest.RecordSource = SQLString
adoTest.Refresh' Ist nicht zwingend erforderlich.
```

Beachten Sie, dass die Bedingung, die auf *WHERE* folgt, in einfache Hochkommata gesetzt werden muss. Da die *Text*-Eigenschaft des Textfeldes unmittelbar auf das erste Hochkomma folgt, muss ein zweites Hochkomma, eingeschlossen in Anführungsstrichen, folgen. Auf diese Weise lassen sich beliebige Teile eines SQL-Statements durch Visual-Basic-Ausdrücke ersetzen. Denken Sie daran, dass, wenn Sie Datumsangaben einfügen, diese durch ein »#«-Zeichen eingerahmt werden müssen.

Ein wenig mehr über den Umgang mit SQL erfahren Sie in der Visual-Basic-Hilfe. Anders als bei früheren Versionen ist eine SQL-Referenz leider nicht mehr enthalten, so dass Sie sich diese woanders besorgen müssen.

17.9.5 Beispiele für SQL-Kommandos

Zu den wichtigsten SQL-Kommandos gehören *UPDATE* und *INSERT*. Mit *UPDATE* lässt sich die Aktualisierung einer Tabelle in einem Aufwasch erledigen. Es ist nicht erforderlich, alle Datensätze eines Recordsets in einer *Do Loop-Schleife* der Reihe nach durchzugehen und den Feldern einzeln ihre neuen Werte zuzuweisen. Das erledigt das *UPDATE*-Kommando in einem Durchgang.

Beispiel

Das folgende *UPDATE*-Kommando setzt in der Tabelle *Buchtitel* alle Jahr-Felder auf den Wert 9999, bei denen kein Jahr eingegeben wurde, und die deswegen einen *Null*-Wert besitzen.

```
UPDATE Buchtitel SET Jahr = 9999 WHERE Jahr = Null
```

Das Verwenden einer *WHERE*-Klausel ist nicht notwendig, in den meisten Fällen aber sinnvoll.

Die Updatefähigkeit von Recordsets, die sich aus mehreren Tabellen zusammensetzen, ist generell stark eingeschränkt und zudem vom verwendeten Provider abhängig.

Mindestens genau praktisch ist das *INSERT*-Kommando, da es eine im Prinzip beliebige Anzahl an Datensätzen in eine Tabelle einfügt. Auch das erspart eine relativ aufwendige *Do Loop*-Schleife, in der Datensatz pro Datensatz über die *AddNew*-Methode eingefügt werden würde.

Beispiel

Das folgende *INSERT*-Kommando fügt einen Datensatz an die Tabelle *Buchtitel* an, wobei die Feldinhalte nur dann übergeben werden müssen, wenn ansonsten eine interne Regel der Datenbank verletzt werden würde.

```
INSERT INTO Buchtitel (BuchNr, Titel, Jahr, AutorNr) VALUES (1077,
'Visual Basic.NET Kompendium', 2002, 2003)
```

Auch hier gilt, dass alle für das Erfüllen interner Regeln erforderlichen Felder angegeben werden müssen, da ansonsten ein Laufzeitfehler die Folge ist.

Sowohl das *UPDATE*- als auch das *INSERT*-Kommando werden bei ADO am einfachsten über die *Execute*-Methode des (geöffneten) *Connection*-Objekts ausgeführt.

17.9.6   Zusammenfassung zum Thema SQL

Die letzten Abschnitte konnten natürlich nur einen kleinen Teil der Leistungsfähigkeit der SQL-Abfragesprache vermitteln. SQL ist, und das soll in keinem Widerspruch zu den Versprechungen zu Beginn dieses Abschnitts stehen, zwar prinzipiell einfach in seiner Anwendung, doch es liegt in der Natur relationaler Datenbanken, dass es schnell ganz schön kompliziert werden kann. Folgende Kleinigkeiten sollten Sie sich merken, um unnötigen Frust zu vermeiden:

- Die Groß-/Kleinschreibung spielt bei SQL-Statements keine Rolle.

- Feldnamen mit einem Leerzeichen müssen grundsätzlich in eckige Klammern gesetzt werden.

- Datumsangaben werden in #-Zeichen gesetzt. Dies spielt vor allem bei der Abfrage von Zeiträumen über das Schlüsselwort *BETWEEN* eine wichtige Rolle.

- Werden in einem SQL-Statement Felder verschiedener Tabellen angesprochen, muss dem Feldnamen, damit er eindeutig ist, der Tabellenname und ein Punkt vorausgehen (*Tabellenname.Feldname*).

- String-Vergleiche werden mit einfachen Apostrophen durchgeführt.

▪► Visual-Basic-Ausdrücke, wie z.B. Variablen, können beliebig in SQL-Statements eingesetzt werden. Sie müssen allerdings auf die Reihenfolge von Hochkommata und einfachen Apostrophen achten.

▪► Arbeiten Sie mit dem Umgebungsdesigner, dem Visual Data Manager, Microsoft Access oder einem anderen Programm, das es Ihnen erlaubt, Abfragen visuell zusammenzustellen und das den entsprechenden SQL-String anzeigt. Beachten Sie aber, dass Microsoft Access die SQL-Statements ein wenig anders formuliert. Dazu gehört beispielsweise, dass an das Ende eines Statements stets ein (überflüssiges) Semikolon gehängt wird.

▪► Es gibt viele hervorragende Einführungsbücher zu SQL. Viele Einführungen finden Sie auch im Internet, wobei sich diese oft auf andere Datenbanksysteme beziehen, die mit einem geringfügig unterschiedlichen SQL-Dialekt arbeiten.

▪► Geben Sie auf keinen Fall auf. SQL ist für die Datenbankprogrammierung unverzichtbar. Je besser Sie SQL kennen, desto leichter fällt Ihnen die Datenbankprogrammierung mit ADO.

17.10 Die gebundenen Steuerelemente DataCombo und DataList

Bei *DataCombo* und *DataList* handelt es sich um gebundene Steuerelemente, in denen sich eine komplette Spalte einer Datensatzgruppe auflisten lässt. Zusätzlich steht mit *DataGrid* ein recht leistungsfähiges Steuerelement zur Verfügung, das eine komplette Datensatzgruppe in Tabellenform darstellt. Um das *DataCombo*- und das *DataList*-Steuerelement zur Werkzeugsammlung hinzuzufügen, müssen Sie über PROJEKT | KOMPONENTEN den Eintrag »Microsoft Data List Controls 6.0 (OLEDB)« auswählen.

Verwechseln Sie DataCombo, DataList und DataGrid nicht mit den ähnlich klingenden Steuerelementen aus Visual Basic 5.0. Sie erkennen die neuen und »richtigen« Steuerelemente an dem Zusatz »OLEDB« im Namen. Nur diese Steuerelemente basieren auf ADO und können z.B. an das ADO-Datensteuerelement gebunden werden. Falls Sie versehentlich die falschen (alten) Steuerelemente verwenden, erhalten Sie beim Programmstart eine Fehlermeldung.

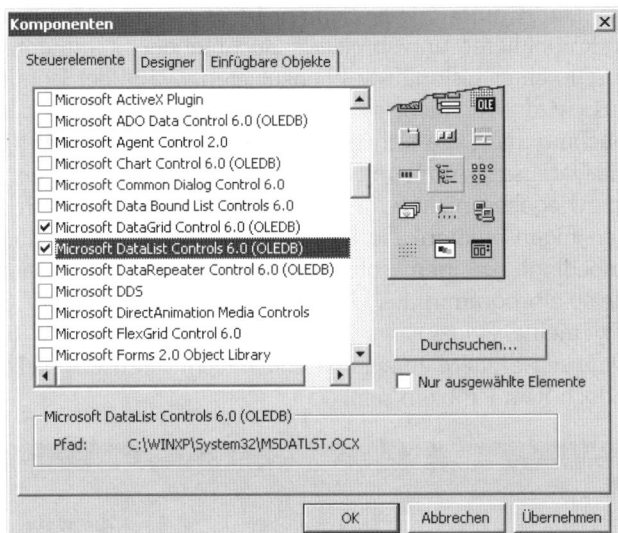

*Abbildung 17.38:
Die Steuerele-
mente Data-
Combo und Data-
List müssen zur
Werkzeugsamm-
lung nachträglich
hinzugefügt wer-
den.*

17.10.1 DataCombo und DataList

Wie bei den normalen Listen- und Kombinationsfeldern (die übrigens
auch gebunden sind, für den Datenbankzugriff aber in der Regel nicht
gebunden eingesetzt werden) unterscheidet sich das *DataCombo*-
Steuerelement von dem *DataList*-Steuerelement lediglich durch ein
zusätzliches Textfeld, so dass sich alle folgenden Erläuterungen auf das
DataCombo-Steuerelement beziehen. Das *DataCombo*-Steuerele-
ment besitzt eine markante Eigenschaft: Es kann mit zwei ADO-Daten-
steuerelementen gleichzeitig verbunden werden. Wozu soll das gut
sein? Ganz einfach, auf diese Weise besteht die Möglichkeit, das Feld
einer Datensatzgruppe zum Aktualisieren eines Feldes einer anderen
Datensatzgruppe zu verwenden. Das Beispielprogramm aus Übung
17.2 macht diese Eigenschaft anschaulich. Stellen Sie sich vor, Sie
programmieren ein Dialogfeld für die Auftragserfassung in einem
Buchversand. Während die Buchstammdaten, wie *Titel*, *ISBN-Nr*, *Autor* usw., in der Tabelle *Buchtitel* enthalten sind, sind die Auftragsdaten in der Tabelle *Buchverkäufe* untergebracht. Wie es sich für eine
»normalisierte« Datenbank gehört, enthält die Verkaufstabelle lediglich
die Artikelnummer des Buches, aber keine weiteren Angaben über das
Buch (wie z.B. Titel). Nun kommt der springende Punkt: Wann immer
ein Kunde ein Buch bestellt, wäre es praktisch, wenn man anstelle einer nichtssagenden Artikelnummer den Buchtitel direkt auswählen
könnte. Da sich aber der Titel in einer anderen Tabelle befindet, muss
diese Tabelle über ein weiteres ADO-Datensteuerelement (oder allgemein über ein ADO-Recordset-Objekt) angesprochen werden. Über

das *DataCombo*-Steuerelement ist es nun möglich, beide Recordsets zu kombinieren und somit alle Buchtitel der Stammdatentabelle *Buchtitel* in einer Listenauswahl anzubieten. Wählt der Benutzer einen Titel aus, wird aber nicht der Name des gewählten Buches, sondern die Buchnummer, die sich ebenfalls in der Tabelle *Buchtitel* befindet, in die Datensatzgruppe mit den Verkaufsdaten übertragen. Dieses Prinzip ist zugegeben nicht auf Anhieb zu durchschauen, auch die verschiedenen Eigenschaften, die in Tabelle 17.9 aufgeführt sind, tragen nicht unbedingt zu einem sofortigen Verständnis bei. Zusammen mit dem Beispielprogramm aus Übung 17.2 und Abbildung 17.39, in dem das allgemeine Prinzip des *DataCombo*-Steuerelements (und damit des *DataList*-Steuerelements natürlich auch) veranschaulicht wird, sollte es jedoch kein Problem sein.

Abbildung 17.39: Das DataCombo-Steuerelement ist in der Lage, einen Datensatz aus einer Datensatzgruppe über ein Feld einer anderen Datensatzgruppe auszuwählen.

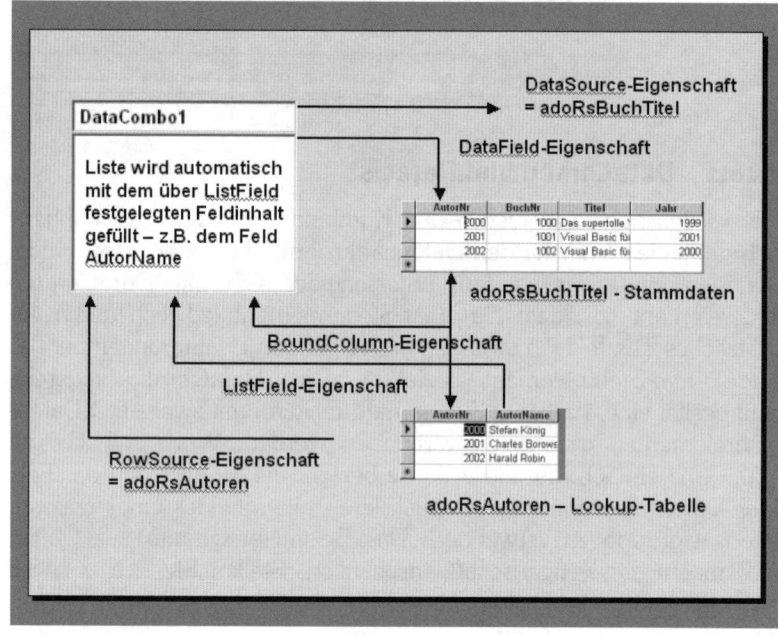

Eigenschaft	Bedeutung
DataSource	Name des Datensteuerelements, welches das Feld enthält, das durch eine Auswahl in der Liste aktualisiert wird. Das zu aktualisierende Feld wird über die *DataField*-Eigenschaft festgelegt. Bezogen auf das Beispiel wäre dies das ADO-Datensteuerelement oder *Recordset*-Objekt, das die Tabelle mit den Buchverkäufen verwaltet.
DataField	Name des Feldes, das in der durch die *DataSource*-Eigenschaft festgelegten Datensatzgruppe aktualisiert wird. Bezogen auf das Beispiel wäre dies die Buchnummer.
RowSource	Name des Datensteuerelements, dessen über die *ListField*-Eigenschaft festgelegtes Feld zum Füllen des Listenteils verwendet wird. Bezogen auf das Beispiel wäre dies das ADO-Datensteuerelement oder *Recordset*-Objekt, das die Tabelle mit den Buchtiteln verwaltet.
ListField	Name eines Feldes aus der über die *RowSource*-Eigenschaft festgelegten Datensatzgruppe, das zum Füllen des Listenteils verwendet wird.
Bound-Column	Name des Feldes in der über die *RowSource*-Eigenschaft festgelegten Datensatzgruppe, dessen Inhalt nach einer Auswahl der *DataField*-Eigenschaft zugewiesen wird.
BoundText	Enthält lediglich den Text, des über die *BoundColumn*-Eigenschaft festgelegten Feldes, der nach einer Auswahl dem über die *DataField*-Eigenschaft festgelegten Feld zugewiesen wird.
MatchEntry	Legt den Suchmodus fest, der nach der Eingabe eines Zeichens zum Auffinden eines bestimmten Listeneintrags verwendet wird.
SelectedItem	Enthält die Buchmarke (*Bookmark*-Eigenschaft) des in der Datensatzgruppe, die über die *RowSource*-Eigenschaft festgelegt wird, selektierten Elements.
VisibleCount	Enthält die Anzahl der (vollständig oder teilweise) sichtbaren Elemente in der Liste.
VisibleItems	Feldeigenschaft, die für jedes sichtbare Element in der Liste eine Buchmarke enthält.

Tabelle 17.10:
Die wichtigsten Eigenschaften des DataCombo-Steuerelements

Übung 17.2: Das DataCombo-Steuerelement in Aktion

Das Beispielprogramm der folgenden Übung soll das Prinzip des *Data-Combo*-Steuerelements veranschaulichen. Es greift auf die Datenbank *Buchversand.mdb* zu (Buch-CD), die die beiden Tabellen *Buchtitel* und *Buchverkäufe* enthält. Während *Buchtitel* den Titel und eine dazugehörige Buchnummer für eine Reihe von Büchern enthält, sind in *Buchverkäufe* die Rechnungsdaten der verkauften Bücher enthalten, wobei diese Tabelle nicht den Buchtitel eines verkauften Buches, sondern nur die Buchnummer enthält. Nun soll Folgendes passieren: Wann immer über das ADO-Datensteuerelement *adoBuchverkäufe*, das mit der Tabelle *Buchverkäufe* verbunden ist, der nächste Datensatz angesteuert wird, soll der zu dem verkauften Buch gehörende Buchtitel angezeigt werden. Dieser stammt aus der Tabelle *Buchtitel*, die über das ADO-Datensteuerelement *adoBuchtitel* zur Verfügung gestellt wird. Dass alle Werte des Feldes *Titel* aufgelistet werden, dafür sorgen die Eigenschaften *RowSource* und *ListField* des *DataCombo*-Steuerelements. Über die Eigenschaften *DataSource* und *DataField* ist das *DataCombo*-Steuerelement mit der zweiten Tabelle Buchverkäufe verbunden. Das gemeinsame Feld beider Tabellen wird über die *BoundColumn*-Eigenschaft festgelegt. Bei diesem Beispiel geht es nicht darum, dass stets alle Buchtitel zur Auswahl angezeigt werden (dies ließe sich auch einfacher lösen), sondern dass zusätzlich zur Buchnummer des aktuellen Datensatzes der Tabelle *Buchverkäufe* auch der dazugehörige Titel aus der Tabelle *Buchtitel* angezeigt wird.

Beachten Sie bitte, dass die Auswahl eines Buchtitels im *DataCombo*-Steuerelement nicht automatisch dazu führt, dass der Datensatzzeiger in der Tabelle *Buchtitel* auf diesen Datensatz positioniert wird. Dies muss vielmehr im *Click*-Ereignis des *DataCombo*-Steuerelementes über einen Suchbefehl geschehen:

```
adoBuchtitel.Recordset.Find »BuchNr=« & cboBuchnummer.BoundText
```

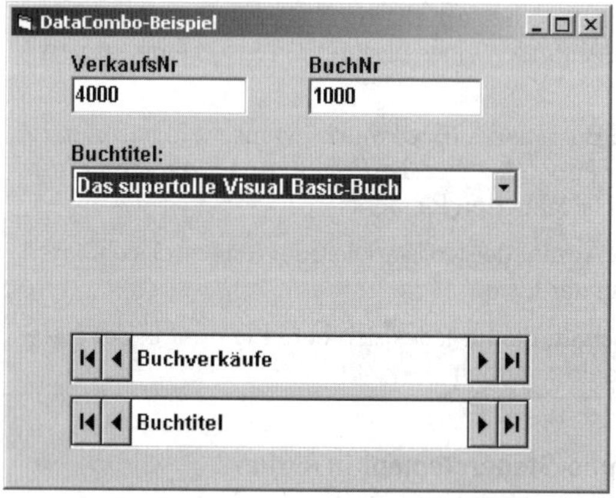

Abbildung 17.40:
Nach der Auswahl
eines Datensat-
zes der Tabelle
Buchverkäufe
zeigt das Data-
Combo den dazu-
gehörigen Buchti-
tel an.

17.11 Der Zugriff auf ISAM-Datenbanken

Unter dem Begriff *ISAM-Datenbanken* werden die typischen PC-Datenbanken, wie xBase (z. B. dBase, Clipper oder FoxPro) oder Paradox zusammengefasst (auch Access-Datenbanken fallen aus der Sicht von ADO in diese Kategorie). Für den Zugriff auf eine ISAM-Datenbank wird ein sog. *ISAM-Treiber* benötigt, der normalerweise zusammen mit der Jet-Engine geladen wird. Dieser ISAM-Treiber wird bei ADO entweder direkt oder über einen ODBC-Treiber angesprochen, was sich nicht nur nach einem ziemlichen Umweg anhört, sondern vermutlich auch einer ist. Dafür ist das Ansprechen eines ISAM-Treibers völlig unproblematisch. Führen Sie folgende Arbeitsschritte aus, um die xBase-Datenbank mit dem Namen *Zipcode.dbf* vom ADO-Datensteuerelement anzusprechen[6]:

Schritt 1 Ordnen Sie auf einem Formular ein ADO-Datensteuerelement an, und öffnen Sie über die *ConnectionString*-Eigenschaft das Eigenschaftsdialogfeld.

Schritt 2 Wählen Sie die Option *Verbindungszeichenfolge verwenden* und klicken Sie auf die *Erstellen*-Schaltfläche, um eine neue Verbindungszeichenfolge anzulegen.

Schritt 3 Wählen Sie im Register *Allgemein* den üblichen Jet-Provider (»Microsoft Jet 4.0 OLE DB Provider«), und wechseln Sie in das Register *Verbindung*. Geben Sie hier anstelle eines Datenbanknamens das Verzeichnis ein, in dem sich die Dbf-Datei (d. h. die dBase-Datenbank) befindet, aber bitte nur den Verzeichnispfad und nicht den Namen der Dbf-Datei. Diese spielt die Rolle einer Tabelle und wird über *RecordSource* ausgewählt.

Schritt 4 Wechseln Sie in das Register *Alle,* und tragen Sie in der zweiten Zeile bei »Extended Properties« die Zeichenfolge »dBase III;« ein (sollte es sich um eine dBase IV-Datei handeln, entsprechend »dBase IV;«). Dies ist eine Erweiterung der Verbindungszeichenfolge, die den ISAM-Treiber auswählt. Falls der Zugriff programmgesteuert erfolgt, muss die Verbindungszeichenfolge um »;ExtendedProperties=dBase III;« erweitert werden.

---

[6] Diese Datei finden Sie leider nicht auf der Buch-CD, Sie müssen sie aus dem Internet herunterladen, z. B. unter *www.powerbasic.com/files/pub/tools/data*.

Schritt 5 Der folgende Schritt ist optional. Selektieren Sie im Register *Erweitert* die Option *Read*. Dadurch wird die dBase-Datenbank schreibgeschützt geöffnet (ansonsten kann es beim Schreiben auf die Datei zu Laufzeitfehlern kommen). Schließen Sie das Dialogfeld.

Abbildung 17.41:
Der Typ der ISAM-
Datei wird in den
erweiterten
Eigenschaften der
Verbindung ein-
gestellt.

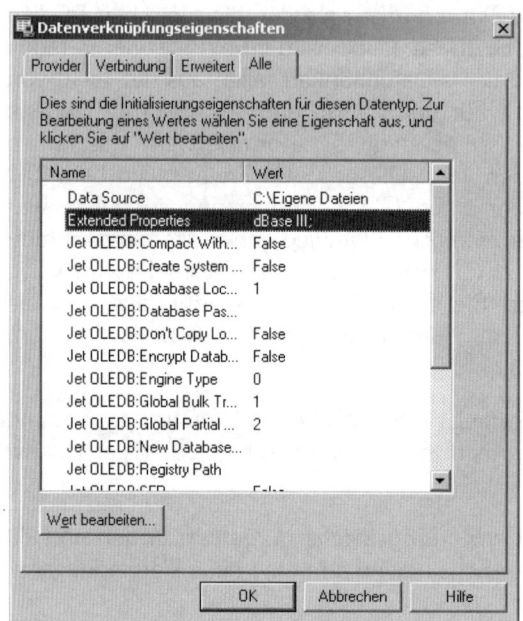

Schritt 6 Stellen Sie bei der *RecordSource*-Eigenschaft des ADO-Steuerelements den Typ »2 – adCmdTable« und in der Liste der Tabellen die gewünschte Tabelle ein (z.B. »ZIPCODE«). In dieser Auswahlliste werden alle Dbf-Dateien in dem ausgewählten Verzeichnis angeboten.

Damit haben Sie das ADO-Datensteuerelement über die Jet-Engine mit einer dBase-Datenbank verbunden. Der Rest verläuft auf die gleiche Weise wie bei einer Access-Datenbank. Ordnen Sie ein Steuerelement auf dem Formular an, und tragen Sie bei der *DataSource*-Eigenschaft den Namen des ADO-Datensteuerelements ein. Wenn Sie die *DataField*-Eigenschaft anklicken, sollten in der Auswahlliste die Namen aller Felder der ausgewählten dBase-Tabelle erscheinen.

Es ist kein Problem, auf dem Formular eine Suchfunktion einzubauen. Fügen Sie dazu ein weiteres Textfeld (*txtSuchZIP*) und eine Schaltfläche (*cmdSuche*) an. Geben Sie in die *Click*-Prozedur der Schaltfläche den folgenden Befehl ein:

```
adoZipcodes.Recordset.Find »Zip=« & txtSuchZIP.Text
```

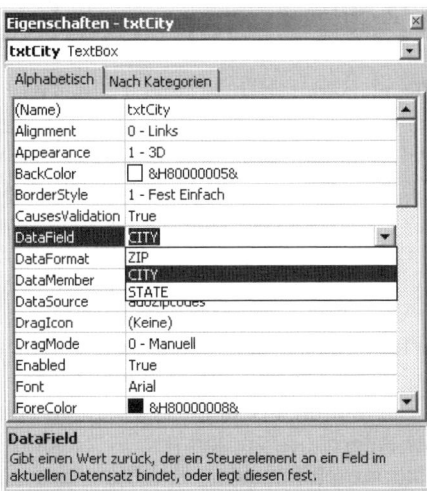

Abbildung 17.42:
Die Felder der
dBase-Tabelle
werden bei der
DataField-Eigen-
schaft des ADO-
Datensteuerele-
ments aufgelistet.

Die *Find*-Methode des *Recordset*-Objekts lokalisiert den Datensatzzeiger auf den ersten Datensatz, dessen Feld *Zip* mit dem Inhalt des Textfeldes übereinstimmt (probieren Sie z.B. einmal 90230).

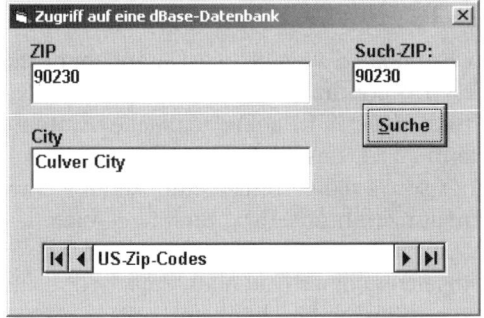

Abbildung 17.43:
Der Inhalt einer
dBase-Datei wird
angezeigt.

17.11.1   Der Zugriff auf »Textdatenbanken«

Auch Textdateien können wie eine Datenbank angesprochen werden, wenn die Textdateien einen tabellarischen Aufbau besitzen. Zwischen den einzelnen »Feldern« sind eine Reihe von Sonderzeichen als Trennzeichen zugelassen, das sich zudem auch definieren lässt, so dass es diesbezüglich keine Missverständnisse gibt. Darüber hinaus ist es sogar möglich, den genauen Aufbau der Textdatei über eine INI-Datei mit dem Namen *Schema.ini* dem zuständigen ISAM-Treiber mitzuteilen. Eine ausführliche Beschreibung des allgemeinen Aufbaus der Textdatei finden Sie in der Visual-Basic-Hilfe.

17.12 Zusammenfassung

Visual Basic ist zwar von Haus kein Datenbankentwicklungssystem, bietet aber alles das, was für Datenbankabfragen, das Anzeigen von Datenbankinhalten und zum Erstellen von Datenbanken benötigt wird. Die primäre Datenbankschnittstelle bei Visual Basic 6.0 ist ADO, das sowohl für Access-Datenbanken, als auch für SQL-Serverdatenbanken und andere Datenquellen (z.B. Textdateien mit einem tabellenartigen Aufbau) bestens geeignet ist. Allerdings ist die Datenbankunterstützung in Visual Basic nicht »fest eingebaut«. Sie wird vielmehr über eine Objekttypenbibliothek hergestellt, die in ein Projekt eingebunden wird. Auf diese Weise werden die Datenbankschnittstellen DAO und RDO, die in älteren Visual-Basic-Versionen eine Rolle spielten, eingebunden. Als Alternative zu den ADO-Objekten bietet Visual Basic in allen drei Editionen (Einsteiger, Profi und Enterprise) das ADO-Datensteuerelement. Es bietet den Vorteil, dass es die Anbindung an die Steuerelemente, in denen die Daten ausgegeben und bearbeitet werden, automatisch herstellt. Im Mittelpunkt aller Datenbankzugriffe steht die Datenbankgruppe, die beim ADO-Datensteuerelement über die *Recordset*-Eigenschaft und bei den ADOs direkt über das *Recordset*-Objekt zur Verfügung steht.

In Kapitel 18 werden die Datenbankobjekte ausführlicher vorgestellt. Einen Merksatz sollten Sie jetzt schon beherzigen: Es gibt (auch bei Visual Basic 6.0) keine »einfache« Datenbankprogrammierung. Auch wenn ADO, das ADO-Datensteuerelement, der Datenumgebungsdesigner sowie die verschiedenen Add-Ins einen enormen Komfort vor allem für erfahrene Programmierer bieten, der mit Abstand wichtigste Aspekt ist ein solider Datenbankentwurf. Bevor Sie sich daher an die Umsetzung einer Datenbank machen, sollten Sie sich mit diesem Thema ausführlich beschäftigen.

Datenbank-
programmierung
mit ADO

Kapitel **18**

Nachdem Kapitel 17 auf die allgemeinen Grundlagen der Datenbankprogrammierung mit Visual Basic einging und am Beispiel des sehr programmiererfreundlichen ADO-Datensteuerelements und anderer Hilfsmittel deutlich gemacht hat, wie sich der Inhalt einer Datenbank in einem Formular anzeigen lässt, geht es in diesem Kapitel ums sprichwörtlich »Eingemachte«, d.h. um die reine Datenbankprogrammierung in Visual Basic per ADO. Sie lernen die wichtigsten Objekte der (inzwischen nicht mehr ganz so neuen) ADO-Datenbankschnittstelle kennen und lernen, wie sich mit den ADO-Objekten elementare Datenbankoperationen ausführen lassen.

Die Themen für dieses Kapitel:

- Die Datenbankschnittstellen für Visual Basic im Vergleich

- Jet, MSDE oder gleich Microsoft SQL Server?

- Ein erstes Beispiel mit ADO

- Das ADO-Objektmodell im Überblick

- Das *Connection*-Objekt zum Herstellen einer Verbindung

- Das *Recordset*-Objekt als »Behälter« für Datensätze

- Das *Command*-Objekt zum Aufruf von gespeicherten Prozeduren und anderen SQL-Kommandos

- Fehlerbehandlung mit dem *Error*-Objekt

- Asynchrone Aufrufe mit dem *Recordset*-Objekt

- Weitere ADO-Spezialitäten

- Die ADOX-Objekte für die Verwaltung von Datenbanken

➡ Microsoft SQL Server-Programmierung mit ADO

➡ ADO mit Anwendungen ausliefern

➡ Die DAOs im Vergleich zu den ADOs

➡ Auf der Buch-CD finden Sie verschiedene kleinere Beispielprojekte, an denen Sie die in diesem Kapitel vorgestellten ADO-Programmiertechniken ausprobieren können.

18.1 Die Datenbankschnittstellen für Visual Basic im Vergleich

ADO ist nicht die einzige Datenbankschnittstelle für Visual-Basic-Programmierer. Bereits mit der Version 3.0 wurde die (nach wie vor im Einsatz befindliche) DAO-Schnittstelle eingeführt, mit der Version 4.0 die RDO-Schnittstelle (allerdings nur in der Enterprise-Edition) als Alternative zum direkten Zugriff auf ODBC-Datenbanken via ODBC-API, die vor allem professionelle Datenbankprogrammierer aufgrund sehr guter Performance überzeugen konnte, und die in der Version 5.0 noch einmal überarbeitet wurde. Und da gibt es noch die zwar inzwischen nicht mehr auf der Höhe des technischen Fortschritts befindliche ODBC-Schnittstelle, die für »normale« Datenbankprogrammierung aufgrund ihrer sehr guten Performance, ihrer Robustheit und der Tatsache, dass die erhältlichen ODBC-Treiber solide funktionieren, nicht grundsätzlich an Attraktivität verloren hat. Mit der Version 6.0 betrat dann die ADO-Schnittstelle die Bühne, die inzwischen von der überwiegenden Mehrheit der Visual-Basic-Programmierer als Standard akzeptiert wird. Wer sagt da noch, es gäbe keine Auswahl. Auch wenn es in diesem Kapitel ausschließlich um ADO gehen wird, soll eine kleine Gegenüberstellung deutlich machen, dass im Grunde jede Datenbankschnittstelle nach wie vor ihre »Daseinsberechtigung« besitzt.

INFO

Unter einer Schnittstelle versteht man im Allgemeinen ein Verbindungsstück, das entweder zwei Geräte oder, bezogen auf die Visual-Basic-Programmierung, zwei Softwarekomponenten miteinander verbindet. Da Visual Basic keine eingebauten Datenzugriffsbefehle besitzt, sind Visual-Basic-Programme auf Softwareschnittstellen angewiesen. Beispiele für solche Schnittstellen sind DAO und ADO. Eingebunden werden diese Schnittstellen in der Regel über einen Verweis auf ihre Typenbibliothek. Anschließend können die Klassen instanziert und die Methoden (Funktionen) aufgerufen werden.

18.1.1 Die Data Access Objects (DAO) für den Zugriff auf die Jet-Engine

Die Data Access Objects (DAO) sind die primäre Schnittstelle für den Zugriff auf die Jet-Engine. Sie werden in diesem Kapitel lediglich am Ende (Kapitel 18.18) in einer kurzen Zusammenfassung vorgestellt, da es ausschließlich um die ADOs gehen soll.

18.1.2 ODBC

Die *Open Database Connectivity* (ODBC) ist (nach wie vor) ein wichtiger Datenbankzugriffsstandard, der von Microsoft bereits Anfang der 90er Jahre in Zusammenarbeit mit anderen Softwarefirmen entwickelt wurde und von einem Industriekonsortium als Standard anerkannt wurde. ODBC, das völlig unabhängig von Visual Basic ist, umfasst einen Satz von Funktionen (die ODBC-API), die für den Zugriff auf unterschiedliche Datenbanken unter Windows benutzt werden können.

Voraussetzung für einen ODBC-Zugriff ist, dass für die Datenbank ein ODBC-Treiber vorhanden ist, der auf dem Windows-Rechner installiert und entweder über ein Serviceprogramm der Datenbank oder über den ODBC-Manager der Systemsteuerung bzw. der Verwaltungsgruppe bei Windows 2000/XP konfiguriert wurde. Über ODBC waren bereits Access 2.0 und Visual Basic 3.0 in der Lage, auf SQL Server- oder Oracle Server-Datenbanken zuzugreifen. Bedingt durch OLE DB und ADO hat ODBC an Bedeutung verloren, obwohl es nach wie vor eine Rolle spielt.

18.1.3 Die Remote Data Objects (RDO) für einen komfortableren Zugriff auf die OBDC-API

Um damals (d.h. zu Zeiten von Visual Basic 4.0) der rasch steigenden Popularität von ODBC gerecht zu werden, bot die Version 4.0 eine Reihe von Objekten an, die den Zugriff auf die etwas kompliziertere ODBC-API vereinfachen sollten, ohne dass es zu spürbaren Performance-Verlusten kommt. Diese Objekte werden *Remote Data Objects* (RDO) genannt, wobei der Name »Remote« zum Ausdruck bringen soll, dass es sich bei den Datenbanken in der Regel um Datenbanken auf einem »Remote-Server« (also einer Datenbank auf einem Computer innerhalb eines Netzwerks) handelt. Auch wenn es möglich ist, über ODBC und damit RDO eine Access-Datenbank anzusprechen, gab es dafür nur wenige Gründe.

Ergänzt wurden die RDOs durch ein eigenes Datensteuerelement, das jenem Datensteuerelement weitestgehend entspricht, das bereits seit Visual Basic 3.0 für den Zugriff auf Jet-Datenbanken verwendet wurde. Mit anderen Worten, einzelne Steuerelemente auf einem Formular konnten über ihre Eigenschaften *DataField* und *DataSource* direkt an das Feld einer ODBC-Datenbank gebunden werden. Mit Visual Basic 5.0 wurden die RDOs in der Version 2.0 funktional erweitert (u.a. um Ereignisse und asynchrone Abfragen). Auch wenn RDO 2.0 einen sehr guten Kompromiss aus Performance und Komfort für den Zugriff auf ODBC-Datenbanken darstellt, hat es inzwischen, genau wie ODBC generell, bedingt durch OLE DB und ADO, stark an Bedeutung verloren (Visual Basic 6.0 enthält auch nur Version 2.0 der RDOs, da ihre Weiterentwicklung eingestellt wurde).

18.2 Jet, MSDE oder gleich Microsoft SQL Server?

Nicht nur bei der Datenbankschnittstelle, auch bei der Datenbank selbst herrscht eine erfrischende Auswahl, die am Anfang aber eher verwirrend wirkt. Gab es bei Visual Basic 3.0 nur die Jet-Engine (wollte man nicht auf ein völlig anderes Datenbanksystem mit eigenen Schnittstellen ausweichen), hat sich die Auswahl inzwischen deutlich vergrößert. Im Einzelnen stehen zur Auswahl:

- die Jet-Engine in den Versionen 3.51 und 4.0. Sie ist sowohl fester Bestandteil von Visual Basic als auch in Microsoft Access enthalten.

- der Microsoft SQL Server als Developer-Edition in den Versionen 6.5, 7.0 und 2000 – jeweils in der Enterprise-Edition.

- die mit Office 2000 eingeführte MSDE, bei der es sich um die Desktop-Version des Microsoft SQL Servers 7.0 handelt (lediglich ein paar fortgeschrittenere Eigenschaften, die in erster Linie die Administration und die Unterstützung »exotischer« Netzwerke betreffen, wurden entfernt). Inzwischen gibt es, u.a. im Rahmen von Office XP Premium Edition, die MSDE auch in der Version 1.1, wobei sie von Microsoft SQL Server 2000 in SQL Server 2000 Desktop Engine (MSDE 2000) umbenannt wurde. Für die Weitergabe von Anwendungen mit MSDE 2000 sind Office XP Developer Edition, MSDN Universal Subscription oder SQL Sever 2000 in der Standard-, Enterprise- oder Developer Edition erforderlich.

Falls Sie bei all den Developer-, Desktop- und Enterprise-Editionen in den verschiedenen Versionen und Varianten noch durchblicken, dann herzlichen Glückwunsch. Lassen Sie sich dadurch aber keineswegs abschrecken, denn gerade die MSDE ist für Visual-Basic-Programmierer aufgrund ihrer Leistungsdaten und des Umstandes, dass sie kostenlos (sofern die Lizenzvoraussetzung erfüllt ist) mit ihren Programmen ausgeliefert werden kann, sehr attraktiv.

Die Jet-Engine ist für Datenbankanwendungen gut geeignet, bei der weder an die Datenbankgröße und an die Performance beim Mehrfachbenutzerzugriff noch an die Sicherheit besondere Erwartungen gestellt werden. Auch wenn es zunächst widersprüchlich erscheint, wird die Jet-Engine auch in vielen Webanwendungen eingesetzt. Dies liegt daran, dass, wenn es lediglich um das Lesen von Datensätzen geht, die Geschwindigkeit offenbar durchaus zufrieden stellend ist. Und es gibt noch eine zweite, sehr viel einfachere Erklärung: der Preis. Viele Entwickler würden gerne auf den Microsoft SQL Server umsteigen (alleine wegen der deutlich besseren Sicherheit), können sich aber die hohen Lizenzgebühren (25.000 _ sind in diesem Zusammenhang lediglich ein Einstiegspreis) nicht leisten. Für alle diese Projekte ist die MSDE eine sehr interessante Alternative.

Aus Sicht eines Programmierers ist sie mit dem Microsoft SQL Server 7.0 bzw. 2000 identisch. Doch wo ist der Haken? Ganz einfach: Damit sich auch der Microsoft SQL Server weiterhin prächtig verkauft, wurde die MSDE (genau wie die Personal Edition von SQL Server 2000) auf 5 gleichzeitig ausführbare T-SQL-Kommandos künstlich beschränkt (ab dem 6. Kommando wird einfach die Performance herabgesetzt, so dass an ein vernünftiges Arbeiten nicht mehr zu denken ist[1]).

Die MSDE ist der ideale Einstieg in den Microsoft SQL Server. Sollte die MSDE eines Tages zu klein sein bzw. sich die Beschränkung auf 5 gleichzeitige T-SQL-Jobs ungünstig auswirken, kann die Datenbank mit wenig Aufwand auf den Microsoft SQL Server in der Enterprise-Edition umgestellt werden, der z.B. auf einer Multiprozessoren-Maschine läuft.

Mit SQL Server 2000 für Windows CE gibt es die MSDE auch für die ganz kleinen, nämlich für die Pocket-PCs, die mit Windows CE 3.0 und aufwärts laufen (Info unter http://msdn. microsoft.com/ sqlserver/).

---

[1] Ich bin sicher, dass die Programmierer viel Spaß hatten, als sie diese künstliche Bremse einbauen mussten (»Fügen wir einfach 1 Million Leerschleifen ein.«, »Nein, lassen wir den Rechner 1.000 Apfelmännchen berechnen.«, »Ich hab's, wir starten ein Visual-Basic-Programm.«).

Die MSDE ist, wie der SQL Server, eine eigene Welt. Das Umstellen einer Access-Datenbank auf MDSE führt nicht automatisch zu einem Performance-Gewinn. Unter Umständen müssen Indizes neu vergeben und vielleicht sogar einzelne Tabellen neu organisiert werden. Auch die Abfragen müssen neu programmiert werden. Außerdem verlangt die MSDE mehr Arbeitsspeicher als die Jet-Engine (64 MB ist das Minimum). Das ist auch im Jahre 2002 nicht auf jedem Kunden-PC gewährleistet.

Registrierte Anwender von Visual Studio 6.0 können die MSDE unter http://msdn.microsoft.com/vstudio/msde/ kostenlos erhalten.

Mit Erscheinen des Service Release Nr. 4 für Visual Basic 6.0 dürfte es günstiger sein, dieses Update zu bestellen. Zwar ist der hier enthaltene Microsoft SQL-Server 7.0 (Developer-Edition) funktional gleichwertig, doch sind hier die sehr nützlichen Zusatzprogramme Enterprise-Manager und Query Analyzer mit enthalten. Infos unter http://msdn.microsoft.com/vstudio/sp/vs6sp4/ default.asp.

18.3 Die ADO-Schnittstelle in ein Projekt einbinden

Voraussetzung, um die ADO-Schnittstelle in einem Projekt einbinden zu können, ist, dass über PROJEKT | VERWEISE ein Verweis auf die »Microsoft ActiveX Object Library« eingefügt wird. Achten Sie auf die Versionsnummer, denn hier kann es eine recht große Auswahl geben. Auch wenn man stets mit der aktuellsten Versionsnummer arbeiten sollte (bei ADO wäre dies die Version 2.7), sind auch Versionen bis 2.5 in Ordnung. Mit älteren Versionen, insbesondere mit der mit Visual Basic 6.0 anfänglich ausgelieferten Version 2.0, sollten Sie nicht mehr arbeiten.

Das Einfügen eines Verweises ist allerdings keine zwingende Voraussetzung, im Grunde genügt der Aufruf der *CreateObject*-Funktion.

Beispiel: Der folgende Befehl instanziert ein ADODB-*Connection*-Objekt:

```
Dim oCn As Object
Set oCn = CreateObject("ADODB.Connection")
```

Ein Nachteil dieses Verfahrens, das in erster Linie bei Skriptsprachen eingesetzt wird, wo das Einbinden eines Verweises nicht oder nur eingeschränkt möglich ist, ist natürlich, dass in diesem Fall keine frühe Bindung genutzt werden kann (was stets günstiger für die Performance ist) und keine Auswahlliste im Programmeditor angeboten wird. Der Vorteil ist, dass die Versionsnummer keine Rolle spielt und man nicht befürchten muss, dass, wenn ein Programm etwa mit ADO 2.7 entwickelt wurde und auf dem Zielrechner nur ADO 2.1 vorhanden ist, es zu unerklärlichen Phänomenen kommen kann. Wer mit der Versionsvielfalt zu kämpfen hat, entwickelt mit früher Bindung und stellt vor der Auslieferung auf späte Bindung um, in dem der Verweis entfernt und die betreffenden Objektvariablen den allgemeinen Typ *Object* erhalten. Noch besser ist es im Allgemeinen, die ADO-Objekte gleich mit der Anwendung auszuliefern, was dank *Mdac.exe* relativ einfach ist (mehr dazu in Kapitel 18.17).

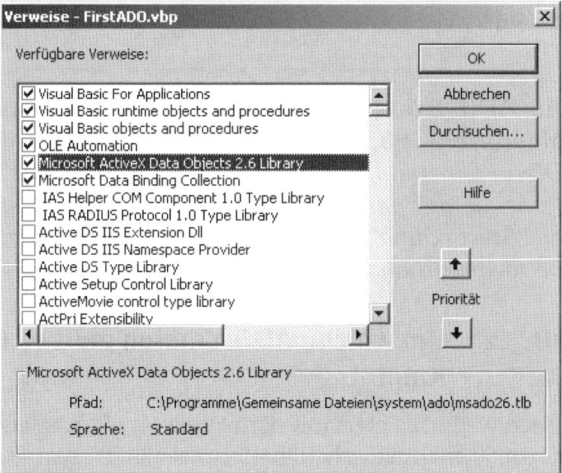

Abbildung 18.1: Voraussetzung, um die ADO-Objekte bei früher Bindung nutzen zu können, ist das Einfügen eines Verweises.

Die ADO-Objektbibliothek trägt den internen Namen ADODB. Dieser Name kann bei der Deklaration einer ADO-Objektvariablen vorgestellt werden. Statt Connection heißt es dann z.B. ADODB.Connection. Der Vorteil dieser Schreibweise ist die Eindeutigkeit des Namens. Sollte eine andere Typenbibliothek ebenfalls ein Connection-Objekt enthalten, gibt es keine Missverständnisse. ADODB definiert den sog. Namensraum für die Objekte der Typenbibliothek. Bei dem Nachfolger von Visual Basic 6.0, Visual Basic.NET, spielen diese Namensräume eine wichtige Rolle.

18.3.1 Wo gibt es die aktuellste ADO-Version?

Diese wichtige Frage muss natürlich auch einmal beantwortet werden. Visual Basic 6.0 wurde anfänglich noch mit der ADO-Version 2.0 ausgeliefert, inzwischen gibt es die Version 2.7. Die aktuellste Version erhalten Sie entweder direkt von der Microsoft-Website zum Download oder im Rahmen eines der Service Releases für Visual Studio 6.0 (das auch Visual Basic 6.0 umfasst). Im aktuellen Service Release Nr. 5 ist die ADO-Version 2.6 enthalten.

Beim Download von der Microsoft-Website gilt es zu beachten, dass Sie ADO nur komplett herunterladen können. Die Datei heißt *Mdac. exe* und ist ca. 7 MByte groß (Mdac steht für *Microsoft Data Access Component*). Sie müssen nicht unbedingt das ebenfalls angebotene MDAC-SDK herunterladen. Dieses ist z.B. wegen der Hilfedateien, einem nützlichen Analyseprogramm, das anzeigt, welche ADO-Version auf einem Rechner installiert ist, und einiger Beispielprogramme interessant.

Ab ADO 2.6 ist die Jet-Engine 4.0 nicht mehr Bestandteil von Mdac.exe – sie muss vielmehr separat heruntergeladen werden. Dieser Umstand ist zu beachten, wenn Sie eine Anwendung ausliefern, die auf der Jet-Engine basiert. Sonst passiert es Ihnen, dass die Anwendung seltsame Meldungen produziert, weil die Jet-Engine nicht vorhanden ist.

18.3.2 Um welche ADO-Version geht es in diesem Kapitel?

Auch wenn Sie stets mit der aktuellsten ADO-Version arbeiten sollten, lassen sich praktisch alle Beispiele in diesem Kapitel auch mit der ADO-Version 2.1 umsetzen.

18.4 Ein erstes Beispiel mit ADO

Nichts geht bekanntlich über ein anschauliches Beispiel. Aus diesem Grund erhalten Sie in diesem Kapitel zunächst gezeigt, wie sich per ADO die »beliebte« Access-Datenbank *Buchversand.mdb* (sie wurde in Kapitel 17 vorgestellt) ansprechen lässt. Und da es thematisch passt, wird auch das Thema Datenbindung, dieses Mal ohne das ADO-Datensteuerelement oder eine Datenumgebung, behandelt.

Führen Sie zur Umsetzung des Beispiels die folgenden Schritte aus: **Beispiel**

Legen Sie ein Standard-Exe-Projekt an.   **Schritt 1:**

Fügen Sie einen Verweis auf die »Microsoft ActiveX Data Objects 2.6«   **Schritt 2:**
ein.

Fügen Sie einen Verweis auf die »Microsoft Data Binding Collection«   **Schritt 3:**
ein.

Ordnen Sie auf dem Formular eine Textbox (*txtTitel*) und eine Schalt-   **Schritt 4:**
fläche (*cmdMovenext*) an.

Fügen Sie in den Allgemein-Teil die folgenden Deklarationen ein: **Schritt 5:**

```
Private adoCn As ADODB.Connection
Private adoRs As ADODB.Recordset
Private oBC As MSBind.BindingCollection
Const DBPfad As String = "C:\Eigene Dateien\Buchversand2000.mdb"
```

Passen Sie den Verzeichnispfad von *Buchversand.mdb* entsprechend
an.

Fügen Sie in das *Form_Load*-Ereignis die folgenden Befehle ein: **Schritt 6:**

```
Set oBC = New BindingCollection
Set adoCn = New ADODB.Connection
With adoCn
   .ConnectionString = "Provider=Microsoft.Jet.OLEDB.4.0;Data Source=" &
DBPfad
   .Open
End With
Set adoRs = New ADODB.Recordset
With adoRs
   .ActiveConnection = adoCn
   .Source = "Buchtitel"
   .Open
End With
With oBC
   Set .DataSource = adoRs
   .Add txtTitel, "Text", "Titel"
End With
```

Fügen Sie in die *Click*-Prozedur des Buttons den folgenden Befehl ein: **Schritt 7:**

```
adoRs.MoveNext
If adoRs.EOF Then adoRs.MoveFirst
```

Starten Sie das Programm über die [F5]-Taste. Der Titel des ersten   **Schritt 8:**
Buches sollte in dem Textfeld erscheinen, und nach Anklicken des Buttons sollte der nächste Titel angezeigt werden.

Abbildung 18.2:
Klein, aber
selbst gebaut –
direkte Daten-
bindung per
ADO

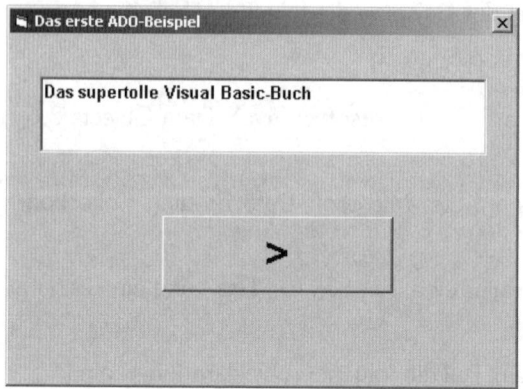

Die verwendete Datenbindung über ein *BindingCollection*-Objekt ist nicht die offizielle Variante, aber sie ist nicht schwieriger zu programmieren und etwas flexibler.

Auch wenn es ein wenig zu salopp klingen mag und es sicher nicht in jedem Fall angebracht ist: Vergessen Sie die eingebaute Datenbindung über die Eigenschaften DataSource und DataField und vor allem jene über das ADO-Datensteuerelement und verwenden Sie stattdessen die Datenbindung über die BindingCollection. Sie ist nicht nur etwas flexibler, sondern bereitet Sie bereits auf das Prinzip der Datenbindung unter Visual Basic.NET, dem Nachfolger von Visual Basic 6.0, vor. Außerdem funktioniert so auch die Datenbindung bei den Benutzersteuerelementen bei Office-VBA, was ein weiteres Argument für diese Methode und gegen die in erster Linie aus Komfort- und Kompatibilitätsgründen vorhandene Bindung über das ADO-Datensteuerelement ist.

18.5 Das ADO-Objektmodell im Überblick

In diesem Abschnitt lernen Sie die ADO-Objekte in einem Gesamtüberblick kennen – alle Objekte werden unter dem Sammelbegriff »ADO-Objektmodell« zusammengefasst, wobei sich der Begriff »Modell« auf den Umstand bezieht, dass das Objektmodell die Wirklichkeit einer (beliebigen) Datenquelle abbilden soll.

Wer DAO bereits gut kennt, muss in diesem Punkt ein wenig umdenken. Anders als DAO, das eine 1:1-Abbildung der Jet-Engine darstellt, sind die ADOs völlig unabhängig von einer Datenbank – man spricht daher auch von einer Datenquelle, da über OLE DB-Provider z.B. auch Outlook-Ablagen oder eine über den Microsoft Indexserverdienst von Windows NT/2000 angelegte Wortliste angesprochen werden kann. Providerspezifische Eigenschaften werden über die *Properties*-Eigenschaft des *Connection*- und *Recordset*-Objekts abgefragt. Diese Auflistung enthält eine Reihe von *Property*-Objekten (mit *Name*- und *Value*-Eigenschaft), über die spezielle Einstellungen vorgenommen werden, die für einen bestimmten Datenbanktyp spezifisch sind. Über das *Extended Properties*-Property lassen sich z.B. auch per ADO über die Jet-Engine die »guten alten« ISAM-Datenbanken (wie z.B. dBase-Datenbanken) ansprechen.

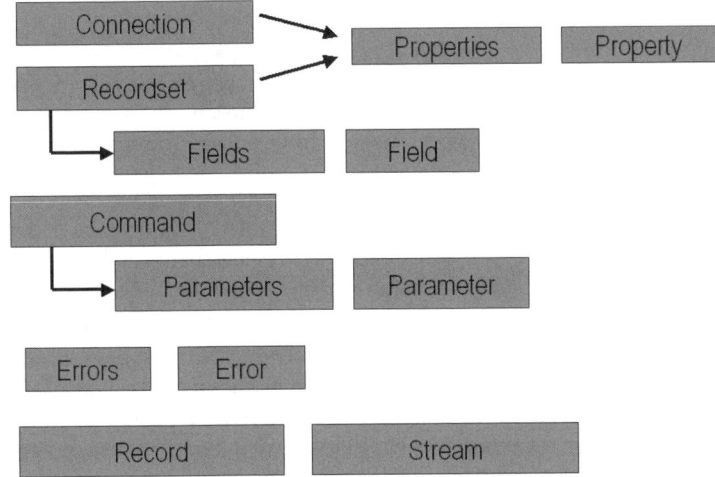

Abbildung 18.3: Das ADO-Objektmodell in einer einfachen Übersicht.

Das ADO-Objektmodell ist relativ überschaubar und alles andere als kompliziert. Die wichtigsten Objekte sind *Connection* (steht für eine Verbindung zu einer Datenbank), *Recordset* (steht für einen oder mehrere Datensätze) und *Command* (erlaubt das Ausführen einer Abfrage oder einer gespeicherten Prozedur in einer SQL Server-Datenbank).

ADO-Objekt	Bedeutung
Command	Steht für eine einzelne Datenbankabfrage. Ist in der Regel für die Ausführung von SQL-Aktionsabfragen (z.B. UPDATE) oder Abfragen mit Parametern zuständig, es kann aber auch für normale Abfragen oder Tabellen stehen. Die *Execute*-Methode des Command-Objekts gibt ein *Recordset*-Objekt zurück.
Connection	Stellt die Verbindung zu einer Datenquelle her.
Error/Errors	Steht für einen Fehler, der während der letzten Datenbankoperation auftrat. Wird über das Errors-Objekt zur Verfügung gestellt.
Field/Fields	Steht für ein einzelnes Feld eines Datensatzes. Wird über das Fields-Objekt zur Verfügung gestellt.
Parameter/ Parameters	Steht für einen einzelnen Parameter einer SQL-Abfrage mit Parametern. Wird über das Parameter-Objekt zur Verfügung gestellt.
Property/Properties	Steht für ein einzelnes Attribut eines ADO-Objekts, das zu speziell ist, um es über eine reguläre Eigenschaft zur Verfügung zu stellen. So besitzt das Connection-Objekt beim OLE DB-Provider für die Jet-Engine knapp 70 verschiedene Eigenschaften. Die verschiedenen Property-Objekte werden über die Properties-Eigenschaft zur Verfügung gestellt. Jedes Property-Objekt besitzt eine Name- und eine Value-Eigenschaft.
Record	Ein *Record*-Objekt ist nicht die Einzahl eines *Recordset*-Objekts. Das mit ADO 2.5 eingeführte Objekt ist vielmehr für den Zugriff auf Datenquellen gedacht, die nicht den typischen Aufbau einer Tabelle besitzen. Ein Beispiel wäre ein Ftp-Server-Verzeichnis.
Recordset	Enthält die von einer SQL-Abfrage oder durch das Öffnen einer Tabelle zurückgegebenen Datensätze.
Stream	Das mit ADO 2.5 eingeführte Objekt wird über Inhalte einer Datenquelle benutzt, die als eine Aneinanderreihung von Bytes vorliegen. Ein Beispiel wäre ein Datenbankfeld, das eine Bitmap (oder ein anderes BLOB) enthält.

18.6 Das Connection-Objekt zum Herstellen einer Verbindung

Um eine Datenquelle ansprechen zu können, wird immer ein *Connection*-Objekt benötigt. Es ist auch dann vorhanden, wenn es nicht explizit angesprochen wird, d.h. wenn ein *Recordset*-Objekt direkt angelegt wird und die Verbindungszeichenfolge erst beim Aufruf der *Open*-Methode übergeben wird.

Eine Verbindung wird über die *Open*-Methode geöffnet, der alle notwendigen Verbindungsparameter in Gestalt der Verbindungszeichenfolge übergeben werden können. Alternativ kann der Provider auch über die *Provider*- und die Verbindungszeichenfolge (auch inkl. Providernamen) über die *ConnectionString*-Eigenschaft eingestellt werden.

Das folgende Beispiel stellt die Verbindung zur Mdb-Datenbank *Buch-* **Beispiel**
versand.mdb her:

```
Set adoCn = New ADODB.Connection
With adoCn
 .ConnectionString = _
  "Provider=Microsoft.Jet.OLEDB.4.0;Data Source=" _
   & DBPfad
  .Open
End With
```

18.6.1 Die Rolle der Verbindungszeichenfolge

Wenn es etwas gibt, das man als angehender ADO-Datenbankprogrammierer unbedingt verstanden haben sollte, dann ist es die Rolle der Verbindungszeichenfolge (engl. »connection string«). Die Verbindungszeichenfolge ist eine Zeichenkette, die die für das Aufbauen der Verbindung erforderlichen Angaben enthält. Welche das sind, hängt vom gewählten Datenbanktyp, d.h. vom gewählten Provider, ab. Folgende Angaben werden für den Zugriff auf eine Access-Datenbank benötigt:

➡ *Provider=* Der Name des Providers

➡ *Data Source=* Der Verzeichnispfad der Mdb-Datei

Zusätzlich können ein Benutzername (User ID) und ein Kennwort (Password) erforderlich sein.

Warum ist die Verbindungszeichenfolge scheinbar so kompliziert?

Die Verbindungszeichenfolge versucht alle benötigten Angaben in einer Zeichenkette zusammenzufassen. Der Providername erscheint dabei unnötig kompliziert, doch das ist alles nur eine Frage der Gewöhnung (die Namen verweisen auf Schlüssel in der Registrierung). Da hilft am Anfang nur Aufschreiben oder stures Auswendiglernen. Tabelle 18.2 fasst die wichtigsten Providernamen zusammen.

Tabelle 18.2:
Wichtige Provi-
dernamen

OLE DB-Provider	Provider-Eigenschaft	OLE DB-Provider für ...
Microsoft Jet 3.51	Microsoft.Jet. OLEDB.3.51	den Zugriff auf Datenbanken, die mit Access 95 oder Access 97 erstellt wurden.
Microsoft Jet 4.0	Microsoft.Jet. OLEDB.4.0	den Zugriff auf Datenbanken, die mit Microsoft Access 2000 erstellt wurden.
Microsoft SQL Server	SQLOLEDB	den Zugriff auf SQL Server 6.5- und 7.0-Datenbanken.
Oracle	MSDAORA	den Zugriff auf Oracle-Datenbanken, wobei nur statische Cursor unterstützt werden. Oracle bietet auch einen eigenen OLE DB-Provider an.
ODBC	MSDASQL	den Zugriff auf Datenbanken, für die ein ODBC-Treiber vorhanden ist. Dies ist die Voreinstellung, d.h. wird kein Provider ausgewählt, wird dieser Provider verwendet.
Microsoft Index Server	MSIDXS	den Nur-Lesen-Zugriff auf jene Daten, die vom Microsoft Index Server indiziert worden sind. Das können z.B. die Inhalte aller HTML-Dokumente in einem Web-Verzeichnis sein.

OLE DB-Provider	Provider-Eigenschaft	OLE DB-Provider für ...
Microsoft Active Directory Service	ADSDSOObject	den Zugriff auf jene Objekte (wie z.B. Netzwerkverbindungen, Drucker, Benutzer usw.), die von einem Verzeichnisdienst verwaltet werden. Setzt Windows 2000 voraus.
Informix Database-Server	Ifxoledbc.2	Dieser OLE DB-Provider wird nicht von Microsoft, sondern von der Firma Informix als Teil des Informix Client SDKs kostenlos zur Verfügung gestellt (Infos unter http:// www.intraware.com/ informix/ – das Download ist in der Version 2.4 32 MB groß).

18.6.2   Beispiele für Verbindungszeichenfolgen

Den Umgang mit den am Anfang ein wenig gewöhnungsbedürftigen Verbindungszeichenfolgen lernt man am besten an kleinen Beispielen, die den Zugriff auf populäre Datenbanken in verschiedenen Varianten zeigen.

Zugriff auf eine Access-Datenbank

Beim Zugriff auf eine Access-Datenbank muss im einfachsten Fall lediglich der Verzeichnispfad der Mdb-Datei angegeben werden.

```
adoCn.ConnectionString = _
  "Provider=Microsoft.Jet.OLEDB.4.0;Data Source=" _
    & DBPfad
```

Zugriff auf eine Access-Datenbank mit Kennwort

Das Kennwort für eine Access-Datenbank ist nicht jenes Kennwort, das in der Verbindungszeichenfolge über *Password=* festgelegt wird. Es wird über die *Jet OLEDB:Database Password*-Eigenschaft in der Verbindungszeichenfolge übergeben.

Beispiel Das folgende Beispiel öffnet eine Access-Datenbank, die durch ein Kennwort gesichert ist.

```
Sub AccessDBÖffnen()
  Dim sPassword As String
  sPassword = "Geheim"
  Set adoCn = New ADODB.Connection
  With adoCn
    .Provider = "Microsoft.Jet.OLEDB.4.0"
    .ConnectionString = "Data Source=" _
      & sDBPfad & _
      ";Jet OLEDB:Database Password=" _
      & sPassword
    .Open
    If .State = adStateOpen Then
      MsgBox "Verbindung hergestellt"
    Else
      MsgBox "Verbindung nicht hergestellt!"
    End If
    End With
```

Wird für den Zugriff auf eine Jet-Datenbank eine Sicherheitsdatei (Erweiterung .Mdw) benötigt, muss diese ebenfalls in der Verbindungszeichenfolge angegeben werden.

```
sSystemDatei = "DBSystem.mdw"
adoCon.ConnectionString = "Data Source=" _
 & sDBPfad & _
 ";Jet OLEDB:System Database =" _
 & sSystemDatei
acoCon.Open UserID:=sUser, _
 Password:=sPasswort
```

Zugriff auf eine SQL Server-Datenbank über ODBC

Beim Zugriff über ODBC muss für *Provider MSDASQL* und für *Data Source* ein DSN (*Data Source Name*) ausgewählt werden.

```
adoCn.ConnectionString = "Provider=MSDASQL;Data Source=NordwindSQL"
```

Es lassen sich auch DSN-lose Verbindungen anlegen. Hier werden alle Informationen, die über den DSN normalerweise in der Registry oder in einer Datei gespeichert werden, über das *Extended Properties*-Property des *Connection*-Objekts in die Verbindungszeichenfolge gepackt.

```
adoCn.ConnectionString = "Provider=MSDASQL; " & _
 "Extended Properties=DRIVER=SQL Server;" & _
 "SERVER=(local); User ID=sa;DATABASE=NordwindSQL"
```

Die Authentifizierung erfolgt in diesem Beispiel über ein SQL Server-Konto, alternativ kann die Windows NT-Authentifizierung benutzt werden, die über *WSID=<Computername>* erfolgt.

Auch solche komplizierten Verbindungszeichenfolgen sind relativ leicht zu erstellen, indem Sie das ADO-Datensteuerelement verwenden, das Eigenschaftendialogfeld der ConnectionString-Eigenschaft öffnen, die Option »Verbindungszeichenfolge verwenden« selektieren und auf Erstellen klicken. Am Ende wird die auf den getroffenen Einstellungen basierende Verbindungszeichenfolge angezeigt, die Sie direkt in das Programm übernehmen können.

:-)
TIP

Zugriff auf eine Excel-Tabelle über ODBC

Der Zugriff auf Excel-Tabellen ist sowohl über ODBC als auch über den ISAM-Treiber des Jet-Datenbankmanagers möglich.

```
With adoCn.ConnectionString = _
 "Provider=MSDASQL;DSN=Buchtitel"
```

Da die Excel-Arbeitsmappe über einen DSN angesprochen wird, unterscheidet sich die Verbindungszeichenfolge durch nichts von jedem anderen ODBC-Zugriff über einen DSN.

Möchte man die Daten des Arbeitsblattes z.B. in einem DataGrid anzeigen, muss lediglich ein *Recordset*-Objekt angelegt werden, dessen *Source*-Eigenschaft den Namen der Tabelle erhält.

Zugriff auf eine dBase-Datenbank über ISAM-Treiber

Die alten xBase-Datenbanken werden hin und wieder noch benötigt. Die Jet-Engine verfügt über einen sog. ISAM-Treiber, mit dem sich diese Datenbanken (wie unter DAO) ansprechen lassen. Dabei muss lediglich berücksichtigt werden, dass in diesem Fall das Verzeichnis mit der Dbf-Datei die Datenbank ist und die Dbf-Seite selber lediglich eine (von mehreren) Tabellen.

```
adoCn.Provider = "Microsoft.Jet.OLEDB.4.0;Data Source=C:\Eigene_
Dateien;Extended Properties=dBase III;"
```

Soll der Inhalt einer Dbf-Datei in einem DataGrid angezeigt werden, muss die *Source*-Eigenschaft des *Recordset*-Objekts lediglich mit dem Namen der Dbf-Datei (ohne die Erweiterung *.Dbf*) belegt werden.

Zugriff auf eine SQL Server-Datenbank über OLE DB

Der Zugriff auf eine SQL Server-Datenbank über OLE DB dürfte für die meisten Visual-Basic-Programmierer, die sich mit Datenbankprogrammierung beschäftigen, inzwischen zum Alltag gehören. Entsprechend unkompliziert ist auch der Aufbau der Verbindungszeichenfolge.

```
adoCn.ConnectionString = "Provider=SQLOLEDB;" & _
Server=(local);Initial Catalog=NordwindSQL;User ID=sa"
```

Über *Initial Catalog* wird die Datenbank festgelegt. Wie bei den meisten Beispielen in diesem Kapitel erfolgt die Authentifizierung über das SQL Server-Konto *sa*, das aber unter regulären Umständen mit einem Kennwort (*Password=*) belegt sein sollte.

Zugriff auf eine Oracle Server-Datenbank über OLE DB

Die Verbindungszeichenfolge für den Zugriff auf einen Oracle Server unterscheidet sich nur in kleinen Details von den übrigen Beispielen. Der Providername hängt davon ab, ob der OLE DB-Provider von Microsoft, von Oracle oder von einer anderen Firma (z. B. Merant) verwendet wird.

```
adoCn.ConnectionString = "Provider=MSDAORA;Data Source=Server; User
ID=scott; Password=tiger"
```

Scott und *tiger* sind das für die Demo-Datenbanken des Oracle SQL Servers stets verwendete Paar aus Benutzername und Passwort.

Installierbares ISAM nicht gefunden?

Diese für Neulinge reichlich mysteriös klingende Meldung erscheint auch immer dann, wenn sich ein Schreibfehler in die Verbindungszeichenfolge eingeschlichen hat (meistens fehlt ein Leerzeichen zwischen *Data* und *Source*).

18.6.3   Exklusivität gratis – die Mode-Eigenschaft

Exklusivität hat im Zusammenhang mit der Datenbankprogrammierung eine etwas andere Bedeutung als im täglichen Leben. Sie legt fest, ob die Datenbank exklusiv nur von einem Benutzer oder von mehreren Benutzern gleichzeitig geöffnet werden kann. Auf welche Weise eine Datenquelle über ein *Connection*-Objekt geöffnet wird, wird über dessen *Mode*-Eigenschaft festgelegt. Wird die *Mode*-Eigenschaft nicht gesetzt, erhält sie den Wert *adModeShareDenyNone*, was bedeutet, dass andere Benutzer die Datenbank nicht mit speziellen Berechtigungen, sondern nur im gleichen Modus öffnen können. In diesem Modus kann die Datenbank von mehreren Benutzern nur ohne Einschränkungen geöffnet werden. Wird versucht, eine Datenbank zu öffnen, die bereits eingeschränkt geöffnet wurde, ist ein Laufzeitfehler die Folge. Die übrigen Einstellungen der *Mode*-Eigenschaft sind in Tabelle 18.3 zusammengefasst.

Das folgende Beispiel öffnet eine Access-Datenbank im exklusiven Modus.

Beispiel

```
Set adoCn = New ADODB.Connection
With adoCn
  .ConnectionString = _
    "Provider=Microsoft.Jet.OLEDB.4.0;" & _
    Data Source=" & DBPfad
  .Mode = adModeShareExclusive
  .Open
  If .State = adStateOpen Then
    MsgBox "Datenbank geöffnet!"
  End If
End With
```

Einstellung	Bedeutung
adModeUnknown (0)	(Standardvorgabe.) Es wurden keine Berechtigungen gesetzt bzw. diese sind nicht bekannt.
adModeRead (1)	Nur-Lese-Zugriff.
adModeWrite (2)	Nur-Schreib-Zugriff.
adModeReadWrite (3)	Lese- und Schreibzugriff.
adModeShareDenyRead (4)	Verhindert, dass andere Benutzer die Datenbank im Nur-Lese-Modus öffnen können.
adModeShareDenyWrite (8)	Verhindert, dass andere Benutzer die Datenbank im Nur-Schreiben-Zugriff öffnen können.
adModeShareExclusive (12)	Öffnet die Datenbank exklusiv, so dass sie kein anderer Benutzer gleichzeitig öffnen kann.
adModeShareDenyNone (16)	Verhindert, dass andere Benutzer die Datenbank mit eingeschränkten Rechten öffnen können.

Tabelle 18.3:
Die Einstellungen der Mode-Eigenschaft

18.6.4 Feststellen, ob eine Verbindung geöffnet ist

Die *State*-Eigenschaft gibt an, ob eine Verbindung (oder ein *Recordset*-oder *Command*-Objekt) geöffnet ist oder nicht. Häufig ist es empfehlenswert, vor dem Öffnen oder Schließen einer Verbindung erst einmal zu prüfen, ob diese bereits geöffnet ist.

Beispiel
```
If adoCn.State = adStateOpen Then
   adoCn.Open
End If

If adoCn.State = adStateClosed Then
   adoCn.Close
End If
```

Leider ist die *State*-Eigenschaft nicht zuverlässig, d.h. sollte z.B. eine Datenbank nicht mehr verfügbar sein (z.B. weil die Netzwerkverbindung zusammengebrochen oder der Netzwerkadministrator nach Argentinien ausgewandert ist[2]), wird dies über die *State*-Eigenschaft nicht mitgeteilt. Hier empfiehlt es sich, eine kleine Abfrage auszuführen, die nur sehr wenige Datensätze zurückgibt.

18.7 Das *Recordset*-Objekt als »Behälter« für Datensätze

Das *Connection*-Objekt stellt nur die Verbindung her – den Datenaustausch mit der Datenquelle übernehmen das *Recordset*- und das *Command*-Objekt. Während das *Command*-Objekt dazu da ist, »Befehle« an die Datenquelle zu schicken (in der Regel die Namen von gespeicherten Prozeduren und SQL-Kommandos), ist das *Recordset*-Objekt der »Behälter« für die Daten, die aus der Datenquelle stammen. Das *Recordset*-Objekt ist wie eine Minitabelle aufgebaut. Es umfasst einen oder mehrere Datensätze (Reihen, engl. »rows«), jeder Datensatz besteht aus der gleichen Anzahl von Feldern (Spalten, engl. »columns«). Alle Felder werden über die *Fields*-Eigenschaft zur Verfügung gestellt. Jedes Feld (*Field*-Objekt) besitzt einen Inhalt (*Value*-Eigenschaft) und einen Datentyp (*Type*-Eigenschaft), womit die wichtigsten Eigenschaften beschrieben werden. Beim *Recordset*-Objekt müssen mindestens zwei Eigenschaften mit Werten belegt werden:

1. Die *ActiveConnection*-Eigenschaft – sie steht entweder für ein bereits geöffnetes Verbindungsobjekt oder enthält gleich die komplette Verbindungszeichenfolge.

2. Die *Source*-Eigenschaft – sie gibt an, woher die Daten aus der Datenquelle stammen. Hier wird entweder der Name einer Tabelle oder, das ist häufiger Fall, ein SQL-Kommando angegeben.

---

[2] Dies ist eine Anspielung für Leser, die ein anderes, sehr gutes Buch zum Thema ADO kennen. Mehr dazu am Ende des Kapitels.

ADO wurde flexibel konstruiert. Die vom Recordset benötigten Verbindungsinformationen können auch direkt beim Aufruf der *Open*-Methode übergeben werden.

```
adoRs.Open Source:=Quelle, _
  ActiveConnection:="Provider=Microsoft.Jet.OLEDB.4.0;" _
  & Data Source=" & DBPfad
```

Beispiel

Auch in diesem Fall wird ein *Connection*-Objekt angelegt. Es kann nur nicht direkt angesprochen werden, da es keine Objektvariable gibt.

Recordset-Objekte können mit der *Close*-Methode wieder geschlossen werden. Zwingend notwendig ist es nicht, denn der *Recordset* wird entweder mit dem Schließen der Verbindung geschlossen oder wenn die Variable ihren Gültigkeitsbereich verliert.

18.7.1 Optionen beim Öffnen

Beim Öffnen eines Recordsets können über den *Options*-Parameter verschiedene Einstellungen festgelegt werden, die aber nur selten eine Rolle spielen. Die möglichen Werte für *Options* (die auch beim Öffnen eines *Command*-Objekts für den *Options*-Parameter übergeben werden) sind in Tabelle 18.4 zusammengefasst.

Wert	Bedeutung
adCmdUnknown	Standardeinstellung. Es werden keine weiteren Informationen zur Verfügung gestellt.
adCmdText	Bei dem Wert für *Source* handelt es sich um ein SQL-Kommando oder den Namen einer Abfrage.
adCmdTable	Bei dem Wert für Source handelt es sich um den Namen einer Tabelle.
adCmdStorecPro	Bei dem Wert für Source handelt es sich um eine gespeicherte Prozedur.
adCmdFile	Bei dem Wert für Source handelt es sich um einen Dateinamen, der den zu übergebenden Wert enthält (z. B. ein leeres SQL-Kommando).
acCmdTabelDirect	Spezialeinstellung für den direkten Zugriff auf Jet 4.0-Tabellen.
adCmdURLBind	Der Wert für Source wird durch eine URL festgelegt.

Tabelle 18.4:
Die Werte für
Options beim
Öffnen eines
Recordsets

Wert	Bedeutung
adAsyncFetch	Die Datensätze werden bis zum Auffüllen des Cache (CacheSize-Eigenschaft) synchron und anschließend asynchron ausgeführt.
adAsyncFetchNonBlocking	Datensätze werden asynchron geholt, ohne dass der Hauptthread blockiert wird.

18.7.2 Welcher Cursor darf es denn sein?

Das *Recordset*-Objekt kann in vier verschiedenen »Geschmacksrichtungen« angelegt werden. Allerdings heißt die zuständige Eigenschaft nicht *RecordsetTyp*, sondern *CursorType*. Ein *Cursor* ist im Zusammenhang mit einer Datenbank eine bestimmte Sicht auf eine Datensatzgruppe. Der Name Cursor leitet sich von dem Umstand ab, dass er (analog zu einem Bildschirmcursor) ein Scrollen in der Datensatzgruppe erlaubt. Bezogen auf die Art und Weise, wie früher Datenbanken angesprochen wurden, war dies nicht selbstverständlich (Visual-Basic-Programmierer, die nur Access kennen, sind in dieser Beziehung etwas verwöhnt). Wird ein *Recordset*-Objekt geöffnet, bestimmt der Cursortyp zwei Dinge:

1. Welche grundsätzliche Funktionalität in der Datensatzgruppe zur Verfügung steht.

2. In welchem Umfang Änderungen, die andere Benutzer an den der Datensatzgruppe zugrunde liegenden Tabelle(n) vornehmen, in der Datensatzgruppppe angezeigt werden.

Zur Auswahl stehen die Cursortypen Vorwärts (*adOpenForwardonly*), Statisch (*adOpenStatic*), Schlüsselmenge (*adOpenKeyset*) und Dynamisch (*adOpenDynamic*). Tabelle 18.5 fasst die wichtigsten Eigenschaften der einzelnen Cursortypen zusammen. Der »komfortabelste« Cursor ist *adOpenDynamic*, der aber auch die meisten (Speicher-) Ressourcen kostet (was sich aber nur bei großen Datenmengen beim gleichzeitigen Zugriff mehrerer Benutzer bemerkbar machen dürfte). *adOpenStatic* ist immer dann zu empfehlen, wenn Änderungen anderer Benutzer keine Rolle spielen (da diese nicht vorgesehen sind). Wird kein Cursortyp festgelegt, wird ein *Recordset* mit *adOpenForwardOnly* geöffnet, was unter anderem bedeutet, dass keine *RecordCount*-Eigenschaft zur Verfügung steht und z.B. kein *MoveFirst* möglich ist. Dafür ist dieser Cursor (der eigentlich keiner ist) sehr schnell. Er wird immer dann eingesetzt, wenn nur Werte abgefragt werden, Änderungen aber keine Rolle spielen.

Cursortyp	Konstante	Bedeutung
Vorwärts	adOpenForwardOnly	Es sind nur Vorwärtsbewegungen möglich. Änderungen durch andere Benutzer werden nicht angezeigt.
Statisch	adOpenStatic	Es sind beliebige Bewegungen möglich, aber Änderungen durch andere Benutzer werden nicht angezeigt.
Schlüsselmenge	adOpenKeyset	Änderungen durch andere Benutzer werden angezeigt. Nicht angezeigt wird das Hinzufügen von Datensätzen.
Dynamisch	adOpenDynamic	Alle Änderungen durch andere Benutzer werden angezeigt.

Tabelle 18.5:
Die wichtigsten
Eigenschaften
der einzelnen
Cursortypen

18.7.3   Server oder Client?

Neben dem Cursortyp kann auch der »Ort« des Cursors eingestellt werden. Der Ort bezieht sich vereinfacht auf die Frage, ob der Cursor auf dem Computer des Clients (clientseitiger Cursor) oder auf dem Computer des Datenbankservers (serverseitiger Cursor) verwaltet wird. Der Aufenthaltsort des Cursors wird über die *CursorLocation*-Eigenschaft eingestellt – der Default ist *adUseServer*.

Beide Verfahren haben ihre Vor- und Nachteile:

☛ Bei einem serverseitigen Cursor findet die Verarbeitung auf dem Server statt, der Client wird entlastet, und über das Netzwerk werden nur die tatsächlich angeforderten Datensätze übertragen. Dafür werden häufiger Datensätze übertragen.

☛ Bei einem clientseitigen Cursor wird der gesamte Cursor einmal übertragen. Anschließend finden alle weiteren Operationen auf dem Client statt. Damit wird der Client mehr belastet, Netzwerk und Datenbankserver aber entlastet.

Die Frage »Client oder Server?« spielt in erster Linie bei Datenbankservern (SQL Server, Oracle Server usw.) eine Rolle. Für Access gelten die obigen Verhältnisse nicht, da sich hier Client und Datenbank auch dann im gleichen Prozessbereich befinden, wenn die Mdb-Datei auf einem Netzwerklaufwerk liegt.

Dennoch ist die obige Frage auch beim Zugriff auf eine Access-Daten-bank wichtig. Es ist nämlich so, dass bei einem serverseitigen Cursor keine Bindung mit einem DataGrid möglich ist. Da serverseitig der De-fault ist, muss die *CursorLocation*-Eigenschaft den Wert *adUseClient* erhalten.

Die Einstellung für CursorLocation beeinflusst auch die Auswahl der zur Verfügung stehenden Cursortypen. So werden Sie feststel-len, dass beim Zugriff auf eine Access-Datenbank und bei der Wahl eines clientseitigen Cursors nur statische Cursor angelegt werden können. Wählen Sie über CursorType einen anderen Cursor, wird trotzdem ein statischer Cursor angelegt.

18.7.4 Die LockType-Eigenschaft

Wird nichts angegeben, wird ein *Recordset* im *Readonly*-Modus geöff-net – Änderungen sind nicht möglich. Sollen die zugrunde liegenden Tabellen aktualisierbar sein, muss die *LockType*-Eigenschaft einen der folgenden Werte erhalten: *adLockOptimistic*, *adLockPessimistic* oder *adLockBatchOptimistic*. Tabelle 18.6 fasst die Einstellungen zu-sammen. Die empfehlenswerte Einstellung ist *adLockOptimistic*, da eine pessimistische Sperre zu langen Verzögerungen und Timeouts beim Mehrfachzugriff führen kann.

Tabelle 18.6: Die Einstellun-gen für die Lock-Type-Eigenschaft

Konstante	Bedeutung
adLockOptimistic	Der Datensatz wird nur für die Dauer der Update-Methode gesperrt.
adLockPessimistic	Der Datensatz wird für die gesamte Dauer der Edi-tieroperation gesperrt. Das bedeutet: vom Zuwei-sen eines Wertes an das Field-Objekt bis zum Auf-ruf der Update-Methode.
adLockBatchOptimistic	Diese Einstellung wird für Recordsets benutzt, bei denen die Verbindung zur Datenquelle vorüberge-hend unterbrochen wird und wo nach dem erneu-ten Wiederherstellen ein Abgleich der inzwischen geänderten Datensätze mit der Datenquelle statt-finden soll.

Ob lediglich ein Datensatz oder auch die benachbarten Datensätze gesperrt werden, hängt bei der Jet-Engine von der Version ab. Die Sperrung eines einzelnen Datensatzes ist nur bei der Jet-Engine 4.0 möglich.

18.8 Arbeiten mit der Datensatzgruppe

Wurde ein *Recordset*-Objekt erst einmal erfolgreich geöffnet, sind zahlreiche Operationen möglich. Das Bewegen des Datensatzzeigers über die *Move*-Methode, das Lokalisieren eines Datensatzes über die *Find*-Methode, das Aktivieren eines Filters über die *Filter*-Methode sowie natürlich das Hinzufügen neuer Datensätze über die *AddNew*- und das Aktualisieren eines Datensatzes über die *Update*-Methode gehören zu den wichtigsten Operationen.

Die bei vielen DAO-Programmierern beliebte (weil sehr schnelle) *Seek*-Methode wird auch bei ADO unterstützt, allerdings nur im Zusammenhang mit einer Jet-Datenbank und z. B. nicht für SQL Server-Datenbanken. Hier sei auf die *Supports*-Eigenschaft des *Recordset*-Objekts hingewiesen, durch die sich abfragen lässt, ob es eine bestimmte Operation überhaupt unterstützt. Dies ist gerade vor dem Aufruf einer *Seek*-Methode sinnvoll, da diese in vielen Fällen gar nicht unterstützt wird.

18.8.1 Bewegen innerhalb einer Datensatzgruppe

Für das Bewegen innerhalb der Datensatzgruppe stehen zahlreiche Move-Methoden bereit, die sich gegenüber DAO kaum verändert haben. Tabelle 18.7 fasst diese Methoden zusammen. Ein *MoveFirst* und ein *MovePrevious* sind nicht möglich, wenn der *Recordset* mit *adOpenForwardOnly* geöffnet wurde.

Tabelle 18.7: Die verschiedenen Move-Operationen bei einem Recordset

Methode	Verschiebt den Datensatzzeiger ...
Move <n>	um <n> Positionen nach vorne oder nach hinten, denn es ist auch ein negativer Wert erlaubt.
MoveFirst	an den Anfang der Datensatzgruppe.
MoveNext	auf den nächsten Datensatz.
MovePrevious	auf den eine Position davor befindlichen Datensatz.
MoveLast	auf den letzten Datensatz.

18.8.2 Die aktuelle Datensatznummer abfragen

Über die *AbsolutePosition*-Eigenschaft erhält man die aktuelle Position des Datensatzzeigers und kann durch Zuweisen eines Wertes an die Eigenschaft den aktuellen Datensatz auch bewegen.

Beispiel Der folgende Befehl setzt den Datensatzzeiger auf den 5. Datensatz in der Datensatzgruppe.

```
adoRs.AbsolutePosition = 5
```

AbsolutePosition wird nicht bei allen Cursortypen unterstützt – es funktioniert u. a. bei statischen Cursorn.

18.8.3 Das Ende oder den Anfang der Datensatzgruppe feststellen

Da eine Datensatzgruppe stets nur eine begrenzte Anzahl an Datensätzen enthält, kann ein *MoveNext* dazu führen, dass der Datensatzzeiger um eine Position über den letzten Datensatz hinaus bewegt wird. Dieser Zusatz wird durch eine auf *True* gesetzte *EOF*-Eigenschaft angezeigt. Wird der Datensatzzeiger über ein *MovePrevious* um eine Position über den Anfang der Datensatzgruppe hinaus bewegt, wird die *BOF*-Eigenschaft auf *True* gesetzt. Sind sowohl *EOF* als auch *BOF* *True*, enthält die Datensatzgruppe keine Datensätze.

Beispiel Die folgende Abfrage stellt sicher, dass kein Laufzeitfehler ausgelöst wird, indem der Datensatz auf den letzten Datensatz positioniert wird:

```
adoRs.MoveNext
If adoRs.EOF = True Then adoRs.MoveLast
```

Alternativ lässt sich der Datensatzzeiger auch auf den ersten Datensatz zurückbewegen, falls der *Recordset* nicht mit *adOpenForwardOnly* geöffnet wurde:

```
adoRs.MoveNext
If adoRs.EOF = True Then adoRs.MoveFirst
```

18.8.4 Datensätze lokalisieren

Über die *Find*-Methode lässt sich ein Datensatz anhand eines einzelnen Kriteriums lokalisieren. Das Kriterium entspricht jenem Kriterium, das in einem *SELECT*-Kommando auf den WHERE-Teil folgt.

Beispiel Das folgende Beispiel lokalisiert den Datensatzzeiger im *Recordset* adoRs, das für den Inhalt der Tabelle Buchtitel steht, auf dem ersten Datensatz, der das Kriterium »BuchNr=1002« erfüllt.

```
adoRs.Find Criteria:="txtElement.Text=1002"
```

War die Suche erfolgreich, wird der erste Datensatz, der dem Suchkriterium entspricht, zum aktuellen Datensatz. Ansonsten wird *EOF=True* (oder, je nach Suchrichtung, *BOF=True*), d.h. es gibt keinen aktuellen Datensatz. Um den alten Datensatz wieder zum aktuellen Datensatz machen zu können, muss eine Lesemarke gesetzt werden (mehr dazu in Kapitel 18.8.5).

Falls Sie mit gefundenen Steuerelementen arbeiten, sollten Sie ein gebundenes Textfeld nicht gleichzeitig für die Eingabe des Suchbegriffs verwenden. Das kann zu zahlreichen Nebenwirkungen führen. Verwenden Sie stattdessen ein separates Textfeld.

Wird nichts anderes festgelegt, beginnt die Suche mit dem aktuellen Datensatz. Das bedeutet bei ADO aber auch, dass, wenn die *Find*-Methode mit dem gleichen Suchkriterium erneut aufgerufen wird, keine Suche stattfindet, da der aktuelle Datensatz das Suchkriterium erfüllt. Aus diesem Grund besitzt die *Find*-Methode drei weitere Argumente:

- *SkipRecords* gibt an, um wie viele Datensätze versetzt die Suche starten soll (ein guter Wert wäre 1, wenn die Suche mit dem gleichen Kriterium wiederholt werden soll).

- *SearchDirection* legt die Suchrichtung fest.

- *Start* Gibt die Position an, bei der die Suche beginnen soll. Neben vordefinierten Konstanten (z.B. adBookmarkLast, um beim letzten Datensatz zu beginnen) und Variablen vom Typ *Bookmark*, die zuvor durch Zuweisen der *Bookmark*-Eigenschaft des *Recordset*-Objekts gespeichert wurden, kann aber auch eine Zahl angegeben werden.

Das folgende Beispiel beginnt die Suche stets beim ersten Datensatz, **Beispiel** so dass ein separates *MoveFirst* nicht notwendig ist:

```
adoRs.Find Criteria:="txtElement.Text=1002", _
 Start:= adBookmarkFirst
```

Anders als bei DAO gibt es bei ADO keine FindFirst-, FindNext-Methoden usw. Dies muss über den Start-Parameter der Find-Methode erreicht werden.

Anders als bei DAO ist es bei ADO leider nicht möglich, mehrere Kriterien beim Aufruf der Find-Methode zu kombinieren. Zusammengesetzte Suchausdrücke lassen sich nur über die Filter-Methode verwenden.

18.8.5 Setzen von Lesemarken

Eine *Lesemarke* steht im Zusammenhang mit einer Datensatzgruppe für die aktuelle Position des Datensatzzeigers. Die aktuelle Position des Datensatzzeigers steht über die *Bookmark*-Eigenschaft zur Verfügung (es handelt sich um einen *Double*-Wert) und kann durch Zuweisen einer zuvor gespeicherten Position an diese Eigenschaft auch gesetzt werden. Notwendig wird eine solches »Merken« z.B. immer dann, wenn der Datensatzzeiger nach einer erfolglosen *Find*-Methode wieder auf die alte Position gesetzt werden soll (ansonsten würde sie auf *EOF* gesetzt werden, was nur selten erwünscht ist).

Beispiel
```
StartMarke = adoRs.Bookmark
adoRs.Find Criteria:=txtElement.Text, Start:=StartMarke
If adoRs.EOF = True Then
  adoRs.Bookmark = StartMarke
End If
```

18.8.6 Schnelles Lokalisieren mit der Seek-Methode

Als Alternative zur *Find*-Methode gibt es die *Seek*-Methode. Sie basiert auf einem Index, der beim Anlegen der Tabelle für ein oder mehrere Felder vergeben wurde, und ist daher sehr schnell. Anders als bei *Find* wird kein Suchkriterium, sondern ein einfacher Vergleich übergeben. Die *Seek*-Methode lokalisiert den Datensatzzeiger auf den ersten Datensatz, der das Vergleichskriterium erfüllt. Ebenfalls anders als bei *Find* beginnt die Suche immer am Anfang, d.h. es ist nicht möglich, sich durch die Datensatzgruppe nach vorne zu bewegen und der Reihe nach alle Datensätze zu finden, die einem Suchkriterium entsprechen. War die Suche nicht erfolgreich, geht *EOF* auf True.

Voraussetzungen für die *Seek*-Methode sind:

- Es muss sich um eine Jet 4.0-Datenbank handeln.
- Das *Recordset* muss mit *adCmdTableDirect* geöffnet werden.
- Die Tabelle muss einen Index enthalten.
- Es muss sich um einen serverseitigen *Recordset* handeln – clientseitige *Recordsets* unterstützen bei Jet 4.0 keine *Seek*-Methode.

Das folgende Beispiel lokalisiert den Datensatz mit der *Seek*-Methode **Beispiel**
auf den Datensatz, dessen Feld *BuchNr*, das in der Datenbank *Buch-
versand.mdb* mit dem Index *inxBuchNr* belegt ist, mit einem vorgegebenen Wert übereinstimmt.

```
Set adoRs = New ADODB.Recordset
With adoRs
  .ActiveConnection = adoCn
  .CursorType = adOpenStatic
  .Source = "Buchtitel"
  .Open Options:=adCmdTableDirect
End With
If adoRs.Supports(adSeek) = False Then
   MsgBox "Seek wird nicht unterstützt!"
   Exit Sub
End If

Private Sub cmdSeek_Click()
  Dim sBuchNr As String
   With adoRs
     .Index = "inxBuchNr"
     sBuchNr = InputBox("BuchNr", , "1010")
     .Seek sBuchNr, adSeekFirstEQ
     If .EOF = True Then
      MsgBox "Leider nichts gefunden!"
     Else
     MsgBox "Der Titel ist: " & _
       adoRs.Fields("Titel").Value
     End If
   End With
End Sub
```

Nach dem Öffnen mit *adCmdTableDirect* wird zunächst über die *Supports*-Methode geprüft, ob die *Seek*-Methode überhaupt unterstützt
wird. Anschließend wird über die *Index*-Eigenschaft der Index gesetzt.

*Liegt der Suche ein Index zugrunde, der aus mehreren Feldern be-
steht, muss für jedes Feld ein Wert übergeben werden. In diesem
Fall wird der Vergleichsausdruck als Array-Funktion übergeben.*

Operator	Bedeutung
adSeekAfterEQ	Lokalisiert den ersten Datensatz, in dem eine Über-einstimmung auftritt, oder, falls keine gefunden wur-de, den ersten Datensatz, der mit dem Vergleichskri-terium übereingestimmt hätte.
adSeekAfter	Lokalisiert den folgenden Datensatz, in dem eine Übereinstimmung auftritt oder aufgetreten wäre.

*Tabelle 18.8:
Vergleichsopera-
toren der Seek-
Methode*

Operator	Bedeutung
adSeekBeforeEQ	Lokalisiert den ersten Datensatz, in dem eine Über-einstimmung auftritt, oder, falls keine gefunden wur-de, auf den ersten Datensatz vor der Stelle, an der eine Übereinstimmung aufgetreten wäre.
adSeekBefore	Lokalisiert den ersten Datensatz, der vor dem Daten-satz liegt, in der eine Übereinstimmung auftritt oder aufgetreten wäre.
adSeekFirstEQ	Lokalisiert den ersten Datensatz, in dem eine Über-einstimmung mit dem Vergleichskriterium auftritt.
adSeekLastEQ	Lokalisiert den letzten Datensatz, der mit dem Such-kriterium übereinstimmt.

18.8.7 Sortieren einer Datensatzgruppe

Durch Setzen der *Sort*-Eigenschaft auf den Namen eines Feldes wird die Datensatzgruppe nach diesem Feld sortiert. Durch Anhängen von *ASC* (aufsteigend) oder *DESC* (absteigend) wird die Sortierreihenfolge festgelegt.

Beispiel Das folgende Beispiel sortiert die Tabelle *Buchtitel* nach dem Feld *Titel* in absteigender Reihenfolge:

```
adoRs.Sort = "Titel DESC"
```

18.8.8 Filtern von Datensätzen

Das Einrichten eines Filters durch Zuweisen eines Filterkriteriums an die *Filter*-Eigenschaft bedeutet, dass in der Datensatzgruppe jene Da-tensätze ausgeblendet werden, die nicht dem Filterkriterium entspre-chen. Das ist eine sehr praktische Einrichtung, da dadurch der Um-gang mit Datensatzgruppen sehr viel einfacher wird, da nur jene Datensätze ansprechbar sind, mit denen die Operation durchgeführt werden soll. Sollen wieder andere Datensätze sichtbar sein, muss ledig-lich der Filter geändert oder durch Setzen auf einen Leerstring aufge-hoben werden. Ein erneutes Abrufen der Datensätze ist nicht notwen-dig.

Der Filter-Eigenschaft wird jener Teil eines *SELECT*-Kommandos zu-gewiesen, der auf die *WHERE*-Klausel folgt (mit Ausnahme des Um-standes, dass z.B. kein *NOT*-Operator erlaubt ist).

Beispiel Das folgende Beispiel blendet in der Datensatzgruppe, die für alle Da-tensätze der Tabelle *Buchtitel* steht, alle Datensätze aus, in denen das Wort »Visual« enthalten ist:

```
adoRs.Filter = "Titel Like '%Visual%'"
```

Das Aufheben des Filters geschieht dadurch, dass der *Filter*-Eigenschaft ein Leerstring zugewiesen wird.

Apostrophe und andere Sonderzeichen behandeln

Was die Behandlung von Apostrophen und anderen Sonderzeichen angeht, gilt ADO als fehleranfällig. Ein einfaches Apostroph wird in einem Filterausdruck durch zwei einfache Apostrophe dargestellt. Der Filterausdruck für »O'Reily« lautet daher »O''Reily«. Einfache Apostrophe zu Beginn und am Ende des Ausdrucks werden in »#«-Zeichen eingeschlossen.

18.8.9   Hinzufügen neuer Datensätze

Das Hinzufügen neuer Datensätze geschieht über die *AddNew*-Methode. Dadurch wird ein neuer Datensatz am Ende der Datensatzgruppe angelegt (falls gebundene Steuerelemente eingesetzt werden, wird deren Inhalt automatisch gelöscht). Anschließend werden die einzelnen Felder durch Zuweisen an die *Value*-Eigenschaft mit Werten belegt (was auch direkt beim Aufruf der *AddNew*-Methode geschehen kann). Über die *Update*-Methode wird der Datensatz zur Datensatzgruppe und damit zur darunterliegenden Tabelle (sofern sich die Datensatzgruppe von einer einzigen Tabelle ableitet) hinzugefügt. Der neue Datensatz wird gleichzeitig zum aktuellen Datensatz.

Über die CancelBatch-Methode kann eine mit AddNew begonnene Operation wieder abgebrochen werden.

Das folgende Beispiel fügt zur Tabelle *Buchtitel* einen neuen Datensatz hinzu: **Beispiel**

```
With adoRs
  .Movelast
  iBuchNr = adoRs.Fields("BuchNr").Value
  .AddNew
  .Fields("BuchNr").Value = iBuchNr + 1
  .Fields("Titel").Value = "Wer hat Angst vor Visual Basic?"
  .Fields("Jahr").Value = 2001
  .Fields("AutorNr").Value = 1004
  .Update
End With
```

Um den größten Wert der Buchnummer für das Ermitteln der nächsten Buchnummer zu erhalten, wird ein *MoveLast* durchgeführt. Das ist nur in Ausnahmefällen erforderlich.

18.8.10 Das Löschen von Datensätzen

Der aktuelle Datensatz wird über die *Delete*-Methode gelöscht. Das Löschen ist endgültig, eine Bestätigung wird nicht verlangt. Soll eine Löschoperation rückgängig gemacht werden können, muss sie in eine Transaktion eingebettet werden.

Beispiel Das folgende Beispiel lokalisiert den ersten Datensatz, bei dem das Feld *BuchNr* einen Null-Wert besitzt, und löscht den Datensatz.

```
With adoRs
  .MoveFirst
  .Find "BuchNr Is Null"
  .Delete
  .MoveNext
  If .BOF = False Or .EOF = False Then
    If .EOF = True Then
    .MoveLast
    End If
  End If
End With
```

Da durch das Löschen der Datensatzzeiger auf dem gelöschten Datensatz verbleibt, wird ein *MoveNext* ausgeführt. Da dadurch *EOF* auf *True* gehen kann, wird für diesen Fall ein *MoveLast* durchgeführt.

Löschen im Rahmen einer Transaktion

Wie DAO unterstützt auch ADO Transaktionen. Eine Transaktion ist in diesem Zusammenhang eine Gruppe von Datenbankoperationen, die nacheinander ausgeführt und durch die *BeginTrans*-Methode des *ADODB.Connection*-Objekts eingeleitet werden. Am Ende kann das Programm über die *CommitTrans*-Methode die Transaktion bestätigen oder über die *RollbackTrans*-Methode komplett rückgängig machen.

Beispiel Das folgende Beispiel führt die *Delete*-Methode im Rahmen einer Transaktion aus. Am Ende erhält der Benutzer die Gelegenheit, das Löschen wieder rückgängig zu machen.

```
Dim iAntwort As VbMsgBoxResult
adoCn.BeginTrans
adoRs.Delete
iAntwort = MsgBox("Löschen des Datensatzes bestätigen", vbYesNoCancel +
vbQuestion)
If iAntwort <> vbYes Then
    adoCn.RollbackTrans
    Exit Sub
End If
adoCn.CommitTrans
```

O.k., der gleiche Effekt lässt sich natürlich erzielen, indem man die Abfrage an den Anfang stellt und von deren Ergebnis den Aufruf der *Delete*-Methode abhängig macht. Hier ging es nur um ein möglichst einfaches Beispiel für ein Thema, das angehenden Datenbankprogrammierern erfahrungsgemäß eine gewisse Ehrfurcht einflößt. Transaktionen werden normalerweise in komplexeren Zusammenhängen eingesetzt.

Beim Abbruch einer Delete-Methode kann es passieren, dass der Datensatz, der gelöscht werden sollte, scheinbar nicht mehr da ist und erst nach dem erneuten Programmstart (oder dem Aufruf der Requery-Methode, die alle Datensätze erneut abruft) wieder angezeigt wird. Das passiert aber nur bei statischen Recordsets, da hier die »Mitgliedermenge« fix ist.

18.9 Das *Command*-Objekt

Das *Command*-Objekt ist in erster Linie zum Aufruf von gespeicherten Prozeduren in einer SQL Server-Datenbank und anderen SQL-Kommandos gedacht, die keine Datensätze zurückgeben. Bei kleinen Datenbankprogrammen reicht es im Allgemeinen, eine SQL-Anweisung im Programm zu definieren und sie der *Source*-Eigenschaft eines *Recordset*-Objekts zuzuweisen, die anschließend über die *Open*-Methode geöffnet wird. Dies gilt auch für Abfragen, die in einer Access-Datenbank gespeichert sind. SQL-Kommandos, die keine Datensätze zurückgeben (etwa ein *UPDATE*- oder *INSERT INTO*-Kommando) und in der Datenbank gespeicherte Abfragen, die Parameter erwarten, werden ebenfalls über ein *Command*-Objekt ausgeführt.

Die wichtigsten Eigenschaften eines *Command*-Objekts sind *ActiveConnection* und *CommandText*. Über *ActiveConnection* erfährt es, mit welcher Datenbank das Kommando ausgeführt wird, über *CommandText* wird das Kommando selber festgelegt. Zusätzlich sollte man über die *CommandType*-Eigenschaft den Typ des Kommandos (z.B. *adCmdText* für ein SQL-Kommando oder *adCmdStoredProc* sowohl für eine Access-Abfrage als auch eine gespeicherte Prozedur) festlegen. Sind alle Angaben gemacht, wird das *Command*-Objekt entweder über die *Execute*-Methode ausgeführt oder der *Open*-Methode eines *Recordset*-Objekts übergeben.

Das folgende Beispiel öffnet die Abfrage *MaxPreise*, die die drei teuersten Bücher in der Tabelle *Buchverkäufe* zurückgibt: **Beispiel**

```
Private Sub cmdExecute_Click()
  Set adoCmd = New ADODB.Command
  With adoCmd
    .ActiveConnection = adoCn
    .CommandType = adCmdStoredProc
    .CommandText = "MaxPreise"
    Set adoRs = .Execute
  End With
  Set dgrTest.DataSource = adoRs
    MsgBox "Auftrag ausgeführt!"
End Sub
```

Damit anschließend das Binden an ein DataGrid möglich ist, muss die Verbindung mit *CursorLocation=adUseClient* geöffnet werden:

```
Set adoCn = New ADODB.Connection
With adoCn
  .ConnectionString = _
  "Provider=Microsoft.Jet.OLEDB.4.0;Data Source=" _
  & DBPfad
  .Mode = adModeRead
  .CursorLocation = adUseClient
  .Open
  If .State = adStateOpen Then
    MsgBox "Datenbank geöffnet!"
  End If
End With
```

Ohne diese Maßnahme erhalten Sie den Laufzeitfehler 7004 mit der wenig erhellenden Meldung »Die Zeilengruppe kann nicht mit Lesezeichen versehen werden«.

Auch normale SQL-Kommandos lassen sich durch Einfügen von ? an den entsprechenden Stellen parametrisieren. Für jedes Fragezeichen muss später ein Parameter-Objekt angelegt werden. Gegenüber einer richtigen Datenbankabfrage ist diese Ad-hoc-Methode aber recht umständlich.

Tabelle 18.9:
Die wichtigsten
Mitglieder eines
Command-
Objekts

Mitglied	Bedeutung
ActiveConnection	Gibt die Verbindung an, über die die Abfrage ausgeführt wird.
CommandType	Legt den Typ der Abfrage fest – muss nicht zwingend gesetzt werden, ist aber empfehlenswert.

Mitglied	Bedeutung
CommandText	Gibt den Namen der Abfrage oder das auszuführende SQL-Kommando an.
Execute-Methode	Führt ein *Command*-Objekt aus und gibt gegebenenfalls ein *Recordset*-Objekt vom Typ *adOpenForwardOnly* zurück.

18.9.1 Anlegen eines beliebigen Recordset-Objekts

Die *Execute*-Methode des *Command*-Objekts weist einen Nachteil auf – sie gibt stets ein *Recordset*-Objekt vom Typ *adOpenForwardOnly* und *adLockReadOnly* zurück. Eine Möglichkeit, z. B. *CursorLocation* einzustellen, gibt es nicht. Zum Glück gibt es eine Alternative, um ein *Recordset* zu erhalten, das mit dem Ergebnis eines *Command*-Objekts gefüllt ist. Man übergibt das *Command*-Objekt als Parameter der *Open*-Methode des *Recordset*-Objekts.

Das folgende Beispiel führt erneut die Abfrage *MaxPreise* aus, nur dass dieses Mal ein *Recordset* vom Typ *adOpenStatic* resultiert: **Beispiel**

```
Private Sub cmdOpenRecordset_Click()
  Set adoCmd = New ADODB.Command
  With adoCmd
    .ActiveConnection = adoCn
    .CommandType = adCmdStoredProc
    .CommandText = "MaxPreise"
    Set adoRs = New ADODB.Recordset
    With adoRs
    .CursorType = adOpenStatic
    .Open adoCmd
    MsgBox "Cursortyp: " & .CursorType
    End With
  End With
  Set dgrTest.DataSource = adoRs
  MsgBox "Auftrag ausgeführt!"
End Sub
```

18.9.2 Aufruf einer Access-Abfrage mit Parametern

Erwartet eine Access-Abfrage Parameter, muss für jeden Parameter zuvor ein *Parameter*-Objekt angelegt und sowohl mit dem passenden Datentyp als auch mit einem Wert belegt werden. Die *Parameter*-Objekte werden über die *CreateParameter*-Methode des *Command*-Objekts angelegt und über die *Append*-Methode zur *Parameters*-Auflistung hinzugefügt.

Beispiel Das folgende Beispiel führt eine SQL-Abfrage aus, die alle Titel eines *Autors* zurückgibt, dessen Autorennummer als Parameter übergeben wird:

```
PARAMETERS parAutorNr Long;
SELECT Titel, BuchNr
FROM Autoren INNER JOIN Buchtitel ON Autoren.AutorNr = Buchtitel.AutorNr
WHERE Autoren.AutorNr = parAutorNr;
```

Dies ist eine typische Access-Abfrage, die am einfachsten in Access erstellt wird. Beim Aufruf wird über den Parameter *parAutorNr* ein *Parameter*-Objekt übergeben.

```
Dim sAutorNr As String
Set adoCmd = New ADODB.Command
With adoCmd
  .ActiveConnection = adoCn
  .CommandType = adCmdStoredProc
  .CommandText = "TitelProAutor"
  sAutorNr = InputBox("Autor-Nr: ", , 2003)
  .Parameters.Append .CreateParameter(Name:="AutorNr", Type:=adInteger,
Value:=sAutorNr)
  Set adoRs = .Execute
End With
Set dgrTest.DataSource = adoRs
MsgBox "Auftrag ausgeführt!"
```

Im Sinne einer effektiven Programmierung wird der Aufruf von *Create-Parameter* mit dem der *Append*-Methode kombiniert. Der Name des *Parameter*-Objekts muss übrigens nicht mit dem Namen des Parameters aus der Abfrage übereinstimmen. Auch für die Richtung (*Direction*-Parameter) kann der Default übernommen werden.

18.9.3 Ausführen von SQL DDL-Kommandos

Eine kleine Formalität vorweg: Verwechseln Sie DDL nicht mit DLL. DDL steht für *Data Definition Language* und fasst jene SQL-Kommandos zusammen, die Änderungen an der Datenbank vornehmen. Dazu gehören u.a. *DELETE, INSERT INTO, UPDATE* und natürlich *CREATE TABLE*, mit dem sich neue Tabellen anlegen lassen. Da DDL-Kommandos keine Datensätze zurückgeben, werden sie über die *Excecute*-Methode des Connection-Objekts oder eines *Command*-Objekts ausgeführt. Ein Ergebnis gibt es bei dieser Form der Abfrage nicht, allerdings teilt uns ADO auf Wunsch (bei einigen DLL-Kommandos) mit, wie viele Datensätze von der Änderung betroffen wurden. Diese Zahl erhält man durch Übergabe einer Variablen, die später abgefragt wird.

Das folgende Beispiel führt ein *UPDATE*-Kommando aus, das die **Beispiel**
Preise aller Bücher, die mehr als 50 _ kosten, einfach einmal um 10%
erhöht.

```
Dim nAnzahlRecs As Long
Set adoCmd = New ADODB.Command
With adoCmd
  .ActiveConnection = adoCn
  .CommandType = adCmdText
  .CommandText = "UPDATE Buchverkäufe " & _
    "SET Einzelpreis = Einzelpreis * 1.10 WHERE " & _
    "Einzelpreis > 50"
  .Execute recordsAffected:=nAnzahlRecs
  .CommandText = "SELECT * FROM Buchverkäufe"
  Set adoRs = .Execute
End With
MsgBox nAnzahlRecs & " Datensätze aktualisiert!"
Set dgrTest.DataSource = adoRs
```

Um herauszubekommen, wie viele Datensätze tatsächlich geändert
wurden, muss man für das Argument *RecordsAffected* der *Execute*-
Methode den Namen einer Variablen übergeben, in der diese Anzahl
abgelegt wird.

Da die *Execute*-Methode im Falle des *UPDATE*-Kommandos keine
Datensätze zurückgibt, wird sie noch einmal ausgeführt, um dieses Mal
alle Datensätze zurückzugeben, so dass sie in einem DataGrid angezeigt werden können.

18.10 Fehlerbehandlung mit dem *Error*-Objekt

Auch wer noch so sorgfältig und mit Vorausschau programmiert, ist
vor Laufzeitfehlern nicht sicher, die z.B. durch nicht erlaubte Operationen in der Datenbank ausgelöst werden. Stellen Sie sich vor, Sie
möchten einen Datensatz in der Kundentabelle löschen, zu dem es
aber noch Einträge in der Auftragstabelle gibt. Praktisch jede ordentlich aufgebaute Datenbank wird dies nicht zulassen. Da die Datenbank
keine Fehlermeldungen ausgegeben kann (vor allem dann nicht, wenn
der Server »meilenweit« weg ist), werden die Fehler über den OLE DB-
Provider an die ADO-Objekte gemeldet. Dafür gibt es die *Errors*-Auf-
listung, die für jeden aufgetretenen Fehler ein *Error*-Objekt enthält.
Die Eigenschaften des *Error*-Objekts sind in Tabelle 18.10 zusammengefasst.

Eigenschaft	Bedeutung
Description	Text der Fehlermeldung
HelpContext	Nummer des Hilfethemas
HelpFile	Name der Hilfedatei
NativeError	Fehlernummer des OLE DB-Providers
Number	Nummer der Fehlermeldung
Source	Name des Programmteils, das den Fehler ausgelöst hat
SQLState	Bezieht sich auf die ODBC-Konstante SQLState

18.11 Asynchrone Aufrufe

Normalerweise muss das Programm nach dem Öffnen eines *Record-set-* oder der Ausführung eines *Command*-Objekts so lange warten, bis das Kommando vollständig abgearbeitet wurde. Da dies bei umfangreichen Abfragen recht lange dauern kann (insbesondere natürlich, wenn die Kommunikation mit der Datenbank über eine Netzwerkverbindung läuft), gibt es die *asynchronen Abfragen*. Hier wird die Abfrage gestartet, die Kontrolle jedoch sofort wieder an das Programm zurückgegeben. Die Abfrage wird im Hintergrund ausgeführt und ist »irgendwann« fertig. Handelt es sich um eine Abfrage, die Datensätze zurückgibt, kann der Fortschritt der Operation über Ereignisse des *Recordset*-Objekts dem Programm gemeldet werden. Dazu muss das *Recordset*-Objekt mit *WithEvents* deklariert werden.

Damit ein *Command*-Objekt asynchron ausgeführt wird, muss die Konstante *adAsyncExecute* mit dem *Options*-Parameter übergeben werden. Damit ein Recordset asynchron geöffnet wird, muss für *Options adAsyncFetch* übergeben werden.

Beispiel Das folgende Beispiel öffnet die Tabelle *Bestelldetails* der Nordwind-Datenbank asynchron. Die Meldungen der Ereignisse *FetchProgress* und *FetchComplete* werden in ein Listenfeld eingetragen.

```
Private adoCn As ADODB.Connection
Private WithEvents adoRs As ADODB.Recordset

Private Sub adoRs_FetchComplete (ByVal pError As _
  ADODB.Error, adStatus As ADODB.EventStatusEnum, _
  ByVal pRecordset As ADODB.Recordset)
  lstRsEvents.AddItem "FetchComplete"
End Sub
Private Sub adoRs_FetchProgress (ByVal Progress As _
```

```
Long, ByVal MaxProgress As Long, adStatus As _
ADODB.EventStatusEnum, ByVal pRecordset As _
ADODB.Recordset)
  lstRsEvents.AddItem "FetchProgress: " & Progress _
    & ":" & MaxProgress
End Sub
Set adoRs = New ADODB.Recordset
With adoRs
  .ActiveConnection = adoCn
  .Source = "Bestelldetails"
  .LockType = adLockOptimistic
  .Open Options:=adAsyncFetch
  Set dgrTest.DataSource = adoRs
End With
```

Bei jedem Durchlauf werden 15 Datensätze gelesen, außer beim ersten
Mal, bei dem es 50 sind. Der erste Wert kann über die *Properties*-Auf-
listung des *Recordset*-Objekts (mehr dazu in Kapitel 18.12.3) und die
Eigenschaft *Background Fetch Size* eingestellt werden. Die Eigenschaft für den zweiten Wert lautet *Initial Fetch Size*.

18.12 Weitere ADO-Spezialitäten

ADO gibt noch sehr viel mehr her als lediglich der einfache Zugriff auf
Access- oder SQL Server-Datenbanken, was mit den DAOs bereits relativ gut möglich war (hier hat es keine echten Verbesserungen, sondern eher Veränderungen und eine gewisse Modernisierung gegeben).
In diesem Abschnitt lernen Sie weitere Spezialitäten kennen. Im Einzelnen handelt es sich um Folgendes:

- Recordsets in ein Array übernehmen

- Verbindungslose Recordsets

- Spezielle Eigenschaft über Properties einstellen

- Recordsets in XML speichern und wieder laden

- Binäre Elemente (z.B. Bitmaps) speichern

Die Liste ist keinesfalls vollständig. Sehr spezielle Bereiche, wie z.B.
verbindungslose *Recordsets* mit eingebauter Aktualisierung, was im
Zusammenhang mit der Übertragung von *Recordsets* über das Internet eine Rolle spielt, oder die mit ADO 2.5 eingeführten »neuen« Objekte *Record* und *Stream*, die z.B. für den Zugriff auf Webverzeichnis-
se gedacht sind, können aus Platzgründen leider nicht behandelt
werden.

18.12.1 Recordsets in ein Array übernehmen

Bislang ging es beim Zugriff auf ein Recordset stets nach dem Prinzip »Einer nach dem anderen«. ADO kann aber auch anders. Über die Methoden *GetRows* und *GetString* lässt sich ein kompletter Recordset wahlweise in ein (zweidimensionales) *Variant*-Array und in einen String übernehmen. Der Vorteil besteht darin, dass sich die Daten anschließend sehr viel schneller und vor allem direkter bearbeiten lassen. Ein Nachteil ist, dass keine Aktualisierung möglich ist und dass das Abrufen großer Datensatzgruppen ein wenig dauern kann. GetString bietet zwar den Vorteil, sämtliche Daten in einer Variablen zu haben, die linear bearbeitet werden kann, ein Nachteil aber ist, dass die einzelnen Felder nicht in Anführungsstriche gefasst sind, sondern lediglich durch ein Trennzeichen (das sowohl für die Spalten als auch die Zeilen beim Aufruf festgelegt werden kann) getrennt sind. Das erschwert die Nachbearbeitung.

Beispiel Das folgende Beispiel überträgt alle Datensätze aus der Tabelle *Bestelldetails* (Nordwind-Datenbank) in ein Array, wobei die erste Dimension für die Spalten, die zweite Dimension für die Reihen steht.

```
Dim aRecords() As Variant
aRecords = adoRs.GetRows(Rows:=1000, Start:=adBookmarkFirst)
MsgBox UBound(aRecords(), 2) + 1 & " Datensätze"
```

In diesem Beispiel wird die Anzahl der Datensätze auf 1000 begrenzt – ohne diese Begrenzung würden sämtliche Datensätze abgerufen werden.

Es ist interessant und vor allem hilfreich, die angelegte Variable im Lokalfenster zu betrachten. Auf diese Weise lässt sich die komplette Datensatzgruppe auf einen Blick betrachten.

Abbildung 18.4:
Das Lokalfens-
ter zeigt die
Struktur von
aRecords() an,
das die gesamte
Datensatz-
gruppe enthält.

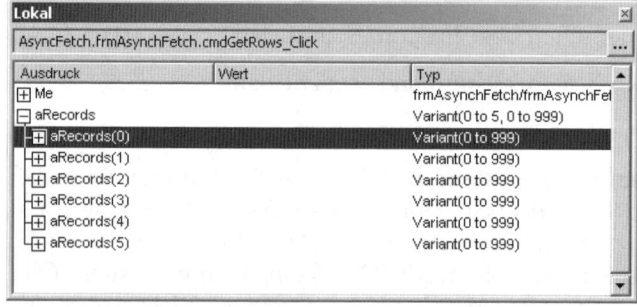

Beispiel Im nächsten Beispiel kommt die *GetString*-Methode zum Einsatz, die alle Datensätze in eine Zeichenkette übernimmt.

```
Dim sRecords As String
adoRs.MoveFirst
sRecords = adoRs.GetString(ColumnDelimeter:=vbTab, _
 NullExpr:="Nichts")
MsgBox Len(sRecords) & " Zeichen"
```

18.12.2 Verbindungslose Recordsets

Ein *verbindungsloser Recordset* ist ein Recordset, der ohne eine Verbindung zu einer Datenbank/Datenquelle existiert. Wozu soll das gut sein? Nun, Recordsets sind universelle Datenstrukturen, deren Inhalt nicht zwangsläufig aus einer Datenbank stammen muss. So ist es z. B. denkbar, den Inhalt einer Textdatei direkt einzulesen und die Inhalte in einen frisch angelegten Recordset zu übertragen. Der Recordset kann als Ganzes von A nach B übertragen oder an ein DataGrid gebunden werden und später nach dem Herstellen einer Verbindung in eine Datenbank übernommen werden. Der Umgang mit verbindungslosen Recordsets ist sehr einfach. Man legt das Recordset wie gewohnt an, aber ohne dass der Connectionstring einen Wert enthält. Anschließend werden über die *Append*-Methode der *Fields*-Auflistung die Felder definiert. Steht die Struktur, werden über *AddNew* und *Update* die Datensätze hinzugefügt. Über die *Sort*-Eigenschaft kann der Recordset dann z. B. sortiert werden (allerdings nur eingeschränkt – das Sortieren von Stringfeldern ist offenbar nicht möglich)[3].

Beispiel Das folgende Beispiel legt einen verbindungslosen Recordset an, füllt ihn mit zwei Datensätzen und sortiert seinen Inhalt nach dem Feld *Alter*:

```
Private Sub cmdStart_Click()
  Set adoRs = New ADODB.Recordset
  With adoRs.Fields
     .Append "Teilnehmer", adBSTR
     .Append "Alter", adInteger
  End With
  With adoRs
     .Open
     .AddNew
     .Fields("Teilnehmer").Value = "H. H. Reinke"
     .Fields("Alter").Value = "42"
     .Update
     .AddNew
     .Fields("Teilnehmer").Value = "P. Monadjemi"
     .Fields("Alter").Value = "39"
     .Update
     .AddNew
     .Fields("Teilnehmer").Value = "Erik Franz"
```

---

[3] Möglich ist auch, dass ich hier eine Kleinigkeit übersehen habe.

```
      .Fields("Alter").Value = "37"
      .Update
   End With
   Set dgrTest.DataSource = adoRs
End Sub
```

18.12.3 Spezielle Eigenschaft über Properties einstellen

ADO ist von Haus aus unabhängig von einer bestimmten Datenbank oder Datenquelle. Es enthält keine Methode oder Eigenschaft, die nur im Zusammenhang mit einem bestimmten Datenbanktyp angewendet werden kann (von der sehr speziellen *Seek*-Methode einmal abgesehen). Dennoch muss es möglich sein, auf jene Eigenschaften und Einstellungen zugreifen zu können, die vom verwendeten OLE DB Provider abhängen. So besitzt die Jet-Engine ganz andere Einstellungen und Betriebsparameter als z.B. der SQL Server. Diese providerspezifischen Einstellungen werden über die *Properties*-Auflistung von *ADODB.-Connection* und *ADODB.Recordset* vorgenommen. Diese Auflistung steht für eine Anzahl von *Property*-Objekten (beim Jet OLE DB-Provider sind es z.B. 102 Eigenschaften beim *Recordset*-Objekt), deren *Value*-Eigenschaft den Wert und deren *Name*-Eigenschaft den Namen einer Einstellung angeben. Welche Bedeutung die teilweise sehr speziellen Einstellungen besitzen und ob sie änderbar sind, erfährt man aus der Hilfedatei des OLE DB-Providers, die ein Teil des MDAC SDKs ist (*http://microsoft.com/data/ado*).

Beispiel Das folgende Beispiel listet die Namen und Werte aller Spezialeigenschaften des *Recordset*-Objekts *adoRs* im Direktfenster auf:

```
Dim oP As ADODB.Property
For Each oP In adoRs.Properties
   Debug.Print "Name: " & oP.Name & ": Wert: " & oP.Value
Next oP
```

18.12.4 Recordsets in XML speichern und wieder laden

Eine kurze Erklärung vorweg: Viele Leser werden schon von XML gehört haben, vor allem viel Positives und viele, viele Vorschußlorbeeren, aber sie werden vermutlich noch nie direkt mit diesem »Wunderding« konfrontiert worden sein. Was also ist XML? Hinter der *Extensible Markup Language* (XML) steckt ein sehr einfaches Prinzip. Man speichert in einer (Text-) Datei nicht nur die Daten, sondern gleich auch die Beschreibung der Daten. Und zwar nach einem einfachen und stets gleich bleibenden Schema, das besagt, dass auf ein in spitzen Klammern gesetztes Markierungswort irgendwann das gleiche Markierungswort noch einmal folgen muss, nur dass dieser abschließenden Markierung ein »/«-Zeichen vorausgeht. Auf diese Weise markieren die beiden

Markierungsworte ein beliebiges Datenelement. Da die Markierungs-
elemente beliebig verschachtelt werden können, ergibt sich ein hierar-
chischer Aufbau. Andere Programme, sog. *XML-Parser*, können ge-
zielt auf die Inhalte der Markierungen zugreifen, ohne die komplette
Datei Zeichen für Zeichen parsen zu müssen. Das ist gegenüber einer
Textdatei ein deutlicher Forschritt. Und es kommt noch besser: Jedem
Markierungszeichen lässt sich über eine parallel existierende *Data
Type Definition*-Datei z. B. ein Datentyp zuordnen, so dass eine Über-
prüfung und eine effektivere Weiterverarbeitung möglich wird. Kommt
Ihnen das bekannt vor? Genau, so funktioniert auch eine Datenbank.
Der Vorteil von XML ist, dass es als Textformat vorliegt und von jeder
Datenbank verstanden wird (Access 2002 bietet z. B. die Möglichkeit,
eine Tabelle direkt in XML zu exportieren).

So viel zur Theorie, nun zur Praxis. Es sei an dieser Stelle erwähnt,
dass über die Objektbibliothek »Microsoft XML 3.0« (darin steckt der
erwähnte XML-Parser) ein direkter Zugriff auf XML-Dokumente möglich ist. Die Bibliothek enthält eine Vielzahl von Objekten. Das Ganze
ist am Anfang daher etwas gewöhnungsbedürftig, aber (und sei als Er-
mutigung allen Visual Basic-Programmierern auf den Weg gegeben) alles andere als kompliziert. Im Gegenteil, hat man sich an die neuen
Namen und das neue »Denkmodell« gewöhnt, macht der Umgang mit
XML richtig Spaß. Aus Platzgründen kann dieses Thema in diesem
Buch leider nicht behandelt werden. Abbildung 18.5 zeigt den Aufbau
einer kleinen XML-Datei. Achten Sie vor allem auf das regelmäßige
Schema. Und denken Sie daran, dass Markierungen wie *<BOOK>*
oder *<TITLE>* für den XML-Parser keinerlei Bedeutung haben. Es
sind Namen, die sich jemand ausgedacht hat und für die es vielleicht
eine passende Schemadefinition gibt. Wichtig ist nur, dass der regelmäßige Aufbau eingehalten wird. Die XML-Datei zeigt ferner, dass Daten nicht nur zwischen zwei Markierungen, sondern auch innerhalb einer Markierung (wie z. B. ISBN-Nummer und Schwierigkeitsgrad). In
diesem Fall spricht man von einem *Attribut*.

Was hat XML mit ADO zu tun? Einiges, den XML ist ideal dafür geeignet, den Inhalt eines Recodsets zwischenzuspeichern, so dass er sich
an andere Programme weitergeben lässt. So ist es z. B. über die *Save*-
Methode eines *Recordset*-Objekts möglich, dieses komplett im XML-
Format zu speichern. Der Output ist allerdings kein pures XML, sondern er ist mit »kompliziert« wirkenden Schemainformationen versehen, die ohne Nachbearbeitung keinem XML-Parser zugeführt werden
können. Aus diesem Grund erfüllt die *Save*-Methode auch keine echte
Funktion, woran aber XML keine Schuld hat. Bei ADO.NET, der
»nächsten« Version von ADO, basiert praktisch alles auf XML.

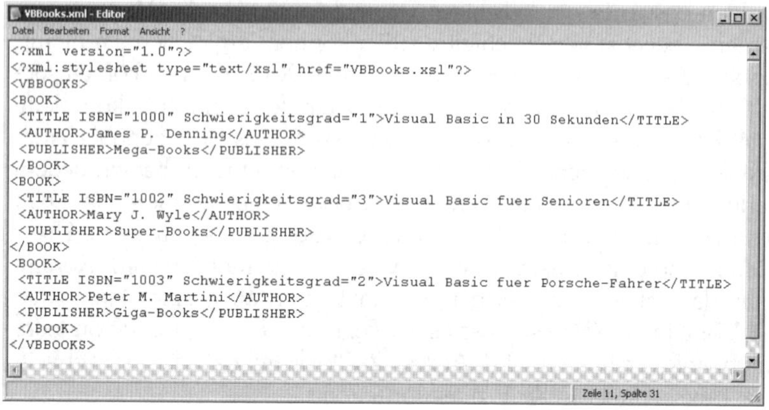

Abbildung 18.5:
Der Inhalt einer
einfachen XML-
Datei in
Notepad.

```
VBBooks.xml - Editor                                              _□×
Datei  Bearbeiten  Format  Ansicht  ?
<?xml version="1.0"?>
<?xml:stylesheet type="text/xsl" href="VBBooks.xsl"?>
<VBBOOKS>
<BOOK>
 <TITLE ISBN="1000" Schwierigkeitsgrad="1">Visual Basic in 30 Sekunden</TITLE>
 <AUTHOR>James P. Denning</AUTHOR>
 <PUBLISHER>Mega-Books</PUBLISHER>
</BOOK>
<BOOK>
 <TITLE ISBN="1002" Schwierigkeitsgrad="3">Visual Basic fuer Senioren</TITLE>
 <AUTHOR>Mary J. Wyle</AUTHOR>
 <PUBLISHER>Super-Books</PUBLISHER>
</BOOK>
<BOOK>
 <TITLE ISBN="1003" Schwierigkeitsgrad="2">Visual Basic fuer Porsche-Fahrer</TITLE>
 <AUTHOR>Peter M. Martini</AUTHOR>
 <PUBLISHER>Giga-Books</PUBLISHER>
 </BOOK>
</VBBOOKS>
                                                          Zeile 11, Spalte 31
```

Beispiel Der folgende Befehl speichert das *Recordset*-Objekt *adoRs* im XML-Format:

```
adoRs.Save "C:\Buchtitel.xml", adPersistXML
```

Als Alternative zum XML-Format steht noch ein Microsoft-spezifisches Format (*adPersistADTG – Advanced Data Tablegram*) zur Auswahl, das aber in der Praxis (offenbar) keine große Rolle spielt.

Anschließend wird die Datei vom Internet Explorer (ab Version 5.0) angezeigt. Achten Sie darauf, dass für jeden geschlossenen Knoten ein »+«-Zeichen und für jeden geöffneten Knoten ein »-«-Zeichen angezeigt wird. Falls Sie sich bereits ein wenig mit XML auskennen, wird Ihnen ferner auffallen, dass die *Save*-Methode zu einem XML-Format führt, bei dem alle Unterelemente eines Haupteintrags durch Attribute dargestellt werden und nicht durch weitere Untereinträge.

18.12.5 Binäre Elemente (z. B. Bitmaps) speichern

In diesem Abschnitt lernen Sie die *BLOBs* kennen. Diese Dinger stammen aus keinem Sumpf[4], es handelt sich vielmehr um »Binary Large Objects«, also große, im Binärformat vorliegende Datenelemente, die komplett in einem Feld gespeichert werden. Bitmaps werden als BLOBs gespeichert. Für den Zugriff auf BLOBs bietet ADO zwei Möglichkeiten an:

1. Die Methoden *GetChunk* (binäre Daten lesen) und *AppendChunk* (binäre Daten schreiben) des *Field*-Objekts .

2. Das mit ADO 2.5 eingeführte *Stream*-Objekt.

---

[4] Eine Anspielung auf einen Klassiker des ScienceFiction/Horror-Genres, der vor allem bei Programmierern sehr beliebt ist.

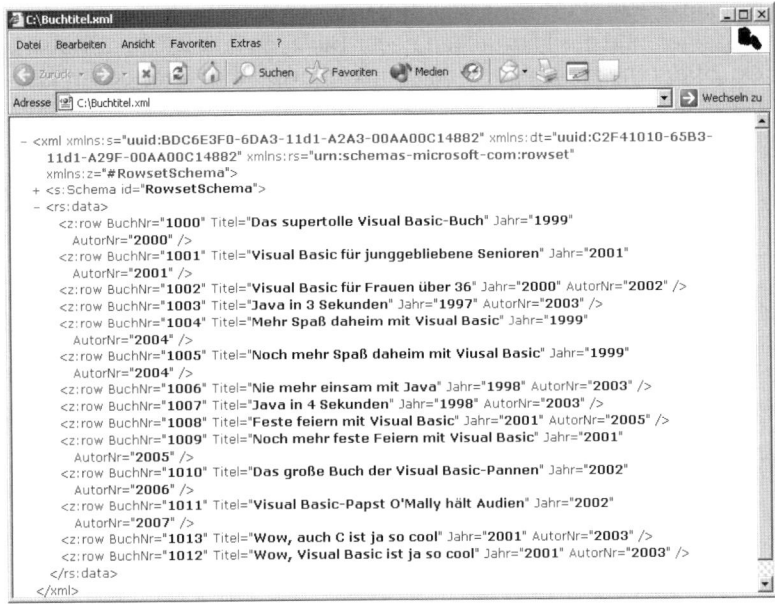

Abbildung 18.6:
Der Internet
Explorer zeigt
den Inhalt der
Datei Buch-
titel.xml an.

In diesem Abschnitt lernen Sie mit dem *Stream*-Objekt eine sehr einfache Methode kennen. Beide Varianten setzen allerdings voraus, dass der aus der Datenbank eingelesene BLOB zunächst in einer Datei zwischengespeichert wird, bevor die Bitmap in einem Bildfeld angezeigt werden kann. Die Bindung eines Bildfeldes oder einer Anzeige an ein *Image*-Feld in einer SQL Server-Datenbank ist nicht möglich.

Das folgende Beispiel geht von einer SQL Server-Datenbank (*Bild-Galerie*) aus, die aus einer Tabelle (*Bilder*) mit zwei Feldern (*Bild*, Typ *Image* und *BildName*, Typ *Char 256*) besteht. Es könnte sich aber genauso gut um eine Access-Datenbank handeln. Das Visual-Basic-Projekt besteht aus einem Formular, auf dem folgende Steuerelemente angeordnet wurden:

Beispiel

➡ Eine Anzeige (*imgBild*)

➡ Ein Textfeld (*txtBild*)

➡ Ein Standarddialogfeld-Steuerelement (*cdlDatei*)

➡ Zwei Schaltflächen (*cmdLaden* und *cmdClear*)

➡ Vier weitere Schalflächen (*cmdPrev*, *cmdNext*, *cmdAddNew* und *cmdUpdate*)

Das ganze Projekt dient lediglich dazu, den Inhalt der Tabelle *Bilder* anzuzeigen und das Hinzufügen neuer Bilder zu ermöglichen, wobei im Feld *Bildname* automatisch der Verzeichnispfad des geladenen Bildes angezeigt wird.

```
Option Explicit
Private adoCn As ADODB.Connection
Private adoSt As ADODB.Stream
Private adoRs As ADODB.Recordset
Private sPfad As String
Private blUpdate As Boolean
Private Sub cmdAddNew_Click()
  If blUpdate = False Then
     adoRs.AddNew
     blUpdate = True
     cmdAddNew.Caption = "&Abbruch"
     cmdUpdate.Enabled = True
   Else
     adoRs.CancelUpdate
     blUpdate = False
     cmdAddNew.Caption = "&Add New"
     cmdUpdate.Enabled = False
  End If
End Sub
Private Sub cmdClear_Click()
  imgBild.Picture = LoadPicture()
End Sub
Private Sub cmdLaden_Click()
  With cdlDatei
    .FileName = ""
    .Filter = "Gif-Files (*.gif)|*.gif|Jpeg-Files (*.jpg)|*.jpg|Alle
    Dateien|*.*"
    .ShowOpen
    If .FileName = "" Then
        Exit Sub
    End If
    sPfad = .FileName
    txtBild.Text = .FileName
  End With
  imgBild.Picture = LoadPicture(sPfad)
End Sub
Private Sub cmdNext_Click()
    adoRs.MoveNext
    If adoRs.EOF Then adoRs.MoveFirst
    DatensatzAnzeigen
End Sub
Private Sub cmdPrev_Click()
    adoRs.MovePrevious
    If adoRs.BOF Then adoRs.MoveLast
    DatensatzAnzeigen
End Sub
Private Sub cmdUpdate_Click()
    With adoRs
```

```
      Set adoSt = New ADODB.Stream
      With adoSt
       .Type = adTypeBinary
       .Open
       .LoadFromFile sPfad
      End With
       .Fields("Bild").Value = adoSt.Read
       .Fields("Bildname").Value = txtBild.Text
       .Update
      End With
      cmdUpdate.Enabled = False
      cmdAddNew.Caption = "&Add New"
      blUpdate = False
End Sub
Private Sub Form_Load()
    Dim sCon As String
    sCon = "Provider=SQLOLEDB;Server=(local);Database=Bildgalerie;User
    ID=sa;"
    Set adoRs = New ADODB.Recordset
    With adoRs
     .ActiveConnection = schon
     .CursorType = adOpenStatic
     .LockType = adLockOptimistic
     .Source = "Bilder"
     .Open
    End With
    DatensatzAnzeigen
End Sub
Sub BildAnzeigen()
    Set adoSt = New ADODB.Stream
    With adoSt
     .Type = adTypeBinary
     .Open
     .Write adoRs.Fields("Bild").Value
     .SaveToFile "TempPic", adSaveCreateOverWrite
    End With
    imgBild.Picture = LoadPicture("TempPic")
End Sub
Private Sub Form_Unload(Cancel As Integer)
     adoRs.Close
End Sub
Sub DatensatzAnzeigen()
    BildAnzeigen
    txtBild.Text = adoRs.Fields("BildName").Value
End Sub
```

18.13 Access-Datenbanken nach SQL portieren

In diesem Abschnitt wird gezeigt, wie (relativ) einfach sich aus einer Access-Datenbank eine »richtige« SQL Server-Datenbank machen lässt. Der große Vorteil besteht darin, dass diese Datenbank mit der Jet-Engine nichts mehr zu tun hat, sondern von dem sehr leistungsfähigen Microsoft SQL Server verwaltet wird. Ein Nachteil ist, dass anstelle der sehr kompakten und völlig problemlosen Jet-Engine nun der Microsoft SQL Server im Spiel ist, der nicht nur deutlich teurer in der Anschaffung ist, sondern auch etwas mehr Aufwand für das Administrieren erfordert.

Die Umwandlung einer Jet-Datenbank in eine SQL Server-Datenbank geschieht entweder mit einem Assistenten in Microsoft Access 2000/ XP oder mit Hilfe des SQL Server-Dienstprogramms DTC.

Das »Upsizing« ist relativ einfach und erfordert keine Spezialkenntnisse. Voraussetzung ist, dass »irgendwo« ein SQL Server installiert ist, zu dem die Datenbank hinzugefügt werden kann. Die Umstellung besteht aus folgenden Schritten:

1. Festlegen des Namens der SQL Server-Datenbank.

2. Anmelden bei einem SQL Server.

3. Auswahl der umzustellenden Tabellen.

4. Festlegen, ob Beziehungen zwischen Tabellen und die referentielle Integrität über Trigger oder deklarative, referentielle Integrität (DRI) erfolgen soll.

Sind alle Angaben gemacht, beginnt die Umstellung. Das Ergebnis ist eine neue SQL Server-Datenbank. In einem Upsizing-Report werden die einzelnen Schritte im Detail beschrieben. Hier werden auch eventuell aufgetretene Fehler oder nicht konvertierungsfähige Tabellen aufgelistet. Nicht umgestellt werden Abfragen, da es ein direktes Pendant beim SQL Server nicht gibt. Abfragen müssen als gespeicherte Prozeduren (bis SQL Server 2000 nur mit T-SQL) neu programmiert werden.

18.14 Microsoft SQL Server-Programmierung mit ADO

Im Grunde ist dieser Abschnitt überflüssig, denn die ADO-Programmierung eines SQL Servers unterscheidet sich grundsätzlich nicht von der einer Jet-Datenbank. Dennoch macht die Unterteilung Sinn. Zum einen gibt es doch gewisse Unterschiede, zum anderen ist der Microsoft SQL Server für Visual-Basic-Programmierer inzwischen mindestens ebenso wichtig wie die Jet-Engine.

18.14.1 Herstellen einer Verbindung

Dieses Thema wurde schon mehrfach angesprochen, daher nur eine kurze Wiederholung. Anstelle eines Verzeichnispfades enthält die Verbindungszeichenfolge beim Zugriff auf eine SQL Server-Datenbank den Namen des Servers (*Data Source*), den Namen der Datenbank (*Initial Catalog*), die als Erstes geöffnet werden soll, den Benutzernamen (*User ID*) und das Kennwort (*Password*). Fehlt nicht noch etwas? Richtig, der Provider muss natürlich auch angegeben werden. Er lautet »SQLOLEDB«[5].

Beispiel

```
Set adoCn = New ADODB.Connection
With adoCn
  .Provider = "SQLOLEDB;Server=(local);" & _
  "Database=NordwindSQL;User ID=sa;" " & _
  "Password=''"
  .Open
End With
```

18.14.2 Wann wird ein Prompt angezeigt?

Ob Benutzername und Kennwort über ein Dialogfeld abgefragt werden, wird über den *Prompt*-Parameter in der Verbindungszeichenfolge festgelegt. Es gelten folgende Einstellungen:

Wert für Prompt	Bedeutung
1	Benutzer wird immer aufgefordert.
2	Benutzer wird nur aufgefordert, wenn Informationen fehlen.

---

[5] Anders als beim Jet-Provider, der übrigens in manchen amerikanischen Büchern als Jolt-Provider bezeichnet wird (der Name wurde in Anspielung auf eine Getränkemarke (Jolt-Cola) in der Betaphase verwendet), verzichtet Microsoft hier auf »Eigenwerbung« im Namen.

Wert für Prompt	Bedeutung
3	Wie bei 2, allerdings können nur die fehlenden Informationen ergänzt werden.
4	Keine Eingabeaufforderung. Fehlen Informationen, ist ein Laufzeitfehler die Folge. Dies ist die Voreinstellung.

Beispiel

```
.ConnectionString = "Server=PM1; Database=NordwindSQL;Prompt=1"
```

Das Einfügen von *Prompt* bewirkt, dass immer ein Eingabedialogfeld erscheint.

18.14.3 Aufruf von gespeicherten Prozeduren

Eine gespeicherte Prozedur (engl. »stored procedure«) ist eine mehr oder weniger umfangreiche SQL-Abfrage (manchmal kann man bereits von einem SQL-Programm sprechen), die in der SQL Server-Datenbank in »compilierter« Form vorliegt. Ihr Vorteil ist, dass sie relativ schnell ausgeführt werden kann. Gespeicherte Prozeduren werden über ein *Command*-Objekt aufgerufen.

Das ist wichtig: Anders als beim Aufruf einer Abfrage in einer Jet-Datenbank müssen beim Aufruf einer gespeicherten Prozedur keine Parameter-Objekte angelegt werden. ADO holt sich über ein geöffnetes Verbindungsobjekt, das über ActiveConnection zugewiesen wurde, die Parameter vielmehr selber und legt für jeden Parameter ein entsprechendes Parameter-Objekt an. Das folgende Beispiel zeigt, dass die Reihenfolge CommandType, dann CommandText eingehalten werden sollte:

```
With adoCmd
  .ActiveConnection = adoCn
  .CommandType = adCmdStoredProc
  .CommandText = [Umsätze nach Jahr]
```

Zu diesem Zeitpunkt sollte die *Parameters*-Auflistung die drei Parameter umfassen – in einigen Fällen kann der Aufruf der *Refresh*-Methode erforderlich sein (diese führt aber einen weiteren Zugriff auf den Server durch). Die Parameter können jetzt ihre Werte erhalten:

```
.Parameters.Item("Enddatum").Value = "1.1.1997"
.Parameters.Item("Enddatum").Value = "1.2.1997"
```

*Auch wenn dem Namen eines Parameters ein @-Zeichen voraus-
geht, muss dies beim Zugriff auf das* Parameter-Objekt *nicht angegeben werden.*

Anschließend kann die Prozedur ausgeführt werden:

```
  Set adoRs = .Execute
End With
```

*Enthält der Name einer gespeicherten Prozedur Leerzeichen, muss
der komplette Name in eckige Klammern gesetzt werden. Dies gilt
übrigens auch für den Aufruf aus einer Datenumgebung heraus, da
der Datenumgebungsdesigner dies nicht automatisch berücksichtigt.*

18.14.4 Gespeicherte Prozeduren mit mehr Komfort erstellen

Damit der Aufruf von gespeicherten Prozeduren in einem Visual-Basic-
Programm nicht immer wieder das Eintippen der gleichen Befehlsfol-
gen bedeutet, bietet Microsoft als kostenlose Ergänzung ein praktisches Add-In für Visual Basic an, mit dem der Programmieraufwand
praktisch auf Null reduziert wird. Sie stellen nach dem Aufruf nur die
Verbindung zur Datenbank her und wählen eine gespeicherte Prozedur
aus. Anschließend wird ein Visual-Basic-Rahmen für den Aufruf der gespeicherten Prozedur erzeugt, der direkt in ein Programm übernommen werden kann. Über Optionen lassen sich verschiedene Besonderheiten, wie z.B. der Umstand, dass ein Recordset zurückgegeben
werden soll, einstellen.

Sie erhalten das Add-In mit dem Namen *Ado Stored Procedure Add-
In* auf der Microsoft-Website unter *http://msdn.microsoft.com/vbasic/
downloads/samples.asp.*

Nach dem Download der Datei *SprocAddIn.exe* wird diese in einem
leeren Verzeichnis ausgeführt. Neben dem eigentlichen Add-In, einer
Datei mit dem Namen *SprocAddIn. dll*, wird das Add-In auch als
Visual-Basic-Projekt in ein Verzeichnis ausgepackt. Damit das Add-In
in Visual Basic ausgewählt werden kann, muss es noch registriert werden, was z.B. durch den Aufruf von *Regsvr32.exe* über die Kommandozeile geschieht.

```
Regsvr32 SprocAddIn.dll
```

Abbildung 18.7:
Ein Add-In
erleichtert den
Aufruf von
gespeicherten
Prozeduren.

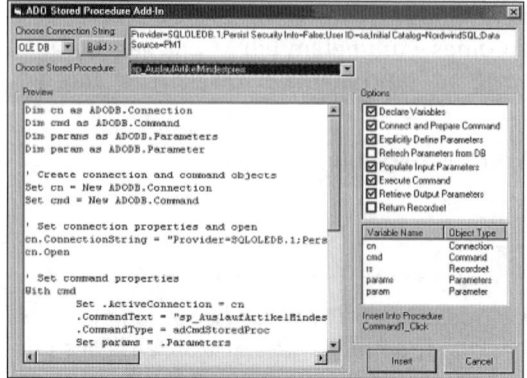

18.15 Noch einmal die Datenumgebung

Die Datenumgebung wurde bereits in Kapitel 17 vorgestellt und hat sich in diesem Zusammenhang als eine leicht zu bedienende (wenngleich sie einige Macken besitzt, die, wie es sich gehört, erst bei intensiver Nutzung auftreten) und sinnvolle Erweiterung präsentiert. Bereits damals wurde darauf hingewiesen, dass eine Datenumgebung lediglich ADO-Objekte repräsentiert, die nicht einzeln instanziert werden müssen, sondern bequem per Mausklick eingefügt und konfiguriert werden (lediglich das Öffnen der Verbindungs- und *Recordset*-Objekte kann erforderlich sein, wenn die Steuerelemente nicht per Drag&Drop auf das Formular gezogen wurden). Nachdem Sie die ADO-Objekte nun ausführlicher kennen gelernt haben, wird Ihnen vieles etwas bekannter vorkommen. In diesem Abschnitt geht es noch einmal um die Datenumgebung, wobei der Aspekt der Programmierbarkeit im Vordergrund steht. Sie erfahren z.B., wie Sie eine gespeicherte Prozedur in einer SQL Server-Datenbank übergeben und dabei auch Parameter übergeben.

Beispiel In diesem Beispiel wird eine Datenumgebung für die SQL Server-Datenbank *Northwind* angelegt, um die gespeicherte Prozedur *Sales_by_Year* aufrufen zu können. Dieser Prozedur werden zwei Parameter übergeben, der Anfangszeitraum und der Endzeitraum (beide als Datumswerte). Der grundsätzliche Umgang mit der Datenumgebung wird dabei vorausgesetzt.

Schritt 1 Legen Sie ein neues Projekt an, und fügen Sie eine Datenumgebung hinzu.

Geben Sie dem *DataEnvironment*-Objekt den Namen »envNorthwind«. **Schritt 2**

Geben Sie dem Verbindungsobjekt den Namen »conNorthwind«. Verbinden Sie es mit der SQL Server-Datenbank *Northwind*. **Schritt 3**

Fügen Sie über das Symbol *Gespeicherte Prozedur einfügen* der **Schritt 4** Symbolleiste des Datenumgebungsdesigners eine gespeicherte Prozedur hinzu. Es erscheinen alle in der Datenbank enthaltenen, gespeicherten Prozeduren. Wählen Sie »Sales by Year«, klicken Sie auf das >-Pfeilsymbol und anschließend auf *Einfügen*. Bestätigen Sie das Dialogfeld, über das der Befehl zwecks Abrufen der Parameter ausgeführt wird, mit *JA*. Klicken Sie auf SCHLIEßEN.

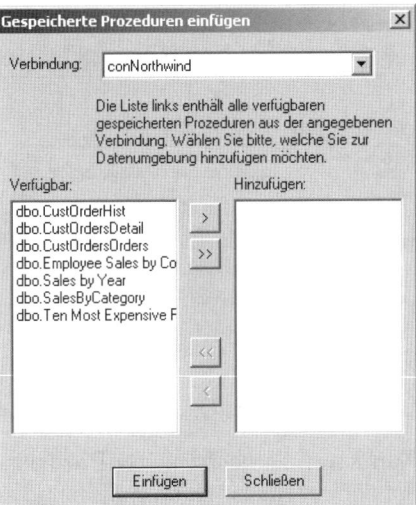

Abbildung 18.8: In diesem Dialogfeld werden alle gespeicherten Prozeduren aufgelistet.

Wechseln Sie in das Register *Weitere*. Hier müssen Sie über die Option *Recordset-Rückgabe* festlegen, dass die Abfrage einen Recordset zurückgeben soll. In diesem Dialogfeld wird im Eingabefeld *Aufruf-Syntax* der Aufruf der gespeicherten Prozedur in der bei ODBC üblichen Call-Syntax angezeigt. **Schritt 5**

Wechseln Sie noch einmal in das Register *Allgemein*. Da der Name **Schritt 6** der gespeicherten Prozedur Leerzeichen enthält, muss er auch im Datenumgebungsdesigner in eckige Klammern gesetzt werden. Aus *dbo.Sales by Year* wird somit *dbo.[Sales by Year]*.

Abbildung 18.9:
In diesem Dialogfeld
wird festgelegt,
dass die gespei-
cherte Prozedur
auch einen
Recordset zurück-
gibt.

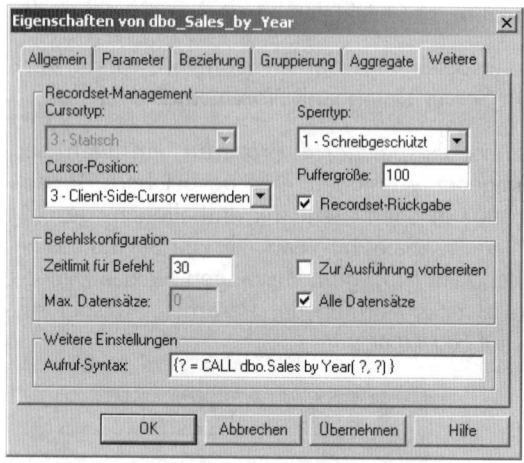

Abbildung 18.10:
Prozedurname mit
einem Leerzeichen
müssen in eckige
Klammern gesetzt
werden.

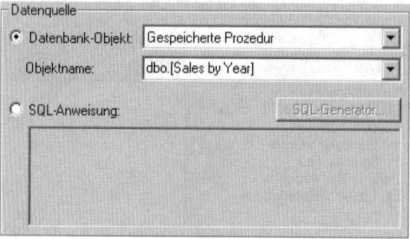

Schritt 7 Schließen Sie das Dialogfeld über die OK-Schaltfläche.

Schritt 8 Nun kann die gespeicherte Prozedur aufgerufen werden. Ordnen Sie
auf dem Formular einen Button und ein DataGrid an, und geben Sie in
die *Click*-Prozedur die folgenden Befehle ein:

```
With envNorthwind
    .dbo_Sales_by_Year "1.1.1997", "1.2.1997"
    Set dgrTest.DataSource = .rsdbo_Sales_by_Year
End With
```

Bereits nach der Eingabe des ersten Punktes wird Ihnen auffallen, dass
in der Auswahlliste der Name der gespeicherten Prozedur erscheint
(die Leerzeichen wurden durch Unterstriche ersetzt). Das ist gut so,
denn über diese Methode wird die Prozedur aufgerufen, wobei die erwarteten Parameter als Parameter der Methode übergeben werden.
Doch wie erhalten wir die Datensätze zurück? Auch das ist elegant gelöst. Da in den Eigenschaften des Befehlsobjektes die entsprechende
Option zur Recordset-Rückgabe angekreuzt wurde, bietet die Datenumgebung auch eine passende Eigenschaft an. Sie kann der *Data-
Source*-Eigenschaft des DataGrids direkt zugewiesen werden (es handelt sich um einen clientseitigen Cursor).

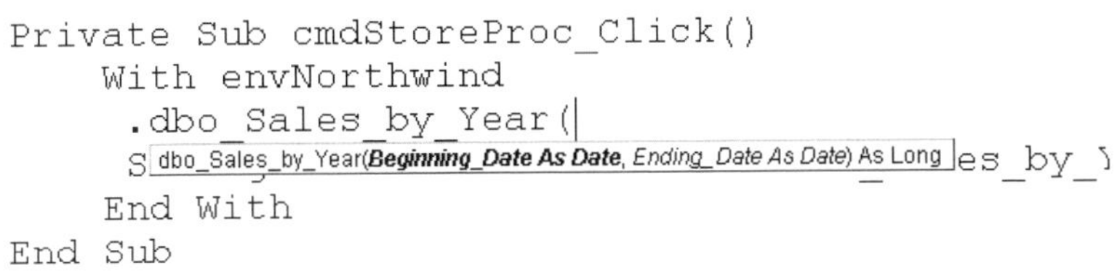

```
Private Sub cmdStoreProc_Click()
    With envNorthwind
      .dbo_Sales_by_Year(|
       S dbo_Sales_by_Year(Beginning_Date As Date, Ending_Date As Date) As Long  es_by_Y
    End With
End Sub
```

*Abbildung 18.11:
Die gespei-
cherte Prozedur
wird als
Methode der
Datenumge-
bung angebo-
ten – die Para-
meter inklusive.*

Starten Sie das Programm über die [F5]-Taste. Die gespeicherte Pro- **Schritt 9**
zedur wird aufgerufen und das DataGrid sollte mit Datensätzen gefüllt
werden.

18.15.1 Wenn Objekte geöffnet werden müssen

Die Datenumgebung ist ein wenig eigen, was das Öffnen und Schließen von Verbindungs- und Befehlsobjekten angeht. Mal sind sie offen,
mal nicht. Um die lästigen Laufzeitfehler zu vermeiden, empfiehlt es
sich, sowohl Verbindungs- als auch Befehlsobjekte in Abhängigkeit ihrer *State*-Eigenschaft zu öffnen bzw. zu schließen:

```
With envNorthwind
   If .conNorthwind.State = adStateOpen Then
      .conNorthwind.Close
   End If
   If .conNorthwind.State = adStateClosed Then
      .conNorthwind.Open
   End If
   .dbo_Sales_by_Year "1.1.1997", "1.2.1997"
   Set dgrTest.DataSource = .rsdbo_Sales_by_Year
End With
```

18.16 Die ADOX-Objekte für die Verwaltung von Datenbanken

Die Aufgabe der ADODB-Objekte ist es, Datenbankabfragen durchzuführen. Ihre Aufgabe ist es nicht, Veränderungen an der Datenbankstruktur vorzunehmen, wenngleich dies über die SQL-DDL-Komman-
dos (z. B. *UPDATE* oder *INSERT*) problemlos möglich ist. Möchte man
etwas über die Struktur der Datenbank erfahren oder z. B. zu einer Access-Datenbank weitere Tabellen oder Indizes hinzufügen, muss man
auf die ADOX-Objekte zurückgreifen. Im Mittelpunkt der ADOX-Objekte (die in Tabelle 18.11 zusammengestellt sind) steht das *Catalog*-
Objekt, das einer Datenbank bzw. allgemein einer Datenquelle entspricht. Auf welche Datenquelle es sich beziehen soll, wird (ganz

ADODB-konform) über die *ActiveConnection*-Eigenschaft festgelegt. Es ist wichtig zu verstehen, dass trotz gewisser Überschneidungen die ADOX-Objekte eine Ergänzung und keine Alternative zu den ADODB-Objekten darstellen.

Die ADOX-Objekte sind nicht auf die Jet-Engine beschränkt (wenngleich sie für diese in erster Linie gedacht sind, um die im Vergleich zu DAO bei ADODB fehlende Funktionalität nachzureichen), sondern arbeiten z. B. auch mit dem Microsoft SQL Server, obwohl es hier mit den *Distributed Management Objects* (DMO) eine bessere Alternative gibt.

Um die ADOX-Objekte in einem Visual-Basic-Programm nutzen zu können, muss das Projekt einen Verweis auf die »Microsoft ADO Ext. 2.x for DDL and Security« enthalten – das »x« steht dabei für die Versionsnummer. Auch die ADOX-Objekte gibt es in verschiedenen Versionen, wobei Sie auch hier stets die aktuellste Version verwenden sollten.

Tabelle 18.11:
Die ADOX-Objekte in der Übersicht

Objekt	Bedeutung
Catalog	Die Datenquelle (Datenbank) als Ganzes
Column	Ein einzelnes Feld
Group	Eine Benutzergruppe
Index	Ein Index
Key	Ein Schlüssel (d. h. eine Beziehung zwischen zwei Tabellen, die über Felder hergestellt wird)
Procedure	Eine Abfrage
Property	Eine Eigenschaft
Table	Eine Tabelle
User	Ein Benutzer
View	Eine Ansicht

Der Umgang mit den ADOX-Objekten ist relativ simpel, da ihre Eigenschaften und Methoden direkt den Eigenschaften einer (JET-) Datenbank entsprechen. Den Umgang mit den ADOX-Objekten lernt man daher am besten an kleinen Beispielen.

Beispiel Das folgende Beispiel gibt die Namen aller Tabellen der Nordwind-Datenbank aus. Dabei ist zu berücksichtigen, dass das *Tables*-Objekt sowohl für Ansichten und Abfragen als auch für Tabellen steht. Es ist daher eine Abfrage der *Type*-Eigenschaft notwendig. Zum Schluss wird die Anzahl der Felder der Tabelle *Artikel* ausgegeben.

```
Dim objCat As ADOX.Catalog
Dim objTab As ADOX.Table
Dim objCn As ADODB.Connection
Set objCat = New ADOX.Catalog
Set objCn = New ADODB.Connection
With objCn
  .Provider = "Microsoft.Jet.OLEDB.4.0"
  .ConnectionString = _
  "Data Source=C:\Eigene Dateien\Nordwind.mdb"
  .Open
End With
With objCat
  .ActiveConnection = objCn
  MsgBox "Anzahl Table: " & .Tables.Count
  For Each objTab In .Tables
    If objTab.Type = "TABLE" Then
        Debug.Print objTab.Name
    End If
  Next objTab
End With
MsgBox objCat.Tables("Artikel").Columns.Count & " Felder"
```

Das folgende Beispiel gibt die Namen aller in der Nordwind-Datenbank **Beispiel**
gespeicherten Abfragen, die über die *Procedures*-Auflistung zur Verfügung gestellt werden, und den Kommandotext der Abfrage *MaxPreise*
im Direktbereich aus. Da es sich um eine Abfrage mit Parametern handelt, wird sie in der Kategorie *Views* geführt.

```
Dim oQ As ADOX.Procedure
Set oCat = New ADOX.Catalog
With oCat
  .ActiveConnection = oCn
  For Each oQ In .Procedures
    Debug.Print oQ.Name
  Next
  Debug.Print .Views("MaxPreise").Command.CommandText
End With
```

Das folgende Beispiel kopiert die Struktur (nicht den Inhalt) der Tabelle **Beispiel**
Artikel der Nordwind-Datenbank in eine neue Tabelle mit dem Namen
Artikel2.

```
Dim objCat As ADOX.Catalog
Dim objTabQuelle As ADOX.Table
Dim objTabZiel As ADOX.Table
Dim objFieldZiel As ADOX.Column
Dim objFieldQuelle As ADOX.Column
Dim objCn As ADODB.Connection
Set objCat = New ADOX.Catalog
Set objCn = New ADODB.Connection
With objCn
  .Provider = "Microsoft.Jet.OLEDB.4.0"
  .ConnectionString = "Data Source=" & _
```

```
      "C:\Eigene Dateien\Nordwind.mdb"
     .Open
   End With
   With objCat
     .ActiveConnection = objCn
     Set objTabQuelle = .Tables("Artikel")
     Set objTabZiel = New ADOX.Table
     For Each objFieldQuelle In objTabQuelle.Columns
       Set objFieldZiel = New ADOX.Column
         With objFieldZiel
           .Name = objFieldQuelle.Name
           .Type = objFieldQuelle.Type
         End With
         objTabZiel.Columns.Append objFieldZiel
     Next
     objTabZiel.Name = "Aritkel2"
   .Tables.Append objTabZiel
   End With
   MsgBox "Tabelle angelegt!"
```

Möchte man auch die Inhalte kopieren, muss dies wieder über die ADODB-Objekte oder am einfachsten über ein *INSERT INTO*-SQL-Kommando geschehen.

Beispiel Das folgende Beispiel ändert das Passwort bei der Nordwind-Datenbank für den Benutzer *Admin*.

```
Dim cat As New ADOX.Catalog
Dim sPasswordNeu As String
Dim sSystemPfad As String
sSystemPfad = "C:\Programme\" & _
 "Microsoft Office\Office\System.MDW"
sPasswordNeu = "Mausi"
cat.ActiveConnection = _
 "Provider=Microsoft.Jet.OLEDB.4.0;" _
 & "Data Source=" _
 & "C:\Eigene Dateien\Nordwind.mdb;" _
 & "Jet OLEDB:System database=" _
 & sSystemPfad
cat.Users("Admin").ChangePassword _
 sPasswordNeu, ""
MsgBox "Passwort wurde geändert!"
```

Damit das Beispiel funktioniert, müssen sowohl der Pfad der Nordwind-Datenbank als auch der Pfad der Sicherheitsdatei *System.mdw* stimmen. Anschließend erhält die Nordwind-Datenbank für das Benutzerkonto *Admin* ein neues Passwort. Möchten Sie das Passwort wieder entfernen, geschieht dies am einfachsten innerhalb von Access über den Menübefehl EXTRAS | SICHERHEIT | BENUTZER- UND GRUPPEN-KONTEN und das Anklicken der Schaltfläche *Kennwort löschen*.

18.17 ADO mit Anwendungen ausliefern

Die Auslieferung eines Visual-Basic-Programms, das mit ADO arbeitet, setzt voraus, dass ADO auf dem Ziel-Computer auch vorhanden ist. Aus diesem Grund fügt der Verpackungs- und Weitergabeassistent die erforderliche *Mdac.exe*-Datei in das Paket ein, das auf dem Ziel-Computer automatisch installiert wird. Probleme kann es lediglich dann geben, wenn versehentlich die falsche Version eingepackt wird oder das Programm ohne Setup installiert wird und auf dem Ziel-Computer keine oder eine andere ADO-Version vorhanden ist. Dieses Problem lässt sich vermeiden, indem man die aktuellste ADO-Version in Rahmen des MDAC mit der Anwendung weitergibt.

Machen Sie sich unbedingt die Mühe, und besuchen Sie die Microsoft-ADO-Website http://www.microsoft.com/data/download.htm. Sie finden hier die aktuellsten ADO-Versionen in Gestalt des MDAC sowie Hinweise zur Installation. MDAC steht für *Microsoft Data Access Component* und fasst alle Dateien zusammen, die auf einem Computer vorhanden sein müssen, damit eine Anwendung mit der jeweiligen ADO-Version arbeiten kann. Hier finden Sie auch die Jet-Engine 4.0 Service Release 3, die seit MDAC 2.6 nicht mehr Bestandteil des ADO-Pakets ist.

18.17.1 Ausliefern einer Visual Basic 6.0-Anwendung mit der MSDE

Bei Visual-Basic-Anwendungen, die mit der MSDE anstelle der Jet-Engine arbeiten, muss diese auch Teil des Setup-Programms sein, sofern man die Installation der MSDE nicht dem Benutzer vor Ort übertragen möchte. Da der Verpackungs- und Weitergabeassistent von Visual Basic 6.0 noch nichts von der Existenz der MSDE weiß, müssen beim Erstellen des Setup-Programms zusätzliche Schritte eingefügt werden. Im Wesentlichen geht es dabei um folgende zwei Maßnahmen:

Das Hinzufügen der MSDE-Dateien. Diese liegen nicht einzeln vor, sondern werden in einer Exe-Datei (Msdex86. exe) zusammengefasst, die nach dem Start die Installation durchführt.

Die (automatische) Installation der MSDE-Dateien auf dem Ziel-Computer.

Die auszuliefernden Dateien der MSDE befinden sich, sofern es sich um die MSDE 1.0 für Visual Studio 6.0 handelt, in einer Datei mit dem Namen *Msdex86.exe*. Insgesamt müssen folgende Dateien an der entsprechenden Stelle bei der Ausführung des Verpackungs- und Weitergabeassistenten hinzugefügt werden:

■► Readme.txt

■► Msdex86.exe

■► Unattend.iss

■► License.txt

Sollen auch SQL Server-Datenbanken ausgeliefert werden, werden diese in Gestalt der zuvor exportierten Mdf-Dateien hinzugefügt.

Die Installation der MSDE kann auf dem Ziel-Computer entweder manuell oder automatisch erfolgen.

Die manuelle Installation

Bei der manuellen Installation wird die MSDE installiert, nachdem das Visual-Basic-Programm über sein Setup-Programm installiert wurde. Dies kann z.B. über den AUSFÜHREN-Befehl im Startmenü geschehen.

```
AppPath\msdex86.exe -s -a -f1 _ "AppPath\unattend.iss"
```

Bei *AppPath* handelt es sich um das Anwendungsverzeichnis, in dem die Installation durchgeführt wurde. Dieser Aufruf startet das MSDE-Setup-Programm, wobei die Datei *Unattend.iss* dafür sorgt, dass die Installation ohne einen Eingriff des Benutzers durchgeführt wird.

Die automatische Installation

Eine vollautomatische Installation der MSDE ist mit dem Verpackungs- und Weitergabeassistenten von Visual Basic 6.0 (ohne einen Eintrag in das Setup-Programm) nicht möglich. Anders als beim Paket- und Weitergabeassistent in Office 2000 Developer gibt es bei der Visual-Basic-Version keine Option, durch die sich ein beliebiges Programm nach erfolgter Installation ausführen lässt. Es ist aber möglich, einen weiteren Eintrag in die Programmgruppe des installierten Visual-Basic-Programms einzufügen, über die das Setup-Programm *Msdex86.exe* aufgerufen wird. Dazu wird der Verpackungs- und Weitergabeassistent wie gewohnt aufgerufen und im Dialogfeld für das Anlegen der Programmgruppe ein weiteres Element hinzugefügt. In das Dialogfeld für dieses neue Element wird als Name ein beliebiger Text, z.B. »MSDE-Installation«, und als Ziel der folgende Aufruf eingetragen:

```
msdex86.exe -s -a -f1 "$(AppPath)\unattend.iss"
```

Hat der Benutzer die Installation der Visual-Basic-Anwendung erfolgreich absolviert, muss er auf den entsprechenden Eintrag in der neu angelegten Programmgruppe klicken, um die Installation der MSDE durchzuführen.

Hinzufügen einer Datenbank

Es genügt nicht, die Mdf-Datei der SQL Server-Datenbank auf den Ziel-Computer zu kopieren, sie muss in den SQL Server eingefügt werden. Das kann entweder manuell über den Enterprise-Manager des Microsoft SQL-Servers, ein VBScript- oder Visual-Basic-Programm, das die *Distributed Management Objects* (DMO) benutzt, oder den Aufruf einer gespeicherten Prozedur mit den Namen *sp_attach_db* geschehen.

```
EXEC sp_attach_db @dbname = N'dbname', @filename = N'filepath\filename.mdf'
EXEC sp_attach_db 'Test', 'c:\Mssql7\Data\Test.mdf'
```

Eine ausführlichere Beschreibung der MSDE-Installation finden Sie in der MSDN-Knowledgebase in einem Artikel mit der Nr. Q231923. Rufen Sie dazu http://msdn.microsoft.com auf, und geben Sie die Nr. in das Feld »Enter Search Phrase« ein. Alle Dokumente, in denen die Referenznummer enthalten ist, werden daraufhin aufgelistet.

Austausch von Setup1.exe

Der vermutlich einfachste Weg, die Installation der MSDE mit der Installation eines Visual-Basic-Programms zu verbinden, besteht darin, die Datei *Setup1.exe* aus dem Visual Studio-Unterverzeichnis *VB98**Wizards**PDWizard* gegen die gleichnamige Datei aus dem MSDE-Installationspaket *Msde_ ins.exe* auszutauschen. Führen Sie dazu die folgenden Arbeitsschritte durch:

Extrahieren Sie die Datei *Msde_ins.exe* in ein beliebiges, leeres Verzeichnis. In das Verzeichnis werden u.a. die Dateien *Setup1.exe* und *Readme.txt* extrahiert. **Schritt 1**

Kopieren Sie die Originalversion von *Setup1.exe*, die mit Visual Basic 6.0 ausgeliefert wurde, in ein anderes Verzeichnis, um sie später gegebenenfalls wiederherstellen zu können. **Schritt 2**

Kopieren Sie die Datei *Setup1.exe* aus dem in Schritt 1 angelegten Verzeichnis in das Visual Studio-Unterverzeichnis *VB98**Wizards**PDWizard*. **Schritt 3**

Führen Sie den Verpackungs- und Weitergabeassistenten aus, um ein Standard-Paket anzulegen, und fügen Sie an entsprechender Stelle die folgenden Dateien hinzu: **Schritt 4**

➡ Readme.txt

➡ Msdex86.exe

■► Unattend.iss

■► License.txt

Sollte die MSDE mit einer bereits angelegten SQL Server-Datenbank arbeiten, muss diese in Gestalt einer Mdf-Datei hinzugefügt werden.

Schritt 5 Starten Sie das Setup-Programm auf dem Ziel-Computer. Im Verlauf der Installation der Anwendung sollte auch die MSDE installiert werden.

18.18 Die DAOs im Vergleich zu den ADOs

Die DAOs sind ein Objektmodell für die Jet-Engine. Ihre Eigenschaften und Methoden entsprechen 1:1 den Möglichkeiten der Jet-Engine. Für Visual-Basic-Programmierer waren sie, bis ODBC, RDO und ADO kamen, praktisch die einzige Möglichkeit, um auf den Inhalt einer Access-Datenbank zuzugreifen. Folglich lassen sich über DAOs auch nur jene Datenquellen ansprechen, die über die Jet-Engine ansprechbar sind, d.h. für die es einen ISAM- oder (was wahrscheinlicher ist) einen ODBC-Treiber gibt.

Es ist wichtig zu verstehen, dass die DAOs nicht deswegen »schlechter« sind, weil es seit Visual Basic 6.0 die ADOs gibt. Die DAOs sind zwar etwas betagt, doch bieten sie für den Zugriff auf Jet-Datenbanken (und in der Regel auch auf ODBC-Datenbanken) genau das, was ca. 80 % aller Programmierer benötigen. Programmierer, die in den letzten Jahren ihre Projekte mit DAO aufgebaut haben, müssen diese nicht auf ADO umstellen. Wer neue Projekte beginnt und genau weiß, dass die Jet-Datenbank auf absehbare Zeit nicht ausgetauscht werden wird, kann die DAOs ebenfalls noch verwenden. Dennoch gibt es Gründe, die gegen die Verwendung der DAOs sprechen:

■► Die DAOs werden schon lange nicht mehr weiter entwickelt. Die mit Office 2000 aktualisierte Version 3.6 dürfte mit an Sicherheit grenzender Wahrscheinlichkeit die letzte gewesen sein.

■► Alle mit Visual Basic 6.0 eingeführten Datenwerkzeuge, wie der Datenumgebungs- und der Report-Designer, basieren auf OLE DB und ADO und nicht auf DAO.

■► Die meisten Steuerelemente können nur an ADO/OLE DB-Datenquellen gebunden werden. Das DataGrid lässt sich z.B. nicht an das fest eingebaute (DAO-) Datensteuerelement binden.

Kurioserweise hat auch ADO im Jahr 2002 keine echte Zukunft mehr, denn mit ADO.NET steht ein (nicht kompatibler, weil anders ausgerichteter) Nachfolger bereits fest (mehr dazu in Kapitel 18.20). Dennoch dürften Anwendungen, die mit ADO arbeiten (genau wie Anwendungen, die DAO verwenden), in den kommenden Jahren keine Probleme bei der Ausführung unter der jeweils aktuellsten Windows-Version bekommen.

Eine gute und ausführliche Gegenüberstellung von DAO und ADO finden Sie unter *http://www.microsoft.com/data/ado/adotechinfo/ dao2ado.htm*. In Tabelle 18.12 werden die wichtigsten und vielen Visual-Basic-Programmierern sicherlich vertrauten DAO-Objekte ihren ADO-Pendants gegenübergestellt.

DAO-Objekt	ADO-Pendant	Bemerkung
Database	Connection	Die Datenbank wird nicht über ihren Dateipfad, sondern über eine Verbindungszeichenfolge und einen OLE DB-Provider ausgewählt.
DBEngine	Kein Pendant	ADO arbeitet nicht direkt mit Datenbanken, sondern spricht Datenquellen immer über eine Verbindungszeichenfolge und einen OLE DB-Treiber an. Das *DBEngine*-Objekt steht für die Jet-Engine als Ganzes, die bei ADO nur eine von vielen Datenquellen ist.
Error	Error	Entspricht weitestgehend dem ADO-Pendant.
Field	Field	Entspricht weitestgehend dem ADO-Pendant.
QueryDef	Command	*Command*-Objekte führen nicht nur Abfragen in Jet-Datenbanken, sondern auch gespeicherte Prozeduren in MSDE /SQL Server-Datenbanken aus.
Recordset	Recordset	Entspricht weitestgehend dem ADO-Pendant, wenngleich Letzteres sehr viel universeller eingesetzt und z.B. unabhängig von einer Datenquelle betrieben werden kann.

Tabelle 18.12: Die wichtigsten DAO-Objekte und ihre Pendants bei ADO

18.18.1 Tipps für einen Umstieg von DAO auf ADO

Dieser Abschnitt ist eine Zusammenfassung von nützlichen Tipps und allgemeinen Hinweisen für alle Visual-Basic-Programmierer, die ihre auf DAO basierenden Projekte auf ADO umstellen möchten:

Der Umstieg muss nicht auf einmal erfolgen, DAO und ADO können in einem Projekt auch gemeinsam benutzt werden. Es muss lediglich ein Verweis eingebunden werden.

Ein Database-Objekt gibt es bei ADO nicht, da es offiziell keine Datenbanken, sondern nur Datenquellen gibt. Die Verbindung zu einer Datenquelle wird über ein Connection-Objekt hergestellt. Auch gibt es kein Workspace-Objekt, da ADO nicht von einem bestimmten Sicherheitskonzept ausgeht. Sicherheitseinstellungen werden beim SQL Server durch den Administrator festgelegt und mit dem Anmelden an eine Datenbank wirksam. Für eine Jet-Datenbank bieten die ADOX-Objekte (siehe Kapitel 18.16) einen Zugriff auf die angelegten User und Groups.

Für ADO ist eine Jet-Datenbank lediglich ein x-beliebiger Datenbanktyp. Es ist daher stets die Angabe eines Providernamens erforderlich. Für Jet-Datenbanken lautet dieser »Microsoft.Jet.OLEDB.4.0«.

Der Typ des *Recordset*-Objekts wird bei ADO anders festgelegt als bei DAO. Während dieser bei DAO beim Aufruf der *OpenRecordset*-Methode über eine zusätzliche Konstante festgelegt wird, geschieht die Festlegung bei ADO über den Cursor-Typ, der über die *CursorType*-Eigenschaft oder direkt beim Aufruf der *Open*-Methode festgelegt wird. Über die Auswahl eines Cursors wird bei ADO der Typ des Recordsets festgelegt.

Um ein Feld in einem Datensatz verändern zu können, ist kein Aufruf der *Edit*-Methode erforderlich, die es bei ADO nicht gibt. Das Feld erhält über die *Value*-Eigenschaft einen neuen Wert, anschließend wird entweder die *Update*-Methode aufgerufen oder es wird ein anderer Datensatz angesteuert, wodurch der bis dahin aktuelle Datensatz automatisch aktualisiert wird.

Dies ist trivial, aber wichtig: ADO verwendet als Platzhalter für SQL-Abfragen mit dem *Like*-Operator die Zeichen % und _ anstelle von * und ?. Dies gilt auch für den Zugriff auf Jet-Datenbanken.

Abfragen werden bei ADO über ein *Command*-Objekt ausgeführt, ein *QueryDef*-Objekt gibt es nicht.

Der Zugriff auf ISAM-Datenbanken (z.B. alte dBase- oder Clipper-Datenbanken oder Excel-Tabellen) ist möglich, allerdings wird der erforderliche Verbindungsstring über das *Extended Properties*-Attribut

z. B. beim Aufruf der *Open*-Methode des *Connection*-Objekts übergeben (mehr dazu in Kapitel 18.6.2).

Beim Zugriff auf ODBC-Datenbanken genügt es, den DSN-Namen oder alternativ alle Verbindungsparameter beim Aufruf der *Open*-Methode zu übergeben.

Der Zugriff auf die Struktur einer Datenbank und ihrer Tabellen ist bei ADO nicht vorgesehen. Für diesen Zweck gibt es die ADOX-Objekte (mehr dazu in Kapitel 18.16).

Sie sehen an dieser Auflistung, dass sich ADO nicht grundlegend von DAO unterscheidet, dass die Unterschiede aber dennoch so groß sind, dass sich die Umstellung nicht von einem Assistenten erledigen ließe. Es ist in der Regel erforderlich, das Programm Befehlszeile für Befehlszeile umzustellen[6].

18.19 Mehr zum Thema ADO

Dieses Kapitel konnte aus Platzgründen nur einen ersten Überblick über ADO geben. Die Datenschnittstelle gibt jedoch noch sehr viel mehr her. Hier drei weitere Buchtipps:

Jetzt lerne ich Datenbankprogrammierung mit Visual Basic 6.0, vom gleichen Autor, Markt+Technik Verlag

Dieses Buch entspricht bezüglich seines Inhalts den Kapiteln 17 und 18, geht aber etwas ausführlicher auf einige Themenbereiche ein. Es soll ebenfalls einen ersten Überblick über die Datenbankprogrammierung mit Visual Basic 6.0 und ADO geben.

ADO 2.5 – Visual Basic-Datenbankprogrammierung für Profis, William Vaughn, Gallileo Press

Dies ist sicherlich eines der besten Bücher zum Thema. Der Autor ist absoluter Insider, kennt als ehemaliger Mitarbeiter der Microsoft-Entwicklungsabteilung viele Details und scheut sich nicht davor, kritische Anmerkungen humorvoll zu verpacken.

---

[6] Lassen Sie sich dabei nicht durch den Umstand entmutigen, dass mit ADO.NET im Prinzip bereits wieder ein Nachfolger (des »Nachfolgers«) existiert. ADO.NET deckt in erster Linie den Bereich der webbasierenden Anwendungen – ADO und ADO.NET werden viele Jahre parallel existieren.

ADO 2.5 , David Sceppa, Microsoft Press

Dieses ebenfalls sehr empfehlenswerte Buch empfiehlt sich als Alternative zur Online-Hilfe.

18.20 Wann wird ADO durch ADO.NET ersetzt?

Lohnt es sich überhaupt noch, ADO zu lernen? Es gibt doch schon ADO.NET. Nun, diese Frage ist (wie immer) berechtigt und wie immer lässt sie sich nicht ganz so einfach beantworten. Der Nachfolger von Visual Basic 6.0, Visual Basic .NET, unterstützt mit ADO.NET eine neue Datenbankschnittstelle, die nicht kompatibel zu ADO ist (es handelt sich also nicht um ein »ADO 3.0«). Auch wenn sich mit ADO.NET auch Access-Datenbanken prima ansprechen lassen (ADO.NET unterstützt grundsätzlich sowohl OLE DB als auch ODBC), ist dies nicht der Sinn und Zweck von ADO.NET. Es handelt sich vielmehr um eine neue Datenbankschnittstelle, die nicht mehr auf dem Component Object Model (COM) basiert und die vor allem für Webanwendungen interessant ist. So werden sowohl sämtliche Daten als auch alle zur Beschreibung dieser Daten erforderlichen Metadaten im XML-Format gespeichert. Man lädt Daten etwa aus einer SQL Server-Datenbank in ein DataSet (das wichtigste Objekt bei ADO.NET, das neben Tabellen, deren Beschreibung, auch Beziehungen zwischen den Tabellen umfasst) und erhält damit ein Art »Datenbank im Arbeitsspeicher«, die keine Verbindung zur Datenquelle mehr unterhält, deren Struktur zur Laufzeit verändert und erweitert werden kann, und bei der alles als XML vorliegt, inklusive der benötigten Schemadefinitionen, die auch mit den visuell orientierten Werkzeugen aus Visual Studio .NET erstellt und bearbeitet werden können. Es ist klar, dass diese fortgeschrittene Technologie (die allerdings nicht kompliziert zu programmieren ist) für einfache Datenbankzugriffe ein wenig überdimensioniert ist. Aus diesem Grund wird es ADO auch über Visual Basic .NET hinaus ein paar Jahre geben, und es lohnt sich auch im Jahre 2002 noch, mit der ADO-Programmierung zu beginnen. Zum einen wird ADO von Visual Basic .NET vollständig unterstützt (inklusive Datenbindung), zum anderen wird ADO trotz .NET weiterentwickelt werden (Gerüchten zufolge wird die nächste ADO-Version zusammen mit dem Nachfolger von SQL Server 2000 ausgeliefert und, in Anpassung an die interne Versionsnummer des SQL Servers, die Versionsnummer 9.0 tragen). ADO wird daher auf absehbare Zeit eine wichtige Datenbankschnittstelle bleiben.

Der Zugriff auf die Microsoft-Office-Objekte

Kapitel 19

F ür die Anwender ist Microsoft Office lediglich eine Zusammen-
stellung verschiedener unabhängiger Anwendungen in einem Paket. Während im Standard-Paket Excel, Outlook, PowerPoint, Word,
sowie eine Reihe von Mini-Applikationen, wie Draw, Picture, Map oder
die Office-Assistenten, enthalten sind, enthält die »Professional Version« zusätzlich das Desktop-Datenbanksystem Access. Als dritte Variante gibt es die Office Developer Edition (ODE), die einige zusätzliche
Werkzeuge, das Access Laufzeit-Modul und das Office-Programmier-
handbuch enthält. Doch was hat das mit Visual-Basic-Programmierung
zu tun? Eine ganze Menge. Zwei Dinge verbinden Visual Basic mit dem
Office-Paket. Zum einen enthalten Access, Excel, PowerPoint und
Word VBA als »Makrosprache«. Zum anderen bieten die verschiedenen
Office-Anwendungen insgesamt mehrere Hundert Objekte an, die sich
von Visual Basic direkt nutzen lassen. Damit können Visual-Basic-Programmierer auf einfache Weise Office-Funktionen in ihre Programme
einbauen. Zwei Dinge dürfen dabei aber nicht mißverstanden werden.
Wenn ein Visual-Basic-Programm auf Office-Objekte zugreift heißt das
nicht, dass Office-Dokumente direkt in einem Visual-Basic-Programm
angezeigt werden (dazu wäre das OLE-Steuerelement erforderlich, das
diese Aufgabe aber nur »suboptimal« löst). Office-Anwendungen laufen
nach wie vor als eigenständige Anwendungen (die auf Wunsch unsichtbar im Hintergrund bleiben). Und damit gleich zu Grund Nr. 2. Wenn
ein Visual-Basic-Programm auf Office-Objekte zugreift, müssen die
Office-Anwendungen, in denen diese Objekte enthalten sind, auf allen
PCs vorhanden sein, auf denen das Visual-Basic-Programm läuft. Wer
sein Visual-Basic-Programm weitergibt muss sicherstellen, dass alle seine Anwender die jeweiligen Office-Anwendungen installiert haben (ein
Laufzeitmodul gibt es nur für Access). Es ist also nicht möglich, einzelne
Objekte aus einer Office-Anwendung »herauszutrennen«, da diese stets
Teil der Anwendung sind (allerdings ist es seit Visual Basic 6.0 über die

CreateObject-Methode möglich, Objekte zu instanzieren, die sich auf einem Netzwerk-PC befinden). Trotz dieser Einschränkungen stellen die verschiedenen Office-Anweisungen eine riesige »Tosodassolbox« dar, sodass eine tiefergehende Beschäftigung mit den Office-Objekten überaus lohnenswert sein kann.

Sie lesen in diesem Kapitel etwas über:

- Das Prinzip der Office-Objekte

- Einen Überblick über die Objektmodelle von Excel, PowerPoint, Outlook und Word

- Kleine Beispiele für Office-Objekte

- Wie der Office-Hund programmgesteuert mit dem Schwanz wedelt

- Auch wenn sich alle Beispiele noch auf Office'97 beziehen, funktionieren sie gleichermaßen unter Office 2000 und Office XP. Bei Office 2000 und Office XP wurden zwar zusätzliche Objekte eingeführt, am Prinzip der Programmierung hat sich jedoch nichts geändert. Ein wenig anders sieht es aus, sollten Sie noch mit Excel 5.0 arbeiten, das als erste Office-Anwendung über ein Objektmodell verfügte und heutzutage noch vielfach im Einsatz ist. Hier haben sich bezüglich der Namen der Objekte, der Eigenschaften und Methoden zahlreiche Änderungen ergeben, sodass die hier vorgestellten Beispiele unter Excel 5.0 unter Umständen abgeändert werden müssen. Bei Word ist zu beachten, dass es erst seit Version 97 ein Objektmodell gibt. Auf die Ansteuerung von Word 6.0 per DDE wird in diesem Buch nicht mehr eingegangen.

19.1 Allgemeines zur Office-Programmierung

Auf den ersten Blick mag sich Office-Programmierung reichlich kompliziert anhören. Wie spreche ich die Serienbrieffunktion von Word an, wie zaubere ich in Excel ein 3D-Diagramm auf den Bildschirm oder wie bringe ich den Office97-Hund zum Bellen? Diese Fragen sind allerdings falsch gestellt, denn genau wie bei einem umfangreichen Zusatzsteuerelement kommt es lediglich darauf an, die Namen der zuständigen Objekte, ihrer Eigenschaften und Methoden, sowie eventuelle Abhängigkeiten zwischen einzelnen Objekten zu kennen. Für Visual-Basic-Programmierer ist der Zugriff auf die Office-Objekte daher im Prinzip ein Kinderspiel. Jede Office-Komponente besitzt einen Namen, z.B. *Application*, sowie eine Reihe von Eigenschaften und

Methoden. Diese Informationen erhalten Sie aus der VBA-Hilfe von Office. Wurde in ein Visual-Basic-Projekt über den Menübefehl PROJEKT | VERWEISE eine Referenz auf eine oder mehrere Objekttypenbibliotheken eingebunden, stehen die Office-Objekte auf exakt die gleiche Weise zur Verfügung wie die übrigen Objekte und Steuerelemente.

Die Office-Objekte existieren nicht im »luftleeren Raum« oder an geheimnisvollen Orten. Sie sind wie alle (COM-)Objekte Teil der jeweiligen Anwendung oder der unterstützenden DLL. So sind die ca. 180 Word-Objekte in der Datei Winword.Exe enthalten. Dort liegen sie intern als Tabellen vor, in denen die Funktionsadressen ihrer Methoden und Eigenschaften enthalten sind. Jede dieser Tabellen besitzt eine eindeutige Kennummer, die CLSID. Dafür, dass Sie die Objekte über Namen ansprechen können, sorgt entweder die Objekttypenbibliothek oder, wie etwa bei VBScript, das keine Objekttypenbibliotheken ansprechen kann, ein Eintrag im Schlüssel HKey_Classes_Root\CLSID in der Registry. Ohne eine Objekttypenbibliothek müssen Sie den sog. ProgID-Namen, etwa Word.Application, kennen, der beim Aufruf der CreateObject-Methode übergeben werden muss.

Machen wir am besten gleich die Probe aufs Exempel. Starten Sie Visual Basic, legen Sie ein Standard-EXE-Projekt an, und fügen Sie über den Menübefehl PROJEKT | VERWEISE eine Referenz auf die Objekttypenbibliothek »Microsoft Word 8.0 Object Library« ein (das setzt natürlich voraus, dass Word97 auf Ihrem PC installiert ist). Damit stehen die Word-Objekte für Ihr Visual-Basic-Programm zur Verfügung. Allerdings kann man nicht einfach den Namen eines beliebigen Objekts eintippen. Entscheidend ist, ob das Objekt direkt instanzierbar ist oder über ein »Oberobjekt« bezogen auf die Objekthierarchie angesprochen werden muss, und ob es Teil einer Auflistung ist. Was das konkret bedeutet, wird am folgenden Beispiel deutlich.

Beispiel

Um die Word-Objekte kennenzulernen, müssen Sie nicht unbedingt ein kleines Programm schreiben, Sie können die Objekte auch im Direktfenster testen:

```
?Word.Application.Documents.Count
0
```

Diese Anweisung startet eine (noch unsichtbare) Instanz von Word (genauer, von *Winword.exe*) und gibt die Anzahl der geladenen Dokumente aus. In diesem Fall sind es 0, weil noch kein Dokument geladen wurde. Das lässt sich leicht ändern, denn das *Documents*-Objekt verfügt, wie es sich für eine Auflistung gehört, über eine *Add*-Methode:

```
?Word.Application.Documents.Count
1
```

Abbildung 19.1:
Um auf Office-
Objekte zugrei-
fen zu können,
muss die ent-
sprechende
Objekttypen-
bibliothek in
das Projekt ein-
gebunden wer-
den.

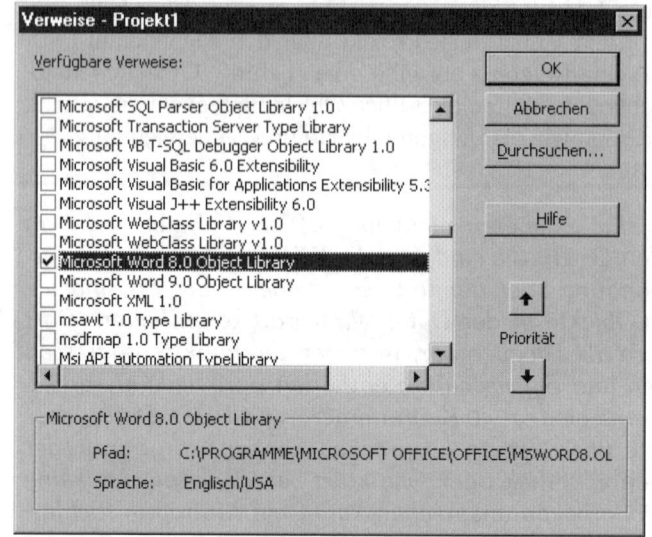

Durch diese Anweisung wird ein neues Dokument angelegt (optional kann eine Dokumentvorlage angegeben werden). Beachten Sie, dass für den Zugriff auf das *Word.Application*-Objekt keine Objektvariable erforderlich ist, die über die *Set*-Anweisung eine Objektreferenz erhält, denn das Objekt wird mit dem Einbinden der Objekttypenbibliothek automatisch instanziert. Bislang hielt sich Word unsichtbar im Hintergrund. Die folgende Anweisung macht Word sichtbar:

```
Word.Application.Visible = True
```

Es ist schon (zum mindestens am Anfang) faszinierend zu beobachten (und gleichzeitig natürlich auch enorm praktisch), wie nach der Eingabe von »Word« im Direktfenster bereits die in Frage kommenden Eigenschaften und Methoden in einer Auswahlliste erscheinen (die Objekttypenbibliothek macht es möglich).

Geben Sie etwas Text in das neu angelegte Word-Dokument ein. Mit der folgenden Anweisung lässt sich dieser Text im Direktfenster ausgeben:

```
?Word.ActiveDocument.Paragraphs(1).Range.Text
```

Haben Sie nicht auch das Gefühl, dass Word eigentlich nichts anderes ist als eine Erweiterung von Visual Basic? Auf die gleiche Weise können Sie alle Office-Objekte interaktiv kennen lernen, wenngleich es im Allgemeinen sinnvoller ist, die Anweisungen nicht vom Direktfenster, sondern innerhalb eines Programms auszuführen. Im Grunde ist es wie bei den Steuerelementen. Haben Sie das Prinzip erst einmal verstanden, können Sie sich anhand der umfangreichen Office-VBA-Hilfe selbst in das jeweilige Objektmodell einarbeiten und z.B. auch etwas anspruchsvollere Anwendungen (wie z.B. die Programmierung der Office-Assistenten) angehen.

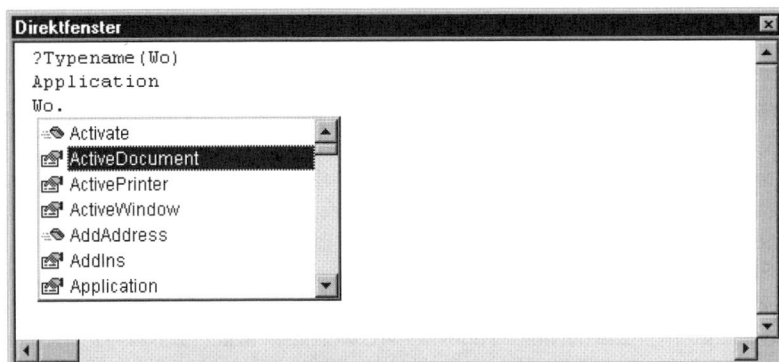

Abbildung 19.2: Auch im Direktfenster steht eine Auswahlliste aller für ein Objekt in Frage kommenden Eigenschaften und Methoden zur Verfügung.

19.1.1 Die Rolle von VBA

Seit Office97 bieten Access, Excel, PowerPoint und Word einheitlich VBA 5.0 als Programmiersprache an. Dieses VBA 5.0 ist mit Ausnahme einiger spezieller Anweisungen, wie *Event* und *Implements*, sowie dem *AddressOf*-Operator, mit jenem VBA identisch, das Teil von Visual Basic ist. Starten Sie eine der aufgezählten Anwendungen und schalten Sie über ⌈Alt⌋+⌈F11⌋ auf den VBA-Editor um. Sie sehen eine komfortable Entwicklungsumgebung, die große Ähnlichkeit mit der IDE von Visual Basic aufweist. Zwei Dinge gibt es in diesem Zusammenhang zu beachten:

➡ Der VBA-Editor speichert Benutzerformulare (Formulare), Module und Klassenmodule zunächst in dem jeweiligen Dokument. Möchten Sie diese Module als separate Dateien speichern, müssen Sie sie exportieren.

➡ Der VBA-Editor kann keine EXE-Dateien erstellen und bietet keinen Compiler. Die VBA-Programme laufen stets im Rahmen der Anwendung (mit Office 2000 ist es allerdings möglich, COM-DLLs in Form von Add-Ins zu erstellen).

Was bringt es einem Visual-Basic-Programmierer, sich mit Office-VBA zu beschäftigen (das Leben ist doch bereits hart genug)? Auch dafür gibt es mehrere Gründe:

➡ Aufgrund der Sprachkompatibilität laufen Visual-Basic-Routinen im Prinzip auch in einer Office-Anwendung, sodass sich bereits ausgetüftelte Programmfragmente weiter verwenden lassen. Nicht unterstützt werden dagegen Steuerelemente und die Standard-Formulare.

➡️ Der VBA-Editor arbeitet mit einem eigenen Formularmodell und mit einem Satz eigener ActiveX-Steuerelemente. Praktisch jedes ActiveX-Steuerelement lässt sich auch auf einem Office-Formular einsetzen.

19.1.2 Ein Wort zum VBA-Formular-Designer

Mit Office97 wurde nicht nur einheitlich VBA 5.0, sondern auch ein leistungsfähiger Formular-Designer eingeführt. Diese Ms Forms 2.0-Steuerelemente (enthalten in der Datei *Fm20.dll*) bieten gegenüber den Standardsteuerelementen von Visual Basic viele nette Erweiterungen, sodass es sich durchaus lohnt, sich mit ihnen näher zu beschäftigen. Wußten Sie, dass Formulare und Rahmenfelder Scrollbalken besitzen können, dass Bilder, die über die *Picture*-Eigenschaft einem Formular oder einem Rahmenfeld zugewiesen wurden, automatisch gekachelt werden können (Tiling-Effekt), dass sich Steuerelemente zur Laufzeit zur *Controls*-Auflistung hinzufügen lassen (das geht bei Visual Basic erst ab Version 6.0), und das Textfelder, neben vielen interessanten Eigenschaften, über eine *EnterFieldBehaviour*-Eigenschaft verfügen, die bestimmt, dass der Inhalt automatisch selektiert wird? Und was habe ich als Visual-Basic-Programmierer davon? Nun, Ms Forms-Formulare können Sie auch in Visual Basic erstellen. Sowohl für Visual-Basic-Projekte als auch für Office-Anwendungen. Voraussetzung ist lediglich, dass über den Menübefehl PROJEKT | KOMPONENTEN in der Registerkarte *Designer* der »Microsoft Forms 2.0 »-Designer hinzugefügt wurde. Anschließend können Sie in Ihren Projekten Standardformulare und Forms-Formulare beliebig mischen und auch in einer Office-Anwendung exportiere Formulare hinzuladen. Das Ms-Forms-2.0-Modell ist zwar am Anfang ein wenig ungewohnt und besitzt gewisse Eigenheiten (es gibt keine Steuerelementefelder und keine automatische Datenbankanbindung). Insgesamt stellt es eine attraktive Alternative dar.

Abbildung 19.3: Das MsForms-Formularmodell ist eine interessante Alternative zum Formular-Designer.

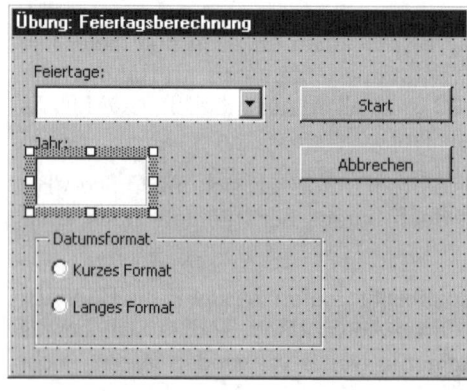

Anwendung	VBA-Version
Word 6.0	- (WordBasic)
Word95	- (WordBasic)
Excel 4.0	- (Excel-Makro)
Excel 5.0	1.0
Excel95	2.0
Excel97	5.0
Excel 2000	6.0
Access 2.0	- (AccessBasic)
Access95	- (AccessBasic)
Access97	5.0
PowerPoint95	-
PowerPoint97	5.0
PowerPoint 2000	6.0
Outlook98	- (VBScript)
Outlook 2000	- (VBScript)
FrontPage98	-
FrontPage 2000	VBA

Tabelle 19.1:
Die Office-
Anwendungen
und VBA.

19.1.3 Das Prinzip der Objekthierarchien

Das Besondere an den Objekten, die von einer Office-Anwendung zur Verfügung gestellt werden, ist, dass die Objekte Teil einer Objekthierarchie sind. An der Spitze steht stets das *Application*-Objekt (wenngleich dies nicht zwingend notwendig ist und in vielen Beispielen einfach entfällt). Von diesem Objekt leiten sich alle übrigen Objekte ab. Stellen Sie sich unter der Objekthierarchie nicht allzu viel vor. Sie ist für den Zugriff auf die einzelnen Objekte lediglich insofern von Bedeutung, als dass beim Zugriff auf ein Objekt, dass sich in der »Hierarchieleiter« weiter unten befindet, die Namen der übergeordneten Objekte vorangestellt werden müssen.

```
Application.Documents("Reich werden in 3 Tagen") _
.Paragraphs(2).Range.Words(2).Italic = True
```

Beispiel

Diese recht umfangreiche Anweisung aktiviert das Textattribut »Kursiv« im zweiten Wort des zweiten Absatzes. Obwohl diese Anweisung die *Words*-Objektsammlung anspricht, müssen die Objekte *Application*, *Documents*, *Paragraphs* und *Range* vorangestellt werden.

Auch wenn das Application-Objekt das oberste Objekt in der Objekthierarchie aller Office-Anwendungen ist, kann es in der Regel entfallen.

Der Umgang mit den Objekthierarchien ist am Anfang nicht ganz einfach. So liegt es nicht unbedingt auf der Hand, dass man für den Zugriff auf ein einzelnes Wort erst mehrere verschiedene Objekttypen aneinanderreihen muss. Doch zum Glück ist die Objekthierarchie kein abstraktes Gebilde, sie orientiert sich vielmehr an dem logischen Aufbau der jeweiligen Anwendung. So ist es relativ klar, dass ein Word-Dokument aus einer Aneinanderreihung von Abschnitten (*Section*-Objekten), Absätzen (*Paragraph*-Objekten), Sätzen, Wörtern und Zeichen (alles *Range*-Objekte) besteht. Ein Absatz setzt sich wiederum aus einer Reihe von Wörtern, d.h. einer *Words*-Auflistung zusammen. Lediglich der Umstand, dass dem *Words*-Objekt ein *Range*-Objekt vorangestellt werden muss, geht nicht direkt aus dem von außen sichtbaren Aufbau eines Word-Dokuments hervor. Diese Besonderheit des Word-Objektmodells muss man als angehender Office-Programmierer ganz einfach kennen.

Merksatz *Eine Objektsammlung gibt stets ein Objekt eines bestimmten Typs zurück. So gibt der Ausdruck Application.Documents(1) ein Document-Objekt zurück und kein Documents-Objekt. Anders ist ein Zugriff auf ein Document-Objekt nicht möglich. Der Ausdruck Application.Document ist z.B. nicht erlaubt und führt zu einer Fehlermeldung, da kein bestimmtes Objekt angesprochen wird. Dieses Prinzip gilt natürlich für alle VBA-Auflistungen, doch wird es am Office-Objektmodell besonders deutlich.*

19.1.4   Frühe und späte Bindung

Auf den Unterschied zwischen früher und später Bindung beim Zuweisen einer Objektreferenz an eine Objektvariable wurde bereits in Kapitel 11.8 eingegangen. Dieser Unterschied spielt vor allem beim Zugriff auf Office-Objekte eine Rolle, da es hier sehr viele verschiedene Typen gibt und man unter Umständen versucht ist, aus Gründen der Bequemlichkeit den allgemeinen Typ *Object* zu verwenden (wofür es in seltenen Fällen auch konkrete Gründe geben kann). Hier zunächst ein Beispiel für frühe Bindung:

```
Private W As Word.Application
```

Der Vorteil der frühen Bindung ist, dass Visual Basic den Objekttyp der Variablen bereits zur Entwurfszeit »kennt« und die Bindung nicht erst zur Programmausführungszeit herstellen muss wie es der Fall wäre, wenn die Variable als vom Typ *Object* deklariert worden wäre:

```
Private W As Object
```

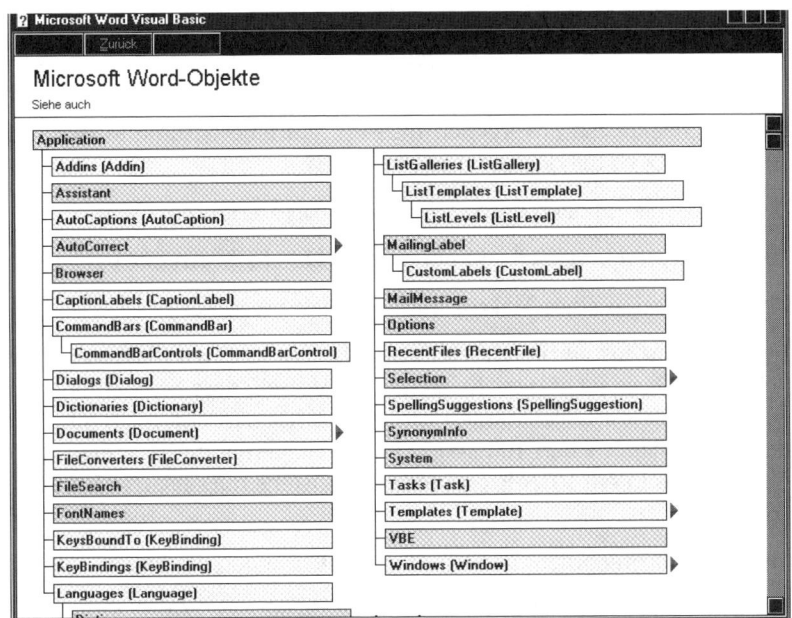

Abbildung 19.4:
Das Objektmodell einer Office-Anwendung wird in der VBA-Hilfe beschrieben.

Dank früher Bindung wird nicht nur die Performance deutlich verbessert. Visual Basic ist auch in der Lage ist, nach Eingabe eines (Objekt-) Variablennamens alle Eigenschaften und Methoden des Objekts aufzulisten. Voraussetzung für eine frühe Bindung ist allerdings, dass die entsprechenden Objekttypenbibliotheken über den Menübefehl PROJEKT | VERWEISE zuvor eingebunden wurden. Ist dies nicht der Fall, ist keine frühe Bindung möglich. Übrigens hängt die Frage frühe oder späte Bindung nicht davon ab, ob eine Objektvariable über die *Create-Object*-Methode angelegt wird. Auch in diesem Fall ist eine frühe Bindung möglich:

```
Private W As Word.Application
Set W = CreateObject("Word.Application")
```

Allerdings besitzt die frühe Bindung auch einen Nachteil. Sie schränkt die Flexibilität ein. In einigen seltenen Fällen (etwa beim Zugriff auf unterschiedliche Outlook-Versionen) erhält eine Objektvariable während ihrer Lebensdauer unterschiedliche Objekttypen zugewiesen. Das ist aber nur bei später Bindung möglich. Programmieren Sie mit VB-Script haben Sie keine Wahl, denn hier gibt es (zumindestens bis zur Version 5) keine frühe Bindung.

19.1.5 Der Makrorecorder als nützlicher »Idiot«

Hier ein kleiner Tipp, auf den vermutlich viele Visual-Basic-Programmierer nicht auf Anhieb kommen dürften. Wenn Sie wissen möchten, welche Objekte Sie ansprechen müssen, um eine bestimmte Aufgabe zu lösen, gibt es mindestens drei Methoden:

- Ausprobieren nach dem »Trial and Error«-Verfahren.

- Einarbeiten in das Objektmodell oder Durchstöbern der VBA-Hilfe

- Aufzeichnen eines Makros mit dem Makrorecorder

Variante 3 ist insofern ungewöhnlich, als dass es einen Makrorecorder bei Visual Basic nicht gibt. Er bietet den Vorteil, dass Sie sich anhand der verwendeten Objektnamen orientieren können und nicht lange in der VBA-Hilfe suchen müssen. Eine 1:1-Übernahme des erzeugten Makrocodes in ein VBA-Programm ist meistens nur ansatzweise möglich, da

- der Makrorecorder viele unnötige Anweisungen einfügt,

- der Makrorecorder Default-Objekte (wie z.B. *Application* bei Word oder *Workbooks* bei Excel) weglässt, was beim Übertragen nach Visual Basic, vor allem aber nach VBScript (das u.a. keine benannten Argumente und keine Konstanten unterstützt) nicht funktionieren kann.

Dennoch sollten Sie den Makrorecorder immer dann heranziehen, wenn Sie bei der Lösung einer Aufgabe eine erste Orientierung benötigen oder ganz einfach nicht weiterkommen.

19.2 Der Zugriff auf Microsoft Word

Das Objektmodell von Microsoft Word ist relativ überschaubar. Nicht zuletzt, weil ein Word-Dokument kein besonders kompliziertes Gebilde ist. Für jedes geladene Dokument wird ein *Document*-Objekt angelegt, das der *Documents*-Auflistung angehört. Ein *Document*-Objekt setzt sich wiederum aus einer Reihe von *Paragraph*-Objekten zusammen, die in der Auflistung *Paragraphs* zusammengefasst sind. Jedes *Paragraphs*-Objekt stellt über sein *Range*-Objekt eine *Words*-Auflistung zur Verfügung. Es versteht sich fast von alleine, dass jedes Objekt der *Words*-Auflistung für ein Wort in dem jeweiligen Absatz steht. Allerdings sind es keine Word-Objekte (die es bei Word kurioserweise nicht gibt). Die Entwickler haben sich dafür entschieden, aus Gründen der Vereinheitlichung auf Word-, Sentence- und Character-Objekte zu verzichten. Die *Words*-, *Sentences*- und *Characters*-Auflistung enthält stattdessen *Range*-Objekte.

Beispiel

```
Anzahl = Application.Documents("Gesetz.doc"). _
Paragraphs(2).Range.Words(2).Characters.Count
```

Diese Anweisung weist die Anzahl an Buchstaben im zweiten Wort des zweiten Absatzes der Variablen *Anzahl* zu.

Objektausdrücke wie im obigen Beispiel müssen nicht so kompliziert sein. Zum einen besteht die Möglichkeit, einen bestimmten Teil eines Objekts durch eine Objektvariable zu ersetzen:

Beispiel

```
Private Absatz As Paragraph
Set Absatz = Application.Documents("Gesetz.doc").Paragraphs(2)
```

Diese Anweisung weist der Variablen *Absatz* eine Referenz auf ein *Paragraph*-Objekt zu. Diese Objektvariable kann anschließend für den Zugriff auf Unterobjekte verwendet werden:

Beispiel

```
Anzahl = Absatz.Words(2).Characters.Count
```

Da die Variable *Absatz* für den Objektausdruck *Application.Documents(»Gesetz.doc«).Paragraphs* 2 steht, kann sie auf die gleiche Weise eingesetzt werden wie der Objektausdruck.

19.2.1 Das Range-Objekt

Eine sehr viel elegantere Möglichkeit, um Objektausdrücke zu vereinfachen, besteht in der Verwendung des *Range*-Objekts. Ein *Range*-Objekt steht für einen beliebigen Textausdruck in einem Dokument. Es können beliebig viele *Range*-Objekte angelegt werden. Eine *Ranges*-Objektsammlung gibt es, anders als man zunächst vermuten könnte, aber nicht.

Das Range-*Objekt verfügt über eine Fülle von Methoden, die Sie sich in der VBA-Hilfe von Word in Ruhe ansehen sollten. Verwechseln Sie das* Range-*Objekt nicht mit der* Range-*Eigenschaft bzw. --Methode. Letztere sind dazu da, ein* Range-*Objekt zurückzugeben.*

Beispiel

```
Private Xbereich As Range
Set Xbereich = ActiveDocument.Paragraphs(2)
```

Diese Anweisung definiert ein *Range*-Objekt mit dem Namen *Extra-Bereich* und weist ihm den zweiten Absatz des aktiven Dokuments zu. Auf die Variable können nun alle Eigenschaften und Methoden eines *Range*-Objekts angewendet werden.

Beispiel

```
Print Xbereich.Words.Count
```

Diese Anweisung gibt die Anzahl an Wörtern in dem markierten Bereich aus. Über die Eigenschaften Start und End des *Range*-Objekts kann der absolute Start- und Endpunkt des Bereichs bestimmt werden. Ferner existieren eine Vielzahl von Methoden (auch hier sei auf die sehr informative VBA-Hilfe verwiesen), mit denen sich ein Bereich zum Beispiel verschieben oder vergrößern lässt. Das Verständnis des *Range*-Objekts ist von grundlegender Bedeutung für die Programmierung des Word-Objektmodells.

Über die *Text*-Eigenschaft des *Range*-Objekts ist ein Zugriff auf den hinter einem *Range*-Objekt stehenden Text möglich:

Beispiel
```
Satz = ActiveDocument.Paragraphs(1).Range.Text
```

Diese Anweisung weist der Variablen *Satz* den Inhalt des ersten Absatzes im aktiven Dokument zu. In dieser Anweisung kommt die *Range*-Anweisung zur Anwendung, die ein *Range*-Objekt zurückgibt. Anders als man es vielleicht vermuten könnte, besitzt ein *Paragraph*-Objekt keine *Text*-Eigenschaft, sondern stattdessen eine *Range*-Eigenschaft, die ein *Range*-Objekt mit einer *Text*-Eigenschaft zurückgibt.

Durch Zuweisen an die *Text*-Eigenschaft wird beliebiger Text in ein Dokument eingefügt. Etwas eleganter ist es im Allgemeinen, auf eine der Methoden *InsertAfter* oder *InsertBefore* zurückzugreifen, die einen Text nach oder vor einem *Range*-Objekt einfügen.

Beispiel
```
Private R As Range
Set R = ActiveDocument.Paragraphs(1).Range
```

Zunächst wird eine Variable *R* vom Typ *Range* definiert. Anschließend erhält *R* ein *Range*-Objekt, das für den ersten Absatz steht. Zur Kontrolle können Sie sich über die Eigenschaften *Start* und *End* die Textposition des ersten Absatzes ausgeben lassen:

```
Print R.Start, R.End
```

Im nächsten Schritt wird über die *InsertAfter*-Methode ein neuer Text an das Ende des Textbereiches, das durch das *Range*-Objekt repräsentiert wird, eingefügt:

```
R.InsertAfter "Hallo, geht's gut?"
```

Durch diese Anweisung wurde nicht nur ein Satz in den Textbereich eingefügt, auch das *Range*-Objekt wurde erweitert, wie sich z.B. über seine *Text*- oder *Words*-Eigenschaft leicht feststellen lässt.

:-)
TIP

In einigen Fällen ist für das Einfügen von Text die TypeParagraph-Methode des Selection-Objekts, welches für die aktuelle Markierung bzw. Textmarke steht, besser geeignet. Diese Methode fügt den folgenden Text als neuen Absatz ein,

Dass das *Range*-Objekt der Schlüssel für den Zugriff auf den Text eines Dokuments ist, macht auch die *Range*-Methode deutlich. Über sie erhalten Sie ein *Range*-Objekt zurück, das für einen beliebigen Teil eines Dokuments steht.

```
R = ActiveDocument.Range(Start:=11, End:=22)
```

Beispiel

Diese Anweisung weist über die *Range*-Methode der Variablen *R* ein *Range*-Objekt zu, das für die Zeichen von der Textposition 11 bis zur Textposition 22 steht. Da *R* für ein *Range*-Objekt steht, können Sie den Textbereich über die Eigenschaften und Methoden des *Range*-Objekts nun beliebig bearbeiten.

19.2.2 Das Selection-Objekt

Das »zweitwichtigste« Objekt für den direkten Zugriff auf ein Word-Dokument ist das *Selection*-Objekt, denn es steht für den aktuell selektierten Text bzw. die Position der Textmarke.

```
MsgBox Prompt:="Die Auswahl befindet sich auf Seite " & _
Selection.Information(wdActiveEndPageNumber) & _
" von Seite " & _
Selection.Information(wdNumberOfPagesInDocument)
```

Beispiel

Diese Anweisung benutzt die *Information*-Eigenschaft des *Selection*-Objekts, um die Position der Textmarke anzuzeigen.

Tabelle 19.2:
Die wichtigsten Objekte des Microsoft-Word-Objektmodells.

Objekt	Steht für ...
Document	Ein einzelnes Dokument. Wird von der *Documents*-Auflistung zurückgegeben.
ActiveDocument	Das zur Zeit aktive Dokument.
Paragraph	Ein einzelner Absatz in einem Dokument. Wird von der *Paragraphs*-Auflistung zurückgegeben.
Character	Ein einzelnes Zeichen in einem Wort. Wird von der *Characters*-Auflistung zurückgegeben.
Selection	Der aktuell ausgewählte Textbereich. Wurde kein Textbereich selektiert, steht das *Selection*-Objekt für den Stand der Textmarke. Die Eigenschaften *Start* und *End* geben die absolute Textposition an.
Range	Einen beliebigen Bereich innerhalb eines Absatzes. Man kann beliebig *Range*-Objekte definieren, die für beliebige Textbereiche stehen. Das *Range*-Objekt ist wohl das wichtigste Objekt des Word-Objektmodells.

Übung 19.1:
Zugriff auf das
Word-Objekt-
modell.

Die folgende Übung soll an einem zusammenhängenden Beispiel das Prinzip des Zusammenspiels zwischen einem Visual-Basic-Programm und Word97 veranschaulichen. Es handelt sich um ein »Mini-Horoskop«-Programm, das nach Eingabe eines Namens, eines Datums (achten Sie einmal darauf, wie »trickreich« die Umwandlung eines Wochenintervalls in einen Datumsbereich gelöst wurde) und eines Horoskop-Spruchs das »Horoskop« als Word-Dokument ausdruckt und abspeichert. Der Kern des Programms besteht aus der Ereignisprozedur *cmdStart_Click*, die eine Reihe von Textelementen in vorgegebene Textmarken eines Word-Dokuments einträgt, das auf der Dokumentvorlage *Horoskop.dot* (Buch-CD) basiert:

```
Private Sub cmdStart_Click()
    Dim W As Word.Application
    Dim D As Word.Document
    Dim Dateiname As String
    Set W = New Word.Application
    cmdStart.Enabled = False
    Dateiname = "C:\Eigene Dateien\Horoskop.dot"
    W.Documents.Open filename:=Dateiname
    Set D = W.ActiveDocument
    D.Bookmarks("Name").Range.Text = txtName.Text
    D.Bookmarks("Von").Range.Text = lblVon.Caption
    D.Bookmarks("Bis").Range.Text = lblBis.Caption
    D.Bookmarks("Horoskop").Range.Text = _
    cboHoroskop.Text
    If chkDrucken.Value = 1 Then
        D.PrintOut PrintToFile:=True, _
        OutputFileName:="C:\Eigene Dateien\Temp Horoskop"
    End If
    D.SaveAs "Horoskop von " & txtName.Text & ".doc"
    D.Close
    Set W = Nothing
    cmdStart.Enabled = True
End Sub
```

Dadurch, dass die Textelemente bereits in eine zuvor angelegte Dokumentvorlage eingetragen werden, wird die Programmierung deutlich vereinfacht, da man ansonsten auch die Anordnung der einzelnen Absätze festlegen müßte. Im Prinzip ließe sich dieses Beispiel auch mit Word 6.0 lösen, doch wäre der Aufwand etwas größer und es ließe sich mit Sicherheit nicht so elegant umsetzen wie mit Word97 (oder Word 2000).

19.2.3 Weitere kleine Beispiele

Die folgenden kleinen Beispiele sollen als weiteres Anschauungsmaterial für den Zugriff auf die verschiedenen Word-Objekte dienen.

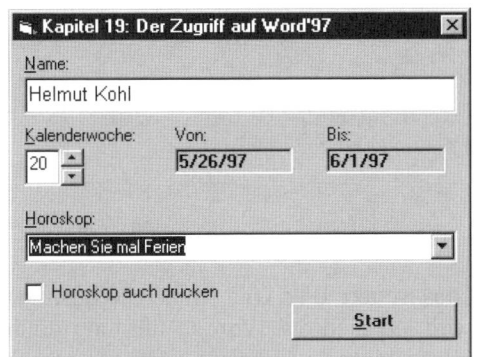

Auflisten der in einem Dokument enthaltenen Formatvorlagen

```
Private Sub cmdStart_Click()
    Dim D As Document
    Dim R As Style
    Set D = Application.ActiveDocument
    For Each R In D.Styles
        If chkInVerwendung.Value = False _
        Or (chkInVerwendung.Value = True And R.InUse = True) Then
            cboFormatvorlagen.AddItem pvargItem:=R.NameLocal
        End If
    Next
End Sub
```

Auflisten der in einem Dokument zur Verfügung stehenden Dokumentvorlagen

```
Sub StylesAuflisten ()
    Dim D As Document
    Dim R As Style
    Set D = Application.ActiveDocument
    For Each R In D.Styles
     If chkInVerwendung.Value = False _
        Or (chkInVerwendung.Value = True And R.InUse = True) Then
        cboFormatvorlagen.AddItem pvargItem:=R.NameLocal
     End If
    Next
End Sub
```

Die Dokumentvorlagen stehen über die *Styles*-Auflistung zur Verfügung. Über die *InUse*-Eigenschaft eines *Style*-Objekts erfährt man, ob dieses im Dokument auch verwendet wird.

Die Häufigkeit eines Wortes ermitteln

```
Sub WörterZählen()
    Dim D As Document
    Dim W As Range, R As Range
    Dim Zähler As Long
```

```
Dim Suchwort As String
Suchwort = InputBox(Prompt:="Geben Sie das Suchwort ein:")
Set R = ActiveDocument.Range
For Each W In R.Words
  If InStr(UCase(W.Text), Suchwort) <> 0 Then
    Zähler = Zähler + 1
  End If
Next
MsgBox Prompt:="Das Wort kommt " & Zähler & " mal vor"
End Sub
```

Dies ist vermutlich die einfachste Lösung, denn um ein Wort zu finden wird lediglich die *Words*-Auflistung enummeriert. Bezüglich der Ausführungsgeschwindigkeit gibt es zur alternativen Verwendung der *Find*-Methode keinen nennenswerten Unterschied.

Auflisten der Verzeichnispfade der in einem Dokument eingefügten Bilder

Die in einem Word-Dokument eingefügten Grafiken werden in *Shape*-Objekte (eingebettete Grafiken) und *InlineShape*-Objekte (verknüpfte Grafiken) unterteilt. Die Angaben eines *InlineShape*-Objekts stehen über dessen *LinkFormat*-Eigenschaft zur Verfügung.

```
' Diese Prozedur listet alle Inline-Shape-Objekte auf
Sub GrafikenAuflisten()
    Dim I As InlineShape
    For Each I In ActiveDocument.InlineShapes
        lstGrafiken.AddItem I.LinkFormat.SourceName & vbTab &
I.LinkFormat.SourcePath
    Next
End Sub
```

Das Beispiel geht davon aus, dass sich auf dem Benutzerformular ein Listenfeld *lstGrafiken* befindet.

19.3 Der Zugriff auf Microsoft Excel

Das Objektmodell von Microsoft Excel ist ein wenig umfangreicher als das von Microsoft Word, da es in einer Arbeitsmappe zum einen mehr Objekte gibt, als in einem Dokument, und diese zum anderen eine Vielzahl verschiedener Eigenheiten mit einer großen Anzahl an Einstellmöglichkeiten besitzen. So besitzt zum Beispiel ein Excel-Diagramm (*Chart*-Objekt) eine Vielzahl von Variationsmöglichkeiten, was sich nicht nur in einer Fülle von Eigenschaften und Methoden, sondern auch in einer Fülle von Unterobjekten niederschlägt. Trotz mehr Details ändert sich nichts am Prinzip des Objektzugriffs. Die folgenden beiden Anweisungen tragen den Wert 123 in die erste Spalte in der ersten Zeile des aktiven Tabellenblatts ein:

```
Set Wo = Excel.Application.Workbooks.Add
Wo.ActiveSheet.Cells(1,1).Value = 123
```

Sie sehen, wie bei Word gibt es ein Objektmodell, das sich an den Aufbau der Anwendung anlehnt. Man muss nur die Namen der entsprechenden Objekte kennen.

Objekt	Steht für ...
Application	Die Excel-Anwendung. Dies ist wie immer das oberste Objekt des Objektmodells.
Worksheet	Ein einzelnes Tabellenblatt. Wird von der *Worksheets*-Auflistung zurückgegeben.
Chart	Ein einzelnes Diagramm. Wird von der *Charts*-Auflistung zurückgegeben.
ActiveSheet	Das zur Zeit aktive Tabellenblatt.
Workbook	Eine einzelne Arbeitsmappe. Wird von der *Workbooks*-Auflistung zurückgegeben.
ActiveWorkbook	Die zur Zeit aktive Arbeitsmappe.
AddIn	Steht für ein Add-In, das geladen oder nicht geladen sein kann. Wird von der *AddIns*-Auflistung zurückgegeben.

Tabelle 19.3: Die wichtigsten Objekte im Objektmodell von Microsoft Excel.

Genau wie Word lässt sich auch Excel »interaktiv« erforschen, denn nach dem Einbinden der entsprechenden Referenz auf die Objekttypenbibliothek »Microsoft Excel 8.0 Object Library« stehen die Objekte auch im Direktfenster zur Verfügung.

```
Set Ex = New Excel.Application
```

Diese Anweisung erstellt zunächst eine Objektvariable, über die alle weiteren Zugriffe erfolgen. Bereits durch diese implizite Initialisierung wird Excel gestartet. Die folgende Anweisung fügt eine Arbeitsmappe hinzu:

```
Ex.Workbooks.Add
```

Über die *Workbooks*-Auflistung können Sie auf einzelne Arbeitsmappen, auf Tabellenblätter und auf einzelne Zellen zugreifen:

```
Ex.Workbooks(1).Sheets(1).Cells(1,1).Value = 77
Set R = Ex.Workbooks(1).Sheets(1).Cells(1,1)
?TypeName(R)
Range
R.Value = R.Value * 2
?Ex.Workbooks(1).Sheets(1).Cells(1,1)
154
```

Beendet wird der ganze »Zauber« durch Beenden der gestarteten Excel-Anwendung und Setzen der Objektvariable *Ex* auf *Nothing*:

```
Ex.Quit
Set Ex = Nothing
```

Zugegeben, auf den ersten Blick sieht das alles nicht sehr aufregend aus, denn diese einfache Rechenspielchen lassen sich auch in Visual Basic erledigen. Das Ganze wird jedoch mehr als spannend, wenn man sich die Konsequenzen vor Augen hält, denn nach dem gleichen Schema kann man Excel die kompliziertesten Berechnungen durchführen lassen.

Beispiel Die folgenden Anweisungen zeigen, wie sich Excel als einfacher »Formelauswerter« einsetzen lässt. Dabei wird eine (im Prinzip) beliebige Formel in ein Feld einer Tabelle übertragen und anschließend der von Excel evaluierte Wert wieder zurückgelesen.

```
Private Sub cmdEval_Click()
    On Error GoTo errEval
    Dim Ex As New Excel.Application
    Dim D As Workbook
    Dim Wert As Double
    Set D = Ex.Workbooks.Add
    D.Sheets(1).Cells(1, 1).Value = "=" & _
    txtEingabe.Text
    Wert = D.Sheets(1).Cells(1, 1).Value
    txtWert.Text = Wert
    Set D = Nothing
    Exit Sub
errEval:
    Select Case Err.Number
    Case 13
        txtWert.Text = "#####"
    Case Else
        MsgBox "Laufzeitfehler: " & Err.Number, _
        vbExclamation, Err.Description
        Stop
    End Select
End Sub
```

Natürlich kann das Beispiel nur das Prinzip der Zusammenarbeit andeuten. Wie beim Zugriff auf Word gilt aber auch hier, dass, wenn man den sprichwörtlichen Bogen einmal raus hat, der Rest im Prinzip von alleine geht. Sollte es einmal hängen, gibt es wie immer zwei Tipps. Sehen Sie sich die sehr informative VBA-Hilfe von Excel an oder lassen Excel für sich arbeiten, indem Sie die Lösung einer bestimmten Aufgabe mit dem Makrorecorder von Excel aufnehmen und sich ansehen, welchen VBA-Code Excel erzeugt hat. Dies ist bei allen Anwendungen, die den VBA-Editor beinhalten die beste Strategie.

19.3.1 Weitere kleine Beispiele

Die folgenden kleinen Beispiele sollen als weiteres Anschauungsmaterial für den Zugriff auf die verschiedenen Excel-Objekte dienen.

Erzeugen eines Diagramms

Das folgende Beispiel zeigt, wie sich von Visual Basic aus Werte in eine Tabelle eintragen lassen, aus denen ein Diagramm erzeugt wird.

```
Private Sub cmdStart_Click()
    Dim Wo As Excel.Workbook
    Dim Sh As Worksheet
    Dim n As Long
    Dim ZellAdresse As String
' Zur Abwechslung einmal mit CreateObject
    Set Ex = CreateObject("Excel.Application.8")
    Set Wo = Ex.Workbooks.Add
    Set Sh = Wo.ActiveSheet
    Sh.Range("A3").Value = "Verkäufe 1999"
    For n = 4 To 7
        ZellAdresse = "A" & Chr(n + 48)
        Wo.ActiveSheet.Range(ZellAdresse).Value = "Quartal" & Str(n - 3)
    Next

' Jetzt vier zufällige Werte eintragen
    With Sh
      .Range("B4").Value = 200
      .Range("B5").Value = 340
      .Range("B6").Value = 340
      .Range("B7").Value = 340
    End With

    Ex.Charts.Add
    Ex.ActiveChart.ChartType = xl3DcolumnClustered

    Ex.ActiveChart.SetSourceData
Source:=Ex.Sheets("Tabelle1").Range("A4:B7"), _
    PlotBy :=xlColumns
    Ex.ActiveChart.Location Where:=xlLocationAsObject, Name:="Diagramm1"
    With Ex.ActiveChart
        .HasTitle = True
        .ChartTitle.Characters.Text = "Verkäufe 1999"
        .Axes(xlCategory).HasTitle = False
        .Axes(xlSeries).HasTitle = False
        .Axes(xlValue).HasTitle = False
    End With
    Ex.Visible = True
    Ex.ActiveWindow.Activate
End Sub
```

Rotieren eines Diagramms

Das folgende Beispiel zeigt wie das im letzten Beispiel erzeugte Diagramm zum Rotieren gebracht wird.

```
Private Sub cmdRotieren_Click()
    Dim n As Long
    cmdRotieren.Enabled = False
    For n = 0 To 180 Step 10
     With Ex.ActiveChart
        .Elevation = 15
        .Perspective = 30
        .Rotation = n
        .RightAngleAxes = False
        .HeightPercent = 100
        .AutoScaling = True
        lblWinkel.Caption = .Rotation
     End With
    DoEvents    ' Macht das Programm reaktionsfreudiger
    cmdRotieren.Enabled = True
    Next
End Sub
```

Excel vollständig beenden

Nicht nur der guten Ordnung halber, sondern weil nicht beendete Anwendungen den Arbeitsspeicher belasten und Automationsfehler verursachen können, sollte man eine über Automation gestartete Anwendung wieder korrekt beenden. Hier ein Vorschlag:

```
Private Sub cmdExcelBeenden_Click()
    Ex.ActiveWorkbook.Close SaveChanges:=False
    Ex.Quit
    Set Ex = Nothing
End Sub
```

Als erstes wird das aktuelle Dokument geschlossen (ohne, dass eine Abfrage zur Abspeicherung erscheint). Dadurch wird Excel beendet (sodass die *Quit*-Methode unter Umständen entfallen kann) und schließlich die Referenz auf das Objekt (das zu diesem Zeitpunkt aber nicht mehr existieren sollte) freigegeben. Erst dann gibt die *ObjPtr*-Funktion für die Variable *Ex* den Wert 0 zurück.

19.4 Der Zugriff auf Microsoft PowerPoint

Microsoft PowerPoint ist zwar eine im Vergleich zu Microsoft Excel und Microsoft Word relativ »simple« Anwendung. Das Objektmodell von PowerPoint besitzt jedoch eine Reihe von Besonderheiten, die es am Anfang als ein wenig »sonderbar« erscheinen lassen, da sich die Entwickler des PowerPoint-Objektmodell eine etwas andere Philosophie überlegt haben. Dies ist ein grundsätzliches Problem bei Objektmodellen, denn jedem Entwickler steht es vollkommen frei festzulegen, welche Objekte sein Objektmodell anbietet und wie die einzelnen Eigenschaften und Methoden funktionieren. Dennoch ist auch das PowerPoint-Objektmodell logisch aufgebaut. Ein Microsoft-PowerPoint-Dokument ist eine Präsentation (*Presentation*-Objekt), die aus einer Reihe von Folien (*Slide*-Objekt) besteht. Jede Folie besteht aus einer Reihe unterschiedlicher Objekte wie Textrahmen, Aufzählungen, Grafikelementen, Bitmaps, Animationen usw. Anstatt aber diese Elemente im Objektmodell durch Objekte zu repräsentieren, beschränkt sich das Objektmodell auf ein allgemeines *Shape*-Objekt, das für alle diese Dinge steht.

Beispiel

```
Dim Folie As Slide
For Each Folie In Application.ActivePresentation.Slides
    Debug.Print Folie.Shapes(1).Textframe.TextRange.Text
Next Folie
```

Diese Anweisungen geben die Überschriften aller Folien der aktuellen Präsentation im Direktfenster aus. Bei *Folie* handelt es sich um eine Objektvariable vom Typ *Slide*. Über sie wird in der *For-each*-Schleife auf das erste *Shape*-Objekt zugegriffen. Dessen *Textframe*-Eigenschaft steht für einen Textrahmen, dessen *TextRange*-Eigenschaft ein *TextRange*-Objekt zurückgibt. Die *Text*-Eigenschaft dieses Objekts gibt dann (endlich) den im Textrahmen enthaltenen Text zurück. Auf den ersten Blick wirkt diese Konstruktion unnötig umständlich. Wenn man sich den Aufbau einer PowerPoint-Folie ansieht, ergibt sie allerdings einen Sinn. So ist jedes Textfeld (*Textframe*-Objekt) in einem Figurenelement (*Shape*-Objekt) enthalten. Der in einem Textfeld enthaltene Text wird nicht direkt über eine *Text*-Eigenschaft zurückgegeben, sondern über ein *TextRange*-Objekt. Erst dessen *Text*-Eigenschaft steht für den im Textfeld enthaltenen Text.

Tabelle 19.4:
Die wichtigsten
Objekte des
Microsoft-Power-
Point-Objekt-
modells.

Objekt	Steht für ...
Application	Wie immer für die gesamte Anwendung, in diesem Fall Microsoft PowerPoint.
Presentation	Eine einzelne Präsentation. Wird von der Auflistung *Presentations* zurückgeben.
ActivePresentation	Die aktuell aktive Präsentation. Gibt ein *Presentation*-Objekt zurück.
AddIn	Ein einzelnes Add-In, das entweder geladen oder nicht geladen ist. Wird von der *AddIns*-Auflistung zurückgegeben.
Slide	Eine einzelne Folie. Wird von der *Slides*-Auflistung zurückgegeben.
SlideRange	Eine Anzahl an Folien, die nicht aus einem zusammenhängenden Bereich stammen müssen. Durch Zusammenfassen mehrerer Folien zu einem *SlideRange*-Objekt lassen sich Eigenschaften einzelner Folien leichter ansprechen.
Shape	Ein beliebiges Objekt in der Zeichnungsebene einer Folie. Wird von der *Shapes*-Auflistung zurückgegeben.
Textframe	Ein Textfeld in einem *Shape*-Objekt. Da ein *Shape*-Objekt nur ein Textfeld enthalten kann, gibt es keine *Textframes*-Auflistung.
Textrange	Den Textbereich eines Textfeldes.

19.5 Dateisuche mit dem FileSearch-Objekt

Neben den großen Anwendungen bietet Office auch eine Reihe von Mini-Komponentenservern. Dazu gehört z.B. das *FileSearch*-Objekt, mit dem sich die Festplatte nach beliebigen Dateien durchsuchen lässt.

Beispiel Das folgende Beispiel zeigt, wie mit Hilfe des *FileSearch*-Objekts des *Application*-Objekts die Datei mit dem Namen *Mausi.Txt* gesucht wird.

```
Dim DateiSuche As FileSearch
Dim i As Integer
Set DateiSuche = Application.FileSearch
With DateiSuche
.LookIn = "C:\Eigene Dateien"
.FileName = "Mausi.*"
```

```
If .Execute(SortBy :=msoSortByFileName) > 0 Then
        MsgBox .FoundFiles.Count & _.
        " Datei(en) gefunden!"
        For i = 1 To .FoundFiles(i).Count
            MsgBox Prompt := .FoundFiles(i)
        Next
Else
        MsgBox Prompt := "Leider nicht gefunden!"
End If
End With
```

Es ist interessant, dass dieses *FileSearch*-Objekt im Gegensatz zu dem *FileFinder* aus Kapitel 11 die gefundenen Dateien zwar ebenfalls in Form einer Auflistung zurückgibt, die Auflistungsobjekte jedoch aus einfachen Strings, nicht jedoch aus Dateiobjekten bestehen.

19.6 Der Zugriff auf Microsoft Outlook

Ein wenig im Schatten der »großen« Office-Anwendungen steht Outlook. Natürlich völlig zu Unrecht, denn Outlook ist weit mehr als nur ein eMail-Programm mit integriertem Terminkalender. Es ist ein vielseitiges Multifunktionsprogramm, dessen größte Stärke seine Erweiterbarkeit ist. So ist es z.B. möglich, neue Ansichten zu definieren, mit denen sich Dateien, die über benutzerdefinierte Eigenschaften verfügen (ein Beispiel sind Excel-Dateien, die um benutzerdefinierte Eigenschaften erweitert wurden), angezeigt werden können, wobei jede der benutzerdefinierten Eigenschaften in einer eigenen Spalte aufgelistet wird. Die gute Nachricht für Visual-Basic-Programmierer ist, dass auch Outlook ein eigenes Objektmodell besitzt. Damit stehen für ein Visual-Basic-Programm nicht nur E-Mail-Funktionalität, sondern auch komplexere Kalender- und Aufgabenfunktionen zur Verfügung. Das Objektmodell von Outlook ist recht vielschichtig, dennoch aber einfach aufgebaut. Wer es verstehen will tut daher gut daran, sich zunächst mit der Funktionalität von Outlook aus Anwendersicht zu beschäftigen. An oberster Stelle steht natürlich das *Application*-Objekt. Das aus der Sicht der Programmierbarkeit wichtigste Objekt ist das *NameSpace*-Objekt, das wiederum die einzelnen *MAPIFolder*-Objekte enthält, die die einzelnen Ordner in einem sog. »MAPI message store« enthalten, wie z.B. Posteingang, Postausgang usw. Zusätzlich gibt es ein *Explorer*-Objekt, das mit jedem Folder verknüpft ist, und ein *Inspector*-Objekt, das mit jedem einzelnen Element einer Ablage verknüpft ist. Wer lediglich auf den MAPI-Store zugreifen möchte, um z.B. auf die im Posteingang enthaltenen Nachrichten zuzugreifen, muss sich lediglich mit dem *NameSpace*-Objekt beschäftigen. Über seine Methoden werden auch Login und Logoff am PostOffice erledigt (für einen Zugriff auf die Ablage ist aber kein Login erforderlich).

Der folgende Ausdruck greift zunächst auf den MAPI-Store zu, um später eine Ablage (wie etwa den Posteingang) ansprechen zu können:

```
GetNameSpace("MAPI")
```

Durch den Aufruf dieser Methode erhält man eine Referenz auf eine MAPI-Ablage. Der Zugriff auf die einzelnen Ordner, wie z.B. den Posteingang, erfolgt über die *Folders*-Auflistung und das *MAPIFolder*-Objekt.

Alle Elemente (u.a. natürlich eingegangene Nachrichten, aber auch Dateien und eine Menge mehr) stehen über die *Items*-Auflistung zur Verfügung. Nur *Item*-Objekte und Steuerelemente, die auf *Item*-Objekten angeordnet sind, sind zur Zeit die einzigen Objekte in Outlook, die auf Ereignisse reagieren können.

Bei den Namen der Ordner kommt es auf die Groß-/Kleinschreibung an.

Übung 19.2: Zugriff auf den MAPI-Posteingang. Das folgende Beispiel zeigt, wie sich der Inhalt des Posteingangs, genauer gesagt der Inhalt der einzelnen Betreff-Zeilen, in ein Listenfeld übertragen lässt.

```
Option Explicit
' Outlook-Objekt deklarieren
Dim OutlookApp As Outlook.Application
Dim olNameSpace As NameSpace
Dim meinOrdner As MAPIFolder
Dim Ablage As MAPIFolder

Private Sub Form_Load()
    Dim Ablage As MAPIFolder
    Set OutlookApp = _CreateObject("Outlook.Application")
    Set olNameSpace = OutlookApp.GetNamespace("MAPI")
' Der Zugriff soll auf den Posteingang erfolgen
    Set meinOrdner = _
    olNameSpace.GetDefaultFolder(olFolderInbox)
' Alle Ablagen im Posteingang in eine Liste übertragen
    For Each Ablage In _
    olNameSpace.Folders("Persönlicher Ordner").Folders
        lstAblagen.AddItem Ablage.Name
    Next
End Sub

Private Sub lstAblagen_Click()
    Dim AblageNummer As Integer
    Dim Nachricht As Object
```

```
' Es wurde eine Ablage ausgewählt
    AblageNummer = lstAblagen.ListIndex + 1
' Zugriff auf Ablage
    Set Ablage = olNameSpace.Folders("Persönlicher Ordner"). _
    Folders(AblageNummer)
    lstInhalte.Clear
' Alle Einträge der Ablage in eine Liste übernehmen
    For Each Nachricht In Ablage.Items
        lstInhalte.AddItem Nachricht.Subject
    Next
    lblAnzahl.Caption = lstInhalte.ListCount & _
    " Nachrichten"
    Exit Sub
End Sub


Private Sub lstInhalte_Click()
    On Error GoTo errlstInhalteClick
    Dim NummerDerNachricht As Integer
    Dim NachrichtenObjekt As Object
' Aus der Liste wurde ein Element der Ablage gewählt
    NummerDerNachricht = lstInhalte.ListIndex + 1
' Variable für Nachrichtenobjekt anlegen
    Set NachrichtenObjekt = _
    Ablage.Items(NummerDerNachricht)
' Größe der Nachricht anzeigen
    lblGröße.Caption = NachrichtenObjekt.Size
    If TypeOf NachrichtenObjekt Is ReportItem Then
        lblAbsender.Caption = "Kein Absender - " & _
        TypeName(NachrichtenObjekt)
    Else
' Absender der Nachricht anzeigen
        lblAbsender.Caption = _
        NachrichtenObjekt.SenderName
    End If
' Weitere Angaben anzeigen
    lblErstelltAm.Caption = _
    NachrichtenObjekt.CreationTime
    lblAnzahlAnhänge.Caption = _
    NachrichtenObjekt.Attachments.Count
    Exit Sub
errlstInhalteClick:
    Select Case Err.Number
    Case 438    ' Eigenschaft ist nicht vorhanden
        lblAbsender.Caption = "Kein Absender - " & _
        TypeName(NachrichtenObjekt)
        Resume Next
    Case Else
        MsgBox "Achtung: " & Err.Number, _
        vbExclamation, Err.Description
        Stop
    End Select
End Sub Option Explicit
```

Nach dem Start des Programms werden zunächst alle Ablagen im Posteingang in ein Listenfeld übertragen. Nach Auswahl einer Ablage werden die Betreff-Felder aller Nachrichtenobjekte in ein weiteres Listenfeld eingetragen. Die Auswahl eines Eintrags bewirkt, dass die wichtigsten Daten der Nachricht ausgegeben werden.

Tabelle 19.5: Die für den Zugriff auf die einzelnen Ablagen erforderlichen Konstanten.

Konstante	Wert
OlFolderDeletedItems	3
OlFolderOutbox	4
OlFolderSentMail	5
OlFolderInbox	6
OlFolderCalendar	9
OlFolderContacts	10
OlFolderJournal	11
OlFolderNotes	12
OlFolderTasks	13

19.6.1 Anlegen einer neuen Notiz

Sehr viel einfacher ist das Anlegen neuer Notizen, wie das folgende kleine Beispiel demonstriert.

Beispiel

```
Dim objOutlook As Outlook.Application
Dim objNotiz As Outlook.NoteItem
Set objOutlook = CreateObject("Outlook.Application")
Set objNotiz = objOutlook.CreateItem(olNoteItem)
With objNotiz
    .Body = "Einladung zur Party verschicken"
    .Color = olBlue
    .Save
    .Display
End With
Set objOutlook = Nothing
```

Abbildung 19.6: So einfach lässt sich eine attraktive Notiz anlegen.

19.6.2   Anlegen einer neuen Aufgabe

Das Anlegen neuer Aufgaben (Tasks) verläuft nach dem gleichen Schema wie das Anlegen neuer Notizen, nur dass hier zusätzliche Einstellmöglichkeiten existieren:

```
Dim objOutlook As Outlook.Application
Dim objTask As Outlook.TaskItem
Set objOutlook = CreateObject("Outlook.Application")
Set objTask = objOutlook.CreateItem(olTaskItem)
With objTask
    .Subject = "Einladung zur Party"
    .Body = "Allen eine nette Einladung zur Party schicken"
    .DueDate = DateAdd("d", Now, 1)
    .Status = olTaskNotStarted
    .Importance = olImportanceHigh
    .Save
    .Display
End With
Set objOutlook = Nothing
```

19.7 Die Office-Assistenten

Auch die kleinen Office-Assistenten sind programmierbar. Damit steht Ihnen eine interessante Möglichkeit zur Verfügung, die Benutzer Ihrer Anwendung auf bestimmte Dinge recht effektvoll aufmerksam zu machen. Standardmäßig enthält Office97 (auf der CD) eine Reihe von Assistenten, wie die Klammer, Mutter Natur oder den Professor. Richtig ausgefallene Assistenten, wie Knuddel, Rocky oder den Delphin, können Sie sich kostenlos im Web u. a. unter _www.microsoft.com/germany/office/office/enhancements/assistants_ herunterladen.

Die Grundlage für die Assistenten sind die Objekte _Assistant_ und _Balloon_. Eine ausführlichere Beschreibung finden Sie u. a. im Office97-Programmierhandbuch. Das folgende Beispiel soll zeigen, wie Sie den Assistenten dazu bringen, dem Benutzer etwas mitzuteilen und auf Bestätigen der Mitteilungsblase mit einer kleine Animation zu reagieren. Voraussetzung ist, dass dieses Beispiel in einer Office-Anwendung ausgeführt wird und der gewünschte Assistent bereits gewählt wurde.

Beispiel

```
Sub AssistentInAktion()
    Dim A As Assistant, Ballon As Balloon
    Dim Meldung As String, Überschrift As String
    Dim Zustand As Boolean, Rückgabewert As Long
    Überschrift = "Hallo, lieber Benutzer!"
    Meldung = "Sie müssen erst einen Betrag eingeben!"
    Set A = Assistant
    If A.AssistWithAlerts = True Then
        With A
            Zustand = .Visible
```

```
        Set Ballon = .NewBalloon
        With Ballon
          .Mode = msoModeModal
          .Button = msoButtonSetOK
          .Heading = Überschrift
          .Text = Meldung
          .Animation = msoAnimationGetAttentionMinor
          Rückgabewert = .Show
        End With
        .Visible = Zustand
      End With
    Else
        Rückgabewert = MsgBox(Prompt:=Meldung, Buttons:=vbOKOnly,
Title:=Überschrift)
    End If
End Sub
```

Abbildung 19.7:
Auch der Office-
Assistent steht
über ein Objekt-
modell zur
Verfügung.

19.8 Ein Wort zu Access

In der Liste der großen Office-Anwendungen fehlt bislang natürlich
Access. Gibt es denn hier kein Objektmodell? Ist Access etwa nicht
wichtig? Natürlich, doch ist das Objektmodell hier für Visual-Basic-
Programmierer relativ uninteressant, denn mit Ausnahme des Report-
generators, der über die *Reports*-Auflistung der geöffneten Reports
(nicht der in einer Datenbank vorhandenen Reports) und die verschiedenen Methoden des *DoCmd*-Objekts (z. B. *CreateReportControl* und
OpenReport) angesprochen wird, gibt es in Access nur relativ wenig,
was sich von außen zu steuern lohnt (grundsätzlich stehen auch die übrigen Elemente der Datenbank, wie Formulare und Module, über das
Objektmodell zur Verfügung). Beachten Sie, dass die Datenbank selber
nicht zum Access-Objektmodell gehört, denn hier gibt es mit dem
ADO- bzw. DAO-Objektmodell eigene Modelle, die nichts mit Access,
sondern mit der Datenbankschnittstelle zu tun haben. Allerdings ist das

DAO-Modell in das Access-Objektmodell direkt integriert, sodass man beide nach außen auch als ein zusammenhängendes Objektmodell sehen kann.

Objekt	Steht für...
Application	Access als Anwendung
Form	ein geöffnetes Formular
Forms	eine Auflistung alle geöffneten Formulare
Report	einen geöffneten Report
Reports	eine Auflistung alle geöffneten Reports
Control	ein Steuerelement auf einem Formular, Report, Abschnitt oder in einem anderen Steuerelement
Controls	eine Auflistung aller Steuerelemente
Module	Standardmodul oder Klassenmodul
Modules	eine Auflistung aller Module
Reference	Verweise auf eine Objekttypenbibliothek
References	eine Auflistung aller Referenzen
DoCmd	die Möglichkeit, ein Makro auszuführen
Screen	die aktuellen Einstellungen des Bildschirms (z. B. Auflösung)

Um zu beweisen, dass Access97 was die Programmierbarkeit von Visual Basic aus angeht keine Sonderrolle spielt, zeigt die folgende Übung wie sich ein in einer Access-Datenbank gespeicherter Report öffnen und ausdrucken lässt.

Übung 19.3: Ausdrucken eines Reports.

```
Option Explicit

Private objAccess As Access.Application
Private Db As Database
Const DbDateiname = "F:\Eigene dateien\Fußball.mdb"

Sub ReportsAuflisten()
    ' Erst einmal Access (unsichtbar) starten
    ' und eine Referenz auf das Application-Objekt anlegen
    Set objAccess = CreateObject("Access.Application")

    Dim rpt As Document
    Dim rptCollection As Documents
    Dim rgReports() As String
    Dim iReports As Integer
    ' Datenbank für den internen Zugriff öffnen
```

```
   Set Db = objAccess.DBEngine.Workspaces(0).OpenDatabase(DbDateiname)
   ' Die Reports in der Datenbank öffnen
   Set rptCollection = Db.Containers("Reports").Documents
   ' Die Namen aller Reports in einem Listenfeld ausgeben
   For Each rpt In rptCollection
      lstReports.AddItem rpt.Name
   Next
End Sub

Private Sub cmdDrucken_Click()
   'Zunächst die Datenbank innerhalb von Access öffnen
   objAccess.OpenCurrentDatabase (DbDateiname)
   ' Jetzt wird der Report ausgedruckt
   objAccess.DoCmd.OpenReport Db.Containers("Reports"). _
      Documents(lstReports.ListIndex).Name, 0
   objAccess.Visible = True
   AppActivate "Microsoft Access"
End Sub

Private Sub Form_Load()
    ReportsAuflisten
End Sub

Private Sub Form_Unload(Cancel As Integer)
    objAccess.Quit
End Sub
```

19.9   Zugriff auf mehrere Office-Anwendungen

Ist es denn auch möglich, in einem Word-VBA-Programm gleichzeitig auf Excel, PowerPoint und Outlook zuzugreifen? Selbstverständlich und Sie müssen dazu noch nicht einmal etwas Neues lernen. Voraussetzung dafür, um etwa von einem Word-VBA auf die Objekte von Access, Outlook oder Excel zugreifen zu können ist, dass zuvor die entsprechende Objekttypenbibliothek eingebunden wurde (und, dass die Anwendung auch irgendwo installiert wurde). Das gilt natürlich auch für ein Visual-Basic-Programm. Nach dem eine Objekttypenbibliothek eingebunden wurde, benutzen Sie die Objekte als wären sie schon immer Teil des Programms gewesen.

19.10 Ein Wort zu Microsoft Project

Auch Microsoft Microsoft Project arbeitet mit VBA und dem VBA-Editor und besitzt ein umfangreiches Objektmodell. Es gelten die gleichen Regeln wie bei allen anderen VBA-Anwendungen auch, es gibt lediglich andere Objektnamen.

19.11 Zusammenfassung

Die »Office-Programmierung« eröffnet für Visual-Basic-Programmierer ein reichhaltiges Betätigungsfeld, denn schätzungsweise über 80% der in den inzwischen sehr zahlreichen Office-Anwendungen eingebauten Funktionalität steht über Objekte zur Verfügung und kann daher von einem Visual-Basic-Programm mit relativ geringem Aufwand genutzt werden. Für ein Visual-Basic-Programm bedeutet dies, dass es z.B. Word für das Erstellen von Dokumenten, Excel für die Darstellung von Messwerten in 3D-Diagrammen oder PowerPoint für die Präsentation von Aktienkursen oder Ozonwerten (je nachdem), die gegebenenfalls zuvor von einer Webseite aus dem Internet heruntergeladen wurden, verwenden kann.[1] Das wirklich Schöne an der ganzen Angelegenheit ist nicht nur, dass diese Objekte auf die exakt gleiche Weise angesprochen werden, wie etwa jene Objekte, die Visual Basic zur Verfügung stellt, sondern, dass mit der Einführung von Office97 alle Anwendungen über ein einheitliches Objektmodell verfügen. Es muss also nicht mehr auf die Besonderheiten von Word, das erst seit der Version 8.0 über ein echtes Objektmodell verfügt und zuvor über WordBasic-Anweisungen und Funktionen angesprochen werden musste, oder von Access, dessen Reportgenerator bei der Version 2 noch per DDE angesprochen werden musste, Rücksicht genommen werden musste. Beim Umstieg auf Office 2000 kommen lediglich neue Objekte hinzu, vorhandene VBA-Programme müssen nicht umgestellt werden.

Allerdings gibt es auch einen Nachteil zu berücksichtigen. Auf jedem PC, auf dem ein Visual-Basic-Programm läuft, das auf Office-Objekte zugreift, muss Microsoft Office97 installiert sein. Dies dürfte den Einsatzbereich von Office97 als universelle »Visual-Basic-Toolbox« zur Zeit noch ein wenig einschränken. Bis Microsoft die Basisfunktionalität von Word, Excel & Co. in das Betriebssystem integriert, dürften noch ein paar Jahre vergehen.

---

[1] Office97 bietet eine sehr interessante Möglichkeit, über sog. Web-Queries den Inhalt einer kompletten Webseite in ein Dokument zu übernehmen. Bei Office 2000 lassen sich diese Abfragen mit Hilfe eines Assistenten auch erstellen.

19.12 Ressourcen

Zwar gibt es kein zentrales »Verzeichnis« aller Office-Objekte, in der sich die Bedeutung sämtliche Objekte nachschlagen lässt. Die beste Informationsquelle ist die VBA-Hilfe, in der die Office-Objekte mit ihren Eigenschaften, Methoden und Ereignissen beschrieben sind. Allerdings wird aus der VBA-Hilfe leider nicht deutlich, wie wichtig die verschiedenen Objekte sind. Bei über 600 verschiedenen Objekten ist es nicht ganz leicht, eine Übersicht zu erhalten. Eine sehr gute Einführung bietet das Office97-Programmierhandbuch, das Teil der *Office Developer Edition* (ODE) ist. Diese Variante von Office97, die sich speziell an Office-Entwickler richtet, enthält allerdings keine zusätzlichen Objekte oder spezielle Programmierwerkzeuge, sondern in erster Linie eine umfangreiche Dokumentation, zusätzliche Steuerelemente (eine Beschreibung finden Sie im Web bei *www.microsoft.com/Officedev/articles/odept1.htm* und *odept2.htm*) und das »Access Developer Kit« (ADT), das Laufzeitmodul, mit dem sich in Access erstellte Anwendungen ausliefern lassen.

http://msdn.microsoft.com/officedev

Dies ist die Web-Adresse für alle Office-Entwickler. Hier bietet Microsoft viele Programmbeispiele und technische Artikel an. Hier stehen auch alle VBA-Hilfedateien der Office-CD, sowie der bereits mehrfach erwähnte *Programmer's Guide* zur Verfügung, in denen das Objektmodell ausführlich beschrieben wird.

ActiveX-
Steuerelemente

Kapitel **20**

ctiveX-Steuerelemente sind jene universellen Bausteine, die in die Werkzeugsammlung von Visual Basic oder des VBA-Editors von Office97 eingefügt werden können und anschließend, wie jedes andere Steuerelement, für das Anordnen auf einem Formular zur Verfügung stehen. Für einen Visual-Basic-Programmierer bieten sie damit eine tolle Möglichkeit, eine bestimmte Programmfunktionalität so zu »verpacken«, dass sie auf einfachste Weise für andere Programme zur Verfügung gestellt werden kann. Sie sind allerdings nicht die einzige Alternative, Programmkomponenten zu erstellen. In Kapitel 20 lernen Sie mit den ActiveX-DLLs, sowie den Code-Komponenten weitere Alternativen kennen. Das Besondere an den ActiveX-Steuerelementen ist, dass sie über die Werkzeugsammlung zur Verfügung stehen (oder zur Laufzeit geladen werden) und in der Regel eine kleine Benutzeroberfläche besitzen. ActiveX-Steuerelemente sind nicht schwierig zu programmieren, doch wie bei jedem Visual-Basic-Programm ist es von der ersten Umsetzung eines Prototyps bis zu einer voll funktionsfähigen Komponente ein weiter Weg, der viel Programmiererfahrung erfordert.

In diesem Kapitel geht es um eine erste Einführung und um die Erstellung eines einfachen ActiveX-Steuerelements, sowie um einige speziellere Themen, wie die Anbindung an eine Datenbank oder das Erstellen von Eigenschaftsdialogfeldern.

Sie lesen in diesem Kapitel etwas über:

➡ Die Bedeutung und die Vorteile von ActiveX-Steuerelementen

➡ Die Programmierung eines ActiveX-Steuerelements

➡ Einsatz von ActiveX-Steuerelementen in Office-Dokumenten und in HTML-Seiten

➡ Beispiele für den Einsatz von ActiveX-Steuerelementen

➡ Die Objekte *Ambient* und *Extender*

➡ Hinzufügen von Eigenschaftsseiten

➡ Das Binden von Eigenschaften an eine Datenquelle

➡ Fensterlose ActiveX-Steuerelemente

➡ Die Weitergabe von ActiveX-Steuerelementen

Welche Vorkenntnisse werden vorausgesetzt?

Auch die Programmierung von ActiveX-Steuerelementen ist reine Visual-Basic-Programmierung. Visual-Basic-Grundkenntnisse werden für dieses Kapitel vorausgesetzt. Am schnellsten erlernen Sie das Programmieren von ActiveX-Steuerelementen, indem Sie viele kleine Beispiele ausprobieren. Vergessen Sie aber nicht, kritisch zu überprüfen, ob das Verpacken der Funktionalität in ein ActiveX-Steuerelement für den »Anwender« (d.h. den Programmierer, der Ihr ActiveX-Steuerelement einsetzen soll) wirklich Vorteile bringt. Reine Programmfunktionen, d.h. Programmroutinen ohne Benutzeroberfläche, werden besser in eine ActiveX-DLL verpackt. Mehr dazu in Kapitel 21, »Komponenten für Fortgeschrittene«.

20.1 Ein kurzer Rückblick

Seit Visual Basic 5.0 können Steuerelemente in Visual Basic programmiert werden. Bis dahin waren dazu Visual C++, gute Programmierkenntnisse und viel Know-how erforderlich. Dinge also, die nicht ganz zur Leichtigkeit von Visual Basic passten, die ja genau diese Form der Programmierung überflüssig machen sollte. Steuerelemente gab es bei Visual Basic von Anfang an. Ursprünglich hießen sie noch VBX-Steuerelemente, wurden im Rahmen der Umstellung auf 32 Bit in OCX-Steuerelemente und kurz darauf in ActiveX-Steuerelemente umbenannt (Kapitel 3 gibt dazu eine kurze »historische« Rückblende).

ActiveX-Steuerelemente können auch mit Visual C++ und der *Active Template Library* (ATL) programmiert werden. Welche Lösung Sie wählen hängt in erster Linie von Ihren Möglichkeiten ab. Wer gut in C++ ist oder Zeit und Muße hat, sich in dieses Thema einzuarbeiten sollte auch diesen Weg wählen, denn wie immer bietet die Programmierung in C++ mehr Freiheiten (die in vielen Fällen aber nicht benötigt wird). Auch in Visual Basic lassen sich hervorragende ActiveX-Steuerelemente schreiben, die lediglich den Nachteil besitzen, dass sie nicht ganz so schlank sind, mit festgelegten COM-Schnittstellen arbeiten und stets das Vorhandensein der Laufzeit-DLL (*Msvbvm60.Dll*) erfordern. Egal, ob Sie Visual Basic, ATL oder Delphi wählen, das Ergebnis ist stets eine vollständige OCX-Datei, die in Visual Basic (oder in einem anderen Container) zum Einsatz kommen kann, und die sich bei Visual Basic auf Wunsch auch in Maschinencode kompilieren lässt.

Frage: Welche Rolle spielt den Visual Basic 5.0 CCE?

Diese Frage dürfte sich nicht nur Einsteigern aufdrängen, zumal Visual Basic 5 CCE im Internet (z.B. unter *http://msdn.microsoft.com/vbasic/downloads/cce/*) kostenlos erhältlich ist. Visual Basic 5,0 CCE ist eine Variante von Visual Basic 5.0 (eine Version 6.0 soll es nach den Worten von Microsoft nicht geben), mit der Sie ActiveX-Steuerelemente erstellen (allerdings nicht kompilieren) können. Es ist primär für Designer von Webseiten gedacht, die ihre Webseiten mit ActiveX-Steuerelementen ausstatten möchten. Um es damals als Alternative zu Java attraktiv zu machen, wurde es kostenlos angeboten. Bezüglich der Programmierung gibt es keine Unterschiede, wenngleich einige Features, wie die Objektbibliotheken für den Datenbankzugriff, fehlen (wenn auf dem PC z.B. Office97 installiert ist, stehen die Datenzugriffsobjekte auch in Visual Basic 5.0 CCE zur Verfügung).

Frage: Laufen ActiveX-Steuerelemente auch unter Windows 3.1?

Im Prinzip ja, allerdings hängt dies vom Container, d.h. jener Anwendung ab, in der die ActiveX-Steuerelemente eingesetzt werden. Der Internet Explorer 4.x für Windows 3.1 ist eine 32-Bit-Anwendung, die unter der Win32s-API von Windows 3.1 läuft. Es werden also 32-Bit-Programme (mit eingeschränkter interner Funktionalität) in einer 16-Bit-Umgebung ausgeführt. In einer 16-Bit-Office-Anwendung ist der Einsatz von mit Visual Basic erstellten ActiveX-Steuerelementen dagegen nicht möglich.

20.2 Wozu ActiveX-Steuerelemente?

Warum soll man sich die Mühe mache und eigene Steuerelemente programmieren? Es gibt doch im Internet und auf unzähligen Shareware-CDs Steuerelemente bis zum Abwinken. Wenn Sie bislang keine Notwendigkeit für zusätzliche Steuerelemente gehabt haben, dürfte Ihnen die Möglichkeit, ActiveX-Steuerelemente programmieren zu können, nicht viel bringen. ActiveX-Steuerelemente sind nichts anderes als universelle Erweiterungen der Werkzeugsammlung für einen vollkommen beliebigen Zweck. Ein ActiveX-Steuerelement zu programmieren, lohnt sich erst dann, wenn man in der Werkzeugsammlung eine bestimmte Funktionalität vermißt, und diese mehrfach benötigt. Dann stellt die Möglichkeit, ActiveX-Steuerelement direkt in Visual Basic programmieren zu können, einen enormen Fortschritt dar, denn dazu waren bislang (d.h. vor der Einführung von Visual Basic 5.0) gute Kenntnisse in C++ erforderlich.

Hier ein paar Ideen für eigene ActiveX-Steuerelemente:

- Erweitern Sie zunächst nur bestehende Steuerelemente, indem Sie bereits vorhandene Steuerelemente »einpacken« und um neue Eigenschaften und Methoden erweitern. Beispiele dafür gibt es jede Menge. Sie reichen vom Textfeld mit »special effects« (z.B. Blinken, Überblendeffekten oder einem eingebauten Kalender für die Datumseingabe) bis hin zu Listenfeldern mit Bitmaps (allerdings eine echte Herausforderung, da Sie die komplette Funktionalität eines Listenfeldes nachbauen müssen) oder Dateilistenfeldern, die zusätzliche Informationen über eine Datei zur Verfügung stellen. An diesen Beispielen lernen Sie das Zusammenspiel zwischen einem Benutzersteuerelement und den auf ihm angeordneten (konstituierenden) Steuerelementen kennen.

- Erstellen Sie neue Steuerelemente, indem Sie bereits vorhandene Steuerelemente kombinieren. Auch das ist sehr praktisch, denn wenn Sie bislang Textfelder »beschriftet« haben, indem Sie kunstvoll ein Bezeichnungsfeld darüber positionierten, können Sie sich diesen Aufwand ab jetzt sparen, da Sie das Textfeld und ein begleitendes Bezeichnungsfeld in einem ActiveX-Steuerelement kombinieren können[1].

- Packen Sie häufig benutzte Funktionen in ein Steuerelement. Möchten Sie beispielsweise, dass auf einem Formular stets der noch freie Speicherplatz in Gestalt eines farbigen Balkens erscheint? Kein Problem, ordnen Sie auf einem Benutzersteuerelement einfach einen Zeitgeber und eine der alten 3D-Steuerelemente (aus *Threed32.Ocx*) an, und fügen Sie in die *Timer*-Ereignisprozedur einen API-Aufruf ein, der die gewünschten Informationen abfragt. Fertig ist ein neues Steuerelement, das Sie auf jedem Formular anordnen können. Leider ist es noch nicht möglich, ein Subclassing der generischen Formularklasse durchzuführen. Damit ließe sich nämlich ein neuer Formulartyp schaffen, der von Anfang an bestimmte Steuerelemente enthält.

---

[1] Bei den Beispielprogrammen der Visual-Basic-CD sollte auch ein Programm mit dem Namen *Ctrlplus*.Vbp dabei sein. Es handelt sich um ein selbstzeichnendes Steuerelement, das zum Selbststudium und Modifizieren hervorragend geeignet ist.

Sie werden feststellen, dass die besten Ideen beim Ausprobieren der ersten Beispiele kommen. Wenn Sie häufiger mit Visual Basic programmieren, ergibt sich die Notwendigkeit, häufig benutzte Funktionen in ein ActiveX-Steuerelement zu verpacken, von ganz alleine.

ActiveX-Steuerelemente bieten damit drei ganz entscheidende Vorteile:

1. Sie erweitern die Möglichkeiten bereits vorhandener Steuerelemente und damit der Werkzeugsammlung.

2. Sie stellen wiederverwendbare Routinen auf einfachste Weise zur Verfügung und statten Sie auf Wunsch mit einer Benutzeroberfläche aus.

3. Sie kapseln die eingebaute Funktionalität und die damit verbundenen Daten ab, sodass der Anwender des Steuerelements nur über definierte Schnittstellen darauf zugreifen kann.

20.2.1 Ein paar allgemeine Überlegungen zu ActiveX-Steuerelementen

Die Programmierung eines ActiveX-Steuerelements ist im Prinzip kinderleicht, denn es werden keinerlei Spezialkenntnisse benötigt. Man sollte sich lediglich gut überlegen, welche Eigenschaften, Methoden und Ereignisse ein ActiveX-Steuerelement zur Verfügung stellen soll und welche Eigenschaften und Methoden, der auf dem Steuerelement angeordneten Steuerelemente dem Container angeboten werden sollen. Dies sind aber Design-Entscheidungen, die sich mit zunehmender Erfahrung von allein beantworten und für die es daher keine »Nachbau«-Anleitungen geben kann. Zwar kann ein ActiveX-Steuerelement beliebige Ein-/Ausgabeelemente enthalten und damit eine beliebige Funktionalität zur Verfügung stellen, doch sollte man stets den Grundsatz »small is beautiful« beherzigen. Die Anwender werden es einem (hoffentlich) danken. Wer dabei eine Orientierungshilfe benötigt, sollte sich zunächst einmal die vielen Muster anschauen, die es im Internet z.B. unter *www.download.com/PC/Activex* zu bewundern gibt. Auch JavaApplets (z.B. unter *www.gamelan.com* mit einer Fülle toller Applets) sind als Anschauungsmaterial geeignet.

20.3 Allgemeines zu den ActiveX-Steuerelementen

Ein ActiveX-Steuerelement wird in Visual Basic durch ein sog. Benutzersteuerelement (engl. »user control«) dargestellt. Ein Benutzersteuerelement ist zunächst nichts anderes als ein weiterer Modultyp, der über den Menübefehl PROJEKT | BENUTZERSTEUERELEMENT HINZUFÜGEN in ein Projekt eingefügt wird. Auf den ersten Blick ist ein Benutzersteuerelement ein Formular mit anderen Eigenschaften und Methoden. Allerdings gibt es tiefergehende Unterschiede, von denen in Kapitel 20.5.5 noch die Rede sein wird. Der wichtigste Unterschied gleich vorweg: Ein Benutzersteuerelement wird aktiv, sobald Sie es auf einem Formular anordnen. Das *Initialize*-Ereignis tritt daher bereits ein, wenn sich die Entwicklungsumgebung im Entwurfsmodus befindet.

Erstellt werden ActiveX-Steuerelemente mit dem ActiveX-Designer, der automatisch aktiv wird, sobald im Projekt ein Benutzersteuerelement geöffnet wird (Sie finden diesen eher inoffiziellen Begriff, der das Design-Fenster eines Benutzersteuerelements beschreibt, daher nicht in den Menüs der IDE oder der Visual-Basic-Hilfe). In der Regel ordnet man auf einem Benutzersteuerelement andere Steuerelemente an, z.B. ein Textfeld. Diese Steuerelemente werden auch als *konstituierende Steuerelemente* bezeichnet. Im einfachsten Fall enthält ein Benutzersteuerelement keine konstituierenden Steuerelemente. In diesem Fall stellt es nur die Eigenschaften Name, *DragIcon*, *DragMode*, *Height*, *HelpContextID*; *Index*, *Left*, *TabIndex*, *TabStop* und *Tag* sowie die Ereignisse *DragDrop*, *DragOver*, *GotFocus* und *LostFocus* zur Verfügung. Ordnet man konstituierende Steuerelemente auf einem Benutzersteuerelement an, wird dieses dadurch um zusätzliche Eigenschaften, Methoden und Ereignisse erweitert. Diese stehen über das Benutzersteuerelement aber nur dann zur Verfügung, wenn sie explizit »freigegeben« werden. Im einzelnen bedeutet dies:

- Eigenschaften müssen über eine *Property*-Prozedur als öffentlich deklariert werden.

- Methoden müssen als öffentliche Prozeduren oder Funktionen »verpackt« werden.

- Ereignisse müssen als *Events*-Anweisung weitergereicht werden.

Kommt Ihnen das bekannt vor? Es sollte, denn es gilt exakt auch für Klassenmodule. Ein *UserControl* ist, genau wie ein Formular, nichts anderes als eine spezielle Verpackung eines Klassenmoduls. Wie bei einem Klassenmodul werden auch hier die Gesamtheit aller Eigenschaften, Methoden und Ereignisse als *Schnittstelle* bezeichnet. Bei den Schnittstellen eines COM-Steuerelements wird übrigens zwischen hineingehenden (engl. »in going interfaces«) und hinausgehenden (engl. »out going interfaces«) Schnittstellen unterschieden. Eine hineingehende Schnittstelle umfasst alle Dinge, die man bei einer Komponente aufrufen kann, also Eigenschaften und Methoden. Die hinausgehende Schnittstelle umfasst jene Dinge, die eine Komponente an das sie benutzende Programm weitergibt. Dies sind die Ereignisse.

Unter dem Begriff Schnittstelle werden alle Eigenschaften, Methoden und Ereignisse eines Benutzersteuerelements (bzw. allgemein eines COM-Objekts) zusammengefasst. Die Eigenschaften, Methoden und Ereignisse werden auch als Mitglieder (engl. »members«) der Schnittstelle bezeichnet.   **Merksatz**

20.3.1   Der ActiveX-Schnittstellenassistent

Jetzt, wo klar ist, was eine Schnittstelle ist und der Begriff des *Mitglieds* geklärt wurde, kann auch die Bedeutung des *ActiveX-Schnittstellenassistenten* schnell erklärt werden. Die Aufgabe dieses Assistenten, der über das ADD-INS-Menü aufgerufen wird, ist es nicht, ein fertiges ActiveX-Steuerelement zu erstellen, sondern Ihnen bei der Implementation einer Schnittstelle behilflich zu sein. Konkret: Sie wählen die Eigenschaften, Methoden und Ereignisse aus, die Ihr ActiveX-Steuerelement umfassen soll, der Assistent erzeugt im Codemodul die benötigten *Property-* und *Events-*Anweisungen. Der Assistent implementiert aber nur die Schnittstelle und erzeugt, mit Ausnahme von Zuweisungen, keinen aktiven Programmcode.

Sie können den ActiveX-Schnittstellenassistenten zu einem beliebigen Zeitpunkt und auch mehrfach aufrufen.

Starten Sie den ActiveX-Schnittstellenassistenten. Sie werden mit einem Informationsfeld begrüßt, das kurz die Bedeutung des Assistenten erklärt. Enthält die Projektgruppe mehrere ActiveX-Steuerelemente, müssen Sie zunächst das Projekt auswählen.   **Schritt 1**

Im nächsten Schritt können Sie alle Eigenschaften, Methoden und Ereignisse auswählen, die das ActiveX-Steuerelement unterstützen soll. Bei den in der Liste »Verfügbare Namen« aufgeführten Namen handelt es sich einfach nur um eine Liste der bereits zur Verfügung stehenden Namen. Sie müssen keinen dieser Namen übernehmen, die Liste soll lediglich die Auswahl ein wenig erleichtern.   **Schritt 2**

Im nächsten Schritt können Sie neue Mitglieder definieren. Klicken Sie auf die Schaltfläche *Neu*, geben Sie den Namen des Mitglieds an, und legen Sie fest, ob es sich um eine Eigenschaft, eine Methode oder ein Ereignis handelt.

Abbildung 20.1:
Der ActiveX-
Schnittstellen-
assistent bietet
eine Auswahl
der bereits vor-
handenen
Schnittstellen-
mitglieder an.

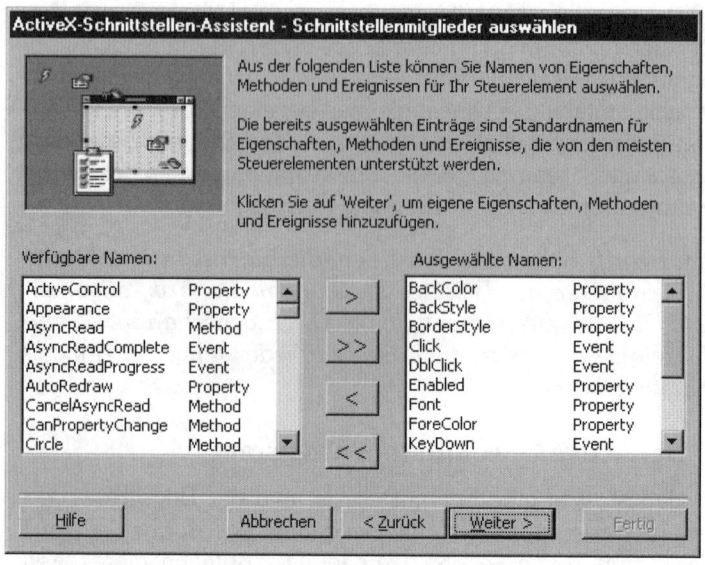

*Erfinden Sie für Mitglieder keine neuen Namen. Falls eine Eigen-
schaft für eine Überschrift steht, sollten Sie sie »Caption« nennen
(sofern dieser Name nicht bereits vergeben wurde) und nicht »Überschrift«. Falls ein konstituierendes Steuerelement, z. B. ein Bezeichnungsfeld, bereits eine Caption-Eigenschaft besitzt, kann dieser
Name für das Benutzersteuerelement verwendet werden, denn bei
den Mitgliedern des Benutzersteuerelements und den privaten Mitgliedern der einzelnen Steuerelemente gibt es keine Überschneidungen.*

Abbildung 20.2:
In diesem Dia-
logfeld können
neue Mitglieder
definiert wer-
den.

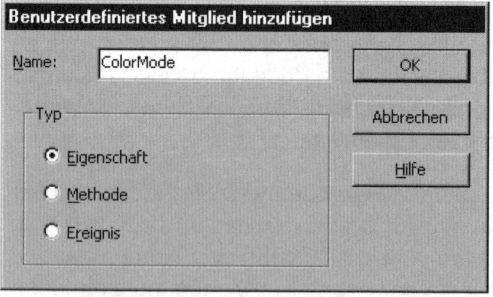

Schritt 3   Im nächsten Schritt können Sie den einzelnen Mitgliedern bereits existierende Mitglieder zuordnen. Das ist ein wichtiger Schritt, denn wenn
z.B. eine *BorderStyle*-Eigenschaft stellvertretend für die *BorderStyle*-
Eigenschaft eines konstituierenden Steuerelements stehen soll, muss

die neue *BorderStyle*-Eigenschaft der bereits vorhandenen *Border-Style*-Eigenschaft zugeordnet werden. Wie bei allen Dingen, trägt der Assistent nur die *Property*-Prozeduren ein, in denen der Zugriff auf das verbundene Mitglied stattfindet. Der Assistent macht nichts was sich nicht auch manuell nachtragen ließe. Auch kann eine über den Assistenten getroffene Zuordnung jederzeit nachträglich im Programmcode geändert werden.

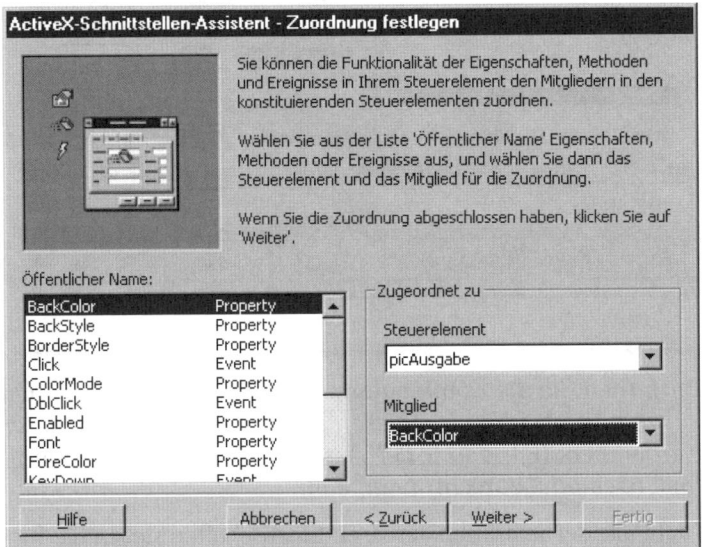

Abbildung 20.3: In diesem Dialogfeld werden die neuen Mitglieder den Mitgliedern der konstituierenden Steuerelemente zugeordnet.

Schritt 4

Im nächsten Schritt legen Sie die Datentypen der einzelnen Eigenschaften und gegebenenfalls auch einen Initialisierungswert fest. Ferner können Sie einstellen, ob eine Eigenschaft zur Entwurfszeit und zur Laufzeit schreibgeschützt ist.

Vergessen Sie nicht, für jedes Mitglied eine kurze Beschreibung einzugeben. Diese erscheint bei einer Eigenschaft im Eigenschaftsfenster, wenn diese ausgewählt wird. Klicken Sie auf die *Fertig*-Schaltfläche, damit der Assistent die Schnittstelle fertigstellen kann.

Schritt 5

Das war's. Zumindest die Schnittstelle des Benutzersteuerelements ist fertig. Zum Schluss zeigt Ihnen der Assistent einen Hilfetext an, den Sie zumindest einmal ausdrucken und lesen sollten.

Schauen Sie sich den vom Assistenten erzeugten Code in Ruhe an. Sie lernen dadurch sehr viel darüber, wie Mitglieder eines Benutzersteuerelements zur Verfügung gestellt werden. Letztendlich ist alles (wieder einmal) ganz einfache VBA-Programmierung.

Abbildung 20.4:
In diesem Dialogfeld werden
die Datentypen
der einzelnen
Eigenschaften
eingestellt.

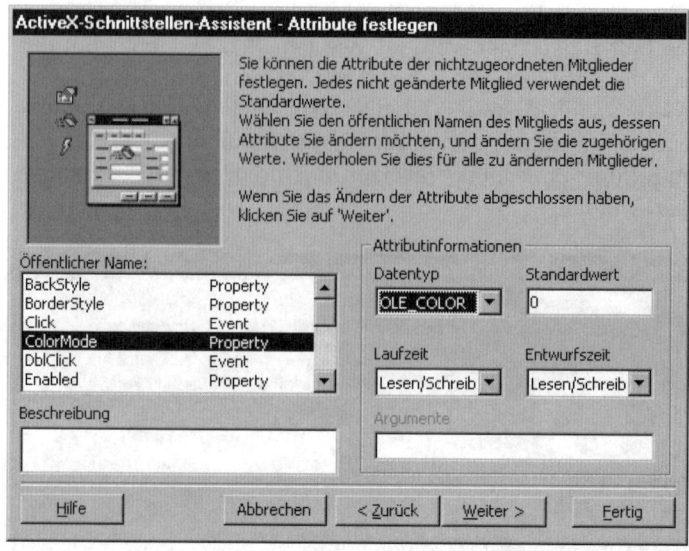

Entfernen Sie die Kommentare, die der Assistent in den Quellcode einträgt nicht, wenn Sie diesen mehrfach aufrufen möchten. Diese werden benötigt, damit der Assistent sich bei folgenden Aufrufen im Codemodul zurechtfinden kann.

Nicht alle der selbst definierbaren Eigenschaften stellen die für die Ausführung eines Benutzersteuerelements benötigten Informationen zur Verfügung. Möchten Sie auf Eigenschaften des Containers oder andere Laufzeitinformationen zugreifen, stehen dafür die Objekte *Ambent* und *Extender* zur Verfügung (mehr dazu in Kapitel 20.5.4).

20.4   Das erste ActiceX-Steuerelement im Eigenbau

In diesem Abschnitt weden Sie Ihr (wahrscheinlich) erstes ActiveX-Steuerelement zusammenbauen. Es wird noch nicht allzuviel leisten, doch sollen Sie zwei wichtige Dinge lernen:

1. Wie einfach sich »primitive«, aber voll funktionsfähige ActiveX-Steuerelemente programmieren lassen, da es sich um pure Visual-Basic-Programmierung handelt.

2. Wie universell sich ActiveX-Steuerelemente einsetzen lassen.

Auf geht's.

*Der ActiveX-Schnittstellenassistent ist dazu da, die »Formalitäten«
beim Anlegen von Eigenschaften, Methoden und Ereignissen zu
vereinfachen. Er ist aber nicht dazu da, das ActiveX-Steuerelement
zu erstellen. Man kommt ohne ihn aus, wenngleich er beim Implementieren umfangreicherer Schnittstellen eine echte Hilfe sein
kann.*

Stellen Sie sich vor, Sie möchten einen beliebigen Text auf einem Formular (oder in einem beliebigen Dokument) wellenförmig ausgeben.[2]
Stellen Sie sich weiterhin vor, Sie möchten dies nicht nur einmal oder
zweimal, sondern öfter tun. Mit anderen Worten, Sie möchten die für
die wellenförmige Ausgabe erforderlichen Anweisungen nicht jedesmal
eintippen, sondern hätten sie gerne in Form eines Steuerelements auf
Mausklick abrufbereit. Sie ordnen das Steuerelement auf dem Formular an, weisen seiner *Ausgabetext*-Eigenschaft einen beliebigen Text
zu, starten das Programm und schon wird der Text wellenförmig angezeigt. Was vor Visual Basic 5.0 noch mit einem erheblichen (und für
die meisten Visual-Basic-Programmierer wahrscheinlich unlösbaren)[3]
Aufwand verbunden war, lässt sich nun in wenigen Minuten erledigen.
Führen Sie einfach folgende Arbeitsschritte aus:

Starten Sie Visual Basic, und wählen Sie in der Projektliste »ActiveX-   **Schritt 1**
Steuerelement«. Der ActiveX-Designer wird aktiv und es erscheint ein
leeres Arbeitsblatt mit einem Benutzersteuerelement, auf dem die
Oberfläche des ActiveX-Steuerelements zusammengestellt werden
kann.

Ordnen Sie auf dem Arbeitsblatt ein Bildfeld an, und geben Sie diesem   **Schritt 2**
den Namen *picAusgabe*. Die exakte Größe und Position des Bildfelds
spielt keine Rolle, da dieses zur Laufzeit justiert wird (siehe Bild 20.6).
Passen Sie das Arbeitsblatt an die Größe des Bildfelds an (die exakte
Anpassung des Bildfelds an die Größe des umgebenden Containers
muss per Laufzeit vorgenommen werden. Dies geschieht aber erst in
Schritt 5).

---

[2] Sicherlich wollten Sie das schon immer machen, seit Sie zum ersten Mal in
    Visual Basic programmiert haben.
[3] Meine Person übrigens eingeschlossen, da ich keine Lust gehabt hätte, mich
    eine Woche mit diesem eigentlich eher trivialen Problem zu beschäftigen.

Abbildung 20.5:
Um ein ActiveX-
Steuerelement
zu erstellen,
muss der ent-
sprechende Pro-
jekttyp gewählt
werden.

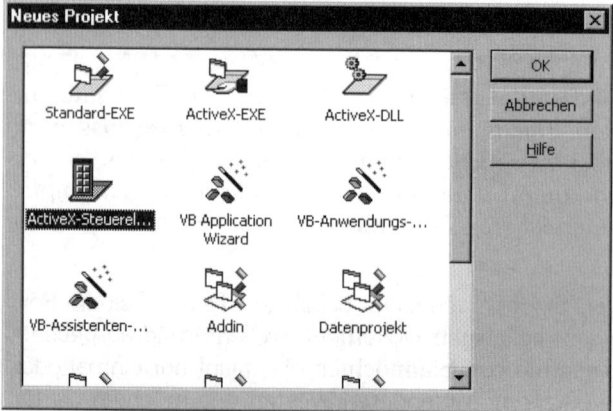

Abbildung 20.6:
Auf dem User-
Control-Arbeits-
blatt wurde ein
Bildfeld ange-
ordnet.

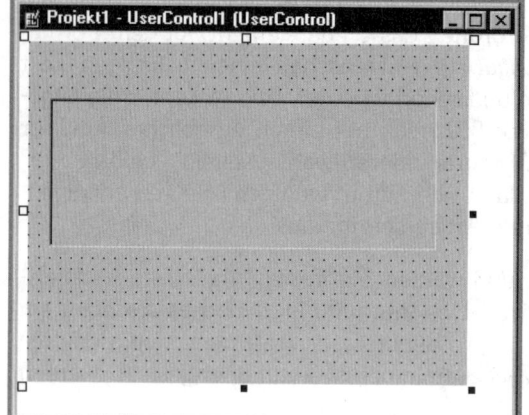

Schritt 3 Damit ist die Oberfläche unseres ersten ActiveX-Steuerelements bereits fertig. Bevor die Programmierung an die Reihe kommt, sollten Sie das ActiveX-Steuerelement bereits einmal probeweise ausführen, da Sie bereits an diesem funktionslosen Grundgerüst eine wichtige Lektion lernen werden. Schließen Sie dazu den ActiveX-Designer, indem Sie auf das *Schließen*-Feld des Benutzersteuerelements klicken (in der Werkzeugsammlung erscheint daraufhin ein neues Symbol – mehr dazu später), fügen Sie über den Menübefehl DATEI | PROJEKT HINZU-FÜGEN ein neues Standard-EXE-Projekt hinzu, ordnen Sie das neue ActiveX-Steuerelement auf dem Formular an, wählen Sie es aus, und öffnen Sie das Eigenschaftsfenster.

Merksatz *Ein Benutzersteuerelement muss nicht über die ⌈F5⌉-Taste gestartet werden (es ist allerdings möglich – mehr dazu gleich). Um es in den Ausführenmodus zu bringen, muss lediglich das Fenster, d. h. der ActiveX-Designer, geschlossen werden. Daß es sich im Ausführen-*

*modus befindet, erkennt man daran, dass es über die Werkzeug-
sammlung zur Verfügung steht. Ist das Symbol in der Werkzeugsammlung dagegen abgeblendet dargestellt, befindet sich das
Benutzersteuerelement im Entwurfsmodus.*

Welche besonderen Eigenschaften besitzt das neue ActiveX-Steuerelement? Keine, denn es wurden von Ihnen keine Eigenschaften zur Verfügung gestellt. Jene Eigenschaften, die Sie im Eigenschaftsfenster
sehen, sind Eigenschaften, die vom Formular über das *Extender*-Ob-
jekt zur Verfügung gestellt werden (es gibt allerdings keine Garantie dafür, dass ein Container diese Eigenschaften zur Verfügung stellt). Insbesondere sind alle Eigenschaften des auf dem Benutzersteuerelement
angeordneten Textfelds »verschwunden«. Soll der Benutzer auf sie zugreifen können, müssen sie als Eigenschaften oder Methoden des Benutzersteuerelements zur Verfügung gestellt werden.

Ein Benutzersteuerelement besitzt von Haus aus nur eine Reihe   **Merksatz**
*von Mindesteigenschaften. Alle Eigenschaften der konstituieren-
den Steuerelemente müssen als Eigenschaften des Benutzersteuerelements zur Verfügung gestellt werden.*

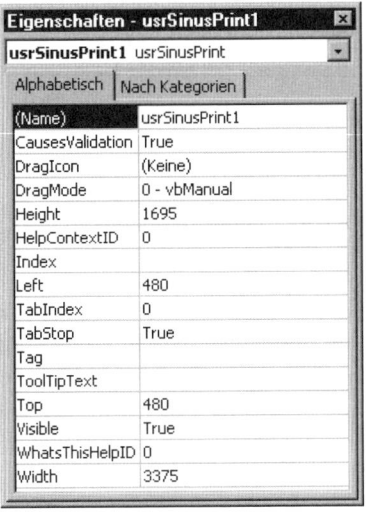

Abbildung 20.7:
Am Anfang
besitzt das neue
Benutzersteuer-
element nur
wenige Eigen-
schaften.

Nun kommt die Programmierung an die Reihe. Entfernen Sie das hin-   **Schritt 4**
zugefügte Formular wieder über den Menübefehl DATEI | PROJEKT ENT-
FERNEN, und öffnen Sie den ActiveX-Designer wieder. Als erstes werden zwei Mitglieder (Eigenschaften) benötigt: *AnzeigeText* (String) für
den auszugebenden Text und *MultiColor* (Boolean) für den Fall, dass
jeder Buchstabe eine eigene Farbe erhalten soll. Die Namen der Eigenschaften können frei vergeben werden und können auch mit Eigen-
schaftsnamen von Steuerelementen übereinstimmen, die auf dem Ac-

tiveX-Steuerelement angeordnet wurden. Wie bei einem Klassenmodul wird jede Variable, die im Deklarationsteil mit *Public* als öffentlich deklariert wird, wie eine Eigenschaft des ActiveX-Steuerelements behandelt. Wie es später noch gezeigt wird, sollte man allerdings, genau wie in einem Klassenmodul, Eigenschaften grundsätzlich über *Property-Let-* und *Property-Get*-Anweisungen festlegen.

Fügen Sie in den Deklarationsteil folgende Anweisungen ein:

```
Public AnzeigeText As String
Public MultiColor As Boolean
```

Schritt 5 Im nächsten Schritt werden die notwendigen Initialisierungen implementiert. Die wichtigsten Ereignisse eines ActiveX-Steuerelements sind *Initialize* und *InitProperties*. Ersteres wird ausgelöst, wenn das Steuerelement zum ersten Mal geladen wird. Letzteres, wenn das Steuerelement in den Container plaziert und die einzelnen Ereignisse initialisiert werden. In der *Initialize*-Prozedur werden einmalige Initialisierungen durchgeführt. Wählen Sie die Ereignisprozedur aus, indem Sie das Arbeitsblatt anklicken, die [F7]-Taste betätigen, um das Codefenster zu öffnen und aus der linken Auswahl den Eintrag »UserControl« und aus der rechten Auswahl den Eintrag »Initialize« auswählen. Geben Sie in den Prozedurrahmen folgende Anweisungen ein:

```
Sub UserControl_Initialize()
    picAusgabe.Scale (0, 0)-(100, 100)
    picAusgabe.Left = 0
    picAusgabe.Top = 0
End Sub
```

Diese Anweisungen dienen lediglich dazu, die Größe des Bildfelds an die Größe des Benutzersteuerelements anzupassen.

Schritt 6 Damit die Größenanpassung auch dann erfolgt, wenn sich die Größe des Benutzersteuerelements ändert, muss die letzte Anweisung auch in das *Resize*-Ereignis eingefügt werden:

```
Sub UserControl_Resize()
    picAusgabe.Width = UserControl.ScaleWidth
End Sub
```

Schritt 7 Diese Zuweisung sorgt dafür, dass, wann immer sich die »innere Breite« des Benutzersteuerelements ändert, automatisch die Breite des Bildfelds angepasst wird. Die Maßeinheit spielt keine Rolle, da die äußeren Abmessungen des Bildfelds automatisch von der Maßeinheit des inneren Koordinatensystem des Containers bestimmt werden.

Nun erhält das ActiveX-Steuerelement eine eigene Methode mit dem Namen *Ausgabe*, über die der Text (der über die Eigenschaft *Anzeige-Text* zugewiesen wurde) wellenförmig ausgegeben wird. Hierbei handelt es sich um simple VBA-Programmierung, die an dieser Stelle daher auch nicht tiefer erläutert werden soll. Geben Sie in den Prozedurrahmen der Prozedur *Ausgabe* die folgenden Anweisungen ein.

```
Sub Ausgabe ()
   Dim n As Integer
   Dim sYPosition As Single
   If Len(Anzeigetext) = 0 Then Exit Sub
   picAusgabe.Font.Size = 36
   Do
    picAusgabe.Font.Size = picAusgabe.Font.Size - 2
   Loop Until picAusgabe.TextWidth(Anzeigetext) < _
   picAusgabe.ScaleHeight
   picAusgabe.CurrentX = (picAusgabe.ScaleWidth - _
   picAusgabe.TextWidth(Anzeigetext)) \ 2
   sYPosition = (picAusgabe.ScaleHeight - _
   picAusgabe.TextHeight(Anzeigetext)) \ 2
   For n = 1 To Len(Anzeigetext)
    picAusgabe.CurrentY = Sin(n * 0.75) * 2 + sYPosition
    If MultiColor = True Then
     picAusgabe.ForeColor = QBColor(n Mod 15)
    End If
    picAusgabe.Print Mid(Anzeigetext, n, 1);
   Next
End Sub
```

Listing 20.1:
Die allgemeine
Prozedur »Aus
gabe« führt die
wellenförmige
Ausgabe des
Textes durch.

Das meiste »Gehirnschmalz« steckt in der Berechnung der Schriftgröße und des Abstands der einzelnen Zeichen, denn schließlich soll der auszugebende Text möglichst gut in das Bildfeld passen.

Bevor es an die Übersetzung geht, sollten Sie dem Projekt (z. B. über den Menübefehl PROJEKT | EIGENSCHAFTEN VON PROJECT1) den Namen »SinusPrint« geben, da dies auch der Name des ActiveX-Steuerelements sein soll.

Schritt 8

Für das Threading-Modell sollten Sie, sofern nichts dagegen spricht, die Voreinstellung »Appartment Threaded« übernehmen. Mehr dazu in Kapitel 21.

Das war's. Jetzt kann das ActiveX-Steuerelement über den Menübefehl DATEI | SINUSPRINT.OCX ERSTELLEN erstellt werden. Das Ergebnis ist ein ActiveX-Steuerelement mit dem Namen *SinusPrint.Ocx*.

Schritt 9

Möchten Sie ein ActiveX-Steuerelement zunächst in der Entwicklungsumgebung testen, muss es dazu nicht in eine OCX-Datei kompiliert werden. Fügen Sie stattdessen ein weiteres Projekt hinzu, und versetzen Sie das ActiveX-Steuerelement in den Ausführenmodus, indem Sie das Fenster des Benutzersteuerelements schließen.

Abbildung 20.8:
In diesem Eigen-
schaftsdialog-
feld werden Pro-
jektname und
Projekttyp ein-
gestellt.

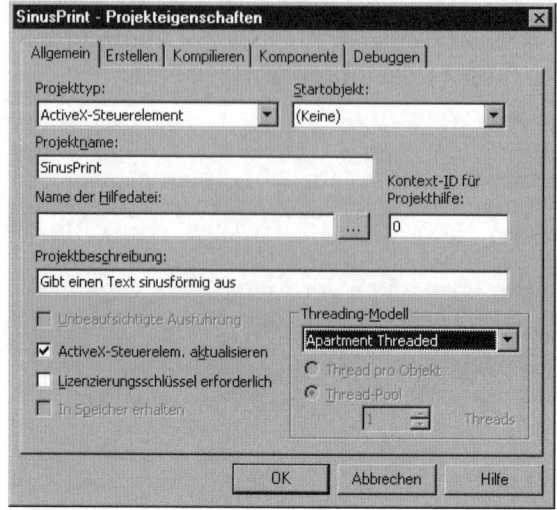

Schritt 10 Jetzt steht dem Ausprobieren des ActiveX-Steuerelements nichts mehr im Weg. Sie müssen dazu lediglich über den Menübefehl DATEI | PROJEKT HINZUFÜGEN ein neues Projekt hinzufügen, denn die IDE kann mehrere Projekte gleichzeitig bearbeiten. Wenn Sie einen Blick in die Werkzeugsammlung werfen, werden Sie feststellen, dass am unteren Rand ein neues Symbol mit dem Namen »UserControl1« aufgetaucht ist (den Namen sollten Sie über die *Name*-Eigenschaft des Steuerelements ändern). Es ist das Symbol für unser neues ActiveX-Steuerelement *SinusPrint*, das automatisch Teil der Werkzeugsammlung wurde.

Abbildung 20.9:
Das neue
ActiveX-Steuer-
element ist Teil
der Werkzeug-
sammlung.

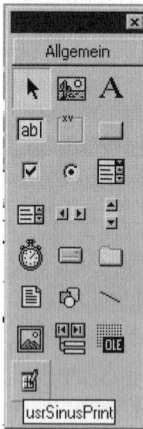

Wird ein selbsterstelltes ActiveX-Steuerelement nur abgeblendet dargestellt, liegt dies daran, dass der ActiveX-Designer noch aktiv *ist. Schließen Sie ihn, indem Sie das Benutzersteuerelement durch Anklicken des Schließen-Felds beenden. Das Symbol in der Werkzeugsammlung sollte daraufhin aktiv werden.*

Über die Eigenschaft ToolboxBitmap kann das ActiveX-Steuerelement ein anderes Symbol erhalten. Es werden aber keine ICO-Symbole, sondern nur Bitmaps im BMP- oder GIF-Format im etwas ungewöhnlichen Format 16x15 Pixel akzeptiert. Besitzt eine Bitmap dieses Format nicht, wird automatisch eine Anpassung vorgenommen. Im obigen Beispiel wurde die Datei Sinwave.Ico über Paint Shop Pro in das BMP-Format konvertiert.[4]

:-)
TIP

Ordnen Sie auf dem Formular das *SinusPrint*-Steuerelement und eine Schaltfläche (*cmdAusgabe*) an. Fügen Sie in die *Click*-Prozedur der Schaltfläche folgende Anweisungen ein: **Schritt 11**

```
usrSinusPrint1.Anzeigetext = "Eine Seefahrt, die ist lustig..."
usrSinusPrint1.MultiColor = True
usrSinusPrint1.Ausgabe
```

Bereits bei der Eingabe des Punkts, der unmittelbar auf den Steuerelemente-Namen folgt (er lautet *usrSinusPrint1*), werden Sie feststellen, dass der Visual-Basic-Editor eine Auswahlliste aller zur Verfügung stehenden Eigenschaften und Methoden, darunter auch *AnzeigeText*, *Ausgabe* und *MultiColor*, präsentiert. Sollte dies nicht der Fall sein, haben Sie das ActiveX-Steuerelement noch nicht umgesetzt oder sich beim Namen verschrieben.

Starten Sie das Programm, klicken Sie auf die Schaltfläche, und bewundern Sie Ihr erstes ActiveX-Steuerelement in Aktion.   **Schritt 12**

Nur-Lese-Eigenschaften von Steuerelementen, die Teil eines ActiveX-Steuerelements sind, können nicht als Eigenschaften des ActiveX-Steuerelements exportiert werden, da zu dem Zeitpunkt, wenn sich das ActiveX-Steuerelement auf einem Formular befindet, die Steuerelemente bereits ausführen. Das bedeutet zum Beispiel, dass die *MultiSelect*-Eigenschaft eines Listenfelds als Nur-Lese-Eigenschaft nicht über das ActiveX-Steuerelement zur Verfügung gestellt werden kann. Mit anderen Worten: Enthält Ihr ActiveX-Steuerelement ein Standardlistenfeld, kann der Benutzer nicht automatisch zwischen Einfach- und Mehrfachauswahl umschalten.

---

[4] Noch besser dazu geeignet ist das Shareware-Programm MicroAngelo 2.1, das in seiner Vollversion mit dem Icon-Editor erstellte Symbole direkt im GIF-Format abspeichern kann. Download unter www.impactsoft.com/.

Abbildung 20.10:
Das ActiveX-
Steuerelement
SinusPrint.Ocx
in Aktion.

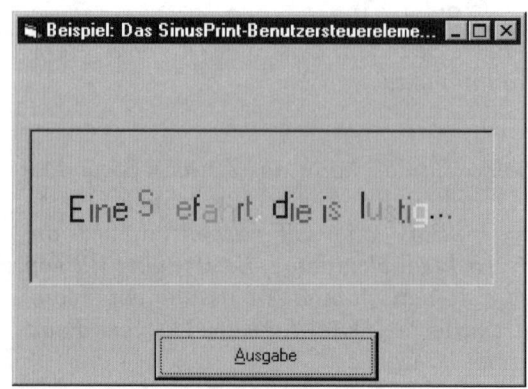

20.4.1 Das Einbinden in ein Office97-Dokument

Als ActiveX-Steuerelement steht unser *SinusPrint* auch für alle Office97-Dokumente zur Verfügung. Soll es z.B. direkt auf einem Microsoft-Word-Dokument erscheinen, müssen Sie zunächst über den Menübefehl ANSICHT | SYMBOLLEISTEN die Symbolleiste *Steuerelement-Toolbox* sichtbar machen. Klicken Sie in dieser Symbolleiste auf die Symbolschaltfläche *Weitere Steuerelemente* (im Allgemeinen unten links), und wählen Sie aus der Liste der angebotenen ActiveX-Steuerelemente *SinusPrint.UserControl1* (sofern Sie den Namen nicht zwischenzeitlich geändert haben) aus. Nach einer kurzen Verzögerung wird *SinusPrint* an der aktuellen Position der Textmarke angeordnet. Damit es zum Leben erwacht, muss eine Ereignisprozedur programmiert werden. Klicken Sie dazu in der *Steuerelement-Toolbox* auf die Symbolschaltfläche *Code anzeigen*, um den VBA-Editor zu öffnen. Es öffnet sich ein Codefenster in dem zwei Ereignisprozeduren zur Auswahl stehen: *GotFocus* und *LostFocus*. Fügen Sie in die *GotFocus*-Prozedur die Anweisungen aus Schritt 11 ein. Auch hier werden Sie feststellen, dass nach Eingabe des Objektnamens in der Auswahlliste unter anderem die Eigenschaften *AnzeigeText* und *MultiColor* angeboten werden. ActiveX ist (dank COM) wirklich universell. Schließen Sie den VBA-Editor über [Alt]+[Q], beenden Sie den Entwurfsmodus durch Anklicken der gleichnamigen Symbolschaltfläche in der *Steuerelement-Toolbox*, und klicken Sie auf das *SinusPrint*-Steuerelement in dem Dokument. Der festgelegte Ausgabetext sollte wie gewohnt erscheinen.

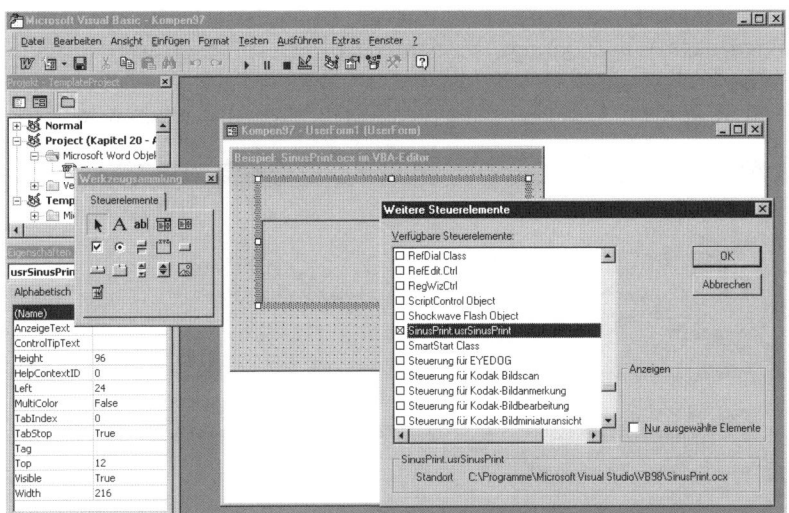

Abbildung 20.11: Das ActiveX-Steuerelement wird im VBA-Editor programmiert.

Dieser kleine Ausflug in die Office-Programmierung mit VBA soll deutlich machen, dass ActiveX-Steuerelemente wirklich unabhängig von einer Entwicklungsumgebung sind, und auf einem Visual-Basic-Formular genauso angesprochen werden können, wie auf einem Office-Dokument oder auf einem MSForms-Formular. Mehr zu diesem Thema in Kapitel 19, wenn die Office-Programmierung mit VBA im Vordergrund steht.

20.4.2 Das Einbinden in eine HTML-Seite

Möchten Sie *SinusPrint.Ocx* (oder ein beliebiges anderes ActiveX-Steuerelement) in eine HTML-Seite einbinden, können Sie dazu im Prinzip einen beliebigen HTML-Editor benutzen. Da es mehr als umständlich ist, in das OBJECT-Tag die für das Laden des ActiveX-Steuerelements benötigte CLSID einzutippen, bieten komfortable HTML-Editoren (u.a. Microsoft FrontPage, FrontPage Express) eine Auwahlliste aller registrierten ActiveX-Steuerelement an und fügen das OBJECT-Tag samt CLSID in das HTML-Dokument ein. Es geht aber auch ohne HTML-Editor, in dem Sie z.B. das ActiveX-Steuerelement direkt ausführen (Visual Basic erstellt in diesem Fall eine HTML-Datei mit dem Allernotwendigsten) oder ein DHTML-Projekt anlegen. Das Ergebnis ist in allen Fällen eine HTML-Datei, in der das ActiveX-Steuerelement über ein OBJECT-Tag und seine CLSID enthalten ist. Eine solches HTML-Dokument können Sie mit dem Internet Explorer (ab Version 3), nicht aber mit dem Netscape Browser (der keine ActiveX-Steuerelemente unterstützt) betrachten.

Damit unser SinusPrint-ActiveX-Steuerelement beim Laden der HTML-Seite nicht nur angezeigt, sondern auch angesprochen werden kann, muss ein Ereignis, z.B. *window_onload*, mit der *Ausgabe*-Methode verknüpft werden, da die Ausgabe nicht von alleine angestoßen wird.

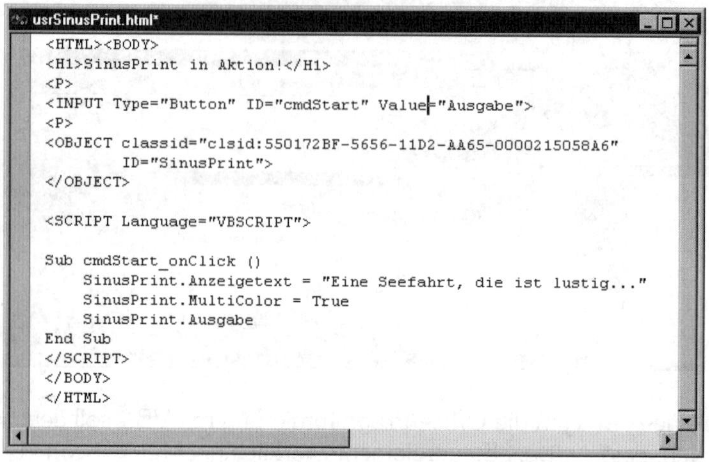

Abbildung 20.12:
In diesem ein-
fachen HTML-
Gerüst wird das
ActiveX-Steuer-
element einge-
baut.

```
usrSinusPrint.html*                                          _ □ ×
<HTML><BODY>
<H1>SinusPrint in Aktion!</H1>
<P>
<INPUT Type="Button" ID="cmdStart" Value="Ausgabe">
<P>
<OBJECT classid="clsid:550172BF-5656-11D2-AA65-0000215058A6"
        ID="SinusPrint">
</OBJECT>


<SCRIPT Language="VBSCRIPT">

Sub cmdStart_onClick ()
    SinusPrint.Anzeigetext = "Eine Seefahrt, die ist lustig..."
    SinusPrint.MultiColor = True
    SinusPrint.Ausgabe
End Sub
</SCRIPT>
</BODY>
</HTML>
```

Das kleine VBScript-Programm sorgt dafür, dass die Eigenschaft *AnzeigeText* in der Ereignisprozedur *cmdStart_onClick* ihren Wert erhält und anschließend die Ausgabe erfolgt. Es ist also auch hier nur simple Programmierung im Spiel.

Speichern Sie das HTML-Dokument ab, und laden Sie es mit dem Internet Explorer (dazu sollte ein Doppelklick auf das Dokument genügen). Je nach Sicherheitsstufe erhalten Sie einen Warnhinweis, da unser SinusPrint-ActiveX-Steuerelement keine digitale Kennung besitzt und daher als potentiell unsicher eingestuft wird.

20.4.3   ActiveX-Steuerelemente direkt ausführen

Seit Visual Basic 6.0 können ActiveX-Steuerelementprojekte auch direkt ausgeführt werden. Sie werden feststellen, dass nach Bestätigen eines Dialogfeldes der Internet Explorer gestartet und das ActiveX-Steuerelement in einer (Pseudo-)HTML-Seite eingebunden angezeigt wird.

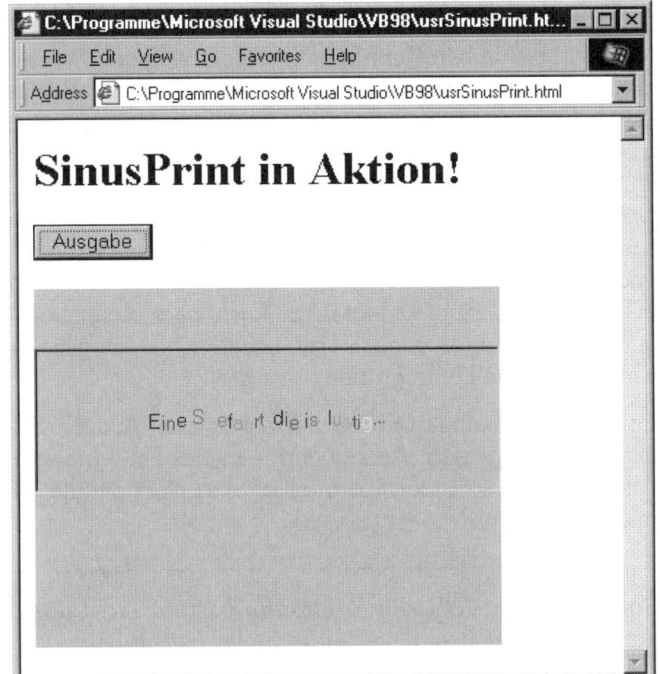

Abbildung 20.13:
SinusPrint dies-
mal im Internet-
Explorer in
Aktion.

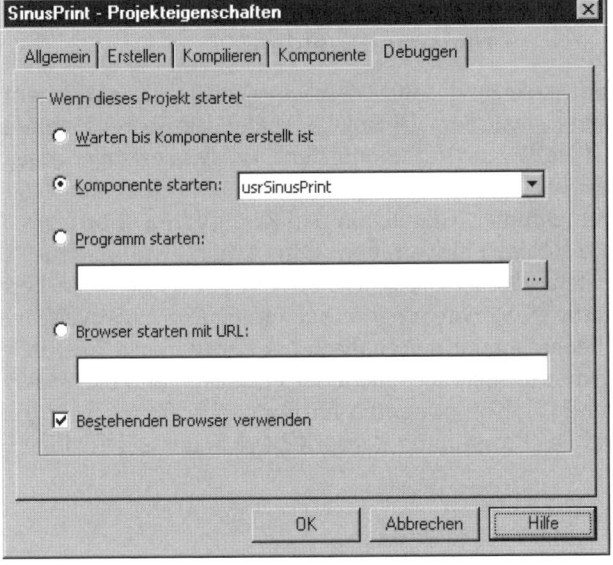

Abbildung 20.14:
Dieses Dialog-
feld erscheint
beim ersten
Start eines
ActiveX-
Steuerelement-
projekts.

20.4.4 Erweiterungsvorschläge zu SinusPrint.Ocx

Mit Ihren bisherigen Kenntnissen sollten Sie keine Schwierigkeiten haben, das ActiveX-Steuerelement zu erweitern. Wie wäre es denn, wenn die wellenförmige Ausgabe nicht statisch, sondern dynamisch bei stetig wechselnder Amplitude erfolgt? Der Effekt wäre, dass sich die Wellenlinie, entlang derer die Ausgabe erfolgt, ständig rauf- und runterbewegt. Probieren Sie diese Erweiterung unbedingt aus, denn Sie lernen so, wie Änderungen an einem ActiveX-Steuerelement durchgeführt und die aktualisierte Version in den Container in diesem Fall in das HTML-Dokument eingefügt wird. Auch wäre es sinnvoll, dafür zu sorgen, dass bei *ColorModus=True* kein Zeichen die gleiche Farbe erhält wie der aktuelle Hintergrund.

Eines sollten Sie beim Erstellen Ihrer eigenen ActiveX-Steuerelemente bitte nicht vergessen: Auch wenn manches am Anfang ein wenig undurchsichtig erscheinen mag, es ist alles ganz simple VBA-Programmierung.

Sollte sich ein VBScript-Programm partout nicht ausführen lassen kann es daran liegen, dass die Sicherheitsstufe auf »Hoch« eingestellt wurde.

20.4.5 ActiveX-Steuerelemente müssen registriert werden

Voraussetzung dafür, dass ein ActiveX-Steuerelement in einem Container, wie zum Beispiel Visual Basic (bereits ab Version 4.0) oder Office97, zur Verfügung steht, ist, dass es zuvor registriert wurde. Dabei wird die dem Steuerelement bei seiner Herstellung zugewiesene Kennummer (ClassID) in den Zweig *HKey_Software\Classes\CLSID* die Registry eingetragen. Öffnet man etwa in Visual Basic den Menübefehl PROJEKT | KOMPONENTEN, so werden alle bereits registrierten ActiveX-Steuerelemente aufgelistet. Normalerweise wird ein ActiveX-Steuerelement automatisch bei seiner Herstellung bzw. Installation registriert. Sollte dies nicht der Fall sein, kann dies jederzeit (wie in Kapitel 21, »Komponenten für Fortgeschrittene«, beschrieben) durch Aufruf des Programms *Regsvr32.exe* in der allgemeinen Form

```
Regsvr32 Steuerelementname.ocx
```

nachgeholt werden.

20.4.6   Testen eines ActiveX-Steuerelements

Der Umstand, dass die Visual-Basic-IDE mehrere Projekte gleichzeitig bearbeiten kann, macht das Austesten eines ActiveX-Steuerelements sehr einfach (Sie werden beeindruckt sein). In der Praxis sieht das so aus, dass Sie ein ActiveX-Steuerelement im Einzelschrittmodus ausführen und gleichzeitig beobachten können, wie sich die einzelnen Befehle im Container, d.h. auf einem anderen Formular, auswirken. Natürlich können Sie innerhalb des Benutzersteuerelement-Moduls auch Haltepunkte setzen, wobei diese immer dann aktiviert werden, wenn die entsprechende Programmzeile durch den Container angesprochen wird.

20.5   ActiveX-Steuerelemente für Fortschrittene

Nachdem in den letzten Abschnitt die Grundlagen besprochen und der Weg von einem Benutzerformular zu einem ausführbaren OCX-Steuerelement an einem simplen Beispiel vorgestellt wurde, geht es in diesem Abschnitt um die etwas spezielleren Themen, die aber ebenfalls noch zu den wissenswerten Grundlagen gehören.

20.5.1   Der Lebenszyklus eines Benutzersteuerelements

Ein in Visual Basic erstelltes ActiveX-Steuerelement ist ein Objekt der allgemeinen Klasse *UserControl*. Im Prinzip handelt es sich um Klassenmodule mit einer eigenen Benutzeroberfläche, das mit dem An-ordnen auf einem Formular (bzw. allgemein auf einem Container) instanziert wird. Wie jedes andere Objekt verfügt dieses Benutzersteuer-element über Eigenschaften, Methoden und Ereignisse. Im Unterschied zu einem normalen Formular oder einem Klassenmodul besitzt es aber einen etwas anderen Lebenszyklus. Der wichtigste Unterschied ist, dass Benutzersteuerelemente bereits aktiv sind, wenn sich das Formular, auf dem sie angeordnet wurden, noch im Entwurfmodus befindet. Mit ande-ren Worten, sobald Sie ein Benutzersteuerelement auf einem Formular anordnen, werden intern eine Reihe von Ereignisprozeduren aufgeru-fen. Sollte sich z.B. auf dem Benutzersteuerelement ein aktiver Zeitge-ber befinden, ruft dieser regelmäßig seine *Timer*-Ereignisprozedur auf (damit können Sie z.B. ein Steuerelement blinken lassen, sobald der Be-nutzer ihm auf dem Formular einen unpassenden Wert zuweist). Für Visual-Basic-Programmierer ist die Angelegenheit am Anfang erfah-rungsgemäß nicht auf Anhieb durchschaubar, denn ein Benutzersteuer-element zu programmieren bedeutet, ein Visual-Basic-Programm zu er-stellen, das in einem anderen Visual-Basic-Programm ausgeführt wird.

Ein wenig erschwert wird das Verständnis durch den Umstand, dass sich auf dem Benutzersteuerelement Steuerelemente oder auch andere Benutzersteuerelemente befinden können. Auch diese befinden sich bereits im Ausführenmodus, wenn Benutzersteuerelemente auf einem Formular angeordnet werden. Eigenschaften dieser Steuerelemente, die nur zur Entwurfszeit einstellbar sind, sind zur Entwurfszeit des Containers daher nicht zugänglich. Auch Ereignisse dieser Steuerelemente können noch nicht ausgelöst werden. Alle Eigenschaften, Methoden und Ereignisse dieser konstituierenden Steuerelemente sind nur im ActiveX-Designer ansprechbar, nicht aber, wenn das Benutzersteuerelement ausführt. Konkret: Besitzt ein Benutzersteuerelement ein Bezeichnungsfeld als konstituierendes Steuerelement, so ist dessen *Caption*-Eigenschaft über das Benutzersteuerelement nicht ansprechbar. Es sei denn, das Benutzersteuerelement besitzt eine Eigenschaft, die diese Eigenschaft anspricht.

Um einer unnötigen Konfusion von Anfang an vorzubeugen, ist es ratsam, sich den Lebenszyklus eines Benutzersteuerelements, d.h. die einzelnen Stufen, die von der Entwicklung bis zur Ausführung durchlaufen werden, etwas genauer anzusehen. Wenn Sie es genau wissen möchten, legen Sie über den Menübefehl PROJEKT | BENUTZERSTEUERELEMENT HINZUFÜGEN ein neues Benutzersteuerelement an, und fügen Sie in die einzelnen Ereignisprozeduren eine *Debug.Print*-Anweisung ein, sodass Sie genau sehen können, wann welches Ereignis ausgelöst wird. Probieren Sie diese kleine Übung unbedingt einmal selbst aus, denn sie ist sehr lehrreich.

Die Ereignisse im Lebenszyklus eines Benutzersteuerelements

Folgende Phasen werden beim Einsatz eines Benutzersteuerelements in der IDE unterschieden:

1. Das Benutzersteuerelement wird im ActiveX-Designer bearbeitet. Dieses Benutzersteuerelement sowie die auf ihm angeordneten konstituierenden Steuerelemente befinden sich im Entwurfmodus. Alle Eigenschaften des Benutzersteuerelements sowie seiner konstituierenden Steuerelemente können über das Eigenschaftsfenster eingestellt werden.

2. Der ActiveX-Designer wird geschlossen und das Benutzersteuerelement auf einem Formular (oder in einem anderen Container) angeordnet. Es wird dadurch in den Ausführenmodus versetzt. Es sind nur jene Eigenschaften verfügbar, die entweder über das *Extender*-Objekt zur Verfügung gestellt werden, oder die im Benutzersteuerelement über öffentliche *Property*-Prozeduren freigegeben wurden. Die übrigen Eigenschaften sowie die Eigenschaften der konstituierenden Steuerelemente können nicht angesprochen werden.

3. Das Formular wird ausgeführt. Die Entwurfszeitinstanz des Benutzersteuerelements wird zerstört und durch seine Laufzeitinstanz ersetzt. Das Benutzersteuerelement befindet sich nun in einem weiteren Ausführungsmodus.

4. Das Formular wird beendet. Die Laufzeitinstanz des Benutzersteuerelements wird durch die Entwurfszeitinstanz ersetzt und das
Benutzersteuerelement kehrt wieder in den ersten Ausführungsmodus zurück.

5. Der ActiveX-Designer wird gegebenenfalls wieder geöffnet. Das
Benutzersteuerelement kehrt in den Entwurfmodus zurück (sein
Symbol wird in der Werkzeugsammlung abgeblendet und auf dem
Formular schraffiert dargestellt) und kann nun beliebig bearbeitet
werden.

Bereits an diesem Ablauf wird deutlich, dass bei der Programmierung
von ActiveX-Steuerelementen zusätzliche Ereignisse eine Rolle spielen
und vertraute Ereignisse eine etwas andere Bedeutung haben. Bei einem Visual-Basic-Formular ist der Ablauf inzwischen (hoffentlich) klar.
Es sind die Ereignisse *Initialize*, *Load*, *Paint*, *Resize*, *QueryUnload*
bzw. *Unload* und *Terminate*, die den Lebenszyklus des Formulars bestimmen. Beim Anordnen eines Benutzersteuerelements auf einem Formular werden dagegen nacheinander folgende Ereignisse ausgelöst:

- *Initialize*-Ereignis

- *InitProperties*-Ereignis

- *Resize*-Ereignis

- *Show*-Ereignis

- *Paint*-Ereignis

Das *Initialize*-Ereignis gibt es auch bei einem Formular. Wie bei einem
Formular wird es immer dann ausgelöst, wenn das Benutzersteuerelement instanziert wird. Sie können hier z. B. die Initialisierung von privaten Variablen vornehmen. Neu ist das *InitProperties*-Ereignis. Es
wird einmalig ausgelöst, wenn das Benutzersteuerelement von der
Werkzeugsammlung auf dem Formular angeordnet wird und bietet die
Gelegenheit, die Eigenschaften des Benutzersteuerelements mit Werten vorzubelegen, sodass diese im Eigenschaftsfenster erscheinen (vergessen Sie die *PropertyChanged*-Methode nicht, die den Container
von der Änderung benachrichtigt). Vertraut sind dagegen wieder Ereignisse wie *Resize*, *Show* und *Paint*, die auftreten, sobald das Benutzersteuerelement angezeigt wird (wie bei einem Formular tritt das *Paint*-
Ereignis nur auf, wenn die *AutoRedraw*-Eigenschaft des Benutzersteuerelements den Wert *False* besitzt).

Merksatz *Während das Initialize-Ereignis jedesmal eintritt, wenn eine Instanz des Benutzersteuerelements angelegt wird (z. B. wenn das Formular geschlossen und anschließend wieder geöffnet oder wenn es ausgeführt wird), tritt das InitProperties-Ereignis nur einmal auf, nämlich dann, wenn das Benutzersteuerelement auf einem Container plaziert wird.*

Jetzt befindet sich das Benutzersteuerelement auf dem Formular, es wurde »plaziert« (der Originalausdruck lautet »siting«). Der Programmierer kann nun einzelne Eigenschaften ändern, wobei innerhalb des Benutzersteuerelements die dafür zuständigen *Property*-Prozeduren aufgerufen werden. Der nächste Abschnitt im Lebenszyklus eines Benutzersteuerelements beginnt, wenn das Formular in den Ausführenmodus gebracht wird. Wie bei einem normalen Steuerelement wird auch bei einem Benutzersteuerelement die sog. Entwurfzeitinstanz zerstört und durch die Laufzeitinstanz ersetzt. Dabei treten folgende Ereignisse auf:

1. *WriteProperties*-Ereignis

2. *Terminate*-Ereignis

3. *Initialize*-Ereignis

4. *Resize*-Ereignis

5. *ReadProperties*-Ereignis

6. *Show*-Ereignis

7. *Paint*-Ereignis

Das *WriteProperties*-Ereignis tritt auf, um dem Benutzersteuerelement die Gelegenheit zu geben, die im Eigenschaftsfenster eingestellten Werte (über das *PropertyBag*-Objekt) zwischenzuspeichern. Diese Maßnahme stellt sicher, dass ein im Eigenschaftsfenster eingestellter Wert durch Schließen und anschließendes Öffnen des Formulars nicht verlorengeht. Abgespeichert werden diese Werte zunächst in einer internen Ablage mit dem Namen *PropertyBag* und später in der CTL-Datei des Benutzersteuerelements (dem Pendant zur FFRM-Datei des Formulars) in textueller Form.

Das bestens bekannte *Terminate*-Ereignis tritt auf, wenn die Entwurfzeitinstanz zerstört wird. Anschließend wird wieder nahezu die gleiche Ereigniskette durchlaufen wie beim Anordnen des Benutzersteuerelements auf dem Formular. Auch wenn es sich um zwei verschiedene Instanzen handelt, werden die gleichen Ereignisprozeduren aufgerufen. Achten Sie aber auf einen kleinen Unterschied. Anstelle des *InitProperties*-Ereignisses ist diesmal ein *ReadProperties*-Ereignis die Folge, das die im *PropertyBag* gespeicherten Werte ausliest und den einzelnen Eigenschaften zuweist.

Merksatz

Wird ein Benutzersteuerelement auf einem Formular (oder in einem beliebigen Container) plaziert, wird es dadurch in den Ausführen-Modus versetzt, während sich der Container noch im Entwurf-Modus befindet. Die Folge ist, dass im Benutzersteuerelement Ereignisprozeduren aufgerufen werden. So tritt z. B. immer dann ein Paint-Ereignis auf, wenn die Innenfläche des Benutzersteuerelements (bei AutoRedraw=False) neu gezeichnet werden muss. Ein Resize-Ereignis ist die Folge, wenn sich die Größe des Benutzersteuerelements ändert.

Was passiert, wenn das Programm in der IDE angehalten wird? Logisch, die Laufzeitinstanz wird zerstört und wieder durch die Entwurfzeitinstanz ausgetauscht, was den eben beschriebenen »Ereignisregen« erneut zur Folge hat. Beendet wird der Lebenszyklus eines Benutzersteuerelements, wenn es von dem Formular entfernt wird. Folgende Ereignisse werden dabei ausgelöst:

1. *WriteProperties*-Ereignis

2. *Terminate*-Ereignis

Das *WriteProperties*-Ereignis soll dem Steuerelement die Möglichkeit geben, die vom Programmierer eingestellten Änderungen zu speichern. Schließlich möchte man nicht beim erneuten Öffnen des Formulars alle Einstellungen erneut vornehmen müssen (das wäre ziemlich unpraktisch). Die Werte werden über die *WriteProperty*-Methode des *PropertyBag*-Objekts abgespeichert, das beim Aufruf der *WriteProperties*-Ereignisprozedur übergeben wird (mehr dazu in dem nächsten Beispiel). Das *Terminate*-Ereignis wird, genau wie das *Terminate*-Ereignis eines Formulars, nur dann benötigt, wenn kurz vor der Beendigung irgendwelche Dinge erledigt werden sollen. Wird das Formular zu einem späteren Zeitpunkt erneut geladen, werden sie und die auf ihr angeordneten Steuerelemente und Benutzersteuerelemente erneut instanziert und ihre Eigenschaftenwerte entsprechend den Informationen der *PropertyBag*-Ablage bzw. der FRM- und CTL-Datei eingestellt (aus diesem Grund sollte in der *ReadProperty*-Prozedur unbedingt eine Überprüfung der eingelesenen Werte erfolgen, denn die CTL-Datei könnte zwischenzeitlich geändert worden sein).

Merksatz

Das PropertyBag-Objekt steht für eine interne Ablage des Containers, in der Eigenschaftenwerte zwischengespeichert werden können. Bei der Visual-Basic-IDE ist es eine Datei (CTL-Datei oder temporäre Datei), bei Office97 z. B. das Dokument selbst.

Tabelle 20.1:
Diese Ereignisse
können im
Lebenszyklus
eines Benutzer-
steuerelements
auftreten.

Ereignis	Wird ausgelöst ...
Initialize	... wenn eine Instanz des Benutzersteuerelements ange- legt wird. Es ist für den Lebenszyklus des Benutzersteuer- elements ein einmaliges Ereignis.
InitProperties	... wenn die Instanz des Benutzersteuerelements zum er- sten Mal angelegt wird. Wird das Benutzersteuerelement erneut initialisiert, z. B. weil das Formular neu geladen wird, wird stattdessen ein *ReadProperties*-Ereignis aus- gelöst.
ReadProperties	... wann immer das Benutzersteuerelement erneut initiali- siert wird (z. B. weil das Formular erneut geöffnet wird).
Resize	... wann immer sich die Größe des Benutzersteuer- elements (nicht des umgebenden Formulars) ändert.
Paint	... wenn das Benutzersteuerelement bei *Auto-Redraw=False* seinen Inhalt neu zeichnen muss, z. B. weil es durch ein Fenster überdeckt wurde.
WriteProperties	... zur Entwicklungszeit, wenn der Container des Benut- zersteuerelements geschlossen wird. Über das *Property-Bag*-Objekt können die aktuellen Eigenschaftenwerte zwischengespeichert werden.
Terminate	... wenn die Instanz des Benutzersteuerelements beendet wird.

20.5.2 Grundregeln für die Umsetzung eines ActiveX-Steuerelements – ein weiteres Beispiel

Um die Erklärungen der folgenden Abschnitte etwas anschaulicher präsentieren zu können, wird im Folgenden ein kleines, aber hoffent- lich nützliches ActiveX-Steuerelement umgesetzt, das mehrere Auf- gaben erfüllen soll:

▣► Es soll die einzelnen Phasen im Lebenszyklus eines Benutzersteuer- elements deutlich machen.

▣► Es soll zeigen, wie sich die aktuellen Werte von Eigenschaften im *PropertyBag*-Objekt zwischenspeichern lassen.

▣► Es soll zeigen, wie ein Benutzersteuerelement auf die Eigenschaf- ten des Containers zugreifen kann.

▣► Es soll zeigen, wie ein Benutzersteuerelement Ereignisse im Con- tainer auslösen kann.

Bei dem umzusetzenden ActiveX-Steuerelement handelt es sich um eine etwas andere Form der Laufwerksauswahlliste, die Sie von der Buch-CD-ROM (allerdings bereits in der fertigen Version) über die Pro-

jektgruppendatei *ActiveLaufwerk.Vbg* laden können. Diese Projektgruppe umfasst das Benutzersteuerelement sowie ein Formular, auf
dem das Benutzersteuerelement getestet werden kann. Aus didaktischen Gründen sollten Sie die Datei aber zunächst nicht von der Buch-
CD-ROM laden, sondern stattdessen die folgenden Schritte ausführen.

Legen Sie ein neues ActiveX-Steuerelement-Projekt an. Geben Sie **Schritt 1**
dem Projekt den Namen *ActiveLaufwerk* und dem Benutzersteuerelement den Namen *usrActiveLaufwerke*.

Öffnen Sie das Programmfenster, und fügen Sie folgende *Property*- **Schritt 2**
Prozeduren ein:

```
Enum enumBorderStyle
    Keine
    Fest
End Enum

Property Let BorderStyle(tmpBorderWert As enumBorderStyle)
    UserControl.BorderStyle = tmpBorderWert
    PropertyChanged "BorderStyle"
End Property

Property Get BorderStyle() As enumBorderStyle
    BorderStyle = UserControl.BorderStyle
End Property
```

Damit verfügt das Benutzersteuerelement über eine *BorderStyle*-Ei-
genschaft, bei der es sich um die gleichnamige Eigenschaft des *User-
Control*-Objekts handelt. Dadurch ist es möglich, die Umrandung des
Benutzersteuerelements zu setzen, nachdem es auf einem Formular
angeordnet wurde. Achten Sie auf den Aufruf der *PropertyChanged*-
Methode in der *Let*-Prozedur. Diese sollte grundsätzlich bei allen *Let*-
Prozeduren eingefügt werden, damit eine Änderung der Eigenschaft
im Programm sich auch auf das Eigenschaftsfenster auswirkt.

Fügen Sie ein Standard-Exe-Projekt hinzu. Schließen Sie den ActiveX- **Schritt 3**
Designer, und ordnen Sie das Benutzersteuerelement auf dem Formular an.

Im Eigenschaftsfenster des Benutzersteuerelements erscheint, neben **Schritt 4**
den 15 Eigenschaften des *Extender*-Objekts, auch die neue *Border-
Style*-Eigenschaft, die die Einstellungen »Keine« und »Fest« besitzt.
Letztere sind die Werte des Enumerationstyps *enumBorderStyle*.
Diese Werte sind aber lediglich eine Hilfestellung für die Eingabe (sie
werden auch über die Eingabehilfe angeboten), Visual Basic nimmt
aber keine Überprüfung des Gültigkeitsbereichs vor. Würde der Container die Anweisung

```
usrActiveLaufwerke1.BorderStyle = 2
```

ausführen, wäre im Benutzersteuerelement der Laufzeitfehler 380 (Ungültiger Eigenschaftenwert) die Folge. Dies ist der im Zusammenhang mit Benutzersteuerelementen am häufigsten auftretende Laufzeitfehler, den es vor allem dann abzufangen gilt, wenn die Eigenschaftenwerte über eine *ReadProperties*-Methode aus der CTL-Datei des ActiveX-Steuerelements ausgelesen werden.

Schritt 5 Setzen Sie die *BorderStyle*-Eigenschaft des Benutzersteuerelements über das Eigenschaftsfenster auf den Wert 1, schließen Sie das Formular, und öffnen Sie es anschließend wieder. Sie werden feststellen, dass die Umrandung nicht gesetzt ist. Kein Wunder, denn der Wert der *BorderStyle*-Eigenschaft wurde vor dem Zerstören der Entwurfsinstanz des Benutzersteuerelements nicht gesichert. Fügen Sie in die Ereignisprozeduren *WriteProperties* und *ReadProperties* folgende Anweisungen ein:

```
Private Sub UserControl_WriteProperties(PropBag _
As PropertyBag)
    PropBag.WriteProperty "BorderStyle", BorderStyle, 1
End Sub

Private Sub UserControl_ReadProperties(PropBag As PropertyBag)
    BorderStyle = PropBag.ReadProperty("BorderStyle", 1)
End Sub
```

Die *WriteProperty*-Methode speichert den Wert der *BorderStyle*-Eigenschaft in der *PropertyBag*-Ablage. Ihr werden drei Argumente übergeben: Der Name der Eigenschaft, ihr zu speichernder Wert und ein Standardwert. Letzterer soll dafür sorgen, dass eine Abspeicherung in der CTL-Datei nur dann erfolgt, wenn sich der Wert gegenüber der Standardeinstellung geändert hat (nach dem gleichen Schema speichert Visual Basic den Inhalt eines Formulars in der FRM-Datei). Die *ReadProperty*-Methode liest den Wert einer Eigenschaft wieder aus und weist sie der öffentlichen Variablen *BorderStyle* zu. Auch hier kann ein Standardwert für den Fall übergeben werden, dass die Eigenschaft nicht gespeichert wurde. In der Praxis sollte in der *Property-Let*-Prozedur eine Überprüfung der eingelesenen Werte auf ihre Gültigkeit erfolgen. Anstatt aber einen Laufzeitfehlers (auf keinen Fall) auszulösen, müssen Sie der Eigenschaft den Standardwert zuweisen.

Im PropertyBag können nur die Standarddatentypen, sowie die Eigenschaft Picture *gespeichert werden (ist die IDE der Container, wird sie in Form einer Referenz auf eine CTX-Datei abgelegt). Möchten Sie andere Datenelemente speichern, müssen diese in Form eines Byte-Felds abgelegt werden (ein Beispiel finden Sie in der Visual-Basic-Online-Dokumentation). Bei großen Datenelemen-*

ten reicht die CTL-Datei nicht aus, diese müssen über die Dateizu-griffsanweisungen in einer ganz normalen Datei zwischengespei-chert werden.

Wie lässt sich übrigens erreichen, dass die *BorderStyle*-Eigenschaft von Anfang an auf den Wert 1 (und nicht 0) gesetzt wird? Dafür ist das *InitProperties*-Ereignis zuständig:

```
Private Sub UserControl_InitProperties()
    UserControl.BorderStyle = Fest
End Sub
```

Im letzten Schritt haben Sie gelernt, wie eine Eigenschaft implemen-tiert wird. Diese Schritte müssen für jede einzelne Eigenschaft ausge-führt werden. Hier kann der ActiveX-Schnittstellenassistent eine echte Hilfe sein, da dieser für alle ausgewählten Eigenschaften die benötigten *Property*-Anweisungen und *ReadProperty/WriteProperty*-Methoden erzeugt.

Schritt 6

Im nächsten Schritt soll ein anderes häufig auftretendes »Problemchen« angesprochen werden. Wie lässt sich erreichen, dass ein Benutzer-steuerelement auf dem Formular in einer bestimmten Größe und an ei-ner bestimmten Position angeordnet wird? Diese Dinge, und noch viele mehr, werden zum Teil in der *Initialize*-Ereignisprozedur vorgenom-men:

Schritt 7

```
UserControl.Width = cmdLaufwerke(n).Left + _
cmdLaufwerke(0).Width * 1.1
UserControl.Height = cmdLaufwerke(0).Height * 1.5
```

Diese beiden Anweisungen sorgen dafür, dass das Benutzersteuerele-ment in einer vorgegebenen Größe angeordnet wird (eine Erklärung erfolgt später).

Doch wie sieht es mit der Positionierung aus? Das scheint zunächst ein wenig schwierig zu sein, denn das *UserControl*-Objekt besitzt (natür-lich) keine *Left*- und *Top*-Eigenschaft, da es ja seinen Platz auf dem Container erst dann kennt, wenn es plaziert wurde. Doch wozu gibt es das *Extender*-Objekt des Containers, das genau diese Informationen zur Verfügung stellt? Probieren Sie bitte zunächst etwas aus, und fügen Sie die folgende Anweisung ebenfalls in das Initialize-Ereignis ein:

```
UserControl.Extender.Top = 0
```

Leider Fehlanzeige, denn Visual Basic quittiert diesen Versuch mit der Fehlermeldung Nr. 398 (»Client-Standardort nicht verfügbar«). Die Er-klärung ist simpel: Zum Zeitpunkt, wenn das *Initialize*-Ereignis ausge-löst wird, ist das Benutzersteuerelement noch nicht plaziert und das *Extender*-Objekt daher noch nicht gültig. Also gut, verschieben wir die Anweisung auf die *InitProperties*-Ereignisprozedur. Doch das klappt leider auch nicht. Diesmal gibt es zwar keine Fehlermeldung, doch das Benutzersteuerelement schrumpft aus unerfindlichen Gründen auf die Größe einer Singularität. Auch dieser Zeitpunkt ist offenbar noch zu früh, um irgend etwas an der Position des Benutzersteuerelements zu ändern (die Größeneinstellung klappt allerdings). Doch zum Glück gibt es noch das *Show*-Ereignis, in dem die Anweisungen plaziert werden können:

```
UserControl.Extender.Top = (UserControl.Parent.ScaleHeight _
- UserControl.Height) \ 2
UserControl.Extender.Left = (UserControl.Parent.ScaleWidth _
- UserControl.Width) \ 2
```

Diese beiden Anweisungen sorgen dafür, dass das Benutzersteuerelement in die Mitte des Formulars plaziert wird. Beachten Sie, dass die Breite und Höhe des Containers nicht vom *Extender*-Objekt stammt, sondern diesmal über die *Parent*-Eigenschaft abgefragt wird. Der Grund dafür, warum diese Zuweisung erst im *Show*-Ereignis ausgeführt werden kann, liegt darin, dass erst zu diesem Zeitpunkt ein »Parent« mit einer *hWnd*-Eigenschaft vorhanden ist und das Benutzersteuerelement erst zu diesem Zeitpunkt vollständig plaziert wurde.[5]

Es muss noch einmal darauf hingewiesen werden, dass es keine Garantie gibt, dass ein *Extender*-Objekt die Eigenschaften auch tatsächlich zur Verfügung stellt, d.h., streng genommen darf man nicht von einer bestimmten Größe oder Position des plazierten Steuerelements ausgehen.

Merksatz   *Welcher Unterschied besteht eigentlich zwischen UserControl und Me? Hier ist die Auflösung. Das Objekt UserControl steht für die Basisklasse des Benutzersteuerelements. Über das Objekt Me steht nur die öffentliche Klasse, d.h., die freigegebenen Eigenschaften und Methoden zur Verfügung. Bezogen auf unser Beispiel steht über Me zur Zeit nur die BorderStyle-Eigenschaft zur Verfügung, da sie Teil der öffentlichen Schnittstelle ist. Auch das UserControl-Objekt bietet eine BorderStyle-Eigenschaft. Hier handelt es sich aber um die Eigenschaft der privaten Schnittstelle, die direkt die Umrandung des Benutzersteuerelements setzt.*

Schritt 8   Weiter geht es mit der Übung. Da bislang in erster Linie ein paar Grundsatzprobleme geklärt wurden, ist das Beispielprogramm noch nicht sehr weit gediehen. Das soll sich jetzt ändern. Ordnen Sie als Nächstes eine Schaltfläche auf dem Benutzersteuerelement an. Die

---

[5]   Zwischen dem *Initialize*- und dem *Resize*-Ereignis besitzt das Benutzersteuerelement lediglich ein »Pseudo-Parent«, die *hWnd*-Eigenschaft ist solange in einem undefinierten Zustand.

Name-Eigenschaft erhält den Wert »cmdLaufwerke«, die *Index*-Eigenschaft den Wert 0 (es soll ein Steuerelementefeld werden). Stellen Sie die Größe des Steuerelements so ein, dass zwei Großbuchstaben hineinpassen (das ist allerdings nicht kritisch).

Ordnen Sie auf dem Benutzersteuerelement eine Laufwerkslistenfeld **Schritt 9**
(*drvLaufwerksListe*); setzen Sie die *Visible*-Eigenschaft auf *False*.

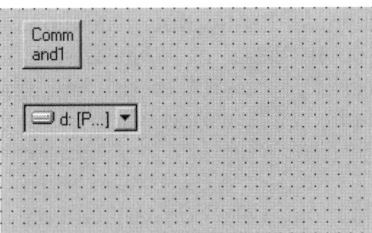

*Abbildung 20.15:
Auf dem Benutzersteuerelement wurden eine Schaltfläche und ein Laufwerkslistenfeld angeordnet.*

Jetzt kommt ein wenig Programmierung auf Sie zu. Die Idee des Be- **Schritt 10**
nutzersteuerelements ist es ja, für jedes vorhandene Laufwerk eine
Schaltfläche anzuzeigen. Dazu muss lediglich eine Schleife alle Elemente der *List*-Eigenschaft durchgehen und für jedes Laufwerk eine neue
Schaltfläche anlegen. Fügen Sie in die *Initialize*-Ereignisprozedur folgende Anweisungen ein:

```
Dim n As Integer

For n = 0 To drvLaufwerksListe.ListCount - 1
    If n > 0 Then
        Load cmdLaufwerke(n)
        cmdLaufwerke(n).Left = cmdLaufwerke(n - 1).Left + _
        cmdLaufwerke(0).Width * 1.1
        cmdLaufwerke(n).Top = cmdLaufwerke(0).Top
    End If
    cmdLaufwerke(n).Caption = UCase(Left _
    (drvLaufwerksListe.List(n), 2))
    cmdLaufwerke(n).Visible = True
Next
n = n - 1
```

Jetzt ergeben hoffentlich auch die in Schritt 7 vorgestellten Anweisungen einen Sinn. Sie setzen die Größe (vor allem die Breite) des Benutzersteuerelements natürlich in Abhängigkeit der angeordneten Schaltflächen.

Nun steht eine kleine »Veredelung« des Benutzersteuerelements auf **Schritt 11**
dem Programm. Daß das Benutzersteuerelement alle Laufwerke auflistet, ist zwar schön und gut, doch um gegenüber dem Laufwerkslis-

tenfeld einen echten Vorteil zu bieten, sollte es auch den Typ eines jeden Laufwerks angeben und über die Eigenschaft *LaufwerkTyp* zur
Verfügung stellen. Fügen Sie als erstes diese Eigenschaft hinzu:

```
Property Get LaufwerkTyp() As String
    LaufwerkTyp = mLaufwerkTyp
End Property
```

Und wo ist die *Property-Let*-Prozedur? Diese darf es nicht geben,
denn der Laufwerkstyp kann natürlich nicht gesetzt werden. *Laufwerk-
Typ* ist daher eine Nur-Lese-Eigenschaft. Bei der Variablen *mLauf-
werkTyp* handelt es sich um eine private Eigenschaft, die im *Allgemein*-Teil deklariert wird:

```
Private mLaufwerkTyp As String
```

Schritt 12 Da nahezu alle Formalitäten, die das Benutzersteuerelement betreffen,
abgehandelt wurden, geht es im wesentlichen nur noch darum, den
Laufwerkstyp zu bestimmen. Diese Aufgabe übernimmt die API-Funktion *GetDriveType*, die für eine übergebene Laufwerksbezeichnung
(z. B. *A:*) eine Zahl zurückgibt, die für den Laufwerkstyp steht. Fügen
Sie zunächst in den *Allgemein*-Teil folgende Anweisungen ein:

```
Enum enumLaufwerktypen
    DRIVE_TYPE_UNDTERMINED
    DRIVE_ROOT_NOT_EXIST
    DRIVE_REMOVABLE
    DRIVE_FIXED
    DRIVE_REMOTE
    DRIVE_CDROM
    DRIVE_RAMDISK
End Enum

Private mLaufwerkIndex As enumLaufwerktypen
Private Function LaufwerkTypBestimmen _
(Laufwerkname As String) As String
    Dim LaufwerkID As Integer
    LaufwerkID = GetDriveType(Laufwerkname & "\")
    mLaufwerkIndex = LaufwerkID
    Select Case LaufwerkID
    Case DRIVE_TYPE_UNDTERMINED
        mLaufwerkTyp = "undefiniert"
      Case DRIVE_ROOT_NOT_EXIST
        mLaufwerkTyp = "nicht vorhanden"
      Case DRIVE_CDROM
        mLaufwerkTyp = "CD-ROM-Laufwerk"
      Case DRIVE_FIXED
        mLaufwerkTyp = "Festplatte (nicht entfernbar)"
      Case DRIVE_RAMDISK
        mLaufwerkTyp = "RAM-Disk"
      Case DRIVE_REMOTE
        mLaufwerkTyp = "Netzwerklaufwerk (Remote-Laufwerk)"
```

```
       Case DRIVE_REMOVABLE
           mLaufwerkTyp = "Diskettenlaufwerk (entfernbar)"
       End Select
       LaufwerkTypBestimmen = mLaufwerkTyp
End Function
```

Natürlich sollen die einzelnen Schaltflächen auf das Anklicken mit der **Schritt 13**
Maus reagieren können. Wird eine Schaltfläche angeklickt, soll der
entsprechende Laufwerkstyp über die Eigenschaft *LaufwerkTyp* zur
Verfügung stehen. Fügen Sie dazu folgende Anweisungen ein:

```
Private Sub cmdLaufwerke_Click(Index As Integer)
    Dim tmpLaufwerkName As String
    tmpLaufwerkName = cmdLaufwerke(Index).Caption
    mLaufwerkTyp = LaufwerkTypBestimmen(tmpLaufwerkName)
End Sub
```

Damit ist das Benutzersteuerelement zunächst einmal fertig. Haben Sie **Schritt 14**
alle Anweisungen eingefügt, können Sie den ActiveX-Designer schließen. Das Benutzersteuerelement *usrActiveLaufwerke* sollte nun in der
Werkzeugsammlung erscheinen. Da es über seine *ToolboxBitmap*-Ei-
genschaft keine Bitmap erhalten hat, wird es durch das Standardsym-
bol dargestellt.

Ordnen Sie das Benutzersteuerelement auf einem Formular an. Haben
Sie alles richtig gemacht, sollten nun alle verfügbaren Laufwerke durch
eine eigene Schaltfläche dargestellt werden.

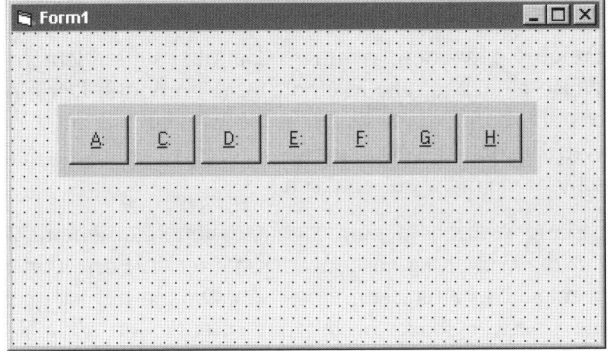

*Abbildung 20.16:
Das Benutzer-
steuerelement
in Aktion. Wäh-
rend es bereits
läuft, ist das For-
mular noch im
Entwurfsmodus.*

Das Benutzersteuerelement wird in das Programm eingebunden. Ord- **Schritt 15**
nen Sie auf dem Formular eine Schaltfläche (*cmdTest*) und ein Bezeichnungsfeld (*lblLaufwerk*) an, und fügen Sie in die *Click*-Prozedur
der Schaltfläche folgende Anweisungen ein:

```
Sub cmdTest_Click()
    lblLaufwerk.Caption = usrActiveLaufwerke1.LaufwerkTyp
End Sub
```

Schritt 16 Damit ist die »Testumgebung« für das Benutzersteuerelement zunächst einmal fertig. Klicken Sie auf eine der Schaltflächen, wird der Laufwerkstyp in dem Bezeichnungsfeld angezeigt.

So weit, so gut. Allerdings ist der Ereignisablauf alles andere als optimal. So wäre es viel praktischer, wenn das Anklicken einer der Schaltflächen in dem Container ein Ereignis auslösen und in dem Rahmen der Ereignisprozedur der Laufwerkstyp übergeben werden würde. Wie ein Benutzersteuerelement Ereignisse in seinem Container auslösen kann, wird im nächsten Abschnitt gezeigt.

20.5.3 ActiveX-Steuerelemente können Ereignisse auslösen

Dies ist eine sehr wichtige Eigenschaft, denn es ist eine Besonderheit der Benutzersteuerelemente, dass die Ereignisprozeduren der auf einem Benutzersteuerelement angeordneten Steuerelemente nicht zur Verfügung stehen. Konkret: Enthält ein Benutzersteuerelement eine Schaltfläche und möchten Sie, dass das Anklicken der Schaltfläche in dem Container, in dem sich das Benutzersteuerelement befindet, ein Ereignis auslöst, müssen Sie dieses Ereignis definieren und in der *Click*-Prozedur der Schaltfläche weiterleiten. Dazu sind pro Ereignis nur zwei Schritte erforderlich:

1. Sie definieren das Ereignis über eine *Event*-Anweisung.

2. Sie lösen das Ereignis über eine *RaiseEvent*-Anweisung aus.

Ereignisse werden in einem Benutzersteuerelement auf die gleiche Weise eingebaut wie in einem Klassenmodul. Der einzige Unterschied besteht darin, dass es nicht notwendig ist, im Container über die *WithEvents*-Anweisung eine »Ereignis-Senke« zu definieren. Dies geschieht vielmehr automatisch.

Bislang werden in dem Benutzersteuerelement *usrActiveLaufwerke* nur die vorhandenen Laufwerksnamen in Form von Schaltflächen angezeigt. Das Anklicken einer Schaltfläche hat lediglich zur Folge, dass die Laufwerksbezeichnung der öffentlichen Variablen *LaufwerkTyp* zugewiesen wird. Das soll sich nun ändern.

Schritt 1 Definieren Sie das Ereignis. Fügen Sie in den *Allgemein*-Teil des Benutzersteuerelements folgende Anweisung ein:

```
Public Event LaufwerkGewählt(LaufwerksName As String)
```

Schritt 2 Lösen Sie ein Ereignis aus. Fügen Sie in die Ereignisprozedur *cmdLaufwerke_Click* folgende Anweisungen ein:

```
RaiseEvent LaufwerkGewählt (tmpLaufwerkName)
```

Diese Anweisung löst im Container ein Ereignis aus, wobei die Laufwerksbezeichnung als Parameter übergeben wird. Sie werden feststellen, dass im Container das Benutzersteuerelement über eine neue Ereignisprozedur verfügt:

```
Private Sub usrActiveLaufwerke1_Click(LaufwerksName As String)

End Sub
```

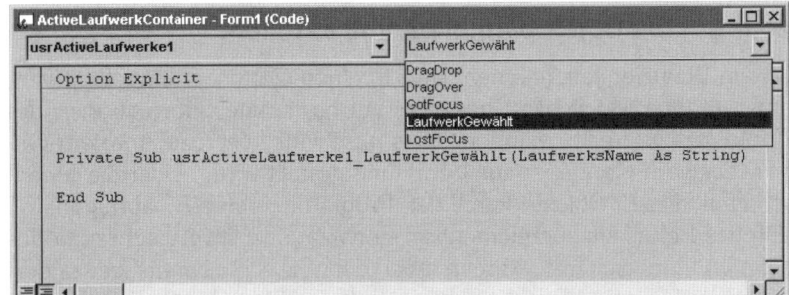

Abbildung 20.17:
Das Benutzer-
steuerelement
verfügt über ein
zusätzliches
Ereignis.

Das Extender-Objekt stellt für ein Benutzersteuerelement lediglich   **Merksatz**
die Ereignisse GotFocus, LostFocus, DragOver und DragDrop zur
Verfügung. Alle übrigen Ereignisse müssen nachträglich implemen-
tiert werden.

Was die Auswertung der Schaltflächen angeht, sieht die ganze Sache   **Schritt 3**
jetzt viel angenehmer aus. Entfernen Sie die Schaltfläche aus dem Formular, und fügen Sie in die Ereignisprozedur *LaufwerkGewählt* folgende Anweisung ein:

```
lblLaufwerk.Caption = LaufwerksName
```

Wann immer eine der auf dem Benutzersteuerelement angeklickten
Schaltflächen gewählt wird, wird der Ereignisprozedur der passende
Name übergeben. Erst jetzt ist das Benutzersteuerelement ein vollwerti-
ges Steuerelement.

Damit ist das Benutzersteuerelement fertiggestellt. Über den Menü-   **Schritt 4**
befehl PROJEKT | ACTIVELAUFWERK.OCX ERSTELLEN können Sie aus
dem Benutzersteuerelement ein ActiveX-Steuerelement machen, das
universell einsetzbar ist.

Erweiterungsvorschläge

Hier noch ein kleiner Erweiterungsvorschlag für den Fall, dass Sie das
ActiveX-Steuerelement ein wenig verbessern möchten. Wäre es nicht
schlecht, wenn das Steuerelement zusätzlich zur Laufwerksbezeichnung auch eine passende Bitmap zurückgeben könnte? Dazu müssen
Sie lediglich sechs Anzeigen (*imgLaufwerkBild* als Steuerelemente-

feld) auf dem Benutzersteuerelement anordnen. Da sie während der Programmausführung unsichtbar sein sollen, erhält *Visible* den Wert *False*. Zusätzlich erhält das Benutzersteuerelement eine neue Eigenschaft mit dem Namen *LaufwerkPicture*:

```
Property Get LaufwerkPicture() As StdPicture
    Set Picture = imgLaufwerkBild(mLaufwerkIndex)
End Property
```

20.5.4   Die Objekte Ambient und Extender

Da ein Benutzersteuerelement stets in einen Container eingefügt wird, muss es eine Möglichkeit besitzen, auf bestimmte Informationen des Containers zugreifen können. Dies geschieht über das *Ambient*-Objekt, das vom Container zur Verfügung gestellt wird.[6] Über die Eigenschaften dieses Objekts kann der Programmierer z.B. abfragen, ob sich das Benutzersteuerelement im Entwurf- oder im Ausführenmodus befindet. Ein weiterer Aspekt, über den Sie sich bereits gewundert haben dürften, sind Eigenschaften wie *Left*, *Top* oder *BackColor*, die jedes Benutzersteuerelement besitzt, die aber nicht von Ihnen zur Verfügung gestellt werden müssen. Diese Eigenschaften werden automatisch vom *Extender*-Objekt zur Verfügung gestellt.

Merksatz *Über die Objekte Ambient und Extender kann ein Benutzersteuerelement auf die Eigenschaften seines Containers zugreifen.*

Merksatz *Die Eigenschaften des Extender- und des Ambient-Objekts stehen nicht in der Initialize-Ereignisprozedur zur Verfügung, da das Benutzersteuerelement zu diesem Zeitpunkt noch nicht plaziert ist. Der Zugriff auf die Eigenschaften kann frühestens in der InitProperties-Ereignisprozedur erfolgen.*

Das Extender-Objekt

Im »Lebenszyklus« eines ActiveX-Steuerelements gibt es den Entwickler (in diesem Fall Sie) und den »Anwender«, der Ihr Steuerelement in seinem Container einsetzt. Führen Sie bitte eine kleine Übung durch, und legen Sie ein neues ActiveX-Steuerelement an. Im Eigenschaftsfenster sehen Sie eine Vielzahl von Eigenschaften. Alle diese Eigenschaften können zur Entwurfszeit des Benutzersteuerelements eingestellt werden. Doch welche Eigenschaften sieht der Anwender des Benutzersteuerelements nach dem Anordnen auf einem Formular? Probieren Sie es aus, indem Sie ein Standard-EXE-Projekt hinzufügen, den ActiveX-Designer schließen und das leere Benutzersteuerelement auf dem Formular anordnen. Sie sehen nun 15 Eigenschaften, obwohl in dem

---

[6] Dieser etwas sonderbare Name lässt sich am besten mit »Umgebung« übersetzen.

Benutzersteuerelement noch keine Eigenschaften implementiert wurden. Diese Eigenschaften stammen daher nicht aus dem Benutzersteuerelement, sie werden vielmehr vom *Extender*-Objekt zur Verfügung gestellt. Für den Anwender sieht es aber so aus, als wären es Eigenschaften des Benutzersteuerelements.

Zu diesen Eigenschaften gehören z.B. *Name, Visible, Parent, Cancel* und *Default.*

Da ein ActiveX-Steuerelement in verschiedenen Containern eingesetzt werden kann, kann das Vorhandensein der Extender-Eigenschaften nicht vorausgesetzt werden. Da Referenzen auf Extender-Attribute erst zur Laufzeit aufgelöst werden können, ist beim Zugriff auf eine nicht vorhandene Eigenschaft zwar kein Laufzeitfehler die Folge, es wird aber ein Default-Wert zurückgegeben.

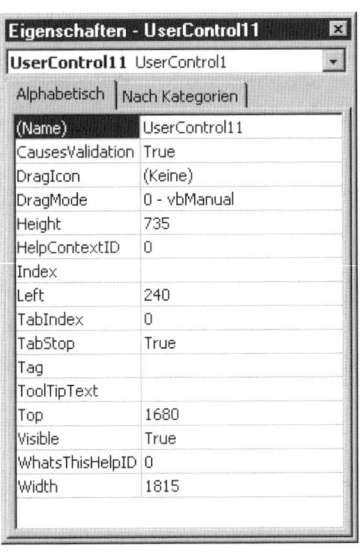

*Abbildung 20.18:
Alle diese Eigenschaften werden vom Extender-Objekt zur Verfügung gestellt.*

Im Eigenschaftsfenster eines in einem Container plazierten ActiveX-Steuerelements werden nur die zugänglichen Eigenschaften des *Extender*-Objekts und die nachträglich durch den Programmierer hinzugefügten Eigenschaften aufgelistet.

Das folgende Beispiel zeigt, wie bei jeder Größenänderung eines auf einem Formular angeordneten Benutzersteuerelements dessen aktuelle Größe in der Titelzeile des Formulars ausgegeben werden kann: **Beispiel**

```
Private Sub UserControl_Resize()
    UserControl.Parent.Caption = "Die aktuelle Größe von " & _
    Extender.Name & " ist " & _
 Extender.Height & "x" & Extender.Width
End Sub
```

Über die *Parent*-Eigenschaft des Benutzersteuerelements erfolgt ein Zugriff auf die *Caption*-Eigenschaft des Formulars, über die *Name*-Eigenschaft des *Extender*-Objekts steht der vom Benutzer im Eigenschaftsfenster eingetragene Name des Benutzersteuerelements zur Verfügung.

Das Ambient-Objekt

Das *Ambient*-Objekt ist im Allgemeinen etwas wichtiger als das *Extender*-Objekt, da es Informationen über die Umgebung des Benutzersteuerelements, d.h. des Containers liefert. Das beste Beispiel ist sicherlich die *BackColor*-Eigenschaft, die die Hintergrundfarbe des Containers liefert. Durch Abfrage dieser Eigenschaft kann z.B. verhindert werden, dass bei gelbem Hintergrund eine gelbe Vordergrundfarbe verwendet wird. Allerdings sind von den vielen Eigenschaften des *Ambient*-Objekts nur ein paar interessant, diese sind in Tabelle 20.2 aufgelistet.

Tabelle 20.2: Die wichtigsten Eigenschaften des Ambient-Objekts.

Eigenschaft	Bedeutung
BackColor	Hintergrundfarbe des Containers.
DisplayAsDefault	Ist *True*, wenn ein benutzerbezeichnetes Steuerelement das Standardsteuerelement im Container ist.
DisplayName	Instanzenname des Steuerelements. Kann z.B. dazu benutzt werden, den Namen des Steuerelements zur Entwurfszeit anzuzeigen.
Font	Aktuell eingestellte Schriftattribute.
ForeColor	Vordergrundfarbe des Containers.
LocaleID	Kennnummer für länderspezifische Einstellungen.
TextAlign	Aktuelle Texteinrichtung.
UserMode	Ist *True*, wenn sich der Container im Ausführungsmodus befindet, und *False*, wenn das Benutzersteuerelement zur Entwicklungszeit des Containers ausgeführt wird. Wird diese Eigenschaft vom Container nicht unterstützt, gibt sie stets *True* zurück.

Beispiel Hier ein kleines Beispiel, das die Rolle des *Ambient*-Objekts deutlich machen soll. Wird die Vordergrundfarbe im Benutzersteuerelement auf einen bestimmten Wert eingestellt, kann es passieren, dass diese nicht optimal mit der Hintergrundfarbe des Containers harmoniert. Besser ist es dagegen, etwas vorausschauender zu denken und sich stattdessen über die *ForeColor*- und *BackColor*-Eigenschaften des *Ambient*-Objekts an die Farben des Containers anzupassen:

```
Private Sub UserControl_InitProperties()
    BackColor = Ambient.BackColor
    ForeColor = Ambient.ForeColor
End Sub
```

Wie Sie aus Kapitel 20.5.1 bereits wissen, wird die *InitProperties*-Ereignisprozedur nur einmal aufgerufen, wenn das Benutzersteuerelements auf dem Container plaziert wird. Beim erneuten Anlegen einer Instanz des Benutzersteuerelements, z.B. weil das Formular geschlossen und wieder geöffnet wurde, wird sie dagegen nicht aufgerufen.

Das nächste Beispiel benutzt die *UserMode*-Eigenschaft, um festzustellen, ob sich der Container, auf dem das Benutzersteuerelement angeordnet wurde, im Ausführungs- oder im Entwurfmodus befindet:

Beispiel

```
Private Sub tmrSekundenZähler_Timer()
    If Ambient.UserMode = True Then    ' Ausführenmodus
        lblSekundenBis2000.Caption = Format(DateDiff("s", _
        Now, "1.1.00"), "0,0")
    End If
End Sub
```

Der Zeitgeber soll nur dann aktiv werden, wenn sich der Container im Ausführungsmodus befindet.

Das Ambient-Objekt spielt vor allem dann eine Rolle, wenn ein ActiveX-Steuerelement auf einer HTML-Seite eingesetzt wird, da hier keine Voreinstellungen vorausgesetzt werden können.

Merksatz

Das AmbientChanged-Ereignis

Was passiert, wenn sich die Einstellungen des Containers wieder ändern, was z.B. über die Systemsteuerung oder über das Eigenschaftsfenster des Containers jederzeit möglich ist? Idealerweise sollte sich das Steuerelement darauf einstellen können. Das kann es auch, wenn das *AmbientChanged*-Ereignis einbezogen wird.

```
Private Sub UserControl_AmbientChanged(PropertyName As String)
    BackColor = Ambient.BackColor
    ForeColor = Ambient.ForeColor
End Sub
```

Als Argument wird der Prozedur der Name der geänderten Eigenschaft übergeben. Im Allgemeinen wird man diesen Wert aber nicht abfragen, sondern einfach alle *Ambient*-Eigenschaften anpassen.

20.5.5 Das UserControl-Objekt

Das *UserControl*-Objekt kennen Sie bereits, denn genau wie ein Formular die Grundlage für jedes Dialogfeld ist, ist dieses die Grundlage für jedes Benutzersteuerelement. Was Sie noch nicht kennengelernt haben, sind die zahlreichen Eigenschaften sowie die Methoden und Ereignisse eines *UserControl*-Objekts. Da das Benutzersteuerelement bezüglich seiner Mitglieder große Ähnlichkeit mit einem Formular besitzt, werden natürlich nur die für ein Benutzersteuerelement spezifischen Mitglieder vorgestellt.

Die wichtigsten Eigenschaften

Die wichtigsten Eigenschaften eines *UserControl*-Objekts (nicht alle sind zur Entwurfszeit einstellbar) sind in Tabelle 20.3 zusammengefasst. Einer besonderen Anmerkung bedarf die *Parent*-Eigenschaft, die einen Zugriff auf Eigenschaften des Containers ermöglicht. Wie beim *Extender*-Objekt allgemein gilt auch hier, dass – wenn ein ActiveX-Steuerelement wirklich universell einsetzbar sein soll – man keine Annahmen über die vom Container unterstützten Eigenschaften machen sollte, ohne diese über eine Fehlerbehandlung abzusichern. Die *Parent*-Eigenschaft ist insofern interessant, als dass über sie ein Zugriff auf die anderen Benutzersteuerelemente des Containers möglich ist.

Tabelle 20.3: Die wichtigsten Eigenschaften eines Benutzersteuerelements.

Eigenschaft	Bedeutung
AccessKeys	Legt die Zugriffstasten für das Benutzersteuerelement fest oder gibt sie zurück. Soll das Benutzersteuerelement z.B. über `Alt`+`X` aktiviert werden, muss die Eigenschaft den Wert X enthalten. Die Zugriffstasten der konstituierenden Steuerelemente werden implizit übernommen und müssen nicht in der *AccessKeys*-Eigenschaft aufgeführt werden.
Alignable	Legt fest oder ermittelt, ob das Benutzersteuerelement durch Einstellen der *Align*-Eigenschaft des Containers (sofern vorhanden) in der Innenfläche des Containers ausgerichtet werden kann. Kann sich das Benutzersteuerelement selbständig an eine Änderung der Ausrichtung anpassen, wird diese Eigenschaft auf *True* gesetzt.
Ambient	Gibt eine Referenz auf das *Ambient*-Objekt des Containers zurück.

Eigenschaft	Bedeutung
BackStyle	Legt den Typ des Hintergrunds fest. Zusätzlich zu den üblichen Einstellungen 0 (transparenter Hintergrund) und 1 (*Opaque*, Standardwert) gibt es die Einstellung 2 (*TransparentPaint*). In diesem Modus besitzt das Benutzersteuerelement zwar einen transparenten Hintergrund, auf den gesamten Bereich des Benutzersteuerelements kann gezeichnet werden und alle Mausereignisse werden auch in jenen Bereichen, in denen andere Steuerelemente sichtbar sind, an das Benutzersteuerelement und nicht an den Container weitergegeben.
CanGetFocus	Legt fest oder ermittelt, ob das Benutzersteuerelement den Eingabefokus erhalten kann. Sie kann nur dann auf *False* gesetzt werden, wenn das Benutzersteuerelement keine konstituierenden Steuerelemente enthält oder keines dieser Steuerelemente den Fokus erhalten kann (dies trifft für Bezeichnungsfelder, Rahmenfelder, den Zeitgeber, die Anzeige und das Datensteuerelement zu).
ContainedControls-Eigenschaft	Enthält bei einem Formular als Container alle zur Laufzeit des Benutzersteuerelements hinzugefügten Steuerelemente ab dem *InitProperties*-Ereignis. Voraussetzung ist, dass die *ControlContainer*-Eigenschaft den Wert *True* besitzt.
ControlContainer	Legt fest oder ermittelt, ob auf dem Benutzersteuerelement, ähnlich wie beim Bildfeld, Steuerelemente angeordnet werden können. Dies bezieht sich auf den Zustand, in dem das Benutzersteuerelement auf einem Container angeordnet wurde und sich daher bereits im Ausführungsmodus befindet. Auf diese Weise lässt sich z.B. ein Pendant zum Rahmenfeld nachbauen. Die Standardeinstellung ist *False*, d.h. es können keine Steuerelemente angeordnet werden. Alle während der Laufzeit hinzugefügten Steuerelemente stehen über die *ContainedControls*-Eigenschaft zur Verfügung.
Controls	Gibt eine Auflistung aller auf dem Benutzersteuerelement angeordneten konstituierenden Steuerelemente zurück.
DefaultCancel	Legt fest oder ermittelt, ob das Benutzersteuerelement die Rolle eines Standardsteuerelements spielen kann. Ist diese Eigenschaft *True* (der Standardwert ist *False*), werden die Eigenschaften *Cancel* und Default zum *Extender*-Objekt hinzugefügt. Besitzt z.B. die *Cancel*-Eigenschaft des Benutzersteuerelements im Container den Wert *True*, führt ein Drücken der ⎡Esc⎤-Taste zu einem *AccessKeys*-Ereignis.

Eigenschaft	Bedeutung
EditAt-DesignTime	Legt fest oder ermittelt, ob bei dem Benutzersteuerelement im Container beim Anklicken mit der rechten Maustaste im Entwurfmodus der Befehl BEARBEITEN erscheint. Wird dieser Befehl gewählt, verhält sich das Benutzersteuerelement so, als würde der Container sich im Ausführenmodus befinden. Einzige Ausnahme: es werden keine benutzerdefinierten Ereignisse ausgelöst, d.h. die *RaiseEvent*-Anweisung bleibt wirkungslos. Die Standardeinstellung ist *False*.
Extender	Gibt eine Referenz auf das *Extender*-Objekt des Containers zurück.
ForwardFocus	Legt fest oder ermittelt, ob das Benutzersteuerelement den Eingabefokus an das nächste Steuerelement in der Tab-Reihenfolge weiterreicht. Ist diese Eigenschaft *True*, lässt sich das gleiche Verhalten erreichen wie z.B. bei einem Bezeichnungsfeld. Die Standardeinstellung ist *False*.
Hyperlink	Ermöglicht den Zugriff auf das mit dem Benutzersteuerelement verbundene *Hyperlink*-Objekt, über das es wiederum in einem entsprechenden Container, wie z.B. dem Internet Explorer, möglich ist, eine Webseite anzusteuern oder sich in der History-Liste vor- oder zurückzubewegen.
InvisibleAtRun-Time	Legt fest oder ermittelt, ob das Benutzersteuerelement im Ausführenmodus des Containers sichtbar ist. Möchte man z.B. einen Zeitgeber nachbauen, muss diese Eigenschaft *True* sein. Das Benutzersteuerelement besitzt (wenn sich der Container im Entwurfmodus befindet) nur noch die Eigenschaften *Index, Name, Left, Tag* und *Top*. Die Standardeinstellung ist *False*.
Parent	Gibt eine Referenz auf den umgebenden Container zurück und ermöglicht z.B. einen Zugriff auf die Eigenschaften des Formulars.
PropertyPages	Dies ist eine Feldeigenschaft, die die Namen aller zu dem Benutzersteuerelement gehörenden Eigenschaftendialogfelder zurückgibt, oder über die dem Benutzersteuerelement ein weiteres Eigenschaftendialogfeld zugewiesen wird. Alle in dieser Eigenschaft enthaltenen Eigenschaftendialogfelder werden beim Anklicken des Eintrags »Benutzerdefiniert« im Eigenschaftsfenster des Benutzersteuerelements in einem Registerdialogfeld angezeigt.
ToolboxBitmap	Legt eine BMP- oder GIF-Datei fest, die die Bitmap für die Werkzeugsammlung (16x15-Format) enthält.

Der Zugriff auf den Container

Das *UserControl*-Objekt repräsentiert das Benutzersteuerelement. Über seine Eigenschaften *Parent*, *ParentControls*, *Ambient* und *Extender* ist ein Zugriff auf den Container möglich, wobei aber nicht davon ausgegangen werden darf, dass eine bestimmte Eigenschaft unterstützt wird. Eine besondere Rolle spielt die *ParentControls*-Eigenschaft. Sie gibt, wie die *Controls*-Eigenschaft, eine Auflistung der anderen Steuerelemente im Container zurück. Über ihre *ParentControlsType*-Eigenschaft ist es möglich, auch dann eine Auflistung der Steuerelemente zu erhalten, wenn Visual Basic das *Extender*-Objekt des Containers nicht benutzen kann (wie es z. B. beim Internet Explorer 3.x der Fall ist). Durch die Anweisung

```
ParentControlsType = vbNoExtender
```

wird festgelegt, dass die *ParentControls*-Auflistung alle Steuerelemente ohne die Eigenschaften und Methoden des *Extender*-Objekts zurückgibt.

Die wichtigsten Methoden

Ein Benutzersteuerelement besitzt relativ wenige Methoden. Die meisten sind mit denen eines Formulars identisch. Von den spezifischen Methoden werden *AsyncRead* und *CancelAsyncRead* in Kapitel 22.3 etwas ausführlicher besprochen.

Tabelle 20.4:
Die wichtigsten
Methoden eines
Benutzersteuer-
elements..

Methode	**Bedeutung**
AsyncRead	Startet das Einlesen eines Eigenschaftenwerts aus einer Datei oder von einem URL. Dieses Verfahren wird als asynchron bezeichnet, da seine Beendigung durch den Aufruf eines *AsyncReadComplete*-Ereignisses angezeigt wird.
CancelAsyncRead	Bricht ein begonnenes Einlesen eines Eigenschaftswerts wieder ab.
CanPropertyChange	Fragt den Container, ob der Wert der Eigenschaft, deren Name beim Aufruf übergeben wurde, geändert werden kann. Sollte vor allem beim Zugriff auf gebundene Eigenschaften verwendet werden, da die Datensatzgruppe nicht bereit sein könnte.
PropertyChanged	Teilt dem Container mit, dass sich der Wert einer Eigenschaft geändert hat. Wird üblicherweise in der *Property-Let*-Prozedur ausgeführt. Damit wird bei einem Formular erreicht, dass der Wert im Eigenschaftsfenster aktualisiert wird.

Methode	Bedeutung
Size	Ändert die Größe des Benutzersteuerelements. Höhe und Breite werden immer in Twips angegeben. Der Aufruf der Methode hat ein *Resize*-Ereignis zur Folge.

Die wichtigsten Ereignisse

Die meisten Ereignisse eines *UserControl*-Objekts wurden bereits vorgestellt als der »Lebenszyklus« eines Benutzersteuerelements beschrieben wurde. Eine Übersicht über die wichtigsten Ereignisse gibt Tabelle 20.5.

Tabelle 20.5: Die wichtigsten Ereignisse des Benutzersteuerelements.

Ereignis	Wird ausgelöst, wenn ...
ExitFocus	... das Benutzersteuerelement als Ganzes den Fokus verliert. Folgt auf ein *LostFocus*-Ereignis eines der konstituierenden Steuerelemente oder des Benutzersteuerelements, wenn dieses zum Verlust des Fokus führte.
AccessKeyPress	... eine festgelegte Tastenkombination betätigt wurde.
AmbientChanged	... sich eine der *Ambient*-Eigenschaften des Containers geändert hat.
EnterFocus	... das Benutzersteuerelement oder eines seiner konstituierenden Steuerelemente den Fokus erhalten hat.
InitProperties	... das Benutzersteuerelement zum ersten Mal auf dem Container plaziert wird.
Initialize	... das Benutzersteuerelement instanziert wird. Betrifft sowohl die Instanz, die während der Entwurfszeit des Containers aktiv ist, als auch jene, die aktiv ist, während der Container ausführt.
ReadProperties	... das Benutzersteuerelement instanziert wurde und die zwischengespeicherten Eigenschaftenwerte wieder eingelesen werden sollen.
WriteProperties	... die Instanz des Benutzersteuerelements zerstört wird, sodass die eingestellten Eigenschaftswerte zwischengespeichert werden können.
Hide	... das permanente »Fenster« eines Benutzersteuerelements entfernt wird (z.B. durch Setzen der *Visible*-Eigenschaft auf *False*).
Terminate	... das Benutzersteuerelement entladen wird.

20.5.6 Eine Frage der Transparenz

Besitzt die *BackStyle*-Eigenschaft eines Benutzersteuerelements den Wert 0 (*Transparent*), erhält es dadurch einen durchsichtigen Hintergrund. Wird das Benutzersteuerelement auf einem Formular mit einer Hintergrundgrafik angeordnet, ist es für den Benutzer sehr schwer (wenn nicht unmöglich) zu erkennen, wo das Benutzersteuerelement sich gerade befindet. Wäre es nicht nett, wenn man dem Benutzersteuerelement eine beliebige Form geben könnte? Nun, das ist kein Problem, wenn man die Eigenschaften *MaskPicture* und *MaskColor* eines Benutzersteuerelements einbezieht. Über die *MaskPicture*-Eigenschaft weisen Sie dem Benutzersteuerelement eine Bitmap zu (BMP-, DIB-, GIF- oder JPEG-Format), die seinen sichtbaren Ausschnitt definiert. Möchten Sie z. B. erreichen, dass das Benutzersteuerelement wie ein Rennauto aussieht, müssen Sie über die *MaskPicture*-Eigenschaft die Form eines Rennautos laden. Doch Vorsicht, die *MaskPicture*-Eigenschaft definiert nicht den sichtbaren Bereich, sondern den Bereich, an dem das Benutzersteuerelement transparent wird (daher heißt es auch Maske). Genauer gesagt wird es an den Stellen transparent, an denen es von Bereichen der Bitmap überdeckt wird, die der *MaskColor*-Eigenschaft entsprechen. Alle übrigen Bereiche werden durch die *Farbe* der *BackColor*-Eigenschaft des Benutzersteuerelements dargestellt. Gleichzeitig legen diese Bereiche die zeichenbare Fläche des Benutzersteuerelements fest (der Rest ist schließlich transparent).[7]

Merksatz

Besitzt bei einem Benutzersteuerelement die BackStyle-Eigenschaft den Wert 0, kann seine Form durch die MaskPicture-Eigenschaft festgelegt werden.

Und noch eine Besonderheit hat es mit der *MaskPicture*-Eigenschaft auf sich. In allen transparenten Bereichen enthält nicht das Benutzersteuerelement die Mauseingaben, auch wenn die angeklickte Fläche zum Benutzersteuerelement gehört, sondern der darunterliegende Container bzw. dessen Steuerelemente.

Die Bedeutung der Eigenschaften *MaskPicture* und *MaskColor* ist am Anfang nicht ganz einfach zu durchschauen (insbesondere der Umstand, dass das Bild der *MaskPicture*-Eigenschaft nicht angezeigt wird, sondern lediglich dazu dient, eine Fläche festzulegen). Es lassen sich aber hübsche Effekte damit realisieren. So ist es beispielsweise denkbar, in einem unsichtbaren Bildfeld eine kleine Animation ablaufen zu

---

[7] Aus unerfindlichen Gründen funktioniert dies nicht unter Access97.

lassen und durch Zuweisen der *Picture*-Eigenschaft an die *MaskPic-ture*-Eigenschaft zu erreichen, dass das Benutzersteuerelement jeweils die Form der aktuellen Animationssequenz annimmt.[8]

20.5.7 Das Anlegen von Eigenschaftsseiten

ActiveX-Steuerelemente sollten dem Benutzer die Möglichkeit bieten, die wichtigsten Eigenschaften über eine Eigenschaftsseite (engl. »property page«) einstellen zu können. Dies ist nicht nur eine Frage des Komforts, sondern stellt auch sicher, dass das Steuerelement in Containern eingesetzt werden kann, die keine andere Möglichkeit bieten.

Eigenschaftsseiten stellen eine eigene Klasse vom Typ *PropertyPage* dar. Wie Benutzersteuerelemente sind sie bereits aktiv, während sich das Formular noch im Entwurfsmodus befindet. Eigenschaftsseiten werden entweder zentral über den Eintrag »Benutzerdefiniert« im Eigenschaftsfenster aufgerufen. Sie können aber auch über die Prozedurattribute direkt einer Eigenschaft im Eigenschaftsfenster zugeordnet werden.

Abbildung 20.19: Über den Eintrag »Benutzerdefiniert« werden alle Eigenschaftsseiten angezeigt.

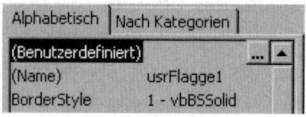

Das Erstellen einer Eigenschaftsseite ist relativ simpel, denn sie wird auf die gleiche Weise gestaltet wie ein Formular. Beispielsweise möchten Sie dem Benutzer die Gelegenheit geben, eine Datei auszuwählen, oder Sie wollen, dass die einzelnen Steuerelemente genauso aussehen, als würde die Dateiauswahl auf einem »normalen« Formular geschehen. Im Folgenden soll daher lediglich beschrieben werden, auf welche Weise das Benutzersteuerelement (bzw. allgemein ein Visual-Basic-Programm) mit einer Eigenschaftsseite kommuniziert. Allerdings sollten Eigenschaftsseiten möglichst platzsparend aufgebaut werden.

Sobald ein Benutzersteuerelement eine Eigenschaftsseite besitzt, findet man im Eigenschaftsfenster den Eintrag »Benutzerdefiniert«. Das Anklicken dieses Eintrags öffnet das typische Registerdialogfenster, in dem alle vorhandenen Eigenschaftsseite zur Auswahl zur Verfügung stehen. Anschließend treten folgende Ereignisse ein:

---

[8] Einer der Visual-Basic-Entwickler bei Microsoft bemerkte dazu damals anläßlich einer Vorführung von Visual Basic 5.0: »Dafür, dass wir es an einem Wochenende eingehackt haben, ist es richtig nett geworden.«

1. Auf der Eigenschaftsseite, die über das *PropertyPage*-Objekt ange-sprochen wird, ist als erster Eintrag ein *Initialize*-Ereignis die Folge, in der beliebige Initialisierungen vorgenommen werden kön-nen (ein *Load*-Ereignis gibt es nicht).

2. Als Nächstes tritt das *SelectionChanged*-Ereignis ein. Dieses Ereig-nis zeigt der Eigenschaftsseite an, dass sich die Auswahl der Steuer-elemente auf dem Formular geändert hat. Da dies z.B. auch der Fall ist, wenn lediglich ein Steuerelement ausgewählt ist, wird dieses Ereignis immer gleich behandelt. In der Ereignisprozedur stehen die selektierten Steuerelemente über das Feld *SelectedControls* zur Verfügung. So lautet der Ausdruck, um das erste Steuerelement an-zusprechen, *SelectedControls* ⓪ usw.

3. Der Benutzer kann jetzt irgendwelche Einstellungen in der Eigen-schaftsseite vornehmen. Findet eine Änderung einer Eigenschaft statt, muss die *Changed*-Eigenschaft der Eigenschaftsseite auf *True* gesetzt werden. Dadurch wird die *Übernehmen*-Schaltfläche aktiv, durch welche die geänderten Einstellungen übernommen werden können, ohne dass die Eigenschaftsseite geschlossen wird. Leider geht aus dem Setzen der *Changed*-Eigenschaft nicht hervor, wel-che Eigenschaft geändert wurde. Sie müssen daher alle in Frage kommenden Eigenschaften in der *ApplyChanges*-Ereignisprozedur abfragen.

4. Das Anklicken der *Übernehmen*- oder der *OK*-Schaltfläche löst ein *ApplyChanges*-Ereignis aus. Im Rahmen dieser Ereignisprozedur müssen die geänderten Einstellungen in das Programm übernom-men werden (Pflicht ist das natürlich nicht, denn was Änderungen auf einer Eigenschaftsseite bewirken sollen, bestimmt allein der Programmierer bzw. die Programmiererin).

Was passiert, wenn mehrere Steuerelemente selektiert wurden?

Dieser Fall ist einfacher zu lösen, als es vielleicht zunächst den An-schein haben mag. Ein Benutzer kann jederzeit durch Drücken der Strg-Taste mehrere Steuerelemente gleichzeitig auswählen, um eine Eigenschaft bei diesen Steuerelementen einzustellen. Grundsätzlich werden alle selektierten Steuerelemente in der *SelectedControls*-Auf-listung übergeben. Durch Abfragen der *Count*-Eigenschaft lässt sich dieser Fall einfach feststellen. Die Steuerelemente in der Auflistung können durchaus verschiedene Typen besitzen, in diesem Fall sollten aber auf der Eigenschaftsseite nur jene Eigenschaften angezeigt wer-den, die alle beteiligten Steuerelemente gemeinsam haben. In der *ApplyChanges*-Ereignisprozedur muss das Zurückschreiben der geän-derten Eigenschaftswerte entsprechend für jedes Steuerelement der Auflistung durchgeführt werden.

Wie kann eine Eigenschaftsseite direkt über einen Eintrag im Eigenschaftsfenster geöffnet werden?

Auch das lässt sich einfach bewerkstelligen. Öffnen Sie über den Menüeintrag EXTRAS | PROZEDURATTRIBUTE das Dialogfeld *Prozedurattribute*, wählen Sie die Eigenschaft in der Auswahlliste »Name« aus, klicken Sie auf die Schaltfläche *Optionen*, und stellen Sie in der Auswahlliste »Eigenschaften-Seite« die Eigenschaftsseite ein. Anschließend werden Sie feststellen, dass der Eintrag der Eigenschaft im Eigenschaftsfenster beim Anklicken die bekannte Schaltfläche mit den drei Punkten enthält, über die die Eigenschaftsseite geöffnet wird.

Abbildung 20.20: Im Dialogfeld »Prozedurattribute« kann einer Eigenschaft direkt eine Eigenschaftsseite zugeordnet werden.

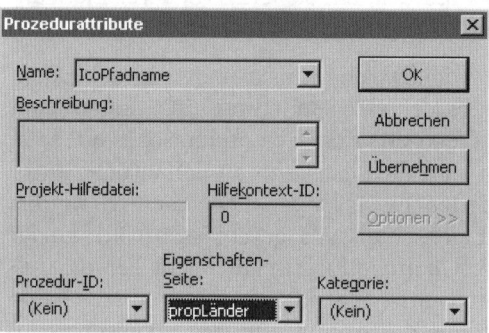

Gibt es vordefinierte Eigenschaftsseiten?

Natürlich müssen Sie sich nicht die Mühe machen und die Eigenschaftsseite für das Einstellen von Zeichenattributen nachbauen. Diese steht genauso fertig zur Verfügung wie Eigenschaftsseiten für das Einstellen von Farben und der Auswahl von Bildern. Um einer Eigenschaft eine solche Eigenschaftsseite zuzuweisen, müssen Sie im Dialogfeld *Prozedurattribute* in der Auswahlliste anstelle einer benutzerdefinierten Seite eine der Standardseiten »StandardFont«, »StandardColor« oder »StandardPicture« auswählen.

Beispiel Das im Folgenden beschriebene Benutzersteuerelement stellt einen universellen »Flaggen-Bitmap-Server« vor. Wenn Sie sich darunter noch nichts vorstellen können, so macht das nichts. Das Benutzersteuerelement ist immer dann sehr nützlich, wenn Sie häufiger mit den Flaggensymbolen arbeiten möchten. Bislang war es immer so: Man ordnet ein Bildfeld oder eine Anzeige auf einem Formular an und sucht die passende Bitmap in einem der Unterverzeichnisse von Visual Basic. Auch wenn Windows inzwischen den Inhalt von Dateien in Dialogfeldern anzeigt, ist die Suche nach einer bestimmten Flagge etwas umständlich (oder wissen Sie auf Anhieb, was sich hinter der Datei *Flgastrl.Ico* verbirgt und vor allem wie der komplette Pfad lautet?). Der Flaggen-Bitmap-Server umgeht dieses Problem, indem sämtliche Flaggen über ein einziges Steuerelement zur Verfügung gestellt werden und Sie über die Eigenschaft *Land* eines der angebotenen Länder auswählen können. Da sich aber das *Flags*-Verzeichnis auf jedem PC woanders befinden kann, bietet das Benutzersteuerelement für jede Bitmap-Datei die Möglichkeit, den Suchpfad einzustellen. Und genau in diesem Punkt kommt eine Eigenschaftsseite ins Spiel.

Auch diesmal soll das Beispielprogramm nicht in allen Einzelheiten vorgestellt werden. Sie finden das komplette Programm auf der Buch-CD-ROM in der Datei *FlaggenServer.vbp*. Im Folgenden wird lediglich die Einbeziehung einer Eigenschaftsseite beschrieben.

Um ein Benutzersteuerelement um eine Eigenschaftsseite zu erweitern, müssen Sie über den Menübefehl PROJEKT | EIGENSCHAFTSSEITE HINZUFÜGEN entweder eine neue Eigenschaftsseite anlegen oder eine bereits vorhandene Seite laden (zu erkennen an der Erweiterung *.Pag*). Auch hier steht Ihnen auf Wunsch ein Assistent zur Seite, der alle ausgewählten Eigenschaften, die auf der Eigenschaftsseite eingestellt werden können, bereits auf dem Dialogfeld in Form von Eingabefeldern anordnet. **Schritt 1**

Im nächsten Schritt wird die Eigenschaftsseite zusammengestellt. Spezielle Regeln gibt es dabei nicht zu beachten. Sie können also die Eigenschaftsseite auf die gleiche Weise gestalten, wie Sie auch ein beliebiges Formular gestalten würden. Da jedes Steuerelement zum Einsatz kommen kann, können Sie recht einfallsreiche und vor allem komfortable Eigenschaftsseiten entwerfen. **Schritt 2**

Ist die Eigenschaftsseite fertig, muss sie mit dem Benutzersteuerelement verknüpft werden. Dafür ist die Eigenschaft *PropertyPages* im Eigenschaftsfenster zuständig, über die Sie nicht nur die von Ihnen erstellte Seite, sondern auch folgende Standardseiten auswählen können: **Schritt 3**

➡ StandardFont (Einstellen von Schriftattributen)

➡ StandardColor (Einstellen einer Farbe)

➡ StandardPicture (Auswahl eines Bildes)

In diesem Zusammenhang ist anzumerken, dass, wenn eine Eigenschaft eine dieser drei Standardseiten benutzen möchte, diese den entsprechenden Datentyp verwenden muss: *OLE_COLOR*, *StdFont* und *StdPicture*.

Nun ist die Eigenschaftsseite einsatzbereit. Sie wird über den Eintrag »Benutzerdefiniert« geöffnet. Nach dem *Initialize*-Ereignis ist das Ereignis *SelectionChanged* an der Reihe. Hier können die aktuellen Eigenschaftenwerte der selektierten Steuerelemente in die Eigenschaftsseite übernommen werden: **Schritt 4**

Abbildung 20.21:
In diesem Dia-
logfeld werden
die zur Verfü-
gung stehen-
den Eigen-
schaftsseiten
ausgewählt.

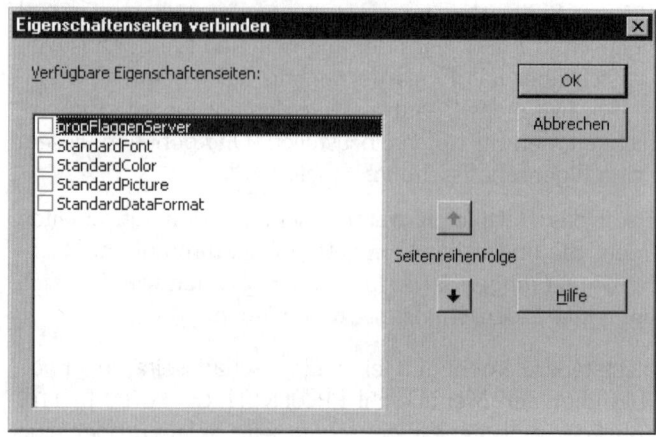

```
Sub PropertyPage_SelectionChanged()
    mIcoPfadName = SelectedControls(0).IcoPfadname
    dirVerzeichnisliste.Path = mIcoPfadName
    drvLaufwerksListe.Drive = Left(mIcoPfadName, 3)
End Sub
```

Um es nicht zu unübersichtlich werden zu lassen, wird nur das erste selektierte Steuerelement abgefragt. In der Praxis sollte man sich aber nicht mit dieser Schmalspur-Lösung begnügen, sondern sich die Mühe machen und alle ausgewählten Steuerelemente berücksichtigen.

Schritt 5 Jetzt kann der Benutzer in der Eigenschaftsseite beliebig schalten und walten. Wird eine Eigenschaft geändert, muss die *Changed*-Eigenschaft des *PropertyPage*-Objekts auf *True* gesetzt werden. Dies sorgt dafür, dass vor dem Verlassen der Eigenschaftsseite über die *OK*-Schaltfläche die *ApplyChanges*-Ereignisprozedur aufgerufen wird:

```
Sub PropertyPage_ApplyChanges()
    On Error Resume Next
    Dim TempObjekt As usrFlagge
    For Each TempObjekt In SelectedControls
        TempObjekt.IcoPfadname = txtDateipfad.Text
    'Alle Pfadnamen neu einlesen
        basFlaggenServer.LänderListeLaden TempObjekt
        If Err.Number > 0 Then
            MsgBox "Fehler in LänderListeLaden", vbCritical
            Stop
        End If
    Next
End Sub
```

Da man leider nicht weiß, welche Eigenschaft geändert wurde, müssen alle in Frage kommenden Eigenschaftenwerte in das bzw. die Steuerelemente zurückübertragen werden.

20.5.8 Einstellen von Prozedurattributen

Die bisher erstellten Benutzersteuerelemente verhielten sich zwar im großen und ganzen wie normale Steuerelemente, doch sicherlich werden Sie ein paar vertraute Feinheiten vermißt haben. So z. B. die Eigenheit der *Caption-* oder *Text-*Eigenschaft, dass die im Eigenschaftsfenster eingetippten Zeichen gleichzeitig im Steuerelement ausgegeben werden, der Umstand, dass beim Anklicken des Eigenschaftsfenster eine bestimmte Eigenschaft voreingestellt wird und natürlich die Möglichkeit, eine Standardeigenschaft vergeben zu können. Alle diese Dinge und noch einige mehr werden über die sog. *Prozedur-ID* eingestellt, welche wiederum im Dialogfeld *Prozedurattribute* festgelegt wird. Dieser Name ist etwas irritierend, denn es geht eigentlich weniger um normale Prozeduren, sondern um Eigenschaften, Methoden und Ereignisse, also um die Mitglieder einer Schnittstelle. Wundern Sie sich auch nicht über den etwas merkwürdigen Namen »Prozedur-ID«, er entstammt der COM-Terminologie und hat für Visual Basic nur insofern Bedeutung, als dass über ihn einzelne Eigenschaften eines Benutzersteuerelements mit bestimmten Attributen versehen werden können. Die Vorgehensweise ist dabei immer gleich. Sie öffnen das Dialogfeld *Prozedurattribute* über den Menübefehl EXTRAS | PROZEDURATTRIBUTE, wählen aus der Auswahlliste »Name« die Eigenschaft, klicken auf die Schaltfläche *Optionen* um den unteren Teil des Dialogs zu öffnen, und wählen aus der Auswahlliste »ProzedurID« das spezielle Attribut aus. Pro Eigenschaft kann ein Attribut vergeben werden.

Bei der ProzedurID handelt es sich um eine Kennummer (einen GUID-Wert), der in die Typenbibliothek des ActiveX-Steuerelements eingetragen wird, und der charakteristisch für eine bestimmte Eigenschaft, Methode oder ein Ereignis ist. Durch Auswahl einer solchen Kennummer erfährt der Container etwas über den Typ der Eigenschaft und kann entsprechend darauf reagieren. Wird z. B. für eine Eigenschaft die ProzedurID »Caption« gewählt, sorgt der Container dafür, dass alle im Eigenschaftsfenster eingetragenen Zeichen in der Innenfläche des Containers angezeigt werden. Wie immer gibt es aber keine Garantie dafür, dass sich ein Container so verhält. Außerdem ist die ProzedurID lediglich ein »Fingerzeig« für den Container. Der Programmcode der Eigenschaft muss nach wie vor vom Programmierer festgelegt werden.

Merksatz

Das Einstellen zusätzlicher Attribute für eine einzelne Eigenschaft, Methode oder Ereignis geschieht stets über den Menübefehl EXTRAS | PROZEDURATTRIBUTE. Als Voraussetzung dafür, dass etwas eingestellt ist, muss mindestens eine öffentliche Prozedur existieren.

Abbildung 20.22:
Im Dialogfeld
»Prozedurattri-
bute« werden
die Eigenschaf-
ten eines Mit-
glieds in eine
Klasse
eingestellt.

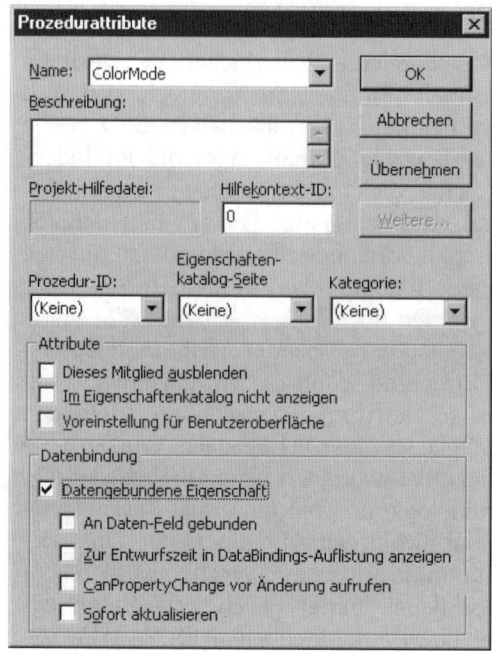

Das Dialogfeld *Prozedurattribute* besteht aus zwei Teilen, wobei der Teil mit den etwas fortgeschritteneren Einstellungen erst über die *Optionen*-Schaltfläche geöffnet werden muss. Im oberen Teil können Sie:

➡ Ein Mitglied auswählen, dessen Prozedurattribute eingestellt werden sollen.

➡ Eine Beschreibung eingeben, die im Objektkatalog und im Eigenschaftsfenster erscheint.

➡ Eine Hilfedatei auswählen und eine Kennummer für das anzuzeigende Thema festlegen.

Welche »spannenden« Möglichkeiten über das Dialogfeld *Prozedurattribute* allgemein für ein Mitglied festgelegt werden können, fasst Tabelle 20.6 zusammen. Lassen sich von den zahlreichen Attributen nicht irritieren. Die Auswahl einer Einstellung wie »BackColor« oder »DrawMode« bedeutet nicht, dass das Benutzersteuerelement dadurch eine Eigenschaft erhält, die sich genauso verhält (dieses Verhalten muss immer implementiert werden). Es bedeutet lediglich, dass der Container unter Umständen für diese Eigenschaft, Methode oder dieses Ereignis ein paar Kleinigkeiten anders macht als ohne diese Einstellung. Zwingend erforderlich ist sie für keine Eigenschaft.

Was soll erreicht werden?	Wie wird es gemacht?
Eigenschaft soll Standardeigenschaft sein.	Prozedur-ID erhält den Wert »Voreinstellung«.
Eingabe im Eigenschaftsfenster soll unmittelbar im Benutzersteuerelement angezeigt werden.	Prozedur-ID erhält den Wert »Caption« oder »Text« (je nach Typ der Eigenschaft).
Eigenschaftsfeld soll einen »Info«-Eintrag erhalten, über den eine Infobox aufgerufen wird.	ProzedurID erhält den Wert »AboutBox«. Voraussetzung ist, dass das Benutzersteuerelement eine öffentliche Prozedur enthält, welche das entsprechende Formular anzeigt.
Eigenschaft soll nicht im Eigenschaftsfenster erscheinen.	Option »Dieses Element ausblenden« wählen. Diese Option wird z. B. gesetzt, wenn eine Eigenschaft nur noch aus Kompatibilitätsgründen zur Verfügung steht.
Ereignisprozedur soll beim Öffnen des Programmfensters voreingestellt sein.	Option »Voreinstellung für Benutzeroberfläche« verwenden.
Eigenschaft soll beim Anordnen des Benutzersteuerelements auf dem Container im Eigenschaftsfenster eingestellt sein.	Option »Voreinstellung für Benutzeroberfläche« verwenden. Dieses Attribut kann pro Benutzersteuerelement für eine Eigenschaft und eine Prozedur einmal vergeben werden.
Einstellen einer Eigenschaft soll über Eigenschaftsseite möglich sein.	Eigenschaftsseite über Auswahlliste »Eigenschaften-Seite« auswählen.
Eigenschaft soll im Eigenschaftsfenster in einer bestimmten Kategorie erscheinen.	Kategorie über »Kategorie«-Auswahlliste auswählen.

Tabelle 20.6: Diese zusätzlichen Möglichkeiten stehen über das Dialogfeld Prozedurattribute zur Verfügung.

20.5.9 Gebundene Benutzersteuerelemente

Da es sich bei einem Benutzersteuerelement, abgesehen von einigen Besonderheiten, die bereits in diesem Kapitel angesprochen wurden, um ein »normales« Visual-Basic-Programm handelt, kann es Datenbankzugriffe auf die gleiche Weise durchführen, wie jedes andere Visual-Basic-Programm auch. Da das Thema »Datenbankprogrammierung« in den Kapiteln 17 und 18 besprochen wurde, soll es in diesem Abschnitt lediglich um das Thema gehen, wie ein Benutzersteuerelement gebunden sein kann, d.h. über eine *DataSource*- und eine *DataField*-Eigenschaft eine Verbindung zu einem Datensteuerelement und einem Feld in der von dem Datensteuerelement repräsentierten Datensatzgruppe herstellen kann. Diese Dinge sind auch bei Visual Basic 6.0 recht gut versteckt, sie werden nämlich in den Prozedurattributen eingestellt, die wiederum über den Menübefehl EXTRAS | PROZEDURATTRIBUTE zugänglich sind. Zunächst soll kurz die Frage geklärt werden, was es heißt, wenn ein Benutzersteuerelement gebunden ist. Es bedeutet nichts anderes, als dass im Eigenschaftsfenster automatisch die Eigenschaften *DataSource* und *DataField* zur Auswahl stehen:

➠ Über die *DataSource*-Eigenschaft wird das Benutzersteuerelement mit einem Datensteuerelement verknüpft. Dieses stellt eine beliebige Datensatzgruppe, d.h. die Daten zur Verfügung.

➠ Über die *DataField*-Eigenschaft wird das Benutzersteuerelement an ein Feld der Datensatzgruppe gebunden. Dadurch wird erreicht, dass immer der aktuelle Feldinhalt in dem Benutzersteuerelement angezeigt wird. Ändert sich der Datensatzzeiger, wird das Benutzersteuerelement automatisch aktualisiert. Ändert man den Inhalt des Benutzersteuerelements, wird dieser beim Wechsel zum nächsten Datensatz, sofern dies gewünscht ist, in die Datenbank übernommen.

Um ein Benutzersteuerelement gebunden zu machen, müssen lediglich die Einstellung »Datengebundene Eigenschaft« und »An Daten-Feld gebunden« in den Prozedurattributen gesetzt werden.

Abbildung 20.23: Diese Einstellungen in den Prozedurattributen sorgen dafür, dass das Benutzersteuerelement gebunden wird.

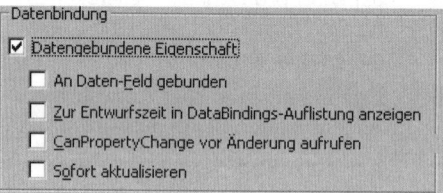

Hier noch eine kurze Erläuterung der drei Optionen:

➠ Die Option *An Daten-Feld gebunden* macht die Eigenschaft zur Standardeigenschaft, die (wenn nichts anderes festgelegt wird) die gebundene Eigenschaft ist.

➠ Die Option *Zur Entwurfszeit in Bindings-Auflistung anzeigen* sollte ebenfalls gesetzt sein, denn sie gibt dem Entwickler die Gelegenheit, über ein Dialogfeld jene Eigenschaft auszuwählen, die gebunden sein soll. Auch wenn es nur eine *DataField*-Eigenschaft gibt, kann im Prinzip jede Eigenschaft des Benutzersteuerelements gebunden sein. Sie wird zu den sog. »Data Bindings« hinzugefügt. Ist diese Option gesetzt, erhält das Eigenschaftsfenster einen Eintrag »DataBindings« dessen Auswahl eine Auswahlliste öffnet, in der eine der gebundenen Eigenschaften mit einem der zur Verfügung stehenden Datenfelder verbunden werden kann. Die »Data-Bindings« stehen auch über die DataBindings-Auflistung des *Extender*-Objekts während der Programmausführung zur Verfügung.

➡ Die Option *CanPropertyChange vor Änderung aufrufen* teilt dem Container mit, dass vor der Änderung des Datenfelds stets die *CanPropertyChange*-Methode aufgerufen wird, um sicherzustellen, dass eine Änderung des Datenfelds zu diesem Zeitpunkt möglich ist.

Das folgende Beispiel zeigt ein einfaches Benutzersteuerelement, das **Beispiel** gebunden ist. Es handelt sich um ein Eingabefeld für ganze Zahlen, dessen Inhalt über das neue (und recht praktische) AufAb-Steuerelement hoch- und heruntergezählt werden kann. Bei diesem Beispiel kommt es in erster Linie auf die *Value*-Eigenschaft des Benutzersteuerelements an, denn diese ist gebunden. Wie immer wird nicht das komplette Beispiel vorgestellt (Sie finden es auf der Buch-CD-ROM in der Projektgruppendatei *ActiveZähler.vpg*), sondern nur jene Teile, die für die Datenbankanbindung von Bedeutung sind.

Starten Sie ein neues ActiveX-Steuerelement-Projekt, und ordnen Sie **Schritt 1** auf dem Benutzersteuerelement ein Textfeld (*txtEingabe*) und ein Auf-Ab-Steuerelement (*upZähler*) an. Setzen Sie beim AufAb-Steuerelement die *BuddyControl*-Eigenschaft auf den Namen des Textfelds, sodass es mit diesem automatisch verbunden wird.

Fügen Sie folgende Anweisungen ein, um eine Eigenschaft mit dem **Schritt 2** Namen »Value« zu definieren (diese soll später gebunden sein):

```
Private mValue As Long

Property Let Value(tmpValue As Long)
    If CanPropertyChange("Value") Then
        mValue = tmpValue
        txtEingabe.Text = mValue
        If mNoChangeEvent = False Then
            updZähler.Value = mValue
        End If
        PropertyChanged ("Value")
    End If
End Property

Property Get Value() As Long
    Value = mValue
End Property
```

Führen Sie den Menübefehl EXTRAS | PROZEDURATTRIBUTE aus, um die **Schritt 3** Attribute der Eigenschaftenprozedur *Value* zu ändern. Stellen Sie folgende Eigenschaften ein:

➡ Datengebundene Eigenschaft

➡ An Daten-Feld gebunden

Damit wird die *Value*-Eigenschaft datengebunden. Weitere Maßnahmen sind nicht erforderlich (siehe Bild 20.24).

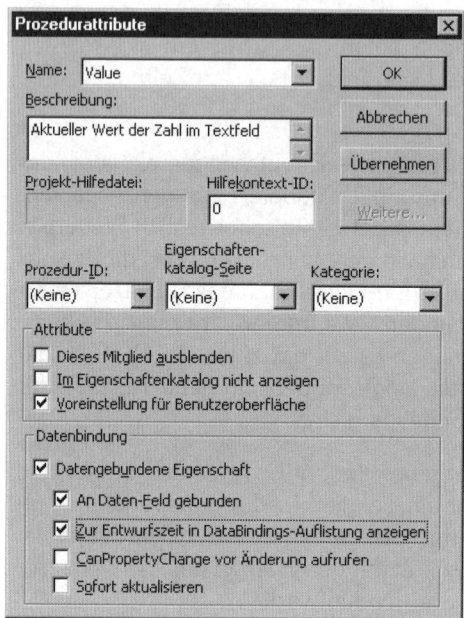

Schritt 4 Das Benutzersteuerelement ist damit fertig. Schließen Sie den ActiveX-Designer, und fügen Sie ein neues Standard-EXE-Projekt hinzu. Ordnen Sie das ActiveX-Steuerelement auf dem Formular an. Durch einen Blick in das Eigenschaftsfenster werden Sie feststellen, dass es über die Eigenschaften *DataField* und *DataSource* verfügt.

Schritt 5 Jetzt soll das datengebundene Steuerelement getestet werden. Ordnen Sie dazu ein Datensteuerelement auf dem Formular an, verbinden Sie es über die *DatabaseName*-Eigenschaft mit der Datenbank *Biblio.Mdb* und über die *RecordSource*-Eigenschaft mit der Tabelle *Titles*. Tragen Sie für die *DataSource*-Eigenschaft unseres ActiveX-Steuerelements den Wert »Data1« (d.h. den Namen des Datensteuerelements) ein. Ging alles gut, sollten in der Auswahlliste der *DataField*-Eigenschaft nun die Feldnamen der Tabelle erscheinen. Wählen Sie das Feld *Year Published*.

Schritt 6 Starten Sie das Programm. Durch Anklicken der Positionstasten des Datensteuerelements sollten nun verschiedene Jahreszahlen in unserem ActiveX-Steuerelement erscheinen. Erhöhen Sie eine Jahreszahl um »1«, und bewegen Sie den Datensatzzeiger vor und wieder zurück. Die geänderte Jahreszahl sollte wieder erscheinen, da sie in die Datenbank übernommen wurde.

Abbildung 20.25:
Das ActiveZähler-Steuerelement ist ein kombiniertes Text- und AufAb-Steuerelement mit einer gebundenen Value-Eigenschaft.

20.6 Ein paar Tipps für die Praxis

Bei den folgenden Tipps handelt es sich um Fakten zu in Visual Basic erstellten ActiveX-Steuerelementen, die für die Praxis von Fall zu Fall interessant sein können.

➤ Benutzersteuerelemente können auch über eine Menüleiste verfügen, diese wird mit der Menüleiste des Containers kombiniert (beim Benutzersteuerelement muss die Eigenschaft *NegotiatePosition* einen Wert besitzen). Diese Option wird allerdings selten genutzt. Vorteilhafter ist die Verwendung eines Popup-Menüs über die *PopupMenu*-Methode.

➤ Benutzersteuerelemente besitzen (genau wie ein Formular) automatisch einen Gerätekontext und eine *hDC*-Eigenschaft. Sie verbrauchen daher etwas mehr Ressourcen, als ein vergleichbares in Visual C++ programmiertes Steuerelement.

➤ Reduzieren Sie die Anzahl der Benutzersteuerelemente, die Sie auf einem Formular anordnen. Je mehr Benutzersteuerelemente vorhanden sind, desto häufiger muss Visual Basic die Innenfläche des Formulars über ein *Paint*-Ereignis aktualisieren, was zum Flackern führen kann. Haben Sie z.B. ein Text- und ein Bezeichnungsfeld zu einem Benutzersteuerelement kombiniert und möchten davon zehn oder mehr auf einem Formular anordnen, ist es vorteilhafter, diese zu einem einzigen Benutzersteuerelement zu kombinieren und dieses auf dem Formular anzuordnen.

➤ Das OLE-Steuerelement kann nicht auf einem Benutzersteuerelement plaziert werden.

20.6.1 Wie wird eine Font-Eigenschaft implementiert?

Soll eine Eigenschaft eines Benutzersteuerelements die Schriftattribute einstellen können, sind ein paar kleinere Vorbereitungen erforderlich. Als erstes muss die Eigenschaft, in diesem Fall heißt sie *Zeichensatz*, implementiert werden:

```
Public Property Set Zeichensatz(tmpFont As StdFont)
    Set txtEingabe.Font = tmpFont
    Set mFont = tmpFont
End Property

Public Property Get Zeichensatz() As StdFont
    Set Zeichensatz = mFont
End Property
```

Wichtig ist, dass der Datentyp der Eigenschaft *StdFont* lautet. Dadurch wird automatisch die Standard-Eigenschaftsseite zur Verfügung gestellt. Auch die private Variable *mFont* besitzt diesen Datentyp:

```
Private mFont As StdFont
```

Das ist aber noch nicht alles. Damit nach dem Anordnen des Benutzersteuerelements auf dem Formular der aktuelle Zeichensatz im Eigenschaftsfenster eingestellt wird, ist eine weitere Zuweisung im *Initialize*-Ereignis notwendig:

```
Private Sub UserControl_Initialize()
    Set Zeichensatz = txtEingabe.Font
    PropertyChanged "Zeichensatz"
End Sub
```

Bei *txtEingabe* handelt es sich um jenes konstituierende Steuerelement, dessen Zeichensatz eingestellt werden soll.

20.6.2 Wie wird ein Farbwert eingestellt?

Kein Mensch würde wahrscheinlich auf die Idee kommen, eine eigene Farbauswahl zu programmieren. Dies sind Dinge, die in Windows »fest eingebaut« sind und die man daher auch nutzen sollte. Um einer beliebigen Eigenschaft eines Benutzersteuerelements die typische Farbauswahl im Eigenschaftsfenster zuzuordnen, muss die Eigenschaft lediglich den Datentyp *OLE_COLOR* besitzen. Alles weitere erledigt dann Windows für Sie:

```
Private mHintergrundfarbe As OLE_COLOR

Public Property Let Hintergrundfarbe(tmpFarbwert As OLE_COLOR)
    mHintergrundfarbe = tmpFarbwert
    UserControl.BackColor = tmpFarbwert
End Property
```

```
Public Property Get Hintergrundfarbe() As OLE_COLOR
    Hintergrundfarbe = mHintergrundfarbe
End Property
```

20.6.3 Wie erhält ein Benutzersteuerelement eine Infobox?

Auch das ist ganz einfach. Zunächst benötigen Sie natürlich ein weiteres Formular, das Sie über den Menübefehl PROJEKT | FORMULAR HINZUFÜGEN in die Projektgruppe des Benutzersteuerelements einfügen. Bei der Gelegenheit können Sie auch gleich die hübsche Vorlage ausprobieren, indem Sie stattdessen das Formular »Info-Dialog« auswählen. Sie erhalten eine fast fertige Infobox, die Ihnen auf Wunsch auch sämtliche Systeminformationen anzeigt (dies übernimmt das Windows-Hilfsprogramm *Msinfo32.Exe*). Als Nächstes benötigen Sie eine kleine Prozedur, die das Formular anzeigt:

```
Sub ShowInfoBox ()
    frmAbout.Show vbModal
    Unload frmAbout
    Set frmAbout = Nothing
End Sub
```

Doch wann soll die Infobox eigentlich angezeigt werden? Da diese nur für den Entwickler bestimmt ist, immer dann, wenn im Eigenschaftsfenster der Eintrag »Info« angeklickt wird. Öffnen Sie über den Menübefehl EXTRAS | PROZEDURATTRIBUTE das Dialogfeld *Prozedurattribute*, wählen Sie in der Auswahlliste die Prozedur *ShowInfoBox* aus, klicken Sie auf die *Optionen*-Schaltfläche, und wählen Sie in der Auswahlliste »ProzedurID« den Eintrag »AboutBox«.

20.6.4 Fensterlose Steuerelemente

Seit Visual Basic 6.0 können auch sog. fensterlose Steuerelemente in Visual Basic programmiert werden. Hierbei handelt es sich um ActiveX-Steuerelemente, die zur Laufzeit keine *hWnd*-Eigenschaft zur Verfügung stellen (und daher nicht auf einer Fensterklasse basieren). Beispiele für solche Steuerelemente sind das Bezeichnungsfeld und die Figurensteuerelemente der Werkzeugsammlung. Der Vorteil dieser Steuerelemente ist, dass sie weniger Ressourcen benötigen als ihre fensterbasierenden Kollegen. Ein Nachteil ist, dass Sie keine *hWnd*-Eigenschaft für den Aufruf einiger API-Funktionen zur Verfügung stellen und nicht in allen Containern eingesetzt werden können. Erstellt werden fensterlose Steuerelemente durch Setzen der *Windowless*-Eigenschaft auf *True*.

20.6.5 Wie werden ActiveX-Steuerelemente weitergegeben?

Diese Frage stellt sich immer dann, wenn ein ActiveX-Steuerelement die »vertraute« Umgebung der IDE verlassen und auf einem anderen (im Prinzip) beliebigen Windows-PC ausgeführt werden soll. Neben der OCX-Datei, die das ActiveX-Steuerelement enthält, müssen folgende Dateien auf dem anderen PC vorhanden sein:

➡ Die OCX-Dateien aller konstituierenden Steuerelemente.

➡ Die Laufzeit-DLL (*Msvbvm60.Dll*)

➡ Eine Reihe von COM/OLE-Systemdateien.

➡ Falls das ActiveX-Steuerelement über die Jet-Engine auf Datenbanken zugreift, die Jet-Systemdateien.

Leider lässt es sich nicht immer voraussagen, welche Dateien vorhanden sind und welche nicht. Wird das ActiveX-Steuerelement auf einen PC übertragen, auf dem ebenfalls Visual Basic installiert wurde, muss lediglich das OCX-Steuerelement selbst übertragen werden. Handelt es sich jedoch um einen »nackten« Windows-PC, der lediglich über den Container verfügt, in der Regel wird es sich um den Internet Explorer handeln, muss neben den zusätzlichen OCX-Dateien auch die virtuelle Visual-Basic-Maschine »eingepackt« werden. Damit Sie sich mit diesen Dingen nicht herumschlagen müssen, gibt es (seit Visual Basic 6.0) den Verpackungs- und Weitergabeassistenten (siehe Kapitel 24). Dieser stellt fest, welche Dateien von einem ActiveX-Steuerelement zur Ausführung benötigt werden, packt diese in einer Datei zusammen und stellt ein Setup-Programm zur Verfügung, das der Benutzer nur starten muss, um alle benötigten Dateien installieren zu können.

Wird das ActiveX-Steuerelement aber auf einer Webseite angeboten, sieht die Angelegenheit ein wenig anders aus. Hier gibt es kein Setup-Programm. Vielmehr soll es so sein, dass der Benutzer eine Webseite abruft und alle auf der Webseite enthaltenen ActiveX-Steuerelemente übertragen und automatisch auf dem PC des Benutzers installiert werden (etwaige Sicherheitsüberlegungen zunächst einmal außer acht gelassen). Auch diesen Job kann der Verpackungs- und Weitergabeassistent übernehmen. Anstelle einer Setup-Datei wird eine *CAB-Datei* erzeugt. In der CAB-Datei (auch *Cabinet File* genannt) sind alle Dateien enthalten, die ein ActiveX-Steuerelement zu seiner Ausführung benötigt. Wird die Webseite aufgerufen, wird die CAB-Datei vom Internet Explorer geladen und die einzelnen Komponenten werden vom Internet Explorer installiert, wobei z.B. anhand der Registry geprüft wird, ob ein ActiveX-Steuerelement bereits installiert ist. Die Systemdateien sind allerdings nicht dabei, stattdessen enthält die begleitende INF-Datei alle Angaben darüber, wo diese Dateien (z.B. auf *www.microsoft.com*) zu finden sind.

Weitere Informationen zu dem Thema »Weitergeben von ActiveX-Steuerelementen« finden in einer HTML-Seite auf der Buch-CD.

20.7 Zusammenfassung

ActiveX-Steuerelemente sind universelle Bausteine, die in Form von OCX-Dateien vorliegen, und nicht nur in der Werkzeugsammlung von Visual Basic, sondern in vielen anderen Containern, z.B. einem HTML- oder Office97-Dokument, als Steuerelement eingesetzt werden können. Jedes ActiveX-Steuerelement verfügt über Ereignisse, Eigenschaften und Methoden, über die es mit seinem Container und anderen ActiveX-Steuerelementen kommuniziert. Unter diesem Aspekt ist ein ActiveX-Steuerelement mit einem herkömmlichen Steuerelement identisch. Programmiert werden ActiveX-Steuerelemente in Visual Basic (oder alternativ in Visual C++ oder Visual J++), wobei es bezüglich der Funktionalität bei Visual Basic gegenüber C++ nur geringe Einschränkungen gibt.

Ungewohnt ist das neue Programmiermodell, denn ein ActiveX-Steuerelement besitzt drei Ausführungszeiten:

1. Die Entwicklungszeit, in der es im Rahmen des ActiveX-Designers erstellt wird.

2. Die Ausführungszeit, in der es aktiv wird, sobald es auf einem Formular angeordnet wird. Zu diesem Zeitpunkt befinden sich auch alle auf dem Benutzersteuerelement angeordneten Steuerelemente im Ausführenmodus.

3. Die Ausführungszeit, in der es zusammen mit dem Container ausgeführt wird.

Dieses Umdenken stellt am Anfang die eigentliche »Schwierigkeit« bei der Programmierung von ActiveX-Steuerelementen dar.

Komponenten für Fortgeschrittene

Kapitel 21

Sie wissen nun »fast alles« über Objekte und Komponenten. Sie haben Komponenten als in die Werkzeugsammlung fest eingebaute Steuerelemente oder als hinzuladbare (ActiveX-) Zusatzsteuerelemente (OCX-Dateien) kennengelernt, wissen wie man Objekte auf der Basis von Klassen und Komponenten als ActiveX-Steuerelemente erstellt und haben erfahren, auf welche Weise Objekte anderer Anwendungen, wie z.B. Office97, angesprochen werden. Was Sie bislang noch nicht wissen, ist, welche Rolle Code-Komponenten spielen und wie sie erstellt werden, welche Unterschiede zwischen einer ActiveX-DLL und einer ActiveX-EXE bestehen und wie man auf der Basis von Klassen und Auflistungen eigene Objektmodelle entwirft. Dieses Wissen ist Voraussetzung dafür, um die Funktionalität des eigenen Programms in Form von Komponenten anbieten zu können. Sie brauchen es z.B. aber auch, um Add-Ins, d.h. Erweiterungen der Entwicklungsumgebung, programmieren zu können.

Sie lesen in diesem Kapitel etwas über:

➤ Eine Übersicht über die (ActiveX-)Komponenten

➤ Die Rolle der Code-Komponenten

➤ Das zur Verfügung stellen von Funktionalität über Komponenten

➤ Die Rolle der Registry

➤ Die Methoden *CreateObject* und *GetObject*

➤ Den Unterschied zwischen ActiveX-DLL- und ActiveX-EXE-Komponenten

➤ Die Umsetzung eines »Mini-Komponenten-Servers«

➤ Globale Code-Komponenten

➡️ Die Umsetzung von Objektmodellen

➡️ Datenbankanbindung bei Klassen

➡️ Das Thema Komponentenprogrammierung mit Visual Basic ist erstaunlich komplex. Dieses Kapitel kann daher nur einen ersten Überblick geben. Auf spezielle Themen, wie Multithreading, die Einbeziehung des Microsoft Transaction Server (MTS) oder gar »Objektmodellierung« mit dem Visual Modeler, wird in diesem Buch nicht eingegangen. Hier sei auf die Visual-Basic-Hilfe verwiesen, in der z.B. das Thema Multithreading sehr ausführlich beschrieben wird.

21.1 Eine Übersicht über die (ActiveX-)Komponenten

ActiveX-Komponenten gibt es in zahlreichen unterschiedlichen Varianten, wobei jede Variante eine bestimmte Aufgabe erfüllt. Allen gemeinsam ist das *Component Object Modell* (COM). Gleich zu Beginn des Kapitels eine kurze Übersicht.

21.1.1 ActiveX-Steuerelemente

ActiveX-Steuerelemente (auch OCX-Steuerelemente oder Zusatzsteuerelemente genannt) wurden bereits in Kapitel 20 vorgestellt. Es handelt sich um Komponenten, die nicht eigenständig, sondern nur in einem Container ausführbar sind. Ein Container ist ein Visual-Basic-Formular, ein VBA-Formular oder einfach ein HTML- oder Office-Dokument. ActiveX-Steuerelemente enthalten im Allgemeinen keine öffentlichen Klassen und können daher nicht programmsteuert instanziert werden. Es ist allerdings möglich, ActiveX-Steuerelemente zur Laufzeit der *Controls*-Auflistung hinzuzufügen.

21.1.2 ActiveX-Dokumente

Diese spezielle Variante hat nur eine geringe Bedeutung.[1] Ein ActiveX-Dokument ist ein Dokument, das direkt vom Internet Explorer angezeigt werden kann (es handelt sich aber weder um eine HTML-Seite, noch kann ein ActiveX-Dokument in ein HTML-Dokument eingebunden werden). Visual-Basic-Formulare können über einen Assistenten in ActiveX-Dokumente umgewandelt werden. Was es bringt sei einmal dahingestellt. ActiveX-Dokumente können nützlich sein, wenn eine be-

---

[1] Auch wenn es das Visual-Basic-Handbuch ein wenig anders sieht.

reits existierende Visual-Basic-Anwendung auch im Internet Explorer ausgeführt werden soll. Das ActiveX-Dokument wird zwar vom Webserver geladen, läuft aber lokal und muss gegebenenfalls auf dem Client-PC installiert werden. Als Alternative zu ActiveX-Dokumenten gibt es seit Visual Basic 6.0 die DHTML-Projekte, die sehr viel mehr Flexibilität versprechen.

21.1.3 Code-Komponenten

Auf Code-Komponenten geht Kapitel 21.2 ausführlich ein, daher nur eine kurze Beschreibung. Eine Code-Komponente enthält ein oder mehrere Objekte, die von anderen Programmen genutzt werden. Code-Komponenten gibt es in drei Varianten: ActiveX-EXE, ActiveX-DLL und globale Code-Komponenten. Eine Code-Komponente, die sich bei Visual Basic 6.0 Enterprise Edition auch im Netzwerk aufhalten kann, besitzt im Allgemeinen keine Oberfläche. Sie kann aber auch sowohl gebundene als auch ungebundene Dialogfelder enthalten, sodass es z.B. denkbar ist, häufig benutzte Dialogfelder in einer Code-Komponenten zusammenzufassen.

Zusammenfassend lässt sich eine ActiveX-Komponente auch wie folgt definieren: Ein Visual Basic, das mindestens eine öffentliche Klasse enthält. Unabhängig davon, in welcher Form eine Code-Komponente vorliegt, sie ist immer Teil einer Datei. Code-Komponenten liegen stets in Gestalt von OCX-, DLL- und EXE-Dateien vor.

21.2 Kleines Komponenten-ABC

Eine Komponente ist, das noch einmal zur Wiederholung, ein Programmelement, das über einen Namen, Eigenschaften und Methoden angesprochen wird. Ist das nicht auch die offizielle Definition eines Objekts? Ja, und zwar aus einem einfachen Grund. Komponenten sind gleichzeitig auch Objekte, der Umkehrschluß gilt allerdings nicht automatisch. Ein Objekt wird erst dann zu einer Komponente, wenn es von anderen Programmen genutzt werden kann.

Leider, und das soll an dieser Stelle nicht verschwiegen werden, wird eine relativ einfache Angelegenheit durch eine kaum noch steigerungsfähige Begriffsvielfalt unnötig verkompliziert. Da gibt es Objekte, Komponenten, OLE-Automation, Code-Komponenten, Inproces-Server, ActiveX-DLLs, COM-Server und vieles mehr. Fangen wir daher erst einmal ganz einfach an. Damit ein Visual-Basic-Programm anderen Programmen etwas zum »Aufrufen« anbieten kann, muss es eine öffentliche Klasse enthalten. Aus dieser Klasse wird, sobald das andere

Programm auf die Klasse zugreift (sie also instanziert) ein Objekt. Da es bei Visual Basic keine »gemeinsam nutzbaren globalen« Variablen gibt (wie noch früher unter DOS-Basic) ist das der einzige Weg.[2] Allerdings ist auch ein Visual-Basic-Programm zunächst nur eine EXE-Datei. Das aufrufende Programm kennt aber nur die Namen der Objekte (etwa Application.Workbooks wie beim Zugriff auf *Excel.Exe*). Wie kommen beide zusammen? Über die Registry (natürlich), denn hier ist zu jedem instanzierbaren Objekt der »Server« hinterlegt, der dazu gestartet wird (konkret, der Name der Visual-Basic-EXE-Datei).

Da die Kommunikation zwischen (binären) Komponenten unter Windows stets auf der Grundlage des *Component Object Models* (COM) stattfindet, handelt es sich bei den im Visual-Basic-Programm zur Verfügung gestellten Klassen um COM-Objekte. Das Prinzip der »Kommunikation« ist denkbar einfach. Wird ein Visual-Basic-Programm mit einer öffentlichen Klasse ausgeführt oder übersetzt, trägt Visual Basic die öffentliche(n) Klasse(n) in die Registry ein und erstellt gleichzeitig eine Objekttypenbibliothek. Jede Anwendung, etwa ein anderes Visual-Basic-Programm oder ein VBA-Programm, das in Office läuft, muss zunächst diese Referenz einbinden und kann dann in gewohnter Manier die Klasse instanzieren und so auf die Eigenschaften und Methoden der Klasse zugreifen. Auch VBScript und JavaScript sind nicht ausgeschlossen. Hier muss die Klasse über die *CreateObject*-Funktion (VBScript) instanziert werden. Dieser Ablauf wird in diesem Kapitel noch einmal ausführlich beschrieben.

Zunächst soll eine eher triviale Frage geklärt werden. Wie soll man ein Visual-Basic-Programm, das anderen Programmen Objekte in Form von COM-Objekten zur Verfügung stellt nennen? Vielleicht COM-Komponenten-Server? Das wäre sicherlich ein wenig hochgegriffen und würde sofort Assozationen mit Windows NT, Netzwerken (auch wenn sich diese Visual-Basic-Programme problemlos über ein Netzwerk ansprechen lassen), administrativen Anstrengungen und anderen hochkomplizieren Dingen wecken. Um das zu vermeiden hat man sich bei Microsoft zu einer eher unscheinbaren Bezeichnung entschlossen: *Code-Komponente*. Ob dieser Begriff glücklich gewählt ist, ob es bessere Begriffe gibt, warum die Lösung aller Fragen in diesem Universum 42 ist und wer die nächste Bundestagswahl gewinnt sind alles Fragen, über die man nächtelang diskutieren kann. Wichtig ist, dass es einen Begriff gibt, auf den sich alle Visual-Basic-Programmierer einigen, und unter dem sich alle das gleiche vorstellen.

---

[2] Von der altmodischen Methode des »Dynamic Data Exchange« (DDE), die auch bei Visual Basic 6.0 noch unterstützt wird, soll in diesem Buch keine Rede sein. Sie ist zwar noch praktikabel, doch bietet sie im Vergleich zur Automation keine echten Vorteile, sondern fast nur Nachteile bei der Programmierung.

Eine Code-Komponente ist ein Programm, das anderen Anwen- **Merksatz**
dung ein oder mehrere Objekte zur Verfügung stellt. Code-Kompo-
nenten werden bei Visual Basic als ActiveX-DLL oder ActiveX-EXE
implementiert. Jedes einzelne Objekt wird (wie üblich) durch eine
eigene Klasse implementiert.

Visual-Basic-Programme, die anderen Programmen ihre Funktionalität
in Form von Objekten anbieten (wie auch sonst, denn eine andere
Möglichkeit gibt es bei Visual Basic nicht!), werden als *Code-Komponenten* bezeichnet. Eine Code-Komponente können Sie sich wie eine
Programmbibliothek vorstellen, nur dass eine Code-Komponente keine Funktionen, sondern Objekte enthält. Eine Code-Komponente bietet Objekte an, die ein anderes Programm, das in diesem Zusammenhang als Client bezeichnet wird, instanziert und benutzt. Als Clients
kommen nicht nur andere Visual-Basic-Programme in Frage, sondern
jede Anwendung, die in der Lage ist, über COM-Schnittstellen auf Objekte zuzugreifen. Das Schöne an der ganzen Angelegenheit ist, dass
sich an der Programmierung nichts ändert. Jedes Visual-Basic-Programm kann im Prinzip zu einer Code-Komponente werden. Voraussetzung ist lediglich, dass es seine Funktionalität in Form von (öffentlichen) Klassen zur Verfügung stellt, die von außen instanzierbar sind.
Ob diese Form der applikationsübergreifenden Zusammenarbeit innerhalb des gleichen Prozesses, auf dem gleichen PC oder innerhalb eines
Netzwerks stattfindet, spielt für die Programmierung keine Rolle, denn
um diese Details kümmert sich das Betriebssystem (sprich COM). Der
Programmierer muss lediglich Performance-Überlegungen anstellen
und sich ein Modell überlegen, das es der Code-Komponente ermöglicht, auch bei hohen Anforderungen, d.h. einer Vielzahl gleichzeitig
stattfindender Client-Aufrufe, eine möglichst optimale Performance zu
gewährleisten. Die Enterprise-Edition von Visual Basic bietet mit dem
Application Performance Explorer ein Werkzeug an, mit denen sich
verschiedene Szenarien durchspielen lassen.

Übrigens ist dieses Prinzip der Zusammenarbeit auf der Basis von
COM nicht neu. Es gibt es bereits seit Visual Basic 4.0. Damals, und
das dürfte Sie inzwischen nicht mehr überraschen, gab es ganz andere
Begriffe. Man sprach von OLE-Automation. Da diese Begriffe immer
wieder in Bücher und Zeitschriftenartikel auftauchen, enthält Tabelle
21.1 eine hoffentlich vollständige Gegenüberstellung.

Tabelle 21.1:
Alte und neue
Begriffe in einer
Gegenüber-
stellung.

Alter Name	Neuer Name	Grund für die Namensänderung
In-Process-Server	ActiveX-DLL	ActiveX muss sein, der Zusatz »DLL« bringt besser zum Ausdruck, dass es sich um eine Komponente handelt, die im gleichen Adreßraum die das benutzende Programm läuft.
OLE	OLE	Irgendwie kurios, aber wahr. Der Begriff »Object Linking and Embedding« steht jetzt wieder für das, für was er ursprünglich einmal stand, nämlich das Verknüpfen und Einfügen von Komponenten in ein »Dokument«, sodass die Komponente in dem Dokument automatisch aktualisiert und bearbeitet werden kann. Aus diesem Grund musste das OLE-Steuerelement auch nicht umbenannt werden.
OLE-Automation	Automation	OLE-Automation hat mit der Verbreitung von COM und dem Umstand, dass eine Komponente, für die eine Typenbibliothek zur Verfügung steht, direkt programmierbar ist, seine Bedeutung und sein Alleinstellungsmerkmal verloren. Dennoch ist der Begriff »Automationsschnittstelle« in Programmiererkreisen noch üblich, er wird lediglich nicht mehr in der Hilfe erwähnt.
OLE-Automations-Server	Code-Komponente	Der Begriff OLE hat zu seiner ursprünglichen Bedeutung zurückgefunden. Der Begriff »Server« soll vermutlich »echten« Servern vorbehalten sein.
OLE-Dokumente	ActiveX-Dokumente	Dieser Begriff hat für Visual Basic nie eine Rolle gespielt, da sich OLE-Dokumente zwar mit dem OLE-Steuerelement darstellen, nicht aber erstellen ließen. Seit Visual Basic 5 können diese Dokumente (der Begriff ist etwas irreführend, da es keinesfalls auf herkömmliche Dokumente beschränkt ist) auch in Visual Basic erstellt werden.
Out-Of-Process-Server	ActiveX-EXE	Siehe oben, der Zusatz »EXE« macht deutlich, dass diese Komponente als eigenständiges Programm läuft.

Alter Name	Neuer Name	Grund für die Namensänderung
Remote-Automation	Komponentenzugriff, DCOM	Siehe Automation. Ist DCOM Bestandteil des Betriebssystems, was bei Windows NT 4.0 von Anfang an und bei Windows 95 durch »Nachrüsten« der Fall ist, spielt es keine Rolle, ob eine Komponente im gleichen Prozess, lokal oder remote angesprochen wird.
Komponente	Komponente	Basiert auf Objekten, wird allerdings als Komponente bezeichnet, da sie als eigenständige Datei (z. B. ActiveX-DLL oder ActiveX-Steuerelement) vorliegt.

21.3 Die Rolle der Registry

Für den Zugriff auf Komponenten spielt die Konfigurationsdatenbank von Windows, die *Registry*, eine zentrale Rolle. Damit eine Komponente system- oder netzwerkweit verfügbar ist, muss sie in der Registry eingetragen sein. Eine Komponente, die lediglich als Datei vorliegt, kann von einem anderem Programm nicht aufgerufen werden. Es muss in jedem Fall ein Eintrag in der Registrierung vorliegen. Dieser Vorgang des Eintragens wird auch als »Registrierung« der Komponente bezeichnet. Er bedeutet lediglich, dass die Komponente zwei Einträge besitzt:

1. Im Schlüssel *HKey_Local_Machine\Software\Classes* wird ihre sog. *ProgID* eingetragen (z. B. *Devisen.clsDevisenRechner*). Dieser Schlüssel enthält in der Regel einen Eintrag mit dem Namen *CLSID*, der auf die Identifizierungsnummer der Komponenten verweist.

2. Die CLSID einer Komponenten wird im Schlüssel *HKey_Local_Machine\Software\Classes\CLSID* abgelegt. Hier werden alle wichtigen »Eckdaten« der Komponente gespeichert.

Auf welche Weise die Einträge in die Registry gelangen spielt keine Rolle. Wichtig ist nur, dass sie vorhanden sind. In der Regel wird eine Komponente mit ihrer Erstellung registriert. Eine Ausnahme liegt natürlich dann vor, wenn die Komponente auf einen anderen PC kopiert wird. In diesem Fall ist eine nachträgliche Registrierung erforderlich. Dafür gibt es gleich mehrere Möglichkeiten:

➡ Manuell durch Auswahl einer Komponente in der IDE.

➡ Über das Kommandozeilentool *Regsvr32.Exe*, das z. B. über die *Shell*-Methode aufgerufen werden kann.

■► Programmgesteuert über die API-Funktion *DllRegisterServer* der Datei *Comctl32.Ocx*[3].

■► Im Rahmen einer Setup-Routine, die diese Funktion oder *Regsvr32.Exe* aufruft.

Wann immer Sie in der Visual-Basic-IDE den Menübefehl PRO-JEKT | VERWEISE ausführen, durchsucht Visual Basic den *Classes*-Schlüssel nach Komponenten, die von einem Visual-Basic-Programm benutzt werden können (auf dieser Basis könnten Sie z.B. einen eigenen Komponenten-Manager programmieren, der die benötigten Informationen über API-Funktionen aus der Registrierungsdatei holt). Wichtigster Bestandteil eines Komponenteneintrags ist die *CLSID* (Abkürzung für »Class ID«). Es handelt sich um eine ziemlich große Zahl, die auf den ersten Blick einen eher abschreckenden Eindruck erwecken dürfte. Diese Zahl, die auch als »Global Unique Identifier« (GUID) bezeichnet wird, ist eine eindeutige 128-Bit-Zahl, die pro Komponente (laut Microsoft im gesamten Universum[4]) nur einmal vergeben wird.

Allerdings können Visual-Basic-Programme nicht direkt auf die CLSID einer Komponente zugreifen. Entweder wird eine Referenz über eine Objekttypenbibliothek eingebunden, oder die Referenz muss über die *CreateObject*-Methode einer Objektvariablen zugewiesen werden. Dieser Methode wird keine CLSID, sondern eine sog. *ProgId* übergeben:

```
Set Ex = CreateObject("Excel.Application")
```

Die ProgID setzt sich stets aus zwei Teilen zusammen: Dem Projektnamen und dem Klassennamen. Wenn Sie eigene Code-Komponenten programmieren, müssen Sie genau diesen Sachverhalt beachten und »sinnvolle« Projekt- und Klassennamen vergeben. Belassen Sie nämlich den Projektnamen »Project1« heißt auch Ihre Komponente so, was sich nicht nur nicht gut macht, sondern auch schnell zu Verwechslungen führen kann. Das gleiche gilt natürlich auch für den Klassennamen, der niemals »Class1« heißen sollte. Und hier noch ein Tipp: Geben Sie in den Projektoptionen immer eine Beschreibung an, denn dieser Text wird beim Einbinden der Objekttypenbibliothek angezeigt und dient als wichtige Orientierung, um mehr über die Bedeutung der Objekte zu erfahren.

---

[3] Es gibt einen kleinen Artikel in der MSDN-Knowledgebase (Artikelnr. Q173091), der die Anwendung dieser beiden Funktionen beschreibt.

[4] Wahrscheinlich ist nur der Alpha-Quadrant gemeint. Siehe hierzu auch Kapitel 3.4.6.

Auch die ProgID (z.B. »Excel.Application«) ist in der Registry hinterlegt. Wenn Sie sich einmal die Mühe machen nach ihr zu suchen werden Sie feststellen, dass Sie sie genau in jenem Zweig enthalten ist, in dem auch die CLSID der Komponente enthalten ist. Die ProgID ist also nur ein anderer Weg, um auf eine Komponente zuzugreifen.

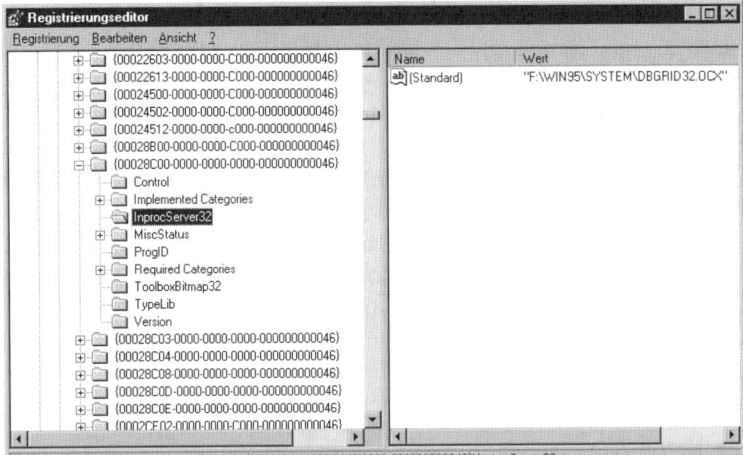

Abbildung 21.1:
Im sehr umfang-
reichen Schlüs-
*sel HKey_Local_*
Machine\Soft-
ware\Classes
CLSID werden
alle Komponen-
ten registriert.

In der Registry gibt es einen identischen Schlüssel mit dem Namen *HKey_Classes_Root*. Dies ist eine aus Kompatiblitätsgründe zu Windows 3.1 vorhandene »Spiegelung von *Hkey_Local_Machine\Software\Classes*. An welcher Stelle Sie nachschauen oder Änderungen vornehmen spielt keine Rolle.

Dass man Windows-Komponenten nur anhand ihrer CLSID unterscheidet bedeutet nicht, dass der Aufenthaltsort keine Rolle spielt. Ändert sich der Pfad der unter dem InProcServer32- oder InProc-Server-Eintrag in der Registry angegebenen Datei, kann die Komponente nicht mehr aufgerufen werden.

21.3.1 Das Deregistrieren einer Komponente

Beim Experimentieren mit Komponenten dürfte es gerade am Anfang häufig vorkommen, dass die Registry etliche Einträge von nicht mehr benötigten Komponenten enthält. Auch wenn es theoretisch möglich ist, Einträge manuell zu entfernen, ist diese Methode nicht ratsam, da ein Eintrag auf andere Einträge verweist, die ebenfalls entfernt werden müssen. Verwenden Sie stattdessen das Hilfsprogramm *Regsvr32.Exe*, das eine Komponente »deregistriert«:

```
Regsvr32 /u Test.dll
```

Denken Sie daran, gegebenenfalls den Pfad der Datei voranstellen zu müssen, denn sonst kann *Regsvr32* die Datei nicht finden, und Sie erhalten eine etwas »mysteriöse« Fehlermeldung.

21.4 Die Frage der Kompatibilität

Es ist wichtig zu verstehen, dass Windows ein Objekt nur anhand seiner CLSID erkennt. Ändert sich die Nummer aus irgendeinem Grund, behandelt Windows das Objekt als ein völlig neues Objekt, auch wenn der Programmcode identisch ist. Streng genommen, steht die CLSID eines Objekt für die Standardschnittstelle, also jener Eigenschaften und Methoden, die in dem Klassenmodul enthalten sind. Wird das Objekt von einer anderen Anwendung benutzt, darf sich diese Schnittstelle natürlich nicht ändern, denn ansonsten können Objekt und Client-Anwendung nicht mehr zusammenarbeiten. Aus diesem Grund spielt bei Code-Komponenten die Frage der Kompatibilität, die über die Projektoptionen der IDE eingestellt werden kann, eine wichtige Rolle. Hier existieren drei mögliche Einstellungen:

➡ Keine Kompatibilität

➡ Projekt-Kompatibilität

➡ Binär-Kompatibilität

Keine Kompatibilität bedeutet, dass Visual Basic die Kompatibilität der Schnittstellen nicht überprüft. Wird eine Komponente neu erstellt, wird auch eine neue CLSID angelegt. Projekt-Kompatibilität spielt nur beim Testen einer Komponente eine Rolle. Sie sorgt dafür, dass die Informationen in der Registry zwar aktualisiert werden, aber keine neue CLSID angelegt wird und daher auch der Verweis nicht angepasst werden muss. Binär-Kompatibilität spielt dann eine Rolle, wenn eine Komponente bereits einmal als EXE oder DLL übersetzt wurde. Ist dies der Fall, können Sie den Namen einer EXE oder DLL angeben, zu der die Kompatibilität geprüft werden soll. Visual Basic weist sie mit einer Warnung darauf hin, wenn Sie in einem Projekt Änderungen an der Schnittstelle vornehmen, die dazu führen, dass das aktuelle Projekt nicht mehr kompatibel zu der bereits existierenden Komponente ist. In diesem Fall müssen Sie entscheiden, ob diese Änderungen durchgeführt werden sollen (die Kompatibilität für Clients, die bereits auf die alte Version der Komponenten zugreifen, geht dadurch verloren) oder nicht.

Auf die wichtige Frage, wann welche Form der Kompatibilität im Entwicklungszyklus eines Projekts verwendet werden soll, geht die Visual-Basic-Hilfe ausführlich ein.

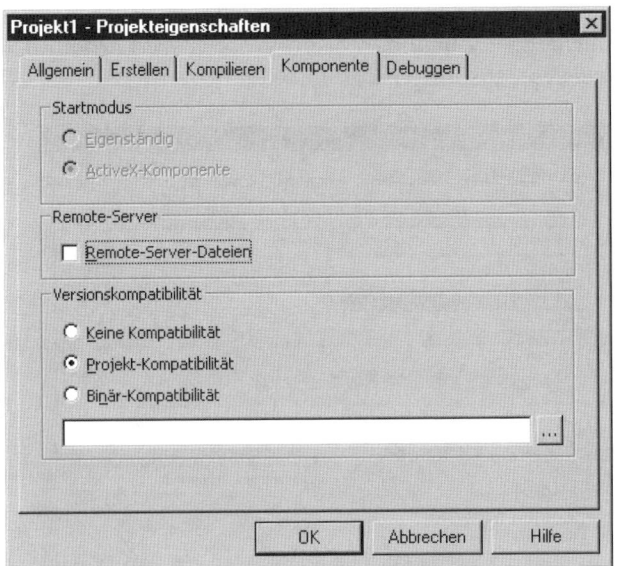

Abbildung 21.2:
In diesem
Bereich der
Projektoptionen
wird die Kompa-
tibilität einge-
stellt.

21.5 Objekte anderen Programmen zur Verfügung stellen

Damit ein Visual-Basic-Programm einer anderen Anwendung Objekte anbieten kann, muss es mindestens eine öffentliche Klasse besitzen. Bei ActiveX-Steuerelementen und ActiveX-Dokumenten ist das ganz einfach, denn das Benutzersteuerelement bzw. Benutzerdokument besitzt eine *Public*-Eigenschaft, die standardmäßig *True* ist. Anders sieht es bei den Klassenmodulen aus, die die Grundlage für Code-Komponenten bilden. Hier gibt es keine *Public*-Eigenschaft, das öffentliche Verhalten einer Klasse wird über die *Instancing*-Eigenschaft geregelt. Nicht nur, dass diese Eigenschaft eine auf den ersten Blick verwirrende Vielfalt an Einstellmöglichkeiten bietet. Je nachdem, ob Sie sich für ein ActiveX-DLL- oder ActiveX-EXE-Projekt entscheiden, werden jene Einstellungen, die für dieses Projekt keinen Sinn ergeben, würden auch gar nicht angeboten.

Indem man sich bereits beim Anlegen eines Projekts entweder für den Typ »ActiveX-EXE« oder »ActiveX-DLL« entscheidet, erhält man ein Klassenmodul, bei dem die Instancing-Eigenschaft nicht nur voreingestellt ist, sondern auch nur die jeweils erlaubten Werte annehmen kann. Die Wahl eines der beiden Projekttypen stellt nur

eine Art Vorauswahl dar, welche über die Projekteigenschaften nachträglich geändert werden kann (Sie erhalten u.U. einen Hinweis von Visual Basic).

*Abbildung 21.3:
In den Projekteigenschaften
wird u.a. der
Typ einer Code-
Komponente
eingestellt.*

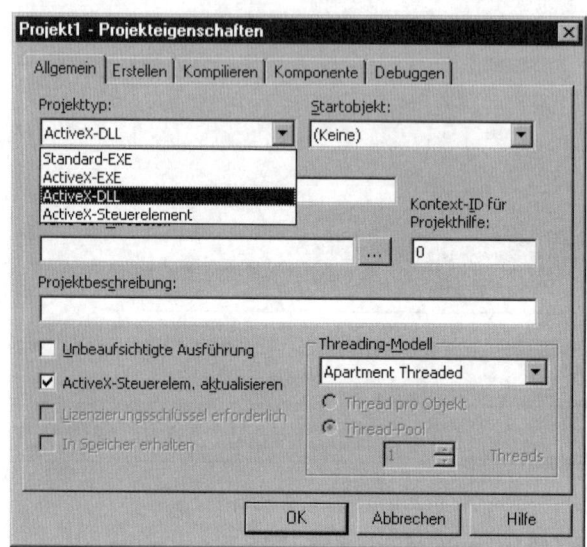

*Tabelle 21.2:
Die verschiedenen Einstellungen der Instancing-Eigenschaft.*

Wert von Instancing	Bedeutung
Private	Die Klasse kann von anderen Anwendungen nicht benutzt werden. Private Klassen werden nur innerhalb des Projekts benutzt.
PublicNotCreatable	Die Klasse kann von anderen Anwendungen benutzt, aber nicht über *New* oder *CreateObject* instanziert werden. Das bedeutet, dass die Klasse eine Eigenschaft enthalten muss, die eine Referenz auf dieses Objekt übergibt. Ein Beispiel wäre das *Fields*-Objekt der *Active Data Objects*, die nicht direkt, sondern nur über ein *Recordset*-Objekt angesprochen werden kann.
MultiUse	Die Klasse kann von anderen Anwendungen instanziert werden. Das instanzierte Objekt wird mehrfach genutzt, d.h. mehrere Clients arbeiten mit der gleichen Instanz der Klasse.
GlobalMultiuse	Die Klasse kann von anderen Anwendungen instanziert werden, allerdings ist keine explizite Instanzierung, etwa über *CreateObject*, erforderlich. Die Instanz kann vielmehr wie eine globale Funktion (Methode) aufgerufen werden.

Wert von Instancing	Bedeutung
SingleUse	Die Klasse kann von anderen Anwendungen instanziert werden. Das instanzierte Objekt wird von jedem Client neu instanziert.
GlobalSingleUse	Entspricht der Einstellung *SingleUse*, nur dass die Eigenschaften und Methoden der Klasse wie globale Methoden angesprochen werden.

21.5.1 ActiveX-DLL oder ActiveX-EXE?

Code-Komponenten gibt es in zwei »Geschmacksrichtungen«: ActiveX-DLL und ActiveX-EXE. Sie unterscheiden sich in der Art und Weise, wie sie intern von Windows ausgeführt werden. Eine ActiveX-DLL wird in dem gleichen Adreßraum ausgeführt wie der Client, der auf die Objekte zugreift (der alternative Name lautet daher *In-Process-Komponente*). Eine ActiveX-EXE wird als eigenständige Anwendung in einem eigenen Adreßraum gestartet (sie wird daher auch als *Out-Of-Process-Komponente* bezeichnet). Wann man welche Variante wählt, spielt in erster Linie bei umfangreichen Anwendungen eine Rolle, die eine große Anzahl an Anfragen bearbeiten müssen. Da ActiveX-EXE-Komponenten als eigenständige Anwendungen laufen, können sich mehrere Clients eine Komponente teilen, ohne dass diese mehrfach geladen werden muss. Da der Zugriff über eine Prozessgrenze hinweg erfolgen muss, geht dies zu Lasten der Performance. ActiveX-DLL-Komponenten laufen zusammen mit dem Client im gleichen Prozess, was sich günstig auf die Performance auswirkt. Dafür müssen mehrere Clients auch mehrere identische Code-Komponenten laden. Bezüglich der Unterstützung für Multithreading besitzen ActiveX-EXE-Komponenten mehr Möglichkeiten. So können Sie hier z.B. einstellen, dass für jede instanzierte Komponente ein eigener Thread angelegt werden soll. Aber wie bereits erwähnt spielt für kleine Code-Komponenten die Frage »DLL oder EXE?« am Anfang nur eine untergeordnete Rolle. Für die ersten Gehversuche sollten Sie ActiveX-DLLs wählen, da Sie diese in der IDE zusammen mit einem Standard-EXE-Projekt testen können und nicht eine zweite Instanz der IDE starten müssen.

21.5.2 MultiUse kontra SingleUse

Da es so wichtig ist, auch hier noch einmal eine Gegenüberstellung. *MultiUse* bedeutet, dass bei jedem neuen Instanzieren einer Klasse die gleiche Instanz der Komponente benutzt wird. *SingleUse* heißt dagegen, dass jedes neue Anlegen einer Klasse auch zum Anlegen einer eigenen Instanz der Komponente führt. ActiveX-EXE-Komponenten können sowohl vom Typ *SingleUse* als auch vom Typ *MultiUse* sein, bei ActiveX-DLLs kommt dagegen nur *SingleUse* in Frage, da DLLs nicht als eigenständige Prozesse ausgeführt werden.

21.5.3 Die CreateObject- und die GetObject-Methode

Beide Methoden haben die gleiche Aufgabe, sie instanzieren eine (beliebige) Code-Komponente und geben eine Referenz auf das dahinterstehende Objekt zurück. Während die *CreateObject*-Methode stets neue Instanzen anlegt, instanziert die *GetObject*-Methode entweder ein Objekt, das in einer Datei enthalten ist (z.B. eine Xls-Datei), oder eine laufende Instanz (z.B. wenn Excel bereits gestartet wurde). Die *CreateObject*-Methode wird immer dann benötigt, wenn eine Komponente keine Typenbibliothek besitzt, d.h. eine direkte Referenz auf die Code-Komponente zur Verfügung steht. Die *GetObject*-Methode wird benötigt, wenn eine Komponente bereits in einer Datei abgespeichert wurde und nun wieder aktiviert werden soll, oder wenn die Applikation bereits aktiv ist, d.h. auf eine laufende Instanz zugegriffen werden soll. Bei einigen Programmen, z.B. Excel, ist es möglich, über *GetObject* auf bestimmte Bereiche einer Tabelle zuzugreifen (die Visual-Basic-Hilfe enthält dazu ein kleines Beispiel).

Syntax
```
CreateObject(ProgID)
GetObject([Pfadname] [, ProgID])
```

Bei *ProgID* handelt es sich in beiden Fällen um den Namen, unter dem die Code-Komponente in der Registry eingetragen ist (z.B. *Excel.Application*).

Beispiel
```
Private D As Object
Set D = CreateObject("Devisenrechner.clsDevise")
```

Die *CreateObject*-Methode instanziert eine Instanz der Code-Komponente mit der ProgID *Devisenrechner.clsDevise*. Da die Variable *D* vom Typ *Object* ist, findet keine späte Bindung statt. Steht eine Objektbibliothek zur Verfügung und wurde diese in das Projekt eingebunden, kann alternativ eine frühe Bindung durchgeführt werden:

```
Private D As clsDevise
Set D = CreateObject("Devisenrechner.clsDevise")
```

Es ist wichtig darauf hinzuweisen, dass die *CreateObject*-Methode nicht automatisch zu einer späten Bindung führt.

21.5.4 Behandlung von Laufzeitfehlern in Komponenten

Eine Komponente ist ein Programm, das von anderen Programmen benutzt wird. Aus diesem Grund sollte sie auch Laufzeitfehler nicht durch eine Mitteilungsbox anzeigen, da diese von der Komponente angezeigt wird. Stattdessen werden Fehler über die *RaiseError*-Methode des *Err*-Objekts an den Client weitergereicht.

Beispiel

```
Public Function BinärToDez(tmpString As String) As Long
    Dim tmpZahl As Long, n As Long, Länge As Long
    If IsNumeric(tmpString) = False Then
        Err.Raise vbObjectError + 512, "BinärToDez", _
        "Argument ist keine Zahl"
        Exit Function
    End If
    Länge = Len(tmpString)
```

In diesem Beispiel prüft die Methode *BinärToDez*, die sich in einem Klassenmodul befindet, ob ihr ein numerischer Ausdruck übergeben wurde. Ist dies nicht der Fall, wird beim Client ein Laufzeitfehler ausgelöst, wobei der Client eine spezielle Fehlernummer, einen Fehlertext und auch eine Quellenangabe erhält. Die Konstante *vbObjectError* sorgt dafür, dass sich der von Ihnen festgelegte Wert nicht mit den bereits vom System vergebenen Fehlernummern überschneiden kann. Genau wie bei ActiveX-Steuerelementen, die Fehlermeldungen auf die gleiche Weise weiterreichen, empfiehlt die Visual-Basic-Hilfe, Fehlernummern erst bei 512 beginnen zu lassen. Die Bedeutung der Fehlernummer kann ein Programmierer, der die Komponente benutzt, natürlich nicht kennen. Diese müssen daher zusammen mit der Dokumentation zur Verfügung gestellt werden.

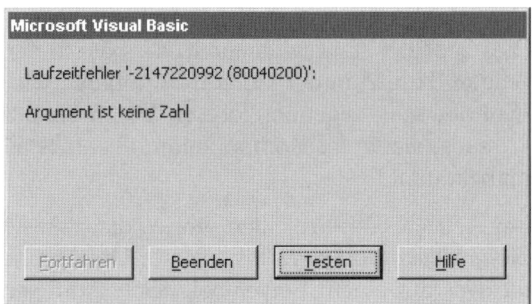

Abbildung 21.4: Auf diese Weise wird im Client ein Laufzeitfehler angezeigt, der in einer Komponente ausgelöst wurde.

Nicht immer muss eine Komponente solche Fehlersituationen per Laufzeitfehler anzeigen. Im obigen Beispiel wäre es wahrscheinlich praktischer, wenn die Funktion einen fehlerhaften Aufrufwert durch einen speziellen Rückgabewert, z. B. -1, anzeigt.

21.5.5 Code-Komponenten und Threads

Windows arbeitet mit einem Multitasking-Prinzip, das auf sog. *Threads* basiert. Ein Thread, was sich am ehesten mit Ausführungsfaden über- setzen lässt, ist ein »Unterprogramm« in einem Prozess. Indem ein Pro- zess (über den Aufruf der API-Funktion *CreateThread*) mehrere Threads startet, können quasi gleichzeitig stattfindende Vorgänge bes- ser abgearbeitet werden, da die Prozessorleistung optimaler genutzt wird. Das klassische Beispiel ist der Drucker-Spooler. Druckt ein Text- programm ein längeres Dokument ist es solange blockiert, bis das Do- kument vollständig ausgedruckt (oder an den Druckmanager übertra- gen) wurde. Startet das Textprogramm dagegen einen eigenen Thread für das Ausdrucken, kann dieser Thread ausgeführt werden, während sich ein weiterer Thread um Eingaben des Benutzers kümmert. Hält der Benutzer sich mit Eingaben zurück, kann der Druckthread drucken. Entfaltet der Benutzer dagegen hektische Aktivitäten erhält der Druck- thread zugunsten des Eingabe-Threads weniger Prozessorzeit zugeteilt. Visual Basic ermöglicht zwar nicht das explizite Anlegen von Threads in einem Programm (dazu müssen die Thread-API-Funktionen bemüht werden, was grundsätzlich machbar ist, aber eine von Implikationen, wie z.B. Thread-Synchronisation, nach sich zieht), bietet aber für Code-Komponenten eine vollständige Unterstützung für Multithrea- ding.

Auch wenn die Implikationen des Multithreading bei größeren Code- Komponenten, etwa solchen, die im Netzwerk laufen und viele Client- Anfragen gleichzeitig behandeln müssen, im Hinblick auf Performance ein wenig kompliziert ist, es für den Programmierer, insbesondere beim Kennen lernen der Code-Komponenten, relativ einfach. Über- nehmen Sie bei ActiveX-DLL- und ActiveX-Steuerelement-Projekten, sofern nichts dagegen spricht, die Einstellung »Appartment-Threaded«. Dies bedeutet stark vereinfacht, dass ein in der Code-Komponente er- zeugter Thread in der Code-Komponente wie in einem Appartement »wohnt«, seine eigenen globalen Daten benutzt und von den anderen Threads, die in der Komponenten ebenfalls ausführen können, nichts mitbekommt.

Bei ActiveX-EXE-Projekten gibt es diese Auswahl nicht. Hier können Sie einstellen, ob jedes instanzierte Objekt einen eigenen Thread star- tet (was auf einem Server bei vielen Anfragen zu Lasten der Perfor- mance gehen kann) oder, ob die Threads aus einem »Pool« von Threads mit festgelegter Größe verteilt werden. Ist dieser Pool er- schöpft, muss sich das nächste instanzierte Objekt einen Thread mit ei- nem bereits instanzierten Objekt teilen, was natürlich die Performance herabsetzen kann. Dafür kann es nicht passieren, dass der Server durch exzessive Anfragen lahmgelegt wird.

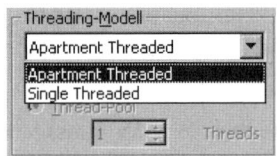

Abbildung 21.5: In diesem Bereich der Projektoptionen wird eingestellt, wie eine Code-Komponente Multithreading nutzen soll.

21.5.6 Die unbeaufsichtige Ausführung

Sowohl ActiveX-DLL- als auch ActiveX-EXE-Code-Komponenten können unbeaufsichtigt ausgeführt werden, was gewisse Performance-Vorteile bieten kann. Bei der unbeaufsichtigten Ausführung, die über die Option *Unbeaufsichtigte Ausführung* in den Projektoptionen aktiviert wird, dürfen keinerlei Bildschirmausgaben durchführt oder Benutzereingaben entgegengenommen werden. Eventuell anfallende Statusmeldungen (dies betrifft auch Laufzeitfehlermeldungen) müssen in eine Log-Datei geschrieben werden. Welche Form der Protokollierung verwendet wird, kann über die *LogMode*-Eigenschaft des *App*-Objekts eingestellt werden. Über die *LogEvent*-Methode können auch eigene Meldungen des Programms mitprotokolliert werden.

Die bei Visual Basic 5.0 erforderlichen Einschränkungen, um Multithreading nutzen zu können, gibt es bei Visual Basic 6.0 nicht mehr. Formulare, Benutzerformulare, Benutzerdokumente und ActiveX-Designer sind »threadsicher«, das heißt sie können von einem Client mehrfach instanziert werden, ohne dass es zu Problemen kommen kann.

21.6 Ein praktisches Beispiel für eine ActiveX-DLL

Im Folgenden wird ein kleines Beispiel vorgestellt, welches zum einen die Umsetzung einer ActiveX-DLL, zum anderen das Prinzip, nach dem ein Visual-Basic-Programm anderen Programm-Funktionen durch Objekte zur Verfügung stellen kann, veranschaulichen soll. Als Beispiel wird wieder einmal der Devisenrechner verwendet, der sich als kleiner roter Faden durch das Buch zieht. Am Ende des Abschnitts verfügen Sie über einen Devisenrechner, den Sie von einem anderen Programm aus ansteuern können.

Übung 21.1: Der Devisenrechner als Code-Komponente

Schritt 1 Legen Sie ein neues Projekt vom Typ »ActiveX-DLL« an. Das Ergebnis ist ein Projekt mit genau einem Klassenmodul, dessen *Instancing*-Eigenschaft den Wert »5-*MultiUse*« besitzt.

Schritt 2 Geben Sie der Klasse den Namen »clsDevisenrechner«. Dieser Name ist wichtig, weil er, zusammen mit dem Projektnamen, die ProgID bildet, unter der die Komponente in die Registrierungsdatei eingetragen wird. Geben Sie dem Projekt den Namen »DevisenRechnerDLL«.

Schritt 3 Fügen Sie in das Projekt einen Verweis auf die »Microsoft ActiveX Data Objects Library« ein, da die Klasse über die ADOs auf die Datei *DevisenMdb* (Buch-CD) zugreifen soll.

Schritt 4 Fügen Sie in das Klassenmodul *clsDevisenrechner* folgende Anweisungen ein:

```
Private mDevisenListe As New Collection

Public Property Get Devisen(Index As Variant) As clsDevise
        Devisen = mDevisenListe.Item(Index)
End Property

Public Property Get DevisenListe() As Collection
    Set DevisenListe = mDevisenListe
End Property

Public Property Get Count() As Long
        Count = mDevisenListe.Count
End Property

Private Sub Class_Initialize()
    Dim Cn As New Connection
    Dim Rs As New Recordset
    Dim tmpDevise As clsDevise
' Bitte den Pfad der Datei Devisen.mdb anpassen
    Cn.Open "Provider=Microsoft.Jet.OLEDB.3.51;Data Source=F:\Eigene
Dateien\Devisen.mdb"
    Rs.Open Source:="Devisen", ActiveConnection:=Cn
    Do While Not Rs.EOF = True
        Set tmpDevise = New clsDevise
        tmpDevise.Devisenname = Rs!Devisenname
        tmpDevise.ISO = Rs!ISO
        tmpDevise.Kurs = Rs!Kurs
        mDevisenListe.Add Item:=tmpDevise, Key:=tmpDevise.ISO
        Rs.MoveNext
    Loop
    Cn.Close

End Sub
```

Die Klasse besitzt damit drei Eigenschaften: *DevisenListe*, *Count* und *Devisen*. Letztere ist besonders interessant, denn sie gibt ein Objekt vom Typ *clsDevise* zurück. Diese Klasse muss allerdings erst definiert werden.

Fügen Sie zum Projekt eine neue Klasse hinzu. Geben Sie ihr den Namen »clsDevise« und setzen Sie die *Instancing*-Eigenschaft auf »2-PublicNotCreatable«, denn diese Klasse soll von einer anderen Anwendung aus nicht instanzierbar sein. Sie wird ausschließlich über die Eigenschaft *Devisen* der Klasse *clsDevisenrechner* angesprochen.   **Schritt 5**

Fügen Sie in das Klassenmodul *clsDevise* folgende Anweisungen ein: **Schritt 6**

```
Private mKurs As Currency
Private mISO As String
Private mDevisenname As String

Property Let Kurs(tmpWert As Currency)
    mKurs = tmpWert
End Property

Property Get Kurs() As Currency
    Kurs = mKurs
End Property

Property Let ISO(tmpWert As String)
    mISO = tmpWert
End Property

Property Get ISO() As String
    ISO = mISO
End Property

Property Let Devisenname(tmpWert As String)
    mDevisenname = tmpWert
End Property

Property Get Devisenname() As String
    Devisenname = mDevisenname
End Property
```

Damit ist die ActiveX-DLL fertiggestellt. Speichern Sie die beiden Klassenmodule und die Projektdatei zunächst ab. Denken Sie daran, dass Sie die ActiveX-DLL nicht direkt ausführen können. Sie benötigen vielmehr eine andere Anwendung, z. B. ein Standard-EXE-Projekt, um die Klasse *clsDevisenrechner* zu instanzieren.

Alternativ können Sie über den Menübefehl DATEI | DEVISENRECHNER.DLL ERSTELLEN das Projekt in eine ActiveX-DLL compilieren. Dadurch wird die DLL gleichzeitig kompiliert, sodass sie auch von anderen Anwendungen, z. B. Office-VBA, angesprochen werden kann.

Schritt 7 Jetzt wird die ActiveX-DLL zunächst einmal getestet. Zum Glück müssen Sie Visual-Basic-IDE weder verlassen noch erneut aufrufen. Fügen Sie einfach über den Menübefehl DATEI | PROJEKT HINZUFÜGEN ein Standard-EXE-Projekt zur Projektgruppe hinzu. Da ist das Schöne, dass Sie ActiveX-Steuerelemente oder ActiveX-DLLs in der IDE testen können, ohne diese zuvor kompilieren zu müssen.

Schritt 8 Machen Sie das neue Projekt zum Startprojekt, und binden Sie über den Menübefehl PROJEKT | VERWEISE eine Referenz auf die Code-Komponente *DevisenRechnerDLL* ein. Obwohl die ActiveX-DLL im Prinzip noch nicht ausführt, steht die (temporäre) Referenz bereits zur Verfügung.

Abbildung 21.6: Die ActiveX-DLL-Code-Komponente Devisen-rechnerDLL steht automatisch als Typenbibliothek zur Verfügung.

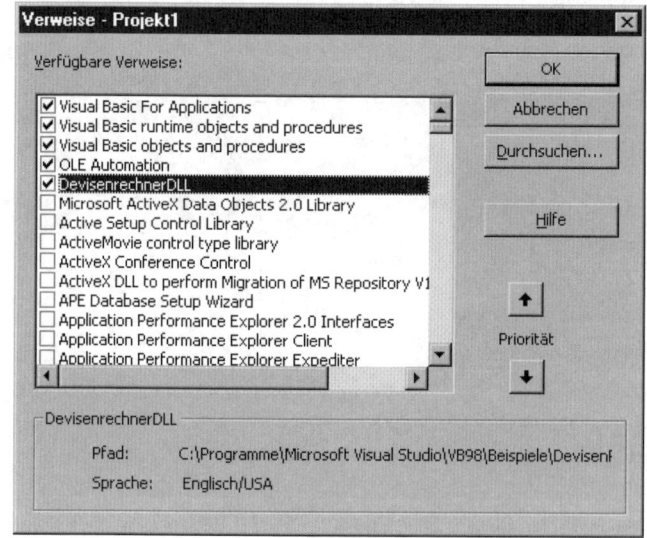

Schritt 9 Geben Sie in die *Form_Load*-Ereignisprozedur folgende Anweisungen ein:

```
Dim R As clsDevisenrechner
Set R = New clsDevisenrechner
MsgBox Prompt:=R.DevisenListe.Count & " Devisen in der Datenbank"
```

Schauen Sie sich diese drei Anweisungen in Ruhe an, denn sie haben es in sich. Die erste Anweisung definiert eine neue Objektvariable vom Typ *clsDevisenrechner*. Die zweite Anweisung weist der Variablen eine Instanz der Klasse zu. Bei der dritten Anweisung werden Sie nach der Eingabe von »R«. feststellen, dass die Eigenschaften *Devisen*, *Count* und *DevisenListe* in der Auswahlliste erscheinen. Dies liegt daran, dass Visual Basic diese Informationen aus dem ActiveX-DLL-

Projekt automatisch in eine (temporäre) Typenbibliothek überträgt, die beim Einbinden der Referenz in dem Standard-EXE-Projekt entsprechend zur Verfügung gestellt wird.

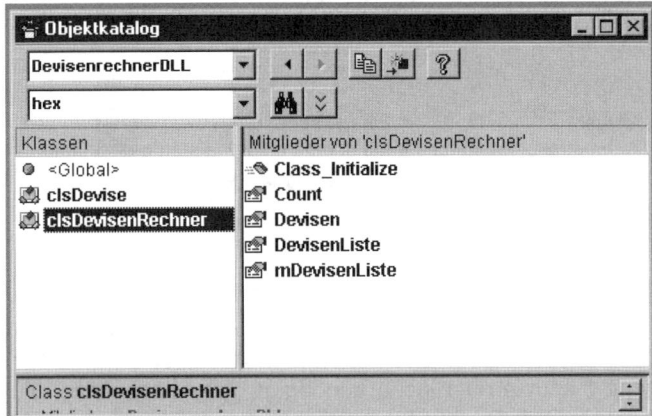

Abbildung 21.7: Der Objektkatalog zeigt den Inhalt der Code-Komponenten Devisenrech-nerDLL an.

Schritt 10

Der Devisenrechner ist noch nicht fertig, denn ein kleine Benutzeroberfläche muss schon sein. Entfernen Sie zunächst die drei bereits eingefügten Anweisungen aus *Form_Load*, ordnen Sie auf dem Formular des Standard-EXE-Projekts ein Listenfeld (*lstNamen*), zwei Textfelder (*txtKurs* und *txtISO*) und zwei Bezeichnungsfelder an und geben Sie folgende Anweisungen ein:

```
Private R  As clsDevisenrechner

Private Sub Form_Load()
    Dim D As clsDevise
    Set R = New clsDevisenrechner
    For Each D In R.DevisenListe
        lstDevisenName.AddItem Item:=D.Devisenname
    Next
End Sub

Private Sub lstDevisenName_Click()
' Collections beginnen mit dem Index 1
    txtKurs.Text = R.DevisenListe(lstDevisenName.ListIndex+1).Kurs
    txtISO.Text = R.DevisenListe(lstDevisenName.ListIndex+1).ISO
End Sub
```

Besonders interessant ist Form_Load, denn hier durchläuft die *Foreach*-Schleife alle *clsDevisen*-Objekte und überträgt die Devisenname in ein Listenfeld.

Abbildung 21.8:
Der Visual-
Basic-Client für
die Code-Kom-
ponente Devi-
senrechner in
Aktion.

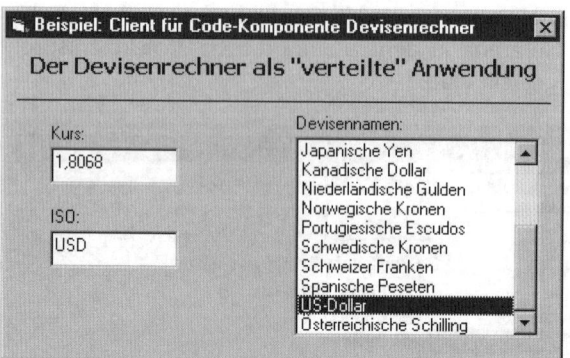

Auf die gleiche Weise kann die Code-Komponente *Devisenrechner* z.B. von einem VBA-Programm angesprochen werden, das in Word97 läuft (probieren Sie es einmal aus). Nur, dass Sie hier eine eigene Benutzeroberfläche benötigen. Allerdings wäre es möglich, das ActiveX-DLL-Projekt um ein Formular zu erweitern, sodass ein Client auch ohne eigene Benutzeroberfläche auskommt. Unsere Code-Komponente ließe sich dann auch z.B. von einem VBScript-Programm aufrufen, das vom Windows Scripting Host (WSH) ausgeführt wird. Sollte der WSH auf Ihrem PC installiert sein, führen Sie als anschließende Übung zum Thema ActiveX-DLL folgende Schritte aus:

Schritt 1: Fügen Sie zum ActiveX-DLL-Projekt jenes Formular hinzu, dass Sie für den Client erstellt haben. Speichern Sie das Projekt am besten unter einem neuen Namen ab (z.B. »DevisenrechnerDLLUI«).

Schritt 2: Kompilieren Sie die ActiveX-DLL erneut.

Schritt 3: Legen Sie eine neue Textdatei (z.B. mit Notepad) an und geben Sie folgende Befehlszeilen ein:

```
Option Explicit
Dim R
Set R = CreateObject("DevisenrechnerDLL.clsDevisenrechner")
R.Start
```

Speichern Sie die Datei (z.B. »Devisenrechner.vbs«).

Wenn die Code-Komponente *DevisenrechnerDLLUI* fehlerfrei kompiliert wurde, sollte das kleine Skript zum Start der Komponenten führen.

Nach dem gleichen Schema können Sie jedes Visual-Basic-Programm in Form einer ActiveX-DLL so »verpacken«, dass es von einem Skript aus gesteuert werden kann.

21.7 Globale Code-Komponenten

Visual Basic bietet neben »SingleUse« und »MultiUse« eine weitere Variante von Code-Komponenten, die als globale Code-Komponenten bezeichnet wird. Dies sind Code-Komponenten, die nach ihrer Registrierung und dem Einbinden eines Verweises in einem Projekt automatisch zur Verfügung stehen und nicht, z.B. über eine *Private*-Anweisung, instanziert werden müssen.

Dazu gleich ein kleines Beispiel. Was VBA auch in der Version 6.0 nicht bietet (und was bestimmt alle Programmierer bislang vermißt haben) ist eine Funktion (pardon, Methode), die eine Hexadezimalzahl in eine Dezimalzahl umwandelt und damit das Pendant der *Hex*-Methode darstellt. **Beispiel**

Legen Sie ein neues ActiveX-DLL-Projekt an. Geben Sie der Klasse den Namen »clsDezimal« und dem Projekt den Namen »Umwandlungsfunktionen«. **Schritt 1**

Setzen Sie die *Instancing*-Eigenschaft der Klasse auf den Wert »6-GlobalMultiUse«. **Schritt 2**

Fügen Sie in das Klassenmodul die folgenden Anweisungen ein: **Schritt 3**

```
Function Dezimal(tmpHexzahl As String)
    Dim n As Long, tmpWert As Long, Zeichencode As Byte
    For n = 0 To Len(tmpHexzahl) - 1
        Zeichencode = Asc(Mid(tmpHexzahl, Len(tmpHexzahl) - n, 1))
        Zeichencode = Zeichencode - 48
        If Zeichencode > 15 Then Zeichencode = Zeichencode - 7
        tmpWert = tmpWert + Zeichencode * 16 ^ n
    Next
    Dezimal = tmpWert
End Function
```

Damit besteht das Klassenmodul aus einer Methode mit dem Namen *Dezimal*, welche einen übergebenen String in eine Dezimalzahl umwandelt. War der String ungültig, wird stattdessen -1 zurückgegeben.

Fügen Sie ein weiteres Projekt vom Typ Standard-EXE hinzu und machen Sie es durch Anklicken des Projektnamens im Projektexplorer mit der rechten Maustaste und Auswahl von *Als Starteinstellung festlegen* zum Startprojekt. **Schritt 4**

Binden Sie eine Referenz auf »Umwandlungsfunktionen« ein. **Schritt 5**

Fügen Sie, z.B. in *Form_Load*, folgende Anweisungen ein: **Schritt 6**

```
Dim HexZahl As String
HexZahl = InputBox("Geben Sie eine Hexadezimalzahl ein", , "FF")
MsgBox Prompt:="Die Dezimalzahl heißt:" & Dezimal(HexZahl)
```

Fällt Ihnen der Unterschied auf? Richtig, Sie müssen keine Objektvariable vom Typ *clsDezimal* instanzieren, sondern können die Funktion
Dezimal aufrufen, als sei sie eine in VBA fest eingebaute Funktion
(Methode). Auf exakt die gleiche Weise erfolgt der Aufruf der Funktion
z.B. in einem VBA-Programm, das in Word97 ausgeführt wird. Das ist
der große Vorteil von globalen Code-Komponenten.

Abbildung 21.9:
Die Methode
Dezimal wurde
zu einer
Methode des
globalen
Objekts.

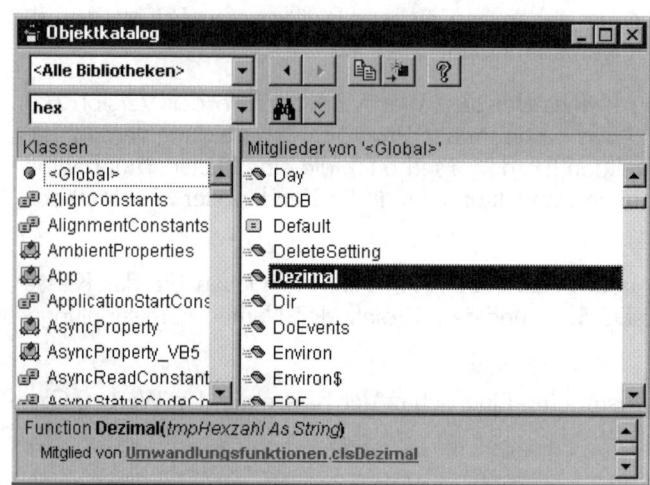

*Übrigens können Sie auf diese Weise auch globale Konstanten defi-
nieren, d.h. Konstanten, die systemweit zur Verfügung stehen. Hat
es Sie nicht immer schon gestört, dass der Mehrwertsteuersatz, die
Kreiszahl Pi oder die Gravitationskonstante des Universums VBA
völlig unbekannt sind? Dann definieren Sie sie über die Enum-An-
weisung einfach als Enumerationskonstanten. Ein kleiner Nachteil
ist allerdings, dass die Konstanten auch bei Visual Basic 6.0 den
Typ Long besitzen müssen. Eine andere Möglichkeit, diese Konstanten zur Verfügung zu stellen, könnte in Nur-Lese-Eigenschaften, d.h. Property-Get-Prozeduren ohne Property-Let-Pendant, bestehen, denn diese können einen beliebigen Typ zurückgeben.*

*Am Anfang dürfte die Versuchung groß sein, alles und jedes als
globale Code-Komponenten zu definieren. Denken Sie aber daran,
dass globale Code-Komponenten nach dem Systemstart automatisch verfügbar sind und zu viele Komponenten die Performance
herabsetzen können. Außerdem sollten Sie bei der Namensvergabe
keine zu allgemeinen Namen (etwa »Test« oder »Berechnen«) wählen, da es so zum einen zu Konflikten mit anderen Namen kommt,*

zum anderen nach ein paar Wochen die Bedeutung dieser Bezeichner in Vergessenheit gerät. Namenskonflikte werden allgemein umgangen, indem dem Bezeichner der Name der Klasse (dieser muss immer eindeutig sein) vorangestellt wird. Sollte bezogen auf das obige Beispiel bereits eine andere Komponente eine Funktion mit dem Namen Dezimal enthalten, muss die Funktion Umwandlungsfunktionen.Dezimal lauten.

21.8 Objektmodelle selbst implementiert

Der Begriff »Objektmodell« ist in diesem Buch schon mehrfach gefallen, z. B. im Zusammenhang mit den Office97-Anwendungen und den Active Data Objects (ADO). Ein Objektmodell bedeutet, dass ein Objekt über eine (Auflistungs-)Eigenschaft eine Referenz auf andere Objekte zur Verfügung stellt, wodurch eine mehr oder weniger umfangreiche Hierarchie resultiert. Hier ein einfaches Beispiel aus dem Word-Objektmodell. Um eine Referenz auf das erste Wort im zweiten Absatz im aktiven Dokument zu erhalten, ist folgender Ausdruck notwendig:

```
AnzahlBuchstaben =
Word.ActiveDocument.Paragraphs(2).Range.Words(1).Characters.Count
```

Schauen Sie sich diesen Ausdruck in Ruhe an. Am Anfang steht das *Word*-Objekt, welches für das *Application*-Objekt steht. Dieses besitzt eine *ActiveDocument*-Eigenschaft, die ein *Document*-Objekt zurückgibt, dessen *Paragraphs*-Methode wiederum ein *Range*-Objekt, auf das aus formellen Gründen noch einmal die *Range*-Methode angewendet wird, um über die *Words*-Eigenschaft an ein weiteres *Range*-Objekt zu kommen, dessen *Characters*-Eigenschaft erneut ein *Range*-Objekt zurückgibt, auf das schließlich die *Count*-Eigenschaft angewendet wird (ich hoffe, das war nicht zu verwirrend, lesen Sie den Satz lieber nochmal).

Ein Objektmodell legt also fest, in welcher Beziehung die einzelnen Objekte in einer Objekttypenbibliothek zueinander stehen. Objektmodelle sind weder etwas »Magisches« noch muss man spezielle Anweisungen oder Tricks kennen, um sie implementieren zu können. Wodurch wird denn bestimmt, dass man (bezogen auf das Word97-Objektmodell) nicht einfach

```
AnzahlBuchstaben = Characters.Count
```

schreiben darf? Nun, dadurch, dass das Default-Objekt (was nicht hingeschrieben werden muss) *Application* lautet und dieses keine *Characters*-Eigenschaft/Methode besitzt. Probieren Sie es trotzdem, erhalten Sie die Fehlermeldung »Objekt erforderlich«.

Die Programmierer des Word97-Objektmodells haben diese Einschränkung getroffen. Natürlich hätten sie das *Characters*-Objekt von außen instanzierbar machen können (Sie wissen, wie das geht – die Klasse muss die *Instancing*-Eigenschaft »Creatable« besitzen). Sie haben sich aber dagegen entschieden, denn es würde kein Sinn ergeben, direkt auf Zeichen zugreifen zu können, ohne vorher zumindestens einen Absatz ausgewählt zu haben.

Aus diesen kleinen Beispielen lassen sich (mindestens) drei wichtige Merksätze ableiten:

1. Die Beziehung zwischen den Objekten eines Objektmodells wird über Eigenschaften bestimmt, die Referenzen auf »untergeordnete« oder »übergeordnete« Objekte zurückgeben. Es gibt keine Attribute wie etwa »Ist Unterobjekt von«, die man setzen könnte, um eine Beziehung zwischen Objekten herzustellen.

2. Hinter einer Eigenschaft/Methode, die mehrere Objekte zurückgeben kann, steht immer eine Collection. So steht die *Documents*-Eigenschaft in Word für eine Auflistung von *Document*-Objekten. *Documents* ist eine Auflistung, die enumeriert werden kann und die Methoden *Add*, *Remove* und die Eigenschaft *Count* besitzt.

3. Der Entwickler legt das Objektmodell nach seinen eigenen Vorstellungen fest. Feste Regeln gibt es nicht. Es gibt lediglich gut durchdachte und weniger gut durchdachte Modelle.

Damit kommen wir zu dem wichtigsten Punkt, dem Erstellen eigener Objektmodelle. Hier gibt es für Sie nicht viel Neues zu lernen, denn ein Objektmodell setzt sich schlicht und ergreifend aus mehreren Objekten zusammen. Und wie Sie ein Objekt erstellen, haben Sie bereits in Kapitel 11 gelernt. Der wichtigste Merksatz noch einmal zur Auffrischung: Pro Objekt muss ein Klassenmodell angelegt werden. Besteht ein Objektmodell aus zwölf Objekten, werden auch (mindestens) zwölf Klassenmodule benötigt.

Übung 21.2: Ein kleines Objektmodell In der folgenden Übung soll ein kleines Objektmodell vorgestellt werden. Stellen Sie sich vor, Sie sollen ein Visual-Basic-Programm zum Verwalten von Mannschaftstabellen für Turniere erstellen (etwa für die Fußballbundesliga). Soll dieses Programm (was mehr als sinnvoll wäre) mit Klassen arbeiten, liegt es auf der Hand, dass es z.B. ein Mannschafts-Objekt gibt, dass über eine Spieler-Eigenschaft verfügt, die wiederum einen Zugriff auf die einzelnen Spieler-Objekte ermöglicht. Im Folgenden soll ein Mini-Objektmodell mit den Objekten clsMannschaft und clsSpieler »konstruiert« werden. Aus Platzgründen werden ledigt die beiden Klassen vorgestellt, das vollständige Programm finden Sie auf der Buch-CD (*Spielbericht.Vbp*). Sie sollten es aber unbedingt in allen Einzelheiten studieren, da es recht hübsch den Umgang Objekten und »Unterobjekten« veranschaulicht.

Die Klasse clsSpieler

Hier werden die Eigenschaften und Methoden eines einzelnen Spielers definiert. Die vorliegende Klasse enthält nur wenige Eigenschaften und Methoden, es ist daher naheliegend, weitere Eigenschaften hinzufügen. Vor allem ist es sinnvoll, Eigenschaften, wie Tore, als Objekteigenschaften zu definieren, da die Eigenschaft *Tor* Untereigenschaften, wie *Minute* und *Art des Tores*, besitzt.

```
Option Explicit

Private mSpielername As String
Private mVerein As String
Private mAnzahlTore As Long
Private mAnzahlGelbeKarten As Long

Public Property Get Spielername() As String
    Spielername = mSpielername
End Property

Public Property Let Spielername(ByVal tmpWert As String)
    mSpielername = tmpWert
End Property

Public Property Get Verein() As String
    Verein = mVerein
End Property

Public Property Let Verein(ByVal tmpWert As String)
    mVerein = tmpWert
End Property

Public Property Get AnzahlTore() As Long
    AnzahlTore = mAnzahlTore
End Property

Public Property Let AnzahlTore(ByVal tmpWert As Long)
    mAnzahlTore = tmpWert
End Property

Public Property Get AnzahlGelbeKarten() As Long
    AnzahlGelbeKarten = mAnzahlGelbeKarten
End Property

Public Property Let AnzahlGelbeKarten(ByVal tmpWert As Long)
    mAnzahlGelbeKarten = tmpWert
End Property
' Methode TorSchießen
```

```
Sub TorSchießen()
    mAnzahlTore = mAnzahlTore + 1
End Sub
' Methode Fould
Sub Foul()
    mAnzahlGelbeKarten = mAnzahlGelbeKarten + 1
End Sub
```

Die Klasse clsMannschaft

Hierbei handelt es sich um eine typische Klassenauflistung (das Proze-durattribut der verborgenen Methode *NewEnum* muss auf -4 gesetzt werden (siehe Kapitel 11.12).

```
Option Explicit

Private mMannschaft As Collection

Private Sub Class_Initialize()
    Set mMannschaft = New Collection
End Sub

Public Property Get Spieler(tmpIndex As Variant) As clsSpieler
    Set Spieler = mMannschaft.Item(Index:=tmpIndex)
End Property

Public Sub Add(Item As clsSpieler, Key As String)
    mMannschaft.Add Item:=Item, Key:=Key
End Sub

Public Function Remove(Index As Variant)
    mMannschaft.Remove Index
End Function

Public Function Item(Index As Variant)
    Set Item = mMannschaft.Item(Index)
End Function

Public Property Get Count() As Long
    Count = mMannschaft.Count
End Property

Public Function NewEnum() As IUnknown
    Set NewEnum = mMannschaft.[_NewEnum]
End Function
```

Das Formular

Schließlich gibt es noch ein Formular, das nicht nur die Benutzerober-fläche enthält, sondern auch für die Instanzierung der einzelnen Spie-ler-Objekte zuständig ist (Name und Verein des Spielers wird aus der Textdatei *Spieler.Dat* gelesen).

```
Option Explicit
Private Mannschaft As clsMannschaft
Private Spieler As clsSpieler
Private Spielminute As Long
Private AktiverSpieler As clsSpieler

Private Sub cboSpieler_Click()
    Set AktiverSpieler =
Mannschaft.Item(cboSpieler.List(cboSpieler.ListIndex))
    SpielerDatenAnzeigen
End Sub

Private Sub cmdFoul_Click()
    AktiverSpieler.Foul
    SpielerDatenAnzeigen
End Sub

Private Sub cmdTorSchießen_Click()
    AktiverSpieler.TorSchießen
    SpielerDatenAnzeigen
End Sub

Private Sub tmrZeit_Timer()
    Spielminute = Spielminute + 1
    lblSpielminute.Caption = Spielminute
    If Spielminute = 90 Then
       tmrZeit.Enabled = False
       cmdFoul.Enabled = False
       cmdTorSchießen.Enabled = False
    End If

End Sub

Private Sub Form_Load()
    Dim Zähler As Long
    Set Mannschaft = New clsMannschaft
    SpielerEinlesen
    For Zähler = 1 To Mannschaft.Count
      cboSpieler.AddItem Mannschaft.Item(Zähler).Spielername
    Next
    cboSpieler.ListIndex = 0
    tmrZeit.Interval = 1000
    lblSpielminute.Caption = Spielminute
    SpielerDatenAnzeigen
End Sub

Sub SpielerDatenAnzeigen()
    txtGelbeKarten.Text = AktiverSpieler.AnzahlGelbeKarten
    txtTore.Text = AktiverSpieler.AnzahlTore
    txtVerein.Text = AktiverSpieler.Verein
End Sub
```

```
Sub SpielerEinlesen()
    Dim DateiNr As Integer
    Dim Spieler As clsSpieler
    Dim Spielername As String
    Dim Vereinsname As String
' Bitte Pfad von Spieler.dat anpassen
    Const SpielerDateiPfad = "F:\Eigene Dateien\Spieler.dat"
    DateiNr = FreeFile
    Open SpielerDateiPfad For Input As DateiNr
    Do While Not EOF(DateiNr)
        Input #DateiNr, Spielername, Vereinsname
        Set Spieler = New clsSpieler
        Spieler.Spielername = Spielername
        Spieler.Verein = Vereinsname
        Mannschaft.Add Item:=Spieler, Key:=Spieler.Spielername
    Loop
    Close DateiNr
End Sub
```

Beachten Sie bitte, dass das Programm hier aus Gründen der Vereinfachung mit einer Objektvariablen *AktiverSpieler* vom Typ *clsSpieler* steht, die nach jeder Auswahl aus der Kombinationsliste mit den Spielernamen ihren Wert erhält:

```
Set AktiverSpieler = Mannschaft.Item(cboSpieler.List(cboSpieler.ListIndex))
```

Die Verwendung eines Zeitgebers zur »Simulation« der Spielzeit ist dagegen reine Spielerei. Möchten Sie das Programm nach Office-VBA übertragen, wo es keinen fest eingebauten Zeitgeber gibt, müssen Sie den Zeitgeber entweder weglassen oder auf den IE4-Timer zurückgreifen.

Um etwas von dem Wesen des zwar kleinen, aber voll funktionsfähigen Objektmodells zu erleben, sollten Sie das Programm starten, Gerd Müller ein paar Tore schießen lassen, das Programm unterbrechen und im Direktfenster z. B. folgende Anweisung ausführen:[5]

```
?Mannschaft.Spieler("Gerd Müller").AnzahlTore
7
```

Erweiterungsvorschläge

Das kleine Programm lässt sich natürlich noch weiter ausbauen. Zunächst einmal sollten Sie aus formellen Gründen dem Spieler-Objekt eine *Parent*-Eigenschaft verleihen, über die ein Zugriff auf das Mannschafts-Objekt möglich ist:

```
Set S = Mannschaft.Spieler("Gerd Müller")
?S.Parent.Count
4
```

---

[5] Waren das noch Zeiten.

*Abbildung21.10:
Objektmodelle
wirken unsicht-
bar im Hinter-
grund, machen
aber den Pro-
grammaufbau
im Allgemeinen
sehr viel über-
sichtlicher.*

Soll das Programm für die Fußballbundesliga verwendet werden, stün-
de an oberster Stelle das *Liga*-Objekt, welches für eine bestimmte
Liga, z. B. 1. Bundesliga, steht. Die nächste Ebene stellt das *Saison*-
Objekt dar, dann folgen die Objekte *Spieltag*, *Begegnung*, *Mannschaft* und *Spieler*. Die kleinste Einheit des Objektmodells wäre jedoch
nicht der Spieler, sondern das Tor oder die gelbe Karte, denn jeder
Spieler kann Tore erzielen und gelbe Karte erhalten. Wer möchte,
kann auch Fouls, Auswechslungen, Pässe oder Assists als Objekte einführen.[6] Möglich ist alles, nur der Aufwand für die Erfassung der Daten
wird etwas größer. Bedingt durch das Objektmodell gestaltet sich der
Zugriff auf ein einzelnes Objekt relativ einfach. Wie viele gelbe Karten
erhielt der Spieler Beckenbauer in der 17. Saison am 23. Spieltag?
Keine Ahnung, doch ein Zugriff auf das Objektmodell liefert (sofern die
Daten »eingelesen« wurden) die gewünschte Antwort:

```
?LigaListe("1. Bundesliga").SaisonListe(17). _
SpieltagListe(23).SpielerListe.("Beckenbauer"). _
GelbeKartenListe.Count
```

Bereits bei diesem simplen Zugriff wird ein grundsätzliches Problem
beim Entwurf eines Objektmodells deutlich. Es ist eine Designfrage, ob
die Auflistung *SpieltagListe* eine (in diesem Fall fiktive) Eigenschaft
SpielerListe besitzen soll, oder ob diese nur über die Auflistung *Mann-
schaftListe* zugänglich ist, die von dem jeweiligen *Begegnung*-Objekt
zurückgeben wird, das in der Auflistung *BegegnungListe* enthalten
ist:[7]

---

[6] Da dürfte dann sogar die ran-Redaktion neidisch werden.

[7] Keine Angst, ich denke mir das nicht aus. So vielschichtig können Objektmodelle tatsächlich werden.

```
?MannschaftListe(LigaListe("1. Bundesliga").SaisonListe(17). _
SpieltagListe(23).BegegnungListe("BayernMünchen:HSV"). _
HeimMannschaft).SpielerListe("Beckenbauer"). _
GelbeKartenListe.Count
```

In diesem Fall muss der fiktive Fragesteller aber wissen, um welche Begegnung sich im Speziellen dreht. Überhaupt ist in diesem, durchaus ernst gemeinten Ausdruck, die Frage noch nicht geklärt, ob sich die Anzahl der gelben Karten auf den einzelnen Spieltag, auf die gesamte Saison oder auf die gesamte Karriere des Spielers Beckenbauer bezieht. Auch dies ist eine Designentscheidung, die vor der Implementation eines Objektmodells geklärt werden muss. Bereits dieser kurze Ausflug in die Welt der Objekte macht deutlich, dass, genau wie bei der Implementierung einer Datenbank, auch der Implementierung eines Objektmodells eine gründliche Planung und Analyse vorausgehen muss. Mit dem *Visual Modeler* bietet Visual Basic 6.0 in der Enterprise Edition sogar ein Werkzeug dafür an, auf das in diesem Buch aber leider nicht eingegangen werden kann.

Eine sehr wichtige Erweiterung benötigt das Beispielprogramm der letzten Übung in jedem Fall: Eine Anbindung an eine Datenbank, denn natürlich möchte man die Initialisierungsdaten nicht aus Textdateien auslesen. Um dieses Thema geht es im übernächsten Abschnitt.

21.8.1 Regeln für die Implementierung von Objektmodellen

Folgende Regeln sollten Sie beim Erstellen eigener Objektmodelle beherzigen:

➥ Objektmodelle sind keine Verpflichtung, sie machen Ihr Programm auch nicht automatisch besser. Sie sind vielmehr eine Hilfestellung für andere Programmierer (bzw. allgemeine Projekte), die Ihre Objekte nutzen sollen. Prüfen Sie daher zunächst, ob Ihr Programm überhaupt ein Objektmodell benötigt, oder ob es nicht sinnvoller wäre, alle Objekte unabhängig voneinander anzubieten.

➥ Halten Sie die Objektmodelle einfach, und halten Sie die Anzahl an Ebenen auf ein Minimum.

➥ Stellen Sie sicher, dass ein Elternobjekt, d.h. ein Objekt, das Unterobjekte besitzt, nicht gelöscht werden kann, solange noch Kind-Objekte in Benutzung sind (Stichwort: Zirkuläre Referenz). Dieser Aspekt konnte aus Platzgründen nicht behandelt werden (er wird in Kapitel 11.8.11 kurz angesprochen), ist aber eine Voraussetzung für eine solide Implementation eines Objektmodells.

➡► Halten Sie sich beim Aufbau eines Objektmodells an allgemeine Regeln und versuchen Sie, persönliche Vorlieben für bestimmte »Kleinigkeiten« aus dem Spiel zu lassen. Arbeiten Sie z.B. mit einem *Application*-Objekt (natürlich nur, wenn es sinnvoll ist), und versehen Sie z.B. die Namen von Auflistungen mit einem Postfix »Liste« (oder ein »s«, wenn es sich um einen englischsprachigen Begriff handelt), sodass andere Programmierer leicht erkennen können, dass es sich um eine Auflistung handelt. Auch bei Microsoft gibt es Objektmodelle, die auf Visual-Basic-Programmierer wahrscheinlich etwas »seltsam« wirken. Ein Beispiel ist das Objektmodell von PowerPoint, wenngleich diese Bewertung natürlich subjektiv ist.

➡► Halten Sie eine Kompatibilität ein. Wenn Sie ein Objektmodell komplett überarbeiten (das kommt schon einmal vor), stellen Sie die alten Objekte nach wie vor zur Verfügung (so wie es Microsoft bei den Datenzugriffsobjekten der Jet-Engine 1.1 macht). Die alten Objekte sollten allerdings nicht im Objektkatalog erscheinen, damit neue Programmierer nicht auf die Idee kommen, sie zu benutzen. Dies kann über die Einstellungen in den Prozedurattributen für jede Eigenschaft, die ein Objekt zurückgibt, einzeln eingestellt werden.

21.9 Datenbankanbindung mit Klassen

Seit Visual Basic 6.0 kann eine Klasse die Rolle einer Datenbankquelle spielen, die, genau wie ein Datensteuerelement, mit Steuerelementen oder anderen Datenkonsumenten verbunden werden kann. Alle Klassen, die bislang zur Anwendung kamen, besaßen Eigenschaften, deren Werte entweder erst nach der Instanzierung belegt oder innerhalb der *Initialize*-Prozedur vorbelegt wurden. Das ist jedoch ein wenig realitätsfremd, denn wenn ein Programm eine Klasse *clsMannschaft* (aus dem letzten Abschnitt) instanziert, sollten die Daten der Mannschaft oder die der einzelnen Spieler nicht erst umständlich eingelesen werden müssen, sondern idealerweise automatisch zur Verfügung stehen. Nun, seit Visual Basic 6.0 ist das kein Problem mehr. Eine Klasse kann wahlweise die Rolle eines Datenkonsumenten als auch einer Datenquelle spielen. Eine Datenquelle (engl. »data source«) ist eine Klasse, die anderen Objekten Daten zur Verfügung stellt. Das Datensteuerelement ist ein Beispiel für eine Datenquelle. Wird es über seine Eigenschaften *ConnectString* und *Recordsource* mit einer richtigen Datenquelle verbunden, stellt es anderen Steuerelementen über deren *DataSource*-Eigenschaft die Daten eines Datensatzes zur Verfügung.

Eine Klasse ist eine sehr viel flexiblere Datenquelle. Sie muss nicht sichtbar sein und Sie können beliebig festlegen, auf welche Weise sie Daten zur Verfügung stellen soll. Und jetzt kommt das Beste: Über das *BindingCollection*-Objekt können Sie Steuerelemente an eine solche Klasse binden. Sie definieren sich über eine Klasse damit ihr eigenes Datensteuerelement.

21.9.1 Die Eigenschaften DataSourceBehaviour und DataBindingBehaviour

Ob eine Klasse die Rolle einer Datenquelle spielt, wird über die *DataSourceBehaviour*-Eigenschaft bestimmt. Wird der Wert auf 1 (*vbDataSource*) gesetzt, kann die Klasse als Datenquelle auftreten.

Das Gegenstück zur Datenquelle ist der Datenkonsument. Entweder ein gebundenes Steuerelement oder eine Klasse, deren *DataBindingBehaviour*-Eigenschaft auf 1 (*vbSimpleBound* – Bindung an ein einzelnes Feld) oder 2 (*vbComplexBound* – Bindung an einen ganzen Datensatz) gesetzt ist.

Jetzt müssen Sie nur noch das *BindingCollection*-Objekt kennen lernen und das »dynamische Trio«, das Ihnen völlig neue Möglichkeiten der Datenanbindung in einem Visual-Basic-Programm erlaubt, ist komplett. Das *BindingCollection*-Objekt bringt einen Datenkonsumenten mit einer Datenquelle zusammen. Das Objekt steht allerdings nicht automatisch zur Verfügung (es ist weder ein ADO-, noch ein VBA-Objekt), sondern muss erst über PROJEKT | VERWEISE und Auswahl des Eintrags »Microsoft Data Binding Collection« in ein Projekt eingebunden und instanziert werden.

Welche vielseitigen Möglichkeiten sich hinter der im letzten Abschnitt beschriebenen Theorie verbergen, wird am allerbesten an einem Beispiel deutlich. Das folgende Beispiel füllt die Klasse *clsDevisenrechner* mit Leben, in dem es die »aktuellen« Devisenkurse in der *Initialize*-Ereignisprozedur aus einer Access-Datenbank einliest, für jede Devise ein *clsDevisen*-Objekt instanziert und die Spielerdaten über die Eigenschaften dieses Objekts, das wiederum über die *Devisen*-Eigenschaft des Devisenrechnerobjekts zur Verfügung gestellt wird, anbietet.

Schritt 1   Legen Sie ein neues Standard-EXE-Projekt ein, fügen Sie ein Klassenmodul hinzu und nennen Sie es »clsDevisen«.

Schritt 2   Setzen Sie die *DataSourceBehaviour*-Eigenschaft der Klasse auf den Wert »vbDataSource«.

Schritt 3   Fügen Sie in das Projekt einen Verweis auf die »ActiveX Data Objects 2.0 Library« ein.

Fügen Sie in das Klassenmodul folgende Anweisungen ein: **Schritt 4**

```
Private mWechselkurs As Currency
Private mDevisenname As String
Private mISO As String
Private Cn As Connection
Private Rs As Recordset

Property Get Wechselkurs() As Currency
    Wechselkurs = mWechselkurs
End Property

Property Get DevisenName() As String
    DevisenName = mDevisenname
End Property

Property Get ISO() As String
    ISO = mISO
End Property
```

Bislang gab es noch nichts Neues im Vergleich zu »herkömmlichen«   **Schritt 5**
Klassen. Auch an der *Initialize*-Ereignisprozedur werden Sie zunächst
keine neuen Eigenschaften entdecken. Hier geht es ganz einfach darum, das passende *Recordset*-Objekt zu öffnen:

```
Private Sub Class_Initialize()
    Set Cn = New Connection
    Set Rs = New Recordset
    Cn.Open "Provider=Microsoft.Jet.OLEDB.3.51;Data Source=F:\Eigene
Dateien\Devisen.mdb"
    Rs.Open Source:="Devisen", ActiveConnection:=Cn,
CursorType:=adOpenStatic
    Rs.MoveFirst
End Sub
```

Und weil wir gerade dabei sind, soll auch das *Termine*-Ereignis eine
Anweisung erhalten:

```
Private Sub Class_Terminate()
    Cn.Close
End Sub
```

Jetzt kommt die erste Neuerung ins Spiel. Wählen Sie aus der Ereignis-   **Schritt 6**
liste des *Class*-Objekts das *GetDataMember*-Ereignis aus:

```
Private Sub Class_GetDataMember(DataMember As String, Data As Object)
    Set Data = Rs
End Sub
```

Diese Prozedur verbindet die Klasse mit einer Datenquelle. Über das
DataMember-Argument kann abgefragt werden, mit welcher Datenquelle eine Bindung durchgeführt werden soll. Dies wird in diesem Beispiel aber nicht benötigt.

Schritt 7 Nun benötigt die Klasse noch zwei weitere Prozeduren:

```
Public Sub MoveNext()
    Rs.MoveNext
    If Rs.EOF = True Then
        Rs.MoveLast
    End If
End Sub

Public Sub MovePrevious()
    Rs.MovePrevious
    If Rs.BOF = True Then
        Rs.MoveFirst
    End If
End Sub
```

Schritt 8 Die Klasse ist fertig und damit die Datenquelle. Jetzt muss das Formular als Datenkonsument vorbereitet werden. Fügen Sie als erstes einen Verweis die »Microsoft Data Binding Collection« in das Projekt ein.

Schritt 9 Setzen Sie das Formular so um, wie es in Bild 21.11 zu sehen ist. Besondere Eigenschaften müssen nicht eingestellt werden. Wichtig sind lediglich die Namen der drei Textfelder. Sie müssen *txtDevisenname*, *txtWechselkurs* und *txtISO* lauten.

Schritt 10 Fügen Sie im Deklarationsteil des Formulars folgende Anweisungen ein:

```
Private DatenQuelle As clsDevisen
Private objBindingCollection As BindingCollection
```

Schritt 12 Fügen Sie bei *Form_Load* folgende Anweisungen ein:

```
Set DatenQuelle = New clsDevisen
Set objBindingCollection = New BindingCollection
Set objBindingCollection.DataSource = DatenQuelle

objBindingCollection.Add Object:=txtDevisenname, PropertyName:="Text",
DataField:="Devisenname"
objBindingCollection.Add Object:=txtWechselkurs, PropertyName:="Text",
DataField:="Kurs"
objBindingCollection.Add Object:=txtISO, PropertyName:="Text",
DataField:="ISO"
```

Schritt 13 Zum Schluss sollen auch die beiden Schaltfläche aktiv werden:

```
Private Sub cmdMoveNext_Click()
    DatenQuelle.MoveNext
End Sub

Private Sub cmdMovePrevious_Click()
    DatenQuelle.MovePrevious
End Sub
```

Wenn Sie alles richtig gemacht haben, können Sie nach dem Start des Programms in der Datensatzgruppe mit den beiden Schaltflächen scrollen. Nach außen ist das nichts Besonders. Revolutionär ist dagegen, dass alles das ohne die Mitwirkung eines Datensteuerelements möglich ist. Das Besondere an dieser Bindung ist, dass die Steuerelemente des Formulars über die *BindingCollection* mit den Feldern eines *Recordset*-Objekts verbunden werden.

Nicht nur Formulare, auch Klassen können die Rolle eines Datenkonsumenten spielen. Dazu müssen Sie lediglich für jede Eigenschaft ein *Property Get/Let*-Paar einfügen. Weitere Informationen finden Sie in der Visual-Basic-Hilfe.

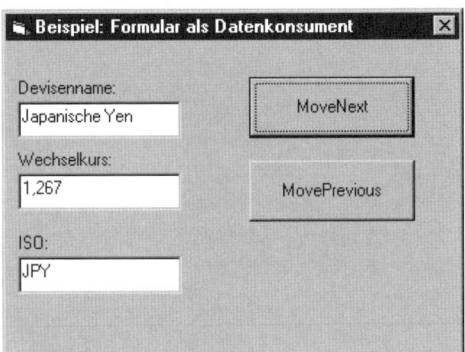

Abbildung 21.11: Datenbank-bindung ohne Datensteuer-element.

21.10 Zusammenfassung

Die Möglichkeit, Code-Komponenten in Visual Basic erstellen zu können, ist eine sehr leistungsfähigste Eigenschaften von Visual Basic. Eine Code-Komponente ist ein Programm, das anderen Anwendungen (COM-)Objekte zur Verfügung stellt. Bezüglich der Programmierung ergeben sich nur geringe Unterschiede gegenüber einer eigenständigen Visual-Basic-Anwendung. Damit ein Visual-Basic-Programm anderen Anwendungen Objekte zur Verfügung stellen kann, muss es entweder als ActiveX-DLL- oder ActiveX-EXE-Projekt angelegt werden. Für jedes Objekt wird ein Klassenmodul benötigt, dessen *Property*-Prozeduren die Eigenschaften, und dessen Funktionen und Prozeduren die Methoden des Objekts darstellen. Seit Visual Basic 6.0 basieren ActiveX-DLL-Code-Componenten auf dem Appartment-Threading-Modell, was eine Skalierbarkeit bei sehr vielen zeitgleichen Anfragen bei gleichzeitig guter Performance gewährleisten soll.

Visual Basic und das Internet

D as Internet hat sich innerhalb weniger Jahre von einem nüchternen Kommunikationsmedium, das vornehmlich an Universitä-
ten, Forschungseinrichtungen und in einigen globalen Unternehmen
bekannt war, zu einem vielseitigen und überaus faszinierenden Alltags-
gegenstand entwickelt. Zu einem Medium, das in den nächsten Jahren
und Jahrzehnten den Übergang zur Informationsgesellschaft beschleunigen und viele vertraute Gewohnheiten, wie etwa das morgendliche
Blättern in der Tageszeitung, grundlegend verändern wird. Schon heute informiert man sich vor einer Reise mit dem Pkw über mögliche
Staus nicht mehr nur im Radio, sondern schaut vielleicht als erstes auf
der Webseite des zuständigen Verkehrssenders nach. Dort erhält man
die Staunachrichten nicht nur sehr viel aktueller, sondern auch umfas-
sender und kann sie sich zudem ausdrucken lassen (das Digitalradio
verspricht diese Möglichkeit allerdings auch). Wer eine Wohnung
sucht, steht nicht mehr zu morgendlicher Stunde vor dem Zeitungski-
osk (oder gar vor der Druckerei), sondern setzt einen Favoriten auf die
Webseite mit den Wohnungsanzeigen der Lokalzeitung, sodass in
stündlichen Intervallen die aktuellste Seite heruntergeladen und, falls
man technisch versiert genug ist, auch gleich nach passenden Angeboten gescannt werden kann (wenn jetzt die Vermieter und Makler auch
über E-Mail-Adressen oder Web-Server mit Active Server Pages verfügen würden, ließe sich die Wohnungssuche komplett über ein Skript
steuern). Dieses Kapitel soll allerdings nicht das Phänomen Internet be-
leuchten, es soll lediglich eine Frage beantworten: Was bedeutet das
Internet für Visual-Basic-Programmierer? Sie werden feststellen, dass
es »die« Internet-Programmierung nicht geben kann, genau wie es keine Netzwerkprogrammierung gibt. Dennoch gibt es viele Teilbereiche,
die eine überaus faszinierende Erweiterung der Applikationsplattform
Windows darstellen. Mit den neuen WebClass-Komponenten und Dy-

namic-HTML-Projekten ließe sich ein »Traumwohnungssucher« als Internet-Anwendung durchaus realisieren, der über ein Jahr die Staumeldungen auswertet und dann dort eine Wohnung sucht, wo es die wenigsten Staus gibt (das wäre doch einmal eine Idee).

Sie lesen in diesem Kapitel etwas über:

- Die allgemeine Bedeutung des Internets für Programmierer
- Das Intranet als neue Client/Server-Plattform
- ActiveX-Steuerelemente und das Internet
- Das *HyperLink*-Objekt
- Steuern des Internet Explorer
- Das WinSock-Steuerelement
- Das Internet Transfer-Steuerelement
- Active Server Pages
- Die Rolle von *Dynamic HTML* (DHTML)
- Die Rolle von VBScript

22.1 Die allgemeine Bedeutung des Internets für Visual-Basic-Programmierer

Daß das Internet wichtig ist, ist unbestritten. Wie wichtig es für Visual-Basic-Programmierer ist, lässt sich dagegen nur schwer abschätzen. Legt man die vielfältigen Aktivitäten von Microsoft als Maßstab an, muss es auf der weltweit genormten »Monadjemi-Wichtigkeitsskala« von 1 und 10 irgendwo zwischen 9,2 und 9,5 liegen[1]. Legt man dagegen das Interesse der Visual-Basic-Programmierer, der Umstand, dass sich neue Trends nur mit einer gewissen Verzögerung durchsetzen und das bekannte Phänomen, das nur wenige Programmierer die Zeit und Ruhe finden, sich mit aktuellen Themen zu beschäftigen, zugrunde, ist es weit weniger wichtig. Allerdings müssen bei der Diskussion zwei sehr wichtige Bereiche unterschieden werden: Die allgemeine »Internet-Programmierung« und die Entwicklung von Client/Server-Anwen-

---

[1] Das ist natürlich ironisch gemeint. Nicht nur, dass es eine solche Skala nicht gibt, ganz so wichtig ist das Internet auch für Microsoft nicht. Es läge höchstens bei 9,1.

dung auf der Basis von Internet-Protokollen. Bei der ersten Kategorie geht es um das Gestalten von Webseiten im Internet, das Einbauen von Effekten, das Abspielen von Video und Sound, die Anbindung an eine Datenbank oder die Realisierung von »intelligenten« Anwendungen (siehe Internet). Dies ist ein Bereich, in dem es viele unterschiedliche Werkzeuge, eine stark ausgeprägte Trägheit neuen Entwicklungen gegenüber (zählen Sie einmal nach, wie viele Webseiten bereits mit JavaApplets, ActiveX-Steuerelementen oder Dynamic HTML arbeiten, in dem Sie nach bestimmten HTML-Tags, z.B. OBJECT, suchen – es ist ein verschwindend kleiner Prozentsatz) und für Entwickler und Software-Hersteller praktisch nichts zu verdienen gibt (nimmt das Thema E-Commerce oder Webseiten mit moralisch zweifelhaftem Inhalt einmal außer acht). Ganz anders in der zweiten Kategorie. Hier geht es um moderne Applikationsentwicklung, die praktisch in jedem Unternehmen eine Rolle spielt. Es geht um die Konkurrenzfähigkeit großer wie kleiner Unternehmen, um Marktanteile, die Ablösung einer ganzen Generation an altmodischer Unternehmens-Software durch schlanke Clients und leistungsfähige Server, um eine hypermoderne IT-Infrastruktur und um viele Millionen, wenn nicht sogar Milliarden DM,. die in diesem Bereich in den nächsten Jahren investiert werden. Klar, dass Firmen wie Microsoft, Oracle, IBM oder Sun alle Kraft darauf verwenden, diesen Bereich zu dominieren oder zumindestens zu einem der wenigen »global player« zu gehören.

22.1.1   Die Rolle von Visual Basic

Genau dieser Bereich ist es, in dem Visual Basic seine Stärken ausspielen soll. Bereits mit der Version 5.0 wurde die Möglichkeit, ActiveX-Steuerelemente erstellen zu können, eingeführt. Die Version 6.0 bietet mit den neuen WebClass-Komponenten (auf die in diesem Buch aber nicht eingegangen wird) eine sehr viel leistungsfähigere und vor allem völlig Visual-Basic-konforme Methode, Active Server Pages (ASPs) für die Ausführung auf dem Webserver erstellen zu können. Ebenfalls neu ist die Möglichkeit, Benutzeroberflächen nicht mit dem Formulardesigner, sondern mit dem DHTML-Designer erstellen zu können. Das Ergebnis ist eine (reichhaltige) Benutzeroberfläche, die mit jedem Internet Explorer ausgeführt werden kann, kein Visual Basic voraussetzt und sehr viel schlanker als ein Visual-Basic-Client ist (auf DHTML wird am Ende des Kapitels kurz eingegangen). Diese Entwicklung wird sich mit kommenden Versionen fortsetzen. Auch Office 2000 bietet die Möglichkeit, über Data Access Pages Formulare und Reports durch DHTML-Seiten darzustellen.

Alle diese Dinge spielen sich aber nicht im weltweiten Internet, sondern in erster Linie in einem unternehmensweiten Intranet ab. Ein Intranet, das sei kurz zur Erinnerung wiederholt, ist ein Netzwerk, das auf den Internet-Protokollen HTTP, TCP/IP, POP3/SMTP, MIME, HTML und DHTML und anderen Dingen, basiert, und in dem ein Anwender wie im Internet arbeitet. Das Arbeiten mit Dokumenten und Daten spielt sich auf Webseiten ab, die von einem Webserver bereit gestellt werden. Das Faszinierende am Intranet ist seine Flexibilität und seine Skalierbarkeit. Da die Anwendung eine Webseite ist, beschränkt sich die Installation und das Update einer Software auf das Anklicken des *Refresh*-Buttons oder die Auswahl einer Webseite. Auf der Seite des Clients ist »nur« der Internet Explorer erforderlich, der auf verschiedenen Plattformen (neben Windows 3.1 auch Unix und MacOS) lauffähig ist. Die Administration wird problemloser, die Software-Entwicklung einfacher, die Kosten gehen runter und alle sind zufrieden. Intranets sind keineswegs nur Unternehmen vorbehalten. Jeder Anwender kann sich auf der Basis von Windows und einem Webserver ein kleines Intranet zusammenstellen, in dem Webseiten auf einem Computer bereitgestellt und von jedem anderen Computer im Netzwerk abgerufen werden können. Dieser Bereich ist hauptsächlich gemeint, wenn im Zusammenhang mit Visual Basic von »Internet-Programmierung« die Rede ist.

22.1.2   Was heißt Internet-Programmierung?

Da es so wichtig ist, hier noch eine kurze Wiederholung. Der Bereich der Internet-Programmierung lässt sich in drei Teilbereiche unterteilen:

1. Klassische Internet-Programmierung, wie der Zugriff auf Ftp-Server, Telnet oder Gopher, Austausch von E-Mail über POP3/SMTP. Für diese Form der Programmierung wird lediglich ein Winsock-Steuerelement benötigt. Sie lässt sich bereits mit Visual Basic 4.0 (und im Prinzip auch mit früheren Versionen) durchführen.

2. Webbasierte Internet-Programmierung. Erstellen von ActiveX-Steuerelementen für den Einsatz auf Webseiten, Programmierung von CGI-Scripts für einfache Datenbankabfragen, Erstellen von Webseiten mit Scripts oder Active Server Pages. Hier wird Visual Basic nur bedingt bzw. gar nicht benötigt.

3. Auf Internet-Protokollen basierende Client/Server-Programmierung für Intranets. Hier geht es um das Erstellen von Client-Oberflächen, Datenbankanbindung, COM-Komponenten, die beim Abrufen einer Webseite auf dem Server ausgeführt werden (Active Server Pages), verteilte Anwendungen und vieles mehr. In diesem Bereich kann Visual Basic 6.0, wie bereits erwähnt, alle seine Stärken ausspielen. In dieser Kategorie gibt es zu Visual Basic nur sehr wenige Alternativen.

22.1.3 Das Wesen einer Client/Server-Anwendung im Intranet

Eine Client/Server-Anwendung ist eine Anwendung, die aus mindestens zwei Teilen besteht: Einem Client und einem Server (logisch). Klassische Client/Server-Programmierung bedeutet, dass ein »dummer« Client (Datenbank-)Abfragen von einem (Datenbank-)Server per SQL durchführt und vom Server eine Gruppe von Datensätzen zurückerhält. Moderne Client/Server-Programmierung ist etwas vielschichtiger. Hier ist die Intelligenz nicht nur »schlauer« auf Client und Server verteilt, hier gibt es zusätzliche Ebenen. Das klassische Modell für diese moderne Anwendungskategorie ist das 3-Schichten-Modell (engl. »three tier/layer modell«):

1. Anwendungsschicht (Visual-Basic- oder D/HTML-Client).

2. Mittelschicht mit »Geschäftslogik« (z.B. ActiveX-DLLs).

3. Datensicht (z.B. SQL-Server).

Visual Basic spielt in diesem modernen Szenario eine wichtige Rolle, denn es kann sowohl den Client erstellen (seit Version 6.0 auch in DHTML), als auch Komponenten der Mittelschicht, bei denen es sich um die in Kapitel 21 vorgestellten Code-Komponenten handelt, als auch (ebenfalls seit Version 6.0) Komponenten auf dem Webserver ausführen (die Webclass-Komponenten).

Wenn von einer modernen Client/Server-Anwendung die Rede ist, ist damit eine Anwendung gemeint, bei der ein Programm (Client) dem Benutzer Daten anzeigt, die von einem (Datenbank-)Server stammen, wobei die Kommunikation zwischen zwischen Client und Server von einer Mittelschicht (es können auch mehrere Schichten sein) geregelt wird. Was so eben in wenigen Sätzen stark vereinfacht beschrieben wurde, ist jener Anwendungsbereich, für den Visual Basic 6.0 zu 90% konzipiert wurde, und der in den kommenden Jahren und Jahrzehnten vermutlich der wichtigste Bereich der Software-Entwicklung sein wird.

22.2 ActiveX-Steuerelemente für Webseiten

In Kapitel 20 wurde gezeigt, wie ein ActiveX-Steuerelement auf der Grundlage eines Benutzerformulars erstellt wird. ActiveX-Steuerelemente lassen sich nicht nur in der Visual-Basic-Werkzeugsammlung für das Anordnen auf Formularen benutzen, sie lassen sich auch in einem HTML-Dokument einsetzen.

So weit schön und gut, doch was bedeutet das z.B. für eine private Webseite? Voraussetzung ist natürlich, dass Sie einen Internet-Anschluß besitzen und Ihr Internet-Dienstanbieter Ihnen die Möglichkeit bieten kann, eigene Homepages (d.h. HTML-Seiten) auf einen Internet-Server zu laden. Dies ist inzwischen bei allen großen Anbietern wie z.B. bei T-Online ohne Aufpreis möglich. Ein Nachteil dieser »Billigmethode« (was nicht abwertend gemeint sein soll) ist, dass Ihnen der Anbieter nur eine begrenzte Speicherkapazität von 1 bis 2 Mbyte zur Verfügung stellen kann. Damit lässt sich aber bereits ein halbes Dutzend Seiten unterbringen (sofern diese keine ausufernden Grafiken enthalten).

Erstellen Sie Ihre HTML-Seite wie gewohnt, und fügen Sie die selbsterstellten ActiveX-Steuerelemente dort ein, wo es einen Sinn ergibt. Wenn Sie zum Beispiel eine kleine Animation vorführen möchten, fügen Sie das Steuerelement an der Stelle ein, an der die Animation ablaufen soll. Soll man dagegen auf Ihrer Webseite eine Berechnung durchführen können, müssen Sie gegebenenfalls mehrere ActiveX-Steuerelemente auf der Seite anordnen. Wie das im einzelnen geht, bekommen Sie sehr schnell selber heraus.

Sind Ihre Webseiten fertig, übertragen Sie diese (in der Regel per Ftp) auf den Server Ihres Dienstanbieters. Das ist alles. Die Webseiten stehen nun bereit und können von jedem, den es interessiert, abgerufen werden (in der Regel unter einer Adresse, die sich aus der allgemeinen Adresse des Anbieters und Ihrer privaten Adresse zusammensetzt).

Jetzt kommt der große Augenblick. Claudia S. aus Monaco und ihr Freund David C. sind beim Surfen im Web auf Ihren Namen gestoßen und wollen unbedingt wissen, was sich hinter Ihrer Webseite verbirgt. Sie klicken auf die Verknüpfung zu Ihrer Seite, was zur Folge hat, dass diese als HTML-Dokument auf ihren PC überspielt wird. Vorausgesetzt, die beiden verwenden den Internet Explorer, (denn nur dieser Browser unterstützt ActiveX-Steuerelemente) prüft dieser nun, ob die auf der HTML-Seite enthaltenen Steuerelemente bereits installiert sind. Ist dies der Fall, werden sie nun ausgeführt. Ist dies nicht der Fall, werden sie über einen in dem HTML-Dokument enthaltenen URL auf den PC geladen, registriert und dann ausgeführt. Mit anderen Worten, die ActiveX-Steuerelemente laufen als lokale Programme auf dem PC von Claudia und David. Eine weitergehende Interaktion mit dem Internet findet dabei nicht statt. Mehr ist an »Zauberei« nicht im Spiel.

Halten wir fest: Ob Sie auf einer Webseite ActiveX-Steuerelemente unterbringen können, ist keine Frage des Internet-Dienstanbieters, denn es handelt sich nach wie vor um »normale« HTML-Seiten, die nur, anstelle einer Grafik, ein ActiveX-Steuerelement enthalten.

Es gibt auch eine Reihe weniger erfreulicher Nachrichten. Nicht nur, dass ActiveX-Steuerelemente offiziell nur vom Internet Explorer unterstützt werden (es gibt ein Plug-In der Firma Ncompass für den Netscape-Brower mit dem Namen ScriptActive – zu finden unter *www.ncompasslabs.com*), es gibt auch nicht allzuviele Situationen, die ein ActiveX-Steuerelement (oder ein Java Applet) zwingend erforderlich machen. Für Animationen gibt es animierte GIF-Dateien, Sound und Videos sind ohnehin verpönt und interaktive Effekte lassen sich sehr viel besser mit Dynamic HTML realisieren. Hinzu kommt, dass ActiveX-Steuerelemente ein gewisses Sicherheitsrisiko beinhalten (es handelt sich um Mini-Programme, die auf dem PC des Websurfers alles machen dürfen). Wägt man die Vor- und Nachteile gegeneinander macht muss man fast zu dem Schluss kommen, dass ActiveX-Steuerelemente, bis auf wenige Ausnahmen im Internet bedeutungslos sind. Anders sieht es dagegen im Intranet aus. Hier spielen sie sogar eine sehr wichtige Rolle, wie die neuen Webkomponenten aus Office 2000 (bei denen es sich um relativ schlanke ActiveX-Steuerelemente handelt) beweisen.

22.3 Das Hyperlink-Objekt

In Visual Basic erstellte ActiveX-Steuerelemente bieten in zweifacher Hinsicht eine »eingebaute« Unterstützung für den Fall, dass sie auf einer Webseite ihre Arbeit verrichten, oder dass lediglich eine Internet-Verbindung vorhanden ist:

- Über die *AsyncRead*-Methode und das damit zusammenhängende *AsyncReadComplete*-Ereignis ist es möglich, einen beliebigen Eigenschaftswert asynchron, d.h. im Hintergrund, zu lesen. Dies ist z.B. beim Einlesen von Bitmaps nützlich. Während das Steuerelement die Bitmap vom Webserver überträgt, kann der Benutzer andere Dinge auf der Webseite anstellen und muss nicht warten, bis die Bitmap komplett übertragen wurde.

➥ Über das *Hyperlink*-Objekt kann jede angegebene URL angesteuert werden. Auf diese Weise kann ein ActiveX-Steuerelement z.B. auf Anforderung eine andere Webseite ansteuern und ihren Inhalt herunterladen.

22.3.1   Das asynchrone Zuordnen von Eigenschaftswerten

Hinter diesem etwas kompliziert klingenden Begriff verbirgt sich ein einfacher Sachverhalt. Stellen Sie sich vor, Sie haben ein Benutzersteuerelement mit einer *Picture*-Eigenschaft programmiert und der *Picture*-Eigenschaft wird beim Laden des Steuerelements eine relativ umfangreiche Bitmap zugewiesen. Wird das Benutzersteuerelement auf einem Visual-Basic-Formular eingesetzt, ist das natürlich kein Problem. Nach einer kaum spürbaren Verzögerung wird das Bild angezeigt. Doch was ist, wenn das ActiveXSteuerelement auf einer Webseite eingesetzt wird? Der Benutzer ruft die Webseite ab und das ActiveX-Steuerelement wird auf den PC des Benutzers übertragen, installiert und anschließend gestartet. Jetzt wird, wahrscheinlich in der *InitProperties*-Prozedur, die *Picture*-Eigenschaft geladen und der Benutzer muss warten. Besitzt er nur eine 28,8-Kbps-Leitung (man kann ja nie wissen), muss er (oder sie) natürlich recht lange warten. Und genau jetzt kommt das asynchrone Zuordnen von Eigenschaftenwerten ins Spiel. Wird die *Picture*-Eigenschaft über die *ReadAsyncProperty*-Methode geladen, kehrt die Programmausführung sofort zurück, während die Eigenschaft »im Hintergrund« geladen wird. Das ActiveX-Steuerelement kann ganz normal fortfahren und der Benutzer erhält die Kontrolle über die Webseite zurück. Wurde das Bild vollständig geladen, wird im ActiveX-Steuerelement das *Async-ReadComplete*-Ereignis ausgelöst, um dem Steuerelement mitzuteilen, dass die Übertragung fertig ist. Diesem Ereignis wird ein *AsyncProperty*-Objekt übergeben, das mit seinen drei Eigenschaften alle Informationen über das heruntergeladene »Objekt« enthält.

Das asynchrone Laden ist nicht an das Internet gebunden, sondern funktioniert auch mit normalen Dateien. Für den URL wird in diesem Fall der Pfadname der Datei eingesetzt.[2]

---

[2] Nach dem gleichen Prinzip wird auch eine im Cache befindliche Webseite geladen.

Eigenschaft	Bedeutung
AsyncType	Typ des heruntergeladenen Objekts. Zur Auswahl stehen stehen: *vbAsyncTypePicture* (0, Voreinstellung) – *Picture*-Objekt. *vbAsyncTypeFile* (1) – Daten kommen aus einer Datei. *vbAsyncTypeByteArray* (2) – Daten wurden in ein Byte-Datenfeld geladen.
PropertyName	Name des heruntergeladenen Objekts. Dieser kann über die *ReadAsync*-Methode frei vergeben werden und muss keine Beziehung zu einem Element der HTML-Seite haben. Er wird bei der *CancelAsyncRead*-Methode dazu benutzt, das Laden abzubrechen.
Value	Wert des heruntergeladenen Objekts.

Tabelle 22.1: Die Eigenschaften eines Async-Property-Objekts.

Das folgende Beispiel zeigt, wie der Inhalt einer HTML-Seite über die Async-Read-Methode in eine String-Variable übertragen wird. Um dieses Beispiel ausprobieren zu können, benötigen Sie einen aktiven Internet-Zugang. Außerdem muss der Microsoft Internet Explorer (ab Version 3) installiert sein. **Beispiel**

Starten Sie Visual Basic, und legen Sie ein neues ActiveX-Steuerelement-Projekt an. Ordnen Sie auf dem Benutzersteuerelement ein Textfeld (txtAusgabe) und eine Schaltfläche (cmdShow) an. **Schritt 1**

Fügen Sie in das Benutzersteuerelement folgende Anweisungen ein: **Schritt 2**

```
Option Explicit

Private Sub cmdAbbruch_Click()
    ' Herunterladen der HTML-Seite abbrechen
CancelAsyncRead "Seiteninhalt"
' Ohne Parameter wird die zuletzt ohne Eigenschaftennamen
' gestartete Operation abgebrochen
    cmdAbbruch.Enabled = False
End Sub

Private Sub cmdShow_Click()
    On Error GoTo AsyncReadError
    ' HTML-Seite herunterladen - bitte gegebenenfalls Adresse ändern
    AsyncRead "http://www.activetraining.de/Visual Basic 5 Update.html",
vbAsyncTypeByteArray, "Seiteninhalt"
    cmdAbbruch.Enabled = True
    Exit Sub
```

```
AsyncReadError:
    MsgBox "Fehler beim Zugriff auf Web-Seite!", _
    vbExclamation, Err.Description
    Stop
End Sub

Private Sub UserControl_AsyncReadComplete(asyncprop _
As AsyncProperty)
' HTML-Seite wurde gelesen und wird nun ausgewertet
    cmdAbbruch.Enabled = False
    HandleAsyncHTML asyncprop
End Sub

Private Sub UserControl_Initialize()
    ' Hier gibt es im Moment nicht allzuviel zu tun
    cmdAbbruch.Enabled = False
 End Sub

Private Sub HandleAsyncHTML(asyncprop As AsyncProperty)
' Hier wird das gelesene Byte-Array in
' einen String umgewandelt
 Dim HTMLByteArray() As Byte
 Dim HTMLAnzahlByte As Integer
 Dim HTMLString As String
 Dim n   As Long, m As Long
 On Error GoTo HandleHTMLError

' HTML-Zeichen zunächst in das Byte-Array einlesen
 HTMLByteArray = asyncprop.Value
 HTMLAnzahlByte = UBound(HTMLByteArray)
 For n = 0 To HTMLAnzahlByte - 1
   HTMLString = HTMLString + Chr(HTMLByteArray(n))
 Next n
' Und jetzt alles im Textfeld ausgeben
 txtAusgabe.Text = HTMLTagsEntfernen(HTMLString)
 Exit Sub
HandleHTMLError:
    MsgBox "Fehler beim Umwandeln des HTML-Codes!", _
    vbExclamation, Err.Description
    Stop
End Sub

Private Function HTMLTagsEntfernen(HTMLString As String) _
As String
  Dim n As Long, m As Long
  Do
    n = InStr(HTMLString, "<")
    If n = 0 Then Exit Do
    m = InStr(n, HTMLString, ">")
    HTMLString = Left(HTMLString, n - 1) + Mid(HTMLString, _
    m + 1)
  Loop
  HTMLTagsEntfernen = HTMLString
End Function
```

Fügen Sie ein Standard-EXE-Projekt hinzu, ordnen Sie das ActiveX- **Schritt 3**
Steuerelement auf dem Formular an, stellen Sie eine Internet-Verbindung her, und starten Sie das Programm. Nach dem Anklicken der Schaltfläche sollte (nach einer kurzen Verzögerung) der Inhalt der HTML-Seite in dem Textfeld erscheinen. Durch die Konvertierung wurden alle HTML-Tags zuvor entfernt.

Natürlich ist das Beispiel noch erheblich verschönerungsfähig. In diesem Fall geht es lediglich darum, zu zeigen, wie sich der Inhalt einer HTML-Seite in Ihr Programm übertragen lässt. Klar, dass man den Textinhalt in einer richtigen Anwendung zerlegen wird, um bestimmte Informationen herauszufiltern. Das ist aber letztlich wieder einmal reine VBA-Programmierung (VBA 6.0 wurde aus diesem Grund um zusätzliche String-Methoden, wie *Filter*, *Join* oder *Replace*, erweitert), die nichts mit dem Internet zu tun hat.

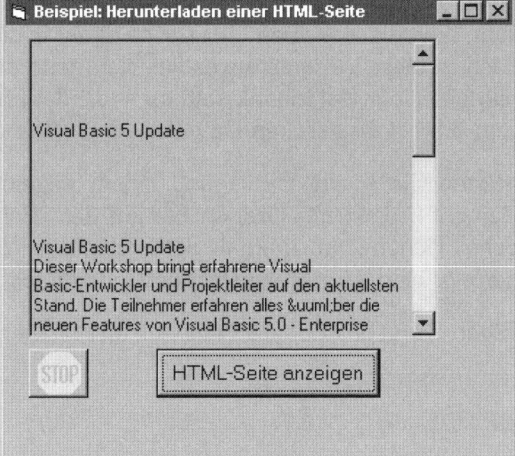

*Abbildung 22.1:
Das ActiveX-
Steuerelement
hat den Text-
inhalt einer
Webseite in ein
Textfeld
übertragen.*

22.3.2 Das Hyperlink-Objekt zum Ansteuern von URLs

Visual Basic besitzt ein *Hyperlink*-Objekt, mit dem sich im Zusammenspiel mit dem Internet Explorer (und einer aktiven Verbindung zum Internet) beliebige Webseiten ansteuern lassen. Über die insgesamt drei Methoden ist es ferner möglich, sich in der Verlaufsliste des Explorer vor- und zurückbewegen und so ein Vor- und Zurückblättern zu ermöglichen.

Tabelle 22.2:
Die Methoden
des Hyperlink-
Objekts.

Methode	Bedeutung
NavigateTo	Steuert den angegebenen URL an.
GoForward	Steuert den in der Verlaufsliste als nächsten enthaltenen URL an.
GoBackward	Steuert den in der Verlaufsliste zurückliegenden URL an.

Beispiel Was lässt sich mit dem *Hyperlink*-Objekt denn schönes anfangen? Nun, das *Hyperlink-Objekt* ist im Wesentlichen eine Möglichkeit, das Adreßfeld bzw. den Vor- und Zurück-Knopf des Internet Explorer per Programmcode zu steuern, sodass das Anklicken einer Schaltfläche eines auf einer HTML-Seite eingebetteten ActiveX-Steuerelements zum Ansteuern einer bestimmten Webseite führt. Ein Beispiel wäre eine Art »Navigationsspezialist«-ActiveX-Steuerelement, das dem Benutzer die Möglichkeit bietet, bestimmte Seiten anzusteuern. Natürlich kann man die einzelnen URLs auch direkt in die HTML-Seite einfügen, doch ist diese Variante etwas flexibler, denn die URLs können z.B. direkt aus einer Datenbank stammen (die Jet-Engine unterstützt ab Version 3.5 als zusätzlichen Datentyp *Hyperlink*-Objekte).

Schritt 1 Starten Sie Visual Basic, und legen Sie ein neues ActiveX-Steuerelement-Projekt an. Ordnen Sie auf dem Benutzersteuerelement vier Schaltflächen (*cmdLink*) als Steuerelementefeld ein (und zur »Verschönerung« ein Bezeichnungsfeld und eine Linie).

Schritt 2 Fügen Sie in das Benutzersteuerelement folgende Anweisungen ein:

```
Option Explicit

Private LinkFeld As Variant

Private Sub cmdLink_Click(Index As Integer)
    UserControl.Hyperlink.NavigateTo LinkFeld(Index)
End Sub

Private Sub UserControl_Initialize()
    LinkFeld = Array("www.microsoft.com", _
    "www.netscape.com", "www.sun.com", _
    "www.ibm.com")
End Sub
```

Schritt 3 Schließen Sie den ActiveX-Designer. Fügen Sie ein Standard-EXE-Projekt hinzu, ordnen Sie das ActiveX-Steuerelement auf dem Formular an, und starten Sie das Programm. Nach Anklicken einer Schaltfläche wird der Internet Explorer gestartet (Sie müssen die Internet-Verbindung unter Umständen noch herstellen) und die betreffende Webseite geladen.

*Abbildung22.2:
Das Hyperlink-
Objekt in
Aktion.*

Beachten Sie aber, dass Sie über das *Hyperlink*-Objekt eine Webseite nur ansteuern. Möchten Sie auch den Inhalt der HTML-Seite in das Programm übernehmen, müssen Sie, wie es im letzten Abschnitt gezeigt wurde, die URL-Seite über die *AsyncRead*-Methode einer internen *String*-Variable zuweisen.

22.4 Steuern des Internet Explorer

Nicht nur die Office-Anwendungen, auch der Internet Explorer (ab Version 3) besitzt ein Objektmodell und kann per Automation gesteuert werden. Da das Prinzip des Zugriffs auf andere Anwendungen per Automation in Kapitel 19 am Beispiel der Office-Anwendungen ausführlich besprochen wurde, soll es in diesem Kapitel nur um ein kleines Beispiel und eine Übersicht der wichtigsten Eigenschaften und Methoden gehen.

Wenn Sie den Internet Explorer per Automation steuern wollen, muss das Projekt eine Referenz auf die Objekttypenbibliothek »Internet Controls« erhalten. Die Eigenschaften, Methoden und Ereignisse werden in der MSDN-Hilfe beschrieben.

Möchten Sie auch die Ereignisse des Internet Explorer auswerten, muss das Programm die Anweisung

```
Private WithEvents appIE As InternetExplorer
```

enthalten und die deklarierte Variable während der Programmausführung eine Referenz auf eine neue Instanz des Internet Explorer erhalten:[3]

```
Set appIE = New Internet Explorer
```

---

[3] Wie sich eine Instanz auf einen bereits aktiven Internet Explorer erhalten lässt habe ich leider noch nicht herausgefunden.

Aus Platzgründen muss an dieser Stelle leider auf ein ausführlicheres
Beispiel verzichtet werden. Sie finden ein kleines Programm unter dem
Namen *IESteuern.Vbp* auf der Buch-CD. Es spielt die Rolle eines
steuerbaren Dokumentbetrachters, wobei alle HTML-Dateien in einem
vorgegebenen Verzeichnis aufgelistet werden. Möchten Sie diese
Funktionalität direkt in ein Visual-Basic-Formular integrieren, müssen
Sie stattdessen das WebBrowser-Steuerelement verwenden (durch Ein-
binden des gleichnamigen Zusatzsteuerelements »Microsoft Internet
Controls«. Beim *WebBrowser*-Steuerelement handelt es sich um das
Dokumentfenster des Internet Explorer. Viele Eigenschaften, wie z.B.
Statusbar oder *Toolbar*, haben beim *WebBrowser*-Steuerelement
keine Bedeutung.

Abbildung22.3:
Der Internet
Explorer spielt
die Rolle eines
Dokument-
betrachters, der
über Automa-
tion gesteuert
wird.

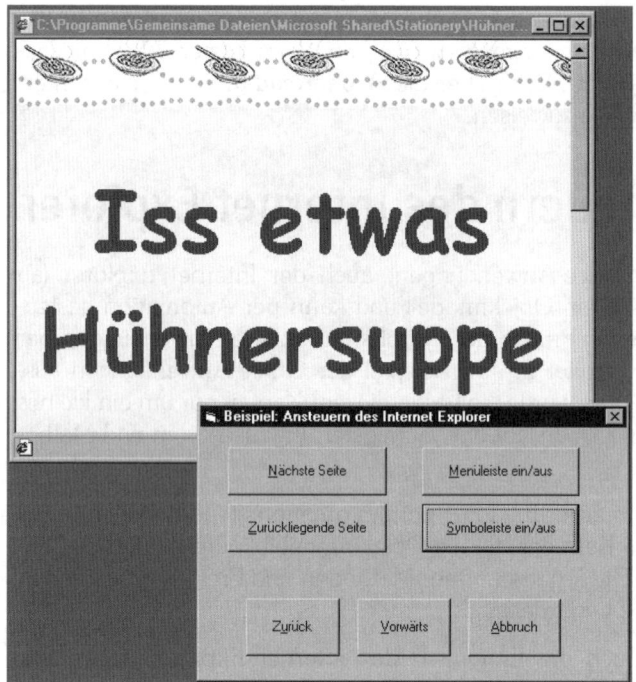

Wer die Objektäquivalente der verschiedenen Menükommandos
des Internet Explorer sucht wird zunächst enttäuscht. So gibt es
keine Print-Methode zum Ausdrucken des aktuellen (HTML-) Do-
kuments. Diese Dinge werden über die ExcecWB-Methode erledigt.
Führen Sie z.B. folgende Anweisungen aus, um ein HTML-Doku-
ment mit dem Internet Explorer zu laden und anschließend auszu-
drucken:

```
Dim IEApp As Internet Explorer
Set IEApp = New Internet Explorer
IEApp.Visible = True' Ist nicht unbedingt erforderlich
IEApp.Navigate "F:\Eigene Dateien\Video.htm"
IEApp.ExecWB OLECMDID_PRINT,OLECMDEXECOPT_DONTPROMPTUSER
```

Eigenschaften/Methoden/ Ereignisse	Bedeutung
Busy-Eigenschaft	Gibt an, ob der Internet Explorer mit dem Laden einer Seite beschäftigt ist.
Document-Eigenschaft	Erlaubt einen Zugriff auf das *Document*-Objekt und damit auf das DHTML-Objektmodell des angezeigten Dokuments. Bsp: `appIE.Document.Links.Length` Gibt die Anzahl der Verknüpfungen auf der Seite zurück.
Menubar-Eigenschaft	Gibt an oder legt fest, ob die Menüleiste sichtbar ist.
Offline-Eigenschaft	Gibt an oder legt fest, ob der Internet Explorer offline ist.
Visible-Eigenschaft	Gibt an oder legt fest, ob der Internet Explorer sichtbar ist.
GoBack-Methode	Steuert das zuletzt angezeigte Dokument wieder an.
GoForward-Methode	Steuert das nächste in der Reihenfolge der anzeigten Dokumente befindliche Dokument wieder an.
GoHome-Methode	Ruft die als Startseite vereinbarte Seite auf.
Navigate-Methode	Ruft die Seite auf, deren URL als Argument übergeben wird.
Refresh-Methode	Ruft die aktuelle Seite erneut ab.
Stop-Methode	Bricht die aktuelle Übertragung ab.
DocumentComplete-Ereignis	Tritt ein, wenn das aktuelle Dokument vollständig geladen wurde.
DownloadComplete-Ereignis	Tritt ein, wenn das Ansteuern eines URL beendet, angehalten oder abgebrochen wurde (hat nichts mit dem Download von Dateien zu tun).
DownloadBegin-Ereignis	Tritt ein, sobald ein neuer URL angesteuert werden soll.

Tabelle 22.3: Die wichtigsten Eigenschaften, Methoden und Ereignisse des Internet Explorers.

Eigenschaften/Methoden/ Ereignisse	Bedeutung
ProgressChange-Ereignis	Tritt ein, wenn sich der Status eine Download-Operation ändert (z. B. weil weitere Bytes übertragen wurden).
OnVisible-Ereignis	Tritt ein, wenn sich der *Visible*-Zustand ändert.

22.5 Das WinSock-Steuerelement

Unter dem Begriff »WinSock« wird ein Teil der Windows-API zusammengefasst, mit dessen Funktionen sich, vereinfacht ausgedrückt, Daten über eine bestehende TCP/IP-Verbindung mit einem anderen Computer austauschen lassen, wobei es keine Rolle spielt, ob es sich bei dem Gegenüber um einen Windows-PC handelt oder nicht. Damit Visual-Basic-Programmierer sich nicht mit den Feinheiten der Winsock-API abgeben müssen, gibt es das *WinSock*-Steuerelement, das, ähnlich wie das *MsComm*-Steuerelement, die Funktionalität der API verpackt. Mit Hilfe des *WinSock*-Steuerelements können Sie ein Visual-Basic-Programm erstellen, das mit anderen Computern in einem TCP/IP-Netzwerk (also über ein Intranet oder das Internet) Daten austauschen kann. Ohne auf Details eingehen zu können sei an dieser Stelle nur soviel verraten, dass ein Computer unter Angabe einer IP-Adresse und einer Portnummer an sein Gegenüber eine Kommunikationsanforderung stellen muss. Vorausgesetzt der andere Computer befindet sich im Listen-Modus wird die Anforderung bestätigt und das Austauschen von Daten in Form von Bytes (Zeichen) kann beginnen. Die Kommunikation erfolgt ereignisgesteuert, d. h. der WinSock-Gast wird per Ereignis davon unterrichtet, wenn vom WinSock-Host neue Daten eingetroffen sind. Die Programmierung ist also relativ unproblematisch. Ein wenig sonderbar ist lediglich der Umstand, dass beim Winsock-Host nach einer Verbindungsanforderung eine neue Instanz des Winsock-Steuerelements angelegt werden muss (Sie müssen daher der *Index*-Eigenschaft den Wert 0 geben). Der Umgang mit dem WinSock-Steuerelement wird am allerbesten an dem folgenden Beispiel deutlich, bei dem ein Winsock-Gastprogramm bei einem Winsock-Hostprogramm, das auf einem anderen PC im Netzwerk läuft, eine Anfrage startet, die eine Datenbankabfrage auslöst, die wiederum ein Ergebnis an den Gast zurückgibt.

Internet-Dienst	Portadresse
HTTP (WWW)	80
FTP	20,21
Gopher	70
SMTP	25
POP3	110
Telnet	23
Finger	79
Local loops/Callbacks	0

Tabelle 22.4: Weltweit verge-bene Internet-Portadressen.

Das Winsock-Steuerelement umfasst nicht nur die Winsock-API, sondern auch die WinInet-API, mit der sich u.a. auch Internet-Verbindungen (u.a. auch das automatische Anwählen einer DFÜ-Netzwerkverbindung) aufbauen lassen. Die WinInet-API wird in der MSDN-Hilfe ausführlich beschrieben.

In der folgenden Anwendung soll der bereits bekannte und beliebte Devisenrechner als Internet-Anwendung realisiert werden. Über eine Client-Anwendung wird ein (ISO-) Devisenkürzel ausgewählt. Nach Absetzen der Anforderung werden der »aktuelle« Wechselkurs und der Devisenname vom Host-Computer zurückgegeben. Voraussetzung für die Umsetzung des Beispiels sind zwei Windows-PCs, die über ein TCP/IP-Netzwerk verbunden sind.

Übung 22.1: Der Devisen-rechner als WinSock-An-wendung

Legen Sie ein neues Standard-EXE-Projekt an und fügen Sie das Winsock-Steuerelement hinzu.

Schritt 1

Setzen Sie das Formular so um, wie es in Bild 22.4 zu sehen ist. Ändern Sie die Eigenschaftswerte wie folgt:

Schritt 2

Objekt	Eigenschaft	Wert
Command1	Name	cmdAbfrage
Command1	Caption	&Abfrage
List1	Name	lstISO
Text1	Text	txtWechselkurs
Text1	Locked	True
List2	Name	lstProtokoll

Objekt	Eigenschaft	Wert
Command2	Name	cmdConnect
Command2	Caption	&Connect
Command3	Name	cmdClose
Command3	Caption	&Close
Winsock1	Name	Winsocke
Form1	Name	frmWinsock
Form1	Caption	Beispiel: Winsock-Client

Abbildung22.4:
Das Formular
des Winsock-
Clients in der
Entwurfsphase.

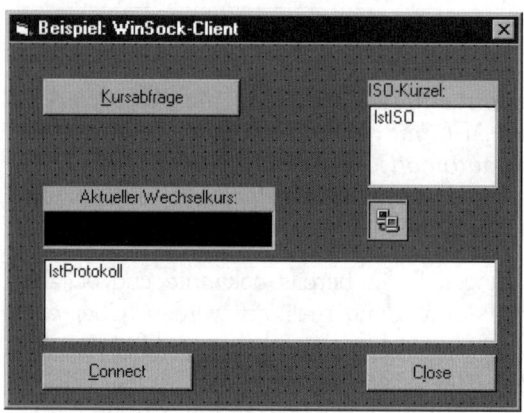

Schritt 3 Fügen Sie in das Formular folgende Anweisungen ein:

```
Private Sub cmdAbfrage_Click()
    If lstISO.ListIndex = -1 Then
        Protokoll "Bitte eine Währung wählen"
        Exit Sub
    End If
    If winSocke.State = sckConnected Then
        winSocke.SendData lstISO.List(lstISO.ListIndex)
        Protokoll "Anfrage gesendet"
    Else
        Protokoll "Keine Host-Verbindung"
    End If
End Sub

Private Sub cmdClose_Click()
    winSocke.Close
End Sub

Private Sub cmdConnect_Click()
    If winSocke.State = sckOpen Then
        winSocke.Close
    End If
```

```
     If winSocke.State <> sckError Then
' Bitte hier IP-Adresse ändern!
         winSocke.RemoteHost = "196.12.4.8"
         winSocke.RemotePort = 100
         winSocke.Connect
         Protokoll "Connect-Versuch"
         lstISO.SetFocus
     Else
         Protokoll "Verbindungstatus: Fehler"
     End If
End Sub

Private Sub Form_Load()
     lstISO.AddItem Item:="BEF"
     lstISO.AddItem Item:="DKK"
     lstISO.AddItem Item:="IM"
     lstISO.AddItem Item:="FRF"
     lstISO.AddItem Item:="IEP"
     lstISO.AddItem Item:="ITL"
     lstISO.AddItem Item:="JPY"
End Sub

Private Sub winSocke_DataArrival(ByVal bytesTotal As Long)
     Dim sDataRecieved As String
     Protokoll "DataArrival"
     winSocke.GetData sDataRecieved, vbString
     txtEingabe.Text = sDataRecieved
End Sub

Private Sub winSocke_Error(ByVal Number As Integer, Description As String,
ByVal Scode As Long, ByVal Source As String, ByVal HelpFile As String,
ByVal HelpContext As Long, CancelDisplay As Boolean)
     Protokoll "Error: " & Description
End Sub

Sub Protokoll(tmpNachricht As String)
     lstProtokoll.AddItem Item:="Ereignis: " & tmpNachricht
End Sub
```

Achten Sie darauf, dass Sie in der Ereignisprozedur *cmdConnect_Click* die IP-Adresse des Host-Computers eintragen müssen.

Damit ist der Winsock-Client fertig. Jetzt es an die Umsetzung des Winsock-Gastcomputers. Dieser erhält vom Client ein ISO-Kürzel, führt (wahlweise per ADO oder DAO) eine Datenbankabfrage in der Access-Datei *Devisen.Mdb* durch (siehe Buch-CD) und schickt den Wechselkurs und den Devisennamen an den Client zurück.

Schritt 4 Legen Sie ein neues Standard-EXE-Projekt an, fügen Sie das Winsock-Steuerelement auf dem Formular an, fügen Sie einen Verweis auf die »Microsoft DAO 3.51 Object Library« ein und setzen Sie das Formular nach der Vorgabe in Bild 22.5 um.

Daß in diesem Beispiel die »guten alten« DAOs zur Anwendung kommen hat keinen besonderen Grund.[4] Versuchen Sie sich einmal an einer Umsetzung mit den ADOs. Mit Ihrem Wissen aus Kapitel 18 sollten Sie dazu in der Lage sein. Die Programmierung wird dadurch kein bißchen komplizierter.

Abbildung22.5:
Die Benutzer-
oberfläche des
Winsock-Hosts
in der Entwurfs-
phase.

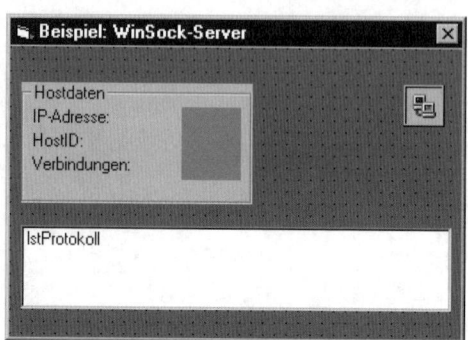

Schritt 5 Setzen Sie das Formular so um, wie es in Bild 22.5 zu sehen ist. Ändern Sie die Eigenschaftswerte wie folgt:

Objekt	Eigenschaft	Wert
Winsock1	Name	winSocke
Form1	Name	frmWinsock
Form1	Caption	Beispiel: WinSock-Server
Label2	Name	lblIPAdresse
Label2	Caption	-
Label4	Name	lblHostID
Label4	Caption	-
Label6	Name	lblVerbindungen
Label6	Caption	-
List1	Name	lstProtokoll

Schritt 6 Fügen Sie in das Formular folgende Anweisungen ein:

```
Private AnzahlVerbindungen As Integer
' Bitte diesen Pfad entsprechend ändern
Const DBPfadname = "C:\Eigene Dateien\Devisen.mdb"

Private Sub Form_Load()
```

---

[4] Außer vielleicht »nostalgische« Erinnerungen. Auf der anderen Seite, wenn ein Werkzeug seinen Job erledigt, warum sollte man es dann nicht verwenden?

```
    lblHostId.Caption = winSocke(0).LocalHostName
    lblIPAdresse.Caption = winSocke(0).LocalIP
    winSocke(0).LocalPort = 100
    Protokoll "Listening to Port: " & winSocke(0).LocalPort
    winSocke(0).Listen
End Sub

Private Sub winSocke_Close(Index As Integer)
    Protokoll "Close"
    winSocke(0).Close
    Unload winSocke(Index)
    AnzahlVerbindungen = AnzahlVerbindungen - 1
    lblVerbindungen.Caption = AnzahlVerbindungen
End Sub

Private Sub winSocke_Connect(Index As Integer)
    Protokoll "Connect"
End Sub

Private Sub winSocke_ConnectionRequest(Index As Integer, ByVal requestID As
Long)
    Protokoll "ConnectionRequest " & requestID & " von " &
winSocke(Index).RemoteHostIP
    If Index = 0 Then
        AnzahlVerbindungen = AnzahlVerbindungen + 1
        lblVerbindungen.Caption = AnzahlVerbindungen
        Load winSocke(AnzahlVerbindungen)
        winSocke(AnzahlVerbindungen).LocalPort = 100
        winSocke(AnzahlVerbindungen).Accept requestID
    End If

End Sub

Private Sub winSocke_DataArrival(Index As Integer, ByVal bytesTotal As
Long)
    Dim tmpData As String
    Dim Ergebnis As String
    Dim Db As Database
    Dim Rs As Recordset
    winSocke(Index).GetData tmpData, vbString
    Protokoll "Daten erhalten von " & winSocke(Index).RemoteHostIP
    Set Db = OpenDatabase(DBPfadname)
    Set Rs = Db.OpenRecordset("Devisen", dbOpenDynaset)
    Rs.FindFirst "ISO=" & Chr(39) & tmpData & Chr(39)
    If Rs.NoMatch = False Then
        Ergebnis = Rs!Kurs & ":" & Rs!DevisenName
    Else
        Ergebnis = "Keine Daten"
    End If
    Rs.Close
    Db.Close
    Protokoll "Daten werden an Server " & winSocke(Index).RemoteHostIP & "
geschickt"
    winSocke(Index).SendData Ergebnis
End Sub
```

```
Sub Protokoll(tmpNachricht As String)
    lstProtokoll.AddItem Item:="Ereignis: " & tmpNachricht
End Sub
```

Schritt 7   Starten Sie das Winsock-Client-Programm und anschließend das Win-Sock-Host-Programm. Stellen Sie durch Anklicken auf die *Connect*-Schaltfläche die Verbindung zum Winsock-Host her, wählen Sie aus dem Listenfeld ein ISO-Kürzel aus und klicken Sie auf die Schaltfläche *Kursabfrage*. Im Textfeld sollte kurz darauf der Wechselkurs und der Devisenname erscheinen.

Nach dem Beenden der Verbindung ist ein Neustart des Winsock-Gastprogramms erforderlich (in dieser Beziehung ist das Programm noch nicht ganz ausgereift).

Tabelle 22.5: Die wichtigsten Eigenschaften, Methoden und Ereignisse des WinSock-Steuerelements.

Eigenschaft/Methode/ Ereignis	Bedeutung
BytesRecieved-Eigenschaft	Gibt die Anzahl der Bytes an, die sich aktuell im Empfangspuffer befinden.
LocalHostName-Eigenschaft	Gibt den Namen des lokalen Host-Computers als String-Wert an.
LocalIP-Eigenschaft	Gibt die IP-Adresse des lokalen Host-Computers als String-Wert an.
LocalPort-Eigenschaft	Gibt die Port-Nummer des lokalen Host-Computers als Long-Wert an.
Protocol-Eigenschaft	Wählt das zu verwendende Protokoll aus oder gibt es zurück. Zur Auswahl stehen TCP und UDP.
RemoteHost-Eigenschaft	Gibt die (IP-) Adresse des Host-Computers an oder legt diese fest.
State-Eigenschaft	Gibt den aktuellen Zustand des Winsock-Steuerelements an (die einzelnen Konstanten sind in der Hilfe beschrieben). Es ist wichtig, diese Eigenschaft vor der Durchführung einer Operation zu überprüfen.
Access-Methode	Wird aufgerufen, wenn der Host-Computer die Anforderung eines Gastes bestätigt.
Close-Methode	Schließt eine Winsock-Verbindung.
GetData-Methode	Liest den aktuellen Datenblock aus dem Empfangspuffer und weist ihn einer *Variant*-Variablen zu.

Eigenschaft/Methode/ Ereignis	Bedeutung
PeekData-Methode	Liest den aktuellen Datenblock aus dem Empfangspuffer, ohne ihn dabei zu entfernen, und weist ihn einer *Variant*-Variablen zu.
Listen-Methode	Schaltet den Host-Computer in den Empfangsmodus.
SendData-Methode	Überträgt einen Block von Daten an den Gegenüber. Die zu sendenden Daten werden als Variable übergeben.
Connect-Methode	Fordert den Host-Computer zu einem Verbindungsaufbau auf.
ConnectionRequest-Ereignis	Tritt ein, wenn der Host-Computer eine Verbindungsanforderung erhält. Die übergebene *RequestID* wird über die *Accept*-Methode wieder zurückgeschickt.
DataArrival-Ereignis	Wird ausgelöst, wenn neue Daten eintreffen. Die Anzahl der im Empfangspuffer wartenden Bytes wird als Argument übergeben.
Error-Ereignis	Tritt ein, wenn eine WinSock-Operationen einen Fehler meldet.

22.6 Das Internet-Transfer-Steuerelement

Nach dem Motto »Einen haben wir noch« soll Ihnen das *Internet-Transfer*-Steuerelement nicht vorenthalten werden. Mit seiner Hilfe stellen Sie eine Internet Verbindung her und greifen über HTTP, HTTPS, Gopher (einem heutzutage nur noch relativ selten verwendeten Internet-Dienst) oder FTP (für das Download von Dateien von einem Ftp-Server) auf einen Computer im Internet zu.

Um das Internet-Transfer-Steuerelement, das während der Programmausführung unsichtbar ist, in einem Projekt benutzen zu können, muss die Komponente »Microsoft Internet Transfer Control 6.0« eingebunden werden.

Auch das Internet-TransferSteuerelement wird am besten an einem Beispiel erklärt. Im Folgenden wird ein kleines Programm vorgestellt, das in der Lage ist, die obersten Verzeichniseinträge von einer vorgegebenen Ftp-Adresse zu lesen. Aus Platzgründen wird nicht das kom-

Übung 22.2: Ein kleiner Ftp-Client

plette Programm vorgestellt, das Sie auf der Buch-CD in Form der Datei *FtpBeispiel.Vbp* finden, sondern nur der wichtigste Part:

```
Private Sub cmdConnection_Click()
    With inetTest
        .AccessType = icDirect
        .RequestTimeout = 60
        .Protocol = icFTP
        .URL = "ftp://ftp.microsoft.com"
    End With
    sFtpKommando = "DIR"
    inetTest.Execute Operation:="DIR /"
End Sub
```

Diese Prozedur stellt die Verbindung zum öffentlichen Ftp-Server *ftp.microsoft.com* her (ein Passwort und ein Benutzername sind hier nicht erforderlich). Ist keine Internet-Verbindung aktiv, erscheint das Anmeldedialogfeld der Standard-DFÜ-Netzwerkverbindung. Der Zugriff auf den Ftp-Server geschieht mit Hilfe standardisierter Kommandos (z. B. DIR).

Das Abrufen der Daten geschieht im *StateChanged*-Ereignis:

```
Private Sub inetTest_StateChanged(ByVal State As Integer)
    If State = icResponseCompleted Then
        sBuffer = GetFtpDaten(inetTest)
        If sFtpKommando = "DIR" Then
            ListeFüllen sBuffer
        End If
    End If
End Sub
```

Das eigentliche Abrufen der Daten übernimmt die folgende Funktion, die ein Internet Transfersteuerelement als Argument erhält und die Daten über die *GetChunk*-Methode abruft:

```
Function GetFtpDaten(inetServer As Inet) As String
    Dim sDatenBlock As String
    Dim sEingabe As String
    Do
        sDatenBlock = inetServer.GetChunk(1024, icString)
        If Len(sDatenBlock) = 0 Then Exit Do
        sEingabe = sEingabe & sDatenBlock
    Loop
    GetFtpDaten = sEingabe
End Function
```

Das Beispiel fordert gerade zu nach einer Erweiterung. So sollte es nicht allzu schwierig sein, das Beispiel zu einem kleinen Ftp-Client auszubauen (die gibt es zwar schon zu Hunderten, doch ist dies eine gute Übungsaufgabe – genau wie ein Editor). Auf alle Fälle sollten Sie das Beispiel so erweitern, dass Sie sich durch die Verzeichnisstruktur des Ftp-Servers bewegen können.

Ftp-Kommando	Bedeutung
CD Name	Wechselt auf das angegebene Verzeichnis.
CDUP	Wechselt auf die nächst höhere Ebene.
CLOSE	Schließt die aktuelle Verbindung.
DELETE Name	Löscht die angegebene Datei.
DIR Name	Durchsucht das angegebene Verzeichnis. Der Inhalt muss mit der *GetChunk*-Methode gelesen werden.
MKDIR Name	Legt das angegebene Verzeichnis an.
PWD	Liest den aktuellen Verzeichnisnamen (mit der *GetChunk*-Methode).
QUIT	Beendet die Ftp-Sitzung.
RECV Name1, Name2	Lieft die Datei *Name1* und speichert sie lokal unter *Name2*.
RENAME Name1 Name2	Nennt Datei *Name1* in *Name2* um.
RMDIR Name1	Entfernt das Verzeichnis *Name1*.
SEND Name1 Name2	Sendet die Datei *Name1* und speichert sie auf dem Ftp-Server unter *Name2* ab.
SIZE Name1	Gibt die Größe des Verzeichnis *Name1* zurück.

22.7 Active Server Pages

Auch wenn es in diesem Buch nicht um Active Server Pages geht, soll zumindestens der Begriff kurz erklärt werden, da Sie mit den neuen WebClass-Komponenten Objekte für Active Server Pages erstellen können und die traditionelle Art der Programmierung mit Notepad und VBScript für Visual-Basic-Programmierer praktisch überflüssig geworden ist. Active Server Page sind HTML-Seiten, die Skriptbefehle enthalten, die auf dem Webserver (also noch vor dem Herunterladen der Seite) ausgeführt werden. Stellen Sie sich vor, Sie starten Ihren Lieblings-Webbrowser und rufen Ihre Lieblings-Webseite ab. Was dabei im Hintergrund passiert ist schnell beschrieben. Durch die Eingabe der Adresse (URL) wird über das HTTP-Protokoll eine Anfrage an den Webserver gestellt, der die angeforderte HTML-Seite zurückschickt. Doch nicht immer ruft ein Websurfer eine statische HTML-Seite ab. Stellen Sie sich weiter vor, dass Sie auf der Webseite eines Buchversands sind und auf einer Auswahlseite Ihre Lieblingsthemen angekreuzt haben. Jetzt soll der Webserver nicht nur eine Seite liefern, sondern deren Inhalt auf der Grundlage einer Datenbankabfrage zusammenstellen. Mit anderen Worten, auf dem Webserver wird ein Programmskript gestartet, dass auf der Grundlage der über das HTTP-Kommando POST übertragenen Anforderungsdaten eine Datenbankabfrage durchführt, eine Ergebnismenge zurückerhält und diese per HTTP als HTML-Text zurückschickt. In der Vergangenheit wurde für einen solchen Vorgang ein CGI-Script benötigt, das für die Datenbankabfrage und das Zurückschicken der HTML-Antwort zuständig war. Doch warum eine neue Skriptsprache lernen, wenn es doch dafür VBScript gibt, das diese Aufgabe genauso gut erledigen kann? Jetzt kommen die Active Server Pages, kurz ASPs, ins Spiel. Es handelt sich um HTML-Seiten, die VBScript-Befehle (es können auch JavaScript-Befehle oder die Befehle einer anderen Skriptsprache sein, die *Active Scripting* unterstützt) enthalten (diese Webseiten besitzen die Erweiterung *.Asp* anstelle von *.Html*). Das Besondere ist, dass die Skriptbefehle ausgeführt werden, bevor die HTML-Seite an den Webbrowser übertragen wird. Mit anderen Worten, das Skript wird auf dem Webserver ausgeführt und führt dort z.B. eine Datenbankabfrage (per ADO) durch. Nun ist es mit Skriptbefehlen alleine nicht getan, das Skript benötigt z.B. den Inhalt der Anfrage, Informationen über die Sitzung (z.B. die Adresse des anfragenden Computers) und muss in der Lage sein, HTML-Text zurückzusenden. Da es dafür in VBSkript keine Anweisungen gibt, müssen Objekte, wie *Session*, *Request* oder *Response* benutzt werden. Diese Objekte werden vom Webserver, wie dem Internet Information Server (IIS) von Windows NT oder dem Personal Webserver 2.0 von Windows 9x zur Verfügung gestellt. Eine Active Server Page ist damit eine HTML-Seite, die Scriptbefehle enthält und auf die Eigenschaften und Methoden der einzelnen Webserver-Objekte zugreift. Damit lassen sich leistungsfähige Internet-Anwendungen, wie z.B. eCommerce-Anwendungen, erstellen. Der einzige Nachteil ist, dass Active Server Pages einen Microsoft-Webserver voraussetzen. Wenn ein Internet Dienstanbieter mit einem Unix-Server arbeitet, lassen sich Active Server Pages im Allgemeinen nicht benutzen.

Doch selbst wenn ein Webserver Active Server Pages unterstützt, die Programmierung ist nicht gerade einfach. Zwar bietet Microsoft im Visual Studio 6.0 mit Visual InterDev ein Entwicklungswerkzeug zum Erstellen von Active Server Pages an, doch für Visual-Basic-Programmierer waren Active Server Pages in der Vergangenheit nur schwer zugänglich. Mit Visual Basic 6.0 ist auch das vorbei. Mit den neuen WebClass-Komponenten lassen sich Anwendungsobjekte erstellen, die auf dem Webserver ausführen und damit die Programmierung von Active Server Pages deutlich vereinfachen. Eine WebClass-Komponente, die über den Projekttyp IIS-Applikation angelegt wird, ist eine Komponente, die Active Server Pages ausführt und einen Zugriff auf die verschiedenen Severobjekte erlaubt. Gleichzeitig erstellt Visual Basic eine ASP-

Datei (also eine Active Server Page), in der die kompilierte ActiveX-DLL angesprochen wird. Für Visual-Basic-Programmierer stellen die neuen IIS-Projekte eine sehr viel elegantere und vor allem Visual-Basic-konforme Methode dar, Webseiten mit Komponenten zu erstellen, die auf dem Webserver ausgeführt werden.

22.8 Die Rolle von Dynamic HTML (DHTML)

Die *Hypertext Markup Language* (HTML) ist die Grundlage für das World Wide Web. HTML ist eine einfache Seitenbeschreibungs-sprache, die den Aufbau eines HTML-Dokuments beschreibt. Hier ein extrem einfaches Beispiel:

```
<HTML>
<BODY>
<H1>Dies ist nur ein Test!<H1<
<P>
Im Grunde ist wie immer alles ganz einfach.
<BODY>
</HTML>
```

Wenn Sie diesen »HTML-Code« mit Notepad eintippen, in einer Datei mit der Erweiterung *.Htm* speichern und die Datei mit dem Internet Explorer (oder einem anderen Webbrowser) laden, sehen Sie eine Überschrift und einen weiteren Satz. Sie haben ein HTML-Dokument erstellt, bei dem die in spitze Klammern gesetzten sog. Tags (ausgesprochen wie »täggs«) dem Webbrowser mitteilen, wie der folgende Text angezeigt werden soll. Der aufgeführte HTML-Code wird nicht nur vom Internet Explorer, sondern vom jedem Webbrowser dieser Welt verstanden und gleich dargestellt. HTML wurde vom W3C-Komitee standardisiert (die aktuelle Version ist 3.2, die Version 4.0 steht vor der offiziellen Verabschiedung) und ist unabhängig von Programmiersprachen, Betriebssystemen und allen anderen Dingen.

Allerdings wird kein Web-Designer eine Webseite durch das Eintragen der einzelnen Tags erstellen, da dies viel zu umständlich wäre. Diese Aufgabe übernehmen sog. HTML-Editoren. Sie ermöglichen es, eine Webseite ähnlich wie mit einem Textbearbeitungsprogramm erstellen zu können. HTML-Editoren gibt es viele. Zu den Prominenten gehören FrontPage98 und FrontPage Express (der bei Windows 98 und dem Internet Explorer dabei ist). Auch mit Word und praktisch jedem Office-Programm lassen sich HTML-Seiten erstellen oder bestehende Dokumente ins HTML-Format konvertieren.

Allerdings besitzt HTML ein paar dicke Nachteile. Es bietet bei weitem nicht alle Möglichkeiten, die Sie von einer Textverarbeitung, wie z.B. Microsoft Word, gewohnt sind. So gibt es z.B. keine Fußnoten oder Blocksatz. Auch ist das Anordnen von Grafiken, das Gestalten von Tabellen ohne Hilfsmittel ein schwieriges Unterfangen. Die Gestaltungsmöglichkeiten von HTML entsprechen eher einer Minitextverarbeitung à la WordPad. Auch ist HTML nicht gleich HTML. Wenngleich das W3C-Komitee streng über den Standard wacht, unterstützen nicht alle Browser HTML im gleichen Umfang. Da die beiden dominierenden Browser, der Microsoft Internet Explorer und der Netscape Navigator, verschiedene Tag-Kombinationen unterschiedlich unterstützen, beschränken sich viele Webseiten auf den kleinsten gemeinsamen Nenner. Und das ist in vielen Fällen noch HTML 2.0. Fortschritt ist das natürlich nicht.

22.8.1 Die Alternative: DHTML

Dynamic HTML, kurz DHTML, ist eine Erweiterung von HTML. Hier werden die einzelnen Elemente einer Seite über ein Objektmodell angesprochen. Dies war auch schon ohne DHTML möglich, doch beschränkte sich das Objektmodell auf elementare Tags und nicht auf jedes Element der Seite. Außerdem ist mit DHTML eine Pixel-genaue Positionierung und das Einstellen anderer Zeichenattribute über die Cascading Style Sheets (CSS) möglich. Obwohl Microsoft das zugrundeliegende *Document Object Modell* (DOM) beim WC3-Standardkomitee eingereicht hat, unterstützt es lediglich der Internet Explorer in vollem Umfang. Netscape arbeitet bei seinem Netscape Navigator mit einer anderen Variante von »DHTML«, die mit der Microsoft-Version nur in Grundzügen übereinstimmt. Das bedeutet konkret, wer seine HTML-Seiten mit DHTML erstellt, kann sie (zur Zeit) nur mit dem Internet Explorer ab Version 4 betrachten. DHTML bietet noch weitere wichtige Vorteile, wie eine automatisch Datenbankbindung an einzelne Tags.

22.8.2 Die Zukunft: XML

HTML (und damit DHTML) besitzt einen deutlichen Nachteil. Es basiert auf einer in einem Standard festgeschriebenen Anzahl an Tags. Zwar ist es grundsätzlich kein Problem, dass ein Browser-Hersteller neue Tags definiert, doch ist dies aus den verschiedenen Gründen keine Lösung. Wenn in einer Programmiersprache eine bestimmte Funktionalität fehlt, muss der Hersteller auch keine neuen Befehle »erfinden«. Die Programmierer definieren sich die fehlenden Befehle einfach über Prozeduren, Funktionen und natürlich (Code-)Komponenten. Auf einem ähnlichen Prinzip basiert die *Extensible Markup Language*, kurz XML.

XML ist kein »Super-HTML« mit 1001 Features, es ist schlicht und er- greifend eine Definitionssprache, auf der sich eine Beschreibungsspra- che wie HTML definieren lässt. Mit anderen Worten, fehlt für eine be- stimmte Anwendung ein Tag, definiert man es einfach neu. Damit dabei aber kein Chaos entsteht, liefert man auch die Beschreibung mit. Auf diese Weise ist jeder XML-fähige Browser in der Lage, jedes beliebige Tag zu verstehen, denn die Beschreibung begleitet das jeweilige XML- Dokument. XML wird aus diesem Grund auch als Metasprache bezeich- net, denn es definiert Elemente, mit denen sich Seitenbeschreibungs- sprachen und viele andere Dinge definieren lassen.

Microsoft und viele andere Firmen investieren sehr viel Zeit und Geld in die Entwicklung von auf XML basierenden Anwendungen. So kön- nen die Office-2000-Anwendungen, wie Excel oder Word, ihre Doku- mente entweder im proprietären Binärformat (wie bisher) oder in einem offenen XML-Format speichern.

Es ist zwar noch zu früh, irgendwelche Prognosen abzugeben, doch es spricht einiges dafür, dass XML in Gestalt von erweiterbarem HTML und DHTML nicht nur die Grundlage für künftige Benutzeroberflä- chen, sondern auch die Grundlage für die Mittelschicht und damit eine Alternative zu den bisherigen binären Komponenten werden könnte. Als neuen Entwicklungen stets aufgeschlossener Visual-Basic-Program- mierer sollte man sich in einer ruhigen Minuten mit einem XML-Buch zurückziehen (am besten im nächsten Sommerurlaub) und sich über die Implikationen Gedanken machen. Grund zur Eile oder gar Sorge über mögliche Veränderungen gibt es sicher nicht. Microsoft hat mit den DTHML-Projekten gezeigt, wie Visual-Basic-Programmierer von neuen Entwicklungen profitieren. Indem sie meistens das beste beider Welten erhalten. Die Versprechungen der neuen Technik mit der be- währten Leichtigkeit von Visual Basic.

22.8.3 HTML/DTML und Visual Basic

Dynamic HTML ist bezüglich seiner Programmierbarkeit und seiner Erweiterbarkeit eine Alternative zum herkömmlichen Formularmodell. Seit Visual Basic 6.0 können Benutzeroberflächen alternativ in DHT- ML programmiert werden. Damit Visual-Basic-Programmierer aber kein VBScript lernen müssen, bietet ein DHTML-Projekt eine überaus interessante Alternative. Die »Programmierung« der DHTML-Elemente geschieht in VBA. Damit der Internet Explorer, der kein VBA versteht, die DHTML-Seite ausführen kann, wird eine »Interpreter-DLL« mitge- liefert. DHTML-Projekte kombinieren damit die Flexibilität und Erwei- terbarkeit von DHTML mit den hinlänglich bekannten Vorzügen von Visual Basic.

Allerdings gibt es auch Nachteile. Wer jahrelang mit Visual-Basic-Formularen gearbeitet hat, wird sich mit DTHML-Oberflächen vermutlich
schwer tun. Es fehlt jene Flexibilität beim Anordnen von Steuerelementen, wie sie bei Visual-Basic-Formularen selbstverständlich ist. Vertraute Steuerelemente besitzen auf einmal andere Eigenschaften und
Ereignisse, das simple Auffüllen eines Listenfeldes wird zu einem Pro-
grammierabenteuer. Es ist schon erstaunlich, welcher Aufwand getrie-
ben werden muss, um das simple Positionieren von Steuerelementen
textuell zu beschreiben. Wer aus bestimmten Gründen zum Internet
Explorer als Applikationsfenster keine Alternative hat, wird vermutlich
die neuen DHTML-Oberflächen nicht gegen die vertrauten Formulare
eintauschen wollen.

22.9 Die Rolle von VBScript

Ganz kurz auch ein paar Worte zu VBScript, dem kleinen »Bruder« von
VBA. VBScript wurde von Microsoft ursprünglich als Antwort auf
JavaScript als Mini-Programmiersprache für die Ausführung auf einer
Webseite konzipiert. Es ist eine Untermenge von VBA (wenngleich es
ein paar Sprachelemente enthält, die es nicht in VBA 6.0 gibt), kennt
keine Variablendeklaration mit Datentypen und keine frühe Bindung
(Objektreferenzen werden ausschließlich über die *CreateObject*-Funk-
tion angelegt). Inzwischen ist VBScript nicht mehr nur auf HTML-Seiten beschränkt, durch den Windows Scripting Host (WSH) spielt es
auch die Rolle einer allgemeinen »Stapelsprache« für das Betriebssystem. Es ist wichtig anzumerken, dass VBScript im Konzert der Acti-
veX-Skriptsprachen keine herausragende Rolle spielt. Es ist vielmehr
gleichberechtigtes Mitglied jener Skriptsprachen, die die Active Scrip-
ting-Spezifikation unterstützen. Dazu gehört neben JavaScript (JScript)
u.a. die von ihren Anhängern »heißgeliebte« Programmiersprache Perl
(*www.activestate.com/ActivePerl/*).

Für Visual-Basic-Programmierer ergeben sich zu VBScript nur wenig
Berührungspunkte. Visual Basic 6.0 kann weder VBScript ausführen,
noch direkt VBScript-Programme erstellen. Indirekt werden ASP-Seiten, die im Rahmen eines IIS-Applikation für das Einbinden einer Web-
Class-Komponenten erstellt werden, mit VBScript-Code ausgestattet.
Allerdings kommt man dabei nicht direkt mit VBScript in Berührung,
da man die ASP-Seiten im Allgemeinen nicht nachträglich editiert.

Mit Visual InterDev aus dem Visual Studio-Paket gibt es ein
Entwicklungssystem für Skriptsprachen, das in erster Linie für die Ent-
wicklung von Active Server Pages gedacht ist. Immerhin enthalten alle
Office-2000-Anwendungen (als Ergänzung zum VBA-Editor) die Skrip-

tentwickungsumgebung (inklusive Debugger) aus dem Visual InterDev, sodass sich HTML-Dokumente, die mit den Office-2000-Anwendungen erstellt werden, auf einfache Weise mit Skript ausstatten lassen. Einen sehr interessanten Berührungspunkt zwischen Visual Basic (bzw. allgemein VBA) und VBScript gibt es dennoch. Es ist das VBScript-Zusatzsteuerelement, mit dem sich eine Visual-Basic-Anwendung um einen VBScript-Interpreter erweitern lässt. Dieses Steuerelement kann unter *msdn.microsoft.com/scripting/* kostenlos heruntergeladen werden. Allgemeine Informationen zu VBScript gibt es unter *msdn.microsoft.com/scripting/*. Übrigens gibt es auch bei VBScript Versionsnummern. Die aktuellste Version, die mit dem Internet Explorer 5.0 ausgeliefert wird, lautet 5.0. Hier finden Sie z. B. die *Eval*-Funktion zum Auswerten von numerischen Ausdrücken, die es bei VBA leider nicht.

22.10 Zusammenfassung

Die Internet-Programmierung ist ein spannendes und vielseitiges Betätigungsfeld. Allerdings ist es auch nicht gerade leicht zu überschauen. Das liegt zum einen daran, dass es für die Applikationsentwickler unter Windows ein relativ neues Gebiet ist, zum anderen daran, dass es viele verschiedene Anwendungsgebiete gibt. Diese reichen von sehr einfachen Dingen, wie dem Zugriff auf einen Ftp-Server, über die Netzwerkkommunikation mit den WinSockets bis hin zu Client/Server-Anwendungen mit Dynamic HTML-Clients, die in einem Intranet Datenbankzugriffe und andere Dinge durchführen. Visual-Basic-Programmierer können die noch junge Entwicklung relativ gelassen betrachten und müssen nicht nervös auf Java schielen. Wer das Windows-Universum nicht verlassen muss, enthält mit Visual Basic 6.0 ein vielseitiges »Internet-Entwicklungswerkzeug«, das im Prinzip alles kann. Java ist zwar bezüglich seiner Sprachelemente eine überaus interessante Sprache, bezogen auf ein größeres Entwicklungsprojekt, wie etwa eine Client/Server-Anwendung, kann es nichts, was Visual Basic nicht auch könnte.

Tipps und Tricks

Das Arbeiten mit einer Programmiersprache besteht nicht nur aus dem Anwenden von Anweisungen, Objekten, Komponenten und Algorithmen, sondern auch aus jenen Dingen, die nicht (oder nur versteckt) im Handbuch stehen. Mit dem richtigen »gewusst wie« lassen sich Dinge erledigen, die ansonsten gar nicht oder nur umständlich möglich wären. Die eigenen Programme werden besser, das Programmieren macht noch mehr Spaß und man kann sich, ganz nebenbei, von seinen programmierenden Kollegen, die diesen Kniff noch nicht kennen, ein wenig abheben. Tipps&Tricks zu Visual Basic finden Sie auf vielen Webseiten engagierter Visual-Basic-Programmierer, im Microsoft Developer Network (MSDN) im Internet oder auf CD und natürlich in den Rubriken der PC-Zeitschriften. Auch in diesem Kapitel erhalten Sie daher ein paar Tipps, die die tägliche Praxis mit Visual Basic ein wenig erleichtern oder Sie einfach dazu anregen sollen, ein paar neue Dinge auszuprobieren.

Einige der Tipps finden Sie auch an anderen Stellen des Buches. Ich habe mich bemüht, Redundanzen möglichst zu vermeiden und verweise bei den Beispielen auf die entsprechenden Kapitel. Allerdings habe ich die Erfahrung gemacht, dass es sehr hilfreich ist, gewisse Kleinigkeiten noch einmal zusammengefasst zu lesen, da sie ansonsten bei der Fülle des Textes leicht übersehen werden können.

Zu den Programmiertipps in diesem Kapitel gehören unter anderem:

- Wie lässt sich feststellen, wann ein Programm beendet wurde?
- Windows sofort beenden
- Feststellen, ob ein Formular bereits geladen wurde
- Befehle aus dem Systemmenü entfernen

➡ Feststellen des Laufwerktyps

➡ Kartentricks mit *Cards.Dll*

A.1 Das Ausführen von Anwendungen

Bei den Tipps in diesem Abschnitt geht es um das Ausführen von Programmen.

A.1.1 Feststellen, ob ein Programm beendet wurde

Dies ist (vermutlich) »der« Klassiker unter den Visual-Basic-Tipps. Wenn man ein Programm über die *Shell*-Methode startet, kehrt die Methode wieder zurück während das Programm noch läuft. Um feststellen zu können, wann das gestartete Programm beendet wurde, muss man etwas tiefer in die API-Trickkiste greifen. Unter Windows 3.1 war alles noch relativ einfach. Hier musste man lediglich die API-Funktion *GetModuleUsage* mit der von der damaligen *Shell*-Funktion zurückgegebenen Modulnummer des Programms solange in einer Schleife wiederholen, bis das gestartete Programm beendet war und die Funktion einen Nullwert zurückgab. Bei Win32 gibt es *GetModuleUsage* leider nicht mehr, denn hier stehen Prozesse und Threads auf dem Programm. Entweder man startet ein Programm über die API-Funktion *CreateProcess* und wartet mit der allgemeinen Funktion *WaitForSingleObject* oder man holt sich über die API-Funktion *OpenProcess* die Bezugsnummer des von der *Shell*-Methode gestarteten Prozesses und wartet über die *GetExitCodeProcess*-API-Funktion, dass der Prozess terminiert. Im Folgenden Tipp (Listing 23.1) wird die zweite Variante vorgeführt (Variante A wird in der Microsoft-Knowledgebase – z.B. unter *www.microsoft.com/kb/articles/q129/7/96.htm*- beschrieben).

Listing A.1:
Feststellen,
wann ein Prozess
beendet wurde.

```
Option Explicit

Private Declare Function OpenProcess Lib "kernel32" (ByVal dwDesiredAccess As Long,
ByVal bInheritHandle As Long, ByVal dwProcessId As Long) As Long
Private Declare Function GetExitCodeProcess Lib "kernel32" (ByVal hProcess As Long,
lpExitCode As Long) As Long

Const STILL_ACTIVE = &H103

Private Sub cmdStart_Click()
    Dim AppDir As String
    Dim Progname As String, Dateiname As String
    Dim ProcessId As Long, hProcess As Long, nRet As Long
    Const fdwAccess = &H100000

    AppDir = "C:\Test"
```

```
    Dateiname = "Tools.zip"
    Progname = "pkunzip " & AppDir & Dateiname & " " & AppDir
    ProcessId = Shell(Progname, vbMinimizedNoFocus)
    hProcess = OpenProcess(fdwAccess, False, ProcessId)
    Do
        GetExitCodeProcess hProcess, nRet
        DoEvents
    Loop While nRet = STILL_ACTIVE

    MsgBox Prompt:="Das Kommando " & Progname & " wurde beendet!", _
  Buttons:=vbOKOnly, Title:="Demo Program"
End Sub
```

A.1.2   Windows sofort beenden

Diese Funktion wird vor allem in jenen Programmen benötigt: die sich
an relativ unerfahrene Anwender richten oder, die genau kontrollieren
möchten, wann der arme Anwender seine PC-Sitzung beenden muss.
Es geht hier um das Herunterfahren von Windows, ohne dass der Benutzer eingreifen muss oder kann. Zuständig ist die API-Funktion *Exit-
WindowsEx*, der als Argument lediglich mitgeteilt werden muss, auf
welche Weise Windows beendet werden soll. Eine ausführliche Beschreibung der *ExitWindows*-Funktion mit einer Erläuterung der verschiedenen »Austiegsvarianten« finden Sie in Kapitel 16.3.

A.1.3   Programme ohne Oberfläche ausführen

Ein Visual-Basic-Projekt muss nicht unbedingt Formulare enthalten.
Fügen Sie ein allgemeines Modul hinzu kann das Programm auch aus
einer Prozedur mit dem Namen *Main* bestehen. Das ist z.B. praktisch,
wenn Sie Windows-Skripts ertellen, die etwa auf die Shell-Objekte zugreifen, aber nicht mit dem Windows Scripting Host zufrieden sind.

A.2   Fenstertricks

Bei den Tipps in diesem Abschnitt dreht sich alles um den Umgang mit
Formularen und den vielen Kleinigkeiten, die die Visual-Basic-Entwickler offenbar »vergessen« haben.

A.2.1   Formular immer an der Spitze

Soll sich ein Anwendungsfenster stets an oberster Stelle der Liste der
sichtbaren Fenster befinden, muss es über die API-Funktion *SetWindowPos* das Attribut »Topmost« (*HWND_TOPMOST*) erhalten. Das ist
immer dann praktisch, wenn ein nicht gebundenes Fenster die ganze
Zeit sichtbar sein soll und seine Spitzenposition in der Z-Reihenfolge
der Fenster daher nicht ändern darf. Soll dieser spezielle Zustand wie-

der beendet werden, muss die Funktion mit einem anderen Attribut aufgerufen werden. Ein Beispiel für die *SetWindowsPos*-Funktion finden Sie in Kapitel 15.5.

A.2.2 Ein Formular in der Mitte des Bildschirms plazieren

Möchte man erreichen, dass ein Formular nach dem Laden automatisch in der Mitte des Bildschirms erscheint, muss seine *Form_Paint*-Ereignisprozedur folgenden Inhalt enthalten:

```
Me.Top = (Screen.Width - Me.Width) \ 2
Me.Left = (Screen.Height - Me.Height) \ 2
```

Ein weniger einfacher geht es mit der *StartPosition*-Eigenschaft eines Formulars.

Soll auch die Größe der Taskleiste berücksichtigt werden, muss deren Größe über die API-Funktion *SystemParametersInfo* zuvor abgefragt werden.

A.2.3 Feststellen, ob ein Formular bereits geladen wurde

Um feststellen zu können, ob ein Formular bereits geladen ist, muss man lediglich die *Forms*-Auflistung des *Screen*-Objekts durchsuchen:

```
' Fügen Sie zu dem Projekt ein Formular mit dem Namen »Form2« hinzu

Private Sub Form_Load()
    ' Load Form2
    MsgBox "Form2 ist geladen: " & FormGeladenPrüfen(Form2)
End Sub

Function FormGeladenPrüfen(Formname As Form)
    Dim TempForm As Form
    For Each TempForm In Forms
        If TempForm Is Formname Then
            FormGeladenPrüfen = True
            Exit Function
        End If
    Next
    FormGeladenPrüfen = False
End Function
' Steuerelemente: Keine
```

A.3 Eingabehilfen

In diesem Abschnitt geht es um Tipps, die das weite Feld der Benutzeroberflächen und kleinen Eingabehilfen betreffen.

A.3.1   Feststellen, welches Optionsfeld aktiv ist

Oft möchte man in einem Steuerelementefeld von Optionsfeldern wissen, welcher Knopf denn gerade aktiv ist. Da das Rahmenfeld leider keine »ActiveButton«-Eigenschaft besitzt, muss man sich ein wenig anders behelfen. Eine Möglichkeit besteht darin, im *Click*-Ereignis das übergebene *Index*-Argument zu speichern. Eine andere, die *Value*-Eigenschaft aller Optionsfelder in einer Schleife mit dem Wert der *Index*-Eigenschaft zu multiplizieren:

```
For n = optKnöpfe.LBound To optKnöpfe.UBound
    nKnopfNr = -optKnöpfe(n).Value * n
Next
```

Am Ende erhält die Variable *nKnopfNr* den Index des aktiven Optionsfeldes. Sind die Steuerelemente nicht Mitglied eines Steuerelementefelds, muss *Controls*-Auflistung enumeriert und gegebenenfalls die *Container*-Eigenschaft verglichen werden:

```
Dim C As Control
For Each C In Me.Controls
        If TypeOf C Is OptionButton And C.Container.hWnd = fraRahmen.hWnd Then
```

A.3.2   Mauszeiger auf das Eingabeelement
mit dem Fokus setzen

Möchte man erreichen, dass sich der Mauszeiger automatisch über jenem Steuerelement befindet, das den Eingabefokus besitzt, muss über die API-Funktion *SetCursorPos* ein wenig nachgeholfen werden. Aus Gründen der Vereinfachung wird im Folgenden davon ausgegangen, dass die Koordinaten des Formulars in Twips angegeben werden.

Ein Beispiel für einen »Mauszeiger-Schubser«, der den Mauszeiger in die »Mitte« (mit Hilfe eines Korrekturfaktors) des aktiven Steuerelements setzt, finden Sie in Kapitel 15.5.

A.3.3   Text in einer Schaltfläche ausrichten

Bereits seit Windows 95 besitzen Schaltflächen (genauer gesagt allgemein Fenster) zusätzliche »Stylebits«, die das Aussehen beeinflussen. Seit Visual Basic 5.0 können die meisten dieser Stylebits über EIGENSCHAFTEN eingestellt werden. Eine Sache, die offenbar vergessen wurde, ist die Textausrichtung bei Schaltflächen. Möchten Sie den Text einer Schaltfläche nicht zentriert, sondern links- oder rechtsbündig, oben oder unten anordnen, müssen Sie lediglich über die API-Funktion *SetWindowLong* das zuständige Stylebit ändern.

Listing A.2:
Text in einer
Schaltfläche
ausrichten.

```
Option Explicit

Private Declare Function GetWindowLong Lib "user32" Alias "GetWindowLongA" (ByVal
hwnd As Long, ByVal nIndex As Long) As Long
Private Declare Function SetWindowLong Lib "user32" Alias "SetWindowLongA" (ByVal
hwnd As Long, ByVal nIndex As Long, ByVal dwNewLong As Long) As Long

Const BS_BOTTOM = &H800      ' Caption unten
Const BS_TOP = &H400         ' Caption oben
Const BS_CENTER = &H300      ' Caption horiontal zentriert
Const BS_LEFT = &H100        ' Caption links
Const BS_MULTILINE = &H200   ' Caption mehrzeilig
Const BS_RIGHT = &H200       ' Caption rechts
Const BS_VCENTER = &HC00     ' Caption vertikal zentriert
Const GWL_STYLE = (-16)

Dim OldValue As Long

Private Sub cmdTest_Click()
    Dim RetVal As Long
    OldValue = GetWindowLong(cmdTest.hwnd, GWL_STYLE)
    RetVal = OldValue Or BS_TOP
    RetVal = SetWindowLong(cmdTest.hwnd, GWL_STYLE, RetVal)
    cmdTest.Refresh
End Sub

Private Sub cmdZurück_Click()
    Dim RetVal As Long
    RetVal = SetWindowLong(cmdTest.hwnd, GWL_STYLE, OldValue)
    cmdTest.Refresh
End Sub
' Steuerelemente: Zwei Schaltflächen (cmdTest und cmdZurück)
```

A.3.4   Befehle aus dem Systemmenü entfernen

Was ist die Steigerung von cool? Wenn ein Visual-Basic-Programm das Systemmenü eines Fensters ändern kann. Und wie soll das gehen? Natürlich über eine Reihe von API-Funktionen, konkret über *GetSystemMenü* und *RemoveMenuLib*. Das folgende Beispiel beschränkt sich darauf, den SCHLIESSEN-Befehl aus dem Systemmenü zu entfernen. Über die API-Funktionen *AddMenu* ist es jedoch prinzipiell auch kein Problem, neue Einträge hinzuzufügen.

Listing A.3:
Entfernen eines
Eintrags aus dem
Systemmenü.

```
Option Explicit

Private Declare Function GetSystemMenu Lib "user32" (ByVal hwnd As Long, ByVal
bRevert As Long) As Long
Private Declare Function RemoveMenu Lib "user32" (ByVal hMenu As Long, ByVal
nPosition As Long, ByVal wFlags As Long) As Long

Const MF_BYPOSITION = &H400

Private Sub cmdRemoveClose_Click()
    Dim RetVal As Long, SystemMenuID As Long
    SystemMenuID = GetSystemMenu(hwnd, 0)
    RetVal = RemoveMenu(SystemMenuID, 6, MF_BYPOSITION)
    RetVal = RemoveMenu(SystemMenuID, 5, MF_BYPOSITION) ' auch die Trennlinie soll
wechseln
End Sub
```

Nach Anklicken der Schaltfläche *cmdRemoveClose* werden der Schließen-Befehl und die Trennlinie entfernt, sodass das Fenster nicht mehr über die Systembox geschlossen werden kann (Listing 23.3).

A.4 Allgemeine Systemjobs

In diesem Abschnitt geht es um die Erledigung jener Dinge, mit denen man sich eigentlich nicht beschäftigen möchte, die sich aber oft nicht vermeiden lassen.

A.4.1 Strg+Alt+Entf deaktivieren

Der bekannte »Affengriff« ([Strg]+[Alt]+[Entf]) führt unter Windows 9x normalerweise dazu, dass eine Liste aller aktiven Anwendungen angezeigt und bei erneutem Betätigen der Tastenkombination ein Neustart durchgeführt wird. Möchten Sie verhindern, dass ein Benutzer dazu in der Lage ist, muss dieses Verhalten über die API-Funktion *SystemParametersInfos* deaktiviert werden.

Syntax

```
Declare Function SystemParametersInfo Lib "user32" Alias "SystemParametersInfoA"
  (ByVal uAction As Long, ByVal uParam As Long, _
   lpvParam As Any, ByVal fuWinIni As Long) As Long
```

Beispiel

```
Dim AlterWert As Boolean
Dim RetVal As Long
Dim SysParam As Long

SysParam = 97                                    ' Der Wert für
SPI_SCREENSAVERRUNING

' Strg+Alt+Entf deaktivieren
RetVal = SystemParametersInfo(SysParam, True, AlterWert, 0)

' Strg+Alt+Entf aktivieren
RetVal = SystemParametersInfo(SysParam, False, AlterWert, 0)
```

A.4.2 Formatieren von Disketten

Visual Basic, genauer natürlich VBA, bot zwar von Anfang an einfache Anweisungen zum Kopieren von Dateien oder dem Löschen oder Anlegen von Verzeichnissen, ein Format-Befehl zum Formatieren einer Diskette war allerdings nie dabei. Wer seinen Anwendern die Gelegenheit geben wollte, Disketten zu formatieren (etwa im Rahmen einer Datensicherung) musste über die *Shell*-Methode das *Format*-Kommando von DOS aus starten:

```
Command.com /C Format /Q /Autotest A:
```

Dank der (undokumentierten) Option */Autotest* wird das *Format*-Kommando ohne Bestätigung gestartet. Voraussetzung ist aber, dass sich im Laufwerk A: bereits eine Diskette befindet. Ist kein QuickFormat möglich, muss die Option */Q* entfallen. Soll die MS-DOS-Eingabeauffoderung nicht in Erscheinung treten, muss *Shell* mit *vbMinimizedFocus* als Argument aufgerufen werden.

Seit Windows 95 ist das Formatieren sehr viel einfacher geworden. Hier gibt es die Shell-API-Funktion *SHFormatDrive*, die dem Benutzer das Windows-typische Dialogfeld anbietet.

Eine Beschreibung der *SHFormatDrive*-API-Funktion finden Sie in Kapitel 16.2.6.

A.4.3 Feststellen des Laufwerktyps

Zwar stehen über die *List*-Eigenschaft eines Laufwerkslistenfeld, das auch unsichtbar sein kann, alle angemeldeten Laufwerke zur Verfügung, jedoch ohne den Typ des Laufwerks anzugeben. Das holt die API-Funktion *GetDriveType* nach. Listing 23.4 sorgt dafür, dass nach Auswahl eines Laufwerks aus dem Laufwerkslistenfeld *drvLaufwerksliste* der Laufwerkstyp ausgegeben wird.

Listing A.4: Feststellen des Laufwerktyps.

```
Option Explicit
Private Declare Function GetDriveType Lib "kernel32" Alias _
    "GetDriveTypeA" (ByVal sDrive As String) As Long

Const DRIVE_TYPE_UNDTERMINED = 0
Const DRIVE_ROOT_NOT_EXIST = 1
Const DRIVE_REMOVABLE = 2
Const DRIVE_FIXED = 3
Const DRIVE_REMOTE = 4
Const DRIVE_CDROM = 5
Const DRIVE_RAMDISK = 6

Private Function LaufwerkTyp(Laufwerkname As String) As String
    Dim TempLaufwerkName As String
    TempLaufwerkName = GetDriveType(Laufwerkname & ":\")
    Select Case TempLaufwerkName
    Case DRIVE_TYPE_UNDTERMINED
        LaufwerkTyp = " undefiniert"
     Case DRIVE_ROOT_NOT_EXIST
        LaufwerkTyp = " nicht vorhanden"
     Case DRIVE_CDROM
        LaufwerkTyp = " ein CD-ROM-Laufwerk"
     Case DRIVE_FIXED
        LaufwerkTyp = " nicht entfernbar, z.B. Festplatte"
     Case DRIVE_RAMDISK
        LaufwerkTyp = " eine RAM-Disk."
     Case DRIVE_REMOTE
        LaufwerkTyp = " ein Remote-Laufwerk, z.B. Netzwerklaufwerk"
     Case DRIVE_REMOVABLE
        LaufwerkTyp = " entfernbar, z.B. Diskettenlaufwerk"
    End Select
End Function
```

```
Private Sub drvLaufwerkListe_Change()
    MsgBox "Das Laufwerk ist " & LaufwerkTyp(Left(drvLaufwerkListe.Drive, 1))
End Sub
' Steuerelemente: Verzeichnisliste (drvLaufwerkListe)
```

A.4.4   Freien Arbeitsspeicher ermitteln

Zu den beliebtesten API-Funktionen unter Windows 3.1 zählte *GetFreeSystemResoures*, die die freien Systemressourcen in Prozent zurückgab. Diese Funktion gibt es unter Win32 nicht mehr, da es hier offiziell keine Systemressourcen. Eine Alternative stellt die API-Funktion *GlobalMemoryStatus* da, die bei ihrem Aufruf eine Vielzahl von Systemdaten in eine Variable vom Typ *MEMORYSTATUS* überträgt. Damit erhält man z.B. die prozentuale Auslastung oder die Größe des Gesamtarbeitsspeichers.

Ein Beispiel für die *GlobalMemoryStatus*-Funktion finden Sie in Kapitel 16.1.3.

A.4.5   Anzahl der Bildschirmfarben feststellen

Leider besitzt das *Screen*-Objekt keine Eigenschaft, die die Anzahl der Farben ermittelt. Abhilfe schafft die universelle API-Funktion *GetDeviceCaps*, die neben vielen anderen Informationen auch die Anzahl der Farbebenen liefert.

Ein Beispiel für die *GetDeviceCaps*-Funktion finden Sie in Kapitel 16.1.3.

A.5   Vermischtes

In diesem Abschnitt werden jene Tipps vorgestellt, die in keine der bisherigen Kategorien passten.

A.5.1   Die »Wahrheit« über Beep

Die Soundfähigkeiten von Visual Basic sind leider äußerst bescheiden. Mehr als eine *Beep*-Anweisung ist leider nicht drin.[1] Doch dieses kann mehr als man zunächst vermuten würde. Es spielt nämlich stets jene WAV-Datei ab, die als Systemstandard eingetragen ist. Normalerweise steht hier kein Wert, sodass Beep den kläglichen Piep des PC-BIOS wiedergibt. Ändert man jedoch den Systemstandard, entweder über die

---

[1] Das Problem, wie sich Töne verschiedener Frequenzen ausgeben lassen, eine Kleinigkeit in QBasic, ist ohne Spezialprogrammierung nicht lösbar. Für mich ist das ein Indiz dafür, dass die Entwicklung nicht unbedingt in allen Bereichen in die richtige Richtung geht.

Systemsteuerung oder einen direkten Zugriff auf die Registrierung, wird die neue WAV-Datei durch die *Beep*-Anweisung abgespielt. Die Multimedia-API oder das MCI-Steuerelement werden dabei nicht benötigt.

A.5.2 Feststellen, ob eine Soundkarte installiert wird

Wie lässt sich feststellen, ob eine Soundkarte oder der Treiber *Speaker.Drv* installiert wurde? Die API-Funktion *waveOutGetNumDevs* liefert die Antwort, in dem sie die Anzahl der installierten Geräte zurückgibt:

```
Private Declare Function waveOutGetNumDevs Lib "winmm.dll" Alias "waveOutGetNumDevs"
() As Long

Sub cmdTest_Click ()
    Dim SoundCheckAs Long
    SoundCheck = waveOutGetNumDevs ()
End Sub
```

A.5.3 Polygone zeichnen

Es wird wohl nie geklärt werden warum Visual Basic auch in der aktuellsten Version lediglich über jene Grafikbefehle verfügt, die es bereits schon bei QBasic gab. Aber alles meckern hilft nichts. Wozu gibt es das GDI (Graphical Device Interface), jener Teil von Windows, der eine Vielzahl von Grafikroutinen bereit hält? Eine davon heißt *Polygon* und verbindet eine vorgegebene Menge an Punkten mit einer Linie. In dem Programmbeispiel in Listing 23.5 erfolgt die Ausgabe in dem Bildfeld *picAusgabe*, dessen *AutoRedraw*-Eigenschaft auf *True* gesetzt werden muss. Bei allen GDI-Funktion ist zu beachten, dass alle Koordinaten als *Long*-Werte in Pixel (und nicht in Twips) übergeben werden.

Listing A.5:
Polygone
zeichnen.

```
Option Explicit

Private Declare Function Polygon Lib "gdi32" (ByVal hdc As Long, lpPoint As
POINTAPI, ByVal nCount As Long) As Long

Private Type POINTAPI
    X As Long
    Y As Long
End Type

Dim PunkteFeld(5) As POINTAPI

Private Sub cmdPolygon_Click()
    Dim RetVal As Long
    RetVal = Polygon(picAusgabe.hdc, PunkteFeld(0), 5)
    picAusgabe.Refresh
End Sub

Private Sub Form_Load()
    PunkteFeld(0).X = 40: PunkteFeld(0).Y = 30
    PunkteFeld(1).X = 80: PunkteFeld(1).Y = 20
    PunkteFeld(2).X = 80: PunkteFeld(2).Y = 60
```

```
    PunkteFeld(3).X = 120: PunkteFeld(3).Y = 60
    PunkteFeld(4).X = 60: PunkteFeld(4).Y = 100
End Sub
' Steuerelemente: Bildfeld (picAusgabe, AutoRedraw=True), Schaltfläche (cmdPolygon)
```

Übrigens lohnt es sich nur bedingt, dass GDI nach weiteren Befehlen durch zu forsten. Neben der *Polygon*-Funktion gibt es noch eine *Polyline*-Funktion, mit *PolyBezier* eine Funktion zum Zeichnen von Bezier-Kurven, *PaintDesktop* zum Zeichnen des Desktop-Musters in ein Bildfeld und als Höhepunkt die *PlgBlt*-Funktion, mit der eine Bitmap zum Rotieren gebracht werden kann.

A.5.4   Inhalt eines Textfelds automatisch selektieren

In der Regel soll der Inhalt eines Textfelds automatisch ausgewählt werden, wenn dieses den Fokus erhält:

```
Sub txtEingabe_GotFocus ()
    txtEingabe.SelStart=0
    txtEingabe.SelLength=Len(txtEingabe.Text)
End Sub
```

Um diese beiden Befehle nicht in jede *GotFocus*-Prozedur eintragen zu müssen, gibt es eine kleine Abkürzung:

```
Sub TextMarkieren (Textfeld As TextBox)
    TextFeld.SelStart = 0
    TextFeld.SelLength = Len(Textfeld)
End Sub
```

Jetzt muss nur der Name des Textfelds übergeben werden:

```
Sub txtEingabe_GotFocus ()
    TextMarkieren txtEingabe
End Sub
```

A.5.5   Überschreibmodus in einem Textfeld

Aus nicht nachvollziehbaren Gründen besitzt das Textfeld keinen Überschreibmodus, jede Eingabe bewirkt vielmehr, dass der bereits vorhandene Text nach links verschoben wird. Folgende Anweisungen simulieren den Überschreibmodus:

```
Private Sub txtEingabe_KeyPress(KeyAscii As Integer)
    If Überschreibmodus = True Then
        If KeyAscii >= 32 Then
            txtEingabe.SelLength = 1
        End If
    End If
End Sub
```

A.5.6   Rotierende Textausgabe in einem Bildfeld

Zu den Kleinigkeiten, die Windows von Anfang konnte, die aber Microsoft den Visual-Basic-Programmierern offensichtlich bis jetzt nicht gönnen wollte, gehört die Möglichkeit einen Text in einem bestimmten Winkel auszugeben. Der Tipp in Listing 23.6 führt dies für ein Bildfeld vor. Lassen sich nicht von dem Umfang abschrecken, es ist wirklich alles ganz einfach. Man muss lediglich über die *CreateFontIn-direkt*-API-Funktion einen neuen Font registrieren (die *LOGFONT*-Struktur ist zugegeben ein wenig umfangreich), einen anderen Winkel festlegen, den Font über die *SelectObject*-API-Funktion in den Geräte-kontext eines Bildfelds eintragen und schon werden alle Ausgaben mit dem neuen Font durchgeführt. Am Ende sollte man den alten Font, der zwischengespeichert wurde, wiederherstellen. Beachten Sie, dass die Texthöhe über die *lfHeight*-Untervarible negativ angegeben wer-den muss.

Listing A.6:
Rotierende Text-ausgabe in einem Textfeld.

```
Option Explicit

Private Declare Function CreateFontIndirect Lib "GDI32" Alias "CreateFontIndirectA"
(lpLogFont As LOGFONT) As Long
Private Declare Function SelectObject Lib "GDI32" (ByVal hDC As Long, ByVal hgdiObj
As Long) As Long
Private Declare Function DeleteObject Lib "GDI32" (ByVal hgdiObj As Long) As Long

Const LF_FACESIZE = 32   ' Anzahl an Bytes für den Fontnamen
Const FONT_SIZE = 12     ' Größe des neuen Fonts
Private Type LOGFONT     ' In dieser Struktur werden die Fonteigenschaften
eingetragen
    lfHeight As Long
    lfWidth As Long
   lfEscapement As Long
    lfOrientation As Long
    lfWeight As Long
    lfItalic As Byte
    lfUnderline As Byte
    lfStrikeOut As Byte
    lfCharSet As Byte
    lfOutPrecision As Byte
    lfClipPrecision As Byte
    lfQuality As Byte
    lfPitchAndFamily As Byte
    lfFaceName As String * LF_FACESIZE
End Type

Dim NeuerFont As LOGFONT

Private Sub cmdStart_Click()
    Dim prevFont As Long, hFont As Long, retVal As Long
    NeuerFont.lfEscapement = 45
    NeuerFont.lfHeight = -20
    hFont = CreateFontIndirect(NeuerFont)
    If hFont = 0 Then
        MsgBox "Neuer Font konnte nicht angelegt werden!", vbExclamation
        Exit Sub
    End If
    prevFont = SelectObject(picAusgabe.hDC, hFont)
    picAusgabe.CurrentY = picAusgabe.ScaleHeight \ 2
    picAusgabe.Print "Der Text ist total schief"
    retVal = SelectObject(picAusgabe.hDC, prevFont)
    retVal = DeleteObject(hFont)
End Sub
' Steuerelemente: Bildfeld (picAusgabe), Schaltfläche (cmdStart)
```

A.5.7   Schnelle Suche in einem Listenfeld

Das Listenfeld der Werkzeugsammlung ist zwar im großen und ganzen recht praktisch, besitzt aber mindestens einen kleinen Nachteil. Möchte man einen bestimmten Eintrag suchen, muss man überaus zeitaufwändig in einer Schleife die *List*-Eigenschaft durchgehen. Es geht aber auch sehr viel einfacher, in dem man dem Listenfeld über die *Send-Message*-API-Funktion die Nachricht *CB_FINDSTRING* und man erhält den Index des gesuchten Elements (Groß-/Kleinschreibung spielt bei der Suche keine Rolle) zurück. Listing 23.7 zeigt ein Kombinationsfeld, das innerhalb von *Form_Load* mit den Namen aller Zeichensätze gefüllt wird. Tragen Sie in das Textfeld *txtSuche* den Namen eines Zeichensatzes ein, wird er nach dem Anklicken der Schaltfläche *cmdSuche* in dem Kombinationsfeld gesucht und falls vorhanden angezeigt.

```
Option Explicit

Private Declare Function SendMessage Lib "user32" Alias "SendMessageA" (ByVal hwnd
As Long, ByVal wMsg As Long, ByVal wParam As Long, lParam As Any) As Long

Private Const CB_FINDSTRING = &H14C

Private Sub cmdSuche_Click()
    Dim Suchtext As String, RetVal As Long
    Suchtext = txtSuche.Text
    RetVal = SendMessage(cboTest.hwnd, CB_FINDSTRING, -1, ByVal Suchtext)
    If RetVal = -1 Then
        cboTest.Text = "Kein Eintrag gefunden"
    Else
        cboTest.ListIndex = RetVal
    End If
End Sub

Private Sub Form_Load()
    Dim n As Integer
    For n = 0 To Screen.FontCount - 1
        cboTest.AddItem Screen.Fonts(n)
    Next n
End Sub
' Steuerelemente: Kombinationsfeld (cboTest), Schaltfläche (cmdSuche), Textfeld
(txtSuche)
```

Listing A.7: Schnelle Suche in einem Listenfeld.

A.5.8   »Geheime« Kartenspiele

Wer gerne Kartenspiele programmiert (und wer tut das nicht?), wird vielleicht ein wenig neidisch auf die Spielkartensammlung in Solitaire oder Hearts geschielt haben. Wenn man die Karten nur irgendwie bekommen könnte… Nun, man kann, denn die Windows-Kartenspiele benutzen eine gemeinsame DLL mit dem Namen *Cards.Dll*. Diese enthält nicht nur die Bitmaps der einzelnen Karten, sondern auch fertige Routinen um diese in einem Bildfeld oder Formular (allgemein in einem Gerätekontext) anzuzeigen. Bei *Cards.Dll* gibt es aber eine

Besonderheit zu beachten. Die Windows-9x-Variante ist, anders als das Pendant von Windows NT, nur eine 16-Bit-DLL, kann also nicht unter 32-Bit-Visual Basic aufgerufen werden. Für das folgende Beispiel benötigen Sie daher die 32-Bit-Version von *Cards.Dll* aus Windows NT[2]. Die Anweisungen aus Listing 23.8 zaubert eine zufällige Spielkarte in ein Bildfeld, dessen *AutoRedraw*-Eigenschaft auf *True* eingestellt sein muss.

Listing A.8:
Anzeige von
Spielkarten aus
Cards.Dll.

```
Läuft nicht mit 32-Bit-Visual Basic unter Windows 9x, wenn Cards.dll aus Windows NT
nicht vorhanden ist
Private Declare Function cdtInit Lib "Cards.dll" (dx As Long, dy As Long) As Boolean
Private Declare Function cdtDraw Lib "Cards.dll" (ByVal hDC As Long, ByVal X As
Long, ByVal y As Long, _
 ByVal ordCard As Long, ByVal ordDraw As Long, ByVal clr As Long) As Boolean

Private Declare Function cdtTerm Lib "Cards.dll" () As Integer

Private Sub cmdKarteZiehen_Click()
    Dim RetVal As Boolean
    Dim dxCard As Long, dyCard As Long     ' Größe einer anzuzeigenden Karte

    Dim KartenNr As Integer
    Me.ScaleMode = vbPixels
    picKarte.ScaleMode = vbPixels
    RetVal = cdtInit(dxCard, dyCard)
    picKarte.Width = dxCard
    picKarte.Height = dyCard
    KartenNr = Int(Rnd * 52)
    RetVal = cdtDraw(picKarte.hDC, 0, 0, KartenNr, 0, 0&)
    picKarte.Refresh
    RetVal = cdtTerm()
End Sub
' Steuerelemente: Bildfeld (picKarte, AutoRedraw=True), Schaltfläche
(cmdKarteZiehen)
```

A.5.9 »Undokumentierte« VBA-Funktionen

Geheime VBA-Funktionen kann es eigentlich nicht geben, da sich alle aufrufbaren Funktionen (pardon, Methoden) namentlich in den Laufzeit-DLLs (z. B. *Vba60.Dll*) befinden müssen. Wer diese DLLs, z. B. mit UltraEdit32, durchsucht, sollte eigentlich alle enthaltenen, aufrufbaren Funktionen finden. Dennoch gibt es ein paar Funktionen, die offiziell nicht dokumentiert werden und nicht vom Objektkatalog aufgelistet werden. Dazu gehören die Methoden *VarPtr*, *ObtPtr* und *StrPtr*. Während Erstere die Adresse einer Variablen zurückgibt, liefert die *ObjPtr*-Methode die Adresse einer Objektvariablen. Über *StrPtr* kann man direkt auf einen String zugreifen, was z. B. nützlich sein kann, wenn man beim Aufruf einer API-Funktion die Umwandlung von ANSI in Unicode vermeiden möchte.

---

[2] Fragen Sie mich bitte nicht, wo man diese DLL erhalten kann und ob es erlaubt ist, sie sich einfach von einem Windows-NT-PC zu kopieren. Ich weiß es leider nicht.

A.6 Allgemeine Programmiertipps

In diesem Abschnitt lernen Sie ein paar allgemeine Programmiertechniken kennen.

A.6.1 Formvariablen entfernen

Wird ein Formular entladen, werden dadurch nicht automatisch alle öffentlichen Variablen dieses Formulars zerstört. Dies muss vielmehr explizit über die Anweisung

```
Set FormularName = Nothing
```

erledigt werden, wobei es sich bei *Formularname* um den Namen des Formulars handelt.

A.6.2 Nicht gebundene Mitteilungsboxen

Die *Msgbox*-Methode ist zwar einfach anzuwenden (auch mit benannten Argumenten), besitzt aber ebenfalls mindestens einen kleinen Nachteil. Sie ist gebunden (modal), d.h. während sie angezeigt wird, kann die Anwendung keine Ereignisse verarbeiten. Abhilfe schafft eine namensverwandte API-Funktion, die diesen Nachteil nicht besitzt.

```
Option Explicit
Private Declare Function MessageBox Lib "user32" Alias "MessageBoxA" (ByVal hwnd As
Long, ByVal lpText As String, ByVal lPCaption As String, ByVal wType As Long) As
Long

Private Sub cmdNichtModal_Click()
    Dim RetVal As Long
    RetVal = MessageBox(Me.hwnd, "Dies ist ein nicht modaler Hinweis!", "Zeitgeber
läuft weiter", vbInformation Or vbApplicationModal)
End Sub

Private Sub tmrZeit_Timer()
    Static Zähler As Long
    Zähler = Zähler + 1
    lblZähler.Caption = Zähler
End Sub

Private Sub cmdModal_Click()
    MsgBox "Dies ist ein modaler Hinweis!", vbExclamation, "Zeitgeber läuft NICHT
weiter"
End Sub
' Steuerelemente: Schaltflächen (cmdModal und cmdNichtModal), Bezeichnungsfeld
(lblZähler), Zeitgeber (tmrZeit, Interval=1000)
```

*Listing A.9:
Nicht modale
Mitteilungsbox.*

Ein Beispiel für die *Msgbox*-API-Funktion finden Sie in Kapitel 8.1.4.

A.6.3 OLE-Drag&Drop

Bereits seit Version 5.0 unterstützt Visual Basic jene Variante des Ziehens und Ablegens, die über die Funktionen der Windows-Shell zur

Verfügung gestellt wird. Damit lassen sich z.B. sehr einfach Dateinamen aus einem Explorerfenster in ein Listenfeld oder Text aus einem
Dokument in ein Textfeld übertragen. Dieses OLE-Drag&Drop ist sehr
einfach anzuwenden. Ordnen Sie auf einem Formular ein Textfeld an
und setzen Sie die Eigenschaften *MultiLine* auf *True* und *OLE-Drop-
Mode* auf 2 (Automatisch). Starten Sie das Programm. Sie können
jetzt Textelemente, z.B. aus Microsoft Word, auf das Textfeld ziehen.
Soll das Textfeld die Rolle einer OLE-Drag&Drop-Quelle spielen können, muss dessen *OLE-DragMode*-Eigenschaft auf *1* (Automatisch) gesetzt werden. Sollen dagegen Dateinamen aus dem Explorer in das
Textfeld übernommen werden, sind zwei kleine Änderungen erforderlich: 1. Die *OLE-DropMode*-Eigenschaft des Textfeldes muss den
Wert *1* (Manuell) erhalten. 2. In das *OLE-DragDrop*-Ereignis des Textfeldes müssen folgende Anweisungen eingefügt werden:

```
Private Sub txtTextfeld_OLEDragDrop(Data As DataObject, Effect As Long, Button As
Integer, Shift As Integer, X As Single, Y As Single)
    Dim Fn
    If Data.GetFormat(vbCFFiles) = False Then Exit Sub
    For Each Fn In Data.Files
        Text1.Text = Text1.Text & Fn & vbCrLf
    Next
End Sub
```

Zunächst wird geprüft, ob die Daten in der OLE-Zwischenablage im
richtigen Format vorliegen .Anschließend werden alle Elemente der
Files-Auflistung (bei *ScrollBars=2*) in das Textfeld übernommen.

A.6.4   Abspielen einer Wav-Datei

Das Thema Multimedia kommt in diesem Buch (ausschließlich aus
Platzgründen) etwas kurz. Häufig soll sich ein Programm aber lediglich
auf einfachste Weise akustisch bemerkbar machen, was über das Abspielen einer WAV-Datei problemlos zu bewerkstelligen ist. Dafür enthält die Datei *Winmm.Dll* die API-Funktion snd*PlaySound*.

Syntax
```
Private Declare Function sndPlaySound Lib "winmm.dll" Alias "sndPlaySoundA" (ByVal
lpszSoundName As String, ByVal uFlags As Long) As Long
```

Beispiel
```
Private Const SND_ASYNC = &H1        ' Programm kehrt sofort zurück
Private Const SND_NODEFAULT = &H2    ' Der Default-Sound wird nicht bestimmt
Private Const SND_LOOP = &H8         ' Ausführen bis zum nächsten sndPlaySound

Private Const WavDateiname = "F:\WIN95\MEDIA\Office97\LASER.WAV"

Private Sub cmdPlay_Click()
    Dim RetVal As Long
    Dim hInst As Long
    Dim lFlags As Long
    hInst = App.hInstance
    lFlags = SND_ASYNC + SND_NODEFAULT
    RetVal = sndPlaySound(WavDateiname, lFlags)
End Sub
```

Für das Abspielen von Systemklängen, also jenen WAV-Dateien, die definierten Systemereignissen zugeordnet sind, gibt es die *PlaySound*-API-Funktion (API-Katalog), der anstelle des Dateinamens der Name eines Systemereignisses übergeben werden muss:

```
Private Const SND_ALIAS = &H10000

PlaySound "SystemAsterisk", 0, SND_ASYNC Or SND_ALIAS
```

Midi-Dateien lassen sich auf diese Weise leider nicht abspielen. Hier ist man entweder auf das MCI-Steuerelement oder auf den direkten Aufruf der *mciSendString*-API-Funktion angewiesen (eine kurze Beschreibung sollten Sie auf der Buch-CD finden).

A.6.5   Vertauschen zweier Variablen

Das Vertauschen zweier Variablen lässt sich auch ohne Hilfsvariablen erledigen. Hier ein Beispiel:

```
A = 77
B = 99
A = A Xor B
B = A Xor B
A = A Xor B
```

A.6.6   Zählschleife mit Grenzwert ohne If Then

Entscheidungen per *If*-Anweisung sind immer ein wenig »uncool«. Echte Programmierer versuchen sie zu vermeiden, auch wenn sie keine echten Nachteile besitzen, da Sprungbefehle auf Maschinecodeebene sehr schnell ausgeführt werden (ohne Sprungbefehl ist es aber dennoch schneller).

```
Do
    n = (n + 1) Mod 10
    Debug.Print n
Loop
```

In dieser Schleife läuft die Variable *n* auch ohne *If*-Anweisung nur von *0* bis *9*.

A.6.7   Texteingaben automatisch in Großbuchstaben umwandeln

Um zu erreichen, dass in einem Textfeld jedes eingegebene Textzeichen automatisch als Großbuchstabe angezeigt wird, muss die *Key-Press*-Prozedur eine entsprechende Abfrage erhalten:

```
Private Sub txtProbe_KeyPress(KeyAscii As Integer)
    If KeyAscii >= Asc("a") And KeyAscii <= Asc("z") Then
        KeyAscii = KeyAscii - 32
    End If
End Sub
```

A.6.8 Programme unmittelbar nach dem Windows-Start ausführen

Um zu erreichen, dass ein Visual-Basic-Programm unmittelbar nach dem Windows-Start ausgeführt wird, gibt es zwei Möglichkeiten:

➥ Anlegen einer Verknüpfung im *Autostart*-Ordner.

➥ Anlegen eines Eintrags im Schlüssel *HKEY_LOCAL_MACHINE\SOFTWARE\Microsoft\Windows\CurrentVersion\Run* der Registry.

Beispiel ➥ Das folgende Beispiel legt für das Programm *C:\Windows\Calc.Exe* einen *Autorun*-Eintrag unter dem Namen »Rechner« an:

```
Private Const SchlüsselName = "SOFTWARE\Microsoft\Windows\CurrentVersion\Run"

Private Sub cmdStart_Click()
    Dim RetVal As Long, HKey As Long
    Dim PfadName As String
    PfadName = "C:\Windows\Calc.exe"
    RetVal = RegOpenKeyEx(HKEY_LOCAL_MACHINE, SchlüsselName, _
    0, KEY_SET_VALUE, HKey)
    RetVal = RegSetValueEx(HKey, "Rechner", 0&, REG_SZ, _
    ByVal PfadName, Len(PfadName))
    RetVal = RegCloseKey(HKey)
End Sub
```

➥ Alternativ können Sie natürlich auch eine Verknüpfung im *Autostart*-Ordner anlegen. Wie das geht wird zum einen in Kapitel 16, zum anderen (sehr elegant) im Folgenden Abschnitt beschrieben.

A.6.9 Fenster elegant verschieben

➥ Dieser Tipp gehört eigentlich in das Kapitel 4 über die IDE. Vermutlich werden Sie schon des öfteren festgestellt haben, dass sich die verschiedenen IDE-Fenster beim Verschieben etwas »wiederspenstig« verhalten und die Tendenz, ständig irgendwo andocken zu wollen, meistens eher störend ist. Dagegen gibt es ein einfaches Mittel: Halten Sie beim Verschieben eines IDE-Fensters einfach die [Strg]-Taste gedrückt.

A.7 Wo gibt es mehr Tipps?

Zur Visual-Basic-Programmierung gibt es buchstäblich Hunderte von Tipps und Tricks. Bei den im Folgenden aufgeführten »Adressen« ist die Wahrscheinlichkeit, weitere Tipps zu finden relativ groß:

BasicPro-Magazin

Das einzige deutschprachige Magazin für Visual-Basic-Programmierer besitzt eine regelmäßige Tipps- und Tricks-Rubrik. Info: *www.basic-world.com*.

PC-Magazin

Das PC-Magazin gehört zu den wenigen PC-Zeitschriften, die in regelmäßigen Abständen Tipps und Tricks, sowie allgemeine Artikel zu Visual Basic veröffentlichen. *Info: www.pc-magazin.de*.

Visual Basic Programmer's Journal

Die englischprachige Visual-Basic-Zeitschrift bringt für ihre Abonnenten einmal im Jahr eine Beilage mit dem Titel »101 Visual-Basic-Tipps« heraus (und das bereits zum siebten Mal). *Info: www.windx.de*

Das Beispielprogramm VisData

Der im Quellcode vorliegende *Visual Datamanager* (*Visdata.Vbp*) ist ein umfangreiches Beispielprogramm, das nicht nur praktisch alle elementaren Datenbanktechniken veranschaulicht (allerdings nur mit den DAO-Objekten und nicht mit den ADO-Objekten, da es sich um eine Art Benutzeroberfläche der Jet-Engine handelt), sondern auch zahlreiche allgemein verwendbare Prozeduren enthält. Außerdem ist es als relativ umfangreiches Projekt hervorragend dafür geeignet, die Performance des Visual-Basic-Compilers zu testen.

Weitere Tipps zu Visual Basic finden Sie (mit Sicherheit) auf meiner Webseite (siehe Einleitung).

Von der Idee zum Programm

Anhang **B**

*I*n diesem letzten Kapitel des Buches geht es um allgemeine Themen der Visual-Basic-Programmierung, die dennoch aber alles andere als unwichtig sind. Es sollen ein paar grundlegende Probleme bei
der Software-Entwicklung angesprochen werden. Außerdem wird in
diesem Kapitel beispielhaft der MultiScript-Editor als kleines »Programmierprojekt« vorgestellt.

Sie lesen in diesem Kapitel etwas über:

➠ Von der ersten Idee zum fertigen Programm – wie funktioniert
Software-Entwicklung?

➠ Erstellen von Hilfedateien.

➠ Das Ausliefern einer Anwendung.

➠ Ein Wort zu Visual SourceSafe.

➠ Wie leicht ist leicht – gibt es Wiederverwendbarkeit?

➠ ActiveX-Steuerelemente – Objekte bestellen per Katalog.

➠ Wie werde ich ein »erfolgreicher« Visual-Basic-Programmierer?

➠ Ausblick auf »große Zeiten«.

B.1 Von der Idee zum Programm– wie funktioniert Software-Entwicklung?

Software-Entwicklung ist eine komplexe Angelegenheit. Da macht auch Visual Basic keine Ausnahme. Visual Basic vereinfacht die Software-Entwicklung nicht grundsätzlich, sondern bezogen auf Windows als Betriebssystemplattform in erster Linie durch folgende Merkmale:

- Der Aufruf von API-Funktionen ist nicht erforderlich (wenngleich er sich in einigen Situationen nicht vermeiden lässt – etwa bei den Zugriffen auf die Registry). Das erspart umständliche Deklarationen, genauso umständliche Formalismen und erfordert keine umfangreichen Kenntnisse über den internen Aufbau von Windows (wie etwa die Funktionsweise der Nachrichtenschleife).

- Das Erstellen von Benutzeroberflächen wird bezüglich seiner Mechanik vereinfacht (man muss nicht wie ganz früher Ressourcendateien editieren). Nicht jedoch bezüglich seiner Logik, denn genau wie Visual Basic dem Programmierer (fast) alle Freiheiten bei der Gestaltung lässt, stellt es auch keinen auf Konventionen und anderen Gesetzmäßigkeiten basierenden Rahmen zur Verfügung.

- Die Datenbankanbindung wird deutlich vereinfacht, da wichtige Datenbankelemente objektkonform zur Verfügung werden (etwa über den Datenumgebungsdesigner). Das etwas umständliche Aufbauen von Objekthierarchien, wie bei den DAOs, entfällt. Allerdings gibt es anders als in Microsoft Access keine automatische Datenbankanbindung bei Formularen. Die Bindung an Datensatzgruppen muss vielmehr einzeln hergestellt werden.

- Die Entwicklungsumgebung unterstützt das interaktive Austesten von Programmen, wobei der Umstand, dass auf Wunsch nur ein Teil des Programms kompiliert wird, das Testen größerer Programme beschleunigt. Da es möglich ist, während einer Unterbrechung in einem gewissen Umfang Programmänderungen vorzunehmen, ist nicht immer ein Neustart des Programms erforderlich.

- Die Integration mit Visual Source Safe unterstützt die Entwicklung im Team. Visual Source Safe sorgt u. a. dafür, dass mehrere Entwickler an einem Projekt arbeiten können, aber nur ein Entwickler zu einem Zeitpunkt Änderungen an einem Modul vornehmen kann.

➡ Über das Add-In-Modell und die (ActiveX-) Designer lässt sich die Entwicklungsumgebung um weitere Hilfswerkzeuge erweitern. Während Designer in erster Linie dazu da sind, Programmfunktionalität zu Objekten zusammenzufassen, können Add-Ins das Erstellen von Benutzerformularen automatisieren.

➡ Über Vorlagen (engl. »templates«) können Programmierer Projekte mit bestimmten Voreinstellungen und eingefügten Modulen auswählen und müssen ein neues Projekt nicht von Grund auf neu beginnen.

➡ Das sind unbestrittene Vorteile von Visual Basic als »Rapid Prototyping Development«-Werkzeug (RAD). Naturgemäß gibt es auch gewisse Nachteile:

➡ Visual Basic gibt keine Hilfestellung für den Aufbau eines Programmgerüsts. Der Programmierer muss selber herausfinden, wie die Programmfunktionalität am besten auf Formulare, Klassen und Module verteilt wird.

➡ Visual Basic macht keine Vorgaben oder Vorschläge bezüglich der Einhaltung von Benutzerkonventionen. In einem Unternehmen wäre es die Aufgabe des Teams diese festzuschreiben und gegebenenfalls in Vorlagen oder Add-Ins umzusetzen.

➡ Visual Basic überwacht nicht die Einhaltung von Programmierkonventionen, alle Namen sind erlaubt. Wer die Programmierung mit Visual Basic erlernt produziert daher am Anfang viele Programmbeispiele ohne Einhaltung irgendwelcher Namenskonventionen, was den Arbeitsaufwand bedingt durch eine spätere Umstellung unnötig groß werden lässt. Auch hier kann ein Add-In Abhilfe schaffen, indem es den Programmcode überprüft und alle Bezeichner anzeigt, die nicht den Konventionen entsprechen.

➡ Visual-Basic-Programme besitzen für Neulinge am Anfang scheinbar keine klare Struktur. Es gibt anscheinend keinen echten Programmstart und bedingt durch die ereignisorientierte Natur der Programmausführung innerhalb von Formularen scheinbar keinen eindeutigen Programmverlauf. Erst später stellt sich meistens die Erkenntnis ein, dass durch die scheinbare Dominanz der Formulare der Umstand verdeckt wird, dass es mit der Prozedur *Main* in einem allgemeinen Modul einen solchen Einstiegspunkt gibt und sich von einem solchen Startmodul alle übrigen Module und Formulare ableiten lassen. Ein Visual-Basic-Programm muss nicht formularzentriert sein. Es kann (und sollte meistens auch) modulzentriert sein, wobei die einzelnen Formulare entweder direkt aufgerufen oder in kompilierter Form in einer COM-Komponente angesprochen werden.

➡ Visual Basic kennt keine »Cross-Referenz«, also eine Einrichtung, die alle verwendeten Bezeichner (u.a. Variablen) in einem Projekt auflistet. Auch hier kann ein Add-In einspringen, das den Quellcode scannt und die Definition als auch die Referenz von Variablen, Objekten usw. erfasst.[1]

➡ Visual Basic bietet eine eingebaute »Dokumentation« von Quellcode. Es ist vielmehr die Aufgabe des Programmierers, an den wichtigen Stellen des Programms Kommentare einzufügen und den Programmverlauf zu dokumentieren. Könnte hier nicht ein Add-In...? Selbstverständlich, doch genau wie bei der Cross-Referenz scheint der Bedarf bei den Programmierern nicht allzu groß zu sein.

Bereits diese, sicherlich nicht vollständige, Gegenüberstellung macht deutlich: Visual Basic ist ein Entwicklungssystem, das zwar viele Dinge vereinfacht, dem Programmierer aber nach wie vor eine Menge Arbeit überlässt. Einige davon, wie die Umsetzung von Benutzer- und Programmierkonventionen, könnten in Visual Basic eingebaut sein. Positiv ist anzumerken, dass Visual Basic über Add-Ins und Designer alle Möglichkeiten enthält, die einzelnen Defizite abzubauen.

B.2 Die Schritte während der Projektumsetzung

In aller gebotenen Kürze sollen im Folgenden die einzelnen Schritte während einer Projektumsetzung beschrieben werden. Selbstverständlich ist diese Reihenfolge nicht bindend, sie soll lediglich als Empfehlung dienen:

➡ Beschreiben Sie die Aufgabenstellung des Programms in schriftlicher Form (bei größeren Projekten wird diese Aufgabenbeschreibung Pflichtenheft genannt). Im Allgemeinen ist die Aufgabe bereits von vornherein klar, doch hilft Aufschreiben erfahrungsgemäß eine Aufgabenstellung zu verfeinern oder die Realisierbarkeit (Zeitaufwand, Einbeziehen weiterer Programmierer usw.) und den voraussichtlichen Aufwand besser abschätzen zu können. Außerdem kann die Aufgabenbeschreibung auch als Checkliste für die Umsetzung dienen.

---

[1] Anscheinend ist die Notwendigkeit für eine solche Cross-Referenz nicht mehr so groß wie früher. Das belegt zum einen der Umstand, dass es kein eingebautes Add-In gibt. Zum anderen gab es für Visual Basic 1.0 mehrere Alternativen, die schon lange vom Markt verschwunden sind.

➡ Falls das Programm auf einer noch nicht existierenden Datenbank basiert, stehen erst einmal eine Reihe von Grundsatzentscheidungen an: Auf welchem Datenbanksystem soll sie basieren (Jet-Engine, SQL-Server usw.), welche Datenbankschnittstelle soll verwendet werden (zur Auswahl stehen ADO und DAO), soll die Datenbank mit Access oder den Datentools von Visual Basic erstellt werden? Besondere Sorgfalt sollten Sie auf die Aufteilung der verschiedenen Datenfelder auf die Tabellen verwenden, denn ein gut durchdachter Aufbau (Stichwort: Normalisierung) kann die Performance entscheidend beeinflussen.

➡ Lässt sich die Anwendungslogik auf einem Objektmodell aufbauen? Können einzelne Programmfunktionen besser durch Klassen als durch einfache Datentypen und Funktionen implementiert werden? Dies sind Entscheidungen, die man möglichst früh treffen sollte, denn spätere Änderungen sind im Allgemeinen schwierig, da sie Folgen für andere Programmteile haben können, und risikoreich, da sie Instabilitäten einführen können.

➡ Mit welcher Benutzeroberfläche soll die Anwendung arbeiten? Seit Visual Basic 6.0 steht neben dem Standard-Formulardesigner und dem Office-MS-Forms-Designer auch ein DHTML-Designer zur Verfügung. Letzterer setzt allerdings Erfahrung im Umgang mit HTML/DHTML und eine gewisse Portion Mut voraus, denn völlig ausgereift ist die neue Technologie noch nicht. Insbesondere erfahrene Visual-Basic-Programmierer werden erheblich umlernen müssen.

➡ Entwerfen Sie die wichtigsten Dialogfelder auf einem Blatt Papier (Grobstruktur)). Achten Sie dabei auf wiederkehrende Elemente und eine konsistente Benutzerführung. Diese Dinge lassen sich auf einem Blatt Papier oft besser erkennen als auf dem Bildschirm. Visual Basic bietet dazu keinerlei Hilfestellung. Achten Sie auf Kleinigkeiten, wie einheitliche Shortcuts (z.B. ⌨Strg+⌨S für Speichern oder ⌨F12 für Speichern unter), einheitliche Tab-Reihenfolge und Default- und Cancel-Schaltflächen. Es für den Benutzer höchst irritierend wenn sich Ihre Anwendung in Kleinigkeiten nicht so verhält wie er/sie es von den übrigen Windows-Anwendungen gewohnt ist.

➡ Identifizieren Sie wiederkehrende Programmfunktionen und implementieren Sie diese in allgemeinen Modulen und Klassenmodulen. Alternativ können Sie diese in ActiveX-Steuerelementen oder Code-Komponenten auslagern. Das lohnt sich im Allgemeinen nur dann, wenn mehrere Programme auf diese Komponenten zugreifen und zieht weitere Überlegungen (z.B. Performance, Installation) nach sich.

■➤ Beginnen Sie mit der Programmierung unter Einhaltung von Namenskonventionen. Fügen Sie von Anfang an Kommentare hinzu.

■➤ Vermeiden Sie globale Variablen, achten Sie auf eine strenge Modularisierung, vermeiden Sie Abhängigkeiten (z.B. wenn eine Prozedur stets auf ein bestimmtes Formular zugreift) und verwenden Sie möglichst Klassen, da diese eine strenge Modularisierung unterstützen.

■➤ Das ist so wichtig, dass es einen eigenen Punkt verdient. Vermeiden Sie »fest verdrahtete« Verzeichnispfade und/oder bieten Sie dem Anwender die Möglichkeit, diese einzustellen.

■➤ Fügen Sie Fehlerbehandlungsanweisungen hinzu und testen Sie möglichst frühzeitig, wie das Programm auf simulierte Laufzeitfehler reagiert.

■➤ Sie müssen am Anfang nicht sämtliche Funktionen und Prozeduren implementieren. Es ist eine übliche Praxis, zuerst leere Rahmen einzufügen, wobei Funktionen einen Dummy-Wert (*True* oder *False*) zurückgeben sollten.

■➤ Dokumentieren Sie wichtige Programmabschnitte (dies ist auch wichtig in Hinblick auf eine ISO-Zertifizierung).

■➤ Erstellen Sie eine rudimentäre Hilfedatei und schieben Sie diesen wichtigen Abschnitt nicht ganz an das Ende des Projekts. Wie in Kapitel 24.3 gezeigt wird, ist es mit sehr wenig Aufwand möglich, zumindestens Dialogfelder mit einfachen Erläuterungen auszustatten.

■➤ Arbeiten Sie mit Release-Versionen, in dem Sie für jedes größere Release ein eigenes Verzeichnis anlegen und alle Dateien, die zu diesem Release gehören, in das betreffende Verzeichnis kopieren. Auf diese Weise können Sie mit verschiedenen Release-Ständen auch parallel arbeiten. Das erfordert allerdings Disziplin, denn schnell ist es passiert, dass man ein Formular im falschen Verzeichnis speichert. Optimal ist das Arbeiten mit Visual Source Safe, das diese Aufgabe übernimmt. Allerdings erfordert Visual Source, das bei der Enterprise Edition von Visual Basic und im Rahmen des Visual-Studios erhältlich ist, eine gewisse Einarbeitung.

B.3 Das Erstellen einer Hilfedatei

Jeder Benutzer erwartet inzwischen, dass ein Dialogfeld eine kontext-sensitive Hilfe zur Verfügung stellt, und dass nach Betätigen der ⌂+F1-Taste irgendetwas passiert. Öffnet ein erfahrenerer Benutzer ein unbekanntes Dialogfeld, so gilt häufig der erste Blick dem Fragezeichensymbol in der Titelleiste des Dialogfelds, über das sich die kontext-sensitive Hilfe anfordern lässt. Viele Programmierer, insbesondere wenn es sich um Ein-Personen-Teams handelt, schrecken aber vor dem Aufwand der Hilfeerstellung zurück. Nicht ganz zu Unrecht, denn wie man eine solche Hilfe erstellt, geht aus der ansonsten sehr ausführlichen Visual-Basic-Dokumentation weder direkt noch indirekt hervor. Dennoch enthält die Visual-Basic-CD (fast) alle zum Erstellen einer Hilfe benötigten Tools. Gut versteckt finden Sie im Verzeichnis \TOOLS\HCW den Microsoft Hilfe-Workshop, der das Erstellen einer Hilfe (der Begriff »Hilfedatei« soll bewußt vermieden werden, denn bei Windows ist die Hilfe mehr als nur *eine* Datei) »managt«. Erwarten Sie aber bitte nicht zuviel. Der Hilfe-Workshop steuert lediglich das Erstellen und Übersetzen einer Projektdatei. Das Erstellen der Hilfetexte müssen Sie selbst vornehmen, z.B. in Microsoft Word (oder jedem RTF-fähigen Textverarbeitungssystem, das Fußnoten unterstützt)[2].

Der im letzten Abschnitt vorgestellte Hilfe-Workshop basiert noch auf dem altmodischen RTF-Format, das außer bei der Windows-Hilfe wohl nirgends mehr eine Rolle spielt (für das Erstellen von QuickInfo-Texten ist dies jedoch kein Nachteil). Schon seit Herbst 97 gibt es den HTML-Hilfe-Workshop, mit auf HTML basierende Hilfedateien erstellt werden. Sie finden ihn auf der Visual Basic 6.0-CD der Enterprise Edition und erhalten die aktuelle Version 1.1 u.a. unter ww.microsoft.com/workshop/author/htmlhelp/download.asp. Während die alte Windows-Hilfe natürlich auch unter Windows 98 und unter Windows NT 5.0 unterstützt wird, sollte man neue Hilfeprojekte auf HTML aufbauen. HTML-Hilfetexte werden in einer speziell angepassten Version des Internet Explorer 4.0 ausgeführt (die Windows 98-Hilfe und natürlich die MSDN-Hilfe sind dafür gute Beispiele). Eine wichtige Rolle für HTML-Hilfe-Autoren wird Word 2000 spielen, bei dem das Erstellen von HTML-Hilfedokumenten noch einfacher werden wird.

Im Folgenden soll lediglich gezeigt werden, wie sich ein Dialogfeld mit einer kontextsensitiven Hilfe erweitern lässt. Auf das recht umfang-

---

[2] WordPad scheidet aus diesem Grund leider aus. Es muss allerdings nicht die allerneueste Word-Version sein, Word 6.0 ist z.B. hervorragend geeignet.

reiche Thema »Erstellen von Hilfen« (das normalerweise Gegenstand ganzer Bücher ist – mehr dazu in Anhang C) wird auch in einer zusätzlichen Textdatei, die auf der Buch-CD enthalten ist, eingegangen.

Schritt 1 Ausgangspunkt ist das Formular *frmOptionen*, das Sie auf der Buch-CD im Rahmen der Projektdatei *Multiskript.Vbp* finden. Dieses Formular soll im Folgenden um eine kontextsensitive Hilfe erweitert werden (auf der Buch-CD ist dies bereits geschehen).

Schritt 2 Als erstes wird die RTF-Datei erstellt, die den anzuzeigenden Hilfetext enthält. Starten Sie dazu Microsoft Word und legen Sie ein neues Dokument an. Allerdings ist ein Hilfetext kein gewöhnlicher Text, er besteht vielmehr aus einer Aneinanderreihung von Fußnoten. Dabei gilt folgende Zuordnung:

Fußnotenzeichen	Bedeutung
#	Legt einen Kontextstring fest, über den ein Hilfethema identifiziert wird.
$	Legt den Inhalt eines Hilfethemas fest.
K	Legt einen Indexeintrag fest.

Geben Sie nun den ersten Hilfetext ein, indem diesen eintippen und damit einen neuen Absatz anlegen. Dieser erscheint später als Tooltip, wenn das Steuerelement mit dem Fragezeichensymbol angeklickt wird. Beenden Sie den Absatz noch nicht durch eine Zeilenschaltung, sondern fügen Sie über den Word-Menübefehl EINFÜGEN | FUSSNOTE eine Fußnote ein. Verwenden Sie dabei aber nicht die automatische Fußnotennumerierung, sondern verwenden Sie stattdessen über die Option »Benutzerdefiniert« das jeweilige Fußnotenzeichen, in diesem Fall »#«. Geben Sie als Fußnotentext den Kontext-String, z.B. *ID_Option-Explicit*, ein. Es muss sich dabei um ein zusammenhängendes Wort handeln, darf also keine Leerzeichen enthalten. Erst jetzt wird der Absatz durch Einfügen eines Seitenumbruchs (nicht Zeilenumbruchs) über den Menübefehl EINFÜGEN | MANUELLER WECHSEL und Auswahl der Option *Seitenwechsel* beendet.

Schritt 3 Wiederholen Sie den letzten Schritt für jedes einzelne Hilfethema. Da für jedes Steuerelement in dem Formular (mit Ausnahme der Standardschaltflächen) ein kleiner Hilfetext benötigt wird, müssen es insgesamt sechs Absätze sein. Zusätzlich sollten Sie über das Fußnotenzeichen »$« auch eine Überschrift eingeben, wenngleich diese in diesem Beispiel nicht zwingend erforderlich ist.

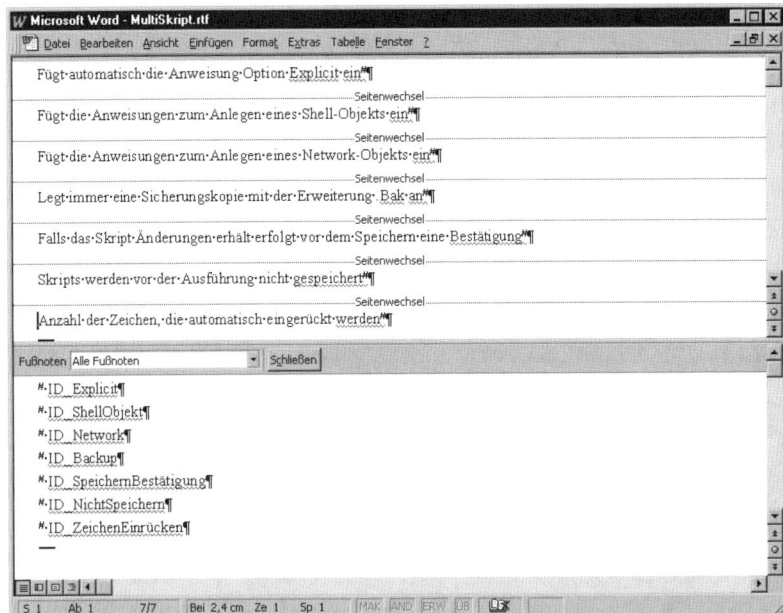

*Abbildung B.1:
Das Word-Dokument enthält
den Text der
Hilfedatei.*

Speichern Sie den Text im RTF-Format unter dem Namen *Multi-* **Schritt 4**
skript.Rtf ab, in dem Sie als Format das »Rich Text Format« wählen.

Jetzt tritt der Hilfe-Workshop in Aktion, den Sie zuvor gegebenenfalls **Schritt 5**
von der Visual-Basic-CD installieren müssen. Starten Sie den Hilfe-
Workshop (der allerdings nur in einer englischsprachigen Version vor-
liegt), und legen Sie über den Menübefehl FILE | NEW und Auswahl der
Option »Help Project« die für jede Hilfedatei benötigte Projektdatei an.
Wählen Sie für den Namen der Projektdatei wieder »Multiskript«.

Klicken Sie auf die Schaltfläche *Files* und anschließend auf die Schalt- **Schritt 6**
fläche *Add*, um die angelegte RTF-Datei *Multiskript.Rtf* zum Projekt
hinzuzufügen.

Klicken Sie auf die Schaltfläche *MAP*, um eine Zuordnung zwischen **Schritt 7**
den Kontextstrings der einzelnen Hilfethemen und den Kontextnum-
mern herzustellen, die den *HelpContextID*-Eigenschaften der Steuerelemente zugewiesen werden. Klicken Sie für jedes einzelne Hilfethema auf die *Add*-Schaltfläche, und geben Sie für »Topic-ID« den im
Word-Dokument festgelegten Namen (z. B. *ID_OptionExplicit*) und für
»Mapped numeric value« eine beliebige Nummer (z. B. 100) ein.

Schritt 8 Damit ist die Projektdatei erst einmal fertig. Klicken Sie auf die Schalt-fläche *Save and Compile*, um die HLP-Datei zu erstellen. Haben Sie alles richtig gemacht, zeigt der Hilfe-Compiler dies durch eine entspre-chende Meldung an:

```
Created C:\Programme\MultiSkript\MultiSkript.hlp, 6,543 bytes
```

Ansonsten erhalten Sie eine Auflistung aller festgestellten Fehler (das Schöne an der Verwendung von Word ist, dass Sie nicht mit den RTF-Kennzeichen in Berührung kommen, denn hier macht man naturge-mäß die meisten Fehler).

Abbildung B.2:
Das Hilfeprojekt
Multiskript.Hpj
wurde vom
Hilfe-Compiler
fehlerfrei in eine
Hlp-Datei
übersetzt.

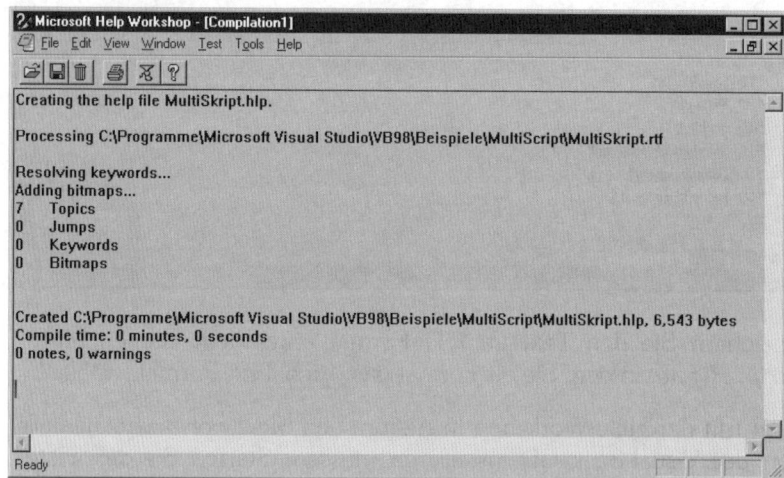

Schritt 9 Jetzt kommt (endlich) wieder Visual Basic ins Spiel. Als erstes müssen Sie im *Load*-Ereignis des (MDI-) Formulars den Namen der Hilfedatei bekanntgeben:

```
Private Sub Form_Load()
    App.HelpFile = "C:\Programme\Multiskript\Multiskript.hlp"
End Sub
```

Schritt 10 Jetzt sind Sie fast fertig. Ordnen Sie den *HelpContextID*-Eigenschaf-ten der einzelnen Steuerelemente ihre Kontextnummer zu (z.B. 100 für das Steuerelement *chkOptionExplicit*, 101 für *chkShellObjekt* usw.). Zum Schluss müssen Sie durch Setzen der *WhatsThisButton*-Eigenschaft des Formulars auf den Wert *True* (denken Sie daran, die *BorderStyle*-Eigenschaft ebenfalls zu ändern, z.B. auf den Wert *3 – Fester Dialog*) noch einstellen, dass das Fragezeichensymbol in der Titelleiste des Formulars erscheint. Dadurch wird automatisch auch die *WhatThisHelp*-Eigenschaft des Formulars auf *True* gesetzt, durch die diese Form der Hilfe aktiviert wird.

Fertig. Wenn Sie jetzt während der Programmausführung das Formular anzeigen, auf das Fragezeichensymbol klicken und anschließend eines der Steuerelemente auswählen, wird der von Ihnen festgelegte Hilfetext angezeigt. Natürlich ist dies noch keine richtige Hilfe, die über ein hierarchisches Inhaltsverzeichnis, einen Index, Querverweise, Bitmaps oder Makros verfügt. Für kleinere Dialogfelder ist diese Minihilfe jedoch vollkommen ausreichend.

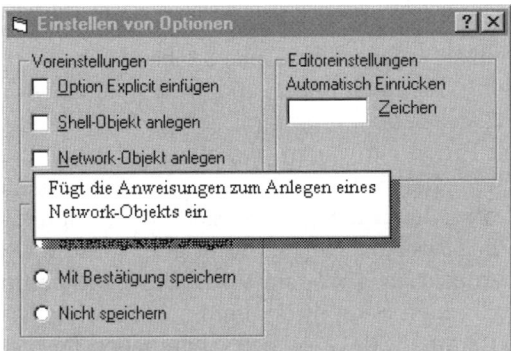

Abbildung B.3: Jedes Eingabeelement zeigt nach Anklicken mit dem Fragezeichensymbol einen kleinen Hilfetext an.

B.4 Das Ausliefern einer Anwendung

Irgendwann verlässt jeder Visual-Basic-Programmierer jenes Stadium, in dem das Erscheinen eines Dialogfelds auf dem Bildschirm noch ein Hochgefühl hervorruft und man sich ganze Wochenenden mit dem Erkunden der vielen Eigenschaften und Methoden der unzähligen Visual-Basic-Objekte beschäftigen kann. Irgendwann kommt die Stunde der Wahrheit, in der das in den letzten Wochen und Monate erstellte Programm den eigenen PC verlassen und auf anderen PCs laufen soll. Nun kann man ein Visual-Basic-Programm nicht so ohne weiteres auf eine Diskette kopieren. Neben der EXE-Datei wird in jedem Fall die Laufzeit-DLL (*Msvbvm60.Dll*) benötigt.[3] Außerdem müssen neben zusätzlichen DLLs auch alle vom Programm verwendeten Zusatzsteuerelemente als eigenständige OCX-Dateien weitergegeben werden. Kurzum, mit dem Kopieren der EXE-Datei ist es nicht getan. Damit Ihr Programm auf einem Windows-PC läuft, auf dem kein Visual Basic installiert wurde, müssen gleich eine Reihe von Dateien kopiert werden. Dabei stellt sich nicht nur das Problem, dass diese Dateien nur selten

---

[3] Überprüfen Sie ruhig einmal die Versionsnummer dieser DLL – meine aktuellste Version lautete 6.00.8176.

auf eine Diskette passen, Sie müssen zudem herausfinden, welche Dateien Sie zusätzlich zur EXE-Datei, der Laufzeit-DLL und den eventuell vorhandenen OCX-Zusatzsteuerelementen weitergeben müssen. Damit noch nicht genug. Es reicht nämlich nicht, die OCX-Dateien nur auf den anderen PC zu kopieren, sie müssen dort auch registriert werden. Zwar kann dies der Benutzer über den Aufruf von *Regsvr32.Exe* manuell durchführen, doch kann man dies nur engsten Freunden und Verwandten zumuten. So etwas kommt nicht in Frage, wenn man sein Programm als Shareware vertreibt oder es anderweitig kommerziell nutzen möchte. Zum Glück gibt es für alle diese »Probleme« eine Lösung. Sie heißt Paket- und Weitergabeassistent (kurz PWA) und ist ein (Visual-Basic-)Programm, dessen Aufgabe es ist, aus einem Visual-Basic-Programm einen auslieferungsfähigen Satz von Dateien zu machen. Neben diesem Satz von Dateien erhält der Benutzer eine Setup-Datei, durch die er (oder sie) das Programm, wie eine herkömmliche Windows-Anwendung, installieren kann. Wie der Name es bereits sagt, verpackt der PWA ein Visual-Basic-Programm zunächst und stattet es mit einem Setup-Programm aus. Anschließend fasst es die Dateien so zusammen, dass sie sich weitergeben (in diesem Zusammenhang mit der Begriff »verteilen« verwendet) lassen.

Aufgerufen wird der PWA, der den Installationsassistenten aus früheren Visual-Basic-Versionen ersetzt, über das Untermenü, in dem sich auch Visual Basic befindet. Unmittelbar nach dem Start können Sie zwischen drei Optionen wählen:

➡ Verpacken eines Projekts in eine CAB-Datei. CAB-Dateien sind das Microsoft-Äquivalent zu den ZIP-Dateien und enthalten eine Reihe von Dateien in komprimierter Form.

➡ Verteilen. Dieser Schritt schließt sich an das Erstellen eines Setup-Programms an und bedeutet, dass die Setup-Dateien auf ein Auslieferungsmedium (z.B. Diskette oder Netzwerk-Laufwerk) übertragen werden.

➡ Skripts verwalten. Ein Installationsskript ist in diesem Zusammenhang kein Programm, sondern lediglich ein bereits erfolgreich durchgeführter Durchlauf. In dem Sie verschiedene Durchläufe speichern müssen Sie bestimmte Einstellungen nicht jedesmal erneut vornehmen, sondern können sie bequem über einen Namen abrufen.

➡ Sie können auswählen, auf welche Weise Ihre Dateien weitergegeben werden sollen. Als »Auslieferungsmedium« kommen in Frage:

➡ Diskette

➡ CD-ROM

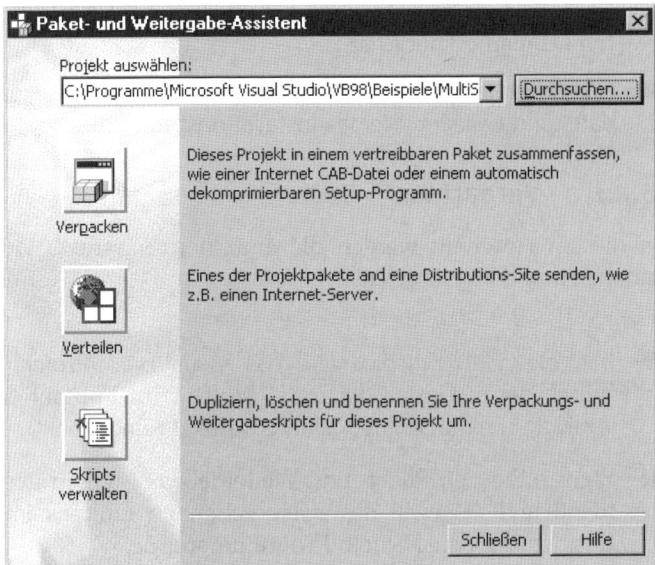

*Abbildung B.4:
Der Paket- und
Weitergabe-
Assistent bietet
drei Arbeits-
modi zur Aus-
wahl an.*

> Über das Netzwerk

> Über das Internet/Intranet

> Unabhängig davon, für welche Variante Sie sich entscheiden, müssen Sie stets folgende Schrittfolge einhalten:

> Auswählen einer Distributionsart

> Auswahl oder Bestätigen aller auszuliefernden Dateien

> Auswahl des angebotenen Installationsverzeichnisses auf dem PC des Benutzers

> Erstellen des Setup-Pakets

> Verteilen des Pakets

> Der Umgang mit dem PWA ist simpel. Nach dem Start müssen Sie eine Reihe von Dialogfeldern durchlaufen. Hier die Kurzübersicht:

> Wählen Sie das Visual-Basic-Projekt aus und geben Sie an, ob Sie die Anwendung verpacken oder direkt ausliefern möchten. Falls das Projekt nicht als EXE-Datei vorliegt, wird es automatisch kompiliert.

> Legen Sie fest, auf welche Weise das Programm zu einem Paket »verpackt« werden soll.

> Legen Sie das Ziel für das Paket fest.

■► Fügen Sie weitere Dateien hinzu, falls der PWA nicht alle benötigten Dateien erkannt hat.

■► Speichern Sie die Einstellungen gegebenenfalls in einer Vorlagendatei und erstellen Sie das Installationsprogramm.

B.4.1   Verpacken

In diesem Abschnitt werden die einzelnen Schritte beim Verpacken einer Anwendung vorgestellt.

Beispiel ■► Im Folgenden Beispiel wird das Visual-Basic-Projekt Multiskript-Editor (das in Gestalt der Datei *Multiskript.Vbp* auf der Buch-CD vorliegt) in ein installationsfähiges Paket »eingepackt«.

Schritt 1 ■► Starten Sie den Paket- und Weitergabeassistenten über das Startmenü und Auswahl des entsprechenden Eintrags in der Visual-Basic- bzw. Visual-Studio-Programmgruppe.

Schritt 2 ■► Legen Sie fest, was Sie mit dem PWA machen möchten:

■► Verpacken eines Programms.

■► Verteilen eines Programms.

■► Verwalten von Skripts.

Schritt 3 ■► Wählen Sie die Visual-Basic-Projektdatei *Multiskript.Vbp* aus. Klicken Sie auf das *Verpacken*-Symbol, um die Installation fortzusetzen.

■► Ist die Projektdatei noch nicht compiliert, wird dies an dieser Stelle nachgeholt. Dabei darf das Projekt aber nicht innerhalb der IDE geöffnet sein.

Schritt 4 ■► Geben Sie an, ob Sie ein Setup-Packet oder zunächst nur eine Abhängigkeitsdatei (engl. »dependency file«) erstellen möchten. Letztere Option sollten Sie vorab wählen, wenn Ihr Projekt selbst erstellte ActiveX-Steuerelemente enthält. Aus der Abhängigkeitsdatei erfährt der PWA später, welche zusätzlichen Dateien das Steuerelement benötigt. Wählen Sie in diesem Fall die Option »Standardmäßiges Setup-Paket« und klicken Sie auf *Weiter*, um fortzufahren.

Die Visual-Basic-CD enthält im Verzeichnis Common\Tools\VB\Un-supprt\Depend das Programm Depends.Exe, das die Abhängigkeiten einer Programmdatei oder Komponenten anzeigt.

➡ Geben Sie das Verzeichnis an, in dem die Installationsdateien ab- **Schritt 5**
gelegt werden sollen und klicken Sie auf *Weiter*.

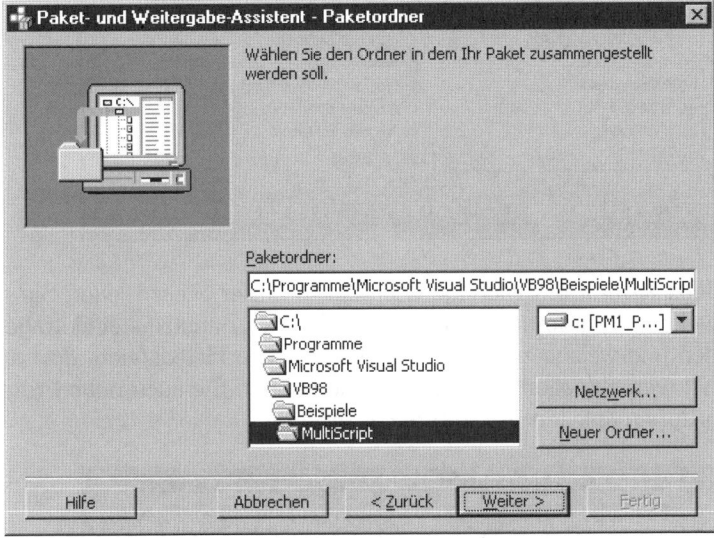

Abbildung B.5: Hier wird das Verzeichnis aus-gewählt, in dem die Dateien des Setup-Pakets abgelegt wer-den.

➡ Falls Ihr Visual-Basic-Projekt Datenbankzugriffe auf ISAM-Daten- **Schritt 6**
banken, ODBC-Datenbanken oder Access-2.x-Datenbanken mit den »alten« DAO-Objekten durchführt, müssen Sie an dieser Stelle den benötigten ISAM-Treiber auswählen. Falls Sie sich nicht sicher sind, welcher Treiber der richtige ist, können Sie auch alle Treiber auswählen. Klicken Sie auf *Weiter*.

Jetzt sind Sie fast am Ziel. Der PWA listet alle Dateien noch einmal **Schritt 7**
auf, die in dem Installationspaket zusammengefasst werden. Falls Sie bestimmte Dateien vermissen, können Sie sie an dieser Stelle hinzu-fügen. Klicken Sie auf *Weiter*.

Wählen Sie an dieser Stelle aus, ob die Installationsdateien in einer **Schritt 8**
CAB-Datei zusammengefasst oder auf mehrere CAB-Dateien, etwa in Abhängigkeit einer Diskettenkapazität, verteilt werden sollen. Wählen Sie die Option *Mehrere CAB-Dateien* und klicken Sie auf *Weiter*.

Geben Sie dem Installationsprogramm einen passenden Titel. Klicken **Schritt 9**
Sie auf *Weiter*.

Abbildung B.6:
Die im Setup-
Paket enthalte-
nen Dateien
werden noch
einmal zusam-
mengefasst.

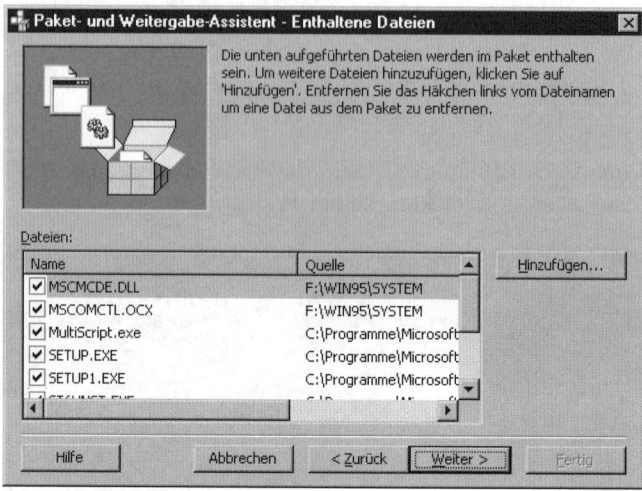

Schritt 10   Jetzt kommt ein wichtiger Punkt. An dieser Stellen legen Sie fest, in
welche Programmgruppe auf dem PC des Benutzers eingetragen wer-
den und welche zusätzlichen Dateien, etwa Hilfedateien, dort angeboten werden sollen. An dieser Stelle können Sie auch neue Programm-
gruppen anlegen. Klicken Sie auf *Weiter*.

Abbildung B.7:
In diesem Dia-
logfeld wird das
Startmenü aus-
gewählt.

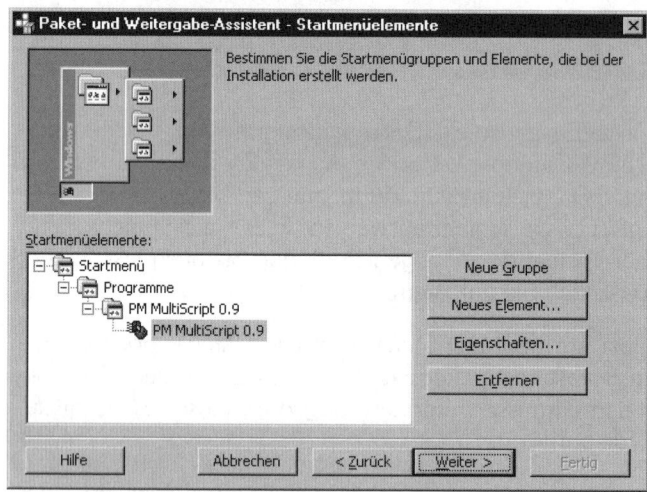

Schritt 11   Auch dieser Punkt kann sehr wichtig sein, denn an dieser Stelle können Sie zu jeder Systemdatei ein individuelles Installationsverzeichnis
angeben (das ist allerdings nicht zwingend erforderlich). Klicken Sie auf
Weiter.

Noch ist der Installationsassistent nicht am Ende. In diesem Schritt gilt **Schritt 12** es jene auszuliefernden Systemdateien auszuwählen, die von anderen Anwendungen gemeinsam genutzt werden können. Indem Sie eine Datei als »shared« markieren, wird sie bei einer eventuellen Deinstallation (ein Benutzer kann Ihre Programme über das entsprechende Unterprogramm der Systemsteuerung auch wieder deinstallieren) solange nicht entfernt, wie es Anwendungen gibt, die die Systemdatei benötigen. Klicken Sie auf *Weiter*.

Jetzt ist es nahezu vollbracht. Geben Sie Ihrem Installationsskript einen **Schritt 13** Namen, speichern Sie es gegebenenfalls ab und klicken Sie auf *Fertig*, um das Installationsprogramm fertigzustellen.

B.4.2   Verteilen eines Installationspakets

Das Erstellen eines Installationspakets ist nur die sprichwörtliche »halbe Miete« (es ist eigentlich schon etwas mehr). Was noch fehlt ist das »Verteilen« des Installationspakets. Verteilen bedeutet in diesem Zusammenhang, dass Sie festlegen, auf welche Weise das Installationsprogramm und die beteiligten Dateien dem Anwender zur Verfügung gestellt werden.

Starten Sie den PWA erneut, wählen das Visual-Basic-Projekt aus, für das Sie zuvor ein Installationsprogramm erstellt haben und klicken Sie diesmal auf das *Verteilen*-Symbol. Es erscheint ein Dialogfeld, in dem Sie das auszuliefernde Installationspaket wählen müssen. Stellen Sie hier jenes Paket ein, dass Sie im ersten Teil erstellt haben und klicken Sie auf *Weiter*, um fortzufahren.

In diesem Dialogfeld müssen Sie angeben, auf welchem Medium die **Schritt 14** Auslieferung erfolgen soll. Zur Auswahl stehen:

➡ Disketten

➡ Ordner

➡ Web-Veröffentlichung

Verteilen über Disketten

Haben Sie sich über die Option »Disketten« entschieden und auf *Weiter* geklickt, müssen Sie zuerst das Laufwerk auswählen. Es kann sich um jedes beschreibbare Laufwerk handeln. Anschließend erhalten Sie Gelegenheit, jede einzelne Datei des Setup-Pakets herauszunehmen und andere Dateien hinzuzufügen. Speichern Sie die Skriptdatei gegebenenfalls ab und klicken Sie auf *Fertig*, um das Kopieren der Installationsdateien auf das angegebene Laufwerk zu starten.

Abbildung B.8:
In diesem Dia-
logfeld wird ein-
gestellt, auf
welche Weise
das Setup-Paket
verteilt werden
soll.

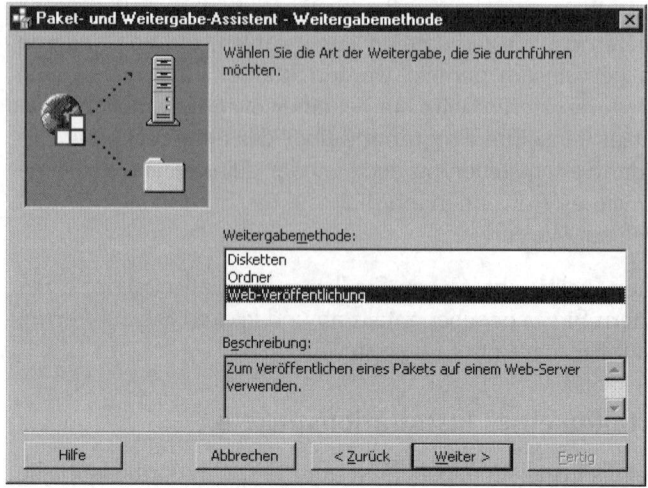

Verteilen über einen Ordner

Bei dieser Variante geht es lediglich darum, anstelle eines Laufwerks einen Ordner auszuwählen, in dem alle Installationsdateien abgelegt werden.

Veröffentlichen über das Web

Veröffentlichen über das Web bedeutet, die Dateien auf einen Webserver (bzw. allgemein zu einem URL) zu übertragen. Als erstes müssen Sie noch einmal die auszuliefernden Dateien bestätigen (bei der Auslieferung über das Web wird man auf größere Dateien verzichten und diese dem Benutzer gegebenenfalls auf andere Weise zur Verfügung stellen). Im nächsten Dialogfeld geben Sie weitere Dateien an, die in das Auslieferungspaket aufgenommen werden sollen. Klicken Sie auf *Weiter*, um fortzufahren. In diesem Dialogfeld wählen Sie den Web-Server aus, auf dem die Dateien kopiert werden sollen. Angezeigt werden alle »registrierten« Server. Über die *Neu*-Schaltfläche fügen Sie weitere Server hinzu. Beim Anlegen eines neuen Servers müssen Sie folgende Angaben machen:

- Den anzuzeigenden Namen des Web-Servers

- Das für die Übertragung zu verwendende Protokoll (also FTP oder HTTP)

- Die Adresse des Web-Servers (URL)

- Das Verzeichnis auf dem Web-Server

B.4.3 Verwaltung von Skripts

Als dritte Variante können Sie nach dem Aufruf des PWA-Skripts verwalten. Ein Skript ist in diesem Zusammenhang lediglich die Zusammenhang einer durchgeführten Schrittfolge unter einem Namen mit dem Ziel, diese Schrittfolge später durch Auswahl des Skriptnamens wieder einstellen zu können.

B.4.4 Testen des Installations- und Auslieferungspaket

Natürlich sollten Sie das erstellte Installationsprogramm mindestens einmal testen und sich dabei in die Lage des (meistens eher unbedarften) Benutzers versetzen, der Ihr Programm entweder auf einer CD-ROM, einem Satz von Disketten oder einem anderen Medium erhält oder das komplette Programm aus dem Internet herunterlädt. Dazu sollten Sie sich zum einen ausreichend Zeit nehmen (die Installation ist im Allgemeinen der kritischste Teil der »Benutzererfahrung«) und vor allem mit einem »nackten« Windows-PC arbeiten, auf dem weder Visual Basic noch irgendeine Microsoft-Office-Anwendung installiert ist. Nur auf diese Weise stellen Sie sicher, dass Ihr Installationsprogramm keine Dateien ausgelassen hat und ein Benutzer aus diesem Grund bei der Ausführung des Programms irgendwelche Fehlermeldungen enthält. Unterschätzen Sie den Zeitaufwand nicht, der für eine funktionsfähige Installationprozedur zu veranschlagen ist. Und noch einen Tipp zum Schluss: Ein relativ einfacher Weg, um auf dem Test-PC (das gilt allerdings nur für Windows 9x) den »Urzustand« herzustellen ist es, den PC in den MS-DOS-Modus zu booten, die Datei System.dat (also die Registry) umzubenennen (etwa in *System.Alt*) und die Datei *System.1st* nach *System.Dat* zu kopieren. Auf diese Weise stellen Sie jenen Zustand her, der unmittelbar nach der Installation von Windows 9x herrschte und müssen nicht eventuell registrierte ActiveX-Steuerelemente einzeln deregistrieren.

B.5 Ein Wort zu Visual Source Safe

Auch wenn *Visual Source Safe* in diesem Buch nicht besprochen wird, soll dieses wichtige Programm wenigstens einmal namentlich erwähnt werden. Bei Visual Source Safe (VSS) handelt es sich um eine Versionskontroll-Software, die dafür sorgen soll, dass sich die verschiedenen Versionen (Releases) einer Anwendung problemlos, sorgenfrei und ohne Pannen verwalten lassen. VSS ist in der Enterprise Edition von Visual Basic 6.0 und Visual Studio enthalten, kann aber auch separat erworben werden. Wenn Sie ein Visual-Basic-Projekt von VSS verwalten lassen, werden die Projektdateien in einer Datenbank gespeichert. Das Arbeiten mit Visual Basic erfolgt zwar wie gewohnt, doch wenn Sie Änderungen an einem Modul vornehmen möchten, müssen Sie das Modul entweder aus der Datenbank »auschecken« oder VSS mitteilen, dass Sie die betreffende Datei bearbeiten möchten. Nachdem das Dokument bearbeitet wurde, wird es wieder eingecheckt (und als schreibgeschützt markiert). Damit wird das geänderte Dokument aus Ihrem Ordner in die VSS-Datenbank kopiert, sodass andere Benutzer auf die Änderungen zugreifen können. Die dafür benötigten Befehle stehen im EXTRAS-Menü über dem Eintrag SOURCE SAFE oder im Kontextmenü der Datei im Projekt-Explorer zur Verfügung, das nach der Installation von VSS in der Visual-Basic-IDE erscheint. Auf diese Weise wird sichergestellt, dass keine Änderungen vorgenommen werden, ohne dass dies nicht von VSS registriert wurde. Das Besondere an einer Versionskontroll-Software ist, dass Sie nicht nur die letzte Version, sondern auch frühere Versionen abrufen können.

Abbildung B.9:
Nach dem Laden
des Visual-
Source-Safe-
Add-Ins stehen
zusätzliche
Kommandos zur
Verfügung.

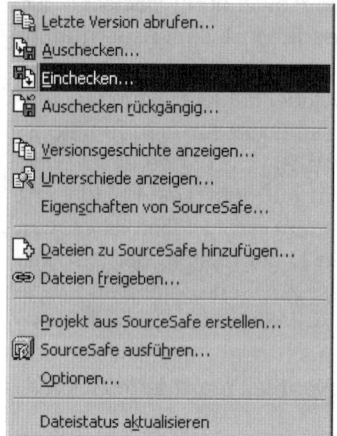

Die Installation des Visual Source Safe Servers (also der VSS-Datenbank und des Administrators) erfolgt über das Programm *Setup.Exe* im Verzeichnis \ *VSS_SS*. Damit VSS auch von Visual Basic (oder einem anderem Entwicklungswerkzeug) benutzt werden kann, muss im Verzeichnis \ *VSS_SS* \ *VSS* \ *WIN32* das Programm *Ssint.Exe* ausgeführt werden. Anschließend steht der VSS-Client, der als Add-In automatisch geladen wird, über das EXTRAS-Menü zur Verfügung. Verwaltet wird die Visual-Source-Safe-Datenbank über den Administrator, der z.B. über den Menübefehl EXTRAS | SOURCESAFE AUSFÜHREN gestartet wird (sollte die Datei *SourceSafe.ini* nicht gefunden werden, muss der richtige Pfad – das Programmverzeichnis von VSS – eingestellt werden). Der Start erfordert eine Anmeldung (zur Auswahl stehen die Benutzernamen *Admin* und *Guest*, wobei kein Passwort erforderlich ist).

Der Einsatz von VSS sollte gut überlegt sein und nicht unbedacht erfolgen. So werden Sie nach der Installation feststellen, dass sich normale Operationen, wie das Ändern oder Abspeichern einer Datei, nicht mehr wie gewohnt, sondern nur im Rahmen der VSS-Verwaltung durchführen lassen. Das kann am Anfang sehr irritierend sein. Beschäftigen Sie sich daher in Ruhe mit dem VSS-Prinzip und entscheiden Sie dann, ob Sie grundsätzlich mit einer Quellcodeverwaltung arbeiten möchten. VSS ist ein sehr leistungsfähiges Programm, das allerdings ein Grundverständnis über das Arbeiten mit dem Prinzip einer Quellcodeverwaltung voraussetzt.

B.6 Wie leicht ist leicht? – die Wiederverwendbarkeit

Die Software-Industrie lebt von Visionen einer modernen, perfekt funktionierenden Welt, in der Software zum Wohle der Gemeinschaft produziert wird und Programmierer zukunftsorientiert und stets voller Innovationen die Architekten der Informationsgesellschaft sind. Nebenbei soll natürlich auch »ein wenig« Geld verdient werden. Nicht nur die Anwender sind dabei das Ziel von Visionen, die immer leichter zu bedienende und gleichzeitig natürlich leistungsfähigere Anwendungen versprechen, auch Entwickler haben es oft nicht leicht, (Marketing)-Versprechungen von der Realität zu unterscheiden. In der Software-Branche ist es üblich, dass ein »Guru« einen Begriff, eine Methode oder manchmal auch eine komplette Architektur erfindet und diese anschließend gewinnbringend durch Seminare, Konferenzen, Bücher, Beratungsprojekte oder gar Software vermarktet. Die Windows-Welt ist da eine gewisse Ausnahme, da deren Technologie bekannterweise von einer einzigen Firma erfunden und vertrieben wird. Da diese Firma (nicht ganz uneigennützig) möchte, dass sich möglichst viele Entwickler der Programmierung unter Windows widmen, ist das erforderliche Know-how (zumindestens was die »erlaubten« Systemschnittstellen betrifft) leicht zugänglich. Die meisten Windows-Programmierer benötigen daher keinen richtungsweisenden Guru, da sie sich das erforderliche Know-how selber besorgen können. Wichtige Trends, wie etwa die Vorzüge von Visual Basic oder die des SQL-Servers als Alternative zur Jet-Engine, sprechen sich fast von alleine herum (andere, wie die Vorteile von Dynamic HTML offenbar weniger schnell). Hin und wieder kommt es vor, dass auch eine in der großen, weiten Software-Welt von einem Guru erfundene Methode in das relativ überschaubare Windows-Universum diffundiert. Das Resultat ist eine undurchsichtige Vermischung von eher allgemeinen (und in der Regel nicht an Praxisprojekten bewiesenen) Theorien mit den in der Windows-Welt oft noch sehr bescheidenen, dafür aber ganz konkreten Methoden und Werkzeugen). Ein solches Beispiel ist die Vision von der Wiederverwendbarkeit von Software. Die Grundidee ist dabei, dass ein Programmierer ein Software-Modul nur einmal programmiert und es anschließend anderen Programmierern als wiederverwendbare Komponente zur Verfügung stellt. Da nach einem ähnlichen Prinzip die Halbleiterindustrie in den Siebziger Jahren ihren rasanten Aufschwung begonnen hat, wird diese Methode, die bereits 1986 von OO-Guru Brad Cox erdacht wurde, auch als »Software ICs« bezeichnet (*www.virtualschool.edu/cox/index.html*). Wie die gleichnamigen Halbleiterbausteine mit ihren universellen NAND- und XOR-Schaltern, sollen sich durch das Zusammenfügen kleiner, funktionstüchtiger und vor allem ausgetesteter (und damit fehlerfreier) Software-Bausteine komplexe Anwendungen erstellen lassen. Ein Datenbankmodul, ein Maskengenerator, eine Sortierroutine, eine »Prise« Geschäftslogik und fertig ist die Auftragsverwaltung.

Natürlich sieht die Realität anders aus. Software-Entwicklung verläuft nur selten nach geordneten Bahnen. Termindruck, überarbeitete Programmierer, zu knapp geplante Budgets, die Fluktutation in einem Team, das erforderliche Know-how und nicht zuletzt die Unvollkommenheit der zur Verfügung stehenden Methoden und Werkzeuge verwässern das große Ziel und wirken eher kontraproduktiv. Das sieht dann etwa so aus: Ein Projektleiter hat auf einem Software-Kongreß einen Vortrag über Wiederverwendbarkeit gehört und beauftragt seine Programmierer, dies beim aktuellen Projekt, das ohnehin schon unter Terminnot ist, umzusetzen. Die Programmierer sehen die Vorteile der Wiederverwendbarkeit grundsätzlich ein, doch aufgrund fehlender Werkzeuge, mangelnder Informationen und dem nach wie vor ausstehenden Beweis der tatsächlichen Vorteile, muss der Versuch, Wiederverwendbarkeit zu implementieren zwangsläufig scheitern. Am Ende sind alle (vermutlich) frustriert und ein von der Grundidee guter Ansatz wird diskreditiert und vermutlich so schnell nicht wieder aufgegriffen.

Dabei liegt das Problem weniger in der Idee, sondern in dem Umstand, dass sich ein so komplexes Gebiet wie die Software-Entwicklung nicht auf einfache Regeln reduzieren lässt. Vor allem denn, wenn der menschliche Aspekt außer acht gelassen wird. Ja, prinzipiell ist es möglich, Software-Module so zu konzipieren, dass sie als »Fertigbausteine« mehrfach verwendet werden können. Aber, Programmierer sind meistens ausgeprägte Individualisten und Code anderer Programmierer nicht immer leicht zu überzeugen. Vor allem dann, wenn er unter dem Aspekt des »ohne Mehraufwand einsetzbar« verkauft wird. Keine Spezifikation kann so allgemein gehalten werden, dass sie in viele Umgebungen passt. Muss ein Programmierer einen Baustein, den er oder sie nicht selber programmiert hat, anpassen, stellt sich oft die Frage, ob eine komplette Neuprogrammierung nicht sinnvoller ist (zumindestens gefühlsmäßig). Das ist dann das Ende der Wiederverwendbarkeit.

Dennoch ist Wiederverwendbarkeit kein modernes Märchen. Sie ist machbar, wenn man sich solange in einem Team keine Erfahrungswerte vorliegt, auf einfache Bausteine beschränkt. Visual Basic unterstützt Wiederverwendbarkeit von Programmteilen durch folgende Einrichtungen:

➡ Klassen

➡ ActiveX-Komponenten

➡ Den Visual-Component-Manager

➡ Gerade der Visual-Component-Manager (VCM) verdient besondere Beachtung, denn er ist der Vorläufer eines universellen »Objektbrokers«, von dem Programmierer und Programmgeneratoren die Objekte anfordern. Der Umgang mit dem VCM, der auf der Repository-Technologie basiert, ist sehr einfach. Sobald Sie eine Klasse, eine ActiveX-Komponente, ein Klassenmodul oder irgend etwas anderes (der VCM arbeitet sprachunabhängig) fertiggestellt haben, von dem Sie der Meinung sind, dass es in anderen Projekten nützlich sein kann, veröffentlichen Sie es im VCM (bei Visual Basic über den Menübefehl EXTRAS | VERÖFFENTLICHEN, sofern der VCM installiert wurde). Dadurch wird dieser Programmteil einer Datenbank zugeführt. Suchen Sie zu einem späteren Zeitpunkt ein Programmelement, können Sie es über den Menübefehl ANSICHT | VISUAL COMPONENT MANAGER entweder gezielt abrufen oder nach einem Stichwort suchen lassen. Wenn Wiederverwendbarkeit machbar ist, dann führt sie über den Visual-Component-Manager.

Abbildung B.10:
Der Visual-Com-
ponent-Mana-
ger verwaltet
beliebige
Programm-
bausteine.

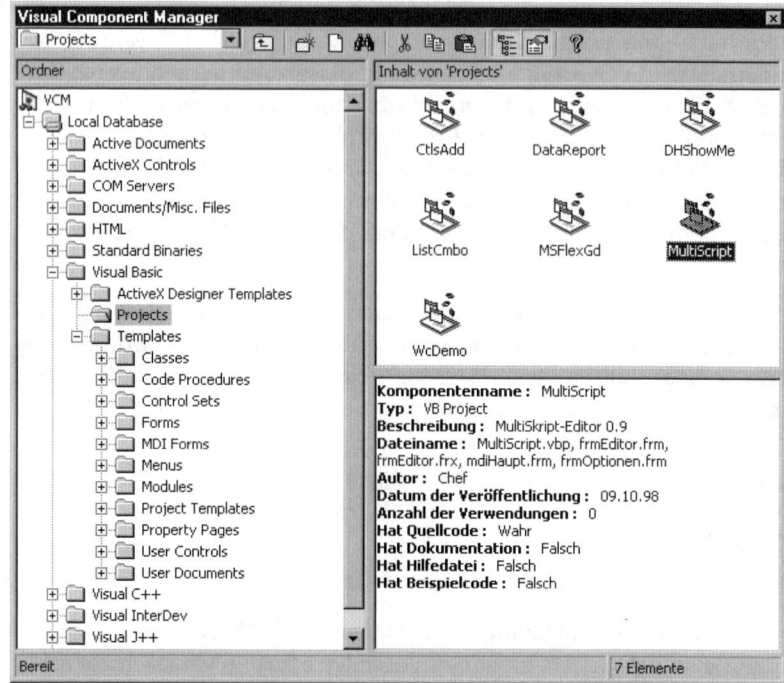

B.7   ActiveX-Steuerelemente – Bestellung per Katalog

Wenn im letzten Abschnitt die These aufgestellt wurde, dass es a) noch keine echte Wiederverwendbarkeit gibt und sich b) damit kein Geld verdienen lässt, so muss diese These bereits in diesem Abschnitt ein wenig relativiert werden. Es gibt wiederverwendbare Software-Bausteine und es lässt sich mit ihnen durchaus Geld verdienen. Die Rede ist (natürlich) von den ActiveX-Steuerelementen, die es in Gestalt der VBX-Zusatzsteuerelemente schon seit Version 1.0 gibt. ActiveX-Steuerelemente gibt es in einer sehr großen Auswahl. Es gibt sie im Rahmen kommerziell vertriebener Software-Pakete, es gibt sie als Shareware und als kostenlos verwendbare Freeware. Allerdings sind die ActiveX-Steuerelemente noch nicht jene Software-ICs, von denen im letzten Abschnitt die Rede war. Es sind entweder Oberflächenelemente oder DLL-Funktionsbibliotheken in einer anderen »Verpackung«.

Einen Überblick über das kommerziell in Deutschland vertriebene Angebot finden Sie im ActiveX-Produktverzeichnis, das es sowohl in gedruckter Katalogform (es liegt u.a. dem Visual-Basic- bzw. Visual-Studio-Paket bei) als auch im Web unter *www.activex.de* gibt. Die vielen, vielen nicht kommerziellen ActiveX-Steuerelemente finden Sie an ebenso vielen Stellen im Web. Die sicherlich besten Adresse sind *www.active-x*.com und *www.componentsource.com/VBasic*. Auch Zeitschriften, wie die BasicPro, enthalten auf ihren Monats-CDs stets eine Auswahl an ActiveX-Steuerelementen, die teilweise kostenlos verwendet werden dürfen.

Abbildung B.11: Der Vertrieb fertiger Komponenten ist ein umsatzstarker Bereich der Software-Branche geworden.

Achten Sie bei allen ActiveX-Steuerelementen darauf, ob es eine kostenlose Laufzeitlizenz gibt, sodass Sie das ActiveX-Steuerelement mit ihren Anwendungen weitergeben können. Das ist keineswegs selbstverständlich.

B.8   Wie werde ich ein erfolgreicher Visual-Basic-Programmierer?

Das ist eine wichtige, aber naturgemäß nicht leicht zu beantwortende Frage. Das gleiche gilt vermutlich für die Frage, was ist ein guter Programmierer? Vereinfacht lässt sie sich wie folgt beantworten: Ein guter Programmierer löst eine gestellte Aufgabe in einem angemessen Zeitraum. Ein Spitzenprogrammierer löst die gleiche Aufgabe sehr viel schneller. Maßgebliches Kriterium ist dabei natürlich nicht die »Programmiergeschwindigkeit« oder gar ein »Zeilen pro Minute«-Parameter, sondern vielmehr die Fähigkeit, die Besonderheiten einer Aufgabe zu erfassen, und sie mit den zur Verfügung stehenden Mitteln möglichst optimal umzusetzen. Erfahrung spielt dabei eine ganz wesentliche Rolle, aber natürlich auch ein (vermutlich) angeborenes Talent zum Ausdrücken logischer Zusammenhänge durch Programmcode. Während sich Talent bekanntlich nur Fördern, aber nicht aneignen lässt, kann man für die Erfahrung einiges tun. Der junge Bill Gates hat sein Programmierwissen nach eigener Aussage zum Teil aus Programmlistings, die er in der Mülltonne des Rechenzentrums fand. »Lerne vom Code anderer« ist auch heute ein hervorragender Grundsatz. Doch wo finde ich diesen Code? muss ich dazu etwa auch Mülltonnen durchwühlen? Sicher nicht, denn die meisten Visual-Basic-Programmierer dürften ihre überflüssigen Listings, sofern diese überhaupt noch ausgedruckt werden, im Hausmüll entsorgen. Die moderne »Mülltonne«, an der auch Bill Gates seine Freude hätte, wenn er noch ambitionierter Jung-Programmierer wäre, ist das Internet (das ist keineswegs abwertend gemeint). Hier findet man Hunderte, wenn nicht Tausende von Programmbeispielen – man muss allerdings gezielt nach ihnen suchen.

Das Motto eines ehrgeizigen Visual-Basic-Programmierers kann daher nur wie immer lauten: Übung macht den Meister. Dafür, dass es dabei nicht nur bei einer oft üblichen Floskeln bleibt, sollen die vielen kleinen Beispiele in diesem Buch, die teilweise sehr umfangreichen Beispiele der Visual-Basic-CD und nicht zuletzt, die vielen kleinen und größeren Herausforderungen sorgen, die sich angehenden Visual-Basic-Programmierern bei vielen Gelegenheiten stellen. Hier nur eine kleine Aufstellung jener Dinge, die jeder Programmierer im Laufe eines Lebens einmal programmiert haben sollte:

➡ Ein Programm, das Primzahlen erzeugt.

➡ Eine Sortierroutine.

➡ Einen Editor (siehe Multiskript).

➡ Einen Formelinterpreter (zum Üben rekursiver Aufrufe).

➡ Und natürlich ein auf Klassen basierendes Programm.

B.9 Ausblick auf »große Zeiten«

Wir sind damit (wieder einmal) am Ende des Visual-Basic-6.0-Kompendiums und der Rundreise durch die Geheimnisse der Visual-Basic-Programmierung angelangt. Wie immer konnten aus Platzgründen nicht alle Themen besprochen werden (ein paar speziellere Informationen finden Sie in Textdateien auf der Buch-CD). Visual-Basic-Programmierer sind jedoch (inzwischen) in der glücklichen Lage, auf eine Fülle von Ressourcen zugreifen zu können – Anhang C wird auf diesen Punkt etwas ausführlicher eingehen. Ein Internet-Anschluß ist für einen Visual-Basic-Programmierer heute die beste Investition, denn im Internet stehen nicht nur eine Fülle an Tipps&Tricks, Shareware-Controls und anderen Dingen bereit, von der Microsoft Knowledge Base (die es im Rahmen der MSDN-Hilfe auch auf CD gibt) einmal abgesehen, in den zahlreichen Newsgruppen erhält man die Gelegenheit, mit anderen Visual-Basic-Programmierern Erfahrungen auszutauschen. Auch mir hat der Internet-Zugang beim Schreiben des Buches enorm geholfen.

Wenn es in diesem Buch eine Kernaussage gibt, dann ist es die, dass das Zeitalter der Objekte und Komponenten da ist. Man muss keine Seminare über Objektprogrammierung mehr besuchen, sondern kann heute mit Visual Basic anfangen, Software auf Objekten aufzubauen und die Objekte anderer Anwendungen zu nutzen. Dieser beginnende Trend, der bereits mit Visual Basic 4.0 eingeleitet wurde, wird die Software-Entwicklung in den kommenden Jahren maßgeblich beeinflussen. Ich kann daher nur jedem Visual-Basic-Programmierer wärmstens empfehlen, sich mit diesen Dingen ausführlich zu beschäftigen. Über eines darf man sich nicht täuschen, einfacher werden Dinge nicht. Jede Visual-Basic-Version stand bislang für eine gewisse »Epoche«. Ging es bei Visual Basic 1.0 noch um die Windows-API, waren bei Visual Basic 2.0 die Zusatzsteuerelemente das wichtigste Thema. Mit Visual Basic 3.0 wurde die Anbindung an die Datenbankwelt hergestellt, bei Visual Basic 4.0 stand das Enterprise-Computing im Vordergrund. Visual Basic 5.0 stand im Zeichen der ActiveX-Komponenten. Bei Visual Basic 6.0 heißen die Kernthemen Datenintegration mit ADO (definieren Sie sich Ihr eigenes Datensteuerelement) und den visuellen Datenwerkzeugen, DHTML-Oberflächen als Alternative zu den traditionellen Formularen und Erzeugen von WebClass-Komponenten, die im Rahmen einer Active Server Page auf dem Webserver ausführen. Bei allen diesen Themen stehen die Objekte im Mittelpunkt.

Eine tragende Rolle, wenngleich noch nicht so sehr in der täglichen Praxis, spielt der Visual-Component-Manager (VCM) aus dem Visual Studio-Paket, der auf dem Repository aufbaut, das bereits mit Visual Basic 5.0 eingeführt wurde. Schwer zu beurteilen ist dagegen, wie stark Transaction und Message Queuing Server die Programmierung beeinflussen. Bei allen diesen Themen geht es um Objekte, Objekte und nochmals Objekte. Auch wenn Visual Basic 6.0 noch keine Vererbung bieten kann, Objekte sind der Dreh- und Angelpunkt der Programmierung. Schieben Sie dieses wichtige Thema daher nicht allzu lange vor sich her, auch wenn Sie am Anfang oder in Mitten eines Projekts wichtigere Dinge zu tun haben. Je länger Sie den Einstieg in die Objektprogrammierung aufschieben, desto mehr müssen Sie eines Tages aufholen. Auch auch das dürfte in ein paar Jahren zutreffen: Wer die Entwicklung verschläft oder glaubt, sie ignorieren zu können, wird es in ein paar Jahren schwer haben, den Anschluß an die Entwicklung nicht zu verlieren und damit seine Arbeitskraft als Entwickler auf dem Arbeitsmarkt zur Verfügung stellen zu können.

Als Visual-Basic-Programmierer muss man nicht länger neidisch auf seine Delphi- oder C++-Kollegen blicken. Die Entwicklung von Java, die beim Erscheinen von Version 5.0, noch einen deutlich Einfluss auf die weitere Entwicklung von Visual Basic zu nehmen schien, hat sich deutlich verlangsamt. Auch wenn Microsoft's Visual J++ eine reizvolle Alternative gerade für erfahrene Visual-Basic-Programmierer sein kann, man muss nicht befürchten, dass Java in Gestalt von J++ Visual Basic auf irgendeine Weise »ersetzen« könnte. Dazu stellen über eine 1 Million Visual-Basic-Programmierer auf der ganzen Welt inzwischen eine zu starke Basis dar.

B.9.1   Dinge, die in diesem Buch »vergessen« wurden

Auch auf 1.100 Seiten lassen sich bei weitem nicht alle Themen behandeln. Folgende Themen sind mir beim Durchsehen des fertigen Buches aufgefallen, die einer besonderen Erwähnung verdienen:

➡ Die Entscheidung ADO oder DAO ist nicht leicht zu treffen. Auch wenn Microsoft ADO in den Vordergrund stellt und die Programmierung der ADO-Objekt tatsächlich flexibler und eleganter ist, werden die DAO-Objekte damit nicht überflüssig, zumal diese einen Zugriff auf praktisch alle Eigenschaften der Jet-Engine bieten, was bei den ADOs nicht der Fall ist. Wer sich daher für die Jet-Engine als Datenbank entschieden hat und weiß, dass sich an dieser Entscheidung auf absehbare Zeit nichts ändern wird, sollte die DAO-Objekte vorziehen, da diese einen direkten Zugriff auf die Jet-Engine ermöglichen.

➨ Nicht nur der Internet Explorer, auch der Netscape Navigator lässt sich von einem Visual-Basic-Programm aus steuern. Für den Zugriff steht neben Automation auch das altmodische DDE zur Verfügung.

➨ Die Themen Multimedia, Animationen und DirectX kommen in diesem Buch nicht vor. Das heißt aber nicht, dass diese Dinge in Visual Basic nicht möglich sind. Schauen Sie sich einmal die Beispiele im Verzeichnis *I:\Common\Tools\VB\Unsupprt\ Danim\Samples\Da\Visualbasic\Showcase* an, die einen sehr guten Eindruck davon vermitteln, was Visual Basic 6.0 zu leisten imstande ist.

➨ Wenn Sie mehr über die »Geheimnisse« der Visual-Basic-Programmierung erfahren möchten, schauen Sie sich die vielen Beispiele auf der Visual-Basic-CD in Ruhe an. Insbesondere das Unterverzeichnis *Unsupprt* gibt so viel her, dass man beinahe ein eigenes Buch darüber schreiben könnte.

Verzeichnis	Was wird geboten?
Calendar	Ein ActiveX-Kalendarsteuerelement.
Danim	Beispiel für die *DirectAnimation*-Steuerelemente.
Depend	Der »Dependency Walker« zeigt an, von welchen DLLs und sonstigen Systemdateien die Ausführung eines Programms oder einer Komponente abhängen.
Dlgobj	Standarddialogfelder, die über Automation angesprochen werden und daher kein Zusatzsteuerelement benötigen.
IHandler	Zugriff auf Icons über COM-Schnittstellen (lehrreich in bezug auf COM-Programmierung).
ShellLink	Zugriff auf die IShellLink-Schnittstelle zum Anlegen von Verknüpfungen über eine Typenbibliothek.
Ssaver	Bildschirmschoner in Visual Basic.
Systray	Zeigt, wie sich Programmsymbole in das Statusfeld der Taskleiste integrieren lassen.
Typlib	Enthält Mktyplib.Exe zum Erstellen von Typenbibliotheken.

Tabelle B.1: Die interessantesten Zugaben im Verzeichnis »Unsupprt« auf der Visual-Basic-CD.

Verzeichnis	Was wird geboten?
Voice	Enthält ein einfaches Beispiel für die Sprachsteuerung eines Visual-Basic-Programms.
Wsview	Ermittelt den Speicherbedarf bei der Ausführung eines Programms (lesen Sie die Readme-Datei).

B.9.2   Das Buch ist zu Ende – im Internet geht es weiter

Nicht alle Fragen zu Visual Basic konnten in diesem Buch geklärt werden. Insbesondere das Thema Internet-Programmierung kam zwangsläufig ein wenig kurz. Auf meiner Web-Seite unter *www.activetraining.de* finden Sie weitere Informationen, Aktualisierungen und Fehlerkorrekturen zu diesem Buch. Erwarten Sie aber bitte keine »full featured« Website. Ich habe mich bemüht, zusätzliche Informationen, überarbeitete Beispielprogramme und vielleicht auch das eine oder andere ergänzende Kapitel beizusteuern, kann aber leider aus Kapazitätsgründen die Webseite nicht laufend aktualisieren. Falls Sie an zusätzlichen Informationen interessiert sind, geben Sie mir einfach per E-Mail (*peterm@.activetraining.de*) Bescheid. Auch wenn ich nicht immer sofort antworten kann, ich freue mich über jeden Beitrag.

Namenskonventionen

Namenskonventionen sind keine Option, sondern schlicht und ergreifend ein Muss. Sie erleichtern die Lesbarkeit des Quellcodes, tragen zum besseren logischen Verständnis bei und vermeiden Fehler. Auch wenn eine gewisse Selbstüberwindung und Disziplin dazu gehört, sollte man bei jedem Programm, und sei es noch so klein, grundsätzlich auf die Namenskonventionen achten. In diesem Anhang werden die wichtigsten Namenskonventionen für Steuerelemente und Variablen vorgestellt. Da es auch bei Visual Basic 6.0 keine offiziellen und damit verbindlichen Microsoft-Namenskonvention existieren (es gibt lediglich eine Reihe von Empfehlungen, die sich im wesentlichen an der »ungarischen Notation« für C-Programmierer orientieren), steht es Ihnen frei, eigene Konventionen einzuführen. Eine Regel sollten Sie stets beherzigen: Egal, für welche Variante Sie sich entscheiden. Die schönsten Konventionen nützen nichts, wenn sie nicht eingehalten werden.

C.1 Steuerelemente

Präfix	Steuerelement	Beispiel
ado	ADO-Datensteuerelement	AdoKundenstamm
cbo	Kombinationsfeld	CboDateinamen
chk	Kontrollkästchen	ChkModus
cmd	Befehlsschaltfläche	CmdStart
com	*MsComm*-Steuerelement	ComModemport

Präfix	Steuerelement	Beispiel
ctr	Allgemeines Steuerelement eines »unbekannten« Typs	CtrWerMagEsSein
dat	Datensteuerelement	DatKundenstamm
dbcbo	Datenkombinationsfeld (engl. »DbCombo«)	DbcboBestellungen
dbgrd	Datengitternetz (engl. »DbGrid«)	DbgrdSpiele
dblst	Datenlistenfeld (engl. »DbList«)	DblstAufträge
dir	Verzeichnislistenfeld	dirVerzeichnis
dlg	Standarddialogfeld	dlgStandard
drv	Laufwerkslistenfeld	drvLaufwerk
fil	Dateilistenfeld	filDatei
fra	Rahmenfeld	fraRahmen
frm	Formular	frmHaupt
grd	Gitternetz (z.B. MsFlexgrid)	grdTabelle
hsb	Horizontale Bildlaufleiste	hsbWarpSpeed
img	Anzeigenfeld	imgBild
iml	Anzeigenliste (engl. »image list«)	imlBilder
lbl	Bezeichnungsfeld	lblAusgabe
lin	Liniensteuerelement	linGerade
lst	Listenfeld	lstSuperModels
mci	MCI-Steuerelement	mciMusik
mdi	MDI-(Kind-)Formular	midEingabefeld
mnu	Menüelement	mnuInfo
ole	OLE-Steuerelement	oleÜberAlles
opt	Optionsfeld	optWerBrauchtDas
pbr	Fortschrittsleiste (engl. »progress bar«)	pbrLaden
pic	Bildfeld	picBild
rpt	Crystal Report-Steuerelement	rptVerluste
shp	Figurenelement (Shape)	shpGuteFigur
sld	Regler (engl. »slider«)	sldGeschwindigkeit
tab	Registerkarte (engl. »tab strip«)	tabOptionen
tbr	Symbolleiste (engl. »tool bar«)	symEditor
tmr	Zeitgeber	tmrZeit1
tvw	Strukturansicht (engl. »tree view«)	tvwDateien

Präfix	Steuerelement	Beispiel
txt	Textfeld	txtEingabe
vsb	Vertikale Bildlaufleiste	vsbWachstumsrate

C.2   Datenzugriffsobjekte (DAO)

Präfix	Objekt	Beispiel
db	Database	dbDatenbank
fd	Field	fdGewinn
ix	Index	ixKundeNr
qd	QueryDef	qdUmsätzeProQuartal
rl	Relation	rlKundenAdressen
rs	Recordset	rsMahnkunden
td	TableDef	tdTabelle
us	User	usDefault
wk	Workspace	wkDefault

C.3   Datenzugriffsobjekte (ADO)

Präfix	Objekt	Beispiel
cm	Command	cmdAutorenNamen
cn	Connection	cnBiblio
er	Error	erBiblio
fd	Field	fdAlter
pa	Parameter	paAlter
pr	Property	prCacheSize
rs	Recordset	rsAuthors

C.4   Weitere Konventionen

Zusatzsteuerelemente von anderen Herstellern erhalten einen oder zwei zusätzliche Buchstaben, die den Namen des Herstellers angeben (z.B. vsFlexGrid für das FlexGrid-Steuerelement von VideoSoft). Oft erhalten die Handbücher entsprechende Vorschläge.

C.5   Datentypen

Für Variablen- und Funktionsnamen sollte der Datentyp durch einen Präfix in den Namen aufgenommen werden. Für Variablen gilt die allgemeine Namensregel:

```
<Datentyp><Gültigkeitsbereich><Name>
```

Präfix	Datentyp
a	Feldvariable (engl. »array«)
b	Boolean
byt	Byte
C	Klasse
cur	Currency
d	Double
dte	Datum und Zeit
er	Error
f	Single
h	Bezugsnummer (engl. »handle«)
hwnd	Fensterbezugsnummer
l	Long
n	Integer
n	Zähler (Integer oder Long)
o	Objekt
s	Zeichenkette (engl. »string«)
t	Strukturtyp (engl. »type name«)
u	Vorzeichenlose Integerzahl (Integer oder Long)
v	Variant

C.6 Konstanten

Die Namen von Konstanten werden, auch wenn dies für die Programmausführung keine Rolle spielt, groß geschrieben:

```
Const START_DIR As String = "C:\Programme"
```

C.7 Dateinamen

Auch wenn ein Dateiname bis zu 255 Zeichen umfassen kann, sollten Dateinamen:

- Möglichst kurz gehalten werden (das alte 8+3-Format ist nach wie vor aktuell).

- Idealerweise ein Präfix erhalten (z.B. frmAdressEingabe.frm), an dem sich der Modultyp auch bei nicht angezeigten Erweiterungen erkennen lässt.

- Keine Leerzeichen, Umlaute oder andere Sonderzeichen enthalten.

C.8 Weitere Regel

- Die folgenden Regeln führen zu einem klareren Programmaufbau und vermeiden schwierig zu findende Fehler:

- Verwenden Sie grundsätzlich *Option Explicit* (die Option *Variablendeklaration erforderlich* ist standardmäßig nicht gesetzt).

- Geben Sie bei Feldern stets auch die untere Grenze an (z.B. *Dim Feld(0 To 10)*).

- Verwenden Sie Konstanten anstelle von Zahlen oder Zeichenketten.

- Verwenden Sie die Schlüsselwörter *ByVal* und *ByRef* in Argumentlisten, um die Übergabe eindeutig zu kennzeichnen.

- Verwenden Sie im Deklarationsteil *Private/Public* anstelle von *Dim*.

- Stellen Sie *Private* jenen Prozeduren/Funktionen voraus, die nicht von anderen Modulen aus ansprechbar sein sollen.

■► Vergessen Sie auch in Argumentlisten nicht, den Datentyp eines Arguments anzugeben (also nicht *Sub Test(nP1)*, sondern *Sub Test (nP1 As Integer)*).

■► Vermeiden Sie implizite Datentypumwandlungen, sondern verwenden Sie die Konvertierungsmethoden (z. B. *CInt* oder *CStr*).

■► Verwenden Sie keine der alten impliziten Typenkennzeichen mehr (!,, $, %, & und @).

■► Geben Sie API-Funktionen über das Schlüsselwort *Alias* einfachere Namen (aus *GetPrivateProfileString* wird so *IniWertLesen*). Überprüfen Sie stets die Datentypen einer API-Deklaration, die vom API-Katalog übernommen wurde. Hier sind manche Fehler enthalten.

C.9   Gültigkeitsbereiche

Neben dem Datentyp kann auch der Gültigkeitsbereich in den Präfix einfließen.

Präfix	Gültigkeitsbereich
g	öffentlich (engl. »public«, früher »global«). Im Allgemeinen erhalten öffentliche Variablen einen Präfix aus zwei Buchstaben, der sich vom Modulnamen ableitet.
pri	Privat (bezogen auf ein Modul).
u	Öffentlich (engl. »public«).
m	Lokal bezogen auf ein Klassenmodul. Lokale Variablen innerhalb einer Prozedur erhalten im Allgemeinen keinen Präfix.
st	Static

C.10   Weitere Regeln für Variablennamen

■► Der Name einer Variablen sollte etwas über ihre Bedeutung aussagen.

■► Der erste Buchstabe wird groß geschrieben, die restlichen klein (z.B. *Mehrwertsteuer*). Setzt sich der Variablenname aus mehreren Hauptwörtern zusammen, gilt diese Regel für jedes einzelne Hauptwort (z.B. *MehrwertsteuerSatz*).

- Die Namen für Konstanten sollten in Großbuchstaben geschrieben werden, allerdings ist dies kein Muss, da solche Namen schwerer zu lesen sind. Längere Namen werden durch einen Unterstrich getrennt.

- Machen Sie Variablennamen lang genug, damit sie »sprechend« werden.

- Werden längere Namen abgekürzt, sollten einheitliche Regeln für die Abkürzung verwendet werden.

- Vermeiden Sie Verben wenn möglich.

- An den Namen eines benutzerdefinierten Datentyps sollte der Präfix »Typ« angehängt werden (z. B. TelefonDatenTyp).

C.11 Kommentare

- Prozeduren und Funktionen sollten durch einen kurzen Kommentar eingeleitet werden, der ihre Funktion beschreibt. Implementationsdetails sollten darin aber nicht enthalten sein.

- Variablen, die eine wichtige Funktion übernehmen, sollten durch einen Inline-Kommentar ergänzt werden.

- Kommentare, die ein Modul oder eine Prozedur einleiten, sollten stets aus mehreren Zeilen bestehen, die sich optisch klar im Programm-Listing absetzen:

```
' *******************************************************
' Diese Prozedur berechnet die degressive Varianzanalyse in
' Anström pro Woche
' Aufruf: DegVarianAna (Gehalt As Currency, Sternzeichen As
enumSternzeichen)
' *******************************************************
```

C.12 Einrückungen

Der Rumpf einer Prozedur oder von Schleifen sollte mit Tabulatoren oder Leerzeichen eingerückt werden. Im Allgemeinen gibt es keinen Grund, die Standardweite von 4 Leerzeichen für einen Tabulator über den Menübefehl EXTRAS | OPTIONEN zu ändern. Eine sinnvolle Alternative sind 3 Leerzeichen.

C.13 Weitere Informationen zu den Namenskonventionen

Die in diesem Anhang vorgestellten Namenskonventionen sind nicht vollständig. Weitere Informationen zu diesem Thema finden Sie im Web z.B. unter *premium.microsoft.com/MSDN/Library/devprods/vs6/vb/html/vbconcodingconventionsoverview.htm*. Auch die Visual-Basic-Hilfe enthält Vorschläge zur Namensvergabe von Objekten.

Visual Basic und
Windows 2000

Anhang D

Windows 2000 hat sich zum Standard in Unternehmen und damit auch als Plattform für Visual Basic-Anwendungen entwickelt. Visual Basic-Programmierer müssen sich daher darum kümmern, dass ihre Anwendungen optimal mit Windows 2000 zusammenspielen. Microsoft hat zu diesem Zweck einen relativ umfangreichen Anforderungskatalog entwickelt, den eine Anwendung erfüllen muss, damit sie als »zertifiziert« oder sogar »designed« für Windows 2000 bezeichnet werden darf. Auch wenn man als Software-Entwickler diese relativ hohe Hürde nicht nehmen kann oder möchte, sollte man alleine seinen Anwendern zuliebe ein paar der gestellten Anforderungen umsetzen. In diesem Kapitel werden jene Anforderungen vorgestellt, die sich mit relativ wenig Aufwand umsetzen lassen. Auf das Zusammenspiel mit dem Active Directory und den Benutzer- und Gruppenrichtlinien, die im Zusammenhang mit der Windows 2000-Zertifizierung eine Rolle spielen, wird in diesem Kapitel nicht eingegangen.

Microsoft bietet für Visual Basic-Entwickler ein kleines Lernprogramm an, das unter der Adresse http://msdn.microsoft.com/training/offers/winvb_deu/Main.htm im Web zur Verfügung steht.

:-)
TIP

Stichworte für dieses Kapitel:

➡ Abfrage von Versionsinformationen

➡ Einheitliche Verzeichnisstruktur

➡ Einträge in der Registry

➡ Energiemanagement

➡ Unterstützung mehrerer Monitore

➡ Die Zukunft von Visual Basic

D.1   Die wichtigsten Neuerungen von Windows 2000

Windows 2000 bringt für Visual Basic-Programmierer bei weitem nicht so viele Neuerungen mit sich, wie es die »spektakuläre« Versionsnummer oder die durch die Fachpresse geisternden mehrere Millionen neue Befehlszeilen unter Umständen suggerieren mögen. Auch Windows 2000 ist ein 32-Bit-Betriebssystem, das sich bezüglich seiner allgemeinen Architektur nur unwesentlich von seinem Vorgänger Windows NT 4.0 unterscheidet[1]. »Revolutionäre« Neuerungen wie damals beim Übergang von Windows 3.1 auf Windows 95, wie etwa die 32-Bit-Speicheradressierung oder das Multithreading gibt es beim Übergang von Windows 2000 nicht. Die Win32-API, die sich als für alle Entwickler maßgebliche Programmierschnittstelle seit ihrer offiziellen Einführung im Jahre 1992 fest etabliert hat, wurde nur geringfügig erweitert. Zu den wichtigsten für Entwickler maßgeblich mit Windows 2000 eingeführten Neuerungen gehören:

➡ Es gibt ein verbessertes Energiemanagement (ACPI).

➡ Der Installationsdienst ist Bestandteil des Betriebssystems.

➡ Über COM+ stehen die Systemdienste des Microsoft Transaction Servers, des Message Queue Servers und andere fortgeschrittene Dienste als Teil des Betriebssystems und nicht mehr als separate Dienste zur Verfügung.

➡ Die Multimediaerweiterung DirectX (Version 7.0) ist »fest eingebaut«.

und natürlich:

➡ Die Dienste des sehr umfangreichen und »mächtigen« *Active Directory*, das in erster Linie für Anwendungen, die in Unternehmensnetzwerken laufen, interessant ist und in diesem Buch nicht weiter behandelt wird. Ich verweise aber auf das empfehlenswerte Buch "Windows 2000 – Active Directory" aus dem Markt+Technik-Verlag (ISBN 3-8272-5747-6).

---

[1] Solche Aussagen sind natürlich immer relativ. Es gibt signifikante Verbesserungen bei Windows 2000, etwa beim Sicherheitskonzept und bedingt durch die Einführung des Active Directory. Die Aussage bezieht sich in erster Linie auf den Betriebssystemkern.

D.2 Abfrage von Versionsinformationen

Die erste Maßnahme, um ein Visual Basic-Programm »versionsbewusst« zu machen, ist die Abfrage der Versionsnummer. Dies gilt natürlich erst recht, wenn das Visual Basic-Programm Funktionen nutzt, die nur unter Windows 2000 zur Verfügung stehen. Anstatt aber die altbekannte API-Funktion *GetVersionEx* aufzurufen und eine Reihe von Abfragen und Vergleichen anzuhängen, bietet die Win32-API ab Windows 2000 eine wirklich sinnvolle Erweiterung.

Beispiel

Das folgende Beispiel zeigt einen Aufruf von GetVersionEx, der sich aus Platzgründen aber nur auf die Abfrage der Versionsnummern beschränkt. Wer möchte, kann auf diese Weise auch die Bezeichnung des Betriebssystems oder die eventuell installierten Microsoft-Serverprodukte in Erfahrung bringen.

```
Option Explicit
Private Declare Function GetVersionEx Lib "kernel32" Alias "GetVersionExA"
(lpVersionInformation As OSVERSIONINFOEX) As Long

Private Type OSVERSIONINFOEX
  dwOSVersionInfoSize As Long
  dwMajorVersion As Long
  dwMinorVersion As Long
  dwBuildNumber As Long
  dwPlatformId As Long
  szCSDVersion As String * 128
  wServicePackMajor As Integer
  wServicePackMinor As Integer
  wSuiteMask As Integer
  wProductType As Byte
  wReserved As Byte
End Type

Private osvi As OSVERSIONINFOEX

Private Sub cmdGetSystemInfo_Click()
' Hauptversion
  Dim sSystemInfo As String
  GetSystemInfo
  sSystemInfo = "Hauptversion:" & Str(osvi.dwMajorVersion) _
    & vbCrLf
' Nebenversion
  sSystemInfo = sSystemInfo + "Nebenversion:" & _
    Str(osvi.dwMinorVersion) & vbCrLf
' Buildnummer
  sSystemInfo = sSystemInfo + "Buildnummer:" & _
    Str(osvi.dwBuildNumber) & vbCrLf
' Service Pack-Version
```

```
   sSystemInfo = sSystemInfo & "Service Pack-Version: "
   sSystemInfo = sSystemInfo & CStr(osvi.wServicePackMajor) _
   & "." & _
   CStr(osvi.wServicePackMinor) & vbCrLf
   txtSysteminfo.Text = sSystemInfo
End Sub

Function GetSystemInfo() As Boolean
   Dim lReturn As Long
   Dim iNullPos As Integer
   Dim colProdSuites As Collection
   Dim sSystemInfo As String
   osvi.dwOSVersionInfoSize = Len(osvi)
   osvi.szCSDVersion = Space(128)
   lReturn = GetVersionEx(osvi)
End Function
```

D.3   Zugriff auf den Ordner Eigene Dateien

Mit Windows 2000 hat sich das mit Windows 98 eingeführte Verzeichnis *Eigene Dateien* als universelle Ablage von Anwenderdokumenten und anderen Dateien endgültig etabliert. Nicht nur, dass es an gut sichtbarer Position in der linken oberen Ecke des Desktops platziert wurde (und dort den Arbeitsplatz verdrängt hat), mit *Eigene Bilder* hat es auch Zuwachs bekommen. Das Besondere an *Eigene Dateien* ist, dass es sich um einen Desktop-Ordner handelt, hinter dem ein beliebiges Verzeichnis und auch ein Netzwerkverzeichnis stehen kann. Das bedeutet, dass dem Anwender ein einheitlicher Ort zum Ablegen von Dokumenten zur Verfügung gestellt wird, den ein Administrator beliebig verschieben kann, ohne dass dies für den Zugriff eine Auswirkung hätte. Für Visual Basic-Programme kommt es darauf an, *Eigene Dateien* ansprechen zu können, ohne jedes Mal eine umständliche Suchaktion starten oder einen Zugriff auf die Registry durchführen zu müssen. Genau für diesen Zweck gibt es die API-Shell-Funktion *SHGetFolderPath*, die den Pfad eines virtuellen Ordners zurückgibt (diese Funktion steht noch nicht über den API-Viewer zur Verfügung).

Beispiel   Das folgende Beispiel gibt den Verzeichnispfad des Ordners *Eigene Dateien* in einer Mitteilungsbox aus:

```
Private Declare Function SHGetFolderPath Lib "ShFolder" Alias "SHGetFolder-
PathA" (ByVal Hwnd As Long, ByVal CISDL As Long, ByVal TOKENHANDLE As Long,
ByVal FLAGS As Long, ByVal lpPath As String) As Long

Const CSIDL_PERSONAL = &H5
```

```
Private sPath As String * 260

Private Sub Form_Load()
  Dim nRet As Long
  nRet = SHGetFolderPath(0, CSIDL_PERSONAL, 0, 0, sPath)
  MsgBox "Der Pfad lautet: " & sPath
End Sub
```

Es ist unter Windows 2000 üblich, dass eine Anwendung *Eigene Dateien* als Ordner zum Abspeichern von Dateien anbietet. Das bedeutet, dass man vor dem Öffnen eines Standarddialogfeldes diesen Pfad über dessen *InitDir*-Eigenschaft einstellen muss. Beim nächsten Anzeigen des Dialogfeldes wird der Pfad voreingestellt angezeigt.

Die Datei ShFolder.dll ist eine relativ neue System-DLL, die mit Windows 2000, Windows NT 4.0 Service Pack Nr. 4, Internet Explorer 5.0 und Windows 98 Zweite Ausgabe ausgeliefert wird.

Der physikalische Aufenthaltsort des *Eigene Dateien*-Ordners hängt davon ab, ob auf dem PC eine Benutzerverwaltung eingerichtet wurde oder nicht bzw. ob es sich um einen Windows 2000-PC handelt.

Applikations-daten-Modus	Wert für CSIDL	Aufenthaltsort des Ordners	
Wandernde Benutzerprofile (Roaming)	CSIDL_APPDATA	%user profile\Anwendungsdaten.	*Tabelle D.1: Die Werte für CSIDL beim Aufruf von SHGet-FolderPath*
Keine wandernden Benutzerprofile	CSIDL_LOCAL_APPDATA	%user profile%\Lokale Einstellungen\Anwendungsdaten	
Keine Benutzerverwaltung	CSIDL_COMMON_ADPDATA	All Users\Anwendungsdaten	

D.3.1   Die API-Funktionen PathAppend und PathCombine

Als Ergänzung zu *SHGetFolderPath* stellt die Win32-API die API-Funktionen *PathAppend* (hängt zwei Verzeichnispfade aneinander) und *PathCombine* (vereinigt zwei Verzeichnispfade) zur Verfügung. Auch diese beiden Funktionen stehen noch nicht über den API-Viewer zur Verfügung.

D.4   Einträge in der Registry

Bei Windows 2000 hat sich (im Vergleich zu Windows NT) am Aufbau der Registry und dem Zugriff auf die Registry zwar nichts geändert, Entwickler sollten aber verstärkt darauf achten, Registry-Einträge an den dafür vorgesehenen »Orten« vorzunehmen. Das bedeutet konkret:

- Der Schlüssel *HKey_Local_Machine* wird über alle Einstellungen benutzt, die sich alle Benutzer teilen (z.B. ein Datenbankpfad).

- Der Schlüssel *HKey_Current_User* wird über alle Einstellungen benutzt, die nur für einen bestimmten Benutzer gelten.

- Der Schlüssel *HKey_Classes_Root* wird für die Registrierung von COM-Komponenten, Typenbibliotheken usw. benutzt. Diese Vorgabe gilt allgemein und kann vom Benutzer auch nicht verändert werden.

D.5   Energiemanagement

Das verbesserte Stromsparmanagement (die technische Bezeichnung lautet *Advanced Control and Power Interface*, kurz ACPI) ist ein wichtiger Pluspunkt bei Windows 2000, der vor allem bei Notebooks und mobilen PCs eine Rolle spielt. Anwendungen, die in Hinblick auf Windows 98 und/oder Windows 2000 entwickelt werden, müssen bzw. sollten mit dem Energiemanager von Windows 2000 kompatibel sein. Das bedeutet konkret, dass wann immer sie eine längere Operation ausführen, die nicht durch ein Umschalten in einen Stromsparmodus unterbrochen werden darf, sie dies dem Betriebssystem über die API-Funktion *SetThreadExecutionState* mitteilen (ein Beispiel wäre eine Fax-Software, die laufend auf neue Nachrichten warten muss). Beim Aufruf der API-Funktion wird über ein Flag mitgeteilt, welchen Typ von Operation (Systemoperation oder Bildschirmausgabe) die Visual Basic-Anwendung durchführt. Die Funktion muss in regelmäßigen Abständen (z.B. in einem *Timer*-Ereignis) aufgerufen werden, denn nach dem Ablauf einer Zeitspanne nach dem letzten Aufruf wird das gesetzte Flag wieder zurückgesetzt.

```
Private Declare Function SetThreadExecutionState _
 Lib "kernel32"n (ByVal esFlags As Long) As Long

Sub tmrZeit1_Timer ()
  If blnWeiterLaufen = True Then
    SetThreadExecutionState ES_DISPLAY_REQUIRED
  End If
End Sub
```

Wert für ESFlags	Bedeutung
ES_System_REQUIRED	Die Anwendung führt eine Aktion aus, die normalerweise nicht als Systemaktivität erkannt wird (z.B. das Warten auf einen Fax-Empfang oder eine Netzwerkaktivität).
ES_DISPLAY_REQUIRED	Die Anwendung führt eine Aktion aus, die normalerweise nicht als Bildschirmaktivität erkannt wird.
ES_CONTINUOS	Bewirkt, dass der angeforderte Zustand so lange erhalten bleibt, wie eines der anderen Flags zurückgesetzt wird. Wird benötigt, wenn die Anwendung eines der beiden ES-Flags dauerhaft benötigt.

Tabelle D.2:
Die möglichen
Werte für
ESFlags und ihre
Bedeutung

D.5.1   Die WM_POWERBROADCAST-Nachricht

Wann immer das Betriebssystem den Computer in einen Stromsparmodus schalten möchte, teilt es dies allen Anwendungen durch das Versenden (in diesem Zusammenhang auch »Broadcasten« genannt) einer *WM_POWERBROADCAST*-Nachricht mit. Zwar ist Visual Basic nicht direkt in der Lage, Windows-Nachrichten zu empfangen. Durch ein sog. Subclassing eines Fensters, d.h. ein Einklinken in dessen Nachrichtenempfang, ist es jedoch kein Problem. Dabei wird einem Fenster über die *SetWindowsLong*-API-Funktion und mit Hilfe des *AddressOf*-Operators die Adresse einer Visual Basic-Funktion mitgeteilt, die zusätzlich zur Fensterfunktion aufgerufen wird. In dieser Funktion muss geprüft werden, ob eine *WM_POWERBROADCAST*-Nachricht eingetroffen ist. Ist dies der Fall, erfährt man über den übergebenen *wParam*-Parameter, welche Stromsparaktivität durchgeführt werden soll.

D.6   Unterstützung mehrerer Monitore

Bereits Windows 98 unterstützt bis zu neun Monitore, die – entsprechende Grafikkarten vorausgesetzt – an einen PC angeschlossen werden können. Bei Windows 2000 wurde diese Zahl auf 10 erhöht. Das bedeutet konkret, dass sich der Desktop auf die angeschlossenen Monitore erweitert (die in unterschiedlichen Auflösungen betrieben werden können) und der Anwender mit einem stark vergrößerten Desktop arbeiten und ein Fenster z.B. von einem Monitor auf einen anderen Monitor verschieben kann (bei Visual Basic 5.0 und anderen Anwendungen gab es gewisse Einschränkungen, die bewirkten, dass sich nicht alle Fenster verschieben ließen). Dieser »neue« Desktop wird in diesem Zusammenhang als virtueller Desktop bezeichnet. Wie es sich für einen Desktop gehört, besitzt er eigene Koordinaten, die entsprechend virtuelle Koordinaten heißen. Für ein Visual Basic-Programm spielt die Frage, wie viele Monitore an den PC angeschlossen sind, insofern eine Bedeutung, als dass sich durch mehrere parallel betriebene Monitore die Größe des zur Verfügung stehenden Desktops vergrößert und negative Koordinaten bei Grafikoperationen nicht mehr einen Bereich außerhalb des Bildschirms, sondern eine Position auf einem anderen Bildschirm ansprechen.

Die Inbetriebnahme mehrerer Monitore setzt entweder eine entsprechende Anzahl an PCI-Grafikkarten oder PCI-Grafikkarten mit mehreren Ausgängen voraus. Die Inbetriebnahme besteht in dem Einbau der Grafikkarten (dabei kann die Reihenfolge, in der die PCI-Slots belegt werden, in einigen Fällen eine Rolle spielen – auch werden nicht alle PCI-Grafikkarten unterstützt). Nach dem Hochfahren erkennt Windows automatisch die neuen Adapter und zeigt diese in der Registerkarte Anzeige des Eigenschaftendialogs des Desktops entsprechend an. Sollte es wider Erwarten Probleme geben, empfiehlt sich das Konsultieren der Microsoft-Supportdatenbank, in der zahlreiche Problemfälle beschrieben sind, oder der einschlägigen Newsgroups, in denen diese Probleme immer wieder erörtert werden.

Windows 2000 bietet für Visual Basic-Programmierer folgende Unterstützung für einen Multimonitorbetrieb:

- Eine Reihe von API-Funktionen in *User32*, mit deren Hilfe sich z.B. die Anzahl der vorhandenen Monitore oder Informationen über einen Monitor abfragen lassen.

- Eine Erweiterung der *GetSystemMetrics*-API-Funktion um zusätzliche Parameter, durch die sich z.B. die Dimension des virtuellen Desktops abfragen lässt.

Konstante	Bedeutung
Const SM_XVIRTUALSCREEN = 76	Virtuelle linke Koordinate
Const SM_YVIRTUALSCREEN = 77	Virtuelle oberste Koordinate
Const SM_CXVIRTUALSCREEN = 78	Virtuelle Breite
Const SM_CYVIRTUALSCREEN = 79	Virtuelle Höhe
Const SM_CMONITORS = 80	Anzahl Monitore

Tabelle D.3: Neue Konstanten für die GetSystemMetrics-API-Funktion

API-Funktion	Bedeutung
GetMonitorInfo	Liefert Informationen über einen Monitor und trägt diese in eine Struktur (*MONITORINFO*) ein.
MonitorFromWindow	Gibt eine Bezugsnummer des Monitors zurück, in dem sich ein Fenster befindet, dessen Bezugsnummer beim Aufruf übergeben wird.
MonitorFromRect	Gibt eine Bezugsnummer des Monitors zurück, in dem sich ein Punkt befindet, der in Gestalt einer *RECT*-Struktur übergeben wird.

Tabelle D.4: API-Funktionen für den Multimonitorbetrieb

Die Monitor-API-Funktion steht nur unter Windows 2000 und Windows 98 zur Verfügung. Soll das Programm auch unter Windows 95 und Windows NT 4.0 laufen, muss eine Fehlerabfrage eingebaut werden.

```
Private Declare Function GetMonitorInfo Lib "user32" _
  Alias "GetMonitorInfoA" ( ByVal hMonitor As Long, _
  MonInfo As tagMONITORINFO) As Long

Private Declare Function MonitorFromWindow Lib "user32" ( _
  ByVal hwnd As Long, _
  dwFlags As Long) As Long

Private Declare Function MonitorFromRect Lib "user32" ( _
  rc As RECT, _
  ByVal dwFlags As Long) As Long
```

Beispiel

Das folgende Beispiel ist ein kleiner Auszug aus dem Beispielprogramm *Monitors.vbp*, das Teil des in der Einleitung erwähnten Tutorials ist. Es besteht aus zwei Formularen, zwei Klassen und einem Modul. Seine Aufgabe ist es, die Anwendung der Monitor-API-Funktionen zu demonstrieren, indem es u.a. die Anzahl der Monitore, die Koordinaten des aktuellen Monitors und des gesamten virtuellen Desktops anzeigt. Der folgende Ausschnitt zeigt, wie sich ein Formular in der Mitte des aktuellen Monitors positionieren lässt:

```
Private Type RECT
  Left    As Long
  Top     As Long
  Right   As Long
  Bottom  As Long
End Type

Private Type tagMONITORINFO
  cbSize    As Long 'Größe der Struktur
  rcMonitor As RECT 'Monitor-Rechteck
  rcWork    As RECT 'Arbeitsbereich-Rechteck
  dwFlags   As Long 'Flags
End Type

Public Function CenterFormOnMonitor(FormToCenter As Form) As Boolean

  Dim lMonitor As Long
  Dim lReturn As Long
  Dim MonitorInfo As tagMONITORINFO
  Dim lMonitorWidth As Long
  Dim lMonitorHeight As Long
  On Error GoTo CenterFormOnMonitor_Err

' Bezugsnummer des Monitors holen
lMonitor = GetMonitorFromXYPoint(1, 1, MONITOR_DEFAULTTOPRIMARY)

' Wenn der Monitor gültig ist
  If lMonitor Then

' Monitorstruktur initialisieren
  MonitorInfo.cbSize = Len(MonitorInfo)

' Monitorinformationen abfragen
  lReturn = GetMonitorInfo(lMonitor, MonitorInfo)
' Wenn der Aufruf nicht scheitert, Formular in der Mitte positionieren
  If lReturn Then
    With MonitorInfo
     lMonitorWidth = (.rcWork.Right - .rcWork.Left) _
       * Screen.TwipsPerPixelX
     lMonitorHeight = (.rcWork.Bottom - .rcWork.Top) _
       * Screen.TwipsPerPixelY
     FormToCenter.Move ((lMonitorWidth - FormToCenter.Width) _
      \ 2) + .rcMonitor.Left * Screen.TwipsPerPixelX, _
      ((lMonitorHeight - FormToCenter.Height) \ 2) + _
       MonitorInfo.rcMonitor.Top * Screen.TwipsPerPixelX
    End With
  End If
  Else
' Es gibt keinen weiteren Monitor, daher den aktuellen
' Screen verwenden
  FormToCenter.Move (Screen.Width - FormToCenter.Width) _
   \ 2, (Screen.Height - FormToCenter.Height) \ 2
  End If
```

```
  Exit Function
CenterFormOnMonitor_Err:
  If Err.Number = 453 Then
' Monitor-API wird nicht unterstützt
  FormToCenter.Move (Screen.Width - FormToCenter.Width) \ 2, _
  (Screen.Width - FormToCenter.Width) \ 2
  End If
End Function

Public Function GetMonitorFromXYPoint(x As Long, y As Long, dwFlags As Long)
As Long

'Gibt eine Monitor-Bezugsnummer durch die Koordinate eines Punktes
' zurück
 'Workaround für GetMonitorFromRect API, die ein RECT erwartet

  Dim lReturn As Long
  Dim rcRect As RECT

'Transfer the x y into a rect 1 pixel square
  With rcRect
    .Top = y
    .Left = x
    .Right = x + 1
    .Bottom = y + 1
  End With
  On Error Resume Next
  lReturn = MonitorFromRect(rcRect, dwFlags)
  If Err.Number = 0 Then
      GetMonitorFromXYPoint = lReturn
  Else
      GetMonitorFromXYPoint = -1
  End If
End Function
```

Kurzer Ausblick auf
Visual Basic .NET

Anhang **E**

Visual Basic 6.0 ist seit September 1998 auf dem Markt, sodass es langsam Zeit für einen Nachfolger wird. Seit Juli 2000 steht dieser Nachfolger fest, er wurde anlässlich einer großen Entwicklerkonferenz (der *Programmers Developers Conference*, kurz PDC, die dieses Jahr in Orlando/Florida stattfand) im Rahmen des Visual Studio-Nachfolgers und, das ist sehr viel bedeutsamer, der neuen Programmierplattform .NET (ausgesprochen wie »dotnet«) vorgestellt. Der Nachfolger heißt aber nun nicht, wie es eigentlich zu vermuten gewesen wäre, Visual Basic 7.0, sondern Visual Basic .NET. Und wie erwartet, wurde der zunächst etwas eigentümlich wirkende Name nicht ohne Grund gewählt. Visual Basic .NET ist eine komplette Neuentwicklung auf der Basis von .NET – mehr dazu gleich. Sie hat mit ihrer Vorgängerin in erster Linie den Namen Visual Basic und zum Glück fast alle Sprachelemente gemeinsam (auch der Umgang mit den Formularen und Steuerelementen ist vom Prinzip her gleich geblieben). Ansonsten handelt es sich um eine komplett neue Programmierumgebung. Wie sieht es mit der Kompatibilität aus? Hier hat sich Microsoft große Mühe gegeben – Visual Basic .NET ist in etwa 90% kompatibel zu ihrer Vorgängerin. Auch COM wird nahtlos unterstützt, sowohl über COM-Bibliotheken (ActiveX-DLLs) als auch über ActiveX-Steuerelemente. Wird ein Visual Basic 6.0-Projekt unter Visual Basic .NET geladen, wird es automatisch von einem Assistenten konvertiert, der die meisten kleinen Sprachanpassungen automatisch vornimmt und bei den Stellen, die sich nicht konvertieren lassen, Kommentarzeilen einfügt, sodass sich viele Programme mit ein »wenig« Nachbearbeitung umstellen lassen sollten. Es sei aber gleich erwähnt, dass dies oft gar nicht notwendig sein dürfte. Visual Basic 6.0 wird auf lange Zeit von Microsoft unterstützt werden (es soll sogar noch ein weiteres Service Release geben, wobei man aber abwarten sollte, wie ernst es Microsoft mit diesem Versprechen ist) und es wird »niemals« (d.h. nicht in den nächsten 10 Jahren) eine Windows-Version geben, die nicht in der Lage ist, Visual Basic 6.0-Exe-Dateien auszuführen. Kein Visual Basic-Programmierer wird damit zum Umstieg gezwungen. Dennoch gibt es viele gute Gründe, sich möglichst schnell und umfassend mit Visual Basic .NET zu beschäftigen. Dieser kurze Anhang soll lediglich eine erste Orientierung geben – bereits im Herbst 2001, also noch Monate vor der offiziellen Einführung von Visual Basic .NET, war bereits eine kaum zu überschauende Vielfalt an Visual Basic .NET-Büchern (vor allem natürlich englischsprachige) erhältlich. Auch die Beta-Versionen zu Visual Studio .NET und dem .NET Framework SDK – Letzteres enthält auch den Visual Basic .NET-Compiler – werden von Microsoft großzügig über Zeitschriften, Konferenzen und per Bestellung über die Microsoft-Website kostenlos in Umlauf gebracht (wahlweise auf insgesamt 5 CDs oder auf DVD). Fehlende Informationen oder ein Mangel an Gelegenheiten, um Visual Basic .NET aufrufen und ausprobieren zu können, dürfte also nicht der Grund gewesen sein, sollte ein Visual Basic-Programmierer auch Ende 2002 noch nicht viel mit .NET anfangen können.

E.1   Was bedeutet .NET?

Hinter dem unscheinbaren Wörtchen .NET, das seit kurzem praktisch jedes künftige Microsoft-Produkt zieren soll, steht sehr viel mehr, als man zunächst vermuten würde. .NET ist nicht weniger als der Name für die neue Systemplattform von Microsoft. Systemplattform bedeutet nicht ein Betriebssystem, sondern in erster Linie (stark vereinfacht ausgedrückt) einen Satz von Diensten und Funktionen, welche Programme künftig benutzen sollen, um untereinander Daten auszutauschen, Transaktionen durchzuführen, über das Internet angesprochen zu werden, auf Datenbanken zuzugreifen und Funktionen des Betriebssystems aufrufen zu können. Das alles und noch viel mehr soll .NET allen Programmen bieten. Nun, das hört sich ja alles toll an, doch gibt es denn nicht schon eine Systemplattform? Ja und nein. Die bisherige Systemplattform ist im Wesentlichen das *Component Object Modell* (COM). Allerdings ist COM längst nicht mehr zeitgemäß. Um den Anforderungen mehrschichtiger, verteilt laufender Anwendungen mit gewissen Mindestanforderungen an Sicherheit und der Möglichkeit, Operationen transaktionsorientiert durchführen zu können, gerecht zu werden, hat Microsoft COM jüngst durch COM+ erweitert. Doch einige grundsätzliche Probleme von COM (wie z.B. die Versionierung bei Komponenten und die Sicherheit unter Windows 9x) konnte und sollte es nicht lösen. .NET ist, auch wenn es nicht auf COM aufbaut, der Nachfolger von COM, der so konzipiert ist, dass er sehr viel besser den heutigen Anforderungen gerecht wird und vor allem nicht in den nächsten fünf Jahren wieder durch einen Nachfolger abgelöst werden muss. .NET ist die Systemplattform der Zukunft in der Microsoft-Welt und wird COM/COM+ über die kommenden Jahre ablösen. Anders als bei COM ist Visual Basic .NET eine erstklassige .NET-Sprache. Für Visual Basic-Programmierer, die den Umstieg zu .NET vollziehen, brechen damit glorreiche Zeiten an.

E.2 Die wichtigsten Elemente von .NET für Visual Basic-Programmierer

Auch wenn .NET sehr viel mehr ist (das Thema Webdienste, von dem sehr häufig im Zusammenhang mit .NET zu lesen ist, soll bewusst außer Acht gelassen werden, da es für Visual Basic-Programmierer im Moment noch keine allzu große Bedeutung haben dürfte), lässt es sich für Visual Basic-Programmierer auf drei wichtige Kernbereiche reduzieren:

- die *Common Language Runtime* (CLR)
- ein einheitliches Typensystem
- die .NET-Klassenbibliothek

E.2.1   Die Common Language Runtime (CLR)

Die *Common Language Runtime* (CLR) ist die neue Laufzeitumgebung, die sich sämtliche .NET-Sprachen, also nicht nur die drei bzw. vier von Microsoft, nämlich Visual Basic, die »neue« Programmiersprache C#, verwaltetes C++ und, man weiß gar nicht so recht, ob man es zählen darf, J# (die Java-Variante von Microsoft), sondern auch z.B. Cobol.NET von Fujitsu Software, Object Pascal, Lisp, Prolog, Eiffel und die insgesamt fast 20 Programmiersprachen, die bereits vor einem Jahr anlässlich der PDC angekündigt wurden und teilweise auch schon erhältlich sind. Die CLR löst damit nicht nur die bisherige Visual Basic 6.0-Laufzeitumgebung *Msvbvm60.dll* ab, sie ist das neue Fundament, auf das alle .NET-Anwendungen während der Ausführungszeit zurückgreifen. Drei Dinge sind an der CLR herausragend:

- Sie behandelt alle Programmiersprachen gleich.
- Sie führt nur verwalteten Code aus.
- Sie enthält einen Just-In-Time-Compiler.

Der erste Punkt ist für Visual Basic-Programmierer eine kleine Sensation. Wie oft mussten sie in der Vergangenheit hören »Tja, das geht nur in C++« (natürlich mit leicht hämischen Unterton – selber schuld, wenn man in Basic programmiert) oder wie oft ließen sich COM-Komponenten aufgrund nicht kompatibler Schnittstellen nicht in Visual Basic ansprechen. Bei .NET ist das Vergangenheit. Sämtliche Eigenschaften der CLR werden von allen .NET-Programmiersprachen auf exakt die gleiche Weise genutzt. Multithreading, Vererbung, strukturierte Ausnahmebehandlung – drei der wichtigsten Merkmale der CLR – sie alle werden von Visual Basic .NET und C# auf die gleiche Weise benutzt, wobei jede Sprache natürlich ihre eigene Syntax besitzt. Der Zustand, dass Visual Basic aus irgendeinem Grund benachteiligt wurde, oder dass bestimmte Dinge übersimplifiziert wurden und nun lästige Einschränkungen nach sich ziehen, ist bei .NET vorbei (es wird damit auch keine »Gurus« mehr geben, die einem erklären, dass dies für normale Visual Basic-Programmierer viel zu kompliziert sei, aber man ja ihre Toolbox kaufen könne, mit der sich das Problem im Handumdrehen lösen ließe). Wohlgemerkt, das bezieht sich nur auf .NET und die CLR. Die alten Unterschiede, den Zugriff auf COM oder die Win32-API betreffend, bleiben bei Visual Basic .NET bestehen. Dies ist sog. unverwalteter Code, der von der CLR geduldet wird. Der Code, der von der CLR ausgeführt wird, und der auf .NET basiert, heißt verwalteter Code. Verwalteter Code sind Programme, die den von .NET aufgestellten Regeln gehorchen und von der .NET-CLR daher ausgeführt werden. Eine dieser Regeln besagt, dass Objekte nicht mehr aus dem Arbeitsspeicher entfernt werden, wenn es keine Referenz für sie gibt. Stattdessen gibt es eine übergeordnete Aufräuminstanz, die regelmäßig den von der CLR verwalteten Arbeitsspeicher durchforstet und alle Objekte entfernt, die nicht mehr benötigt werden. Die Instanz heißt *Carbage Collection* und ist eine »uralte« Idee, die schon in den Achtziger Jahren eingesetzt wurde.

Auch der dritte Punkt klingt nicht weniger revolutionär. Wenn Sie mit Visual Basic .NET ein Programm kompilieren, erhalten Sie eine Exe-Datei. Doch diese Exe-Datei enthält noch keinen Maschinencode, sondern einen Zwischencode, die *Intermediate Language* (IL). Dies gilt nicht nur für Visual Basic .NET, sondern auch hier für alle .NET-Programmiersprachen. IL ist also die gemeinsame Sprache von .NET. Auch wenn man im Prinzip in dieser stackbasierenden Assemblersprache programmieren könnte, will das niemand tun, weil es sehr umständlich wäre. Erst wenn die Exe-Datei von der CLR ausgeführt wird, tritt ein Compiler in Aktion, der den IL-Code in Maschinencode umwandelt – und zwar für die jeweilige Plattform. Da dieser Compiler sozusagen zum letztmöglichen Zeitpunkt, aber noch rechtzeitig in Aktion tritt, heißt er Just In Time-Compiler (dieses Konzept wurde von Java übernommen). Es ist wichtig zu verstehen, dass .NET-Programme deswegen nicht interpretiert werden. Am Ende wird hochoptimierter Maschinencode ausgeführt – nur die Exe- bzw. Dll-Dateien enthalten IL-Code und keinen Maschinencode wie bei Visual Basic 6.0. Es bedeutet auch, dass Visual Basic .NET auch in diesem Punkt nicht mehr benachteiligt ist (hurra). Auch wenn C# als heimlicher Konkurrent von Visual Basic (angeblich) ein wenig besser optimiert, sollten sich die Unterschiede in der Praxis nur selten bemerkbar machen. Visual Basic hat bei .NET auch in dieser Beziehung aufgeholt.

Da es so wichtig ist: Hier noch einmal der Ablauf, der zur Entstehung eines Visual Basic .NET-Programms führt. Ausgangspunkt sind eine oder mehrere Textdateien (sie tragen künftig alle die Erweiterung .Vb), welche Klassen (jedes Visual Basic .NET-Programm basiert auf mindestens einer Klasse), Module und Formulare (sie heißen Windows Forms, um sie von den Web Forms zu unterscheiden) enthalten. Diese Dateien können mit Notepad erstellt werden (gerade für Konsolenanwendungen, die in der Eingabeaufforderung bzw. dem DOS-Fenster laufen und keine GUI besitzen, ist Notepad nahezu »ideal«). Das Ergebnis sind eine Reihe von Textdateien, die vom Visual Basic .NET-Compiler in eine Exe- oder Dll-Datei kompiliert werden. Diese Datei enthält, Sie wissen es bereits, IL-Code. Das Ganze wird bei .NET übrigens Assembly genannt. Ein Assembly ist das, was von der CLR als logische Ausführungseinheit betrachtet wird und auch aus mehreren Exe- oder Dll-Dateien bestehen kann. Wichtigstes Merkmal einer Assembly ist eine Art »Steckbrief« (Manifest genannt), in der alle zur Ausführung relevanten Informationen, vor allem die Versionsnummern und die Versionsnummern der Komponenten, mit denen das Assembly zusammenarbeiten soll, enthalten sind. Wird die Exe-Datei (die im einheitlichen PE-Format – für Portable Executable – vorliegt, sodass sie unter jeder Windows-Version gestartet werden kann – für die Ausführung muss allerdings die CLR installiert sein) geöffnet, tritt der JIT-Compiler in Aktion und wandelt den IL-Code in Maschinencode um, der sodann ausgeführt wird.

Soll, und jetzt kommt ein weiteres Highlight bei .NET, das Assembly auf einem anderen Computer laufen, müssen lediglich die Dateien in ein Verzeichnis kopiert werden (man spricht daher auch von *XCopy*-Installation). Anschließend ist das Programm einsatzbereit. Keine Installation, keine Registrierung (die es bei :NET nicht mehr gibt – alle Informationen liegen – wie bei Unix seit 25 Jahren – in Textdateien vor), kein Ärger mehr mit nicht registrierten Modulen. Alternativ gibt es auf jedem System einen globalen Assembly-Cache, in den jene Komponenten kopiert werden, die von mehreren Anwendungen genutzt werden sollen.

Die CLR soll es übrigens für alle Windows-Versionen außer Windows 95 (inkl. Windows CE) geben. Die Entwicklung mit der Visual Studio .NET-IDE soll angeblich nur ab Windows 2000 aufwärts möglich sein, da erst ab dieser Version die benötigten Laufzeitdienste des Betriebssystems vollständig zur Verfügung stehen.

E.2.2 Ein einheitliches Typensystem

Dieser Punkt hängt eng mit der CLR zusammen. Alle .NET-Sprachen arbeiten nicht nur mit der CLR, sie verwenden auch ein einheitliches Typensystem, das unter anderem einen einheitlichen Satz von Datentypen umfasst. Mit anderen Worten, die Datentypen, mit denen Visual Basic .NET arbeitet, gibt es 1:1 auch bei C# und allen anderen .NET-Sprachen. Das bedeutet, dass Komponenten sehr leicht zusammenarbeiten. Ein String ist ein String und ein Long ist ein Long, egal, ob in C#, Java oder verwaltetem C++. Es ist z.B. kein Problem, dass eine Visual Basic .NET-Klasse von einer C#- oder auch einer Cobol.NET-Klasse erbt. Typenkonvertierungen oder gar inkompatible Typen gibt es bei .NET nicht, solange der gemeinsame Satz an Datentypen verwendet wird (jede Sprache kann darüber hinaus ihre eigenen Datentypen definieren, die dann aber nicht für Komponenten benutzt werden sollten, die von außen zugänglich sind).

E.2.3 Die .NET-Klassenbibliothek

Nicht weniger spektakulär als die CLR ist die .NET-Klassenbibliothek. Sie umfasst mehrere tausend Klassen mit einem Vielfachen an Funktionen. Zum Teil ersetzt sie die Win32-API, geht aber in vielen wichtigen Bereichen weit darüber hinaus. Formulare, Datenbankzugriff, Anbindung an das Internet, Netzwerkfunktionen, Verarbeiten von XML-Daten, mathematische Funktionen, Grafikbefehle, alles das wird von den Klassen zur Verfügung gestellt. Und zwar auf eine einheitliche Weise für alle .NET-Programmiersprachen. Die Klassenbibliothek basiert auf den gleichen Klassen, die z.B. auch Visual Basic .NET verwendet, und selbstverständlich auf Vererbung. Auch wenn die .NET-Klassenbibliothek die Win32-API noch nicht vollständig ersetzt, ist sie die neue »API« für alle .NET-Programme.

E.3 In aller Kürze: Die wichtigsten Neuerungen von Visual Basic .NET

Zum Abschluss dieses hoffentlich interessanten Ausblicks in eine sehr nahe Zukunft sollen Sie natürlich auch erfahren, welche spannenden Neuerungen die Programmiersprache Visual Basic .NET zu bieten hat. Dies sind eine ganze Menge, weswegen sich die folgende Aufzählung auch nur auf die wichtigsten Punkte beschränkt:

- Visual Basic .NET ist, genau wie C#, vollständig objektorientiert. Klassen unterstützen (einfache) Vererbung, das Überladen von Methoden und Eigenschaften (bei C# können auch Operatoren überladen werden) sowie Konstruktoren, durch die bei der Instanzierung Parameter übergeben werden können.

- Visual Basic .NET unterstützt, auf die gleiche Weise wie C#, Multithreading über Klassen des .NET-Frameworks, d.h. ein Visual Basic .NET-Programm kann während der Ausführung weitere Threads starten, für die es bezüglich ihrer Möglichkeiten keine Einschränkungen gibt. Die Synchronisierung der einzelnen Threads wird über Semaphore und Objekte der .NET-Klassenbibliothek gesteuert.

- Visual Basic .NET bietet, wie alle .NET-Sprachen, eine strukturierte Ausnahmebehandlung, die über die Befehle *Try*, *Catch*, *Finally* und *Trow* realisiert wird. Den guten alten *On Error Goto*-Befehl gibt es auch bei Visual Basic .NET. Eine globale Fehlerbehandlung gibt es allerdings nicht.

- Es gibt zahlreiche Änderungen an den Datentypen. *Currency* wird nicht mehr unterstützt, *Variant* durch *Object* abgelöst, ein *Integer* umfasst 32 Bit und ein *Long* 64 Bit. Strings werden im Unicode-Zeichencode gespeichert und verhalten sich bei allen .NET-Programmiersprachen gleich.

- Variablen können mit ihrer Deklaration initialisiert werden. Das gilt auch für Arrays.

- Es gibt keinen *Set*-Befehl mehr. Da Visual Basic .NET den Umgang mit Default-Eigenschaften stark einschränkt, ist es aus dem Zusammenhang erkennbar, dass eine Objektvariable und nicht ihre Default-Eigenschaft angesprochen werden soll. Objektvariablen erhalten daher ihren Wert ohne *Set*-Befehl (den es ja nicht mehr gibt).

➤ Da .NET nicht auf COM basiert und einer Objektvariablen bei ihrer Deklaration Parameter (Konstruktur) übergeben werden können, ist es üblich (aber nicht notwendig), eine Objektvariable bei ihrer Deklaration mit *New* auch zu instanzieren.

➤ Es gibt keine Zeichenketten fester Länge mehr, alle Arrays sind dynamisch.

➤ Das *Collection*-Objekt wird zwar noch über die Kompatibilitätsklasse unterstützt, die .NET-Klassenbibliothek hält jedoch eine Reihe sehr viel leistungsfähigerer und auf einen Anwendungszweck spezialisierter Klassen als Nachfolger bereit.

➤ Den *Type*-Befehl gibt es nicht, benutzerdefinierte Datentypen werden über den *Struct*-Befehl definiert und verhalten sich wie Klassen mit gewissen Einschränkungen.

➤ Eine Reihe altmodischer Befehle, wie z.B. *On Goto*, *GoSub* oder *DefInt*, die kaum ein Visual Basic-Programmierer jemals benutzt haben dürfte, wurden abgeschafft.

➤ Auch wenn API-Aufrufe nach wie vor problemlos möglich sind, viele API-Funktionen, auf die Visual Basic-Programmierer in der Vergangenheit angewiesen waren, werden durch Klassen des .NET-Frameworks ersetzt.

➤ Es gibt einen neuen Typ von Formularen. Das gute alte Formularmodell wird durch die modernen Windows Forms ersetzt, die auch unter C# oder C++ benutzt werden. Die Windows Forms bieten eine Fülle an spannenden Neuerungen, wie einen eingebauten Menüeditor, eine automatische Größenanpassung bei Steuerelementen, transparente Hintergründe und tolle grafische Effekte.

E.4   Ein kleines Beispiel

In ein Praxisbuch gehört natürlich mindestens ein Beispiel, wenngleich dies natürlich kein Visual Basic .NET-Buch ist und niemand dazu gezwungen werden soll, das .NET Framework zu installieren. Das folgende Visual Basic .NET berechnet lediglich ein paar Primzahlen und macht daher weder von Vererbung noch von Multithreading Gebrauch, wenngleich natürlich mehrere Threads unterschiedliche Zahlenbereiche bearbeiten könnten, wobei sich dadurch nicht automatisch ein Performancegewinn ergeben muss. Es soll lediglich demonstrieren, dass Visual Basic .NET alles andere als exotisch ist und sich jeder Visual Basic-Programmierer nach einer gewissen Zeit (die nicht völlig ohne Bauchschmerzen, Zweifel und Frust verlaufen muss) auch in Visual Basic .NET völlig heimisch fühlen wird und »nie wieder« mit einer anderen Programmiersprache arbeiten möchte.

```
Module basPrimzahlen1

    Sub Main()
      Dim nZahl As Long, nGrenze As Long, nDivisor As Long
      Dim bNoPrim As Boolean = False
      Try
        nGrenze = CLng(InputBox("Bitte Obergrenze eingeben:"))
      Catch
        nGrenze = 100
      End Try
      For nZahl = 3 To nGrenze Step 2
        For nDivisor = 3 To CLng(System.Math.Sqrt(nZahl))
          If nZahl Mod nDivisor = 0 Then
            bNoPrim = True
            Exit For
          End If
        Next nDivisor
        If bNoPrim = False Then
          System.Console.WriteLine(nZahl)
        Else
          bNoPrim = False
        End If
      Next nZahl
      System.Console.ReadLine()
    End Sub
End Module
```

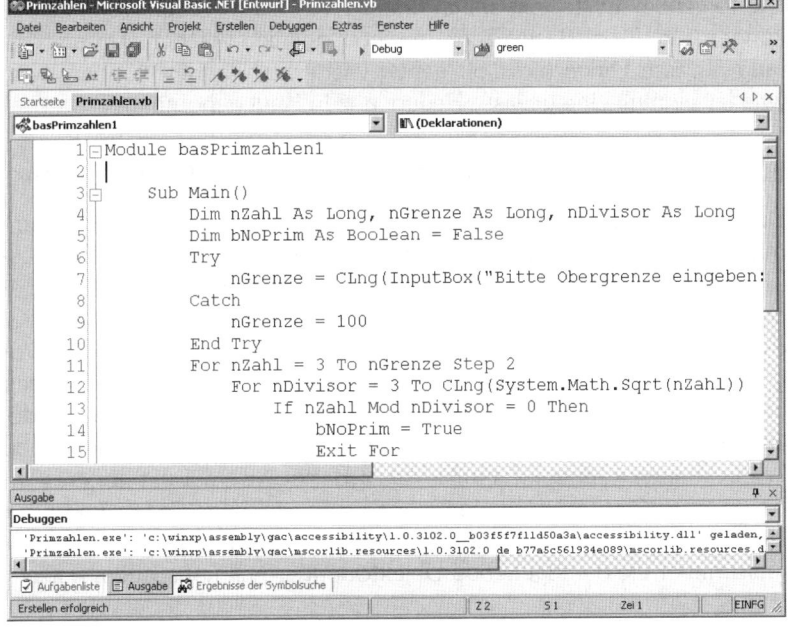

Abbildung 5.1: Das Primzahlen-programm in der Visual Studio .NET-IDE

E.5 Was bedeutet .NET für Visual Basic-Programmierer?

Zum Schluss noch einmal eine Zusammenfassung zum Thema »Was bringt die Zukunft für uns Visual Basic-Programmierer?«. Die Antwort lautet natürlich eine ganze Menge und es wird eine Weile dauern, bis alle Programmierer damit komfortabel leben können. Außerdem wird es viele Programmierer geben, die den Wechsel aus den verschiedenen Gründen nicht vollziehen und dadurch von der Entwicklung abgekoppelt werden. Sie werden feststellen, dass sich die Welt um sie herum schnell verändert, dass Microsoft sie offenbar nicht mehr zur Kenntnis nimmt, sie mit einer Programmiersprache arbeiten, die zwar ihre Anforderungen nach wie vor sehr gut erfüllt, deren Entwicklung aber in eine ganz andere Richtung vorangeschritten ist. Dabei darf nicht vergessen werden (in solchen Fällen entsteht leicht eine gewisse Verbitterung), dass das meiste natürlich zum Wohle der Programmierer geschieht, denen künftig eine Programmiersprache zur Verfügung gestellt wird, mit deren Hilfe sich mit weniger Aufwand mehr ausdrücken lässt. Konkret: Komplexere Aufgabenstellungen lassen sich mit weniger Befehlszeilen umsetzen, da nicht nur die Programmiersprache, sondern in erster Linie die Programmierung (das .NET-Framework) effektivere Konstrukte zur Verfügung stellt.

Die folgende Aufstellung soll in erster Linie die unmittelbaren Auswirkungen für Visual Basic-Programmierer deutlich machen. Da am Anfang gewisse Dinge nicht oft genug wiederholt werden können, wird (wieder einmal) eine gewisse Redundanz in Kauf genommen:

E.5.1 Alles ist ein Objekt und alles basiert auf Klassen

Das ist ein Umstand, an den sich die meisten Visual Basic-Programmierer eher langsam gewöhnen werden. Auch ein Modul ist eine Klasse (wenngleich sie nicht instanziert werden kann) und selbst eine einfache Variable ist ein Objekt, da sich ihr Datentyp von der *System.Object*-Klasse des .NET-Frameworks ableitet. Für die Programmierung hat dies keine direkten Konsequenzen, da Module auch bei Visual Basic .NET Module bleiben und Variablen wie eh und je deklariert und benutzt werden (wenngleich sie mit der Deklaration ihren Wert erhalten können). Es hebt Visual Basic .NET auf ein höheres Niveau, macht die Programmiersprache sehr viel konsistenter und führt letztendlich zu sehr viel leistungsfähigeren Programmen, wenn Programmierer die durchgehende Objektorientiertheit konsequent nutzen.

E.5.2   Das .NET-Framework ersetzt die Windows-API

Auch wenn die Windows-API Win32 vermutlich »ewig« existieren wird und Win32-API-Funktionen (bzw. allgemein DLL-Funktionen) auch in einem Visual Basic .NET-Programm genutzt werden können (sogar etwas einfacher und eleganter als früher), wird sie nach und nach durch die Klassen des .NET-Frameworks ersetzt. Sehr viele Aufgaben, die Visual Basic-Programmierer bislang über API-Aufrufe gelöst haben, lassen sich nun einfacher und direkter über .NET-Klassen lösen. Bei den Windows Forms-Formularen und Steuerelementen sind viele Merkmale, die sich in der Vergangenheit nur über API-Funktionen nutzen ließen, fest eingebaut. Es ist sogar möglich, die allgegenwärtige Fensterfunktion direkt einzubeziehen, um Nachrichten an ein Fenster abfangen zu können. Das wird in Visual Basic .NET-Programmen selten notwendig sein, zeigt aber, dass es keine künstlichen Barrieren mehr für Visual Basic-Programmierer gibt. Den »ewigen Kontrahenten«, den C++-Programmierern, aber auch den »neuen Brüdern«, den C#-Programmierern, stehen prinzipiell die gleichen Möglichkeiten zur Verfügung.

E.5.3   Das .NET-Framework definiert die Programmiersprache

C# und Visual Basic .NET sind sich in ihrem Kern sehr ähnlich. Auch wenn die Befehlskonstrukte andere Namen tragen und C# ein paar »eigenartige Rituale« erfordert (etwa, dass Befehlszeilen mit einem Semikolon abgeschlossen werden müssen), alle wichtigen Sprachelemente wie die Vererbung, die strukturierte Ausnahmebehandlung, die Formulare und die Datentypen (wenngleich C# den kleinsten gemeinsamen Nenner der CLS-Datentypen erweitert) sind gleich. Das dürfte bei den übrigen .NET-Sprachen nicht anders sein. Der Grund ist der, dass jede .NET-Programmiersprache elementare Mechanismen nicht neu implementiert, sondern aus dem .NET-Framework übernimmt. Da sich alle Sprachen sehr ähnlich sind, sollte die Einbeziehung von Klassen, die in anderen .NET-Programmiersprachen geschrieben wurden, die gemischtsprachige Programmierung, bei der Komponenten (aus welchen Gründen auch immer) in C# programmiert wurden, oder gar der Umstieg auf eine ganze Programmiersprache kein allzu großes Problem für Visual Basic-Programmierer bedeuten, sobald sie sich im .NET-Framework heimisch fühlen.

E.5.4 Das .NET-Framework definiert die Entwicklungs-umgebung

Auch wenn sich Visual Basic .NET-Programme künftig mit Notepad programmieren lassen, ernsthaft werden die meisten Programmierer diese Option nicht in Erwägung ziehen (wenngleich sich kleinere Konsolenprogramme für geübte Programmierer auf diese Weise wirklich schneller umsetzen lassen – es muss nur nicht unbedingt Notepad sein). Die Visual Studio .NET-Entwicklungsumgebung wird das mit Abstand wichtigste Entwicklungswerkzeug sein. Auch ihre Eigenschaften werden durch das .NET-Framework bestimmt.

E.5.5 Viele vertraute »Rituale« fallen weg

Vieles von dem, das Visual Basic-Programmierern in den letzten 10 Jahren vertraut war und das zwangsläufig in Fleisch und Blut übergangen ist, hat bei Visual Basic .NET keine Bedeutung mehr. Das ist am Anfang mehr als irritierend, wenngleich die Gründe für das Wegfallen aufgrund der Beschaffenheit des .NET-Frameworks logisch relativ leicht nachvollziehbar sind. Das neue Windows Forms-Formularmodell steht vieles auf den Kopf. Es gibt bei Formularen kein *Initialize-*, kein *Terminate-* und kein *Unload*-Ereignis mehr, sondern lediglich entsprechende Pendants, alle Steuerelemente werden im Quellcode eines Formulars instanziert und platziert, Formulare und Steuerelemente besitzen Dutzende neuer Eigenschaften. Es gibt keinen *Variant* mehr, alles ist vom Typ *Object* und einer *String*-Variablen kann nicht einfach ein *Integer*-Wert zugewiesen werden (sofern die *Option Strict*-Option auf Ein steht), der Typ muss vielmehr über die *CStr*-Funktion (die es auch schon in Visual Basic 6.0 gab) umgewandelt werden. Das ist nur ein kurzer Ausschnitt aus der umfangreichen Liste. Ein kleiner Ratschlag für alle, die bereit sind, den neuen Weg zu beschreiten: Nehmen Sie sich für das Kennenlernen Zeit, probieren Sie möglichst viele kleine Beispiele aus und vergessen Sie für einen Augenblick alles das, was Sie bereits für Visual Basic 6.0 gelernt haben...

E.5.6 Wo kann man mehr erfahren?

Schön und gut, doch Visual Basic .NET ist bestimmt wieder Microsoft-Insidern oder diesen Buchautoren vorbehalten. Wir müssen wahrscheinlich warten, bis es endlich gekauft werden darf. Weit gefehlt, das .NET-Framework (u.a. CLR und Klassenbibliothek sowie die Kommandozeilenversionen von Visual Basic .NET und C#), aber auch Visual Studio .NET wurden von dem Tag ihrer Ankündigung an allen interessierten Entwicklern kostenlos zur Verfügung gestellt. Bis zu seiner offiziellen Markteinführung im deutschsprachigen Raum im Frühjahr

2002 ist es als Vorabversion kostenlos erhältlich. Sie können es auf der Microsoft-Website unter folgender Adresse bestellen:

http://www.microsoft.com/germany/ms/entwicklerprodukte/
visualnet/netbetabestell.asp

Oder Sie rufen die Hauptseite *www.microsoft.com/germany* auf und suchen die entsprechende Verknüpfung. Danach wird Visual Studio .NET über den Handel erhältlich und sicherlich nicht gerade spottbillig sein. Es soll aber auch für Visual Basic .NET ein kostenloses »Ablaufmodell« zum Ausprobieren geben. Das .NET-Framework-SDK wird vermutlich »kostenlos« bleiben, allerdings wird es voraussichtlich nicht zum freien Download zur Verfügung gestellt werden, sondern im Rahmen des MSDN-Abonnements enthalten sein.

Die CD-ROM zum Buch

Anhang F

Auf der umfassenden Begleit-CD finden Sie u.a. die Quelldateien zu den Programmbeispielen aus den einzelnen Kapiteln im doc-Format sowie das deutschsprachige Visual Basic 6 Working Model. Dabei handelt es sich um eine quasi vollständige, deutschsprachige VB-Version, mit der Sie alle Ihre Programme entwickeln und abspeichern können. Lediglich ausführbare Dateien und ActiveX-Steuerelemente lassen sich damit nicht herstellen. Bitte beachten Sie: Microsoft gewährt Ihnen zu dieser Version keinen Support, keine Online-Hilfe, Update-Optionen und andere Vergünstigungen. Bitte beachten Sie auch die Readme-Dateien auf der CD.

Des Weiteren enthält die CD das Microsoft Web-Services- und SOAP-Toolkit.

Stichwortverzeichnis